D1878861

अमृतराय

अमृतराय का जन्म 15 अगस्त, 1921 को कानपुर (उत्तर प्रदेश) में हुआ। साहित्य की सभी प्रमुख विधाओं में निरन्तर लेखन करते हुए इन्होंने रवीन्द्रनाथ ठाकुर, शेक्सपियर, ब्रेख़्त, जूलियस फूचिक, आस्त्रोवस्की, हावर्ड फ़ास्ट जैसे विश्वचर्चित लेखकों की महत्त्वपूर्ण कृतियों का हिन्दी में अनुवाद किया। दस वर्षों तक 'हंस' पत्रिका के सम्पादक रहे। सम्पादक के रूप में लगातार नई प्रतिभाओं को उभरने के अवसर दिए। प्रेमचन्द की ढेर सारी अप्रकाशित रचनाओं को एकत्रित और प्रकाशित करने का श्रेय भी अमृतराय को जाता है।

इनकी प्रमुख कृतियाँ हैं : 'बीज, नागफनी का देश', 'जंगल', 'धुआँ' (उपन्यास); 'क़स्बे का एक दिन', 'गीली मिट्टी', 'भोर से पहले', 'सरगम' (कहानियाँ); 'चिन्दियों की एक झालर', 'शताब्दी', 'हमलोग' (नाटक); 'प्रेमचन्द : क़लम का सिपाही' (जीवनी); 'नई समीक्षा', 'विचारधारा और साहित्य', 'प्रेमचन्द की प्रासंगिकता' (आलोचना); 'अग्निदीक्षा', 'आदिविद्रोही', 'ख़ौफ़ की परछाइयाँ', 'फाँसी के तख़्ते से', 'समरगाथा', 'हैमलेट' 'रवीन्द्रनाथ के निबन्ध' (अनुवाद) आदि।

अमृतराय को 'प्रेमचन्द : क़लम का सिपाही' के लिए 1963 में साहित्य अकादेमी पुरस्कार एवं 1971 में सोवियतलैंड नेहरू पुरस्कार से सम्मानित किया गया। इन्हें हावर्ड फ़ास्ट के उपन्यास 'स्पार्टकस' के अनुवाद 'आदिविद्रोही' के लिए भारत सरकार द्वारा सर्वश्रेष्ठ अनुवाद पुरस्कार दिया गया। उत्तर प्रदेश हिंदी संस्थान द्वारा भारत भारती पुरस्कार से भी सम्मानित किए गए।

14 अगस्त, 1996 को प्रयागराज में निधन हुआ।

प्रेमचन्द
क़लम का सिपाही

अमृतराय

हंस प्रकाशन

हंस प्रकाशन
प्रयागराज-211 001

एकमात्र वितरक
लोकभारती प्रकाशन
पहली मंजिल, दरबारी बिल्डिंग,
महात्मा गांधी मार्ग, प्रयागराज-211 001
वेबसाइट : www.lokbhartiprakashan.com
ईमेल : info@lokbhartiprakashan.com

शाखाएँ : 1-बी, नेताजी सुभाष मार्ग, दरियागंज, नई दिल्ली-110 002
अशोक राजपथ, साइंस कॉलेज के सामने, पटना-800 006
1, अनमोल सोराबजी संतुक लेन, धोबी तलाव, मरीन लाइंस, मुम्बई-400 002

पहला संस्करण : जुलाई, 1962
पुनर्नवा संस्करण : जून, 2021
तीसरा संस्करण : जनवरी, 2024

मूल्य : ₹ 599

© आलोक राय

मुद्रक : विकास कंप्यूटर एंड प्रिंटर्स
ट्रॉनिका सिटी-201 102

PREMCHAND : KALAM KA SIPAHI
Biography by Amrit Rai

ISBN : 978-93-897428-3-1

देश की जवान पीढ़ी को

चित्र सूची

प्रस्तावना

पिछले चालीस-पचास साल में 'क़लम का सिपाही' ने हिन्दी के जीवनी-साहित्य में अपनी ख़ास जगह बना ली है। इस बीच प्रेमचन्द और प्रेमचन्द-साहित्य को आँकने-समझने के नए तरीक़ों, नए नज़रियों का उभरना अत्यंत स्वाभाविक है, बल्कि अपेक्षित भी है। फिर भी, अगर कोई प्रेमचन्द का गम्भीर आकलन करना चाहता है, तो शुरुआत यहीं से करनी पड़ेगी। वैसे, न तो प्रेमचन्द को और न ही 'क़लम का सिपाही' को, हमारी सिफ़ारिश की ज़रूरत है। यानी कि इस 'प्रस्तावना' को अपने अस्तित्व के लिए, कोई और ही मक़सद ईजाद करना पड़ेगा!

हमारे घरों में, हमारे समाज में, पूर्वजों के प्रति प्रगाढ़ श्रद्धा-भाव के सिवा और किसी स्वर के लिए कम जगह होती है। प्राय: सभी जगह कुछ ऐसी ही प्रथा रही है—माला पहनाओ, शीश नवाओ, और आगे बढ़ो। जो गुज़र गए हैं, उनके बारे में अच्छा ही अच्छा बोलो, अच्छा ही अच्छा लिखो।

सो जीवनी-लेखन पर भी इसका प्रभाव पड़ना लाज़िमी था—और नतीजतन अपने यहाँ जीवनी-लेखन की मुख्यधारा प्रशस्ति-गीत की ही रही है—स्तवन, क़सीदे।

मेरे पिता, अमृतराय, का अपने पिता, प्रेमचन्द, से क्या सम्बन्ध था—या बना, या फिर जीवनी-लेखन के दौरान बना और बनाया गया, इसके बारे में आगे कुछ कहूँगा। और वैसे तो जीवनी अपने आप में गवाह है। लेकिन पहले कुछ बातें मेरे अपने निजी सम्बन्ध के बारे में।

यूँ तो प्रेमचन्द का जीवन-क्रम हर स्कूली बच्चे के गले उतारा जाता है–लमही ग्राम में 1880 में जन्म, सरकारी महकमे में मुदर्रिसी, *सोज़-ए-वतन* इत्यादि, और 1936 में अकाल मृत्यु। लेकिन फिर भी, कभी-कभार ऐसे भी लोग मिले हैं जो परिचय के बाद मुझसे पूछ बैठते हैं : आपने प्रेमचन्द को देखा था? सो मैं खीझ कर रह जाता हूँ—कि जहालत का वायरस कभी मरता नहीं, अमरत्व तो उसी के हिस्से पड़ा है! लेकिन फिर ये ख़याल भी आता है, कि आख़िर ऐसी भी कौन-सी जल्दी थी? बड़े शौक़ से सुन रहा था ज़माना, तुम्हीं सो गए...

वैसे हमारे माँ-बाप के घर, 'धूप-छाँह', में प्रेमचन्द मौजूद ज़रूर थे, और भोले प्रयागवासी तो यही कहते थे, कि ये प्रेमचन्द का घर है, हालाँकि प्रेमचन्द का एकमात्र घर तो वही लमही का टुटहा-वाला ही था। लेकिन इस व्याप्त मौजूदगी के बावजूद, परम-पूज्य, प्रतिभा-धनी, उपन्यास-सम्राट प्रेमचन्द का नाम लेते हुए हम सब ही किसी आदर-सूचक शब्द का प्रयोग नहीं करते थे। थे तो बस प्रेमचन्द। मेरे पिता तो और दो क़दम आगे, अपने पिता के बारे में कभी-कभार, कुछ नाटकवश ही सही, ऐसे धृष्ट स्वर में बोलते थे कि सुनने वाले चौंक जाते—मेरे गले पड़ गया है ये, इत्यादि। बस अत्यंत आत्मीय पारिवारिक सन्दर्भों में, अपने भाई-बहन से बतियाते, कभी-कभी 'बाबूजी' का भी ज़िक्र आ जाता। सच ये है कि ताज़िन्दगी मेरे पिता, जो अपने आपको प्रेमचन्द की परम्परा का लेखक मानते थे, प्रेमचन्द से अलग अपनी पहचान बनाने का असफल प्रयास करते हैं—लेकिन रहे वही, 'प्रेमचन्द के बेटे'!

इस व्यक्तिगत कशमकश के साथ, जीवनीकार का धर्म भी यही माँग करता है कि लेखक अपने विषय से दूरी बनाए, और निष्पक्ष, निरपेक्ष नज़र से देखे। लेकिन जब 'विषय' अपना ही पिता हो, तो क़रीबी और दूरी का खेल, स्नेह और निरपेक्ष भाव की खींच-तान चलती ही रहती है। और इसके चलते जो जीवनी बनती है, वो इस शाश्वत कशमकश की कहानी, लेखकीय सत्प्रयासों की सफलता और अनिवार्यत: असफलता की मिली-जुली कहानी बन जाती है।

जीवनी-लेखन की आधुनिक पद्धति तो ये दरकार करती है कि जीवनी शास्त्रीय तरीक़े से पेश की जाए, फ़ुटनोट और रेफ़रेंस के साथ। इस दृष्टि से 'क़लम का सिपाही' प्रशस्ति-गीत भले न हो, लेकिन फिर भी पुराने ढंग की कृति लग सकती है। कोशिश यही थी, जीवनीकार कहता है, कि वो जीवनी को एक उपन्यास के रूप में लिखे, ऐसा उपन्यास जिसका मुख्य पात्र प्रेमचन्द नाम का लेखक है। लेकिन इस भोले-से आग्रह से, और शास्त्रीय ढाँचे के अदृश्य होने से, ये भ्रम पैदा हो सकता है कि इमारत बस यूँ ही लफ़्फ़ाज़ी की भावनात्मक बुनियाद पर खड़ी हुई है, बेटे के लोच-भरे अधिकार और आग्रह पर आधारित। सो मैं अपने अधिकार से यह आश्वासन दे सकता हूँ कि इस उपन्यास-रूपी जीवनी का आधार बरसों की मेहनत और बहुभाषी शोध है। सौभाग्यवश, ये शोध-सामग्री उपलब्ध भी है : 'चिट्ठी-पत्री' की दो जिल्दें, और तीन जिल्दों में और अन्य पत्रकारी गद्य का संकलन, 'विविध प्रसंग', आरम्भिक, उर्दू-रंग के उपन्यास, 'मंगलाचरण', 'मानसरोवर' में असंकलित कहानियाँ, गुप्तधन...

यूँ शास्त्रीय आधार पर कही गई बात को मज़बूती तो ज़रूर मिलती है, लेकिन 'क़लम का सिपाही' का अद्वितीय महत्त्व, उसका ख़ास रस तो उस अंतरंग सम्बन्ध से आता है, जो बयकवक़्त जीवनीकार का अपने नायक से है, और पिता-पुत्र का तनाव-युक्त, शाश्वत सम्बन्ध भी है। पिता द्वारा सृजित-रचित पुत्र, जीवनी के माध्यम से, अपने पिता और लेखक प्रेमचन्द को भी तो रच रहा है।

फिर भी, अगर बात व्यक्तिगत या पारिवारिक स्तर पर ही रह गई, तो अधूरी होगी। मोटे तौर पर, लेखक को उसके सामाजिक और ऐतिहासिक परिप्रेक्ष्य में देखने की बात तो सर्वमान्य हो गई है। लेखक परिस्थिति-विशेष में पड़ा और घिरा अपना जीवन जीता है, और उसी प्रक्रिया में अपनी लेखकीय दृष्टि, अनुभव और साहित्यिक विषय अर्जित करता है। और इन्हीं सब के घालमेल से विभिन्न रचनाएँ बनती हैं। यानी, और ये बात तो साहित्य का अदना-सा विद्यार्थी भी दोहराता है—साहित्य समाज का दर्पण है। लेकिन एक ज़्यादा सूक्ष्म बात इस आईने वाली उपमा में हाथ नहीं आती, अनदेखी और अनकही रह जाती है, कि परिवेश और परिस्थिति के दबावों से ही तो लेखक की चेतना बनती है। लेकिन चेतना कोई मिट्टी का लोंदा नहीं है—और परिवेश भी कोई एक स्वर में नहीं बोलता है, न ही एक तरह का दबाव डालता है। यानी कि चेतना और परिवेश का व्यापार एकतरफ़ा नहीं होता है, दोनों एक-दूसरे को प्रभावित करते हैं, गढ़ते हैं। और इस परस्पर 'मूर्तन' की प्रक्रिया के लिए आईने की उपमा अपर्याप्त है। सम्बन्ध तो कबीर के कुम्हार का अपनी मिट्टी से है—और ये कहना मुश्किल है कि परिवेश कुम्हार है, या फिर वो लेखक जो अपने परिवेश की, अपने समाज और अपने काल की, आत्म-चेतना रचता है : माटी कहे कुम्हार से, तू क्या रूँधे मोय/एक दिन ऐसा आएगा...

प्रेमचन्द की 'महानता' बयान करने की अच्छी-ख़ासी परम्परा है। आख़िर, अगर कोई चीज़ पीढ़ी-दर-पीढ़ी भोले-भाले बच्चों के गले उतारी जाए लाखों स्कूलों में, वो महान तो होगी ही, क्यों? इसलिए ऐसे तमाम लोग, जिनकी प्रेमचन्द से वाक़फ़ियत स्कूली मुठभेड़ों तक सीमित है—कुछ 'ईदगाह', कुछ 'नमक का दारोग़ा'—वो भी इतना तो ज़रूर जानते हैं कि प्रेमचन्द 'महान' हैं। और फिर ये भी पूर्णतया अपेक्षित है कि कुछ ऐसे अड़ियल और उल्टी खोपड़ी वाले भी होंगे जो ये कहें कि यहाँ ऐसा क्या धरा है, कुछ भी तो नहीं है!

ग़रज़ ये कि ये 'महानता' वाली बहस तो बेकार-सी है—इतने महान, उतने महान, कितने महान...इत्यादि। लेकिन 'महानता' के आभास, या आग्रह, या महज़ आरोपण में कुछ ज़रूर छुपा हुआ है जिसे बारीकी से समझने की ज़रूरत है।

धनपतराय नाम के स्कूलमास्टर ने नवाबराय के नाम से लिखना शुरू किया, ये सब जानते हैं। उर्दू साहित्य के तिलिस्मी अन्दाज़ से प्रभावित देश-प्रेम की कहानियाँ—*सोज़-ए-वतन*—साहब बहादुर को न भायीं, सो संग्रह की शेष प्रतियाँ, और लेखक का उपनाम, दोनों ही अफ़सरी ग़ुस्से के नज़र चढ़ीं। और धनपतराय ने नवाबराय का उपनाम छोड़, नया तख़ल्लुस अपनाया—प्रेमचन्द। इस नए तख़ल्लुस के साथ, लेखक ने नवाबराय का तिलिस्मी रंग छोड़, एक नई पहचान बनायी। उर्दू की रवानी तो साथ चली, लेकिन प्रेमचन्द ने अय्यारों और शहज़ादियों की दुनिया छोड़कर, गाँव की राह ली। ग्रामीण समाज की नई-पुरानी क्रूरताओं, और शहरी निम्न-मध्यवर्गीय जीवन की अभावग्रस्त किन्तु अत्यंत साधारण निरन्तरता को टटोला, और साहित्य की चमत्कारी

प्रक्रिया से, ग्राह्य बनाया। ये सब करते-कराते, प्रेमचन्द ने एक नया पाठक बनाया—या फिर, गढ़ा। लेकिन ये भी सच है कि इस नए पाठक-वर्ग को, जो यथार्थपरक साहित्य के लिए आतुर था, श्रेय जाता है कि उसने प्रेमचन्द को प्रेमचन्द बनाया। ज़ाहिर है ये नया पाठक-वर्ग हिन्दी तक सीमित नहीं है—न था। और साहित्य के इस नए अन्दाज़ ने हिन्दी और उर्दू, दोनों ही साहित्यिक परम्पराओं में, आधुनिकता के नए युग की दस्तक दी।

प्रेमचन्द तो अपने को प्रेमचन्द ही लिखते—और सन् 1919 के बाद, कुछ फ़ख़्र से, 'प्रेमचन्द बी.ए.'। लेकिन उन्हें प्रेमचन्द से 'मुंशी प्रेमचन्द' बनाने में मैं तो हिन्दी-प्रदेश के जाति-रंजित समाज का आग्रह देखता हूँ—पंडित फ़लाने, लाला ढिकाने... और हाँ, प्रेमचन्द के प्रेमचन्द बनने—और बनाने—में इससे कहीं ज़्यादा महत्त्वपूर्ण बहुत-कुछ उलझा और समाया हुआ है। एक स्तर पर तो ये महज़ एक व्यक्तिगत—व्यक्ति-सीमित—प्रक्रिया है लेकिन इसमें ज़्यादा व्यापक संरचना के आसार भी नज़र आते हैं। व्यक्तिगत प्रक्रिया हिन्दी-प्रदेश में राष्ट्रीय चेतना के मूर्त रूप लेने की प्रक्रिया से जुड़ी हुई है। और वो अमूर्त, मूर्त रूप तलाशती चेतना ही वो सन्दर्भ बनाती है जिसमें एक लेखक की सर्जनात्मक यात्रा व्यापक समाज में प्रतिध्वनि पाती है। यहाँ तक कि व्यक्ति और समाज, दोनों सर्जन की एक संयुक्त प्रक्रिया के दो अंग-भर बन जाते हैं, जिन्हें एक दूसरे के साथ समझना ही उचित है। 'महानता' इसी परस्पर प्रतिध्वनि-प्रतिच्छवि के सिलसिले का शॉर्टहैंड नाम है। लेखक और समाज एक-दूसरे के पूरक हो जाते हैं—यानी कि किसी एक का सत्य (और रहस्य) दूसरे में अन्तर्निहित रहता है।

ये बात ख़ास प्रेमचन्द तक ही सीमित हो, ऐसा नहीं है। कई (और शायद सभी) समाजों में, आधुनिक चेतना की दहलीज़ पर, ऐसे लोग नज़र आते हैं, जिनकी प्रतिभाएँ अपने समय की उभरती-पनपती प्रवृत्तियों से प्रेरित भी होती हैं—और उन्हीं प्रवृत्तियों और सम्भावनाओं को ठोस, मूर्त, ग्राह्य रूप भी देती हैं। आधुनिक बंगाल की दहलीज़ पर बंकिम और रवीन्द्रनाथ नज़र आते हैं—सो ओड़िशा में सेनापति और गोपीनाथ मोहन्ती, कन्नड़ में कारंथ, तमिल के सुब्रमण्य भारती...बात विशेष लेखकों की भी नहीं है—यह बिलकुल सम्भव है कि कोई दूसरा और दूसरे नाम सुझाए। बात इतनी-सी है कि समाज और काल के जो अप्रत्यक्ष सत्य हैं, वो बातें जो समाज अपने बारे में भाँप-भर सकता है—जो सरकारी दस्तावेज़ों में अदृश्य रहती हैं, जिनका ज़माने में ज़िक्र न था—वो बातें ये अग्रणी लेखक पहले ताड़ लेते हैं। प्रेमचन्द ने एक नाज़ुक ऐतिहासिक दौर में, आज़ादी और आधुनिकता की दहलीज़ पर ठिठके अपने समाज के साथ ऐसी अंतरंग आत्मीयता स्थापित की जो पीढ़ी-दर-पीढ़ी, आज भी बरक़रार है। यह व्यापक आत्मीयता का आभास ही उस 'महानता' का महत्त्व और राज़ है—न कि 'महानता' के किसी तराज़ू पर तौला जाना। और फिर किसी नए, तरोताज़ा मापदंड से—स्त्री-विमर्श, दलित चेतना—कुछ ज़्यादा, या कम, पाया जाना।

प्रेमचन्द की आख़िरी तसवीर आज भी हिला देती है—56 साल का जीर्ण, मृतप्राय चेहरा, कैमरे से नज़र मिलाए, बीच महफ़िल से चले जाने पर मजबूर, आज भी कुछ कह रहा है।

लेकिन मेरा ध्यान तो रह-रहकर उस गोरखपुर वाले क्षण को लौटता है : सन इक्कीस का साल था, गाँधी बाबा ने असहयोग आंदोलन का आह्वान दिया था, जो और भी बहुतों ने सुना, और आज़ादी की लड़ाई ने नया जनवादी मोड़ लिया। सो बाबू धनपतराय, शिक्षा विभाग के छोटे-मोटे अफ़सर—उम्र कुल 41 साल, परिवार में पत्नी शिवरानी देवी के अलावा दो अदद सन्तानें—एक बेटी, एक बेटा; मेरे पिता का जन्म कुछ महीनों बाद हुआ। सो मास्टर साहब ने आह्वान सुना—आँखों में आज़ादी का सपना था—और हाथ में आदर्शों का थैला—सो कूद पड़े। और महज़ पन्द्रह साल में, अपने समय और समाज को वाणी दी, और उनमें अविस्मरणीय वाणी पाई।

15 अगस्त, 2020

—आलोक राय

भूमिका

पाँच साल के अपने परिश्रम का यह फल आपके हाथों में देते हुए मुझे बड़ी ख़ुशी हो रही है।

यह काम अब से बहुत पहले होना चाहिए था (जबकि उनका आँखों-देखा हाल कहनेवाले कुछ और लोग मिल जाते) और अच्छा होता अगर दूसरे किसी ने किया होता। लेकिन पता नहीं क्यों जीवनी लिखने से हमारे लोग कतराते हैं। सभी उन्नत देशों में यह विधा बहुत आगे बढ़ी हुई है, पर हमारी भाषा इसमें बिकुल कंगाल है। या तो हम जानते ही नहीं कि अच्छी जीवनी होती क्या है, या कुछ इस तरह की गाँठ हमारे लिखनेवालों के मन में पड़ी हुई है कि जीवनी साहित्य की कोई सृजनात्मक विधा नहीं है—या फिर भय, कोरा भय, पथ की दुर्गमता का। जो भी बात हो, यह एक अटल सच्चाई है कि हमारे यहाँ जीवनियों का एक सिरे से अकाल है, जबकि योरप की ज़बानों में यह चीज़ आसमान पर पहुँची हुई है। कोई बड़ा साहित्यकार नहीं है, कलाकार नहीं है, वैज्ञानिक नहीं है, जननायक नहीं है, जिसकी कई-कई जीवनियाँ, एक से एक अच्छी, न हों। स्टिफ़न ज़्वाइग जितना अपनी कहानियों के बल पर ज़िन्दा रहेगा, उतना ही बाल्ज़ाक की अपनी जीवनी के बल पर ज़िन्दा रहेगा। आन्द्रे मोरुआ की लिखी हुई शेली की जीवनी 'एरियल' किसने नहीं पढ़ी? इर्विंग स्टोन की लिखी हुई वैन गो की जीवनी 'लस्ट फ़ॉर लाइफ' किसने नहीं पढ़ी? एमिल लुडविग का नाम किसने नहीं सुना जो सिर्फ़ अपनी जीवनियों के बल पर योरप के साहित्य में अपनी एक ख़ास जगह बनाए हुए है? हर साल सैकड़ों, हज़ारों की तादाद में जीवनियाँ निकलती आती हैं। एक ही आदमी की पच्चीसों जीवनियाँ मिल सकती हैं। अच्छी से अच्छी प्रतिभाएँ उनको लिखती हैं, पढ़नेवाले उपन्यासों से भी ज़्यादा चाव से उनको पढ़ते हैं। लेकिन हमारा तो ढंग ही निराला है। हमारे यहाँ तो अभी बेचारी जीवनी अछूत की तरह ड्योढ़ी के उस पार खड़ी है—अन्दर आने की मनाही है!

इन पाँच बरसों में मेरे कितने ही शुभचिन्तकों ने मुझसे पूछा होगा—अमृत जी, आप अपनी कोई चीज़ नहीं लिख रहे हैं?

कभी तो मुझे कुछ झुँझलाहट भी महसूस हुई, लेकिन अक्सर मैं मुस्कराकर रह गया। मैं कहना चाहता था कि यह मेरी ही चीज़ है जो मैं लिख रहा हूँ, कि यह भी एक

उपन्यास ही है जिसका नायक प्रेमचन्द नाम का एक आदमी है, फ़र्क़ बस इतना ही है कि यह आदमी मेरे दिमाग़ की उपज नहीं है, हाड़-मांस का एक पुतला है जो इस धरती पर डोल चुका है और समय की पगडंडी पर अपने पैरों के कुछ निशान छोड़ गया है, उसको मारने-जिलाने की, जैसे मन चाहे तोड़ने-मरोड़ने की आज़ादी मुझे नहीं है, घटना-प्रसंगों का आविष्कार करने की छूट मुझे नहीं है, कितने ही मोटे-मोटे रस्सों से मैं अच्छी तरह (या बुरी तरह) खूँटे से बँधा हुआ हूँ। लेकिन मुझे उसकी शिकायत नहीं है क्योंकि मैं जानता हूँ कि पूर्ण स्वच्छन्दता उपन्यास की कहानी कहते समय भी नहीं रहती, वहाँ भी कहानी कहनेवाला जीवन के खूँटे से, प्रतीति के खूँटे से बँधा ही रहता है। एक न एक संयम-अनुशासन हर सृजन के साथ लगा हुआ है। लेकिन सृजन के सुख में उससे कोई बाधा नहीं उपस्थित होती क्योंकि, जहाँ तक मैं समझ पाया हूँ, सृजन का असल सुख इसमें नहीं है कि कथाकार अपने कल्पना-लोक में अबाध विचरण कर सके बल्कि इसमें कि वह जड़ वास्तविकता को अपनी कल्पना से स्फूर्त और स्पन्दित कर सके, मूक-बधिर तथ्यों को वाणी दे सके, जीवन के सन्दर्भ में अपने चरित्रों को देख सके, पहचान सके, खोल सके। वह सुख मुझे यहाँ भी मिला और भरपूर मिला।

सच तो यह है कि यह काम हाथ में लेते ही यही चीज़ मेरे लिए पहली चुनौती बनी। वह चीज़ क्या है, उसका पता लगाओ, जिससे यह अति-सामान्य जीवन एक विशेष व्यक्ति का जीवन बनता है। कोई चमक-दमक यहाँ नहीं है, न कोई नाटकीय तत्त्व, न कोई रोचक जीवन-प्रसंग, न प्रेम और साहस के वैसे कोई प्रकरण—नितान्त बँधा-टँका जीवन एक ग़रीब स्कूल मास्टर का या वैसे ही ग़रीब लेखक-सम्पादक का। फिर भी कुछ तो है, जो विशेष है। वह क्या है? उसी को जीवन के सन्दर्भ में देख सकने और दिखा सकने में मुझको रचनाकार का सच्चा सुख मिला है।

किताब लिखनी जब शुरू हुई तब कितनी ही बार मेरे हाथ-पैर फूल गए। मैं समझ ही न पाता था कि मैं इसमें लिखूँगा क्या, किताब आगे बढ़े तो कैसे बढ़े। लेकिन जब इसी पीड़ा और उद्वेग में से अचानक यह गुर मेरे हाथ लगा कि इस व्यक्ति के जीवन को उसके देश और समाज के जीवन से जोड़कर तो देखो, तब जैसे सारे बन्द दरवाज़े यकबयक खुल गए और इस अति-सामान्य जीवन को एक नया आशय, एक नई अर्थवत्ता मिल गई। उसी को दिखाने का यत्न मैंने किया है। सफलता मुझे मिली या नहीं मिली या कितनी मिली, इसका निर्णय तो आप करेंगे। हाँ, यह मैं ज़रूर कहना चाहता हूँ कि इस काम को इतनी देर से शुरू करने के पीछे जहाँ मेरी अपनी मजबूरियाँ रही हैं वहाँ यह भी एक बड़ा कारण रहा है कि मैं तभी इस काम को उठाना चाहता था जब मुझे अपने तईं यह विश्वास हो कि मैं अलग हटकर, थोड़ा निरपेक्ष होकर इस व्यक्ति को देख सकता हूँ।

बहुत बार लेखक की अपनी डायरियों और जर्नलों से जीवनीकार को बहुत मदद मिल जाया करती है। प्रेमचन्द को डायरी या जर्नल लिखने की आदत न थी। इस तरह जीवनी की सामग्री का एक बड़ा कोष एक सिरे से ख़त्म हो गया।

दूसरा एक कोष पत्रों का होता है। वह भी बहुत कुछ नष्ट हो गया, क्योंकि पत्रों को सँभालकर रखने की आदत न इधर मुंशीजी को थी न उधर दूसरों को। तो भी जो

कुछ चिट्ठियाँ भाग्यवश बची रह गईं, जिनमें सबसे बड़ा ख़ज़ाना 'ज़माना' के सम्पादक मुंशी दयानरायन निगम को लिखी हुई चिट्ठियों का है (जिसके मिलने की दिलचस्प कहानी मैंने यथास्थान लिखी है), उनका मैंने पूरा-पूरा इस्तेमाल किया है।

चिट्ठियों के अलावा, मुझे सबसे ज़्यादा मदद लोगों के संस्मरणों से मिली है—संस्मरण जो पुस्तक रूप में प्रकाशित हैं या पत्र-पत्रिकाओं में बिखरे हुए हैं या आकाशवाणी से जब-तब प्रसारित किए गए। उन सब बन्धुओं के प्रति मैं अपना आभार प्रकट करता हूँ। और आभार प्रकट करता हूँ भाई कैलाशनाथ श्रीवास्तव के प्रति जिनकी निष्ठा और लगन से ही मुंशीजी की खोयी हुई सर्विस बुक मिली, जिससे मुझे अपने काम में बहुत मदद मिली। इतना ही नहीं गोरखपुर के जूनियर ट्रेनिंग कालेज (प्रेमचन्द के समय के नार्मल स्कूल) के प्रधान आचार्य की हैसियत से कैलाशनाथ जी ने प्रेमचन्द की स्मृति को जीवित रखने के लिए बहुत कुछ किया जो सबके लिए निश्छल सेवा और लगन का एक आदर्श प्रस्तुत करता है। उन्हीं ने, मेरे संकेत पर, पुराने रजिस्टरों की मदद से, प्रेमचन्द के छात्रों को प्रश्न-तालिका भेजकर उनके बयान मँगाए। उनमें से बहुतेरे अब इस दुनिया में नहीं हैं, लेकिन जो हैं उन्होंने बड़ी मुस्तैदी से अपने बयान भेजे, जिनसे मुंशीजी के गोरखपुर-कालीन जीवन के सम्बन्ध में कुछ बड़े उपयोगी और प्रामाणिक तथ्य मिले। मैं उन सबके प्रति अपना आभार प्रकट करता हूँ।

श्री मुरारीलाल जी केडिया के प्रति भी मैं अपना आभार प्रकट करता हूँ जिनके निजी संग्रह रामरत्न पुस्तकालय में मुझे प्रेमचन्द की कुछ पांडुलिपियाँ और इंटर-बी.ए. आदि परीक्षाओं के सर्टिफ़िकेट देखने को मिले।

उर्दू पत्रिकाओं में खोई हुई मुंशीजी की कहानियों और लेखों के संकलन में मुझे प्रोफ़ेसर एहतेशाम हुसेन और डॉ. क़मर रईस से जो मदद मिली, उसके लिए मैं उनके प्रति भी अपना आभार प्रकट करता हूँ।

कहना न होगा कि मुझे अपने काम में सबसे ज़्यादा मदद माता शिवरानी देवी से मिली है, उनकी पुस्तक से और उनकी सदेह उपस्थिति से, लेकिन इसके लिए मैं उनका आभार मानूँ, ऐसी धृष्टता मुझसे न होगी। सब कुछ तो उन्हीं का है।

हाँ, अपने गुरुदेव प्रोफ़ेसर सतीशचन्द्र देब और भाई महादेव साहा का आभार मुझे ज़रूर मानना चाहिए। उनका अंकुश न होता तो इस काम में अभी और भी शायद कुछ देर लगती। उनकी चिट्ठियाँ और बातें मुझे बराबर बहुत बल देती रही हैं।

और भी कितने ही बन्धुओं ने कितने ही रूपों में मुझको उपकृत किया है। मैं उन सबका हृदय से आभारी हूँ।

—अमृतराय

दक्षिण के एक हिन्दी-प्रेमी, चन्द्रहासन, प्रेमचन्द से मिलने काशी आए। पता लगाकर शाम के वक़्त उनके मकान पर पहुँचे। बाहर थोड़ी देर ठहरकर खाँ-खूँ करने पर भी कोई नज़र न आया तो दरवाज़े पर आए और झाँककर भीतर कमरे में देखा। एक आदमी, जिसका चेहरा बड़ी-बड़ी मूँछों में खोया हुआ-सा था, फ़र्श पर बैठकर तन्मय भाव से कुछ लिख रहा था। आगंतुक ने सोचा, प्रेमचन्द जी शायद इसी आदमी को बोलकर लिखाते होंगे। आगे बढ़कर कहा—मैं प्रेमचन्द जी से मिलना चाहता हूँ। उस आदमी ने झट नज़र उठाकर ताज्जुब से आगंतुक की ओर देखा, क़लम रख दी, और ठहाका लगाकर हँसते हुए कहा—खड़े-खड़े मुलाक़ात करेंगे क्या! बैठिए और मुलाक़ात कीजिए...

बस्ती के ताराशंकर 'नाशाद' मुंशीजी से मिलने लखनऊ पहुँचे। उन दिनों वह अमीनुद्दौला पार्क के सामने एक मकान में रहते थे। मकान के नीचे ही 'नाशाद' साहब को एक आदमी मिला, धोती-बनियान पहने। 'नाशाद' ने उससे पूछा—मुंशी प्रेमचन्द कहाँ रहते हैं, आप बतला सकते हैं? उस आदमी ने कहा—चलिए, मैं आपको उनसे मिला दूँ।

वह आदमी आगे-आगे चला, 'नाशाद' पीछे-पीछे। ऊपर पहुँचकर उस आदमी ने 'नाशाद' को बैठने के लिए कहा और अन्दर चला गया। ज़रा देर बाद कुर्ता पहनकर निकला और बोला—अब आप प्रेमचन्द से बात कर रहे हैं...

पटने में एक साहित्यिक गोष्ठी है। मुंशीजी को उसका सभापति बनाया गया है। आज वह पटना आनेवाले हैं। बहुत-से लोग उनके स्वागत को स्टेशन पर पहुँचे हुए हैं लेकिन मज़े की बात यह है कि उनमें से किसी ने उनको पहले देखा नहीं है, बस एक तसवीर देखी है, उसी का सहारा है।

एक्सप्रेस आई। देख लिया। कहीं नहीं।

पंजाब मेल आई। देख लिया। कहीं नहीं।

इतवार की शाम को बैठक थी और सबेरे छः बजे के क़रीब एक और एक्सप्रेस आती थी। अब बस यही आख़िरी आसरा था।

ट्रेन आई, लगी और चली गई। सैकड़ों आदमी उतरे और चढ़े पर प्रेमचन्द नहीं आए, नहीं आए। गोष्ठीवालों के प्राण नहों में समा गए—अब कहाँ जाएँगे, कैसे लोगों को मुँह दिखाएँगे।

उदास, क्षुब्ध, मुसाफ़िरख़ाने की तरफ़ बढ़े। देखा, सीढ़ी के पास एक अधेड़ सज्जन, जिनके बाद कुछ सफ़ेद हो चले थे और जो सफ़र की थकावट से कुछ खिन्न-से हो रहे थे, गुमसुम खड़े हैं और कुली उनका ट्रंक सर पर और बिस्तर हाथ में लिए पूछ रहा है—बाबू कहाँ चलें?

इस मुसाफ़िर को उन लोगों ने कल रात ही को पंजाब मेल से उतरते देखा था, मगर पहचानते कैसे...

कोई विशेषता जो नहीं है उसमें।

अपने आस-पास ऐसा एक भी चिह्न वह नहीं रखना चाहता जिससे पता चले कि वह दूसरे साधारण जनों से ज़रा भी अलग है। कोई तिलक-त्रिपुंड से अपने विशेषत्व की घोषणा करता है, कोई रेशम के कुर्ते और उत्तरीय के बीच से झाँकने वाले अपने ऐश्वर्य से, कोई अपनी साज-सज्जा के अनोखेपन से, कोई अपनी किसी ख़ास अदा या ढब से, यहाँ तक कि एक यत्न-साधित, सतर्क सरलता भी होती है जो स्वयं एक प्रदर्शन या आडम्बर बन जाती है, शायद सबसे अधिक विरक्तिकर—देखो इतना बड़ा इतना नामी आदमी होकर मैं कितनी सादगी से रहता हूँ! प्रेमचन्द की सरलता सहज है। उसमें कुछ तो इस देश की पुरानी मिट्टी का संस्कार है, कुछ उसका नैसर्गिक शील है, संकोच है, कुछ उसकी गहरी जीवनदृष्टि है और कुछ उसका सच्चा आत्मगौरव है जो किसी तरह के आत्म-प्रदर्शन या विज्ञापन को उसके नज़दीक घटिया बना देता है। नहीं, वह कस्तूरी मृग नहीं है जिसे अपने भीतर की कस्तूरी का पता न हो। उसे पता है कि उसके भीतर ऐसा भी कुछ है जो मूल्यवान है, उसका अपना है, नितान्त अपना, मौलिक, विशेष। वही उसका मोती है, मानिक है। कोई इस मोती-मानिक को उसके उपयुक्त रत्नजटित-मंजूषा में रखता है, यह आदमी उसे टीन के बकस में रखता है—इसलिए नहीं कि वह उसकी क़दर कम करता है बल्कि इसलिए कि बहुत ज़्यादा करता है। टीन के बकस में वह मोती ज़्यादा सुरक्षित है। वहाँ से कौन उसे चुरा सकता है, किसका ध्यान जाएगा उस पर! इसीलिए तो उटंगी धोती और मैली-सी एक फतुही पहने, तीसरे दर्जे के मुसाफ़िरखाने में बैठा हुआ-सा, टीन के बकस में अपना वह मोती जतन से छिपाए वह इतनी बेफ़िक्री से आगे-पीछे, दाएँ-बाएँ, सबका नाम-गाम पूछता है, उनके सुख-दुख,

हारी-बेगारी, सूखे-बूड़े, रोजी-रोज़गार की बातें करता है और कोई हँसी की बात हो तो इतने ज़ोर से ठहाका लगाता है कि आस-पास बैठे हुए लोग चौंक पड़ते हैं और दीवारें हिल जाती हैं। शायद उसको इस बेलौस हँसी में कहीं एक हल्की-सी चुहल भी छिपी हुई है—देखा, कैसा बुद्धू बनाया इन सबों को! कोई भाँप भी नहीं सका कि मेरे पास इस टीन के बकस में ऐसा एक मोती भी था जिससे दुनिया खरीदी जा सकती थी!

उसके ख़मीर में बच्चों जैसी शरारत का भी ख़ासा एक पुट है, जो अक्सर उसके लिखने में उभर आता है, इसलिए कभी-कभी लगता है कि अपनी इस सादगी में शायद उसे लुका-छिपी के खेल का भी कुछ मज़ा मिलता है!

जिस नितान्त साधारण, बँधी-टकी दिनचर्या से उसकी ज़िन्दगी का साँचा बना था उसको देखते हुए शायद उस मोती के पानी को, उसकी चमक को बराबर बनाए रखने का दूसरा कोई उपाय भी न था। यह गहरी निश्छल सादगी शायद एक कवच थी जो प्रकृति ने स्वयं उसको बनाकर दिया था ताकि उस मोती की चमक कभी मन्द न हो—वैसे ही जैसे बादाम की मीठी गिरी को बनाए रखने के लिए उस पर एक कड़ा खोल चढ़ाना पड़ा।

ज़रा देखिए यह अन्दाज़ जिसमें मुंशीजी अपने एक दोस्त को अपने हालात नोट करा रहे हैं—

'तारीख़ पैदाइश संवत् 1937। बाप का नाम मुंशी अजायब लाल। सुकूनत मीज़ा मढ़वाँ, लमही, मुत्तसिल पांडेपुर, बनारस। इब्तदाअन् आठ साल तक फ़ारसी पढ़ी, फिर अंग्रेज़ी शुरू की।

बनारस के कालेजिएट स्कूल से एंट्रेंस पास किया। वालिद का इंतक़ाल पन्द्रह साल की उम्र में हो गया, वालिदा सातवें साल गुज़र चुकी थीं। फिर तालीम के सीग़े में मुलाज़िमत की। सन् 1901 में लिटररी ज़िन्दगी शुरू की...' फिर छ: सतरें इसके बारे में कि कब कौन किताब लिखी, क़िस्सा ख़तम पैसा हज़म! और जब आत्मकथा लिखने पर आए तो पहले सब को आगाह कर दिया—

'मेरा जीवन सपाट, समतल मैदान है, जिसमें कहीं-कहीं गढ़े तो हैं, पर टीलों, पर्वतों, घने जंगलों, गहरी घाटियों और खँडहरों का स्थान नहीं है। जो सज्जन पहाड़ों की सैर के शौक़ीन हैं उन्हें तो यहाँ निराशा ही होगी।'

यानी कि जिसे आना हो, समझ-बूझकर आए!

और सच तो यह है कि अगर ऐसी कुछ बात ही न आ पड़ती तो शायद उस व्यक्ति ने अपने बारे में इतना भी न लिखा होता। कोई पूछता तो शायद वह कह देता : मेरी ज़िन्दगी में ऐसा है ही क्या जो मैं किसी को सुनाऊँ। बिलकुल सपाट, समतल ज़िन्दगी है, वैसी ही जैसी देश के और

करोड़ों लोग जीते हैं। एक सीधा-सादा, गृहस्थी के पचड़ों में फँसा हुआ, तंगदस्त, मुदर्रिस, जो सारी ज़िन्दगी क़लम घिसता रहा, इस उम्मीद में कि कुछ आसूदा हो सकेगा मगर न हो सका। उसमें क्या है जो मैं किसी को सुनाऊँ। मैं तो नदी किनारे खड़ा हुआ नरकुल हूँ, हवा के थपेड़ों से मेरे अन्दर भी आवाज़ पैदा हो जाती है। बस इतनी-सी बात है। मेरे पास अपना कुछ नहीं है, जो कुछ है उन हवाओं का है जो मेरे भीतर बजीं। मेरी कहानी तो बस उन हवाओं की कहानी है, उन्हें जाकर पकड़ो। मुझे क्यों तंग करते हो!

1

बनारस से आज़मगढ़ जानेवाली सड़क पर, शहर से क़रीब चार मील दूर, एक छोटा-सा गाँव है, लमही, मौज़ा मढ़वाँ। पन्द्रह-बीस घर कुर्मियों के, दो-एक कुम्हार, एकाध ठाकुर, तीन-चार मुसलमान (जिनमें पुरुषों में मथुरा और स्त्रियों में रमदेई, सुनरी और कौसिलिया-जैसे नाम हैं!) और नौ-दस घर कायस्थों के—यही इस गाँव की कुल आबादी है।

यों तो इक्का-दुक्का कायस्थ भी अपने हाथ से हल चला लेते हैं लेकिन बस इक्का-दुक्का। खेती-किसानी कुर्मियों का काम है। कायस्थों की शान में इससे बट्टा लगता है। वे यहाँ के अकेले पढ़े-लिखे लोग हैं और अपनी इसी क़ाबिलियत के बल पर अभी कुछ बरस पहले तक गाँव पर राज करते रहे हैं। मगर अब, कुछ तो कुर्मियों में शिक्षा के साथ अपने अधिकारों की चेतना जागने के कारण और कुछ कायस्थों की आपसी फूट के कारण, उनके राज्य की चूलें हिल गई हैं और उनका दबदबा काफी कम हो गया है। ताहम आज भी सबसे ज़्यादा पढ़ा-लिखा वर्ग कायस्थों का ही है। उनमें वकील हैं, मुख़्तार हैं, पेशकार और अहलमद हैं, मुहर्रिर हैं, स्टाम्पफ़रोश हैं, पटवारी हैं, स्कूल के मुदर्रिस हैं। कहना न होगा कि उन्होंने भी जमाने के साथ तरक़्क़ी की है, क्योंकि एक वक़्त था कि उनमें यहाँ-वहाँ बस एक-दो डाकमुंशी और ज़्यादातर डाकिये थे।

मगर वह पुरानी बात है।

सुनते हैं कि अब से कोई दो सौ बरस पहले एक कोई लाला टीकाराम थे। वह क्या थे, कहाँ थे, क़हाँ जिये, कहाँ मरे—यह सब कुछ भी ठीक नहीं मालूम। लेकिन सम्भव है कि वह लमही के पास ऐरे नामक गाँव के रहे हों क्योंकि इतना मालूम है कि उनकी तीसरी पुश्त में मुंशी गुरसहाय लाल पटवारी होकर ऐरे से लमही आए।

लाला टीकाराम के दो बेटे थे, लाला मनियार सिंह और लाला महराज सिंह। मनियार सिंह शायद नावल्द मर गए। महराज सिंह के दो बेटे हुए (बेटियाँ कितनी हुईं नहीं मालूम क्योंकि बेटियों के बारे में शजरा ख़ामोश है!)—राम लाल और मैकू लाल। मैकू लाल के छ: बेटे हुए जिनमें से चौथे गुरसहाय लाल थे। यही गुरसहाय लाल

पटवारी मुक़र्रर होकर लमही आए। उनके साथ ही उनके भतीजे हरनरायन लाल आए और फिर इन्हीं दो लोगों से वह सारे कायस्थ घराने पैदा हुए जो इस वक़्त लमही में मौजूद हैं।

मुंशी गुरसहाय लाल के चार बेटे हुए—कौलेश्वर लाल, महाबीर लाल, अजायब लाल और उदितनरायन लाल।

मुंशीजी ठेठ कायस्थ और ठेठ पटवारी आदमी थे। पढ़े-लिखे उतना ही थे जितना कि पटवारी के लिए ज़रूरी था मगर चालबाज़ी में किसी से जौ भर घटकर न थे। आने के साथ ही उन्होंने अपना मकान बनवाने के लिए गाँव के एक छोर पर ज़मीन हासिल की और एक बड़ा-सा कच्चा मकान बनवाया।

पटवारी में अगर अक़्ल हुई तो उसे गाँव का राजा ही समझना चाहिए एक तरह से—जैसे चाहे स्याह-सफ़ेद करे, कोई उसका हाथ पकड़नेवाला नहीं! धीरे-धीरे मुंशी गुरसहाय लाल के पास साठ बीघे की अपनी आराज़ी हो गई जो उन्होंने अपने दूसरे बेटे महाबीर लाल के नाम लिखवा दी। यों भी घर में खाने-पीने की कमी न थी। पीने की बात कहना ज़रूरी है क्योंकि मुंशी गुरसहाय लाल बहुत लती पीनेवाले थे। पैसा ज़रूरत-भर घर में था ही, गाँव में ही हौली थी, दो आने की एक बोतल मिलती थी, और वही दो आने का सेर-भर कलिया।

पैसा तो उन्होंने ठर्रे की उन बोतलों में शायद कुछ ख़ास नहीं उड़ाया लेकिन, हाँ, नशे की हालत में वह अपनी बीवी की कुटम्मस अक्सर किया करते थे जैसा कि शराबी आम तौर पर करते हैं।

लड़कों को अपनी माँ के साथ बाप का यह बुरा बर्ताव बहुत खलता लेकिन भीतर-ही-भीतर सुलगकर बुझ जाते। एक महाबीर ही ऐसे थे जिनमें इतना दम-खम था कि चाहते तो एक बार पिल पड़ते। अपने नाम के अनुरूप वही अपने सब भाइयों में सबसे हट्टे-कट्टे, लम्बे-तड़ंगे, हैकल जवान थे। उनके बारे में कहा जाता है कि जब गाँव में कोई बैल नाथना होता और कोई उसको बस में न कर पाता तो महाबीर का आवाहन किया जाता। महाबीर फ़ौरन धोती का फेटा कसकर कमर में बाँधते हुए मौक़े पर पहुँच जाते। पाँच-सात-दस मिनट तक बैल से उनकी कुश्ती होती, फिर वह बैल को ज़मीन पर गिराकर उसके ऊपर चढ़ बैठते और चढ़े बैठे रहते जब तक कि उसको नाथने की क्रिया पूरी न हो जाती, मज़ाल थी कि मिनक जाए!

यह भी कुछ उनके नाम का ही प्रताप था कि महाबीर अपनी माँ के अनन्य भक्त थे। अजायब लाल भी अपनी माँ को प्यार करते ही होंगे लेकिन वह शरीर से और फलत: मन से भी दुर्बल थे। महाबीर अक्खड़ किसान थे, शरीर और मन दोनों से मज़बूत। शायद इसीलिए बाप ने अपनी कुल साठ बीघे आराज़ी महाबीर के ही नाम लिखवाई थी, क्योंकि जोरू और ज़मीन के बारे में मशहूर है कि ये दोनों उसी आदमी के पास रहती हैं जिसका शरीर ताक़तवर और लाठी मज़बूत होती है।

महाबीर लाल अपने बाप के चहेते थे सही, लेकिन जब मुंशी गुरसहाय लाल अपनी बीवी को पीट चलते और वह बेचारी बेज़बान गाय की तरह चुपचाप पिटती रहती तो महाबीर से अपनी माँ की यह दुर्दशा देखी न जाती और वह गुस्से से

काँपते हुए जाकर दोनों हाथों से अपने बाप की गर्दन दबोच लेते और दाँत पीसकर कहते—मन करता है...

मगर ख़ैर, वैसी कोई दुर्घटना नहीं हुई और मुंशी गुरसहाय लाल जब भी मरे अपनी मौत मरे। लेकिन हाँ, महाबीर उनको पकड़कर बाहर घसीट ज़रूर ले जाते। आए दिन यह नाटक घर में हुआ करता लेकिन मारपीट बन्द नहीं हुई और इसी तरह पटवारगिरी करते, ठर्रा पीते और बीवी को धुनकते हुए मुंशी गुरसहाय लाल पचपन-साठ की उम्र तक जिये।

और जब वह मरे तो पट्टीदारों ने, ख़ासकर मुंशी हरनरायन लाल ने, जो अपने चाचा के साथ ही ऐरे से लमही आए थे और जिन्हें शायद मन ही मन इस बात का मलाल था कि पटवारगिरी ख़ुद उनको क्यों नहीं मिली (जिसके तुफ़ैल में आज यह साठ बीघे आराज़ी महाबीर लाल के नाम लिखी हुई थी और जो ग़रीब की आँखों में काँटे की तरह गड़ रही थी) महाबीर लाल को पट्टी पढ़ाना शुरू किया कि अगर तुम अपनी ज़मीन से इस्तीफ़ा दे दो तो आज अपने बाप की जगह पटवारी बन सकते हो।

महाबीर लाल के बड़े भाई कौलेश्वर लाल तीस बरस के होकर पहले ही इस दुनिया से सिधार चुके थे और पटवारगिरी के सीग़े में उन दिनों ऐसा कुछ क़ायदा था कि बेटा अगर पटवारियान पास हो तो बाप की गद्दी पर पहला हक़ उसी का होता था। महाबीर लाल यों ही कुछ सटर-पटर पढ़े थे और पटवारियान पास करना तो दूर रहा, उसके पास फटके तक नहीं थे। लेकिन पट्टीदारों ने जब पट्टी पढ़ाई तो महाबीर लाल को, जिनकी अक़्ल भी उतनी ही मोटी थी, यह बात जँच गई और फिर उन्होंने किसी से पूछा न जाँचा, गए और अपनी साठ बीघे ज़मीन से इस्तीफ़ा दे आए। मुंशी हरनरायन लाल की आँख का काँटा दूर हो गया। पटवारगिरी न मिलनी थी न मिली।

अब चारों भाइयों के बीच बस छ: बीघा ज़मीन बची जो मुंशी गुरसहाय लाल अपने पोते यानी महाबीर के बेटे बलदेव लाल के नाम अलग से लिख गए थे। खेती-किसानी के नाम से पूरे ख़ानदान में अब बस इतनी ही ज़मीन बच रही थी। सब लड़के खेती से लग जाएँ, यह शायद मुंशी गुरसहाय लाल का मंशा भी न था। कायस्थ की जात नौकरी के लिए है। और फिर पैसा भी तो नौकरी में ही मिलता है, खेती में तो बस ग़ल्ला हाथ आता है। खेती के लायक शरीर भी भगवान ने एक को ही दिया था, महाबीर को। तो फिर ठीक है, एक बेटा खेती करेगा, बाक़ी तीनों नौकरी करेंगे। दोनों हाथ में लड्डू रहेगा। अनाज भी इफ़रात पैदा होगा और पैसा भी इफ़रात आएगा।

महाबीर खेती में लग गए और बाक़ी तीनों यानी कौलेश्वर, अजायब और उदितनरायन ने इतना पढ़ लिया कि नौकरी कर सकें, थोड़ी-सी उर्दू-फ़ारसी और थोड़ी-सी अंग्रेज़ी।

यह एक संयोग ही था कि भाइयों में सबसे बड़े कौलेश्वर लाल डाकमुंशी बने। फिर क्या कहना था, कुछ रोज़ बाद उन्होंने अजायब लाल को भी डाकमुंशी बनवा दिया। फिर अजायब लाल ने वही नेकी अपने से छोटे उदितनरायन के साथ की और इस तरह तीनों भाई देखते-देखते डाकमुंशी बन गए। कहना मुशिकल है कि क्यों सब

भाइयों को एक के बाद एक डाकमुंशियाने का ही छुतहा रोग लगा। कुछ तो शायद इसलिए कि इस काम में दूसरे किसी महकमे से कम घिसाई करनी पड़ती थी और कुछ शायद इसलिए कि यह काम साफ़-सुथरा था। ऊपरी आमदनी की गुंजाइश तो नहीं के बराबर थी मगर इज़्ज़त काफ़ी थी। आँख-कान जो भी समझिये, डाकमुंशी गाँव का एक ख़ास आदमी था। उसी की मार्फ़त गाँववालों का सम्बन्ध बाहर की दुनिया से रहता था। कमाने के लिए लोग बाहर जाते ही रहते। कभी उनकी चिट्ठी आती और जब बहुत दिन न आती तो यहाँ से उनको चिट्ठी भेजनी होती। कभी कुछ रुपया मनीआर्डर से आता। डाकमुंशी इस सब का हाकिम था और जहाँ अब से सौ बरस पहले सारे गाँव में दो ही चार आदमी अपने दस्तख़त बना सकते रहे हों, डाकमुंशी का काम लिफ़ाफ़ा-पोस्टकार्ड बाँटने से ही ख़त्म न हो जाता था, बहुत बार चिट्ठियाँ भी उसी को लिखनी पड़ती थीं। भलमंसी का यही तक़ाज़ा था और इसके एवज़ में गाँव के लोग थोड़ी-बहुत जौ-मटर, साग-सब्ज़ी, रस-गुड़ भी पहुँचा दिया करते।

मुंशी अजायब लाल ने यों भी तबीयत नेक पाई थी। लीक पकड़कर चलनेवाले आदमी थे लेकिन उस लीक पर अगर उनकी जात से किसी का कुछ भला होता हो तो उसमें कभी पीछे न रहते। घर-बाहर सब जगह वह अपनी बिसात-भर दूसरों की मदद करते। वैसे बिसात ही कितनी थी, दस रुपए पर नौकर हुए थे, चालीस तक पहुँचते-पहुँचते रिटायर हो गए।

उनके बड़े भाई कौलेश्वर लाल जवानी में ही मर गए थे। उनकी विधवा स्त्री अपने बच्चे को लेकर बहुत दिन घर पर ही रहीं। लेकिन फिर उनके साथ भी वही हुआ जो सच या झूठ हमारे समाज में प्राय: हर विधवा युवती के साथ होता है। रिश्ते के एक भतीजे को लेकर उनकी बदनामी हुई, महाबीर लाल की पत्नी ने अभूतपूर्व मनोयोग से अपनी जेठानी के चारित्रिक स्खलन का अनुसन्धान और प्रचार किया—यहाँ तक कि बेचारी गाँव छोड़कर चुनार चली गईं और वहाँ दो-एक सेठों की लड़कियों को पढ़ाकर (थोड़ी-बहुत कैथी वह जानती थीं) अपनी ज़िन्दगी के दिन काटने लगीं।

उनके लड़के मोती लाल को भी अपने पिता की ही आयु मिली। वह भी अपनी स्त्री की गोद में एक साल का बेटा और तीन लड़कियाँ छोड़कर तीस बरस की ही उमर में इस दुनिया से उठ गए। मुंशी अजायब लाल ने अपनी उस छोटी कमाई में से बरसों अपनी इस भतीज-बहू को पाँच रुपया महीना दिया। इसी तरह अपने चाचा ईश्वरीलाल की विधवा स्त्री को भी, जिन्हें सब करियई चाची कहते थे, उन्होंने आजीवन दो रुपया महीना दिया।

उनके छोटे भाई उदितनरायन लाल, जिन्हें मुंशी अजायब लाल ने ही डाकमुंशी बनवाया था, डाकख़ाने का रुपया ग़बन करने के जुर्म में पकड़े गए। उनको छुड़ाने के लिए बहुत कोशिश-पैरवी हुई मगर बेकार, और उन्हें सात बरस की सज़ा हो गई। सरकारी रक़म, एक हज़ार रुपया, बड़ी-बड़ी मुश्किलों से घरवालों ने भरी। अब सवाल उनके बाल-बच्चों की परवरिश का था। मुंशी अजायब लाल इसमें भी सबसे आगे-आगे रहे। उदितनरायन के घर में उनकी पत्नी थी, एक लड़का था और दो लड़कियाँ। लड़का जगतनरायन सबसे बड़ा था और बिलकुल आवारा था। घर से भाग गया और सदा के लिए लापता हो गया। बड़ी लड़की की शादी उदितनरायन कर चुके थे, वह

अपने घर रहती थी। छोटी लड़की अभी छोटी थी। उदितनरायन सज़ा काटकर घर आए ज़रूर लेकिन शर्म के मारे उनकी आँख न उठती थी और फिर जो वह ग़ायब हुए तो ऐसे कि दुबारा किसी ने उनका मुँह न देखा। उनके बाल-बच्चों की देख-रेख मुंशी अजायब लाल ने ज़िन्दगी-भर की, छोटी लड़की का ब्याह भी उन्हीं ने किया।

उनके व्यक्तित्व में असाधारण कुछ भी न था, बस इतना था कि आदमी भले थे, छल-कपट से दूर रहते थे। उनके माँ-बाप के बारे में जो कुछ पता चलता है उससे मालूम होता है कि उनकी प्रकृति में अपने पिता से अधिक अपनी माँ का अंश था जो कि एक शान्त, साध्वी स्त्री थीं। उन्होंने कभी अपनी पत्नी के साथ वैसा दुर्व्यवहार नहीं किया जैसा उनके पिता अपनी पत्नी के साथ आए दिन किया करते थे। मामूली पढ़े-लिखे आदमी थे। गीता और शास्त्र भी देखे थे। पर धार्मिक अनुष्ठानों में उन्हें ज़्यादा विश्वास न था। कहते थे, उनमें ढोंग ज़्यादा है, तत्त्व कम। धर्म का मतलब वह सदाचार समझते थे, जिसे उन्होंने शक्ति-भर अपने जीवन में बरता। कभी किसी से झगड़े नहीं, हाँ छोटा-मोटा भला बहुतों का किया। अपने नातेदारों में जगदम्बा के पिता बृजकिशोर लाल और बिन्देसरी के पिता रजपाल लाल को अपनी कोशिश से चिट्‌ठीरसाँ बनवाया और ज़रूरत पड़ने पर लोगों को रुपए-पैसे देने में भी अपनी औकात-भर कंजूसी नहीं की। हमेशा नज़र नीची करके चले। गाँव की बहू-बेटियों को अपनी बहू-बेटी समझा। कभी किसी झगड़े में अगर लोगों ने उनको पंच बनाया तो बिना इसका या उसका मुँह देखे अपनी बेलौस राय दी। और वैसा ही आदर भी उनको अपने समाज में मिला।

संयोग से पत्नी भी उनको अपने अनुरूप ही मिली। देखने में जितनी सुन्दर, स्वभाव की उतनी ही कोमल। सुन्दर इतनी कि शायद इतनी सुन्दर स्त्री परिवार में फिर कभी नहीं आई—ख़ूब गोरी, मँझोला क़द, भरा हुआ छरहरा शरीर, आँखें बड़ी नहीं पर सुन्दर, उठी हुई सुडौल नाक, लम्बे-लम्बे बाल, मीठी आवाज़। काशी विश्वविद्यालय के पास एक गाँव है करौंदी, वहीं की लड़की थीं। पिता शायद किसी ज़मींदार के कारिन्दा थे। सुन्दर, भरे-तगड़े। लेकिन बस यह शरीर ही था उनके पास जो कारिन्दा बनने के योग्य था, आत्मा बिलकुल दूसरे ही साँचे में ढली थी। जिस कारिन्दे की तबीयत में नेकी हो, शराफ़त हो, सच्चाई हो, घुलावट हो, वह भी कोई कारिन्दा है! इतना ही नहीं, उनके बारे में यह भी सुना जाता है कि वह साहित्यिक रुचि के आदमी थे और शायद कुछ किताबें भी उन्होंने लिखीं जिन्हें दुनिया की रोशनी देखना नसीब न हुआ। कहते हैं कि उनकी बेटी आनन्दी ने अपना रूप-रंग-स्वभाव सब कुछ उन्हीं से पाया था। उन्हें कभी किसी से झगड़ा करते नहीं देखा गया और न वह दूसरी औरतों की तरह इधर की बात उधर लगाने में या टोले-पड़ोसवालों की निन्दा में ही रस लेती थीं। शीलवती, घरेलू स्त्री थीं, अपने पति के समान ही सदा हर किसी की सहायता के लिए तत्पर। ख़ुद भी मामूली ही पढ़ी-लिखी थीं, बस थोड़ी-सी कैथी, पर उतनी उन्होंने अपनी भतीज-बहू को भी सिखला दी।

घर के काम-काज में वह ज़रूर यकता थी। खाना बहुत अच्छा पकाती थीं और सीने-पिरोने में भी बेजोड़ थीं। उनके हाथ की बख़िया में जो सफ़ाई थी, वह तो फिर देखी ही नहीं गई।

लेकिन एक दुख उनको बड़ा था। उनके बच्चे नहीं जीते थे। दो लड़कियाँ हुईं और दोनों जाती रहीं। तब लमही की औरतों ने शोर मचाया कि आनन्दी का अपने मैके जाना ठीक नहीं है, वहाँ भूत लगते हैं!

अब यह चाहे भूत की बात हो चाहे मात्र संयोग, तीसरी लड़की जो आनन्दी को, लमही में पैदा हुई, जिसका नाम सुग्गी रखा गया, वह ज़िन्दा रही और उसके छः-सात बरस बाद लमही के उसी कच्चे पुश्तैनी मकान में जो मुंशी गुरसहाय लाल ने बनवाया था, सावन बदी 10 संवत् 1937, शनिवार 31 जुलाई, सन् 1880 को उस लड़के का जन्म हुआ जिसे बाद को दुनिया ने प्रेमचन्द के नाम से जाना। लड़का ख़ूब ही गोरा-चिट्टा था। सब बहुत ख़ुश थे। पिता ने हुलसकर उसका नाम रखा धनपत और ताऊ ने नवाब।

बस एक बात खटक रही थी। लड़का तेतर था यानी तीन लड़कियों की पीठ पर हुआ था, और ऐसी सन्तान के बारे में लोगों का विश्वास है कि वह माँ-बाप में से किसी एक को खाये बिना नहीं रहती! नवाब ने ऐसी बुभुक्षा का तत्काल कोई परिचय न दिया लेकिन इसमें सन्देह नहीं कि यह भी प्रकृति का एक अच्छा व्यंग्य था। जिस लड़के को आगे चलकर आजीवन समाज की मुर्दा रूढ़ियों से जूझना था, वह स्वयं एक मुर्दा रूढ़ि की छाया में पैदा हुआ!

2

बेचारी माँ दो लड़कियाँ गँवा चुकी थी और अब बस यही दो बचे थे, सुग्गी और नवाब। सुग्गी नवाब से छः-सात साल बड़ी थी। उसको भी माँ कुछ कम प्यार नहीं करती थी, लेकिन नवाब में तो जैसे उसके प्राण ही बसते थे। कुछ तो शायद इसलिए भी कि वह सबसे छोटा था और लड़का था। माँ को हरदम यही डर लगा रहता कि कोई उसके बेटे को नज़र लगा देगा, कुछ जादू-टोना कर देगा। लड़का चंचल था भी, जिसे 'टोनहा' कहते हैं, हरदम झाड़-फूँक करवाती रहती, राई-नोन से नज़र उतरवाती रहती—और डिठौना तो नवाब को पाँच-छः साल की उम्र तक लगाया जाता रहा। माँ का बस चलता तो वह कभी बेटे को अपने आँचल से अलग न होने देती।

इस तरह बचपन के कुछ वर्ष, माँ के प्यार की शीतल छाँह में बहुत ही मधुर बीते। माँ के लाड़ले थे और शरारत कहिए या चुहल, उनकी घुट्टी में पड़ी थी। आए दिन कुछ-न-कुछ हुआ करता और घर पर उलाहना पहुँचता। एक रोज़ ऐसा हुआ कि लड़के नाई-नाई खेल रहे थे। नवाब को शरारत सूझी, उसने ललान के ही एक लड़के रामू की हजामत बनाते-बनाते बाँस की कमानी से उसका कान काट लिया। कान कटा तो ख़ैर नहीं, मगर ख़ून ज़रूर भलभल-भलभल बहने लगा। रामू रोता-पीटता अपनी माँ के पास पहुँचा। माँ ने बेटे के कान से ख़ून बहते देखा तो आगबबूला हो गई और एक हाथ से रामू को पकड़े झनकती-पटकती नवाब की माँ के पास उलाहना देने पहुँची। नवाब ने जैसे ही उसकी आवाज़ सुनी, खिड़की के पास दुबक गया। माँ ने दुबकते

लमही की कोठरी जिसमें जन्म हुआ;
हिन्दी कवि त्रिलोचन और चेक विद्वान् स्मेकल खड़े हैं।

लमही का एक दृश्य

प्रेमचन्द का अपना बनवाया मकान

हुए उसको देख लिया और पकड़कर चार झापड़ रसीद किए। पूछा—रामू का कान तूने क्यों काटा? नवाब ने निहायत भोलेपन से जवाब दिया—पता नहीं कैसे कट गया, मैं तो उसकी हजामत बना रहा था!

फ़सल के दिनों में किसी के खेत में घुसकर ऊख तोड़ लाना, मटर उखाड़ लाना—यह तो रोज़ की बात थी। इसके लिए खेतवालों की गाली भी खानी पड़ती थी, लेकिन लगता है कि उन गालियों से ऊख और मीठी, मटर और मुलायम हो जाती थी! लमही चूँकि सदा से बहुत ग़रीब गाँव रहा है, इसलिए कोई इस चीज़ को दरगुज़र भी न करता था और अक्सर इस बात का उलाहना आता। घर में डाँट-फटकार भी होती लेकिन एक-दो रोज़ के बाद फिर वही रंग-ढंग।

ढेला चलाने में भी नवाब बहुत मीर थे, टिकोरे पेड़ में आते और उनकी चाँदमारी शुरू हो जाती। ऐसा ताककर निशाना मारते कि दो-तीन ढेलों में आम ज़मीन पर नज़र आता। पेड़ का रखवाला चिल्लाता ही रह जाता और नवाब की मंडली आम बीन-बटोरकर चम्पत हो जाती। और सबसे ज़्यादा मज़ा तो निशानेबाज़ी में तब आता जब आम पकना शुरू हो जाते। तेज़ आँखें सब आम के पेड़ों को ताके रहतीं और जहाँ किसी डाल में कोई कोंपल दिखा नहीं कि ढेलेबाज़ी शुरू। मज़ाल है कि दो-तीन चक्कों में वह नीचे न आ जाए। रखवाला चिल्लाता है तो चिल्लाने दो, गाली देता है, देने दो, हमें आम से मतलब है कि उसकी गाली से! जब तक अपना लाठी-डंडा लेकर वह आएगा, हम कहीं के कहीं होंगे! अपनी मंडली में नवाब का निशाना मशहूर था, इस मामले में वह अपनी टोली के सारे लड़कों का सरताज था। आज तक लोग उसका बखान करते हैं—वैसे ही जैसे उनके गुल्ली-डंडे का। सुनते हैं उनका टोल अच्छी तरह जमकर बैठ जाता था तो गुल्ली डेढ़ सौ गज की ख़बर लेती थी। लेकिन वह ज़रा बाद की बात है, अभी तो हाथ में इतना दम न था।

घर के सामने, जहाँ अब मुंशीजी का बनवाया हुआ अपना मकान है, एक बहुत ही पुराना, बहुत ही बड़ा इमली का पेड़ था। उसके नीचे लाला (महाबीर लाल) की मड़ैया तो थी ही, खेलने के लिए भी ख़ूब जगह थी, साफ़-सुथरी। वहाँ इमली के चियों और महुए के कोइनों से खेल होता और कबड्डी की पाली जमती।

इसी तरह बचपन के सुहाने दिन बीत रहे थे, कभी लमही में तो कभी पिता के साथ कहीं और। उस कहीं और में ही एक जगह कज़ाकी नाम का एक डाक-हरकारा उसकी ज़िन्दगी में आया और हमेशा के लिए अपनी याद और अपना दाग़ छोड़ गया :

मेरी बाल-स्मृतियों में कज़ाकी एक न मिटनेवाला व्यक्ति है। आज चालीस साल गुज़र गए (कहानी सन् 1926 में लमही में बैठकर लिखी जा रही है जब कि मुदर्रिसी के तेईस तूफ़ानी सालों की बेतहाशा भागमभाग के बाद लेखक उस ज़िन्दगी को अलविदा कहकर फिर अपने बचपन के परिवेश में लौट आया है, कुछ सुस्ता रहा है और पुरानी स्मृतियाँ धीमी-धीमी बयार की तरह आकर उसको सहला रही हैं) लेकिन कज़ाकी की मूर्ति अभी तक आँखों के सामने नाच रही है। मैं उन दिनों अपने पिता के साथ आज़मगढ़

की एक तहसील में था। कज़ाकी जात का पासी था, बड़ा ही हँसमुख, बड़ा ही साहसी, बड़ा ही ज़िन्दादिल। वह रोज़ शाम को डाक का थैला लेकर आता, रात-भर रहता और सबेरे डाक लेकर चला जाता। शाम को फिर उधर से डाक लेकर आ जाता। ज्योंही चार बजते, व्याकुल होकर, सड़क पर आकर खड़ा हो जाता और थोड़ी देर में कज़ाकी कंधे पर बल्लम रखे, उसकी झुनझुनी बजाता, दूर से दौड़ता हुआ आता दिखलाई देता। वह साँवले रंग का, गठीला, लम्बा जवान था। शरीर ऐसा साँचे में ढला हुआ कि चतुर मूर्तिकार भी उसमें कोई दोष न निकाल सकता। उसकी छोटी-छोटी मूँछें उसके सुडौल चेहरे पर बहुत ही अच्छी मालूम होतीं। मुझे देखकर वह और तेज़ दौड़ने लगता, उसकी झुनझुनी और ज़ोर से बजने लगती और मेरे हृदय में और ज़ोर से ख़ुशी की धड़कन होने लगती। हर्षातिरेक में मैं भी दौड़ पड़ता और एक क्षण में कज़ाकी का कन्धा मेरा सिंहासन बन जाता।...संसार मेरी आँखों में तुच्छ हो जाता और जब कज़ाकी मुझे कंधे पर लिये हुए दौड़ने लगता, तब तो ऐसा मालूम होता मानो मैं हवा के घोड़े पर उड़ा जा रहा हूँ।

थैला रखते ही वह हम लोगों को लेकर किसी मैदान में निकल जाता, कभी हमारे साथ खेलता, कभी बिरहे गाकर सुनाता और कभी कहानियाँ सुनाता। उसे चोरी और डाके, मारपीट, भूत-प्रेत की सैकड़ों कहानियाँ याद थीं।

उसकी कहानियों के चोर और डाकू सच्चे योद्धा होते थे जो अमीरों को लूटकर दीन-दुखी प्राणियों का पालन करते थे...

उस वक़्त नवाब क़रीब छः साल के थे। आठवें साल में उनकी पढ़ाई शुरू हो गई थी, ठीक वही पढ़ाई जिसका कायस्थ घरानों में चलन था, उर्दू-फ़ारसी। लमही से मील-सवा मील की दूरी पर एक गाँव है लालपुर। वहीं एक मौलवी साहब रहते थे जो पेशे से तो दर्ज़ी थे मगर मदरसा भी लगाते थे।

मुंशीजी ने अपनी एक कहानी 'चोरी' में उस जमाने को ख़ूब डूब-डूबकर याद किया है :

हाय बचपन, तेरी याद नहीं भूलती! वह कच्चा, टूटा घर, वह पुआल का बिछौना, वह नंगे बदन, नंगे पाँव खेतों में घूमना, आम के पेड़ों पर चढ़ना—सारी बातें आँखों के सामने फिर रही हैं। चमरौधे जूते पहनकर उस वक़्त जितनी ख़ुशी होती थी, अब फ्लेक्स के बूटों से भी नहीं होती, गरम पनुए रस में जो मज़ा था वह अब गुलाब के शर्बत में भी नहीं, चबेने और कच्चे बेरों में जो रस था वह अब अंगूर और खीरमोहन में भी नहीं मिलता।

मैं अपने चचेरे भाई हलधर[1] के साथ दूसरे गाँव में एक मौलवी साहब के यहाँ पढ़ने जाया करता था। मेरी उम्र आठ साल थी, हलधर (वह अब

1. असल नाम बलभद्र। महाबीर लाल के छोटे लड़के, बलदेव लाल के छोटे भाई। जवानी में ही मर गए। मसूढ़े में सुपारी फँस गई। वही नासूर बन गई।

स्वर्ग में निवास कर रहे हैं) मुझसे दो साल जेठे थे। हम दोनों प्रातःकाल बासी रोटियाँ खा दोपहर के लिए मटर और जौ का चबेना लेकर चल देते थे। फिर तो सारा दिन अपना था। मौलवी साहब के यहाँ कोई हाज़िरी का रजिस्टर तो था नहीं! और न ग़ैरहाज़िरी का जुर्माना ही देना पड़ता था। फिर डर किस बात का। कभी तो थाने के सामने खड़े सिपाहियों की क़वायद देखते, कभी किसी भालू या बन्दर नचानेवाले मदारी के पीछे-पीछे घूमने में दिन काट देते, कभी रेलवे स्टेशन की ओर निकल जाते और गाड़ियों की बहार देखते। गाड़ियों के समय का जितना ज्ञान हमको था उतना शायद टाइम टेबिल को भी न था। रास्ते में शहर के एक महाजन ने एक बाग़ लगवाना शुरू किया था, वहाँ एक कुआँ खुद रहा था। वह भी हमारे लिए दिलचस्प तमाशा था। बूढ़ा माली हमें अपनी झोपड़ी में बड़े प्रेम से बैठाता था। हम उससे झगड़-झगड़कर उसका काम करते। कहीं बाल्टी लिये पौधों को सींच रहे हैं, कहीं खुरपी से क्यारियाँ गोड़ रहे हैं, कहीं कैंची से बेलों की पत्तियाँ छाँट रहे हैं। उन कामों में कितना आनन्द था। माली बाल-प्रकृति का पंडित था, हमसे काम लेता पर इस तरह मानो हमारे ऊपर कोई एहसान कर रहा है। जितना काम वह दिन-भर में करता, हम घंटे-भर में निबटा देते।

कभी-कभी हम हफ़्तों ग़ैरहाज़िर रहते पर मौलवी साहब से ऐसा बहाना कर देते कि उनकी चढ़ी हुई त्योरियाँ उतर जातीं। उतनी कल्पना-शक्ति आज होती तो ऐसा उपन्यास लिख मारता कि लोग चकित रह जाते। अब तो यह हाल है कि बहुत सिर खपाने के बाद कोई कहानी सूझती है। ख़ैर, हमारे मौलवी साहब दर्ज़ी थे। मौलवीगीरी केवल शौक़ से करते थे। हम दोनों भाई अपने गाँव के कुर्मी-कुम्हारों से उनकी ख़ूब बड़ाई करते थे या कहिए कि हम मौलवी साहब के सफ़री एजेंट थे। हमारे उद्योग से जब मौलवी साहब को कुछ काम मिल जाता था, हम फूले नहीं समाते। जिस दिन कोई अच्छा बहाना न सूझता, मौलवी साहब के लिए कोई-न-कोई सौगात ले जाते। कभी सेर-आध सेर फलियाँ तोड़ लीं तो कभी दस-पाँच ऊख, कभी जौ या गेहूँ की हरी-हरी बालें ले लीं। इन सौगातों को देखते ही मौलवी साहब का क्रोध शान्त हो जाता। जब इन चीज़ों की फ़सल न होती तो हम सज़ा से बचने का कोई और ही उपाय सोचते। मौलवी साहब को चिड़ियों का शौक़ था। मकतब में श्यामा, बुलबुल, दहियल और चंडूलों के पिंजरे लटकते रहते थे। हमें सबक़ याद हो या न हो पर चिड़ियों को याद हो जाते थे। हमारे साथ ही वह भी पढ़ा करती थीं। इन चिड़ियों के लिए बेसन पीसने में हम लोग ख़ूब उत्साह दिखाते थे। मौलवी साहब सब लड़कों को पतिंगे पकड़ लाने की ताकीद करते रहते थे। इन चिड़ियों को पतिंगों से विशेष रुचि थी। कभी-कभी हमारी बला पतिंगों ही के सिर चली जाती थी। उनका बलिदान करके हम मौलवी साहब के रौद्र रूप को प्रसन्न कर लिया करते थे।

भगवान को प्रसाद चढ़ाए बिना कब वरदान मिला है और गुरु की सेवा किए बिना कब किसे विद्या आई है। पुराना क़ायदा तो कम-से-कम यही था। और भी बहुत-सी ख़िदमतें अंज़ाम देनी होती होंगी, मसलन् बकरी के वास्ते हरी-हरी पत्तियाँ तोड़ लाना, बाज़ार जाकर सौदा-सुलुफ़ ले आना—और हुक्क़ा तर करने का तो जैसे ज़िक्र ही बेकार है, उसके बिना कभी किसी को कुछ भी आया है!

पढ़ाई का तरीक़ा वही पुराना रहा होगा जो कि बाद के तमाम नए प्रयोगों के बावजूद शायद सबसे अच्छा था यानी रटन्त। गणित के मास्टर साहब पहाड़ा रटाते थे और दर्जे-भर के लड़के झूम-झूमकर समवेत गायन की तरह पहाड़ा रटते थे—सात के सात, सात दुनी चौदह, सात तियाँ इक्कीस...संस्कृत के पंडित जी गच्छति गच्छतः गच्छन्ति, रामः रामौ रामाः रटाते थे और मौलवी साहब आमदनामा लेकर माझी और मजहूल, हाल और मुस्तक़बिल, अम्र और निही के तमाम सींगों में सैकड़ों मज़दरों और मुज़ारों की गिरदान करवाते थे—आमद आमदन्द आमदी आमदेद आमदम आमदेम। गोयद गोयन्द गोयी गोयेद गोयम गोयेम। (क्या अजब कि यह चीज़ मौलवी साहब के दहियलों और चालों की ज़बान पर लड़कों से पहले चढ़ जाती थी!) जब आमदनामा पक्का हो जाता तब सादी के गुलिस्ताँ-बोस्ताँ और करीमा-मामुक़ीमा की बारी आती। फ़ारसी पढ़ाने का यह क़ायदा आज सैकड़ों साल से दुनिया में चल रहा है। नवाब ने भी इसी क़ायदे से फ़ारसी पढ़ी और चुहलबाजियाँ तो जो होनी थीं, होती रहीं, ताहम ऐसा लगता है कि मौलवी साहब ने नवाब की फ़ारसी की जड़ काफ़ी मज़बूत कर दी। उर्दू के बारे में कहा जाता है कि उर्दू पढ़ाई नहीं जाती, घलुए में आती है; पढ़ाई तो फ़ारसी जाती है। जो भी बात हो, इसमें शक नहीं कि इन मौलवी साहब ने उनकी फ़ारसी की बुनियाद ख़ूब पक्की कर दी थी, कि उस पर यह महल खड़ा हो सका। प्राइवेट तौर पर जब इंटर और बी.ए. करने की नौबत आई, उस वक़्त नवाब राय को यह तय करने में एक मिनट नहीं लगा कि एक विषय ज़रूर फ़ारसी होना चाहिए।

इस तरह थोड़ा-बहुत पढ़ते और सारे दिन मटरगश्ती करते, खेलते-कूदते, मज़े में दिन बीत रहे थे।

और इन्हीं दिनों की बात है कि उन्होंने और हलधर (बलभद्र) ने मिलकर घर से एक रुपया उड़ाया था। अब ज़रा उसकी दास्तान उन्हीं से सुनिए :

> *...मुँह-हाथ धोकर हम दोनों घर आए और डरते-डरते अन्दर क़दम रखा। अगर कहीं इस वक़्त तलाशी की नौबत आई तो फिर भगवान ही मालिक है। लेकिन सब लोग अपना-अपना काम कर रहे थे। कोई हमसे न बोला। हमने नाश्ता भी न किया, चबेना भी न लिया, किताब बग़ल में दबायी और मदरसे का रास्ता लिया।*
>
> *बरसात के दिन थे। आकाश पर बादल छाये हुए थे। हम दोनों ख़ुश-ख़ुश मकतब चले जा रहे थे...हज़ारों मंसूबे बाँधते थे, हज़ारों हवाई क़िले बनाते थे। यह अवसर बड़े भाग्य से मिला था। इसलिए रुपए को इस तरह ख़र्च करना चाहते थे कि ज़्यादा से ज़्यादा दिनों तक चल सके। उन दिनों*

पाँच आने सेर बहुत अच्छी मिठाई मिलती थी और शायद आध सेर मिठाई में हम दोनों अफर जाते लेकिन यह ख़याल हुआ कि मिठाई खाएँगे तो रुपया आज ही ग़ायब हो जाएगा। कोई सस्ती चीज़ खानी चाहिए जिसमें मज़ा भी आए, पेट भी भरे और पैसे भी कम ख़र्च हों। आख़िर अमरूदों पर हमारी नज़र गई। हम दोनों राज़ी हो गए। दो पैसे के अमरूद लिये। सस्ता समय था, बड़े-बड़े बारह अमरूद मिले, हम दोनों के कुर्तों के दामन भर गए। जब हलधर ने खटकिन के हाथ में रुपया रखा तो उसने सन्देह से देखकर पूछा—रुपया कहाँ पाया लाला? चुरा तो नहीं लाए?

जवाब हमारे पास तैयार था। ज़्यादा नहीं तो दो-तीन किताबें पढ़ ही चुके थे। विद्या का कुछ-कुछ असर हो चला था। मैंने झट से कहा—मौलवी साहब की फ़ीस देनी है। घर में पैसे न थे तो चाचा जी ने रुपया दे दिया।

मदरसे पहुँचे।

हम अभी सबक़ पढ़ ही रहे थे कि मालूम हुआ, आज तालाब का मेला है, दोपहर से छुट्टी हो जाएगी। मौलवी साहब मेले में बुलबुल उड़ाने जाएँगे। यह ख़बर सुनते ही हमारी ख़ुशी का ठिकाना न रहा। बारह आने तो बैंक में जमा ही कर चुके थे, साढ़े तीन आने में मेला देखने की ठहरी। ख़ूब बहार रहेगी। मज़े से रेवड़ियाँ खाएँगे, गोलगप्पे उड़ाएँगे, झूले पर चढ़ेंगे, और शाम को घर पहुँचेंगे। लेकिन मौलवी साहब ने एक कड़ी शर्त यह लगा दी थी कि सब लड़के छुट्टी के पहले अपना-अपना सबक़ सुना दें। जो सबक़ न सुना सकेगा, उसे छुट्टी न मिलेगी। नतीजा यह हुआ कि मुझे तो छुट्टी मिल गई पर हलधर क़ैद कर लिये गए। और कई लड़कों ने भी सबक़ सुना दिए थे, वे सभी मेला देखने चल पड़े। मैं भी उनके साथ हो लिया। पैसे मेरे ही पास थे इसलिए मैंने हलधर को साथ लेने का इन्तज़ार न किया। तय हो गया था कि वह छुट्टी पाते ही मेले में आ जाएँ और दोनों साथ-साथ मेला देखें। मैंने वचन दिया था कि जब तक वह न आएँगे एक पैसा भी ख़र्च न करूँगा लेकिन क्या मालूम था कि दुर्भाग्य कुछ और ही लीला रच रहा है। मुझे मेला पहुँचे एक घंटे से ज़्यादा गुज़र गया, पर हलधर का कहीं पता नहीं। क्या अभी तक मौलवी साहब ने छुट्टी नहीं दी, या रास्ता भूल गए? आँखें फाड़-फाड़कर सड़क की ओर देखता था। अकेले मेला देखने में जी भी नहीं लगता था। यह संशय भी हो रहा था कि कहीं चोरी खुल तो नहीं गई और चाचाजी हलधर को पकड़कर घर तो नहीं ले गए। आख़िर जब शाम हो गई तो मैंने कुछ रेवड़ियाँ खाईं और हलधर के हिस्से के पैसे जेब में रखकर धारे-धीरे घर चला। रास्ते में ख़याल आया, मकतब होता चलूँ। शायद हलधर अभी वहीं हों, मगर वहाँ सन्नाटा था। हाँ, एक लड़का खेलता हुआ मिला। उसने मुझे देखते ही ज़ोर से क़हक़हा मारा और बोला—वच्चा, घर जाओ तो, कैसी मार पड़ती है! तुम्हारे चचा आए थे। हलधर को मारते-मारते

ले गए हैं। अजी, ऐसा तानकर घूँसा मारा कि मियाँ हलधर मुँह के बल गिर पड़े। यहाँ से घसीटते ले गए हैं। तुमने मौलवी साहब की तनख़्वाह दे दी थी, वह भी ले ली। अभी कोई बहाना सोच लो, नहीं तो बेभाव की पड़ेगी।

मेरी सिट्टी-पिट्टी भूल गई, बदन का लहू सूख गया। वही हुआ जिसका मुझे शक हो रहा था। पैर मन-मन भर के हो गए। घर की ओर एक-एक क़दम चलना मुश्किल हो गया। देवी-देवताओं के जितने नाम याद थे, सभी की मानता मानी—किसी को लड्डू, किसी को पेड़े, किसी को बताशे। गाँव के पास पहुँचा तो गाँव के डीह का सुमिरन किया क्योंकि अपने हलके में डीह ही की इच्छा सर्व प्रधान होती है।

यह सब कुछ किया लेकिन ज्यों-ज्यों निकट आता दिल की धड़कन बढ़ती जाती थी। घटाएँ उमड़ी आती थीं। मालूम होता था आसमान फटकर गिरा ही चाहता है। देखता था—लोग अपने-अपने काम को छोड़-छोड़ भागे जा रहे हैं, गोरू भी पूँछ उठाए घर की ओर उछलते-कूदते चले जाते हैं। चिड़ियाँ अपने घोंसले की ओर उड़ी चली आती थीं, लेकिन मैं उसी मन्द गति से चला जाता था, मानो पैरों में शक्ति नहीं। जी चाहता था, ज़ोर का बुख़ार चढ़ आए, या कहीं चोट लग जाए, लेकिन कहने से धोबी गधे पर नहीं चढ़ता। बुलाने से मौत नहीं आती, बीमारी का तो कहना ही क्या। कुछ न हुआ और धीरे-धीरे चलने पर भी घर सामने आ ही गया। अब क्या हो? हमारे द्वार पर इमली का एक घना वृक्ष था, मैं उसी की आड़ में छिप गया कि ज़रा और अँधेरा हो जाए तो चुपके से घुस जाऊँ और अम्माँ के कमरे में चारपाई के नीचे जा बैठूँ। जब सब लोग सो जाएँगे तो अम्माँ से सारी कथा कह सुनाऊँगा। अम्माँ कभी नहीं मारतीं। ज़रा उनके सामने झूठ-मूठ रोऊँगा तो वह और भी पिघल जाएँगी। रात कट जाने पर फिर कौन पूछता है। सुबह तक सब का ग़ुस्सा ठंडा हो जाएगा। अगर ये मंसूबे पूरे हो जाते तो इसमें सन्देह नहीं कि मैं बेदाग़ बच जाता। लेकिन वहाँ तो विधाता को कुछ और ही मंजूर था। मुझे एक लड़के ने देख लिया और मेरे नाम की रट लगाते हुए सीधे मेरे घर में भागा। अब मेरे लिए कोई आशा न रही। लाचार घर में दाख़िल हुआ तो सहसा मुँह से एक चीख़ निकल गई, जैसे मार खाया हुआ कुत्ता किसी को अपनी ओर आता देखकर भय से चिल्लाने लगता है। बरोठे में पिता जी बैठे थे। पिता जी का स्वास्थ्य इन दिनों कुछ ख़राब हो गया था। छुट्टी लेकर घर आए हुए थे। यह तो नहीं कह सकता कि उन्हें शिकायत क्या थी, पर वह मूँग की दाल खाते थे और संध्या समय शीशे के गिलास में एक बोतल में से कुछ उँडेल-उँडेलकर पीते थे। शायद यह किसी तजुर्बेकार हक़ीम की बताई हुई दवा थी। दवाएँ सब बसानेवाली और कड़वी होती हैं। यह दवा भी बुरी ही थी, पर पिता जी न जाने क्यों इस दवा को ख़ूब मज़ा ले-लेकर पीते थे। हम जो दवा पीते हैं तो आँखें बन्द करके एक ही घूँट में गटक जाते हैं, पर शायद इस दवा का

असर धीरे-धीरे पीने में ही होता हो। पिता जी के पास गाँव के दो-तीन और कभी-कभी चार-पाँच और रोगी भी जमा हो जाते, और घंटों दवा पीते रहते थे। रोगियों की मंडली जमा थी, मुझे देखते ही पिता ने लाल-लाल आँखें करके पूछा—कहाँ थे अब तक?

मैंने दबी ज़बान से कहा—कहीं तो नहीं।

'अब चोरी की आदत सीख रहा है? बोल, तूने रुपया चुराया कि नहीं?'

मेरी ज़बान बन्द हो गई। सामने नंगी तलवार नाच रही थी। शब्द भी निकलते हुए डरता था।

पिता जी ने ज़ोर से डाँटकर पूछा—बोलता क्यों नहीं? तूने रुपया चुराया कि नहीं?

मैंने जान पर खेलकर कहा—मैंने कहाँ...

मुँह से पूरी बात भी न निकल पाई थी कि पिता जी विकराल रूप धारण किए, दाँत पीसते, झपटकर उठे और हाथ उठाए मेरी ओर चले। मैं ज़ोर से चिल्लाकर रोने लगा—ऐसा चिल्लाया कि पिताजी भी सहम गए। उनका हाथ उठा ही रह गया। शायद समझे कि जब अभी से इसका यह हाल है तब तमाचा पड़ जाने पर कहीं इसकी जान ही न निकल जाए। मैंने जो देखा कि मेरी हिकमत काम कर गई, तो और भी गला फाड़-फाड़कर रोने लगा। इतने में मंडली के दो-तीन आदमियों ने पिताजी को पकड़ लिया और मेरी ओर इशारा किया कि भाग जा! बच्चे बहुधा ऐसे मौक़े पर और भी मचल जाते हैं, और व्यर्थ मार खा जाते हैं। मैंने बुद्धिमानी से काम लिया।

लेकिन अन्दर का दृश्य इससे कहीं भयंकर था। मेरा तो ख़ून सर्द हो गया। हलधर के दोनों हाथ एक खम्भे से बँधे थे, सारी देह धूल-धूसरित हो रही थी, और वह अभी तक सिसक रहे थे। शायद वह आँगन-भर में लोटे थे। ऐसा मालूम हुआ कि सारा आँगन उनके आँसुओं से भीग गया है। चाची हलधर को डाँट रही थीं, और अम्माँ बैठी मसाला पीस रही थीं। सबसे पहले मुझ पर चाची की निगाह पड़ी। बोलीं—लो, वह भी आ गया। क्यों रे, रुपया तूने चुराया था कि इसने?

मैंने नि:शंक होकर कहा—हलधर ने।

अम्मा बोलीं—अगर उसी ने चुराया था, तो तूने घर आकर किसी से कहा क्यों नहीं?

अब झूठ बोले बग़ैर बचना मुश्किल था। मैं तो समझता हूँ कि जब आदमी को जान का ख़तरा हो, तो झूठ बोलना क्षम्य है। हलधर मार खाने के आदी थे, दो-चार घूँसे और पड़ने से उनका कुछ न बिगड़ सकता था। मैंने मार कभी न खाई थी। मेरा तो दो ही चार घूँसों में काम तमाम हो जाता। फिर हलधर ने भी तो अपने को बचाने के लिए मुझे फँसाने की चेष्टा की थी। नहीं तो चाची मुझसे यह क्यों पूछतीं—रुपया तूने चुराया या हलधर ने? किसी भी सिद्धान्त से मेरा झूठ बोलना इस समय स्तुत्य नहीं,

तो क्षम्य ज़रूर था। मैंने छूटते ही कहा—हलधर कहते थे किसी से बताया, तो मार ही डालूँगा।

अम्माँ—देखा, वही बात निकली न! मैं तो कहती ही थी कि बच्चा की ऐसी आदत नहीं, पैसा तो वह हाथ से छूता ही नहीं लेकिन सब लोग मुझी को उल्लू बनाने लगे।

हल.—मैंने तुमसे कब कहा था कि बतलाओगे, तो मारूँगा?

मैं—वहीं तालाब के किनारे तो!

थोड़ी-सी पढ़ाई थी, ढेरों उछल-कूद। चिबिल्लेपन की इन्तहा नहीं। कभी बन्दर-भालू का नाच है तो कभी आपस में ही घुड़दौड़ हो रही है। रामू, रघुनाथ पिरथी, पदारथ, बाँगुर, गोवर्धन और और भी न जाने कितने, पूरी फ़ौज थी। तीन महीने मुतवातिर आमों की ढेलेबाज़ी चलती। इतने कच्चे आम खाये जाते कि फ़सल भर चोपी लग-लगकर मुँह फदका रहता। आम में जाली पड़ जाती तो फिर पना भी शुरू हो जाता। किसी के यहाँ से नमक आता, किसी के यहाँ से जीरा, किसी के यहाँ से हींग, किसी के यहाँ से नई हँडिया के लिए पैसा। फिर कोई हँडिया लाने चला जाता, बाक़ी लोग बाँस की पत्ती बटोरने में लग जाते। पास ही बँसवारी थी। फिर आग सुलगाई जाती, आम भूने जाते। पना बनाने का पूरा एक शास्त्र था और इस शास्त्र के दो ही एक आचार्य थे। उनमें नवाब नहीं थे। पर हाँ, हिस्सा लेने में सबसे आगे रहते थे। यह तो गर्मी का नक़्शा था। जाड़े के दिनों में ढेरों ऊख तोड़ लाए। उसी में यह भी बाज़ी लगी हुई है कि ऊख की चेप कौन सबसे बड़ी निकाल सकता है! कभी कोल्हाड़े में चले गए जहाँ गुड़ बन रहा होता, वहाँ पनुए रस से (जो खोई को फिर से पानी में भिगोकर तैयार किया जाता है) तबीयत तर की या कच्चा गुड़ लेकर दाँत से उसके लड़ने का मज़ा देखा। गुड़ से मुंशीजी को बेहद प्रेम है। गुड़ मिठाइयों का बादशाह है। सारी ज़िन्दगी गुड़ का यह प्रेम इसी तरह बना रहा। खाने के साथ थोड़ा-सा गुड़ ज़रूरी था।

गुड़ की चोरी का एक निहायत दिलचस्प क़िस्सा, अपने बचपन का, मुंशीजी ने 'होली की छुट्टी' में सुनाया है—

'अम्माँ तीन महीने के लिए अपने मैके या मेरी ननिहाल गई थीं और मैंने तीन महीने में एक मन गुड़ का सफ़ाया कर दिया था। यही गुड़ के दिन थे। नाना बीमार थे, अम्माँ को बुला भेजा था। मेरा इम्तिहान पास था, इसलिए मैं उनके साथ न जा सका...जाते वक़्त उन्होंने एक मन गुड़ लेकर एक मटके में रखा और उसके मुँह पर एक सकोरा रखकर मिट्टी से बन्द कर दिया। मुझे सख़्त ताकीद कर दी कि मटका न खोलना। मेरे लिए थोड़ा-सा गुड़ एक हाँडी में रख दिया था। वह हाँडी मैंने एक हफ़्ते में सफ़ाचट कर दी। सुबह को दूध के साथ गुड़, दोपहर को रोटियों के साथ गुड़, तीसरे पहर दानों के साथ गुड़, रात को फिर दूध के साथ गुड़। यहाँ तक जायज़ ख़र्च था, जिस पर अम्माँ को भी कोई एतराज न हो सकता। मगर स्कूल से बार-बार पानी पीने के बहाने घर में आता और दो-एक पिंडियाँ निकालकर रख लेता। उसकी बजट में कहाँ गुंजाइश थी। और मुझे गुड़ का कुछ ऐसा चस्का पड़ गया कि हर वक़्त वही नशा सवार रहता। मेरा घर में

आना गुड़ के सिर शामत आना था। एक हफ़्ते में हाँडी ने जवाब दे दिया। मगर मटका खोलने की सख़्त मनाही थी और अम्माँ के घर आने में अभी पौने तीन महीने बाक़ी थे। एक दिन तो मैंने बड़ी मुश्किल से जैसे-तैसे सब्र किया लेकिन दूसरे दिन एक आह के साथ सब्र जाता रहा और मटके की एक मीठी चितवन के साथ होश रुख़सत हो गया।'

फिर तो इस दो अंगुल की जीभ ने क्या-क्या नाच नचाया है—

'अपने को कोसता, धिक्कारता—गुड़ तो खा रहे हो मगर बरसात में सारा शरीर सड़ जाएगा, गन्धक का मलहम लगाए घूमोगे, कोई तुम्हारे पास बैठना भी न पसन्द करेगा! कसमें खाता, विद्या की, माँ की, स्वर्गीय पिता की, गऊ की, ईश्वर की...'

कुछ भी काम न आया, तो 'बड़े भक्तिभाव से ईश्वर से प्रार्थना की—भगवान्, यह मेरा चंचल लोभी मन मुझे परेशान कर रहा है, मुझे शक्ति दो कि उसको वश में रख सकूँ। मुझे अष्टधातु की लगाम दो जो उसके मुँह में डाल दूँ!'

मगर सब बेसूद। कोठरी में ताला लगाकर एक बार उसकी चाबी दीवार की संधि में डाल दी जाती है और दूसरी बार कुएँ में फेंक दी जाती है, मगर तब भी रिहाई नहीं मिलती और वह मन-भर का मटका पेट में समा जाता है!

इस तरह की दिलचस्पियों की नवाब को कुछ कमी न थी। कभी दो-चार लोग जाकर पोखरी से मछली मार लाए और भूनकर खा गए। और कभी इमली के नीचे चटाचट गोली की चोटें होतीं, चिये से ताक-जूस, चित-पट होता जो कि तक़दीर के चित-पट से रत्ती-भर घटकर नहीं था क्योंकि उसमें भी बाज़ाब्ता ख़ज़ाने जीते और हारे जाते, कोई दरिद्र हो जाता, कोई मालामाल हो जाता—मतलब यह कि दिलचस्पी के सामानों की कुछ कमी न थी, और हाँ, रात को दादी से कहानी सुनी जाती और झगड़ा होता कि कहानी कहते समय दादी का मुँह भैया (बलभद्र) की तरफ़ क्यों हो जाता है।

इस तरह माँ और दादी के लाड़-प्यार में लिपटे हुए दिन बड़ी मस्ती में बीत रहे थे जब कि आसमान से इस बच्चे का इतना सुख न देखा गया और उसी साल माँ ने बिस्तर पकड़ लिया। मुंशी अजायब लाल की ही तरह वह भी संग्रहणी की पुरानी मरीज़ थीं। इस बार का हमला जानलेवा साबित हुआ। मुंशी अजायब लाल उन दिनों इलाहाबाद में थे और वहीं नवाब की माँ बीमार पड़ीं। छः महीने बीमार रहीं। नवाब तब आठवें साल में चल रहा था और उसकी बहन सुग्गी चौदह-पन्द्रह की थी। उसी साल उसका ब्याह मिर्ज़ापुर के पास लहौली नाम के गाँव में हुआ था। गौना भी हो गया था। माँ के मरने के आठ-दस रोज़ पहले आईं। दादी भी आईं जो कि लमही में रहती थीं। नवाब माँ के सिरहाने बैठा पंखा झलता रहता और उसके चचेरे बड़े भाई बलदेव लाल, जो बीस बरस के नौजवान थे और एक अंग्रेज़ के यहाँ टेनिस की गोली उठाने पर नौकर थे, दवा-दारू के इन्तज़ाम में रहते। काफ़ी इलाज हुआ लेकिन व्यर्थ।

नवाब के आठवें साल में वह चल बसीं और उसी दिन वह नवाब जिसे माँ पान के पत्ते की तरह फेरती थी, डिठौना लगाकर घर से निकलने देती थी और आँचल में छिपाए फिरती थी, कभी सर्दी से कभी गर्मी से, कभी सिहानेवालों की डीठ से, देखते-देखते सयाना हो गया। अब उसके सर पर तपता हुआ नीला आकाश था, नीचे जलती हुई भूरी धरती थी, पैरों में जूते न थे, बदन पर साबित कपड़े न थे, इसलिए

नहीं कि यकबयक पैसे का टोटा पड़ गया बल्कि इसलिए कि इन सब बातों की फ़िक्र रखनेवाली माँ की आँखें मुँद गई थीं। बाप यों भी कब माँ की जगह ले पाता है, उस पर से वह काम के बोझ से दबे रहते। उनके पैर में चक्कर तो जैसे था ही, हर साल दो साल छः महीने में उनका तबादला होता रहता, कभी बाँदा तो कभी बस्ती, कभी गोरखपुर तो कभी कानपुर, कभी इलाहाबाद तो कभी लखनऊ, कभी जीयनपुर तो कभी बड़हलगंज, किसी एक जगह जमकर रहने न पाते, ऊपर से काम का बोझ, ख़ासी परेशान ज़िन्दगी थी। बेटे को उनके साथ की, उनकी दोस्ती की भी ज़रूरत हो सकती है—इसके लिए न तो उनके पास समझ थी और न समय। 'कज़ाकी' में लेखक ने शायद अपनी ही बात बच्चे के मुँह से कहलवाई है—

'बाबूजी बड़े गुस्सेवर थे। उन्हें काम बहुत करना पड़ता था, इसी से बात-बात पर झुँझला पड़ते थे। मैं तो उनके सामने कभी आता ही न था, वह भी मुझे कभी प्यार न करते थे। घर में वह केवल दो बार घंटे-घंटे-भर के लिए भोजन करने आते थे, बाक़ी सारे दिन दफ़्तर में लिखा करते थे। उन्होंने बार-बार एक सहकारी के लिए अफ़सरों से विनय की थी, पर इसका कुछ असर न हुआ था। यहाँ तक कि तातील के दिन भी बाबूजी दफ़्तर ही में रहते थे।...बाबूजी मुझे प्यार तो कभी न करते थे, पर पैसे ख़ूब देते थे। शायद अपने काम में व्यस्त रहने के कारण, मुझसे पिंड छुड़ाने के लिए इसी नुस्ख़े को सबसे आसान समझते थे।' प्यार, दोस्ती, संग-साथ नवाब को जो कुछ मिलता अपनी माँ से मिलता, भले पैसे का नाम सुनते ही उनकी त्योरियाँ बदल जाती हों। सो माँ अब नहीं रही। माँ जैसा ही कुछ प्यार बड़ी बहन से मिलता था, वह अपने घर चली गई। नवाब की दुनिया घर के नाते सूनी हो गई। पिताजी का तो वही हाल था। थके-माँदे शाम को घर लौटते और बोतल लेकर बैठ जाते। पीते अपनी मात्रा भर ही थे, मगर हर शाम पीते थे। एक छोटी-सी गिलसिया थी, वही उनका नपना थी।

सूनी दुनिया में बराबर कौन रह सकता है। ज़िन्दगी ख़ुद उसे भरने का उपाय कर देती है, जैसे कि हर घाव वह भर देती है। बुड्ढे स्मृतियों की बैसाखी लेकर चलने लगते हैं और गुज़रे वक़्तों के प्रेत आकर उनकी दुनिया को भर देते हैं। नवाब तो अभी बच्चा था, बहुत ही शरीर, बहुत ही खिलंदरा, और सारी ज़िन्दगी उसके सामने पड़ी थी।

पत्नी के मरने के कुछ ही दिन बाद मुंशी अजायब लाल बीमार पड़े। ठीक होने भी न पाए थे कि फिर तबादले का हुक्म आया। नई जगह, सूने घर में नवाब को ले जाना पागलपन होता, इसलिए नवाब को फिर लमही में ही रखने की ठहरी। इलाहाबाद से चलने लगे तो उन्होंने बलदेव से भी साथ आने को कहा। पर बलदेव साथ नहीं आए। कुछ ही वक़्त बाद उनके साहब की, जो डाक-तार विभाग का कोई बड़ा अफ़सर था, इन्दौर की बदली हुई। वह बलदेव लाल को भी, जो मुंशी अजायब लाल के चले जाने के बाद उसी के यहाँ रहते थे, अपने साथ इन्दौर लेता गया और उन्हें तार का लाइन्समैन बनवा दिया। वह पन्द्रह बरस इन्दौर में रहे आए और घर का मुँह नहीं देखा। बाद को अपने छोटे भाई बलभद्र को भी उन्होंने अपने पास बुलाकर अपने ही समान लाइन्समैन बनवा दिया पर बलभद्र कच्ची उम्र में ही चल बसे।

नवाब की अब फिर अपनी वही पुरानी दुनिया थी—वही मौलवी साहब और वही खेत-मैदान, ऊख-मटर, आम-इमली, दौड़-भाग, गुल्ली-गोली। फ़र्क़ बस इतना था कि सर पर अब और भी कोई न था, माँ तो कभी किसी काम के लिए रोकती भी थीं, डाँटती भी थीं, दादी तो बस लाड़ करती थीं, कुछ तो शायद इसलिए भी कि माँ अभी हाल में ही मरी थी, उस ग़म को बच्चा अगर खेल-कूद में भूल जाए...

लिहाज़ा जैसे-जैसे समय बीतता गया, उम्र के साथ-साथ आवारागर्दी भी बढ़ती गई। दो बरस बाद पिता ने फिर ब्याह कर लिया था, लेकिन उससे नवाब का अकेलापन न घटना था न घटा और वह अलग अपनी दुनिया में घूमता रहा, खेलता रहा, दादी से कहानी सुनता रहा। किसी क़दर वह एक जंगली पौधे की बाढ़ थी, बिलकुल निर्बाध, उन्मुक्त। इसे उसका अच्छा पहलू कह सकते हैं। लेकिन कुछ बुरा पहलू भी था—बारह-तेरह बरस की उम्र तक पहुँचते-पहुँचते उसे सिगरेट-बीड़ी का चस्का लग चुका था और अपने ही शब्दों में उन बातों का ज्ञान हो गया था जो कि बच्चों के लिए घातक हैं। बिना माँ के बच्चे का ऐसा ही हाल होता है। न हो, तो अचरज की बात है। पता नहीं माँ का प्यार किस रहस्यपूर्ण ढंग से बच्चे का परिष्कार किया करता है। दोनों में से किसी को पता नहीं चलता पर वह छाया अपना काम करती रहती है। वह प्यार छिन जाए, सर पर से वह हाथ हट जाए तो एक ऐसी कमी महसूस होती है जो बच्चे को अन्दर से तोड़ देती है। और उसके साथ ही बहुत से साँचे, बहुत-सी मूर्तियाँ टूट जाती हैं जिनको बनाने में बरसों लगे थे।

यह कमी कितनी गहरी, कितनी तड़पानेवाली रही होगी जो सारी ज़िन्दगी यह आदमी उससे उबर नहीं सका और वह टीस बराबर पहाड़ों से टकरानेवाली सारस की आवाज़ की तरह उसकी नसों में गूँजती रही। बार-बार उसने ऐसे पात्रों की सृष्टि की जिनकी माँ सात-आठ साल की ही उम्र में जाती रही और फिर दुनिया सूनी हो गई। 'कर्मभूमि' में अमरकान्त कहता है :

'ज़िन्दगी की वह उम्र जब इनसान को मुहब्बत की सबसे ज़्यादा ज़रूरत होती है, बचपन है। उस वक़्त पौधे को तरी मिल जाए तो ज़िन्दगी-भर के लिए उसकी जड़ें मज़बूत हो जाती हैं। उस वक़्त ख़ुराक न पाकर उसकी ज़िन्दगी खुश्क हो जाती है। मेरी माँ का उसी जमाने में देहान्त हुआ और तब से मेरी रूह को ख़ुराक नहीं मिली। वही भूख मेरी ज़िन्दगी है।'

दूसरी माँ के आ जाने से बात कुछ नहीं बदली, उलटे उसका अकेलापन और बढ़ गया क्योंकि अब वह दादी के साथ लमही में नहीं बल्कि अपनी नई माँ के साथ गोरखपुर में रह रहा था और पिता को बेटे की ओर ध्यान देने का और भी कम समय मिल रहा था। शायद अपनी कुछ उसी मनोदशा को उन्होंने 'कर्मभूमि' में यों व्यक्त किया है :

'समरकान्त ने मित्रों के कहने-सुनने से दूसरा विवाह कर लिया था। उस सात साल के बालक ने नई माँ का बड़े प्रेम से स्वागत किया, लेकिन उसे जल्द मालूम हो गया कि उसकी नई माँ उसकी ज़िद और शरारतों को उस क्षमादृष्टि से नहीं देखती जैसे उसकी माँ देखती थी। वह अपनी माँ का अकेला लाड़ला था। बड़ा ज़िद्दी, बड़ा नटखट। जो बात मुँह से निकल जाती, उसे पूरा करके ही छोड़ता। नई माताजी

बात-बात पर डाँटती थीं। यहाँ तक कि उसे माता से द्वेष हो गया। जिस बात को वह मना करतीं, उसे अदबदाकर करता। पिता से भी ढीठ हो गया। पिता और पुत्र में स्नेह का बन्धन न रहा।'

यह मन:स्थिति ठीक वह थी जिसमें नवाब के बिलकुल बहक जाने का पूरा सामान था, लेकिन प्रकृति जैसे अपने और तमाम जंगली फूल-पौधों को नष्ट होने से बचाती है जिनकी सेवा-टहल के लिए कोई माली नहीं होता, उसी तरह इस आवारा छोकरे को भी बचा रही थी। उसको बचाने के लिए उसने ढंग भी ऐसा ही अख़्तियार किया जो उसकी प्रतिभा के अनुकूल था।

बस एक हल्का-सा मोड़ दे दिया। आवारागर्दी अब भी चल रही थी—मगर मोटी-मोटी किताबों के पन्नों में, जिनका रस छन-छनकर उसके भीतर के क़िस्सागो को ख़ुराक पहुँचा रहा था। जो भूख उसके भीतर न जाने कब से, शायद जन्म से ही पल रही थी, जिसे दादी की कहानियों ने और उकसा दिया था, अब नवाब ख़ुद उसके लिए ख़ुराक जुटा रहा था—और इस तरह फिर वह आवारागर्दी आवारागर्दी न रह गई, गुल्ली-डंडे और मटरगश्ती की जगह तलिस्म और ऐयारी की मोटी-मोटी किताबों ने ले ली, ऐसी कि 'पूरी एन्साइक्लोपीडिया समझ लीजिए। एक आदमी तो अपने साठ वर्ष के जीवन में उनकी नक़ल भी करना चाहे तो नहीं कर सकता, रचना तो दूर की बात है।' यह मौलाना फ़ैज़ी के 'तलिस्मे-होशरुबा' की तारीफ़ है जिसके पच्चीसों हज़ार पन्ने तेरह साल के नवाब ने दो-तीन बरस के दौरान में पढ़े और और भी न जाने कितना कुछ चाट डाला जैसे रेनाल्ड की 'मिस्ट्रीज आफ़ द कोर्ट आफ़ लंडन' की पच्चीसों किताबों के उर्दू तर्जुमे, मौलाना सज्जाद हुसेन की हास्य-कृतियाँ, 'उमरावजान अदा' के लेखक मिर्ज़ा रुसवा और रतननाथ सरशार के ढेरों क़िस्से। उपन्यास ख़त्म हो गए तो पुराणों की बारी आई। नवलकिशोर प्रेस ने बहुत से पुराणों के उर्दू अनुवाद छापे थे, उन पर टूट पड़े। कोई पूछे कि इतनी सब किताबें इस लड़के को मिलती कहाँ थीं?

'रेती पर एक बुकसेलर बुद्धिलाल नाम का रहता था। मैं उसकी दूकान पर जा बैठता था और उसके स्टाक से उपन्यास ले-लेकर पढ़ता था। मगर दूकान पर सारे दिन तो बैठ न सकता था, इसलिए मैं उसकी दूकान से अंग्रेज़ी पुस्तकों की कुंजियाँ और नोट्स लेकर अपने स्कूल के लड़कों के हाथ बेचा करता था और उसके मुआवज़े में दूकान से उपन्यास घर लाकर पढ़ता था। दो-तीन वर्षों में मैंने सैकड़ों ही उपन्यास पढ़ डाले होंगे।'

ग़रज़ कि बाद में, बहुत बाद में, कुछ दोस्तों ने उन्हें किताबी कीड़ा का जो लक़ब दिया था, उसका यह पूर्वाभास था। इससे हल्का एक पूर्वाभास तो अब से तीन बरस पहले मिला, जब पिता जी की शादी के मौक़े पर नवाब ने लोगों की दिल-बस्तगी के लिए या बैतबाज़ी की प्रतियोगिता में, जो कि कायस्थों की शादी में न तब कोई अनहोनी चीज़ थी न अब है इतनी ग़ज़लें सुनाई थीं कि घराती-बराती सब दंग रह गए। उस वक़्त नवाब मिशन स्कूल में आठवीं जमात में पढ़ते थे जो तीसरा दर्ज़ा कहलाता था। लेकिन गोरखपुर वह शायद उसके भी दो बरस पहले पहुँच गए थे और उनकी अंग्रेज़ी पढ़ाई रावत पाठशाला में शुरू हुई। उन दिनों उनकी नई माँ के भाई विजयबहादुर भी

वहीं रहते थे। उनसे नवाब की बहुत बनती थी, उम्र भी लगभग एक ही थी। अक्सर दोनों बालेमियाँ के मैदान में निकल जाते और पतंगों के पेंच देखते। नई माँ का पहला बच्चा गुलाबराय तब डेढ़-दो साल का था और मुमकिन है कि उसकी आमद ने घर से नवाब का लगाव और कम कर दिया हो। यहीं लगभग दो बरस बाद उनके दूसरे बच्चे महताब का जन्म हुआ।

जहाँ तक नवाब की बात है, उसको घर से यों ही बहुत कम मतलब था और अब तो उसके पास होश उड़ा देनेवाले तलिस्मों की अलग अपनी एक दुनिया थी, और हातिमताई और चहार दरवेश जैसे संगी-साथी थे जिनके संग-संग वह कभी भेस बदलकर अँधेरे तहख़ानों में घुसता था और अक्सर जंगलों व रेगिस्तानों में भटकता फिरता था।

पढ़ाई का यह हाल था तो कैसे मुमकिन था कि कुछ लिखने का भी ख़याल नवाब के दिल में न आता, जब कि बीज पहले से ही मौजूद था। लेकिन बड़े आश्चर्य की और काफ़ी गहरे आशय की बात है कि तेरह साल का नवाब जब लिखने बैठा तो उसने तलिस्म और ऐयारी की राह नहीं पकड़ी, बावजूद उन सैकड़ों किताबों के जिन्हें वह घोलकर पी चुका था और जो निश्चय ही उसके दिमाग़ पर छाई रही होंगी। कोई ताक़त जो ख़ुद उससे बड़ी थी उसका हाथ पकड़कर उसे सामाजिकता के उस रास्ते पर ले गई जिसे भविष्य में उसका अपना ख़ास रास्ता बनना था, जिसे अपने पैरों से रौंद-रौंदकर उसने पक्का किया, जिस पर उसके पैरों के गहरे निशान हैं जो जल्द मिटनेवाले नहीं हैं। शुरू की कुछ कहानियों में सामाजिकता के साथ-साथ कहानी के ढाँचे में यह तलिस्मी-ऐयारी रंग भी थोड़ा-बहुत बोला मगर उसकी पहली रचना, जो उसका परिचय-पत्र था, इस चीज़ से क़तई पाक है।

वह रचना, उसकी पहली रचना, जिसे शायद चिराग़ अली के सिपुर्द कर दिया गया, अपने तरह की एक बेजोड़ चीज़ थी जिस पर शायद किसी अच्छे लेखक को भी शर्म न आती। उसके रचे जाने की कहानी ख़ुद मुंशीजी ने बहुत रस ले-लेकर कही है :

> *मेरे एक नाते के मामू[1] कभी-कभी हमारे यहाँ आया करते थे। अधेड़ हो गए थे लेकिन अभी तक बिन-ब्याहे थे। पास में थोड़ी-सी ज़मीन थी, मकान था, लेकिन घरनी के बिना सब कुछ सूना था। इसीलिए घर पर जी न लगता था, नातेदारियों में घूमा करते थे और सबसे यही आशा रखते थे कि कोई उनका ब्याह करा दे। इसके लिए सौ दो सौ ख़र्च करने को भी तैयार थे। क्यों उनका विवाह नहीं हुआ, यह आश्चर्य था। अच्छे ख़ासे हृष्ट-पुष्ट आदमी थे, बड़ी-बड़ी मूँछें, औसत क़द, साँवला रंग। गाँजा पीते थे, इससे आँखें लाल रहती थीं। अपने ढंग के धर्मनिष्ठ भी थे। शिवजी को रोज़ाना जल चढ़ाते थे और मांस-मछली नहीं खाते थे।*
>
> *आख़िर एक बार उन्होंने भी वही किया जो बिन-ब्याहे लोग अक्सर किया करते हैं—एक चमारिन के नयन-बाणों से घायल हो गए। वह उनके*

1. नाम छिपा गए हैं। सुनते हैं कि यह मुंशी रूपनारायन नाम के एक सज्जन थे, विजयबहादुर के फुफेरे भाई।

यहाँ गोबर पाथने, बैलों को सानी-पानी देने और इसी तरह के दूसरे फुटकर कामों के लिए नौकर थी। जवान थी, छबीली थी, मामू साहब का तृषित हृदय मीठे जल की धारा देखते ही फिसल पड़ा। बातों-बातों में उससे छेड़-छाड़ करने लगे। वह इनके मन का भाव ताड़ गई, ऐसी अल्हड़ न थी, और नखरे करने लगी। केशों में तेल भी पड़ने लगा, चाहे सरसों का ही क्यों न हो। आँखों में काजल भी चमका, ओठों पर मिस्सी भी आई और काम में ढिलाई भी शुरू हुई। कभी दोपहर को आई और झलक दिखाकर चली गई, कभी साँझ को आई और एक तीर चलाकर चली गई। बैलों को सानी-पानी मामू साहब ख़ुद दे देते, गोबर दूसरे उठा ले जाते। युवती से बिगड़ते क्योंकर, वहाँ तो अब प्रेम उदय हो गया था। होली में उसे प्रथानुसार एक साड़ी दी, मगर अब की गजी की साड़ी न थी, ख़ूबसूरत-सी सवा दो रुपए की चुँदरी थी। होली की त्योहारी भी मामूल से चौगुनी कर दी और यह सिलसिला यहाँ तक बढ़ा कि वह चमारिन ही घर की मालकिन हो गई।

एक दिन संध्या समय चमारों ने आपस में पंचायत की। बड़े आदमी हैं तो हुआ करें, क्या किसी की इज़्ज़त लेंगे? एक इन लाला के बाप थे कि कभी किसी मेहरिया की ओर आँख उठाकर न देखा (हालाँकि यह सरासर ग़लत था) और एक यह हैं कि नीच जात की बहू-बेटियों पर भी डोरे डालते हैं। समझाने-बुझाने का मौक़ा न था। समझाने से लाला मानेंगे तो नहीं, उलटे और कोई मामला खड़ा कर देंगे। इनके क़लम घुमाने की तो देर है। इसलिए निश्चय हुआ कि लाला साहब को ऐसा सबक़ देना चाहिए कि हमेशा के लिए याद हो जाए। इज़्ज़त का बदला ख़ून से ही चुकता है, लेकिन मरम्मत से भी कुछ उसकी पुरौती हो ही सकती है।

दूसरे दिन शाम को जब चम्पा मामू साहब के घर आई तो उन्होंने अन्दर का द्वार बन्द कर दिया। महीनों के असमंजस, हिचक और धार्मिक संघर्ष के बाद आज मामू साहब ने अपने प्रेम को व्यावहारिक रूप देने का निश्चय किया था। चाहे कुछ हो जाए, कुल मरजाद रहे या जाए, बाप-दादा का नाम डूबे या उतराय!

उधर चमारों का जत्था ताक में था ही। इधर किवाड़ बन्द हुए, उधर उन्होंने खटखटाना शुरू किया। पहले तो मामू साहब ने समझा, कोई असामी मिलने आया होगा, किवाड़ बन्द पाकर लौट जाएगा, लेकिन जब आदमियों का शोरगुल सुना तो घबड़ाये। जाकर किवाड़ों की दराज से झाँका, कोई बीस-पच्चीस चमार लाठियाँ लिये, द्वार रोके खड़े किवाड़ों को तोड़ने की कोशिश कर रहे थे। अब करें तो क्या करें, भागने का कोई रास्ता नहीं, चम्पा को कहीं छिपा नहीं सकते। समझ गए कि शामत आ गई। आशिकी इतनी जल्द गुल खिलाएगी यह क्या जानते थे, नहीं इस चमारिन पर दिल को आने ही क्यों देते। उधर चम्पा इन्हीं को कोस रही थी—तुम्हारा क्या बिगड़ेगा, मेरी तो इज़्ज़त लुट गई। घरवाले मूड़ ही काटकर छोड़ेंगे। कहती

थी, अभी किवाड़ न बन्द करो, हाथ-पाँव जोड़ती थी, मगर तुम्हारे सिर पर तो भूत सवार था। लगी मुँह में कालिख कि नहीं?

मामू साहब बेचारे इस कूचे में कभी न आए थे। कोई पक्का खिलाड़ी होता तो सौ उपाय निकाल लेता, लेकिन मामू साहब की तो जैसे सिट्टी-पिट्टी भूल गई। बरौठे में थर-थर काँपते हनुमान चालीसा का पाठ करते हुए खड़े थे। कुछ न सूझता था।

और उधर द्वार पर कोलाहल बढ़ता जा रहा था, यहाँ तक कि सारा गाँव जमा हो गया। बाम्हन, ठाकुर, कायस्थ, सभी तमाशा देखने और हाथ की खुजली मिटाने आ पहुँचे। इससे ज़्यादा मनोरंजक और स्फूर्तिवर्द्धक तमाशा और क्या होगा कि एक मर्द और एक औरत को साथ घर में बन्द पाया जाए! बढ़ई बुलाया गया, किवाड़ फाड़े गए और मामू साहब भूसे की कोठरी में छिपे हुए मिले। चम्पा आँगन में खड़ी रो रही थी। द्वार खुलते ही भागी। कोई उससे नहीं बोला। मामू साहब भागकर कहाँ जाते? वह जानते थे, उनके लिए भागने का रास्ता नहीं है। मार खाने के लिए तैयार बैठे थे। मार पड़ने लगी और बेभाव की पड़ने लगी। जिसके हाथ जो कुछ लगा—जूता, छड़ी, छाता, लात, घूँसा, सभी अस्त्र चले। यहाँ तक कि मामू साहब बेहोश हो गए और लोगों ने उन्हें मुर्दा समझकर छोड़ दिया। अब इतनी दुर्गत के बाद वह बच भी गए तो गाँव में नहीं रह सकते और उनकी ज़मीन पट्टीदारों के हाथ आएगी।

एक महीने तक तो वह हल्दी और गुड़ पीते रहे। ज्योंही चलने-फिरने लायक हुए, हमारे यहाँ आए। अपने गाँववालों पर डाके का इस्तगासा दायर करना चाहते थे।

अगर उन्होंने कुछ दीनता दिखाई होती तो शायद मुझे हमदर्दी हो जाती, लेकिन उनका वही दमखम था। मुझे खेलते या उपन्यास पढ़ते देखकर बिगड़ना और रोब ज़माना और पिताजी से शिकायत करने की धमकी देना, यह अब मैं क्यों सहने लगा? अब तो मेरे पास उन्हें नीचा दिखाने के लिए काफ़ी मसाला था।

आख़िर एक दिन मैंने यह सारी दुर्घटना नाटक के रूप में लिख डाली और अपने मित्रों को सुनाई। सब के सब ख़ूब हँसे। मेरा साहस बढ़ा। मैंने उसे साफ़-साफ़ लिखकर वह कापी मामू साहब के सिरहाने रख दी और स्कूल चला गया।

फिर भला मामू साहब कैसे टिक जाते, अपना बोरिया-बक़चा उठाया और चलते बने।

नवाब तब तक शरीर से दुर्बल थे और अब शायद पहली बार उन्हें अपने भीतर की इस नई शक्ति की चेतना हुई जो मारपीट कर सकने से कहीं ज़्यादा भयंकर थी! जो काम लाठी-डंडे से नहीं हो सकता वह काम यह क़लम कर सकती है। मैं कमज़ोर हूँ तो क्या, यह एक बड़ा हथियार मुझे मिल गया! अब कोई मुझे सताकर

तो देखे मैं उसकी कैसी मिट्टी पलीद करता हूँ! ऐसी मार मारूँगा कि पानी भी माँगते नहीं बनेगा।

किसी की खिल्ली उड़ाकर उसका पानी जितनी अच्छी तरह उतारा जा सकता है, उतना किसी और तरह नहीं।

यह एक अच्छी चीज़ मिली। मैं क्या जानता था। अब मैं इसी को अपनी ढाल-तलवार बनाऊँगा।

यह नवाब के साहित्यिक जीवन का पहला पाठ था, जिसे वह कभी नहीं भूला। और न शायद एक बार मामू साहब की छीछालेदर करने से उसका जी भरा क्योंकि चालीस बरस बाद 'गोदान' की सिलिया और मातादीन के रूप में चम्पा और मामू साहब फिर जी उठे।

इससे बिलकुल अलग इसी जमाने का एक स्मरणीय जीवन-अनुभव वह है जिसकी कहानी उन्होंने बरसों बाद, बड़ी हसरत के साथ 'रामलीला' में कही। कहते हैं—

इधर एक मुद्दत से रामलीला देखने नहीं गया। बन्दरों के भद्दे चेहरे लगाए, आधी टाँगों का पाजामा और काले रंग का ऊँचा कुर्ता पहने आदमियों को दौड़ते, हू-हू करते देखकर अब हँसी आती है...लेकिन एक ज़माना वह था जब मुझे भी रामलीला में आनन्द आता था। आनन्द तो बहुत हल्का शब्द है, उसे उन्माद कहना चाहिए। संयोगवश उन दिनों मेरे घर से—बहुत थोड़ी दूरी पर रामलीला का मैदान था (शायद बाले मियाँ या लाल डिग्गी का मैदान—अ.) और जिस घर में लीला-पात्रों का रूप-रंग भरा जाता था, वह तो मेरे घर से बिलकुल मिला हुआ था। दो बजे दिन से पात्रों की सजावट होने लगती थी...उनकी देह में रामरज पीसकर पोती जाती, मुँह में पाउडर लगाया जाता और पाउडर के ऊपर लाल, हरे, नीले रंग की बुँदकियाँ लगाई जाती थीं। सारा माथा, भवें, गाल, ठोढ़ी बुँदकियों में रच उठती थीं। एक ही आदमी इस काम में कुशल था। वही बारी-बारी से तीनों पात्रों का शृंगार करता था। रंग की प्यालियों में पानी लाना, रामरज पीसना, पंखा झलना मेरा काम था।

निषाद-नौका-लीला का दिन था। मैं दो बार लड़कों के बहकाने में आकर गुल्ली-डंडा खेलने लगा था। शृंगार देखने न गया। विमान भी निकला, पर मैंने खेलना न छोड़ा। मुझे अपना दाँव लेना था। अपना दाँव छोड़ने के लिए उससे कहीं बढ़कर आत्मत्याग की ज़रूरत थी जितना मैं कर सकता था। अगर दाँव देना होता तो मैं कब का भाग खड़ा होता, लेकिन पदाने में कुछ और ही बात होती है। ख़ैर, दाँव पूरा हुआ। अगर मैं चाहता तो धाँधली करके दस-पाँच मिनट और पदा सकता था, इसकी काफ़ी गुंजाइश थी, लेकिन अब इसका मौक़ा न था। मैं सीधे नाले की तरफ़ दौड़ा। विमान जल-तट पर पहुँच चुका था। मैंने दूर से देखा—मल्लाह किश्ती लिये आ रहा

है। दौड़ा, लेकिन आदमियों की भीड़ में दौड़ना कठिन था। आख़िर जब मैं भीड़ हटाता, प्राणपण से आगे बढ़ता घाट पर पहुँचा, तो निषाद अपनी नौका खोल चुका था। रामचन्द्र पर मेरी कितनी श्रद्धा थी। अपने पाठ की चिन्ता न करके उन्हें पढ़ा दिया करता था, जिसमें वह फेल न हो जाएँ। मुझसे उम्र ज़्यादा होने पर भी वह नीची कक्षा में पढ़ते थे। लेकिन वही रामचन्द्र नौका पर बैठे इस तरह मुँह फेरे चले जाते थे मानो मुझसे जान-पहचान ही नहीं। नक़ल में भी असल की कुछ न कुछ बू आ ही जाती है।

रामलीला समाप्त हो गई थी। राजगद्दी होनेवाली थी, पर न जाने क्यों देर हो रही थी। शायद चन्दा कम वसूल हुआ था। रामचन्द्र की इन दिनों कोई बात भी न पूछता था। न घर ही जाने की छुट्टी मिलती थी, न भोज का ही प्रबन्ध होता था। चौधरी साहब के यहाँ से एक सीधा कोई तीन बजे दिन को मिलता था, बाक़ी सारे दिन कोई पानी को भी नहीं पूछता। लेकिन मेरी श्रद्धा अभी तक ज्यों की त्यों थी। मेरी दृष्टि में वह अब भी रामचन्द्र ही थे। घर पर मुझे खाने की कोई चीज़ मिलती, वह लेकर रामचन्द्र को दे आता। उन्हें खिलाने में मुझे जितना आनन्द मिलता था, उतना आप खा जाने में कभी न मिलता। कोई मिठाई या फल पाते ही बेतहाशा चौपाल की ओर दौड़ता।

चलते समय भी रामचन्द्र जी को कुछ नहीं मिला, जब कि आबादीजान तवायफ़ को ख़ुदा जाने क्या-क्या मिला था।

मेरे पास दो आने पैसे पड़े हुए थे। मैंने पैसे उठा लिये और जाकर शरमाते-शरमाते रामचन्द्र को दे दिए। उन पैसों को देखकर रामचन्द्र को जितना हर्ष हुआ, वह मेरे लिए आशातीत था। टूट पड़े, मानो प्यासे को पानी मिल गया। वही दो आने पैसे लेकर तीनों मूर्तियाँ बिदा हुईं। केवल मैं ही उनके साथ क़स्बे के बाहर तक पहुँचाने आया।

बचपन की अबोध ममता और वैसी ही अबोध कातरता...

लेकिन अब हम उस दौर की चौखट पर पहुँच गए हैं जब कि नवाब का बचपन, अपनी कड़वी-मीठी स्मृतियों के साथ, बड़ी तेज़ी से पीछे छूटता जा रहा है। अभी उसकी उम्र चौदह साल है, बचपन के बीत जाने की उम्र नहीं है, केवल वय:संधि है। पर यह सब अब थोड़े दिनों का खेल है। माँ को मरे छ: साल बीत चुके हैं। इस बीच उसने बहुत कुछ देखा है, सहा है, सीखा है और अकाल-प्रौढ़ता, जो कुछ तो उसकी प्रतिभा का ऋण-शोध है और कुछ उसकी परिस्थितियों का, उनका दरवाज़ा खटखटा रही है।

इस बार मुंशी अजायब लाल गोरखपुर में बहुत लम्बे टिक गए थे, इतना शायद इसके पहले और कहीं भी रहने का मौक़ा नहीं मिला था, लगभग चार साल। इस बीच नवाब ने मिशन स्कूल से आठवाँ दर्ज़ा ज्यों-त्यों पास कर लिया था। ज़हीन थे मगर स्कूली किताबों में जी न लगता था क्योंकि तलिस्मी कहानियों की वजह से होश उड़ा रहता था और जो मज़ा हातिमताई की संगत में था वह भला मास्टर साहब की संगत

में कहाँ। लस्टम-पस्टम पास हो जाते थे लेकिन हाँ, हिसाब एक मुस्तिक़ल हौआ था जिसके नाम से ग़रीब का हलक सूखता था।

ख़ैर, तो नवाब ने आठवाँ पास कर लिया और तभी मुंशी अजायबलाल की बदली जमनिया की हो गई। उनकी सेहत पिछले दिनों बहुत गिर गई थी और बराबर गिरती जा रही थी। दूसरी पत्नी से उनका पहला लड़का गुलाब तब दो-तीन साल का था। और दूसरा, महताब, हाल में ही पैदा हुआ था। नवाब को अब नवें दर्जे में नाम लिखाना था जो कि बनारस में ही सम्भव था। पिताजी ने पूछा, कितना ख़र्चा लगेगा? नवाब ने कहा—पाँच रुपया दे दिया कीजिएगा।...मगर पाँच रुपए में भला क्या होता। बड़ी मुश्किल का सामना था। तो भी पढ़ने की धुन बराबर बनी हुई थी—

> *पाँव में जूते न थे। देह पर साबित कपड़े न थे। महँगी अलग—दस सेर के जौ थे। स्कूल से साढ़े तीन बजे छुट्टी मिलती थी। काशी के क्वींस कालेज में पढ़ता था। हेडमास्टर ने फ़ीस माफ़ कर दी थी। इम्तहान सिर पर था और मैं बाँस के फाटक एक लड़के को पढ़ाने जाता था। जाड़ों के दिन थे। चार बजे पहुँचता था। पढ़ाकर छः बजे छुट्टी पाता। वहाँ से मेरा घर देहात में पाँच मील पर था। तेज़ चलने पर भी आठ बजे से पहले घर न पहुँच सकता। और प्रातःकाल आठ ही बजे फिर घर से चलना पड़ता था, नहीं वक़्त पर स्कूल न पहुँचता। रात को खाना खाकर कुप्पी के सामने पढ़ने बैठता और न जाने कब सो जाता। फिर भी हिम्मत बाँधे हुए था।...*

अब तक बचपन मर चुका था—यानी लड़के के कंधे पर शादी का जुआ रखने का वक़्त आ गया था। पिता लड़के को अँधरा के पुल का बारह आनेवाला चमरौधा जूता और चार आने गज का नया कपड़ा न पहना सके, लेकिन उसकी शादी तो कर ही सकते हैं! पन्द्रह बरस तब शादी के लिए ऐसी कम उम्र भी न समझी जाती थी। गाँव में न जाने कितने थे जिनकी शादी इसी उम्र में हुई थी, मुंशी अजायबलाल कैसे अपने बेटे की न करते, लोग नाम न धरते! सेहत भी ठीक न चल रही थी, अपने जीते जी लड़के को खूँटे से बाँध देने का ख़याल भी, मुमकिन है, दिल में रहा हो। सम्भव है पत्नी ने बार-बार आग्रह किया हो कि लड़का अब सयाना हुआ, उसका ब्याह कर देना चाहिए। बहू घर में ले आने का मोह किसे नहीं होता। पूरब में जल्दी ब्याह कर देने का चलन भी है। पक्की बात इतनी है कि यह शादी लगाई नवाब के नाना साहब ने थी, नाना साहब यानी मुंशी अजायबलाल के नए ससुर साहब। यह भी मुमकिन है कि नाना साहब ने अपने किसी मित्र का भला करने के विचार से या अन्य किसी कारण से यह सम्बन्ध स्थिर किया हो। जो भी बात रही हो, यह विवाह बस्ती ज़िले की मेंहदावल तहसील में बस्ती शहर से दस मील दूर रमवापुर सरकारी गाँव के एक छोटे-मोटे ज़मींदार के घर ठीक हुआ। बड़े आदमी हैं। लड़की बहुत अच्छी है। सब बहुत ख़ुश थे, नवाब सबसे ज़्यादा। मारे उत्साह के, मंडप छाने के लिए बाँस भी ख़ुद उसी ने काटे। ख़ुशी उसके भीतर छलकी पड़ रही थी और शायद बाँस की जड़ पर कुल्हाड़ी चलाते समय वह कुछ गुनगुना भी रहा था। पिछले बरसों में उसने जो सैकड़ों

किताबें पढ़ी थीं उनमें कितने ही शाही लकड़हारे आए थे, अपनी प्रेमिका की तलाश में भिखमंगों का भेस बनाए जंगलों और रेगिस्तानों की ख़ाक छानते हुए सुन्दर राजकुमार आए थे, एक से एक सुन्दरी राजकुमारियाँ आई थीं जिनके आगे चाँद भी शरमाता था। वही सब चीज़ें उसने पढ़ी थीं, वही तसवीरें उसके मन में थीं। उसका दिल किलोलें कर रहा था और हवा में जंगली गुलाबों की और रातरानी की ख़ुशबू थी। नहीं, अब वह ऐसा नादान नहीं था, उसे सब पता था कि शादी क्या चीज़ होती है, कितनी रंगीन, कैसी ख़ूबसूरत। उसने अपनी इतिहास की किताबों में और अपने राजा-रानी के क़िस्सों में पढ़ा था कैसे एक सुन्दरी की चितवन पर सल्तनतें लुट गईं, ख़ून की नदियाँ बह गईं, इसी बात के लिए कि शहजादा उस माहे-जबीं से, उस चन्द्रमुखी से, शादी करना चाहता था। उसके तमाम सपने, जिन पर पिछले साल-डेढ़ साल में जमाने की थोड़ी-बहुत धूल पड़ गई थी, एक बार फिर जवान हो गए और उसके हाथ की कुल्हाड़ी और भी तेज़ी से चलने लगी।

शादी हुई, शादी में ख़ूब चुहलबाज़ी भी हुई, नंगे-नंगे मज़ाक़ भी हुए जो अक्सर इस मौक़े पर होते हैं, ख़ासकर पूरब में, और नवाब ने ख़ूब रस ले-लेकर तुर्की-ब-तुर्की उनका जवाब भी दिया, फिर बिदाई हुई और नवाब (!) अपनी शीरीं अपनी लैला को ऊँट-गाड़ी पर बिठाकर (हाँ, ऊँटगाड़ी! नियति कभी अधूरा व्यंग्य नहीं करती!) अपने घर ले चला। घर पहुँचकर उसने अपनी बीवी की सूरत जो देखी तो उसका ख़ून सूख गया। उम्र में वह नवाब से ज़्यादा थी, मगर वह तो ऐसी कोई बात नहीं, लैला भी तो मजनूँ से बड़ी थी! काली थी, मगर सुनते हैं, लैला भी तो काली थी!

मगर क़िस्सा और चीज़ है, ज़िन्दगी और चीज़। यथार्थ का यह एक और गहरा धक्का था जो नवाब को लगा। देखते ही शक्ल से नफ़रत हो गई—भद्दी, थुलथुल, फूहड़। इतना ही नहीं, उनके चेहरे पर चेचक के गहरे-गहरे दाग़ थे और एक टाँग कुछ छोटी थी जिसके कारण ग़रीब को भचककर चलना पड़ता था। महीने में एकाध बार हबुआती भी ज़रूर थी, जब उन पर भूत-प्रेत आते थे। सुनते हैं दिमाग़ में कुछ ख़लल भी था क्योंकि लड़ाई होने पर अपने पति से कहती थी—हम तुम्हें गदहा छानने के पगहे से बँधवाकर मँगा लेंगे! ऐसे-ऐसे जादू-टोने हैं हमारे पास!

नाना साहब ने पन्द्रह साल के इस ख़ूबसूरत नवाब के लिए ऐसी उम्र में ज़्यादा, काली, भद्दी, थुलथुल, चेचकरू, अफ़ीम खानेवाली, भचककर चलनेवाली औरत ही क्यों चुनी, यह रहस्य उनके साथ ही चला गया। लेकिन इसमें शक नहीं कि जिस-जिस ने देखा उसके मुँह से एक सर्द आह निकल गई। कहाँ नवाब, कहाँ यह औरत का कार्टून! यहाँ तक कि मुंशी अजायब लाल से भी नहीं रहा गया और उन्होंने हिम्मत बटोरकर अपनी पत्नी से कह दिया—लालाजी ने मेरे लड़के को कुएँ में ढकेल दिया। मेरा गुलाब-सा लड़का और उसकी यह बीवी! मैं तो उसकी दूसरी शादी करूँगा। पत्नी ने कहा—देखा जाएगा।...और उनके लिए बात वहीं ख़त्म हो गई। लेकिन नवाब के लिए बात इतनी आसानी से कैसे ख़त्म होती। वह तो गाँठ जोड़कर उन्हें अपने साथ लाया था।

पर वही गाँठ अब चुनरी से छूटकर दिल में आ लगी थी। कौन जाने उस गाँठ में दो-एक गिरह सास-बहू के झगड़ों ने भी डाल दी हो जो आए दिन होते रहते थे।

मुमकिन है नवाब जैसा आदमी उस स्त्री के साथ भी निबाह कर ले जाता, लेकिन वह ख़ुद अपनी लाश ढोने जैसी बात होती, और अब जब कि थोड़ा निर्वैयक्तिक ढंग से विचार कर सकना सम्भव है, यह शायद अच्छा ही हुआ कि मन और शरीर से इतनी बेमेल स्त्री के साथ निबाह करने का मौक़ा नहीं आया। ज़िन्दा वह बहुत बाद तक रही, नवाब ने जब दूसरी शादी की तब तक उन्हें इस घर में दस बरस हो चुके थे, लेकिन नवाब का शायद कभी उनसे कोई सम्बन्ध नहीं रहा। वह कभी लमही रहतीं और कभी अपने मैके चली जातीं। पर नवाब को किसी बात से कोई मतलब न था। तीन-चार बरस तो वह ज़्यादातर लमही में ही रहीं पर जब नवाब ने अपनी नौकरी की ज़िन्दगी शुरू की और उन्हें अपने साथ नहीं ले गए तो वह भी मेंहदावल चली गईं और अधिकतर वहीं रहने लगीं। कभी-कभी लमही भी आ जाती थीं। कई बार इस बात की कोशिश हुई कि नवाब उन्हें अपने पास बुलाकर रखें। शायद इसी सिलसिले में एक बार यह बात भी उड़ी कि उन्हें लड़का हुआ है जिसका नाम उनके घरवालों ने रामयाद राय रखा है—कितना ठेठ मुंशियाना नाम पर कितना सार्थक! मुमकिन है, यह बात सिर्फ़ इसलिए उड़ाई गई हो कि नवाब पर और भी कुछ दबाव पड़े। लेकिन अगर यह बात सच भी हो कि वह स्त्री जानकी मैया के समान ही निर्दोष थी तो भी शायद इस मामले में प्रेमचन्द को मर्यादा पुरुषोत्तम रामचन्द्र के समान दोषी ठहराना भी अन्याय हो क्योंकि यह प्रसंग केवल दु:ख का है—उस पुरानी, सामंती विवाह-प्रणाली का और उससे भी अधिक उस व्यक्ति या उन व्यक्तियों का जिन्होंने यह अनमेल सम्बन्ध स्थिर किया या उसके लिए सहमति दी। मुंशी अजायब लाल भी उसके नैतिक दायित्व से बच नहीं सके। बुढ़ौती में यह एक ज़बर्दस्त धक्का उनको लगा और कुछ अजब नहीं कि उसने उनके अन्त को और पास ला दिया हो क्योंकि वह नवाब की शादी के डेढ़ बरस के भीतर ही, कई महीने की बीमारी के बाद, इस दुनिया से छप्पन बरस की अवस्था में सिधार गए, जब कि उनके पिता छिहत्तर बरस की आयु पाकर मरे थे और उनकी माँ भी अभी केवल चार-पाँच बरस पहले ही मरी थीं।

नवाब नवीं में थे जब उनका ब्याह हुआ। अगले साल यानी 1897 में उन्हें मैट्रिक का इम्तहान देना था। लेकिन उसी साल पिता बीमार पड़े और इस दुनिया से उठ गए। नतीजा यह हुआ कि नवाब उस साल इम्तहान नहीं दे पाए। उसके अगले साल नवाब ने मैट्रिक का इम्तहान दिया। सेकेंड डिवीजन में पास हुए। जो भी मजबूरियाँ नवाब की रही हों, सेकेंड क्लास का नतीजा यह हुआ कि क्वींस कालेज में उसका प्रवेश पाना एक समस्या बन गया क्योंकि प्रवेश तो चाहे मिल भी जाता पर फ़ीस नियम के अनुसार केवल अव्वल दर्जेवालों की ही माफ़ हो सकती थी और फ़ीस देकर पढ़ने की स्थिति नवाब की नहीं थी।

संयोग से उसी साल हिन्दू कालेज खुल गया। मैंने इस नए कालेज में पढ़ने का निश्चय किया। प्रिन्सिपल थे मिस्टर रिचर्डसन। उनके मकान पर गया। वह पूरे हिन्दोस्तानी वेश में थे। कुर्ता और धोती पहने, फ़र्श पर बैठे कुछ

लिख रहे थे मगर मिज़ाज को तब्दील करना इतना आसान न था। मेरी प्रार्थना सुनकर—आधी ही कहने पाया था—बोले कि घर पर मैं कालेज की बातचीत नहीं करता, कालेज में आओ। ख़ैर, कालेज में गया। मुलाक़ात तो हुई पर निराशाजनक। फ़ीस माफ़ न हो सकती थी। अब क्या करूँ? अगर प्रतिष्ठित सिफ़ारिशें ला सकता तो शायद मेरी प्रार्थना पर कुछ विचार होता, लेकिन देहाती युवक को शहर में जानता ही कौन था?

रोज़ घर से चलता कि कहीं से सिफ़ारिश लाऊँ पर बारह मील की मंजिल पार कर शाम को घर लौट आता। किससे कहूँ, कोई अपना पुछत्तर न था।

कई दिनों के बाद एक सिफ़ारिश मिली। एक ठाकुर इन्द्रनारायण सिंह हिन्दू कालेज की प्रबन्धकारिणी सभा में थे। उनसे जाकर रोया। उन्हें मुझ पर दया आ गई, सिफ़ारिशी चिट्ठी दे दी। उस समय मेरे आनन्द की सीमा न थी। ख़ुश होता हुआ घर आया। दूसरे दिन प्रिन्सिपल ने मेरी तरफ़ तीव्र नेत्रों से देखकर पूछा—इतने दिनों कहाँ थे?

— बीमार हो गया था।

— क्या बीमारी थी?

मैं इस प्रश्न के लिए तैयार न था। अगर ज्वर बताता हूँ तो शायद साहब मुझे झूठा समझें। ज्वर मेरी समझ में हल्की-सी चीज़ थी जिसके लिए इतनी लम्बी ग़ैरहाज़िरी अनावश्यक थी। कोई ऐसी बीमारी बतानी चाहिए जो अपनी कष्टसाध्यता के कारण दया को भी उभारे। उस वक़्त मुझे और किसी बीमारी का नाम याद न आया। ठाकुर इन्द्रनारायण सिंह से जब मैं सिफ़ारिश के लिए मिला तो उन्होंने अपने दिल की धड़कन की बीमारी की चर्चा की थी। वह शब्द मुझे याद आ गया। मैंने कहा—पैलपिटेशन आफ हार्ट सर!

साहब ने विस्मित होकर मेरी ओर देखा और कहा—अब तुम बिलकुल अच्छे हो?

—जी हाँ।

—अच्छा प्रवेशपत्र भरकर लाओ।

मैंने समझा, बेड़ा पार हुआ। फ़ार्म लिया, खानापूरी की और पेश कर दिया। उस समय साहब कोई क्लास ले रहे थे। तीन बजे मुझे फ़ार्म वापस मिला। उस पर लिखा था—इसकी योग्यता की जाँच की जाए।

यह नई समस्या उपस्थित हुई। मेरा दिल बैठ गया। अंग्रेज़ी के सिवा और किसी विषय में पास होने की मुझे आशा न थी, और बीजगणित और रेखागणित से तो रूह काँपती थी। जो कुछ याद था वह भी भूल-भाल गया था लेकिन दूसरा उपाय ही क्या था। भाग्य का भरोसा करके क्लास में गया और अपना फ़ार्म दिखाया। प्रोफ़ेसर साहब बंगाली थे। अंग्रेज़ी पढ़ा रहे थे। वाशिंगटन इर्विंग का रिप वान विंकिल था। मैं पीछे की कतार में जाकर बैठ

गया और दो ही चार मिनट में मुझे ज्ञात हो गया कि प्रोफ़ेसर साहब अपने विषय के ज्ञाता हैं। घंटा समाप्त होने पर उन्होंने आज के पाठ पर मुझसे कई प्रश्न किए और मेरे फ़ार्म पर 'सन्तोषजनक' लिख दिया।

दूसरा घंटा बीजगणित का था, इसके प्रोफ़ेसर भी बंगाली थे। मैंने अपना फ़ार्म दिखाया। नई संस्थाओं में प्राय: वही छात्र आते हैं जिन्हें कहीं जगह नहीं मिलती। यहाँ भी वही हाल था। क्लासों में अयोग्य छात्र भरे हुए थे। पहले रेले में जो आया, वह भर्ती हो गया। भूख में साग-पात सभी चिकर होता है। अब पेट-भर गया था। छात्र चुन-चुनकर लिए जाते थे। इन प्रोफ़ेसर साहब ने गणित में मेरी परीक्षा ली और मैं फेल हो गया। फ़ार्म पर गणित के खाने में 'असन्तोषजनक' लिख दिया।

मैं इतना हताश हुआ कि फ़ार्म लेकर फिर प्रिन्सिपल के पास न गया। सीधा घर चला गया। गणित मेरे लिए गौरीशंकर की चोटी थी। कभी उस पर न चढ़ सका...

ख़ैर, मैं निराश होकर घर तो लौट आया लेकिन पढ़ने की लालसा अभी तक बनी हुई थी। घर बैठकर क्या करता? किसी तरह गणित को सुधारूँ और कालेज में भर्ती हो जाऊँ, यही धुन थी। इसके लिए शहर में रहना ज़रूरी था।

संयोग से एक वकील साहब के लड़के को पढ़ाने का काम मिल गया। पाँच रुपया वेतन ठहरा। मैंने दो रुपए में अपना गुज़र करके तीन रुपए घर पर देने का निश्चय किया। वकील साहब के अस्तबल के ऊपर एक छोटी-सी कच्ची कोठरी थी। उसी में रहने की आज्ञा ले ली। एक टाट का टुकड़ा बिछा दिया, बाज़ार से एक छोटा-सा लैम्प लाया और शहर में रहने लगा। घर से कुछ बर्तन भी लाया। एक वक़्त खिचड़ी पका लेता और बर्तन धो-माँजकर लाइब्रेरी चला जाता। गणित तो बहाना था, उपन्यास आदि पढ़ा करता। पंडित रतननाथ दर का 'फ़साना आज़ाद' उन्हीं दिनों पढ़ा। 'चन्द्रकान्ता सन्तति' भी पढ़ी। बंकिम बाबू के उर्दू अनुवाद, जितने पुस्तकालय में मिले, सब पढ़ डाले।

जिन वकील साहब के लड़कों को पढ़ाता था, उनके साले मेरे साथ मैट्रिकुलेशन में पढ़ते थे। उन्हीं की सिफ़ारिश से मुझे यह पद मिला था। उनसे दोस्ती थी, इसलिए जब ज़रूरत होती, पैसे उधार ले लिया करता था। वेतन मिलने पर हिसाब हो जाता था। कभी दो रुपए हाथ आते, कभी तीन। जिस दिन वेतन के दो-तीन रुपए मिलते मेरा संयम हाथ से निकल जाता। प्यासी तृष्णा हलवाई की दूकान पर खींच ले जाती। दो-तीन आने पैसे खाकर ही उठता। उसी दिन घर जाता और ढाई रुपए दे आता। दूसरे दिन से फिर उधार लेना शुरू कर देता। लेकिन कभी-कभी उधार माँगने में भी संकोच होता और दिन का दिन निराहार व्रत रखना पड़ जाता।

इस तरह चार-पाँच महीने बीते। इस बीच एक बजाज से दो-ढाई रुपए के कपड़े लिए थे। रोज़ उधर से निकलता था। उसे मुझ पर विश्वास

हो गया था। जब महीने दो-महीने निकल गए और मैं रुपए न चुका सका तो मैंने उधर से निकलना ही छोड़ दिया। चक्कर देकर निकल जाता। तीन साल के बाद उसके रुपए अदा कर सका। उसी जमाने में शहर का एक बेलदार मुझसे कुछ हिन्दी पढ़ने आया करता था। एक बार मैंने उससे भी आठ आने पैसे उधार लिए थे। वह पैसे उसने मुझसे मेरे घर, गाँव में जाकर पाँच साल बाद वसूल किए। मेरी अब भी पढ़ने की इच्छा थी लेकिन दिन-दिन निराश होता जाता था। जी चाहता था, कहीं नौकरी कर लूँ। पर नौकरी कैसे मिलती है और कहाँ मिलती है, यह न जानता था। जाड़ों के दिन थे। पास एक कौड़ी न थी। दो दिन एक-एक पैसे का चबेना खाकर काटे थे। मेरे महाजन ने उधार देने से इनकार कर दिया था या संकोचवश मैं उससे माँग न सका था। चिराग़ जल चुके थे। मैं एक बुकसेलर की दुकान पर एक किताब बेचने गया। चक्रवर्ती गणित की कुंजी थी। दो साल हुए ख़रीदी थी। अब तक उसे बड़े जतन से रखे हुए था, पर आज चारों ओर से निराश होकर, मैंने उसे बेचने का निश्चय किया। किताब दो रुपए की थी, लेकिन एक पर सौदा ठीक हुआ। मैं रुपया लेकर दुकान से उतरा ही था कि एक बड़ी-बड़ी मूँछोंवाले सौम्य पुरुष ने, जो उस दुकान पर बैठे हुए थे, मुझसे पूछा—कहाँ पढ़ते हो?

तक़दीर का खेल भी अजब अनोखा है। कहाँ तो कैसे-कैसे पापड़ बेल रहे थे, अगले वक़्त की रोटी का ठिकाना नहीं था, और कहाँ अब परोसी हुई थाली सामने रक्खी थी।

सवाल पूछनेवाले सज्जन चुनार के एक छोटे-से मिशन स्कूल के हेडमास्टर थे। उन्हें मैट्रिक पास एक मास्टर की तलाश थी। वेतन था अठारह रुपया। कहने-भर की देर थी, नवाब ने लपककर मंजूर कर लिया। जैसे दिन उसने देखे थे उनके सामने नवाब का यह कहना कुछ ग़लत नहीं था कि 'अठारह रुपए उस समय मेरी निराश व्यथित कल्पना की ऊँची से ऊँची उड़ान से भी ऊपर थे।'

यह सन् 1899 की बात है। पिता को मरे भी अब दो बरस हो रहे थे। घर पर बस उनकी नई माँ और उनका एक तीन साल का बच्चा था—बड़ा बच्चा, गुलाब, दो-ढाई बरस पहले जाता रहा था। खेती अव्वल तो थी ही कितनी, और फिर खानेवाले भी कुछ कम न थे। घर में भूनी भाँग नहीं थी और कमानेवाला अकेला नवाब। अपनी नई माँ से उसे बहुत सुख नहीं मिला, यह और बात है, लेकिन अब जब कि पिता की आँखें मुँद गई थीं, उनकी परवरिश की, अपनी बिसात-भर उनको आराम से रखने की जिम्मेदारी उसी की थी।

नवाब ने अगले ही रोज़ जाकर सब कुछ पक्का कर लिया और तीन-चार रोज़ के भीतर चुनार पहुँच गया, जो कि बनारस से चालीस मील दूर, मिर्ज़ापुर के पास एक क़स्बा है।

छोटी-सी ख़ामोश जगह थी। नए-नए पहुँचे थे। मिज़ाज में कुछ शर्मीलापन भी था ही। पढ़ने का चस्का लग ही चुका था। किसी से ज़्यादा कुछ मतलब न रखते थे, बस अपने काम से काम।

साथ में चाची के छोटे, सौतेले भाई विजयबहादुर भी थे। अपनी बहन के साथ ही वह भी आ गए थे और फिर यहीं रह गए। उम्र में वह नवाब से—चार-पाँच साल छोटे थे, पर दोनों में बहुत बनती थी, क्योंकि विजयबहादुर भी बहुत नेक, मिलनसार और मुहब्बती तबीयत के आदमी थे। ज़्यादा दिन ज़िन्दा नहीं रहे पर जब तक रहे नवाब के साथ ही रहे। जहाँ-जहाँ नवाब का तबादला हुआ वहाँ-वहाँ विजयबहादुर उनके साथ गए।

वेतन से पूरा न पड़ता था इसलिए नवाब ने पाँच रुपए का एक ट्यूशन भी कर लिया था। लड़का घर आकर पढ़ जाता था। उस छोटी-सी जगह में नवाब की अंग्रेज़ी बहुत मशहूर हो गई थी।

नवाब को अपने पढ़ने-पढ़ाने से फ़ुर्सत न मिलती थी, घर का इन्तज़ाम विजयबहादुर के ज़िम्मे था। पैसे जो मिलते थे वह महीने के शुरू में ही ख़र्च हो जाते थे।

फिर उधार पर चलता था। बोर्डिंग हाउस का बनिया था, उसी से रसद उधार ली जाती।

तभी की बात है, एक बार नवाब विजयबहादुर के साथ घर आए, यानी लमही। जाड़े के दिन थे। चार-पाँच दिन घर रहे। चलने लगे तो रास्ते के लिए चाची से रुपए माँगे। चाची ने कहा—रुपए सब ख़र्च हो गए।

बड़ी मुश्किल थी। गाँव में उधार लेते भी तो किससे? लिहाज़ा मजबूर होकर अपना गरम कोट बेचने की ठानी।

गाड़ी के बहुत पहले दोनों गाँव से चल दिए और शहर आकर नवाब ने अपना कोट दो रुपए में बेचा, जो कि एक साल पहले बड़ी मुश्किलों से बनवाया था! सूती पहनकर उस गरम कोट को बड़े जतन से रखा था। और वह दो रुपए में बिक गया। इस सब के बावजूद ज़िन्दगी जैसी कुछ थी, बहुत अच्छी थी।

एक रोज़ स्कूल की टीम का फुटबाल मैच मिलिटरी के गोरों की एक टीम से हुआ। गोरे शायद हार गए। स्कूल के लड़कों ने ज़ोर-ज़ोर से हिप-हिप हुर्रे का नारा लगाना शुरू किया। गोरे खिसियाए हुए तो थे ही, यह चीज़ उनको कटे पर नमक छिड़कने जैसी मालूम हुई। इन काले आदमियों की यह मज़ाल! एक गोरे ने किसी खिलाड़ी को बूट से ठोकर मार दी। मैच देखनेवालों में नवाब भी था। गोरे को बूट चलाते भी उसने देखा। जिस्म बहुत मज़बूत नहीं था तो क्या, दिल तो मज़बूत था, और फिर अपने ही मैदान पर खेल हो रहा था। चढ़ती जवानी की उम्र, नवाब का ख़ून खौल पड़ा—इसकी यह हिम्मत! सिर्फ़ इसलिए कि हम काले हैं, हिन्दोस्तानी हैं! फिर क्या था, उसने आव देखा न ताव, झपटकर मैदान में गड़ी हुई एक झंडी उखाड़ ली और बेतहाशा उन पर पिल पड़ा। लड़कों ने जो उसको आगे-आगे देखा तो खेलनेवाले और तमाशाई सब मैदान में कूद पड़े और उन गोरों की ऐसी पिटाई की कि उन्हें छठी का दूध याद आ गया, सारी अकड़फूँ धरी रह गई!

मैदान जब ख़ाली हुआ तो स्कूलवालों को सबसे ज़्यादा ताज्जुब इस बात का हुआ कि इस मार्के में पहल उस शर्मीले नौजवान मुदर्रिस ने की थी जिसे खेलने से बहुत कम मतलब था और जो हमेशा अपनी क़िस्से-कहानी की किताबों में डूबा रहता था।

लेकिन उससे भी ज़्यादा ताज्जुब इस शर्मीले, घरघुसने नौजवान की दिलेरी पर उस वक़्त होता है जब साठ-पैंसठ बरस पहले के चुनार का नक़्शा आँखों के सामने आता है। उग्र ने, जो हिन्दी के जाने-माने लेखक हैं और चुनार के ही रहनेवाले हैं, 'अपनी ख़बर' में उस वक़्त के चुनार की यह एक हल्की-सी झलक दी है—

> *'उन दिनों क़िलों की क़द्र थी, अत: चुनार में अंग्रेज़ आए। जब मैं पाँच-सात साल का था तब चुनार के क़िले में गोरा-तोपख़ाना पल्टन रहती थी। बहुत दिनों तक चुनार में रिटायर्ड गोरे सपरिवार रहा करते थे। लोअर लाइन्स नामक अपनी एक बस्ती उन्होंने कालों के क़स्बे की पिछली सीमा पर बसा रखी थी।...सन् 1905 में चुनार की पाँच-सात हज़ार की आबादी के सिरहाने दो-दो गिरजाघर थे। एक परेड ग्राउंड की क़ब्रगाह के पास जर्मन मिशनरियों का रोमन कैथलिक चर्च और दूसरा प्रोटेस्टैंट चर्च शहर के बीच में था। ईसाई या अंग्रेज़ों की संख्या शहर में चाहे जितनी रही हो, पर उनका प्रभाव कितना था, इसकी सूचना ये चर्च देते थे। मेरे स्वर्गीय पिता जिस मन्दिर में पूजन किया करते थे उसके चबूतरे पर खड़े होकर पाँच-सात की वय में, मैंने गोरे सोल्जरों के तोपख़ाने की मार्च मज़े में देखी थी। क़िले से परेड ग्राउंड तक ये गोरे सिपाही मार्च करते हुए अक्सर जाया करते थे। मैदान में मिलिटरी बैंडवालों की परेड तो मुझे आज भी भूली नहीं है। कई प्रकार के बाजेवाले, सभी गोरे, ड्रम—ओह!—कितना बड़ा! इन बैंडवाले सिपाहियों के बीच में बाघम्बर धारण किए, हाथ में गदा-जैसी कोई वस्तु हिलाता चलता था एक नाटा, गुट्ठल, सचमुच व्याघ्रमुख कोई दैत्यदेही गोरा! तब चुनारवालों को ये गोरे महाकाल के दामाद दसवें ग्रह जैसे लगते थे। अक्सर लोग इनकी छाया से भी दूर भागते थे। लोअर लाइन्स से गुज़रने वाले ग़रीब ग्रामीण चुनारियों को ये रिटायर्ड या सिपाही गोरे कारण-अकारण बेंतों से बुरी तरह सिटोह दिया करते थे। औरतें तो लोअर लाइंस में जाने की हिमाक़त कर ही नहीं सकती थीं। गरगो नदी पार से शहर को विविध वस्तु बेचने आनेवाली अहीरिनों, कोरिनों, चमारिनों को अक्सर उन्मत्त गोरे दौड़ा लेते थे, रगड़-सगड़ देते थे पशुवत्—रेप...'*

झगड़ा मोल लेना ठीक बात नहीं है। अपने काम से काम रखना चाहिए। लेकिन आँखों के आगे सरीहन् बेइंसाफ़ी हो रही हो तो इनसान चुप भी कैसे रहे। ज़ुल्म देखकर उस आदमी को जैसे फिर किसी बात का होश नहीं रह जाता था और तैश खाकर, तिलमिलाकर कूद पड़ने के अलावा फिर और कुछ न सूझता। और यही चीज़ साल बीतने के पहले, पाँच ही छ: महीने बाद मुंशीजी के वहाँ से उखड़ जाने का कारण

बनी। सुनते हैं कि वहाँ, उसी स्कूल में, एक कोई इब्ने अली नाम के मौलवी साहब थे। स्कूल के अधिकारी उनके साथ कोई बेइंसाफ़ी कर रहे थे जो मुंशीजी को बर्दाश्त नहीं हुई। उन्होंने बेधड़क मौलवी साहब का साथ दिया, खुलेआम, जमकर। बात बढ़ी। मुंशीजी भी मौलवी साहब के साथ निकाल दिए गए।

3

चुनार के मिशन स्कूल से निकलकर मुंशीजी, जिनकी उम्र उस समय बीस साल थी, साल-भर के अन्दर ही फिर बनारस पहुँचे और किसी नए काम की तलाश शुरू हुई।

क्वींस कालेज में बेकन साहब प्रिन्सिपल थे। शिक्षा-विभाग में बड़ा असर रखते थे, एक ग़रीब नौजवान को हीले से लगाना उनके लिए मुश्किल बात न थी। नवाब के बारे में उनका ख़याल भी अच्छा था। सीधा, सच्चा, ज़हीन, मेहनती लड़का है। मगर बहुत ग़रीब है।

बेकन साहब ने यहाँ-वहाँ दो-एक ख़त लिखे और मुंशीजी की नियुक्ति 2 जुलाई, 1900 को बहराइच के ज़िला स्कूल में पाँचवें मास्टर के पद पर हुई। वेतन बीस रुपए महीना। सरकारी नौकरी का सिलसिला शुरू हुआ। चुनार की मास्टरी, मुदर्रिसी के इस लम्बे ड्रामे का रिहर्सल थी।

बहराइच में मुंशीजी को ज़्यादा दिन नहीं रहना पड़ा। ढाई महीने बाद ही उनकी बदली परताबगढ़ के लिए हो गई। 21 सितम्बर से उन्होंने परताबगढ़ के ज़िला स्कूल में फर्स्ट एडीशनल मास्टर का काम सम्हाला। वेतन वही बीस, जो कि घर की ज़रूरतों के लिए काफ़ी न था। रुपया बराबर घर भेजना पड़ता था। चाची अपने बेटे के साथ वहीं रहती थीं। परताबगढ़ में उन लोगों को अपने साथ रखने का सवाल नहीं पैदा होता था क्योंकि मुंशीजी ख़ुद ताले के ठाकुर साहब की हवेली के एक कमरे में रहते थे। उनके दो लड़कों को पढ़ाते थे और उन्हीं के यहाँ रहते थे। ट्यूशन से अब भी छुटकारा न था। लेकिन यह ट्यूशन और ट्यूशनों जैसा न था क्योंकि ताला के वह ठाकुर साहब बिलकुल घर के लड़के की तरह उनको मानते थे। और उनका भी सम्बन्ध अपने शिष्यों से गुरु-शिष्य का न होकर दोस्ती का ही ज़्यादा था। इस तरह परताबगढ़ में मुंशीजी की ज़िन्दगी काफ़ी इत्मीनान से गुज़र रही थी। न कहीं जाते थे न आते थे। घर से स्कूल और स्कूल से घर।

मिलने-जुलनेवालों में पहला नम्बर बाबू राधाकृष्ण का था, जो आगे चलकर अवध चीफ कोर्ट के जज हुए। उनसे मुंशीजी की बहुत बनती थी। बराबर अपनी नई चीज़ें उन्हें सुनाते थे। बाबू राधाकृष्ण साहित्यरसिक तो जैसे थे ही, ख़ुद भी शेर कह लेते थे।

पंडित जयराम शास्त्री संस्कृत के पंडित थे, वहीं ठाकुर साहब की हवेली पर वह भी रहते थे, बराबर का साथ था पर सांस्कृतिक पृष्ठभूमि बिल्कुल भिन्न होने के कारण उनके साथ मुंशीजी की मैत्री साहित्यिक मैत्री का रूप न ले पाती थी, जैसी कि बाबू राधाकृष्ण के साथ थी।

अपना खाना मुंशीजी कभी ख़ुद ही पका लेते थे, मगर ज़्यादातर तो लड़कों के साथ हवेली पर ही उनका खाना भी होता।

पढ़ना-लिखना, यही उनकी ज़िन्दगी थी। और पढ़ने से ज़्यादा वह लिखते थे। अक्सर रात को बड़ी देर तक लिखते रह जाते।

लड़कों की और उनकी उम्र में बहुत ज़्यादा फ़र्क़ न था, पर लड़के उनका बड़ा अदब करते और वह भी उनको बड़ी मुहब्बत से पढ़ाते, ख़ासकर अंग्रेज़ी और उर्दू। लड़कों से ज़्यादा मेहनत न करवाते।

परताबगढ़ का पानी भी उनको रास आ गया था। जब तक रहे एक बार भी बीमार नहीं पड़े। प्रसन्न थे, सन्तुष्ट थे, लिखने-पढ़ने में दिन बीत रहे थे।

लेकिन अब यह सिर्फ़ गोरखपुर-जैसा पढ़ने का चस्का न था बल्कि एक ऐसे आदमी का पढ़ना था जो कि अपने भीतर एक नई थरथरी महसूस कर रहा था। अब से सात बरस पहले तेरह साल के एक लड़के ने अपने किसी मामा से बदला लेने के लिए उनकी छीछालेदर को नाटक की शक्ल दी थी। बात आई-गई हो गई थी। लेकिन अब वह अपनी रगों में एक नई ही सुरसुराहट और अपने दिल में एक नई ही तड़प महसूस कर रहा था जो अपने लिए ज़बान माँगती थी। मगर वह ज़बान उस चीज़ को दे तो कैसे दे?

पिछले बरसों में उसने न जाने कितना कुछ पढ़ा था लेकिन उसमें ज़्यादातर राजा-रानी के क़िस्से थे, तलिस्म और ऐयारी के क़िस्से थे। पढ़ने में वह बहुत अच्छे लगते थे मगर लिखना वह कुछ और चाहता था। उस तरह के क़िस्से फिर से लिखकर क्या होगा। ठीक है उनसे दिलबहलाव होता है मगर सवाल यह है कि हम आख़िर कब तक इसी तरह दिलबहलाव करते रहेंगे। इस तरह तो इतिहास के पन्नों से हमारा नाम भी मिट जाएगा। ज़रा अपने समाज की हालत भी तो देखो—कैसी मुर्दे की नींद सो रहा है! उसका दिल बहलाने की ज़रूरत है कि झकझोरकर उसको जगाने की? न जाने कब से सो रहा है इसी तरह। क्या क़यामत तक सोता रहेगा! यह तो मौत है सरासर! अगर कुछ लिखना ही है तो ऐसा कुछ लिखो जिससे यह मौत और ग़फलत की नींद कुछ टूटे, यह मुर्दनी कुछ दूर हो। कितनी बुरी हालत है हमारे हिन्दू समाज की। आदमी को आदमी नहीं समझा जाता। एक आदमी के छू जाने से दूसरे आदमी की जात चली जाती है। यह क्या ज़िन्दा क़ौमों के लक्षण हैं?

यह सब इन्हीं बड़े-बड़े तिलकधारी ब्राह्मणों की, पुजारियों, महन्तों, मठाधीशों की कारस्तानी है। कहने को चतुर्वेदी हैं, त्रिवेदी हैं, यह हैं, वह हैं, लेकिन हैं निरे लिख लोढ़ा पढ़ पत्थर, एक वेद की भी शक्ल जो उन्होंने देखी हो, बस अपने तर माल से काम, हलुआ-पूरी उड़ाये जाओ, चैन की बंसी बजाए जाओ! भांग-बूटी छानो, जितनी मन चाहे शराब लुँढाओ सुन्दर-सुन्दर रमणियों को लेकर विहार करो, मन्दिर के भीतर रंडी-पतुरिया नचाओ—इससे बड़ी भक्ति, धर्म, उपासना और क्या है! पतुरिया नचाने से भगवान भरस्ट नहीं होते, चमार-पासी उनका दर्शन कर ले तो भगवान भरस्ट हो जाते हैं! वैसे कहने को वह पतितपावन हैं! महंतजी की तिजोरी में बन्द!

छोड़ो इन मरदूद पंडों-महंतों को, एक नज़र इस ग़रीब औरत जात पर भी तो डालो। क्या मट्टी पलीद की है बेचारियों की! कहने को कह दिया—जहाँ नारियों की

पूजा होती है वहाँ देवता वास करते हैं। लेकिन कोई पूछे कि आपने किसी तरह का कोई अधिकार नारियों को दिया? बराबरी का दर्ज़ा न देते लेकिन कुछ तो ऐसे अधिकार देते कि नारी पुरुष के अत्याचारों से अपनी रक्षा कर सकती। वह सब कुछ नहीं। उसकी सच्ची स्थिति दासी के अलावा और कुछ नहीं है। स्वामी अच्छा मिला तो वाह-वाह, बुरा मिला तो रोये अपनी तक़दीर को! कुछ कर नहीं सकती। हर हालत में वह किसी न किसी पुरुष की आश्रिता है, अपने पैरों पर खड़े होने का उसको अधिकार नहीं है। शिक्षा का भी अधिकार उसे नहीं है—पुरुष की बराबरी जो करने लग जाएगी! शूद्र और नारी के कान में वेद का स्वर पड़ने से पातक लगता है! उसे अशिक्षित रक्खो, निपट असहाय रक्खो, घर की चहारदीवारी में बन्द करके रक्खो। उसका उपयोग इतना ही है कि वह भोग्या है, रमणी है और अगर इससे बढ़कर कोई उपयोग है तो यही कि वह जननी है। वह एक खेत है जिससे सन्तान की, पुरुष की सम्पत्ति के उत्तराधिकारी की प्राप्ति होती है! उसका अपना कोई स्वतंत्र व्यक्तित्व नहीं है, उसकी अपनी किसी इच्छा को समाज मान्यता देने के लिए तैयार नहीं है, इसीलिए तो कन्या और गौ का स्थान एक है—चाहे जिसके साथ बाँध दो! पाँच साल की लड़की का ब्याह पचास साल के बुड्ढे के साथ हो सकता है। लड़की ने पति का मुँह भी न देखा हो तो क्या, ब्याह का मतलब भी वह न समझती हो तो क्या, पति के मरने पर (या उसके द्वारा छोड़ दिए जाने पर) जब वह एक बार विधवा हो गई तो हो गई, उसका कोई उपचार नहीं है। उसे फिर विधवा के समान ही सारी ज़िन्दगी रहना है यानी अपनी सारी प्राकृतिक इच्छाओं को मारकर मुर्दे की तरह ज़िन्दा रहना है। ऐसा ही समाज का विधान है और उसमें किसी प्रकार की छूट नहीं है। अगर कभी किसी समय वह कमज़ोरी दिखलाती है यानी प्रकृति के तक़ाज़ों के आगे झुकने पर मजबूर होती है—किसी आदमी से प्यार करने लगती है या गर्भवती हो जाती है या किसी के साथ भाग जाती है—तो फिर समाज उसका मुँह भी देखना पाप समझता है। फिर वह समाज के लिए मरे के समान है और बहुत बार तो मौत के घाट उतार भी दी जाती है। उस दंड-व्यवस्था में रत्ती-भर क्षमा नहीं है। ऐसा सब अप्राकृतिक विधान न होता तो छिपे-छिपे समाज में इतना सब पाप पनपता कैसे! कितनी ही विधवाएँ और समाज की सतायी हुई स्त्रियाँ कोठों पर पहुँच जाती हैं। समाज यह सब अपनी आँखों के आगे होते देखता है लेकिन तो भी उसके कान पर जूँ नहीं रेंगती। अपनी ज़िम्मेदारियों की तरफ़ से कितना बेख़बर लेकिन बेकसों को सताने के लिए कितना शेर। करेगा-धरेगा कुछ नहीं लेकिन किसी से कोई ग़लती हो भर जाए, कच्चा ही चबा जाएगा! विधवाओं पर तो उसकी विशेष कृपा है—उस दुखियारी स्त्री की दूसरी बहनें ही उस पर चौकीदारी करती हैं और ग़रीब औरत अगर कहीं दुर्भाग्य से अपनी लीक से जौ भर भी डिग गई तो फिर उसकी ख़ैरियत नहीं। पहले तो वह औरतें ही उसे अपने तानों से छेद-छेदकर मार डालेंगी और अगर इतने से वह नहीं मरी तो फिर उसका और कुछ उपाय किया जाएगा।

इस तरह की कितनी कहानियाँ नवाब की आँखों के आगे से गुज़र चुकी थीं और हर बार गुस्से से उसकी आँखें जलने लगी थीं। वही सब अनमेल ब्याह की कहानियाँ, विधवा स्त्री की दुर्दशा की कहानियाँ, समाज को खोखला करनेवाली लेन-देन और

दूसरी कुरीतियों की कहानियाँ—जिनके चलते कितने ही ग़रीब माँ-बाप अपनी बेटी के हाथ पीले भी नहीं कर पाते और इसी दु:ख में घुल-घुलकर मर जाते हैं—अब उसके भीतर मचल रही थीं। रास्ता नया था। वह समझ न पाता था किधर बढ़े, कैसे बढ़े। लेकिन वही उसके भीतर की माँग थी। महज़ दिलबहलाव की चीज़ें वह नहीं लिखेगा। वह ऐसी कहानियाँ लिखेगा जिन्हें पढ़कर इस मुर्दा समाज में कुछ हरकत पैदा हो। क़िस्सागोई का फ़न वह उन पुरानी किताबों से सीखेगा मगर बात अपनी कहेगा। देश की बड़ी-बड़ी बातें वह क्या जाने मगर औरत जात के साथ, नीच कहलानेवाली जातों के साथ जो बेइंसाफ़ियाँ उसकी आँखों के सामने होती हैं, जमाने के मक्कार, धोखेबाज, लोभी, लम्पट, दुराचारी लोगों की जिस तरह समाज में तूती बोलती है, उन सब की तरफ़ से वह कैसे आँखें मूँद ले!

आर्य समाज का इस समय काफ़ी दौरदौरा था। प्रचारक लोग घूमते रहते। जगह-जगह सभाएँ होतीं, जलसे होते, सनातनी पंडितों से शास्त्रार्थ होते। बाल-विवाह की बुराइयाँ बतलाई जातीं, अनमेल ब्याह की खराबियाँ बतलाई जातीं, विधवा-विवाह के शास्त्रीय प्रमाण जुटाये जाते, क़ररादाद की निन्दा की जाती। यह सवाल बिलकुल दूसरा है कि इन बातों में कितना हिस्सा ज़बानी जमाख़र्च था और कितने पर ख़ुद अगुआ लोग अमल करने को तैयार थे। बातें ज़्यादा थीं, अमल कम। जो लोग मंच पर खड़े होकर धुआँधार व्याख्यान देते थे और शादी में लेन-देन की प्रथा को बुरा कहते थे, ख़ुद चोरी-चोरी वही काम करते थे, लेते भी थे और देते भी थे। विधवाओं की दुर्दशा पर आठ-आठ आँसू रोते थे लेकिन ख़ुद इसके लिए तैयार न थे कि किसी विधवा से ब्याह कर लें या अपने बेटे का ब्याह कर दें या कि अपनी विधवा बेटी का ब्याह फिर से करने का साहस अपने भीतर पा सकें। होता ज़्यादातर वही था जो सदा से होता आया था, मगर बातें बड़ी-बड़ी होती थीं। यही चीज़ घुन की तरह आर्य समाज के आन्दोलन को खा गई और सनातन धर्म की चूलें न हिलीं। लेकिन फिर भी यह एक नई जागृति थी, इक्का-दुक्का आदर्शवादी कभी कुछ कर भी गुज़रता था। ऐसी हालत में फिर भला कैसे मुमकिन था कि नौजवान मुंशीजी का मन इस नई जागृति की ओर न खिंचता। ख़ुद अपनी ज़िन्दगी में उसने जो कुछ भोगा था, गाँव-घर, टोले-पड़ोस में इस तरह के जो क़िस्से होते देखे थे, सुने थे, उन सब के आधार पर वह इस नई चीज़ की तरफ़ झुका और सच्चे मन से झुका। अच्छे-बुरे तो हर आन्दोलन में होते हैं, इसके लिए किसी आन्दोलन को ज़िम्मेदार नहीं ठहराया जा सकता। बातों के शेर ज़्यादा होते हैं, ज़िन्दगी में उस चीज़ को बरतनेवाले मुट्ठी-भर। यह तो हमेशा का क़िस्सा है। हर आन्दोलन में यही होता है। देखना यह है कि जो कुछ ये लोग कहते हैं, उसमें सार है या नहीं। दूर जाने की क्या ज़रूरत है, सबसे पहले तो ख़ुद उसकी ज़िन्दगी में उनका प्रमाण मौजूद था। आख़िर क्या पड़ी थी मुंशी अजायब लाल को जो बेटी-बेटे के रहते हुए बुढ़ौती में जाकर दुबारा ब्याह किया? सेहत भी आपकी माशा अल्ला थी, रोज़ गिलसिया भर दारू न चढ़ाते तो चलना-फिरना दूभर हो जाता, लेकिन शादी करने से बाज न आए। ताज्जुब है अज़ीज़ों में किसी ने समझाया भी नहीं कि भैया यह क्या करते हो, क्यों अपने गले की यह फाँसी मोल लेते हो। भगवान के दिए तुम्हारे दो बच्चे हैं,

अब तुम्हें और क्या चाहिए। राम का नाम लो और इस हरकत से बाज आओ, इसमें सिवाय ख्वारी के और कुछ तुम्हें हाथ न लगेगा। न किसी ने समझाया न ख़ुद आपको अक़्ल आई। अजी छोड़ो भी, ऐसी भी क्या हवस कि उस पर इनसान काबू न रख सके, उम्र भी तो आपकी मुलाहिज़ा फ़रमाइए, पचास साल का आपका सिन है और आप चले हैं फिर ब्याह रचाने! है कुछ इन्तहा इस अहमकपने की! ज़रा कोई पूछे उनसे, आपसे तो दो बरस भी बीवी के बिना नहीं रहा गया और आप जाकर एक नई बीवी ब्याह लाए, समाज ने ज़रा भी कनौतियाँ नहीं खड़ी कीं, लेकिन अगर किसी औरत ने ऐसी ही उम्र में पहुँचकर दुबारा शादी की होती तो आपका समाज उसे ज़िन्दा रहने देता? इस उम्र की बात तो जाने दीजिए, आप तो भरी जवानी में बेवा लड़की को शादी नहीं करने देते। उसे संयम का पाठ पढ़ाते हैं। सारा संयम, सारा इन्द्रिय-निग्रह उसी के लिए है, आपके लिए कुछ नहीं है? भूख बस आपको लगती है, औरत को भूख नहीं लगती? आपसे तो उस बुढ़ौती में भी दो बरस नहीं रहा गया और जवान औरत सारी ज़िन्दगी अपनी पहाड़ जैसी जवानी लिये बैठी रहे। वह क्या काठ की बनी है, पत्थर की बनी है! मगर ख़ैर, आपको किसी ने ब्याह करने से रोका नहीं और आपने ब्याह किया। लेकिन हुआ वही जो होना था। आप ख़ुद तो सिधार गए लेकिन मेरे पैर में सदा के लिए चक्की बाँध गए। सदा-सदा के लिए मैं खूँटे से बँध गया। क्या-क्या तमन्नाएँ थीं, घूमने की, फिरने की, दुनिया देखने की—सब धरी की धरी रह गईं। अभी एक ही पैर में चक्की थी दूसरा पैर आज़ाद था। लेकिन वह भी आपसे न देखा गया, दूसरे पैर की चक्की का भी इन्तज़ाम आप ख़ुद ही कर गए। बतलाइए नवीं में पढ़ता था मैं, क्या जल्दी थी मेरी शादी की? वह भी कोई शादी की उम्र है? और शादी भी कैसी औरत से! रूप-रंग, शिक्षा-संस्कार—हर चीज़ से कोरी। कोई उसके साथ निबाह करे भी तो कैसे। लड़ाका ऊपर से। ज़िन्दगी नास हो गई। जो उम्र दुनिया देखने में, ज़िन्दगी के नए तजुर्बे का हासिल करने में ख़र्च होनी चाहिए थी, वह बैल की तरह काम करने में, घर के आए दिन के झगड़े चुकाने में ख़र्च हो गई। एक दिन के लिए मैंने नहीं जाना कि ज़िन्दगी में सुकून या इत्मीनान किस चीज़ को कहते हैं।

यह ठीक है कि उसकी तबीयत बहुत घुमक्कड़ नहीं थी लेकिन तो भी कुछ न कुछ घूमने-फिरने की इच्छा तो हर आदमी के दिल में होती है। और जब वह चीज़ उतनी भी न मिली तो उसका दर्द, उसकी खीझ होनी स्वाभाविक थी। और शायद ज़िन्दगी-भर बनी रही—बावजूद इसके कि धीरे-धीरे, वक़्त बीतने के साथ-साथ, परेशानियों के भँवर में पड़कर घर पर बने रहना उसका अभ्यास और उसके स्वास्थ्य की विवशता बन गई। इस चीज़ का एक हल्का-सा परिचय उस ख़त से मिलता है जो उन्होंने 12 दिसम्बर सन् 29 को अपने एक नौजवान भतीजे रामजी के पास भेजा था। रामजी डाकख़ाने में काम करते थे। वह उनकी नौकरी के शुरू-शुरू के दिन थे। ऐसा कुछ मौक़ा आया कि उनके महकमे के लोग अपने कुछ आदमियों को काम के सिलसिले में देश के बाहर भेजना चाहते थे। कोई ज़बर्दस्ती न थी। कोई अगर जाना चाहे तो जा सकता था। रामजी ख़ुद कुछ तय न कर पाते थे, लिहाज़ा उन्होंने मशविरे के लिए आपके पास लिखा। उसका जवाब देते हुए आपने अंग्रेज़ी में लिखा—तुम्हारा

ख़त पाकर ख़ुशी हुई। काम के सिलसिले में तुम बाहर जाने के लिए नाम लिखाओ, इसमें मुझे कोई आपत्ति नहीं है। शर्त यही है कि इससे तुम्हारी तरक़्क़ी के रास्ते खुलते हों। खाने और मकान के साथ साठ रुपए महीना बुरा नहीं है। तुम अगर पाँच बरस भी रह गए तो क़रीब तीन हज़ार रुपए बचा लोगे, जिसकी यहाँ कोई उम्मीद नहीं है। इसके अलावा यह भी है कि तुम्हें नए-नए देश और नए-नए लोगों को देखने के मौक़े मिलेंगे और तुम जब घर लौटोगे तो ज़िन्दगी की एक ज़्यादा अच्छी समझ के मालिक होगे।...

रामजी गए नहीं, घर के लोगों ने जाने नहीं दिया, लेकिन आज भी ज़िक्र निकलने पर उनको मुंशीजी के ख़त का यही जुमला बार-बार याद आता है और बड़ी हसरत के साथ याद आता है। वही हसरत शायद मुंशीजी के दिल में थी जब कि उन्होंने वह बात लिखी थी, कुछ ऐसी बात कि बेटे, मैं तो कहीं जा-आ न सका लेकिन अगर तुमको इस चीज़ का मौक़ा मिल रहा हो तो उसे हाथ से मत जाने दो!

मतलब यह कि आर्यसमाज जिन बुराइयों के ख़िलाफ़ लड़ रहा था—जैसा भी लड़ रहा था—उन सब बुराइयों का भुगतान वह ख़ुद अपनी ज़िन्दगी में कर रहा था। बाप ने बुढ़ौती में ब्याह किया और अपनी बेवा छोड़ गए, एक लड़के के साथ, जिनकी परवरिश की जिम्मेदारी उसे ढोनी पड़ी और ऐसी उम्र में ढोनी पड़ी जब कि हर शख़्स कुलाँचें लगाना चाहता है। ख़ुद उसकी शादी बचपन में कर दी गई, एक निहायत अनमेल, फूहड़ शादी जिसको निबाहने की जिम्मेदारी और निबाह न पाने की ख़लिश उसे झेलनी पड़ी। वह तो ख़ुद एक ज़िन्दा मिसाल था हिन्दू समाज की जहालत का। लिहाज़ा आर्यसमाज में उसकी दिलचस्पी पूरी थी। जलसों में तो ख़ैर जाते ही थे, शायद वह आर्यसमाज के बाज़ाब्ता सदस्य भी थे। परताबगढ़ का हाल तो पक्का नहीं मालूम लेकिन इसके कुछ ही साल बाद हमीरपुर में वह आर्यसमाज के बाक़ायदा मेम्बर थे। 6 फ़रवरी, 1913 को मझगवाँ से मुंशी दयानरायन निगम को भेजे गए एक ख़त में और बहुत-सी बातों के साथ उन्होंने लिखा था—अब रहा रुपयों का ज़िक्र। मुझे इस वक़्त चन्दा ज़रूरत नहीं है। मगर मेरे ज़िम्मे हमीरपुर आर्यसमाज के दस रुपए बाक़ी हैं। बार-बार तक़ाज़ा हुआ है मगर अपनी तिही-दस्ती ने इजाज़त न दी कि अदा कर दूँ। आप अगर afford कर सकें तो बराहेरास्त मेरे नाम से हमीरपुर आर्यसमाज के सेक्रेटरी के नाम दस रुपए का मनीआर्डर कर दें।...यहाँ अब जलसा भी अनक़रीब होनेवाला है।...

जिस जलसे का इस ख़त में ज़िक्र है, शायद उसी में मौलवी महेश प्रसाद को जाने का और मुंशी प्रेमचन्द से पहली बार मिलने का इत्तफ़ाक़ हुआ था। वह लिखते हैं : 'सन् 1912 में प्रेमचन्दजी हमीरपुर ज़िले में शिक्षा विभाग के सब-डिप्टी-इंस्पेक्टर थे। महोबा में रहते थे। मुझे ठीक याद नहीं कि मई का महीना था या जून का जब कि मुझे आर्यसमाज के एक प्रचारक के रूप में महोबा जाना पड़ा था। उस समय मुझे उन्हीं के यहाँ ठहरना पड़ा था। उनके जरिए ही मुझे ईसाइयों के उस काम के बारे में बहुत कुछ जानकारी हासिल हुई थी जो कि उस समय महोबे में ही नहीं बल्कि हमीरपुर ज़िले में भी हो रहा था। उन्होंने बताया था कि हमारी सामाजिक बुराइयों का ही फल

है कि महोबा और बुन्देलखंड की दूसरी जगहों में हिन्दुओं के अनेक लड़की-लड़के ईसाइयों के घरों में पहुँच गए हैं।'

मुंशीजी के लिए यह सिर्फ़ कहने की एक बात न थी बल्कि सीने पर बैठा हुआ एक बोझ था और उन्होंने इन्हीं दिनों 'ख़ून सफ़ेद' नाम की कहानी लिखी। कहानी यह है कि जादोराय का लड़का साधो परिस्थिति के चक्र में पड़कर पादरियों के साथ चला जाता है। कई बरस उन्हीं के साथ रहता है। वह लोग उसको ईसाई बना लेते हैं। फिर एक रोज़ उसको अपने घर की, अपने माँ-बाप की सुध आती है और वह किसी दूर-दराज जगह से अपने घर पहुँचता है। माँ-बाप तो अब भी उसके माँ-बाप हैं लेकिन बीच में बिरादरी आकर खड़ी हो गई है जो दुबारा हिन्दू बन जाने के बाद भी पूरी तरह उसको अपने बीच लेने के लिए तैयार नहीं है। नतीजा होता है कि वह शाप के-से स्वर में यह कहता हुआ कि 'जिनका ख़ून सफ़ेद है, उनके बीच में रहना व्यर्थ है' फिर वहीं चला जाता है जहाँ से आया था। कहानी कुछ ख़ास अच्छी नहीं है लेकिन हाँ, उससे इस बात का पता ज़रूर चलता है कि मुंशीजी का मन किस तरह बन रहा था। मन की इस बनावट में आर्यसमाज के अलावा कुछ हाथ शायद उस सोशल रिफ़ार्म लीग का भी था जो रानाडे और गोखले के नेतृत्व में काफ़ी महत्त्वपूर्ण काम कर रही थी। उसका भी उद्देश्य सामाजिक कुरीतियों को दूर करना था, वही कुरीतियाँ जिनके चलते उसके पैरों में चक्की के ये मोटे-मोटे पाट बँध गए थे, वर्ना वह भी चिड़ियों की तरह आज़ाद होता।

नहीं तो वह यहाँ परताबगढ़ में पड़ा था और वहाँ घर पर लमही में उसकी दूसरी माँ, पिता की बुढ़ौती की शादी की बेवा, और ख़ुद उसकी बीवी बैठी थी जिससे उसकी शादी पन्द्रह साल की उम्र में हुई थी। उनकी परवरिश की जिम्मेदारी पूरी थी लेकिन सुख एक भी नहीं, उल्टे आए दिन की कलह। चलो उस सबसे तो बचा हुआ हूँ यहाँ पर! पढ़ता हूँ, पढ़ाता हूँ, जो जी में आता है दो अक्षर गोद लेता हूँ। मेरे सुख के लिए यही बहुत काफ़ी है। लेकिन यह सब मन को बहलाने की बातें हैं। असल चीज़ यह है कि उसको अपनी ज़िन्दगी उखड़ी हुई मालूम होती थी और अब वह यह भी समझने लगा था कि इसकी जिम्मेदारी किसी एक व्यक्ति पर नहीं बल्कि समाज के पिछड़ेपन और उसकी कुरीतियों पर है। इसके लिए अपनी ताक़त-भर कुछ न कुछ करना होगा। किसी के हाथ में कोई हथियार है, किसी के हाथ में कोई। कुछ लोग व्याख्यान देने में निपुण होते हैं, वह घूम-घूमकर अपने व्याख्यानों से लोगों को जगाते फिरते हैं। कुछ लोग संगठन करने की कला जानते हैं, वह इस बिखरे हुए समाज को संगठन की डोर में बाँधकर लोगों के दिमाग़ों के बन्द खिड़की-दरवाज़े खोलते हैं। मुझसे वह चीज़ें नहीं बन सकतीं। पर मेरे हाथ में क़लम है। लोग क़िस्से-कहानियाँ पढ़ना भी बहुत पसन्द करते हैं। मैं अपने क़िस्सों-कहानियों से लोगों को उनके समाज के असली रूप को उनकी आँखों के सामने लाऊँगा और उन्हें सोचने के लिए मजबूर करूँगा। इतना अगर मैं कर सका तो समझूँगा कि मेरी ज़िन्दगी अकारथ नहीं गई। अपनी क़ौम की, जाति की, देश की सेवा करने से बड़ी बात और क्या है। जीने को तो सभी जीते हैं, कोई आराम से कोई तकलीफ़ से। कोई शाही टुकड़े खाता है, कमख़ाब पहनता है और

महलों में रहता है। कोई जौ की रोटी और बथुए का साग खाकर और फटी मिर्जई पहनकर अपनी चूती हुई मड़ैया में अपनी ज़िन्दगी के दिन गुजार देता है। वह सबकी अपनी-अपनी बात है, दुनिया को उस सबसे कुछ सरोकार नहीं। जो मालदार है वह किसी का घर नहीं भर देता और जो दरिद्र है वह किसी का कुछ छीन नहीं लेता। दुनिया तो सिर्फ़ एक बात जानती है, उसी काँटे से वह सबको तोलती है—उसकी ख़ातिर कौन कितना जिया या नहीं जिया। अपने लिए तो जानवर भी जी लेता है, जो दूसरों के लिए जिये, वही असल आदमी है। करोड़पति मर जाता है, कुत्ता भी नहीं भूँकता। और ज़िन्दगी-भर चीथड़ा लगाकर घूमनेवाले सच्चे वैरागी की समाधि पर लोग सिजदे करते हैं, फूल और बताशे चढ़ाते हैं। दुनिया अपने ऊपर की गई भलाई को कभी नहीं भूलती। और फिर यह तो किसी पर भलाई करने की बात नहीं है। जिस मिट्टी में मेरा जन्म हुआ उसका झाड़-झंखाड़ साफ़ करने की जिम्मेदारी मेरी भी तो है। न सही मैं कहीं का महात्मा लेकिन अपनी बिसात-भर काम तो हर शख़्स कर सकता है। सेतुबन्ध बनाते समय वह गिलहरी जो अपने मुँह में एक तिनका लेकर पहुँची थी, भगवान रामचन्द्र ने उसकी भी कुछ कम क़द्र न की थी। आराम और आसाइश की ज़िन्दगी पा लेना मुश्किल हो सकता है लेकिन नामुमकिन नहीं है। मगर सबसे बड़ा सवाल तो यह है कि आराम और आसाइश लेकर आदमी करे भी क्या? उस रास्ते तो जो गया खो गया। मैं उस रास्ते नहीं जाऊँगा। सच कहता हूँ, वैसी कोई तमन्ना मेरे दिल में नहीं है। मेरे लिए तो यही अपनी सीधी-सादी ज़िन्दगी सबसे अच्छी है, न ऊधो के लेने न माधो के देने में, न दुनिया की हाय-हाय से कोई मतलब। अपने घर बैठो, मोटा-झोटा जो मिल जाए खा लो और कोने में बैठकर अपना काम करो। इससे अच्छा कुछ भी नहीं है।

बहुत लोगों से मिलने-जुलने की आदत उसे कभी न थी। किताबें ही उसकी सबसे अच्छी साथी थीं। जो वक़्त पढ़ाने से बचता वह अपने पढ़ने और लिखने में ख़र्च होता। लेकिन अब एक फ़िक्र उसे सताने लगी थी—यही कि अब उसे ट्रेनिंग पास कर लेना चाहिए। ज़िन्दगी-भर अब यही मास्टरी करनी है, ट्रेनिंग हासिल किए बिना काम न चलेगा। बहुत अच्छा होता कि सारा समय लिखने-पढ़ने को दिया जा सकता लेकिन सिर्फ़ किताबें लिखकर तो रोटी नहीं चल सकती। उसके लिए तो कुछ न कुछ करना ही होगा। और जब कुछ न कुछ करना ही है तो फिर उसमें सबसे अच्छी यही मास्टरी है। और मास्टरी के लिए ट्रेनिंग ऐन ज़रूरी है। उस वक़्त सूबे का सबसे पहला और अकेला ट्रेनिंग कालेज इलाहाबाद में था। परताबगढ़ ख़ुद इलाहाबाद ज़िले की तहसील था और दोनों के बीच सिर्फ़ बत्तीस मील की दूरी थी। लिहाज़ा नवाब ने इलाहाबाद जाकर ट्रेनिंग लेने का निश्चय किया और लगभग दो बरस परताबगढ़ में रहने के बाद महकमे से दो साल की छुट्टी लेकर इलाहाबाद पहुँचा और 6 जुलाई, 1902 को ट्रेनिंग कालेज की प्रेपेरेटरी क्लास में दाख़िल हुआ। एंट्रेन्स पास लोग एक साल इसी क्लास में पढ़ते थे और दूसरे साल जूनियर क्लास में। जूनियर और सीनियर क्लास के प्यूपिल टीचर साथ-साथ पढ़ते थे। नाटे क़द (पाँच फुट चार इंच) और इकहरे जिस्म का यह चौड़ी-चौड़ी हड्डियोंवाला मज़बूत नौजवान जल्दी ही सबकी नज़रों पर चढ़ गया। उसकी वेशभूषा बहुत सादी थी यानी पाजामा और अचकन या खुले गले का लम्बा कोट,

सर पर साफ़ा। और जिस तरह वेशभूषा सादी थी उसी तरह उसकी आदतें और उसका स्वभाव भी सीधा-सच्चा और बनाबट से परे था। उसकी आवाज़ बुलन्द थी और शरीर में बल की भी कमी न थी—पंजा खोलने पर उँगलियों को मोड़ना मामूली आदमी के लिए आसान बात न थी। ख़ामख़ाह किसी से दबना भी उसने न सीखा था लेकिन इस सब के बावजूद वह सबसे बहुत झुककर, अदब के साथ, और मुहब्बत से मिलता। होस्टल में लड़ना-झगड़ना तो दरकिनार उसको कभी किसी से असभ्य या रूखे ढंग से बात करते भी नहीं देखा गया। नौकरों के साथ भी बहुत अच्छी तरह पेश आता था।

पढ़ने का उसको मर्ज़ था और पढ़ते-लिखते वक़्त वह अक्सर अपना कमरा भीतर से बन्द कर लिया करता था। खेलकूद में भी वह जी खोलकर हिस्सा लेता था लेकिन उसके असल प्राण अपने लिखने-पढ़ने में बसते थे।

और इन्हीं दिनों उनका एक छोटा उपन्यास 'असरारे मआबिद' (देवस्थान रहस्य) बनारस के एक साप्ताहिक उर्दू पत्र 'आवाज़-ए-ख़ल्क़' में 8 अक्तूबर, 1903 से धारावाहिक छपना शुरू हुआ। और इसे एक अनोखा संयोग ही कहना चाहिए कि जिस अक्तूबर को उनकी पहली रचना रोशनी में आई, उसी 8 अक्तूबर को तैंतीस साल बाद उनकी आँखें इस दुनिया की रोशनी पर बन्द हुईं!

इस उपन्यास में एक महन्त जी और उनके चेले-चपाटों की पोल खोली गई है। नाच-गाने की महफ़िल जमी हुई है।

> *रात का वक़्त। अभी इस काली बला की पहली ही मंजिल है। दूर से मीठे सुरों की आवाज़ सुनाई पड़ती है। मालूम होता है कि कोई कोकिल-कंठी, गौर-वर्णा, सुन्दरी प्रेमिका ख़ूब दिल तोड़-तोड़कर गा रही है (रँगीले बलम काहे करो चतुराई) दर्शकों को भाव बता-बताकर लुभा रही है। तारीफ़ों की बौछार हो रही है, सदकों की भरमार हो रही है। वाह-वाह की सदा बुलन्द है, हर शख़्स का दिल खुर्सन्द[1] है। महफ़िल के लोग संगीत की चौराब से मखमूर हैं, जलसे के श्रीमंत अंगूरी शराव से चूर हैं। महफ़िल का चिराग़ दिल की तड़प के मारे बेक़रार है, परवाना उस पर जान से निसार है। तमाम नेचर मदहोश है, दीवार भी हमातन-गोश[2] है।*
>
> *यह आवाज़ श्री महादेव लिंगेश्वरनाथ के मन्दिर से आ रही है।*
>
> *इस वक़्त श्रीमान् बाबा त्रिलोकीनाथ माथे पर लाल चन्दन का टीका लगाए, पीले रेशम की भड़कीली मिर्ज़ई डाटे बैठे हैं। गले में अनमोल मोतियों की एक मोहनमाला पड़ी हुई है। सिर पर एक जड़ाऊ टोपी अजीब शान से रखी हुई है। उनके ख़ूनी दाँतों ने बेचारे बेगुनाह पान के बीड़ों का ख़ून इतना ज़्यादा किया है कि ख़ून की लाली कातिलों के गले का हार होकर बार-बार उनकी तरफ़ उँगली दिखा रही है और चूँकि ये जल्लादी दाँत ख़ून करने के आदी हो गए हैं, उन्हें बिना किसी बेगुनाह के ख़ून से हाथ रँगे चैन नहीं... यह जो आप महंतजी के माथे पर लाल निशान देख रहे हैं, यह चन्दन के*

1. आनन्दित, 2. उत्कर्ण

निशान नहीं बल्कि इस बात को सिद्ध कर रहे हैं कि हज़रत ने न्याय और धर्म का ख़ून कर डाला है। आप जो इनके गले में मोहनमाला देख रहे हैं, यह असल में लोभ का फंदा है जो आपको ख़ूब कसकर जकड़े हुए है। सिर पर तिरछी रखी हुई टोपी आपकी अक़्ल के तिरछेपन को ज़ाहिर कर रही है। आपके शरीर पर रंग-बिरंगी मिर्ज़ई नहीं है, बल्कि अन्धविश्वासियों को सब्ज़ बाग़ दिखाने का यंत्र है जो आपके हृदय के अन्धकार और भीतरी कालेपन के ऊपर पर्दे की तरह पड़ा हुआ है, या बुद्धुओं को लाल दरवाज़ा दिखाने का औज़ार है जो भीतर की, कालिमा को संन्यास और वैराग्य के पर्दे में छिपा रहा है, या धोखे की टट्टी है जो भक्तों को जाल में फँसाने के लिए फैलाई गई है।

पूत के पाँव पालने में, मुंशीजी का भरपूर रंग इसी पहली चीज़ में मौजूद है—वही पैनी सामाजिक दृष्टि, वही बात कहने का फड़कता हुआ अन्दाज़। सरशार को मुंशीजी जिस तरह घोलकर पी गए थे, वही अब उनके लिखने में उतर आया था। सरशार के क़िस्से जिस तरह गली-कूचे, मेले-ठेले, यहाँ-वहाँ, सब जगह रुकते-ठहरते और उनकी तसवीर उतारते हुए चलते हैं, वही चीज़ यहाँ है, समाज के विभिन्न अंगों की वही सजीव, चित्रमय पकड़, अन्तर इतना ही है (और वह बड़ा अन्तर है) कि मुंशीजी में विद्रोही तत्त्व अधिक है। मगर ढंग उन्होंने सोलहों आने सरशार का ही अपनाया है।

यह देखिए औरतों की एक टोली शिवरात्रि के मेले में जा रही है—

तमाम औरतें कपड़े-लत्ते से लैस हैं, नाक-चोटी से दुरुस्त, ज़ेवरों से गोंडनी की तरह लदी हुई, मारे ज़ेवरों के जिस्म पर तिल रखने की जगह नहीं। आज वह क़ीमती जोड़े निकाले गए हैं जो धराऊँ कहलाते हैं और जो शादी-ब्याह के वक़्त बड़े ठाट-बाट से पहने जाते हैं। उनमें हरेक बेजोड़ है, कोई छाँटने क़ाबिल नहीं। कस्तूरी में बसी हुई चोटियाँ, जो स्नान करने के बाद कंधों पर बिखेर दी गई हैं, उनकी सुन्दरता को और भी बढ़ाती हैं। हरेक स्त्री के सुन्दर और सुकुमार हाथों में एक बहुत अच्छा पीतल का कमंडल लटक रहा है जिसमें पूजा का सामान है।

ये चंचल जवान औरतें आपस में हँसती-बोलती, दिल्लगी-मज़ाक़ करती चली जा रही थीं। आपस में छेड़-छाड़ भी होती थी, बोली-ठोली भी मारी जाती थी, सख़्त बातें भी कही जाती थीं, ताने-तिश्ने की भी नौबत आ जाती थी, फिर मिलाप हो जाता था। इसी बीच एक बुड्ढे महाशय मिले। उनकी चाल-ढाल उन तीखे बुड्ढों सी थी जो आजकल लखनऊ में ख़ाक छानते फिरते हैं या उन मुहम्मदशाही नौजवान आशिक़मिज़ाजों की-सी जो गलियों में नज़रें लड़ाया करते थे। सफ़ेद दाढ़ी लहरें मारती हुई। एक कुबानुमा टोपी सर पर, कामदानी का अँगरखा बदन पर। आपने जो इन परियों को देखा तो आँखों में दीदार का शौक़ पैदा हुआ और मुँह में पानी भर आया...

कहीं तालाब किनारे रंगीन तबीयत के नौजवान आँखें सेंक रहे हैं, कहीं भँगेड़ियों की टोली बैठी है, भंग घोटी जा रही है और भंग की शान में कसीदे पढ़े जा रहे हैं, कहीं तवायफ़ महंतजी को चपतिया रही है और कहीं उसके हवाली-मवाली उसके सिर चखौतियाँ कर रहे हैं, कहीं धूर्त स्वामीजी सुनार के बेटे को वशीकरण का जंतर-मंतर दे रहे हैं और कहीं उस तवायफ़ के हवाली-मवाली उसके नक़ली कंठे को असली करके बेचने की तिकड़म में लगे हैं, कहीं मियाँ-बीवी में तकरार हो रही है और बीवी मियाँ के साथ न जाने के लिए तरह-तरह के छल-छंद कर रही है, कहीं टोले-पड़ोस की औरतें झूठमूठ टेसुए बहा रही हैं—सब कुछ बेहद जानदार, बेहद दिलचस्प, और उन सब पर इत्मीनान के साथ रुकता-ठहरता क़िस्सा बिलकुल सरशार के रंग में आगे बढ़ता है, कथानक ढीला है या कमज़ोर है इसकी मुंशीजी को रत्ती-भर चिन्ता नहीं है।

4

अप्रैल 1904 में मुंशीजी ने ट्रेनिंग का इम्तहान अव्वल दर्जे में पास कर लिया—हाँ, गणित न पढ़ा सकने की बात इस सर्टिफ़िकेट में भी दर्ज़ कर दी गई!

लगभग उन्हीं दिनों 'धनपत राय श्रीवास्तव' ने उर्दू और हिन्दी की स्पेशल वर्नाक्युलर परीक्षा भी पास की।

और शायद इन्हीं दिनों मुंशीजी की चिट्ठी-चपाती मुंशी दयानरायन निगम के साथ शुरू हुई जिन्होंने हाल में ही 'ज़माना' शुरू किया था। उनको लिखनेवालों की तलाश थी, इनको अपने लिए किसी पत्र की जिसमें वह बँधकर लिख सकें। धीरे-धीरे इस सम्बन्ध ने एक बड़ी गहरी दोस्ती का रूप ले लिया जो मरते दम तक चली। लेकिन अभी तो बस ख़त-किताबत तक बात थी, शक्ल भी शायद एक-दूसरे की उन्होंने न देखी थी।

'आवाज़-ए-ख़ल्क़' में अभी यह क़िस्सा छप ही रहा था कि मुंशीजी के लिए ट्रेनिंग का सिलसिला ख़त्म करके वापस परताबगढ़ जाने का वक़्त आ गया। 30 अप्रैल, 1904 को मुंशीजी अपनी जगह पर लौट गए। लेकिन नौ महीने बाद ही ट्रेनिंग कालेज के प्रिन्सिपल केम्प्स्टर ने, जो इस शान्त, परिश्रमी, मीठे और मिलनसार नौजवान से बहुत ख़ुश था, मुंशीजी को ट्रेनिंग कालेज से लगे हुए मॉडल स्कूल का हेडमास्टर बनाकर फिर इलाहाबाद बुला लिया। पच्चीस साल के नौजवान के लिए मॉडल स्कूल की हेडमास्टरी कोई छोटी चीज़ न थी। मॉडल स्कूल सचमुच मॉडल स्कूल था—लड़कों के खेलने-कूदने, पढ़ने-लिखने के सरंजाम के ख़याल से भी और पढ़ाई के स्टैंडर्ड के ख़याल से भी। पढ़ाई को आसान और दिलचस्प बनाने के लिए नई से नई तरकीबें जो विलायत में ईजाद होतीं उनको यहाँ अमल में लाने की कोशिश की जाती। और मुंशीजी ने बड़ी उमंग और बड़ी तनदिही से उस भरोसे को सच करके दिखाया जो केम्प्स्टर ने उनके प्रति दिखलाया था।

लेकिन मुंशीजी को अभी यहाँ मुश्किल से तीन महीने हुए थे कि मई 1905 में उनका तबादला कानपुर के लिए हो गया—उसी पच्चीस रुपए पर, डिस्ट्रिक्ट स्कूल में आठवें मास्टर के पद पर। मगर ख़ैर, नौकरी के यह सब सिलसिले तो चलते ही रहे, नवाब का लिखना भी अपनी सम गति से बराबर चलता रहा। अपनी ज़िन्दगी का ख़ाका अब उसकी आँखों के सामने साफ़ था। उसी हद तक यह भी साफ़ था कि लिखने का काम भी, चाहे कम चाहे ज़्यादा, बराबर दिनचर्या के रूप में चलना चाहिए। खाना-पीना, सोना-जागना, ज़िन्दगी के और सब काम जब बिला नागा होते हैं तब लिखने के काम में ही नागा क्यों हो—इस अनुशासन की डोर में अपने को बाँधना अब उसने शुरू कर दिया था। और जैसे-जैसे दिन गुज़रते गए वैसे-वैसे यह अनुशासन और पक्का होता गया। अच्छा ही हुआ कि वह मुहूर्त देखकर लिखने के लिए बैठनेवालों में न था वर्ना तो उसकी ज़िन्दगी जैसी थी शायद कभी वह शुभ मुहूर्त उसकी ज़िन्दगी में न आता क्योंकि परेशानियों से छुट्टी तो उसको एक दिन के लिए भी नहीं मिली। चाँद-सूरज, जाड़ा-गर्मी-बरसात—प्रकृति में ऐसी कौन-सी चीज़ है जिसका वक़्त बँधा हुआ नहीं है? तो फिर आदमी भी कैसे इस नियम से बच सकता है, आख़िर वह भी तो इसी ख़ाक का पुतला है। लिखना अगर महज़ दिमाग़ की खुजली मिटाना नहीं है बल्कि ज़िन्दगी है तो उसे भी ज़िन्दगी के तमाम और रमझल्लों के बीच ज़िन्दा रहना होगा। इसकी तदबीर करनी होगी। इसके लिए अपने आपसे लड़ना होगा। दिमाग़ को दिल को इस बात की ट्रेनिंग देनी होगी। आसान काम नहीं है यह। इत्मीनान ज़िन्दगी में कहाँ है। इत्मीनान तो बस मौत में है। मास्टरी उसकी जीविका थी और लिखना उसका जीवन। जीविका जब यह नहीं भी रही तब भी जीवन अपनी उसी धीर-गम्भीर चाल से चलता रहा क्योंकि वही, एकमात्र वही, उसकी ख़ुशी थी, उसका सुख, उसका सन्तोष, उसकी सार्थकता। बहुत से दूसरे सुविधा-सम्पन्न लिखनेवालों की तरह उसने कभी जीवन और कला को दो अलग-अलग खानों में बाँटकर नहीं रक्खा। शायद यही उसकी कमज़ोरी थी और यही उसकी सबसे बड़ी ताक़त। उसने ज़िन्दगी में बहुत दु:ख देखा था और शायद उस दु:ख को सह सकने के लिए ही प्रकृति ने उसे उन्मुक्त हँसी का कवच दे दिया था। यह कवच उसके पास न होता तो वह कब का टूटकर ख़त्म हो गया होता। क्या थी उसकी ज़िन्दगी—उलझे हुए धागे का एक गोला। माँ कब की सिधार गई, बाप का साया सर से उठे भी छ:-सात साल हो गए। घर पर सौतेली माँ और उनका बेटा और एक अपनी बीवी, बदशक्ल, फूहड़, झगड़ालू। सास-बहू के आए दिन के झगड़े, फूलना-गूलना। आराम एक नहीं और मुसीबतों का एक दफ़्तर सर पर। पच्चीस रुपए तनख़्वाह में से दस-बारह रुपए अपने पास रखकर बाक़ी घर रवाना कर देने पड़ते। न खाने का सुख न पहनने का, लेकिन कभी तेवर मैला न हुआ। इतना ही नहीं, दर्द जितना ही बढ़ता था, हँसी उतनी ही बुलन्द से बुलन्दतर होती जाती थी। यहाँ तक कि ट्रेनिंग कालेज के उनके सहपाठी बाबू लालकिशन साहब के अल्फ़ाज़ में 'आपकी और स्वर्गीय बाबू गिरिजाकिशोर साहब असिस्टेंट कमिश्नर आबकारी की वजह से हमारा छोटा-सा लाफ़िंग क्लब बन गया था जिसका रोज़ाना इजलास

मेरे ही कमरे में हुआ करता था। उसमें शायद और भी दो-एक साहब थे लेकिन इस वक़्त ख़याल नहीं आता। बहरहाल, उनमें सभी हँसनेवाले थे मगर धनपतराय गजब करते थे। जब हँसते तो ख़ूब हँसते और क़हक़हे पर क़हक़हा लगाते चले जाते...' नहीं, यह बनी हुई, खोखली हँसी न थी। खोखली हँसी फ़ौरन पकड़ में आ जाती है, वह ख़ुद अपने खोखलेपन का ढिंढोरा पीटती चलती है। उसमें सच्चे-झूठे की तमीज़ करना इतना मुश्किल काम नहीं है। चाँदी की तरह खनकती हुई, ठनकती हुई यह हँसी जिसमें चेहरे पर ख़ून छलक आता है और आँखों के आसपास झुर्रियाँ पड़ जाती हैं, झूठी नहीं हो सकती।

लेकिन वह नादान बच्चे की हँसी भी नहीं है जो दुनिया के दुख-दर्द का, सर्दी-गर्मी का हाल नहीं जानता। वह एक ग़म उठाए हुए बालिग़ आदमी की हँसी है जिसने दुनिया में बहुत कुछ देखा है, बहुत कुछ सहा है और जानता है कि एक मुकाम पर पहुँचकर रोना और हँसना एक हो जाता है। मगर बालिग़ आदमी ही की तरह उसे इस बात का भी पता है कि जहाँ ख़ुद अपनी तकलीफ़ में आदमी का हँसना अच्छा मालूम होता है वहाँ दूसरे की तकलीफ़ में उससे कुछ और ही उम्मीद की जाती है। तब वह हँसता नहीं, हमदर्दी करता है और अपनी सकत-भर उस दूसरे आदमी की मदद के लिए दौड़ता है। एक उसकी निजी ज़िन्दगी है दूसरी उसकी समाजी ज़िन्दगी। दोनों का अपना अलग अख़लाक़, अपनी अलग नैतिकता है। एक जगह टेसुए ढरकाना बे-महल है तो दूसरी जगह हँसना बे-महल है। ठीक कहा रहीम ने, अपने मन की बिथा मन में ही रखो, क्या होगा दूसरे से कहकर, कोई बाँट तो लेगा नहीं, उल्टे सब हँसेंगे। तो मैं इसका मौक़ा ही किसी को क्यों दूँ। मुझे कुत्ते ने काटा है जो मैं अपने दर्द की रेवड़ी सारे जमाने में बाँटता फिरूँ! दूसरे मुझ पर हँस सकें, इसके पहले मैं ख़ुद हँसूँगा और इस ज़ोर से हँसूँगा कि छत गिर पड़ेगी। कितनी अच्छी बात कही है उस अंग्रेज़ कवि ने—हँसो तो सारी दुनिया तुम्हारे साथ हँसती है और रोओ तो अकेले रोओ। लिहाज़ा मैं हँसूँगा ताकि सारी दुनिया मेरे साथ हँस सके—जहाँ तक मेरी अपनी ज़िन्दगी की बात है। लेकिन जहाँ मैं समाज का एक अंग हूँ और मेरा दर्द अकेले मेरा नहीं बल्कि समाज के बड़े दर्द का ही एक नन्हा-सा टुकड़ा है या मैं देखता हूँ कि किसी पर जुल्म हो रहा है वहाँ मैं चुप नहीं रह सकता और न हँसकर ही छुट्टी पा सकता हूँ। सही या ग़लत, उस की यह पुख़्ता समझ है कि साहित्य को लिखनेवाले की निजी ज़िन्दगी से नहीं उसकी समाजी ज़िन्दगी से सरोकार होता है। साहित्य के बारे में उसकी यह समझ पहले रोज़ से लेकर आख़िरी रोज़ तक रही। इसलिए फ़िराक़ गोरखपुरी की बात सुनकर ज़रा भी ताज्जुब नहीं होता कि मुंशी प्रेमचन्द को उर्दू ग़ज़लों से कुछ ख़ास मुहब्बत न थी, बल्कि इसी बात को लेकर दोनों दोस्तों में जब-तब चों-चें भी हो जाती थी। ताहम मुंशीजी अपने इस शायर दोस्त की तमाम दलीलों के बाद भी अपनी जगह से हिलने को तैयार न थे। जैसा कि उन्होंने बहुत बाद को अपने मित्र, उर्दू के प्रसिद्ध साहित्यकार इम्तियाज़ अली 'ताज' को 14 सितम्बर, 1920 के अपने ख़त में लिखा था—'मैं लिटरेचर को मैस्कुलिन देखना चाहता हूँ, फ़ेमिनिज़्म, ख़्वाह वह किसी सूरत में हो, मुझे पसन्द नहीं। इसी वजह से मुझे टैगोर की अक्सर नज़्में नहीं भातीं। यह

मेरा भीतरी नुक़्श है, क्या करूँ। अशआर[1] भी मुझे वही अपील करते हैं जिनमें कोई ज़िद्दत[2] हो। 'ग़ालिब' के रंग का मैं आशिक़ हूँ। अज़ीज़ लखनवी के 'गुलकदे' की ख़ूब सैर की थी मगर बदक़िस्मती से आज तक एक शेर भी मौज़ूँ नहीं कर सका। न जी चाहता है। ग़ालिबन शायराना हिस[3] दिल में है ही नहीं।'

इस ख़त के कई बरस बाद इन्द्रनाथ मदान के एक सवाल का जवाब देते हुए भी कि बँगला साहित्य क्यों दिल को ज़्यादा छूता है, उन्होंने लगभग यही बात कही थी—उसमें एक स्त्रियोचित गुण पाया जाता है, जिसे मैं अपने स्वभाव के प्रतिकूल पाता हूँ...

लेकिन उनके मन की यह बनावट कुछ एक दिन की न थी। जबसे लिखना-पढ़ना शुरू किया तभी से यह चीज़ बहुत गहराई से उनके अन्दर घर कर गई थी और ताज़िन्दगी रही। इसीलिए जब 'ज़माना' ने, जिससे उनका बहुत गहरा सम्बन्ध शुरू से ही रहा, नवम्बर 1929 में अपना 'आतिश' नम्बर निकाला तो मुंशीजी से नहीं रहा गया—इसलिए और भी कि वह प्रखर संघर्ष का समय था—और उन्होंने एक बहुत तेज़ शिकायती ख़त अपने दोस्त मुंशी दयानरायन निगम को लिखा। ख़त बहुत दिलचस्प है और उससे मुंशीजी के मन की बनावट और उनके साहित्यिक रुझान पर बहुत नई और अछूती रोशनी पड़ती है। ख़त चूँकि कुछ झगड़े का है इसलिए हमेशा की तरह 'बरादरम' (मेरे भाई) के सम्बोधन से शुरू न होकर, बहुत बिफरे हुए अन्दाज़ में इस तरह शुरू होता है—

मकर्रम बन्दा जनाब एडीटर साहब ज़माना, तसलीम।

रिसाला ज़माना का माह नवम्बर का पर्चा देखकर मेरे दिल में चन्द ख़यालात पैदा हुए जिन्हें अर्ज़ कर देना मैं अपना फ़र्ज़ समझता हूँ। उम्मीद है कि जनाब को नागवार न होगा। इस जमाने में जब कि गुनागूँ[4] अख़लाक़ी,[5] सियासी,[6] मआशरती[7] और इक़्तसादी[8] मसायल[9] हमारी तमामतर तवज्जो[10] के मुस्तहक़[11] हैं, मुझे यह देखकर अफ़सोस हुआ कि रिसाला ज़माना का क़रीब-क़रीब एक पूरा नम्बर महज आतिश के कलाम[12] के तबसरे[13] की नज़र हो गया। मैं आतिश की उस्तादी का क़ायल हूँ। लखनऊ शायरी का मज़मूम[14] पहलू आतिश की शायरी में मुक़ाब्लतन्[15] कम है। मगर फिर भी इतना ज़्यादा है कि बइस्तसना[16] उन हज़रात के जो लखनवी शायरी के रंग में रँगे हुए हैं और सभी तबाआ[17] को मौजूदा मेयार[18] और ज़ौके सही[19] से गिरा हुआ नज़र आता है।

लिटरेचर का मौज़ू[20] है तहज़ीब,[21] अख़लाक़,[22] मुशाहिदए जज़्बात[23] इन्कतशाफ़े हक़ायक़[24] और वारदात-ओ-कैफ़ियाते ख़ल्ब[25] का इज़हार।[26]

---

1. शेर का बहुवचन, 2. मौलिक सूझ. 3. संवेदनशीलता, 4. तरह-तरह की, 5. नैतिक, 6. राजनीतिक, 7. सामाजिक, 8. आर्थिक, 9. समस्याएँ, 10. समग्र ध्यान, 11. अधिकारी, 12. काव्य, 13. चर्चा, 14. बुरा, 15. अपेक्षाकृत, 16. अलावा, 17. तबीयतों, 18. समय की कसौटी, 19. स्वस्थ रुचि, 20. विषय, 21. संस्कृति, 22. नैतिकता, 23. भावों की अभिव्यक्ति, 24. सत्य का उद्घाटन, 25. दिल की हालतों, 26. प्रकट करना

जो शायरी हुस्न व इश्क़ को आईना व शाना,[1] ख़ंजर व महशर,[2] बुशरा व ख़त,[3] दहन[4] व कमर के तख़ैयुल[5] से मुलव्वस[6] करती हो वह हरगिज़ इस क़ाबिल नहीं कि आज हम उसका विर्द[7] करें। जिनकी उफ़्तादे तबीयत[8] इस रंग की है उन्हें अख़्तियार है आतिश या नासिख़, रिन्द और अमानत का वज़ीफ़ा पढ़ें। लेकिन ज़माना के मुख़्तलिफ़ुत्तबा[9] नाज़रीन[10] को इस विर्द और वज़ीफ़े में शरीक होने के लिए मजबूर करना कहाँ का इंसाफ़ है? मिर्ज़ा जाफ़र अली ख़ाँ साहब ने अपने तबसरे में आतिश के कलाम का इंतख़ाब पेश किया है मगर इस इंतख़ाब में भी बेशतर ऐसे अशआर हैं जिन्हें ज़ौक़े लतीफ़[11] हरगिज़ क़ाबिले सताइश[12] न समझेगा। मुलाहिज़ा हो—

भर गया दामने नज़्ज़ारा गुले नरगिस से
आँख उठाकर जो कभी तुमने इधर देख लिया।

आँख की रियायत से नरगिस को लाकर दामने नज्ज़ारा को गुले नरगिस से भर देना, इसमें क्या नुदरते ख़याल[13] है! क्या हक़ीकत है! समझ में नहीं आता।

क़ासिदों के पाँव तोड़े बदगुमानी ने मेरे
ख़त दिया लेकिन न बतलाया निशाने कूए दोस्त।

क्यों नहीं बतलाया? थी आपकी हिमाक़त या नहीं? आपको ख़ौफ़ हुआ कहीं माशूक़ क़ासिद[14] का दम न भरने लगे। वाह रे माशूक़ और वाह रे आशिक़, दोनों ज़िन्दा दरगोर[15]!...

इसी रंग में यह ख़त अभी और भी काफ़ी लम्बा है लेकिन शायद इतने ही से यह बात साफ़ हो गई होगी कि साहित्य का मतलब वह क्या समझता है। नाज-नखरे, चोंचलेबाज़ी, सर्द आहों का धुआँ, लफ़्ज़ों की फुलझड़ी, उपमाओं का जमघट, कोरा उक्ति-वैचित्र्य—इन चीज़ों को वह कभी साहित्य के ऊँचे आसन पर नहीं बिठाल सका। यह नहीं कि उनके मज़े से वह बेगाना हो, आख़िरकार यही चीज़ें तो उसकी घुट्टी में पड़ी थीं। लेकिन नहीं, उन चीज़ों का ज़माना लद गया, अब मुल्क और क़ौम को कुछ दूसरी ही ख़ुराक चाहिए। रंग और चटखारा ले लो उसमें से जितना ले सको, लेकिन बात कहो अपने समाज के दुख-दर्द की, उन भयानक सवालों की जिनकी आग में तुम्हारी बहनें, तुम्हारे भाई, तुम्हारी क़ौम जल रही है। बहुत हो चुका आहों का धुआँ, अब इस धुएँ को देखो जो तुम्हारी बेकस बहन, तुम्हारे मजलूम भाई की चिता से उठ रहा है!

'असरारे मआबिदे' तो 'आवाज़-ए-ख़ल्क़' में क्रमश: छप ही रहा था, शायद इन्हीं दिनों, परताबगढ़ के इन नौ महीनों में, मुंशीजी ने अपना अगला उपन्यास

1. कंघी, 2. क़यामत, प्रलय, 3. चेहरे पर मसों का भीगना, 4. मुँह, 5. कल्पना, 6. लपेट देती, 7. माला जपें, 8. तबीयत का रुझान, 9. अलग-अलग तबीयतों वाले, 10. पाठकों, 11. सुरुचि, 12. स्तुत्य, 13. नवीन कल्पना, 14. सन्देशवाहक, 15. क़ब्र में

'हमखुर्मा व हमसवाब' लिखा। 30 जनवरी, 1905 को परताबगढ़ से मुंशी दयानरायन निगम को भेजे गए ख़त में जिस नाविल का ज़िक्र है ('मैं बड़े इश्तियाक[1] से मुन्तज़िर[2] हूँ कि आपने मेरा नाविल पढ़ा या नहीं।') और बीस रोज़ बाद फिर इलाहाबाद से जिसकी याददेहानी करते हुए उन्होंने अंग्रेज़ी में लिखा था—'दो महीने से ज़्यादा हुआ कि मुझे अपने उपन्यास की पांडुलिपि आपके पास अवलोकनार्थ भेजने का सौभाग्य हुआ था इस आशा में कि आप मेरे लिए एक प्रकाशक जुटाने की कृपा करेंगे। मुझे याद है कि वह दिसम्बर की आठ तारीख़ थी जब कि मैंने किताब आपके पास भेजी थी...' वह उपन्यास शायद 'हमखुर्मा व हमसवाब' ही है।

ख़ुद मुंशीजी ने बहुत बरस बाद, 29 जनवरी, 1921 को, अपने दोस्त इम्तियाज़ अली 'ताज' को लिखा था—हाँ, हमखुर्मा व हमसवाब और किशना वग़ैरह मेरी इब्तदाई तसानीफ़[3] हैं। पहली किताब तो लखनऊ के नवलकिशोर प्रेस ने शाया की थी, दूसरी किताब बनारस के मेडिकल हाल प्रेस ने। ये ग़ालिबन सन् 1900 की तसानीफ़ हैं।

इस ख़त के भी दस-बारह बरस बाद अपनी आत्मकथा 'जीवन-सार' में उन्होंने लिखा—मेरा एक उपन्यास 1902 में निकला और दूसरा 1904 में।

17 जुलाई, 1926 के ख़त में उन्होंने निगम साहब को लिखा—सन् 1901 से लिटररी ज़िन्दगी शुरू की। रिसाला 'ज़माना' में लिखता रहा। कई साल तक मुतफ़र्रिक मज़ामीन लिखे। सन् 1904 में एक हिन्दी नाविल 'प्रेमा' लिखकर इंडियन प्रेस से शाया कराया।

काफ़ी परस्पर-विरोधी सी बातें हैं और कुछ अजब नहीं कि मुंशीजी की स्मृति धोखा दे रही हो। 'प्रेमा' पर प्रकाशन का वर्ष 1907 अंकित है। 'हमखुर्मा व हमसवाब' पर प्रकाशन-वर्ष अंकित नहीं है। लेकिन, उसका पहला विज्ञापन सितम्बर 1906 के 'ज़माना' में मिलता है और फिर बराबर मिलता है। इससे यह नतीजा निकालना शायद बहुत ग़लत न होगा कि वह किताब सितम्बर 1906 के आसपास निकली होगी।

'किशना' का पहला इश्तहार अगस्त 1907 में, और समालोचना अक्तूबर-नवम्बर 1907 के 'ज़माना' में मिलती है। 'रूठी रानी' का क़िस्सा अप्रैल से अगस्त 1907 तक क्रमशः निकला।

ग़रज़ कि मुंशीजी ने बँधकर 'ज़माना' में लिखना शुरू कर दिया था और छोटी कहानी तो जैसे उन्होंने सबसे पहले 1907 में ही लिखी, लेकिन उसके पहले छोटे-छोटे लेखों और समीक्षाओं का सिलसिला बहुत क़ायदे से चलता रहा।

हकीम बरहम के उपन्यास 'कृष्णकुँवर' की समालोचना करते हुए मुंशीजी ने फ़रवरी 1905 के 'ज़माना' में लिखा—

> *'...उपन्यास अंग्रेज़ी साहित्य-आलोचकों की राय में शब्दचित्रों का एक संग्रह होता है। उपन्यास का क्षेत्र सम्प्रति बहुत विस्तृत हो गया है। कहीं तो उसमें ज़िन्दगी के किसी अहम मसले पर बहस की जाती है, जिसकी मुहम्मद अली साहब ने बड़ी कामयाबी के साथ कोशिश की है, कहीं उसमें मानव-स्वभाव की व्याख्या की जाती है, हृदय के भावों, आशाओं और निराशाओं के नक़्शे उतारे जाते हैं, कहीं नैतिक बुराइयों को दूर करने की कोशिश की जाती है।*

---

1. आतुरता, 2. प्रतीक्षा में, 3. आरम्भिक रचनाएँ

उपन्यासकार कभी मित्र का काम करता है और कभी उपदेशक का, कभी दार्शनिक बनता है कभी आयुर्वेद का पंडित...'

इसी कसौटी पर मुंशीजी ने हक़ीम बरहम की ख़ूब मरम्मत की। लेकिन असल मरम्मत तो इलाहाबाद से चलते-चलाते, अप्रैल 1905 के 'ज़माना' में 'खान बहादुर शम्सुल उलमा मौलाना मौलवी ज़काउल्ला साहब देहलवी' की हुई। उनकी दो बहुत मोटी-मोटी जिल्दें मुंशीजी ने दो ही तीन रोज़ में बहुत ग़ौर से, ख़ूब निशान-विशान लगाकर पढ़ डालीं और जब देखा कि मौलवी साहब ने सरकार की ख़ुशनूदी लूटने के लिए 'शुरू से लेकर आख़ीर तक एक कवित्त गाया है, जो गद्य में होने से बिल्कुल बदमज़ा हो गया है,' तो फिर अच्छी तरह उसकी ख़बर ली। ख़ुशामदी टट्टुओं-जैसी उनकी एक-एक बात की बख़िया उधेड़ी। कांग्रेस पर छींटाकशी करते हुए मौलवी साहब ने लिखा था—

'हिन्दुस्तान के पढ़े-लिखे लोगों ने एक नेशनल कांग्रेस बनाई है जिसमें कभी-कभी पोलिटिकल बहसें बड़े ज़ोर-शोर से होती हैं। यह शास्त्रार्थ, यह बहसें अक्सर विद्यार्थियों के जैसी होती हैं। ब्रिटिश गवर्नमेंट के ख़िलाफ़ ऐसी बेसिरपैर समस्याएँ भी पेश होती हैं कि हिन्दुस्तानी फ़ाइनेंस का प्रबन्ध करें और ब्रिटिश गवर्नमेंट देश की रक्षा करे। ग़ालिबन ऐसे बेतुके ख़यालात ख़ुद-ब-ख़ुद मुर्दा हो जाएँगे या गवर्नमेंट उनको ठंडा कर देगी।'

मुंशीजी कब मौलवी साहब की इन बेतुकी बातों की ताब ला सकते थे, उन्होंने कांग्रेस की हिमायत में ईंट का जवाब पत्थर से दिया और अपने समर्थन में 'उर्दू-ए-मुअल्ला' की एक फ़ारसी तहरीर की नक़ल करके मौलवी साहब को मुँहतोड़ जवाब दिया—

'इंडियन नेशनल कांग्रेस अकेला ऐसा ज़रिया है कि जो तमाम हिन्दोस्तानियों का हाल इंग्लैंड की पार्लमेंट तक कुबूलियत के लिए पहुँचाता है। एक या दो फ़िक्रों का रोना-धोना नक्कारख़ाने में तूती की आवाज़ की तरह होता है। लेकिन वक़्त आ गया है कि मुल्क के तमाम बेटे एक होकर एक आवाज़ से अपने दुख-दर्द की गुहार लगाएँ, एक ऐसी ज़बर्दस्त ग़रज़ जो सारी दुनिया को घेर ले...अगर्चे गए साल कांग्रेस की मुराद पूरी नहीं हुई लेकिन इंडियन नेशनल कांग्रेस ने तहज़ीबयाफ़्ता दुनिया की नज़र में एक एतबार हासिल कर लिया है और उसके बानियों की कोशिश अकारथ नहीं हुई।'

मौलवी साहब की पेशीनगोई के ख़िलाफ़ जब कांग्रेस की तहरीक ख़त्म नहीं हुई, बल्कि बंगाल से उठनेवाले स्वदेशी आन्दोलन के रूप में और आगे बढ़ी तो मुंशीजी, जो अब तक अपना मोर्चा अच्छी तरह सँभाल चुके थे, फ़ौरन स्वदेशी आन्दोलन के समर्थन में दो लेख लेकर आगे आए जिनमें केवल औपचारिकता का निर्वाह नहीं, एक स्वयंसेवक का सच्चा संकल्प था।

स्वयंसेवक का वही सच्चा संकल्प जो सामाजिक धरातल पर 'हमखुर्मा व हमसवाब' या 'प्रेमा' के नायक अमृतराय में दिखाई देता है जो हिन्दू समाज में विधवा स्त्री की हीन स्थिति देखकर किसी विधवा स्त्री से विवाह करने का निश्चय करता है और अपनी अनुपम सुन्दरी, शीलवती, गुणवती मंगेतर प्रेमा को छोड़ देता है क्योंकि वह अपनी गिनती उन लोगों में नहीं करवाना चाहता जो दवा को हाथ में लेकर देखते हैं मगर मुँह तक नहीं ले जाते, जो 'आँखें रखते हैं मगर अन्धे हैं, कान रखते हैं मगर बहरे हैं, ज़बान रखते हैं मगर गूँगे हैं।'

'असरारे मआबिद' में कहानी की चाशनी ढीली थी तो यहाँ कड़ी है, ख़ूब कड़ी। घटनाओं का ताना-बाना ख़ूब कसकर बुना गया है। कहानी जहाँ से शुरू हुई थी, वहीं पर आकर ख़त्म हो जाती है। चक्कर पूरा हो जाता है, सच्चे अर्थों में घटनाचक्र। कहीं से हिल नहीं सकती कहानी—शर्त बस एक ही है कि आप उन तमाम संयोगों पर विश्वास करें जो एक के बाद एक जुटते चले जाते हैं! उनकी वास्तविकता पर आपने सन्देह किया तो इमारत ढह जाएगी। लेकिन क्यों करें आप उस पर सन्देह, क्या हक़ है आपको! शाही लकड़हारे की कहानी और तलिस्मे-होशरुबा और दास्ताने अमीर हम्ज़ा और रेनाल्ड की हरमसरा और तलिस्मी फ़ानूस पढ़ते वक़्त तो आप सब कुछ भूल जाते हैं और क़िस्सागो आपको जिन-जिन गलियों में घुमाता है, जैसे-जैसे अँधेरे तहख़ानों और तलिस्मी बाग़ों की सैर कराता है, आप मज़े के साथ उनकी सैर करते हैं तो फिर मेरे ही क़िस्से ने आपका क्या बिगाड़ा है!

लिहाज़ा यह है मुंशी नवाबराय का 'हमखुर्मा व हमसवाब'—कील-काँटे से बिल्कुल दुरुस्त! पहले से एक ढाँचा बना लिया गया और कहानी उसमें बिठा दी गई। कोई बात नहीं, ढाँचा अगर ज़्यादा चुस्त है और कहानी उसमें ठीक से बैठ नहीं पाती तो यहाँ-वहाँ से चरित्रों को काटा-छाँटा, तोड़ा-मरोड़ा भी जा सकता है, उसी तरह जैसे कभी-कभी अगर बक्सा छोटा हो और सामान ज़्यादा हो तो उस सामान के साथ किया जाता है! मारना-जिलाना तो अपने हाथ की बात है। मैं ख़ुदा हूँ। मैंने ही इन आदमियों को पैदा किया है और मैं चाहूँ तो उन्हें मार डालूँ, कौन मेरा हाथ पकड़ सकता है!

बाद को मुंशीजी ने ख़ुद इम्तियाज़ अली 'ताज' को लिखा कि 'नौमश्क़ी के सारे अयूब उनमें मौजूद हैं।' मगर जहाँ नौसिखिएपन के दोष हैं वहीं उन सब गुणों के सशक्त बीज भी हैं जो आगे चलकर फूले-फले—जैसे सामाजिक प्रश्नों की उसकी मज़बूत पकड़, समाज के विभिन्न वर्गों और समूहों के सोचने-विचारने और बोल-चाल के टुकड़ों को फड़कते हुए अन्दाज़ में पेश करने का उसका तरीक़ा और मुहावरों पर खेलती हुई उसकी जानदार रवाँ-दवाँ भाषा।

यह देखिए टोले-पड़ोस की पंडाइन और चौबाइन और दूसरी खूसट औरतें पूर्णा को, जिसका पति अभी हाल में मरा है, सिखावन देने आई हैं—

पंडाइन (जो बुढ़ापे की वजह से सूखकर छुहारे की तरह हो गई थीं)—क्यों दुलहिन, पंडितजी को गंगालाभ हुए कितने दिन बीते?

पूर्णा (डरते-डरते)—तीन महीने से कुछ ज़्यादा होता है।

पंडाइन—और अभी से तुम सबके घर आने-जाने लगीं? क्या नाम कि तुम कल सरकार के घर चली गई थीं, उनकी कुँआरी कन्या के पास दिन-भर बैठी रहीं। भला सोचो तो, तुमने अच्छा किया या बुरा। क्या नाम, तुम्हारा और उनका अब क्या साथ! जब वह तुम्हारी सखी थीं, तब थीं, अब तो तुम विधवा हो गईं। तुमको कम-से-कम साल-भर तक घर से पाँव बाहर नहीं निकालना चाहिए था। यह नहीं कि तुम दर्शन को न जाओ, अशनान को न जाओ। अशनान-पूजा तो अब तुम्हारा धरम ही है। हाँ, किसी सुहागिन या किसी कुँआरी कन्या के ऊपर तुमको अपना साया नहीं डालना चाहिए।

पंडाइन ख़ामोश हुई तो मुंशी बद्रीप्रसाद की महराजिन फ़रमाने लगीं—क्या बतलाऊँ, बड़ी सरकार और दुलहिन कल ख़ून का घूँट पीकर रह गईं। बड़ी सरकार तो ईश्वर जाने बिलख-बिलख रो रही थीं कि एक तो बेचारी लड़की के यूँही जान के लाले पड़े हैं दूसरे अब राँड-बेवा के साथ उठना-बैठना है, नहीं मालूम ईश्वर क्या करनेवाले हैं। छोटी सरकार मारे ग़ुस्से के काँप रही थीं। बारे मैंने उनको समझाया कि आज मुआफ़ कीजिए, अभी वह बेचारी बच्चा है, रीत-ब्योहार क्या जाने। सरकार का बेटा जिये, जब बहुत समझाया तब जाकर मानीं नहीं तो कहती थीं कि मैं अभी जाकर खड़े-खड़े निकाल देती हूँ। सो बेटा, अब तुम सुहागिनों और कन्याओं के साथ बैठने जोग नहीं रहीं। अरे ईश्वर ने तुम पर बिपत डाल दी, अब तुम्हारा धरम यही है कि चुपचाप अपने घर में पड़ी रहो, जो कुछ मयस्सर हो खाओ-पियो और, सरकार का बेटा जिये, जहाँ तक हो सके धरम का काम करो।

पूर्णा ने चाहा कि अबकी कुछ जवाब दूँ कि चौबाइन साहबा ने नसीहतों का दफ़्तर खोला। यह एक मोटी, भदेसल और अधेड़ औरत थी। बात-बात पर आँखें मीचा करती थीं और आवाज़ भी निहायत करख्त थी—भला इनसे पूछो कि अभी तुम्हारे दूल्हे को उठे तीन महीने भी नहीं बीते और तुमने अभी से आईना-कंघी-चोटी सब करना शुरू कर दिया! क्या नाम कि तुम अब विधवा हो गईं, तुमको अब आईने-कंघी से क्या सरोकार ठहरा। क्या नाम कि मैंने हज़ारों औरतों को देखा है जो पति के मरने के बाद गहना-पाता नहीं पहनतीं, हँसना-बोलना तक छोड़ देती हैं, न कि आज तो सुहाग उठा और कल सिंगारपटार होने लगा। क्या नाम कि मैं लल्लो-पत्तो की बात नहीं जानती, कहूँगी सच चाहे किसी को तीता लगे या मीठा।

इन्हीं खूसट बूढ़ियों में से एक की विधवा बहू रामकली है (असरारे मआबिद में इसी नाम की, इसी ढब की एक छोकरी से हम मिल चुके हैं)—सोलह-सत्रह साल की युवती। उसे घर के भीतर बन्द रखा जाता है और हर-हर तरह से उसके ऊपर जकड़बन्दी है। नतीजा होता है कि वह गंगा-स्नान और पूजा-पाठ के बहाने घंटों-घंटों घर से बाहर रहती है और राह चलते लोगों से, पनवाड़ियों से नैना लड़ाती है और

साधू-महात्माओं की रेल-पेल में घुसकर भाँग-बूटी छानकर क्या नहीं करती। यही रामकली पूर्णा से बात करते हुए कहती है—

'सुनती हूँ कल हमारी डाइन कई चुड़ैलों के साथ तुमको जलाने गई थी। मुझे सताने से अभी तक जी नहीं भरा...यह सब ऐसा दुख देती हैं कि जी चाहता है ज़हर खा लूँ और अगर यही हाल रहा तो एक न एक दिन यही होना है। नहीं मालूम ईश्वर का क्या बिगाड़ा था कि एक दिन भी ज़िन्दगी का सुख न भोगने पाई! भला तुम तो अपने पति के साथ दो बरस तक रहीं भी, मैंने तो उसका मुँह भी नहीं देखा। जब तमाम औरतों को बनाव-सिंगार किए, हँसी-ख़ुशी चलते-फिरते देखती हूँ तो छाती पर साँप लोटने लगता है। विधवा क्या हो गई घर-भर की लौंडी बना दी गई। जो काम कोई न करे वह मैं करूँ। उस पर रोज़ उठते जूती, बैठते लात। काजल मत लगाओ, मिस्सी मत लगाओ, बाल मत गुँधवाओ, रंगीन साड़ियाँ मत पहनो, पान मत खाओ। एक रोज़ एक गुलाबी साड़ी पहन ली थी तो वह चुड़ैल मारने उठी थी। जी में तो आया कि सर के बाल नोच लूँ मगर ज़हर का घूँट पीकर रह गई। और वह तो वह, उसकी बेटियाँ और दूसरी बहुएँ मेरी सूरत से नफ़रत रखती हैं। सुबह को कोई मेरा मुँह नहीं देखता। अभी पड़ोस ही में एक शादी हुई थी। सब की सब गहने से लद-लद गाती-बजाती गईं, एक मैं ही अभागिन घर में पड़ी रोती रही। भला बहन, अब कहाँ तक कोई ज़ब्त करे। आख़िर हम भी तो आदमी हैं, हमारी भी तो जवानी है। दूसरों की ख़ुशी, चहल-पहल देख ख़ामख़ाह दिल में हौसले होते हैं। जब भूख लगती है और खाना नहीं मिलता तो चोरी करनी पड़ती है।'

और यह देखिए बनारस की एक तम्बोली की दूकान है—

'काठ के जीनेनुमा तख़्तों पर सफ़ेद कपड़े पानी से भिगाकर बिछाये हुए थे। उस पर बँगला व देसी व मगही पान बड़ी सफ़ाई से चुने हुए थे। सामने दो बड़े-बड़े चौखटेदार आईने लगे हुए थे और एक छोटी-सी चौकी पर ख़ुशबूआत की शीशियाँ और मसालों की डिबियाँ ख़ूबी से सजाकर धरी हुई थीं। तम्बोली एक सजीला जवान था। सर पर दुपल्ली टोपी चुनकर तिरछी रखी थी, बदन में आबे ख़ाँ का चुन्नट पड़ा हुआ कुर्ता था। गले में सोने की ताबीज़ें, आँखों में सुर्मा, माथे पर लाल टीका, होंठ पर पान की लाली...'

सत्रह साल की युवती विधवा रामकली का एक ठीहा यह भी है...

नवाब ने अच्छी तरह समझ लिया है कि हिन्दू समाज का सबसे बड़ा अभिशाप निर्दोष निरपराध विधवा स्त्री है जिसे अकारण जीवन-भर इतना दु:ख उठाना पड़ता है। वह समाज जिसमें इतना अन्याय हो, ज़्यादा दिन नहीं चल सकता। यह चीज़ बराबर एक सिल की तरह उसके मन पर बैठी रहती है। जो समाज अकारण किसी को इतना

भयानक दु:ख और पीड़ा पहुँचा सकता है—एक तरफ़ स्त्रियों को और दूसरी तरफ़ अछूतों को—वह सचमुच अभिशप्त है और अच्छा हो कि कल के मरते आज ही उसका जनाज़ा निकल जाए। लेकिन नहीं, वह ख़ुद भी तो हिन्दू है और कायस्थ है। उर्दू-फ़ारसी उसकी घुट्टी में पड़ी है। उस साहित्य से उसका गहरा परिचय है। मुसलमानों के बीच वह उठता-बैठता है। उनके आचार-विचार से, रीत-व्योहार से, तौर-तरीक़ों से उसका अच्छा परिचय है। इसलिए वह जाने या न जाने मन ही मन अपने समाज का मिलान मुस्लिम समाज से करता रहता है और जितना ही वह मिलान करता है उतना ही उसका मन उदासी से, ग़ुस्से से, चिढ़ से भर उठता है क्योंकि मुस्लिम समाज में कहीं ज़्यादा बराबरी है, भाईचारा है, आदमी को आदमी समझा जाता है, समाज में स्त्री की स्थिति अधिक सुदृढ़ है, समाज उसके अधिकारों को मान्यता देता है, उसका विधान करता है, हिन्दू समाज की तरह सब ज़बानी जमाख़र्च नहीं है।

समाज के यही सब सवाल, यही सब दर्द और बेचैनी नवाब की इस दौर की चीज़ों में नज़र आती है। लेकिन अब तक वह इतना बड़ा हो चुका है कि जानता है सिर्फ़ ग़ुस्से या झुँझलाहट से कुछ न होगा, उसके लिए अपने समाज से बाक़ायदा जंग करनी होगी और यह निरी आकस्मिक बात नहीं है कि जब वह इस क़िस्से में अमृतराय और पूर्णा की शादी कराने उठता है तो वह चीज़ बाक़ायदा लड़ाई का रूप ले लेती है।

आज भी विधवा-विवाह आम चीज़ नहीं है लेकिन अगर कोई करना ही चाहे तो शायद ऐसा न होगा कि धर्मध्वजी लोग उसको मारने के लिए आएँ। पर आज से पचपन-साठ बरस पहले कुछ अजब नहीं कि ऐसी हालत रही हो।

जहाँ तक नवाब के अपने ब्याह की बात थी, उसमें कुछ रस बाक़ी न था। बस एक रिश्ता था जिसे निबाहा जा रहा था। जब से नवाब इधर परताबगढ़ और इलाहाबाद में रह रहे थे तब से साथ रहने के झमेलों से भी छुट्टी थी। दोनों सास-बहू लमही में रहती थीं और नवाब उनसे अलग-थलग लिखने-पढ़ने में अपने दिन गुज़ारते थे। छुट्टियों में घर जाते तो साबका पड़ता। ज़िन्दगी में ज़हर घुल गया था लेकिन फिर भी निबाह किए जा रहे थे और कोई इरादा उस बीवी को छोड़ने और दुबारा घर बसाने का न था। उधर पत्नी भी परित्यक्ता-जैसा जीवन बिता रही थी और शायद इसीलिए सास-बहू के झगड़े और भी बढ़ गए थे। ज़िन्दगी जैसे-तैसे घिसट रही थी। लेकिन किसी को पता न था कि नियति उन सबके लिए कैसा जाल रच रही है।

5

यह सन् पाँच की मई है और मुंशीजी इलाहाबाद से तब्दील होकर कानपुर आ गए हैं।

उनके मिज़ाज में तकल्लुफ़ काफ़ी है लेकिन तबीयत जिससे खुल जाती है, खुल जाती है। मुंशी दयानरायन ने उन्हें अपने यहाँ आकर ठहरने की दावत दी है और मुंशीजी

मुंशी दयानरायन निगम

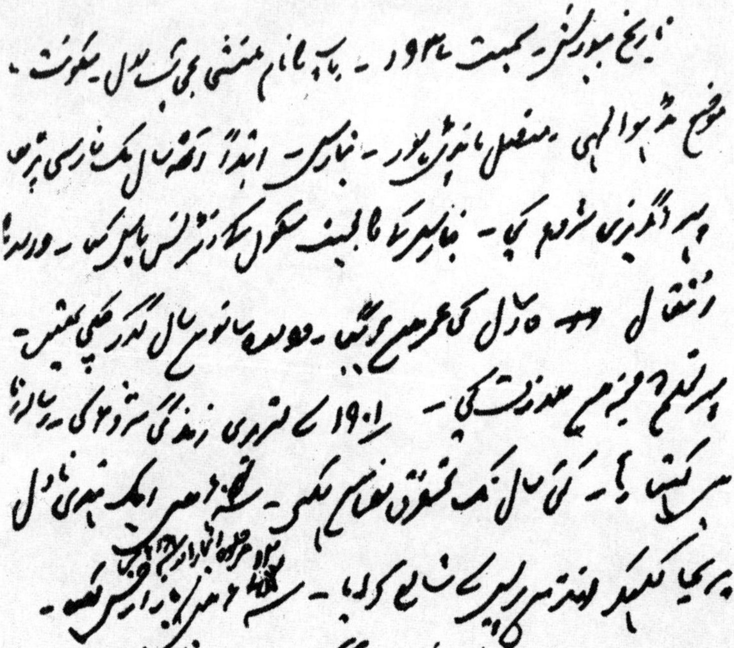

उर्दू हस्तलिपि

उस दावत को क़बूल करके उन्हीं के हवेली-जैसे मकान में, नया चौक में, रह रहे हैं। मुंशीजी 'ज़माना' परिवार के अपने आदमी हैं और निगम साहब के दोस्त ही उनके भी दोस्त हैं। पूरा जमघट है। नौबत राय 'नज़र', दुर्गासहाय 'सरूर', प्यारेलाल 'शाकिर', और और बहुत से लोग जिनके नाम अब खो गए हैं। हर रोज़ शाम को महफ़िल जमती थी और हुस्न-ओ-इश्क़ से लेकर शोले बरसाती हुई सियासत तक, दुनिया की हर चीज़ के बारे में गरम-गरम बहसें होती थीं। सभी नौजवान थे, जोशीले थे, शेर-ओ-शायरी के, लिखने-पढ़ने के शौक़ीन थे। दीन-दुनिया की कोई चीज़ ऐसी न बचती जिस पर खुलकर बातें न होतीं। एक-दूसरे की नुक्ताचीनी होती, हँसी-मज़ाक़ होते, क़हक़हे पर क़हक़हे उड़ते। और सिर्फ़ क़हक़हे न उड़ते, बोतलों के काग भी उड़ते। 'सरूर' और 'नज़र' बाक़ायदा पीनेवालों में थे, नवाब राय भी गाहे-बगाहे मुँह जुठार लेते।

मुंशीजी उन लोगों में से न थे जो चार दोस्तों के बीच भी कट्टर मौलाना की तरह शराब पीने को एक बड़ा गुनाह समझते हुए, मुहर्रमी सूरत बनाए, लबों को सिये बैठे रहते हैं। क्या मसरफ़ ऐसे आदमी का और अगर उसे बातचीत नहीं कर आती और हँसने से जिगर के फटने का अन्देशा रहता है तो वह आए ही क्यों ऐसी महफ़िल में!

मगर साथ ही मुंशीजी उनमें भी न थे जिन्हें हर वक़्त अपनी ही आवाज़ सुनना अच्छा मालूम होता है। ऐसा आदमी किसी भी महफ़िल के लिए एक अज़ाब होता है और लोग उसकी सूरत से नफ़रत करने लगते हैं। इसके बर-अक्स मुंशीजी महफ़िल की जान थे। उनसे महफ़िल का रंग उखड़ता नहीं जमता था।

बेशक उनके स्वभाव का एक पहलू ऐसा भी था जो काफ़ी संकोची था, लजीला था। अजनबियों के बीच वह मुश्किल से ज़बान खोल पाते थे। लेकिन दोस्तों के बीच उनकी कायापलट हो जाती थी। हँसते थे, हँसाते थे, उर्दू-फ़ारसी के शेर और लतीफ़े सुनाते थे, लोगों पर फ़िक़रे कसते थे, लोग उन पर फ़िक़रे कसते थे, आपस में किसी तरह का पर्दा न था। खुली हुई, बेबाक तबीयत पाई थी जो दोस्तों की महफ़िल में बैठकर और भी खुल जाती थी।

महफ़िल के रंग में बहने का यह हाल था कि एक रोज़ जब कि निगम साहब के यहाँ कुछ ख़ास दोस्त जमा थे और क़रीब ही किसी छत पर ग्रामोफोन में बर्ट शेपर्ड का मशहूर लाफिंग सांग I sat in a corner बजने लगा तो कुछ देर तो मुंशीजी ख़ामोश रहे और फिर यह कहकर कि लीजिए मैं भी इसके क़हक़हे में इसका साथ देता हूँ, क़हक़हा मारने लगे और बड़ी देर तक यों ही हँसते रहे।

हफ़्तों भी नहीं, चन्द दिनों के भीतर यह महफ़िलें मुंशीजी के ख़ून का ऐसा जुज़ बन गईं कि जब वह गर्मी की छुट्टियों में अपने घर लमही गए तो इन सोहबतों की याद करके तड़प-तड़प गए, इसलिए और भी कि जिस भी नज़र से देखिए, कानपुर की ज़िन्दगी अगर स्वर्ग थी तो घर की वह ज़िन्दगी नरक। वहाँ बस स्कूल का काम था और उससे छुट्टी पाई तो दोस्तों की महफ़िल थी, हँसी-मज़ाक़ था, साहित्य-चर्चा थी, न कोई फ़िक्र थी, न परेशानी। और घर जो आए तो जैसे भिड़ के छत्ते में हाथ मार दिया, सारी परेशानियाँ जिनसे दूर रहने के कारण नजात मिली हुई थी यकबारगी

उनके ऊपर टूट पड़ीं और उन्होंने घबराकर मुंशी दयानरायन को, जो इतने ही दिनों में उनके सबसे अच्छे दोस्त बन चुके थे, एक लम्बा ख़त लिखा—

'बरादरम, अपनी बीती किससे कहूँ। ज़ब्त किए किए कोफ़्त हो रही है। ज्यों-त्यों करके एक अशरा[1] काटा था कि ख़ानगी, तरद्दुदात[2] का ताँता बँधा। औरतों ने एक-दूसरे को जली-कटी सुनाईं। हमारी मख़दूमा[3] ने जल-भुनकर गले में फाँसी लगाई। माँ ने आधीरात को भाँपा, दौड़ीं, उसको रिहा किया। सुबह हुई, मैंने ख़बर पाई। झल्लाया, बिगड़ा, सख़्त मलामत की। बीवी साहबा ने अब ज़िद पकड़ी कि यहाँ न रहूँगी, मैके जाऊँगी। मेरे पास रुपया न था। नाचार खेत का मुनाफ़ा वसूल किया। उनकी रुख़सती की तैयारी की। वह रो-धोकर चली गईं। मैंने पहुँचाना भी न पसन्द किया। आज उनको गए आठ रोज़ हुए, न ख़त है न पत्तर। मैं उनसे पहले ही ख़ुश न था अब तो सूरत से बेज़ार हूँ। ग़ालिबन् अब की जुदाई दायमी साबित हो। ख़ुदा करे ऐसा ही हो। मैं बिला बीवी के रहूँगा। बिल्ली बख़्शे मुर्गा लँडूरा ही रहेगा। उधर ननिहाल से, वालिदा की तरफ़ से ज़िद है कि ब्याह रचे और ज़रूर रचे। जब कहता हूँ, मैं मुफ़लिस हूँ, कंगाल हूँ, खाने को मयस्सर नहीं तो वालिदा साहबा कहती हैं तुम अपनी रज़ामन्दी ज़ाहिर करो, तुमसे एक कौड़ी न माँगी जाएगी। सुनता हूँ बीवी हसीन है, बाशऊर है, जेब से ख़र्चने बग़ैर मिली जाती है, फिर तबीयत क्यों न भुरभुराय और गुदगुदी क्यों न पैदा हो! ईश्वर जानता है दो-तीन दिन उसका ख़्वाब भी देख चुका हूँ। बहरहाल अबकी तो गला छुड़ा ही लूँगा, आइन्दा की बात नारायन के हाथ है। जैसी आपकी सलाह होगी वैसा करूँगा। इस बारे में अभी फिर मशविरा करने की ज़रूरत बाक़ी है।'

इसी ख़त में अपने घर की और भी जो तसवीर खींची है, वह भी देखने क़ाबिल है—

'गर्मी की कैफ़ियत न पूछिए। कहलाने को साहिबे-मकान[4] हूँ। और ख़ुदा के फ़ज़ल से मकान भी सारे गाँव का माबूद[5] है मगर रहने क़ाबिल एक कमरा भी नहीं। कोठे पर आग बरसती है। बैठा और पसीना चोटी से एड़ी को चला। नीचे के कमरे सब गन्दे। परेशान। किसी में बैल बँधता है, किसी में उपले जमा हैं। कहीं अनाज का ढेर है, किसी में जाँत, चक्की, ओखली, मूसल वग़ैरह जुलूस-फ़र्म[6] हैं। कोई बैठे कहाँ सोये कहाँ। मजबूरन अनाज के घर में एक चारपाई की जगह निकाल ली है। उसी पर दिन-रात पड़ा रहता हूँ। अकेले घूमने कहाँ जाऊँ। बच्चे तीन-चार दिन के लिए आए हैं। हमारी मख़दूमा को पहुँचाने के लिए बस्ती गए, वहाँ से अपने वालिद के पास चले जाएँगे। इस गर्मी में कैसा पढ़ना कैसा लिखना। सुबह के वक़्त घंटा-आध घंटा

---

1. पखवारा, 2. घरेलू परेशानियों, 3. मालकिन, 4. मकानवाला, 5. उपास्य देवता, 6. भीड़ लगाए

वर्क़-गिरदानी[1] कर लेता हूँ, बाक़ी रात-दिन मैं हूँ और चारपाई। सुलक्कड़ बड़ा हूँ मगर नींद भी कुछ मेरे घर की लौंडी नहीं। उस पर तरद्दुद अलग। कहाँ हँसी-मज़ाक़ में दिन कटता था कहाँ चुप की मिठाई या गूँगे का गुड़ खाकर बैठना पड़ता है। अजब ज़ीक़[2] में जान मुब्तिला है। भाई, जल्दी से छुट्टी कटे और फिर यारों के जलसे और चहचहे-क़हक़हे हों। आए बीस दिन से ज़्यादा गुज़रे मगर क़सम ले लो जो ज़बान से प्यारा लफ़्ज़ बम्बूक एक बार भी निकला हो।'

बहुत हसरत से भरा हुआ ख़त है। कोई छोटी बात नहीं है यह कि आपके घर की एक स्त्री, जो आपकी स्त्री है, चाहे जैसी भी, गले में फाँसी लगा ले। लेकिन किस तरह से उसको बयान किया है। किसी तरह की हमदर्दी उस औरत को देने के लिए वह तैयार नहीं है। दिल कितना फटा हुआ है जो इस तरह की बात मुमकिन हो सकी! उस रोज़ विजयबहादुर उनको ले जाकर बस्ती जो पहुँचा आए तो नवाब के लिए वह सचमुच मर गईं—गो मरीं बहुत बाद को। ख़त उनके जाने के आठ रोज़ बाद लिखा जा रहा है। आठ रोज़ का वक़्त मन की उदासी या भारीपन को कम करने के लिए थोड़ा नहीं होता लेकिन तो भी ख़त से एक बेदर्दी का एहसास होता है जो उनकी पूरी तबीयत से मेल नहीं खाता, मगर सनद है इस बात की कि यह शादी ग़रीब के जी पर कितनी भारी हो रही थी।

मुंशीजी और निगम साहब, दोनों एक-दूसरे की तरफ़ बड़ी तेज़ी से खिंचे और शायद इसकी एक बड़ी वजह यह थी कि दोनों का स्वभाव एक-दूसरे से काफ़ी अलग और कहीं-कहीं विरोधी भी था। मुंशी दयानरायन कील-काँटे से दुरुस्त, दुनियादार आदमी थे, पहलू बचाकर काम करते थे, हर काम में अपना नफ़ा-नुक़सान देख लेते थे। रहने-सहने में भी साफ़-सुथरे, क़ायदे के आदमी थे, हर तरह से बहुत प्रैक्टिकल। मुंशी धनपतराय बिल्कुल उनके उल्टे थे। रहन-सहन में क़तई लापरवाह, न कपड़े की फ़िक्र न लत्ते की, न बालों की फ़िक्र न जूते की। किसी भी हालत में रह लेते थे और यह चीज़ आदत बन गई थी। दुनियादारी से भी उन्हें कम ही वास्ता था। जो बात सही थी, सही थी और जो ग़लत, ग़लत—दुनियादारी को उसमें बहुत कम दख़ल था। पहलू बचाकर काम करना सीखा ही नहीं। स्वभाव का यह बुनियादी अन्तर दोनों को काफ़ी अलग-अलग दिशाओं में ले गया, लेकिन एक चीज़ जो दोनों के मिज़ाज में यकसाँ मिलती थी वह थी उनकी वज़ादारी जो कि उस पुराने जमाने की ही एक चीज़ थी और उसके साथ ही मिट गई। दोनों अपने स्वभावों की भिन्नता को देखते हुए भी एक-दूसरे की क़ीमत समझते थे, एक-दूसरे की क़द्र करते थे। बात शुरू इसी तरह हुई कि दयानरायन साहब के लिए वह एक नया प्रतिभाशाली लेखक था और मुंशीजी के लिए निगम साहब एक ऐसे पत्र के सम्पादक थे जो तेज़ी से अपना स्थान बना रहा था। लेकिन जल्दी ही उसने कुछ और ही शक्ल अख़्तियार कर ली। मुंशीजी ने

1. पन्ने पलटना, 2. झंझट

निगम साहब को बड़े भाई की जगह दी, गो उम्र में मुंशीजी ही बड़े थे। यह बात निगम साहब को काफ़ी अजीब मालूम हुई लेकिन सच पूछिए तो अजीब इसमें कुछ भी नहीं है—मुंशीजी को सादी का वह मकूला अभी भूला न था जो उन्होंने अपने बचपन में पढ़ा था, कि उम्र की गिनती सालों से नहीं बल्कि तजुर्बे से होती है। और चूँकि दुनिया के तजुर्बों में वह दयानरायन साहब को अपने से बड़ा समझते थे, इसलिए उम्र में भी अपने से बड़ा मानते थे। और इसीलिए, जैसा कि ख़ुद निगम साहब ने लिखा है, 'बहुत से मामलों में तो जो मेरी राय होती उसी पर वह अमल करते।' सारी ज़िन्दगी यह सिलसिला चला और निगम साहब ने भी उनके किसी मामले में दख़ल देने में कभी आगा-पीछा नहीं किया।'

और अब यह एक नया मामला, मुंशीजी की शादी का, दरपेश था।

6

छुट्टियाँ जैसे-तैसे ख़त्म हुईं और नवाब फिर कानपुर पहुँच गया और फिर वही दोस्तों की महफ़िलें, क़हक़हे और चहचहे शुरू हुए जिनके लिए उसका दिल तड़पता था।

लेकिन वह सब महफ़िलें, शेर-ओ-शायरी के चर्चे, बेफ़िक्र कुँआरी ज़िन्दगी की मस्तियाँ जहाँ एक तरफ़ उसकी ज़िन्दगी के सूनेपन को भरती थीं वहीं दूसरी तरफ़ उसे और भी बढ़ा देती थीं। अपना अकेलापन अब उसे खलने लगा था। तबीयत बहुत रंगीन न सही, मगर जवान तो थी। आख़िर कब तक वह इसी तरह अपनी ज़िन्दगी की लढ़ियाँ ठेलेगा? पच्चीस साल का तो हुआ, घर बसाने की अब और कौन-सी उम्र आएगी? या तो फिर उसका ख़याल ही छोड़ दिया जाए, जो कि नवाब के लिए मुमकिन न था। तबीयत ही उसने वैसी न पाई थी। वह घरेलू ढंग का आदमी था और उसकी तमाम परेशानियों के बावजूद उसी में ख़ुश रह सकता था। कुँआरेपन की मस्त, बेफ़िक्र, ग़ैर-ज़िम्मेदार ज़िन्दगी के अपने मज़े हैं लेकिन वह मज़े नवाब के लिए न थे। और फिर पन्द्रह-सोलह साल की उम्र से जिस लड़के के गले में गिरस्ती का जुआ पड़ गया हो, वह दूसरा कुछ सोच भी तो नहीं सकता।...जब तक कि इकबारगी बग़ावत पर न आमादा हो जाए। मगर बग़ावत भी कैसे करे, पहले से भी तो कुछ ज़िम्मेदारियाँ चली आ रही हैं, माँ की, उनके बच्चे की—उनसे कैसे मुँह फेर ले? होते हैं, ऐसे भी लोग होते हैं, बहुत होते हैं, जो दूसरों की चिन्ता नहीं करते, बस अपनी ख़ुशी, अपना आराम देखते हैं। मगर नवाब उनमें से न था, न प्रकृति से और न इतने वर्षों के अभ्यास से।

लिहाज़ा जब यह सब खटराग रहना ही है तो इसका सुख भी कुछ क्यों न उठाया जाए। वह तो शादी बुरी हुई, बिलकुल नाकाम रही, बड़ा दुख दिया उसने। लेकिन अब तो ख़ैर उससे नाता टूट गया। अच्छा ही हुआ।

मन थोड़ा हल्का था, मगर कुछ था जो करक रहा था।

कायस्थों में लड़कियों की कुछ कमी न थी, और नवाब उस वक़्त एक हँसमुख, ज़िन्दादिल, स्वस्थ और सुन्दर, खाता-कमाता नौजवान था। चाची शादी करने के लिए पीछे पड़ी थीं और जेब से कुछ खर्चे बग़ैर एक हसीन और बाशऊर बीवी मिली जाती थी। नौजवान नवाब उसके सपने भी देखने लगा था। लेकिन फिर आदमी का विवेक भी तो है। कैसे रचा ले वह उस तरह का ब्याह! ऐसी बड़ी-बड़ी बातें अभी उसने अपनी किताब में लिखीं और जब अपनी बारी आई तो भूल जाए उन सब बातों को? नहीं, उसके लिए तो यही उचित है कि अगर उसे दुबारा शादी करनी ही हो तो किसी विधवा लड़की से करे, वह ख़ुद कहाँ का कुँआरा है! न रहा हो उससे सम्बन्ध तो क्या, ब्याह तो हुआ। यही सब बातें सलाह करने की थीं। आख़िरकार, मुंशी दयानरायन के शब्दों में, 'शादी के बारे में बड़े सोच-विचार और बहुत कुछ बहस-मुबाहसे के बाद उन्होंने तय किया कि दूसरी शादी की जाए तो किसी विधवा ही से की जाए।' घरवाले, ख़ासकर चाची, विधवा-विवाह के बहुत ख़िलाफ़ थीं। इस तरह की चीज़ घर में पहले कभी न हुई थी। बिरादरीवाले क्या कहेंगे! नाक कट जाएगी! लोग कहेंगे ज़रूर कोई ऐब है लड़के में तभी तो कुँआरी लड़की नहीं मिली बिरादरी में, वर्ना क्यों करता विधवा लड़की से ब्याह! चाची उन दिनों नवाब के साथ ही कानपुर में रह रही थीं और नवाब कुछ दिनों से, नाजुक तबीयत के, लम्बे छरहरे मुंशी नौबतराय 'नज़र' और एक महराजिन के साथ दयानरायन साहब के घर के पास ही मकान लेकर रह रहे थे। हर रोज़ घर में शादी का मसला छिड़ता और इसी तरह की बातें होतीं। कभी-कभी तो नवाब की तबीयत इतना ज़्यादा भिन्ना जाती कि वह शादी से बाज आने की बात सोचने लगता। लेकिन कुछ तो उम्र का तक़ाज़ा और कुछ उसकी घरेलू ढंग की तबीयत, शादी कर लेना ही उसने तय कया। लेकिन अपने इस इरादे पर वह अटल था कि विधवा ही से शादी करेगा। दूसरों की मुँहदेखी मैं नहीं कर सकता। मुझे जो बात ठीक मालूम होती है, वही मैं करूँगा, जिसे शरीक होना हो, हो, न होना हो, न हो।

तभी संयोग से एक रोज़ नवाब की नज़र किसी अख़बार में, शायद बरेली के आर्यसमाजी शंकरलाल श्रोत्रिय के पर्चे में छपे हुए एक इश्तहार पर पड़ी जिसमें लिखा था कि मौजा सलेमपुर डाकखाना कनवार ज़िला फतेहपुर के कोई मुंशी देवीप्रसाद अपनी बाल-विधवा कन्या का विवाह करना चाहते हैं और जो सज्जन चाहें इस विषय में उक्त पते पर पत्र-व्यवहार कर सकते हैं।

नवाब ने फ़ौरन उस पते पर ख़त लिखा। उसके जवाब में ख़त के साथ पच्चीस-तीस पन्ने का एक किताबचा आया। यह किताबचा अगर और किसी वजह से नहीं तो अपनी लेखन शैली के कारण एक मार्के का और बहुत दिलचस्प दस्तावेज़ है। लेकिन और भी बड़ी बात यह है कि उससे बहुत मज़े की रोशनी उस कायस्थ समाज पर पड़ती है जिसमें नवाब का जन्म हुआ, जिसके बीच वह पला-बढ़ा और जिसके माध्यम से उसने सबसे पहले हिन्दू समाज के मसलों को समझा। जिस समाज के अन्दर से यह दस्तावेज़ पैदा हुआ वही नवाबराय का पहला और बुनियादी समाज है। वही उसकी ज़बान है और वही उसके सोचने-विचारने का ढंग। बाद में उसकी निगाह भी फैली और उसका समाज भी फैला, ताहम उसकी घुट्टी में यही समाज था।

किताबचे पर उसका नाम दिया है, 'कायस्थ बाल विधवा उद्धारक' और उसके नीचे यह इबारत है—मूर्ख गुपनाम द्वारा लिखित जिसको मुंशी गजाधरप्रसाद नायब नाजिर दीवानी ने यूनियन प्रेस, इलाहाबाद में छपवाकर प्रकाशित किया। 1905।

गुप्त नाम से किताबचे को लिखना और एक अज़ीज़ के नाम से उसको छपवाना, यह सब कार्रवाई थी उन्हीं मुंशी देवीप्रसाद की जो अपनी बाल-विधवा कन्या शिवरानी का पुनर्विवाह करना चाहते थे। यह मुंशी देवीप्रसाद अपने गाँव के एक बहुत प्रभावशाली व्यक्ति थे। पैसा तो कुछ ख़ास न था मगर इज़्ज़त बहुत थी। दिमाग़ तो वैसा ही पाया था जैसी कि कायस्थ खोपड़ी मशहूर है मगर साथ ही मिज़ाज में कुछ ठाकुरों जैसा अक्खड़पन भी था। दबंग कड़ियल आदमी थे। बहुत शरीफ़, पुराने ढंग के वज़ादार, न तो ख़ुद किसी से बेअदबी करते थे और न किसी की बेअदबी बर्दाश्त करते थे। दोस्ती की टेक निभाना भी जानते थे और दुश्मन को नेस्तनाबूद करने में भी पीछे न रहते थे। उनके तीन लड़के थे और दो लड़कियाँ। दोनों लड़कियों का ब्याह उन्होंने छुटपन में ही, दस-ग्यारह साल की उम्र तक पहुँचते-पहुँचते कर दिया था। क़िस्मत का खेल कुछ ऐसा हुआ कि छोटी लड़की शिवरानी ब्याह के तीन महीने बाद ही विधवा हो गई। न तो वह पति के घर गई और न उसने पति का मुँह देखा, मगर फिर भी वह विधवा थी और यह उनकी ज़िन्दगी का सबसे बड़ा ग़म था। माँ-बाप दोनों अपनी इस बेटी का मुँह देखते और कलेजा थाम लेते थे। आख़िरकार बहुत पसोपेश के बाद दोनों ने अपने मन में इस बात का फ़ैसला कर लिया कि हम अपनी बेटी का ब्याह फिर से करेंगे। आज भी यह काम आसान नहीं है, पचपन बरस पहले तो वह बग़ावत से कम न था। लेकिन मुंशी देवीप्रसाद अब इस बग़ावत पर आमादा थे। अपनी बेटी का दुख उनसे देखा न जाता था। होगा समाज का विरोध, डटकर होगा—हो। जो होगा देखा जाएगा। एक बार फ़ैसला कर लेने पर पीछे क़दम हटानेवाले आदमी मुंशी देवीप्रसाद न थे। बिरादरी का एक-एक आदमी हमें छोड़ दे, तो भी यह ब्याह होगा। और चोरी-छिपे न होगा, इश्तहार बँटवाकर होगा। सब लोग जान जाएँ कि मुंशी देवीप्रसाद अपनी विधवा कन्या का विवाह फिर से कर रहे हैं।

लेकिन इसके लिए ज़रूरी था कि सबसे पहले इस काम के लिए फ़िज़ा तैयार की जाए। मुक़दमे में कूदने के पहले अपने काग़ज़ात सब ठीक कर लेने चाहिए ताकि बाद में बग़लें न झाँकनी पड़ें। इसी ख़याल से यह इश्तहारी पर्चा हिन्दी और उर्दू में तैयार किया गया और उसे काफ़ी बड़ी संख्या में छपवाकर दूर-दूर तक भेज दिया गया। जिसे एतराज करना हो, करे; आए हमसे बहस करे, या तो वह मुझे क़ायल कर दे कि मैं ग़लत काम कर रहा हूँ या मैं उसे वेद-पुराण और शास्त्रों की नज़ीर देकर क़ायल कर दूँगा कि ठीक बात यही है, बाक़ी सब तो पोंगा ब्राह्मणों का खेल है।

किताबचा बिलकुल आर्यसमाजी अन्दाज़ में ओउम्तत्सत् के साथ शुरू होता है और उसी रंग में आगे बढ़ता है—

प्रार्थना पत्र ख़िदमत में सब भाइयों कायस्थ चित्रगुप्तवंशी के पहुँचकर सुशोभित हो, परमात्मा रोज़-ब-रोज़ तरक़्क़ी देवे।

दरख़्वास्त वास्ते सुधार करने चाल-चलन ब्योहार जो क़ाबिल सुधार करने के है कि जो न सुधार चाल-चलन करने से महापातक होता है कि सब भाइयों को मालूम है और देखते हैं शास्त्रोक्त प्रमाण व वेदाज्ञानुसार सब भाइयों के सामने इस पत्र द्वारा प्रकाशित करता हूँ अपने-अपने ज्ञान बुद्धि से ध्यान देकर उनके सुधारने में दिल व जान से मुस्तैद हो जाइए।

हे मेरे प्यारे क़ौमी भाइयो कायस्थ चित्रगुप्तवंशी ज़रा ध्यान देकर सुनिए कि पद्म पुराण एक प्राचीन पुराण व मुस्तनिद किताब है जिससे साबित है कि बाबा चित्रगुप्त पुरुषा याने मूरिस आला सब भाइयों के हैं और जब से सृष्टि की रचना हुई बदबीर महाराज धर्मराज के न्यायकारी व आमाल नेक व बद जो जैसा काम करता है, तहरीर फ़रमाया करते हैं वा उसी के मुताबिक़ सज़ा व जज़ा याने स्वर्ग व नर्क तजवीज़ फ़र्माते हैं। × × ×

उन्हीं बाबा चित्रगुप्त जी के पुण्य व प्रताप व आशीर्वाद से सब उनकी औलादें कि जिनके सन्तान व वंश में सब भाई हैं, वेदविद्या का पठन-पाठन करते रहें, श्रेष्ठ कहलाते रहें व वक़्त महाराज क्षत्रियों के राज्य समय में कायस्थ वंश भाई अपनी वेद विद्या व बुद्धि की लियाक़त से बड़े-बड़े ओहदों पर (न्यायाधीश) व राज्य कार्य के मंत्री व दीवान मुक़र्रर होते रहे और राज्य का इन्तिज़ाम माकूल करते रहे कि सबसे श्रेष्ठ व लायक़ समझे जाते रहे।

समय के उलट-फेर से कि ज़माना तरक़्क़ी का हमेशा किसी का एक ही तरह पर नहीं क़ायम रहा है, काल-चक्र घूमा करता है...राज्य हाथ से जाता रहा पाप कर्मों का प्रचार होता गया।

समाज का बराबर पतन होता गया और उसमें कोई सुधार इसलिए नहीं होता कि लोग बस अपने स्वार्थ के बन्दे हैं, किसी को अपने समाज के भले-बुरे की चिन्ता नहीं है और हैं तो बस लम्बी-चौड़ी बातें, कथनी कुछ और करनी कुछ—

'जाबज़ा शहरों व क़स्बों व नामी मुक़ामात में क़ौमी सभा व कमेटी व कान्फ्रेंस वास्ते धर्म की रक्षा व क़ौमी चाल-चलन ब्यौहार व रीति रस्म के दुरुस्ती के लिए शास्त्रोक्त प्रमाण से मुक़र्रर फ़रमाया है और वहाँ व्याख्यान व लेक्चर धर्म सम्बन्धी दिए जाते हैं। और उस जलसा सभा में सब भाई बैठकर सुनते हैं और सत्य-सत्य कहते हैं, हाँ में हाँ गला मिलाते हैं और उन व्याख्यानों के अमल करने का न व्याख्यान देनेवालों के दिलों पर असर रहता है न व्याख्यान सुननेवाले के दिल पर असर पहुँचता है। यह तो मशहूर बात है कि जब तक कोई नसीहत याने उपदेश देनेवाला उस नसीहत व उपदेश का आमिल न होगा तब तक करनेवाला सुननेवाले के असर दिल पर नहीं पहुँचता कि अमल करे। वह यह कहता है कि ख़ुदरा फजीहत व दीगरां नसीहत करते हैं। बस हे मेरे प्यारे भाइयो जब सभा विसर्जन करके श्रोता-वक्ता भाई साहेबान बाहर तशरीफ़ लाए तो न उस व्याख्यान की सुध है न उसके ध्यान की ख़बर है...'

और आख़िरकार इस सबका वही नतीजा हुआ जो होना था, सारी शेख़ी किरकिरी हो गई, अब—

'न वह बूट जूता है न कोट पतलून है न गुलूबन्द है न टोपी पेटारीदार दस्तार है बल्कि रय्यार है पैरों में खार है जामाज़ीस्त से बेज़ार हैं घर की हालत कहना अनुचित प्रमात्मा रक्षपाल है धिक्कार धिक्कार धिक्कार आख़ थू आख़ थू आख़ थू घमंड पर है...'

इतनी लानत-मलामत के बाद जो कि सब पेशबन्दी है, किताबचा असल बात पर आता है—

हे मेरे सजातीय भाई कायस्थ चित्रगुप्तवंशी क्या आप लोग अपने-अपने प्रत्यक्ष नेत्रों से यह न देखते होंगे कि जिन कन्याओं का विवाह हो गया है और दिरागमन याने गौना नहीं हुआ पति याने शौहर उनका मर गया है तो वह बाल विधवा बेचारी नाकर्दे गुनाह अपनी-अपनी ज़िन्दगी किस-किस मुसीबत से काटती हैं...दूसरे वह कन्याएँ कि जिनका विवाह और दिरागमन दोनों हो गया है बहुत ही थोड़े दिन के बाद पति उनके मर गए हैं। कुछ भी ज़िन्दगी का लुत्फ़ नहीं उठाया यहाँ तक कि सन्तान उत्पन्न होने की नौबत नहीं। तो उन बेचारियों की मुसीबत कहने में नहीं आ सकती है। उनका घर में रहना माइका क्या ससुराल दोनों ही जगह के सहकुटुम्बी माता व पिता व भ्राता सब पर पहाड़ का ऐसा बोझ भार सिर पर मालूम होता है। ग़रज़ कि दोनों किसिम के बाल विधवा कन्या कि जिनका विवाह मात्र हुआ है दिरागमन नहीं हुआ और शास्त्र के अनुसार उनका कन्यात्व नष्ट नहीं हुआ वह मिसिल क्वाँरी कन्या के हैं।...हे मेरे भाइयो जाँच करने से मालूम हुआ है व देखने में आया है कि उन कन्याओं दोनों किसिम की कि कुछ तो मुसीबत खाने-पीने से कुछ सतसंग पाकर कुछ काम के वश होकर कि कामदेव बड़ा बली शैतान है मतिभ्रम कर देता है कि बड़े-बड़े मुनियों और महात्मा के हृदय में क्षोभ कर दिया है और भला इन अबलाओं की क्या गिनती है व्यभिचार करने लगती हैं याने बहुतों का कस्बी हो जाना और बहुतों का घर ही में बदचलन हो जाना व बहुतों का अन्य पुरुष विरुद्ध वर्ण याने दूसरे जात के साथ निकल जाना बहुतों के हमल-हराम रह जाना व उसका इसक़ात हमल कराना बालक का मारना वग़ैरा वग़ैरा कहाँ तक कहा जावै बड़े-बड़े घोर पाप होते हैं व हो गए कि सुनि अघ नर्कहु नाक सकोरी। संसार में रूसियाही बल्कि पुश्तों तक का ऐसा दाग़ धब्बा लग जाता है कि उसका मिटाना बहुत कठिन हो जाता है।...

(फर्याद बाल विधवा कन्याओं की) हे मेरे सजातीय कायस्थ चित्रगुप्तवंशी आप लोग ग़ौर करके बिला पक्षपात के इंसाफ़ कीजिए कि जब किसी पुरुष की स्त्री मर जाती है तो वह पुरुष दो-दो अथवा तीन-तीन विवाह कर लेने

का अधिकारी होता है और हम बाल विधवाओं ने जो पति के पास तक नहीं गई हैं और पति का मुँह तक नहीं देखा है पुनर्विवाह हमारे करने में आप लोग लज्जा व घृणा करते हो...क्या पुरुष को काम प्रबल अधिक सताता है और हम काम को जीते हुए हैं। हे भाइयो, हम स्त्रियों का नाम ही कामिनी है। वैदक शास्त्र से ज़ाहिर है कि पुरुष से दुगुण अधिक काम अग्नि स्त्री के होती है...

इसके बाद फिर ऋग्वेद, यजुर्वेद, वशिष्ठस्मृति, नारदस्मृति, प्रजापतिस्मृति, कात्यायनस्मृति, मनुस्मृति आदि शास्त्रों से प्रमाण पर प्रमाण जुटाये गए हैं कि किन-किन दशाओं में विधवा का पुनर्विवाह सम्भव है, उचित है।

नवाब ने इस इश्तहार को पढ़ा तो उसकी तबीयत फड़क उठी। इस सवाल पर ख़ुद उसके विचारों से यह चीज़ कितना मेल खाती थी! उसने फ़ौरन लड़की की फ़ोटो की फ़रमाइश की।

देहात में तसवीर उतरवाने का तब कहाँ चलन, मगर ख़ैर मुंशी देवीप्रसाद ने अपनी लड़की की तसवीर उतरवाकर कानपुर भेजी—सीधी-सादी, दुबली-पतली एक देहाती लड़की, बाल बिखरे हुए, माथे पर हल्का-सा घूँघट। गन्दुमी रंग जो नवाब के तपे सोने जैसे रंग के मुक़ाबले में काफ़ी दबा हुआ था, नाक-नक़्श भी बहुत मामूली, कोई ख़ास बात नहीं, जब कि नवाब यक़ीनन दस-पाँच हज़ार में एक ख़ूबसूरत नौजवान था। लेकिन उसे सुन्दरी की तलाश न थी—उसके नखरे उठाने की सकत भी उसमें कहाँ थी! वह तो एक सीधी-सादी घरेलू लड़की चाहता था जो उसके संग तकलीफ़-आराम झेल सके। यह लड़की, जहाँ तक देखने में आता था, वैसी ही थी। मुंशी दयानरायन से भी शायद मशविरा हुआ और फिर नवाब ने अपनी रज़ामन्दी लिख भेजी। अब मुंशी देवीप्रसाद ने लड़के को देखने की ख़्वाहिश ज़ाहिर की और उसे फतेहपुर बुलाया। नवाब पहुँचा। ससुर ने भी दामाद को पसन्द किया। ज़्यादा अब तंग करने के लिए था भी क्या। लेन-देन की कोई बात ही न थी। शादी उसी दम तय हो गई। दोनों पक्ष समझ रहे थे कि उन्हें अपनी-अपनी बिरादरी का विरोध सहना पड़ेगा और दोनों तैयार थे।

आख़िर 1906 के फागुन में शिवरात्रि के रोज़ शादी हो गई। नवाब के साथ बारात में, एक उनके छोटे भाई महताब को छोड़कर और कोई रिश्तेदार न था, बस दो-चार दोस्त और हमजोली जिनमें मुंशी दयानरायन ख़ास थे।

7

ज़िन्दगी का एक नया दौर शुरू हुआ। उधर क़ौम की ज़िन्दगी का भी एक नया दौर शुरू हो रहा था। लिहाज़ा दोस्तों की यह महफ़िलें अब सिर्फ़ हँसी-मज़ाक़ या शेर-

ओ-शायरी तक सीमित न रह गईं। पहले भी ऐसी कोई क़ैद न थी, जब-तब राजनीति की गम्भीर चर्चा भी हो जाती थी। लेकिन अब वह रंग ख़ासकर मुंशीजी की वजह से कुछ और ज़्यादा उभरने लगा। दूसरे जहाँ अपनी कविता और साहित्य-चर्चा में ही पूरी तरह रम लेते थे, वहाँ मुंशीजी को चैन न आता जब तक कि वह अपने देश की और संसार की घटनाओं से भी पूरी तरह सम्पर्क में न रहें। अख़बार पढ़ने और बहुत से अख़बार पढ़ने का उनका मर्ज़ पुराना था। और फिर वह अक्सर 'रफ़्तारे ज़माना' नाम का स्तम्भ भी लिखते थे। जमाने की रफ़्तार इस वक़्त सचमुच बहुत तेज़ थी। देश एक नई करवट ले रहा था—वैसे ही जैसे अपने छोटे से पैमाने पर ख़ुद मुंशीजी की ज़िन्दगी, उनका दिल-दिमाग़ एक नई करवट ले रहा था। राष्ट्रीयता की चेतना में एक नया ज्वार आ रहा था और उस नए ज्वार को जिन लोगों ने अपने ख़ून की गर्मी और रवानी में सबसे पहले महसूस किया उन्हीं में एक मुंशीजी भी थे।

बात सिर्फ़ इतनी न थी कि उस चेतना का व्यापकतर विस्तार हो रहा था। उससे भी बड़ी बात यह थी कि वह चेतना ही बदलने लगी थी, उसके भीतर एक गुणात्मक परिवर्तन आ रहा था। उसको समझने के लिए उसकी पृष्ठभूमि को थोड़ा-सा समझ लेना ज़रूरी है।

1857 का विद्रोह अपने ही आन्तरिक विरोधों के कारण असफल रहा और अपने ही ख़ून में डूब गया। क़रीब पच्चीस बरस के लिए लगभग पूरी तरह सन्नाटा छाया रहा। वहाबियों के आन्दोलन की तरह छिटपुट कुछ कोशिशें यहाँ-वहाँ हुईं लेकिन ब्रिटिश साम्राज्य का पंजा ज़रा भी ढीला न हो सका। लेकिन आदमी भले न बोल सकें, प्रकृति ने बोलकर बतलाया कि यह सिलसिला ग़लत है और चलनेवाला नहीं है कि एक देश के रहनेवाले दूसरे देश के रहनेवालों पर राज करें। अकालों का ताँता लग गया। करोड़ों लोग भूख से मर गए और मरते रहे और सरकार अपनी टीमटाम में रुपया पानी की तरह बहाती रही। असम्भव था कि ऐसी हालत में देश की आत्मा क्षुब्ध न होती और ढंग से ज़िन्दा रहने की कोई तदबीर न करती।

1873 में आनन्दमोहन बसु, सुरेन्द्रनाथ बैनर्जी और इटली के स्वातंत्र्य-युद्ध के नेता मैज़िनी व ग़ैरीबाल्डी के जीवनीकार योगेन्द्र विद्याभूषण ने मिलकर इंडियन एसोसिएशन की स्थापना की। समय की माँग के रूप में ही उसका जन्म हुआ था, इसलिए स्वाभाविक था कि उसकी ताक़त तेज़ी से बढ़ती। और वह बढ़ी। बंगाल के अनेक देशप्रेमी उसकी ओर खिंचे। 1882 में बंकिम का 'आनन्दमठ' प्रकाशित हुआ जिसने आगे चलकर देश को उसका वन्देमातरम गान दिया।

इंडियन एसोसिएशन का ज़ोर इतनी तेज़ी से बढ़ रहा था कि राज्य के गोरे अधिकारी चिन्तित हो उठे। सवाल पैदा हुआ कि कैसे उसका सामना किया जाए। एक रास्ता तो कठोर दमन का था। लेकिन 1857 के बाद फिर इतनी जल्दी दमन का वह रास्ता अख़्तियार करने में अधिकारियों की तबीयत कतरा रही थी। नतीजा हुआ कि राष्ट्र की शक्ति को बाँटने और उसे शासकों की सुविधानुसार मर्यादित रखने के विचार से, अंग्रेज़ सरकार के परामर्श से सन् 1885 में इंडियन नेशनल कांग्रेस का जन्म हुआ। और वह काम कांग्रेस ने अपने आरम्भिक कई वर्षों तक किया भी, जिस लीक पर

उसे चलाया गया उसी लीक पर चली। लेकिन यह सदा न तो हो सकता था और न हुआ, क्योंकि देश की चेतना जब एक बार अपनी यात्रा आरम्भ करती है तो सदा मेंड़ बचाकर ही नहीं चला करती। लेकिन उस बात को अभी कुछ देर है। अभी तो देखने की चीज़ एक ही है। एक अत्यन्त प्राचीन इतिहास, दर्शन और संस्कृति की गौरवशाली परम्परावाला देश, जो इस समय पराजित था, अपमानित था, तिरस्कृत था, वंचित था, अपने को फिर से पहचान रहा था, अपना भविष्य खोज रहा था। अपनी इस खोज में वह कभी इस और कभी उस दरवाज़े को खटखटा रहा था। देश की बन्दी किन्तु अपराजेय आत्मा अपने को वाणी देने के लिए छटपटा रही थी।

इस समय जो कुछ हो रहा था, सबका सन्दर्भ यही था। अपनी शक्ति को पहचानो, अपने प्राचीन गौरव को पहचानो। तुम्हारे पास ऐसा भी कुछ है जो किसी के पास नहीं है। तुम किसी से घटकर नहीं हो। आत्मविश्वास से बढ़कर दूसरी कोई शक्ति संसार में नहीं है। तुम्हारी देह श्रृंखलित है तो क्या, तुम्हारी आत्मा मुक्त है। देह तो छीज जाती है, झर जाती है—असल चीज़ आत्मा है। आत्मा अजर है। आत्मा अमर है। आग उसे जला नहीं सकती, शस्त्र उसे काट नहीं सकते। देह तो जीर्ण वस्त्र के समान है। मनुष्य जिस प्रकार जीर्ण वस्त्र त्यागकर नया वस्त्र धारण कर लेता है, उसी प्रकार आत्मा एक देह को छोड़कर दूसरा देह धारण कर लेती है। फिर मृत्यु का क्या भय और पराजय कैसी। देखो अपने दर्शन को और अपने इतिहास को। न जाने कैसे-कैसे पराक्रमी विजेता इस भारतभूमि में आए और काल के गर्त में समा गए, लेकिन भारत आज भी जीवित है।

विवेकानन्द ने जब 1893 में अमरीका जाकर सर्व-धर्म-सम्मेलन में सब को परास्त किया और भारत की दृप्त आत्मा को वाणी दी तो भारतवासियों की छाती गर्व से फूल उठी, उनका ख़ून कुछ और तेज़ी से दौड़ने लगा, आँखें चमकने लगीं। बिलकुल जादू का-सा असर हुआ। देखते-देखते विवेकानन्द के लेख और भाषण देश की स्वाधीनता चाहनेवाले हर युवक के लिए एक नई गीता बन गए। देश के मुरझाये हुए प्राण लहलहा उठे। हीनता की ग्रन्थि कटी। आत्मगौरव लहरें मारने लगा।

उधर कांग्रेस गोखले, दादाभाई नौरोज़ी, मदनमोहन मालवीय और फीरोज़शाह मेहता जैसे लोगों के नेतृत्व में अपनी बँधी लीक पर चली जा रही थी। जन-आन्दोलन से उसका कोई सम्बन्ध न था। साल में एक बार अधिवेशन करके सरकार से अपना कुछ दुखड़ा रो दिया जाता और कुछ समाज-सुधार की बात कर दी जाती और लगे हाथ बहुत दबे स्वर में कुछ यह याचना भी कर दी जाती कि राज्य-संचालन में भी योग देने का कुछ अवसर भारतीयों को दिया जाए। और फिर सब अपने-अपने घर चले जाते, साल-भर के लिए छुट्टी हो जाती। कांग्रेस के जन्म से लेकर 1905 तक की कांग्रेस कार्रवाइयों का सार देते हुए कांग्रेस के अधिकारी इतिहासकार पट्टाभि सीतारमैया स्वयं कांग्रेस के इतिहास में लिखते हैं—

'...कांग्रेस प्रस्तावों पर जो भाषण होते उनकी और अध्यक्ष के भाषणों की टेक यह होती कि अंग्रेज़ जाति मूलत: न्यायप्रिय और भली है और अगर उसे स्थिति का ठीक-ठीक पता बराबर मिलता रहे तो वह कभी सत्य और

न्याय के रास्ते से विमुख नहीं हो सकती, कि असल कठिनाई अंग्रेज़ को लेकर नहीं, बल्कि एंग्लो-इंडियन को लेकर है, कि बुराई व्यक्ति में नहीं व्यवस्था में है, कि कांग्रेस बुनियादी तौर पर ब्रिटिश राजसिंहासन के प्रति वफ़ादार है, उसका झगड़ा तो हिन्दोस्तानी नौकरशाही से है, कि इंग्लैंड का संविधान (संसार के) सभी स्थानों के जनतंत्रात्मक अधिकारों का आश्रय-स्थल है और इंग्लैंड की पार्लियामेंट संसार-भर के जनतंत्रों की माँ है, कि ब्रिटेन का संविधान सब संविधानों से श्रेष्ठ है, कि कांग्रेस राजद्रोहात्मक या बाग़ी संस्था नहीं है, कि भारतीय राजनीतिज्ञों का काम स्वभावत: सरकार की बात को जनता तक और जनता की बात को सरकार तक पहुँचाना है, कि भारतीयों को राज्य-संचालन के काम में योग देने का इससे अधिक अवसर देना चाहिए...'

स्पष्ट है कि देश के भीतर जितना क्षोभ और जितना उत्साह संचित हो रहा था उसको समेटने के लिए इतना काफ़ी न था। ऐसे ही समय में भारतीय राजनीति में बाल गंगाधर तिलक का उदय हुआ और आते ही आते गोखले से उनका टकराव हुआ। यों तो कांग्रेस की राजनीति में गोखले और तिलक दोनों का आगमन सन् 1889 में एक साथ ही हुआ था, और जैसा कि तिलक ने गोखले की अन्त्येष्टि के समय कहा था, गोखले को राजनीति में ले आने के पीछे स्वयं तिलक का भी हाथ था। लेकिन इस समय की कांग्रेसी राजनीति के साथ ज़्यादा मेल खाने के कारण गोखले की स्थिति कांग्रेस संगठन में सुदृढ़ हो गई और तिलक बाहर-बाहर जनता में काम करते रहे और अपनी जन-राजनीति की सम्भावनाओं को टटोलते रहे। और जैसे ही उनकी शक्ति कुछ बढ़ी वैसे ही उनकी सबसे पहली टक्कर गोखले से हुई। वास्तव में गोखले और तिलक की टक्कर और बातों के साथ-साथ एक मन की दो वृत्तियों की टक्कर भी है। देश को उसका प्राप्य कैसे मिलेगा, क्रान्ति से, विद्रोह से, जन-आन्दोलन से या सुलह-समझौते से? पहला महत्त्व किस चीज़ का है, समाज-सुधार का या स्वराज्य का?

यह सवाल बहुत तीखे रूप में पहली बार पूना के कांग्रेस अधिवेशन में सन् 1895 में उठा, और सम्भवत: तिलक की ही क्रियाशीलता से। लेकिन सच तो यह है कि इस सवाल की जड़ें कांग्रेस के जन्म में ही थीं। ऐलेन आक्टेवियन ह्यूम ने उसकी परिकल्पना समाज-सुधार की एक संस्था के रूप में ही की थी लेकिन पीछे लार्ड डफ़रिन के कहने पर उसे राजनीतिक रूप दिया गया क्योंकि शायद इसी में उसकी उपयोगिता देखी गई। संयुक्त प्रान्त के गवर्नर सर आकलैंड कालविन को सम्भवत: इस तथ्य का पता नहीं था जब उन्होंने कहा कि कांग्रेस को समाज-सुधार तक ही अपने को सीमित रखना चाहिए। इससे प्रकट है कि कांग्रेस के लिए यह प्रश्न नया नहीं था।

गोखले आदि नरमदली लोग राजनीति की बात भी दबे स्वर में कर लेते थे लेकिन उनका आग्रह समाज-सुधार पर था। इसी सन्दर्भ में वह लोग अंग्रेज़ी शिक्षा-दीक्षा इत्यादि का भी बहुत गुणगान करते रहते थे। तिलक को इस राजनीति से मौलिक विरोध था।

बाल-विवाह को रोकने के लिए जब एज आफ़ कन्सेंट बिल आया, 1891 के आसपास, तो तिलक ने डटकर उसका विरोध किया। इसकी वजह से लोगों को उनके बारे में काफ़ी ग़लतफ़हमी भी हुई और यह समझा गया कि समाज-सुधार के मामले में तिलक का दृष्टिकोण कट्टर सनातनी हिन्दू का है। लेकिन बात यह न थी। उनके विरोध का कारण यह न था कि वह बाल-विवाह के पोषक थे बल्कि यह था कि यह सब काम ख़ुद हम भारतीयों के करने के हैं, अंग्रेज़ शासकों को इस सबसे क्या मतलब। हमें जो ठीक समझ में आएगा, हम करेंगे। अभी उनसे हमारा कहना बस इतना है कि आप शासन हमारे हाथ में दीजिए। असल प्रश्न स्वराज्य का है। इस प्रश्न को दूसरे प्रश्नों के साथ उलझाइए मत। असल सवाल, आज़ादी का सवाल, पीछे न पड़ जाए इसीलिए तिलक का कहना था कि इन सब सवालों को उठाने का वक़्त यह नहीं है। अंग्रेज़ पहले यहाँ से जाएँ और सत्ता हमारे हाथ में आए फिर हम, लोगों को शिक्षित करके और ज़रूरी क़ानून बनाकर, अपनी सामाजिक और आर्थिक बुराइयाँ दूर कर लेंगे। उधर शासकों की दिलचस्पी इन बातों में शायद इसीलिए थी कि इस तरह स्वराज्य का आन्दोलन पीछे पड़ जाएगा। तिलक ने इस बात को समझा।

यह नहीं कि तिलक अंग्रेज़ी शिक्षा-दीक्षा के महत्त्व को न समझते हों या उसे कम करके आँकते हों। अंग्रेज़ों के सम्पर्क से जो नई रोशनी हिन्दुस्तान को मिली उसको भी वह समझते थे। अपने सार्वजनिक जीवन के पहले ग्यारह वर्ष तिलक ने देश में अंग्रेज़ी शिक्षा के प्रसार में लगाए। इस बात को भी वह अच्छी तरह समझते थे कि देश की स्वतंत्रता अंग्रेज़ी शिक्षा के प्रसार से ही आएगी। इतना ही नहीं, उनका और उनके सहकर्मी विष्णुशास्त्री चिपलूणकर का विश्वास था कि 'अंग्रेज़ी भाषा शेरनी के दूध की तरह बहुत पौष्टिक आहार है।' निस्सन्देह तिलक भारतीय धर्म, संस्कृति और परम्पराओं के बहुत बड़े पोषक थे मगर इसके साथ ही साथ वह यह भी समझते थे कि अंग्रेज़ी के आहार पर पलकर देश ज़्यादा तेज़ी से स्वाधीनता की ओर बढ़ सकेगा। स्वराज्य की कल्पना भारतीयों के मन में बन सकी, इसके पीछे भी वह प्रभाव है जो अंग्रेज़ों के इतिहास और गणतांत्रिक चिन्तन ने जाने या अनजाने उनके ऊपर डाला है। तिलक सच्चे मन से उस बात पर विश्वास करते थे जो मैकाले ने कही थी—

> *'...यह हो सकता है कि हमारी प्रणाली के अन्तर्गत रहकर भारतीय जनता का मन इतना विकास कर जाए कि उस प्रणाली से आगे निकल जाए, वह प्रणाली फिर उसे अपने भीतर आबद्ध न रख सके कि यूरोपीय ज्ञान में दीक्षित होकर वह लोग कभी आगे चलकर यूरोपीय ढंग के आईन-क़ानून, दस्तूर और रिवाज़ों की माँग करने लग जाएँ। ऐसा दिन कभी आएगा या नहीं, मैं नहीं जानता। लेकिन इतना मैं जानता हूँ कि ऐसा कोई काम मैं नहीं करूँगा जिससे वह दिन न आए या उसके आने में देर लगे। जब भी वह दिन आएगा, अंग्रेज़ जाति के इतिहास का सबसे गौरवशाली दिन होगा।'*

लेकिन इसके बाद भी तिलक का दृढ़ विश्वास था कि असल चीज़ राजनीतिक दासता से मुक्त होना है, स्वराज्य पाना है, बाक़ी सब चीज़ें उसके बाद आती हैं। इसलिए

राजनीतिक स्वाधीनता की बात प्रखर स्वर में करनी चाहिए। समाज-सुधार फ़िलहाल स्थगित रखे जा सकते हैं। कम-से-कम अंग्रेज़ शासकों से बात करने की चीज़ वह नहीं है। उनके साथ उसकी बात करना उनके जाल में फँसना है। और गोखले जैसे नरमदली लोग यही करते थे। समाज-सुधार की बातें तो वह बहुत ज़ोर-शोर से करते थे, राजनीतिक स्वाधीनता के प्रश्न पर मिनमिनाते थे। इसी जगह पर उनसे तिलक का मुख्य संघर्ष था।

दोनों के इस मौलिक विरोध को गांधीजी ने बहुत अच्छी तरह समझा था और उन्होंने जिस प्रकार उसकी व्याख्या की है उसको देखना बहुत उपयोगी होगा, विशेषत: इसलिए कि गोखले और तिलक की नीतियों का परस्पर विरोध भारतीय राजनीति के एक पूरे युग को समझने की कुंजी है।

1896 में जब गांधीजी पूना गए और दक्षिण अफ्रीका के भारतीयों की समस्या पर एक सभा बुलाना चाहते थे तो उसके प्रसंग में वह लोकमान्य तिलक से और फिर उनके कहने पर गोखले से मिले। गांधीजी पर उन दोनों के व्यक्तित्व का संस्कार जिस रूप में पड़ा वह उनको और स्वयं गांधीजी को समझने के लिए काफ़ी रोचक और महत्त्वपूर्ण है।

तिलक उन्हें हिमालय के शिखर जैसे लगे, महान्, उत्तुंग, पर पास तक पहुँचना दुस्साध्य और गोखले पवित्र गंगा जैसे जिसमें इत्मीनान से डुबकी लगाई जा सकती है—

> *'तिलक और गोखले दोनों महाराष्ट्री थे, दोनों ब्राह्मण थे, दोनों चितपावन ब्राह्मण थे। दोनों ने जीवन में बड़े-बड़े त्याग किए थे। लेकिन दोनों के स्वभाव में बड़ा विशाल अन्तर था। उस समय की प्रचलित शब्दावली में गोखले नरमदली थे और तिलक गरमदली। गोखले की योजना थी वर्तमान संविधान में सुधार करना, तिलक की योजना थी, उसका पुनर्निर्माण करना। गोखले को अनिवार्यत: नौकरशाही के साथ मिलकर काम करना होता था, तिलक को अनिवार्यत: उससे लड़ना पड़ता था। गोखले का सिद्धान्त था सहयोग, जहाँ तक सम्भव हो, और विरोध जहाँ आवश्यक हो, तिलक की नीति बाधा खड़ी करने की ओर झुकी हुई थी। गोखले को सबसे बड़ी चिन्ता शासन और उसके सुधार की थी, तिलक का सबसे बड़ा ध्येय था राष्ट्र और उसका निर्माण। गोखले का आदर्श था प्रेम और त्याग, तिलक का, सेवा और कष्ट सहन। गोखले की कार्य-प्रणाली ऐसी थी जो विदेशी का हृदय जीतकर उसे अपनी ओर कर लेना चाहती थी, तिलक की ऐसी जो उसे बिलकुल हटा ही देना चाहती थी। गोखले दूसरों की सहायता पर निर्भर करते थे, तिलक केवल अपनी शक्ति पर। गोखले उच्च वर्गों और बुद्धिजीवियों की ओर ताकते थे, तिलक साधारण जनता की ओर जिसकी संख्या करोड़ों में थी। गोखले का अखाड़ा धारासभा थी, तिलक का मंच गाँव का मंडप था। गोखले की अभिव्यक्ति का माध्यम अंग्रेज़ी थी, तिलक की, मराठी। गोखले का लक्ष्य था स्वायत्त शासन जिसके लिए भारतीयों*

को अंग्रेज़ों की बताई हुई कसौटी पर खरे उतरकर अपनी योग्यता प्रमाणित करनी थी, तिलक का लक्ष्य था स्वराज्य जो हर भारतीय का जन्मसिद्ध अधिकार है और जो वह लेकर रहेगा, जिसके रास्ते में वह विदेशी सत्ता की किसी बाधा को स्वीकार न करेगा। गोखले अपने युग के साथ थे, तिलक, बहुत आगे।'

गांधीजी तिलक के व्यक्तित्व के साथ शायद पूरा न्याय नहीं कर पाए और गोखले की ओर उनका हल्का-सा पक्षपात लगता है, जो कि शायद स्वयं उनके मन के झुकाव को व्यक्त करता है, पर तो भी इतना तो प्रकट ही है कि तिलक ने भारतीय राजनीति में एक नया स्वर लेकर प्रवेश किया। स्पष्ट है कि इस प्रकार की प्रखर राजनीति की कल्पना जन-आन्दोलन के बिना नहीं की जा सकती थी। इसीलिए हम देखते हैं कि तिलक ने आरम्भ से ही जनता को जगाना और संगठित करना आरम्भ किया। इसके लिए धर्म को भी वाहन बनाने में उन्हें कोई आपत्ति न हुई। 1894 में उन्होंने गणपति उत्सव को एक विराट् सार्वजनिक अनुष्ठान का रूप दिया, जो तब से बराबर उसी प्रकार महाराष्ट्र में मनाया जाता है। उसका कलेवर धार्मिक है और आत्मा राष्ट्रीय।

लेकिन उतने से ही तिलक को सन्तोष न हुआ। उसके अगले ही वर्ष से उन्होंने शिवाजी उत्सव की भी स्थापना कर दी। शिवाजी को मात्र एक हिन्दू के रूप में देखना उसके साथ अन्याय करना है। वह एक वीर मराठा था जिसने मुग़ल बादशाह औरंगज़ेब से लोहा लेकर सफलतापूर्वक अपने राज्य की स्वाधीनता की रक्षा की। इस प्रसंग में यह बात फिर आकस्मिक नहीं रह जाती कि शिवाजी की सेना में मुसलमान भी थे और न यही कि शिवाजी-उत्सव में मुसलमान मराठे भी हिस्सा लेते हैं। कुछ भी हो, जन-नेता तिलक के लिए यह असम्भव था कि वह शिवाजी को केन्द्र बनाकर किसी उत्सव की बात न सोचते जब कि उनके सामने अपने देशवालों को जगाने और अन्याय व अत्याचार के ख़िलाफ़ उनको संगठित करने का प्रश्न था। स्वाधीनता के आन्दोलन की ये महत्त्वपूर्ण कड़ियाँ थीं।

इधर कांग्रेस के भीतर तिलक और गोखले के नेतृत्व में दो विरोधी प्रवृत्तियों का आपस में संघर्ष चल रहा था, उधर भारत की विद्रोही आत्मा गुप्त षड्यंत्रकारी राजनीति के रूप में भी प्रस्फुटित या विस्फोटित हो रही थी जिसका सूत्रपात महाराष्ट्र के चापेकर बन्धुओं ने किया। 1897 में उन्हें फाँसी दी गई। लेकिन यह तो अग्नियुग का प्रारम्भ था जिसके ये दो पहले शहीद थे। इसी वर्ष तिलक पर पहली बार राजद्रोह का मुक़दमा चला और उन्हें डेढ़ साल का कठोर दंड मिला। पर वह साल-भर का दंड भोगकर ही बाहर आ गए। समय से पहले की इस रिहाई का कारण था वह आवेदनपत्र जो मैक्समुलर, सर विलियम हंटर, सर रिचर्ड गार्थ, मि. विलियम केन, दादाभाई नौरोज़ी और रमेशचन्द्र दत्त के हस्ताक्षर से सरकार के पास भेजा गया था। पर छूटते समय ही तिलक ने कह दिया था कि यह छः महीने की छूट अगली बार मेरे दंड में जोड़ दी जाए, अगर उसका अवसर आए। और यही हुआ। 1908 में

जब उन्हें मांडले भेजा गया तो ये छ: महीने सज़ा में जोड़ दिए गए। यह सब इस बात की सूचना थी कि भारतीय राजनीति अब एक नए युग में प्रवेश कर रही थी। कांग्रेस के भीतर भी और कांग्रेस के बाहर भी। कांग्रेस के भीतर गोखले के नरमपंथी दल के मुक़ाबले में तिलक का एक्सट्रीमिस्ट या नेशनलिस्ट दल बड़ी तेज़ी से ज़ोर पकड़ता जा रहा था। रैंड और एयर्स्ट हत्याकांड के प्रसंग में गोखले ने सरकार से जो माफ़ी माँगी उसके पीछे चाहे जैसी सदाशयता रही हो, उसने जनता में उनकी लोकप्रियता को ज़बर्दस्त धक्का पहुँचाया और इसी अनुपात में तिलक और उनके नेशनलिस्ट दल का प्रभाव बढ़ने का यह एक और तात्कालिक कारण हुआ। इसके साथ-साथ महाराष्ट्र से ही वह आग भी चली जो चापेकर बन्धुओं ने लगाई थी और जिसने बंगाल पहुँचकर एक पूरे अग्नियुग की सृष्टि की। 1902 और 1905 के बीच बंगाल में बहुत-सी गुप्त समितियाँ बनीं। और जब 1905 में कर्जन ने राष्ट्रीयता की इसी बढ़ती हुई लहर को रोकने के लिए बंगाल को दो टुकड़ों में बाँटने का, बंगभंग का प्रस्ताव रखा, तब तो जैसे देश में आग ही लग गई। एक तरफ़ स्वदेशी का शान्तिपूर्ण आन्दोलन शुरू हुआ और दूसरी तरफ़ जगह-जगह क्रान्तिकारियों की सरगर्मियाँ दिखाई देने लगीं।

देश में आगे जो शान्तिपूर्ण राष्ट्रीय आन्दोलन चलनेवाला था, बंगाल का स्वदेशी आन्दोलन उसकी पूर्वपीठिका थी। उसने सारे देश को लेकर झकझोर दिया और उसी से देश को वह सब राजनीतिक अस्त्र मिले जिनका उपयोग राष्ट्रीय आन्दोलन ने आगे चलकर किया, जिन्हें गांधीजी ने इसी स्वदेशी आन्दोलन से लेकर अपने ढंग पर विकसित किया। ये राजनीतिक अस्त्र थे—स्वदेशी वस्तुओं को अपनाना और विलायती का बहिष्कार, निष्क्रिय प्रतिरोध और असहयोग, सरकारी विद्यालयों का बहिष्कार और उनके स्थान पर राष्ट्रीय विद्यालयों की स्थापना, सरकारी अदालतों का बहिष्कार और उनके स्थान पर आपस में अपने पंच और मुखियों के ज़रिये अपने झगड़ों को निपटाना।

ग़रज़ कि राष्ट्रीय आन्दोलन ने एक नई करवट ले ली थी और अब उसे वापस उस बँधी-टँकी लीक पर ले चलना सम्भव न था जैसा कि नरमपंथी चाहते थे।

उसी वर्ष, 1905 में, बनारस के कांग्रेस अधिवेशन में ही यह बात अच्छी तरह दिखाई दे गई। कांग्रेस संगठन के भीतर नरमपंथियों का ही ज़ोर था जो इस बात से सिद्ध था कि उस वर्ष कांग्रेस का सभापतित्व गोखले ने किया। पर गोखले के साथ न्याय करने के लिए यह बतलाना ज़रूरी है कि उन्होंने अपने अध्यक्षीय भाषण में निर्भीकता और सच्चाई से लार्ड लिटन के उस गुप्त पत्र का उद्धरण दिया जिसमें लिटन ने ऐसी बातें लिखी थीं जिनसे गोखले की अपनी नीति को चोट पहुँचती थी और तिलक की नीति को बल मिलता था। लिटन ने लिखा था—

> *'हम सब इस बात को जानते हैं कि ये माँगें और ये उम्मीदें न कभी-पूरी हो सकती हैं और न होंगी। हमें इन दो में से कोई एक रास्ता अपने लिए चुनना था—या तो उनका (हिन्दुस्तान के नेटिवों का) दमन करना, या उन्हें धोखा*

देना और हमने बाद वाला रास्ता ही चुना है जिसको सच्चाई से कोई मतलब नहीं...मैं गुप्त रूप से यह पत्र लिख रहा हूँ इसलिए मुझे यह कहने में भी संकोच नहीं है कि मेरी समझ में इंग्लैंड की सरकार और भारत सरकार दोनों ही अब तक इस अभियोग का कोई सन्तोषजनक उत्तर नहीं दे सकी हैं कि उन्होंने अपने हर वायदे को तोड़ने में अपनी शक्ति-भर कोई कसर उठा नहीं रखी।

स्पष्ट है कि ऐसी परिस्थिति में जो जनता राष्ट्रीय आन्दोलन की ओर झुक रही थी उसका बहुत बड़ा बहुमत तिलक के साथ आता जा रहा था जो इस बात से सिद्ध था कि स्टेशन पर गोखले के स्वागत को गिने-चुने लोग पहुँचे थे और तिलक के स्वागत को लोग ऐसे टूटे कि स्टेशन पर तिल धरने को जगह न रही। और वहीं गाड़ी से उतरते ही तिलक ने अपना नया नारा दिया जो फ़ौरन लोगों की ज़बान पर चढ़ गया—लड़ो—भीख मत माँगो!

लाला लाजपतराय ने अपनी पुस्तक 'यंग इंडिया' में लिखा है कि बनारस में ही तिलक ने 'निष्क्रिय प्रतिरोध' की अपनी नीति प्रस्तुत की थी। और उसके अगले वर्ष कलकत्ता के अधिवेशन में उन्होंने अपनी उस नीति की और भी विशद व्याख्या की, जिस रूप में वह बाद को जानी और समझी और बरती गई।

तिलक के राजनीतिक जीवन में बनारस का कांग्रेस अधिवेशन एक बड़ी मंजिल है। इसके पहले अमरीका के थोरो और रूस के टाल्सटाय जैसे विचारक एक निराकार सिद्धान्त के रूप में निष्क्रिय प्रतिरोध की बात कह चुके थे लेकिन तिलक के पहले शायद किसी ने उसको इस तरह व्यावहारिक रूप देकर एक राजनीतिक अस्त्र की तरह जनता के हाथ में नहीं पकड़ाया था। इसी अस्त्र का उपयोग गांधीजी ने 1920 के बाद कई बार अलग-अलग नामों से किया।

बहरहाल, राष्ट्रीय आन्दोलन अपनी लीक से हटकर एक-दूसरे, अधिक सप्राण, रास्ते पर चल पड़ा था और उसका प्रभाव कांग्रेस के संगठन पर भी, बावजूद उस पर माडरेटों के आधिपत्य के, पड़े बिना न रहा। 1906 में कलकत्ता कांग्रेस के अधिवेशन के मंच से कांग्रेस के इतिहास में पहली बार स्वराज्य की माँग की घोषणा हुई। माडरेटों के लिए यह एक बड़ी हार थी—इसलिए और भी कि उनकी चाल को विफल करके तिलक की यह जीत हुई। कलकत्ता कांग्रेस के अध्यक्ष पद के लिए अधिकांश प्रदेशों से तिलक का ही नाम आ रहा था। लेकिन माडरेट किसी तरह इस बात को सह न सके तो उन्होंने तिलक के नाम को पीछे डालने के लिए एक ऐसे व्यक्ति का नाम सामने रक्खा जो अपनी सेवाओं और अपने वय दोनों ही दृष्टियों से सबका आदरणीय था—दादाभाई नौरोज़ी। माडरेट उनको अपना आदमी समझते थे और बहुत हद तक वह थे भी। लेकिन वह अनुभवी नेता भी थे और हवा का रुख़ पहचानते थे। लिहाज़ा उन्होंने पूरी तरह तिलक के कार्यक्रम का साथ दिया और उन्हीं के सभापतित्व में स्वराज्य की माँग कांग्रेस के मंच से पहली बार घोषित हुई। कांग्रेस के लिए उस समय यह एक बहुत बड़ा, बहुत ऐतिहासिक क़दम था।

सरकार ने भी इस नई स्थिति को समझा और उसका मुक़ाबला करने के लिए दमन की नीति का सहारा लिया। पुलिस का अत्याचार बहुत बढ़ गया। पंजाब में लाला लाजपतराय को गिरफ़्तार कर लिया गया।

कलकत्ते के बाद कांग्रेस का अगला अधिवेशन नागपुर में होने की बात स्थिर पाई थी। नागपुर तिलक का गढ़ था। नरमदली इस बात से बहुत डरे। वहाँ तो फिर तिलक की ही तूती बोलेगी और अध्यक्ष बनने से भी उनको न रोका जा सकेगा। लिहाज़ा नरमदलियों के नेता सर फ़ीरोज़शाह मेहता ने, जिन्हें 1905 में कर्जन ने 'सर' का ख़िताब दिया था, तिकड़म करके अगले अधिवेशन का स्थान नागपुर से हटाकर सूरत करवा दिया। गरमदली इस बात पर बहुत नाराज़ हुए और ऐसी कुछ स्थिति पैदा हो गई कि वह लोग कांग्रेस से अलग हो जाएँगे। लेकिन तिलक को यह बात मंजूर न थी कि कांग्रेस के भीतर फूट पैदा हो। लिहाज़ा आगे चलकर गरम दल के लोग इस आधार पर समझौता करने के लिए राज़ी हो गए कि अगर लाला लाजपतराय को, जो सूरत अधिवेशन के पहले जेल से रिहा हो गए थे, सभापति बनाया जाए तो हम लोग अधिवेशन में सम्मिलित होंगे। यह प्रस्ताव रखने के पीछे उनका स्पष्ट उद्‌देश्य यही था कि इस तरह हम कांग्रेस की ओर से देश के एक विद्रोही नेता का सम्मान कर सकेंगे जो अभी-अभी जेल से छूटकर आ रहा है। नरमदलियों ने ऊपर से तो हामी भरी लेकिन भीतर-ही-भीतर अपनी चाल खेलते रहे क्योंकि वह किसी भी हालत में लाला लाजपतराय को सभापति बनाने के लिए तैयार न थे। उन्हें डर लगता था कि ऐसा करने से सरकार बहुत नाराज़ हो जाएगी।

आख़िरकार अधिवेशन जुटा, नरमदली गरमदली सभी उसमें शरीक हुए। गोखले भी, तिलक भी। लेकिन तभी नरमदल वालों ने क्या किया कि कांग्रेस संगठन के भीतर अपने प्रभुत्व के बल पर उन्होंने गरमदल के साथ अपने समझौते को भुलाकर सभापति के आसन पर बंगाल के प्रसिद्ध सरकारपरस्त नरमदली नेता रासबिहारी घोष को बैठा दिया। यह चीज़ गरमदल वालों की सहन-शक्ति के बाहर हो गई। तिलक ने अपना नाम सभापति के पास भेजा कि उन्हें सभा की कार्रवाई शुरू होने के पहले सभापति के चुनाव के सम्बन्ध में कुछ कहने का अवसर दिया जाए। सभापति ने इस पर कोई ध्यान नहीं दिया। आख़िरकार तिलक ने दूसरा कोई रास्ता न देख ज़बरन मंच पर जा पहुँचने का फ़ैसला किया। मंच पर उनका पहुँचना था और सभापति का उनको बोलने से रोकना था कि ज़ोरों से मारपीट शुरू हो गई। और फिर वह अधिवेशन जैसा हुआ वैसा न हुआ। गरमदल और नरमदल वहीं से बिलकुल अलग हो गए, दोनों का एक-दूसरे से फिर कोई सम्बन्ध न रहा।

सरकार भी भारतीय राजनीति के इस बराबर गाढ़े होते हुए विद्रोही रंग को देख रही थी। दमन की चक्की और तेज़ हो गई। नए-नए क़ानून बन गए। नवम्बर 1907 में Prevention of Seditious Meetings Act लागू किया गया। लगभग इसी समय बंगाल में 1818 का तीन आईन (रूल III) पुनरुज्जीवित कर दिया गया और उसके अन्तर्गत बंगाल के स्वदेशी आन्दोलन के नेता श्यामसुन्दर चक्रवर्ती, कृष्णकुमार मित्र, शचीन्द्रप्रसाद बसु, अश्विनीकुमार दत्त, जनता की ओर से राजा की उपाधि पाए हुए

राजा सुबोध मल्लिक इत्यादि को पकड़ लिया गया और बिना उन पर मुक़दमा चलाए उन्हें निर्वासित कर दिया गया।

लेकिन जैसा कि रमेशचन्द्र दत्त ने कहा था, 'राजद्रोह उत्पन्न करने का इससे अच्छा कोई उपाय नहीं है कि पत्रों और सभाओं में होनेवाले स्वतंत्र विचार-विमर्श पर रोक लगा दी जाए।' वही हुआ, उग्र तत्त्व और प्रबल होते गए। इधर कांग्रेस के भीतर गरमदल का ज़ोर बराबर बढ़ता जा रहा था और उधर सन् 1907 और सन् 1910 के बीच क्रान्तिकारियों की सरगर्मियों में एक ज्वार-सा आया हुआ था। 1908 में कलकत्ते में अलीपुर षड्यंत्र केस हुआ जिसमें बारीन घोष और दूसरे क्रान्तिकारी पकड़े और निर्वासित किए गए। बंगाल के गवर्नर की हत्या की चेष्टा हुई। कलकत्ते के पुलिस मजिस्ट्रेट किंग्सफर्ड की हत्या की चेष्टा हुई। चन्द्रनगर के मेयर की हत्या की चेष्टा हुई। इसी तरह के और भी कई कांड हुए। राजनीतिक डकैतियाँ भी शुरू हो गईं।

वही कलकत्ते का किंग्सफ़र्ड जब तब्दील होकर मुज़फ़्फ़रपुर आया तो 30 अप्रैल, 1908 को प्रफुल्ल चाकी (उम्र 17 साल) और ख़ुदीराम बोस (उम्र 15 साल) ने मिलकर उसकी हत्या की चेष्टा की। उन्होंने किंग्सफर्ड पर बम तो फेंका लेकिन वह बच गया और उसकी जगह मिसेज़ और मिस केनेडी नाम की दो अंग्रेज़ स्त्रियाँ, माँ-बेटी, मारी गईं। प्रफुल्ल चाकी ने वहीं अपने आपको गोली मार ली। ख़ुदीराम बोस भाग निकला और अगले दिन मुज़फ़्फ़रपुर से चौबीस मील की दूरी पर पकड़ा गया। 11 अगस्त, 1908 को उसे फाँसी दे दी गई। पन्द्रह साल के उस वीर बालक को इस तरह फाँसी पर झूलते देखकर सारा देश सिहर उठा। घर-घर ख़ुदीराम की पूजा होने लगी। अंग्रेज़ों की न्यायपरता और भारत के प्रति उनकी मंगलकामना के जो रंगमहल नरमदली राजनीतिज्ञों ने इतने बरसों में इतने जतन से खड़े किए थे, सब देखते-देखते ख़ुदीराम के ख़ून में डूब गए।

अब दोनों पक्ष आमने-सामने खड़े थे—सरकार हर तरह से कुचलने का पक्का इरादा लेकर और विप्लवी वीर सर हथेली पर लिए, शहादत का जाम पिये हुए सब कुछ झेलने को तैयार।

30 अगस्त, 1908 को श्री अरविन्द ने, जिनके नाम की उस समय सारे देश में तूती बोल रही थी, अपनी पत्नी को यह पत्र लिखा जो विप्लवकारियों की तत्कालीन मन:स्थिति का परिचय देता है—

> *...मेरा...पागलपन यह है कि जहाँ दूसरे लोग स्वदेश को एक जड़ वस्तु मानते हैं, कुछ खेत-मैदान, जंगल-पहाड़-नदी, वहाँ मैं उसको माँ के रूप में देखता हूँ, वैसी ही मैं उसकी भक्ति करता हूँ, पूजा करता हूँ। माँ की छाती पर बैठकर अगर कोई राक्षस उसका रक्तपान करता हो तो उस समय बेटे का क्या कर्तव्य है? निश्चिंत होकर आहार करता बैठे, स्त्री-पुत्र के संग आमोद करे या माँ को बचाने के लिए दौड़े?*

यह आग बराबर ज़ोर पकड़ती जा रही थी। आए दिन यहाँ-वहाँ बम के धड़ाके होते थे। राष्ट्रीय समाचारपत्र—जिनमें तिलक के 'केसरी', अरविन्द घोष के 'वन्देमातरम'

और विवेकानन्द के अनुज भूपेन्द्रनाथ दत्त के 'युगान्तर' का विशेष स्थान था—अलग आग उगलते रहते थे। सरकार के लिए बड़ी विस्फोटक स्थिति का सामना था। दमन की चक्की और भी तेज़ हुई। जून 8, 1908 को एक्सप्लोसिव सब्सटैंसेज़ (विस्फोटक द्रव्य) ऐक्ट और न्यूज़पेपर (इनसाइटमेंट टु आफ़ेन्सेज़) ऐक्ट लागू किए गए। प्रेस ऐक्ट की मार से कोई न बच सका और उसके अन्तर्गत सन् 10 और सन् 19 के बीच साढ़े तीन सौ प्रेस, तीन सौ अख़बार और पाँच सौ से ऊपर किताबें ज़ब्त की गईं। दमन की यह चक्की इतनी तेज़ चली कि भारत-मंत्री लार्ड मार्ले तक उसे पचा न सके और उन्होंने वाइसराय मिंटो को इस चीज़ के बारे में ख़त लिखा। मगर साथ ही यह भी लिखना न भूले कि आप वहाँ मौक़े पर मौजूद हैं, स्थिति को ज़्यादा समझ सकते हैं, मैं तो बस एक नेक सलाह दे रहा हूँ। जिसकी ज़रूरत न तो बड़े लाट मिंटो को थी और न बम्बई के छोटे लाट सैंडहर्स्ट को, जो सचमुच स्थिति को समझ रहे थे! फिर भला कैसे सम्भव था कि उनकी तलवार कांग्रेस के भीतर और बाहर उग्र तत्त्वों के सबसे बड़े नेता तिलक पर न गिरती! 13 जुलाई, 1900 को बम्बई के हाईकोर्ट में उन पर राजद्रोह का मुक़दमा चलना शुरू हुआ और उन्हें जल्दी से जल्दी हिन्दुस्तानी जूरी के फ़ैसले के ख़िलाफ़ केवल अंग्रेज़ जूरी के फ़ैसले के ज़ोर पर छः साल का दंड देकर चुपके-चुपके मांडले (बर्मा) भेज दिया गया। उसके साथ भारतीय राजनीति का एक अत्यन्त महत्त्वपूर्ण युग समाप्त हुआ। पर तिलक को और उनके काम को भूलना तो दूर रहा जनता ने उन्हें अपने हृदय में और भी गहरे बिठाल लिया। तिलक के दंड के विरोध में बम्बई के मज़दूरों की ज़बर्दस्त हड़ताल हुई जो इस बात की भी सूचना देती थी कि मज़दूर सिर्फ़ अपनी पगार की ही बात नहीं समझता, देश की आज़ादी की बात भी समझता है।

तिलक छः बरस बाद मांडले से लौटकर आए और फिर अपने उसी पुराने उत्साह से देश के काम में जुट गए। बहुत कुछ उन्होंने किया जिसे देश सदा याद रखेगा लेकिन इसमें सन्देह नहीं कि भारत की स्वाधीनता की राजनीति को उनकी सबसे बड़ी देन उनका मांडले जाने से पहले का युग है क्योंकि इसी युग में और विशेष रूप से सन् 1905 और 1908 के बीच बंगभंग और स्वदेशी के आन्दोलन की पृष्ठभूमि में राष्ट्रीय आन्दोलन को अपना स्पष्ट रूप मिला और उसे यह रूप देने में जिस एक व्यक्ति की देन सबसे बड़ी है उसका नाम है बाल गंगाधर तिलक।

भारतीय राजनीति के रंगमंच पर आकर तिलक ने कुछ ही बरसों में यह जो विस्फोटक स्थिति पैदा कर दी थी उसका मुक़ाबला अंग्रेज़ सरकार अपनी दुरंगी नीति से कर रही थी। उग्र विद्रोही तत्त्वों को कुचलने के लिए तो उसके पास डंडा-गोली थी जिसका उपयोग वह इधर बरसों से कर रही थी। लेकिन उससे काम पूरा होते न देख उन्होंने नरमदलवालों और विधानवादी तत्त्वों को फुसलाने के लिए वैधानिक अधिकारों की मृगमरीचिका दिखलानी आरम्भ की। 1909 में मिंटो-मार्ले रिफ़ार्म्स प्रस्ताव के रूप में आए। उन्हें देखकर नरमदलवाले बग़लें बजाने लगे क्योंकि उनके नज़दीक यह उनकी वैधानिक नीति की विजय थी। जैसे डूबते को सहारा मिला और वह लोग बहुत ज़ोर-शोर से ब्रिटिश साम्राज्य के अन्तर्गत औपनिवेशिक स्वराज्य की बात करने लगे। जब ये रिफ़ार्म्स 25 दिसम्बर, 1910 को लागू किए गए तब तिलक मांडले में थे।

लेकिन देश की चेतना को वह जैसा बनाकर गए थे, साधारण जनता उसके जाल में नहीं फँसी। तिलक ने जो शिक्षा दी थी वह भारतीय जनता के अन्तस्तल में बहुत गहरे जाकर बैठ गई थी। उसे कभी भुलाया न जा सका।

8

देश की जवान पीढ़ी ने, वह चाहे कांग्रेस के भीतर हो चाहे कांग्रेस के बाहर, क्रान्तिकारियों के प्रभाव में, एक सिरे से लेकर दूसरे सिरे तक तिलक का असर लिया क्योंकि वह आवाज़ किसी एक व्यक्ति की नहीं हमारी बलवान होती हुई राष्ट्रीयता की आवाज़ थी, युग की आवाज़ थी।

कानपुर के एक कोने में बैठकर मास्टरी करते हुए मुंशीजी ने भी इस आवाज़ को सुना और समझा। मई सन् 1905 और जून 1909 के बीच का सवा चार साल का ज़माना मुंशीजी ने कानपुर में ही गुज़ारा। इसी बीच विचारों की यह आँधी तिलक के साथ आई और उन्हीं के साथ चली गई।

समाज-सुधार से राजनीतिक सत्ता, स्वराज्य-चेतना के विकास की दृष्टि से यह एक बड़ी छलाँग थी। व्यावहारिक राजनीति से दूर अपने कोने में बैठे हुए ज़िला स्कूल कानपुर के एक आठवें मास्टर ने भी तिलक के साथ-साथ, स्वदेशी आन्दोलन के साथ-साथ यह छलाँग लगाई।

लेकिन यह रास्ता एक छलाँग में तय होनेवाला नहीं था। क़िस्से-कहानी में उस चीज़ को आते-आते दो बरस का वक़्त लग गया। हाँ, छोटे-छोटे लेखों में, पुस्तक समीक्षाओं में यह नई कसमसाहट बराबर बोल रही थी।

वैसे मुंशीजी के विचारों की पहली सीमा आर्यसमाज है जिसमें आगे चलकर कुछ रंग शायद गोखले और रानाडे की सोशल रिफ़ार्म्स लीग का भी घुल गया था।

यों तो तिलक को अपना राजनीतिक गुरु मान लेने के बाद भी मन की दूसरी वृत्ति के रूप में गोखले का असर बहुत बाद तक, शायद ताज़िन्दगी, बना रहा। गांधी में तिलक और गोखले का अद्‌भुत समन्वय मिलता ही था। पर इसमें कोई सन्देह नहीं कि मुंशीजी ने देशप्रेम की राजनीति का पहला सबक़ तिलक से न लेकर गोखले से लिया। नवम्बर-दिसम्बर 1905 के 'ज़माना' में उन्होंने एक लेख गोखले पर लिखा। उसमें इस प्रकार गोखले के एक भाषण का उद्धरण दिया गया है—

> *'वर्तमान शासनप्रणाली का यह परिणाम हो रहा है कि हमारी शारीरिक और मानसिक शक्ति दिन-ब-दिन छीजती जा रही है। हम दैन्य और अपमान का जीवन स्वीकार करने को बाध्य किए जाते हैं। पग-पग पर हमको इस बात की याद दिलाई जाती है कि हम एक दलित जाति के जन हैं। हमारी स्वाधीनता का गला बेदर्दी से घोंटा जा रहा है, और यह सब केवल इसलिए*

कि वर्तमान शासन-व्यवस्था की नींव और मज़बूत हो जाए। इंग्लैंड का हर एक युवक जिसको ईश्वर ने बुद्धि और उत्साह के गुण प्रदान किए हैं, आशा करता है कि मैं भी किसी न किसी दिन राष्ट्ररूपी जहाज़ का कप्तान बनूँगा, मैं भी किसी न किसी दिन ग्लैडस्टन का पद और नेलसन का यश प्राप्त करूँगा।...हमारे देश के अभागे नौजवान ऐसे उत्साहवर्द्धक स्वप्न नहीं देख सकते।...वर्तमान शासन-प्रणाली के रहते यह सम्भव नहीं कि हम उस ऊँचाई तक पहुँच सकें जिसकी शक्ति और योग्यता प्रकृति ने हमें प्रदान की है। वह नैतिक बल जो प्रत्येक स्वाधीन जाति का विशेष गुण है, हममें लुप्त होता जा रहा है। अन्त में इस स्थिति का शोचनीय परिणाम यही होगा कि हमारी शासन-प्रबन्ध और युद्ध की योग्यता अव्यवहारवश नष्ट हो जाएगी और हमारी जाति का इतना अध:पतन हो जाएगा कि हम लकड़ी काटने और पानी भरने के सिवा और किसी काम के न रह जाएँगे।'

इसी लेख में एक जगह वह गोखले की राजनीति को इन शब्दों में पेश करते हैं जिससे ख़ुद उनके मन का झुकाव व्यक्त होता है—

'आप जैसे विद्वान और बहुज्ञ व्यक्ति से यह बात छिपी नहीं थी कि विदेशी सरकार सदा जनता की सहानुभूति से वंचित और ग़लतफ़हमियों का शिकार बनी रहती है। उसको एक-एक क़दम ऊँचा-नीचा देखकर धरना होता है। इसी दृष्टि से आपने कभी सरकार को जनसाधारण की निगाह में गिराने या दोषी बनाने की चेष्टा नहीं की, बल्कि जब कभी मौक़ा मिला बड़े गर्व से उन बड़े-बड़े लाभों की चर्चा की जो अंग्रेज़ी राज्य की बदौलत हमें प्राप्त हैं।...'

लेकिन अंग्रेज़ी राज्य से प्राप्त होनेवाले बड़े-बड़े लाभों में आस्था ज़्यादा दिन न रह सकी। वक़्त की रफ़्तार तेज़ हो गई थी और शान्तिकाल समाप्त हो गया था जब इस तरह की शिष्टाचार की बातें आपस में चल सकती थीं। अब तो समर सम्मुख था। उग्र राष्ट्रीयता की लहर आई हुई थी जो हर रोज़ उग्रतर होती जाती थी। और गोरी सत्ता उसे कुचलने के लिए सब कुछ करने को तैयार थी, कुछ परवाह नहीं उसे कि कितना ख़ून बहता है, कितने नौजवान फाँसी चढ़ते हैं, कितने कालेपानी जाते हैं, कितने घर बरबाद होते हैं।

क्या गुनाह है बेचारों का, यही न कि वह अपने देश को आज़ाद देखना चाहते हैं? यह तो कोई गुनाह नहीं है। सभी देश आज़ाद होना चाहते हैं। कौन चाहता है कि यहाँ आकर विदेशी राज करें। आयरलैंडवाले तो कितने ही मामलों में अंग्रेज़ों से इतने मिलते-जुलते हैं कि हम-तुम तो उन्हें अंग्रेज़ों से अलग करके पहचान भी न सकें लेकिन उन्हें भी इंग्लैंडवालों की सरपरस्ती मंजूर नहीं हुई। वह भी अपने मुल्क की आज़ादी के लिए लड़ रहे हैं। इटली वाले अलग अपनी आज़ादी के लिए लड़ रहे हैं। अमरीका के अंग्रेज़ तो यहीं से जाकर बसे थे वहाँ लेकिन जब उनकी अलग क़ौम बन गई तो फिर उन्होंने भी इन्हें मारकर अपने यहाँ से निकाला या नहीं। रूस में भी तो इसी तरह का गुप्त क्रान्तिकारी आन्दोलन है, वह नहीं चाहते ज़ार का अत्याचारी

1907

1921

आर्थिक हितों की रक्षा के लिए लड़ता रहा, जो लेखक-वर्ग संगठन करे। लेखकों ही का यह काम होगा कि वह उस संस्था को सफल सिद्ध कर सकें।

इस सम्बन्ध में हमने (आपने और मैं ने) मिलकर भारतीय लेखकों के संगठन की एक योजना बनाई थी। आशा है हिंद में वह योजना भी कार्यान्वित हो ही जाएगी।

रूस में भी Soviet writers' Union है। और दुनिया में है या नहीं मुझे मालूम नहीं। लेकिन मुझे लेखकों को केवल उनकी मजदूरी दिलाने में कुछ आनंद नहीं मिलता। जिस तरह ठीक उपदेशक को वाणी का मजा, और लेखक को लिखने का मजा मिलने में कष्ट होता है। लेकिन केवल मजा नहीं काफी और कुछ है — वह विचारों का आविष्कारक और उत्तेजक और प्रचारक भी है। जिस तरह आप उपदेशकों और प्रचारकों को हिंद के रूप में नहीं पा सकते उसी तरह आप लेखकों को भी रूप में नहीं बाँध सकते। हाँ हिंद यह कर सकता है कि लेखकों और प्रकाशकों के बीच में अनुबंध और अनुबंध के व्यवहार को बंद करने का प्रयत्न करे, लेखकों में ऊँचे आदर्श, ऊँचे आचरण, और कला की उन्नति की भावना भरे। इस विषय में मैं विस्तार से आपको फिर कभी लिखूँगा। आशा है आप प्रसन्न होंगे। मैं तो अच्छा जाता हूँ।

आपका
धनपतराय

शासन। कितनी अच्छी बात कही है तिलक ने, 'स्वराज्य मेरा जन्मसिद्ध अधिकार है और मैं उसे लेकर रहूँगा।' कौन होते हैं आप यह कहनेवाले कि हम अपने देश की जिम्मेदारी सँभालने के क़ाबिल हुए या नहीं? न होंगे तो देखी जाएगी, जो पड़ेगी हम पर हम भुगत लेंगे, आपसे कहने न जाएँगे! मगर नहीं यह सब तो कहने की बातें हैं, मालिक और ग़ुलाम के रिश्ते में ऐसा कहीं नहीं होता और कभी नहीं हुआ कि मालिक ने एक रोज़ ग़ुलाम को इस क़ाबिल समझकर कि वह अपनी जिम्मेदारी ख़ुद सँभाल सकता है ताक़त उसके हाथ में ख़ुद से सौंप दी हो। मालिक तो हमेशा ग़ुलाम को नाकारा समझता है—क्योंकि इसी में उसका फ़ायदा है। वह इतिहास का विद्यार्थी था और इतिहास में इस तरह की कोई नज़ीर नहीं मिलती। मालिक की निगाह में ग़ुलाम क़यामत के रोज़ तक इस क़ाबिल न होगा कि उसे ख़ुद उसके भरोसे छोड़ दिया जाए। तो इसका मतलब है कि हम क़यामत के रोज़ तक ग़ुलाम रहेंगे? और अगर हमें यह दलील मंजूर न हो और हम आपसे कहें कि आप हमको हमारे हाल पर छोड़ दीजिए तो इसका जवाब आपके पास है फाँसी और कालापानी! तभी तो आपने इस तरह जल्लादी पर कमर बाँधी है। हुकूमत करनेवाले सब एक-से होते हैं। गोखले ने ख़ामख़ाह आस लगा रक्खी है उनसे। कुछ होने-जाने वाला नहीं है। तिलक का रास्ता ही ठीक है। बात समझ में आती है। आज़ादी हमेशा लड़कर ली जाती है, भीख माँगने से आज़ादी नहीं मिला करती। माँग तो रहे हैं भीख इतने दिनों से, मिला कुछ! किसी को मिली है कि आप ही को मिलेगी? क़ुर्बानी दरकार है उसके लिए। यह तो लड़ाई है बाक़ायदा। इसमें कहाँ का रहम और कहाँ की मुरौवत। सब बच्चों को बहलाने की बातें हैं। जिस दिन मुल्क क़ुर्बानी के रास्ते पर चल पड़ेगा, आज़ादी रखी हुई है...

और मुंशीजी ने सन् 1907 में अपनी पहली छोटी कहानी लिखी, बिलकुल पहली—दुनिया का सबसे अनमोल रतन। क्या है दुनिया का सबसे अनमोल रतन? एक फाँसी पाने वाले पिता के दो आँसू? नहीं। अपने पति के साथ चिता पर भस्म हो जानेवाली एक सती स्त्री की खाक? नहीं। 'ख़ून की वह आख़िरी बूँद जो देश की आज़ादी के लिए गिरे वही दुनिया का सबसे अनमोल रतन है।' ऐसी ही कहानी 'शेख़ मखमूर' है जो इन्हीं दिनों मुंशीजी की क़लम से निकली। बाहर का एक राजा हमला करके किसी देश को जीत लेता है। पराजित देश का राजा जब मरने लगता है तो अपना ताज और अपनी तलवार अपने बेटे को सौंप जाता है और वसीयत करता है—

> *'...यह मुल्क तुम्हारा है, यह ताज तुम्हारा है, यह रिआया तुम्हारी है। तुम इन्हें अपने कब्ज़े में लाने की मरते दम तक कोशिश करते रहना और अगर तुम्हारी तमाम कोशिशें नाकाम हो जाएँ और तुम्हें भी यही बेसरोसामानी की मौत नसीब हो तो यही वसीयत तुम अपने बेटे से कर देना और यह ताज जो उसकी अमानत होगी, उसके सिपुर्द कर देना।'*

पन्द्रह साल के लड़के ख़ुदीराम को जब फाँसी दी गई और किसी तरह का लिहाज़ उसकी उम्र का नहीं किया गया तो सारा देश जैसे कराह उठा एक बार। सब को यही

लगा कि जैसे उन्हीं का बेटा, उन्हीं का भाई चढ़ गया फाँसी पर। किसी को रहम न आया उसकी कच्ची उम्र पर! और बातें इतनी-इतनी अंग्रेज़ों के इंसाफ़ की! सब वही हाथी के दाँत—खाने के और दिखाने के और। जब तक अपने ऊपर आँच नहीं आती तब तक हम बड़े इंसाफ़वाले हैं लेकिन जहाँ बात कुछ भी इधर से उधर हुई, फिर कहाँ का इंसाफ़ और कहाँ का क्या। तब तो फिर एक ही इंसाफ़ है कि तलवार उठाओ और एक-एक का सर धड़ से जुदा कर दो। पहले भी यही हुआ है, अब भी यही हो रहा है। होने में कोई बुराई नहीं है, जहाँ जंग का ऐलान हो दो क़ौमों के बीच वहाँ दूसरी किसी चीज़ की उम्मीद भी न करनी चाहिए। कौन करता है कुछ और उम्मीद, हम तो उनसे शिकायत भी नहीं करते। शिकायत तो हमें अपने ही लोगों से है, क्यों बरग़लाते हैं वह दूसरों को, बेबुनियाद बातें कह-कहकर?

मुंशीजी बेतरह बिफरे हुए थे और जैसा कि निगम साहब कहते हैं—

'प्रेमचन्द का राजनीतिक झुकाव गरम दल की तरफ़ था। अहमदाबाद कांग्रेस देखने हम लोग साथ ही साथ गए और एक ही जगह ठहरे लेकिन वह मिस्टर तिलक के तरफ़दार थे और मैं मिस्टर गोखले और सर फ़ीरोज़ शाह का हामी था। हर वक़्त बहस रहती थी मगर दोनों अपनी जगह क़ायम रहे। छोटे-मोटे सुधारों को वह काफ़ी न समझते थे और मिण्टो-मार्ले और मांटेग्यू-चेम्सफोर्ड की स्कीम से आश्वस्त न थे।'

इसका कारण भी निगम साहब बतलाते हैं—

'प्रेमचन्द नाबराबर की लड़ाई में समझौते के ख़याल को शुबहे की नज़र से देखते थे। उनका ख़याल था कि कड़ी जद्दोजहद के बग़ैर कुछ हासिल न होगा और वह इसके लिये अवाम को जल्द से जल्द तैयार करने की तरफ़ थे। उनका ख़याल था कि हुकूमत से सख़्त टक्कर लिए बग़ैर काम न चलेगा।

कांग्रेस के भीतर तिलक का आन्दोलन और कांग्रेस के बाहर क्रान्तिकारियों की सरगर्मियाँ और उन दोनों पर चलनेवाला सरकार का कठोर, नृशंस दमन रोज़-ब-रोज़ मुंशीजी के मन को विद्रोही बनाता जा रहा था और जब 11 अगस्त, 1908 को ख़ुदीराम को फाँसी हो गई तो उनके दिल से समझौते की बात, किसी तरह के समझौते की बात, हमेशा के लिए रुख़सत हो गई। उस दिन के बाद से उनके और सरकार के बीच ख़ुदीराम की लाश थी। इस बहादुर लड़के की शहीदाना मौत हमेशा के लिए मुंशीजी के दिल में घर कर गई और वह कभी सरकार को इस बच्चे के ख़ून के लिए माफ़ नहीं कर सके। बड़ी गहरी चोट लगी दिल को लेकिन गर्व भी कम न हुआ और मुंशीजी, जो कभी किसी की तसवीर-वसवीर घर में नहीं टाँगा करते थे, जाकर ख़ुदीराम की एक तसवीर ले आए और बड़े प्रेम से अपने कमरे में उसे टाँग लिया। सरकारी मुलाज़िम होकर ऐसे एक बाग़ी की तसवीर घर में टाँगना उनके हक़ में बुरा हो सकता है, इसका पता भी उनको होगा ही, ताहम वह तसवीर ख़रीदकर घर आई और बेझिझक टाँगी गई। इस तरह एक देशभक्त नौजवान ने एक बहादुर शहीद

की मौत पर श्रद्धा के दो फूल चढ़ाए। वह रास्ता शायद कभी मुंशीजी को सही नहीं मालूम हुआ लेकिन उससे क्या।

इस सिलसिले में यह भी ध्यान देने की बात है कि मुंशीजी भले क्रान्तिकारी आन्दोलन में शरीक न हों और उस रास्ते को सही न समझते हों लेकिन वह भी उन्हीं विवेकानन्द और मैज़िनी और ग़ैरीबाल्डी की तरफ़ झुक रहे थे जिनकी तरफ़ क्रान्तिकारी नौजवानों की वह पीढ़ी झुक रही थी।

जुलाई 1907 में ग़ैरीबाल्डी का एक छोटा-सा जीवनचरित्र उन्होंने 'ज़माना' में लिखा, वही 'जोज़ेफ़ ग़ैरीबाल्डी जिसने इटली को ग़ुलामी के गढ़े से निकाला' और जो 'इतिहास के उन इने-गिने महापुरुषों में हैं जो अपनी निस्वार्थ और साहस-भरी देशभक्ति के कारण सारी दुनिया का उपकार करनेवाले माने गए हैं।' बहादुरी के कारनामों से भरी हुई उसकी रोमांचकारी ज़िन्दगी का बखान करने के बाद मुंशीजी ने एक जगह पर लिखा—

> *'सच है, स्वदेश की सेवा सहज काम नहीं है। उसके लिए ऊँचा हौसला, फ़ौलाद की दृढ़ता, दिन-रात मरने-पिसने का अभ्यास और हर समय जान हथेली पर लिये रहने की ज़रूरत है। जब तक यह गुण अपने स्वभाव में न समा जाएँ, स्वदेश-सेवा का व्रत ज़बानी ढकोसला है।'*

मैज़िनी के ज़िन्दगी के हालात को नवाब ने क़िस्से की शक्ल में पेश किया और 'इश्क़े दुनिया और हुब्बे वतन' के नाम से उसकी कहानी अप्रैल 1908 के 'ज़माना' में लिखी। कहानी के रूप में वह चीज़ कुछ ख़ास उतर न सकी मगर हाँ, लिखनेवाले ने अपने हृदय के भाव, प्रेम और श्रद्धा के, उसमें अच्छी तरह उँड़ेल दिए। अपने देश की आज़ादी के लिए उसने अपनी मुहब्बत क़ुर्बान कर दी, यही सारी कहानी है मगर इसको लिखनेवाले ने बहुत जोश के साथ लिखा है—'मैज़िनी अपने ख़यालों में डूबा हुआ है—आह, बदनसीब क़ौम! ऐ मजलूम इटली! क्या तेरी क़िस्मतें कभी न सुधरेंगी, क्या तेरे सैकड़ों सपूतों का ख़ून ज़रा भी रंग न लाएगा, क्या तेरे हज़ारहा जलावतन, देस के निकाले हुए जाँनिसारों की आहों में ज़रा भी तासीर नहीं! क्या तू अन्याय और दासता के जाल में हमेशा गिरफ़्तार रहेगी! शायद तुझमें अभी सुधरने की, स्वाधीन बनने की योग्यता नहीं आई। शायद तेरी क़िस्मत में कुछ दिनों और ज़िल्लत और ख़्वारी झेलनी लिखी है।'

कहने की ज़रूरत नहीं कि इटली महज़ एक बहाना है, बात वह अपने ही देश की कर रहा है। और उसी रौ में कर रहा है जिसमें देश की वह तमाम नौजवान पीढ़ी कर रही थी जिसने विद्रोह और विप्लव का रास्ता अपनाया था।

इस पीढ़ी ने विवेकानन्द से कितना मनोबल पाया यह सब जानते हैं। और मुंशीजी, जो कि उसी उग्र राष्ट्रीयता के साथ बह रहे थे और हिन्दू जाति के उत्कर्ष का स्वप्न देखते हुए इस ओर आए थे, कैसे सम्भव था कि वह ज़ोरों के साथ विवेकानन्द की ओर न खिंचते। कई रूपों में विवेकानन्द उन्हें अपनी तरफ़ खींचते थे। एक तो सच्चे हिन्दू का रूप, ऐसा हिन्दू जिसके मन में यह लालसा है कि 'आज की धन और

बल' से हीन हिन्दू जाति फिर पूर्वकाल की सबल, समृद्ध और आत्मगौरवशालिनी आर्य जाति बने।'

दूसरा रूप एक अच्छे देशसेवी, जनसेवी का था—

'1897 ई. का साल सारे हिन्दुस्तान के लिए बड़ा मनहूस था। कितने ही स्थानों में प्लेग का प्रकोप था और अकाल भी पड़ रहा था। लोग भूख और रोग से काल का ग्रास बनने लगे। देशवासियों को इस विपत्ति में देखकर स्वामीजी कैसे चुप बैठ सकते थे। आपने लाहौरवाले भाषण में कहा था—साधारण मनुष्य का धर्म यही है कि साधु-संन्यासियों और दीन-दुखियों को भरपेट भोजन कराए। मनुष्य का हृदय ईश्वर का सब से बड़ा मन्दिर है और इसी मन्दिर में उसकी आराधना करनी होगी। फलतः आपने बड़ी सरगर्मी से ख़ैरातखाने खोलना शुरू किए। स्वामी रामकृष्ण ने देशसेवाव्रती संन्यासियों की एक छोटी-सी मंडली बना दी थी। यह सब स्वामीजी के निरीक्षण में तन-मन से दीन-दुखियों की सेवा में लग गए।... वेदान्त के प्रचार के लिए, जगह-जगह विद्यालय भी स्थापित किए गए। कई अनाथालय भी खुले...'

तीसरा रूप एक सतेज स्वाधीनता-प्रेमी का है। मुंशीजी ने विवेकानन्द के किसी भाषण का यह टुकड़ा नक़ल किया—

'मेरे नौजवान दोस्तो, बलवान् बनो! तुम्हारे लिए मेरी यही सलाह है। तुम भगवद्गीता के स्वाध्याय की अपेक्षा फुटबाल खेलकर कहीं अधिक सुगमता से मुक्ति प्राप्त कर सकते हो। जब तुम्हारी रगें और पुट्ठे अधिक दृढ़ होंगे तो तुम भगवद्गीता के उपदेशों पर अधिक अच्छी तरह चल सकते हो। गीता का उपदेश कायरों को नहीं दिया गया था, अर्जुन को दिया गया था जो बड़ा शूरवीर, पराक्रमी और क्षत्रिय-शिरोमणि था।'

फिर एक-दूसरे व्याख्यान का यह टुकड़ा पेश करते हैं—

'यह समय आनन्द में भी आँसू बहाने का नहीं। हम रो तो बहुत चुके।...इस कोमलता ने हमें इस हद तक पहुँचा दिया है कि हम रुई का गाला बन गए हैं। अब हमारे देश और जाति को जिन चीज़ों की ज़रूरत है वह है—लोहे के हाथ-पैर और फ़ौलाद के-से पुट्ठे और वह दृढ़ संकल्प-शक्ति जिसे दुनिया की कोई चीज़ नहीं रोक सकती, जो प्रकृति के रहस्यों की हद तक पहुँच जाती है और अपने लक्ष्य से कभी विमुख नहीं होती चाहे उसे समुद्र की तह में जाना या मृत्यु का सामना क्यों न करना पड़े।'

सामाजिक सुधारों के बारे में विवेकानन्द के दृष्टिकोण का उल्लेख करते हुए उन्होंने जो बात लिखी है वह इस प्रश्न पर ख़ुद उनके विचारों की उस नई कड़ी का आभास देती है जो पिछले दो-चार वर्षों में जुड़ी है। लिखते हैं—

'स्वामीजी सामाजिक सुधारों के पक्के समर्थक थे पर उसकी वर्तमान गति से सहमत न थे। उस समय समाज-सुधार के जो यत्न किए जाते थे वह प्राय: उच्च और शिक्षित वर्ग से ही सम्बन्ध रखते थे। पर्दे की रस्म, विधवा-विवाह, जाति-बन्धन—यही इस समय की सबसे बड़ी सामाजिक समस्याएँ हैं जिनमें सुधार होना बहुत ही ज़रूरी है और सभी शिक्षित वर्ग से सम्बन्ध रखती हैं। स्वामीजी का आदर्श बहुत ऊँचा था—अर्थात् निम्न श्रेणीवालों को ऊपर उठाना, उन्हें शिक्षा देना और अपनाना। यह लोग हिन्दू जाति की जड़ हैं और शिक्षित वर्ग उसकी शाखाएँ! केवल डालियों को सींचने से पेड़ पुष्ट नहीं हो सकता। उसे हरा-भरा बनाना हो तो जड़ को सींचना होगा।'

चेतना की यह एक नई ही गहराई है और उस गम्भीर मानसिक क्रान्ति का पता देती है जिसके बीच से मुंशीजी पिछले दिनों गुज़रे थे। देश में उस समय चारों तरफ़ जो उथल-पुथल मची हुई थी और राष्ट्रीय आन्दोलन को लोकमान्य तिलक से जो नेतृत्व मिल रहा था उसमें मुंशीजी ने अपने विचारों की यात्रा में काफ़ी लम्बा सफ़र तय किया था।

सब बेकार की बातें हैं, सत्ता पर जब आँच आती है सब एक बराबर हो जाते हैं। सीधी बात तिलक कहता है, देश को लड़ने के लिए तैयार करो।

मगर यह तो कहो—देश कौन है? यह मुट्ठी-भर पढ़े-लिखे लोग या वह करोड़ों छोटे लोग? असल देश वही निम्न श्रेणी है। वही तो जड़ है, शिक्षित वर्ग तो उसकी शाखा है। केवल डालियों को सींचने से पेड़ पुष्ट नहीं हो सकता। उसे हरा-भरा बनाना हो तो जड़ को सींचना होगा।

बाद में जो कुछ हुआ उसका अंकुर यही था, चेतना का यही क्रान्तिकारी स्तर।

सचमुच बड़े अच्छे मुहूर्त में कानपुर आए थे जो चार बरस से ऊपर इस सुहाने वातावरण में रहने को मिल गया। लिखने-पढ़ने की ऐसी अच्छी फ़िज़ा बड़ी क़िस्मत से मिलती है।

सबसे पहले तो मुंशीजी की एक ज़ोरदार झड़प गोरखपुर के हक़ीम बरहम से हो गई। हुआ यह कि चकबस्त ने शरर और सरशार का एक मार्का लिखा था जिसमें दोनों बड़े कथाकारों के गुण-दोष पर विचार था। मगर वह चीज़ कुछ इस क़दर फैली और कुछ ऐसा ज़बर्दस्त असर उसने पढ़नेवालों पर डाला कि शरर के (जो ख़ास इस्लामी रंग में लिखते थे) चाहनेवालों और सरशार के चाहनेवालों के दो अलग गिरोह-जैसे हो गए और चकबस्त की छेड़ी हुई उस बहस से और भी बहुत-सी शाखें फूट निकलीं। हकीम बरहम ने शरर की तरफ़दारी करते हुए 'उर्दू-ए-मुअल्ला' में सरशार की ख़ूब ले-दे की। मुंशीजी ने जो वह चीज़ पढ़ी तो उनसे अपने उस्ताद की यह तौहीन बर्दाश्त न हुई और वह भी ताल ठोंककर सरशार की तरफ़ से अखाड़े में कूद पड़े। उसी पर्चे में हकीम साहब को जवाब देते हुए मुंशीजी ने लिखा—

'हम हकीम साहब के कहने से इस बात को मान लेते हैं कि हजरत शरर अरबी के फ़ाजिल, फ़ारसी के बहुत बड़े आलिम और अपने वक़्त के बहुत

बड़े विद्वान हैं...बेचारा सरशार फ़ारसी में कच्चा और अरबी में नादान बच्चा है मगर उससे हमको क्या बहस। हम सिर्फ़ यह देखना चाहते हैं कि कहानी लिखने के मैदान में किसका क़लम उड़ानें भरता है...'

फिर मुंशीजी ने उपन्यास की कसौटी क़ायम की कि वह अपने जमाने की तसवीर होता है और लिखा—

'इस कसौटी को अपने सामने रखकर अगर सरशार के क़िस्सों को देखिए तो ऐसी कौन-सी ख़ूबी है जो इनमें भरपूर नहीं। सच तो यह है कि उनकी सब किताबें अपने जमाने की सच्ची तसवीरें हैं...सांस्कृतिक जीवन का कोई ऐसा पहलू नहीं जिस पर सरशार की ज़बान ने अपने निराले ढंग से फूल न बरसाये हों। यहाँ तक कि मदारियों के खेल, भाँड़ों की नक़लें, बाज़ारू शराब पिलानेवालियों के नखरे और ऐसी ही बेशर्म बातों की छोटी-छोटी बारीकियों में भी अद्‌भुत चित्रकार का कौशल दिखाया है...'

हकीम बरहम साहब के इस अभियोग का जवाब देते हुए कि सरशार के उपन्यासों में न कोई उद्‌देश्य है न कोई विचार, मुंशीजी ने लिखा—

जितना ही इस पर ग़ौर करते हैं उतनी ही उलझन मालूम होती है कि इस बात पर हँसें या गम्भीरता से उसका जवाब दें। सरशार ने उन सामाजिक रोगों के उपचार का बीड़ा उठाया था जिनके पंजे में फँसकर समाज की जान निकली जा रही थी और दूसरे अनुभवी वैद्यों और हकीमों की तरह उसने भी कड़वी बदमज़ा दवाएँ शक्कर और मिश्री में घोलकर पिलाईं। जिन लोगों के पास आँख है वह जानते हैं कि बीमारियों की रोकथाम का कोई साधन ऐसा उपयोगी और असरदार नहीं है जितना कि दिल्लगी का कोड़ा और सरशार ने बड़ी बेरहमी से ऐसे कोड़े लगाए हैं...सरशार की बेधड़क ठिठोली डिकेन्स के गम्भीर व्यंग्य से अधिक प्रभावशाली है।...

मगर ग़ालिबन हकीम साहब ऐसे निष्कर्षों या नतीजों को नतीजा न समझेंगे। उनके नज़दीक उस नाविल के शीशे में निष्कर्ष, उद्‌देश्य और विचार भरे होते हैं जिस पर इस तरह का कोई लेबुल लगा होता है—'इस उपन्यास में पर्दे के बुरे नतीजे दिखाए गए हैं। या इस उपन्यास में यह सिद्ध किया गया है कि मर्ज़ी के ख़िलाफ़ शादियों का हमेशा बुरा नतीजा होता है।...गोया उपन्यास न हुए कोई दर्शन की किताब हुई जिसमें किसी न किसी थ्योरी को स्थापित करना ज़रूरी है...मज़ा तो जब है कि नतीजा ऊपर से नीचे तक भरा हो और ऐसे सरल, अनायास ढंग से कि पाठक के दिलों में खुब जाय।

और फिर साहित्य के एक बड़े सिद्धान्त की स्थापना की—

'मनुष्य की भावनाओं और स्थितियों व प्रकृति के दृश्यों और संसार के चमत्कारों की तसवीर खींचना स्वयं एक निष्कर्ष या नतीजा है।'

हकीम साहब के इस अभियोग का जवाब देते हुए कि सरशार के सब पात्र लखनऊ ही के स्त्री-पुरुष हैं, मुंशीजी ने कहा—

इसमें हर्ज ही क्या है? एक शहर तो क्या एक मुहल्ले और एक परिवार में अलग-अलग स्वभावों और तौर-तरीक़ों के लोग हो सकते हैं और एक सचमुच कला का धनी उपन्यासकार उन्हीं की रोज़मर्रा ज़िन्दगी में जादू का-सा असर पैदा कर सकता है...एक ख़ास जगह के दृश्यों और संस्कृति का विस्तृत चित्र दिखाना कहीं ज़्यादा अच्छा है बजाय इसके कि सारी दुनिया के भौगोलिक नक़्शे दिखाए जाएँ।

मगर इसका हमेशा ख़याल रखना चाहिए कि उपन्यास लिखने की सफलता यही नहीं है कि पात्रों में केवल विशेषताएँ पैदा कर दी जाएँ, सच्ची कारीगरी तो इसमें है कि पात्रों में जान डाल दी जाए, उनकी ज़बान से जो शब्द निकले वह ख़ुद-ब-ख़ुद निकलें, निकाले न जाएँ, जो काम वह करें, ख़ुद करें, उनके हाथ-पाँव मरोड़कर ज़बर्दस्ती उनसे कोई काम न कराया जाए। इस कसौटी पर सरशार के पात्रों को कसिए तो वह आम तौर पर खरे निकलेंगे। उनमें वही चलत-फिरत है जो जीते-जागते आदमियों में हुआ करती है। उनमें वही छेड़छाड़, वही हँसी-मज़ाक़, वही गुपचुप इशारे, वही गुल-गपाड़े होते हैं जो हम अपनी बेतकल्लुफ़ी की मजलिसों में किया करते हैं। उनकी एक-एक बात से हमको हमदर्दी हो जाती है। वह हमको हँसाते हैं, रुलाते हैं, चिढ़ाते हैं, सताते हैं, उनके क़हक़हे की आवाज़ें हमारे कान में आती हैं, हमारे दिल में गुदगुदी पैदा होती है और हम ख़ुद-ब-ख़ुद खिलखिला पड़ते हैं। उनके रोने की दिल हिला देनेवाली आवाज़ें हम सुनते हैं और हमारी आँखों में बरबस आँसू भर आते हैं...और पात्रों को जाने दीजिए, सरशार का ख़ोजी ही एक ऐसी अमर सृष्टि है जो दुनिया की किसी ज़बान में उसकी ज़बर्दस्त शोहरत का सिक्का बिठाने के लिए काफ़ी है। माशा अल्लाह, कैसा हँसता-बोलता आदमी है। सुबह हुई, आप उठे, अफ़ीम घोली, हुक्के का दम लगाया, दाढ़ी फटकारी और अपने भुजदंड को देखते, अकड़ते, अपने ज़ोम में मस्त चले जा रहे हैं। ज्यों ही रास्ते में किसी चन्द्र-वदना सुन्दरी को धीमे-धीमे आते देखा, वहीं आपकी बाँछें खिल गईं। ज़रा और अकड़ गए। उसने जो कहीं आपके रंग-ढंग पर मुस्करा दिया तो आप फूल गए। गुमान हुआ मुझ पर रीझ गई। फ़ौरन मूँछों पर ताव दिया और मुस्कराकर तीखी-बाँकी चितवनों से आसपास के लोगों को देखने लगे, कि पाँव में ठोकर लगी और चारों खाने चित्त। यारों ने क़हक़हा लगाया मगर क्या मज़ाल कि हजरत के चेहरे पर ज़रा भी मैल आने पाए। गर्द झाड़ी, उठ खड़े हुए और बस 'ओ गीदी' का नारा लगाया, क़रौली म्यान से निकल पड़ी और चारों तरफ़ सुथराव हो गया, सर धड़ों से अलग नज़र आने लगे और लाशें फड़कने लगीं।

शाबाश ख़ोजी! तुझको ख़ुदा हमेशा ज़िन्दा सलामत रक्खे, तेरे एहसानों से एक दुनिया का सर झुका हुआ है!...

अपने एक इतने बड़े उस्ताद पर कोई अनाप-शनाप तोहमत लगाए, यह भला मुंशीजी बर्दाश्त कर सकते थे? अपनी पूरी ताक़त और जोश से वह हकीम साहब के ऊपर पिल पड़े और मारते-मारते उनको बेदम कर दिया। सरशार की रक्षा करने में मुंशीजी ख़ुद अपने साहित्यिक आदर्शों की रक्षा कर रहे हैं जिनको वह मज़बूती के साथ पकड़ चुके हैं।

जीवन के प्रति ऐसी ही प्रौढ़ दृष्टि इन मोतियों में नज़र आती है जो मुंशीजी ने 'विदुर नीति' की समालोचना करते हुए उसमें से चुनकर पेश किए। कहना न होगा कि विदुर नीति की ये सूक्तियाँ शायद मुंशीजी की अपनी उपलब्धि, अपनी आचार-संहिता भी हैं, वर्ना इन्हीं मोतियों पर उनकी नज़र क्यों ठहरती—

विद्वान उसी को कह सकते हैं जो संसार के व्यापार में लिप्त रहने पर भी ऐन्द्रिक इच्छाओं और धन-सम्पदा से ऊँचा स्थान सदाचार को देता हो। जो व्यक्ति अपना अनमोल समय व्यर्थ नहीं गँवाता और विचारों पर जिसको अधिकार होता है उसे विद्वान कहते हैं। पंडित और बुद्धिमान वही है जो संसार की आपद-विपद से ऐसा ही निश्चिन्त रहे जैसे नदी अपने में कंकड़-पत्थर फेंके जाने से रहती है।

मनुष्य के शरीर से ख़ून निकालने के लिए दो नश्तर हैं जिनमें से पहला नश्तर तो कंगाल को अकूत सम्पत्ति की लालसा है और दूसरा है कमज़ोरी के बावजूद दूसरों पर ग़ुस्सा करना।

इन दो व्यक्तियों को कमर में पत्थर बाँधकर नदी में डुबो देना चाहिए—एक तो ऐसे धनवान को जो अपने धन में अधिकारी व्यक्तियों को सम्मिलित न करे और दूसरे ऐसे कंगाल को जो ग़रीबी के बावजूद परमेश्वर की उपासना न करे।

दो आदमी ऐसे आफ़त के परकाले होते हैं कि सूरज के लम्बे-चौड़े घेरे को भी चीर-फाड़कर ऊपर दाख़िल हो सकते हैं—पहला तो प्राणायाम करनेवाला संन्यासी है और दूसरा लड़ाई के मैदान में बहादुरी के साथ दुश्मन का मुक़ाबला करके शहीद हो जानेवाला वीर।

जिस तरह शहद की मक्खी फूल को बनाए रखकर उसमें से सिर्फ़ शहद ले लिया करती है उसी तरह राजा को चाहिए कि प्रजा की स्थिति को बनाए रखकर उससे कर वसूल करे।

सदाचार से सद्गुणों की, अध्ययन से ज्ञान की, अच्छे आचरण से सौन्दर्य की, नेक आचरण से परिवार की, नाप-तोल से ग़ल्ले की, फेरने से घोड़े की, देख-भाल से जानवरों की और सादे कपड़ों से स्त्री के सतीत्व की रक्षा होती है।

फुटकर लेख तो इस तरह के बने ही, दो लम्बे क़िस्से भी इसी बीच छपे। एक तो राजपूताने की कहानी थी 'रूठी रानी' जो अप्रैल से अगस्त 1907 तक 'ज़माना' में धारावाहिक रूप से निकली, और दूसरी 'किशना' लगभग इन्हीं दिनों किताब की सूरत में बनारस के मेडिकल हाल प्रेस से छपी।

अक्टूबर 1907 के अंक में उसकी समालोचना करते हुए नौबत राय 'नज़र' ने लिखा—

'यह एक उपन्यास है और हमारे सोशल रिफ़ार्म से ताल्लुक़ रखता है... उन्होंने औरतों में ज़ेवर के फ़िज़ूल शौक़ की अच्छी चिथाड़ की है, गोया यह एक ऐसी औरत की लाइफ़ है जिसे ज़ेवरों का शौक़ नहीं बल्कि सनक थी...साथ ही शादी-ब्याह की कुछ रस्मों का भी ख़ाका उड़ाया गया है, ख़ासकर क़रारदाद और उसका सख़्ती से वसूल करना।...किताब में जो भाषा इस्तेमाल की गई है वह मुंशी साहब की प्रांजल लेखन-शैली से बहुत कम मिलती है। शायद यह भाषा इसलिए इस्तेमाल की गई है कि जिन लोगों का सुधार अभीष्ट है, उनके लिए रोचक हो।...यह एक ऐसा उपन्यास है जिसमें कोई हीरो या हीरोइन नहीं है और उसे उपन्यास कहना कठिन है। दरअसल यह उपन्यास है भी नहीं बल्कि स्त्रियों की एक कुत्सित प्रवृत्ति का ख़ाका उड़ाया गया है जिसे अंग्रेज़ी में कैरिकेचर कहते हैं...'

'किशना' निकलने के साल-भर बाद 'दुनिया का सबसे अनमोल रतन' और दूसरी चार कहानियों का संग्रह 'सोज़े-वतन' के नाम से निकला।

और उसके छः-आठ महीने बाद, 10 जून, 1909 को कूच का परवाना आ गया।

कानपुर छूटने का मुंशीजी को रंज था। यारों की यह सोहबतें फिर कहाँ मिलेंगी। यह हरदम का साथ उठना-बैठना, साहित्य की और राजनीति की बातें, तरह-तरह के मंसूबे। इस ज़िन्दगी का मज़ा ही और था। लगता था कि सचमुच ज़िन्दा हैं। अब पता नहीं, वहाँ क्या हाल रहे। महोबा तो जंगल है। बुन्देलखंड का पहाड़ी इलाक़ा। पढ़े-लिखे आदमी की सूरत देखने को तरस जाऊँगा।

मगर ख़ैर, इलाज भी क्या है। सरकारी नौकरी में तबादला तो एक ज़रूरी शर्त है। हमीरपुर फिर भी कानपुर से उतना दूर नहीं है। हाँ, रेल नहीं है, मगर उससे क्या।

नौकरी करनी है तो फिरना पड़ेगा। और फिर यह तो तरक़्क़ी हुई है,अच्छी-ख़ासी तरक़्क़ी—तीस रुपए से पचास रुपए। मगर हाँ, बैठने को न मिलेगा वहाँ भी। पैर में चक्कर रहेगा हरदम।

इन्हीं दिनों कभी इलाहाबाद चले आने की सूरत एक बार बनी थी। इंडियन प्रेस के बाबू चिन्तामणि घोष उर्दू का एक रिसाला निकालना चाहते थे। उसी की एडिटरी के

सिलसिले में। चिन्तामणि बाबू ने मुंशीजी को बुलाया। मुंशीजी आए। बातें हुईं। मुंशीजी ने उसका नाम 'फ़िरदौस' तजवीज़ किया। कुछ लोगों से रचनाएँ भी मँगा लीं। मगर दोस्तों ने नौकरी छोड़कर जाने की सलाह न दी। आख़िरकार बात ख़त्म हो गई, और बाद को प्यारेलाल 'शाकिर' ने कई बरस तक उसी रिसाले को 'अदीब' के नाम से निकाला।

और मुंशीजी तो अब हमीरपुर जा रहे थे।

स्कूलों के मुआइने का काम था, वही उनके जाने-पहचाने देहाती मदरसे—

'एक पेड़ के नीचे, जिसके इधर-उधर कूड़ा-करकट पड़ा हुआ है और जहाँ शायद वर्षों से झाड़ू नहीं दी गई, एक फटे-पुराने टाट पर बीस-पच्चीस लड़के बैठे ऊँघ रहे हैं। सामने एक टूटी हुई कुर्सी और पुरानी मेज़ है। उस पर जनाब मास्टर साहब बैठे हुए हैं। लड़के झूम-झूमकर पहाड़े रट रहे हैं। शायद किसी के बदन पर साबित कुर्ता न होगा। धोती जाँघ के ऊपर तक बँधी हुई, टोपी मैली-कुचैली, शक्लें भूखी, चेहरे बुझे हुए! यह आर्यावर्त का मदरसा है जहाँ किसी जमाने में तक्षशिला और नालन्दा के विद्यापीठ थे...'

मुंशीजी ख़ुद ऐसे मदरसों में पढ़ चुके हैं और अपने आसपास बराबर देखते रहे हैं। अपनी ठेठ किसान बुद्धि से उनके बारे में सोचा भी है। हमीरपुर के लिए रवाना होने के ठीक पहले 'संयुक्त प्रान्त में आरम्भिक शिक्षा' के नाम से उन्होंने एक बड़ी गहरी सूझ-बूझ का लेख पूरी निर्भीकता से लिखा, बिना इस बात की रत्ती-भर चिन्ता किए कि वह ख़ुद इसी सीग़े में सरकारी मुलाज़िम थे और उनके बड़े हाकिम लोग नाराज़ हो जाएँगे। इस लेख में उन्होंने अपने अनुभवों को निचोड़कर रख दिया, कठिनाइयाँ भी बतलाईं और उनके बारे में अपने सुझाव भी दिए और जहाँ खरी-खरी सुनाने की बात थी, वहाँ खरी-खरी सुनाई—

'हमारी आरम्भिक शिक्षा के सुधार और उन्नति के लिए सबसे बड़ी ज़रूरत योग्य शिक्षकों की है। और योग्य आदमी आठ रुपए या नौ रुपए माहवार के वेतन पर दुनिया के पर्दे में कहीं नहीं मिल सकते। जिस आदमी को पेट की फ़िक्र से आज़ादी ही नसीब न होगी वह तालीम की तरफ़ क्या ख़ाक ध्यान देगा?...जब सरकारी मदरसों का यह हाल है तो इमदादी मदरसों का ज़िक्र क्या! उनमें कम-से-कम तीन-चौथाई ऐसे हैं जिन्हें सरकार चार रुपए माहवार इमदाद देती है और उसमें एक आना मनीआर्डर का महसूल कट जाता है। तीन रुपए पन्द्रह आने में कौन महीना भर दर्दसरी गवारा करेगा! शहरों में कहारों की तनख़्वाहें छः और सात रुपए माहवार हैं, बल्कि अक्सर तो इससे भी ज़्यादा। मामूली मज़दूर चार आने पैसे रोज़ कमा लेता है। मगर ग़रीब मुदर्रिस इनसे भी जलील समझा जाता है।'

काम का बोझ मुदर्रिसों पर बहुत है, मदरसों के लिए घर नहीं हैं, पाठ्यक्रम ग़लत है, उसमें किसानों की ख़ास अपनी ज़रूरतों का ख़याल नहीं रक्खा गया है, शिक्षा पर

पैसा ख़र्च करने में सरकार बेहद कंजूसी से काम लेती है, सब कुछ कह डाला और सीधे-सीधे अपने हुक्काम पर चोट की। ज़रा हिम्मत तो देखिए इस सब-डिप्टी-इंस्पेक्टर की जो अपने डायरेक्टरों तक पर हाथ साफ़ करने से बाज़ नहीं आता—

'कुछ तो रुपयों की कमी है और कुछ बेजा ख़र्च। कभी-कभी सरकार ने दो-चार लाख ज़्यादा दिया भी तो वह इंस्पेक्टर और डायरेक्टरों और मैं और तू के बाँट-बखरे में पड़ जाता है और मुदर्रिस ज्यों का त्यों भूखा रह जाता है...दुर्भाग्य से, सरकार का ख़याल है कि मुआइना ज़्यादा होना चाहिए चाहे तालीम हो या न हो। मुआइने पर रुपया ख़र्च किया जाता है मगर तालीम की ख़बर नहीं ली जाती...गवर्नमेंट कब यह समझेगी कि मुआइना कभी तालीम की जगह नहीं ले सकता।'

और वही मुआइने का काम अब मुंशीजी के सिपुर्द किया जा रहा था। यों मुंशीजी की नज़र से देखिए तो यह काम वैसा कुछ बुरा न था।

अक्सर घोड़े पर या बैलगाड़ी पर जाना होता। और जब वह तीस साल का गोरा-चिट्टा, चौड़ा-चकला जवान—चौड़ी-चौड़ी कलाइयाँ, चौड़ा सीना, बड़ी-बड़ी मूँछें—सर पर साफ़ा बाँधे निकलता तो ऐसा मालूम होता कि कोई राजकुमार या पुलिस का बड़ा हाकिम जा रहा है। अर्दली साथ होता, खाना पकानेवाला साथ होता। जिस गाँव के स्कूल का मुआइना होता वहाँ पहुँचते ही मौसम के हिसाब से कहीं किसी मैदान में या अमराई में रावटी लग जाती और देखते-देखते गाँव-भर में ख़बर फैल जाती कि निसपिट्टर साहब आए हैं! अनपढ़ देहाती, आज से पचास बरस पहले की बात, अंग्रेज़ी अमलदारी का ज़माना, सब दौड़-दौड़कर सलाम-जुहार करने लगते। खाने-पीने का इन्तज़ाम होने लगता। कोई दूध लाता कोई दही, कोई आटा कोई दाल, कोई घी। आन की आन में सब प्रबन्ध हो जाता और महराज खाना पकाने में जुट जाता।

आख़िर को वह एक अफ़सर थे (स्कूलों के सब-डिप्टी-इंस्पेक्टर!) और जितने बड़े अफ़सर थे उससे बड़ा गाँववाले उनको समझते थे। स्कूल का मुआइना करने आए थे। क़लम से कहीं कुछ ऐसी-वैसी बात घसीट दें तो! इसलिए हर तरह से उनको ख़ुश करने की तदबीर की जाती, जो मुंशीजी के दिल पर भारी भी गुज़रती। एक दस्तूर यह भी था कि किसी नई जगह पहुँचने पर वहाँ के सम्मानित लोग दही-अच्छत से उनका टीका करते। टीका तो नवाब करवा लेते। पान दिया जाता, पान भी खा लेते, सबसे गले मिलते। मगर जब रुपया देने की बारी आती तो साफ़ इनकार कर देते।

यह सब चीज़ें उन्हें पसन्द न थीं। न तो उनकी तबीयत हाकिमाना थी और न वह चाहते थे कि कोई उनको हाकिम समझे। बराबरी के दर्जे पर सबसे मिलना ही उनके जी को भाता था। मगर तो भी हर जगह का दस्तूर-क़ायदा भी एक चीज़ होती है। उससे पूरी तरह बग़ावत करना आसान नहीं होता और यों भी बग़ावत से ज़्यादा समझौते का ही रास्ता उन्हें पसन्द था। लिहाज़ा उन्होंने समझौता कर लिया था। टीका करवा लेते थे, रसद-पानी की चीज़ें भी ले लेते थे मगर रुपया न लेते थे। अर्दली-महराज को जो कुछ दस्तूरी मिलती हो उस पर कोई रोक-टोक न थी।

यही हाल उस सब अनाज और दूध-घी का भी था जो महोबे में घर पर पहुँचता था। देहात का इलाक़ा, हाकिम को ख़ुश करने के लिए डाली लगाने का दस्तूर न जाने कब से चला आता था। बड़ी जगह में सिर्फ़ बड़े लोगों को डाली लगाई जाती है। छोटी जगह में छोटे लोगों को भी डाली लगाई जाती है। लिहाज़ा जब यह चीज़ शुरू हुई तो मुंशीजी ने इसका विरोध किया लेकिन फिर लोगों ने समझाया कि यहाँ का यही दस्तूर है। अपने बाद आनेवालों के लिए आप क्यों मुश्किल खड़ी करते हैं? इस दलील के आगे मुंशीजी ने हार मान ली, मगर इतना कहा कि इन चीज़ों का इस्तेमाल मैं नहीं मेरे नौकर करेंगे।

इस्तेमाल कोई करे, देनेवाले तो यह जानते थे कि मुंशी धनपतराय को दे रहे हैं।

ग़रज़ कि काम बुरा नहीं था, काफ़ी इज़्ज़त थी, ले-लपक थी और तनख़्वाह में चाहे भले कुल बीस रुपए की ही बढ़ती हुई हो, पर रुतबे में तो बढ़ती ही बढ़ती थी। कानपुर में वह एक मामूली-सा मुदर्रिस था, यहाँ पर वह एक हाकिम था जिसके आगे-पीछे लोग हाथ बाँधे घूमते रहते थे।

मगर इससे भी बड़ा लाभ इस नौकरी में यह था कि घूमने को ख़ूब मिलता था। बुन्देलखंड का इलाक़ा यों भी बहुत ख़ूबसूरत है। तमाम नदी, जंगल, पहाड़—यू.पी. जैसे सपाट समतल मैदान नहीं। अपने घोड़े या बैलगाड़ी में एक से एक बीहड़ जगह उसको जाना होता मगर उतना ही ज़्यादा वह अपने देश को देख रहा था, जिसका मौक़ा अब तक कम मिला था। और यह देखना सिर्फ़ नदी-पहाड़ का देखना न था, बल्कि उस ख़ित्ते की पूरी ज़िन्दगी को देखना था, उसका सुख, उसका दुख, उसकी ग़रीबी, उसकी बहादुरी—सभी कुछ।

अपने उन दौरों में, जो अक्सर इकबारगी डेढ़-डेढ़ दो-दो महीने के हो जाते थे, इस गाँव से उस गाँव, उसे क़िस्सा कहनेवालों से वहाँ की प्रचलित लोक-कथाएँ और अल्हैतों से आल्हा सुनने का भी मौक़ा मिलता जो कि ख़ास बुन्देलखंड की चीज़ है। उसके लिए यह एक बहुत नायाब मौक़ा था जिसका फ़ायदा वह भरपूर उठा रहा था। मुआइने का काम तो नामचार का था, चन्द मिनटों में ख़त्म हो जाता। और कभी किसी स्कूल की बुरी रिपोर्ट उन्होंने नहीं लिखी। अक्सर तो ख़ुद उन मास्टरों से ही कह देते कि आप ही अपनी रिपोर्ट तैयार कर दीजिए। दो-एक बार उनकी पत्नी ने इसके बारे में उनसे कहा भी तो हँसकर बोले—क्या करूँ, मैं जो सही-सही मुआइना करता हूँ तो मुदर्रिस लोग लड़कों के सामने पर्चा छोड़ आते हैं। इसलिए अब तो यह काम मैं उन्हीं पर छोड़ देता हूँ, कम-से-कम यह तकलीफ़ तो उन्हें न उठानी पड़े! वह बेचारे ख़ुश भी रहते हैं और मुआइने की अच्छी रिपोर्ट होने पर उनकी तरक़्क़ियाँ भी होती हैं।

इस पर उनकी पत्नी ने कहा—तो फिर आपको रखने की ज़रूरत ही सरकार को क्या थी?

बोले—वह अपना काम करती है, मैं अपना काम करता हूँ। क्या ये बड़े-बड़े अफ़सर सब देवता हैं?

काफ़ी उल्टी-पुल्टी-सी दलील थी मगर भला चाहे बुरा यही उनका तरीक़ा था और इस तरीक़े से उन्हें अपने अफ़सरों की आँखों में सुर्ख़रुई भले न मिली हो पर अपने

मातहतों का प्रेम और भाईचारा तो ज़रूर मिला और ख़ूब मिला। कौन ऐसे अफ़सर से ख़ुश न होगा जो कभी किसी स्कूल के बारे में कोई बुरी रिपोर्ट नहीं लिखता?

ग़रज़ कि मुआइने का काम तो सिर्फ़ खानापूरी के लिए किया जाता और बाक़ी सारा वक़्त क़िस्सागो नवाब राय का होता।

लेकिन इस बात में एक ही बुराई थी कि अक्सर दो-दो महीने के लिए बीवी घर में बिलकुल अकेली छूट जाती। इस दिक़्क़त को दूर करने के लिए उन्होंने चाहा कि वह भी दौरे पर उसके साथ चला करे। समझाया भी—वहाँ मेरी रावटी लगी रहती है, तुम उसी में बैठकर आराम से पढ़ती रहना। महराज खाना पकाने के लिए साथ रहता ही है। और फिर मैं ही कौन दिन-भर मुआइना करता रहता हूँ। ज़्यादा से ज़्यादा घंटे-भर। फिर शाम को हम लोग पहाड़ घूमने निकल जाया करेंगे।

बीवी की समझ में बात न आई। बोलीं—कौन हिन्दुस्तानी अपनी बीवी को लेकर दौरे पर घूमता है। एक तमाशा-सा हो जाएगा।

नवाब ने कहा—क्यों, इसमें तमाशे की क्या बात है? मुझे तो इसमें कुछ भी तमाशा-सा नहीं मालूम होता। अंग्रेज़ों को नहीं देखतीं, कितने आराम से रहते हैं।

शिवरानी देवी ने कहा—रहते होंगे पर हम तो अंग्रेज़ नहीं हैं।

नवाब ने इस पर कुछ चिढ़कर कहा—फ़िज़ूल बात है! मैं चाहता हूँ कि तुम अपने दिमाग़ से उन सब पुरानी बातों को निकाल दो पर तुम हो कि उन्हें पकड़े बैठी हो!

पर्दा छोड़ने की बात इसके पहले भी घर में उठ चुकी थी। मगर बेसूद।

मुंशीजी को हमीरपुर आए चार-पाँच महीने हो चुके थे। मुआइने के सिलसिले में वह कुलपहाड़ नाम के क़स्बे में गए हुए थे जब कि—

> *एक दिन मैं रात को अपनी रावटी में बैठा हुआ था कि मेरे नाम ज़िलाधीश का परवाना पहुँचा कि मुझसे तुरन्त मिलो। जाड़ों के दिन थे। साहब दौरे पर थे। मैंने बैलगाड़ी जुतवाई और रातों-रात तीस-चालीस मील तय करके दूसरे दिन साहब से मिला। साहब के सामने 'सोज़े-वतन' की एक प्रति रखी हुई थी। मेरा माथा ठनका। उस वक़्त मैं नवाब राय के नाम से लिखा करता था। मुझे इसका कुछ-कुछ पता मिल चुका था कि खुफिया पुलिस इस किताब के लेखक की खोज में है। समझ गया, उन लोगों ने मुझे खोज निकाला और उसी की जवाबदेही करने के लिए मुझे बुलाया गया है।*
>
> *साहब ने मुझसे पूछा—यह पुस्तक तुमने लिखी है?*
>
> *मैंने स्वीकार किया।*
>
> *साहब ने मुझसे एक-एक कहानी का आशय पूछा और अन्त में बिगड़कर बोले—तुम्हारी कहानियों में 'सिडीशन' भरा हुआ है। अपने भाग्य को बखानो कि अंग्रेज़ी अमलदारी में हो। मुग़लों का राज्य होता तो तुम्हारे दोनों हाथ काट लिये जाते। तुम्हारी कहानियाँ एकांगी हैं, तुमने अंग्रेज़ी सरकार की तौहीन की है, आदि। फ़ैसला यह हुआ कि मैं 'सोज़े-वतन' की सारी*

प्रतियाँ सरकार के हवाले कर दूँ और साहब की अनुमति के बिना कभी कुछ न लिखूँ। मैंने समझा, चलो सस्ते छूटे। एक हज़ार प्रतियाँ छपी थीं। अभी मुश्किल से तीन सौ बिकी थीं। शेष सात सौ प्रतियाँ मैंने ज़माना कार्यालय से मँगवाकर साहब की सेवा में हाज़िर कर दीं।

मैंने समझा था बला टल गई, किन्तु अधिकारियों को इतनी आसानी से सन्तोष न हो सका। मुझे बाद को मालूम हुआ कि साहब ने इस विषय में ज़िले के अन्य कर्मचारियों से परामर्श किया। सुपरिंटेंडेंट पुलिस, दो डिप्टी-कलेक्टर और डिप्टी-इंस्पेक्टर—जिनका मैं मातहत था—मेरी तक़दीर का फ़ैसला करने बैठे। एक डिप्टी-कलेक्टर साहब ने गल्पों से उद्धरण निकालकर सिद्ध किया कि इनमें आदि से अन्त तक सिडीशन के सिवा और कुछ नहीं है। और सिडीशन भी साधारण नहीं बल्कि संक्रामक! पुलिस के देवता ने कहा—ऐसे ख़तरनाक आदमी को ज़रूर सख़्त सज़ा देनी चाहिए। डिप्टी-इंस्पेक्टर साहब[1] मुझसे बहुत स्नेह करते थे। उन्हींने मामले को जैसे-तैसे रफ़ा-दफ़ा कराया।

इस क़िस्से के कुछ ही हफ़्ते बाद मुंशीजी को अपने किसी काम से कानपुर जाने की ज़रूरत पड़ी (इसी बीच हमीरपुर और कानपुर के बीच रेल भी खुल गई थी) और वहाँ इत्तफ़ाक़ से बाज़ार में उनकी मुलाक़ात मुंशी प्यारेलाल 'शाकिर' से हो गई। शाकिर साहब उस मुलाक़ात के बारे में लिखते हैं—

...एक घंटे तक साथ रहा। इसी एक घंटे में दुनिया-भर की बातें हो गईं। मैंने 'सोज़े-वतन' के बारे में कैफ़ियत दर्याफ़्त की तो कहा, 'क्या कहूँ, बड़ी मुश्किल में फँस गया था। वह तो ख़ैरियत गुज़री कि किताबें देकर पीछा छूट गया वर्ना जान पर आ बनी थी। इसके बाद 'जान बची लाखों पाए' कहकर बड़े ज़ोर का क़हक़हा लगाया। फिर कहने लगे कि 'जानते हो यह बला कैसे नाज़िल हुई?' मैंने कहा कि नहीं तो फिर एक क़हक़हा लगाया और इसके बाद बोले—'मुंशी दयानरायन निगम के यहाँ से किताब शाया हुई थी। मालूम नहीं क्या वजह हुई कि किताब पर प्रिंटर-पब्लिशर का नाम नहीं था। ज़ाहिर है कि ऐसी ग़लती जान-बूझकर नहीं हुआ करती मगर सुनता कौन है, जाँच-पड़ताल हुई तो इसी सिलसिले में मेरा नाम भी खुल गया। ख़ुद ही सोचो, एक सरकारी मुलाज़िम और 'सोज़े-वतन' जैसी बाग़ी किताब का लेखक! तौबा तौबा!! वह तो अच्छा हुआ कि किताबों पर बला टल गई वर्ना क्या अजब था कि मांडले की हवा खानी पड़ती।' इतना कहकर फिर ऐसा ज़ोर का क़हक़हा लगाया कि बाज़ारवाले भी हक्का-बक्का हो गए।

ज़ाहिर है कि उस क़िस्से की कोई गहरी छाया उनके मन पर न थी। एक झोंका था जो आया और निकल गया। और उसके साथ ही कुछ खेल का-सा मज़ा, कुछ

1. पंडित राजनारायण मिश्र

यह बात कि जो खेल मैं खेल रहा हूँ उसमें यह सब तो होना ही है। मैंने अपना काम किया। किताब लिखी। उन्होंने अपना काम किया। किताब ज़ब्त की। अब फिर मुझे अपना काम करना है। उसकी तदबीर करनी होगी—क्योंकि एक बेकार की पख़ लग गई है कि जो कुछ लिखूँ वह पहले कलेक्टर साहब को दिखाऊँ। इस तरह तो हो चुका! लेकिन अगर आप चाहते ही हैं कि चूहे-बिल्ली का खेल हो तो यही सही। फिर उसमें ईमानदारी और बेईमानी का क्या सवाल? क्यों नहीं मैं आज़ादी से अपने दिल की बात कह सकता? क्यों मानूँ आपका यह नाजायज़ हुक्म? नाजायज़ तो है ही सरासर? जो वतन की आज़ादी आपको अच्छी मालूम होती है, उसी की बात मैं अपनी क़ौम के लिए करूँ तो आप मेरी गर्दन काटने के लिए तैयार हैं! यह तो फिर लड़ाई है सरासर! इसमें झूठ-सच को क्या दख़ल। अंग्रेज़ी की वह कहावत है न—लड़ाई और मुहब्बत में सब कुछ जायज़ होता है।

लिहाज़ा पहला काम तो नवाब ने यह किया कि 'सोज़े-वतन' की कुछ ही कापियाँ कलेक्टर साहब के हवाले कीं जो आग की नज़र कर दी गईं। मगर जो कापियाँ 'ज़माना' के दफ़्तर में बच गईं उन पर किसी का ध्यान नहीं गया और वह खुफिया तौर पर बिकती रहीं।

लेकिन वह जो क़ैद कलेक्टर साहब ने लगा दी थी बुरी थी कि हर चीज़ जो लिखी जाए, पहले उनको दिखला ली जाए, और इसका कुछ न कुछ हल निकालना ज़रूरी था।

लिहाज़ा दो ही चार महीने बाद उन्होंने कुलपहाड़ से 13 मई, 1910 को मुंशी दयानरायन निगम को लिखा—

'...नवाब राय तो ग़ालिबन कुछ दिनों के लिए इस जहान से गए। दोबारा याददेहानी हुई है कि तुमने मुआहिदे में गो अख़बारी मज़ामीन नहीं लिखे, मगर इसका मंशा हर क़िस्म की तहरीर से था। गोया मैं कोई मज़मून, ख़्वाह किसी मज़मून पर—हाथीदाँत पर ही क्यों न हो—लिखूँ, मुझे पहले वह जनाब फ़ैज़-मआब[1] कलेक्टर साहब बहादुर की ख़िदमत में पेश करना पड़ेगा। और मुझे छठे-छमासे लिखना नहीं, यह तो मेरा रोज़ का धंधा ठहरा। हर माह एक मज़मून जनाबवाला की ख़िदमत में पहुँचेगा तो वह समझेंगे कि मैं अपने फ़राइज़े[2] सरकारी में खयानत[3] करता हूँ। और काम मेरे सर थोपा जाएगा। इसलिए कुछ दिनों के लिए नवाब राय मरहूम[4] हुए। उनके जानशीं[5] कोई और साहब होंगे। आप मेरा मज़मून किताबत कराने के बाद मुंशी चिराग़ अली को दे दिया करेंगे।'

अब दूसरे नाम की तलाश शुरू हुई।

मुंशी दयानरायन ने 'प्रेमचन्द' नाम पेश किया। इसके जवाब में मुंशी नवाब राय ने लिखा—

"प्रेमचन्द अच्छा नाम है। मुझे भी पसन्द है। अफ़सोस सिर्फ़ यह है कि पाँच-छ: साल में 'नवाब राय' को फरोग़ देने की जो मेहनत की गई, वह

---

1. श्रीमान, 2. सरकारी काम, 3. गड़बड़ी, 4. स्वर्गवासी, 5. उत्तराधिकारी

सब अकारथ हो गई। यह हज़रत क़िस्मत के हमेशा लँडूरे रहे और शायद रहेंगे।..."

इस तरह 'नवाबराय' के 'मरहूम' होने के चार-पाँच महीने बाद सन् 1910 के अक्तूबर-नवम्बर में आकर 'प्रेमचन्द' का जन्म हुआ। इस नए नाम के साथ छपनेवाली पहली कहानी 'बड़े घर की बेटी' है।

इन्हीं दिनों जब इलाहाबाद के एजुकेशनल गज़ट में कुछ लिखने की बात उठी तो मुंशीजी ने निगम साहब को लिखा—

'मेरे लिए कलेक्टर को हर एक मज़मून दिखाने की ऐसी पख़ लगी है कि एक मज़मून महीनों में लौटकर आता है।...एजुकेशनल गज़ट में प्रेमचन्द का नाम नहीं देना चाहता। मालूम नहीं यह हज़रत हाथ-पैर सँभालने पर क्या लिखें-पढ़ें। इन्हें क़िस्सागो ही रहने दीजिए। बैठे-बैठे प्रेम और वीर रस के क़िस्से लिखा करें!'

9

महोबे की ज़िन्दगी धीरे-धीरे अपनी सम चाल पर आई जा रही थी। लेकिन एक चीज़ थी जो बराबर तकलीफ़ पहुँचा रही थी—घर में सास-बहू के झगड़े। शिवरानी जब तक अपने मैके में ही ज़्यादा समय बिताती थीं तब तक और बात थी। चाची ही नवाब का घर सँभालती थीं और जो कुछ स्याह-सफ़ेद उनकी समझ में आता था, करती थीं। कोई हाथ पकड़नेवाला न था। गिरस्ती अपने लस्टम-पस्टम ढंग से चल रही थी।

महोबे पहुँचने पर शिवरानी देवी ने भी जब अपने पति के साथ जमकर रहना शुरू किया तो सास-बहू के झगड़े शुरू हुए, वैसे ही जैसे हर घर में होते हैं—अधिकार के प्रश्न को लेकर। चाची उस घर पर अपना अधिकार समझती थीं, आख़िर उन्हीं ने बरसों उस घर को सँभाला था, और शिवरानी देवी का भी यह समझना कि उस घर पर, उनके पति के घर पर, पहला अधिकार उन्हीं का है, कुछ ग़लत नहीं था। यानी कि महाभारत के लिए भूमिका पूरी तरह तैयार थी और आए दिन कभी खाने पर से, कभी कपड़े पर से, कभी ख़र्चे पर से, महाभारत हुआ करता। जहाँ तक चाची की बात थी, यह घर उनका तो था लेकिन जैसी एकान्त ममता उन्हें नवाब से होनी चाहिए थी वैसी न थी और हो भी कैसे सकती थी। शिवरानी देवी को भला यह बात कैसे बर्दाश्त होती। कमाता तो उसका पति था, पसीना तो उसका गिरता था और उसी के तकलीफ़-आराम का ध्यान सबसे बाद को! लकड़ी की तरह सीधी, सपाट, सच्ची, निडर, अक्खड़, हठीली शिवरानी को भला यह चीज़ कैसे न खलती। दूसरों के और जो लोग सगे होंगे, होंगे, उसके लिए तो सगा एक ही आदमी था। और उसी को जब इतना सब ख़र्च करने के बाद भी अपने ही घर में आराम न मिल पाता तो शिवरानी आगबबूला हो जाती। किसी की सिधाई का इतना बेजा फ़ायदा? नहीं, मैं तो यह न

होने दूँगी! या तो मैं यह सब कुछ ठीक करूँगी और उनको आराम दूँगी या फिर इस घर से कोई मतलब न रखूँगी, लग जाए आग, मेरे बाप का क्या जाता है!

लेकिन चाहे उदासीनता की स्थिति हो चाहे सक्रिय हस्तक्षेप की, गार्हस्थिक अशान्ति दोनों में थी क्योंकि असल सवाल एक म्यान में दो तलवारों का था। दूसरे सब प्रश्न सुलझ सकते थे, सत्ता का प्रश्न तब तक नहीं सुलझ सकता था जब तक कि एक प्रतिद्वंद्वी हार न मान ले या मैदान छोड़कर भाग न जाए। और शिवरानी जैसी दबंग स्त्री, जिसके भीतर शासन की प्रवृत्ति कूट-कूट कर भरी थी, हार माननेवाली जीव न थी और आए दिन कुछ न कुछ हुआ करता था। इन्हीं सब झगड़ों से बचने के लिए प्रेमचन्द अब तक बहुत-सी चीज़ों को दरगुज़र करते आए थे लेकिन अब उन्हें भी इन झगड़ों में खिंचकर आना ही पड़ा, जिमि दसनन बिच जीभ बिचारी। घर क्या था, शिकायतों का दफ़्तर था। कभी सास बहू की शिकायत करती और कभी बहू सास की, और प्रेमचन्द हाँ...हूँ...करते हुए दोनों की बात सुन लेते। लेकिन आख़िर को आदमी थे, सुनते-सुनते दिमाग़ ख़राब हो जाता तो कभी बिफर भी पड़ते लेकिन ऐसे मौक़ों पर अक्सर यह होता कि वह पत्नी का पक्ष न लेकर चाची का पक्ष लेते, इसलिए नहीं कि न्याय उनकी ओर होता बल्कि इसलिए कि वह बड़ी थीं, असहाय थीं, माँ के स्थान पर थीं, और उनके प्रति मुंशीजी का उत्तरदायित्व एक विशेष प्रकार का था। लेकिन रानी ने झुकना सीखा ही न था।

इन सब चीज़ों से घर में जो एक अशान्ति की स्थिति रही आती थी उसकी हलकी-सी झलक झुँझलाहट के रूप में उस ख़त में मिलती है जो प्रेमचन्द ने शायद सन् 12 में मुंशी दयानरायन निगम को लिखा। सन्दर्भ यह है कि निगम साहब ने अपने एक साप्ताहिक पत्र का नोटिस 'ज़माना' में निकाल दिया है। यही साप्ताहिक पीछे 'आज़ाद' के नाम से निकला। उसकी रूपरेखा के बारे में सलाह देते हुए प्रेमचन्द ने लिखा कि आपका हफ़्तावार 'कामरेड' के नमूने का होना चाहिए। उसमें शायद बिना कुछ लिये बराबर कोई स्तम्भ लिखने को आमंत्रित किए जाने पर प्रेमचन्द ने निगम साहब को लिखा—

> *'भगवान का नाम लेकर शुरू कीजिए। मुझसे जो मदद होगी, करता रहूँगा। फ़िलहाल मेरी हालत मुझे इजाज़त नहीं देती कि कुछ ईसार[1] कर सकूँ। यक़ीन मानिए, आपसे बसिदक़े[2] दिल कहता हूँ कि जब से यहाँ आया हूँ सिर्फ़ दो सौ रुपए मेरे पास जमा हुए हैं और वह भी एक सौ रुपया नाविल का मुआवज़ा है और एक सौ रुपए में कोई तीस रुपए इंडियन प्रेस से मिले, शायद तीस या पैंतीस आपने दिए और इसी क़दर एजुकेशनल गज़ट से मिला। मेरी तनख़्वाह और भत्ते में कौड़ी की बचत नहीं हुई, हाँ बचत कहिए तो, कमाई कहिए तो, बीबीजान की बरसों की ज़िद थी, रफ़ाए शिकायत[3] के लिए एक कड़ा बनवाया जिसका सदमा अब तक न भूला। इस बिरते पर मैं क्या ईसार करूँ। पचास रुपए तनख़्वाह है, दस रुपए का औसत और, और ख़र्च में बुख़्ल[4] से काम लेता हूँ तब भी कभी फ़राग़त*

1. त्याग, 2. सच्चे दिल से, 3. शिकायत दूर करने, 4. कंजूसी

नहीं नसीब हुई। नहीं मालूम यहाँ कानपुर के मुक़ाबिले में क्या ख़र्च बढ़ गया है। वहाँ तीस रुपए में गुज़र हो जाता था यहाँ उसके दुगने में भी रोना पड़ा हुआ है और अब बढ़े हुए अख़राजात[1] को तोड़ना मुझ पर तो नहीं मगर दूसरों पर सितम होगा।...'

और यह कोई एक दिन की बात न थी। इसकी शिकायत अब से क़रीब तीन बरस पहले, 20 नवम्बर सन् 1909 के ख़त में भी उन्होंने की थी—'मेरे अख़राजात रोज़-ब-रोज़ बढ़ते ही जाते हैं। अब कानपुर और महोबा दो जगह का ख़र्च सँभालना पड़ता है।'

मगर ख़ैर, जैसे-जैसे घर का प्रबन्ध शिवरानी अपने हाथ में करती जा रही थीं, वैसे-वैसे पैसों की बर्बादी भी कम होने लगी थी और उसी हद तक प्रेमचन्द की परेशानी भी। और एक रोज़ तो वह बिलकुल अचम्भे में पड़ गए जब उनकी बीवी ने बैलगाड़ी ख़रीदने के लिए अपने सन्दूक़ से पूरे डेढ़ सौ रुपए निकालकर दे दिए। प्रेमचन्द ने ख़ुश होते हुए कहा—चलो बेड़ा पार हुआ। इसमें गाड़ी और बैल सब आ जाएँगे।

दिन-भर में दूसरे रोज़ गाड़ी और बैल दोनों आ गए। मुझसे बोले—एक बात तुम मेरी मान जाओ, कल चलो चरखारी में मेला है, देख आएँ।

मैंने कहा—चलिए।

हम सब मिलाकर दस आदमी चले। हम सब बैलगाड़ी से गए, ख़ुद घोड़े से गए।

वहाँ जाकर खेमा लगवाया। राजा साहब के आदमियों को मालूम हुआ कि डिप्टी साहब आए हैं तो रसद उनके यहाँ से आई। ख़ैर, शाम को खाना बना। चपरासी महराज था, उसने खाना बनाया। सब लोगों के खा चुकने पर मेला देखने की ठहरी। मैं और मेरी एक सहेली तो जनाने हिस्से में गए, आप लोग मर्दाने में गए। सर्कस वहाँ बहुत अच्छा होता था। मगर मैं तो दो-ढाई घंटे में ही घबरा गई। मैं अपनी सहेली को लेकर डेरे पर चली आई। आप लौटे कोई डेढ़ बजे।

इसके बाद वह लोग बरसों वहाँ रहे और कई बार मेला देखने की बात आई, लेकिन पत्नी का मन उससे उचाट हो गया था। लिहाज़ा मुंशीजी अकेले ही चले जाते। मगर जाते और जाना पसन्द करते।

जंगल-पहाड़ की सैर रानी को भी पसन्द थी और अब तो घर में अपनी बैलगाड़ी थी, फिर क्या बात है। नवाब और रानी दोनों अपनी बैलगाड़ी पर सवार होकर किसी तरफ़ निकल जाते। दिन-भर वहीं फिरते रहते। इसी तरह दिन बीत जाता। पति-पत्नी को साथ रहने का सुख ज़िन्दगी में पहली बार मिल रहा था।

महोबा प्रवास के इन्हीं आरम्भिक दिनों में शिवरानी देवी को उनकी पहली सन्तान हुई, लड़की, जो दस महीने की होकर नहीं रही।

---

1. खर्चों

ऐसे दुख तो ज़िन्दगी के साथ लगे हैं, बाक़ी आराम था। चाची ज़्यादातर अपने भाई के पास कानपुर ही रहने लगी थीं। मुंशीजी वहीं रुपए भेज देते थे। घर में काफ़ी शान्ति थी। सेहत भी, मुंशीजी की, अच्छी थी। कोई तकलीफ़ न थी।

और सबसे बड़ी बात तो यह थी कि लिखने का काम बराबर चल रहा था। दौरों के सिलसिले में महीनों यहाँ-वहाँ घूमना जहाँ शरीर के लिए एक कठिन परीक्षा थी, वहाँ लिखने के लिए नई-नई सामग्री का एक अक्षय भांडार—और ढेरों समय।

अकबर की शायरी पर मुंशीजी जान देते थे। आने के कुछ ही महीने बाद एक लम्बे मज़मून में उन्होंने अकबर को ख़ूब-ख़ूब सराहा—

आज की उर्दू शायरी एक अजीब कशमकश में गिरफ़्तार है...दाग़ और हाली के असर में उर्दू शायरों के दो परस्पर-विरोधी स्कूल क़ायम हुए जो कई लिहाज़ से 'दरबारी' और 'मुल्की' के नाम से पुकारे जा सकते हैं। इन दोनों सम्प्रदायों में दो ध्रुवों की दूरी है। एक ने पुरानेपन की क़सम खा ली है और दूसरे हैं कि नई-नई बातों और आज़ादी पर मिटे हुए हैं...

ख़ुशी की बात है कि इन दोनों सम्प्रदायों के बीच कुछ ऐसे कवि भी हैं जिन्होंने भाषा और कविता पर पूर्ण अधिकार रखने के साथ-साथ युग की आवश्यकताओं को भी अच्छी तरह अनुभव कर लिया है और उनमें हम जनाब खान बहादुर सैयद अकबर हुसेन साहब जज इलाहाबाद का दर्ज़ा बहुत ऊँचा पाते हैं। आपने युग के विचारों और आवश्यकताओं का सही अन्दाज़ा कर लिया है।...इसी वजह से आपकी शायरी मौजूदा कसौटी पर खरी उतरती है। उसमें बात कहने के एशियाई ढंग में पश्चिमी विचारों के सुन्दरतम नमूने मिलते हैं...

रोज़मर्रा की बातचीत में गालियाँ बकने और शादी-ब्याह के मौक़ों पर गालियाँ गाने-गवाने के रिवाज़ को लेकर, जिससे अपने समाज में उनका अच्छा परिचय था, मुंशीजी ने इन्हीं दिनों एक ज़बर्दस्त फड़कता हुआ लेख लिखा—

हम बात-बात पर गालियाँ बकते हैं और हमारी गालियाँ सारी दुनिया की गालियों से निराली, घृणित और गन्दी होती हैं...जिन गालियों का ज़वाब किसी दूसरी क़ौम का आदमी तलवार और पिस्तौल से देगा उससे कई गुना घृणित और गन्दी गालियाँ हम इस कान से सुनकर उस कान उड़ा देते हैं हमारी गालियों से माँ-बहन, बीवी, भाई, कोई नहीं बचता।...

यों तो गालियाँ बकना हमारा सिंगार है मगर ख़ासतौर पर ज़बर्दस्त ग़ुस्से की हालत में हमारी ज़बान के पर लग जाते हैं। ग़ुस्से की घटा सर पर मँडलाई और मुँह से गालियाँ मूसलाधार मेह की तरह बरसने लगीं। अपने दुश्मन या विरोधी को दूर से खड़े खरी-खोटी सुना रहे हैं, आस्तीनें चढ़ाते हैं, पैंतरे बदलते हैं, आँखें लाल-पीली करते हैं और सारा जोश चन्द नापाक गालियों पर ख़त्म हो जाता है। विरोधी की सत्तर पुश्तों को ज़बान की

गन्दगी से लथपथ कर देते हैं। इससे बढ़कर हमारे जातीय कमीनेपन और नामर्दी का सबूत नहीं मिल सकता कि जिन गालियों को सुनकर हमारे ख़ून में जोश आ जाना चाहिए, उन गालियों को हम दूध की तरह पी जाते हैं।...

दुहत्तड़ लगाए हैं मगर क्या ख़ूब मज़ा ले-लेकर—

'ग़ुस्से की हालत में ज़बान की यह रवानी औरतों में ज़्यादा रंग दिखाती है... क्या-क्या गन्दगियाँ उनकी ज़बान से निकलती हैं कि तौबा। जिन शब्दों की याद एक लज्जाशील स्त्री के गालों को लाज से लाल कर देगी, वे शब्द इन औरतों की ज़बान से बेधड़क और मोटरकार की रवानी के साथ निकलते हैं। अब्बासी और दुलरिया ज़रा पुरज़ोर लहजे में विचारों का लेन-देन कर रही हैं। अब्बासी दुलरिया के बेटे को चबा जाती है। दुलरिया उसके शौहर को कच्चा खा जाती है। तब अब्बासी उसके दामाद को निगल लेती है। इसके जवाब में दुलरिया उसके दामाद को देवी की भेंट चढ़ा देती है। अब्बासी झुँझलाकर दुलरिया के बूढ़े दादा की लम्बी दाढ़ी को जलाकर ख़ाक कर देती है...दुलरिया जामे से बाहर होकर अब्बासी के सातों पुश्त के मुँह पर तारकोल लपेट देती है...'

शादी-ब्याह के मौक़े का यह सीन देखिए—

'बारात दरवाज़े पर आई और गालियों से उसका स्वागत किया गया...ज्यों ही खाने का वक़्त आया, लोग हाथ-पाँव धो-धोकर पत्तलों पर कढ़ी-भात खाने बैठे कि चारों तरफ़ से गालियों की बौछार होने लगी और गालियाँ भी ऐसी-वैसी नहीं, पंचमेल, कि शैतान सुने तो जहन्नुम से निकल भागे। लोग सपड़-सपड़ भात खा रहे हैं, ढोल-मजीरे बज रहे हैं, वाह-वाह मची है, और गालियाँ गाई जा रही हैं, गोया पेट भरने के लिए भात के अलावा गालियाँ खाना भी ज़रूरी है। और है भी ऐसा ही। लोग ऐसे शौक़ से गालियाँ सुनते हैं कि शायद रामायण, महाभारत और सत्यनारायण की कथा भी न सुनी होगी। मुस्कराते हैं, मुग्ध होकर गर्दन हिलाते हैं और एक-दूसरे का नाम गन्दगी में लिथेड़े जाने के लिए पेश करते हैं। जिन महाशयों के नाम इस तरह पेश होते हैं वे इसे अपना सौभाग्य समझते हैं। और दावत ख़त्म होने के बाद कितने ही ऐसे लोग बच रहते हैं जिनके दिल में गालियाँ खाने की हवस बाक़ी रहती है। ख़ुशनसीब है वह आदमी जो इस वक़्त गालियाँ खाता है!...'

'जलवए ईसार' नाम का उपन्यास (जो हिन्दी में बहुत साल बाद 'वरदान' के नाम से आया) कानपुर ही में लिखना शुरू कर दिया था। उस पर भी काम बराबर चल रहा था। गन्दी, फ़ोहश बातें बकने की हमारी आदत का ज़िक्र यहाँ भी आया, होली के हुड़दंग के सिलसिले में—

परसों शाम ही से गाँव में चहल-पहल मचने लगी। नौजवानों का एक दल हाथ में डफ़ लिये, फ़ोहश बातें बकता हुआ दरवाज़ों-दरवाज़ों फेरी लगाने लगा। मुझे मालूम न था कि आज यहाँ इतनी गालियाँ खानी पड़ेंगी। लज्जाहीन शब्द उनके मुँह से इस तरह बेधड़क निकलते थे जैसे फूल झड़ते हों!...

यहाँ से छुट्टी पाकर पुरुष मंडली देवी जी के चबूतरे की ओर बढ़ी और यह न समझना यहाँ देवी जी की प्रतिष्ठा की गई होगी। आज वे भी गालियाँ सुनना पसन्द करती हैं। छोटे-बड़े सब उन्हें गन्दी-गन्दी गालियाँ सुना रहे थे।...आज के रोज़ ईश्वर को गाली देना भी माफ़ है, माँ-बहनों की तो कोई गिनती नहीं!

मगर गालियाँ तो सिर्फ़ एक क़िस्म हैं जहालत की। और भी बहुत तरह की जहालत देखने में आती है। और फिर भूख है, बीमारी है।

'जलवए ईसार' 1912 में प्रकाशित हुआ। 4 मार्च, 1914 को मुंशीजी ने निगम साहब को लिखा था—'मुझे अभी तक यह इत्मीनान नहीं हुआ कि कौन-सा तर्ज़े तहरीर[1] अख़्तियार करूँ। कभी तो बंकिम की नक़ल करता हूँ, कभी आज़ाद के पीछे चलता हूँ। आजकल काउंट टाल्सटाय के क़िस्से पढ़ रहा हूँ। तब से कुछ उसी रंग की तरफ़ तबीयत माइल[2] है। यह अपनी कमज़ोरी है और क्या।'

'जलवए ईसार' में बराबर बंकिम का रंग मिलता है, लेकिन ख़ुद अपने रंग की तलाश भी मौजूद है। पहली बार, अपने घर से दूर, बुन्देलखंड के देहात में मुंशीजी की कथाकार दृष्टि अपने गाँवों की तरफ़ जाती है, जहाँ हिन्दुस्तान बसता है, उसकी भूख और ग़रीबी की तरफ़, अशिक्षा और अन्धविश्वास की तरफ़।

कथा की नायिका विरजन मझगवाँ से (जो हमीरपुर का ही एक क़स्बा है) चिट्ठी लिखती है—

क्या सुनती थी और क्या देखती हूँ। टूटे-फूटे फूस के झोपड़े, मिट्टी की दीवारें, घरों के सामने कूड़े-करकट के बड़े-बड़े ढेर, कीचड़ में लिपटी हुई भैंसें, दुर्बल गाएँ—जी चाहता है कि कहीं चली जाऊँ। आदमियों को देखो तो उनकी शोचनीय दशा है। हड्डियाँ निकली हुई हैं। वे विपत्ति की मूर्तियाँ और दरिद्रता के जीवनचरित्र हैं। किसी के शरीर पर एक बेफटा वस्त्र नहीं है और कैसे भाग्यहीन कि रात-दिन पसीना बहाने पर भी कभी भरपेट रोटियाँ नहीं मिलतीं।

हमारे घर के पिछवाड़े एक गड्ढा है। माधवी खेलती थी। पाँव फिसला तो पानी में गिर पड़ी। यहाँ किंवदन्ती है कि गड्ढे में चुड़ैलें नहाने आया करती हैं और वे अकारण राह चलनेवालों से छेड़छाड़ किया करती हैं। इसी तरह दरवाज़े पर एक पीपल का पेड़ है। वह भूतों का अड्डा है। गड्ढे का तो भय नहीं है परन्तु इस पीपल का त्रास सारे गाँव के हृदय पर ऐसा

---

1. लेखन-शैली, 2. झुकी हुई

छाया हुआ है कि सूर्यास्त ही से रास्ता बन्द हो जाता है। बच्चे और औरतें तो उधर पैर ही नहीं रखतीं। हाँ, अकेले-दुकेले मर्द कभी-कभी चले जाते हैं पर वे भी घबराए हुए!

...किसी भूत के विषय में कहा जाता है कि वह सिर पर चढ़ता है तो महीनों नहीं उतरता और कोई दो-एक दिन में पूजा लेकर अलग हो जाता है। गाँववालों में इन विषयों पर इस तरह बातचीत होती है मानो ये आँखों-देखी घटनाएँ हैं। यहाँ तक सुना गया है कि चुड़ैलें दाना-पानी माँगने भी आया करती हैं। उनकी साड़ी प्राय: बगुले के पंख की तरह सफ़ेद होती है और वे बातें कुछ-कुछ नाक से करती हैं।...

...भूतों के मान और प्रतिष्ठा का अनुमान बड़ी चतुराई से किया गया है। जोगी बाबा आधी रात को काली कमरिया ओढ़े, खड़ाऊँ पर सवार, गाँव के चारों ओर घूमा करते हैं और भूले-भटके पथिकों को मार्ग बताते हैं। साल में एक बार उनकी पूजा होती है। वह अब भूतों में नहीं, बल्कि देवताओं में गिने जाते हैं।

...इनके विपरीत, धोबी बाबा से गाँव-भर थर्राता है। जिस पेड़ पर उनका डेरा है, उधर से अगर कोई दिया जलने के बाद निकल जाए तो उसकी ख़ैरियत नहीं। उन्हें भगाने के लिए दो बोतल दारू काफ़ी है। उनका पुजारी मंगल के दिन उस पेड़ के नीचे गाँजा और चरस रख आता है। एक लाला साहब भी भूत बन बैठे हैं। यह महाशय पटवारी थे। उन्हें कई पंडित असामियों ने मार डाला था। उनकी पकड़ ऐसी गहरी है कि प्राण लिये बिना नहीं छोड़ती। कोई यहाँ एक वर्ष से अधिक नहीं जीता। गाँव से थोड़ी दूर पर एक पेड़ है। उस पर एक मौलवी साहब निवास करते हैं। वह बेचारे किसी को नहीं छेड़ते। हाँ, वृहस्पति के रोज़ पूजा न पहुँचाई जाए तो बच्चों को छेड़ते हैं।

यहाँ न देवी है न देवता। भूतों ही का साम्राज्य है।

इसी क़िस्म की एक और जहालत की तस्वीर विरजन देती है—

'कल यहाँ देवी जी की पूजा थी। हल, चक्की, पुर, चूल्हे सब बन्द थे। देवी जी की ऐसी ही आज्ञा है। उनकी आज्ञा का उल्लंघन कौन करे? हुक्का-पानी बन्द हो जाए। साल-भर में यही एक दिन है जिसे गाँववाले भी छुट्टी का समझते हैं। वर्ना होली-दीवाली भी रोज़ के ज़रूरी कामों को नहीं रोक सकतीं। बकरा चढ़ा, हवन हुआ। सत्तू खिलाया गया। अब गाँव के बच्चे-बच्चे को पूर्ण विश्वास है कि प्लेग का आगमन यहाँ न होगा। यह सब तमाशा देखकर सोयी थी। लगभग बारह बजे होंगे कि सैकड़ों आदमी हाथ में मशालें लिये, शोर मचाते निकले और सारे गाँव का घेरा किया। इसका यह मतलब था कि इस सीमा के भीतर बीमारी पैर न रख सकेगी। घेरे के समाप्त होने पर कई लोग दूसरे गाँव की सीमा में घुस गए और थोड़े फूल,

पान, चावल, लौंग आदि चीज़ें ज़मीन पर रख आए। यानी अपने गाँव की बला दूसरे गाँव के सिर डाल आए। जब ये लोग अपना काम ख़तम करके यहाँ से चलने लगे तो उस गाँववालों को सुनगुन मिल गई। सैकड़ों आदमी लाठियाँ लेकर चढ़ दौड़े। दोनों पक्षवालों में ख़ूब मार-पीट हुई। इस समय गाँव के कई लोग हल्दी पी रहे हैं।'

भूख, ग़रीबी, बीमारी और जहालत का यही गड्ढा है जिसमें से हिन्दुस्तान के गाँवों को निकलना है। इसकी चेतना पहली बार प्रेमचन्द को 'जलवए ईसार' में आकर हुई और सुवामा का यही बेटा प्रतापचन्द, जो देवी अष्टभुजा के वरदान से उसको प्राप्त हुआ था, विरजन को न पाने पर संन्यासी बनकर बाबाजी के नाम से देशसेवा के इसी महायज्ञ में कूद पड़ता है और गाँव-गाँव अलख जगाता घूमता है।

छोटी कहानियों का सिलसिला भी मज़े में चल रहा था। इसी बीच उर्दू प्रेम-पचीसी की तमाम कहानियाँ लिखी गईं जिनमें आल्हा, रानी सारंधा, राजा हरदौल-जैसी रजपूती वीरता की कहानियाँ भी हैं जो मुंशीजी को स्थानीय लोककथाओं से मिलीं।

यह सब तो ठीक था लेकिन एक कमी थी जो रह-रहकर मन को कचोटती थी।

18 मार्च, 1910 को उन्होंने महोबे से निगम साहब को लिखा था—'जी चाहता है नए-नए वाक़यात पर कुछ नोटिस लिखा करूँ। मगर वाक़यात का इल्म मुझे उस वक़्त होता है जब वह अख़बारात में निकल चुकते हैं और उनके देर-अज़-वक़्त[1] हो जाने का ख़ौफ़ रहता है।'

13 अक्टूबर, 1915 को फिर बस्ती से लिखा था—'जब तक करेंट अफ़ेयर्स से लगाव न रहे किसी मज़मून पर लिखने की तहरीक[2] नहीं होती और मज़मून भी मुश्किल से सूझता है।'

यह चीज़ उस आदमी के मन की बनावट का पता देती है। उसका मन ऐसा नहीं बना था कि वह सबसे अलग अपने कोने में बैठकर कहानियाँ लिखता रहे। यह ठीक है कि उसे अलग अपने कोने में बैठना भी अच्छा लगता है और कहानियाँ लिखना भी अच्छा लगता है लेकिन उसको चैन नहीं आता जब तक उसे बराबर इस बात का पता न हो कि दुनिया में कहाँ क्या हो रहा है।

तिलक की गिरफ़्तारी के बाद सन् 1908 से लेकर सन् 14 तक भारतीय राजनीति में बहुत सन्नाटा छाया रहा। कांग्रेस फिर बहुत कुछ अपने उसी पुराने नरमदली ढर्रे पर लौट आई थी। ताहम पता तो होना चाहिए कि देश में विदेश में क्या हो रहा है। सक्रिय राजनीति में उसने जीवन-भर कभी कोई हिस्सा नहीं लिया, कोई पद नहीं सँभाला, लेकिन राजनीति का मतलब जहाँ पद और प्रभुत्व के लिए जोड़-तोड़ नहीं बल्कि आज़ादी की और इनसान की बेहतरी की लड़ाई है, चाहे अपने देश में चाहे दुनिया के किसी कोने में, उसमें शुरू से उसकी दिलचस्पी रही और गहरी दिलचस्पी रही और मरते दम तक रही। अपने जीवन में वह एक दिन के लिए भी उस तरह का 'विशुद्ध

1. समय से पिछड़ जाने, 2. प्रेरणा

कलाकार' नहीं रहा जो इन सब बातों की ओर से वीतराग होकर, उदासीन रहकर, अपनी कला की साधना करता है। कोई उसकी यह आन, उसका यह ढंग पसन्द करे या न करे, मगर वह है। साहित्य उसके लिए देशसेवा है, लोकसेवा है। दोनों में कोई अन्तर नहीं है और न दोनों के बीच कोई खाई या पर्दा है।

इसीलिए अख़बार पढ़ने का उसको बहुत चाव है और एक अख़बार से उसका काम नहीं चलता। ख़ुद एक अख़बार से ज़्यादा मँगाने की उसकी बिसात नहीं है, इसलिए वह जहाँ भी रहता है, किसी क्लब या वाचनालय की तलाश में रहता है जहाँ जाकर चार-छ: अख़बार पढ़ सके। इलाहाबाद भी आता है तो पैदल या एक आना इक्के का देकर कटरा से दो मील दूर भारती भवन जाता है।

ऐसे आदमी के लिए यह पूरी सज़ा है कि उसे महोबे और बस्ती-जैसी बीहड़ जगहों में पटका जाए और दूर-दूर देहातों में भटकना पड़े जहाँ डाक की भी सुविधा नहीं है। न अख़बार ही पढ़ने को मिलते हैं और न ऐसी संगत ही मिलती है कि बातचीत करके वह कुछ पा सके। और भी खलने की वजह यह है कि वह 'रफ़्तारे ज़माना'-जैसा कालम लिखते रहना चाहता है जो कि फ़िलहाल छूट गया है। महज़ क़िस्सागो बनने से उसकी तबीयत नहीं भरती, वह अख़बारनवीस भी बनना चाहता है। 4 मई, 1913 को मुंशीजी ने महोबे से निगम साहब को लिखा—'देश रोज़ाना मेरे नाम जारी हो गया है। मैंने उसका नामानिगार[1] बनना मंजूर कर लिया है। मुआवज़े की बातचीत हो रही है।' नहीं, उसके मन में ऐसा कोई भाव नहीं है कि अख़बारनवीसी घटिया काम है।

वह अन्धा हुआ जा रहा है। नहीं, यह चीज़ नहीं चल सकती, एक मिनट नहीं चल सकती। कुछ न कुछ इन्तज़ाम करना ही होगा। और मुंशीजी फ़ौरन उसके इन्तज़ाम में लग जाते हैं। ख़ुद को तकलीफ़ देते हैं, अपने दोस्तों के पीछे पड़ते हैं मगर जैसे भी हो उस चीज़ का इन्तज़ाम करके ही दम लेते हैं।

ज़रा एक नज़र डालिए इन ख़तों पर जो अपनी कहानी आप कह रहे हैं।

13 मई, 1910 को उन्होंने महोबा के एक छोटे-से क़स्बे कुलपहाड़ से लिखा—

'मैंने मख़ज़न माँगा था, वह आपने न भेजा। कोई नाविल गुदड़ी बाज़ार से लिया हो तो वह भी बैरंग भेजिए। इलाहाबाद की लाइब्रेरी की निस्बत दर्याफ़्त किया, मगर वह आउट स्टेशन में किताबें नहीं भेजते। अब की इलाहाबाद जाऊँगा तो अपने ख़ुसरज़ादे[2] को अपना क़ायम मुकाम[3] बना आऊँगा। वह अपने नाम से किताबें लेकर मेरे पास भेज दिया करेंगे।'

फिर एक ख़त में लिखा—

'अब रिसालों और अख़बारों का ज़िक्र। आप मुझे माडर्न रिव्यू, लीडर और हिन्दोस्तान न दीजिए। माडर्न रिव्यू मैं मँगाऊँगा। हमदर्द अब अनक़रीब आने ही लगेगा। बस कोई एक उर्दू पर्चा मसलन वकील या वतन मुझे और मिलना चाहिए। हिन्दुस्तान मैं आज मँगाता हूँ। इतना काफ़ी हो जाएगा।'

---

1. संवाददाता, 2. साले, 3. प्रतिनिधि

सन् 14 में बस्ती से लिखा—

'लीडर मेरे पास एक भी नहीं आया। मालूम नहीं क्या हुआ। मैंने बंगाली जारी कराया है। शायद दो-तीन दिन बाद जारी हो जाए। अब यहाँ मुझे माडर्न रिव्यू, इंडियन रिव्यू वग़ैरह मिल जाया करेंगे क्योंकि पंडित मन्नन द्विवेदी डुमरिया-गंज के तहसीलदार हैं।'

फिर 4 सितम्बर, 1914 को वहीं बस्ती से लिखा—

'आज स्टेट्समैन के लिए लिख दिया है और अब मैं डाक का बेहतर इन्तज़ाम रखूँगा ताकि 'आज़ाद' के लिए बामौक़ा नोटिस लिख सकूँ।...लीडर का इन्तज़ाम जो आपने किया है, एक मामूली अख़बारख्वाँ[1] के लिए तो अच्छा है मगर जिसे अख़बारनवीसी भी करनी पड़े उसके लिए ज़्यादा कारआमद[2] नहीं है। इसलिए 'स्टेट्समैन' के जारी हो जाने पर उसे बन्द करना पड़ेगा। आप मेरे पास पन्द्रह रुपए भेज दें तो ऐन नवाजिश[3] हो। उसमें मैं 'स्टेट्समैन' मँगा लूँगा। और माह सितम्बर की तनख़्वाह भी महसूब[4] हो जाएगी। नए-नए इन्तज़ाम की वजह से मैं यहाँ तंगदस्त हो गया। चारपाइयाँ बनवानी पड़ीं। अभी जानवर नहीं लिया मगर उसके लिए रुपए की दिन-रात फ़िक्र है। ख़ुद सैनाटोजन का इस्तेमाल कर रहा हूँ जो शायद यह शीशी ख़त्म हो जाने पर मुश्किल से मिल सकेगी। बस्ती में अभी किसी से शनासाई[5] नहीं। बस डिप्टी इंस्पेक्टर को जानता हूँ। और डुमरियागंज में पं. मन्नन द्विवेदी तहसीलदार से वाक़फ़ियत हो गई है। प्रताप की बदौलत। अभी तक यह नहीं तय कर सका कि डुमरियागंज में क़याम करूँ या बस्ती में।'

तय करने में जो दिक़्क़त हो रही है वह शायद इसीलिए कि रहना तो शायद बस्ती में ज़्यादा अच्छा होगा क्योंकि वह डुमरियागंज से बड़ी जगह है मगर डुमरियागंज में अख़बारों का और शायद कुछ किताबों का भी ज़्यादा सुभीता रहेगा!

जो भी हो, इस बात से इन्कार करना मुश्किल है कि बीहड़ से बीहड़ जगह में भी बैठकर, जहाँ न तो डाक का सुभीता है न रौशनख़याल लोगों की सोहबत, सेहत से मजबूर, तेली के बैल की तरह चक्की में जुते होने के बावजूद उसने एक ज़िन्दा आदमी की तरह जीने और काम करने की तदबीर निकाल ली।

सादा तबीयत का आदमी, जिसके भीतर कहीं कोई उलझाव नहीं है, जिस चीज़ को पकड़ता है इसी एकाग्र भाव से, ऐसी ही एकान्त निष्ठा से। स्वराज्य की बात ने, तिलक की बात ने बहुत मज़बूती से उसके दिल को पकड़ लिया है।

यों आदमी भी वह चीमड़ है, जैसे ताँत चीमड़ होता है। ज़िन्दगी पर उसकी पकड़ मज़बूत है और उसकी कलाइयाँ ख़ूब चौड़ी हैं। पैदा ज़रूर खेतिहर के घर नहीं हुआ लेकिन मन का साँचा वही है। कैसी भी कड़ी धरती हो वह उसे फोड़े बिना नहीं रह सकता।

1. अख़बार पढ़नेवाले, 2. उपयोगी, 3. कृपा, 4. हिसाब में वसूल, 5. परिचय

शक्ति असीम नहीं है, पर उसको केन्द्रित करना जानता है। बिखराव नहीं है।

दौरे पर हो चाहे घर पर, लिखना नहीं रुकता। पहले बन्द कमरे में लिखने का अभ्यास था, अब खुली रावटी में लिखने का अभ्यास डाल लिया है। जिस दिन नहीं लिख पाते, जी उदास रहता है, कि जैसे एक दिन व्यर्थ गया। कर्म ही जीवन का एकमात्र सच्चा सुख है। जो समय सरकारी ड्यूटी का नहीं है वह समय उनका अपना है, नितांत अपना, यानी अपने घरवालों और अपने साहित्य का। रस्मी भेंट-मुलाक़ात के लिए यहाँ-वहाँ जाने की अतिरिक्त सामाजिकता उनके अन्दर न थी। समय भी नहीं मिलता था, प्रवृत्ति भी नहीं थी। दो-एक दोस्त-अहबाब सदा रहे जिनके साथ हर वक़्त का उठना-बैठना था, जो उनकी तकलीफ़-आराम में साथ देते थे लेकिन बस वही। जिस चीज़ को हम अपने सभ्य समाज में सोशल लाइफ़ या क्लब लाइफ़ कहते हैं उससे प्रेमचन्द का कोई नाता न था। अपने अफ़सरों तक के यहाँ जाने की मुंशीजी को फ़ुर्सत न थी।

प्रेमचन्द को महोबे में रहते चार बरस पूरे हो रहे थे। तभी उनकी तन्दुरुस्ती को एक ज़बर्दस्त धक्का लगा जिससे वह हिल उठे और जो सच पूछिए तो सारी ज़िन्दगी उबर नहीं सके—

मैं हमीरपुर ही में था कि मुझे पेचिश की शिकायत हो गई। गर्मी के दिनों में देहातों में कोई हरी तरकारी मिलती न थी। एक बार कई दिन तक लगातार सूखी घुइयाँ खानी पड़ीं। यों मैं घुइयों को बिच्छू समझता हूँ और तब भी समझता था लेकिन न जाने क्योंकर यह धारणा मन में हो गई कि अजवाइन से घुइयाँ का बादीपन जाता रहता है। ख़ूब अजवाइन डलवाकर खा लिया करता। दस-बारह दिन तक किसी तरह का कष्ट न हुआ। मैंने समझा शायद बुन्देलखंड की पहाड़ी जलवायु ने मेरी दुर्बल पाचनशक्ति को तीव्र कर दिया, लेकिन एक दिन पेट में दर्द शुरू हुआ और सारे दिन मैं मछली की भाँति तड़पता रहा। फंकियाँ खाईं, मगर दर्द कम न हुआ। दूसरे दिन से पेचिश हो गई, मल के साथ आँव आने लगा लेकिन दर्द जाता रहा।

एक महीना बीत चुका था। मैं एक क़स्बे में पहुँचा तो वहाँ के थानेदार साहब ने मुझसे थाने ही में ठहरने और भोजन करने का आग्रह किया। कई दिन से मूँग की दाल खाते और पथ्य करते-करते ऊब उठा था। सोचा, क्या हर्ज है आज यहाँ ठहरो, भोजन तो स्वादिष्ट मिलेगा। थाने ही में अड्डा जमा दिया। दरोगा जी ने ज़मीकन्द का सालन पकवाया, पकौड़ियाँ, दही-बड़े, पुलाव। मैंने एहतियात से खाया—ज़मींकन्द तो मैंने केवल दो फाँकें खाईं—लेकिन खा-पीकर जब थाने के सामने दरोगा जी के फूस के बँगले में लेटा तो दो-ढाई घंटे के बाद पेट में फिर दर्द होने लगा। सारी रात और अगले दिन-भर कराहता रहा। सोडे की दो बोतलें पीने के बाद कै हुई तो जाकर चैन मिला। मुझे विश्वास हो गया, यह ज़मीकन्द की कारस्तानी है।

घुइयाँ से पहले ही मेरी कुट्टी हो चुकी थी, अब ज़मीकन्द से भी वैर हो गया। तब से इन दोनों चीज़ों की सूरत देखकर मैं काँप जाता हूँ। दर्द तो फिर जाता रहा, पर पेचिश ने अड्डा जमा लिया। पेट में चौबीसों घंटे तनाव बना रहता, अफरा हुआ करता। संयम के साथ चार-पाँच मील टहलने जाता, व्यायाम करता, पथ्य से भोजन करता, कोई न कोई औषध भी खाया करता किन्तु पेचिश टलने का नाम न लेती थी और देह भी घुलती जाती थी। कई बार कानपुर आकर दवा कराई, एक बार महीने-भर प्रयाग में डाक्टरी और आयुर्वेद की औषधियों का सेवन किया, पर कोई फ़ायदा नहीं।

इन दिनों स्वास्थ्य कितनी तेज़ी से गिर रहा था इसका कुछ अनुमान उस समय की चिट्ठियों से होता है।

6 फ़रवरी, 1913 को उन्होंने शायद पहली बार अपने स्वास्थ्य के बारे में मुंशी दयानरायन को लिखा था और सिर्फ़ इतना लिखा था कि 'सेहत अलबत्ता बहुत अच्छी नहीं है।'

चार ही महीने बाद 7 जून को उन्होंने लिखा—'मैं अपनी हालत ख़राब होने के बाइस[1] बिलकुल अपाहिज हो गया हूँ।...मेदा ज़रा सही हो जाए तो फिर कुछ काम करूँ। कानपुर मेरे प्रोग्राम में शामिल है और ग़ालिबन बनारस जाने से क़ब्ल अगर आप मेरी रिहाइश का कोई इन्तज़ाम कर सकें तो मैं कानपुर ही में अपना मुआलिजा[2] कराऊँ।'

22 मार्च, 1914 के पत्र में देखिए एक अन्य सन्दर्भ में कितनी निराशा बोल रही है—'मिस्टर सरन के घर में बच्चा पैदा हुआ है। ख़ुशी की बात है। ईश्वर उसे ज़िन्दा रक्खे। मेरी न पूछिए। अहबाब फलें-फूलें, मेरी ख़ुशी के लिए इतना काफ़ी है। ज़्यादा की ज़रूरत नहीं है। उन्हीं के बच्चों को प्यार करके अपनी हवस मिटा लूँगा।'

इसके पीछे निश्चय ही शरीर के अशक्त होते चले जाने की निराशा है, सन्तानहीन होने की निराशा नहीं है। क्योंकि अब से आठ-दस महीने पहले 1913 में उनकी दूसरी बेटी कमला का जन्म हो चुका था।

ठीक दो महीने बाद 22 मई, 1914 के पत्र में यह टुकड़ा देखने के क़ाबिल है

'...इधर 15 साल की मुलाज़मत। कुछ दिन और ज़िन्दा रहूँ तो invalid पेंशन का हक़दार हो जाऊँ...'

और उसके भी बारह रोज़ बाद 3 जून को उन्होंने लिखा—'ग़ालिबन, 15 तक मैं यहाँ से रुख़सत हो जाऊँगा। सेहत की हालत मुझे मजबूर कर रही है। आप मुझे देखें तो ग़ालिबन पहचान न सकेंगे। हाज़मे में फ़ितूर आ गया है। ज़ोफ़[3] दिन-दिन बढ़ता जाता है।

महोबे का आख़िरी साल-डेढ़ साल बुरा गुज़रा। पेचिश ने दम निकाल लिया। कहाँ वह ख़ूबसूरत, बाँका जवान जो महोबे आया था, चमकती हुई नीली आँखें, गोरा गुलाबी रंग, चौड़ा सीना, मज़बूत हाथ-पैर, ऊपर को उठी हुई नुकीली मूँछें, सर पर रजपूती साफ़ा—और कहाँ यह दुर्बल रोगी आदमी जो अब यहाँ से जाने की तैयारी कर रहा

1. कारण, 2. इलाज, 3. कमज़ोरी

था और दरख़्वास्तें दे रहा था कि उसे कहीं और भेजा जाए, और सबसे अच्छा हो कि रुहेलखंड भेजा जाए जहाँ का पानी, उसने सुन रक्खा था, अच्छा है।

बात कुछ की कुछ हो गई थी। जवान आदमी देखते-देखते बुड्‌ढा हो गया था, कल्ले बैठ गए थे, आँखें गड्‌ढों में धँस गई थीं, पतली-सी लम्बी गर्दन निकल आई थी, रंग पीला पड़ गया था, हाथ-पैर सींक जैसे हो गए थे, तनी हुई मूँछें झुक गई थीं, साफ़-शफ़्फ़ाफ़ नीली आँखों में जर्दी घुल गई थी। पहले कपड़े बदन पर चुस्त बैठते थे, अब ऐसे लगते थे कि जैसे खूँटी पर टँगे हों। कभी की एक बुलन्द इमारत ढह पड़ी थी।

और जहाँ देह इस तरह घुल रही हो, छीज रही हो, वहाँ मन भी कब स्वस्थ रह पाता है। दिल-दिमाग़ की हालत भी उसी तरह गिरी हुई थी। अपने क़लम के ज़ोर से दुनिया को फतेह करने के, मुल्क को आज़ाद करने के, सितारों को तोड़कर फूलों की तरह बिखेर देने के हौसले, जो ज़बान पर भले न आए हों मगर दिल में ज़रूर कहीं थे, अब पस्त थे। जहाँ पहले जोश था, उमंग थी, उत्साह था, आशा थी, वहाँ अब सब तरफ़ मुर्दनी छाई थी और जिधर नज़र जाती थी नाउम्मीदी का डेरा था। लिखना-पढ़ना भी ठप-सा था।

जहाँ पहले आसमान को गुंजा देनेवाला ठहाका लगता था वहाँ अब एक फीकी-सी सहमी हुई मुस्कराहट आकर रह जाती थी। मन की कली कुम्हला गई थी।

गुस्से का उबाल पहले भी किसी बात पर आ जाता था लेकिन वह दूध का उबाल था जिसके लिए पानी का एक छींटा काफ़ी होता है। अब एक बच्चे या बीमार जैसी बेसब्री, झुँझलाहट और चिड़चिड़ापन पहली बार उसके स्वभाव में आ रहा था। वह जेहनी कैफ़ियत जो हर चीज़ को हँसी-ख़ुशी झेल लेती थी, जो उसने इतनी मुश्किलों के बीच होकर पाई थी, अब हाथ से छूट रही थी और मुंशीजी उसे बरक़रार रखने के लिए जी तोड़कर अपने आप से लड़ रहे थे। बहुत कड़ा इम्तहान था।

इन्हीं दिनों उर्दू 'प्रेम पचीसी' के प्रकाशन का विचार उनके मन में आया। जिस ख़त में उन्होंने पहली बार लिखा था कि 'सेहत अलबत्ता बहुत अच्छी नहीं है' उसी ख़त में 6 फ़रवरी, 1913 को उन्होंने मझगवाँ से निगम साहब को लिखा था—

> *"...मुझे यह सुनकर बड़ी ख़ुशी हुई कि आपका मशीन प्रेस अब अनक़रीब जम जाएगा। जिल्दसाज़ी, कुतुबफरोशी की शाखें भी क़ायम होंगी। ईश्वर आपकी कोशिशों को सरसब्ज़ करे। मजबूर हूँ कि मुझे to fall back upon का कोई सहारा नहीं है। बस किराए का टट्टू हूँ। 'प्रेम पचीसी' इस प्रेस का पहला काम होगा। अपने तईं मुबारक़बाद देता हूँ। बीस क़िस्सों से ज़ायद हो गए हैं, दो अभी 'हमदर्द' के दफ़्तर में पड़े हुए हैं। मालूम नहीं 'हमदर्द' खुलेगा भी या ठंडा पड़ गया। बहरहाल दो-तीन माह में पच्चास क़िस्से ज़रूर हो जाएँगे। हाँ, किताब किसी क़दर ज़ख़ीम हो जाएगी। चार सौ सुफ़हे से किसी तरह कम न होगी। मिस्तर उन्नीस सतरी रहना चाहिए और साइज़ 'ज़माना' के दो बरस क़ब्ल के साइज़ के बराबर। कातिब ख़ुशख़त हो। मैं मज़ामीन की तरतीब दे दूँगा और जहाँ कहीं छापे की ग़लतियाँ हो*

गई हैं उनकी इसलाह भी कर दूँगा। मगर मेरे पास सब पर्चे मौजूद नहीं हैं। अक्सर ग़ायब हो गए हैं। इसलिए ज़रूरत होगी कि मेरे पास सब पर्चे मौजूद हो जाएँ। बहरहाल जिस वक़्त फ़ैसला हो जाए मैं यहाँ से उन चन्द क़िस्सों की कापी भेज दूँगा जो मेरे पास मौजूद हैं। दीबाचा आप लिखेंगे या आप जिसे मुनासिब समझें उससे लिखवाइएगा। ख़र्च और नफ़े में मुझे निस्फ़ का शरीक समझिए। नफ़े का ज़िक्र ही क्या, ख़र्च में आधे का साझेदार हूँ।"

यह ख़ास बात है उनकी, दिमाग़ जिधर चल पड़ता है, चल पड़ता है। कुछ तो यह उमंग कि निगम साहब का प्रेस आ गया है, जो एक तरह से अपने घर का ही प्रेस है, और अब कहानी-संग्रह छप जाएगा। 'ज़माना' में ये कहानियाँ निकली थीं तो पढ़नेवालों ने बहुत पसन्द किया था, लेकिन ज़रूरत है कि किताबी सूरत में उन्हें लोगों के सामने पेश किया जाए। बहुत जमाने से कोई संग्रह नहीं निकला, और एक जो पाँच कहानियों का चार बरस पहले निकला भी था, वह भी ज़ब्त हो गया और जलाकर ख़ाक कर दिया गया। एक मतलब में यह उनका पहला कहानी-संग्रह होगा, पच्चीस कहानियों का, जो लोगों के सामने पहुँचेगा। इसमें अब देर न होनी चाहिए।

नए लेखक की इसी अधीरता में उन्होंने अपने पहले ही ख़त में सब बातें लिख मारीं और अपने स्वभाव की सहज एकाग्रता के साथ उसी की तैयारी में लग गए।

महीने-भर बाद लिखा—'प्रेम (पचीसी) के क़िस्से 21 आपके यहाँ छप गए हैं, 2 हमदर्द के यहाँ हैं। वह दोनों आज मँगवाए लेता हूँ। तब दो की कमी रह जाएगी और यह दो किताबत के पूरे होने तक बन जाएँगे। तरतीब क्योंकर दूँ। अबवाब[1] की सूरत में नहीं आते वर्ना मैंने चाहा था कि शुजाअत,[2] ख़ुददारी,[3] ईसार[4] वग़ैरह के उनचवान[5] से तरतीब दूँ।'...

वीरता, स्वाभिमान, त्याग—इन्हीं की तो ज़रूरत है देश को और उसका मन महोबे की मिट्टी में ऐसी ही कहानियाँ ढूँढ़ रहा था जो पढ़नेवाले के भीतर इन गुणों को विकसित कर सकें। उसके मिज़ाज में एक तरफ़ बुड्ढों-जैसा ठहराव है और दूसरी तरफ़ बच्चों-जैसी उतावली। बीच की हालत उसके लिए नहीं है। जो भी काम वह हाथ में लेता है, इसी तरह हाथ धोकर उसके पीछे पड़ता है। कहानियाँ लिखते वक़्त जैसे प्लाट के नए-नए पहलू, बातचीत के नए-नए टुकड़े, दृश्य के नए-नए रंग बड़ी तेज़ी से उसके दिमाग़ में आते हैं, इतनी तेज़ी से कि क़लम साथ नहीं दे पाती, उसी तरह दूसरी सब बातों में।

किताब छपना तो दूर रहा, अभी प्रेस में भी नहीं दी गई, प्रेस कॉपी भी अभी तैयार नहीं हुई, यहाँ तक कि प्रेस भी अभी नहीं जमा, लेकिन इसी ख़त में वह इतना और जोड़ना ज़रूरी समझता है—'यह बहुत अच्छा होगा कि किताब पब्लिक में आने से पहले ख़ास-ख़ास अहले-क़लम[6] के पास इजहारे-राय के लिए भेजी जाएँ और यही राएँ इश्तहार का काम दें।'

---

1. परिच्छेद, 2. वीरता, 3. स्वाभिमान, 4. त्याग, 5. शीर्षक, 6. लेखकों

लेकिन किताब को जल्द से जल्द छपाने की जितनी बेताबी लेखक को है उतनी अगर छापनेवाले को न हो तो कोई ताज्जुब की बात नहीं है। मुमकिन है कि दयानरायन साहब की तरफ़ से कुछ सुस्ती भी हुई हो। लेकिन मुंशीजी एक बार चल पड़े तो फिर सुस्ती की ताब नहीं ला सकते। डाकमुंशी का बेटा है, डाक के हरकारों के बीच पलकर बड़ा हुआ है, जल्द से जल्द सब ख़तों को ठिकाने लगाकर अपने घर पहुँचकर आराम करना चाहता है। और जितनी ही तेज़ उसके पैरों की चाल है, उतनी ही तेज़ी वह हर काम में चाहता है। नहीं मिलती, तो झुँझलाता है।

10 दिसम्बर, 1913 तक किताब के बस साढ़े चार फर्मे हो पाए थे। इसकी थोड़ी-सी झुँझलाहट इस वाक्य में दिखाई देती है—'काग़ज़ के लिए मैं बहुत जल्द रुपया भेजता हूँ। अब जो कुछ ताख़ीर होगी उसका इलज़ाम मेरे ऊपर न रहेगा।'

और फिर हल्की-सी शिकायत—'ग़ालिबन काग़ज़ के एकजाई इन्तज़ाम न होने के बाइस किताब पचरंगी हो गई है। कोई मुज़ायका नहीं। टाइटिल पेज ख़ूबसूरत होना चाहिए। बस।'

मगर जिस भी वजह से हो किताब के छपने में देर पर देर हो रही थी और उसी अनुपात में मुंशीजी की झुँझलाहट बढ़ती जाती थी। 20 फ़रवरी, 1914 को उन्होंने बाँदा ज़िले में सरीला नाम के क़स्बे से बहुत ही खीझकर लिखा—'मालूम नहीं मेरी किताब की किताबत हो रही है या नहीं। बराहे-करम उसमें लग्गा लगाइए और धन्ना देने की ज़रूरत हो तो मुत्तला फ़रमाइए ताकि किताब के शाया होने की उम्मीद को दिल से निकाल दूँ, क्योंकि मुझे उस भलेमानस की तरह, जो आपके दफ़्तर से अपनी किताब छपवाकर उठा था, इतनी फ़ुर्सत कहाँ है। दिन गुज़रते जाते हैं। अगर किताब उस वक़्त निकली जब लोगों को यह ख़याल भी न रहेगा कि प्रेमचन्द कौन है तो उसके निकलने से क्या फ़ायदा?'

ताहम किताब न निकली और मुंशीजी के हमीरपुर से निकलने का वक़्त आ पहुँचा। सेहत जिस तेज़ी से गिर रही थी, हमीरपुर में अब रहना ख़तरे से ख़ाली नहीं था। 22 मई, 1914 को उन्होंने निगम साहब को लिखा—'...काश मैं किसी तरह कानपुर तब्दील होकर आ सकता। तबादले की दरख़्वास्त तो दी है मगर मालूम नहीं कहाँ फेंका जाऊँ...'

कानपुर का तबादला नामुमकिन समझकर शायद उन्होंने दरख़्वास्त में अपनी पसन्द रुहेलखंड के लिए ज़ाहिर की। लेकिन तबादला जब हुआ तो न कानपुर मिला न रुहेलखंड, वह 'पटका गया बस्ती के ज़िले में और इलाक़ा वह मिला जो नेपाल की तराई है।'

ताड़ से गिरा खजूर में अटका। काम वही दौरों का, वेतन वही साठ। जगह-जगह का खाना, जगह-जगह का पानी। पेचिश और बढ़ गई। और उसके साथ ही नाउम्मीदी, अपने जीने की तरफ़ से। फ़ायदा भी क्या इस तरह ज़िन्दा रहने से। इससे तो अच्छा है कि इस सरकारी नौकरी को छोड़कर कहीं किसी अख़बार में काम किया जाए या किसी प्राइवेट स्कूल में मुदर्रिसी की जाए। यह ठीक है कि सरकारी नौकरी के अपने भी बहुत से फ़ायदे हैं। बँधी हुई तनख़्वाह मिलती है और वक़्त पर मिलती है। बेफ़िक्री रहती है। लेकिन अब यह जो सबसे बड़ी फ़िक्र अपनी जान की लग गई है...

इसी हैस-बैस में जान पड़ी थी, क्या करें क्या न करें। एक मन कहता था, छोड़-छाड़कर भागो, जहाँ सींग समाये, यहाँ तो बेमौत मर जाओगे। दूसरा मन, जो अँधेरे में कूदते डरता था, पैरों को बाँध देता था।

बहुत बार जी होता था कि जाकर 'ज़माना' में काम करने लगें, लेकिन उसकी अपनी दिक़्क़तें थीं। वह अलग एक कहानी है।

दूसरे पर्चों पर भी ख़याल जाता था और मुमकिन है दयानरायन साहब को उन्होंने लिखा भी हो कि नज़र रखिएगा और मुझको बताइएगा।

निगम साहब ने उन्हीं दिनों शायद 'अवध अख़बार' की बात छेड़ी। उसका जवाब देते हुए मुंशीजी ने लिखा—

'...पहले अवध अख़बार वाला मामला। क्या जवाब दूँ। माली पहल यह है कि यहाँ नेट आमदनी अस्सी रुपए से किसी तरह ज़्यादा नहीं है। दौरे का ख़र्च और मुलाज़िमों की तनख़्वाह इसमें शामिल नहीं है। क़रीब-क़रीब यही हालत वहाँ भी होगी। और मसारिफ़ बदस्तूर। मगर काम में बड़ा फ़र्क़ है। यहाँ बहुत आज़ादी है, बावजूद ग़ुलामी के, चूँकि कोई अफ़सर सर पर नहीं रहता और न कोई जवाबदेही है। इसलिए आज़ादी-सी मालूम होती है। 10 बजे से 5 बजे की हाज़िरी, दिमाग़ी काम, रोज़ाना अख़बार—जी काँप जाता है। हिम्मत नहीं पड़ती। यहाँ लिटररी काम ब-मंजला तफ़रीह[1] है, वहाँ पर मआशा[2] हो जाएगा।...'

इसी तरह का एक प्रस्ताव सन् 14 के आख़ीर में आया जब कि मुंशीजी बस्ती में थे, अपने काम से बेज़ार और अपनी ज़िन्दगी से बेज़ार।

कोई पंडित विश्वनाथ जी दैनिक पत्र निकालनेवाले थे। उसके बारे में प्रेमचन्द ने 10 नवम्बर, 1914 को निगम साहब को लिखा—

'...मैं अपनी मौजूदा हालत के एतबार से रोज़ाना अख़बार के लायक किसी तरह नहीं हूँ।...मेरे लिए तो अब यही मुनासिब है कि किसी प्राइवेट स्कूल में मास्टरी कर लूँ, जहाँ से माहवार मिले। इसी के साथ-साथ 'ज़माना' और 'आज़ाद' की ख़िदमत करूँ। इस तरह मुझे साठ-सत्तर रुपए माहवार का औसत पड़ता जाए। इससे ज़्यादा की ख़्वाहिश नहीं और न इससे ज़्यादा पा सकता हूँ। ख़ामख़ाह तक़दीर से क्यों लड़ूँ। कुछ किताबें लिखूँगा, कुछ अपनी किताबें छपवाऊँगा। पाँच सौ मेरी कमाई है, उसे इन्हीं कामों में सर्फ़ करूँगा और बिल आख़िर अब लिटरेरी शोहरत हासिल कर सकूँगा तो कोई माहवार रिसाला निकालकर गुज़र करूँगा। और अगर इसके पहले ही हयात[3] ने जवाब दे दिया तो फिर रामनाम सत्त है!'

फिर बड़े हसरत-भरे लहजे में—

---

1. दिल बहलाव की चीज़, 2. जीविका, 3. ज़िन्दगी

'...क्या कहूँ आपने मुझे उछालने में कोई कसर नहीं रक्खी। ख़ूब उछाला। मगर मैं ही क़िस्मत का अन्धा हूँ कि उछलकर परवाज[1] नहीं कर सकता बल्कि नीचे गिरने के लिए डरता हूँ वर्ना शिवब्रतलाल बर्मन की तरह चैन से ज़िन्दगी बसर करता। हक़ीक़त यह है कि सेहत बड़ी चीज़ है, जिसने इसकी क़द्र न की उसके लिए बजुज़ रोने और सर धुनने के और कोई इलाज नहीं है।...सारी दुनिया को सेनाटोजन फ़ायदा करती है, मुझे इससे कुछ न हुआ। आपने चार-पाँच मील हवा खाने की सलाह दी है, उसकी तामील कर रहा हूँ। पाँच दिन से लगातार तीन-चार मील घूमता हूँ। उम्मीद है कि तबीयत टिचन होगी। कोई प्राइवेट स्कूल की मुदर्रिसी का चर्चा हो तो मेरा ख़याल रखिएगा क्योंकि मैं अब इससे बेज़ार हो गया हूँ।'

तबीयत के 'टिचन' यानी बिलकुल ठीक होने की उम्मीद ग़लत साबित हुई और प्रेमचन्द को मजबूर होकर अपने इलाज के लिए एक महीने को इलाहाबाद जाना पड़ा जहाँ उनके ससुर साहब ने उनका इलाज कराया। लेकिन जब उससे कोई फ़ायदा न हुआ तो उन्होंने अपने ससुर साहब के ही ज़ोर देने पर चार महीने की छुट्टी की दरख़ास्त दी।

बड़ी-बड़ी मुश्किलों से आधी तनख़्वाह पर छुट्टी मंजूर हुई।

मुंशीजी ने निगम साहब को लिखा—

'...कल से मैं आज़ाद हो गया मगर असबाब वग़ैरह यहीं पड़ा हुआ है। उसे लेकर मजबूरन बनारस जाना पड़ता है। बर्तन वग़ैरह गुड्स से भेजूँ तो टूटने-फूटने का डर रहता है। ग़ालिबन दो या तीन दिन बनारस में लगेंगे। उसके बाद कानपुर आ जाऊँगा मगर इरादा मुस्तिक़ल तौर पर बनारस में रहने का है।...'

बस्ती से चलते-चलते उन्होंने एक बहुत सुन्दर कहानी 'मरहम' के नाम से लिखी, जिसका परिवेश बुन्देलखंड का है। उसके बाद तो फिर छः महीने पूरे के पूरे बीमारी की नज़र हो गए, लिखना-पढ़ना बिलकुल बन्द रहा।

इलाज के लिए सबसे पहले वह कानपुर पहुँचे। बीवी अपने मैके थीं, चाची लमही में। निगम साहब के पास ही घर लिया और इलाज चलने लगा। ख़ुद ही दही जमाते थे और उसका मट्ठा निकालकर पीते थे। वही मुख्य आहार था।

लेकिन कोई फ़ायदा न हुआ, तब वह लखनऊ मेडिकल कालेज गए, कुछ दिन वहाँ भी इलाज कराया लेकिन जब कोई लाभ होता न दिखाई दिया तो बनारस चले आए और एक हकीम का इलाज शुरू हुआ। हकीम के इलाज से तीन-चार महीने में कुछ फ़ायदा तो मालूम हुआ पर बीमारी जड़ से न गई।

बस्ती आने के ख़याल से उन्हें डर मालूम हो रहा था। मन दूसरी-दूसरी चीज़ों में आश्रय खोज रहा था।

एक रोज़ उन्होंने अपनी पत्नी से कहा—मेरी इच्छा होती है कि नौकरी छोड़-छाड़कर कहीं एकान्त में बैठकर लिखता-पढ़ता। क्या करूँ, मेरा दुर्भाग्य है कि मेरे

---

1. उड़ना

पास थोड़ी-सी ज़मीन भी नहीं। मेरे पास दस बीघे भी ज़मीन होती तो मैं अपने खाने-भर का ग़ल्ला पैदा कर लेता और चुपचाप एकान्त में बैठकर साहित्य की सेवा करता।

पत्नी ने स्त्री की सहज व्यवहार-बुद्धि से उत्तर दिया—दस बीघे ज़मीन में आप-क्या सोना उपजा लेते? अभी आप दो महीने नौकरी छोड़कर बैठ जाएँ तो हाय-तौबा मच जाए। आठ साल काम करते हो गए। आपने सौ रुपए साल बचाए होते तो आठ सौ रुपए होते। मन की मिठाई खाना एक बात है काम ठीक-ठीक चलाना दूसरी!

ताहम बस्ती जाने के ख़याल से डर मालूम होता था।

और तब उन्होंने उस सूत्र को एक बार फिर पकड़ने का निश्चय किया जो इससे पहले भी बहुत बार हाथ में आया था और छूट गया था या छोड़ दिया गया था—सूत्र जो उनकी ज़िन्दगी को बाँधनेवाला एक बड़ा मज़बूत धागा था, उनके जीवन का एक पुराना स्वप्न जिसकी छाया में विश्राम करना उन्हें बहुत अच्छा मालूम होता था, पर जब आगे चलकर एक दिन वह सपना सच हुआ तो फिर विश्राम नहीं मिला।

10

...और उन्होंने 30 अप्रैल, 1915 को बनारस से लिखा—

'क्या ज़माना की मौजूदा हालत इस क़ाबिल है कि कोई शख़्स उसे लेकर 600 रुपए आपके नज़र करने के बाद 1200 रुपए दीगर मसारिफ़, मसलन, तनख़्वाह मैनेजर, किराया मकान, गुज़राना एडीटर और तनख़्वाह चपरासी वग़ैरह के लिए निकाल सके? आप बराय मेहरबानी तहरीर फ़रमाइए कि कंट्रैक्ट जिस तारीख़ से शुरू होगा उस तारीख़ से आप अपने कंट्रैक्टर पर कौन-कौन-सी ज़िम्मेदारियाँ आयद करेंगे। मैंने अभी नौकरी पर जाने का कोई इरादा नहीं किया। दो माह की रुख़सत और ले ली है। अगर कंट्रैक्ट की सूरत निकल आए तो मैं फ़ौरन साल-भर की रुख़सत बेतनख़्वाह की दख़्वास्त भेजकर साल-भर तक़दीर-आजमाई करना चाहता हूँ।'

'ज़माना' को अपने हाथ में लेकर चलाने की यह एक नई योजना थी जो इस वक़्त उन्हें सूझ रही थी और वह इस बार अन्तिम बार एक गम्भीर प्रयत्न करके देख लेना चाहते थे। विशेषकर इसलिए कि उनकी बीमारी पूरी तरह ठीक न हुई थी और सारी कोशिश-पैरवी के बावजूद वह फिर बस्ती में ही पटके जानेवाले थे जहाँ जाने के ख़याल से ही उन्हें डर मालूम होता था।

'ज़माना' का क़लमदान सँभालने की बात पहली बार जून 1905 में उठी थी जब कि मुंशीजी ने निगम साहब को लिखा था—

'अधबीच में छोड़नेवाले और होंगे। यहाँ तो जब एक बार बाँह पकड़ी तो ज़िन्दगी पार लगा दी। नौबतराय न आएँ। क्या जहाँ मुर्ग़ा न होगा वहाँ सुबह न होगी? एडीटोरियल मैं सब कर लूँगा। ख़तो-किताबत जो मुआमले की है, मैं कर

लूँगा। ख़ास एडीटर की तवज्जो के क़ाबिल जो ख़ुतूत होंगे वह ख़िदमते-शरीफ़ में पेश होंगे। और काम करने का बन्दोबस्त होना ज़रूरी है। लेबिल छपा लेंगे। आने का वक़्त आएगा तो मशविरा हो रहेगा। जान गाढ़े में न डालो। हिम्मते-मर्दा, मददे-ख़ुदा, हिम्मते-एडिटराँ मददे-दोस्ताँ। हाँ, यह एलान करना ज़रूरी होगा कि नवाब राय स्टाफ़ में दाख़िल हो गए।'

अगले महीने मुंशीजी कानपुर आ गए और 1909 के जून महीने तक इसका कोई सवाल ही न था क्योंकि स्कूल में मास्टरी करते हुए वह, दयानरायन निगम के शब्दों में, बे-ज़ाब्ता तौर पर 'ज़माना' के असिस्टेंट एडीटर का काम करते रहे।

फिर जैसे ही उनका तबादला हमीरपुर के लिए हुआ और ज़माना के साथ उनका सम्बन्ध वैसा गहरा और रोज़मर्रा का नहीं रह गया, उनके मन की भूख बेहद तेज़ हो गई और जब निगम साहब ने अपना साप्ताहिक पत्र 'आज़ाद' निकाला तो उसके सिलसिले में प्रेमचन्द ने लिखा—

'छः माह अख़बार की हालत देखकर बाद को फ़ैसला कर सकूँगा कि मेरे लिए कौन-सा रास्ता ज़्यादा सीधा है। यहीं से रुख़सत लेकर चला आऊँगा। क्या अजब है, मैं अख़बार को चला सकूँ। अगर छः माह के बाद अख़बार कुछ दे निकला तो मैं हाथ-पैर फैलाऊँगा वर्ना अपना-सा मुँह लेकर अपने पुराने ढच्चर पर चलूँगा। मगर साठ रुपए से कम पर मेरा गुज़ारा नहीं हो सकता। यह साफ़गोई आपको अपना दोस्त, हमदर्द और भाई समझकर करता हूँ। मैं काम से जी नहीं चुराता, न इस क़दर मुतालबा चाहता हूँ गोया मैं कहीं का बड़ा मुंशी-विकार हूँ। नहीं, सिर्फ़ गुज़ारा चाहता हूँ, और गुज़ारा साठ रुपए से कम में नहीं हो सकता!

...मैं काम करने के लिए तैयार हूँ, ऊपर लिखी हुई शर्तों पर और उस हालत में जब कि माली हालत मुस्तिक़ल हो। और मैं किराए का टट्टू बनकर काम न करूँगा बल्कि सच्चे जोश से।'

निगम साहब की अपनी मजबूरियाँ थीं और कोई ठीक आश्वासन मुंशीजी को न मिल सका। ताहम उन्होंने हिम्मत न हारी और 20 नवम्बर, 1909 को हमीरपुर से ही लिखा—'वीकली के मुताल्लिक़ मेरा ख़याल अब भी है, मगर मेरा ख़याल है कि मैं मआश की फ़िक्र से आज़ाद होकर ज़्यादा काम कर सकता हूँ।'

कितना नाज़ुक इशारा है कि आप जीविका की कुछ व्यवस्था कर दें तो मैं आ जाऊँ। उस ओर से तब भी कोई आश्वासन न आया मगर मुंशीजी इतनी जल्दी हार माननेवाले न थे।

18 मार्च, 1910 को उन्होंने लिखा—'...बहरहाल मैंने मुसम्मम[1] इरादा किया है कि जुलाई और अगस्त में रुख़सत लूँ और अपनी अख़बारी क़ाबिलियत को आजमाऊँ। आइन्दा जैसा ईश्वर चाहे।'

पता नहीं वह छुट्टी लेकर कानपुर गए या नहीं लेकिन इतना तो साफ़ है कि वहाँ ठहरने की कोई सूरत नहीं बनी।

---

1. पक्का

'आज़ाद' को निकलते अब पाँच महीने हो गए थे और मुंशीजी शुरू से ही उसमें लिख रहे थे। 2 मई, 1913 को उन्होंने निगम साहब को तक़ाज़े का एक ख़त लिखा—

'आज मैं आपसे कुछ मुआमले की बातचीत करने की आज़ादी चाहता हूँ। आज़ाद को शाया हुए तक़रीबन पाँच महीने हुए। आप छः महीने की मुद्दत को अख़बार की कामयाबी के लिए काफ़ी ख़याल करते थे। वह मुद्दत अब क़रीब है। मुझे यक़ीन है कि आज़ाद अब चल निकला। मैं अव्वल से और अब तक हस्बे औकात[1] और फ़ुर्सत 'आज़ाद' के लिए थोड़ा-बहुत लिखता रहा हूँ। मगर आप जानते हैं यह माद्दियात[2] का ज़माना है। हर एक इनसान अपनी मेहनत का कुछ न कुछ नतीजा ज़रूर चाहता है। खुसूसन ऐसी हालत में जब कि मेरी सेहत भी अच्छी नहीं है। कुछ अमली नतीजे की तरग़ीब[3] नफ़्स[4] के लिए बहुत कारगर साबित होती है।'

इसी सिलसिले में वह इस बात का संकेत भी दे जाते हैं कि उनकी तबीयत सरकारी मुलाज़िमत से क्यों भागती है—

'मैं किताबी कीड़ा मशहूर हूँ और मेरा तबई मैलान[5] जैसा है उससे उम्मीद नहीं है कि मैं सरकारी मुलाज़िमत में कभी कारगुज़ार कहला सकूँ। मेरा शुमार अब तक दर्जए सोम[6] के आदमियों में रहा है और आइंदा रहेगा।'

लेकिन यहाँ पर वह कुछ और बात कह रहे हैं, बड़े व्यावहारिक आदमी की तरह अपने पारिश्रमिक का तक़ाज़ा—

'...मेरी अश्कशोई[7] होनी लाजिमी है। अगर इधर से नहीं तो किसी और तरफ़ से सही, कुछ माली फ़ायदा होना चाहिए। इसीलिए मेरी आपसे दरख़्वास्त है कि आप अज़ राहे करम[8] जितने मज़ामीन या नोट शाया करें उनकी उजरत[9] किसी एक शरह[10] से मसलन् आठ आने फी कालम मुक़र्रर फ़र्मा दीजिए। मेरा ख़याल है कि यह आज़ाद पर कोई नाक़ाबिले-बर्दाश्त बार न होगा, क्योंकि मैं किसी हफ़्ते में भी चार कालम से ज़्यादा नहीं लिख सकूँगा और आज़ाद को ज़्यादा से ज़्यादा सिर्फ़ दस रुपए मेरी नज़र करने पड़ेंगे। मुझे उम्मीद है कि आप इसे मेरी जानिब से भी सख़्ती न ख़याल फ़र्माएँगे। मैं चाहता था कि यह तहरीक[11] आपकी जानिब[12] से होती मगर एक ही बात है। अगर आप इसे पसन्द न फ़र्माएँ तो कोई मुज़ायक़ा नहीं, मैं हस्बे-दस्तूर, औकात और फ़ुर्सत के लिहाज़ से कुछ न कुछ क़लमी ख़िदमत करता रहूँगा मगर शायद दोस्ताना बेगार समझकर। मैं जानता हूँ कि आप तिही-दस्त हैं, माली हालत अच्छी नहीं मगर ऐसा क्यों हो। और अख़बार नफ़ा कर रहे हैं, आप क्यों नुक़सान उठाएँ, बेज़रूरत और बेनतीजा ईसार क्यों करें। इस बेतकल्लुफ़ी के लिए मुझे मुआफ़ फ़र्माइएगा। और अगर तजवीज़ पसन्द आए तो सिर्फ़ कनाए[13] से इसका ज़िक्र कीजिए वर्ना बा मन ओ तू[14] यह ज़िक्र यहीं ख़त्म हो जाना चाहिए।'

तक़ाज़ा भी है और किसी क़दर सख़्ती से तक़ाज़ा है क्योंकि पैसे का अभाव निरन्तर दबा रहा है लेकिन वज़ादारी को हाथ से नहीं जाने देते।

---

1. यथासमय, 2. भौतिकता, 3. प्रेरणा, 4. आत्मा, 5. दिली रुझान, 6. तीसरे दर्जे, 7. आँसू पोंछना, 8. कृपया, 9. पारिश्रमिक, 10. दर, 11. सुझाव, 12. ओर, 13. इशारे, 14. आपके और मेरे बीच

एक रोज़ बाद जब निगम साहब का जवाब आया तो मुंशीजी को फ़ौरन महसूस हुआ कि दोस्त का दिल दुखाकर मैंने अच्छा नहीं किया और उन्होंने माफ़ीनामे के तौर पर उसी दिन लिखा—'मुझे यह सुनकर सख़्त मलाल हुआ कि अभी तक आज़ाद अपने पैरों पर खड़े होने के क़ाबिल नहीं हुआ। यही फ़र्ज़ करके मैंने कल आपको एक शिकायतनामा लिखा है जिस पर अब नादिम[1] हूँ।' कैसी भी बनावट मुंशीजी के लिए बिरानी चीज़ है। न तो उन्हें शिकायतनामा लिखते देर लगती है और न उसके अगले ही रोज़ माफ़ीनामा लिखते।

देखिए एक तरफ़ पारिश्रमिक का तक़ाज़ा और दूसरी तरफ़ दोस्ती की वज़ादारी कितने सहज रूप से घुल-मिलकर 7 जून, 1913 के पत्र में सामने आती है—

'मैंने अपने परसोंवाले ख़त में कुछ अतियाए[2] आज़ाद का ज़िक्र किया है। मई और जून में कुल चौबीस कालम हुए। अब शायद जून में कुछ न लिखूँगा क्योंकि हाज़मा निहायत कमज़ोर हो गया है और एक घंटे भी बैठना दुश्वार है। अगर मऊदा शरह[3] रखिए तो आठ मुबल्लिग़ात[4] होते हैं। अगर आप बग़ैर बहुत ज़्यादा तरद्दुद के एक तीन-चार रुपए की वाच और साढ़े चार रुपए का जूता भिजवा सकें तो आपका बहुत ममनून[5] होऊँगा। एक ही पार्सल में दोनों आ सकते हैं। मेरा जूता छोटक ने लिया है और मैं बरहना-पा[6] हूँ। मगर यह सब उसी हालत में कि आपको तरद्दुद या परेशानी न हो वर्ना नक़्द हू हुरमत हू[7] सही। और क्या लिखूँ। जूते का नं. 7 × 4 है।'

जिस भोलेपन के साथ जूते और घड़ी का ज़िक्र आया है उसने बात की शक्ल ही बदल दी है। और तबीयत की इसी सादगी का एक पहलू यह है कि कभी छोटक उनका जूता डटाकर चलते बनते हैं और कभी विजयबहादुर उनका कोट, और कभी, इस घटना के लगभग बीस बरस बाद, शिवरानी देवी उनको रुपए देती हैं जाकर अपने लिए कपड़ा ख़रीदने को और वह उस रुपए को ले जाकर प्रेस के मज़दूरों में बाँट देते हैं और ख़ाली हाथ घर लौटने पर बीवी की डाँट खाते हैं!

तबीयत की यह सादगी, यह भोलापन सच्चा है इसीलिए उनकी और निगम साहब की तीस-इकतीस बरस की दोस्ती में कभी फ़र्क़ नहीं पड़ा बावजूद इसके कि रगड़ के कई मौक़े आए जैसे कि किन्हीं दो व्यक्तियों के बीच आते हैं।

ऐसा एक मौक़ा वह था जब कि शायद 1914 के आरम्भ में, जिस समय उर्दू 'प्रेम पचीसी' छप रही थी और मुंशीजी का तबादला बस्ती के लिए अभी नहीं हुआ था, वह छुट्टी लेकर निगम साहब के यहाँ काम करने पहुँचे। इरादा शायद यह था कि आजमाकर देखा जाए। दौरे की नौकरी में सेहत बराबर गिरती जा रही थी, कैसे इस भाग-दौड़ से नजात मिले कि घर पर रोटी खा सकें।

लिहाज़ा वह कानपुर पहुँचे, कुछ हफ़्ते काम किया और छुट्टी जब ख़त्म हुई तो हमीरपुर लौट गए। निगम साहब को यह बात बुरी लगी, उन्होंने शायद समझ लिया था कि मुंशीजी मुस्तिक़ल तौर पर काम करने के लिए आ गए। कुछ अजब

---

1. लज्जित, 2. पुरस्कार, 3. स्वीकृत दर, 4. रुपए, 5. कृतज्ञ, 6. नंगे पाँव, 7. नक़द ज़्यादा अच्छा है (कहावत)

नहीं कि मुंशीजी ने जोश में आकर इस तरह का कुछ आभास निगम साहब को दिया भी हो, और जब उनके दूसरे मन ने मामले के व्यावहारिक पहलू पर ग़ौर किया हो तो वह भाग खड़े हुए हों। बहरहाल, दोस्तों में थोड़ी रंजिश हुई। निगम साहब ने बिफरकर एक तेज़-सा ख़त लिखा। मुंशीजी ने ठंडे पानी का छींटा देते हुए अपनी सफ़ाई दी—

'अताबनामा[1], जिसे आपका इनायतनामा[2] कहना चाहिए, वसूल हुआ। कई दिन हो गए, सोचता रहा किन लफ़्ज़ों में जवाब दूँ, कैसे ग़ुस्सा ठंडा करूँ। कुछ अक़्ल ने काम न किया। न शेर-ओ-शायरी से मस[3] है कि दो-चार बढ़िया शेर चस्पां कर दूँ। बिलआख़िर दिल ने यही फ़ैसला किया कि तुम ख़तावार[4] हो। मिज़ाजे-यार में जो कुछ आवे, कहने दो और ज़बान बन्द किए सुन जाओ। यह कहना कि मैं बेख़ता[5] हूँ, ग़ालिबन आपके नज़दीक कोई मानी नहीं रखता क्योंकि आपका गुरूर है कि आपके चन्द अज़ीज़ भी मुलाज़िमे सरकार हैं और आप क़वाइद[6] से वाक़िफ़[7] हैं। मगर मुआफ़ कीजिएगा अगर मैं अर्ज़ करूँ कि आपने अपनी उम्र का सबसे बेशबहा[8] हिस्सा मेरी तरह सरकारी मुलाज़िमत में सर्फ़ किया होता तो आप इतनी बेखौफ़ी से यह अल्फ़ाज़ न लिखते। मैंने रुख़सत लेने में कोई दकीका[9] नहीं छोड़ा। दो दर्ख़ास्तें दीं, तार दिया। दर्ख़ास्तें दोनों बाद अज़ वक़्त[10] दी गईं और दोनों मेरे पास रक्खी हुई हैं। बेशक मैंने मेडिकल सर्टिफ़िकेट देने की कोशिश नहीं की लेकिन मुझे वहाँ उसके मिलने की उम्मीद भी न थी। यह इलज़ाम कि दर्ख़ास्तें क्यों बाद अज वक़्त दी गईं मेरे सर ज़्यादा से ज़्यादा 10 से है क्योंकि मेरे पहले हफ़्तए क़यामे कानपुर में तो आपने रोज़ाना वग़ैरह का कोई डाइरेक्ट तजकिरा[11] नहीं किया। ज़िक्र किया तब जब मेरी रुख़सत ख़त्म होने को आई, और फ़ैसला उस वक़्त हुआ जब कुल तीन दिन रह गए। ऐसी हालत में मेरे जैसे ज़राए[12] का आदमी बजुज़ इसके और क्या कर सकता था कि रुख़सत लेने की कोशिश बहद्दे इमकान[13] करे और न मिल सके तो मजबूरन व लाचारन अपनी नौकरी पर वापस आ जाए। आप ही फ़र्माइए, मुझे क्या ग़रज़ पड़ी थी, क्या दबाव था कि मैं पहले काम शुरू कर देता और तब भाग खड़ा होता? आपने मेरा गला नहीं दबाया था और न दबा सकते थे। आपने मुझे किसी सैक्रिफाइस पर मजबूर नहीं किया, न मैंने कोई सैक्रिफाइस की। मेरा माली फ़ायदा था। फिर ऐसा कौन अम्र[14] था जो मेरी बेदिली[15] का बाइस[16] होता? हमीरपुर में मैं ऐसे वक़्त पहुँचा जब मेरी रुख़सत तमाम होनेवाली थी। मैं 13 की शाम को चला और इतवार का दिन। डिप्टी इंस्पेक्टर दौरे पर। ग़रज़ हमीरपुर में ऐसा कोई शख़्स न था जिससे मैं सलाह-मशविरा ले सकता क्योंकि हमीरपुर में मेरे जाननेवाले गिनती के आदमी भी नहीं हैं। यहाँ भागा, और चार्ज लेने में तब भी एक दिन की देर हो गई जिसका जवाब मुझको देना पड़ा। यह है मेरा बयान हलफ़ी।'

और अब मुंशीजी उस बात पर आते हैं जो कि शायद उनके चले आने या भाग निकलने का असली कारण हो—

1. क्रोध का पत्र, 2. कृपापत्र, 3. भेंट, 4. दोषी, 5. निर्दोष, 6. नियमों, 7. परिचित, 8. अनमोल, 9. उठा नहीं रखा, 10. देर से, 11. ज़िक्र, चर्चा, 12. सावन, 13. सामर्थ्य भर, 14. बात, 15. अनिच्छा, 16. कारण

'अब दूसरे पहलू पर नज़र कीजिए। आपको मेरे भाग निकलने पर नाराज़ होने की ज़रूरत नहीं है क्योंकि जैसा अख़बार आप चाहते हैं वह कम तनख़्वाह और सफ़ों में निकल सकता है और निकल रहा है। एक मामूली सेहत और मामूली लियाकत का आदमी ऐसा अख़बार निकाल सकता है जिसमें बहुत-सा ओरिजिनल न लिखना पड़े।...'

अच्छा तो यह बात है! मुंशीजी ने दोस्ती का हक़ अदा किया है—जो काम कम पैसों में हो सकता है उसके लिए दोस्त पर ज़्यादा ख़र्च का बोझ क्यों डालो? इसी रौ में 22 मई 1914 को उन्होंने हमीरपुर से कुछ ख़ानगी बातों का हवाला देने के बाद लिखा—

'अब रही ज़माना का क़लमदान सँभालने की बात। उर्दू की हवा आजकल बिगड़ी हुई है। अख़बारनवीसी बहुत मुश्किल हो गई है। जितने मौजूदा रिसाले हैं उनमें किसी को फरोग़[1] नहीं है। सब कुत्ते की ज़िन्दगी जीते हैं। इन हालात में क्या हौसला हो। इधर 15 साल की मुलाज़मत। कुछ दिन और ज़िन्दा रहूँ तो Invalid पेंशन का हक़दार हो जाऊँ। मेरे लिए यही लाइन सबसे अच्छी है, और मुझे यहीं पड़ा रहने दीजिए। यहाँ आफ़ियत[2] है और गोशानशीनी[3] में ज़्यादा क़ाने[4] रहूँगा। इसी हालत में कुछ तसनीफ़[5] का काम भी कर सकता हूँ। अख़बार या रिसाला लेकर मैं तसनीफ का काम कुछ न कर सकूँगा। अभी रोज़ घंटा-भर लिटरेरी काम करना अच्छा मालूम होता है, लेकिन दिन-भर इसी शग़ल में कैसे रहूँगा।'

3 जून, 1914 को, जब कि स्वास्थ्य बहुत गिर चुका है और वह एक तरफ़ तबादले की कोशिश कर रहे हैं और दूसरी तरफ़ छुट्टी की दरख़ास्त दिए बैठे हैं, उन्होंने साल-भर गुज़र जाने पर फिर घड़ी की फ़रमाइश की मगर उसी ख़ूबसूरती के साथ—

'अगर आप हिसाबे दोस्ताँ के तौर पर मुझे एक वाच इनायत कर सकें तो आज़ाद की यादगार रहेगी। मगर वह वाच नहीं जिसके साथ तीन रुपए में सोलह चीज़ें मिलती है! मज़बूत घड़ी हो जो ज़्यादा नहीं तो तीन-चार साल तक तो साथ दे।'

दोस्ताने के यह तक़ाज़े चलते रहे, कभी थोड़ा मनमुटाव भी हो गया लेकिन गाँठ नहीं पड़ी। झगड़े को पोसना न इन्हें आता था न उन्हें, और दोस्ती की नींव पक्की थी।

मुंशीजी को ग़ुस्सा आते देर न लगती थी, लेकिन उतरते और भी कम देर लगती थी। मिज़ाज में एक अक्खड़पन सदा से था, और साफ़गोई की आदत थी। कोई बात नागवार मालूम होती तो फ़ौरन एक खर्रा लिख मारते, लेकिन बस एक नर्म-से ख़त या एक नर्म-सी बात की देर थी और वह पानी-पानी हो जाते।

22 मई 1914 के ख़त के सात-आठ महीने बाद जब दिसम्बर-जनवरी में छः महीने की छुट्टी लेने की नौबत आई, तो मुंशीजी एक बार फिर अपने उसी पुराने सपने की खोज में कानपुर पहुँचे। लेकिन व्यर्थ।

कानपुर से लौटने पर उन्होंने निगम साहब को लिखा—

'आप मेरे यहाँ चले आने से कुछ तरद्दुद में तो नहीं पड़े? बात यह है कि मैंने ज़माना की मौजूदा हालत को देखकर उस पर ज़्यादा बोझ डालना मुनासिब नहीं समझा। मेरा ख़याल था कि उसकी माली हालत में कुछ एस्तहकाम[6] आया होगा मगर

---

1. उन्नति, 2. शान्ति, 3. एकान्तवास, 4. सन्तुष्ट, 5. लिखने, 6. स्थिरता

जनवरी नम्बर ने मुझे वहाँ और ज़्यादा नहीं रहने दिया। मेरे चले आने से अगर ज़्यादा नहीं तो तीन सौ रुपए साल की बचत तो हो गई...'

और अब पत्र को ठेके पर लेकर चलाने की यह अन्तिम योजना निगम साहब की ओर से पेश हुई।

मुंशीजी ने बस्ती पहुँचकर जवाब दिया—'शरीकदार तो बनने के लिए मैं बना रहूँ, मगर जब तक आप नहीं बनाते, नहीं बनता। यह शबोरोज़[1] की ग़ुलामी किसे पसन्द है, मगर मआश[2] की सूरत भी तो होना ज़रूरी है।'

पन्द्रह रोज़ बाद, 10 अगस्त, 1915 को, एक लम्बे ख़त में तफ़सील से अपनी शर्तें लिखकर भेजीं जिनका सारांश यह था कि माली जिम्मेदारी सब बदस्तूर निगम साहब की रहेगी, मुंशीजी बिना कुछ लिये-दिये काम करेंगे, जब तक कि ज़माना कुछ देने क़ाबिल नहीं हो जाता। मुंशीजी ने लिखा—

'मैंने माली ज़िम्मेदारियाँ सब आप पर रक्खी हैं। इसके वजूह[3] सुनिए। मेरे पास इन छ: माह की रुख़सत के बाद आठ सौ रुपए हैं। तीन सौ रुपए मैंने तीन असामियों को अठारह फ़ीसदी सूद पर क़र्ज़ दे दिए हैं। मेरा नक़दी सरमाया इस वक़्त कुल पाँच सौ रुपया है। इसे मैं उस वक़्त तक के लिए खुरश[4] का वसीला[5] समझता हूँ जब तक कि ज़माना से मुझे कोई फ़ायदा न हो—और कौन जानता है उस मुबारक वक़्त के लिए कितने दिनों तक इन्तज़ार करना पड़े।'

ग़रीब ने अपना सारा कच्चा चिट्ठा खोलकर रख दिया, एक तरह से अपना सभी कुछ दाँव पर लगा दिया, ताहम साझेदारी न हो सकी।

आख़िरकार मुंशीजी ने झुँझलाकर पहली सितम्बर को लिखा—

'मैं जो आजिज़ हूँ, वह मातहती से। काम ऐसा करना चाहता हूँ जिसमें बजुज़ मेरी तबीयत के और किसी का तक़ाज़ा न हो। अगर जी में आवे तो रात-दिन करता रहूँ, जी चाहे तो थोड़ा ही करूँ और यह सिर्फ़ मालिकाना हैसियत में हो सकता है। साल-भर तक ठेके पर काम करना और वह भी हस्बे-शराइत,[6] और फ़राइज़[7] का बोझ गले पड़ा हो—मुश्किल है।'

इस पर शायद निगम साहब ने भी कुछ कहा होगा। उसका जवाब देते हुए मुंशीजी ने 14 सितम्बर, 1915 को लिखा—

'आपने मेरी निस्बत जो कुछ फ़र्माया है, वह बावजूद सही होने के हमदर्दी से ख़ाली है। हरेक काम जो आप छेड़ना चाहते हैं उसमें रुपए की ज़रूरत पहले ही पड़ती है। रुपया न आपके पास है न मेरे पास, बताइए काम क्योंकर चले। एंटरप्राइज ख़ाली जेब से या महज़ हवाई बातों पर तो नहीं हो सकती। आप यह तसलीम करेंगे कि इनसान को इत्तफाक़ी[8] ज़रूरियात के लिए पसमाँदा[9] रखना चाहिए। मेरे पास बस इतना ही है, इतना सरमाया नहीं जिससे कोई तिजारती मंसूबा बाँधा जाए। बस आप मुझसे ईसार[10] का तक़ाज़ा करते हैं। मैं अपने को इस क़ाबिल पाता नहीं। मेरे पास साठ रुपए माहवार का ख़र्च लगा हुआ है। वह किसी तरह गला नहीं छोड़ सकता। आप कोई ऐसी सूरत

1. दिन-रात 2. जीविका, 3. कारण, 4. खाने, 5. साधन, 6. शर्तों के अनुसार, 7. दायित्व, 8. आकस्मिक, 9. बचत, 10. त्याग

बताइए जिससे मैं अपनी रोटी हासिल करते हुए एंटरप्राइज पर ख़र्च कर सकूँ...। मैं तो अब की ही रुख़सत लेकर आपके यहाँ गया था, मगर रंग अच्छा न देखा, माली मुश्किलात नज़र आईं। इस वजह से ख़ामख़ाह उलझना फ़िज़ूल समझा। अगर अब आपकी माली हालत बमुक़ाबले साबिक़[1] बेहतर हो गई है तो आप मुझे बुलाइए, मैं हाज़िर हूँगा और बाहमी मशविरे से कोई सूरत निकालेंगे।'

मगर कहाँ, थोड़ा मनमुटाव ज़रूर हो गया, सूरत आख़ीर तक कोई न निकली और सपना सपना ही रह गया।

मुंशीजी ने मुदर्रिसी का जुआ गले में डालने के लिए कंधे फिर ढीले छोड़ दिए। और अगर इस लाइन में रहना है तो अपनी क़ाबिलियत यानी क्वालिफ़िकेशन बढ़ाना ज़रूरी है। 26 जून, 1915 के इस पत्र की पंक्ति में देखिए कैसी निराशा बोल रही है, और उदासी—

'मैंने इमसाल इंटरमीडिएट का इरादा किया है। मुझे ज़िन्दगी के तजुर्बे से मालूम होता है कि किसी लिटरेरी लाइन में बग़ैर ग्रेजुएट हुए कोई उम्मीद नहीं। इतने दिन क़िस्सा-कहानी-मज़ामीन लिखता रहा, लेकिन आज बेरोज़गार हो जाऊँ तो कोई ऐसा रिसाला या अख़बार नहीं है जो क़लील[2] मुआवज़े[3] पर भी मेरा निबाह कर सके। दस-ग्यारह साल तक मैंने रियाज़त[4] की मगर कभी फ़ैज़[5] न पहुँचा। दो-चार आदमियों के वाह-वाह से जी ख़ुश होता है। मगर महज़ इतना ही काफ़ी नहीं है। अब इसी तरह मौक़े और फ़ुर्सत के लिहाज़ से कुछ थोड़ा-बहुत लिटरेरी काम करता रहूँगा, ज़्यादा सरगर्मी बाक़ी नहीं है। तीन साल की मामूली मेहनत में ग्रेजुएट हो सकता हूँ। बुढ़ापे में आराम मिलने का सहारा हो जाएगा, हालाँकि मेरे लिए बुढ़ापे का ज़िक्र ही फ़िज़ूल है, मैं किस बूढ़े से कम हूँ!'

अब यह बात बिल्कुल साफ़ थी कि नौकरी से छुटकारा मिलना फ़िलहाल मुमकिन नहीं। रहना इसी में है।

बस्ती के इलाक़े से डर मालूम होता था। उससे भी ज़्यादा डर मुआइने की नौकरी से लगता था।

मुंशीजी ने इलाहाबाद जाकर डाइरेक्टर से मुलाक़ात की और कहा—बस्ती की आबहवा मेरे माफ़िक़ नहीं है।

डाइरेक्टर ने झल्लाकर कहा—तुम्हें न महोबा की आबहवा पसन्द न बस्ती की, किस जहन्नुम में भेज दूँ!...तुम्हारी मास्टरी की जगह चालीस की है, मंजूर है?

मुंशीजी से यकायक कोई जवाब न बन पड़ा, पूरे बीस रुपए का घाटा उठाने की सकत न थी। बोले—मुझे सोचने के लिए थोड़ा वक़्त दीजिए।

घर आकर बीवी से राय-बात हुई। तय पाया कि मंजूरी लिख दो, लेकिन साथ ही यह गुज़ारिश कि तनख़्वाह पचास दी जाए। मुंशीजी ने यही बात लिख दी। और निगम साहब को इत्तला दी—

1. पहले की अपेक्षा, 2. थोड़े, 3. वेतन, 4. अभ्यास, 5. लाभ

'कल बस्ती जा रहा हूँ। देखूँ डाइरेक्टर साहब कब तक मास्टरी पर वापस भेजते हैं। बहरहाल, इससे अब तंग आ गया हूँ और मास्टरी को इस ज़िन्दगी पर तर्जीह[1] देता हूँ। सिर्फ़ तनख़्वाह की कमी की शिकायत अलबत्ता है। अगर मुझे पचास रुपए देगा तो बख़ुशी चला जाऊँगा।'

पचास तो उसने दे दिए, मगर रक्खा वहीं बस्ती में। चलो, यह भी ग़नीमत है। घर की रोटी तो मिलेगी खाने को। तनख़्वाह भी डेढ़ महीने बाद फिर साठ हो गई। इस बार घर लिया पुरानी बस्ती में, तीन कोठरियों का, कच्चा, खपरैल का घर। किराया चार रुपए महीना। बहुत ही ग़रीब मुसलमानों की बस्ती थी। जिधर नज़र जाती थी वैसे ही उजड़े-उजड़े कच्चे मकान थे। हर तरफ़ ग़रीबी मुँह बाये खड़ी थी। गलियों में मुर्ग़ियाँ कुड़कुड़ाती फिरती थीं।

स्कूल था पक्केपूर। इक्के का किराया एक तरफ़ का इकन्नी लगता था। दोनों तरफ़ का दो आना पैसा घर से लेकर रवाना होते थे, और तरकारी-भाजी-मछली के पैसे अलग। छोटीवाली गिरई मछली खाने का ज़रूरी हिस्सा बन गई थी। स्कूल से लौटते वक़्त रोज़ ख़ुद ही यह सब सौदा-सुलुफ़ करते आते। अक्सर टहलते हुए ही घर पहुँच जाते। घर में उन दिनों पति-पत्नी के अलावा एक दो साल की बेटी थी (बड़ी बेटी नौ-दस महीने की होकर जाती रही थी) और छोटे भाई महताब, जो झाँसी की अपनी पढ़ाई बीच में ही ख़त्म करके अब फिर बस्ती से इण्ट्रैंस का इम्तहान देने की तैयारी कर रहे थे। चाची लमही रहती थीं जहाँ हर महीने उनको दस रुपए भेज दिए जाते थे।

स्कूल के हेडमास्टर भीखनलाल बहुत ज़ालिम मशहूर थे। ज़रा-सी भी ढिलाई उन्हें मंजूर न थी। मास्टरों के सर पर एक तलवार-सी लटकती रहती हरदम। मगर मुंशीजी बेख़ौफ़ अपने तरीक़े से काम करते रहते।

पढ़ाने का उनका तरीक़ा भीखनलाल को पसन्द हो या न हो, लड़कों को बहुत पसन्द था, जैसा कि वहीं बस्ती में उनके एक छात्र मुहम्मद इसहाक़ ख़ाँ ने बतलाया। मुंशीजी उनके दर्जे को उर्दू और अंग्रेज़ी पढ़ाते थे। उनके क्लास में जी कभी न ऊबता। यह नहीं कि कोर्स की पढ़ाई न होती थी, उससे छुटकारा कहाँ; ख़ास बात यही थी कि मुंशीजी बीच-बीच में लतीफ़े भी सुनाते जाते थे। मज़े में पैर उठाकर, पलथी मारकर कुर्सी पर बैठ जाते और ख़ूब रस लेकर पढ़ाते। जहाँ उन्हें लगता कि लड़के अब कुछ ऊब रहे होंगे, बस एक चुटकुला छोड़ देते और लड़के बेतहाशा हँसने लगते। लुत्फ़ की बात यह थी कि मुंशीजी ख़ुद भी पूरी बेबाक़ी से उस हँसी में शरीक रहते। डिसिप्लिन के ख़याल से शायद यह तरीक़ा बहुत ठीक नहीं था और कुछ अजब नहीं कि भीखनलाल को नागवार भी गुज़रता हो, लेकिन मुंशीजी को इसमें कोई बुराई नज़र न आती। कोई ज़रूरी बात है कि पढ़ाई को ज़्यादा से ज़्यादा नीरस बना दिया जाए? उनके लड़के जी लगाकर पढ़ते थे, हाज़िरी उनके यहाँ सबसे अच्छी होती थी, नतीजा अच्छा होता था, और क्या चाहिए। पढ़ाने का ढंग वही सही है जिसमें लड़के शौक़ से

---

1. एक से दूसरे को अच्छा या बढ़कर समझना

और दिलचस्पी से पढ़ें। अनुशासन की उनके यहाँ भी कमी न थी—पर वह अनुशासन बेंत का नहीं प्रेम का था, जो कठोर कम नहीं होता।

मुंशीजी के प्राण अपने लड़कों में बसते थे। अपने और लड़कों के बीच उन्होंने कभी दीवार नहीं खड़ी की। उनका सारा वक़्त लड़कों का था। इसी प्रेम की डोर से उन्होंने हर लड़के को अपने संग बाँध लिया था।

पढ़ना-पढ़ाना और अपना लिखना, यही उनकी सारी ज़िन्दगी थी, एकदम बँधी-टँकी, पूर्ण संयत। खेल-कूद से उन्हें मतलब न था, हाँ मैच देखना अच्छा लगता, ख़ासकर फुटबाल का। डिबेट और ड्रामा वग़ैरह में दिलचस्पी लेते, मगर बहुत पेश-पेश न रहते। ज़्यादा न उलझना चाहिए इनमें, बहुत वक़्त खानेवाली चीज़ें हैं। और वक़्त की कमी मुस्तिक़ल थी। पढ़ने-पढ़ाने से जो वक़्त बचता वह उनके क़लम का था। इसीलिए मास्टरों के आपसी रगड़ों-झगड़ों से उन्हें सरोकार न रहता और न तरक़्क़ी-तनज़्ज़ुली की अनन्त चर्चाओं में ही कुछ ख़ास रस मिलता। ख़ाली घंटों में वह शायद ही कभी टीचर्स रूम में मिलते, एक और बड़ा-सा कमरा था, कामन रूम, जहाँ एक लम्बी-चौड़ी मेज़ पर ढेरों पत्र-पत्रिकाएँ पड़ी रहतीं। वहीं चुपचाप बैठे उनके पन्ने पलटते रहते। और जब दोस्तों की सोहबत में आते तो हँसी का एक झरना साथ लिये हुए।

यहाँ पर मुंशीजी के एक साथी मौलवी अब्दुस्सत्तार थे। उन्होंने भी आगे चलकर नौकरी से इस्तीफ़ा दे दिया था—ख़िलाफ़त आन्दोलन के सिलसिले में। वह अभी ज़िन्दा हैं और उनका बयान काफ़ी गहरे पैठकर मुंशीजी को उजागर करता है—

"दुनिया में ऐसे भी वाक़यात पेश आते हैं जिनकी याद बाक़ी रह जाती है। शायद सन् 15-16 की बात है, मैं गवर्नमेंट हाई स्कूल बस्ती में टीचर था। अचानक स्टाफ में एक नए फर्द[1] का इज़ाफ़ा हुआ। बन्द गले का कोट और पाजामा जो न बहुत ढीला न तंग, सर पर साफ़ा बाँधे एक हँसमुख चेहरा नमूदार[2] हुआ। यह साहब उस वक़्त धनपत राय थे और बाद को प्रेमचन्द के नाम से आसमाने-शोहरत[3] पर आफताब[4] बनकर चमके। उनकी शख़्सियत में ऐसी जाज़बीयत[5] थी कि ख़्वाहमख़्वाह दिल खिंचा जाता था और यही वजह है कि कितने आए और कितने गए मगर उनकी तसवीर अब तक मेरे दिमाग़ के सामने उसी तरह मौजूद है गोया कि वह अभी कल का वाक़या है। मेरा उनका साथ स्कूल में साल डेढ़ साल रहा होगा। जिस क़दर ज़माना गुज़रता गया वह कशिश[6] जो उस शख़्सियत के लिए मेरे दिल में पैदा हुई थी, बढ़ती ही गई। वह आम तौर पर कम-सखुन[7] कम-आमेज़[8] देर-आशना[9] थे मगर उनके चेहरे में एक अजीब बात थी। इंतहाई संजीदगी और शराफ़त के बावजूद वह हमेशा हँसते रहते थे। ग़मो-रंज या फ़िक्रो-अन्दोह[10] को मैंने कभी उनके क़रीब नहीं देखा। ऐसा मालूम होता था कि यह एक ऐसा बालिग़-नज़र और बुलन्द-ख़याल इनसान है जिसने दुनिया को 'क्या दुनिया और क्या दुनिया का ख़सारा,[11] क्या पिद्दी और क्या पिद्दी का शोरबा' समझ रक्खा था। अपनी ख़ुद्दारी और देर-शनासी के बावजूद जो उनसे मिलता था

---

1. व्यक्ति, 2. प्रकट, 3. प्रसिद्धि के आकाश, 4. सूरज, 5. आकर्षण, 6. आकर्षण, 7. कम बोलनेवाले, 8. कम मिलनेवाले, 9. देर में हिलने-मिलनेवाले, 10. चिन्ता-दुःख, 11. नुक़सान

उससे बड़े अखलाक़[1] और खन्दापेशानी[2] के साथ पेश आते थे और हर मिलनेवाला उनसे हददर्ज़ा मुतास्सिर[3] होता था। इन्तहा दर्जे के नेक थे। किसी के मुआमले में दख़लन्दाज[4] होना उसी तरह उनकी फ़ितरत[5] के ख़िलाफ़ था जिस तरह बेकार बैठना, गप लड़ाना या और तरीक़ों से वक़्त ज़ाया[6] करना। उनके नज़दीक ज़िन्दगी के हर लमहे की क़ीमत थी। अपनी ड्यूटी बड़ी तनदिही[7] और फ़र्ज़-शनासी[8] से अंज़ाम देते थे और उससे फारिग़ होते ही ख़ामोशी से कुछ लिखने-पढ़ने में लग जाते थे। अगर्चे उनकी नस्त्र-निगारी[9] उस वक़्त भी मशहूर हो चुकी थी मगर उन्होंने कभी अपनी ज़बान से उसका तज़किरा नहीं किया और न किसी इशारे-कनाए से ज़ाहिर होने देते थे कि वह फ़ने अदब[10] में कोई ख़ास दस्तगाह[11] रखते हैं। ख़ाकसारी और मुनकसिर-उल-मिज़ाजी[12] उनकी तीनत[13] थी। उनसे मिलने और उनके साथ रहने से एक ऐसे इनसान का तख़ैयुल[14] क़ायम होता था जो अपनी ज़िन्दगी किसी बुलन्द नज़रिए के लिए वक़्फ़[15] कर चुका हो और जिसकी तकमील[16] के लिए हयात का एक-एक लमहा क़ीमती समझकर मुकम्मल[17] इनहमाक[18] और पूरी लगन के साथ मसरूफ़े-कार[19] हो। जमाने ने यह बात बाद को साबित की जो हममें से बहुत से लोग उसी वक़्त समझ चुके थे कि वह एक अजीमुश्शान[20] इनसान होंगे।"

स्कूल छूटते ही मुंशीजी अपना झोला लिये हुए रवाना हो जाते और रास्ते में सब्ज़ी मंडी से फल-तरकारी, अंडा-मछली-पान, ज़रूरत की सब चीजें ख़रीदते हुए घर जा पहुँचते। यह रोज़ का धंधा था और उनका मनपसन्द काम था। अपने घर का काम करने में शर्म कैसी? शर्म तो दूसरे का मुहताज बनने में है। अपने बच्चों में भी वह यही बात डालने की कोशिश करते थे। अपने छोटे-मोटे कामों के लिए किसी का अपने नौकरों के भरोसे बैठना उन्हें फूटी आँख न सुहाता था। अपने जीवन के अन्तिम अध्याय में जिस समय मुंशीजी बम्बई में थे, और उनके लड़के इलाहाबाद में रहकर पढ़ रहे थे, उनमें कुछ दिखावटी ठाट-बाट की शानजमाऊ प्रवृत्ति देखकर मुंशीजी ने एक बार काफ़ी झिड़की के स्वर में बम्बई से लिखा था—Don't try to play the big man's son (यह दिखलाने की कोशिश मत करो कि तुम बड़े रईसज़ादे हो...)

इन्हीं बस्ती के दिनों की दो-तीन मनोरंजक घटनाएँ शिवरानी देवी ने बयान की हैं जो मुशी जी के व्यक्तित्व पर अच्छी रोशनी डालती हैं। पहली घटना स्कूल के ज़ालिम हेडमास्टर भीखनलाल साहब से ताल्लुक़ रखती है जिनसे लोग थर-थर काँपते थे।

एक दिन की बात है। कुआर का महीना था। हथिया बरस रहा था। मकान गिर रहे थे। रह-रहकर हुम्म की आवाज़ सुनाई पड़ती। हम चार आदमी साथ

---

1. सज्जनता, 2. हँसमुखपन, 3. प्रभावित, 4. हस्तक्षेप करना, 5. प्रकृति, 6. बर्बाद, 7. परिश्रम, 8. कर्तव्यबोध, 9. गद्य-लेखन, 10. साहित्य-कला, 11. स्थान, 12. विनयशीलता, 13. स्वभाव, 14. कल्पना, 15. समर्पित, 16. पूर्ति, 17. पूरी, 18. लगन, 19. काम में लगा, 20. गौरवशाली

ही एक मकान में बैठे थे कि मकान गिरेगा तो फिर जो कुछ होगा हम साथ ही ख़तरा उठाएँगे। दूसरे रोज़ किसी तरह पानी निकला। आप स्कूल गए।

हेडमास्टर बोला—कल आप क्यों नहीं आए?

—साहब, उधर पानी बहुत तेज़ था।

—क्या आप नमक थे जो गल जाते?

—मैं नमक तो नहीं था, हाँ, मेरे पड़ोस के मकान गिर रहे थे, मुमकिन है, मेरा मकान भी गिर पड़ता।

—क्या आप रहकर उसे गिरने से रोक लेते?

—रोक तो नहीं सकता था, हाँ साथ मर सकता था।

ऐसे बेहूदा सवालों का जवाब जिस तरह देना चाहिए था, उसी तरह मुंशीजी ने उनका जवाब दिया। होगा जो होगा।

लेकिन अपने दैनिक आचरण में यह आदमी बहुत-सी बातों में दब्बू भी कहा जा सकता है।

एक बार की बात है, मैं बस्ती जा रही थी। आप बीमार ही थे। रात का समय था। पेट भारी था। हम तीन आदमी थे। गाड़ी में भीड़ बहुत थी। उनके लिए मैंने बिस्तर लगा दिया। वे लेटे हुए थे। लड़की भी सोयी हुई थी। दो मुसाफ़िर आए। बोले—औरों को बैठने की जगह नहीं, पर ये सो रहे हैं!

मैंने कहा—तुम भी कहीं बैठ जाओ।

—उनको उठा दो।

—उनकी तबीयत अच्छी नहीं है।

—जब तबीयत ठीक नहीं थी तो चले क्यों थे?

—बकबक मत करो।

—गाड़ी का किराया तुम्हीं ने दिया है?

—अच्छा, जहाँ तुम्हें जगह मिले वहाँ बैठो।

—इन्हें उठाकर बैठेंगे।

—उठाओ, मैं ज़रा देखूँ तो!

वह आगे बढ़ा। मुझे क्रोध आया। मैंने कहा—ख़बरदार, अगर आगे हाथ बढ़े तो गाड़ी के नीचे झोंक दूँगी!

हम दोनों की बातों से उनकी नींद खुल गई और उन्होंने हड़बड़ाकर उठना चाहा। मैंने कहा—आप क्यों उठते हैं?

आप बोले—उठ जाने दो, क्यों लड़ाई करती हो?

मैंने कहा—इन गधों से सीधे काम न चलेगा। ये इनसान नहीं, हैवान हैं। ये ज़ोर दिखाना चाहते हैं, मैं इन्हें झोंक दूँगी।

जब उन लोगों ने मुझे क्रोध में देखा तो दबकर खड़े रहे। वे लोग कई स्टेशन तक खड़े-खड़े ही गए। जब वे गाड़ी से उतर गए तो मुझसे बोले—तुम बड़ी दिलेर हो। मेरी हिम्मत इस तरह धमकी देने की न पड़ती...

महताब राय

कमला

अमृत राय

श्रीपत राय

with this problem & had only such members as believed in a common language it shall have brought out a magazine in a common language in different scripts. It would have been a real service. At present its activities are communal and it has failed to justify its existence.

Certainly Hindustani is not a literary language in form and magnificence & grandeur. Literary language is supposed to be something apart from the spoken language. I believe in our literary expression coming as near as possible to spoken speech. At least in drama, story & novel we can write in popular language, including biography and travel, and these branches comprise three fourths of literature & that which really matters. Your science & philosophy may be written in Sanskrit or Prakrit I don't care. As Garcin de Tassy says 'to drag Hindi to its ancient moorings is the vain effort to turn the river's flow to its source.'

About the books I have asked my son to give you an account with whom he deposited the books. You may not be aware, my both children are at Kayastha Pathshala Intermediate School and lodging in the same building as Hindustani Academy. But they are shy extremely which they seem to have inherited from me supposing I am their father. His name is Sripat Rai. If you can send for him and ask an explanation he will tell you what became of the books.

. Lekhak Sangha. Its only fruitful activity is in my opinion cooperative publication, so that every author contributing to its membership may be assured a royalty of 30 to 40%. The Hindi market is so dull and authors are so anxious to get their books published that they will come to any compromise with the publishers. If they stick to their terms & publisher refuses to publish their books, the poor fellow will be nowhere. The analogy is that

जो कि बिलकुल सही बात है। शरीर कमज़ोर था, ग़म खाकर झगड़ा बचा जाना ही ठीक समझते थे। लेकिन वहाँ नहीं जहाँ अपनी इज़्ज़त पर, आबरू पर, मरजाद पर हमला हो रहा हो। जैसी कि एक घटना उसी बस्ती में, लगभग उन्हीं दिनों हुई। इस बार सफ़र रेल का न होकर स्टीमर का था। शिवरानी देवी लिखती हैं—

एक बार की बात है, मैं बस्ती से इलाहाबाद जा रही थी। मेरी गोद में बेटी कमला सवा साल की थी। सरजू पार करना था। स्टीमर में हम बैठे थे। ऊँची बेंच पर आप थे। नीचे उनके पैरों के पास, मैं थी। वे लड़की को लेकर ऊँची बेंच पर थे। किसी महाशय से बातें कर रहे थे। इतने में बीस-पच्चीस वर्ष का एक नवयुवक आया। वह जैसे-जैसे मेरी तरफ़ बढ़ रहा था, वैसे-वैसे मैं आपके पैर के पास खिसकती जा रही थी। जब मैंने देखा तो वह बिलकुल क़रीब था। आपका पैर दबाकर मैं बोली—आप इस बदमाश को देख नहीं रहे हैं, मेरी तरफ़ बढ़ा आ रहा है।

उस बदमाश की हरकत देखकर आपको भी क्रोध आया। बच्ची को मेरी गोद में देकर उसकी गर्दन पकड़कर काफ़ी दूर तक ले गए। बोले—सरजू में झोंक दूँ?

युवक—मैंने क्या गुनाह किया है? मैं तो खड़ा था।

'खड़े होने की वहाँ गुंजाइश थी, जहाँ तुम खड़े थे? स्त्रियों के सिर पर खड़े होते हो? अगर दुबारा ज़बान निकाली तो अभी झोंक दूँगा सरजू में।'

उन्हें अत्यन्त क्रोध में जान, हाथ पकड़कर खींच लाई। उस समय आप क्रोध के मारे काँप भी रहे थे।

सफ़र की ये दोनों घटनाएँ परस्पर-विरोधी सी जान पड़ती हैं। मगर हैं नहीं, ग़ौर से देखने पर। पहली बार उनका नैतिक पक्ष दुर्बल था क्योंकि उन्हें सचमुच लेटने का हक़ नहीं था, दूसरी बार उनका नैतिक पक्ष सबल था क्योंकि स्पष्ट ही वह बदमाश उनकी पत्नी को छेड़ रहा था और प्रतिकार ज़रूरी था, औरत की आबरू मर्द की धरोहर होती है। उसमें फिर आगा-पीछा कैसा?

महोबे में सेहत जो टूटी तो टूटी ही रह गई। बस्ती का यह दो साल का रहना लम्बी-लम्बी छुट्टियों और इलाज में ही निकल गया। जब से दौरों को छोड़कर स्कूल में आ गए थे, तबीयत कुछ सँभली ज़रूर थी लेकिन कुछ ही। लिखना-पढ़ना बन्द-सा था। इन दो सालों में मुश्किल से आधा दर्जन कहानियाँ लिख पाए थे, पर हाँ, उनमें से दो उनकी बेहतरीन कहानियों में से हैं—'मरहम' जो हिन्दी में 'विस्मृति' के नाम से छपी है और 'पंचायत' जिसका नाम आचार्य द्विवेदी ने 'सरस्वती' में कहानी छापते समय बदलकर 'पंच परमेश्वर' कर दिया था।

सेहत की ऐसी हालत में इंटरमीडिएट का इम्तहान भी बड़ा जानलेवा था। तो भी इम्तहान तो देना ही था—उसके बग़ैर आगे की सब राहें बन्द थीं।

टूटता हुआ शरीर, पैसे की तंगी, बाल-बच्चे, फ़िक्रें मारे डालती थीं। हर तरफ़ हाथ-पैर मार रहे थे। जब कुछ न हुआ तो लाटरियों में भी कई बार क़िस्मत आजमाई—और शायद अपने उन्हीं नाकाम तजुर्बों की कहानी बरसों बाद ख़ूब चटखारे ले-लेकर 'लाटरी' में सुनाई।

जब उसमें भी तक़दीर न खुली तो मुंशीजी का ख़याल एक और स्कीम की तरफ़ गया, जिधर यों शायद न जाता—गवर्नरों की चौंसठपेजी जीवनियाँ लिखने की तरफ़।

कुछ हेठा-सा ही काम था, अंग्रेज़ गवर्नरों की जीवनियाँ लिखना, लेकिन जैसा कहते हैं, मजबूरी का नाम सब्र है।

मन की बहुत गिरी-पड़ी हालत में मुंशीजी ने 16 दिसम्बर, 1915 को निगम साहब को लिखा—'हम लोग बख़ैरियत हैं। चाची बनारस, बाक़ी तीन आदमी यहाँ। बाल-बच्चे न हुए, न उम्मीद न आरजू। ज़िम्मेदारियों के ख़याल से तबीयत घबराती है। मैं समझ ही नहीं सकता कि अगर आज मेरे दो-तीन लड़के होते तो उन्हें क्या खिलाता और कैसे रखता...'

ताहम ज़िन्दगी के तक़ाज़ों से छुटकारा कहाँ, मुंशीजी एफ.ए. के इम्तहान की तैयारी में लगे थे। आसान परीक्षा नहीं थी यह। चित्त को एकाग्र कर पाना स्वयं एक परीक्षा थी। दियासलाई-लालटेन बराबर सिरहाने रखी रहती, रातों को जाग-जागकर मुंशीजी छत्तीस साल की उम्र में इंटर का अपना कोर्स पूरा करने में लगे रहते।

मार्च 1916 में उन्होंने अंग्रेज़ी साहित्य, फ़ारसी, तर्कशास्त्र और आधुनिक इतिहास में इंटर की परीक्षा दी और सेकेंड डिवीजन में पास हो गए। एंट्रेंस के पूरे अठारह बरस बाद।

अपनी इसी दिमाग़ी परेशानी और छटपटाहट की हालत में मुंशीजी का ध्यान पहली बार बहुत ज़ोरों के साथ हिन्दी की ओर गया। उर्दू अख़बारों से आमदनी कुछ ख़ास नहीं थी, किताबों का हाल भी बुरा था। 'जलवए ईसार' से साल-भर में तीस रुपए मिलते थे और 'प्रेम पचीसी' छपकर तैयार होते-होते महायुद्ध शुरू हो गया था जब कि मुंशीजी के शब्दों में, जंग की धुन में शायद ही किसी को क़िस्से-कहानी का शौक़ हो। और मुंशीजी का यह डर बिलकुल सही निकला।

उर्दू की यह हालत कुछ आज की नहीं थी, एक अर्से से मुंशीजी देखते आ रहे थे, और जाने-अनजाने हिन्दी की तरफ़ उनका झुकाव बढ़ता जा रहा था। 6 फ़रवरी, 1913 को उन्होंने निगम साहब को लिखा था—'आप मुझे अपने हिन्दी डिपार्टमेंट का एडीटर समझिए। मैं अख़बारात और रिसालों से मुनासिब और दिलचस्प तर्जुमे कर दिया करूँगा। कहीं-कहीं उन पर नोट और तनक़ीद लिखूँगा। हिन्दी शोअरा की दिलचस्प और मुख़्तसर सवानेहउम्रियों का सिलसिला भी दूँगा।'

भारतेन्दु, केशव, बिहारी वाले लेख, जिनसे इन कवियों के जीवन और साहित्य का परिचय मिलता है, इसी सिलसिले की कड़ियाँ हैं।

कालिदास की कविता पर एक लम्बा लेख (जो 'ऋतु संहार' के मुंशी प्यारेलाल शाकिर-कृत उर्दू पद्यानुवाद 'अकसीरे सुखन' की भूमिका है) और 'मेघदूत' और 'विक्रमोर्वशी' के उर्दू पद्यानुवादों की लम्बी समीक्षाएँ भी इसी समय, इसी प्रवाह में

लिखी गईं और इन सबका उद्‌देश्य एक ही है—हिन्दी-संस्कृत की परम्परा से उर्दू पाठकों को परिचित कराना। मुंशीजी इसकी सख़्त ज़रूरत समझते हैं क्योंकि उनका दृढ़ विश्वास है कि उर्दू का पौधा तब तक यहाँ नहीं लहलहा सकता जब तक यह इसी देश की मिट्टी से, हवा-पानी से अपनी ख़ुराक लेना नहीं सीखता। कहते हैं—

अब इस बात को सिद्ध करने के लिए ज़्यादा दलीलों की ज़रूरत नहीं है कि नशे का-सा असर जो संस्कृत कविता हमारे दिलों पर पैदा करती है, किसी दूसरी भाषा की कविता की सामर्थ्य से परे है, विशेषतया उर्दू कविता के जिसकी उपमा उन पौधों से दी जा सकती है जो अक्सर बाग़ों में बनावटी ज़िन्दगी बसर करते नज़र आते हैं—मुर्झाये हुए पत्ते, निर्जीव पीला रंग, सिमटी हुई शाख़ें, न फल न फूल। फ़ारस का पौधा हिन्दोस्तान में लगाया गया, न वह ज़मीन न वह आबहवा, देखने से न आँखों को ताज़गी होती है न दिल को ख़ुशी।...देखिए कालिदास वर्षा ऋतु में शहद की मक्खियों का शहद जमा करना किस नर्मी और ख़ूबसूरती से दिखाता है—

तलाशे-शहद में हैं मक्खियाँ सुबुक परवाज़
मगर मिज़ाज में ये सादगी के हैं अन्दाज़
कि नाचते कहीं आते हैं जब नज़र ताऊस
फ़िज़ाएँ दश्त में फैलाए बाल-ओ-पर ताऊस
तराने गाती हुई जब क़रीब आती है
कँवल के फूलों के धोखे में बैठ जाती है
महक रही है हवा केतकी के फूलों से
बसी हुई है सबा केतकी के फूलों से
हर एक रविश पे है जमघट परीजमालों का
अजब बनाव है फूलों के गहनेवालों का
चमन में करती हुई सुब्हदम गुल अफ़शानी
लचक लचक के है पौदों को दे रही पानी
कहीं क़दम के दरख़्तों पर छा रही है बहार
हरे हरे किसी जानिब हैं नीम के अशजार

सरो, शमशाद और सनोबर के मुक़ाबले में कदम्ब और नीम और केतकी कैसे अपने जान पड़ते हैं!

और फिर अगस्त 1914 के अपने इसी लेख के अन्त में मुंशीजी ने लिखा—'काश उर्दू के कवि मौलाना शरर की तरह समझते कि इन कविताओं की नई उपमाएँ और नई बंदिशें उर्दू लिटरेचर के लिए अंग्रेज़ी और फ़ारसी लिटरेचर की लेखन-शैली से अधिक उपयुक्त हैं तो आज उर्दू शायरी को इतने ताने न मिलते और उसे इतना बुरा-भला न कहा जाता।'

यही वह ज़माना है जब मुंशीजी की जान-पहचान 'प्रताप' की बदौलत पंडित मन्नन द्विवेदी गजपुरी से हुई। धीरे-धीरे इस जान-पहचान ने आत्मीयता का रूप ले

लिया और कुछ अजब नहीं कि मुंशीजी को हिन्दी की ओर खींचने में गजपुरी जी का भी काफ़ी हाथ रहा हो। वैसे मुंशीजी ख़ुद ही परिस्थितियों से विवश होकर हिन्दी की ओर आ रहे थे। 22 मई, 1914 को उन्होंने निगम साहब को लिखा था—

'उर्दू की हवा आजकल बिगड़ी हुई है। अख़बारनवीसी बहुत मुश्किल हो गई है। जितने मौजूदा रिसाले हैं उनमें किसी को फरोग़ नहीं है, सब कुत्ते की ज़िन्दगी जीते हैं।'

फिर 4 सितम्बर, 1914 को लिखा—

'प्रताप के इसरार से मजबूर होकर एक मुख़्तसर-सा क़िस्सा हिन्दी में उसके विजयदशमी नम्बर के लिए लिखा है। हिन्दी लिखनी तो आती नहीं मगर कुछ क़लम तोड़-मोड़ दिया है।'

साल-भर और गुज़रा और 1 सितम्बर, 1915 को मुंशीजी ने जैसे अपने निश्चय की सूचना निगम साहब को देते हुए लिखा—

'अब हिन्दी लिखने की मश्क़ भी कर रहा हूँ। उर्दू में अब गुज़र नहीं है। यह मालूम होता है कि बालमुकुन्द गुप्त मरहूम की तरह मैं भी हिन्दी लिखने में ज़िन्दगी सर्फ़ कर दूँगा। उर्दूनवीसी में किस हिन्दू को फ़ैज़ हुआ है जो मुझे हो जाएगा।'

काहे की ठेस लग गई मुंशीजी को कि यह आख़िरी जुमला उनके क़लम की नोक पर उतर आया? कहीं हिन्दुत्व की इस विशेष गन्ध के पीछे उनके तत्कालीन आर्यसमाजी मन का संस्कार तो नहीं है?

'सोज़े-वतन' (1908) देशप्रेम का पहला उबाल था। उसकी पृष्ठभूमि में बंग-भंग-विरोधी स्वदेशी आन्दोलन था जिसने हिन्दुओं और मुसलमानों दोनों को अपनी तरफ़ खींचा था।

1912 में 'जल्वए ईसार' आया जब कि मुंशीजी हमीरपुर में थे और बाक़ायदा आर्यसमाज के सदस्य थे। राष्ट्रीयता की भावना उसमें भी लहरें मार रही है पर वह हिन्दू राष्ट्रीयता है। तब तक के विकास की शायद वही सीमा-रेखा है। बहुत से लोग तो अन्त तक उस रेखा को नहीं लाँघ सके। मुंशीजी ने लाँघा और अच्छी तरह लाँघा लेकिन आगे चलकर। अभी तो 'जल्वए ईसार' के बालाजी की पूरी कल्पना एक हिन्दू संन्यासी की है जिसके समस्त संस्कार, आचार-विचार हिन्दू हैं, यहाँ तक कि गोरक्षा भी मौजूद है—वैसे ही जैसे तिलक भी गोहत्या-निरोधिनी-सभा बनाना नहीं भूले।

लेकिन यहाँ पर यह भी याद रखना ठीक होगा कि 'सोज़े-वतन' और 'जल्वए-ईसार' के बीच मिंटो-मार्ले रिफ़ार्म्स हैं जिन्होंने पृथक् निर्वाचन के सिद्धान्त को मान्यता देकर, हिन्दुओं और मुसलमानों को भारतीय राजनीति में पहली बार स्पष्ट रूप से दो शिविरों में बाँट दिया।

बंगाल में तो वोट नहीं भूमि ही बाँट दी गई थी, पर तो भी दिलों को नहीं बाँटा जा सका और बंगाल के संयुक्त हृदय ने विद्रोह कर दिया।

इस बार वैसा कुछ भी नहीं हुआ, और होता भी कैसे। 1907 के सूरत अधिवेशन के बाद कांग्रेस पूरी तरह नरमदली लोगों के हाथ में आ गई। तिलक को 1907 में पकड़कर बर्मा भेज दिया गया। संघर्ष का स्वर दब चला। पहले के संचित वेग से धारा डेढ़-दो बरस जैसे-तैसे बहती रही, और फिर रुक गई।

छोटी-छोटी तलैयों में बिखरकर ठहरा हुआ पानी सड़ने लगा। फिर वह भी सूख गया और ज़मीन का सीना दरक गया। ग़ौर करने की बात है कि मिंटो-मार्ले रिफ़ार्म्स जब 1910 में आए तो उनके विरोध में कहीं कुछ नहीं हुआ, किसी तरह की कोई हरकत नहीं हुई, दरार वैसी की वैसी बनी रही।

यही दरार मुंशीजी के इस ख़त में भी बोल रही है जो उन्होंने शायद सन् 12-13 में हमीरपुर से निगम साहब को उनके प्रस्तावित साप्ताहिक 'आज़ाद' के बारे में लिखा था—

"नाम 'हिन्दू' बहुत मौजूँ था मगर शायद इस नाम का कोई पर्चा पंजाब में निकलने लगा है...अख़बार का नमूना 'कामरेड' ही हो। पालिसी हिन्दू। अब मेरा हिन्दोस्तानी क़ौम पर एतक़ाद नहीं रहा और उसकी कोशिश फ़िज़ूल है..."

लेकिन न्याय कर सकने के लिए यह भी समझना ज़रूरी है कि यह मन की केवल एक वृत्ति है, सहज अविवेकी प्रतिक्रिया किसी एक सामाजिक स्थिति की, वह मुंशीजी का सम्पूर्ण मन नहीं है। होता तो आगे का इतिहास कुछ और ही होता। और तो और, मौलाना मुहम्मद अली और उनके 'हमदर्द' के साथ मुंशीजी का जो आत्मीय सम्बन्ध इन्हीं दिनों स्थापित हुआ, वह भी शायद न हो पाता। मौलाना मोहम्मद अली सन् 14 में नज़रबन्द किए गए। उसके पहले मुंशीजी की बराबर उनसे ख़त-किताबत रही। मौलाना उनकी कहानियाँ बहुत पसन्द करते और हर कहानी के लिए एक गिन्नी मखमल की डिबिया में रखकर मुंशीजी की नज़र करते।

इनसे ज़ाहिर है कि यह 'हिन्दूपन' मुंशीजी के मन की केवल एक वृत्ति थी, एक उलझी हुई परिस्थिति की छाया—कुछ वैसी ही चीज़ जैसी, सुनते हैं, उनकी कहानियाँ पढ़कर प्रसिद्ध इस्लामी विचारक और इतिहासकार मौलाना शिबली नोमानी के साथ होती थी जो एक तरफ़ तो उन कहानियों को पढ़कर सर धुनते थे और दूसरी तरफ़ बहुत उदास होकर कहते थे—हिन्दोस्तान के पाँच करोड़ मुसलमानों में कोई ऐसा क्यों नहीं है जो प्रेमचन्द की ज़बान लिख सके...

11

अगस्त की अठारह तारीख़, शाम के पाँच बजे, बीमारी से टूटे हुए लाग़र प्रेमचन्द, अपनी खटिया-मचिया, बर्तन-भाँड़े समेत, अपनी तीन बरस की बेटी कमला और पत्नी के साथ बस्ती से गोरखपुर पहुँचे।

क्वार्टर एक रोज बाद ख़ाली होनेवाला था। लिहाज़ा उनका अपना इरादा अगले रोज़ ही रवाना होने का था। सफ़र के नाम से यों भी उनकी जान पर बनती थी और फिर इस वक़्त तो बाल-बच्चों के साथ पूरी गिरस्ती समेत सफ़र था।

लेकिन बीवी सब तैयारी कर चुकी थी और उन्हें उसी रोज़ रवाना हो जाना पड़ा। पर दिल में बराबर डर लगा हुआ था कि रात को कहीं कोई बात न हो।

और वही हुआ जिसका डर था। वहीं, उसी बरामदे में, जहाँ उस रात उन्हें ठहराया गया था उनके बड़े लड़के धुन्नू (श्रीपत) के आगमन की तैयारी हो गई। रात का वक़्त, नई जगह, न किसी से जान न पहचान, न दाई का पता न डाक्टर का। ख़ासी मुसीबत का सामना था—लेकिन जिस अपनपौ से दूसरे मास्टर लोग पेश आए, उसके कारण कोई तकलीफ़ नहीं हुई और सब कुछ बहुत आसानी से हो गया। एक साहब ने बड़ी मुहब्बत से उन्हें ले जाकर ख़ुद अपने घर में ठहरा दिया था। नई जगह के इस पहले ही परिचय से मुंशीजी का मन कृतज्ञता से भर उठा। धीरे-धीरे मुंशीजी पर यह बात खुली कि इस अपनपौ के पीछे जहाँ सब लोगों का एक साथ रहना-सहना था वहाँ हेडमास्टर बेचनलाल का व्यक्तित्व भी था।

बेचनलाल उतने ही स्नेही थे जितने बस्ती के भीखनलाल रूखे। बेचनलाल को सबके साथ घुल-मिलकर रहना अच्छा लगता था, भीखनलाल अपने और मातहतों के बीच एक दीवार खड़ी रखते। दिल जैसा भी हो, अफ़सरियत उनमें कूट-कूटकर भरी थी। एक ही मंत्र उन्होंने सीखा था जीवन में—कठोर अनुशासन। हरदम उसी का डंडा घुमाया करते। बेचनलाल दिल के नेक भी थे और मुँह के मीठे भी। अनुशासन का हाल उन्हें बस इतना पता था कि सब को जी लगाकर काम करना चाहिए, ड्यूटी में कोताही न करनी चाहिए—और विश्वास करते थे कि ऐसा ही होता होगा। अगर और किसी कारण से नहीं तो उनके इसी सरल विश्वास के कारण लोग काफ़ी जी लगाकर काम करते थे।

मुंशीजी की नियुक्ति बेचनलाल के नीचे, सेकेंड मास्टर के रूप में साठ रुपए पर हुई थी। खुली तबीयत के एक आदमी को अपने ही जैसा दूसरा मिल गया। और दोनों की चूल शुरू से ही अच्छी बैठ गई। उन्हीं की कृपा से छः महीने के अन्दर ही दस रुपए की तरक़्क़ी भी हो गई—इलाहाबाद से एक महीने की फर्स्ट एड की ट्रेनिंग लेकर लौटने पर, जिसके लिए बेचनलाल साहब ने मुंशीजी को चुना और उनकी बीवी की बीमारी के बावजूद, ज़िद करके भेजा। इसके बाद साल-डेढ़ साल और बीतने पर मुंशीजी को बोर्डिंग हाउस का सुपरिंटेंडेंट बना दिया गया। उससे और भी पन्द्रह रुपए महीने की तरक़्क़ी मिल गई।

मुंशीजी ख़ुश थे, काफ़ी ख़ुश। हेडमास्टर नेक। साथी मास्टरों में भाईचारा। लड़के स्नेही, आज्ञाकारी। और फिर जगह भी कितनी अच्छी थी। आने के साथ जी को भा गई थी। छः महीने पहले जब एक बार एक दिन के लिए आए थे तब भी मन ललचा उठा था।

पुरानी बस्ती के उस गुंजान मुहल्ले के बाद पच्चीसों एकड़ ज़मीन में फैला हुआ यह नार्मल स्कूल चीज़ ही और थी। एक तरफ़ ईदगाह का बड़ा-सा मैदान, दूसरी तरफ़ कलक्टर साहब का बँगला। मगर सब दूर-दूर। स्कूल का अपना अहाता पच्चीसों एकड़ का था। स्कूल, बोर्डिंग सब कुछ उसी के अन्दर। कहाँ मिलती है ऐसी जगह। साँस लेते दम घुटता था वहाँ—सँकरी-सँकरी सी गलियाँ, गिरते-पड़ते पुराने मकान, एक पर एक चढ़े हुए। और अब? पूरी बादशाहत समझो। जितनी चाहो खुली हवा, मस्त धूप। वाक़ई बड़ी सेहतमन्द जगह है। बच्चों को खेलने-कूदने का भी बड़ा आराम है। किसी

बात का डर नहीं। चोर-चहरी से भी नजात मिली। अलग ही एक छोटी-सी दुनिया है। शहर के पास भी और दूर भी। जाना हो तो उर्दू बाज़ार मुश्किल से दो फर्लांग और न जाना हो तो कभी न जाइए, हमें मतलब ही क्या बाक़ी दुनिया से।

गोरखपुर उसके लिए नई जगह नहीं है। यहाँ के एक-एक गली-कूचे से वह परिचित है। बचपन के कई बरस उसने यहाँ बिताए हैं। आवारागर्दी भी ख़ूब की है। 'तलिस्मे-होशरुबा' और 'हरमसरा' के क़िस्से भी यहीं पढ़े और सुने हैं। बाले मियाँ के मैदान में पतंगों का लड़ना भी घंटों यहीं देखा है और तरस-तरसकर रह गया क्योंकि ख़ुद पतंग उड़ाने के लिए पास में पैसे नहीं थे। ज़िन्दगी की पहली सिगरेट भी तेरह साल की उम्र में उसने यहीं पी है। बाज़ारू लड़कों के साथ गन्दी बातचीत के मज़े भी उसने शायद यहीं पहली बार उठाए हों। अंग्रेज़ी पढ़ाई भी उसकी यहीं शुरू हुई थी—रावत पाठशाला में। रावत पाठशाला नार्मल स्कूल से लगा हुआ है। लेकिन तब यह नार्मल स्कूल नहीं था। तब तो यहाँ बस एक बीहड़ मैदान था। रात को इधर से निकलते डर लगता था। किसी पेड़ पर कोई भूत रहता था किसी पर कोई ब्रह्मपिशाच—और किसी पर कोई चुड़ैल। रात को इधर से कोई निकलता थोड़े ही था। हाँ, दिन की धमाचौकड़ी के लिए यह मैदान अच्छा था।

गोरखपुर के साथ उसकी न जाने कितनी कड़वी-मीठी स्मृतियाँ जुड़ी हैं। यहीं से आठवीं पास करके वह अपने पिता के साथ बनारस गया था। फिर नवीं में उसका नाम लिखाया गया। फिर उसकी शादी कर दी गई। फिर पिता जी नहीं रहे। और भी न जाने क्या-क्या हुआ। अब फिर घूम-फिरकर वह इसी गोरखपुर में आ गया है। अच्छी-बुरी बहुत-सी स्मृतियाँ हैं पर उसको अच्छा लग रहा है यहाँ आकर, बहुत अच्छा लग रहा है। शरीर और मन दोनों से कुछ हल्का।

हाँ, घर में ज़रूर आए दिन बीवी की खटपट चाची से हो जाया करती है। कभी चाची मुँह में अपनी गुड़गुड़ी दबाये आकर बहू का रोना रोने लगती हैं कभी बीवी नाराज़ होकर कोपभवन में जा बैठती है। हर रोज़ कुछ-न-कुछ लगा रहता है। बड़ी साँसत में जान फँसी है। सब कुछ तो करके हार गया। कभी एक की बात ठीक मालूम होती है और कभी दूसरे की। अक़्ल चकरा जाती है। इन लोगों को तो वकील होना चाहिए था—कितनी ख़ूबसूरती से अपना मुक़दमा पेश करती हैं! समझ में ही नहीं आता किसका न्याय है और किसका अन्याय। कभी एक को समझाता हूँ कभी दूसरे को मगर कोई जैसे अपनी जगह से हिलने को तैयार नहीं है। आपने समझा बात की सफ़ाई हो गई उधर फिर कोई नया झगड़ा तैयार। क्या करे आदमी ऐसी हालत में। कोई तदबीर काम नहीं करती। बहुत बार वह चाची के पक्ष को ग़लत जानकर भी उन्हीं का साथ देता है, अगर और किसी लिए नहीं तो सिर्फ़ इसलिए कि वह बड़ी हैं, बुड्ढी हैं और बुड्ढों के स्वभाव में हठ की मात्रा अक्सर बढ़ जाया करती है। लेकिन उस सबसे भी बात कुछ बनती नहीं। दिल जब दोनों तरफ़ से फट गया हो।

लेकिन वह भी तो अब पुरानी बात हो गई है। इन झगड़ों को झेलते-झेलते अब वह थेथर हो गया है। वह भी एक स्थितप्रज्ञता है अपने ढंग की। जीने का कुछ तो उपाय करना होगा—या डूब मरे इसी दलदल में? चाची जैसी हैं, हैं। अब उन्हें बदला

नहीं जा सकता। लेकिन बीवी का मिज़ाज बदलना भी तो खेल नहीं है। वह घमंडी है, गुस्सैल है, मुँहफट है। न होती तो ज़्यादा अच्छा होता लेकिन ऐसा फ़रिश्ता कहाँ मिलता है। ऐब तो सभी में होते हैं। शासनप्रियता ज़रूरत से ज़्यादा है इसके स्वभाव में। उधर चाची अपना एक भी अधिकार छोड़ने को तैयार नहीं हैं। सारे झगड़ों की जड़ यही है। ख़ूब समझता है वह इस बात को, लेकिन करे क्या? बहू अपने घर में अधिकार कैसे न जमाए। जो कुछ वह करती है सब इसीलिए न कि घर की व्यवस्था ठीक हो जाए और हरदम की पैसे की चिन्ता से छुटकारा मिले? अच्छा ही है, नहीं तो आदमी इसी में दफ़न होकर रह जाए। कुछ काम कर सकने के लिए ज़रूरी है कि रोज़-रोज़ के खर्चों की चिन्ता से आदमी को मुक्ति मिल जाए। मन ही मन वह बहुत ऋणी है अपनी पत्नी का। लेकिन ख़ूबसूरती सब को साथ लेकर निबाह करने में है। इसीलिए समय बीतने के साथ-साथ वह इन झगड़ों से अब बिलकुल अलग-थलग रहने लगा है। तो भी इनसान ही है। मिज़ाज उसका भी तेज़ है। ग़ुस्सा जल्द आ जाता है। कभी झुँझला भी पड़ता है, बरस भी पड़ता है। और फिर अपने काम में जुट जाता है। वही उसकी असल मुक्ति है, निर्वाण है। कर्म ही जीवन का सच्चा उल्लास है, यह सत्य उसके भीतर बहुत पहले से बैठ चुका है। सुखी रहना चाहते हो तो डटकर काम करो, दिन-रात काम करो। इसलिए सास-बहू के ये झगड़े अब उसको बहुत नहीं छूते।

लेकिन एक रोज़ उन्हें चाची पर सचमुच ग़ुस्सा आया। महताब स्कूल लीविंग के इम्तहान में दूसरी बार फेल होने के बाद टाइपिंग और बुककीपिंग सीखने एक साल के लिए लखनऊ चले गए थे। मुंशीजी हमेशा की तरह वहाँ भी उनको बराबर ख़र्च भेजते रहे।

साल-भर बाद जब वह टाइपिंग सीखकर गोरखपुर लौटे तो एक रोज़ मुंशीजी को चाची की बातचीत में कुछ इस तरह का रुख़-तेवर दिखाई दिया, ऐसी कुछ गन्ध मिली कि जैसे उनके ख़याल में वह अब अपने छोटे भाई की कमाई में हिस्सा बँटाने का इरादा रखते हों। इस पर मुंशीजी ग़ुस्से से पागल हो गए और उनकी ज़ोरदार झड़प चाची से हुई। यह उनके ज़िन्दगी-भर के किए-धरे पर पानी फेरने की बात थी, बड़ा ही क्रूर आघात जिसे वह सह नहीं सके किसी तरह और उन्होंने उसी ग़ुस्से की हालत में आकर अपनी पत्नी से कहा—जिस दिन मुझे दूसरे की कमाई खानी पड़ेगी, मैं ज़हर खा लूँगा!

अक्सर बातों को हँसकर टाल देने की आदत पड़ गई थी—ज़िन्दा रहने की शर्त थी वह—लेकिन यह तो मर्म पर आघात करनेवाली बात थी। आघात हुआ। प्रतिक्रिया हुई। बरस पड़े। शान्त हो गए। गाँठ मन में नहीं पड़ी। भाई के प्रति स्नेह और दायित्वबोध उसी प्रकार बना रहा। और महताब की भी अपनी भावज से भले न बनी हो पर भाई की अवज्ञा उन्होंने भी नहीं की और मन का एक स्तर था जहाँ अन्त तक वह सहज स्नेह बना रहा।

20 मार्च, 1917 के अपने पत्र में मुंशीजी ने निगम साहब को लिखा—

'बाबू महताब राय लखनऊ से टाइप सीखकर आ गए हैं। आप इन्हें वहाँ किसी मिल या फ़र्म में इंट्रोड्यूस करा सकते हैं? अगर ऐसा हो सके तो मुझ पर ख़ास इनायत होगी।'

वह तो नहीं हो सका पर बस्ती में ही बन्दोबस्त के महकमे में उन्हें काम मिल गया। लेकिन साल-भर बाद जब इस काम के ख़त्म होने की सूरत पैदा हुई तो, मियाँ की दौड़ मसजिद तक, मुंशीजी ने फिर निगम साहब को याद किया—

'छोटक हफ़्ते-अशरे[1] में या ज़्यादा से ज़्यादा एक माह में तख़फ़ीफ़[2] में आ जाएँगे। बन्दोबस्त का काम फ़िलहाल बन्द किया जा रहा है। मुझे उनकी फ़िक्र लगी हुई है। अगर आप उनके लिए कोई काम दिलाने में मेरी मदद कर सकें तो ऐन एहसान हो। मेरे और कौन से दोस्त हैं जिनसे इनकी सिफ़ारिश करूँ। बस्ती में टाइपिस्ट थे, पैंतीस रुपए पाते थे। कानपुर के किसी कारख़ाने में अगर आपकी सिफ़ारिश कारगर हो सके तो इन्हें बाद तख़फ़ीफ़ वहाँ भेज दूँ। या वार के मुताल्लिक़ कोई ऐसा काम हो जिसमें हिन्दोस्तान के बाहर न जाना पड़े तो भी कोई उज्र नहीं है।'

सोलहों आने गृहस्थ, मुंशीजी को घर में एक-एक की फ़िक्र रहती थी।

पत्नी जब गोरखपुर पहुँचने के साथ ही, बच्चे की पैदाइश के बाद बीमार पड़ीं और ऐसी बीमार पड़ीं कि बिस्तर से लग गईं, और बच्चे को दूध पिलाने तक से मजबूर हो गईं, इतनी कि इस काम के लिए एक दाई रखनी पड़ी, उस वक़्त मुंशीजी ने घर के भीतरी काम भी तमाम अपने ऊपर ओढ़ लिये। बच्चों को सुलाना-जगाना, नहलाना-धुलाना, खिलाना-पिलाना, सभी काम उनके थे। और माथे पर शिकन नहीं, न कोई झिझक। बीच में कभी घंटा ख़ाली होता तो घर आकर देख-सुन जाते। कभी बच्चे को लिये हुए स्कूल पहुँच जाते, जहाँ लड़के उनके हाथ से बच्चे को लेकर ख़ुद खेलाने लग जाते। सब कुछ अत्यन्त सहज भाव से।

कहने का मतलब यह कि गृहस्थी की इस सब सटर-पटर, हारी-बीमारी और घरेलू झगड़े-तकरार के होते हुए मुंशीजी को अपने भीतर ज़्यादा ख़ुशी मिल रही है, जैसी कि इधर एक अर्से से नहीं मिली।

उन्हें अपनी ज़िन्दगी का नक्शा कुछ सुधरता हुआ नज़र आता है। एक तो सेहत पहले से कुछ अच्छी है, जो कि एक बड़ी बात है। स्कूल का वातावरण अधिक अनुकूल है। महावीरप्रसाद पोद्दार से मुलाक़ात हो चुकी है और उनके माध्यम से एक नई भाषा, हिन्दी, का दरवाज़ा उनके लिए खुल रहा है। प्रेमचन्द को उससे बड़ी-बड़ी उम्मीदें हैं। उर्दू जैसा हाल यहाँ नहीं है जहाँ किताब ख़ुद अपने पैसे से छपानी पड़ती थी और बिक्री की भयानक सुस्ती को देखकर बार-बार पूछना पड़ता था, किताब कुछ बिक रही या महज़ दीमकों की ख़ुराक बन रही है! साल में दो सौ प्रतियाँ बिक गईं तो समझिए कमाल हो गया। हिन्दी की हालत शायद इतनी ख़राब नहीं है वर्ना प्रकाशक उनके पीछे इतना क्यों पड़ता। शेख़ सादी पर एक छोटी-सी किताब लिखकर वह दे चुके हैं। टालस्टाय की कहानियों का अनुवाद दे चुके हैं। हिन्दी प्रेम पचीसी छप रही है। बिकती होंगी, तभी तो छापता है। अब नए नाविल के लिए जान को पड़ा है!

अच्छा लगता है मुंशीजी को यह सब, और क्यों न अच्छा लगे। लेखक को इससे ज़्यादा और चाहिए भी क्या—दिल में लिखने की उमंग है, क़लम तेज़ी से चल रहा है, छापनेवाला पैसे लिये दरवाज़े पर बैठा है, कीर्ति एक भाषा की सीमा को लाँघकर दूसरी भाषाओं में पहुँच रही है! हिन्दी तो है ही, मराठी में प्रेम पचीसी छप रही है। पत्रों में कहानियों के अनुवाद गुजराती में भी छपने लगे हैं। कितनी ही तो बातें हैं जिनसे मन में उभार आता है।

1. पखवारे, 2. छँटनी

और सबसे बड़ी बात तो यह कि राष्ट्रीय जीवन में एक नया उभार आ रहा है। बहुत दिनों की पस्ती और मुर्दनी के बाद। कैसा विचित्र संयोग है यह कि उनके स्वास्थ्य की गिरावट और राष्ट्रीय आन्दोलन की गिरावट का समय लगभग एक ही है और अब फिर एक नई जागृति आ रही है जिसे मुंशीजी फ़ौरन अपने ख़ून की रवानी में महसूस करते हैं। इस वक़्त उनकी तबीयत में जो उभार है उसमें निश्चय ही कुछ हाथ देश की इस जागृति का भी है।

उसकी तबीयत ही कुछ ऐसी बनी है। सबसे अलग-थलग व्यक्ति की अपनी छोटी-सी दुनिया में रहना उसने सीखा ही नहीं। पुराना गृहस्थ आदमी है। गृहस्थी में, गृहस्थी का होकर रहना ही उसे आता है। उसकी सब झंझटें, सब ज़िम्मेदारियाँ, सब परेशानियाँ उसे मंजूर हैं अकेले रहना मंजूर नहीं भले उसमें कितनी ही बेफ़िक्री हो। देश भी उसके लिए एक बड़े परिवार जैसा ही है। उसका हर सुख-दुख उसका अपना सुख-दुख है। जो सहज आत्मीयता की डोर उसे अपने परिवार से बाँधती है वही उसे इस बड़े परिवार से बाँधती है।

वह भूगोल का विद्यार्थी है। भूगोल उसने बरसों पढ़ा है, पढ़ाया है। भारत का मानचित्र न जाने कब से उसकी आँखों के सामने घूमता रहा है। नदी, पहाड़ सब उसे पता हैं। मातृभूमि को माँ के रूप में उसने पूजा है जो कि उसके भीतर का गहरा भारतीय संस्कार है, हिन्दू संस्कार है, स्वदेशी और अग्नियुग का संस्कार है, तिलक और बंकिम का संस्कार है। लेकिन अपने जीवन-अनुभव से वह यह भी जानता है कि हवाई देश प्रेम काफ़ी नहीं है। देश का असल मतलब है देश का आदमी, उसका सुख-दुख। वह इतिहास और समाजशास्त्र का भी विद्यार्थी है और उसे पता है कि आज़ादी के बिना कभी कोई देश उन्नति नहीं करता। शायद इसीलिए जब आज़ादी के आन्दोलन में कुछ जान आती है तो उसके भीतर भी जान आ जाती है और जब उसमें मुर्दनी छा जाती है तो जाने-अनजाने उसके मन पर भी वही मुर्दनी छा जाती है।

साधारणत: ऐसे आदमी को सक्रिय राजनीति में होना चाहिए था। आन्दोलनकर्ता के रूप में, संगठनकर्ता के रूप में। लेकिन मुंशीजी को अपनी कमज़ोरियाँ भी मालूम हैं।

सबसे बड़ी कमज़ोरी है कच्ची गृहस्थी—दो छोटे-छोटे बच्चे, पत्नी, चाची और उनका बेटा, जिन सबका अकेला अवलम्ब वह है। और दूसरी बड़ी कमज़ोरी है उसका अपना स्वभाव। राजनीति के धुरंधरों के बीच वह खप नहीं सकता। बड़े अखाड़ेबाज होते हैं सब। वह अलग ही एक दुनिया है। उस ग़रीब की तो उसमें मट्टी पलीद हो जाएगी। उसमें वही जा सकता है जिसे उन सब दाँव-पेंच में रस मिलता हो। आज़ादी की लड़ाई तो कहीं पीछे छूट जाती है, पद की लालसा ही कम हो जाती है। और फिर आए दिन के छोटे-छोटे झगड़े और गुटबन्दी—नहीं उस दलदल से दूर ही रहना ठीक है। दूर रहकर आदमी ज़्यादा अच्छी तरह चीज़ को देख सकता है और ज़्यादा बेलाग ढंग से बात कर सकता है।

यह ठीक है कि घटनाएँ उसको आन्दोलित करती हैं। इसका मतलब है कि वह यत्न करे तो अपनी उसी गहरी अनुभूति से दूसरों को भी आन्दोलित कर सकता है—लेकिन गले के ज़ोर से नहीं, क़लम के ज़ोर से।

मंच पर जाते उसे डर लगता है और भाषण देने के ख़याल से ही उसकी रूह फ़ना हो जाती है। ज़िन्दगी-भर उसकी यह कमज़ोरी बनी रही, और इस कमज़ोरी का एहसास बना रहा और उसने बराबर अपने बेटों को इस ओर से सावधान किया। यह नहीं कि ज़रूरत पड़ने पर वह बोल नहीं सकता था या उसका गला फँस जाता था। पर हाँ, उलझन ज़रूर ख़ासी मालूम होती थी। वह ख़ूब जानता है कि मंच उसके लिए नहीं है। मगर उससे क्या, क़लम तो है उसके हाथ में। उससे बढ़कर क्या चीज़ है। उसकी सबसे बड़ी ताक़त यही क़लम है। इतिहास के पन्ने पलटो तो पता चले क़लम क्या कर सकती है।

इस तरह यह विरोधाभास सामने आता है कि एक तरफ़ समसामयिक राजनीति में उसकी दिलचस्पी और जानकारी तो इतनी है कि अच्छे-अच्छे राजनीतिज्ञों की क्या होगी, लेकिन, दूसरी तरफ़, जिसे सक्रिय राजनीति कहा जाता है उससे दूर का भी सम्बध उसका नहीं है। और अगर सम्बन्ध है तो इतना ही कि वह मीटिंगों में चला जाता है, कभी कांग्रेस के दफ़्तर चला जाता है, लिखने-पढ़ने का कुछ काम हुआ तो उसे कर देता है। इससे ज़्यादा मतलब वह नहीं रखता। पर उसकी दिलचस्पी गहरी है जो उसके साहित्य में बोलती है। अपने साहित्य के माध्यम से वह अपना श्रेष्ठतम अंश देश की स्वाधीनता और उसके भविष्य को देता है।

सूरत अधिवेशन (1907) में गरमदल, तिलक के नेतृत्व में, कांग्रेस से अलग हुआ। कांग्रेस पूरी तरह गोखले और फीरोज़शाह मेहता के हाथ में आ गई और उसकी राजनीति फिर अपने उसी पुराने ढर्रे पर चलने लगी। तिलक अपने साथ जो ज्वार लाए थे वह धीरे-धीरे उतर चला। सन् 1900 में तिलक को छः साल के लिए मांडले भेज दिया गया। सन् 11 में पंचम जार्ज के राज्याभिषेक का दरबार हुआ और उसमें बंगभंग की योजना को रद्द करने की घोषणा हुई। उससे बंगाल के क्रान्तिकारी आन्दोलन की तेज़ी भी कुछ समय के लिए समाप्त हो गई।

सन् 14 आते-आते देश पूरी तरह निष्प्राण हो चुका था।

जुलाई 1914 में महायुद्ध छिड़ा। नवम्बर में जर्मन सेनाएँ फ्रांस के दरवाज़े पर थीं। इंग्लैंड-फ्रांस के लिए जीवन-मरण का संकट उपस्थित था। ऐसे समय में हिन्दुस्तान के बड़े लाट हार्डिज ने बड़ी हिम्मत करके हिन्दुस्तान से अपनी गोरी और काली फ़ौजें हटायीं और उन्हें योरोप के मोर्चों पर भेजा। साथी देशों की प्राणरक्षा हुई।

ऐसी विशेष परिस्थिति में, जो देश के लिए इतनी अनुकूल और गोरी सत्ता के लिए इतनी प्रतिकूल थी, कांग्रेस ने एक बार फिर अपने 1914 के अधिवेशन में ब्रिटिश साम्राज्य के अन्तर्गत औपनिवेशिक स्वायत्त शासन की माँग उठाई। लेकिन जो चीज़ माँगी गई और जिस तरह गिड़गिड़ाकर माँगी गई, दोनों ही से पता चलता है कि सूरत अधिवेशन के बाद की नरमदली राजनीति देश को कितना पीछे ढकेल चुकी थी—

'भारत की जनता ने वर्तमान संकट में जिस गहरी और निष्कपट राजभक्ति का परिचय दिया है उसको देखते हुए यह कांग्रेस सरकार से प्रार्थना करती है कि वह इस राजभक्ति को और भी गहरा और दीर्घजीवी करे ताकि वह साम्राज्य की एक स्थायी

और महत्त्वपूर्ण सम्पदा बन सके, और इस हेतु उसका आवेदन है कि हिज़ मैजिस्टी की भारतीय और अन्य प्रजा के बीच भेद-भाव करनेवाले खेदजनक नियम हटा लिए जाएँ, 25 अगस्त, 1911 के फ़रमान में उल्लिखित प्रान्तीय स्वायत्तशासन प्रदान करने के वचन को पूरा किया जाए और ऐसी सब आवश्यक कार्रवाई की जाए जिससे भारत को साम्राज्य-संघ के एक अंग के रूप में मान्यता और तद्नुसार सम्पूर्ण अधिकारों के स्वतंत्र उपभोग का अवसर मिले।' कांग्रेस के प्रामाणिक इतिहास के अनुसार 'यह प्रस्ताव उस समय की राष्ट्रीय आकांक्षाओं का चरम शिखर है।'

पर कितना छोटा कितना नीचा है यह शिखर! तिलक के स्वराज्य से कितनी दूर, जो बख़्शीश नहीं जन्मसिद्ध अधिकार था।

लेकिन वह बात अब तक सात-आठ साल पुरानी हो चुकी है और उन सात-आठ में से छ: साल महाराष्ट्र-केसरी मांडले के कठघरे में बन्द रहा है।

पर थी यह लज्जा की ही बात कि जहाँ गोखले और सुरेन्द्रनाथ बैनर्जी इनाम और बख़्शीश की शक्ल में वह चीज़ माँग रहे थे वहाँ एक विदेशी स्त्री, ऐनी बेसेंट, अधिकार के रूप में उसे माँग रही थी और कह रही थी कि हिन्दुस्तान अपने बेटे के ख़ून का सौदा नहीं करना चाहता।

प्रेमचन्द भी इसी बीच इन्तहाई पस्ती के दौर से गुज़रे। शरीर, मन, दोनों बिकुल टूटा हुआ।

राष्ट्रीय आन्दोलन की इसी विकट स्थिति में तिलक जून 1914 में जेल से छूटकर वापस आए। उनका सन्तोष इस राजनीति से भला क्या होता, बाहर आने के साथ ही वह अपना होमरूल का आन्दोलन लेकर मैदान में कूद पड़े। कुछ अजब नहीं कि कांग्रेस के प्रस्ताव के पीछे, जैसा कुछ भी वह था, तिलक की उपस्थिति भी एक अंकुश रही हो।

जो भी हो, इधर तिलक और उधर ऐनी बेसेंट, दोनों होमरूल की आवाज़ उठा रहे थे। लेकिन बेसेंट के जी में यह भी लगी थी कि कांग्रेस फिर बलवान हो जाए। इसके लिए तिलक और गोखले, गरमदल और नरमदल में मेल होना ज़रूरी था। बेसेंट ने इसकी पूरी कोशिश की, कुछ भी उठा नहीं रखा, लेकिन दुर्भाग्यवश मेल नहीं हो सका और इसकी बड़ी जिम्मेदारी इतिहास गोखले की दुरंगी नीति और दोमुँही बातचीत पर रखने के लिए बाध्य है। बात जब खुली, और खुलते उसे देर नहीं लगी, तो गोखले को बहुत लज्जित होना पड़ा और सम्भव है उनके अन्त को पास लाने में इस धक्के का भी कुछ हाथ हो क्योंकि इस कांड के हफ़्ते-दस रोज़ के भीतर ही 19 फ़रवरी, 1915 को गोखले का देहान्त हो गया। नवम्बर में फीरोज़शाह मेहता भी चल बसे।

देश की अब बड़ी विचित्र स्थिति थी। कांग्रेस देश की सबसे बड़ी संस्था थी। कांग्रेस का सबसे कर्मठ, सबसे बलिष्ठ अंग, गरमदल, कांग्रेस के बाहर था। नरमदली जो कांग्रेस को जैसे-तैसे ढो रहे थे अब अपने दो सबसे बड़े नेताओं को खोकर बिलकुल पथहारा हो रहे थे। गांधी का उदय भारतीय राजनीति के आकाश में अभी नहीं हुआ था। अभी तो हाल ही में वह दक्षिण अफ्रीका से लौटे थे और अपने दीक्षागुरु गोखले के चरणों में बैठकर देश की स्थिति का अध्ययन कर रहे थे।

ऐसे में कौन था जो नेतृत्व तिलक के हाथ में आने से रोक सके लेकिन बाधा यही थी कि वह कांग्रेस के बाहर थे और उनके भीतर आने की सूरत नहीं बन रही थी। तो भी शायद तिलक की उपस्थिति में ही कुछ जादू था क्योंकि सूरत के बाद एक बार फिर बम्बई कांग्रेस (1915) में जान जैसी जान दिखलाई दी बावजूद इसके कि वह केवल नरमदली लोगों का अधिवेशन था। लेकिन शायद जनता के वह सब प्रतिनिधि कट्टर नरमदली नहीं थे क्योंकि उसी अधिवेशन में कांग्रेस के विधान में ऐसा संशोधन किया गया कि तिलक और उनके गरमदल के लिए भीतर आने का रास्ता खुला।

लेकिन एक शर्त थी—तिलक साल-भर के बाद ही कांग्रेस की नीति को बदलने के लिए उद्योग कर सकते थे। लिहाज़ा तिलक और ऐनी बेसेंट ने फिर अपना-अपना होमरूल का आन्दोलन सँभाला। लम्बी नींद के बाद देश में फिर कुछ हलचल दिखाई दी।

इसी बीच देश ने एक नई करवट और ली—कांग्रेस और मुस्लिम लीग के बीच एका स्थापित करने का प्रयत्न। होमरूल के बढ़ते हुए आन्दोलन की पृष्ठभूमि में शासन-सुधार की बातें सरकार की ओर से भी होने लगी थीं। सबको विश्वास था कि लड़ाई ख़त्म होने पर इस तरह की कोई न कोई योजना ज़रूर सामने आएगी। उसके पहले इधर आपस में एका ज़रूर हो जाना चाहिए वर्ना किसी को कुछ न मिलेगा।

ज़मीन इस तरह एकता के लिए काफ़ी तैयार थी। बम्बई कांग्रेस ने पहल की। दोनों संस्थाओं के प्रतिनिधियों का सम्मेलन हुआ। योजना तैयार करने के लिए संयुक्त समिति बनी। अक्तूबर के महीने में कलकत्ते में उस समिति की बैठक हुई। योजना को अन्तिम रूप दिया गया।

अगले वर्ष कांग्रेस का अधिवेशन लखनऊ में होनेवाला था। उसी में इस योजना को पेश होना था। देश की आँखें उसी पर लगी थीं। एक बड़ी बात होने जा रही थी। सबका जी धड़क रहा था। मुंशीजी की भी आँखें लखनऊ पर लगी थीं। गोरखपुर से बस रात-भर का सफ़र था। एक वक़्त वह इन्हीं कांग्रेस के जलसों के सिलसिले में अहमदाबाद तक का धावा मार चुके थे। बहुत ज़ोर से जी लखनऊ जाने के लिए तड़प रहा था मगर राहख़र्च कहाँ से आए? सौ-पचास रुपया पास में हो तब कहीं जाकर यह शौक़ पूरा हो। 11 दिसम्बर, 1916 को उन्होंने निगम साहब को लिखा—

'दिसम्बर में लखनऊ जाने का इरादा तो करता हूँ। देखूँ ग़ैब[1] से मदद मिलती है या नहीं। इसी के लिए कई रिसालों में लिखा। एक साहब ने तो ख़बर ली, दूसरे साहब आइन्दा लेंगे। हो सकेगा जाऊँगा, नहीं तो न सही। तक़रीर मैं सुनता नहीं, और तो कोई काम नहीं। अख़बारों में पढ़ लूँगा। और क्या करूँ। जब शब-ओ-रोज़ की मेहनत पर यह हाल है तो मालूम होता है इफ़लास[2] से कभी नजात न होगी।'

बहरहाल जा नहीं सके।

अधिवेशन असाधारण रूप से सफल रहा। कांग्रेस और लीग के बीच समझौता हुआ। गरमदल और नरमदल के बीच समझौता हुआ। मंच पर रासबिहारी घोष और

---

1. अदृष्ट, 2. ग़रीबी

सुरेन्द्रनाथ बैनर्जी के साथ तिलक और खापर्डे बैठे थे। यह रासबिहारी घोष वही थे जिन्होंने नौ बरस पहले सूरत में तिलक को बोलने का मौक़ा नहीं दिया था। ऐसे कट्टर विरोधियों को आज एक साथ बैठे देखकर बहुत अच्छा मालूम होता था। मिसेज़ बेसेंट मौजूद थीं। मुसलमानों में राजा महमूदाबाद, एजाज़ रसूल और जिन्ना-जैसे लोग थे। और मौजूद थे मोहनदास करमचन्द गांधी, जिनकी कीर्ति उनसे पहले ही यहाँ पहुँच चुकी थी।

बिहार के कुछ लोग यहीं पर गांधीजी से मिले और उनसे चम्पारन के किसानों की करुण कथा कही। निलहे साहबों के अत्याचार का कहीं अन्त न था। किसानों की हालत ग़ुलामों से बदतर थी। सब ज़ुल्म सहते थे मगर चूँ भी न कर सकते थे। साहब लोग दिनदहाड़े मारकर फेंक देते थे और कोई उनका हाल पूछनेवाला न था।

आख़िरकार गांधीजी चम्पारन पहुँचे और हिन्दुस्तान में सत्याग्रह का पहला प्रयोग आरम्भ हुआ—जो कि असाधारण रूप से-सफल रहा।

वहाँ से छुट्टी पाकर गांधीजी ने गुजरात पहुँचकर खेड़ा के किसानों की लड़ाई छेड़ दी।

ये राष्ट्रीय जागरण के नए अध्याय थे—जिन्हें एक आदमी जो राजनीति की दुनिया से दूर था बैठा-बैठा बड़े ध्यान से देख रहा था। गांधीजी के आने के साथ प्रेमचन्द की पैनी आँखें उन पर गड़ गई थीं। अपने हृदय-स्थित सहज ज्ञान से उन्होंने संकेत पा लिया था कि यह आदमी ज़रूर कुछ करेगा। कुर्सीतोड़ राजनीतिज्ञों से कितना भिन्न है यह व्यक्ति जो राजनीति का पहला अर्थ जनसेवा समझता है, दुखी जनों के बीच जाता है, उनकी समस्याओं को समझने की कोशिश करता है, उनके दुख-दर्द में साथ देता है और उन्हीं को जगाकर संघर्ष में आगे ले आता है। ऐसे ही देशसेवी महात्मा की कल्पना उन्होंने 'जल्वए ईसार' में बालाजी के रूप में की थी। बाला जी विवेकानन्द थे। बाला जी तिलक थे। बाला जी गांधी थे। समय के साथ उनका रूप बदलता जा रहा था क्योंकि वास्तव में बात केवल रूप बदलने की थी, सारतत्त्व सबका एक था। उनका दिल गवाही दे रहा था कि इस तरह का काम कभी अकारथ नहीं जा सकता।

सत्य, अहिंसा, अपरिग्रह के जो आदर्श गांधीजी देश के सामने रख रहे थे वह समग्रत: उनके अपने मन के थे क्योंकि जिस रास्ते चलकर गांधीजी ने उन्हें पाया था बहुत कुछ उसी रास्ते चलकर प्रेमचन्द भी उन्हें पा चुके थे। टाल्सटाय की नीतिकथाएँ उन्होंने भी पढ़ी थीं, उनका असर अपने लिखने में लिया था और गांधीजी के रंगमंच पर आने के पहले उनमें से तेईस कहानियों का भारतीय परिवेश के अनुसार रूपान्तर करके 'प्रेम प्रभाकर' के नाम से छपा चुके थे। इनमें टाल्सटाय की लगभग सभी प्रसिद्ध नीति-कथाएँ आ गई थीं—मनुष्य का जीवन-आधार क्या चीज़ है? (दैट व्हेयरबाई मेन लिव), एक चिनगारी घर को जला देती है (नेग्लेक्ट अ फायर एंड इट बिल नाट बी क्वेंच्ड), प्रेम में परमेश्वर (व्हेयर लव इज देयर गाड इज आलसो), बाल लीला (चिल्ड्रेन मे बी वाइजर दैन देयर एल्डर्स), एक आदमी को कितनी भूमि चाहिए? (हाउ मच लैंड डज़ ए मैन रिक्वायर?), अंडे के बराबर दाना (द ग्रेन दैट वाज लाइक ऐन एग), धर्मपुत्र (द गॉडसन) आदि।

प्रेम, दया, क्षमा, परोपकार, अहिंसा, त्याग, अपरिग्रह, आत्मशुद्धि की शिक्षा उन्होंने भी टाल्सटाय से पाई थी। उसी प्रभाव में 'सेवा-मार्ग' और 'उपदेश' जैसी नीतिकथाएँ भी उन्होंने लिखीं जिनमें सेवा को ही, परोपकार को ही सबसे बड़ी सिद्धि बताया गया है।

मनुष्य में तत्त्व-वस्तु प्रेम है। प्रेम ही उन्हें जिलाता है। मनुष्य का जीवन-आधार परमात्मा है। प्रेम और परमात्मा में कोई भेद नहीं है।

कोई तुम्हें गाली दे तो सह लो, वह स्वयं पछताएगा। कोई तुम्हारे गाल पर एक चपत मारे तो दूसरा गाल उसके सामने कर दो, वह लज्जित हो जाएगा।

उत्तम तीर्थयात्रा यही है कि व्यक्ति आजीवन हर प्राणी के साथ प्रेमभाव रखकर हर समय उपकार में तत्पर रहे। प्राणिमात्र पर दया करना ही परमात्मा का दर्शन करना है।

सबसे बड़ा धन सन्तोष-धन है। असल सुख त्याग में है।

पाप से पाप नष्ट नहीं होता। घृणा से घृणा और हिंसा से हिंसा का जन्म होता है।

अपना अन्त:करण शुद्ध किए बिना दूसरों का अन्त:करण शुद्ध करना असम्भव है। जिस प्रकार खम्भे को स्थिर किए बिना छड़ नहीं मुड़ सकती उसी प्रकार अपना चित्त स्थिर किए बिना दूसरों के चित्त को अपनी ओर मोड़ना कठिन है। जिस प्रकार मद्धिम आग गीली घास को नहीं जला सकती उसी प्रकार जब तक व्यक्ति का अपना चित्त प्रकाशस्वरूप नहीं हो जाता तब तक वह दूसरे को प्रकाशित नहीं कर सकता। इसी के भीतर से गांधी-दर्शन की यह आधारशिला निकलती है कि आत्म-शुद्धि अपने अधिकारों के संघर्ष का अविभाज्य अंग है।

प्रेमचन्द के लिए ये कोरे नीतिवाक्य नहीं हैं, उनके सत्य को उन्होंने अपने चिन्तन-मनन-अनुभव से पुन: उपलब्ध किया है। उनकी सच्चाई उनके भीतर गहरे बैठते-बैठते उनकी अपनी जीवनदृष्टि, अपनी आस्था बन गई है। तभी वह उनके साहित्य में निरन्तर रक्त की भाँति प्रवाहित है। 'शंखनाद', 'पंच परमेश्वर' और 'महातीर्थ' जैसी कहानियाँ, जो इसी दौर में लिखी गईं और जिनके पीछे यही जीवनदृष्टि काम कर रही है, मन की गहरी निष्ठा से ही निकल सकती हैं।

साहित्य और जीवन के बीच यहाँ खाई या दीवार भी नहीं है। जीवन नित्य जैसा जिया जाता है वही रसायन क्रिया से साहित्य बन जाता है—प्राण का आवेग लेकर, विवेक की निर्धूम अग्नि में तपकर, स्वप्न को भविष्य बनाकर। और साहित्य में जीवन का जो उदात्त स्वरूप चित्रित होता है उसकी अन्विति स्वयं अपने जीवन में स्थापित करने की उत्सुकता कृती के मन में होती है। यह नहीं कि शिक्षा जो भी है सब दूसरों के लिए है। पहले उसे अपने जीवन में चरितार्थ करके दिखलाओ। अपना अन्त:करण शुद्ध किए बिना दूसरे का अन्त:करण शुद्ध करना असम्भव है। जब तक अपना चित्त प्रकाशस्वरूप नहीं हो जाता तब तक यह दूसरे को प्रकाशित नहीं कर सकता। साहित्य के पीछे कृती के जीवन का साक्ष्य साहित्य को शक्ति देता है।

पौ फटने से पहले ही हल-बैल लेकर अपने खेत पर चले जानेवाले किसान का अनुशासित, पर अनुशासन के आडम्बर से मुक्त जीवन ही उसका जीवन है।

मुँह अँधेरे ही वह उठ जाता है और फ़ारिग़ होकर घंटे-भर के लिए घूमने चला जाता है—और अब तो अक्सर स्कूल के लम्बे-चौड़े अहाते में ही घूम लेता है। लौटकर

आता है तब तक घर के बाक़ी लोग भी उठ गए रहते हैं। फिर वह घर के ज़रूरी काम निपटाता है। नौकर से ज़्यादा काम लेना उसे पसन्द नहीं है। अपना बिस्तर वह ख़ुद उठा लेता है। अपनी धोती वह ख़ुद छाँट लेता है। बीवी को कभी-कभी नागवार भी गुज़रती है यह बात, लेकिन वह अपनी आदत नहीं बिगाड़ना चाहता। उसे भूला नहीं है कि वह ख़ुद कभी पाँच रुपए का नौकर था। और क्या बुराई है छोटे-मोटे काम अपने हाथ से कर लेने में। अपने हाथ से पानी लेकर न पीने में कौन-सी नवाबी है। यह तो काहिलों की हरकत है। जिस आदमी के हाथ में काम करने से घट्टे न पड़े हों उसे खाना खाने का अधिकार नहीं है—टाल्सटाय की कहानी के नायक मूर्ख सुमन्त के राज्य में ऐसा ही विधान था और यह बात उसे बहुत पसन्द आई थी। रत्ती-भर शर्म नहीं है उसे कोई काम करने में। पत्ती तोड़कर बकरी के सामने डाल देता है। गाय की सानी बोर देता है। अपने कमरे में, बाहर के बरामदे में झाड़ू भी लगा लेता है। चूल्हा जला देता है क्योंकि पत्नी बीमार है और चाची को यह सब काम पसन्द नहीं है। दूध गरम कर देता है और अक्सर ख़ुद ही बच्चों का मुँह-हाथ धुलाकर उन्हें दूध भी पिला देता है। और फिर हल्का-सा कुछ नाश्ता करके अपने काम पर बैठ जाता है।

लिखने के लिए उन्हें सबेरे का वक़्त ही सबसे ज़्यादा पसन्द है। स्कूल का समय होने तक इसी तरह बैठे लिखते रहते हैं, फिर कपड़े बदलते हैं और ठीक वक़्त से स्कूल जा पहुँचते हैं।

वक़्त की पाबन्दी उनका मिज़ाज बन गई है! यहाँ तो और भी ज़रूरी है वक़्त से पहुँचना—अच्छा उदाहरण रखना चाहिए इन छात्रों के सामने जो अध्यापक भी हैं और कल के रोज़ फिर अपने स्कूल वापस पहुँच जाएँगे। उन्हें समझना चाहिए कि वक़्त बरबाद करना बहुत बड़ा गुनाह है। वक़्त की पाबन्दी के बिना कभी किसी क़ौम ने तरक़्क़ी नहीं की।

उनका एक छात्र मंजूरुल हक़ लिखता है—'...आपका नियम था कि स्कूल में आम तौर पर ठीक वक़्त पर पहुँच जाते थे। घंटा बजा और आप शायराना अन्दाज़ में निकले। अक्सर आप खुले सर, बाल बिखरे हुए, और एक कोट, जिसके बटन खुले रहते थे, और धोती पहने एक अजीब अन्दाज़ से स्कूल आते थे। लड़के जितना उनका अदब करते थे किसी दूसरे का नहीं करते थे। मेरे दर्जे को वह इतिहास पढ़ाते थे। उनका दस्तूर यह था कि ख़ुद इतिहास की पुस्तक लेकर पढ़ते चले जाते थे। चूँकि लड़के मिडिल और ट्रेनिंग पास होते थे, इसलिए ज़्यादा दिक़्क़त नहीं पड़ती थी। एक घंटे में जो कुछ पढ़ाना होता पन्द्रह मिनट में पढ़ाकर इतिहास के बारे में वह बातें बयान करते जो उस पुस्तक में न होतीं। नहीं मालूम उनकी जानकारी कितनी अथाह थी। अक्सर ऐसा होता कि जो कुछ इतिहास की पुस्तक में से पढ़कर सुनाते उसके ख़िलाफ़ इतिहास के दूसरे हवालों से बयान करते। कुछ घटनाओं के बारे में यह भी दिखलाते कि सिर्फ़ हिन्दू-मुसलमानों में फूट डालने के लिए उनको लिखा गया है।...घंटा ख़त्म होने के पहले यह भी कह देते कि देखो जो कुछ मैंने बयान किया है वह समझने की चीज़ है, इम्तहान में वही लिखना जो तुम्हारी किताब में है वर्ना फेल हो जाओगे।'

स्कूल की अपनी मजबूरियाँ थीं और ख़तरा भी कम नहीं था, लेकिन जहाँ तक मुमकिन हो राष्ट्रीय शिक्षा का काम उनसे भी क्यों न लिया जाए। मसलन् एक रोज़ उन्होंने

यह भी बतलाया—आज से साठ बरस पहले जब कम ही लोगों की नज़र इस चीज़ पर गई थी—कि सिराजुद्दौला के समय का ब्लैकहोल का वाक़या बिल्कुल मनगढ़ंत और ग़लत है। वह एक अंग्रेज़ अफ़सर की बनाई हुई कहानी है जिसका उद्देश्य केवल यह है कि बंगाल पर कब्ज़ा जमाने के लिए उनके पक्ष को नैतिक बल मिल जाए।

ग़रज़ कि उनका घंटा अजीबोग़रीब जानकारियों का घंटा होता। कोर्स की पढ़ाई तक अपने को सीमित रखने का जो तरीक़ा दूसरे मास्टरों का था, वह उनका नहीं था। और न वह चाहते थे कि लड़कों को रट्टू तोता बनाकर और किसी तरह इम्तहान पास कराके अपने कर्तव्य की इतिश्री समझ ली जाए। ख़ासकर नार्मल स्कूल के उन बड़े-बड़े लड़कों को जो ख़ुद भी मास्टर थे, अच्छे-ख़ासे जवान आदमी थे, मुल्क को उनसे उम्मीदें थीं। एक गिरे हुए, पराधीन देश को ऊपर उठाना था, आज़ाद करना था। उनके भीतर वैसी भावना का संचार उनके मास्टर का नहीं तो और किसका काम है? शिक्षा-संस्थान से नहीं तो और कहाँ से उन्हें त्याग, साहस, देशप्रेम और देशसेवा का मंत्र मिलेगा? हमारी जवान पीढ़ी आलसी हो, कायर हो, स्वार्थी हो, विलासी हो तो हम क्या इसकी जिम्मेदारी से बरी हो सकेंगे?

कोई और इन बातों को सोचे या न सोचे, मुंशीजी ज़रूर सोचते हैं और इसीलिए उनका पढ़ाने का तरीक़ा दूसरों से काफ़ी अलग है। उनकी शक्ति लड़कों को नोट लिखाने और ब्लैकबोर्ड पर नक़्शा बनाने में ख़र्च न होकर उन्हें मन और शरीर से स्वस्थ मनुष्य बनाने में ख़र्च होती थी।

पर वृत्तियों का यह संस्कार गुरु के प्रवचन से अधिक गुरु के आचरण से होता देखा गया है। वही यहाँ भी हुआ। वास्तविक संस्कार लड़कों ने अपने गुरु के स्वाभिमानी और साहसपूर्ण आचरण का लिया। उसी की स्मृति आज चालीस बरस बाद भी उनके मानस-पटल पर ज्यों की त्यों अंकित है।

प्रवचन देना उनके स्वभाव के प्रतिकूल था। उन्हें तो केवल एक सम्बन्ध का पता था—बराबरी का सम्बन्ध, मैत्री का सम्बन्ध। खुली तबीयत के आदमी थे, अपने और लड़कों के बीच किसी तरह की दूरी उन्हें मंजूर न थी। क्या घर में और क्या बाहर, अधिकार जतलाना उन्हें हद दर्जे का छोटापन मालूम होता था। वह अधिकार ही क्या जिसे जतलाना पड़े! अधिकार वह जो सहज मिले, अनायास। और वैसा ही स्नेह का अधिकार उन्हें लड़कों पर था, जैसा दूसरे किसी का न था। हर वक़्त चेहरे पर मुस्कराहट खेलती रहती। घर पर, स्कूल में, सब जगह लड़कों से बराबरी की सतह पर मिलते। उनकी हँसी-ख़ुशी में शरीक रहते। होली में बहुत बेतकल्लुफ़ी से उनके साथ रंग खेलते, ईद में उनसे गले मिलते।

बोर्डिंग हाउस के मुआइने के लिए जब वह अपने चक्कर पर निकलते तो लड़कों को उनसे डर न लगता, अपनापन मालूम होता, कि जैसे अपने ही घर का कोई बड़ा आदमी आया हो जिससे अपनी सब तकलीफ़-आराम कहा जा सकता है।

धीरे-धीरे लड़के उनको बहुत ही ज़्यादा चाहने लगे और उनका जी करता कि मास्टर साहब हमसे कोई काम लें। मगर मास्टर साहब जिन्हें नौकर तक से काम लेना बहुत पसन्द न था, लड़कों से भला क्या काम लेते—लेकिन हाँ, एक काम वह ज़रूर

दो-एक ख़ास लड़कों से लेते और बेझिझक लेते। वह था कहानियों को साफ़ करना। यह उनका बराबर का दस्तूर था। शायद इसी को वह अपनी गुरु-दक्षिणा समझते थे। जो लड़का इस काम को जितनी ही ख़ूबी से कर लाता उससे उतना ही ज़्यादा ख़ुश रहते। यह एक तरह की रिश्वत थी जिसे लेने में उन्हें दरेग़ न था।

दर्जे में, दर्जे के बाहर, सब जगह, सब समय वह आदमी एक-सा ही था—उतना ही सादा, निराडम्बर, स्नेही, खुला हुआ। सख़्त या लगती हुई बात कहना, डाँट-डपट करना, या किसी ग़लती के लिए कोई कड़ी सज़ा देना उन्हें बिलकुल नापसन्द था। भाईचारा और रवादारी ही उनका उसूल था और इन्हीं की मदद से वह बराबर अपने दर्जे में और बोर्डिंग हाउस में अनुशासन बनाए रहते थे। क्षमा की शक्ति उनके लिए कोरा नीति-वाक्य न थी। उसमें उनका गहरा विश्वास था और वह उसे अपने शासन-प्रबन्ध में बराबर बरतते थे। दर्जे में हाज़िरी पर भी कोई कड़ी पाबन्दी न थी लेकिन यह कुछ उनके व्यक्तित्व और उनके पढ़ाने के रोचक ढंग की विशेषता थी कि उनके दर्जे में उपस्थिति सबसे अच्छी रहती। उनका एक छात्र लिखता है—

"क्लास में उनके आते ही ऐसी ज़िन्दादिली पैदा हो जाती थी कि हर एक का ध्यान उनकी तरफ़ लग जाता। यह ज़रूरी न था कि जो विषय पढ़ाना है वही पढ़ाया जाए बल्कि जिस विषय की ओर उनका झुकाव या लड़कों का तक़ाज़ा हुआ उसी के बारे में बताने लग जाते। अगर क्लास में पढ़ाते वक़्त कोई हँसी की बात आ गई तो बेअख़्तियार हँसने लगते। उनको किसी का डर नहीं था। एक बार की बात है कि इंस्पेक्टर साहब मुआइने के लिए आए। बाबू बेचनलाल साहब हेडमास्टर जो बहुत सीधे आदमी थे, कुछ परेशान-से थे। तमाम लड़के भी अपनी-अपनी ड्रेस पहने हुए थे मगर हमारे उस्ताद का वही आलम था—नंगे सर, बाल बिखरे हुए, कोट का बटन खुला हुआ। इंस्पेक्टर साहब क्लास में आए मगर उसका भी कोई असर न हुआ। कुछ अंग्रेज़ी में बातचीत हुई, उसके बाद इंस्पेक्टर साहब चले गए।"

तबीयत का ऐसा खुलापन और इतनी बेलौस सादगी ज़रा मुश्किल से देखने में आती है और इसी का जादू था जो तमाम लड़कों को बेअख़्तियार अपनी तरफ़ खींच लेता था। और बर्ताव में सबके संग निष्पक्ष न्याय। इन्हीं गुणों के बल पर मुंशीजी ने काफ़ी सफलतापूर्वक पूरे तीन साल तक बोर्डिंग हाउस की सुपरिंटेंडेंटी की, वर्ना उनके बस का रोग न था वह। प्रबन्ध-कौशल में वह ख़ासे कोरे थे। लेकिन जो काम प्रबन्ध-कौशल से नहीं होता वह सद्भावना से हो जाता है—जो वह छोटे-बड़े सबको समान रूप से देते थे।

जोखू उनका अपना नौकर था। था तो बोर्डिंग हाउस का नौकर मगर कुछ पैसों के एवज़ उनके घर का काम भी करता था।

सुभान मुस्लिम मेस का बावर्ची था।

मुहम्मद स्कूल का दफ़्तरी का, जिल्दसाजी का काम करता था।

सभी के साथ उनका सलूक एक-सी नर्मी और हमदर्दी का था। अक्सर ज़रूरत पड़ने पर रुपयों से भी उनकी मदद करते। मुहम्मद दफ़्तरी बहुत दुखी-सा आदमी था जिसकी ज़िन्दगी पर उन्होंने एक अच्छी कहानी भी लिखी। ("'दफ़्तरी' बिल्कुल लाइफ़

से लिया गया है। तख़य्युल[1] का बहुत कम दख़ल है।"—इम्तयाज़ अली 'ताज' को पत्र, 25 सितम्बर, 1919) दूसरी शादी की थी। आमदनी कम और खानेवाले ज़्यादा। ऊपर से बीवी चटोरी, घमंडी, झगड़ालू। आए दिन तंगदस्ती उसे घेरे रहती। घर में महाभारत मचा रहता। ऐसी हालत में मुंशीजी और बहुतों की तरह उसकी भी मदद करते। रुपयों की वापसी के लिए कभी तक़ाज़ा न करते। तनख़्वाह मिलने पर वह ख़ुद से दे जाते तो ले लेते। इस तरह के लेन-देन में पैसे कभी डूब भी जाते। मगर उस वक़्त मुंशीजी को उन पैसों के डूबने का ग़म उतना न होता जितना बीवी की नाराज़गी और सख़्त-सुस्त बातों का डर।

अब तक जमाने के साथ-साथ उनकी राष्ट्रीय भावना का भी संस्कार हो चुका था; हिन्दू-मुस्लिम एकता की बात उनके भीतर काफ़ी गहरी जड़ जमा चुकी थी। और जिस तरह उनका कोई भी सिद्धान्त मौखिक न रहकर तत्काल उनके आचरण में दिखलाई देता था, वैसे ही इस मामले में भी उन्होंने बोर्डिंग हाउस की अपनी तीन साल की अधीक्षकता में अपनी इस छोटी-सी दुनिया में दोनों जातियों के बीच भाईचारे को मज़बूत करने के लिए कुछ भी उठा नहीं रखा। जैसा कि उनके उस वक़्त के एक छात्र मुहम्मद हनीफ़ ख़ाँ ने अपने बयान में कहा है—

"वह हिन्दू-मुस्लिम एत्तहाद के बड़े हामी थे। नार्मल स्कूल गोरखपुर में कमोबेश डेढ़ सौ मुतअल्लिम[2] तालीम हासिल कर रहे थे जिनमें तक़रीबन तीस प्यूपिल टीचर मुस्लिम थे। जुलाई सन् 16 से अप्रैल सन् 17 तक पूरे एक साल में एक भी ऐसा वाक़या नहीं आया जिसमें हिन्दू-मुस्लिम फीलिंग क़ायम हो।...कभी किसी ने ऐसा मौक़ा पैदा करना चाहा जिससे फ़िरक़ेवाराना जज़्बात[3] मुश्तइल[4] हों तो उसे आप न सिर्फ़ दबा देते थे बल्कि मुतअल्लिमों के दिलों से इस ख़याल को निकाल देने की कोशिश करते थे।"

ऊँच-नीच, हिन्दू-मुसलमान, छूत-छात—इन हिमाक़तों से उन्हें कोई मतलब न था। बहुत-से माँ-बाप को इसकी बड़ी चिन्ता रहती है कि उनके बच्चे अपने जैसों के साथ ही खेलें, नीची जात के बच्चों के साथ न खेलें और मुसलमानों से तो और भी दूर रहें। कभी गन्दी आदतें सीख जाने की दलील दी जाती है कभी बीमारियाँ लग जाने की, कभी यह कि नीच क़ौमवाले टोना-टोटका कर देते हैं, कभी यह कि क्या ठिकाना इन लोगों का, कोई ज़हर-माहुर खिला दे तो...

प्रेमचन्द को इस तरह की बातों से बेहद चिढ़ थी। उनके यहाँ बच्चों की खेल-कूद पर न उस वक़्त कोई पाबन्दी थी और न आगे कभी रही। इतना ही नहीं कि वह ख़ुद इसी तरह धूल-मिट्टी में खेलकर बड़े हुए थे, बच्चों में इस तरह भेद-भाव करना उनके नज़दीक एक भयानक सामाजिक अन्याय था और शायद उनका विश्वास था कि बच्चों के स्वस्थ मानसिक विकास के लिए यह ज़रूरी भी है कि बच्चे सब साथ खेलें-कूदें, उनके भीतर यह ऊँच-नीच का भाव डालना ख़ुद उनकी मिट्टी ख़राब करना है।

बेटी का ज़्यादा वक़्त सुभान के घर पर ही बीतता था। मौक़ा मिलते ही बेटी दो-तीन साल के धुन्नू को लेकर सुभान के घर पहुँच जाती और घंटों वहीं रही आती।

---

1. कल्पना, 2. विद्यार्थी, 3. भावनाएँ, 4. भड़के

सुभान की बेटी सरिया और बेटे सिराजू से उसकी बड़ी पक्की दोस्ती थी। मुहम्मद दफ़्तरी के बेटे ख़ुद्दन से भी उसकी काफ़ी बनती थी, लेकिन सबसे अच्छा लगता था सुभान के घर। ख़ुद्दन की माँ बहुत चिड़चिड़ी थी। सरिया की माँ ऐसी नहीं थी। और फिर वहाँ पर सरिया थी। उनके साथ घरौंदे बनाने में, गुड्डे-गुड़िया का ब्याह रचाने में बड़ा मज़ा आता था। घर में बकरियाँ पली थीं। उनके बच्चे कैसे प्यारे लगते हैं! कैसी रेशम जैसी खाल होती है उनकी! उनके कान छूने में कितना मज़ा आता है!

सरिया की माँ जहाँ सरिया और सिराजू को खाने के लिए रोटी-गुड़ देती वहाँ बेटी को भी पकड़ा देती। एक रोज़ बेटी वही रोटी लिए-लिए घर पहुँच गई। अम्मा ने देखा तो आगबबूला हो गईं और बेटी को चार-छ: झापड़ रसीद किए। लेकिन दो-चार रोज़ में बात आई-गई हो गई और फिर वही सिलसिला चल निकला।

घर के सामने सहन था, जिसे अक्सर वह ख़ुद ही रहट्ठे से साफ़ कर लिया करते थे। आम, नीम, कटहल के कई पेड़ लगे थे। उन्हीं की छाया में दो-चार कुर्सियाँ, दो-एक खाटें पड़ी रहतीं। यही उनकी बैठक और आरामगाह सब कुछ थी।

स्कूल से लौटते तो हल्का-सा कुछ नाश्ता करके अक्सर दूसरे-तीसरे दिन साग-सब्ज़ी, सौदा-सुलुफ़ लेने बाज़ार चले जाते और वहाँ से लौटते तो फिर उन्हीं पेड़ों के साये में आसन जमाते, अख़बार पलटते, पत्र-पत्रिकाएँ देखते, दोस्तों से गप-शप करते और अपने क़हक़हों से उस जगह को आबाद कर देते। तब तक शाम हो जाती और वह अपने कमरे में कुछ लिखने-पढ़ने चले जाते। फिर खाना खाते और वहीं सामने थोड़ा-सा टहलकर दस बजे के लगभग बिस्तर पर चले जाते। पेट के मरीज़ को रात को ज़्यादा देर तक जागना यों भी मना है और फिर उन्हें सबेरे मुँह अँधेरे उठना रहता।

यही उनकी रोज़ की दिनचर्या थी। एक दिन, फिर दूसरा दिन, फिर नितान्त बँधा-टँका जीवन, 'कलाकार' का नहीं किसान का, जिसके हाथ में कुदाल की जगह क़लम थी।

इन्हीं दिनों एक रोज़ अचानक उनकी मुलाक़ात रघुपतिसहाय फ़िराक़ से हुई जो आगे चलकर उम्र-भर की दोस्ती बन गई। उसकी दास्तान ख़ुद फ़िराक़ साहब की ज़बानी सुनिए—

> *आज से पचास-पचपन साल पहले पूरे हिन्दोस्तान में जो लोग उर्दू साहित्य में रुचि रखते थे, उनके पास एक ही मासिक पत्रिका पढ़ने के लिए थी—कानपुर का रिसाला 'ज़माना'।...पहले-पहल शायद सन् 10 में एक कहानी इस रिसाले में मैंने पढ़ी जिसका नाम था 'बड़े घर की बेटी'। मेरे घर में, बल्कि मुहल्ले में इस कहानी की चर्चा थी। पहली बार कोई चीज़ पढ़कर मेरी आँखों में आँसू आए थे, तो वह चीज़ यह कहानी थी। घरेलू जीवन की एक ऐसी जीती-जागती झलक इस कहानी में थी जिसकी मिसाल उस समय तक के उर्दू और हिन्दी-साहित्य में कहीं नहीं मिलती थी। सबसे बड़ी बात उस कहानी में यह थी कि वह लड़कों और लड़कियों तक को सोचने पर मजबूर करती थी। उसी समय से मुझे कुछ ऐसा मालूम होने लगा कि प्रेमचन्द आदमी के रूप में शायद कोई देवता हैं। अब तो मैं यह सोचता हूँ*

कि जिस ठेठ मानवता की झलक मुझे इस कहानी में मिली थी उससे देवता और फ़रिश्ते महरूम हैं।...

मैं स्कूल से निकलकर कालेज में आ चुका था और म्योर कालेज इलाहाबाद में बी.ए. में पढ़ रहा था। गर्मी की छुट्टियों में मैं गोरखपुर आया हुआ था और तीसरे पहर को कायस्थ बैंक की शानदार इमारत में जब मैं एक दिन पहुँचा तो मुझे अपने पुराने दोस्त महावीरप्रसाद पोद्दार वहाँ मिले। बैंक के लम्बे-चौड़े बरामदे में चारपाइयाँ और कुर्सियाँ पड़ी थीं। पोद्दार जी के साथ कोई एक और साहब बैठे हुए थे—गोरा-चिट्टा रंग, दरमियाना क़द, बड़ी-बड़ी आँखें, घनी-घनी मूँछें, सर के बाल और मूँछें कुछ सुनहरे रंग की। घुटने से कुछ ही नीचे आनेवाली धोती और छोटे साइज़ का कुर्ता पहने हुए थे। मैं पोद्दार जी से बातें करने लगा। उन साहब की तरफ़ मुख़ातिब भी न हुआ, न उनका परिचय पोद्दार जी ने कराया।

ओंकार प्रेस से मशहूर लोगों के संक्षिप्त जीवनचरित की एक पुस्तकमाला निकल रही थी जिसकी हर किताब का दाम चार आना होता था। इसी पुस्तकमाला की बात चल गई। मैंने यह राय ज़ाहिर की कि हिन्दोस्तान के मशहूर लोगों के जीवनचरित छापकर इस पुस्तकमाला ने अच्छा काम किया लेकिन अब्राहम लिंकन जैसे भारतीय जनता में अपरिचित लोगों का जीवनचरित छापना बिल्कुल बेकार है। मेरी यह बात सुनकर पोद्दार जी के पास जो साहब बैठे हुए थे उन्होंने बड़े ज़ोर का क़हक़हा मारा और बिना परिचय हुए ही मुझसे कहने लगे—आख़िर लिंकन ने क्या कुसूर किया है कि उनको इस पुस्तकमाला में जगह न दी जाए?...

फिर प्रेमचन्द का ज़िक्र आया और मैं जो कई वर्षों से गहरे तौर पर प्रेमचन्द की कहानियों से प्रभावित हुआ था, प्रेमचन्द के प्रति अपनी श्रद्धा और प्रशंसा के भाव प्रकट करने लगा। बीच ही में पोद्दार जी ने कुछ रहस्यपूर्ण स्वर में मुझसे पूछा—आप प्रेमचन्द से मिलेंगे? मुझे यह बात इतनी अनहोनी मालूम पड़ी कि उनकी बात का विश्वास ही नहीं हुआ। मैंने कहा—मैं तो यह भी नहीं जानता कि प्रेमचन्द कौन हैं और कहाँ रहते हैं। मैं उन्हें कैसे देख सकूँगा...

मैं यह कहना चाहता हूँ कि प्रेमचन्द के नाम का जो असर मेरी कल्पना पर था, प्रेमचन्द को देखकर उस असर को कुछ ठेस-सी लगी। मैं यह समझता था कि इतना महान लेखक सूरत-शक्ल और लिबास में इतना सादा और दूसरे आदमियों की तरह का न होगा। मैं एक बहुत रोबीले और ठाट-बाट के आदमी की कल्पना को अपने दिल में पाले हुए था।

फ़िराक़ के पिता मुंशी गोरखप्रसाद 'इबरत' शायर थे, ज़िले के नामी वकील थे, ढेरों पैसा कमाया और शराब-कबाब में उड़ाया था।

अपनी दास्तान जारी रखते हुए 'फ़िराक़' कहते हैं—

प्रेमचन्द का घर मेरे लिए दूसरा घर हो गया था। तीसरे पहर को मैं रोज़ ही उनके घर पर पहुँच जाता था। आम तौर से मकान के बाहर सहन में दो-तीन कुर्सियाँ पड़ी रहती थीं और प्रेमचन्द एक कुर्सी पर बैठे होते थे, मैं भी आकर बैठ जाता था, बातें शुरू हो जाती थीं और घंटों तक होती रहती थीं।

इन बातों के दौरान में मुझे अनुभव होने लगा कि प्रेमचन्द उर्दू कविता से बहुत कम प्रभावित होते थे। वह कुछ ऐसे बने ही थे कि उर्दू ग़ज़ल की नज़ाकतें और लताफ़तें उनके पल्ले बहुत कम पड़ती थीं। इससे मेरे दिल को चोट लगती थी। वह ऐसे साहित्य के बहुत कम क़ायल थे जिसमें रूप और प्रेम या ऐन्द्रिक प्रेरणाओं को सबसे बड़ा महत्त्व दिया जाता है। स्त्री उनके लिए बहन, बेटी, माँ, पड़ोसिन, सहकारी, जीवन-साथी, गृहलक्ष्मी, देवी, सब कुछ हो सकती थी, और ऐसी स्त्री के चरित्र भी उनकी रचनाओं में कई एक मिलते हैं। लेकिन ऐन्द्रिकता के बल पर छा जानेवाली हस्ती के रूप में स्त्री का चरित्र उनकी चेतना में न आ सकता था। प्रेमचन्द त्यागी या वैरागी आदमी नहीं थे लेकिन यह भी बात थी कि ऐन्द्रिक प्रेम को वह महत्त्व नहीं दे पाते थे। वह शेक्सपियर के सानेटों, उर्दू-फ़ारसी की ग़ज़लों, शेक्सपियर के अनेक नाटकों, यानी कि विश्व-साहित्य के उस हिस्से को जिसमें ऐन्द्रिक प्रेम एक बड़ी और दैवी शक्ति बन गया है, अपना नहीं पाते थे। टाल्सटाय के नाविल 'ऐना करेनिना' की वह मुक्त कंठ से प्रशंसा करते थे। टाल्सटाय के क़लम का जादू उन पर चल गया था लेकिन जैसा कि मैंने अपने एक शेर में कहा है—'बात वो कह ऐ इश्क़, कि सुनकर सब क़ायल हों, कोई न माने' —कुछ इसी तरह की प्रतिक्रिया उन पर 'ऐना करेनिना' पढ़कर हुई थी।

मैं स्वयं प्रचंड ऐन्द्रिक प्रेरणाओं के ऐसे झक्कड़ों का शिकार रहा हूँ जो ज़िन्दगी को जड़ से उखाड़ फेंकने की ताक़त रखते थे, लेकिन मैं अब इस नतीजे पर पहुँचा हूँ कि ऐन्द्रिकता और जीवन की दूसरी महान् प्रेरणाओं में जब तक मेल नहीं होगा, ऐन्द्रिकता आदमी को ले डूबेगी।...

आम तौर से दो-ढाई घंटा दिन रहे मैं प्रेमचन्द के पास जाया करता था और जब दिन डूबने को होता तो वह एक बनारसी गमछा हाथ में लेकर रोज़ पास ही के उर्दू बाज़ार में तरकारी ख़रीदने चले जाया करते थे और मैं अपने घर लौट आता था।

प्रेमचन्द अब कभी-कभी मेरे घर भी आने लगे थे। उनके घर और मेरे घर में कुल दो सौ गज का फ़ासला था, बल्कि मेरे घर से उनका घर दिखाई पड़ता था। एकाध बार मेरे पिता जी से भी वह मिले लेकिन यह मुलाक़ात कुछ रस्मी क़िस्म की रही।

पर फ़िराक़ के बड़े भाई गनपत सहाय से, जो तपेदिक़ के शिकार होकर जल्दी ही दुनिया से उठ गए, ज़्यादा राह-रस्म थी। मुंशीजी गाहे-बगाहे उनके पास

से मदाम ब्लावाट्स्की और कर्नल ओलकाट की लिखी हुई थियोसोफ़ी की किताबें लाकर पढ़ते थे।

प्रेमचन्द और फ़िराक़ के स्वभाव में अधिकतर बातें बिल्कुल विरोधी थीं लेकिन यह चीज़ उनको एक-दूसरे के पास आने से न रोक सकी बल्कि शायद इस में सहायक ही हुई। जब भी फ़िराक़ गोरखपुर में होते उनकी लगभग हर शाम मुंशीजी की सोहबत में बीतती। घंटों उनकी बैठक चलती और साहित्य, समाज, राजनीति, सब पर ख़ूब तेज़-तेज़ बातें होतीं। प्रेमचन्द की जानकारी इनके बारे में अथाह थी लेकिन फिराक़ के पास हर सवाल पर एक अछूती मौलिक दृष्टि रहती जो मुंशीजी को बहुत आकर्षक लगती।

फ़िराक़ ने अभी लिखना शुरू ही किया था लेकिन प्रेमचन्द को उनकी प्रतिभा पहचानते देर नहीं लगी और जैसा कि उनका स्वभाव था, वह फ़िराक़ को सामने लाने का यत्न करने लगे। निगम साहब को उन्होंने लिखा—'आज की डाक से एक मज़मून भेजता हूँ। एक नज़्म भी है जो मेरे क़ाबिल दोस्त बाबू रघुपति सहाय ने भगवद्गीता की दसवीं मंज़िल से तर्जुमा की है। यह इमसाल डिप्टी कलेक्टरी में नामजद हो गए हैं। इल्म-दोस्त आदमी हैं। शेरो-सुख़न की चर्चा पसन्द है। हाँ, इस नज़्म में कुछ नौमश्क़ी[1] की फ़रोगुज़ाश्तें[2] रह गई हैं। क्या अच्छा हो कि आप मुंशी नौबतराय या किसी दूसरे उस्ताद से इसकी तसहीह[3] करा लें।'

यह दिखाने की या महज़ रस्मी दिलचस्पी न थी। महीने-भर बाद मुंशीजी ने निगम साहब को फिर लखा—'बाबू रघुपति सहाय आजकल कानवोकेशन के जलसे में गए हुए हैं।... आदमी सुख़नफ़हम[4] हैं। दिमाग़ फ़लसफ़ियाना[5] है। मुस्तैद हैं। मगर ज़रा मुतलव्विन[6] हैं।'

अच्छाई-बुराई कुछ भी नज़र से छिपती न थी लेकिन निगाह ठहरती अच्छाई पर थी।

नई प्रतिभा को पहचानने, सँवारने और सामने लाने में मुंशीजी ने कभी आलस्य नहीं किया। आजीवन काम के बोझ से दबे रहे लेकिन जैसे भी हुआ इसके लिए समय निकाला। दर्जनों नई प्रतिभाओं को सामने लाए (हिन्दी की एक पूरी पीढ़ी उनके हाथ की सँवारी हुई है) जिनमें से अनेक आगे भी साहित्य में चलीं और जो नहीं चल सकीं वह प्रोत्साहन की कमी नहीं बल्कि अपनी किसी आन्तरिक दुर्बलता के कारण।

नए लेखक को सँवारने और आगे लाने की उनकी अपनी ही शैली थी। बड़े अनुभव और बड़ी अन्तर्दृष्टि से अर्जित। वह जानते थे कि नए लेखक को अपनी रचना के प्रति कैसी विशेष ममता, कैसा असाधारण मोह होता है। दुनिया को वह अपने सामने धूल समझता है। आसमान के तारे तोड़ लाने के मंसूबे उसके दिल में होते हैं। अपनी कम या ज़्यादा प्रतिभा के बल पर वह अपना अश्वमेध का घोड़ा छोड़ता है। किसकी हिम्मत है जो उसे हाथ भी लगा सके। अपनी आलोचना के प्रति अक्सर वह बहुत असहिष्णु होता है। इतना अहंकार ठीक नहीं। लेकिन उसको दुहत्तड़ मारकर तोड़ा नहीं जा सकता, धीरे-धीरे ही उसका संस्कार सम्भव है। दुहत्तड़ मारने में ख़तरा है क्योंकि उसके दो ही नतीजे निकल सकते हैं—या तो अहंकार और भी भयानक रूप ले ले या उस अहंकार के साथ-साथ लेखक भी हमेशा के लिए टूट जाए।

---

1. नौसिखियेपन, 2. भूलें, 3. संशोधन, 4. साहित्यरसिक, 5. दार्शनिक, 6. झक्की

इसलिए फूँक-फूँककर आगे बढ़ना होगा। और मुंशीजी ने इसकी एक बिल्कुल मुंशियाना तरकीब निकाली। जहाँ प्रतिभा का बीज नज़र आता वहाँ पहले ख़त या पहली मुलाक़ात में तो वह रचना की दुर्बलताओं को एक सिरे से पी जाते और चार हाथ आगे बढ़कर तारीफ़ करते, जो उस नए लेखक को निरस्त्र करने के लिए बहुत काफ़ी होता। धीरे-धीरे, सामीप्य बढ़ने पर, कमज़ोरियों की तरफ़ उसका ध्यान दिलाते। लेकिन वह भी ऊँचे आसन पर बैठकर नहीं, मित्रता के धरातल पर, बराबरी के धरातल पर। बहुतों ने इस बात को लिखा है। लेकिन दूसरों की कौन कहे जब कि ख़ुद अपने बच्चों के साथ, नौकरों के साथ, मातहतों के साथ, सब के साथ उनका यही ढंग था। उन्हें शायद दो इनसानों के बीच दूसरे किसी सम्बन्ध का पता ही न था। बड़प्पन की भंगिमा से अधिक गर्हित उनके समीप और कुछ न था।

उनके छोटे लड़के अमृत ने लिखा है—

> *मैं अपनी बात कहता हूँ : वह मेरे सबसे प्यारे दोस्त थे। मुझे याद ही नहीं आता कि उन्होंने कभी किसी बात पर एक कड़ा शब्द भी मुझसे कहा हो। यहाँ तक कि पढ़ने के लिए भी नहीं। हाँ, अगर इस सिलसिले की कोई बात मुझे याद है तो यही कि एक बार जब मैं छुट्टी का दिन-भर गल्ली-गबाड़ी में गँवाकर शाम को कमरे में बैठा भूगोल का होमवर्क कर रहा था, जो कि अगले रोज़ मास्टर साहब को दिखलाना था, तो उन्होंने डाँटकर मुझे कमरे से बाहर कर दिया था और कहा था, जाओ खेलने, शाम को कभी घर में मत रहा करो...मुझको अच्छी तरह याद है कि हम लोग बाबू जी के संग खाना खाने के लिए कितना ललकते थे और किसी दिन उनके बग़ैर न खाते थे, रात दस-दस बजे तक बैठे उनकी राह देखा करते। नींद से आँखें झँपी जातीं, कभी-कभी तो हम सो भी जाते, मगर तब भी उनके संग खाना खाने का लोभ सँवरण न कर पाते थे। यह बात देखने में छोटी मालूम पड़ती है मगर इतनी छोटी नहीं है। बाप-बेटे में इतनी सहज और गहरी मैत्री, बराबर के दोस्त जैसी, कम ही देखने में आती है। हर छोटी-बड़ी बात में यह मैत्री दिखाई देती है। मुझे याद आता है, सन् 35 के दिनों की बात है। मेरी उम्र तब चौदह के आसपास थी, इलाहाबाद में रहता था, हाई स्कूल में पढ़ता था, और प्रेमचन्द बम्बई से लौटकर बनारस आ गए थे। मैंने तब साल-डेढ़ साल पहले लिखना शुरू ही किया था और अपनी एक कहानी बाबू जी के पास उनकी राय और सलाह के लिए भेजी। वह कहानी कुछ ऐसी थी जिसमें करुण रस की स्रोतस्विनी बहाने के उद्देश्य से मैंने अपने सभी प्रधान पात्रों को मौत के घाट उतार दिया था। मृत्यु से अधिक करुण तो कोई चीज़ होती नहीं, अगर करुण रस का पूर्ण परिपाक करना है तो कहानी में दो-चार मौतें तो होनी ही चाहिए! लिहाज़ा नायक-नायिका सब मर गए। यहाँ से वहाँ तक लाशें ही लाशें नज़र आती थीं। बाबूजी ने कहानी पढ़कर बड़े दोस्ताना अन्दाज़ में मुझे लिखा कि कहानी तो अच्छी है, बस एक बात है कि इतनी*

मौतें न हों तो अच्छा क्योंकि ऐसी कहानियाँ कमज़ोर मानी जाती हैं जिनमें लेखक को करुणा पैदा करने के लिए मौत का सहारा लेना पड़ता है। वैसे मैं ख़ुद इसी मर्ज़ का शिकार हूँ। बाक़ी सब बहुत ठीक है।

बाक़ी उसमें था ही क्या, निरी बचकानी कोशिश थी। लेकिन मैंने बहुत सुपीरियर अन्दाज़ में उनको जवाब लिखा कि हाँ, जो बात तुम लिखते हो वह आम तौर पर सही हो सकती है लेकिन जहाँ तक इस कहानी का ताल्लुक़ है, ये मौतें बचाई नहीं जा सकतीं क्योंकि कहानी का यही तर्क है! इसी क़िस्म की कोई बात मैंने लिख दी जिसके बाद वह चुप हो रहे। और करते भी क्या!

छोटे से छोटे लेखक से भी मुंशीजी बराबरी की सतह पर आकर ही बात कर सकते थे और उसी की एक छोटी-सी मिसाल है यह कि अपने बेटे से बात करते समय भी, जिसे अभी क़लम पकड़ने का शऊर भी नहीं था, उन्होंने वह एक छोटा-सा, पर उनके मन को किस ख़ूबी के साथ खोल देनेवाला वाक्य लिखना ज़रूरी समझा—वैसे मैं ख़ुद इसी मर्ज़ का शिकार हूँ। यह वाक्य लिखते ही जैसे सब दूरियाँ मिट गईं और ऐसा लगा कि वह गले में बाँहें डालकर बात करने लगे। दूसरा ढंग उन्हें नहीं आता था। छोटे-बड़े का सम्बन्ध उनके मिज़ाज के लिए बनावटी और तकलीफ़देह था।

फ़िराक़ के साथ भी उनकी ऐसी ही दोस्ती थी और बहुत अच्छी साहित्यिक दोस्ती थी। बहुत खुली हुई। फ़िराक़ शायर थे, ग़ज़लें कहते थे, अपनी और दूसरों की ढेरों ग़ज़लें सुनाते थे लेकिन मुंशीजी उनकी तरफ़ कम ही पसीजते थे। मन का साँचा ही कुछ ऐसा बन गया था कि अक्सर ग़ज़लों का जादू उन पर न चलता। आशिक़ी-माशूक़ी की गर्म और ठंडी साँसें, माशूक़ की एक-एक अदा और अंगों के एक-एक मोड़ को चटखारे ले-लेकर बयान करना, हिज्र में आशिक़ का गरेबाँ चाक करना और छाती कूटना—यह सब मुंशीजी को एक आँख न भाता था। हाँ, ग़ालिब की बात और थी। वह कुछ कहता था। उससे दिल को एक नई गहराई और दिमाग़ को एक नई रोशनी मिलती थी। वह इनसान को ऊपर उठाता है। साहित्य एक गम्भीर दायित्व का नाम है। टेसुए बहाना साहित्य नहीं है। वह सिर्फ़ एक तरह की दिमाग़ी खुजली है। कोई अपनी खुजली मिटाने के लिए लिखना चाहता है, लिखे, उसको अख़्तियार है और हम शिकायत भी नहीं कर सकते। लेकिन फिर उस चीज़ को वह हमारे सामने क्यों लाता है? शिकायत हमें इस बात से है। इक़बाल को देखो। उसकी शायरी साहित्य है। ऊँचे से ऊँचा साहित्य, जिससे क़ौमों की तक़दीर बना करती है। इक़बाल को उन्होंने ख़ूब पढ़ा है। इक़बाल उन्हें बेहद पसन्द है। इसीलिए अब उन्हें शायरी की ज़बान में कुछ कहने की ज़रूरत पड़ती है तो वह बड़े मज़े में अपनी बात की सनद के तौर पर सीधे जाकर इक़बाल का कोई फ़ारसी या उर्दू शेर उठा लाते हैं।

इसे एक संयोग ही कहना चाहिए कि उधर इक़बाल भी प्रेमचन्द की कहानियों पर इसी तरह जान देते थे। सन् 15 में जब 'प्रेम पचीसी' कानपुर से छपी तो इक़बाल ने फ़ौरन उस पर अपनी बहुत अच्छी और लम्बी सम्मति भेजी जिसे काफ़ी प्रचारित भी किया गया।

लेकिन फ़िराक़ का रंग कुछ और था। मुंशीजी के मन को जीतने के लिए वह काफ़ी माथापच्ची करते, एक से एक साफ़-सुथरी, चुस्त, ख़ूबसूरती से तराशी हुई चीज़ें सुनाते लेकिन मुंशीजी टस से मस न होते। देश और समाज की ज़िन्दगी से हटकर साहित्य का उनके लिए कोई अर्थ न था। यह अगर उनकी एकांगिता थी, तो थी। क्योंकि इतनी बात मुंशीजी से ज़्यादा अच्छी तरह और कोई न जानता था कि उनका लिखना अवकाश को भरने के लिए नहीं है, उन्हें लिखने के लिए अवकाश पैदा करना पड़ता था और वह इसी तरह पैदा होता था कि उन्होंने अपनी ज़िन्दगी से और सब बातें काटकर निकाल फेंकी थीं और एकान्त भाव से साहित्य-रचना में लग गए थे। यह एक गृहस्थ योगी की, साधक की, भक्त की निर्मम कृच्छ-साधना थी। साहित्य को किसी महान व्यावहारिक लक्ष्य से जोड़ना उनके सम्पूर्ण जीवन की उपलब्धि और आन्तरिक विवशता थी।

यहाँ गोरखपुर में आकर जमते-जमाते चार-छ: महीने का समय लगा और नए साल, 1917 के पहले महीने में ही उन्होंने 'बाज़ारे-हुस्न' तेज़ी से लिखना शुरू कर दिया। उसी उमंग में उन्होंने 24 जनवरी, 1917 को निगम साहब को लिखा—'...मैं आजकल एक क़िस्सा लिखते-लिखते नाविल लिख चला। कोई सौ सफ़े तक पहुँच चुका है। इसी वजह से छोटा क़िस्सा न लिख सका। अब इस नाविल में ऐसा जी लग गया है कि दूसरा काम करने को जी ही नहीं चाहता। क़िस्सा दिलचस्प है और मुझे ऐसा ख़याल होता है कि मैं अबकी बार नाविल-नवीसी में भी कामयाब हो सकूँगा।'

फ़र्स्ट एड की ट्रेनिंग लेने एक महीने के लिए इलाहाबाद पहुँचे तो वहाँ भी नाविल साथ गया। 4 मार्च को उन्होंने वहाँ से लिखा— '...लिफ़ाफ़े के अन्दर वाले ख़ुतूत देखे। ख़ुश हूँ। हालाँकि मेरे पास बहुत क़िस्सागोई के लिए न दिमाग़ है न वक़्त। आजकल अपना नाविल लिखने में महव[1] हूँ। यह ख़त्म हो जाए तो कुछ और करूँ।'... इसी ख़त में उन्होंने निगम साहब को यह भी सूचना दी कि 'प्रेम पचीसी' का हिन्दी और मराठी एडीशन छप रहा है।

लेखक की ख़ुशी के लिए इससे ज़्यादा चाहिए भी क्या।

सच्चे अर्थों में, बरसों की बीमारी और पस्ती के बाद यह उनका नवजीवन है जिसमें वही उल्लास है, उमंग है, उभार है जो कि नए जीवन की पहचान है। भीतर स्फूर्ति इतनी है कि जैसे समा नहीं पा रही है और वह ख़ुद अपने साथ दौड़-सी लगा रहे हैं।

4 मार्च को उन्होंने लिखा था—'आजकल अपना नाविल लिखने में महव हूँ।' फिर सात दिन बाद वहीं इलाहाबाद से लिखा—'नाविल ग़ालिबन एक माह में पूरा होगा और उम्मीद करता हूँ कि मई में उसे आपके मुआइने के लिए हाज़िर कर सकूँगा।' जो कि बच्चों जैसे उत्साह के अतिरेक में लिखी हुई बात थी क्योंकि फिर 23 मार्च को उन्होंने अधिक संयत और सुस्थिर होकर लिखा—

'...मेरा नाविल चल रहा है। अब ज़रा इत्मीनान हो जाए तो ख़त्म करूँ। तूल हो रहा है। चाहता हूँ कि जल्द अंजाम की तरफ़ चलूँ।'

---

1. विभोर

आख़िरकार 8 अगस्त को उन्होंने लिखा—

'...अपना नाविल ख़त्म कर रहा हूँ। उसे पहले हिन्दी में तबा[1] कराने का क़स्द[2] है। उर्दू में तो पब्लिशर अनक़ा[3] हैं।'

और फिर 29 जनवरी, 1918 को—

'...अपना नाविल हिन्दी में लिख रहा हूँ। फ़ुर्सत नहीं मिलती। न कोई तातील ही पड़ती है। मगर आज इरादा करता हूँ कि साफ़ करने में हाथ लगा दूँ।' साल-भर के भीतर, शायद आठ या नौ महीने में ही 'सेवासदन', अपने मूल उर्दू रूप में तैयार हो गया। मगर प्रकाशक कहाँ। इधर हिन्दी का प्रकाशक तक़ाज़े पर तक़ाज़े कर रहा था। प्रेमचन्द के लिए यह एक नया ही अनुभव था—

—और उर्दू के अब तक के अनुभव से कितना भिन्न जहाँ कोई छापनेवाला ही न मिलता था और अक्सर किताब ख़ुद अपने खर्चे से छपानी पड़ती थी या पचास रुपए लेकर एक एडीशन का वारा-न्यारा कर देना पड़ता था। उर्दू 'प्रेम पचीसी' के साथ यही तो हुआ था। बड़ी-बड़ी मुश्किलों से, बहुत-बहुत चिरौरी-बिनती के बाद उसका पहला हिस्सा, जिसमें कुल बारह कहानियाँ थीं, डेढ़ बरस में छपकर तैयार हुआ था, सन् 15 के आरम्भ में। दूसरा हिस्सा उसके फ़ौरन बाद आना चाहिए था : उसके बिना किताब अधूरी थी। लेकिन कभी यह कभी वह, एक न एक अड़चन लगी रही और उसका दूसरा हिस्सा छपकर तैयार हुआ सन् 18 के आरम्भ में, 'बाज़ारे-हुस्न' लिखे जाने के साथ-साथ, उसी एक बरस में जिसमें 'बाज़ारे-हुस्न' लिखा गया जिसके छपने का अभी कहीं ज़िक्र न था। और पोद्दार इसी दम उपन्यास की पांडुलिपि माँग रहे थे, कितनी जल्दी मिले और वह छपाई शुरू करें। यह एक जी को अच्छी लगनेवाली बात थी। लिहाज़ा जिस रौ में किताब लिखी गई थी, उसी तेज़ी से उसका हिन्दीकरण शुरू हुआ।

इस तेज़ी और इस उमंग को देखकर धोखा हो सकता है। पर यह जवानी की उमंग नहीं है। अभी पिछले ही साल तो उन्होंने लिखा था, 'मेरे लिए बुढ़ापे का ज़िक्र ही फ़िज़ूल है। मैं किस बूढ़े से कम हूँ।' तब से तबीयत सँभली ज़रूर थी लेकिन ऐसी नहीं कि चिन्ता के बादल एकदम छँट गए हों और अगर वह इस समय अच्छे हुए मालूम होते हैं तो सिर्फ़ इसलिए कि वह आपे में नहीं हैं, उनके ऊपर अपने काम का भूत सवार है। उपन्यास पूरा होते ही देखिये कितना उदास ख़त है यह जो उन्होंने अप्रैल 1918 में लिखा था—

'...ज़िन्दगी की उम्मीद यहाँ भी कम है। मगर यह चाहता हूँ कि या तो साथ चलें या ख़फ़ीफ़-सी तक़दीम-ओ-ताख़ीर[4] हो। मैं आपका पेशरो[5] बनना चाहता हूँ। मौत की फ़िक्र मारे डालती है। कितना चाहता हूँ कि परमात्मा पर भरोसा रखूँ, मगर दिल मूज़ी है, समझता नहीं। किसी महात्मा की सोहबत मिले तो शायद रास्ते पर आए। यही फ़िक्र है कि मैं आज मर जाऊँ तो इन बच्चों का पुरसाँहाल कौन होगा। घर में कोई

---

1. प्रकाशित, 2. विचार, 3. दुर्लभ, 4. देर-सबेर, 5. अगुआ

ऐसा नहीं...दोस्तों में अगर हैं तो आप और नहीं हैं तो आप। और न होगा तो मेरे बाद साल-दो साल इन बेकसों की ख़बर तो ले सकते हैं। इसी फ़िक्र में डूबा जाता हूँ। कुछ सरमाया जमा करने की कोशिश करता हूँ मगर कामयाबी नहीं होती। कभी किसी दूकान की कभी किसी दूसरे कारोबार की नीयत बाँधता हूँ।'

जो दो-चार हज़ार रुपए बीवी ने कतर-ब्योंत करके बचा लिये हैं, वही कुल बिसात है। उसी की बुनियाद पर अपना शेख़चिल्ली का महल खड़ा करना चाहते हैं। न जाने कहाँ से निहायत रद्दी काग़ज़ पर फूहड़ ढंग से छपी हुई एक किताब उन्हें मिल जाती है। उसमें आनन-फ़ानन ढेरों रुपया कमाने की तरकीबें लिखी हुई हैं। मुंशीजी बहुत जतन से उसको रखे हुए हैं। कभी रुपया सूद पर चलाते हैं—मगर वह लौटकर नहीं आता। कभी लाटरी का टिकट ख़रीदते हैं—मगर नाम नहीं निकलता। कभी शेयर ख़रीदने की बात करते हैं—मगर भाव ठीक नहीं बैठता।

बुढ़ापे का सिलसिला बत्तीस-तैंतीस की उम्र में ही शुरू हो गया था। अब तक तो वह न जाने कितना बूढ़ा हो चुका है : ज़िन्दा कैसे है, यही ताज्जुब है!

मगर एक बात है। बहुत जमाने से बीमारियों और बुढ़ापे के साये में रहते-रहते उसने एक सबक़ यह ज़रूर सीख लिया है कि जब ज़रा-सी बदली छँटे और धूप हो तो उसी को बहार समझना चाहिए। मुश्किल सबक़ है मगर उम्र सिखा देती है।

लिहाज़ा यह जो उमंग या तेज़ी इस वक़्त दिखाई देती है, वह कुछ उस बीमार की-सी उमंग है जो मौत के मुँह से निकलकर आया है और गो बिस्तर उसने अभी नहीं छोड़ा है और न मन पर से वह डरावने साये मिटे हैं तो भी जितनी कुछ राहत उसे मिली है उसी को वह ग़नीमत समझता है और जो हल्का-सा ठहराव उसकी तबीयत में आया है उसका एक पल भी वह अकारथ नहीं जाने देना चाहता। उसे पता है कि हर साँस और सूरज की हर किरन कितनी अनमोल है।

'बाज़ारे-हुस्न' का 'सेवा सदन' बनते-बनते गर्मी की छुट्टियाँ आ गईं। इसी बीच छोटे भाई की शादी तय हो गई थी। पिछले बरसों में कितनी ही बार बात उठकर ख़त्म हो चुकी थी जो कि ठीक ही था। अब वह हीले से लग गए थे। शादी और हो जाए तो एक बड़ी जिम्मेदारी सर से उतर जाए।

2 जून, 1918 को मुंशीजी ने निगम साहब को लिखा—

'मैं 29 मई को शादी से फराग़त पा गया। अभी दो-एक रोज़ की झंझट और बाक़ी है। इसके बाद कलकत्ते जाने का क़स्द है। अपने हिन्दी नाविल को प्रेस में देना है।'

इन्हीं सब परेशानियों में इस बार छुट्टियों में कानपुर नहीं जा पाए। यह एक अनहोनी बात थी।

गोरखपुर पहुँचकर 6 जुलाई को उन्होंने लिखा—

'ऐसी परेशानियों में था कि कानपुर आने का मौक़ा ही न मिला। 11 मई को यहाँ से चला, 27 को बारात के साथ गया, 30 को वापस आया, 11 को कलकत्ते गया, 20 को वहाँ से आया। फिर मकान की मरम्मत में फँसा। खपरैल का घिसा, पुराना, बोसीदा मकान, गिर पड़ने का अन्देशा था। ऐसी हालत में क्या लिखता। अभी जब से आया हूँ आँखें उठी हुई हैं, किसी तरह मदरसे जाता हूँ।'

'सेवा सदन' प्रेस में जाते ही मुंशीजी को 'बाज़ारे-हुस्न' की फ़िक्र सवार हुई।

लाहौर से जनाब इम्तयाज अली 'ताज' जो बहुत उदार राष्ट्रीय विचारों के आदमी थे और ख़ुद भी अच्छे लेखक थे, 'कहकशाँ' नाम की एक पत्रिका निकालते थे। उनकी अपनी प्रकाशन संस्था भी थी—दारुल इशाअत। मुंशीजी 'कहकशाँ' में बराबर लिखते थे और गो उन दोनों की मुलाक़ात बहुत बाद में जाकर हुई, बरसों बाद, चिट्ठी-पत्री के ज़रिए दोनों के बीच बहुत पक्का स्नेह-सम्बन्ध स्थापित हो गया था। उन्हें एक-दूसरे को जानते तीन-चार बरस से ऊपर हो गया था जबकि मुंशीजी ने बड़े हसरत के लहजे में उन्हें 29 जनवरी 1921 को लिखा—

'...क्या आपकी और मेरी मुलाक़ात न हो सकेगी? दुनिया में मेरे सिर्फ़ गिने-गिनाए दोस्त हैं। आप भी इस निहायत महदूद[1] तादाद के रुक्ने-ख़ास[2] हैं। मगर अफ़सोस कि अभी तक सूरत-आशनाई भी नहीं। और न हो तो अपना फ़ोटो ही भेज दीजिए।'

अब से डेढ़ बरस पहले एक बार ऐसा हुआ कि प्रेमचन्द की एक कहानी से 'ताज' की कहानी का विचार टकरा गया। प्रेमचन्द की कहानी 'कहकशाँ' के लिए आई और 'ताज' ने उसे पढ़ा तो फिर अपनी कहानी पूरी न कर सके। उसका ज़िक्र करते हुए मुंशीजी ने 14 जुलाई, 1919 को लिखा—

'...मज़ामीन का मुझे अफ़सोस इसलिए है कि आपका क़िस्सा अधूरा रह गया और ख़ुशी इसलिए कि हमारे दरमियान कोई रूहानी[3] या बातिनी[4] ताल्लुक़ ज़रूर है वर्ना औरों को वही बातें क्यों नहीं सूझतीं। पर आप अपना क़िस्सा तमाम करें। हर गुलेरा रंग ओ बू दीगर[5]।'

एक नए लेखक की दिलजोई के लिए इससे ज़्यादा क्या कहा जा सकता था। मगर बात इतनी ही न थी। प्रेमचन्द को सचमुच अपने इस नए दोस्त से हार्दिक स्नेह हो गया था। अपने इसी ख़त में आगे चलकर वह लिखते हैं—

'मेरी वजा-ओ-क़ता[6], शक्ल-ओ-शबाहत[7] के मुताल्लिक़ आपने जो क़यास किया है उससे रूहानी ताल्लुक़ का गुमान और पुख़्ता हो जाता है। बेशक मेरा सिन चालीस साल है। मैं बन्द कालर का कोट और सीधा पाजामा पहनता हूँ, और पगड़ी पहनता हूँ। एक पूरबी आदमी का पहनावा फ़ेल्ट कैप है, आपने पगड़ी का गुमान क्यों किया? क्या आपको इलहाम हुआ है? मैं अपने मुसल्लमाँ[8] उसूलों के ख़िलाफ़ अपना एक फ़ोटो भी इरसाले ख़िदमत करता हूँ, इस शर्त पर कि वह बाद मुलाहिज़ा वापस कर दिया जाए। और या अगर आप बतौर एक दोस्त की यादगार के रखना चाहें तो उसका किसी आर्टिस्ट से एक बड़े पैमाने में बस्ट बनवा लें।'

यों ही लिखने-पढ़ने के सिलसिले में यह जान-पहचान शुरू हुई लेकिन जल्द ही उसने बहुत अच्छी दोस्ती की शक्ल अख़्तियार कर ली। अपने इस नए दोस्त के सुन्दर राष्ट्रीय विचारों और साहित्यिक प्रतिभा दोनों ने मुंशीजी को बहुत ज़ोर से अपनी तरफ़ खींचा। उसकी लिखी कई चीज़ें मुंशीजी की निगाह पर चढ़ चुकी हैं और मुंशीजी ने बहुत खुलकर उनकी दाद भी दी है—जैसे 'भारत सपूत' जो गांधीजी की जीवनी

1. सीमित, 2. विशिष्ट सदस्य, 3. आत्मिक, 4. आन्तरिक, 5. हर फूल का रंग और गन्ध अलग होती है, 6. रहन-सहन, 7. सूरत-शक्ल, 8. पक्के

है, 'अनारकली' जिसे मुंशीजी बहुत ऊँचे पाए का नाटक समझते हैं और जिसे आगे चलकर वैसी ही जगह मिली भी, 'टीन की लैला' और 'नाबीना जवान' जो कि बहुत ख़ूबसूरत कहानियाँ हैं और बहुत-सी ग़ज़लें जिनकी तारीफ़ करते मुंशीजी नहीं थकते।

मुंशीजी को इस समय अपने लिए एक नई पत्रिका की तलाश भी है जो उनके नज़दीक 'ज़माना' की जगह ले सके। देश में इस बीच बहुत कुछ हुआ है और मुंशीजी 'ज़माना' के नए रंग-ढंग से बिल्कुल सन्तुष्ट नहीं हैं। निगम साहब की दोस्ती अपनी जगह, 'ज़माना' की पालिसी के साथ चल पाना इन बदले हुए हालात में मुंशीजी के लिए मुश्किल हो रहा है। 4 सितम्बर, 1918 को उन्होंने अपने सहज स्पष्टवादी ढंग से निगम साहब को लिखा था—'ज़माना के लिए बेशक इधर कुछ नहीं लिख सका। कोर्स का मुतालआ[1] सौहाने-रूह[2] है और कुछ यह अम्र[3] भी माने[4] होता है कि ज़माना में अब ज़िन्दादिली बाक़ी नहीं रही। वह किसी नए रक़ीब[5] के लिए जगह ख़ाली करता हुआ मालूम होता है। ज़माना में अब दिल नहीं है, सिर्फ़ क़ालिब[6] है।'

ताज के राष्ट्रीय विचार मुंशीजी के समान ही हैं। उनके पास पत्रिका है। प्रकाशन-संस्था भी है। किताबें भी निकल सकती हैं वहाँ से। उनका सिलसिला अभी कुछ ठीक जम नहीं पाया है। अच्छा प्रकाशक कहीं नज़र नहीं आता। ज़माना प्रेस का अनुभव भी बहुत अच्छा नहीं है। क़यामत हो जाती है किताब छपते-छपते। फिर भी अच्छी नहीं छपती। बिक्री का भी कुछ यों ही सा बन्दोबस्त है। लाहौरवाले किताबें अच्छी छापते हैं। दारुल इशाअत से मुआमला हो जाए तो क्या कहना।

लिहाज़ा 27 जुलाई, 1918 को उन्होंने ताज साहब को लिखा—

"कब यह मुमकिन हो कि 'कहकशाँ' में मेरा नाविल बित्तरतीब[7] निकल सके। मुमकिन है कि इसके निकलने से पर्चे की इशाअत[8] पर कुछ असर पड़े। यह नाविल कोई तीन सौ सफ़हात का है। इसके लिखने में मैंने अपनी कोई कोशिश उठा नहीं रखी।"

फिर 3 सितम्बर को लिखा—

'...अगर आप इतनी बड़ी किताब छाप सकें तो मैं साफ़ करना शुरू करूँ, वर्ना अभी गर्मी की तातील तक मुल्तवी रखूँ। आपको साफ़ करने की तकलीफ़ न दूँगा क्योंकि साफ़ करने में अक्सर सीन के सीन पलट जाते हैं। इस क़िस्से में मैंने एक अख़लाक़ी बेशर्मी यानी बाज़ारे अस्मतफ़रोशी[9] पर चोट की है।'

फिर 27 मई, 1919 को लिखा—

'...आप इसे हमेशा के लिए चाहते हैं तो मुझे कोई उज्र नहीं है। मैं उर्दू पब्लिक से वाक़िफ़ हूँ। यहाँ हमेशा के मानी हैं ज़्यादा से ज़्यादा तीन एडीशन और वह भी दस सालों में या इससे भी ज़्यादा। इसलिए मैं ऐसी शर्तें हरगिज़ पेश नहीं कर सकता जो नामाकूल हों। मेरे ख़याल में पहले एडीशन के लिए बीस फ़ीसदी रखें और वक़िया दो एडीशनों के लिए दस फ़ीसदी। यानी कुल रक़म साढ़े तीन सौ रुपए होती है। यह हिसाब मैंने कुल अमूर[10] को मद्देनज़र रखकर पेश किया है और मुझे यक़ीन है कि आपको नागवार न होगा।'

1. अध्ययन, 2. घोर मानसिक कष्ट, 3. बात, 4. बाधक, 5. प्रतिद्वन्द्वी, 6. देह, 7. क्रमशः, 8. प्रचार, 9. सतीत्व-विक्रय, 10. बातों

'प्रेम बत्तीसी' भी अब दारुल इशाअत से ही छपेगी। मुंशीजी ने 25 सितम्बर, 1919 को लिखा—

'मुझे पचीसी और बत्तीसी के लिए 14 फ़ीसदी का आफर हो चुका है।...रवीन्द्र बाबू को मैकमिलन बीस फ़ीसदी देता है। मैं रवीन्द्र बाबू नहीं हूँ। इसलिए बारह और बीस के दरमियान पन्द्रह पर क़ाने[1] होना चाहता हूँ।'

'**बाज़ारे**-हुस्न' में मुंशीजी को अपनी ज़मीन मिल गई है। समाज में जितनी बेईमानी है, गन्दगी है, अन्याय है, ढोंग-ढकोसला है, उस पर चोट करनेवाले क़िस्से लिखना ही उनकी अपनी बात होगी।

अन्याय का नाम लेते ही उनका ध्यान सबसे पहले स्त्री जाति पर जाता है। उससे ज़्यादा ज़ुल्म का शिकार और कौन है। कहने के लिए औरत-मर्द बराबर हैं। सब ढकोसला है। औरत मर्द के पैर की जूती है। सच बात इतनी ही है। बाक़ी सब क़लई-मुलम्मा है।

मर्द कुछ भी करे, कहीं आए कहीं जाए, दिन-रात रंडी के कोठे पर बैठा रहे, औरत चूँ भी नहीं कर सकती। औरत ने घर के बाहर पैर निकाला नहीं कि शुबहे ने मर्द का दामन पकड़ा और उसके दिमाग़ का पारा चढ़ा—चाहे फिर बेचारी औरत अपना दिल बहलाने के लिए किसी सहेली के घर ही क्यों न गई हो। मर्द की अदालत में फिर उसकी कोई सुनवाई नहीं है। जो कुछ भी अनाप-शनाप उसके मुँह में आएगा, कहेगा—औरत को मुँह खोलने की भी इजाज़त नहीं है। अपनी सफ़ाई में कुछ कहना भी बेअदबी है और इसकी सज़ा यह है कि उसे आधी रात को बिल्कुल बेसहारा अपने घर से निकाल दिया जाता है, जहाँ जी चाहे जाए, जो जी में आए करे। लेकिन सवाल तो यह है कि कहाँ जाए और क्या करे। कोई उसका पुरसाँहाल नहीं होता। कोई एक रात के लिए उसे अपने घर में जगह देने के लिए तैयार नहीं होता। बदनामी का डर है। वह अपने घर से निकाली हुई, पति-परित्यक्ता कलंकिनी जो है! न्याय-अन्याय की छानबीन करने का अवकाश किसे है! कौन है जो उस घड़ी पल-भर को उसका हाथ थाम सके? और जो ऐसे में, जीवित रहने के लिए, वह कहीं कोई बुरा मार्ग पकड़ ले तो वह कुल-कलंकिनी है, कुल-घातिनी है, हरजाई है, रंडी-बेसवा है।...

...सब है सब है। जितनी गालियाँ आती हों सब दे डालो। लेकिन उससे कुछ काम नहीं बनता, रोग भी दूर नहीं हो सकता, और न इस सच्चाई पर ही पर्दा डाला जा सकता है कि उस ग़रीब औरत को ऐसी हालत में पहुँचाने की सबसे बड़ी और सबसे पहली जिम्मेदारी समाज की है।

बहुत बार मुंशीजी दालमंडी होकर गुज़रे हैं और हर बार दोनों तरफ़ कोठों पर अपना शरीर बेचने के लिए बैठी हुई औरतों को देखकर उनका जी कराह उठा है और हर बार उनके मन में सवाल पैदा हुआ है—इन औरतों में ख़ुद कोई खोट है जैसे पैसे की हवस या बदचलनी का शौक़ या बेचारी शिकार हैं अपनी परिस्थितियों की? और हर

---

1. संतुष्ट

बार उनके मन ने यही कहा है कि नहीं, इन औरतों में ख़ुद कोई खोट नहीं है, कमोबेश ये भी वैसी ही हैं जैसी कि और सब औरतें होती हैं। अच्छे-बुरे कहाँ नहीं होते। यह तो दुनिया का क़ायदा है, क्या मर्द क्या औरत। भले घरों में भी बदचलन औरतें निकल आती हैं और बाज़ारू औरतों में भी नेकचलन औरतें पाई जाती हैं, जो उस काजल की कोठरी में रहते हुए अपने ऊपर दाग़ नहीं लगने देतीं। मनुष्य का स्वभाव सब जगह एक है। वह न तो देवता है और न दानव। वह मनुष्य है। जिसे हम देवता समझते हैं उसमें भी हज़ार गन्दगियाँ हमें मिल सकती हैं और जिसे हम दानव समझ बैठे हैं वह भी मौक़ा मिलने पर चरित्र के अकल्पनीय उत्कर्ष का परिचय दे सकता है। सबसे बड़ी बात यह है कि आदमी परिस्थितियों का दास है। परिस्थितियाँ जो नाच नचाती हैं आदमी नाचता है, जैसा बना देती हैं आदमी बन जाता है। उनसे लोहा ले सकनेवाले आदमी थोड़े ही होते हैं, उनके भरोसे समाज के नियम नहीं बनाए जा सकते। किसी तरह दिल क़बूल नहीं करता कि ये औरतें अपनी ख़ुशी से अपना शरीर बेचती हैं। कुछ हैं जिन्होंने उसी परिवेश में, उसी वातावरण में जन्म लिया है और दूसरा कुछ देखा ही नहीं, जाना ही नहीं। कुछ हैं जो लेन-देन की कठिनाइयों से वक़्त पर शादी न हो पाने के कारण या भरी जवानी में विधवा हो जाने पर फिर सारी ज़िन्दगी अपनी जवानी का बोझ न ढो सकने के कारण लुच्चे-लफंगों के चंगुल में फँसकर इस रास्ते आ लगी हैं। कुछ हैं जिन्हें शायद ज़िन्दगी की सिर्फ़ एक भूल यहाँ ले आई है—क्योंकि समाज मर्द की हज़ार भूलें माफ़ कर सकता है, औरत की एक भूल नहीं माफ़ कर सकता!

बहरहाल जैसे भी आई हों, उनको इस जहन्नुम से निकालने की कोई तदबीर हो सकती है या नहीं?

सुनिए, शरीफ़ हसन की ज़बानी मुंशीजी क्या कह रहे हैं—

'...इसमें तो कोई बुराई नहीं कि वह अपने को मुसलमान कहती हैं, बुराई यह है कि इसलाम भी उन्हें राहे-रास्त[1] पर लाने की कोई कोशिश नहीं करता। हिन्दुओं की देखादेखी इसलाम ने भी उन्हें अपने दायरे से ख़ारिज कर दिया है। जो औरत एक बार किसी वजह से गुमराह हो गई उसकी तरफ़ से इसलाम हमेशा के लिए अपनी आँखें बन्द कर लेता है। बेशक हमारे मौलाना साहब सब्ज़ इमामा बाँधे, आँखों में सुरमा लगाए, गेसू सँवारे उनकी मज़हबी तसकीन के लिए जा पहुँचते हैं, उनके दस्तरख़ान से मीठे लुक़मे खाते हैं, ख़ुशबूदार ख़मीरे के कश लगाते हैं और उनके ख़ासदान[2] से मुअत्तर[3] बीड़े उड़ाते हैं। बस, इसलाम की मज़हबी कूवते इसलाह[4] यहीं तक ख़त्म हो जाती है। अपने बुरे फ़ेलों[5] पर नादिम होना इन्सानी ख़ास्सा है। ये गुमराह औरतें पेशतर नहीं तो शराब का नशा उतरने के बाद ज़रूर अपनी हालत पर अफ़सोस करती हैं, लेकिन उस वक़्त उनका पछताना बेसूद होता है। उनके गुज़रान की इसके सिवा और कोई सूरत नहीं रहती कि वह अपनी लड़कियों से दूसरों को दामे-मोहब्बत[6] में फँसाएँ। और इस तरह यह सिलसिला हमेशा जारी रहता है। अगर उन लड़कियों की जायज़ तौर पर शादी हो सके और इसके साथ ही उनकी परवरिश की सूरत भी निकल आए

---

1. सीधे रास्ते, 2. पान का डब्बा, 3. सुगन्धित, 4. सुधार की शक्ति, 5. कृत्यों, 6. प्रेम के जाल

तो मेरे ख़याल में ज़्यादा नहीं तो 75 फ़ीसदी तवायफ़ इसे ख़ुशी से क़बूल कर लें। हम चाहे ख़ुद कितने ही गुनहगार हों पर अपनी औलाद को हम नेक और रास्तबाज़[1] देखने की तमन्ना रखते हैं। तवायफ़ों को शहर से ख़ारिज कर देने से उनकी इसलाह नहीं हो सकती।'

लेकिन शरीफ़ हसन या तेग़ अली जैसे सुलझे हुए, उदार विचारों के लोग कम हैं। बहुमत, क्या हिन्दुओं में और क्या मुसलमानों में, उनका है जो या तो हिन्दू हैं या मुसलमान, इन्सान नहीं हैं, जो इस गम्भीर सामाजिक और मानवीय प्रश्न पर भी हिन्दू या मुसलमान की ही भाषा में सोच पाते हैं। उन्हें इसमें एक-दूसरे की राजनीतिक चालें नज़र आती हैं। उनकी इसी ज़ेहनियत की चुटकी लेते हुए तेग़ अली कहते हैं—

'...आजकल पोलिटिकल मफ़ाद का ज़ोर है, हक़ और इन्साफ़ का नाम न लीजिए। अगर आप मुदर्रिस हैं तो हिन्दू लड़कों को फेल कीजिए। तहसीलदार हैं तो हिन्दुओं पर टैक्स लगाइए। मजिस्ट्रेट हैं तो हिन्दुओं को सज़ा दीजिए। सब-इंस्पेक्टर पुलिस हैं तो हिन्दुओं पर झूठे मुक़दमे दायर कीजिए, तहक़ीक़ात करने जाइए तो हिन्दुओं के बयान ग़लत लिखिए। अगर आप चोर हैं तो किसी हिन्दू के घर डाका डालिए, अगर आपको हुस्न या इश्क़ का ख़ब्त है तो किसी हिन्दू नाज़नीन को उड़ाइए, तब आप क़ौम के खादिम[2], क़ौम के मुहसिन[3] क़ौमी किश्ती के नाख़ुदा[4] सब कुछ हैं।'

प्रेमचन्द ने बहुत दुनिया देखी है और उनके पाँव ज़मीन पर हैं। उन्हें ख़ूब पता है कि लखनऊ में कांग्रेस-लीग एकता का प्रस्ताव पास करने से एकता न हो जाएगी, वह अलग एक लम्बा और कठिन संघर्ष है। वर्ना तो यही हालत रहनी है कि एक तरफ़ हाजी हाशिम कहेंगे—'बिरादराने वतन की यह नई चाल आप लोगों ने देखी? वल्लाह, इनको सूझती ख़ूब है! बग़ली घूँसे मारना कोई इनसे सीख ले!'

और दूसरी तरफ़ चिम्मनलाल कहेंगे—'मुझे पालिटिक्स से कोई वास्ता नहीं है और न मैं उसके निकट जाता हूँ। लेकिन मुझे यह कहने में तनिक भी संकोच नहीं है कि हमारे मुस्लिम भाइयों ने हमारी गर्दन बुरी तरह पकड़ी है। चावलमंडी और चौक के अधिकांश मकान हिन्दुओं के हैं। यदि बोर्ड ने यह स्वीकार कर लिया तो हिन्दुओं का मटियामेट हो जाएगा। छिपे-छिपे चोट करना कोई मुसलमानों से सीख ले।'

और समस्या ज्यों की त्यों अपनी जगह पर बनी रहती है।

यह तो ख़ैर, वैसे भी अपनी जगह पर अटल है जब तक कि समाज के स्तम्भ, जिनके कंधों पर हमारा समाज टिका है, वेश्या को मनुष्य न समझकर पुरुष की अतिरिक्त कामेच्छा के लिए एक गन्दी नाली समझते रहेंगे। बहुत सहज ढंग से शाकिर बेग कहते हैं—'आप जब कोई मकान तामीर करते हैं तो उसमें बदररौ[5] बनाना ज़रूरी ख़याल करते हैं। अगर बदररौ न हो तो चन्द दिनों में दीवारों की बुनियादें हिल जाएँ। इस फ़िरक़े को सोसायटी का बदररौ समझना चाहिए और जिस तरह बदररौ मकान के नुमायाँ हिस्से में नहीं होती बल्कि निगाह से पोशीदा एक गोशे में बनाई जाती है उसी तरह इस फ़िरक़े को शहर के पुरफ़िज़ा मुक़ामात से हटाकर किसी गोशे में आबाद करना चाहिए।'

---

1. सदाचारी, 2. सेवक, 3. उपकारक, 4. मल्लाह, 5. नाली

मगर वह कोई इलाज नहीं है। वह फुनगी तोड़ने जैसी बात है, इलाज तो जड़ का करना होगा। उस सामाजिक अत्याचार को मिटाना होगा जो कुछ अभागिनों को इस रास्ते ले जाता है, और वह दूषित समाज-व्यवस्था मिटानी होगी जिसमें ये अत्याचार पनपते हैं, पलते हैं, बढ़ते हैं।

असल दोषी है यह महाजनी समाज जिसमें आदमी पैसे की तराजू पर तुलता है और उस पैसे को एकत्र करने के लिए रिश्वतख़ोरी, सूदख़ोरी, डाका, ख़ून, सब कुछ नीति-संगत है—शर्त एक ही है कि पहलू बचाकर काम करे और पकड़ा न जाए। जो पहलू बचाकर काम करते हैं उनमें महन्त रामदास जैसे लोग हैं—

"वह साधुओं की एक गद्दी के महन्त थे। उनके यहाँ सारा कारोबार 'श्री बाँकेबिहारी जी' के नाम पर होता था। श्री बाँकेबिहारी लेन-देन करते थे और बत्तीस रुपए सैकड़े से कम सूद न लेते थे। वही मालगुजारी वसूल करते थे, वही रेहननामे-बैनामे लिखते थे। श्री बाँकेबिहारी की रक़म दबाने का किसी को साहस न होता था और न अपनी रक़म के लिए कोई दूसरा आदमी उनसे कड़ाई कर सकता था। श्री बाँकेबिहारी जी को रुष्ट करके उस इलाक़े में रहना कठिन था। महन्त रामदास के यहाँ दस-बीस मोटे-ताज़े साधु स्थायी रूप से रहते थे। वह अखाड़े में दंड पेलते, भैंस का ताज़ा दूध पीते, संध्या को दूधिया भंग छानते और गाँजे-चरस की चिलम तो कभी ठंडी न होने पाती थी। ऐसे बलवान जत्थे के विरुद्ध कौन सर उठाता? महन्त जी का अधिकारियों में ख़ूब मान था। श्री बाँकेबिहारी जी उन्हें ख़ूब मोतीचूर के लड्डू और मोहनभोग खिलाते थे। उनके प्रसाद से कौन इनकार कर सकता था। ठाकुर जी संसार में आकर संसार की रीति पर चलते थे।"

कोई उनका बाल भी बाँका नहीं कर सकता। और जो लोग पहलू बचाकर काम करना नहीं जानते उनका जीवन सुमन के पिता कृष्णचन्द्र की तरह एक ही भूल में बर्बाद हो जाता है।

इससे नतीजा निकला कि धर्म-अधर्म, नीति-अनीति स्वत: कोई चीज़ नहीं हैं, पैसे और प्रभुत्व के लिए जो कुछ किया जाए सब ठीक है, नीति-संगत है। ऐसा ही यह समाज है।

ठीक इन्हीं दिनों, फ़रवरी 1919 में, मुंशीजी का एक बहुत मार्के का लेख 'दौरे क़दीम : दौरे जदीद' (पुराना ज़माना : नया ज़माना) के नाम से 'ज़माना' में निकला। इस नए जमाने, नई समाज व्यवस्था की बख़िया अच्छी तरह उधेड़ते हुए मुंशीजी ने उसमें लिखा—

'...वह ख़ुद आराम से अपना पेट भरेगी चाहे दुनिया भूखों मरे, ख़ुद हँसेगी चाहे दुनिया ख़ून के आँसू रोये। अगर उसे लाल कपड़े पहनने की धुन हो जाए और लाल रंग ख़ून से निकलता हो तो उसे दूसरों का ख़ून करने में भी झिझक न होगी। अगर इनसान के दिल का टुकड़ा उसके शरीर को ताक़त पहुँचानेवाला हो तो निश्चय ही हज़ारों आदमी उसके खंजर के नीचे तड़पते नज़र आएँगे। स्वार्थपरता उसका धर्म, उसकी पुस्तक, उसका रास्ता सब कुछ है। सारी मानवीय भावनाएँ, सारे नैतिक प्रश्न इस हवस के पुतले के आगे सिर झुका देते हैं। यह कल और मशीन का युग है और

राष्ट्र इस युग की सबसे स्पष्ट अभिव्यक्ति है। यह देव-जैसी मशीन दिन-रात पागलों-जैसी तेज़ी मगर सिपाहियों जैसी पाबन्दी के साथ चलती रहती है। कोई इसके घेरे में आ जाए यह उसे देखते-देखते निगल जाएगी, उसे पीस डालेगी। वह किसी पर दया नहीं करती, किसी के साथ रिआयत नहीं करती। वह एक भीमकाय रोलर है जिसमें व्यापार और प्रभुत्व की दो लाल-लाल आँखें घूर-घूरकर बेख़बर लोगों को चेतावनी देती हैं कि ख़बरदार, सामने न आना वर्ना पलक झपकते भर में मारे जाओगे...'

'व्यापार और कल-कारखानों की उन्नति, तरह-तरह के यंत्रों का आविष्कार, जिस पर नए युग को इतना गर्व है' मुंशीजी के लिए कोई मतलब नहीं रखते 'जब कि सिगरेट कौड़ियों के मोल बिकता है, बटन और टीन के खिलौने मारे-मारे फिरते हैं मगर दूध और घी, मकई और ज्वार का स्थायी अकाल पड़ा हुआ है, जब कि देहात उजड़ते जाते हैं और शहरों की आबादियाँ बढ़ती जाती हैं...जब कि आदम के बेशुमार बेटे बदबूदार और अँधेरी कोठरियों में ज़िन्दगी बसर करने के लिए मजबूर हैं...जब कि बड़े-बड़े व्यावसायिक नगरों में सतीत्व आवारा और परेशान रोता फिरता है (लन्दन में चालीस हज़ार से ज़्यादा वेश्याएँ हैं और कलकते में सोलह हज़ार से ज़्यादा) जब कि आज़ाद मेहनत की रोटी खानेवाले इनसान पूँजीपतियों के ग़ुलाम होते जाते हैं, जब कि महज़ पैसेवाले व्यापारियों के नफ़े के लिए ख़ूनी लड़ाइयों में कूदने से भी लोग बाज नहीं आते...'

लड़ाई की बात यों ही नहीं आ गई है, महाजनी समाज की मानव-द्रोहिता की वह अन्तिम सीमा है और लाखों बेगुनाहों का ख़ून करनेवाले महायुद्ध को अभी मुश्किल से दो महीने बीते हैं।

इन्हीं दिनों की एक कहानी 'होली की छुट्टी' में लड़ाई से लौटा हुआ उनका एक सिपाही कहता है—

'...अब इस फ़ौजी ज़िन्दगी की हालतों पर ग़ौर करता हूँ तो शर्म और अफ़सोस से मेरा सर झुक जाता है। कितने ही बेगुनाह मेरी राइफल के शिकार हुए। मेरा उन्होंने क्या नुक़सान किया था? मेरी उनसे कौन-सी अदावत थी, मुझे तो जर्मन और आस्ट्रियन सिपाही भी वैसे ही सच्चे, वैसे ही बहादुर, वैसे ही ख़ुशमिज़ाज, वैसे ही हमदर्द मालूम हुए जैसे फ्रांस या इंग्लैंड के। हमारी उनसे ख़ूब दोस्ती हो गई थी, साथ खेलते थे, साथ बैठते थे, यह ख़याल ही न आता था कि यह लोग हमारे अपने नहीं हैं। मगर फिर भी हम एक-दूसरे के ख़ून के प्यासे थे। किसलिए? इसीलिए कि बड़े-बड़े अंग्रेज़ सौदागरों को ख़तरा था कि कहीं जर्मनी उनका रोज़गार न छीन ले। यह सौदागरों का राज है। हमारी फ़ौजें उन्हीं के इशारों पर नाचनेवाली कठपुतलियाँ हैं। जान हम ग़रीबों की गई, जेबें गर्म हुईं मोटे-मोटे सौदागरों की...'

मुंशीजी की असल लड़ाई इन सौदागरों से, इस महाजनी समाज से है और उन्हें इस बात से शिकायत है कि 'उस ज़हर को, जो समाज-व्यवस्था में घुल गया है, निकालने की कोशिश नहीं की जाती, सिर्फ़ उसके ऊपरी प्रभावों, ऊपरी विकृतियों को छिपाने और मिटाने में लोग लगे हुए हैं। कोढ़ी जिस्म को रंगीन कपड़ों से ढँका जा रहा है।'

ज़रूरत उस कोढ़ को दूर करने की है। औरत का अपनी आबरू बेचने के लिए बाज़ार में बैठना भी इसी कोढ़ की एक फुंसी है मगर क्योंकर उम्मीद हो इस फुंसी के भी इलाज की, उसी कोढ़ी समाज से जो 'आत्मा को भी तराजू के पलड़ों पर तौलता है। उसे जनतंत्र कहना ग़लती है। बराबरी और भाईचारे को उसने पैरोंतले इस तरह रौंदा है कि अब उसकी शक्ल भी पहचानी नहीं जाती। इनसान की क़ीमत उसके नज़दीक इतनी ही है कि वह एक रुपया कमाने का साधन है। यह क़साई की तरह इनसान के गोश्त और खाल का अन्दाज़ा करके उसकी क़ीमत लगाता है।'

क्रूर समाज की चक्की में पिसती हुई मानवता की ऐसी ही आर्त पुकार मुंशीजी को विक्टर ह्यूगो की 'ले मिज़राब्ल' में मिली थी जिसे उन्होंने 'बाज़ारे-हुस्न' शुरू करने के ठीक पहले पढ़ा था और उसका इतना गहरा असर उनके मन पर हुआ था कि 2 जनवरी, 1917 को उन्होंने निगम साहब को जैसे बेचैन होकर लिखा—'पहले यह बताइए कि विक्टर ह्यूगो की मशहूर किताब 'ले मिज़राब्ल' का उर्दू तर्जुमा हुआ है या नहीं। अगर हुआ है तो कहाँ मिल सकता है। अगर नहीं हुआ है तो मैं इस काम में जुटना चाहता हूँ। साल-भर का काम है। किसी तरह से पता लगाकर बतलाइए।'

कथा-बीज उसमें इतना ही है कि ज्याँ वालज्याँ नाम का एक आदमी भूख से पीड़ित होकर एक बार चोरी करता है। वह एक चोरी उसे हमेशा के लिए चोर बना देती है। कितनी ही बार वह चाहता है कि उस रास्ते को छोड़कर भले आदमी की तरह शान्ति से जीवन व्यतीत करे। लेकिन कर नहीं पाता क्योंकि चोर का ठप्पा उसके ऊपर लगा हुआ है और समाज के निर्मम प्रतिशोधात्मक न्याय के प्रतीक के रूप में जावेर निरन्तर किसी क्रूर नियति के समान उसका पीछा कर रहा है।

सुमन की एक भूल भी नियति की छाया की तरह अन्त तक उसका पीछा करती है और सबसे बज्र निर्मम आघात है वह जो उसे अपनी ही छोटी बहन के हाथों सहना पड़ता है जिसकी उजड़ी हुई ज़िन्दगी को सँवारने में ख़ुद सुमन का हाथ है। सुमन जीवन से निराश होकर उसका अन्त कर देने के लिए गंगा जी की ओर बढ़ी जा रही है, जो कि प्रतिकूल समाज के आगे व्यक्ति की अन्तिम पराजय है, जब कि अकस्मात् एक चमत्कार की भाँति स्वामी गजानन्द, सुमन के पति जो सुमन के चले जाने के बाद पश्चात्तापवश संन्यासी हो गए थे, अवतरित हो जाते हैं और सुमन को आत्महत्या के मार्ग से विरत करके उसे सेवाधर्म की दीक्षा देते हैं।

अक्सर ऐसी स्थितियों में मुंशीजी चमत्कार का आश्रय लेते हैं। उनके कुछ साहित्यप्रेमी बन्धुओं को बुरी भी लगती है यह चीज़। उनमें से एक कोई अब्दुल्ला नाम के सज्जन निगम साहब को इसके बारे में लिखते हैं जिसके उत्तर में मुंशीजी ने भगवान् जाने अपने किस अनुभव या प्रमाण के आधार पर (या शायद यह भी उनके भीतर का किसान है) अप्रैल 1918 के एक पत्र में निगम साहब को लिखा—'मिस्टर अब्दुला की राय पर अमल करूँगा हालाँकि Supernatural element इन्सान की ज़िन्दगी में दाख़िल है।'

वह हो या न हो, इतना सिद्ध है कि जहाँ जीवन का प्रमाण चुक जाता है वहाँ चमत्कार की शरण लेनी पड़ती है, जहाँ लेखक समाज के ढाँचे को बदलने में अपने

को अक्षम पाता है वहाँ एक न एक आश्रम की स्थापना करके अपना मन:तोष पा लेता है।

छपाई में लगभग साल-भर का समय लेकर 'सेवासदन' 1919 के मध्य में प्रकाशित हुआ। 'प्रेमा' के बाद, जो सन् 1907 में प्रकाशित हुआ था और जिसकी क़हीं कोई चर्चा न हुई थी, मुंशीजी का यह पहला उपन्यास था जो हिन्दी में प्रकाशित हो रहा था। मुंशीजी को स्वभावत: अपनी इस कृति से बड़ी-बड़ी आशाएँ थीं—और पुस्तक जब निकली तो अच्छा-ख़ासा एक तूफ़ान आ गया। चारों ओर धूम मच गई। गोरखपुर से निकलने वाले साप्ताहिक पत्र 'स्वदेश' के 8 सितम्बर, 1919 के अंक में पंडित पद्मसिंह शर्मा और श्री रामदास गौड़ के संयुक्त हस्ताक्षर से एक समालोचना निकली जिसमें पुस्तक को ख़ूब-ख़ूब सराहा गया। और भी सब तरफ़ चर्चा हुई। 25 अक्तूबर, 1919 को मुंशीजी ने सहज उत्साह के ज्वार में निगम साहब को बड़े चुलबुले अन्दाज़ में लिखा—"सरस्वती ज़बान पर नहीं खोपड़ी पर सवार हैं। लक्ष्मी दरवाज़े पर नहीं बालाए बाम बैठी हुई हैं। दाना दिखाता हूँ, बुलाता हूँ, पर उतरने का नाम नहीं लेतीं। क़िस्से मैं शायद लिखूँ या न लिखूँ, आजकल 'बाज़ारे-हुस्न' की सफ़ाई और नए नाविल की तसनीफ़ में बेहद मसरूफ़ हूँ। 'बाज़ारे-हुस्न' का गुजराती तर्जुमा शाया हो रहा है। हिन्दी में लोग इसे बेहतरीन नाविल ख़याल करते हैं। कहानियों का तर्जुमा बँगला ज़बान में हो रहा है। हिन्दी में पब्लिशर ख़ूब हैं। किताब की इशाअत में कोई रुकावट नहीं हुई।" साल-भर में पहला संस्करण बिक भी गया। ऐसे में मुंशीजी के जोशों का क्या कहना। लेकिन एक बात बराबर खल रही थी कि कहाँ तो एक तीसरी ही ज़बान, गुजराती में, किताब का तर्जुमा निकल रहा है और कहाँ जिस ज़बान में किताब सबसे पहली लिखी गई, उसी में छपने का अब तक कोई बन्दोबस्त नहीं हो सका। ताज साहब को इसके बारे में लिखे हुए एक साल पूरा हो रहा था और अन्त तक वह प्रस्ताव पर विचार ही कर रहे थे। आख़िरकार मुंशीजी ने जैसे भी हो मामला तय करने की ग़रज़ से, बहुत दुखी होकर और शायद थोड़ा झुँझलाकर 22 अप्रैल, 1920 को ताज साहब को लिखा—

'...अगर इन सूरतों में कोई पसन्द न हो तो मुझे पहले एडीशन के लिए ढाई सौ रुपए अता[1] फ़रमाएँ। हिन्दी में मुझे पाँच सौ मिले थे। गुजराती एडीशन के मुझे सौ रुपए मिले। आप जिस तरह चाहें फ़ैसला करें। ढाई सौ रुपए ग़ालिबन ज़रूरत से ज़्यादा मतालबा[2] नहीं है। मेरी डेढ़ साल की मेहनत और ख़ाम:फ़र्साई[3] का नतीजा यह किताब है। अगर यह सब शर्तें आपको नागवार मालूम हों तो अपनी मर्ज़ी के मुताबिक़ किताब शाया करके मुझे जो चाहे दे दें। मैं आपका मशकूर हूँगा। मुझे यह सख़्त ज़िल्लत मालूम होती है कि अपनी किताब के लिए पब्लिशरों की ख़ुशामद करता फिरूँ।'

ख़ैर, किताब छपी—लेकिन कोई ख़ास कामयाबी उसे नहीं मिली। उर्दू वालों के लिए कोठे की ज़िन्दगी और उसके मसलों में कोई नयापन नहीं था। नज़ीर अहमद,

1. दें, 2. माँग, 3. क़लमघिसाई

सरशार और मिर्ज़ा रुसवा जैसे लोग उसके बारे में बहुत लिख चुके थे और बहुत अच्छा लिख चुके थे।

12

भारत-मंत्री मांटेग्यू ने अपना पद सँभालते ही, 20 अगस्त, 1917 को, शासन-सुधार का आश्वासन दिया। तत्काल उसका प्रभाव पड़ा। होमरूल के लिए 'निष्क्रिय प्रतिरोध' आन्दोलन की जो बात उस समय उठ रही थी वह दब गई और उसकी जगह यह निश्चय किया गया कि एक डेपुटेशन वाइसराय और भारत-मंत्री के पास भेजा जाए जो कांग्रेस-लीग योजना के आधार पर उनसे बात करे। प्रसिद्ध लिबरल नेता सी.वाई. चिन्तामणि को इस कमेटी का प्रधान चुना गया। नवम्बर के महीने में यह डेपुटेशन मांटेग्यू और चेम्सफ़र्ड से मिला।

उन दिनों सारे देश में चारों ओर इसी रिफ़ार्म स्कीम की चर्चा थी। मांटेग्यू और चेम्सफ़र्ड सारे देश में घूम-घूमकर विशिष्ट लोगों से मिल रहे थे।

मांटफ़र्ड रिपोर्ट छपने पर मिसेज़ बेसेंट ने कहा था कि इस रिफ़ार्म स्कीम का ब्रिटेन की ओर से पेश किया जाना और हिन्दुस्तान का उसे मंजूर करना, दोनों ही बातें अशोभन होंगी। लेकिन मांटेग्यू से मिलने पर उनका विचार बदल गया और वे कुछ दूसरा ही राग गाने लगीं।

देश-भर के नरमदली उनकी इस बात को दुहराते और बड़े व्यथित स्वर में कहते—मिस्टर मांटेग्यू बेचारे क्या कर सकते हैं अगर एक तरफ़ यहाँ के गरमदलवाले और दूसरी तरफ़ इंग्लैंड के कट्टरपंथी, दोनों ही उनका विरोध करेंगे।

...जिसका मतलब था कि रिफ़ार्म स्कीम अपने मूल उद्देश्य में सफल हो रही थी। आख़िरकार जून 1918 में रिफ़ार्म स्कीम अपने अन्तिम रूप में देश के सामने आई—भारत की राष्ट्रीय आकांक्षाओं को बहलाने-फुसलाने की, नरमदली तत्त्वों को बढ़ावा देकर राष्ट्रीय आन्दोलन में फूट डालने की एक छल-भरी योजना। ब्रिटिश सरकार की पुरानी दुरंगी नीति का एक नया रूप—नरमदलवालों को उभारो और उग्र राष्ट्रवादियों को सख़्ती से कुचलो।

भारतरक्षा क़ानून, जिसके अन्तर्गत सरकार ने बहुत ही व्यापक अधिकार अपने हाथ में ले लिये थे, ज़ोरों से काम कर रहा था। अख़बारों का गला घोंटा जा रहा था। सभा-सोसायटी पर रोक लगी थी। लोग सब तरफ़ जेलों में बन्द किए जा रहे थे। मौलाना मुहम्मद अली और शौकत अली लड़ाई छिड़ने के तीन महीने बाद, अक्तूबर 1914 से ही जेल में बन्द थे और लड़ाई ख़त्म होने के भी बरस-भर बाद तक बन्द रहे आए। तिलक और बिपिनचन्द्र पाल के दिल्ली और पंजाब-प्रवेश पर रोक लगी हुई थी।

सरकार को अपनी लड़ाई के लिए चाहिए जवान भी थे, रुपए भी, मगर अपने ढंग से। तिलक-जैसे पुराने उग्र राष्ट्रवादी पर उसका विश्वास कर सकना कठिन था।

मदद लेते भी डर लगता था। तिलक कठोर व्यावहारिक राजनीतिज्ञ थे और सरकार भी इस बात को समझती थी।

बम्बई के गवर्नर ने जब युद्ध के प्रसंग में नेताओं की एक सभा बुलाई तो तिलक भी उसमें गए। पर उन्हें बोलते अभी मुश्किल से दो मिनट हुए थे कि ज़बरन चुप करा दिया गया क्योंकि उन्होंने वहाँ भी भारत के राष्ट्रीय अधिकारों की बात उठाई। ठीक है, हम आपकी हर मदद करेंगे लेकिन हमें भी तो बदले में दीजिए कुछ! और फिर, जब हमारे जवान आपकी पलटन में भर्ती होकर लड़ेंगे तो उन्हें भी योग्यतानुसार वही रैंक या स्थान मिलना चाहिए जो कि आप अपने सैनिकों को देते हैं। यह तो बिलकुल न्याय की बात है। लेकिन सरकार यह न्याय की बात सुनने के लिए तैयार न थी और तिलक को बैठा दिया गया। वाइसराय ने जब दिल्ली में मीटिंग बुलाई और गांधीजी को उसके लिए आमंत्रित किया तो गांधीजी को पहले उसमें जाने में आपत्ति हुई, केवल इस कारण से नहीं कि सुना जाता था ब्रिटेन ने रूस से कोई गुप्त संधि की है जिसके अन्तर्गत कुस्तुनतुनिया तुर्की से लेकर रूस को दे देने की बात थी बल्कि इसलिए भी कि तिलक और मिसेज़ बेसेंट जैसे लोगों को नहीं आमंत्रित किया गया था। लेकिन ख़ैर चेम्सफ़र्ड ने उनको समझा लिया और वह मीटिंग में शरीक हुए। तिलक को भी तार देकर दिल्ली बुलाया पर तिलक ने जाने से इनकार कर दिया। उनके दिल्ली-प्रवेश पर रोक लगी हुई थी और इस तरह जाना उनके लिए असम्मानजनक था।

अगस्त 1918 में तिलक पर एक नई पाबन्दी यह लगा दी गई कि वह कलेक्टर से इजाज़त लिये बग़ैर, पलटन में भर्ती होने का समर्थन करने के लिए भी कहीं भाषण न दे सकते थे।

उन्हीं दिनों तिलक ने गांधीजी के रवैये से शायद कुछ खिन्न होकर उनके पास पचास हज़ार रुपए का एक चेक भेजा था जो कि एक तरह की ज़मानत थी—अगर आप सरकार से यह आश्वासन लेकर मेरे पास भेज दें कि हिन्दुस्तानियों को भी फ़ौज में कमिशंड रैंक मिलेगा तो मैं अकेले महाराष्ट्र से पाँच हज़ार जवान आपको भर्ती करके दूँगा और अगर मैं यह न कर सकूँ तो आप इस रुपए को ज़ब्त कर लें।

लेकिन गांधीजी इसके लिए भी तैयार न थे और उन्होंने यह कहकर तिलक का चेक लौटा दिया कि सरकार को बिल्कुल शुद्ध मन से सहायता देनी चाहिए, उसका रूप किसी प्रकार सौदेबाज़ी का न होना चाहिए। दक्षिण अफ्रीका में, बुअर युद्ध में, सरकार का साथ देने के बाद वहाँ की सरकार ने उनके साथ जो कुछ किया था, उससे भी शिक्षा लेने के लिए गांधीजी तैयार न थे। उनका मोहनाश होने में अभी कुछ देर थी।

बहरहाल सरकार ने अच्छी तरह समझ लिया था कि तिलक को, और तिलक जिनके प्रतीक थे उन्हें, दबाकर रखने में ही साम्राज्य की सुरक्षा है।

इस तरह मुल्क के सामने ब्रिटिश हुकूमत के दो चेहरे आए—एक तो मुस्कराता हुआ, चिकना-चिकना, शराफ़त का पुतला रिफ़ार्म स्कीम का चेहरा और दूसरा लाल-लाल आँखें निकाले, ग़ुस्से से बिफरा हुआ रौलट ऐक्ट का चेहरा...

मुंशीजी व्यावहारिक राजनीति के क्षेत्र से बिलकुल अलग अपने एक कोने में बैठे हुए ख़ामोशी से काम कर रहे थे—लेकिन आँख-कान ख़ूब-ख़ूब खुले हुए, देश-विदेश की हर बड़ी घटना के प्रति असाधारण रूप से सजग। और उनके जैसे अलग-थलग एक व्यक्ति के आचरण का समाज पर तत्काल कोई प्रभाव पड़ता हो या न पड़ता हो, उनकी दृष्टि में यह बात अपने आप में महत्त्व रखती थी कि व्यक्ति जिसको सत्य और न्याय समझता है उसके लिए अपनी आवाज़ उठाता है, भले वह आवाज़ कितनी ही अकेली हो, कितनी ही कमज़ोर हो। महत्त्व इस बात का नहीं है कि उस आवाज़ में दम था या नहीं और दुनिया उससे हिली या नहीं हिली। महत्त्व इस बात का है कि एक आदमी ने, चाहे वह कितना ही छोटा क्यों न हो, सच को सच और झूठ को झूठ, न्याय को न्याय और अन्याय को अन्याय कहा।

एक से दो और दो से चार आवाज़ें पैदा हो जाती हैं वैसे ही जैसे ताल में कंकड़ फेंकने पर एक से दो और दो से चार लहरें पैदा हो जाती हैं।

वह भी न हों तो भी दूसरों का मुँह जोहकर अपनी आवाज़ को गले में न फँसने दो क्योंकि अपने उस अकेलेपन में भी उस आवाज़ का सांकेतिक महत्त्व रहेगा और जिस संकेतलिपि को एक पीढ़ी नहीं पढ़ पाती उसे आनेवाली पीढ़ियाँ पढ़ती हैं।

यह विचार उनकी एक दिन की उपलब्धि नहीं है। अब से कोई चार बरस पहले उन्होंने इसी आशय की एक कहानी 'एक ही आवाज़' लिखी थी जो कहानी के रूप में कमज़ोर है लेकिन जिसकी आधारशिला यह सत्य एक बड़ा सत्य है।

सरकारी नौकरी अब दिनोंदिन दुर्वह होती जा रही थी। चारों तरफ़ हाथ-पैर मार रहे थे कि दूसरी कोई नौकरी मिल जाए तो इसको छोड़ दें। उनके दोस्त निगम साहब की माडरेट राजनीति अब तक उन्हें सरकार से पूरा-पूरा सहयोग करने की ओर ले जा चुकी थी और लड़ाई के जमाने में जब सूबे की सरकार ने 'वार जर्नल' (जंगी अख़बार) जारी किया तो निगम साहब को भी उसकी कमेटी का मेम्बर बनाया। मुदर्रिसी छोड़ने और अख़बार का काम करने की बात अब तक बीसियों बार मुंशीजी उनसे कर चुके थे। लिहाज़ा निगम साहब के दिल में ख़याल आया कि अगर मुंशीजी उस अख़बार के उर्दू संस्करण की जिम्मेदारी लेने को तैयार हों तो उन्हें वहाँ लाने की कोशिश की जाए।

मुंशीजी ने उनके इस प्रस्ताव के जवाब में 6 जुलाई, 1918 को लिखा—

'...अब मैं सरकारी अख़बारनवीस क्या बनूँगा। अगर अख़बारनवीस बनना तक़दीर में है तो ग़ैर-सरकारी, आज़ाद अख़बारनवीस होऊँगा। जंग के मुताल्लिक़ मज़ामीन लिखने की भी इस वक़्त मुझे फ़ुर्सत नहीं है। बस इसी अपनी रफ़्तारे-क़दीम[1] पर चलूँगा। बी.ए. करके किसी प्राइवेट स्कूल की हेडमास्टरी और एक अच्छे अख़बार की एडिटरी और कुछ और पब्लिक काम। यही मेराजे-ज़िन्दगी[2] है। अख़बार मज़दूरों-किसानों का हामी[3] और मुआविन[4] होगा।'

ज़ाहिर है कि ऐसा आदमी सरकारी अख़बार के बहुत काम का नहीं था। उधर निगम साहब की उन दिनों वही दुनिया थी। दिन-रात हुक्काम के संग का उठना-बैठना

1. पुरानी रफ़्तार, 2. जीवन-शिखर, 3. समर्थक, 4. सहयोगी

था। इन्हीं दिनों एक बार ऐसा हुआ कि निगम साहब ने अपनी बड़ी लड़की की शादी में अपने कुछ अंग्रेज़ दोस्तों को भी दावत दी। मुंशीजी को यह बात इतनी काफ़ी नागवार हुई कि उन्होंने निगम साहब को लिखा कि आपने अंग्रेज़ों को अपने यहाँ क्यों बुलाया। जब वह लोग हमको काला आदमी समझते हैं और हमारी छाया से भागते हैं तो हमें भी चाहिए कि उनको अपने से क़तई दूर रक्खें। ग़रज़ कि दोनों मित्र दो विरोधी दिशाओं में एक-दूसरे से काफ़ी दूर जा पड़े थे और उनके बीच एक खाई खिंचती चली आ रही थी लेकिन दोनों अगले वक़्तों के वज़ादार आदमी थे और दोस्ती की बुनियादें बहुत पक्की थीं, इसलिए कुछ ख़ास बिगड़ा नहीं। पर अब वह पुरानी बात भी न थी।

अपनी किन्हीं झंझटों में निगम साहब को जवाब देने में कुछ देर हो गई, लेकिन उन्होंने शायद एक बार फिर ग़ौर कर लेने के लिए मुंशीजी से कहा। उसके जवाब में मुंशीजी ने अपने इनकार को दोहराते हुए लिखा—

भाईजान, तसलीम। हज़ार-हज़ार शुक्रिया। भला मुझ ग़रीब मुदर्रिस की याद अभी तक हुज़ूर के दिल में बाक़ी तो है। यह आपकी ख़ता नहीं। जमाने की हवा से आप भी नहीं बच सकते। और न मुझे इसका दावा है। मंसब[1] और सरवत[2] का हक़ अव्वल है और जो महज़ दोस्त हैं और कुछ नहीं, उनका सानी[3]! शिकायत करे, वह गँवार। बुरा न मानिएगा।

वार जर्नल के मुताल्लिक़। मुझे यहाँ मय मकान के सौ रुपए मिलते हैं, इलाहाबाद में एक सौ बीस पर जाना मेरे लिए बेसूद है। और मैं बदक़िस्मती से इसे क़ौमी काम नहीं समझता।...मुझे इस काम से मुआफ़ रखिए।

असल बात यही है, मुंशीजी इसे क़ौमी काम नहीं समझते। लेकिन एक दोस्त उसी सब में लगा हुआ है, इसलिए इतने लट्ठमार ढंग से इस बात को कहने में जी कतराता है, लिहाज़ा मुंशीजी इधर-उधर से बहाने खोजकर लाते हैं। लेकिन फिर डर मालूम होता है कि निगम साहब कहीं तनख़्वाह को बढ़वाने की बात न कहें, फिर क्या होगा? चुनांचे वह हिम्मत करके अगले ही जुमले में वह बात कह देता है जो अब तक उसके गले में फँस रही थी। किसी तरह यह क़िस्सा ख़त्म हो। बहरहाल, मुंशीजी ने इसी ख़त में यह भी लिखा कि 'हाँ, मैंने उसमानिया यूनिवर्सिटी में दरख़्वास्त दी है। अगर आप मिस्टर हैदरी पर मेरी बाबत कोई असर डाल सकें तो यह आपकी दोस्त-नवाज़ी होगी, हालाँकि मुझे उम्मीद नहीं है कि हैदराबाद में मेरा कोई पुरसाँ[4] होगा।'

उर्दू लेक्चरर की जगह थी। मगर हुआ वही जो होना था। सर अकबर हैदरी सरकार के नामी ख़ैरख़्वाहों में थे, प्रेमचन्द के लिए वहाँ कहाँ गुंजाइश थी जहाँ दर्शनशास्त्र के विभाग में नियुक्ति के लिए सारी कोशिश-पैरवी के बावजूद इक़बाल की दाल नहीं गली गो उस वक़्त वह अपनी शोहरत की चोटी पर थे।

आजकल अख़बार रूस की ख़बरों से भरे रहते हैं और कैसी-कैसी भयानक ख़बरें! लगता है कि न जाने कहाँ के खूँखार वहशी आ मरे हैं वहाँ! सब कुछ तहस-नहस कर डाला। ख़ून की नदियाँ बहा दीं। एक से एक रोंगटे खड़े कर देनेवाली कहानियाँ और तसवीरें।

1. पद, 2. वैभव, 3. गौण, 4. पुछत्तर

सब पता है मुंशीजी को। तर्क उनके पास नहीं है पर उनका दिल कहता है कि सब मनगढ़ंत बातें हैं। कहीं आसमान से थोड़े ही टपके हैं बोलशेविक, उसी धरती के तो बेटे हैं। मगर कैसे भाये उनका राज उन लोगों को जो कल तक ख़ुद राजा थे और ये लोग जो आज गद्दी पर बैठे हुए थे कल तक उनके ग़ुलाम थे, रिआया थे जिन्हें वह सरे-बाज़ार कोड़े मारते थे। ख़ूब गहरा हल चला, नीचे की मिट्टी ऊपर आ गई। इसी को भूकम्प भी कहते हैं।

वैसी ही कुछ चीज़ यहाँ भी खौल रही है, पक रही है भूमि के गर्भ में। और लोग उसे बहलाना चाहते हैं रिफ़ार्म स्कीम से!

मगर मुंशीजी तो पूरी तरह उसी भूडोल के साथ हैं। छोटे-मोटे सुधारों से उनका काम नहीं चलने का। फ़रवरी 1919 के उसी लेख में, जिसका ज़िक्र ऊपर आ चुका है, मुंशीजी की नज़र इस नए जमाने के उस एक रौशन पहलू पर भी जाती है 'जो उन काले दाग़ों को किसी हद तक ढँक देता है।' वह रौशन पहलू है 'बेज़बानों की ताक़त का ज़ाहिर होना।' 'अब एक फ़ाक़ाकश मज़दूर भी अपनी अहमियत समझने लगा है और धन-दौलत की ड्योढ़ी पर सिर झुकाना पसन्द नहीं करता।...वह भी अच्छे मकानों में रहना चाहता है, अच्छे खाने खाना चाहता है और मनोरंजन के लिए अवकाश की माँग करता है।...वह पूँजी का दुश्मन है, व्यक्तिगत सम्पत्ति की जड़ खोदनेवाला और व्यापारियों की जत्थेबन्दी का हत्यारा। सब की एकता उसका जेहाद का नारा है। वह ऊँच-नीच को मिटाकर सारी ज़मीन को समतल बनाने की कोशिश करता है। वह ऐसी राज्य-व्यवस्था स्थापित करना चाहता है जो धनोपार्जन के समस्त साधन अपने हाथ में रक्खे और हर व्यक्ति को उसकी मेहनत और योग्यता के अनुसार बराबर बाँटे। वह ज़मींदारों को एक गन्दी और बेकार चीज़ समझता है और उनकी सम्पत्ति को उनके कब्ज़े से निकालकर जनता के कब्ज़े में रखना चाहता है।'

और यह दूसरों की आग में हाथ सेंकने की बात नहीं है, अपने देश के लिए भी उन्हें इसी आग की, इसी भूडोल की तड़प है। 'स्वराज्य' की लफ़्ज़ी फुलझड़ी से बहल जानेवाले वह नहीं हैं, उनके सवाल धरती से उठते हैं और धरती की करवट ही उनका जवाब दे सकती है—

> *हमारे स्वराज्य के नेताओं में वकील और ज़मींदार ही सबसे ज़्यादा हैं। हमारी कौंसिलों में भी यही दो समुदाय आगे-आगे दिखाई पड़ते हैं। मगर कितने शर्म और अफ़सोस की बात है कि उन दोनों में से एक भी जनता का हमदर्द नहीं। वे अपने ही स्वार्थ और प्रभुत्व की धुन में मस्त हैं। वह अधिकार और शासन की माँग करते हैं और धन और वैभव के इच्छुक हैं, जनता की भलाई के नहीं।...आप स्वराज्य की हाँक लगाइए, सेल्फ़ गवर्नमेंट की माँग कीजिए, कौंसिलों को विस्तार देने की माँग कीजिए, उपाधियों के लिए हाथ फैलाइए, जनता को इन चीज़ों से कोई मतलब नहीं है बल्कि अगर कोई अलौकिक शक्ति उसे मुखर बना सके तो वह आज ज़ोरदार आवाज़ में, शंख बजाकर आपकी इन माँगों का विरोध करेगी। कोई कारण*

नहीं है कि वह दूसरे देश के हाकिमों के मुक़ाबले में आपकी हुकूमत को ज़्यादा पसन्द करे। जो रैयत अपने अत्याचारी और लालची ज़मींदार के मुँह में दबी हुई है, जिन अधिकार-सम्पन्न लोगों के अत्याचार और बेगार से उसका हृदय छलनी हो रहा है, उनको हाकिम के रूप में देखने की कोई इच्छा उसे नहीं हो सकती।

इसकी क्या ज़मानत है कि आपके पंजे में आकर उनकी हालत और भी बुरी न हो जाएगी? आपने अब तक इसका कोई सबूत नहीं दिया कि आप उनकी भलाई चाहनेवाले हैं। अगर कोई सबूत दिया है तो उनकी बुराई चाहने का, स्वार्थ का, लोभ का, कमीनेपन का। आप स्वराज्य की कल्पना का मज़ा ले-लेकर ख़ूब फूलें और बग़लें बजाएँ मगर अधिकारों के साथ-साथ कर्तव्यों का ध्यान रखना भी ज़रूरी है। जाहिल रईसों या ज़मींदारों से हमें शिकायत नहीं। उनकी आँखें उस वक़्त खुलेंगी जब उनकी गर्दनें जनता के हाथों में होंगी और वह बेबस निगाहों से इधर-उधर ताक रहे होंगे। शिकायत हमें उन लोगों से है जो पढ़े-लिखे हैं और ज़मींदार हैं, वकील हैं और ज़मींदार हैं। वह अपने दिल से पूछें कि वह प्रजा के साथ अपना कर्तव्य पूरा कर रहे हैं? उनका दिल साफ़ कहेगा कि तुम इस तराज़ू पर तौले गए और ओछे निकले।

आनेवाला जमाना अब किसानों और मज़दूरों का है। दुनिया की रफ़्तार इसका साफ़ सबूत दे रही है। हिन्दुस्तान इस हवा से बेअसर नहीं रह सकता। हिमालय की चोटियाँ उसे इस हमले से नहीं बचा सकतीं। जनता की इस ठहरी हुई हालत से धोखे में न आइए। इनक़लाब के पहले कौन जानता था कि रूस की पीड़ित जनता में इतनी ताक़त छिपी हुई है?...

और इसके क़रीब दस महीने बाद 21 दिसम्बर, 1919 को, मुंशीजी ने निगम साहब को लिखा था—

'...मैंने अभी तक करेंट पालिटिक्स पर कुछ नहीं लिखा। मुझे 'ज़माना' की पालिसी पर नज़र डालते हुए कुछ लिखना मुनासिब नहीं मालूम होता। मैं पीस डिक्लेरेशन का तो अमदन् ज़िक्र न करूँगा लेकिन रिफ़ार्म स्कीम का ज़िक्र न करना ग़ैर-मुमकिन है। और स्कीम या ऐक्ट के मुताल्लिक़ मैं मिस्टर चिन्तामणि वग़ैरहुम से मुत्तफ़िक[1] नहीं हूँ। मेरे ख़याल में मोतदिल[2] पार्टी इस वक़्त ज़रूरत से ज़्यादा मग़रूर और नाज़ाँ[3] है हालाँकि इसलाहों[4] में अगर कोई ख़ूबी है तो सिर्फ़ यह कि तालीमयाफ़्ता जमात को कुछ आसानियाँ ज़्यादा मिल जाएँगी और जिस तरह यह जमात वकील बनकर रिआया का ख़ून पी रही है उसी तरह आइन्दा यह हाकिम होकर रिआया का गला काटेंगी। इसके सिवा और कोई जदीद[5] अख़्तियार नहीं दिया गया। जो अख़्तियारात दिए गए हैं उनमें भी इतनी शर्तें लगा दी गई हैं कि उनका देना न देना बराबर हो गया है। ऐसी हालत में मैं ज़माना में क्या लिखूँगा। मैं अब क़रीब-क़रीब बोल्शेविस्ट उसूलों का क़ायल हो गया हूँ।'

1. सहमत, 2. माडरेट, 3. घमंड में चूर, 4. सुधारों, 5. नया

फ़िज़ूल पेचीदगियों में पड़ने की उन्हें आदत नहीं! ढेरों दूध में से तोला-भर मक्खन निकलता है। कौन पीता बैठे उतना सब दूध। मक्खन ले लिया। काफ़ी है।

बाक़ी बातों से उन्हें बहस नहीं। होगा जो होगा। कोई किताब थोड़े ही लिखनी है बोल्शेविक पर। मोटी-मोटी बातें समझ लीं, बहुत हैं।

यही कि दुनिया दो हिस्सों में बँटी हुई है। करोड़ों नंगे-भूखे और मुट्ठी-भर मालदार, जो उन करोड़ों का ख़ून पीकर ही मोटे हुए हैं।

यह अन्याय अब नहीं चल सकता। झूठ है, जिसका जैसा भाग्य, भगवान ने जिसको जैसा बनाया भगवान ने सबको बराबर बनाया है। यह ऊँच-नीच, ग़रीब-अमीर की दीवारें हमने ख़ुद खींची हैं। और हमीं अब उनको मिटाएँगे। अपने पौरुख से, अपना ख़ून-पसीना बहाकर। रूस में यही हुआ है। दूसरा कुछ नहीं हुआ। यही बोल्शेविज़्म है।

जंगल में आग लग जाती है। नदी में बाढ़ आ जाती है। भूडोल में पहाड़ मिट्टी में मिल जाते हैं और मिट्टी में से पानी निकल आता है। बोल्शेविज़्म भी मुंशीजी के लिए कुछ ऐसी ही चीज़ है—सदियों से दबी-पिसी जनता की बग़ावत...बहुत हो ली अन्धेरगर्दी, रोज़-रोज़ की हारी-बेगारी, जाफ़ा-बेदख़ली। क्यों सहें किसी की धौंस। ज़मीन उसकी जो उसे जोते।

ऐसी कोई नई बात भी नहीं है इसमें। नया इतना ही है कि उखड़ी-उखड़ी सी एक बात जो दबी-सहमी उनके सीने में कहीं पड़ी थी उसे किसी देश के लोगों ने पूरा करके दिखा दिया। मन के फीके रंग चटक हो गए और पहली बार उन्होंने समझा कि किसान वक़्त पड़ने पर बग़ावत भी कर सकता है। अगर रूस में कर सकता है तो यहाँ भी कर सकता है। ज़रूरत सिर्फ़ इस बात की है कि उन्हें तैयार किया जाए, जगाया जाए—वैसे ही जैसे वहाँ वालों ने जगाया, टाल्सटाय ने, तुर्गनेव ने, चेखोव ने, गोर्की ने। और मुंशीजी को अब दूसरी ही हैरानी थी कि अब तक मेरी समझ में यह बात क्यों नहीं आई। कैसा हो जाता है कभी-कभी कि आँख के सामने पड़ी हुई चीज़ नज़र नहीं आती! बरसों भटका मैं इधर-उधर, कभी दो रोज़ इसके पीछे तो चार रोज़ उसके पीछे, समझ में ही न आता था कि अपने लिए कौन-सा रास्ता अख़्तियार करूँ और इतना बड़ा-सा चौड़ा-सा रास्ता जो मेरी आँखों के सामने था वह मुझे दिखा ही नहीं! शुरू से मैं उन्हीं के बीच रहा, पला, बढ़ा, उठा-बैठा, बोला-बतियाया। ख़ुद हल नहीं जोता तो क्या, उनका राई-रत्ती हाल तो जानता हूँ। क्या खाते हैं, क्या पहनते हैं, क्या ओढ़ते हैं, क्या बिछाते हैं, क्या सोचते हैं, क्या कहते हैं, कैसे कहते हैं, सब कुछ तो मैंने देखा है, सुना है। चौपाल में बैठकर चिलम पीते, अलाव के गिर्द बैठकर घंटों आलू-मटर भूनकर खाते और जाने कहाँ-कहाँ की बातें करते, कोल्हाड़े में ऊख का रस पेरते, आम-महुआ बीनते, करवी काटते, गैया को सानी बोरते, मोट छीनते, हल जोतते, खेत हेगाते, बीज छिड़कते, धान काटते, दँवाते, ओसाते—हर समय तो मैंने उन्हें देखा है, उनसे बातें की हैं और वैसे नहीं जैसे शहरी बाबू करते हैं। मैं कहाँ का शहरी बाबू हूँ। मैं तो ख़ुद किसान हूँ। उनका कौन-सा दुख-दर्द ऐसा है जो मैंने एक न एक कुर्मी के घर में नहीं देखा। फिर मुझे क्यों नहीं दिखाई दिया कि मेरी असल ज़मीन कौन-सी है? क्यों भटकता रहा मैं इधर-उधर? कोई बड़ा क़िस्सा किसानों की

ज़िन्दगी को लेकर मैंने क्यों नहीं लिखा? आधी उम्र निकल गई और जो ज़मीन ख़ास मेरे जोतने की थी, उसे मैंने जोता ही नहीं!

और 'बाज़ारे-हुस्न' ख़त्म होने के तीन महीने के भीतर 2 मई, 1918 को मुंशीजी ने 'प्रेमाश्रम' के मूल उर्दू रूप 'गोशए आफ़ियत' पर काम शुरू कर दिया।

अलाव को घेरकर किसान बैठ गए और बातें होने लगीं—अपने दुख-दर्द की, हारी-बेगारी की, जाफ़ा-बेदख़ली की, रिश्वत और घूस की। कितना सहज ढंग है उनका जैसे ज़िन्दगी ख़ुद-ब-ख़ुद बोल रही हो, कुम्हार अपने चाक पर बैठा गीली मिट्टी से खेल रहा हो, मछली पानी में तैर रही हो, शेर जंगल में विचर रहा हो...

इन्हीं दिनों फ़रवरी 1919 में रौलट बिल धारा सभा में पेश हुआ। अंग्रेज़ सरकार को बिना शर्त सहायता देने का यह अच्छा पुरस्कार गांधीजी को मिला। वह तिलमिला उठे और उन्होंने तत्काल अपने इस निश्चय की सूचना दी कि वह उसके विरुद्ध सत्याग्रह करेंगे। फिर अपने दौरे पर निकले। हर जगह उन्हें जनता का विराट समर्थन प्राप्त हुआ। ऐसा क्योंकर सम्भव हुआ जब कि गांधीजी देश के लिए अभी काफ़ी नए थे? इसका उत्तर अंग्रेज़ सरकार के ही इन शब्दों में मिलता है—"मिस्टर गांधी को सब जगह एक बहुत ऊँचे आदर्शों का और पूर्णत: निस्वार्थ टाल्सटाय-भक्त समझा जाता है। दक्षिण अफ़्रीका के हिन्दुस्तानियों के लिए उन्होंने जो कुछ किया था उसके कारण, तभी से, उन्हें वह सब परंपरागत आदर और भक्ति अपने देशवासियों की ओर से मिली जो पूरबवाले सदा से अपने साधु-सन्तों को देते आए हैं जिनके त्याग और साधना में उन्हें पूरा विश्वास है। जहाँ तक गांधी की बात है, उनकी शक्ति इसलिए और बढ़ जाती है कि उनके प्रशंसक किसी एक धर्म या सम्प्रदाय के माननेवाले नहीं हैं। जब से उन्होंने अहमदाबाद में रहना शुरू किया है वह बराबर तरह-तरह के सामाजिक कार्यों में सक्रिय योग देते हैं। जिस तत्परता से वह किसी भी ऐसे व्यक्ति या समूह का पक्ष लेकर जिसे वह पीड़ित समझते हैं, लड़ने को तैयार रहते हैं, उसके कारण उनके देशवासी उन्हें बहुत चाहने लगे हैं। बम्बई प्रदेश के बहुत से हिस्सों में देहाती और शहरी लोगों के बीच इनका प्रभाव सन्देह से परे है और उन्हें इतने गहरे आदर और सम्मान की दृष्टि से देखा जाता है कि उसको भक्ति भी कहा जा सकता है। आत्मिक बल को भौतिक भक्ति से बड़ा मानते हुए मिस्टर गांधी ने अच्छी तरह समझ लिया कि उन्हें कर्तव्यवश रौलट ऐक्ट के विरुद्ध अपने उस अस्त्र, निष्क्रिय प्रतिरोध, का प्रयोग करना चाहिए जिसका इतना सफल प्रयोग उन्होंने दक्षिण अफ़्रीका में किया था। 24 फ़रवरी को घोषित किया गया कि अगर बिल पास हुए तो वह निष्क्रिय प्रतिरोध या सत्याग्रह के आन्दोलन का नेतृत्व करेंगे। इस घोषणा को सरकार ने और बहुत-से भारतीय राजनीतिज्ञों ने बहुत गम्भीर रूप में ग्रहण किया। लेजिस्लेटिव कौंसिल के कुछ नरमदली सदस्यों ने ऐसा क़दम उठाने के नतीजों के बारे में खुलेआम अपनी आशंका व्यक्त की। मिसेज़ बेसेंट ने, जिन्हें भारतीयों के मानस की बहुत अच्छी समझ है, बहुत गम्भीर शब्दों में मिस्टर गांधी को चेतावनी भी दी कि जिस तरह के आन्दोलन की बात उनके मन में है उसके फलस्वरूप ऐसी बहुत-सी शक्तियों को खुलकर खेलने का अवसर मिलेगा जिनसे असीम क्षति पहुँचने की आ[illegible] है।"

लेकिन गांधीजी को अपने ऊपर पूरा विश्वास था और उन्होंने देशव्यापी हड़ताल के लिए 30 मार्च की तारीख़ नियत की जो कि बाद को बदलकर 6 अप्रैल कर दी गई, जिस परिवर्तन की सूचना दिल्ली को समय से न मिल सकी। अत: दिल्ली में उसी रोज़ हड़ताल हुई और जुलूस निकले—और गोली भी चली। उसके अगले रोज़ जो जुलूस निकला उसका नेतृत्व स्वामी श्रद्धानन्द कर रहे थे। कुछ गोरे सिपाहियों ने गोली चलाने की धमकी दी तो स्वामी जी अपना सीना खोलकर खड़े हो गए।... आन्दोलन का यह एक नया स्तर था। इसके बारे में सरकारी प्रकाशन 'इंडिया 1919' लिखता है—'इस आम हलचल की एक ख़ास बात यह थी कि हिन्दुओं और मुसलमानों में अनोखा भाईचारा दिखलाई दिया...हिन्दू खुलेआम मुसलमानों के हाथ से और मुसलमान हिन्दुओं के हाथ से पानी लेकर पी रहे थे। हिन्दू-मुस्लिम एकता इन जुलूसों का मुख्य नारा था।...यह हाल था इस भाईचारे का कि हिन्दू नेताओं को मसजिदों तक में जाकर भाषण देने की आज़ादी मिल गई थी।' सारा देश उस समय जैसे एक बारूदख़ाना बना हुआ था, जिसको विस्फोट के लिए बस एक चिनगारी की ज़रूरत थी। ऐसे में गांधीजी का आन्दोलन अधिकारियों के लिए निश्चय ही डरने की चीज़ थी और उन्हें सबसे ज़्यादा डर था पंजाब को लेकर क्योंकि वही भारतीय सेना का मेरुदंड था।

उन दिनों वहाँ पर सर माइकेल ओ' डायर का राज था जो एक मशहूर जल्लाद था। राष्ट्रीयता की आग का पंजाब में दाख़िल होना उसे किसी तरह गवारा न था। इधर कांग्रेस ने अपने उस वर्ष के अधिवेशन के लिए अमृतसर को ही चुना था। दोनों फ़रीक़ों के बीच यह एक तरह की चुनौती थी।

ऐसी विस्फोटक स्थिति में दूसरा क्या होता—जनता में ज़बर्दस्त बग़ावत की आग भड़की, कुछ हिंसात्मक कार्रवाइयाँ भी यहाँ-वहाँ हुईं और सरकार तो जैसे अपने होश-हवास ही खो बैठी।

और इसी सिलसिले की आख़िरी कड़ी थी 13 अप्रैल, 1919 का जलियाँवाला बाग़ का हत्याकांड जिसने 1857 के विद्रोह की याद को ताज़ा कर दिया।

मार्शल ला लगा हुआ था। उसकी अवज्ञा करके अमृतसर के एक बाग़ में, जिसका एक ही, छोटा-सा रास्ता था, बीस हज़ार लोगों की मीटिंग हो रही थी जब कि जनरल डायर ने पचास गोरों और सौ हिन्दुस्तानी सिपाहियों की गारद के साथ वहाँ पहुँचकर मीटिंग को फ़ौरन बर्ख़ास्त करने का हुक्म दिया और उस पूरे बीस हज़ार के मजमे को बाग़ के उस अकेले छोटे-से रास्ते से बाहर निकल जाने के लिए दो मिनट का वक़्त दिया!...और फिर गोलियाँ चलनी शुरू हुईं। कुल सोलह सौ राउंड गोलियाँ चलीं—और अगर इससे ज़्यादा नहीं चलीं तो सिर्फ़ इसलिए कि थीं नहीं। चन्द मिनटों में ज़मीन लाशों से पट गई—और घायलों से, जिनकी मरहम-पट्टी का तो ज़िक्र ही क्या, उनके पास कोई पहुँच भी न सकता था। और वह लोग एक बूँद पानी तक के लिए तड़प-तड़पकर मर गए। जैसा कि बाद में जनरल डायर ने हंटर कमेटी के सामने कहा—मारना ही उनका उद्देश्य था। उसने कहा—'शहर फ़ौज के कब्ज़े में आ गया था और मैंने सबेरे ही मुनादी करवा दी थी कि किसी तरह की सभा न हो। लोगों ने जब इस तरह खुलेआम मेरी हुक्मउदूली की तो मैंने तय किया कि इन लोगों को इस बार सबक़ सिखाना चाहिए ताकि पीछे वह

लोग मेरे ऊपर हँस न सकें। अगर मेरे पास और गोली होती तो मैंने और भी देर तक चलाई होती। मैंने सोलह सौ राउंड ही चलाए क्योंकि इससे ज़्यादा मेरे पास थे नहीं।'

सबक़ सिखाने की यह क्रिया बहुत दिनों तक चलती रही। नए-नए तरीक़े सोचकर लोगों को दंड दिया गया। पानी की सप्लाई काट दी गई। बिजली की सप्लाई काट दी गई। खुलेआम सड़कों पर, बाज़ारों में लोगों को कोड़े मारे गए। कहीं-कहीं चौराहों पर टिकटियाँ भी खड़ी हो गईं। लोगों को पेट के बल घिसटाया गया। क्या नहीं हुआ उस समय। छोटे-मोटे फ़ौजी अफ़सरों ने अपनी तरफ़ से और भी तरह-तरह की नई सज़ाएँ ईजाद कीं। हर बात की छूट थी, जो चाहे करो और ऐसा करो कि फिर भूलकर सर उठाने की हिम्मत ये लोग न करें!

ऊपर से मज़ा यह कि एक शब्द अख़बार में नहीं निकल सकता था। महीनों तक किसी को कुछ भी पता न चल सका। मुंशीजी उन दिनों इलाहाबाद में बी.ए. का इम्तहान दे रहे थे। पर कहीं से कुछ सुनगुन उन्हें मिल गई थी। गोरखपुर लौटकर 19 अप्रैल, 1919 के अपने ख़त में उन्होंने ताज साहब को लिखा—ख़ुदा करे लाहौर में अमन हो। फिर 30 जुलाई के ख़त में—शुक्र है कि पंजाब में अब सुकून हुआ।

बस। इतना ही। क्या कहें और। ज़बान पर बंदिश है। मगर जी सुलग रहा है और जंजीर को झटककर तोड़ देने का इरादा और पक्का हो रहा है।

धिक्कार है मन की इस कमज़ोरी पर। इतनी ज़रा-सी बात के लिए साहस नहीं बटोर पाता। अब तो नहीं सही जाती यह ज़िल्लत। अपमान की भी कोई सीमा होती है। आदमी को किरिच के ज़ोर पर मजबूर करना कि वह कीड़े-मकोड़ों की तरह पेट के बल रेंगे!

दिल में ग़ुस्सा है, तिलमिलाहट है, एक विप्लव है जो न जाने कब से अन्दर ही अन्दर पकता रहा है, उस सबको भी वाणी देना ज़रूरी है। और उसे वाणी मिलती है बाप-बेटे मनोहर और बलराज के रूप में। दोनों बला के अक्खड़ हैं, दिलेर हैं, जान पर खेल जाना उनके लिए कोई चीज़ नहीं है। बलराज में अगर जवानी के ख़ून की गर्मी है तो मनोहर में घनघोर निराशा के भीतर से निकलनेवाला साहस जिसका कहीं ओर-छोर नहीं है। वह क्या समझते हैं ज़मींदार को या उसके गुर्गों को। उन्हें तो बस अपने लाठी-गँड़ासे का भरोसा है।

लेकिन कादिर बिलकुल उनका उलटा है, शान्ति की साकार प्रतिमा। उसके हृदय में किसी के लिए कोई राग-द्वेष नहीं है।

और सच्चाई यह है कि ये दोनों मुंशीजी के ही चित्त की दो विरोधी वृत्तियाँ हैं, जिनमें बराबर महाभारत चला करता है।

लेकिन उनसे भी बड़ी सच्चाई है ज़ुल्म की वह चक्की जिसमें किसान हरदम पिसता रहता है—

जिस तरह सूरज डूबने पर एक विशेष प्रकार के जीवधारी, जो न पशु हैं न पक्षी जीविका की खोज में निकल पड़ते हैं और अपनी लम्बी कतारों से आसमान को छा लेते हैं उसी तरह कातिक का आरम्भ होते ही एक अन्य

प्रकार के जन्तु देहातों में निकल पड़ते हैं और अपने खेमों तथा छोलदारियों से समस्त ग्राम-मंडल को उज्ज्वल कर देते हैं।...उनके उठते ही भूकम्प-सा आ जाता है और लोग भय से प्राण छिपाने लगते हैं।...

अधिकारी वर्ग और उनके कर्मचारी विरहिणी की भाँति इस सुख काल के दिन गिना करते हैं। शहरों में तो उनकी दाल नहीं ग़लती, या ग़लती है तो बहुत कम। वहाँ हर चीज़ के लिए उन्हें जेब में हाथ डालना पड़ता है मगर देहातों में जेब की जगह उनका हाथ अपने सोटे पर होता है या किसी दीन किसान की गर्दन पर। जिस घी-दूध, साग-भाजी, मांस-मछली आदि के लिए शहर में तरसते थे, जिनका स्वप्न में भी दर्शन नहीं होता था, उन पदार्थों की यहाँ केवल जिह्वा और बाहु के बल से रेल-पेल हो जाती है। जितना खा सकते हैं, खाते हैं, बारबार खाते हैं, और जो नहीं खा सकते वह घर भेजते हैं। घी से भरे हुए कनस्टर, दूध से भरे हुए मटके, उपले और लकड़ी, घास और चारे से लदी हुई गाड़ियाँ शहरों में आने लगती हैं। घरवाले हर्ष से फूले नहीं समाते, अपने भाग्य को सराहते हैं, क्योंकि अब दुःख के दिन गए और सुख के दिन आए। देहातवालों के लिए वह बड़े संकट के दिन होते हैं, उनकी शामत आ जाती है, मार खाते हैं, बेगार में पकड़ जाते हैं, दासत्व के दारुण निर्दय आघातों से आत्मा का भी ह्रास हो जाता है।

खेती पर निर्वाह करना कठिन हो गया है। कोई एक जून चबेना खाता है तो दूसरी जून रोटी-साग। किसी को वह भी नहीं मिल पाता। वह चुटकी-भर सत्तू फाँककर रह जाता है। गाँव में सुक्खू चौधरी को छोड़कर और किसी के घर दोनों बेला चूल्हा नहीं जलता। ज़मीन की बरक्कत उठ गई है। जहाँ बीघा पीछे बीस-बीस मन होते थे वहाँ अब चार-पाँच मन से आगे नहीं जाता।

तो भी अपनी धरती उससे छोड़ी नहीं जाती। यह ठीक है कि लड़ाई के दिनों में कुछ कल-कारख़ाने खुले हैं और उनमें मजूरों की माँग है, लेकिन...

इन्हीं दिनों की एक कहानी 'बलिदान' का गिरधारी अपने खेत छूट जाने पर उसी के ग़म में बिना कुछ कहे-सुने मर जाता है और भूत बनकर अपने उन्हीं खेतों के गिर्द मँडराता रहता है। निश्चय ही कुछ अतिप्राकृत-सा एक गुण है धरती के प्रति किसान के इस लगाव में, और शायद इसीलिए जहाँ दूसरे सन्दर्भों में अलौकिक तत्त्व का समावेश खल जाता है, इस कहानी में न सिर्फ़ यह कि नहीं खलता, वही चीज़ इस सुन्दर कहानी की जान है। बड़ा दर्द है अपनी धरती के प्रति गिरधारी की इस वासना में—'अँधेरा होते ही वह मेड़ पर आकर बैठ जाता है और कभी रात को उधर से उसके रोने की आवाज़ सुनाई देती है। वह किसी से बोलता नहीं, किसी को छेड़ता नहीं। उसे केवल अपने खेतों को देखकर सन्तोष होता है।' उसकी व्यथा की यह निःशब्दता ही काव्य का सत्य बनकर एक विचित्र कोमल पर ओजस्वी भाषा में बोलने लगती है, जो गिरधारी की भाषा नहीं गांधी की भाषा है।

और फिर किसान की मरजाद का सवाल—

'गिरधारी को ग़ायब हुए छ: महीने बीत चुके हैं। उसका बड़ा लड़का अब एक ईंट के भट्ठे पर काम करता है, बीस रुपया महीना घर आता है। अब वह कमीज़ और अंग्रेज़ी जूता पहनता है, घर में दोनों जून तरकारी पकती है और जौ के बदले गेहूँ खाया जाता है लेकिन गाँव में उसका कुछ भी आदर नहीं। वह अब मजूरा है। सुभागी अब पराए गाँव में आए हुए कुत्ते की भाँति दबकती फिरती है। वह अब मजूर की माँ है।'

दूसरा रास्ता बलराज का है, हिम्मत और मर्दानगी से अपनी ज़मीन पर डटे रहने का। अपनी लाठी का भरोसा करो, दुनिया को देखो, कहाँ जा रही है—

'तुम लोग तो ऐसी हँसी उड़ाते हो मानो कास्तकार कुछ होता ही नहीं, वह ज़मींदार की बेगार ही भरने के लिए बनाया गया है। लेकिन मेरे पास जो अख़बार आता है उसमें लिखा है कि रूस देश में कास्तकारों ही का राज है, वह जो चाहते हैं, करते हैं। उसी के पास कोई और देश बलगारी है। वहाँ अभी हाल की बात है, कास्तकारों ने राजा को गद्दी से उतार दिया है और अब किसानों और मज़दूरों की पंचायत राज करती है।'

इस नए तरह के पंचायती राज को दुनिया में क़ायम हुए अभी मुश्किल से आठ-दस महीने हुए हैं और मुंशीजी की आँखें उस पर जमी हुई हैं। यह क्रान्ति की आग है, विद्रोह की आग है। दूर है तो क्या, आँच मिल रही है। एक नई दुनिया की बुनियाद पड़ रही है जो साम्य की दुनिया होगी, भाईचारे की दुनिया होगी, जिसमें कोई ग़रीबों का ख़ून पीकर मोटा न हो सकेगा। हवा आज़ादी का तराना गा रही है। सर पर आज़ादी का सूरज चमक रहा है। उसमें रोशनी भी है और गर्मी भी। धौंस सहने के दिन गए।

ऊपरी नज़र से देखने पर बलराज और गिरधारी एक-दूसरे के परिपंथी जान पड़ते हैं, एक की वृत्ति कठोर है दूसरे की कोमल। पर साहित्य उस रस का नाम है जिसमें कठोर और कोमल सब कुछ आकर एक हो जाता है और अनेक बार कठोर उपादानों से कोमल की और कोमल उपादानों से कठोर की अभिव्यंजना होती है। तो भी चित्त की वृत्तियाँ दो हैं और दोनों विरोधी वृत्तियाँ हैं—एक हिंसा की, दूसरी अहिंसा की, एक जो उन्हें रूस की क्रान्ति की ओर खींचती है और दूसरी जो गांधीजी की ओर खींचती है। जीवन का प्रमाण एक ओर खींचता है, आदर्श की कल्पना दूसरी ओर। द्वन्द्व है, दुविधा है।

नवम्बर 1918 में युद्ध का अन्त हुआ और देश-भर में विजय का उत्सव मनाया गया। गोरखपुर में सदर तहसील के छात्रों को खेलकूद के लिए नार्मल स्कूल में बुलाया गया था। और भी कुछ कार्यक्रम था।

मुंशीजी के भीतर विद्रोह पनप रहा था। होगी यह जिसकी विजय होगी। हमको तो कोई विजय मिली नहीं, तो हम क्यों इस उत्सव में जाएँ। उँह, होगा जो होगा। रानी रूठेंगी अपना सुहाग लेंगी। मैं नहीं जाता। और मुंशीजी उसमें नहीं गए। शिक्षा-संचालक मैकेंजी साहब ने, जो उस समय वहीं मौजूद थे, (सम्भवत: कलक्टर साहब के बँगले से) आते समय मुंशीजी को बाहर बैठकर काम करते देखा था। लिहाज़ा उन्होंने हेडमास्टर बेचनलाल से लिखित जवाब माँगा कि मुंशीजी उस जलसे में क्यों नहीं शरीक हुए। बेचनलाल की तो घिग्घी बँध गई लेकिन अगले रोज़ जब मुंशीजी को इसका पता चला

तो उन्होंने अपनी तरफ़ से एक लिखित बयान दिया और बेचनलाल साहब पर ज़ोर डाला कि आप इसे ऊपर बढ़ाइए। मगर बेचनलाल मुंशीजी के शुभचिन्तक थे, उन्होंने मामले को वहीं ख़त्म कर दिया।

गोरेशाही के आतंक से यहाँ पर यह उनकी पहली टक्कर थी।

दूसरी टक्कर भी जल्दी ही हुई जो आनन-फानन नार्मल स्कूल के लिए एक कहानी बन गई और उस समय के लोगों को आज तक याद है। जैसा कि हर दन्त-कथा के साथ होता है, क़िस्सा बयान करनेवाले की कल्पना का रंग उसमें जुड़ता चलता है और धीरे-धीरे जितने मुँह उतनी बातें हो जाती हैं। उनमें से दो बयान नीचे दर्ज़ किए जाते हैं।

ग्राम परदहा, मुहम्मदाबाद, आज़मगढ़ के सुदामा सिंह कहते हैं—

"एक दिन प्रात: अंग्रेज़ कलक्टर दो कुत्तों के साथ, हाथ में हंटर लिये आवेश में आपके क्वार्टर पर आकर, पैर पटककर बोला—'तेरी गाय नित्य मेरे बँगले में जाकर नुक़सान करती है। मैं उसको शूट कर दूँगा।' आपने आगे बढ़कर तड़पकर कहा—'साँड़ नहीं है, यह प्रेमचन्द की गाय है।...मजिस्ट्रेटी का अभिमान दूर कर दूँगा!"'

साँड़ नहीं है कहने का संकेत शायद यह है कि साहब एक साँड़ को इसके पहले गोली मार चुका था।

अब सुनिए जामिनपुर, आज़मगढ़ के मुमताज़ अहमद क्या कहते हैं—

"सड़क के एक ओर प्रेमचन्द जी का निवासस्थान था और सामने दूसरी ओर ज़िलाधीश का बँगला था। प्रेमचन्द की गाय एक दिन सड़क पार करके ज़िलाधीश के बँगले के अहाते में घुस गई जिस पर क्रुद्ध होकर उन्होंने गोली मारने के लिए उसका पीछा किया। गाय ने अपने संरक्षक प्रेमचन्द जी के शरीर की ओट में शरण ली जो अपने द्वार पर पेड़ के नीचे कुछ पढ़ने में तल्लीन थे। ज़िलाधीश महोदय पिस्तौल लिए प्रेमचन्द जी के सम्मुख उपस्थित हो गए..."

सब के पास इस क़िस्से के बारे में अपनी एक अलग दास्तान है। पर एक बात सबमें समान है और वही महत्त्व की है—मुंशीजी की गाय कलक्टर के अहाते में गई और इस मामले को लेकर कलक्टर से उनकी ज़ोरदार झड़प हुई जिसमें मुंशीजी रत्ती-भर नहीं दबे।

याद रखने की बातें यहाँ दो ही हैं—एक तो यह कि मुंशीजी अभी बाक़ायदा सरकारी नौकर थे और दूसरी यह कि यह क़िस्सा जलियाँवाला बाग़ के समय का है।

लेकिन इतने ही से बस नहीं हुआ, अभी एक टक्कर होनी बाक़ी थी। उसके बारे में उस वक़्त के एक प्यूपिल टीचर मुहम्मद हनीफ़ ख़ाँ का बयान यह है—

बड़े ख़ुद्दार[1] थे। अपनी इज़्ज़त और शान के पूरे महाफ़िज़[2] थे। अपनी ख़ुद्दारी क़ायम रखने के लिए बड़ी से बड़ी क़ुर्बानी देने के लिए तैयार रहते। ज़ैल[3] के वाक़ये से यह नतीजा आसानी से अख़्ज़[4] किया जा सकता है। साहेब कलक्टर के बँगले और अहाता नार्मल स्कूल के दरमियान एक पुख़्ता सड़क है। कलक्टर साहब रोज़ाना शाम को चार बजे के बाद नार्मल

1. स्वाभिमानी, 2. रक्षक, 3. नीचे, 4. निकाला

स्कूल की इसी सड़क पर, जो अहाता नार्मल स्कूल के दक्खिन-पूरब से उत्तर-पच्छिम को होती हुई शहर को चली गई है, चहलक़दमी करते हुए गुज़रते थे। सड़क के दक्खिन तरफ़ सेकेंड मास्टर मुंशी प्रेमचन्द का क्वार्टर था। मास्टर साहब चार बजे के बाद अपने बरामदे में बैठे क़िस्सा-नवीसी में मशग़ूल रहते। एक रोज़ कलक्टर साहब ने मास्टर साहब को आवाज़ देकर हाथ के इशारे से बुलाया। जब वह आ गए तो साहब ने कहा—मैं रोज़ाना इस वक़्त टहलने आया करता हूँ, आप मुझे सलाम करने के लिए कभी नहीं आते?

मास्टर साहब ने जवाब दिया—मैं अपने काम में मशग़ूल रहता हूँ। यह मेरी कोई ड्यूटी नहीं कि हर किसी को जो सड़क से गुज़र रहा हो, ख़्वाह वह हुकूमत के अफ़सर ही क्यों न हों, सलाम करता फिरूँ।

इस पर कलक्टर साहब ने मास्टर साहब पर ख़फ़ा होकर कुछ कल्मए-नासज़ा[1] उनकी शान में इस्तेमाल किया। मास्टर साहब ने कहा—आप जल्द से जल्द इस हाते से निकल जाएँ वर्ना प्यूपिल टीचरों को ख़बर हो जाएगी तो वह नतीजे को सोचे बग़ैर आपकी बुरी तरह मरम्मत कर देंगे। इतना सुनते ही कलक्टर साहब सर पर पैर रखकर भागे। जनाब बेचनलाल साहब हेडमास्टर नार्मल स्कूल बहुत ख़ौफ़जदा[2] हुए और मुंशी प्रेमचन्द से कहा कि कलक्टर ज़िले का बहुत बड़ा पावर होता है, उसके अख़्तियारात लामहदूद[3] होते हैं, वह आपका स्कूल फुँकवा सकता है। मास्टर साहब ने कहा—आप डरिए, मैं क्यों डरने लगा जब कि मैं बरसरे-हक़[4] हूँ। वह रात में इस ताज़ा मामले पर ग़ौर करते रहे। दूसरे ही दिन आपने एक दावा कलक्टर साहब के ख़िलाफ़ अदालत दीवानी में अर्जानी-उल-हैसियत[5] का दायर किया। आनन-फानन इस मामले की सारे शहर में शोहरत मच गई। एक हफ़्ते तक सेशन जज गोरखपुर और दीगर रऊसा-ए-शहर[6] की मीटिंग होती रही। मुतजिकरा-बाला[7] अफ़सरों और रऊसा-ए-शहर की कोशिशे-बलीग़[8] से दोनों मुअज़्ज़िज़[9] फ़रीक़ैन[10] के दरमियान मसालहत[11] हो गई।

हो सकता है, कल्पना ने यहाँ भी कुछ न कुछ अपना नमक-मिर्च लगाया हो, लेकिन शायद यह वही घटना है जिसे शिवरानी देवी ने इस तरह बयान किया है—

जाड़े के दिन थे। स्कूल का इंस्पेक्टर मुआइना करने आया था। एक रोज़ तो इंस्पेक्टर के साथ रहकर आपने स्कूल दिखा दिया, दूसरे रोज़ लड़कों को गेंद खिलाना था। उस दिन आप नहीं गए। छुट्टी होने पर आप घर चले आए। आरामकुर्सी पर लेटे दरवाज़े पर आप अख़बार पढ़ रहे थे। सामने ही से इंस्पेक्टर अपनी मोटर पर जा रहा था। वह आशा करता था कि आप

---

1. अनुचित शब्द, 2. भयभीत, 3. असीम, 4. न्याय पर, 5. मानहानि, 6. शहर के रईसों, 7. उपरोक्त, 8. ज़बर्दस्त कोशिश, 9. प्रतिष्ठित, 10. पार्टियों, 11 समझौता

उठकर सलाम करेंगे लेकिन आप उठे भी नहीं। इस पर कुछ दूर जाने के बाद इंस्पेक्टर ने गाड़ी रोककर अपने अर्दली को भेजा। अर्दली जब आया तो आप गए।

'कहिए क्या है?'

इंस्पेक्टर—तुम बड़े मग़रूर हो। तुम्हारा अफ़सर दरवाज़े से निकल जाता है, उठकर सलाम भी नहीं करते?

'मैं जब स्कूल में जाता हूँ तब नौकर हूँ। बाद में मैं भी अपने घर का बादशाह हूँ।'

इंस्पेक्टर चला गया। आपने अपने मित्रों से राय ली कि इस पर मानहानि का केस चलाना चाहिए। मित्रों ने सलाह दी, जाने दीजिए, आप भी उसे मग़रूर कह सकते थे। हटाइए इस बात को।

स्मरण रहे कि यह वही दब्बू आदमी है जो अब से कुछ बरस पहले एक बार रेल के तीसरे दर्जे के डब्बे में कुछ बीमारी की हालत में आँख मूँदे लेटा-लेटा अपनी पत्नी को किसी उजड्ड आदमी से झगड़ा करते सुनता रहा था और ख़ुद कुछ करना तो दूर की बात है उसके कान पर जूँ भी न रेंगी थी...लेकिन वह और बात थी। छोटी बात थी। कोई आदमी मुझको नहीं लेटने देना चाहता और मैं उठकर बैठ ही गया तो मेरी कौन-सी जात चली गई। लेकिन यह तो बिलकुल; दूसरी ही बात थी—एक हिन्दुस्तानी की मरजाद का सवाल था। वैसी ही बात थी जैसी बीस बरस पहले एक बार चुनार में पेश आई थी जब कि उसने फुटबाल के मैदान में आगे बढ़कर हदबन्दी की झंडियाँ उखाड़कर गोरों की टीम पर हल्ला बोल दिया था... तब उसकी नई जवानी थी, अब वह अधेड़ था, लेकिन किन्ही-किन्हीं बातों के लिए अब भी ख़ून में गर्मी बाक़ी थी।

वही जो 'प्रेमाश्रम' के मनोहर का हाल है। बलराज जब अपनी जवानी के जोश में बहुत लड़ने-भिड़ने की बातें करता है तो मनोहर उसको झिड़कता है लेकिन जब एक बार ज़मींदार के कारिन्दा ग़ौस ख़ाँ के शह देने पर फ़ैज़ू मनोहर की बीवी बिलसिया पर हाथ उठा देता है और वह धक्का खाकर गिर पड़ती है, तब उस किसान के लिए यह एक मरजाद का सवाल बन जाता है।

मन का तार कितनी अच्छी तरह मिला हुआ है! मनोहर के मन के भीतर पैठना उनके लिए ख़ुद अपने मन के भीतर पैठना है।

फ़ैज़ू ने बिलासी की गर्दन पकड़ी और उसे इतने ज़ोर से झोंका दिया कि वह दो क़दम पर जाकर गिरी। उसकी आँखें तिलमिला गईं, मूर्छा-सी आ गई। एक क्षण वह वहीं अचेत पड़ी रही, तब उठी और लँगड़ाती हुई उन पुरुषों से अपमान-कथा कहने चली जो उसके मान और मर्यादा के रक्षक थे।...

उसे उस समय परिणाम और फल की लेशमात्र भी चिन्ता न थी। कौन मरेगा? किसका घर मिट्टी में मिलेगा? यह बातें उसके ध्यान में भी न आती थीं। वह संकल्प-विकल्प के बन्धन से मुक्त हो गई थी।...

लेकिन जब वह उस गाँव के पास पहुँची और धान के लहराते हुए खेत दिखाई देने लगे तो पहली बार उसके मन में यह प्रश्न उठा कि इसका फल क्या होगा। मेरा रोना सुनते ही दोनों भभक उठेंगे, जान पर खेल जाएँगे, तब? किन्तु आहत हृदय ने उत्तर दिया, क्या हानि है! लड़कों के लिए आदमी क्यों झींकता है? पति के लिए क्यों रोता है? इसी दिन के लिए तो?

तब भी जब वह अपने खेतों के डाँड़े पर पहुँची, मनोहर और बलराज नज़र आने लगे, तब उसके पैर आप ही रुकने लगे। यहाँ तक कि जब वह उनके पास पहुँची तब परिणाम-चिन्ता ने उसे परास्त कर दिया। वह खेत के किनारे खड़ी हो गई और मुँह ढाँककर रोने लगी।

बलराज ने सशंक होकर पूछा—अम्माँ, क्या है? रोती क्यों है? क्या हुआ? यह सारा कपड़ा कैसे लहूलुहान हो गया?

बिलासी ने सिसकते हुए कहा—फ़ैज़ू और गौस ख़ाँ हमारी सब गाय-भैसें कानीहौद हाँक ले गए।

बलराज—क्यों? क्या उनकी सीर में पड़ी थीं?

बिलासी—नहीं, कहते थे कि चरावर में चराने की मनाही हो गई।

बलराज ने देखा कि माँ की आँखें झुकी हुई हैं और मुख पर मर्माघात की आभा झलक रही है। कुछ और पूछने की हिम्मत न पड़ी। आँखें लाल हो गईं। कंधे पर लट्‌ठ रख लिया और मनोहर से बोला, मैं ज़रा गाँव तक जाता हूँ।

मनोहर—क्या काम है?

बलराज—फ़ैज़ू और गौस ख़ाँ से दो-दो बातें करनी हैं।

मनोहर—ऐसी बातें करने का यह मौक़ा नहीं। अभी जाओगे तो बात बढ़ेगी और कुछ हाथ भी न लगेगा। चार आदमी तुम्हीं को बुरा कहेंगे। अपमान का बदला इस तरह नहीं लिया जाता।...

मनोहर ऐसे उद्दीप्त उत्साह से अपने काम में लगा हुआ था मानो उसकी जवानी लौट आई हो। धान के पूलों के ढेर लगते जाते थे। न आगे ताकता था न पीछे, न किसी से कुछ बोलता था, न किसी की कुछ सुनता था, न हाथ थकते थे, न कमर दुखती थी। बलराज ने चिलम भरकर रख दी। तम्बाकू रखे-रखे जल गया। बिलासी खाँड़ का रस घोलकर सामने लाई। उसने उसकी ओर देखा तक नहीं, कुत्ता पी गया। कुआर की धूप थी, देह से चिनगारियाँ निकलती थीं, पसीने की धारें बहती थीं मगर वह सिर तक न उठाता था। बलराज कभी खेत में आता, कभी पेड़ के नीचे जा बैठता, कभी चिलम पीता। एक ही आग दोनों के सीने में जल रही थी, एक ओर सुलगती हुई दूसरी ओर दहकती हुई।

साँझ हो गई। तीनों ने धान के गट्‌ठे गाड़ी पर लादे और लखनपुर चले। बलराज गाड़ी हाँकता था और मनोहर पीछे-पीछे ऊँचे स्वर से एक बिरहा गाता हुआ चला आता था। राह में कल्लू अहीर मिला, बोला—मनोहर काका आज बड़े मगन हो...

कादिर के दरवाज़े एक पंचायत-सी बैठी हुई थी। लेकिन मनोहर पंचायत में न जाकर सीधे घर गया और जाते ही जाते भोजन माँगा। बहू ने रसोई तैयार कर रखी थी। इच्छापूर्ण भोजन करके नारियल पीने लगा। थोड़ी देर में बलराज भी पंचायत से लौटा। मनोहर ने पूछा—कहो क्या हुआ?

बलराज—कुछ नहीं, यह सलाह हुई है कि ख़ाँ साहब को कुछ नज़र-वजर देकर मना लिया जाए। अदालत से सब लोग घबड़ाते हैं।

मनोहर—यह तो मैं पहले ही समझ गया था। अच्छा जाकर चटपट खा-पी लो। आज मैं भी तुम्हारे साथ रखवाली करने चलूँगा। आँख लग जाए तो जगा लेना।

एक घंटे के बाद दोनों खेत की ओर चलने को तैयार हुए।

मनोहर ने पूछा—कुल्हाड़ा ख़ूब चलता है न?

बलराज—हाँ, आज ही तो रगड़ा है।

मनोहर—तो उसे ले लो।

बलराज—मेरा तो कलेजा थरथर काँप रहा है।

मनोहर—काँपने दो। तुम्हारे साथ मैं भी तो रहूँगा। तुम दो-एक हाथ चलाके वहाँ से लम्बे हो जाना। और सब मैं देख लूँगा। इस तरह आके सो रहना जैसे कुछ जानते ही नहीं। कोई कितना ही पूछे, डरावे-धमकावे मुँह मत खोलना। मैं अकेले ही जाता मुदा एक तो मुझे अच्छी तरह सूझता नहीं, कई दिनों से रतौंधी होती है, दूसरे हाथों में अब वह बल नहीं कि एक चोट में वारा-न्यारा हो जाए।

मनोहर यह बातें ऐसी सहजता से कह रहा था मानो कोई साधारण घरेलू बातचीत हो।

खेत में पहुँचकर दोनों मचान पर लेटे। अमावस की रात थी। आकाश पर कुछ बादल भी हो आए थे। चारों ओर घोर अन्धकार छाया हुआ था।

मनोहर तो लेटते ही खर्राटे लेने लगा, लेकिन बलराज पड़ा-पड़ा करवटें बदलता रहा। दो घड़ी बीतने पर मनोहर जागा, बोला—बलराज, सो गए क्या?

बलराज—नहीं, नींद नहीं आती।

मनोहर—अच्छा तो अब राम का नाम लेकर तैयार हो जाओ। डरने या घबराने की कोई बात नहीं। अपने मरजाद की रक्षा करना मरदों का काम है। ऐसे अत्याचारों का हम और क्या जवाब दे सकते हैं। बेइज़्ज़त होकर जीने से मर जाना अच्छा है। दिल को ख़ूब सँभालो। अपना काम करके सीधे यहाँ चले आना। अँधेरी रात है। किसी की नज़र भी नहीं पड़ सकती। थानेदार तुम्हें डराएँगे लेकिन ख़बरदार, डरना मत। बस गाँव के लोगों से मेल रखोगे तो कोई तुम्हारा बाल भी बाँका न कर सकेगा। दुखरन भगत अच्छा आदमी नहीं है। उससे चौकन्ने रहना। हाँ, कादिर भरोसे का आदमी है। उसकी बातों का बुरा मत मानना। मैं तो फिर लौटकर घर न आऊँगा। तुम्हीं घर के मालिक बनोगे। अब वह लड़कपन छोड़ देना, कोई चार बात

कहे तो ग़म खाना। ऐसा कोई काम न करना कि बाप-दादे के नाम को कलंक लगे। अपनी घरवाली को सिर मत चढ़ाना, उसे समझाते रहना कि सास के कहने में रहे। मैं तो देखने न आऊँगा, लेकिन इसी तरह घर में रार मचता रहा तो घर मिट्टी में मिल जाएगा।

बलराज ने रुँधे स्वर में कहा—दादा, मेरी इतनी बात मानो, इस बखत सबर कर जाओ। मैं कल एक-एक की खोपड़ी तोड़कर रख दूँगा।

मनोहर—हाँ, तुम्हें कोई न मारे तो तुम संसार-भर को मार गिराओ! फ़ैज़ू और कर्तार क्या मिट्टी के लोंदे हैं? ग़ौस ख़ाँ भी पलटन में रह चुका है। तुम लकड़ी में उनसे पेश न पा सकोगे। वह देखो हिरना निकल आया। महाबीर जी का नाम लेकर उठ खड़े हो। ऐसे कामों में आगा-पीछा अच्छा नहीं होता। गाँव के बाहर ही बाहर चलना होगा नहीं तो कुत्ते भूकेंगे और लोग जाग उठेंगे।

बलराज—मेरे तो हाथ-पैर काँप रहे हैं।

मनोहर—कोई परवाह नहीं। कुल्हाड़ी हाथ में लोगे तो सब ठीक हो जाएगा। तुम मेरे बेटे हो, तुम्हारा कलेजा मज़बूत है। तुम्हें अभी जो डर लग रहा है वह ताप के पहले का जाड़ा है। तुमने कुल्हाड़ा कंधे पर रक्खा, महाबीर का नाम लेकर उधर चले तो तुम्हारी आँखों से चिनगारियाँ निकलने लगेंगी। सिर पर ख़ून सवार हो जाएगा। बाज़ की तरह शिकार पर झपटोगे। फिर तो मैं तुम्हें मना भी करूँ तो न सुनोगे। वह देखो, सियार बोलने लगे, आधी रात हो गई। मेरा हाथ पकड़ लो और आगे-आगे चलो। जय महाबीर की!

लिखनेवाले को ख़ुद पता नहीं होता कि उसके प्रतीक में, जो वह कथा में चरित्र के रूप में दे रहा है, कैसी-कैसी अर्थव्यंजना छिपी रहती है। और प्राणवत् प्रतीक में से, उसकी प्राणवत्ता में से, बराबर नई-नई कोंपलें फूटती रहती हैं।

बिलसिया तब केवल बिलसिया नहीं रह जाती, वह भारतमाता हो जाती है, अपमानित, भू-लुंठित, उस अत्याचारी व्यवस्था के एक अनुचर के हाथों जो यहाँ से वहाँ तक एक है।

मनोहर और बलराज उसकी मर्यादा की रक्षा करनेवाले दो पुरुष सिंह हैं, दो पीढ़ियाँ सदियों कुचली हुई भारतीय मानवता की, जो अब अपने हथियारों से लैस होकर उठ रही है—अपने अपमान का बदला चुकाने को। यह विद्रोह की बेला है और जलियाँवाला बाग़ की जो आग मुंशीजी के सीने में दबी रह गई थी, जिसके बारे में वह अपने किसी दोस्त को भी नहीं लिख सके थे, अब इस रूप में बाहर आई।

अमृतसर में ही अधिवेशन करने की टेक कांग्रेस ने पूरी कर दिखाई। उसमें शरीक होने की तमन्ना मुंशीजी के दिल में भी बहुत थी। लेकिन अपनी सेहत से मजबूर थे। 30 दिसम्बर, 1919 के अपने ख़त में उन्होंने निगम साहब को लिखा था—'अमृतसर चलने का तो जी चाहता है। शायद रुपया भी मिल जाए। प्रेम बत्तीसी के गुजराती एडीशन से सौ रुपए का आफ़र आकर रखा हुआ है। लेकिन तकलीफ़ का ख़याल करके रुक

जाता हूँ। पेचिश ने मुझे बिलकुल निकम्मा कर दिया...जब तबीयत ही कसलमन्द[1] रही तो लुत्फ़ क्या आएगा, किसी तरह भागने के लिए तबीयत बेताब रहेगी। ऐसी हालत में पड़ा रहना ही बेहतर है।'

अमृतसर में 'जनता की हिंसा' की निन्दा करते हुए एक प्रस्ताव स्वीकृत हुआ। उस पर बोलते हुए गांधीजी ने कहा—'इस कांग्रेस के सामने इससे अधिक महत्त्व का दूसरा कोई प्रस्ताव नहीं है। इसके भीतर जो सच्चाई है उसको हृदय से मान्यता देने और उसके अनुसार आचरण करने में ही भविष्य की सफलता की कुंजी है। इसके भीतर जो सनातन सत्य है उसको जिस सीमा तक हम नहीं देख पाते उस सीमा तक हमारा असफल रहना अनिवार्य है। मैं कहता हूँ कि अगर हमारी ओर से हिंसा न हुई होती तो ये सब झगड़े न होते—हमारे पास इसके ढेरों प्रमाण हैं और मैं उन सबको आपके सामने रख सकता हूँ, विरामगाम, अहमदाबाद और बम्बई का सारा कच्चा चिट्ठा, और उसे देखकर आप अपना सन्तोष कर सकते हैं कि हमारे मन में हिंसा की भावना थी और हमारी ओर से हिंसा हुई। मैं इस बात को मानता हूँ कि डॉ. किचलू और डॉ. सत्यपाल को गिरफ़्तार करके, जब कि मैं डॉ. सत्यपाल और स्वामी जी के बुलाने पर, शान्ति स्थापित करने का लक्ष्य लेकर वहाँ जा रहा था, सरकार ने देश को गम्भीर उत्तेजना का कारण दिया। और फिर सरकार तो जैसे उस समय पागल हो ही गई, हम भी पागल हो गए। मैं कहता हूँ कि पागलपन का जवाब पागलपन से मत दो, समझदारी से दो, और तुम स्थिति को अपने बस में कर लोगे।'

मारकाट का रास्ता जलियाँवाला बाग़ में जाकर ख़त्म हुआ। गांधीजी का अहिंसक आन्दोलन चम्पारन और खेड़ा में अपनी शक्ति को प्रमाणित कर चुका था। टाल्सटाय के प्रभाव में अन्त:करण की शुद्धि के सिद्धान्त की ओर मुंशीजी का झुकाव तब तक काफ़ी स्पष्ट आकार ले चुका था। टाल्सटाय-भक्त गांधीजी, जिन्होंने भी टाल्सटाय की वही और वैसी ही कहानियों का अनुवाद अपनी भाषा गुजराती में किया था, उसी सिद्धान्त को एक अधिक व्यापक धरातल पर, राष्ट्रीय स्तर पर लागू कर रहे थे। मुंशीजी को उसे अपनाने में भला क्या मुश्किल होती।

जमाने की हवा के साथ बहते हुए उन्होंने भी गांधीजी का भरपूर असर लिया। जो चीज़ उन्हें इस आदमी में सबसे ज़्यादा भाती थी और सचमुच मन को छूती थी, वह यह थी कि जहाँ और लोग सिर्फ़ बातें करते थे वहाँ यह आदमी सचमुच कुछ काम करता था, जनता की सेवा करता था। और जो सच पूछिए तो इसी चीज़ का असर मुंशीजी ने लिया, इसी जगह पर आकर वह हृदय से गांधी, कर्मयोगी गांधी के प्रति प्रणत हुए, शेष तो उनकी अपनी प्रकृत भूमि है, अपनी सहज जीवन-यात्रा। विचार या दर्शन में उन्हें जो कुछ नया गांधीजी से मिल सकता था उसे वह पहले ही टाल्सटाय से पा चुके थे जब कि भारतीय राजनीति में अभी गांधी का उदय भी नहीं हुआ था।

बचपन की किताबों में एक सादी-सी नीति की बानी पढ़ी थी—जहाँ से जो कुछ अच्छा मिले उसे ले लो। जनम-भर वह इसको गाँठ बाँधे रहे और जब जिससे जो कुछ

1. कष्टमय

मिला उन्होंने मुक्त होकर लिया लेकिन वही जिसका साक्ष्य अपने भीतर पाया और उतना ही जितने का साक्ष्य अपने भीतर पाया। बाक़ी के लिए अपनी आँखें, अपना दिमाग़ खुला रखा और अपने रास्ते चलते रहे। जैसा कि भगवान बुद्ध ने जातक की एक कथा में कहा है, विचारों को सिर पर गठरी की तरह लादकर मत चलो...इस समय भी जब कि गांधीजी के अहिंसा के प्रयोग में उनकी विधिवत आस्था थी, मांटेग्यू-चेम्सफ़र्ड रिफ़ार्म्स ऐक्ट के सम्बन्ध में मुंशीजी के विचार गांधीजी की अपेक्षा चित्तरंजन दास के अधिक निकट थे। और न मुंशीजी को इस बात की रत्ती-भर चिन्ता थी कि उनके विचार किससे मिलते हैं और किससे नहीं मिलते। सही-ग़लत वह जैसे भी हैं उनके अपने विचार हैं। बात ख़त्म हुई। लेकिन हाँ, जब कोई नई बात मिले और वह अपने को सही मालूम हो तो उसे स्वीकार करना चाहिए और ज़िन्दगी की कसौटी पर परखकर उसे देखना चाहिए। यही विचारों की यात्रा है। यही नवजीवन का कल्प है।

गांधीजी का ही रास्ता ठीक है। अगर और किसी कारण से नहीं तो सिर्फ़ इसलिए कि हमारे सामने दूसरा कोई रास्ता नहीं। साम्राज्य के पास हिंसा की बड़ी विराट संगठित शक्ति है। हिंसा के रास्ते हम उससे कैसे पेश पा सकेंगे। कब से तो चल रही है यह कोशिश, निकला कोई नतीजा? न जाने कितने बहादुर नौजवान फाँसी झूल गए, कितने अंडमन में सड़ रहे हैं। मगर सब बेकार।

रूस में यह तरीक़ा कैसे कामयाब हो गया? हो गया, जैसे हो गया, मगर उससे क्या, हर समय हर जगह एक ही नुस्ख़ा काम नहीं देता। हर देश का अपना अलग रंग-ढंग होता है, परंपरा, इतिहास, मनोविज्ञान, सब कुछ अलग होता है। उसको समझना ज़रूरी है वर्ना बस नाकामी हाथ आती है।

हमारा रास्ता वह नहीं है। हिन्दुस्तान हमेशा से बहुत शान्तिप्रिय देश रहा है और यहाँ पर शान्ति का रास्ता ही हमें अपनी मंजिल पर पहुँचा सकता है। नहीं, यह सिर्फ़ कहने की बात नहीं है, गांधीजी करके भी दिखा रहे हैं। छोड़ो चंपारन को, खेड़ा को, सारे देश में आज कैसी जागृति दिखाई पड़ रही है? गांधी के पहले कभी किसी ने देखी-सुनी थी ऐसी चीज़? यह ख़ुद एक लक्षण है। नई चीज़ ज़रूर है, निहत्थे आदमियों को लेकर मैदान में उतर आना, मगर हँसने की चीज़ नहीं है। बड़ी गहरी सूझ-बूझ है उसके पीछे।

ग़ुलामी का यह ढाँचा आख़िर किसके कंधों पर खड़ा है? हमारे-आपके कंधों ही पर तो? गोरे कितने हैं इस देश में, हमीं-आप तो चलाते हैं सरकार का काम और अगर हमीं असहयोग पर कमर बाँध लें तो कै दिन टिक सकती है यह व्यवस्था? लकवा मार जाएगा सरकार को। कुछ और करने की ज़रूरत नहीं है, बस असहयोग। अभी लोग ठीक से समझ नहीं रहे हैं, बड़ी ताक़त है शान्ति और अहिंसा के इस अस्त्र में जो गांधी देश की जनता को दे रहे हैं। कभी अकारथ नहीं जा सकता यह बलिदान। उनका ख़ून हम नहीं बहाएँगे, अपना ख़ून बहाएँगे और वह रंग लाकर रहेगा। दुनिया में सब जगह हमीं जैसे लोग रहते हैं। स्वराज्य की हमारी माँग सत्य और न्याय की माँग है। सब इस बात को समझते हैं। ब्रिटेनवाले भी समझते हैं। हमारा आत्म-बलिदान उनकी आत्मा को जगाएगा, क्रियाशील करेगा—उसको जिसे हम दुनिया की मारल कांशंस कहते हैं। हर आदमी की रूह में एक हैवान और एक इनसान होता है। हिंसा

का तरीक़ा उसकी हैवानियत को उभारता है, हमारा तरीक़ा उसकी इंसानियत को उभारेगा। समय की भी बात होती है। दुनिया अब बहुत छोटी हो गई है, एक की बात फ़ौरन दूसरे के कान तक पहुँचती है। और फिर, यह बात भी अब क़ायम हो गई है कि हर देश को आज़ाद होने का, आज़ादी माँगने का हक़ है। एक देश को दूसरे देश पर राज करने का हक़ नहीं है।

साल-भर पहले सन् 18 के आख़िरी दिनों में मुंशीजी के कांग्रेसी मित्र दशरथप्रसाद द्विवेदी ने गोरखपुर से ही अपना हिन्दी साप्ताहिक 'स्वदेश' निकाला था। उसके प्रवेशांक का सम्पादकीय द्विवेदी जी के कहने पर प्रेमचन्द ने ही लिखा था। लड़ाई अभी-अभी ख़त्म हुई थी और उसके नतीजे अपने ढंग से निकालते हुए मुंशीजी ने उसके प्रवेशांक में लिखा था—

> *...सचमुच जनता का इतना गौरव इस युद्ध से पहले कभी न था। वास्तव में इस युद्ध में अगर किसी की जीत हुई है तो वह है जनता की जीत। इस युद्ध ने जनता के लिए वह कर दिया है जो फ्रांस की राज्यक्रान्ति ने भी न किया था।*
>
> *इस युद्धरूपी क्षीरसागर को मथने से दूसरा फलरत्न यह निकला है कि अब निर्बल जातियों को शक्तिसम्पन्न जातियों का आहार नहीं बनने दिया जाएगा। अब तक शक्तिशाली जातियाँ निर्बल को अपना खाद्य समझती थीं। जिसकी लाठी उसकी भैंस का सिद्धान्त सर्वमान्य था।... पोलैंड अपनी इच्छा के विरुद्ध जर्मनी, रूस, आस्ट्रिया आदि देशों का ग्रास बना हुआ था। सर्बिया पर आस्ट्रिया के दाँत थे। राज्य-विस्तार की धुन में इस बात की रत्ती-भर भी परवाह न की जाती थी कि जिन पर हम अधिकार ज़माना चाहते हैं, वास्तव में उनकी अपनी इच्छा क्या है। विजयी राजा अथवा साम्राज्य को अधिकार था कि परास्त देशों के जिस भाग को चाहे हड़प बैठे। यहाँ तक धाँधली होती थी कि दहेजों में राष्ट्रों के वारे-न्यारे हो जाते थे। परन्तु अब इस दुरवस्था का संशोधन हो रहा है। अब भविष्य में राष्ट्रों के साथ वस्तुओं या पशुओं के समान व्यवहार नहीं किया जाएगा। प्रत्येक जाति को इस बात का अधिकार होगा कि वह अपने भाग्य का आप निर्णय करे, जिस साम्राज्य के अधीन रहना चाहे रहे और उसकी इच्छा हो तो स्वयं अपना राज्य-शासन करे। हम नहीं कह सकते कि इस प्रथा का क्या फल होगा। सम्भव है संसार असंख्य छोटे-मोटे राज्यों में विभक्त हो जाए पर कुछ भी हो उसका फल इतना अवश्य होगा कि राज्य-विस्तार की कुचेष्टा का लोप हो जाएगा। निर्बल जातियाँ भी निश्शंक अपना जीवन-निर्वाह कर सकेंगी?*

गांधी का रास्ता इसी बदले हुए समय का रास्ता है—ऐसे समय का जिसमें एक ओर साम्राज्य की संगठित हिंसा की विराट् शक्ति के मुक़ाबले में पराधीन देश की हिंसा कमज़ोर पड़ जाती है और दूसरी ओर, एक पराधीन देश के आज़ादी माँगनेवाले

उद्दाम स्वर के सामने साम्राज्य-संरक्षण का चीत्कार निस्तेज़ और फीका सुनाई पड़ता है। यही रणनीति है इस नए तरह के स्वाधीनता संग्राम की। दमन की शक्ति को अपनी अहिंसा से विफल कर दो और आह्वान करो संसार के जन-जन की उसे मुक्ति चेतना का जो इस युग की नई उपलब्धि है।

अहिंसा का रास्ता ही ठीक है।

लखनपुर के किसानों ने हिंसा का रास्ता अपनाया—तो उनका सर्वनाश हो गया और कुछ हाथ न लगा। सब जेल में पड़े सड़ते रहे। सब का घर-बार नष्ट हो गया। मनोहर ने जेल की कोठरी में ही अपने को फाँसी लगा ली।

दूसरा रास्ता अहिंसा का है, गाँव की नवरचना का है—प्रेमशंकर का रास्ता, प्रेमशंकर जो प्रेमचन्द की गढ़ी हुई मानस-मूर्ति है गांधी की।

बरसों देश से बाहर रहने के बाद गांधीजी सन् 15 में अपने देश लौटे और तभी उन्होंने अहमदाबाद में अपना सत्याग्रह आश्रम स्थापित किया।

प्रेमशंकर भी बरसों देश से बाहर रहने के बाद अपने देश लौटते हैं और अपना प्रेमाश्रम स्थापित करते हैं। अन्तर इतना ही है कि गांधीजी अफ्रीका गए थे, प्रेमशंकर अमरीका जाते हैं, जहाँ उन दिनों ज़्यादातर क्रान्तिकारी भागकर जाया करते थे। और वह ख़ुद भी ऐसे ही राजद्रोह के प्रसंग में भागकर गए थे—'मैं कालेज से ही स्वराज्य आन्दोलन में अग्रसर हो गया। उन दिनों नेतागण स्वराज्य के नाम से काँपते थे। इस आन्दोलन में प्राय: नवयुवक ही सम्मिलित थे। मैंने साल-भर बड़े उत्साह से काम किया। पुलिस ने मुझे फँसाने का प्रयास करना शुरू किया। मुझे ज्योंही मालूम हुआ कि मुझ पर अभियोग चलाने की तैयारियाँ हो रही हैं त्यों ही मैंने जान लेकर भागने में ही कुशल समझी।'

...मगर जब लौटे तो गांधीजी की प्रतिमूर्ति बनकर—क्योंकि गांधी की मूर्ति इस बीच मुंशीजी के हृदय-आसन पर स्थापित हो चुकी थी। द्वंद्व मिट गया है। अब मुंशीजी की एकनिष्ठ भक्ति गांधीजी के देशोद्धार आन्दोलन में है। और इस देशोद्धार में छूत-छात और दूसरे सभी अन्धविश्वासों के ख़िलाफ़ लड़ाई शामिल है—सहकारी खेती का प्रयोग भी उसी का एक ज़रूरी हिस्सा है।

अंग्रेज़ी साहित्य, फ़ारसी और इतिहास में बी.ए. का इम्तहान अप्रैल 1919 में देने के बाद मुंशीजी एकाग्र मन से उर्दू 'प्रेमाश्रम' पर ही काम करते रहे।

और मन की इस एकाग्रता का यह हाल था कि शायद ही कोई दूसरी चीज़ लिखी हो। 28 नवम्बर, 1919 के अपने ख़त में उन्होंने निगम साहब से अपनी इस मजबूरी का ज़िक्र भी किया था—

'...अब कुछ दिनों के लिए छोटे क़िस्से लिखना बन्द करके इल्मी मज़ामीन लिखने की कोशिश करूँगा। दिमाग़ एक साथ दो मुख़्तलिफ़ प्लाट नहीं सँभाल सकता। तजुर्बा कर चुका हूँ कि एक ही काम एक वक़्त हो सकता है। या तो नाविल लिखूँ या कहानियाँ, नाविल के लिए एक ही प्लॉट काफ़ी है और उसका लिखना इतना मुश्किल नहीं है जितना हर माह में दो-तीन कहानियों का।'

इस एक साल के दौरान में मुंशीजी ने शायद एक ही कहानी लिखी 'पशु से मनुष्य'—जो कि सच पूछिए तो 'प्रेमाश्रम' का ही एक टुकड़ा मालूम होती है। उसके

भी नायक प्रेमशंकर हैं जो 'प्रेमाश्रम' के अपने नामरासी भाई की तरह सहकारी खेती का, व्यावहारिक समाजवाद का प्रयोग करते हैं। एक माली पहले किसी के यहाँ पाँच रुपए पर नौकरी करता है। घर-बारवाला आदमी है, इतने में उसका पेट नहीं भरता तो वह बाग़ के आम वगैरह चुराकर बेच देता है। वही आदमी प्रेमशंकर के यहाँ पहुँचकर बहुत मेहनती और ईमानदार आदमी बन जाता है।

निष्कर्ष? 'पाँच और पाँच हज़ार, पचास और पचास हज़ार का अस्वाभाविक अन्तर ही हर पाप की जड़ है। ऐसे समाज में चोरी-चकारी के लिए आप से आप कोई जगह नहीं रह जाती जिसमें कोई भी यह नहीं समझता कि मैं किसी का नौकर हूँ। सब के सब अपने को साझेदार समझते हैं और जी तोड़कर मेहनत करते हैं। जहाँ कोई मालिक होता है और दूसरा उसका नौकर तो उन दोनों में तुरन्त द्वेष पैदा हो जाता है। मालिक चाहता है कि इससे जितना काम लेते बने, लेना चाहिए। नौकर चाहता है कि मैं कम-से-कम काम करूँ।...काल-चिह्नों से ज्ञात होता है कि यह प्रतिद्वंद्विता अब कुछ ही दिनों की मेहमान है। इसकी जगह अब सहकारिता का आगमन होनेवाला है।... चारों ओर से जनतावाद का घोर नाद हमारे कानों में आ रहा है पर हम ऐसे निश्चिन्त हैं मानो वह साधारण मेघ की ग़रज़ है।'

जिस बेडौल ढंग से यहाँ शिल्प की मर्यादा को भूलकर कहानी की खूँटी पर विचार टाँगे गए हैं उसी से यह सिद्ध है कि ये प्रेमशंकर के नहीं प्रेमचन्द के विचार हैं और ये विचार इस बुरी तरह उनके मन पर छाये हुए हैं कि दूसरी सब बातें गौण हो गई हैं। यह एक नई उपलब्धि उनको हुई है जिसे वह सबको दिखाना चाहते हैं, सबके साथ बाँटना चाहते हैं—कुछ-कुछ वैसे ही जैसे बच्चा नया झुनझुना मिलने पर उसे टोले-पड़ोस के अपने हमजोलियों को दिखाने के लिए बेताब रहता है। कोई रोक-टोक मानने के लिए वह तैयार नहीं है। शिल्प की भी बाधा कोई बाधा नहीं है। असल चीज़ बात है। बात बड़ी हो तो फिर सब ठीक है।

और बात इतनी बड़ी है कि उसने मुंशीजी को ऊपर से नीचे तक छा लिया है और वह आज के पूरे समाज पर, जिसकी आधार-शिला धन है, एक बड़ा-सा प्रश्नचिह्न लगा देते हैं। धन ही सारी बुराइयों की जड़ है। उसी ने दो इनसानों के बीच यह दीवार खड़ी की है। वही आदमी को जानवर बना देती है। उसको मिटा दो।

मगर उसके साथ ही, गांधी और टाल्सटाय का इतना गहरा असर मुंशीजी के मन पर है कि जादू की छड़ी घुमाते ही वह सारे पढ़े-लिखे लोग वकील-बैरिस्टर, डाक्टर सरकारी अमले जो इस समाज-व्यवस्था को पूरी तरह स्वीकार करके ख़ुद अर्थ-पिशाच बन चुके हैं और जिनके बारे में मुंशीजी की शंकाओं का अन्त नहीं है, उनका हृदय-परिवर्तन हो जाता है और वह बहुत नेक, सीधे-सच्चे इनसान बन जाते हैं। उनकी सोयी हुई आत्मा जाग पड़ती है और फिर मुंशीजी उन्हीं के मुँह से आज की इस समाज-व्यवस्था की पोल खुलवाते हैं।

हाकिम ज्वाला सिंह कहते हैं—यहाँ उसको सफलता होती है जो ख़ुशामदी और चलता हुआ है, जिसे सिद्धान्तों की परवाह नहीं। मैंने तो आज तक किसी सहृदय पुरुष को फलते-फूलते नहीं देखा। बस, शतरंजबाज़ों की चाँदी है।

डॉ. चोपरा कहते हैं—बस यहाँ उन लोगों की चाँदी है जिनके कान्शंस मुर्दा हो गए हैं। बैरिस्टर इर्फ़ान अली कहते हैं—जब वकालत का स्याह जामा पहना तो उस पर शराफ़त का सफ़ेद दाग़ क्यों लगाएँ! जब लूटने पर आए तो दोनों हाथों से क्यों न समेटें! दिल में दौलत का अरमान क्यों रह जाए। बनियों को लोग ख़्वाहमख़्वाह लालची कहते हैं। इस लक़ब का हक़ हमको है। दौलत हमारा दीन है, ईमान है। यह न समझिये कि इस पेशे में जो लोग चोटी पर पहुँच गए हैं वह ज़्यादा रौशनख़याल हैं। नहीं जनाब, वह बगुले भगत हैं। ऐसे ख़ामोश बैठे रहते हैं गोया दुनिया से कोई वास्ता ही नहीं, लेकिन शिकार नज़र आते ही आप उनकी झपट और फुर्ती देखकर दंग हो जाएँगे! जिस तरह कसाई बकरे को सिर्फ़ उसके वजन के एतबार से देखता है उसी तरह हम इनसान को महज़ इस एतबार से देखते हैं कि वह कहाँ तक आँख का अन्धा और गाँठ का पूरा है।

राय कमलानन्द, जो एक बिलकुल अपने ढंग के, अत्यंत प्रबल व्यक्तित्व के, पुराने ताल्लुक़ेदार हैं, कौंसिल के मेम्बर हैं और भोग को ही योग समझते हैं, उनकी अन्तर्विरोधों से भरी हुई स्थिति की सच्चाई उनके मुँह से इस रूप में वाणी पाती है—'मुझे ख़ुशामदी टट्टू, कहने में अगर किसी को आनन्द मिलता है कहे, मुझे देश और जाति का द्रोही कहने से अगर किसी का पेट भरता है तो मुझे कोई शिकायत नहीं है, पर मैं अपने स्वभाव को नहीं बदल सकता। अगर रस्सी तुड़ाकर मैं जंगल में अबाध फिर सकूँ तो मैं आज ही खूँटा उखाड़ फेंकूँ। लेकिन जब जानता हूँ कि रस्सी तुड़ाने पर भी मैं बाड़े से बाहर नहीं जा सकता बल्कि ऊपर से और डंडे पड़ेंगे तो फिर खूँटे पर चुपचाप खड़ा क्यों न रहूँ? और कुछ नहीं तो मालिक की कृपादृष्टि तो रहेगी! जब राजसत्ता अधिकारियों के हाथों में है, हमारे असहयोग और असहमति से उसमें कोई परिवर्तन नहीं हो सकता तो इसकी क्या ज़रूरत है कि हम व्यर्थ अधिकारियों की टीका-टिप्पणी करने बैठें और उनकी आँखों में खटकें। हम काठ के पुतले हैं, तमाशे दिखाने के लिए खड़े किए गए हैं, इसलिए हमें डोरी के इशारे पर नाचना चाहिए। यह हमारी ख़ामख़याली है कि हम अपने को राष्ट्र का प्रतिनिधि समझते हैं। जाति हम जैसों को, जिनका अस्तित्व ही उसके रक्त पर अवलंबित है, कभी अपना प्रतिनिधि न बनाएगी। जिस दिन जाति में अपना हानि-लाभ समझने की शक्ति होगी, हम और आप खेतों में कुदाली चलाते नज़र आएँगे।'

लोभ, स्वार्थ और पाखंड का पुतला ज्ञानशंकर जो इतना गिर गया है कि ज़ायदाद के पीछे अपने ससुर राय कमलानन्द को ज़हर देने में भी संकोच नहीं करता, कहता है—यह जीवन-संग्राम है। यहाँ कपट, दग़ा-फ़रेब, सब कुछ उपयुक्त है अगर उससे अपना स्वार्थ सिद्ध होता है। यहाँ छापा मारना, आड़ से शस्त्र चलाना, विजय-प्राप्ति के साधन हैं। यहाँ औचित्य-अनौचित्य का निर्णय हमारी सफलता के आधीन है। अगर जीत गए तो सारे धोखे और मुग़ालते सुअवसर के नाम से पुकारे जाते हैं, हमारी कार्यकुशलता की प्रशंसा होती है। हारे तो उन्हें पाप कहा जाता है।

मरते-मरते कमलानन्द कहते हैं—इस ज़ायदाद की बदौलत हम और तुम एक-दूसरे के ख़ून के प्यासे हो रहे हैं। यह इसी ज़ायदाद के, इसी रियासत के करिश्मे हैं। दुनिया

में तमा और हिर्स, कीना और हसद, कुश्त और ख़ून का राज है। भाई-भाई का दुश्मन हो रहा है। इसी ज़मीन के लिए, इसी ज़ायदाद के लिए। यही वह खेत है जहाँ दुनिया एक मैदाने कारज़ार बनी हुई है। इसी ने इनसान को हैवानों से बदतर बना दिया है।

इतने से जी नहीं भरता तो राय कमलानन्द फिर कहते हैं—'यह ज़ायदाद नहीं है। इसे रियासत कहना भूल है। यह निरी दलाली है। इस भूमि पर मेरा क्या अधिकार है? मैंने इसे बाहुबल से नहीं लिया। नवाबों के जमाने में किसी सूबेदार ने इस इलाक़े की आमदनी वसूल करने के लिए मेरे दादा को नियुक्त किया था। मेरे पिता पर भी नवाबों की कृपादृष्टि बनी रही। इसके बाद अंग्रेज़ों का ज़माना आया और यही सिलसिला क़ायम रहा...।'

पहले उर्दू मसौदे से अनुवाद करते समय मुंशीजी ने और सब कुछ तो ज्यों का त्यों रहने दिया लेकिन जब आख़ीर के टुकड़े पर आए तो वह बात ग़लत मालूम हुई क्योंकि अंग्रेज़ों ने बहुतों की ज़मींदारियाँ छीन ली थीं और फिर अपने नए ज़मींदार पैदा किए थे—अपने पिट्ठुओं में से, जिन्होंने गदर में और उसके पहले भी उनकी मदद की थी। आज भी राष्ट्रीय आन्दोलन के वही सबसे बड़े दुश्मन थे और यह दिखलाना ज़रूरी था कि इस दुश्मनी की जड़ कहाँ पर है। लिहाज़ा मुंशीजी ने बादवाला टुकड़ा बदलकर यह कर दिया—इसके बाद अंग्रेज़ों का ज़माना आया और यह अधिकार पिता जी के हाथ से निकल गया। लेकिन राज-विद्रोह के समय पिता जी ने तन-मन से अंग्रेज़ों की सहायता की। शान्ति स्थापित होने पर हमें वही पुराना अधिकार फिर मिल गया। यही इस रियासत की हक़ीक़त है। हम केवल लगान वसूल करने के लिए रखे गए हैं। इसी दलाली के लिए हम एक-दूसरे के ख़ून से अपने हाथ रँगते हैं। इसी दीन-हत्या को हम रोब कहते हैं। इसी कारिन्दागरी पर हम फूले नहीं समाते। सरकार अपना मतलब निकालने के लिए हमें इस इलाक़े का मालिक कहती है, लेकिन जब साल में दो बार हमसे मालगुजारी वसूल की जाती है तब हम मालिक कहाँ रहे? सब धोखे की टट्टी है। तुम कहोगे यह सब कोरी बकवास है, रियासत इतनी बुरी चीज़ है तो उसे छोड़ क्यों नहीं देते? हाँ! यही तो रोना है कि इस रियासत ने हमें विलासी, आलसी और अपाहिज बना दिया। हम अब किसी काम के नहीं रहे। हम पालतू चिड़िया हैं, हमारे पंख शक्तिहीन हो गए हैं। हममें अब उड़ने की सामर्थ्य नहीं है। हमारी दृष्टि सदैव अपने पिंजरे के कुल्हिये और प्याली पर रहती है।'

ज़मीन किसकी है, इसके बारे में मुंशीजी के मन में कोई दुविधा नहीं है। प्रेमशंकर स्पष्ट शब्दों में कहता है—'ज़मीन उसकी है तो उसको जोते। शासक को उसकी उपज में भाग लेने का अधिकार इसलिए है कि वह देश में शान्ति और रक्षा की व्यवस्था करता है जिसके बिना खेती हो ही नहीं सकती। किसी तीसरे वर्ग का समाज में कोई स्थान नहीं है।'

उसकी इस बात को सुनकर डिप्टी ज्वाला सिंह कहते हैं—'महाशय, इन विचारों से तो आप देश में क्रान्ति मचा देंगे।' जो कि शायद ग़लत बात नहीं है क्योंकि रूस की बोल्शेविक क्रान्ति के तीन बड़े नारों में सबसे बड़ा नारा यही था—ज़मीन जोतनेवाले की।

लखनपुर की ज़मींदारी से अपना नाता तोड़ते हुए प्रेमशंकर अपने भाई से कहता है—'मैं यह सुनना ही नहीं चाहता कि मैं उस गाँव का ज़मींदार हूँ। अपने श्रम की रोटी खाना चाहता हूँ। बीच का दलाल नहीं बनना चाहता। अगर सरकारी पत्रों में मेरा नाम दर्ज़ हो गया हो तो मैं इस्तीफ़ा देने को तैयार हूँ।'

प्रेमशंकर के यही आदर्श जब ज्ञानशंकर के बेटे मायाशंकर के आदर्श बन जाते हैं, जिसके लिए ही ज्ञानशंकर सब छल-छन्द करता है, यहाँ तक कि हत्या भी, तब ज्ञानशंकर के लिए मर जाने के सिवा दूसरा रास्ता नहीं बचता और वह गंगा में डूबकर आत्मघात कर लेता है।

ज़मीन किसानों को सौंपते हुए मायाशंकर कहता है—

'भूमि या तो ईश्वर की है जिसने इसकी सृष्टि की या किसान की जो ईश्वरीय इच्छा के अनुसार इसका उपयोग करता है। राजा देश की रक्षा करता है इसलिए उसे किसानों से कर लेने का अधिकार है चाहे प्रत्यक्ष रूप में ले या कोई इससे कम आपत्तिजनक व्यवस्था करे। अगर किसी अन्य वर्ग या श्रेणी को मीरास, मिल्कियत, ज़ायदाद, अधिकार के नाम पर किसानों को अपना भोग्य पदार्थ बनाने की स्वच्छन्दता दी जाती है तो इस प्रथा को वर्तमान व्यवस्था का कलंक-चिह्न समझना चाहिए।'

ज़मींदार बीच में से हट जाए और ज़मीन का मालिक ख़ुद जोतनेवाला हो जाए। अपने समय से बहुत आगे बढ़ी हुई बात है। अभी शायद कोई इस रूप में नहीं सोचता। गांधीजी भी नहीं। लेकिन प्रेमचन्द का ऐसा ही कुछ स्वप्न है। उसके लिए उन्हें किसी गुरु की दीक्षा नहीं चाहिए और न उन्हें ज़रूरत है किसी नए-पुराने वेद-शास्त्र की सनद की। ज़िन्दगी की सनद उसके लिए काफ़ी है।

ज़िन्दगी में जो कुछ देखा है, सुना है, पढ़ा है, सोचा है—वही तो स्वप्न है। कल्पना है। कामना है। उसमें मेरा भी अंश है, दूसरों का भी। नितान्त मौलिक तो कुछ भी नहीं है संसार में—एक ब्रह्म को छोड़कर। फिर तो जो है, सब किसी न किसी से आविर्भूत है, सब कुछ एक-दूसरे से लगा-लिपटा है। वही तो सेतु है, एक मनुष्य और दूसरे मनुष्य के बीच। वही तो एकता की डोर में बाँधता आया है सब मानवजाति की कल्पनाओं को, प्रयोगों को। एक के अनुभव से दूसरा सीखता है। लेकिन उतना ही जितने का प्रमाण अपने भीतर पाता है।

इसी तरह तो उसका सौन्दर्यबोध बनता है, विवेक बनता है। वही सम्बल है। उसी की उँगली पकड़कर आदमी अपने जीवन की यात्रा करता है। बहुत-बहुत झटके लगते हैं इस यात्रा में। न जाने क्या-क्या देखने को मिलता है, कैसे-कैसे दृश्य, एक से एक भयानक, एक से एक सुन्दर। ढोंग-ढकोसले के बीसों रूप, तरह-तरह के अन्याय-अत्याचार। सब देखो। सब सुनो। सब सहेजो। यही तुम्हारा अक्षय कोष है। इसका सौदा किसी क़ीमत पर न करो। अपनी बुद्धि, अपना विवेक किसी के यहाँ बन्धक न रखो। और आँख-कान खुले रक्खो। फिर कोई चिन्ता नहीं। अच्छे-बुरे बहुत से लोग मिलेंगे तुम्हें। सबके संग उठो-बैठो। जिससे जो कुछ अपने काम का मिले ले लो, पर भरोसा अपने आँख-कान का करो, अपनी बुद्धि का, अपने विवेक का। और अपनी राह चलो। राह दिखानेवाले भी कम न मिलेंगे, एक से एक पहुँचे हुए साधु-सन्त, फ़क़ीर, दरवेश।

उनको अपनी राह जाने दो। वह तुम्हारी राह नहीं है। तुम इसी दुनिया के आदमी हो। स्वागत-सत्कार करो उनका, कुछ दूर साथ हो लेने में भी बुराई नहीं है लेकिन फिर अपनी राह पर आ लगो। बस एक बात कभी न भूलो—जीवन से बड़ी पुस्तक कोई नहीं है, न कोई वेद न कोई शास्त्र, न कोई साधु न कोई सन्त।

गांधी बड़ा आदमी है। देश का दर्द उसके भीतर है। नए तरह का नेता है जो बात से ज़्यादा काम पर ज़ोर देता है। देश को जगा रहा है। उसे आत्मविश्वास दे रहा है, मुल्क की नब्ज़ पहचानता है। अन्याय के विरुद्ध सिर ऊँचा करके खड़े होना सिखला रहा है। प्रतिकार का जहाँ किसी को कोई रास्ता नहीं मिल रहा था वहाँ एक रास्ता दे रहा है जो एक ख़ास भारतीय रास्ता है और व्यावहारिक रास्ता है।

गांधीजी के लिए प्रेमचन्द के मन में गहरी भक्ति है, अचल निष्ठा कर्मपथ पर उनके नेतृत्व में। इतनी कि मुंशीजी कभी-कभी संशय में पड़ जाते हैं—प्रमाण किसे मानें, जीवन के अपने अनुभव और ज्ञान को या गांधी को! ज़बर्दस्त रस्साकशी होती है। आख़िरकार समझौता हो जाता है जीवन भी रहेगा, गांधी भी रहेंगे। कठोर वास्तविकता की नंगी-खुरदुरी ज़मीन रहेगी और उस पर गांधी-दर्शन का चँदोवा तना रहेगा। ज़मीन के खुरदुरेपन को ढँकने के लिए कालीन की तरह उसका इस्तेमाल—नहीं, वह किसी तरह मुमकिन न होगा।

किसी पाखंड से वह समझौता नहीं करेगा, किसी अन्याय से वह आँख नहीं चुराएगा। ज़िन्दगी की पूरी तसवीर देगा, सच्ची तसवीर देगा। यह उसकी प्रतिश्रुति है अपने प्रति। तत्काल कर्म की एक रूपरेखा गांधी के यहाँ मिलती है। अच्छी है, मन को भाती है और जहाँ तक अपने स्वप्न से उसका मेल खाता है गांधी के साथ या उनके पीछे चलने में कोई बुराई नहीं है, भरोसे का आदमी है। शेष के लिए मैं स्वतंत्र हूँ। मैं अपनी राह जाऊँगा, वह अपनी राह जाएँगे।

लेकिन स्थिति का व्यंग्य यह है कि समाज की पूरी परिकल्पना तो दूर की बात है, आज़ादी की, स्वराज्य की उनकी तसवीर भी एक नहीं है।

जवाहरलाल नेहरू उन दिनों के बारे में अपनी आत्मकथा में लिखते हैं—'इस तरह हम चल रहे थे, अनिश्चित-से, पर अपने भीतर गहरा आवेग लिए हुए। कर्म का उल्लास हमें मज़बूती से पकड़े था पर अपने लक्ष्य के बारे में स्पष्ट चिन्तन का नितान्त अभाव था। आज बड़ा अजीब मालूम होता है कि हमने कैसे अपने आन्दोलन के सिद्धान्तपक्ष की ओर से, उसके दर्शन और स्पष्ट लक्ष्य की ओर से इस तरह आँख मूँद रखी थी। यह ठीक है कि स्वराज्य का नाम लेते ही हम सब की सरस्वती जाग उठती थी मगर हममें से शायद हर एक के पास इस शब्द का अपना अलग अर्थ था। ज़्यादातर नौजवान इसका मतलब राजनीतिक स्वाधीनता या ऐसा ही कुछ समझते थे, और जनतांत्रिक ढंग की शासनप्रणाली, और यही हम अपने भाषणों में कहा करते थे। हममें से बहुत से यह भी सोचते थे कि इसका एक लाजिमी नतीजा यह होगा कि वह बोझ कुछ कम हो जाएगा जिसके नीचे आज मज़दूर और किसान पिस रहे हैं। लेकिन यह स्पष्ट था कि हमारे अधिकांश नेताओं के लिए स्वराज्य का मतलब आज़ादी से कम कोई चीज़ था। गांधीजी इस चीज़ के बारे में ऐसे अस्पष्ट

थे कि क्या कहना और मज़ा यह कि पसन्द भी न करते थे कि कोई इसके बारे में सफ़ाई से सोचे।'

जो बात सामने आई दिसम्बर सन् 20 में, नागपुर के कांग्रेस अधिवेशन में, जब कि असहयोग के प्रस्ताव के सिलसिले में स्वराज्य पर बात हो रही थी। हसरत मोहानी ने जब स्वराज्य को पूर्ण स्वाधीनता के अर्थ में ग्रहण करने के लिए ज़ोर दिया तो गांधीजी ने उन्हें चिड़चिड़े स्कूलमास्टर की तरह झिड़ककर चुप कर दिया।

लेकिन इस मामले में तो मुंशीजी भी हसरत मोहानी के साथ हैं। उनके लिए भी 'स्वराज्य' का नाम कोई हैसियत नहीं रखता। वह कोई जादू की छड़ी नहीं है। उनके पास हर चीज़ की अपनी कसौटी है जिस पर खरे-खोटे की परख होती है और वह अब से क़रीब दो बरस पहले अपने उस तेज़-तर्रार लेख 'पुराना ज़माना : नया ज़माना' में स्वराज्य की हाँक लगानेवालों से आमने-सामने खड़े होकर दो-चार बीहड़ सवाल पूछ चुके हैं!

लेकिन वह तो साध्य की बात है, जो कलाकार के स्वप्न-विधायक मन की अपनी चीज़ है। उसमें कहीं कोई उलझाव नहीं है, भ्रान्ति नहीं है। जीवन-भर का अनुभव उसके पीछे है। हाँ, साधन का हाल उसे नहीं मालूम। वह उसका क्षेत्र भी तो नहीं है। उसके लिए किसी अच्छे मार्गदर्शक का हाथ पकड़ना चाहिए। गांधी से अच्छा मार्गदर्शक अब कौन है। इस देश की नाड़ी का उन्हें अद्‌भुत ज्ञान है।

13

जलियाँवाला बाग़ के अत्याचारों और ख़िलाफ़त के प्रति अन्याय से सारा देश क्षुब्ध था, हिन्दू-मुसलमान सभी।

25 फ़रवरी, 1920 को मुंशीजी ने उर्दू 'प्रेमाश्रम' का लिखना समाप्त किया और 10 मार्च को गांधीजी ने एक घोषणापत्र में पहली बार ख़िलाफ़त के सवाल को समेटते हुए असहयोग की अपनी योजना का संकेत किया—'अब एक शब्द इसके बारे में कि अगर हमारी माँगें नहीं पूरी होतीं तो हमें क्या करना होगा। बर्बर तरीक़ा तो लड़ाई का है, फिर वह चाहे खुली लड़ाई हो चाहे गुप्त। इसको तो हमें काट ही देना होगा, अगर और किसी कारण से नहीं तो केवल इसलिए कि वह अव्यावहारिक है। अगर मैं सब को इस बात का विश्वास दिला सकता कि यह चीज़ हमेशा, हर हालत में बुरी होती है तो हमें अपने न्यायोचित उद्‌देश्यों में और जल्दी सफलता मिलती। हिंसा को तिलांजलि देनेवाले किसी व्यक्ति या राष्ट्र में इतनी शक्ति आ जाती है कि फिर कोई उसका सामना नहीं कर सकता। लेकिन आज हिंसा के विरुद्ध मेरा तर्क शुद्ध व्यावहारिकता पर आधारित है—हिंसा बिल्कुल निष्फल है। ऐसी स्थिति में हमारे सामने केवल एक उपचार रह जाता है—असहयोग।'

देश अहिंसक समर-यात्रा के लिए निकल रहा था।

लेकिन इस समय भी कुछ लोग ऐसे हैं, या हम सब के भीतर कोई एक जीव ऐसा है जिसे केवल अपने पेट की चिन्ता है। उसकी मरम्मत करने की ज़रूरत है और मुंशीजी ने पेटू-शिरोमणि पंडित मोटेराम शास्त्री को अपने तीर का निशाना बनाते हुए एक बड़े मज़े का चुटकुला लिखा—'मनुष्य का परम धर्म'।

होली का दिन है। लड्डू के भक्त और रसगुल्ले के प्रेमी पंडित मोटेराम शास्त्री अपने आँगन में एक टूटी खाट पर सिर झुकाये, चिन्ता और शोक की मूर्ति बने बैठे हैं। उनकी सहधर्मिणी उनके निकट बैठी हुई उनकी ओर सच्ची संवेदना की दृष्टि से ताक रही है और अपनी मृदु वाणी से पति की चिन्ताग्नि को शान्त करने की चेष्टा कर रही है।

पंडित जी बहुत देर तक चिन्ता में डूबे रहने के पश्चात् उदासीन भाव से बोले—नसीबा ससुरा न जाने कहाँ जाकर सो गया। होली के दिन भी न जागा!

पंडिताइन—दिन ही बुरे आ गए हैं। इहाँ तो जौन दिन से तुम्हार हुकुम पावा ओही घड़ी ते साँझ-सबेरे दोनों जून सूरज नरायन से यही बरदान माँगा करित है कि कहूँ से बुलौवा आवे। सैकड़न दिया तुलसी माई का चढ़ावा मुदा सब सोय गए। गाढ़े परे कोऊ काम नाहीं आवत है।

पति-पत्नी में ये दर्द-भरी बातें चल ही रही हैं कि उनके मित्र पंडित चिन्तामणि आ जाते हैं। दोनों मित्र कुछ देर आपस में अपने बाज़ार की मन्दी का रोना रोते हैं और फिर निश्चय होता है कि गंगाजी के घाट पर चलकर व्याख्यान देना चाहिए, शायद इसी तरह कुछ डौल बैठ जाए। दोनों ब्राह्मण देवता घाट पर पहुँचते हैं और तब पंडित मोटे राम न्याय और मीमांसा की शैली में, वेद और शास्त्रों के प्रमाण सहित व्याख्यान देकर सिद्ध करते हैं कि मुख ही शरीर का श्रेष्ठतम अंग है, क्योंकि ब्रह्मा के मुख से ही ब्राह्मण की उत्पत्ति हुई और उस मुख को सुख पहुँचाना ही मनुष्य का परम धर्म है। सो कैसे हो, इसके बारे में पंडित मोटेराम ने कहा—

'मुख को सुख देने के लिए हमारा परम कर्तव्य है कि हम उत्तम से उत्तम मिष्ठ पाकों का सेवन करें और कराएँ। मेरा अपना विचार है कि यदि आपके थाल में जौनपुर की इमरतियाँ, आगरे के मोतीचूर, मथुरा के पेड़े, बनारस की कलाकन्द, लखनऊ के रसगुल्ले, अयोध्या की गुलाबजामुन और दिल्ली का हलुआ सोहन हो तो वह ईश्वर-भोग के योग्य है। देवतागण उस पर मुग्ध हो जाएँगे और जो साहसी पराक्रमी जीव ऐसे स्वादिष्ट थाल ब्राह्मणों को जिमाएगा उसे सदेह स्वर्गधाम प्राप्त होगा।'

असहयोग की तैयारी हो रही थी लेकिन उसका रूप क्या हो—इसकी तसवीर अभी साफ़ न थी। और जो तसवीर अभी तक सामने आई थी उससे लोकमान्य तिलक को सन्तोष न था लेकिन उन्होंने गांधीजी को आश्वासन दे दिया था कि मैं उसके विरोध में कुछ न करूँगा, और अगर आप इसमें देश को अपने साथ ले जा पाते हैं तो मैं भी आपके साथ हूँ।

देश तो साथ था। असल सवाल था अपने सहयोगियों को साथ ले चलने का।

गांधीजी ने 1 अगस्त, 1920 की तारीख़ अपना आन्दोलन शुरू करने के लिए नियत की थी। पहली की पौ फटने में अभी कुछ घंटों की देर थी जब कि तिलक का देहावसान हो गया।

असहयोग के सम्बन्ध में आपस में काफ़ी मतभेद था। सितम्बर में यानी अगले ही महीने कांग्रेस का विशेष अधिवेशन कलकत्ते में हुआ। देश गांधीजी के साथ था और अपने प्रतिनिधियों के ज़रिये अधिवेशन में अपना समर्थन गांधीजी के लिए व्यक्त कर रहा था, लेकिन बड़े नेताओं के मन में सन्देह था, संशय था। लाला लाजपतराय कट्टर विरोधी के रूप में सामने आए। देशबन्धु चित्तरंजन दास कट्टर विरोधी के रूप में सामने आए। देशबन्धु के साथ बंगाल की पूरी कांग्रेस थी। इस तरह कलकत्ते में यह स्थिति थी कि जाने-माने लोगों में केवल एक व्यक्ति, पंडित मोतीलाल नेहरू, का समर्थन गांधीजी को प्राप्त था। और वह भी तब जब गांधीजी ने उनका यह संशोधन स्वीकार कर लिया कि अदालत-कचहरी और स्कूल-कालेज का बहिष्कार एकदम से न करके धीरे-धीरे किया जाएगा। तो भी गांधीजी की जीत हुई क्योंकि देश उनके साथ था।

तीन महीने बाद, नागपुर की कांग्रेस में, स्थिति बिल्कुल बदल चुकी थी। देशबन्धु अपनी जेब से छत्तीस हज़ार रुपया ख़र्च करके बंगाल की अपनी पूरी फ़ौज लाए थे—कलकत्ते की अपनी हार को जीत में बदलने के लिए। लेकिन जिस भी कारण से हो, चाहे देश के मनोभाव को देखकर-समझकर चाहे गांधीजी के व्यक्तित्व के सम्मोहन से, हुआ यह कि असहयोग का प्रस्ताव देशबन्धु ने रखा—और उसका समर्थन किया लाला लाजपतराय ने!

असहयोग की इमारत अब मज़बूती से अपने चारों खम्भों पर खड़ी थी—गांधीजी, पंडित मोतीलाल, देशबन्धु चित्तरंजन दास और लाला लाजपतराय। रूप और विस्तार भी अब काफ़ी सुनिश्चित हो गया था और जो कमी रह गई थी वह अगले वर्ष अहमदाबाद के अधिवेशन में पूरी हो गई। स्वदेशी यानी खद्दर, चर्खे, हाथ के करघे का विकास। विदेशी चीज़ों का बहिष्कार। अदालत-कचहरी का बहिष्कार। सरकारी स्कूल-कालेज का बहिष्कार। राष्ट्रीय विद्यालयों की स्थापना। कौंसिल और उसके चुनावों का बहिष्कार। छूत-अछूत के भेद को मिटाना। हिन्दुओं और मुसलमानों के बीच एकता और भाईचारा क़ायम करना। और...और भी बहुत कुछ।

देश का विवेक जाग रहा था। गांधी के हाथों देश को एक बार फिर अपना खोया हुआ मेरुदंड मिल रहा था।

प्रेमचन्द के लिए इसमें नई या चौंकानेवाली बात एक न थी। कर्म के क्षेत्र में गांधीजी और उनके बीच गुरु-शिष्य का सम्बन्ध था, विचार के स्तर पर, टाल्सटाय के नाते, गुरु-भाई का।

'प्रेमाश्रम' तो हमारे सामने है ही, मुंशीजी की 'पंच परमेश्वर' कहानी अब से चार-पाँच बरस पहले, जून 1916 की 'सरस्वती' में छपी थी। गांधीजी को हिन्दुस्तान आए तब मुश्किल से एक साल हुआ था और ख़ुद उन्हें भी पता न था कि वह क्या

करने जा रहे हैं। असहयोग की कहीं कल्पना भी न थी। किसे पता था कि चार-पाँच साल बाद असहयोग का आन्दोलन छेड़ा जाएगा, उसमें और बहुत-सी चीज़ों के बहिष्कार के साथ-साथ कचहरी-अदालत के बहिष्कार की भी बात उठाई जाएगी, वकीलों से कहा जाएगा कि कचहरियों से अपना नाता तोड़ लो और जनता से कहा जाएगा कि अपने झगड़े लेकर कचहरियों में मत दौड़ो, उन्हें ख़ुद ही गाँव की पंचायत में बैठकर सुलझा लो।

उसी पंचायत का अभिषेक मुंशीजी की इस सुन्दर कहानी में है। उसकी प्रेरणा का स्रोत कोई आन्दोलन नहीं, गाँव के जीवन की वास्तविकता है। लोग जब देखो तब अपने झगड़ों को लेकर कचहरी पहुँचे रहते हैं। वहाँ उनको लूटने के लिए, दोनों हाथ से लूटने के लिए, पूरी एक फ़ौज बैठी रहती है—वकील-मुख़्तार, पेशकार, अहलमद, अर्दली-चपरासी, सब। हर ड्योढ़ी पर उसे कुछ न कुछ चढ़ाना पड़ता है, तो भी कोई सीधे मुँह बात नहीं करता। और न्याय भी उसे कहाँ मिलता है? नई तारीख़ मिलती है। दो-चार रुपए का हेर-फेर होता है और अगली किसी तारीख़ के लिए पेशी लग जाती है। और उस दिन फिर यही सब होता है। गोया एक लाश है जिसे सब गिद्ध मिलकर नोच रहे हैं। क्या ख़ूब इंसाफ़ है! शैतान के दिमाग़ की उपज है यह मशीन—लाकर डाल दी बीच में, उलझे रहो क़यामत तक। मगर इन जाहिलों को क्या कहा जाए जिनकी अक़्ल पर पत्थर पड़ गया है! रेल में, कचहरी में, हर जगह धक्के खाते हैं, जेरबार होते हैं, बर्तन-भाँड़ा बेचते हैं, घर-ज़मीन रेहन रखते हैं, गहना-गुरिया सावजी की दूकान पर रखकर पेशी के लिए दस-बीस जमा करते हैं और जाकर फूँक आते हैं। अच्छा महारोग लगा है यह, कैसे छुटकारा हो?

धरती से सवाल उठता है और धरती से ही विचार का अंकुर फूटता है। गांधी ने भी राजनीति को धरती से उठाया। वही दोनों के साम्य का आधार है। वही उनके सम्बन्ध की राशि है। जितनी दूर तक साथ चल सके, चल लिए—और फिर राहें अलग हो गईं। दोनों प्रयोग कर रहे थे, अपने-अपने माध्यम से, और दोनों को अपने प्रयोग में निष्ठा थी।

सरकारी नौकरी अब दिनोंदिन जी पर भारी होती जा रही थी। दो बरस होता है जब उसमानिया यूनिवर्सिटी के लिए कोशिश की थी मगर कौन पूछता है।

पिछले साल एक रोज़ मुंशीजी ने 'लीडर' में इश्तहार देखा कि कानपुर में डी.ए.वी. स्कूल की हेडमास्टरी ख़ाली है। बाँछें खिल गईं। बहुत अच्छा स्कूल है। फिर, कानपुर है, जहाँ दयानरायन हैं, ज़माना का दफ़्तर है। इस जंजाल से उबरूँगा, वह अलग। अब तो कटने लगी गर्दन इस तौक़ को ढोते-ढोते। मियाँ की दौड़ मसजिद तक। मुंशीजी ने फ़ौरन 6 नवम्बर, 1919 को एक ख़त निगम साहब के पास भेजा। लेकिन बात कुछ बनी नहीं, तो 21 दिसम्बर को उन्होंने लिखा—'मैं डी.ए.वी. कमेटी के फ़ैसले का मुन्तज़िर हूँ। मायूसी की कोई बात नहीं है...अगर मारवाड़ी स्कूल में इसकी गुंजाइश हो तो आप वहाँ भी मेरी तजवीज़ करने की तकलीफ़ उठाइए।' किसी तरह गला छूटे। उसमानिया यूनिवर्सिटी से लेकर मारवाड़ी स्कूल तक, कुछ हो। बस सरकारी स्कूल न

शिवरानी प्रेमचन्द, 1962

हो। यह ग़ुलामी अब सही नहीं जाती, मगर क्या करें, बाल-बच्चेदार आदमी हैं, यों ही कैसे कूद पड़ें आग में। अकेला होता तो एक बार चाहे कूद भी पड़ता, सबको कैसे झोंक दे अपने साथ!

हर तरफ़ हाथ-पैर मारते हैं मगर कुछ होता नहीं दिखाई देता। मारवाड़ी स्कूल में हेडमास्टर की जगह ख़ाली नहीं थी, हाँ असिस्टेंट टीचरी मिल सकती थी, तनख़्वाह अलबत्ता कुछ बढ़ाई जा सकती है। मुंशीजी ने 18 फ़रवरी सन् 20 को लिखा—

'मारवाड़ी स्कूल की असिस्टेंट टीचरी मुझे मंजूर नहीं, ख़्वाह कितनी ही तनख़्वाह मिले। वही हालत तो यहाँ भी है। यहाँ फ़ुर्सत बहुत ज़्यादा है। हेडमास्टर निहायत माकूल। करूँगा तो हेडमास्टरी, और असिस्टेंट रहना हो तो यहाँ बड़े मज़े में हूँ। मुझे यहाँ मय मकान के 120 मिलते हैं। इस लिहाज़ से भी कोई फ़ायदा नहीं है। इसलिए ख़्वाहमख़्वाह क्यों डाँवाँडोल हूँ।'

निश्चय अभी नहीं है। खिचड़ी मन में पक ही रही है। इसीलिए इतना सब हिसाब-किताब सूझ रहा है। सब अपने मन को बहलाने के लिए, टहलाने के लिए। बस उस घड़ी का इन्तज़ार है जब बात मन में पक्की हो जाएगी। तब तक यही संकल्प-विकल्प चलेगा। लेकिन सच बात यह है कि अब चैन नहीं मिलता इस नौकरी में। पिंजरे से आज़ाद होने के लिए तबीयत छटपटाती रहती है।

और इस छटपटाहट में, जैसा कि हर बार होता आया है, तबीयत अख़बार और प्रेस की तरफ़ भागती है, फिर हिचक जाती है और फिर भागती है। अजब एक उलझन है जो इस मास्टर और लेखक की ज़िन्दगी में बार-बार उभरती रही है लेकिन हर बार मन डोल-डोलकर भी नहीं डोलता! मन का यह संघर्ष बड़ी खबसूरती से इन्हीं दिनों की दो कहानियों में उभरकर आया है।

'बोध' में एक तहसीली स्कूल के पंडित जी जब-जब अपना मिलान एक हेड-कानिस्टिबिल और कचहरी के एक सियाहानवीस से करते हैं तब-तब अपने नाम को रोते हैं—कहाँ उनके ऐश और ठाट-बाट और कहाँ मेरी रूखी रोटियाँ! लेकिन एक बार जब तीनों मित्र तीर्थयात्रा के लिए अयोध्याजी जाते हैं तब एक ओर जैसी-जैसी दुर्गत उन लोगों की होती है और दूसरी ओर जैसी आवभगत पंडित जी की होती है उसे देखकर पंडित जी की आँखें खुल जाती हैं और वह फिर किसी दूसरे महकमे में जाने की कोशिश नहीं करते। वही बोध है। बोध माने ज्ञान। बोध माने सांत्वना, तसल्ली, मनबुझाव। दूसरी कहानी 'बाद अज़ मर्ग' यानी 'मरने के बाद' है जो उर्दू के मशहूर शायर चकबस्त के सम्पादन में निकलनेवाले मासिक 'सुबहे उम्मीद' के अगस्त-सितम्बर 1920 के अंक में छपी। हिन्दी में इसका नाम 'मृत्यु के पीछे' है जो कि भ्रामक है।

अपनी पत्नी मानकी के बहुत विरोध करने पर भी ईश्वरचन्द सब कुछ छोड़-छाड़कर एक पत्र का सम्पादन करने लगते हैं। बहुत सच्चे भाव से वह हर तकलीफ़ और मुसीबत उठाकर छब्बीस साल तक यह देशसेवा करते हैं। लेकिन ऐश्वर्य तो दूर की बात है, मान-प्रतिष्ठा भी उन्हें अपने जीवन-काल में नहीं मिलती। मरने के बाद उनकी मूर्तियाँ स्थापित होती हैं, स्मारक बनते हैं, देवता की तरह पूजा होती है।

और तब मानकी की समझ में आता है कि देशसेवा का सच्चा पुरस्कार कब और कैसे मिलता है, और वह अपने बेटे कृष्णचन्द्र को प्रेरित करती है कि वह अपनी धुआँधार वकालत को छोड़कर अपने पिता का रास्ता पकड़े। कोई बात नहीं अगर इसमें ग़रीबी है, तकलीफ़ है!

बहुत रोज़ तक तो मुंशीजी ने इस उम्मीद को पाला कि मुंशी दयानरायन के साथ काम करने की कोई सबील निकल आएगी। मगर जब वह न निकल सकी तो उनके साझे में नया प्रेस क़ायम करने का ख़याल आया और इन्हीं सब बातों को मद्‌देनज़र रखते हुए मुंशीजी ने 11 मार्च को उन्हें लिखा—

'अख़बारनवीसी की तरद्‌दुदात की बर्दाश्त का ख़याल मारे डालता है। मास्टरी में वह गर्मिए शोहरत न सही, रोज़ी तो चलती है। अगर कानपुर आ गया तो हम और आप मिलकर कुछ काम कर सकेंगे। वर्ना इसकी और क्या सूरत है। महताबराय कलकत्ते के उस छापेखाने में, जिसके मालिक मेरे दोस्त मिस्टर पोद्‌दार हैं, मैनेजर हैं। माहवार पाते हैं और पोद्‌दार का इरादा है कि उन्हें नफ़े में कुछ हिस्सा भी दे दें। बजुज फ़ासले के और उन्हें वहाँ हर तरह आराम है। हम लोगों का छापाखाना क़ायम होगा तो उन्हें यहाँ बुला लूँगा। वह काम से ख़ूब वाक़िफ़ हो गए हैं।'

वह सब ठीक है लेकिन निगम साहब ज़्यादा दुनियादार आदमी हैं, ऐसी सब स्कीमों के चक्कर में जल्दी नहीं पड़ते। फूँक-फूँक कर क़दम रखते हैं और सच तो यह है कि अपने दोस्त को भी वह प्रेस खोलने की राय नहीं देते। उनका मिज़ाज दूसरा है, प्रेस खोलकर मुसीबत में पड़ जाएँगे। मैं तक तो रो रहा हूँ प्रेस के नाम को! मगर यह भी सच है कि मुदर्रिसी ग़रीब की लाइन नहीं है।

आख़िरकार मुंशीजी ने झुँझलाकर 24 अप्रैल, 1919 को, बी.ए. का इम्तहान इलाहाबाद से देकर गोरखपुर लौटने पर जब कि जलियाँवाला बाग़ के हत्याकांड को अभी सिर्फ़ दस रोज़ हुए थे, निगम साहब को लिखा—

'आप फ़रमाते हैं तुम्हारी लाइन यह नहीं है। मैं तसलीम करता हूँ। मगर चारा क्या है? मैं क़ुर्बानी को अपनी जात तक रखना चाहता हूँ, अयाल को इस चक्की में पीसना नहीं चाहता। फ़िलहाल मेरी रोटियाँ मिली जाती हैं। कुछ लिटरेरी काम कर लेता हूँ। यह क़ुर्बानी है। ख़ुदा और दुनियाए दूँ, क़ौम और जात, दोनों को साथ लिए हुए हूँ। मैं लिटरेरी काम को थोड़ी क़ुर्बानी नहीं समझता। जो शख़्स अपनी फ़ालतू आमदनी का एक हिस्सा किसी मदरसे के लिए ख़ैरात कर देता है वह हमारी क़ुर्बानी का सही अन्दाज़ा नहीं कर सकता जो अपने ऊपर सोना तक हराम कर लेती है। आपने मेरे लिए कोई ऐसी तजवीज़ नहीं निकाली जिसमें फ़िक्रे-मआश[1] से आज़ाद होकर मैं ज़िन्दगी काटता। मैं अर्ज़ कर चुका कि इससे ज़्यादा नफ़्सकुशी[2] मेरे इमकान से बाहर है। और आपने जब कभी कोई तजवीज़ की तो वही हवाई। आकाशी। आकाशी मआश से मुझे इत्मीनान नहीं होता। ज़रूरियात के लिए मुस्तिक़ल सूरत चाहिए, तकल्लुफ़ात के लिए आकाशी सूरत हो तो मुज़ायक़ा

1. जीविका की चिन्ता, 2. आत्मबलिदान

नहीं। मुझे फ़िलहाल सौ रुपए मिल जाते हैं। अगर साल में एक नाविल लिखूँ तो शायद चार-पाँच सौ रुपए और मिल जाएँ। इस तरह से मैं अपने पसमाँदगान[1] के लिए दस साल में शायद चार-पाँच हज़ार रुपए छोड़ मरूँ। अख़बारी ज़िन्दगी में किस क़दर तो फ़िक्र और झंझट उस पर पचास-साठ रुपए से ज़ायद कोई देनेवाला नहीं। अभी हमारे यहाँ वह ज़माना नहीं आया कि जर्नलिज़्म को कैरियर बनाया जा सके। आप लीडर की तरह कोई कम्पनी क़ायम करें। वह माहवार रिसाला, रोज़ाना अख़बार निकाले। कारकुनों को माकूल तनख़्वाह दे। तब देखिए मैं कितनी ख़ुशी से दौड़ता हूँ। मगर यहाँ तो यह हाल है कि अवध अख़बार भी ग्रेजुएट मुतरज्जिम[2] तलाश करता है तो उसकी तनख़्वाह सौ रुपए बतलाता है। मैं अगर इम्तहान में पास हो गया तो किसी एडेड स्कूल में 125 रुपए का हेडमास्टर हो जाऊँगा। वहाँ गोशए आफ़ियत में बैठा हुआ अपना क़लम घिसता रहूँगा। साल में एक क़िस्सा ज़रूर लिख डालूँगा। यही क़ौमी ख़िदमत होगी। मज़ामीन जो क़लम से निकलेंगे वह भी ख़िदमत ही के मद में डालिए। अगर आप इससे बेहतर कोई सूरत निकाल सकते हैं तो मैं हाज़िर हूँ वर्ना मुझे अपने ढर्रे पर चलने दीजिए।...क्या हौसला अख़बार और लिटरेरी काम का हो। प्रेम पचीसी हिस्सा अव्वल को छपे हुए चार साल हुए मगर अभी तक निस्फ़[3] पड़ी हुई है। हिस्सा दोम की मुश्किल है 150 जिल्दें बिकीं। मैं इससे बेहतर नहीं लिख सकता।'

बहरहाल कहीं कुछ न हुआ और इसी हैस-बैस में ज़िन्दगी गुज़रती रही।

तभी मुंशीजी के नए दोस्त इम्तयाज़ अली ताज ने लाहौर से उनको लिखा कि चलिए अबकी गर्मियों में मसूरी की सैर की जाए। कहीं जाने-आने के नाम से मुंशीजी की जान पर बनती थी। एक तो यों ही घर छोड़कर यहाँ-वहाँ फिरने का ख़याल काफ़ी तकलीफ़देह था, मिज़ाज ही घुमक्कड़ न था, दूसरे सेहत का ख़याल करके और भी डर मालूम होता था, सफ़र में खाने-पीने का क्या ठिकाना, जो मिले खाओ, घर की-सी सहूलतें कहाँ। मगर इन सबसे अलग एक बात थी जो अक्सर पैरों को बाँध देती थी—मैं तो पहाड़ की हवा खाऊँ और घर के बाक़ी लोग गर्मी में भुनें। सबको लेकर जाने की जुगत नहीं।

लेकिन जब इस बार ताज साहब ने दावत दी तो जी ललचा गया। मेहनत भी पिछले एक साल में बहुत सतत पड़ी थी, सेहत को उसका कुछ धक्का भी लगा था। और फिर एक बड़ी किताब अभी लिखकर ख़त्म की थी, इसकी ख़ुशी भी थी। ताज से मिलने की तमन्ना बहुत रोज़ से जी में थी ही। इतने पर भी अगर मन में कोई हिचक थी तो उसे पत्नी ने अपनी तरफ़ से थोड़ी ज़बर्दस्ती करके दूर कर दिया—महीनों से इसी तरह बैठे-बैठे आप काम करते रहे हैं। जाइए घूम आइए, तबीयत कुछ बहल जाएगी। सेहत के लिए भी, डाक्टरों का कहना है, पहाड़ की हवा बहुत अच्छी होती है। लिहाज़ा मुंशीजी ने हामी भर दी। लेकिन उस तरफ़ से फिर कोई ख़बर न आई। 24 मार्च, 1920 को मुंशीजी ने उनको लिखा—'मसूरी चलने की दावत दी थी। मैं तैयार

---

1. बाल-बच्चों, 2. अनुवादक, 3. आधी

हूँ मगर आप दावत करके भूल गए। जल्द फ़ैसला कीजिए ताकि उधर से मायूसी हो तो मैं देहरादून जाने का इरादा कर लूँ।'

उधर से मायूसी रही और मुंशीजी अपने इरादे के बमूजिब घर से निकल पड़े। फिर जो कुछ हुआ उसकी मुख़्तसर-सी दास्तान 6 जून के उनके दो ख़तों में है जो उन्होंने देहरादून से ताज और निगम साहब को भेजे। मज़मून दोनों का बहुत कुछ एक है। ताज को उन्होंने लिखा—'मैं आज कनखल, ऋषिकेश वगैरह का सफ़र करता हुआ देहरादून आ पहुँचा।...आप इधर आने का ख़याल रखते हों तो बराहेकरम मुझे मुत्तला फ़रमाइए ताकि आपका इन्तज़ार करूँ, वर्ना मैं बहुत जल्द यहाँ से चला जाऊँगा। मेरी तबीयत दौराने सफ़र में ज़्यादा ख़राब हो गई है। आया था कि हरिद्वार की आबहवा से कुछ फ़ायदा होगा लेकिन नतीजा इसका उल्टा हुआ। पेचिश ने, जिससे मेरी पुरानी दोस्ती है, बहुत दिक़ कर रखा है।'

निगम साहब से भी उन्होंने 'सख़्त तकलीफ़' का रोना रोया और लिखा कि 'मैं बहुत जल्द यहाँ से भागने का क़स्द रखता हूँ।'

लौटते वक़्त दिल्ली, आगरा होते हुए मुंशीजी 24 जून को गोरखपुर पहुँचे और 'आते ही आते छोटा बच्चा बीमार हो गया। आजकल इसी परेशानी में हूँ।'

यह परेशानी मामूली न थी, एक बड़े सदमे की तैयारी थी।

5 जुलाई को प्रेमचन्द ने लिखा—

'आज रात को मुझ पर एक सानिहा गुज़रा। ग़रीब मुन्नू मेरा छोटा बच्चा इलाहाबाद से आकर चेचक में मुब्तिला हो गया था। उसने नौ दिन तक ग़रीब को घुला-घुलाकर आख़िर जान ही लेकर छोड़ा।'

ग्यारह महीने का होकर नहीं रहा। दूसरा लड़का था यह मुंशीजी का जो पहले के तीन बरस बाद गोरखपुर में ही हुआ था। बड़ा कष्ट भोगा बेचारे ने। काली चेचक थी, जो मौत का दूसरा नाम है। मछली की तरह तड़पता था बिस्तर में। देखा नहीं जाता था।

दाने देखकर ही माँ-बाप का दिल बैठ गया था और मुंशीजी ने भर्राये हुए गले से कहा था—तुम्हारा यह लड़का बचता नहीं मालूम होता।

ग्यारहवें दिन लड़का ठंडा होने लगा। फिर डाक्टर आया। उसने कहा, सब्र कीजिए।

> *जब उन्होंने रोते देखा तो मेरा हाथ पकड़कर वहाँ से उठा लाए और मुझसे बोले—क्यों रोती हो? क्या सुख उससे तुम्हें मिला? ग्यारह ही महीना जिन्दा रहा, उस पर भी बराबर बीमार। मैं तो ज़िन्दा ही हूँ। असल में मैं ही तुम्हारा हूँ।*
>
> *उस दिन रात-भर मुझे पकड़े बैठे रहे। सुबह जब उसकी लाश चली गई तो उसके सारे सामान जलवा दिए। फिर सारे कमरे को फिनाइल से धुलवाया, उसके बाद वहाँ पर हवन कराया। फिर उस कमरे में नौ महीने तक ताला पड़ा रहा। उन्होंने अपने हाथ से कमरा बन्द कर ताली बाहर फेंक दी।*

बीवी की हालत पागलों जैसी हो रही थी। उनका अपना चित्त शान्त था—लेकिन कितना शान्त! 'तक़दीर ने तो अपनी दानिस्त में मुझे सज़ा दी होगी लेकिन मैं ख़ुश हूँ कि फ़िक्रों का आधा बोझ सर से दूर हो गया।'

कितनी गहरी व्यथा बोल रही है इन तीन शब्दों में—मैं ख़ुश हूँ! घोरतम विषाद की इसी परत को एक-दूसरे सन्दर्भ में उन्होंने खोला अब से दस बरस बाद अपनी एक कहानी 'पूस की रात' में—कि जैसे एक पतली-सी झिल्ली हो पपड़ी की और उसे अलग करते ही कच्चा ज़ख़्म छलछला आए—

दोनों फिर खेत की डाँड़ पर आए, देखा, सारा खेत रौंदा पड़ा हुआ है और ज़बरा मड़ैया के नीचे चित्त लेटा है मानो प्राण ही न हों।

दोनों खेत की दशा देख रहे थे। मुन्नी के मुख पर उदासी छाई थी। पर हल्कू प्रसन्न था।

मुन्नी ने चिंतित होकर कहा—अब मजूरी करके मालगुजारी भरनी पड़ेगी।

हल्कू ने प्रसन्न मुख से कहा—रात की ठंडी में यहाँ सोना तो न पड़ेगा।

जिस दिन बच्चा नहीं रहा उस दिन मुंशीजी ने लिखा—मैं ख़ुश हूँ।...और बाईस रोज़ बाद ताज साहब को लिखा—'...छोटा बच्चा चेचक में मुब्तला हो गया और हमेशा के लिए दाग़ दे गया। अभी तक इस ग़म से तबीयत को निजात नहीं हुई। सब्र तो हो गया मगर याद बाक़ी है और शायद ताज़ीस्त[1] रहेगी। इसे अपने आमाल[2] का नतीजा समझता हूँ और क्या। जब तक दिल न सँभले मज़मून कहाँ से आए। ख़तों का जवाब देना भी शाक़[3] है।'

और वह ख़ुद बीमार पड़े। 'प्रेमाश्रम' की कड़ी मेहनत। एक महीने के सफ़र की थकान, कुपथ्य। पेचिश जड़ से तो गई न थी, फिर उभर आई। और अब यह बच्चे का शोक। मुश्किल था इतने सब धक्कों का सह सकना। मुंशीजी ने खाट पकड़ ली।

पोद्दार का आना-जाना लगा ही रहता था। प्राकृतिक चिकित्सा में उनकी रुचि तभी से है। उन्होंने मुंशीजी को सलाह दी कि आप जल-चिकित्सा करें, इससे आपको ज़रूर आराम होगा। और भी दो-एक दोस्तों ने राय दी, ख़ुद भी मुंशीजी का झुकाव उस तरफ़ को था। एलोपैथी से बहुत घबराते थे। जहाँ तक बनता था, उससे बचते थे। उसको छोड़कर बाक़ी तीनों इलाज ठीक थे, जहाँ जिसका अच्छा जानकार मिल जाए, हकीम मिल गया तो हकीम, वैद्य मिल गया तो वैद्य, होमियोपैथ मिल गया तो होमियोपैथ। सब पर बराबर विश्वास था उनको, नहीं था किसी पर तो एलोपैथी पर।

टब-स्नान के बारे में लुई कूने की और ऐसी ही दो-एक किताबें उन्होंने भी पढ़ी थीं। लिहाज़ा जब पोद्दारजी ने जल-चिकित्सा की सलाह दी तो यह उनके अपने मन की बात थी। फ़ौरन टब-वब बाज़ार से आया और जल-चिकित्सा शुरू हुई। लेकिन उसकी सेवन-विधि उससे कुछ ज़्यादा टेढ़ी है जितनी कि ऊपर से जान पड़ती है। कहीं कुछ ग़लती हो गई। फिर क्या हुआ, यह ख़ुद मुंशीजी से सुनिए—

तीन-चार महीने के स्नान और पथ्य का मेरे दुर्भाग्य से यह परिणाम हुआ कि मेरा पेट बढ़ गया और मुझे रास्ता चलने में भी दुर्बलता मालूम होने लगी।

---

1. आजीवन, 2. कर्मों, 3. कठिन

एक बार कई मित्रों के साथ मुझे एक जीने पर चढ़ने का अवसर पड़ा। और लोग धड़धड़ाते हुए चले गए, पर मेरे पाँव ही न उठते थे। बड़ी मुश्किल से, हाथों का सहारा लेते हुए ऊपर पहुँचा। समझ गया अब थोड़े दिनों का और मेहमान हूँ। जल-चिकित्सा बन्द कर दी।

एक दिन संध्या समय उर्दू बाज़ार में श्री दशरथप्रसादजी द्विवेदी सम्पादक 'स्वदेश' से मेरी भेंट हो गई। कभी-कभी उनसे भी साहित्य-चर्चा होती रहती थी। उन्होंने मेरी पीली सूरत देखकर खेद के साथ कहा—बाबूजी, आप तो बिल्कुल पीले पड़ गए. हैं, कोई इलाज कराइए।

मुझे अपनी बीमारी का ज़िक्र बुरा लगता था। मैं भूल जाना चाहता था कि मैं बीमार हूँ। जब दो-चार महीने ही का ज़िन्दगी से नाता है तो क्यों न हँसकर मरूँ! मैंने चिढ़कर कहा—मर ही तो जाऊँगा भई, या और कुछ! मैं मौत का स्वागत करने को तैयार हूँ।

और इसी तैयारी में उन्होंने एक रोज़ पत्नी को बुलाकर बैंक की पासबुक उनके हाथ में देते हुए कुछ भर्राई आवाज़ में कहा था—ये लो, रानी, इसमें तीन हज़ार रुपए हैं और तीन तुम हो! मेरी ज़िन्दगी-भर की कमाई...

लेकिन मरना आसान नहीं है, चालीस साल की उम्र में, जब कि अभी दिल में बहुत कुछ लिखने-करने के हौसले बाक़ी हों।

चिड़चिड़ापन अलबत्ता बेहद बढ़ गया था जो कि इन्तहाई कमज़ोरी की निशानी थी।

जो व्यक्ति मारना तो दूर की बात है, बच्चों को कभी डाँटता तक न था उसने इन्हीं दिनों एक रोज़ अपने बड़े लड़के को बुरी तरह मारा, हुक्के की निगाली से! सर पर जैसे भूत सवार हो गया था। और बात क्या थी? सिर्फ़ इतनी कि एक रोज़ लड़का एक पैसा लेकर बाज़ार गया स्लेट की पेंसिल लाने। मुंशीजी उसको पढ़ाने बैठे तो यह बात खुली कि पेंसिल तो नहीं आई। अब क्या था, मुंशीजी आगबबूला हो गए और लगे उससे ज़िरह करने कि पेंसिल क्यों नहीं आई? और वह पैसा कहाँ गया! पहले तो दो-एक झापड़ रसीद किए मगर उतने से भी जी नहीं भरा तो जाकर अपने हुक्के की निगाली निकाल लाए। लड़के की ज़बान यों ही डर के मारे नहीं खुल रही थी, हुक्के की निगाली देखी तो घिग्घी बँध गई। और मुंशीजी थे कि उसके मुँह से जवाब निकलवाने की जैसे क़सम खा ली थी। जितना ही मारते थे, गुस्सा उतना ही और बढ़ता था। मगर लड़का भी एक ही ज़िद्दी था, उसने मुँह नहीं खोला तो नहीं खोला।

—कह दो कि रास्ते में कहीं गिर गया।

चुप।

—कह दो कि किसी को दे दिया।

चुप।

—कह दो कि बाज़ार में कुछ लेकर खा लिया।

चुप।

निगाली उस रोज़ टूट कैसे नहीं गई, यही ताज्जुब है। लेकिन किसकी मज़ाल थी कि इस ग़ुस्से की हालत में उनका हाथ जाकर पकड़ ले। तो भी एक बिन्दु आया जहाँ माँ से और न देखा गया और उन्होंने आगे बढ़कर जैसे-तैसे बच्चे की रक्षा की। इन्हीं दिनों बेटी को भी एक बार हल्की-सी मार पड़ी—बिलकुल अकारण, मगर उसके पीछे चिड़चिड़ेपन से ज़्यादा शायद घबराहट थी।

स्कूल के अहाते में ही एक पुराना कच्चा कुआँ था। कुआँ भर गया था लेकिन तब भी थोड़ा पानी था। खेलते-खालते न जाने कैसे बेटी और धुन्नू उस कुएँ पर जा पहुँचे। कुआँ झाँकने का शौक़ बच्चों को होता ही है, धुन्नू साहब ने जो झाँकने की कोशिश की तो गड़ाप से उसके अन्दर! और जो चिल्लाए तो बेटी ने आव देखा न ताव, वह भी कूद पड़ी! सौभाग्य से रास्ता बिल्कुल सूना न था, और भी किसी ने यह दृश्य देख लिया। शोर-गुल मचा और दोनों को निकाला गया। बच्चों को लिए हुए जब लोग मास्टर साहब के घर पहुँचे तो मास्टर साहब ने सबसे पहले बेटी की आवभगत की, कि तू उधर गई तो क्यों गई! बेटी ने अपनी सफ़ाई में कुछ कहना चाहा लेकिन बाबू जी कुछ भी सुनने को तैयार न थे—बाल-बाल बचे आज, नहीं घर का सफ़ाया था!

अपना शरीर दुर्बल हो रहा था, पर देश में हलचल थी। बीमारी लेकर बैठने का वक़्त न था। उतरना चाहिए मैदान में, आज़ाद होकर। इसी बीच एक बार अंग्रेज़ी में एम.ए. करने का ख़याल भी आया। 26 अगस्त, 1920 को उन्होंने 'ताज' को लिखा—'जब आपको विलायत जाने का मौक़ा है तो इससे फ़ायदा न उठाना अपने आप और क़ौम पर ज़ुल्म करना है। यह उमंग के दो-चार साल निकल जाएँगे तो मेरी तरह आपको भी पछताना पड़ेगा। काश मैंने अवायल[1] उम्र में एम.ए. पास कर लिया होता तो यह कसमपुर्सी[2] की हालत न होती। वर्ना वह ज़माना फ़साना-निगारी[3] के नज़र हुआ और अब ज़रूरतें डिग्री के लिए मजबूर करती हैं।' लेकिन दो ही महीने बाद विचार बदल गया और उन्होंने 12 नवम्बर 1920 के अपने ख़त में निगम साहब को लिखा—'एम.ए. का इरादा तर्क कर दिया। चालीस-पचास रुपए किताबों में सर्फ़ हुए। कुछ स्पेंसर पर देख लिया। तसकीन हो गई।'

शायद बेकार मालूम हुआ इतनी सब मेहनत करना। मुल्क का अब कुछ दूसरा ही रंग था। कैरियर बनाने का ख़याल जो बी.ए. के दो हुरूफ़ अपने नाम के साथ जोड़ने के पीछे था, बेवक़्त और बेमहल मालूम हुआ।

अब तो प्रेस ख़रीदने पर जी आया हुआ था। बड़ी पुरानी इच्छा थी। अब न किया प्रेस तो फिर कब करोगे? फिर तो वह बस अपने पेट का धंधा होकर रह जाएगा। अभी करोगे तो आज़ादी के साथ रोज़ी भी चलेगी और कुछ देशसेवा भी हो जाएगी। महताब राय कलकत्ते में जिस प्रेस में काम कर रहे थे, वह बिक रहा था और उनका इरादा नए ख़रीदारों के साथ शरीक हो जाने का था। लेकिन उनके पास पैसे कहाँ थे।

1. शुरू, 2. बेकसी, 3. कहानी-लेखन

उन्होंने मुंशीजी को लिखा। मुंशीजी फ़ौरन राज़ी हो गए। लेकिन पैसे अपने पास भी कुछ कम पड़ते थे। उसकी जुगत बैठाने लगे।

26 अगस्त, 1920 को ताज साहब को लिखा—

'मैंने कलकत्ते के एक हिन्दी प्रेस में शिरकत कर ली है। ग्यारह आना मेरे एक दोस्त का होगा और पाँच आना मेरा। मुझे अपने हिस्से के रुपयों की फ़िक्र करनी है। अगर काम चल गया तो शायद पचास-साठ रुपए माहवार का फ़ायदा हो सके। अगर आपको तरद्दुद न हो तो सितम्बर में हिसाब तब फ़रमा दीजिएगा।'

2 अक्तूबर को निगम साहब को लिखा—

'मैंने कलकत्ते के प्रेस में आधे-आने का साझा कर लिया। 5000 रुपए देने पड़ेंगे। इस वक़्त अगर आपकी माली हालत ख़राब न हो तो आप कुछ मेरी अयानत फ़रमाइए। मुझे इस वक़्त 200 रुपए की अशद ज़रूरत है। यह रक़म मुझे बतौर क़र्ज दे सकें तो ऐन एहसान समझूँगा।'

लेकिन इसमें एक पेंच पड़ गया। एक रोज़ मुंशीजी की पत्नी पूछ बैठीं—रुपए देने का ढंग कैसा है? प्रेस किन शर्तों पर ठीक होगा?

मुंशीजी बोले—शर्त क्या! अरे, प्रेस रखेगा, जो कुछ मुनाफ़ा होगा, तुम्हें भी देगा।

पत्नी बोलीं—इन शर्तों पर रुपया देना ठीक नहीं। हाँ, धुन्नू के नाम से प्रेस ख़रीदा जाए, वह काम करनेवाले रहें।

'कैसी बात करती हो। वह झल्ला उठेगा!'

'तो फिर छोड़िये, ये रुपए आपके नहीं, आप अपने रुपए दीजिए! रुपए मेरी ही शर्त पर जाएँगे।'

'ख़ैर, मैं लिख दूँगा कि धुन्नू की माँ इस शर्त पर रुपए देना चाहती हैं।'

इस ख़त का चौथे रोज़ जवाब आया कि मेरी यहाँ बड़ी हँसी हो रही है। क्या आप हमारे ऊपर विश्वास नहीं करते? मेरे ही और कौन है, धुन्नू ही तो मेरे भी हैं। मेरे लिए बड़े अफ़सोस की बात है।

ख़त पढ़कर उन्होंने बीवी को सुना दिया और बोले—बड़ा गड़बड़ हुआ।

पत्नी ने कहा—कोई गड़बड़ नहीं। मेरी राय ठीक है। मैं किसी के हाथ में नहीं होना चाहती। कोई काम हो, अपनी जगह होना चाहिए। मैं बहुतों को देख चुकी हूँ। आप आँखें बन्द करके चलते हैं, मैं आँखें खोलकर चलती हूँ।

'अच्छा बोलो इसका जवाब क्या लिखूँ?'

'मेरी तरफ़ से लिखो कि जब तक कोई लड़का मेरे पास न था तब तक तुम्हीं सब कुछ थे। यह लड़का तुम्हारा भी है, तब नाम रहना क्या बुरा? तुम यहाँ ख़ुद आ जाओ, सब बातें साफ़-साफ़ हो जाएँ। फिर सब तुम्हारे ही हाथ में तो होगा। उसका तो महज़ नाम रहेगा।'

यही बात उन्होंने उसका डंक तोड़कर, बहुत नर्मी से, बहुत समझा-बुझाकर 7 अक्तूबर, 20 के अपने लम्बे ख़त में लिखी—

तुम्हारा ख़त मिला। पढ़कर ख़ुशी भी हुई, कुछ रंज भी हुआ। ख़ुशी इसलिए

हुई कि तुम्हारे दिल में बरादराना मुहब्बत के ऐसे ऊँचे भाव मौजूद हैं, रंज इसलिए कि तुमने मेरी बातों का मंशा ग़लत समझा। मैंने पोद्दारजी को जो ख़त लिखा है उसमें मेरी मंशा सिर्फ़ यही है कि मैं श्रीपतराय के नाम से साझा चाहता हूँ, अपने या तुम्हारे नाम से नहीं। हम और तुम अपनी फ़िक्र कर सकते हैं और बच्चे ही के आइन्दा के ख़याल से यह सब इन्तज़ाम करने की फ़िकर है। इसलिए वही साझेदार भी रहे। चूँकि तुम वहाँ मौजूद हो और तुम्हारी निगरानी में उसकी ज़ायदाद रहेगी, इसलिए तुम गोया उसकी ज़ायदाद के Trustee और Guardian हो।... मैं क्या, अगर सब रुपया तुम्हीं देते तब भी मैं यही कहता कि साझा श्रीपतराय के नाम से हो, क्योंकि मैं जानता हूँ कि तुम्हारे दिल में मेरे और मेरे बच्चों की निस्बत ऐसे ऊँचे ख़यालात हैं। मैं हमेशा तुम्हारी सआदतमन्दी की तारीफ़ किया करता हूँ। अगर मैं जानता कि तुम इस बात के कहने से इतने बदगुमान हो जाओगे तो हरगिज़ न लिखता। अगर तुम्हारा बच्चा होता तो मैं इस साझे को अपने और तुम्हारे बच्चे दोनों ही के नाम से लेता। और अगर ईश्वर ने ज़िन्दगी बाक़ी रखी तो मैं इसे साबित कर दूँगा। हाँ, एक बात ज़रूर है, चूँकि मेरे घर में भी औरत है, और तुम्हारे घर में भी औरत है, मैं यह नहीं चाहता कि ख़ुदा न खास्ता अगर मेरी ज़िन्दगी वफा न करे तो औरतों में तानाज़नी हो और एक-दूसरे पर रोब या सख़्ती जताये। मैं यह साफ़ कर देना चाहता हूँ कि मैं अपने लड़के के लिए जो कुछ करता हूँ वह सब अपनी क़ूवते बाज़ू से करता हूँ और उसकी चची पर महज़ उसकी सरपरस्ती और निगरानी का भार डालना चाहता हूँ। महज़ तुम्हें इस बात का मौक़ा देने के लिए कि तुम अपनी सआदतमन्दी का इज़हार कर सको, मैं कलकत्ते के कारोबार में शरीक होने पर राज़ी हूँ, हालाँकि मेरा शुरू से इरादा था कि तुम बनारस रहते और वहीं ख़ानदान को अपने साथ रखकर मुझे हर एक फ़िक्र से आज़ाद कर देते। यहाँ फ़ैज़ाबाद में एक ताल्लुक़ेदार प्रेस बिक रहा है। उसकी बाबत मैंने मुंशी गुल-हज़ारी लाल को लिखा भी है।...

एक और बात याद रखो। तुम्हारा दिल, मैं जानता हूँ, बहुत साफ़ है। लेकिन औरतों का दिल अक्सर तंग-ख़याल होता है। तुम्हारी बीवी को ग़ालिबन मालूम हो कि तुम रुपया क़र्ज ले रहे हो महज़ इसलिए कि श्रीपतराय के नाम से प्रेस ख़रीदो तो वह इसे हरगिज़ पसन्द न करेगी। तुम सआदतमन्दी से ख़्वाह उसे डाँटते रहो लेकिन बहुत मुमकिन है कि इससे तुम्हारी आफ़ियत में मुश्किल पैदा हो और तुम्हारे घर में एक रार मचे। इन सब बातों का ख़याल करके मैंने यही इरादा किया कि रुपया सब मेरा हो जो मैंने अपनी मेहनत से वसूल किया हो। वह तुम्हारी निगरानी में लड़के के नाम से लगा दिया जावे। गोया तुम उसकी ज़ायदाद के ट्रस्टी रहो। और जब तुम भी साहबे औलाद हो जाओ—ईश्वर करे कि मैं वह मुबारक दिन देखूँ—तो हर एक ज़ायदाद में दोनों भाइयों की औलादें बराबर हिस्सेदार

रहें, दोनों के साथ-साथ नाम चढ़े। इसलिए तुम्हारे दिल में, मेरे इस ख़त से ज़रा भी मलाल हो तो उसे निकाल डालो...

तीन रोज़ बाद 10 अक्तूबर को, मुंशीजी ने कलकत्ते के प्रेस की बात को, जो सारे मनमुटाव का कारण बन रहा था, सिरे से ख़त्म करते हुए लिखा—

आज फिर तुमसे कुछ मशविरा करना चाहता हूँ। दसहरे में आ जाओ तो सब बातें मुफ़स्सल तय हो जाएँ। यहाँ मेरे दोस्तों की और नीज़ घरवालों की राय कलकत्ता में प्रेस करने की नहीं होती, और मैं भी इसमें कोई ज़्यादा फ़ायदा नहीं देखता। पोद्दारजी ही के बयान के मुताबिक़ उसका सालाना नफ़ा 1600 रुपए के क़रीब है। इस हिसाब से हम लोगों को आधे हिस्से पर 800 रुपए सालाना मिलेंगे। पाँच हज़ार का सूद सालाना 450 रुपए होगा। गोया कुल सालाना फ़ायदा 1200 रुपए के क़रीब होगा। कुछ कम या ज़्यादा होना भी मुमकिन है। क्या अगर हम लोग अपना ज़ाती प्रेस पाँच हज़ार के सरमाये से बनारस में खोलें तो सौ रुपया माहवार या 1200 रुपया सालाना मुनाफ़ा न होगा? मेरा ख़याल है कि ज़रूर होगा। इससे कम किसी तरह नहीं हो सकता। यहाँ इससे छोटे-छोटे प्रेस जो दो-अढ़ाई हज़ार से खुले हुए हैं, सौ रुपया माहवार कमा रहे हैं। मैं यह चाहता हूँ कि तुम किसी नए प्रेस की तलाश में रहो जिसमें टाइप, ट्रेडल मशीन वग़ैरह सब सामान मुकम्मल मौजूद हो। अगर सेकेंडहैंड न मिल सके तो कलकत्ता की किसी फ़र्म से नए सामान का आर्डर करो। बस कोशिश यह होनी चाहिए कि बजट पाँच हज़ार से ज़्यादा न होने पाए। ...बनारस में भी सुराग लगाता हूँ। यहाँ अभी हाल में ही दो आदमी बनारस से सामान लाए हैं और ख़ूब अरज़ाँ[1] । फ़ैज़ाबाद का ताल्लुक़ेदार प्रेस बिक रहा है। तीन हज़ार में सब सामान मिलता है। मुंशी गुल-हज़ारी लाल से दर्याफ़्त किया है। देखूँ क्या जवाब आता है। अब इसी इरादे को मुस्तिक़ल समझो। तुम्हारे कलकत्ता रहने से मुझे ऐसा मालूम होता है कि मैं बिलकुल अकेला हूँ। मुझे हमेशा एक मददगार की ज़रूरत मालूम होती है। मेरी सेहत कुछ अच्छी मालूम होती थी। लेकिन अब फिर ज्यों की त्यों हो रही है। जल-चिकित्सा से भी कोई फ़ायदा ज़्यादा नहीं हुआ। ऐसी हालत में मेरी दिली आरज़ू यह है कि बनारस में तुम्हारे मुस्तिक़ल रहने का इन्तज़ाम हो जाए ताकि तुम हर हालत में घर को सँभाल सको। ख़ुदा न ख़ास्ता मैं न रहा तो तुम्हें कितनी मुश्किल पड़ेगी। तुम रहोगे कलकत्ता, मेरे बाल-बच्चे रहेंगे बनारस, कुछ भी न हो सकेगा।

यह तो तसवीर का अँधेरा पहलू है, रौशन पहलू भी कुछ कम नहीं है, मौक़ा भर मिलना चाहिए मुंशीजी को उड़ान भरने का—

---

1. सस्ता

'अब तुम्हें पाँच हज़ार रुपए मिल सकते हैं। उसकी फ़िकर नहीं। मार्च-अप्रैल तक अगर प्रेस का इन्तज़ाम हो जाए तो मई-जून में हम लोग मकान वग़ैरह लेकर बनारस में जम जाएँ। ऐसा मकान लिया जाए कि उसमें प्रेस भी रहे और तुम भी रहो। मेरे बच्चे कभी बनारस रहें कभी मेरे साथ। छुट्टियों में मैं भी बनारस आया करूँ और कुछ तुम्हारी मदद किया करूँ। साल-छ: महीने में जब काम चल निकले तो मकान बनवाना शुरू कर दिया जाए। तुम एक साइकिल ले लो और अपनी निगरानी में मकान बनवाओ। इस तरह आइन्दा का इन्तज़ाम पूरा हो जाएगा और मुझे इत्मीनान हो जाएगा कि मैं कच्ची गृहस्थी छोड़कर नहीं मरा।...कानपुर में दयानरायन और रामभरोसे मुझे शरीक करना चाहते हैं और बीस हज़ार से प्रेस खोलना चाहते हैं। लेकिन अब मैं बनारस के सिवा और अपने लिए कहीं सुभीता नहीं पाता। बनारस में चाहे नफ़ा कुछ कम भी हो लेकिन मुझे यह इत्मीनान रहेगा कि मेरे बाद ख़ानदान भूखों नहीं मरेगा और इज़्ज़त के साथ निबाह होता जाएगा। यह भी मुमकिन है कि मैं बनारस तबादला करा लूँ। तब तो चैन ही हो जाएगा। हम दोनों साथ रहेंगे और एक-दूसरे की मदद करते रहेंगे। जो कुछ अपने पास रुपया होगा वह कारबार बढ़ाने में ख़र्च करेंगे। और मुमकिन होगा तो दस-पाँच बीघा ज़मीन ले लेंगे ताकि एक हल की खेती का भी आसानी से इन्तज़ाम हो जाए। खाने को ग़ल्ला घर पर हो जाए, दीगर मसारिफ़ के लिए प्रेस से आमदनी हो जाए।...

दसहरा में आओ, ज़रूर आओ, इस बारे में और भी सलाह हो जाएगी। लेकिन अब अपनी सेहत की हालत देखते हुए मैं तुम्हारा कलकत्ता रहना पसन्द नहीं कर सकता। जब तक प्रेस का इन्तज़ाम न हो जाए तुम नौकरी करो। चाहे पोद्दार जी के प्रेस में, चाहे किसी दूसरे प्रेस में। लेकिन अप्रैल में तुम्हें हमेशा के लिए कलकत्ता छोड़ना पड़ेगा, अगर गृहस्थी और ख़ानदान की तुम्हें फ़िकर है। बस यही मेरा आख़िरी फ़ैसला है, अब इसमें किसी क़िस्म का रद्दोबदल नहीं करूँगा। तुम ख़ुद इसका फ़ैसला कर सकते हो कि प्रेस के लिए नया सामान ख़रीदना बेहतर होगा या सेकेंडहैंड। क्या-क्या सामान दरकार होंगे। इस बारे में फ़िलहाल मुझे कोई तजुर्बा नहीं है।

कहने की ज़रूरत नहीं कि इसके बाद कलकत्ते के प्रेस में साझा करने का फिर सवाल न रह गया और 20 अक्तूबर को मुंशीजी ने निगम साहब को लिखा—"अब आप चेक न भेजें, क्योंकि कलकत्ते में साझा करने का इरादा फ़िस्क़[1] हो गया है। पन्द्रह सौ भेज चुका था लेकिन चन्द ऐसी बातें हुईं जिनसे वह तजवीज़ तर्क करनी पड़ी। बरवक़्त मुलाक़ात मुफ़स्सल बयान करूँगा। अब आप ही की सलाह पक्की रही यानी बनारस, इलाहाबाद या कानपुर में प्रेस। छोटक यहाँ आ गए हैं और अब ग़ालिबन कलकत्ता न जाएँगे। बनारस में उन्हें सत्तर की पोस्ट ज्ञान मंडलवालों ने आफर की है। वहीं गए हुए

1. ख़त्म

हैं। लेकिन कल मैंने 'प्रताप' में लाइट प्रेस कानपुर के फरोख्त होने का इश्तहार देखा। क्यों न हम और आप मिलकर इस प्रेस को ले लें। मेरे पास 4000 रुपए हैं। मुमकिन है फ़िक्र करने से कुछ और बहम[1] पहुँच जाए। अगर आपको यह प्रेस काम का और चलता हुआ मालूम हो तो उससे गुफ़्तगू कीजिए और क़ीमत वग़ैरह तय फ़रमाइए। तब मुझे नोटिस दीजिए ताकि मैं भी आ जाऊँ और मुआमला अपना हो जाए। तब छोटक को कानपुर छोड़ दूँ। वह मैनेजर रहे और आप सुपरवाइजर, मगर आनरेरी।'

उसी रोज़ ताज को लिखा—'हाँ, मैंने कलकत्ते में प्रेस लेने का इरादा तर्क कर दिया। दूर-दराज़ का मामला था। अब इसी सूबे में इरादा है। कानपुर में एक प्रेस बिक रहा है। लाइट प्रेस नाम है। इसके मुताल्लिक़ ख़तो-किताबत कर रहा हूँ। तय हो जाए तो नौकरी से मुस्तअफी[2] हो जाऊँगा। अब यह तौक नहीं सहा जाता।'

दिमाग़ जब एक तरफ़ सरपट भागता है तो फिर इधर-उधर देखता-ताकता नहीं और सीधे जाकर थान पर ही रुकता है। छोटी से छोटी बात सोच डालता है। बहुत प्रैक्टिकल आदमी समझते हैं वह अपने आप को और इसमें शक नहीं कि काग़ज़ के पन्ने पर उनसे ज़्यादा पक्की-पोढ़ी स्कीम कोई नहीं तैयार कर सकता! अदना से अदना बात का उन्हें ख़याल रहता है स्कीम बनाते समय और जोड़-बाक़ी गुणा-भाग में सब कुछ ठीक। इतने पर भी अगर स्कीम कामयाब न हो तो इसमें उस ग़रीब का क्या दोष!

अब बस एक ही राग था उनके पास, हर दस रोज़ पर उन्होंने निगम साहब को लाइट प्रेस की याद दिलानी शुरू की। लेकिन निगम साहब की तबीयत किसी तरह उधर बढ़ती ही न थी,—शायद इसलिए कि दूध के जले थे और जानते थे कि प्रेस खोल लेना जितना आसान है उसको चलाना उतना आसान नहीं है। या फिर दोस्त के साथ साझे में बिजनेस करने के ख़तरों को समझते थे। लिहाज़ा वह बराबर टालते रहे और आख़िरकार मुंशीजी ने मजबूर होकर 11 दिसम्बर, '20 को लिखा—'प्रेस का ख़याल अब शायद गया। मैंने गवर्नमेंट के काग़ज़ात में लगा दिए। अब बीस रुपए माहवार घर बैठे मिल जाएँगे। रुपयों का अन्देशा नहीं।'

हाँ, एक चिन्ता बराबर जी को खा रही थी। 'प्रेमबत्तीसी' का दूसरा हिस्सा जो बाद में प्रेस में गया था, दारुल इशाअत पंजाब से छपकर आ गया था और पहले हिस्से का अब तक कहीं पता न था। दो बरस के ऊपर हो चुके थे। साल के शुरू में, 9 जनवरी को उन्होंने एक बार काफ़ी खीझकर लिखा था—'बराहे-करम फ़रवरी तक प्रेमबत्तीसी का हिस्सा अव्वल निकाल दीजिए। मर जाऊँगा तो आप Posthumous क्या निकालेंगे जब ज़िन्दगी में ज़िन्दा एडीशन नहीं निकालते।'

तब से बराबर एक के बाद दूसरे महीने पर बात टलती जा रही थी। ख़ैर, जैसे-तैसे साल के आख़ीर तक किताब की छपाई हो पाई। अब गाड़ी टाइटिल पेज पर आकर अटक गई थी। कितनी भयानक और कैसी प्यारी झुँझलाहट है 11 दिसम्बर के इस ख़त में—'आपको बाज़ार में जैसा काग़ज़ मिले, अच्छा-बुरा, बढ़िया-घटिया, ब्राउन, काला, पीला, नीला, सब्ज़, सुर्ख़, नारंगी लेकिन टाइटिल पेज छपवा दीजिए...'

---

1. मिल जाए, 2. इस्तीफ़ा दे दूँगा

फिर 29 दिसम्बर को—'ज़िन्दा हूँ। नाविल की हिन्दी कर रहा हूँ। प्रेमबत्तीसी की फ़िक्र खाये जा रही है।'

और इतने लम्बे तीन साल के इन्तज़ार के बाद जब किताब मिली तो 18 जनवरी को उन्होंने लिखा—'बत्तीसी का पैकेट मिला। टाइटिल देखकर रो दिया। बस और क्या लिखूँ। किताब की मिट्‌टी ख़राब हो गई।'

असहयोग का अलख जगाते हुए गांधीजी सारे देश का दौरा कर रहे थे। 8 फ़रवरी को गोरखपुर पहुँचे। राज़ी मियाँ के मैदान में ऊँचा प्लेटफ़ार्म तैयार किया गया। दो लाख से कम का जमाव न था। क्या शहर क्या देहात, श्रद्धालु जनता दौड़ी चली आती थी। मुंशीजी भी, अपनी बीमारी के बावजूद, पत्नी और दोनों बच्चों समेत पहुँचे।

घर आए तो गांधीजी की ही बातें दिमाग़ में घूम रही थीं। बातें सब अपने ही दिल की थीं और ऐसी कुछ नई भी न थीं तो भी नई थीं और उनसे चेतना को एक नया ही आघात लगा। नौकरी छोड़ूँ-न-छोड़ूँ के जिस झूले पर वह इधर बरसों से झूल रहे थे उसकी डोर अब कट गई जान पड़ती थी। बहुत रोज़ हो लिया यह खेल। एक न एक निश्चय अब करना ही होगा। और वह निश्चय क्या होगा इसके बारे में मुंशीजी को कोई सन्देह न था। लेकिन अब और कौन दिन आएगा निश्चय करने का। संशय बुरी चीज़ है, घुन की तरह भीतर-ही-भीतर खोखला कर देता है मन को। जो कुछ करना हो, अब बेखटके कर डालो। अब न किया तो फिर कभी न कर सकोगे और हमेशा दुखी रहोगे। देश बार-बार किसी को नहीं पुकारता। लेकिन भुगतना तो घरवालों को पड़ेगा। और वह जाकर पत्नी से बोले—तुम राय देतीं तो मैं सरकारी नौकरी छोड़ देता।

पत्नी ने जवाब देने के लिए दो-तीन रोज़ का समय माँगा। पीछे उन दिनों की याद करते हुए उन्होंने लिखा—

> *जो उलझन उनको थी वही दो-तीन दिन मुझे भी हुई! मुझे भी बार-बार यही ख़याल होता कि आख़िर बी.ए. की ख़्वाहिश क्यों हुई, यही न कि आगे तरक़्क़ी की आशा। पहले तो यह ख़याल था कि यह कभी प्रोफ़ेसर हो जाएँगे और जीवन के दिन आराम से कटेंगे, क्योंकि सेहत अच्छी न थी। और कहाँ यह प्रस्ताव कि जो कुछ मिलता है उसको भी छोड़कर महज़ हवा में उड़ा जाए। उस समय उनको कुल मिलाकर एक सौ पच्चीस के क़रीब मिलता था। स्कूल की नौकरी होने की वजह से घर पर भी काम करने का समय मिल जाता था। मुझे भी इस बात की उलझन थी कि आख़िर नौकरी छोड़कर करेंगे क्या? एक लड़की और एक लड़का सामने था, और अभी बच्चे होने की उम्मीद थी!...उधर मेरी इच्छा यह भी न थी कि किसी के पैर की बेड़ी बनकर रहूँ...यह नहीं कि रुपयों का मूल्य मेरी आँखों में कम था। एक तो अपनी ज़रूरतों को देखते हुए, ख़ुद भी बहुत दिनों से बीमार, न घर न द्वार—इन सब बातों को सोचकर यही दिल में आता था कि इनको नौकरी छोड़ने से रोक दूँ। दो रोज़ का समय लिया था लेकिन चार-पाँच दिन*

में भी कोई निर्णय न कर सकी। चार-पाँच दिन के बाद उन्होंने फिर पूछा कि बतलाओ तुमने क्या निर्णय किया। मैं बोली—एक दिन का समय और। उस दिन मैंने यह सोचा कि आखिर जब यह इतने बीमार थे और बचने की कोई आशा न थी, एक तरह से शायद उन्होंने मुझे जवाब ही दे दिया था, यह कहकर कि यह तीन हज़ार रुपए हैं और तीन तुम...ईश्वर कुछ अच्छा ही करनेवाला होगा तभी तो यह अच्छे हो गए हैं...

दूसरे दिन मैंने उनसे कहा—छोड़ दीजिए नौकरी को। यह सरकारी नीति अब सहन-शक्ति के बाहर है।

अब आप अपनी स्वाभाविक हँसी हँसकर बोले—दूसरों का अन्त करने के पहले अपना अन्त सोच लो।

मैंने सोच लिया है। जब तुम अच्छे हो गए हो तो मैं सोचती हूँ कि अब आगे भी जंगल में मंगल कर सकूँगी और मेरा ख़याल है कि ईश्वर कुछ अच्छा ही करनेवाला है।

सोच लो, फिर न कहना कि छोड़कर ख़ुद भी तकलीफ़ उठाई और मुझे तकलीफ़ दी क्योंकि सर पर तकलीफ़ें आगे बहुत आनेवाली हैं, मुमकिन है कि खाने को भी न मिले।

मैं इसके लिए सोच चुकी हूँ। मैं तो यह जानती हूँ कि सर पर जब बला आती है तब हर कोई भुगत लेता है। फिर भुगतते तो हैं बड़े-बड़े घर के लोग, अपनी तो बिसात ही क्या है।

तब वह बोले—यही निश्चय है?

मैं बोली—हाँ।

तो मैं कल ही इस्तीफ़ा देता हूँ, और कल ही यह सरकारी मकान भी आपको छोड़ना होगा। कहाँ जाना है, इसका भी कोई ठिकाना नहीं।

इतनी साफ़-साफ़ बातचीत के बाद फिर कहाँ की दुविधा और कैसी दुविधा, मुंशीजी ने अगले रोज़ इस्तीफ़ा लिखकर दे दिया। कुछ दोस्तों ने यह भी सलाह दी कि नौकरी अगर छोड़नी ही है तो ज़रा रुककर छोड़िएगा, कोई आपको बाँधकर थोड़े ही रख सकता है। क्यों मुफ़्त दो महीने की तनख़्वाह से हाथ धोते हैं? छुट्टियों को अब दिन ही कितने हैं?

लेकिन नहीं, जो निश्चय हो गया, हो गया। हिसाब-किताब नहीं देखा जाता ऐसे वक़्त!

मंजूरुल हक़ लिखते हुए कि उनको नौकरी से अलग होते देखकर 'तमाम लड़के स्कूल छोड़ने पर आमादा हो गए, मगर आपने सबों को रोका और बताया कि यह रास्ता बहुत कठिन है। मैं तो इस क़ाबिल हो गया हूँ कि अपना और अपने बच्चों का पेट पाल लूँ मगर तुम लोग अभी इस क़ाबिल नहीं। इसलिए अगर तुम लोगों ने स्कूल छोड़ा तो बड़ी मुश्किल में पड़ जाओगे। चुनांचे बहुत से लड़के स्कूल में रह गए, फिर भी कुछ लड़के तो मुहब्बत के मारे स्कूल से अलग हो ही गए।'

वह फ़रवरी 1921 की 15 तारीख़ थी। 16 तारीख़ से वह कार्यमुक्त कर दिए गए।

उसी रोज़ उन्होंने अपना क्वार्टर छोड़ दिया और शहर में ही एक दोस्त के घर चले गए। उसके अगले दिन वह अपने मित्र महावीरप्रसाद पोद्दार के संग उनके गाँव मानीराम चले गए जो शहर से तेरह मील दूर था। इक्कीस बरस की सरकारी ग़ुलामी का अन्त हुआ।

फ़ौरन उन्होंने इसकी सूचना देते हुए 15 को ही निगम साहब को लिखा—'मैं कल सरकारी मुलाज़मत से सुबुकदोश हो गया। आज इस्तीफ़ा भी मंजूर हो गया। यहाँ से एक हफ़्तावार उर्दू अख़बार निकालने का क़स्द है। प्रेस की भी तलाश है। ग़ालिबन यहाँ रुपए का भी इन्तज़ाम हो जाएगा। अर्से से यह ख़्याल था। अब इसके पूरे होने के दिन आए।'

फिर मानीराम से 23 तारीख़ को लिखा—

"मैंने तर्के मुलाज़मत[1] कर ही ली। आप मुझे बहुत अर्से से इसकी तहरीक[2] कर रहे थे, हालाँकि यह आपकी तहरीक का असर नहीं है बल्कि रफ़्तारे ज़माना का। मगर किसी तरह अब मैं आज़ाद हो गया। अब बतलाइए क्या करूँ। प्रेस और अख़बारनवीसी और कुतुबनवीसी के सिवा मैं कोई दूसरा काम करने के क़ाबिल नहीं। कपड़े बुनने के लिए तैयार नहीं। काश्तकारी मेरे किए हो नहीं सकती। क्या आपका इरादा अब भी प्रेस की तरफ़ है? मैं चार-पाँच हज़ार का सरमाया और अपना सारा वक़्त आपके नज़र करने को तैयार हूँ, बशर्ते कि आप भी मेरे मुआबिन[3] और शरीक हों। मैं अब ज़्यादा तज़बज़ब[4] में नहीं रहना चाहता। जल्द कोई-न-कोई फ़ैसला करना चाहता हूँ। मेरे लिए गोरखपुर, बनारस और कानपुर तीन मुक़ामात हैं। और भी जगह थोड़ी-बहुत आसानियाँ हैं लेकिन कानपुर में जितनी आसानी नज़र आती है उतनी और कहीं मिलती नहीं। मैं एक अच्छा प्रेस उर्दू हिन्दी और अंग्रेज़ी का खोलना चाहता हूँ जो फ़िलहाल महज़ जाब वर्क पर चले। अख़बार से उसे कोई ताल्लुक़ न रहे। मैं ज़ाती तौर पर अख़बार का काम भी कर सकता हूँ मगर ज़्यादा नहीं। अगर आप चाहें तो दो-एक दिन के लिए कानपुर आ जाऊँ और बिल मुसाफे[5] उमूर[6] तय हो जाएँ। लाइट प्रेस अभी ग़ालिबन फ़रोख़्त न हुआ होगा। अगर वह बिक भी गया हो तो कलकत्ते से मशीन और ट्रैडिल मँगाया जा सकता है। लीथो प्रेस का इन्तज़ाम भी ज़रूरी है ताकि अपने घर के काम के लिए दूसरे का दस्तनिगर[7] न होना पड़े। मैनेजरी का काम हम और आप दोनों मिलकर ख़ूब कर सकते हैं। एडिटरी के काम में भी हत्तुल इमकान[8] आपकी थोड़ी मदद कर सकता हूँ। इस ख़त के जवाब का मुन्तज़िर हूँ। अगर आपने कुछ उम्मीद न दिलाई तो और कोई सबील[9] सोचूँगा। यहाँ मैंने फ़िलहाल एक कपड़े का कारख़ाना खोल रक्खा है जिसमें आठ करघे चल रहे हैं। कुछ चर्खे वग़ैरह भी बनवाए जा रहे हैं। एक मैनेजर पच्चीस रुपए माहवार पर रख लिया है। गो इससे मुझे माहवार कुछ न कुछ नफ़ा ज़रूर होगा लेकिन इतना नहीं कि मैं उस पर तकिया[10] कर सकूँ। बावजूद नान-कोआपरेशन करने के अभी तक मैं दौलत की तरफ़ से बिल्कुल मुस्तग़नी[11] नहीं हूँ। और मैं ज़ाती तौर पर हो भी जाऊँ लेकिन मेरी बीवी को यक़ीन

---

1. नौकरी छोड़ ही दी, 2. प्रेरणा, 3. सहयोगी, 4. संशय, 5. आमने- सामने, 6. बातें, 7. मुहताज, 8. यथाशक्ति, 9. युक्ति, 10. सहारा, 11. विरक्त

हो जाए कि अब इसी तरह उसकी ज़िन्दगी बसर होगी तो वह मुझे हरगिज़ मुआफ़ न करेगी। और क्या अर्ज़ करूँ। आजकल एक देहात में मुकीम हूँ। ख़ूब आराम से दिन कट रहे हैं। आज़ादी का लुत्फ़ उठा रहा हूँ।"

सब कहने की बातें हैं। दो-तीन हफ़्ते भी न गुज़रे होंगे कि इस तरह बैठे रहना मुंशीजी को खलने लगा और यह योजना बनी कि पोद्दारजी के साझे में शहर में चर्खे की दूकान खोली जाए। एक मकान वहाँ लिया गया। दस कर्घे लगाए गए। मुंशीजी ख़ुद भी मानीराम से आकर वहीं शहर में कुछ रोज़ रहे। चर्खे के प्रचार का जोश अपनी चोटी पर था। हवा में चर्खे की गूँज थी—

देश दरिद्र दीन दुख टारि
यदि चाहो करना उद्धार
तो चर्खे का करो प्रचार
पहनो खद्दर सब नर-नारि॥

मुंशीजी भी क़रीब एक महीने तक इसी चर्खे के रंग में डूबे रहे। और इन्हीं दिनों अनजाने ही उन्होंने पुलिस के एक बड़े अफ़सर को, जिसका नाम मुहम्मद इकराम था, असहयोग के रास्ते पर लगा दिया।

मुंशीजी शहर में जहाँ मकान लेकर उन दिनों रह रहे थे वहाँ से अक्सर कोई बहुत मीठी आवाज़ में गाता हुआ निकलता था। एक रोज़ मुंशीजी से नहीं रहा गया तो वह बाहर निकल गए। देखा कि वह एक अन्धा लड़का था जो शायद उस वक़्त अपने घर लौटता था। मुंशीजी ने उसे बुलाकर इधर-उधर की कुछ बातें कीं। फिर तो वह लड़का अक्सर ही आने लगा और रात को काफ़ी देर-देर तक सीताराम वर्मा और मुंशीजी और और कुछ दोस्त बैठे उसका गाना सुनते रहते। अजब एक लोच था, दर्द था उसके गले में।

एक रोज़ पुलिस के एक डी.एस.पी. साहब आ धमके। लोग बहुत चौंके कि आज यह साहब कैसे तशरीफ़ ले आए, क्या मामला है, कहीं छापा तो नहीं मारनेवाले हैं हमारे चर्खा केन्द्र पर! मगर बात कुछ और थी। कप्तान साहब को दूसरा ही शुबहा था। कहीं ऐसा तो नहीं है कि ऊपर से दिखाने को कुछ चर्खे-वर्खे रख दिए हों और भीतर-भीतर कुछ और ही खिचड़ी पकती हो! वर्ना हर रोज़ रात को इतनी-इतनी देर तक घर में रोशनी क्यों रहती है! ज़रूर कुछ दाल में काला है! इस तरह मुहम्मद इकराम साहब की मुलाक़ात मुंशी प्रेमचन्द से हुई और वह भी जब-तब आने लगे। धीरे-धीरे उन पर कुछ ऐसा जादू चला कि वह भी इसी पथ के पथिक हो रहे। कोई सात-आठ महीने बाद किसानों की किसी बड़ी सभा पर गोली चलाने की बात उठी। मुहम्मद इकराम ने इस्तीफ़ा दे दिया।

चर्खे का यह रंग मुंशीजी पर क़रीब एक महीने रहा। लेकिन उससे न तो रोज़ी ही चल सकती थी और न उस तरह की देशसेवा के लिए मुंशीजी बने ही थे। उनका माध्यम तो साहित्य है। सो लिखाई ज़ोर-शोर से चल रही है। स्वराज्य का प्रचार करनेवाले लेख, सीधे-सादे देश-प्रेम के क़िस्से जिनमें किसी तरह का बनाव-सिंगार नहीं है और

न उनको लिखते समय मुंशीजी को इस बात की ही चिन्ता है कि उनकी गिनती स्थायी साहित्य में होगी या नहीं। गांधीजी ने स्वराज्य की लड़ाई छेड़ रखी है। हर वह आदमी जिसे अपने देश से प्यार है इस समय स्वराज्य का सिपाही है। कोई मैदान में जाकर लाठी खाता है, जेल की राह पकड़ता है, मुंशीजी अपना क़लम लेकर मैदान में उतरते हैं। एक ही बात है। अधिक से अधिक जनता को इस लड़ाई के अन्दर ले आना है। मैं क़लम का सिपाही हूँ, क़लम के ज़ोर से लोगों को जगाऊँगा। आन्दोलन का प्रचार करूँगा। हाँ, ठेठ प्रचार। इस शब्द से मुझको डर नहीं लगता। कोई बात नहीं अगर चीज़ कुछ अनगढ़ भी हो जाती है। असल बात यह है कि लोगों को जगाना है, जैसे भी हो। मीनाकारी का समय यह नहीं है। उसके लिए और बहुत समय मिलेगा।

इस वक़्त मन का कुछ दूसरा ही रंग है। कोई कष्ट, कोई चिन्ता टिक नहीं पाती। बाल-बच्चों की फ़िक्र है। भविष्य अन्धकारपूर्ण है। कुछ पता नहीं क्या होगा, नहीं होगा। मगर उससे क्या, आज़ाद तो हैं, किसी के ग़ुलाम तो नहीं। मोटा-झोटा खाकर ही सही। तकलीफ़ उठाकर सही। यह सब तो पहले से मालूम था। इससे भी बुरी हालत हो सकती थी। आज़ादी कोई सस्ती चीज़ तो है नहीं। उसकी क़ीमत चुकानी पड़ती है, सब चुका रहे हैं, मैं भी चुका रहा हूँ। उन्हें किसी से कोई शिकायत नहीं है और न मन में उदासी की छाया है। आज़ादी की ख़ुशी हर तकलीफ़ पर भारी है। मन में एक अजीब उमंग है जो उस हल्की-सी शरारत की पुट के साथ, जो कि मुंशीजी के ख़मीर में दाख़िल है, कुछ अजब गुल खिलाती है। एक मस्त, बेपरवाह स्वच्छन्दता, एक नशा अपने ढंग का, आज़ादी का पहला ख़ुमार। आज़ाद होने के बाद यह उनकी पहली होली है—और मुंशीजी 'विचित्र होली' नाम की एक कहानी की शक्ल में अपनी टेसू के शोख लाल रंग से भरी हुई पिचकारी लेकर सड़क पर मौजूद हैं—

> *होली का दिन था, मिस्टर ए.बी. क्रास शिकार खेलने गए हुए थे। साईस, अर्दली, मेहतर, भिश्ती, ग्वाला, धोबी—सब होली मना रहे थे। सबों ने साहब के जाते ही ख़ूब गहरी भंग चढ़ाई थी और इस समय बगीचे में बैठे हुए होली-फाग गा रहे थे।*
>
> *साईस ने पूछा—कहो ख़ानसामाजी, साहब कब तक आएँगे?*
>
> *नूर अली बोला—उसका जब जी चाहे आए, मेरा आज इस्तीफ़ा है। अब इसकी नौकरी न करूँगा।*
>
> *अर्दली ने कहा—ऐसी नौकरी फिर न पाओगे। चार पैसे ऊपर की आमदनी है। नाहक छोड़ते हो।*
>
> *नूर अली—अजी लानत भेजो! अब मुझसे ग़ुलामी न होगी। यह हमें जूतों से ठुकराएँ और हम इनकी ग़ुलामी करें! आज यहाँ से डेरा कूच है। आओ, तुम लोगों की दावत करूँ। चले आओ कमरे में, आराम से मेज़ पर डट जाओ, वह वह बोतलें पिलाऊँ कि जिगर ठंडा हो जाए।...*
>
> *नूर अली ने ह्विस्की की बोतल खोलकर गिलास भरे और चारों ने चढ़ाना शुरू कर दिया। ठर्रा पीनेवालों ने जब यह मज़ेदार चीज़ें पाईं तो*

गिलास पर गिलास लुँढाने लगे।...ज़रा देर में सबों के सिर फिर गए। भय जाता रहा। एक ने होली छेड़ी, दूसरे ने सुर मिलाया। गाना होने लगा। नूर अली ने ढोल-मजीरा लाकर रख दिया। वहीं मजलिस जम गई। गाते-गाते एक उठकर नाचने लगा। दूसरा उठा। यहाँ तक कि सबके सब कमरे में चौकड़ियाँ भरने लगे। हू-हक़ मचने लगा। कबीर, फाग, चौताल, गाली-गलौज, मार-पीट, बारी-बारी सब का नम्बर आया।...कुर्सियाँ उलट गईं। दीवारों पर की तसवीरें टूट गईं। एक ने मेज़ उलट दी। दूसरे ने रकाबियों का गेंद बनाकर उछालना शुरू किया।

तभी शहर के रईस लाला उजागरमल का आगमन होता है। लालाजी 'शहर के सहयोगी समाज के नेता थे। उन्हें अंग्रेज़ों की भावी शुभकामनाओं पर पूर्ण विश्वास था। अंग्रेज़ी राज्य की तालीमी, माली और मुल्की तरक़्क़ी के राग गाते रहते थे।... असहयोगियों को ख़ूब फटकारा करते थे।...अंग्रेज़ों में इधर उनका आदर-सम्मान विशेष रूप से होने लगा था। कई बड़े-बड़े ठेके, जो पहले अंग्रेज़ ठेकेदारों ही को मिला करते थे, उन्हें दे दिए गए थे।' मतलब यह कि वह बिलकुल साँचे में ढले हुए टोडी बच्चे हैं, अंग्रेज़ों के पक्के ख़ैरख़्वाह।

नूर अली चकमा देकर उन्हें भी इस हुड़दंग में शरीक कर लेता है। अब देखिए क्या होता है—

'मिस्टर क्रास अपनी बन्दूक हाथ में लिए मोटर से उतरे और लगे आदमियों को बुलाने, पर वहाँ तो ज़ोरों से चौताल हो रहा था, सुनता कौन है। चकराए, यह मामला क्या है। क्या सब मेरे बँगले में गा रहे हैं? क्रोध से भरे हुए बँगले में दाख़िल हुए तो डाइनिंग रूम से गाने की आवाज़ आ रही थी। अब क्या था जामे से बाहर हो गए।... हंटर उतार लिया और डाइनिंग रूम की ओर चले लेकिन अभी एक क़दम दरवाज़े के बाहर ही थे कि सेठ उजागरमल ने पिचकारी छोड़ी। सारे कपड़े तर हो गए। आँखों में भी रंग घुस गया। आँखें पोंछ ही रहे थे कि साईस, ग्वाला, सब के सब दौड़े और साहब को पकड़कर उनके मुँह में रंग मलने लगे। धोबी ने तेल और कालिख का पाउडर लगा दिया। साहब के क्रोध की सीमा न रही। हंटर लेकर सबों को अन्धाधुंध पीटने लगे। बेचारे सोचे हुए थे कि साहब ख़ुश होकर इनाम देंगे। हंटर पड़े तो नशा हिरन हो गया। कोई इधर भागा, कोई उधर। सेठ उजागरमल ने यह रंग देखा तो ताड़ गए कि नूर अली ने झाँसा दिया। एक कोने में दबक रहे। जब कमरा नौकरों से ख़ाली हो गया तो साहब उनकी ओर बढ़े। लाला साहब के होश उड़ गए। तेज़ी से कमरे के बाहर निकले और सिर पर पैर रखकर बेतहाशा भागे। साहब उनके पीछे दौड़े। सेठजी की फिटन फाटक पर खड़ी थी, घोड़े ने धम धम खट खट सुनी तो चौंका। कनौतियाँ खड़ी कीं और फिटन को लेकर भागा। विचित्र दृश्य था। आगे-आगे फिटन, उसके पीछे सेठ उजागरमल, उनके पीछे हंटरधारी मिस्टर क्रास! तीनों बगटुट दौड़े चले जाते थे।'

कैसा मज़ा आ रहा है मुंशीजी को इस दृश्य में! आँखों के आगे तसवीर नाच रही है और अगर इस वक़्त वह ठठाकर नहीं हँस रहे हैं तो सिर्फ़ इसलिए कि होल्डर की

स्याही छलक जाने का डर है! लेकिन भीतर-ही-भीतर चटखारे ले रहे हैं और चेहरे पर एक शरारत से भरी हुई मुस्कराहट है! कैसी गत बनाई लाला जी की और साहब को भी नंगा करके रख दिया! पुराने चैम्पियन निशानची ढेलेबाज हैं, एक ढेले से दो चिड़ियों का शिकार कर रहे हैं।

लाला जी पीछे कांग्रेस दफ़्तर जाकर असहयोगियों में अपना नाम लिखा लेते हैं। वह कहानी का नीति-पक्ष है और वही उसका सबसे कमज़ोर पहलू भी है। असल चीज़ है वह मस्ती और खिलंदरापन जो कहानी के एक-एक रग और रेशे में ख़ून की तरह दौड़ रहा है। बहुत लम्बे इन्तज़ार के बाद वह ग़ुलामी का तौक़ गले से उतरा है। कैसे बतलाए वह अपनी मुक्ति के उस आस्वाद को! एक अजीब बेचैनी है, उबाल है जो समा नहीं पा रहा है बर्तन में और उफनकर गिर-गिर पड़ता है सब तरफ़! अन्याय पर न्याय की विजय हो रही है। उसी का तो नाम होली है। मुंशीजी भी होली मना रहे हैं। यह उनकी अपने ढंग की निराली होली है—उनका विजय-उत्सव और उसी का पान-फूल यह नन्हा सा चुटकुला। और मन की वृत्ति गम्भीर होने पर 'लाल फ़ीता' जो एक मैजिस्ट्रेट के हृदय-परिवर्तन और इस्तीफ़े की कहानी है।

'अंग्रेज़ी राज्य की वह सदैव स्तुति किया करते थे।...दीनों और असहायों की इतनी रक्षा किसने की! शिक्षा की इतनी उन्नति कब हुई? व्यापार का इतना प्रचार कब हुआ? राष्ट्रीय भावों की ऐसी जागृति कहाँ थी? वह जानते थे कि इस राज्य में भी कुछ न कुछ बुराइयाँ अवश्य हैं। मानवी संस्थाएँ कभी दोषरहित नहीं हो सकतीं। लेकिन बुराइयों से भलाइयों का पल्ला कहीं भारी है। यही विचार थे जिनसे प्रेरित होकर यूरोपीय महासमर में हरिविलास ने सरकारी ख़ैरख़्वाही में कोई बात उठा नहीं रखी, हज़ारों रँगरूट भर्ती कराए, लाखों रुपए क़र्ज़ दिलवाए और महीनों घूम-घूम कर लोगों को उत्तेजित करते रहे।'

जब एक मुसलमान सज्जन उनसे कहते हैं—'यह तो बतलाइए हुजूर, यह आजकल क्या हवा फिर गई है कि जहाँ देखिए वहीं मदरसे बन्द होते जाते हैं। सुनता हूँ, बड़े-बड़े कालेज भी टूट रहे हैं।' तब उसके जवाब में डिप्टी साहब कहते हैं—'मैं तो इसे पागलपन समझता हूँ, निरा पागलपन। यह लोग समझते हैं कि इन कार्रवाइयों से वह हमारी सरकार को परास्त कर देंगे। कुछ लोग देहातों में पंचायतें भी बनाते फिरते हैं। इनका मतलब भी यही है कि सरकारी अदालतों की जड़ खोदी जाए, लेकिन कोई इन भलेमानसों से पूछे कि क्या क़ानूनी गुत्थियाँ इन देहातियों के सुलझाए सुलझ जाएँगी। जिस क़ानून के पढ़ने और समझने में उमरें गुज़र जाती हैं, उसका व्यवहार यह हलजुत्ते क्या खाकर करेंगे।...ज़ोर दिया जा रहा है कि लोग सरकारी नौकरियाँ छोड़ दें। इस उद्देश्य का पूरा होना और भी कठिन है।...जो बुरे हैं वह नौकरी कभी न छोड़ेंगे, इसलिए कि बेईमानी और रिश्वत के ऐसे अवसर और कहीं नहीं मिल सकते। जो अच्छे हैं उनके लिए भी यहाँ जातिसेवा और उपकार का बड़ा विस्तृत क्षेत्र है। उन्हें किसी पर अन्याय करने के लिए मजबूर नहीं किया जाता। सरकार किसी गुप्त और प्रजाघातक नीति का व्यवहार नहीं करती।'

लेकिन सब की आँख एक न एक दिन खुलती है और डिप्टी साहब की आँख खुलती है उस रोज़ जब कि लाल फीते से बँधा हुआ एक गुप्त निर्देश-पत्र उनको

सरकार से मिलता है—अब तक मैं समझता था कि मेरा कर्तव्य न्याय पर चलना है। अब मालूम हुआ कि यह मेरी भूल थी। मेरा कर्तव्य न्याय का गला घोंटना है, नहीं तो मुझे ऐसे आदेश क्यों मिलते? क्या समाचारपत्रों का पढ़ना भी कोई अपराध है? क्या दीन किसानों की रक्षा करना भी कोई पाप है?...मुझे उन साधु-संन्यासियों पर कड़ी दृष्टि रखने का हुक्म दिया गया है जो धर्मोपदेश करते हुए दिखाई दें। यही नहीं, मुझे यह भी देखना चाहिए कि कौन गाढ़े के कपड़े पहने हुए है, किसके सिर पर कैसी टोपी है, उस टोपी पर कैसी छाप लगी हुई है। चर्खा चलानेवालों पर भी नज़र रखनी चाहिए। मुझे उन लोगों के नाम भी अपने रोज़नामचे में दर्ज़ करने चाहिए जो राष्ट्रीय पाठशालाएँ खोलें, जो देहातों में पंचायतें बनाएँ, जो जनता को नशे की चीज़ें त्याग करने का उपदेश करें...' यह सब अब सहा नहीं जाता और वह इस्तीफ़ा देने का निश्चय करते हैं। जब सरकार अपने धर्मपथ से हट जाती है तो मेरा धर्म भी यही है कि उसका साथ छोड़ दूँ। और वह अपना इस्तीफ़ा इन शब्दों में लिखते हैं—

'मेरे विचार में वर्तमान शासन सत्पथ से सम्पूर्णत: विचलित हो गया है। यह आज्ञा प्रजा के जन्मसिद्ध स्वत्वों को छीनना और उनके राष्ट्रीय भावों का वध करना चाहती है। ऐसे दुष्कार्य में योग देना अपनी आत्मा, विवेक और जातीयता का ख़ून करना है। अतएव अब मुझे इस राज-संस्था से असहयोग करने के सिवा और कोई उपाय नहीं है।'

और वह इस्तीफ़ा देकर अपने गाँव चले जाते हैं और चर्खे वग़ैरह का प्रचार करने लगते हैं। डिप्टी साहब का छोटा लड़का श्रीविलास अपनी बहन अंजनी को खादी का पूरा अर्थशास्त्र समझाता है।

कोई बात नहीं अगर इससे कहानी की मिट्टी ख़राब होती है! किसने कहा कि मैं कहानी लिख रहा हूँ, मैं तो कहानी के बाने में लपेटकर स्वराज्य का सन्देश घर-घर पहुँचा रहा हूँ। कहानी के बनने-बिगड़ने की फ़िक्र कौन करे, देखना यह है कि आन्दोलन का कोई मुद्दा छूटने न पाए!

आन्दोलन के मुद्दे हैं—विदेशी चीज़ों का बहिष्कार और स्वदेशी का प्रचार जिसका सबसे बड़ा अंग खादी है, सरकारी स्कूलों का बहिष्कार और राष्ट्रीय विद्यालयों की स्थापना, अदालतों का बहिष्कार और उनके स्थान पर पंचायतें क़ायम करना। इनके अलावा तमाम सरकारी नौकरियों का बहिष्कार, कौंसिल का बहिष्कार, मद्य-निषेध।

इन्हीं का प्रचार लोगों में करना है और मुंशीजी नौकरी छोड़ने के बाद तत्काल, अपने सरल मन की सम्पूर्ण निष्ठा से इसी में लग जाते हैं। एक के बाद दूसरी कहानी उनके क़लम से निकलती चली आ रही है। मुंशीजी स्वत: अपने मन की प्रेरणा से असहयोग आन्दोलन के प्रचारक बन जाते हैं। सही या ग़लत, मुंशीजी को इसमें अपनी कला की प्रतिष्ठा की कोई हानि नहीं दिखलाई देती। स्वराज्य की बात, असहयोग की बात लोगों तक पहुँचनी चाहिए—और पूरी-पूरी बात, सीधे-टेढ़े जैसी भी हो। मौक़ा-महल समझने की भी इस समय मुंशीजी को फ़ुर्सत नहीं है। कुछ मत बोलो, घर में आग लगी है इस वक़्त—कहानी अच्छी बन जाती है तो वाह-वाह और अगर अच्छी नहीं बनती तो भी क्या, बात तो पहुँची लोगों के सामने!

उसी के लिए तो अख़बार भी चाहिए था। वह तो सबसे अच्छी बात होती। तब दाल-रोटी और स्वराज्य का काम दोनों साथ-साथ चलने लगते। और भी ज़्यादा वक़्त मिलता। लेकिन उसकी सूरत अभी कुछ बनती नज़र नहीं आती। यों बुलाने को तो दयानरायन पहले रोज़ से बुला रहे हैं, लेकिन वहाँ 'मैं क्या काम करूँगा। महज़ प्रेस खोलकर बैठे रहना तो मेरे लिए फ़िज़ूल-सा मालूम होता है। मैनेजरी करने की मुझमें लियाकत नहीं। अख़बार का काम कर सकता हूँ। लेकिन उसकी सूरत क्या है? इसके मुक़ाबले में तो मुझे यही ज़्यादा मुनासिब मालूम होता है कि यहाँ से एक अच्छा उर्दू अख़बार निकालूँ।' दशरथप्रसाद जी की भी कुछ ऐसी ही इच्छा थी—हिन्दी के साथ-साथ उर्दू का भी एक साप्ताहिक। मुंशीजी उनके साथ साझा करने को तैयार थे। लेकिन तभी अचानक एक बाधा उपस्थित हो गई। 'एक हफ़्तेवार अत्तहक़ीक़ जो पहले बन्द हो गया था फिर जारी हो गया और उसकी मौजूदगी में किसी दूसरे हफ़्तेवार की खपत नहीं हो सकती।...गोरखपुर से उर्दू अख़बार निकालने का इरादा ख़त्म हो गया।'

और मुंशीजी 18 मार्च, 1921 को रात की गाड़ी से बनारस के लिए रवाना हो गए।

गोरखपुर अब हमेशा के लिए छूट रहा है इसलिए आइए बुग्गन जान का भी क़िस्सा सुन लें। फिर मौक़ा नहीं मिलेगा।

बुग्गन जान एक तवायफ़ थी। साहित्य से प्रेम रखती थी। अपने कोठे पर उसने तख़्ती लिखकर टाँग रखी थी—

जगह जी लगाने की दुनिया नहीं है,
यह इबरत की जा है तमाशा नहीं है।

एक रोज़ जब बुग्गन जान अपने हकीम साहब के यहाँ गईं तो हकीम साहब अपने किसी मुलाक़ाती से कुछ बातें कर रहे थे। बुग्गन जान को मुंशी प्रेमचन्द के नाम की भनक सुनाई पड़ी। जी नहीं माना तो पूछ बैठी—किसकी बात कर रहे हैं हकीम साहब?

हकीम साहब ने बात टालने की ग़रज़ से कहा—यों ही, एक अफ़सानानवीस हैं, आप न जानती होंगी, मुंशी प्रेमचन्द...

बुग्गन जान के चेहरे पर रोशनी की एक झलक थी जब उसने कुछ खिंचे हुए स्वर में कहा—कौन है जो मुंशी प्रेमचन्द को नहीं जानता, जिसे उर्दू अदब से कुछ भी लगाव है?

14

अख़बार निकालने की धुन जी में समाई थी। गोरखपुर से काफ़ी निराशा हुई थी लेकिन अभी कुछ साँस बाक़ी थी। बनारस पहुँचने के तीन रोज़ बाद उन्होंने दशरथप्रसाद द्विवेदी को लिखा—'तहक़ीक़ का क्या हाल है? अगर वह बन्द हो गया हो तो मैं प्रेस का प्रबन्ध करूँ। लखनऊ में प्रेस मिल रहा है। अगर नहीं बन्द हुआ तो आप अभी

मुझे गोरखपुर न बुलाइए।' लेकिन रोटी तो जैसे भी हो मिलनी ही चाहिए। लिहाज़ा मुंशीजी ने चिट्ठी में इतना और जोड़ दिया—'यदि आपकी इच्छा हो तो मैं यहाँ से प्रति बुधवार को अग्रलेख और टिप्पणियाँ भेज दिया करूँ। नौ कालम का मैटर देने का भार मैं ले सकता हूँ। इस सेवा के लिए आप मुझे पचास रुपए भी दे देंगे तो मैं सन्तुष्ट हो जाऊँगा। यहाँ देहात में इतना मेरे लिए काफ़ी है।' लेकिन द्विवेदी जी तीस ही देना चाहते थे। बात टूट गई। मुंशीजी ने 8 अप्रैल को उन्हें लिखा—"मुझे स्वदेश की सेवा करने से इनकार नहीं है पर सोलह कालमों के लिए तीस रुपया बहुत कम है। दो रुपए से भी कम। समय फ़ालतू होता तो कहता, लाओ यही सही। पर निर्वाह भी तो होना चाहिए। चार पृष्ठ लिखने के लिए चार दिन दो-तीन घंटा रोज़ मेहनत करना ज़रूरी है। तीन दिन 'आज' के भेंट कर दूँ तो मुझे कुल साठ रुपए मिलेंगे। इसमें यहाँ गुज़र होना मुश्किल है। पूँजी में से खाने लगूँ तो कै दिन खाऊँगा।...मैंने समय का विचार कर ही पचास रुपए लिखे थे। रुपए कमाने का ख़याल न था। ख़ैर जाने दीजिए।"

पास में पूँजी बहुत कम थी लेकिन प्रेस ख़रीदने का ख़याल बराबर मन में चक्कर काट रहा था लेकिन जब तक प्रेस ख़रीदा नहीं जाता और चलने नहीं लग जाता तब तक के लिए तो कुछ ढंग का सिलसिला चाहिए। "ज्ञानमंडल से एक साप्ताहिक पत्र भी निकलनेवाला है। सम्भव है उसका सम्पादन करने लगूँ। सौ रुपए मिलेंगे। इस बीच में दैनिक 'आज' के लिए महीने में चार लेख देना तय कर लिया है। तीन रुपए प्रति कालम मंजूरी हुई है।" लेकिन उतना किसी तरह काफ़ी नहीं था। और पूँजी जो चार-पाँच हज़ार थी वही अपनी कुल बिसात थी। ठेठ गृहस्थ आदमी, उसको कैसे छूते। ख़र्च तो कमाई में से ही हो सकता है। यह तो हारे-गाढ़े के लिए है। अपने उसी ख़त में मुंशीजी ने दशरथप्रसाद को लिखा था, 'बीस रुपए जो आपने प्रदान किए उसके लिए कोटिश: धन्यवाद। बड़े वक़्त पर पहुँचे क्योंकि मुझे एक गाय लेनी थी और कहीं से कुछ मिलने का सहारा न था।' लेकिन ख़ैर 'स्वदेश' से बात नहीं बनी। यों ही लस्टम-पस्टम काम चलता रहा। हाँ, लिखाई उसी जोश और मुस्तैदी से।

इन्हीं दिनों महावीरप्रसाद पोद्दार ने अपनी हिन्दी पुस्तक एजेन्सी से एक 'असहयोग माला' 'महात्मा जी की आज्ञा से' प्रकाशित की जिसका उद्देश्य था—'घर घर स्वराज्य-सन्देश पहुँचाना।' बहुत ही सस्ती, पैसे-दो पैसे—एक आने की पुस्तिकाएँ थीं—जैसे गांधीजी के व्याख्यान 'सूत के धागे में स्वराज्य', 'असहयोग अर्थात् आत्मशुद्धि', 'अदालतों का इन्द्रजाल' जिसमें गांधीजी, पं. मोतीलाल नेहरू और राजेन्द्रबाबू के लेख थे, 'चरखे की तान' जिसमें चरखे पर एक उपयोगी लेख और कबीरदास के गीत और भजन थे। इसी तरह की अनेक पुस्तिकाएँ थीं। प्रेमचन्द की तीन कहानियाँ भी इन्हीं दिनों इस असहयोग-माला में प्रकाशित हुईं—पंच परमेश्वर, लाल फीता और लाग-डाँट। 'स्वराज्य के फ़ायदे' (प्रकाशित आषाढ़ 1978) के नाम से मुंशीजी ने एक पैम्फलेट इस पुस्तकमाला के लिए अलग से लिखा—

अपने देश का पूरा-पूरा इन्तज़ाम जब प्रजा के हाथों में हो तो उसे स्वराज कहते हैं। जिन देशों में स्वराज है वहाँ की प्रजा अपने ही चुने हुए पंचों

द्वारा अपने ऊपर राज करती है। वहाँ यह नहीं हो सकता कि प्रजा लगान और करों के बोझ से दबी रहे और अधिकारी लोग दिनोंदिन सेना बढ़ाते जाएँ। प्रजा भूखों मर रही हो, चारों ओर अकाल पड़ा हो और देश का अन्न दूसरे देशों को ढोया चला जाता हो। मरी, हैजा आदि रोग फैल रहे हों और अधिकारी लोग उसके रोकने का उचित प्रयत्न न करके सैर-सपाटे किया करते हों। ग़रीब मुसाफ़िरों को रेलगाड़ियों में बैठने की जगह न मिलती हो और अधिकारियों के वास्ते एक-एक पूरी गाड़ी अलग खड़ी रहती हो।...

स्वराज के तीन भेद हैं। एक वह है जहाँ का राजा उसी देश का निवासी होता है लेकिन वह राज का सब काम अपनी ही इच्छानुसार करता है, प्रजा उसके इन्तज़ाम में ज़रा भी दख़ल नहीं दे सकती, जैसे काबुल, नेपाल। दूसरा वह है जहाँ का राजा अपनी प्रजा के प्रतिनिधियों की सलाह के बिना स्वयं कुछ न कर सकता हो, जैसे इंगलिस्तान, जापान। तीसरा वह है जहाँ राजा नहीं होता, उसकी जगह पर पंच लोग किसी योग्य और सर्वमान्य पुरुष को चुनकर कुछ नियत समय के लिए अपना प्रधान बना लेते हैं और वह प्रजा के चुने हुए मेम्बरों की सम्मति से राज्य का सारा प्रबन्ध करता है, जैसे फ्रांस, अमेरिका, चीन आदि। भारत की दशा विचित्र है, वह इन तीनों भेदों में से एक में भी नहीं आता।...हम इन तीनों भेदों में कौन चाहते हैं यह अभी साफ़-साफ़ नहीं कहा जा सकता पर इसमें अब ज़रा भी सन्देह नहीं है कि हम वह स्वराज्य चाहते हैं जहाँ प्रजा के चुने हुए पंचों की सलाह से सब राज-काज किया जाता है और पंचों की सम्मति के बिना शासक लोग कुछ भी नहीं कर सकते। भारत में ऐसी सभाएँ हैं जहाँ प्रजा के प्रतिनिधि सरकार को सलाह देने जाते हैं। छोटे लाट साहब और बड़े लाट साहब दोनों ही को सलाह देने के लिए ऐसी सभाएँ बनाई गई हैं। लेकिन एक तो इन सभाओं में जो पंच प्रजा की ओर से भेजे जाते हैं उन्हें वही लोग चुनते हैं जो या तो महाजन हैं या बड़े ज़मींदार या बड़े काश्तकार, साधारण जनता को उनके चुनने का अधिकार नहीं है, दूसरे, इन सभाओं को केवल राय देने का अधिकार है, अधिकारियों की इच्छा है, चाहे उस राय को माने या न माने। यह सभाएँ केवल हाथी के दाँत हैं, उनकी जात से जनता की कोई भलाई नहीं हो सकती।

ऐसी ही एक सभा के एक हिन्दोस्तानी मेम्बर की कहानी है 'आदर्श विरोध' जो इन्हीं दिनों लिखी गई—'महाशय दयाकृष्ण मेहता के पाँव ज़मीन पर न पड़ते थे। उनकी वह आकांक्षा पूरी हो गई थी जो उनके जीवन का मधुर स्वप्न थी। उन्हें वह राज्याधिकार मिल गया था जो भारतवासियों के लिए जीवन-स्वर्ग है। वाइसराय ने उन्हें अपनी कार्यकारिणी सभा का मेम्बर नियुक्त कर दिया था।'

कुछ ही दिनों में वह पूरी तरह गोरे शासकों के रंग में रँग जाते हैं, बल्कि उनसे भी दो बाँस आगे निकल जाते हैं। उनकी बजट स्पीच पर लन्दन के भारतीय युवकों का रोष इन शब्दों से प्रकट होता है—'इस वक्तृता ने सिद्ध कर दिया कि भारत के उद्धार

का कोई उपाय है, तो वह स्वराज्य है, जिसका आशय है मन और वचन की पूर्ण स्वाधीनता। क्रमागत उन्नति (evolution) पर से यदि हमारा एतबार अब तक नहीं उठा था तो अब उठ गया। हमारा रोग असाध्य हो गया है। वह अब चूर्णों और अवलेहों से अच्छा नहीं हो सकता। उससे निवृत्त होने के लिए हमें कायाकल्प की आवश्यकता है। ऊँचे राज्यपद हमें स्वाधीन नहीं बनाते, बल्कि हमारी आध्यात्मिक पराधीनता को और भी पुष्ट कर देते हैं।' लड़के को अपने पिता के कारण बहुत लज्जित होना पड़ता है और वह तंग आकर एक रोज़ आत्महत्या कर लेता है।

अच्छा तो फिर स्वराज्य का साधन क्या है?

स्वराज्य का मुख्य साधन स्वावलम्बन है अर्थात् अपने देश की सब ज़रूरतों को आप पूरा कर लेना। जो प्राणी अपने खेत का अनाज खाता है, अपने काते हुए सूत का कपड़ा पहनता है और अपने झगड़े-बखेड़े, अपनी पंचायतों में चुका लेता है उसे हम स्वाधीन कह सकते हैं।...

स्वराज्य-प्राप्ति का दूसरा साधन उन व्यवस्थाओं का त्याग करना है जो हमारी आत्मा को दबाती हैं और उसे पराधीन, परावलम्बी बनाती हैं। अदालतें, सरकारी नौकरियाँ, सरकारी शिक्षा आदि हमारी आत्मा को कुचलनेवाली, हमारे मन के पवित्र भावों को दमन करनेवाली, हमें कौड़ी का ग़ुलाम बनानेवाली, हमारी वासनाओं को भड़कानेवाली संस्थाएँ हैं। हमारे बालकवृन्द बालपन ही से सरकारी नौकरियों की आशा करने लगते हैं, उसी समय से उनकी आत्मरक्षा पराधीन होने लगती है, उन्हें परकटे पक्षी की भाँति अपने दड़बे के सिवा और कुछ नहीं सूझता, चापलूसी करने की, काँइयाँपन की आदत पड़ जाती है।...यह तो हुआ शिक्षा का हाल।

अदालतों का प्रभाव इससे कम प्राणघातक नहीं। वहाँ मुक़दमेबाज़ी करनेवाली जनता और उनका धन लूटनेवाले वकील-मुख़्तार, दोनों ही अपनी आत्मा को हताहत करते हैं। अगर कोई आदमी झूठ, छल-कपट, बेईमानी का भीषण नाटक देखना चाहे तो उसे एक बार अदालत में जाना चाहिए। कहीं गवाह तैयार किए जा रहे हैं, कहीं मुवक्किलों को उनका बयान तोते की भाँति रटाया जा रहा है, कहीं काँइयाँ मुहर्रिर मुवक्किलों से ख़र्च के लिए तकरार कर रहा है, कहीं कर्मचारी लोग रिश्वत के सौदे चुका रहे हैं, कहीं वकील साहब अपने मेहनताने का सौदा पटाने में मग्न हैं, कहीं मुख़्तार साहब देहातियों के एक दल को साथ लिए इजलासों में दौड़ते फिरते हैं। और यह सब धूर्तलीला खुल्लम-खुल्ला बिना किसी संकोच के होती रहती है।...

बीस पन्नों की इस पुस्तिका में मुंशीजी ने बहुत सरल-सुबोध ढंग से लोगों को स्वराज्य के बारे में सब कुछ बतलाना चाहा है—स्वराज्य क्या है, स्वराज्य के भेद, स्वराज्य के साधन, स्वराज्य के फ़ायदे...

स्वराज में कैसी समाज-रचना होगी इसका पूरा नक्शा, ब्लूप्रिंट, उनकी आँखों के सामने है—

"यह भी याद रखना चाहिए कि हमारा देश कृषिप्रधान है। शिल्प और उद्योग यहाँ सदैव कृषि के नीचे ही रहेगा। अतएव हम अपने यहाँ बहुत बड़े-बड़े कारख़ाने नहीं क़ायम कर सकते।...हमें यही उद्योग करना चाहिए कि हमारा ग्राम्य जीवन नष्ट न होने पाए। छोटे-छोटे कारख़ाने अलबत्ता क़स्बों में खोले जा सकते हैं। इसमें सन्देह नहीं कि इस व्यावसायिक नीति से हम विदेशी वस्तुओं का मुक़ाबला न कर सकेंगे। लेकिन जब हम कर लगाकर विदेशी वस्तुओं को रोक देंगे तो उनसे मुक़ाबला करने का प्रश्न ही न रह जाएगा। इसके सिवा हम तो केवल अपनी ज़रूरतों को पूरा करने के लिए शिल्प और कला की उन्नति चाहते हैं, हमारा उद्देश्य यह कदापि नहीं है कि सस्ता माल बनाकर निर्बल देशों पर पटकें और व्यवसाय के बहाने से उन पर आधिपत्य जमाएँ। इसी व्यावसायिक चढ़ा-ऊपरी के कारण यूरोप की जातियों में नित्य वैमनस्य बना रहता है। एक-दूसरे को शत्रु समझती हैं। उसका भयंकर परिणाम वह महासमर था जिसका अभी तक निबटारा नहीं हुआ। हम इस संग्राम से दूर रहना चाहते हैं। ख़िलाफ़त का प्रश्न जिसने समस्त संसार के मुसलमानों को बेचैन कर रखा है बहुत कुछ इसी व्यावसायिक चढ़ा-ऊपरी से सम्बन्ध रखता है। फ्रांस शाम देश को नहीं छोड़ता, इसलिए कि वह शाम के बन्दरगाहों से अपना माल अरब देश में ला सके। अंग्रेज़ लोग बसरा और बगदाद नहीं छोड़ना चाहते क्योंकि वहाँ मिट्टी के तेल की खानें हैं। इस व्यावसायिक स्वार्थपरता को छिपाने के लिए तरह-तरह के नैतिक ढकोसले गढ़े जाते हैं।..."

सुखी और सन्तोषपूर्ण जीवन का यह मानसचित्र उनका अपना है, बहुत पुराना है। टाल्सटाय के दर्शन ने उस पर अपनी मुहर लगाकर उसे और भी पक्का कर दिया और गांधीजी ने उसी साध्य को देश की स्वाधीनता-प्राप्ति का साधन बनाकर उस स्वप्न को व्यावहारिक राजनीति का एक आधार दे दिया है। इसीलिए तो गांधीजी की रीति-नीति को जिन थोड़े से लोगों ने सबसे पहले समझा और गहराई से समझा, उनमें प्रेमचन्द भी एक हैं। बिरवा उनके मन में पहले से लहलहा रहा है। गांधीजी को उसे रोपना नहीं पड़ा। हाँ, सींचा ज़रूर।

वह तो सब ठीक है लेकिन रोटी-पानी की भी तो कुछ व्यवस्था करनी पड़ेगी, अख़बारों के कालम लिखने से थोड़े ही चलेगा।

गोरखपुर से निश्चय ही निराशा हुई लेकिन मुंशीजी इतनी जल्दी हिम्मत हारनेवाले आदमी न थे। 5 अप्रैल को उन्होंने निगम को लिखा—'मेरा अख़बार निकालने का मुसम्मम इरादा हो रहा है बशर्ते कि काफ़ी सरमाया फराहम हो जाए और मददगार काफ़ी मिल जाएँ।' जो कि नहीं हो सका। दूसरी किसी तरफ़ हाथ-पैर मारना ज़रूरी था। तभी संयोग से कानपुर के मारवाड़ी विद्यालय में हेडमास्टर की जगह ख़ाली हुई। 14 मई को मुंशीजी ने लिखा—'मैंने अपने सर्टिफ़िकेट वग़ैरह महाशय काशीनाथ के पास भेज दिए हैं। अब उनके जवाब का मुन्तज़िर हूँ।'

फिर 27 मई को—'महाशयजी का ख़त आया था। अनक़रीब वह बाक़ायदा ख़त भेजनेवाले हैं।' होते-होते 11 जून की तारीख़ आ गई लेकिन बाक़ायदा ख़त नहीं आया। तब मुंशीजी को कुछ चिन्ता होने लगी और उन्होंने बनारस में ही म्युनिसिपल सेक्रेटरी

की जगह के लिए कोशिश करना शुरू किया। इसी बीच कानपुर से महाशय काशीनाथ का बाक़ायदा ख़त आ गया तो 19 जून को मुंशीजी ने निगम साहब को लिखा—

कल सब तैयारियाँ कर चुका था। इक्का तक मँगवा लिया था (देहात में यह आसान काम नहीं है) लेकिन शाम को छोटक नाना साहब का ख़त लाए कि मैं सोमवार को तुमसे मिलने आ रहा हूँ। इसलिए तूअन् ओ करहन्[1] रुकना पड़ा, और वही पहली मुअय्यन[2] तारीख़ मुक़द्दम[3] रही। मैं 22 को चलूँगा और 23 को पहुँचूँगा। पहले इरादा था कि अयाल[4] को इलाहाबाद छोड़ दूँ और कानपुर में मकान तय करके लिवा लाऊँ। अब आप फ़रमाते हैं कि मकान भी रोक लिया गया है। यह मुश्किल भी आसान हो गई। अब मय अयाल के कानपुर आऊँगा।...मेरी ज़रूरतों से आप वाक़िफ़ हैं ही लेकिन बग़रज़े मुहाल अगर मकान मुझे पसन्द न भी आया तो फिर दूसरा तलाश करूँगा। हाँ, अगर आते ही आते मकान न मिला तो फिर मुझे आपके घर को ख़ानए बेतकल्लुफ़[5] बनाना पड़ेगा। दो-एक दिन मस्तूरात[6] को भी एक देहकानी औरत की मेहमानवाज़ी[7] करनी पड़ेगी जिसमें ग़ालिबन ज़्यादा दिक़्क़त न होगी।

म्युनिसिपल सेक्रेटरी का ज़िक्र आप फ़िज़ूल करते हैं। एक मुआहिदा तय हो जाने के बाद अब मैं किसी दूसरी मुलाज़िमत का ख़याल भी नहीं कर सकता। मैंने म्युनिसिपल मुलाज़िमत की कोशिश उसी हालत में की थी जब महाशय काशीनाथजी ने कोई हतमी[8] वादा न किया था। उनके और आपके यक़ीन दिलाने के बाद फिर मैंने इस ख़याल को दिल में जगह ही नहीं दी—वर्ना यहाँ मुझे डेढ़ सौ रुपया माहवार, मकान मुफ़्त और काम हस्बे-ख़्वाहिश[9] की सूरत पेश हो गई थी। वह मैंने मंज़ूर न किया। कुछ तो मुआहिदे का ख़याल था और इससे ज़्यादा आपके कुर्ब[10] का ख़याल। महाशयजी की हमदर्दी और सलामतरवी[11] भी इस फ़ैसले में मुईन[12] हुई। बस यह आख़िरी फ़ैसला है।"

और 23 जून को, सरकारी नौकरी से इस्तीफ़ा देने के कुल चार महीने बाद, मुंशीजी मारवाड़ी विद्यालय कानपुर पहुँच गए।

बीवी-बच्चों समेत कानपुर पहुँचने की बात उन्होंने निगम साहब को लिखी थी मगर वह न हो सका। बनारस से रवाना होने के पहले ही उन्हें अपने ससुर साहब के देहान्त की ख़बर मिली और वह परिवार को इलाहाबाद छोड़ कर अकेले ही कानपुर पहुँचे। इस बार मेस्टन रोड पर मकान लिया।

राजनीति का वही रंग था। अमृतसर और ख़िलाफ़त के राष्ट्रीय अपमान से देश के हिन्दू-मुसलमान दोनों क्षुब्ध थे। असहयोग का आन्दोलन कहीं तेज़ कहीं धीमी चाल

---

1. मजबूरन, 2. निश्चित, 3. पक्की, 4. बाल-बच्चों, 5. बिल्कुल अपना घर जहाँ कोई शिष्टाचार नहीं बरतना पड़ता, 6. स्त्रियों, 7. आतिथ्य सत्कार, 8. पक्का, 9. इच्छानुसार, 10. निकटता, 11. शराफ़त, 12. सहायक

से चल रहा था। लोग सरकारी नौकरियाँ छोड़ रहे थे, वकालत को ख़ैरबाद कह रहे थे। नए-नए राष्ट्रीय विद्यापीठ स्थापित हो रहे थे। विदेशी का बहिष्कार चालू था और जगह-जगह विदेशी कपड़ों और शराब की दुकानों पर धरना भी दिया जाने लगा था। गाँवों में भी एक लहर आई हुई थी। पुलिस का आतंक लोगों के मन पर अब उतना न रह गया था। ज़मींदार की मनमानी-हरजानी, सस्ती और बेगार के ख़िलाफ़ सर उठाने की हिम्मत अब किसान को थोड़ी-थोड़ी होने लगी थी।

मुंशीजी का क्या कहना, वह तो पहले ही से स्वराज्य के रंग में रँगे हुए थे। और जैसे-जैसे आन्दोलन ज़ोर पकड़ता जाता था वैसे-वैसे मुंशीजी का उत्साह बढ़ता जाता था। लगभग हर रोज़ ही कांग्रेस की मीटिंग होती। उसमें उनका शरीक होना ज़रूरी था। कभी-कभी लौटने में रात के दस बज जाते।

इन्हीं दिनों अगस्त के महीने में, कानपुर पहुँचने के महीने-डेढ़ महीने बाद मुंशीजी के छोटे लड़के अमृत का जन्म हुआ जिसे घर पर सब लोग बन्नू के नाम से पुकारते थे।

मुंशीजी की दिनचर्या वही थी जो सदा से थी। साढ़े चार बजे उठकर अपने लिखने-पढ़ने में लग जाते। बड़े लड़के धुन्नू (श्रीपत) की पढ़ाई अब घर पर शुरू हो गई थी। उसे पास में बिठालकर पढ़ाते भी जाते और ख़ुद लिखते भी जाते। फिर नहा-खाकर स्कूल जाते। स्कूल से लौटते हुए तरकारी वग़ैरह अपने साथ लेते आते। बस्ती, गोरखपुर, बनारस—सब जगह यही उनकी दिनचर्या थी। उसमें किसी तरह का हेरफेर नहीं होता था। नियमित रूप से काम करने की आदत थी। वही उनका सुख था। वही उनका जीवन था। सच्चे अर्थों में। शेष तो जीविका थी। उससे जो समय बचता वह सब साहित्य का था। दूसरी कोई दिलचस्पी इधर बरसों से न थी। लिहाज़ा लिखने की तड़प हर समय उनके मन में रहती थी, छठे-छमासे जिनको लिखने की मौज आती है, मुंशीजी उनमें से न थे। और फिर जिसके लिखने के पीछे तात्कालिक राष्ट्रीय हलचलों की प्रेरणा हो और जो लेखक स्पष्ट दो टूक ढंग से अपने लिखने को उन हलचलों का अस्त्र बनाना चाहता हो, अपने साहित्य द्वारा उनमें योग देना चाहता हो, उसकी स्फूर्ति का स्रोत यों भी अपने मन की मौज में ही नहीं, बल्कि अपने से बाहर, राष्ट्र के जीवन में भी होता है। इससे धोखे में मत आइए कि उनके बदन पर सिपाही की वर्दी नहीं है, बग़ैर वर्दीवाले सिपाही भी तो होते हैं। मुंशीजी देश के ऐसे ही बरौर वर्दीवाले सिपाही हैं। अपने दिल की पटिया को छोड़कर और किसी रजिस्टर में उनका नाम भी दर्ज़ नहीं है, लेकिन इतना ही बहुत है। वर्दीपोश सिपाही को और नहीं तो कम-से-कम अपनी वर्दी उतारने पर कुछ हलकापन, कुछ बेफ़िक्री मालूम होती है, मुंशीजी के लिए उतनी भी सुविधा नहीं है क्योंकि उनके पास उतारने के लिए वर्दी नहीं है और एक जो मंत्रपूत गेरुआ बाना उन्होंने अपने मन के ऊपर पहन रखा है, वह उतारने की चीज़ नहीं है। अपनी बीमारी, घर में बाल-बच्चों का रोग-शोक, यह सब कुछ नहीं है, वह गेरुआ बाना जैसे का तैसा चढ़ा रहता है। अपनी तबीयत ख़राब रहती है इधर कुछ दिनों से, बीवी से रोज़ ही इस बात पर झगड़ा होता है कि आप काफ़ी आराम नहीं करते, खसमें भी खाई जाती हैं बीवी को ख़ुश करने के लिए—लेकिन तब रात को चुपके से उठकर चोरी-चोरी काम करने की तदबीर की जाती है! काम तो होना ही है।

मुल्क ज़िन्दगी और मौत की लड़ाई लड़ रहा है, ऐसे समय में अपनी तबीयत लेकर बैठूँगा? होगा जो होगा, देखा जाएगा! बच्चे की तबीयत खराब है, उसकी अवहेलना नहीं की जा सकती। ठीक है, उतना काम और ओढ़ लिया जाएगा। यह कोई आज की बात नहीं है, पहले भी बहुत बार ऐसा मौक़ा आया है कि घर के भीतर की बहुत-सी ज़िम्मेदारियाँ, झाड़ू-बुहारू और खाना पकाने तक की, उनके सिर आ पड़ी हैं, और उन्होंने बहुत ख़ुशी-ख़ुशी उनको निभाया है लेकिन अपने काम की क़ीमत देकर नहीं, आराम की क़ीमत देकर।

उनकी पत्नी अपने संस्मरण में लिखती हैं—

रात को जब मैं सो जाती तो धीरे-से उठकर अपनी कापी, क़लम-दवात उठा लाते। जाड़े के दिन थे, चारपाई पर रजाई ओढ़े लिखने लगते।...मैं देख पाती तो झल्ला उठती—क्या अभी बीमारी कुछ कम है जो और किसी बीमारी की चाह है!

—नहीं मैं लिख कहाँ रहा था, देखता था पीछे का लिखा हुआ।

—सारा ज़माना तो आपको ठग लेता है, लेकिन आप हैं कि मुझी को ठगना चाहते हैं!

—तुम्हें कौन ठगेगा भला!

—इसी तरह गोरखपुर में बीमारी जड़ पकड़ गई, लिखने के कारण, अब फिर वैसा ही करने पर तुले हुए हैं।

—कहाँ? तुमने क़लम ही तोड़कर फेंक दी थी। लिखता कब था!

—क़लम तो बाद को मैंने तोड़ी, जब और किसी तरह आप नहीं माने। दिन-भर मैं भी तुम्हारे साथ बेकार बैठी रहती थी।

—अच्छा लो भाई, अब मैं कुछ काम न करूँगा!

मगर कहाँ। इन्हीं दिनों, 29 दिसम्बर, 1921 के अपने ख़त में उन्होंने इम्तयाज अली ताज को लिखा था—'...मैं भी तर्के-मवालाती हूँ। मेरे दिल-ओ-दिमाग़ में भी आजकल वही मसायल गूँजा करते हैं।...'

वह गूँज चुप कब बैठने देती है। असहयोग आन्दोलन को, ख़िलाफ़त का आन्दोलन भी जिसका ही एक अंग है, हर तरह से ताक़त पहुँचाना उनका कर्तव्य है, लेख लिखकर, क़िस्से लिखकर, नाटक लिखकर, उपन्यास लिखकर, यानी जितनी तरह से अपनी बात लोगों तक पहुँचाई जा सकती हो उन सब तरीक़ों से उसको पहुँचाना है। यह चुप बैठने का, बीमारी को सेने का वक़्त नहीं है।

एक कमज़ोर-सी, बीमार-सी जान है मगर वह हर तरफ़ जूझ रही है। कुछ भी उसकी नज़र से बचा नहीं है और न असहयोग आन्दोलन के प्रति उसकी ममता फेनिल भावुकता पर ही आधारित है। वह सहज, सचेत, सक्रिय ढंग की रुचि है। वह आन्दोलन की गतिविधि को अपनी पैनी आँखों से देख रहा है, गहरी छानबीन की आँखों से देख रहा है, जितनी गहराई से शायद उस आन्दोलन के बड़े-बड़े नेता भी नहीं देख पा रहे हैं। और अक्तूबर-नवम्बर 1921 के 'ज़माना' में मुंशीजी ने एक लेख लिखा,

'वर्तमान आन्दोलन के रास्ते में रुकावटें'। याद रखने की ज़रूरत है कि अभी इन रुकावटों की तरफ़ किसी का ध्यान नहीं जा रहा है, सब आन्दोलन को बराबर बढ़ता हुआ ही देख पा रहे हैं। चौरीचौरा के कांड को अभी तीन-चार महीने की देर है। उस वक़्त उनके अधिकतर सहकर्मी समझ भी नहीं सके कि गांधीजी ने आन्दोलन क्यों ठप कर दिया। कहीं पर किसानों की एक भीड़ ने थाने पर हमला करके उसमें आग लगा दी और कुछ कानिस्टिबिल उसमें जलकर मर गए, यह क्या देश के पूरे आन्दोलन को ख़त्म कर देने के लिए काफ़ी कारण था? गांधीजी ने बात की सफ़ाई करना भी ज़रूरी नहीं समझा और इतना कहकर सन्तोष कर लिया कि यही उनके अन्त:करण की आवाज़ है। लेकिन जैसा कि आगे चलकर जवाहरलाल नेहरू ने अपनी आत्मकथा में लिखा—'फ़रवरी 1922 में सत्याग्रह-आन्दोलन को बन्द करने का कारण केवल चौरीचौरा नहीं था, गोकि यह सच है कि ज़्यादातर लोगों ने यही समझा।' असल कारण इससे कहीं बड़ा था—'उस समय हमारा आन्दोलन अपनी जाहिरा ताक़त और व्यापक उत्साह के बावजूद बहुत तेज़ी से बिखर रहा था। हमारे ज़्यादातर अच्छे आदमी जेलों में बन्दी थे और जनता को अब तक इस बात के लिए ज़रा भी नहीं तैयार किया गया था कि वह स्वत: अपना काम चला सके।' चौरीचौरा कांड के कुछ ही महीने बाद मुंशीजी काशी विद्यापीठ में अध्यापक हो गए थे। वहाँ एक रोज़ बात निकलने पर मुंशीजी ने कहा था कि चौरीचौरा के कारण आन्दोलन बन्द करके गांधीजी ने ठीक नहीं किया। उस समय उनके छात्रों में मन्मथनाथ गुप्त भी थे जिन्होंने आगे चलकर क्रान्तिकारी आन्दोलन में काफ़ी काम किया। उन्हीं से यह बात मालूम हुई।

मुंशीजी इतिहास के विद्यार्थी थे, समाजशास्त्र के विद्यार्थी थे, राजनीति की अच्छी सूझ-बूझ रखते थे, मन की एक-एक वृत्ति से इस शान्ति-समर में रमे हुए थे। आन्दोलन के प्रति उनकी ममता थी, असाधारण ममता थी लेकिन बिलकुल नि:स्वार्थ क्योंकि एक निस्संगता भी उसके साथ लगी हुई थी। वह सच्चे, निष्कपट भाव से समर्पित हैं देश की स्वाधीनता के संग्राम को लेकिन तो भी अलग-थलग हैं उस चीज़ से जिसे सक्रिय राजनीति कहा जाता है। शायद इसीलिए वह हर चीज़ को औरों से अधिक निरपेक्ष होकर ज़्यादा साफ़ और सीधे ढंग से सोच पाते हैं, देख पाते हैं। जहाँ दूसरे बहुत से लोग ज्वार के साथ केवल बहे जा रहे हैं, इतने बेसुध होकर कि उन्हें एक झटका-सा लगा जब गांधीजी ने आन्दोलन को रोक दिया, वहाँ मुंशीजी आँख-कान खोलकर चल रहे हैं, अगल-बग़ल, दाएँ-बाएँ देखकर चल रहे हैं, बीच-बीच में शायद पूछ भी लेते हैं, मुझसे-तुझसे, थक तो नहीं रहे हो, बड़ी दूर जाना है, कुछ कमज़ोरी तो नहीं लग रही है अपने भीतर।

एक सजग देशभक्त और राष्ट्रकर्मी की दृष्टि है जो अपने संग्राम का सिंहावलोकन कर रही है—

'स्वराज्य का वर्तमान आन्दोलन अभी तक तो कामयाबी के साथ जारी ही है लेकिन अब हालतें रोज़-ब-रोज़ ज़्यादा ख़तरनाक होती जा रही हैं। यों कुछ लोगों की दृष्टि में तो असहयोग आन्दोलन को सिरे से ही कोई कामयाबी हासिल न हुई—न लड़कों ने मदरसे छोड़े, न सरकारी मुलाज़िमों ने नौकरियाँ छोड़ीं, न वकीलों ने वकालत को

नमस्कार किया, न पंचायतें क़ायम हुईं। लेकिन असहयोग के बड़े से बड़े समर्थक के भी ध्यान में यह बात न रही होगी कि इन सभी शाखों में सोलहों आना कामयाबी होगी। ऐसे मामलों में जहाँ निजी नफ़े-नुक़सान का सवाल पेश हो जाता है, सोलहों आने कामयाबी की उम्मीद करना सुनहरे सपना देखना है। यहाँ तो रुपए में आना-दो आना कामयाबी हो जाए, वही बहुत है, और ख़ासकर हिन्दुस्तान जैसे ग़रीब देश में जहाँ सारा मामला रोज़ी पर आकर रुक जाता है।...अभी निजी हित और स्वार्थ दिलों से दूर नहीं हैं।... और जब ख़याल कीजिए कि अभी दो साल पहले यहाँ की राजनीतिक हालत क्या थी—लोग ख़ुशामद और व्यर्थ के आडम्बर को राजनीति का मुख्य अंश समझते थे, यहाँ तक कि मज़हबी जलसों और मुशायरों में भी राजभक्ति पर प्रस्ताव पास करना एक मुख्य कर्तव्य हो गया था, सरकारी नौकरियों के लिए कितनी दौड़धूप, कितनी छीना-झपटी और कितनी गुप्त कार्रवाइयाँ की जाती थीं तो ऐसी हालत में यह उम्मीद करना कि किसी जादू-मंतर से क़ौम का हरेक व्यक्ति अपने निजी फ़ायदे को, अपनी ज़िन्दगी को क़ौम पर क़ुर्बान कर देगा, असलियत की तरफ़ से आँखें बन्द कर लेना है। इसलिए हम यह दावा करना अपने तईं ठीक समझते हैं कि स्वराज्य का आन्दोलन अब तक कामयाब हुआ।'

लेकिन आगे क्या होगा? कुछ अनिष्टकारी तत्त्व भीतर-ही-भीतर पनप रहे हैं। ये ज़हर की गाँठें हैं, सन्देह की, संशय की। संशय ही मन को दुर्बल बनाता है। मन की अँधेरी गहराइयों से निकलकर उन सब कीड़ों को बाहर खुली हवा और रोशनी में लाओ। दूसरा कोई इलाज उनका नहीं है और अगर देश के नेताओं का ध्यान इस बात पर नहीं है तो यह सचमुच बड़े दुःख की बात है। बहरहाल किसी को तो करना ही है—और सबसे पहले उस आदमी को करना है जिसका काम ही आत्मा का संस्कार करना है। इसीलिए तो आराम करने की मोहलत नहीं है उनको। 'दिलो-दिमाग़ में हरदम वही मसायल गूँजा करते हैं। क़िस्सों में भी वही ख़यालात झलकते हैं।' एक नाटक लिखना शुरू किया है, संग्राम। उसमें भी यही बात है। मन एक ही पटरी पर दौड़ना जानता है। लेकिन हाँ, फिर सचमुच दौड़ता है, कोई ज़मीन बचती नहीं जहाँ तक उसकी दौड़ न हो।

आन्दोलन के बारे में उसकी दृष्टि जैसी अचूक और वैज्ञानिक है वैसी उस समय (और आगे भी) कम ही लोगों की रही होगी। उस समय जबकि आन्दोलन में सभी लोग यकसाँ हिस्सा लेते दिखाई दे रहे थे, उसके भीतर काम करनेवाले वर्गस्वार्थों को देख सकना और उन वर्गस्वार्थों के आधार पर आन्दोलन में पड़ती हुई दरार को देख सकना असाधारण अन्तर्दृष्टि की बात थी।

'ज़्यादा कठिन और हिम्मत को तोड़नेवाला वह स्वार्थों का टकराव है जिसके एक तरफ़ ज़मींदार और पूँजीपति हैं और दूसरी तरफ़ काश्तकार और मज़दूर।...कांग्रेस पहले भी मध्यवर्ग का आन्दोलन थी जिसमें ज़मींदार और पूँजीपति साथ-साथ थे। अधिकांश संख्या वकीलों, प्रोफ़ेसरों और पत्रकारों की थी जो न पूँजीपति हैं और न ज़मींदार। हाँ, उस वक़्त किसानों और मज़दूरों में चूँकि राजनीतिक चेतना पैदा न हुई थी इसलिए कांग्रेस भी स्पष्ट रूप में उनके अधिकारों और उनकी माँगों को आगे न रखती थी। इस

दौरान में जनतंत्र ने सारी पृथ्वी को अपने अधिकार में कर लिया है और हिन्दुस्तान में भी उसका प्रवेश हो चुका है। कांग्रेस में जनता का अंश प्रधान हो गया है...जगह-जगह किसान सभाएँ, मज़दूर सभाएँ क़ायम हो गई हैं और उनके काम करनेवाले अक्सर कांग्रेस के ही कार्यकर्ता हैं।' जैसे ख़ुद कानपुर में गणेशशंकर विद्यार्थी और बालकृष्ण शर्मा 'नवीन' जिनसे मुंशीजी के बड़े गहरे और निजी सम्बन्ध हैं।

'ऐसी हालत में पैसेवालों और ज़मींदारों का कांग्रेस से चिढ़ना और अलग हो जाना बिलकुल समझ में आनेवाली बात है, हालाँकि इस वक़्त जनतंत्र की जो लहर चारों तरफ़ आई हुई है और जैसे युग के बीच से हम लोग गुज़र रहे हैं उसके कारण अभी तक यह वर्ग पूरी तरह कांग्रेस से अलग नहीं हुए हैं।...तब भी यह कहना अत्युक्ति न होगी कि इन दलों की हमदर्दी रोज़-ब-रोज़ कम होती जा रही है और बहुत मुमकिन है कि आगे चलकर यह लोग अपने स्वार्थ और हित और अधिकारों को कांग्रेस जैसी जनतांत्रिक संस्था के हाथों में सुरक्षित न समझें। अब भी उसके लक्षण दिखाई दे रहे हैं।'

वह अपनी बाज़ की आँखों से पूरे दृश्यपट को देख रहे हैं, उसके हर उतार-चढ़ाव को, हर रेखा और रंग को और लड़ाई का सारा जोश और सारी गर्मी उनके क़लम की नोक पर उतर आती है—

'अमन सभाओं में ज़्यादातर ज़मींदार ही शामिल हैं। उन्हें अब सरकार का दामन पकड़ने के सिवा अपनी मुक्ति का और कोई रास्ता दिखाई नहीं देता। वह अपने उन अधिकारों से हाथ नहीं खींचना चाहते जो सरकार ने समय-समय पर अपनी सामयिक आवश्यकताओं की पूर्ति के विचार से उन्हें दिए हैं। वह उन फटी-पुरानी सनदों और बोसीदा फ़रमानों की बुनियाद पर अपनी पुरानी या मौजूदा हैसियत को क़ायम रखना चाहते हैं। उन्हें इसकी ख़बर नहीं है कि जनतंत्र का तूफ़ान बहुत जल्द उनके उन फटे-पुराने पन्नों को तार-तार करके बिखेर देगा।...यह बात ध्यान में रखनी चाहिए कि मज़दूर और किसान एक होकर जो चाहें कर सकते हैं। उनकी शक्ति असीम है। वह जब तक बिखरे हुए हैं, घास के टुकड़े हैं, एक होकर जहाज़ को खींचनेवाले रस्से हो जाएँगे। अब वह ज़माना नहीं रहा कि पूँजीपति 75 फ़ीसदी मुनाफ़ा बाँट लें और मज़दूरों को ज़िन्दगी की ज़रूरतें भी नसीब न हों। वह हवा और रोशनी से भी वंचित रहें। पूँजीपति तो पेरिस और स्विट्ज़रलैंड की सैर करें और मज़दूर को सुबह से शाम तक सर उठाने की भी मोहलत न मिले। ज़मींदार या ताल्लुक़ेदार साहब तो ऐश मनाएँ, शिकार खेलें, दावतें दें, और किसानों को रोटियाँ भी नसीब न हों, उसकी कमाई नज़राने, बेगार, हारी, डाँड़, चुल्हाई, खटियाई वग़ैरह की सूरतों में ज़मींदार के लिए ऐश का सामान जुटाये।...बहरहाल इन वर्गों से कांग्रेस को विरोध की बहुत अधिक आशंका है और स्वराज्य के आन्दोलन में उनका बाधा उपस्थित करना तय बात है।'

और फिर अन्त में हिन्दू-मुस्लिम एकता का मसला जो इससे भी कहीं ज़्यादा पेचीदा, नाज़ुक और अहम है। 'यह ठीक है कि दोनों सम्प्रदायों के नेताओं ने एकता के सम्बन्ध को अब तक ख़ूबसूरती से निबाहा है लेकिन यह कहना सच्चाई से इनकार करना है कि उनके माननेवालों की दृष्टि भी उतनी ही व्यापक, उनके इरादे भी उतने ही पाक, और उनका स्तर भी उतना ही ऊँचा है।'

तसवीर के कुछ रौशन पहलू भी हैं—'जहाँ पहले दोनों सम्प्रदायों के नेता घृणा का प्रचार किया करते थे...वहाँ अब यह लोग भाईचारे और एकता और आपस में प्रेम का दम भरते हैं। मौलाना मुहम्मद अली के क़लम से कामरेड के कालमों में गोकुशी की हिमायत में सैकड़ों ज़ोरदार लेख निकल चुके हैं। वह इसे अपना राष्ट्रीय कर्तव्य, अपना अधिकार, अपना मज़हबी मसला समझते थे। लेकिन अब वही मुहम्मद अली अपने मुस्लिम भाइयों से पुकार-पुकारकर कहते हैं कि अपने देशभाइयों की ख़ातिर से गाय की रक्षा करो, उसे पवित्र समझो। पिछली बक़रीद के मौक़े पर कई मुसलमान नेताओं ने अपने मिल्लती भाइयों के हाथों से गाएँ लेकर हिन्दुओं को दे दीं।'

लेकिन उस भय और उस घृणा का क्या किया जाए जो एक को दूसरे से है—मसलन यही दक्षिण का मोपलाओं का हंगामा, हिन्दुओं की मारकाट, उनकी बहू-बेटियों की बेइज़्ज़ती, उनके मन्दिरों की बर्बादी, वह सब कुछ जो इन्हीं दिनों हुआ—

'अक्सर हिन्दू साहबान मोपलाओं के हंगामे की वजह से चिढ़ गए हैं और उन्हें डर है कि हुकूमत बदलने की सूरत में उन्हें मुसलमानों के हाथों ऐसी ही ज़्यादतियाँ न बर्दाश्त करनी पड़ें, इसलिए वह थोड़ी देर को स्वराज्य की तरफ़ से मुँह मोड़ लेते हैं।...मोपलाओं की पागलों और वहशियों-जैसी हरकतों पर जितनी नफ़रत ज़ाहिर की जाए कम है। मुसलमानों ने और उनके उलेमाओं ने बुलन्द आवाज़ में इन हरकतों की निन्दा की है।...इससे ज़्यादा मुसलमान लीडरों के काबू में और क्या था? अगर इस इलाक़े में मार्शल ला जारी न होता और मुसलमानों के नेता वहाँ दाख़िल हो सकते तो शायद यह हंगामा ख़त्म हो चुका होता। लेकिन जब तक मुल्क में एक ऐसी तीसरी ताक़त मौजूद है जिसका अस्तित्व हिन्दू-मुस्लिम फूट पर क़ायम है...' और इस फूट के बीज काफ़ी गहरे जा चुके हैं—'देश में ऐसे शक्की मिज़ाजवालों की भी एक जमात मौजूद है जो ख़िलाफ़त के आन्दोलन को सन्देह की दृष्टि से देखते हैं। उन्हें ईरान, अफ़गानिस्तान, हिजाज़, तुर्की, बोख़ारा, वग़ैरह स्वतंत्र राज्यों के बीच में आठ करोड़ मुसलमानों की हमवतनी ख़तरे से ख़ाली नहीं नज़र आती। उनको अन्देशा है कि इन आठ करोड़ मुसलमानों की हमदर्दी दूसरे स्वतंत्र मुस्लिम राज्यों के साथ होगी, इसलिए वह अंग्रेज़ों की छत्रछाया में रहना अधिक निरापद समझते हैं।...वहम की दवा लुकमान के पास भी नहीं है।...

'सन्देह दुर्बलता की निशानी है और मानसिक कायरता का प्रमाण। उस शख़्स की जिन्दगी अजीरन है जो दरो-दीवार को चौकन्नी नज़रों से देखता रहे, जिसे अपने चारों तरफ़ दुश्मन ही दुश्मन नज़र आएँ, कहीं दोस्त की सूरत न दिखाई पड़े।...हिन्दुओं को अपनी जीवन-प्रणाली में, अपने धार्मिक रीति-रिवाज़ में ऐसे सुधार करने चाहिए कि उन्हें अपने देश के रहनेवाले दूसरे लोगों से डर बाक़ी न रहे क्योंकि स्वराज्य क्या दुनिया की कोई ताक़त कमज़ोरों को अत्याचार से नहीं बचा सकती।

सारांश : 'हिन्दू-मुस्लिम एकता का मसला निहायत नाजुक है और अगर पूरी एहतियात और धीरज और ज़ब्त और रवादारी से काम न लिया गया तो वह स्वराज्य के आन्दोलन के रास्ते में सबसे बड़ी रुकावट साबित होगा।'

और वही हुआ। चौरीचौरा के सवाल पर आन्दोलन के यकबयक ठप हो जाने से मुल्क में जो पस्तहिम्मती छाई उसका दूसरा कुछ नतीजा शायद हो भी न सकता था। जवाहरलाल नेहरू ने आगे चलकर अपनी आत्मकथा में इसके बारे में लिखा—

'यह बिलकुल सम्भव है कि उसके बाद देश में घटनाओं ने जो दु:खद मोड़ लिया उसमें इस चीज़ का भी हाथ रहा हो कि एक विशाल आन्दोलन को इस तरह एकाएक ठप कर दिया गया था। उससे राजनीतिक संघर्ष में होनेवाली छिटपुट और निरर्थक हिंसा की प्रवृत्ति चाहे रुक गई हो लेकिन उस दमित हिंसा को अपने लिए निकास तो चाहिए ही था और कदाचित् उसी ने, बाद के वर्षों में, साम्प्रदायिक झगड़ों को और बढ़ाया। असहयोग और सविनय अवज्ञा के आन्दोलन को जनता का जो विराट् समर्थन मिल रहा था उसके कारण तरह-तरह के साम्प्रदायिक लोग, जो अधिकतर राजनीति में प्रतिगामी थे, सर न उठा पाते थे। वह अब सामने आ गए। और भी बहुत से लोग, सरकारी भेदिए और ऐसे लोग जो साम्प्रदायिक झगड़े पैदा करके अधिकारियों को ख़ुश करना चाहते थे, इसी रास्ते पर चल पड़े। मोपलाओं के विद्रोह से और जिस असाधारण क्रूरता से उसका दमन किया गया—कितनी भयानक चीज़ थी मोपला क़ैदियों को रेल के बन्द डब्बों में भूनकर मार डालना—उससे उन लोगों को, जो साम्प्रदायिक फूट को बढ़ाना चाहते थे, काम करने का मौक़ा मिल ही गया था। यह बिलकुल सम्भव है कि अगर आन्दोलन बन्द न किया गया होता और सरकार ने उसका दमन किया होता तो साम्प्रदायिक वैमनस्य कम होता...,

वैसे ज़मीन इसके लिए बराबर पिछले तीन बरसों से तैयार हो रही थी। जवाहरलाल लिखते हैं—

'1921 में ख़िलाफ़त के आन्दोलन को जो महत्त्व मिला उसके कारण बहुत से मौलवियों और मुस्लिम धार्मिक नेताओं ने राजनीतिक संघर्ष में आगे बढ़कर हिस्सा लिया। उन्होंने आन्दोलन को एक स्पष्ट धार्मिक रंग दे दिया और मुसलमानों पर आमतौर से उसका बहुत असर पड़ा। मौलवियों का प्रभाव और उनकी प्रतिष्ठा, जो नए ख़यालात की रोशनी और रहन-सहन के बढ़ते हुए यूरोपियन तौर-तरीक़ों के असर में बराबर कम होती जा रही थी, एक बार फिर बढ़ने और मुस्लिम समाज पर छाने लगी। अली भाइयों ने, जो ख़ुद भी धार्मिक प्रवृत्तियों के थे, इस चीज़ को मदद पहुँचाई, जैसे कि गांधीजी ने भी जो इन मौलवियों और मौलानाओं को अधिक से अधिक सम्मान देते थे।...

'हमारी राजनीति में जिस तरह धार्मिकता का अंश बढ़ता जा रहा था, हिन्दुओं और मुसलमानों दोनों में, उससे मैं कभी-कभी बहुत परेशान हो जाया करता था। मुझे यह चीज़ बिलकुल अच्छी न लगती थी। बहुत-सी बातें जो मौलवी और मौलाना और स्वामी और इस क़िस्म के लोग अपने भाषणों में कहते थे, मुझको बहुत अफ़सोसनाक मालूम होती थीं। उनका इतिहास और समाजशास्त्र और अर्थशास्त्र, सब कुछ मुझको बिलकुल ग़लत मालूम होता था और जिस तरह से वह लोग हर चीज़ को धर्म का रंग देते थे, उसके कारण सफ़ाई से किसी सवाल पर सोच सकना असम्भव हो जाता था। यहाँ तक कि गांधीजी के कुछ शब्द भी मुझे बेतरह खटकते थे—जैसे राम राज...'

बहरहाल, कारण जो भी हो, आन्दोलन रोकने के कुछ ही हफ़्ते बाद साम्प्रदायिक झगड़ों का सिलसिला चला जो काफ़ी लम्बा चला। सबसे पहले मुलतान में दंगे हुए, उसी साल 1922 में। 1923 का साल भी आरम्भ से ही विषाक्त था। मुहर्रम के मौक़े पर बंगाल और पंजाब दोनों ही प्रान्तों में बहुत भयानक दंगे हुए।

15

मुंशीजी शान्तिपूर्वक लमही में बैठे अपने सूरदास की कहानी लिख रहे थे, पर देश में आग लगी हुई थी। बलराज और कादिर, हलधर और फत्तू एक-दूसरे के ख़ून से होली खेल रहे थे। ग़नीमत इतनी ही थी कि गाँव में यह ज़हर कम, बहुत कम, फैला था। यह बीमारी ख़ास तौर से शहर की थी और पर्दे के पीछे बैठे हुए वही लोग जिनसे हमारी मुलाक़ात 'सेवा सदन' में हुई थी किसी तीसरे के इशारे पर डोरियाँ खींच रहे थे। लेकिन शहर हो या देहात, मोटी बात यह थी कि दो हिन्दोस्तानी जो इसी मिट्टी में पैदा हुए और इसी मिट्टी में मिल जाएँगे, जिन्हें एक-दूसरे के लिए ख़ून बहाना चाहिए था, इस वक़्त एक-दूसरे का ख़ून बहा रहे थे और अंग्रेज़ मूँछों पर ताव दे रहा था। सचमुच यह मुंशीजी के लिए परीक्षा की घड़ी थी। उनका सब कुछ किया-धरा, सोचा-समझा, स्वप्न-आदर्श, मिट्टी में मिला जा रहा था।

विवश होकर उनकी समग्र चेतना कुछ समय के लिए सब तरफ़ से अपने को खींचकर इसी ओर लग गई। प्रेस और मकान बनवाने के झमेलों में 'रंगभूमि' की गति यों ही मन्द थी, अब इस चीज़ ने आकर इस बुरी तरह उनको छा लिया कि भाग नहीं सके और कैसे भागते, समाज की जिस रंगभूमि का चित्र वह खींच रहे थे वहाँ इस समय आग लगी हुई थी, सड़कों पर बेगुनाहों की लाशें गिर रही थीं, औरतों की आबरू लुट रही थी, ज़हर के बगूले उठ रहे थे, साँस लेते दम घुटता था। हर हर महादेव और अल्लाहो अकबर की सदाएँ कानों में पिघला हुआ सीसा उँडेलती थीं। एक तरफ़ पंडे-पुरोहित और दूसरी तरफ़ मुल्ला-मौलवी—आजकल यही समाज के अगुआ थे। कहीं हिन्दुओं को क़लमा पढ़ाया जाता था, कहीं मुसलमानों की शुद्धि की जाती थी। बाजे के सवाल पर आरती-नमाज़ के झगड़े रोज़ की चीज़ हो गए थे। एक गाय की क़ुर्बानी के लिए दस-बीस आदमियों की क़ुर्बानी कर देने में भी लोगों को आर न थी। मुसलमान अगर दीन के जोश में अन्धे हो रहे थे तो हिन्दू भी उसका जवाब समझदारी से नहीं दुगने अन्धेपन से देने पर तुले हुए थे। ईंट का जवाब पत्थर।

दोनों अपनी गिरोहबन्दी में लगे थे। लाठियों को तेल पिलाया जा रहा था, छुरों को सान दी जा रही थी। सेनाएँ सज रही थीं।

धर्म की ध्वजा आकाश चूम रही थी, देश धूल में लोट रहा था। कगार टूट-टूटकर गिर रहे थे, धर्म की बाढ़ में।

कोई किसी की एक बात दरगुज़र करने के लिए तैयार न था, उल्टे छेड़ कर लड़ने की फ़िक्र रहती थी। अख़बारों और किताबों के ज़रिये एक-दूसरे पर ज़हर में बुझे हुए तीर छोड़े जाते थे। हिन्दू भी इसमें पीछे नहीं रहना चाहते थे। 'रंगीला रसूल' नाम की किताब उन्हीं दिनों पंजाब में छपी थी। रिसाला 'वर्तमान' ने भी इसमें काफ़ी नाम कमाया था। मुसलमानों में भयानक उत्तेजना फैली हुई थी। कोई त्योहार चैन से न बीतने पाता था।

आर्य समाज ने किसी वक़्त आज़ादी की लड़ाई को सिपाही दिए थे, इस समय सब हिन्दू धर्म के सिपाही थे।

दोनों तरफ़ बारूद का एक ढेर-सा लगा हुआ था—और चिनगारियों की भी कमी न थी।

जैसे कि मलकाना राजपूतों की शुद्धि, जिसे लेकर हिन्दू बहुत बग़लें बजा रहे थे। यह सब एक आँख न भाता था मुंशीजी को। ग़ुस्से और दर्द से दिल तड़प-तड़पकर रह जाता था।

यह नहीं कि झगड़े जितने होते थे उन सबकी जिम्मेदारी हिन्दुओं की थी, और मुसलमान सब दूध के धोये थे।

लेकिन कुछ तो शायद इसलिए कि मुंशीजी ख़ुद हिन्दू थे और कुछ इसलिए कि उन्हीं का बहुमत था, मुंशीजी को हिन्दुओं से ही ज़्यादा रवादारी की उम्मीद थी। इसीलिए हिन्दुओं की तंगनज़री उन्हें ख़ासतौर पर खली। उसके मुक़ाबले में मुसलमानों का रवैया उन्हें कहीं ज़्यादा अच्छा, सुलह और समझौते का मालूम हुआ।

और जिस बात की सच्चाई मन में उतर चुकी हो उसको कहने में फिर डर कैसा!

22 अप्रैल, 1923 को उन्होंने निगम साहब को लिखा—

"मलकाना शुद्धि पर एक मुख़्तसर मज़मून लिख रहा हूँ। मुझे इस तहरीक से सख़्त इख़्तिलाफ़[1] है।...आर्य समाजवाले भिन्नाएँगे, लेकिन मुझे उम्मीद है आप 'ज़माना' में इस मज़मून को जगह देंगे।"

निगम साहब ने पूरे नौ महीने उस पर ग़ौर किया। छापने की हिम्मत न पड़ती थी। 9 जनवरी, 1924 को मुंशीजी ने लिखा—'आपने मेरे मज़मून को मुस्तरद[2] कर दिया। ख़ैर, कोई मुज़ायक़ा नहीं। मैंने लिख डाला, दिल की आरज़ू निकल गई।...'

मुंशी दयानरायन को शायद कुछ शर्मिन्दगी हुई इस ख़त से और वह दुबारा अपने फ़ैसले पर ग़ौर करने के लिए मजबूर हुए। और फिर अगले ही महीने 'कहतुर्रिजाल' (मनुष्यता का अकाल) नाम का वह विस्फोटक लेख प्रकाशित हुआ। उसका छपना था कि चारों तरफ़ तहलका मच गया। मुसलमानों ने उसको हाथों हाथ लिया और हिन्दू ग़ुस्से से दाँत किटकिटाने लगे।

मुंशीजी के लिए दोनों ही चीजें यकसाँ थीं। वह न किसी की तारीफ़ के भूखे थे और न किसी के क्रोध से आक्रान्त, उन्होंने तो सच्चे दिल से बस एक आवाज़ उठाई थी, एक ऐसी चीज़ के लिए जिसकी सच्चाई के बारे में कम-से-कम उनका मन

---

1. विरोध, 2. रद

आश्वस्त था। फिर और क्या चाहिए। हो सकता है कि यह केवल अरण्य-रोदन सिद्ध हो, नक़्क़ारख़ाने में तूती की आवाज़। मगर उससे क्या। जिस बात को सच जानते हो उसे कहो। अकेली आवाज़ का भी महत्त्व होता है।

अप्रिय सत्य बोलना, ग़ुस्से में बोलना उनका स्वभाव न था। लगनेवाली बात को भी मीठा बनाकर कहने की उन्हें आदत थी, और उसका ढंग भी आता था। लेकिन कभी-कभी ऐसा भी वक़्त आता है कि अप्रिय सत्य बोलना पड़ता है। मुल्क में जब आग लगी हो उस वक़्त आदमी शिष्टाचार को देखे कि क़ौम की ज़िन्दगी को? यह भी ऐसा ही एक वक़्त था। 9 जनवरी, 1924 के उसी ख़त में मुंशीजी ने लिखा था—

'मुझे तो इस वक़्त अली बरादरान की सुलहकुल[1] पालिसी फ़रेफ़्ता[2] कर रही है। उनके ख़यालात में जो हैरतअंगेज[3] इंक़लाब हो रहे हैं, उसको असली शुद्धि समझता हूँ और वही शुद्धि देर-पा[4] हो सकती है।'

दूसरी तरफ़ हिन्दुओं की जहालत पर बेपनाह ग़ुस्सा उनके दिल में सुलग रहा था। इसी दिमाग़ी कैफ़ियत में उन्होंने बिफरकर 'क़हतुर्रिजाल' में लिखा—

हिन्दू-मुस्लिम एकता के बारे में इस वक़्त मुसलमान क़ौम के बड़े लोगों ने बार-बार की उत्तेजना के बावजूद जो अच्छी रविश अख़्तियार की है, और जिस गम्भीरता और दूरंदेशी का परिचय दिया है उस पर हिन्दुओं को शर्मिन्दा होना चाहिए। अब तक उन्हें यह दावा था कि स्वराज्य के लिए हम जितनी कुर्बानियाँ कर सकते हैं, उतनी मुस्लिम सम्प्रदाय नहीं करता। वह हिन्दोस्तान में रहकर, हिन्दोस्तान का दाना-पानी खाकर अरब और अजम के सपने देखा करता है। उसे स्वराज्य की उतनी फ़िक्र नहीं है जितनी पैन-इस्लाम की। एक बार जब मौलाना शौकत अली ने किसी ख़िलाफ़त के जलसे में कहा था कि अगर मुसलमान को किसी क़ौमी काम के लिए एक रुपया देना मंजूर हो, तो वह चौदह आने ख़िलाफ़त को दे और दो आने कांग्रेस को, इस कौल को हिन्दू अख़बारों ने बड़े निष्ठुर ढंग से बहुत ज़्यादा महत्त्व दिया और उसे अपनी बात के प्रमाण के रूप में पेश किया।

इस कौल का तक़ाज़ा तो यह था कि हिन्दू महाशय अपने दिल में लज्जित होते कि एक मुसलमान को, जो अपना सब कुछ भारतमाता की नज़र कर चुका हो, इस तरह दोनों में भेद करने की ज़रूरत पड़ी क्योंकि ज़ाहिर है कि अगर हिन्दुओं ने ख़िलाफ़त के मसले को महात्मा गांधी की व्यापक दृष्टि से देखा होता तो मौलाना साहब को यह बात कहने का कोई मौक़ा ही न था। मगर सच्चाई यह है कि हिन्दुओं ने कभी ख़िलाफ़त के महत्त्व को ही नहीं समझा और न समझने की कोशिश की बल्कि उसको सन्देह की दृष्टि से देखते रहे...

हम कहते हैं कि अगर हिन्दुओं में एक भी किचलू, मुहम्मद अली या शौकत अली होता तो हिन्दू संगठन और शुद्धि की इतनी गर्म-बाज़ारी न होती

1. शान्तिपूर्ण, 2. आकृष्ट, 3. आश्चर्यजनक, 4. स्थायी

और इन हंगामों में काफ़ी कमी हो जाती जो इस वैमनस्य के कारण दिखाई पड़ते हैं। मगर अफ़सोस के साथ कहना पड़ता है कि कांग्रेस ने भी सामूहिक रूप से इन आन्दोलनों से अलग-थलग रहने के बावजूद व्यक्तिगत रूप से उसमें शामिल होने में कुछ भी उठा नहीं रक्खा। इतना ही नहीं, एक भी ज़िम्मेदार कांग्रेस नेता ने ऐलान करके इन आन्दोलनों के ख़िलाफ़ आवाज़ बुलन्द करने का साहस नहीं किया।

आज कौन हिन्दू है जो हिन्दू-मुस्लिम एकता के लिए जी-जान से काम कर रहा हो, जो उसे हिन्दोस्तान की सबसे महत्त्वपूर्ण समस्या समझता हो, जो स्वराज्य के लिए एकता को बुनियादी शर्त समझता हो। क़ौम का यह दर्द, यह टीस, यह तड़प आज हिन्दुओं में कहीं दिखाई नहीं देती। दस-पाँच हज़ार मलकानों को शुद्ध करके लोग फूले नहीं समाते मानो अपने लक्ष्य पर पहुँच गए, अब स्वराज्य हासिल हो गया। हमें याद नहीं आता कि आज तक किसी हिन्दू ने वैसे पवित्र, ऊँचे भाव व्यक्त किए हों, जो इस राम-लखन की जोड़ी ने जेल से निकलते ही रो-रोकर भीगी-भीगी आँखों से निकलती हुई दर्द की एक आवाज़ की तरह व्यक्त किए हैं। यह है वह राष्ट्रीय भावना जो राष्ट्रों के बेड़े पार करती है, उनकी नैया किनारे लगाती है।

हमको यह मानने में कोई संकोच नहीं है कि इन दोनों सम्प्रदायों के कशमकश और सन्देह और घृणा की जड़ें इतिहास में हैं। मुसलमान विजेता थे, हिन्दू विजित। मुसलमानों की तरफ़ से हिन्दुओं पर बहुत ज़्यादतियाँ हुईं और यद्यपि हिन्दुओं ने मौक़ा हाथ आ जाने पर उनका जवाब देने में आगा-पीछा नहीं किया लेकिन कुल मिलाकर यह कहना ही होगा कि मुसलमान बादशाहों ने सख़्त से सख़्त ज़ुल्म किए। हम यह भी मानते हैं कि मौजूदा हालात में अज़ान और क़ुर्बानी के मौक़ों पर मुसलमानों की तरफ़ से ज़्यादतियाँ होती हैं और दंगों में भी अक्सर मुसलमानों ही का पलड़ा भारी रहता है। ज़्यादातर मुसलमान अब भी अपनी पुरानी सुलतानी के नारे लगाता है और हिन्दुओं पर हावी रहने की कोशिश करता रहता है। तबलीग़ के मामले में ज़्यादती मुसलमानों ने की और हिन्दुओं की रोज़-ब-रोज़ घटती हुई संख्या के कारण भी किसी हद तक वही हैं। मगर इन सारे कारणों और दलीलों और घटनाओं को नज़र के सामने रखते हुए हम यह कहना चाहते हैं कि हिन्दुओं को इससे कहीं ज़्यादा राजनीतिक धैर्य से काम लेने की ज़रूरत है। इतिहास से उत्तराधिकार में मिली हुई अदावतें मुश्किल से मरती हैं लेकिन मरती हैं, अमर नहीं होतीं।

हिन्दुओं के त्योहारों और जुलूसों के मौक़े पर अक्सर मुसलमानों की तरफ़ से यह तक़ाज़ा होता है कि मसजिदों के सामने नमाज़ के मौक़े पर बाजा और शादियाने न बजाए जाएँ। यह बहुत ही स्वाभाविक माँग है। शोरगुल से निश्चय ही उपासना में विघ्न पड़ता है और अगर मुसलमान इस शोर-गुल को बन्द करने पर ज़ोर देते हैं तो हिन्दुओं को चाहिए कि वह उनकी दिलजोई करें।

अगर धर्म का आदर करना अच्छा है तो हर हालत में अच्छा है। इसके लिए किसी शर्त की ज़रूरत नहीं। अच्छा काम करनेवालों को सब अच्छा कहते हैं। दुनियावी मामलों में दबने से आबरू में बट्टा लगता है, दीन-धर्म के मामले में दबने से नहीं। गोकुशी के मामले में हिन्दुओं ने शुरू से अब तक एक अन्यायपूर्ण ढंग अख़्तियार किया है। हमको अधिकार है कि जिस जानवर को चाहें पवित्र समझें लेकिन यह उम्मीद रखना कि दूसरे धर्म को माननेवाले भी उसे वैसा ही पवित्र समझें ख़ामख़ाह दूसरों से सर टकराना है। गाय सारी दुनिया में खाई जाती है, उसके लिए क्या आप सारी दुनिया को गर्दन मार देने के क़ाबिल समझेंगे?

अगर हिन्दुओं को अभी यह जानना बाक़ी है कि इन्सान किसी हैवान से कहीं ज़्यादा पवित्र प्राणी है, चाहे वह गोपाल की गाय हो या ईसा का गधा, तो उन्होंने अभी सभ्यता की वर्णमाला भी नहीं समझी। हिन्दोस्तान जैसे कृषि-प्रधान देश के लिए गाय का होना एक वरदान है, मगर आर्थिक दृष्टि के अलावा उसका और कोई महत्त्व नहीं है।

अपनी इसी विप्लवी सामाजिक दृष्टि से मुंशीजी इस हिन्दू-मुस्लिम खींचतान के पीछे काम करनेवाले असली हाथों को देख लेते हैं—

'हिन्दुओं में इस वक़्त गम्भीर नेताओं का अकाल है। हमारा नेता वह होना चाहिए जो गम्भीरता से समस्याओं पर विचार करे। मगर होता यह है कि उसकी जगह शोर मचानेवालों के हिस्से में आ जाती है जो अपनी ज़ोरदार आवाज़ से जनता की छिपी हुई भावनाओं को उभाड़कर उन पर अपना अधिकार जमा लिया करते हैं। वह क़ौम को दरगुज़र करना नहीं सिखाता, लड़ना सिखाता है, उसका फ़ायदा इसी में है। कोई आदमी ऐसी उल्टी बुद्धि का नहीं हो सकता कि उसे इस नाज़ुक मौक़े पर दोनों सम्प्रदायों की आपसी खींचतान के नतीजे न दिखाई दें और अगर है तो हमें उसकी सद्भावना में सन्देह है। इस सन्देह की पुष्टि इस कारण से और भी होती है कि इस आन्दोलन के शुरू करनेवाले और कार्यकर्ता अधिकतर वही लोग हैं जो राजनीतिक मामलों में हिस्सा लेने से कावा काटते रहते हैं या उसमें हिस्सा लेते भी हैं तो आबरू बचाए हुए, वर्ना हिन्दू संगठन के बनारस में आयोजित जलसे में ज़मीदारों और राजाओं की इतनी बड़ी संख्या न दिखाई देती। जिधर देखिये राजे-महराजे और सेठ-महाजन ही नज़र आते थे। उनके पीछे चलनेवालों में अधिकांशत: वे लोग थे जिनका पुश्तैनी पेशा ग़ुलामी है, जिन्हें शुरू से यह शिकायत है कि मुसलमान सरकारी नौकरियाँ हड़प कर जाते हैं और हमारा हाल पूछनेवाला कोई नहीं है, जिनके लिए एक मुसलमान सब-इंस्पेक्टर या कुर्क अमीन की नियुक्ति चीन के इन्कलाब या तुर्की की फतेह से ज़्यादा बड़ी घटना है।'

ग़ुस्सा जो भीतर उबल रहा था, काग़ज़ के पन्ने पर उतर आया। सख़्त-सुस्त जो उन्हें अपनी हिन्दू बिरादरी को कहना था, उन्होंने कह लिया। लेकिन उससे होता क्या है, खूँखार नफ़रत का वह अज़दहा अब भी वैसे ही मुँह बाए खड़ा था और अपनी गर्म-गर्म जहरीली साँसों के बगूले छोड़ रहा था।

कोई और जाने या न जाने, मुंशीजी ख़ूब जानते हैं कि मात्र राजनीतिक एकता से, और वह भी चोटी के कुछ नेताओं की, ज़्यादा कुछ होना-जाना नहीं है। फ़साद की जड़ें बहुत गहरी हैं और उसके अनेक नाम हैं, रूप हैं, स्तर हैं। इतिहास का बहुत-सा कूड़ा-करकट है। वर्तमान सामाजिक जीवन के बहुत से झाड़-झंखाड़ को साफ़ करना होगा। यह एक लम्बा संघर्ष होगा, कठिन संघर्ष होगा। केवल एकता का नाम जपने से एकता नहीं होगी, उस ज़हर को तो मारो जो दोनों के दिलों में रिस रहा है।

निर्मम, निर्भीक सत्य और न्याय—इस संघर्ष में यही दो तुम्हारे सम्बल होंगे बाक़ी सारे हित-नेत छूट जाएँगे। लेकिन डरो मत। सच्चाई से अपनी बात कहो और पूरी बात कहो।

बदनामी से भी न डरो। वह तो मिलेगी और भरपूर मिलेगी और दोनों तरफ़ से मिलेगी। दो झगड़नेवालों के बीच में आनेवाले आदमी को अक्सर दोनों ही के तमाचे खाने पड़ते हैं। वही तो उसका पुरस्कार है।

लोगों का दिमाग़ सही नहीं है। वह तुम्हारे बारे में क्या सोचेंगे-कहेंगे, इसकी चिन्ता छोड़ दो।

सत्य और केवल सत्य का आश्रय लेनेवाले इसी मुक्त निर्व्दन्द्व भाव से मुंशीजी ने 'क़हतुर्रिजाल' लिखा था—अप्रैल 1923 में। उसके छपते-छपते फ़रवरी का महीना आ गया। दंगों का ज़ोर घटने के बजाय बराबर बढ़ता ही जा रहा था। यहाँ तक कि सन् 24 का साल तो उन सबसे आगे बढ़ गया—दिल्ली, गुलबर्गा, नागपुर, जबलपुर, लखनऊ, इलाहाबाद, शाहजहाँपुर, एक के बाद एक सभी शहरों में दंगे हुए और उनमें भी सबसे भयानक उत्तर-पश्चिम सीमान्त प्रदेश में कोहाट का दंगा था, 9-10 सितम्बर 1924 को, जिसमें हिन्दू बुरी तरह मारे गए और हज़ारों की संख्या में अपना घर-बार छोड़कर भागने पर मजबूर हुए।

उसके कारणों की जाँच करने के लिए कांग्रेस ने गांधीजी और मौलाना शौकत अली की एक कमेटी नियुक्त की। दोनों ने कोहाट जाकर मामले की जाँच की, लेकिन उसके कारण के सम्बन्ध में उनका मत एक न हो सका।

गांधीजी को इन दंगों से गहरा मानसिक कष्ट हो रहा था और उन्होंने उनकी पूरी जिम्मेदारी अपने ऊपर लेते हुए इक्कीस दिन के अनशन की घोषणा की—जो कि काफ़ी ख़तरे की बात थी क्योंकि अभी हाल ही में उनका अपेंडिसाइटिस का बहुत संगीन आपरेशन हुआ था और इसी के सिलसिले में उन्हें वक़्त से पूरे चार साल पहले, बिना शर्त जेल से रिहा कर दिया गया था। इस अनशन की घोषणा से देश थर्रा उठा। गांधीजी उन दिनों दिल्ली में मौलाना शौकत अली के घर पर ही थे। इस अवसर का लाभ उठाकर उन्हीं दिनों 26 सितम्बर से लेकर 2 अक्तूबर तक दिल्ली में सब सम्प्रदायों के नेताओं को बुलाकर एकता सम्मेलन का आयोजन हुआ। इधर मुंशीजी ने 30 सितम्बर, 1924 को निगम साहब को लिखा—

'हिन्दू-मुस्लिम फ़सादात का सिलसिला जारी है। मैंने पहले ही पेशीनगोई की थी। वह हर्फ़-ब-हर्फ़ सही साबित हो रही है। हिन्दू सभा दिल्ली में भी शायद समझौता न होने दे। लखनऊ में ज़्यादती हिन्दुओं की तरफ़ से हुई मगर बाद को किसी ने मुँह न दिखाया।'

इसमें शक नहीं, बहुत बुरा ज़माना था। चारों तरफ़ दंगे हो रहे थे और क्या हिन्दू क्या मुसलमान, सबके दिमाग़ों पर उन्हीं दंगों का ज़हर फैल रहा था। कांग्रेस के भी तमाम लोग उसी रंग में रँगे जा रहे थे।

बालकृष्ण शर्मा 'नवीन' ने मुंशीजी को याद करते हुए उन्हीं दिनों के बारे में लिखा—

एक बार वे प्रताप कार्यालय पधारे। मैं उन दिनों प्रताप का सम्पादन करता था। मेरे एक उप-सम्पादक किंचित् विवादी मनोभावना के थे। बातचीत में हिन्दू-मुस्लिम प्रश्न उठ आया। मेरे उप-सम्पादक महाशय आवेश में आकर बोले, 'इस साम्प्रदायिकता को रोकने का दूसरा कोई उपाय नहीं है। हमें ईंट का जवाब पत्थर से देना होगा। तभी काम चलेगा।' प्रेमचन्दजी मुस्कराते हुए सुनते रहे। जब उन महाशय की त्वेषमयी वाणी रुकी तो वे अत्यन्त साधारण स्वर में बोले, 'अरे भाई, इस समय मुसलमानों का मानस रोगयुक्त है।... पागलों के साथ हम भी पागल बन जाएँ तो कैसे काम चलेगा?' वे महाशय बल खाकर पूछ बैठे, 'क्यों साहब, अगर पागल हमारे सामने पेशाब करने लगे तो हम क्या करें?' प्रेमचन्दजी ने शान्ति से कहा, 'ज़रा दूर हटकर खड़े हो जाओ।'

—और अगर वहाँ भी आकर वह यही हरकत करे तो?

—ज़रा और दूर हट जाओ।

मगर वह हज़रत थे हुज्जती, इतने पर भी न माने, बोले—और जो वहाँ भी आकर वह यही हरकत करे?

तब मुंशीजी ने कहा—अमाँ, यह कैसे हो सकता है, वह भलामानस कोई मशक थोड़े ही बाँधे है जो यहाँ-वहाँ सब जगह मूतता ही जाएगा।

'**क़हतुर्रिजाल**' को छापने में निगम साहब को नौ महीने लगे। उसी बीच पाँच महीने में मुंशीजी ने वहीं लमही में रहते हुए, एकता (और स्वराज्य, जो दोनों मुंशीजी के लिए एक ही चीज़ के दो नाम या दो पहलू हैं) की एक सुन्दर कहानी 'बौड़म' लिखी और लिखा एक नाटक जिसका नाम 'कर्बला' था। मुस्लिम इतिहास और परम्परा के अच्छे और नेक पहलुओं से हिन्दुओं को परिचित कराने के लिए 'हज़रत अली' और 'नबी का नीति-निर्वाह'—जैसी चीज़ें भी इसी समय लिखी गईं। उन्माद से लड़ना है। आलस्य करने से नहीं बनेगा। अपनी पूरी शक्ति लगा देनी होगी इस बाढ़ को रोकने में।

'कर्बला' की सूचना निगम साहब को देते हुए मुंशीजी ने 17 फ़रवरी, 1924 को लिखा था—

'मैंने इधर पाँच महीने में अपने नाविल 'रंगभूमि' के साथ एक ड्रामा लिखा है जिसका नाम है 'कर्बला'। इसमें कर्बला के वाक़यात पर तारीख़ी हैसियत को क़ायम रक्खे हुए एक ड्रामा लिखा गया है। मैंने ख़त तो हिन्दी रखा है मगर ज़बान सरासर उर्दू है। ख़्वाह हिन्दी पब्लिक इसकी क़द्र न करे पर मैंने मुसलमान कैरेक्टरों की ज़बान से फ़सीह[1] हिन्दी निकलवाना बेमौक़ा समझा। नाटक इसी हफ़्ते में मतबे[2] में

1. प्रांजल, 2. प्रेस

चला जाएगा। मेरे ही मतबे में। इस वक़्त नज़रसानी कर रहा हूँ। मैं इसे सिलसिलेवार ज़माना में दे दूँ तो क्या राय है? क़िस्सा निहायत दिलचस्प है, निहायत दर्दनाक। मैंने 'माधुरी' में कर्बला पर एक मज़मून लिखा था जिसकी क़द्र भी काफ़ी हुई। कोई वजह नहीं कि उर्दू में ड्रामा मक़बूल न हो। उसमें मुझे मज़मून-निगारी न करनी पड़ेगी, सिर्फ़ ख़त[1] तब्दील कर देना पड़ेगा। बाद को यह सिलसिला किताबी सूरत में निकल जाएगा। इसका यक़ीन रखिए कि मैंने एहतराम[2] को कहीं नज़रअन्दाज़ नहीं होने दिया है। एक-एक लफ़्ज़ पर इस बात का ख़याल रखा है कि मुसलमानों के मज़हबी एहसासात[3] को सदमा[4] न पहुँचे। मक़सद है पोलिटिकल, बाहमी[5] इत्तहाद को बढ़ाना, और कुछ नहीं।'

कर्बला की लड़ाई में उनको अपनी मनचाही विषयवस्तु मिल गई। हज़रत हुसेन कर्बला के मैदान में शहीद हुए थे। मुहर्रम उसी की याद और उसी का मातम है। अक्सर दंगे मुहर्रम के मौक़े पर हुआ करते थे और इसे एक व्यंग्य ही कहना चाहिए कि उसी मुहर्रम की विषयवस्तु में मुंशीजी को एकता का आधार मिल गया।

नाटक की भूमिका में मुंशीजी ने लिखा था—'कितने खेद और लज्जा की बात है कि कई शताब्दियों से मुसलमानों के साथ रहने पर भी अभी तक हम लोग प्राय: उनके इतिहास से अनभिज्ञ हैं। हिन्दू-मुस्लिम वैमनस्य का एक कारण यह भी है कि हम हिन्दुओं को मुस्लिम महापुरुषों के सच्चरित्रों का ज्ञान नहीं। जहाँ किसी मुसलमान बादशाह का ज़िक्र आया कि हमारे सामने औरंगज़ेब की तस्वीर खिंच गई। लेकिन अच्छे और बुरे चरित्र सभी समाजों में सदैव होते आए हैं और होते रहेंगे।'

दूसरी प्रेरणा यह थी कि इस कर्बला की लड़ाई में कुछ हिन्दू भी हज़रत हुसेन के साथ लड़े थे। इसके बारे में मुंशीजी ने अपनी भूमिका में लिखा—

'पाठक इसमें हिन्दुओं को प्रवेश करते देखकर चकित होंगे परन्तु वह हमारी कल्पना नहीं है, ऐतिहासिक घटना है। आर्य लोग वहाँ कैसे और कब पहुँचे, यह विवादग्रस्त है। कुछ लोगों का ख़याल है, महाभारत के बाद अश्वत्थामा के वंशधर वहाँ जा बसे थे। कुछ लोगों का यह भी मत है, ये लोग उन हिन्दुओं की सन्तान थे, जिन्हें सिकन्दर यहाँ से क़ैद कर ले गया। कुछ हो इस बात के ऐतिहासिक प्रमाण हैं कि कुछ हिन्दू भी हुसेन के साथ कर्बला के संग्राम में सम्मिलित होकर वीरगति को प्राप्त हुए थे।'... यानी कि देखो, आज हम-तुम एक-दूसरे का ख़ून बहा रहे हैं और एक दिन वह था जब हमारे पुरुखों ने एक साथ मिलकर अपना ख़ून बहाया था!

लेकिन इतने से भी बस नहीं है। स्वाधीनता-संग्राम भी उसी के साथ घुला-मिला है। कर्बला का युद्ध भी धर्मयुद्ध था और यह स्वाधीनता का युद्ध भी धर्मयुद्ध है। उन हुसेनी हिन्दुओं के मुँह से भारतस्तुति कराना भी मुंशीजी नहीं भूले।

मगर किताब अभागी थी, इसमें सन्देह नहीं। मुंशीजी ने उसे अपने प्रेस में छापना शुरू कर दिया था सही, लेकिन प्रेस बेचारा तो ख़ुद कौड़ी-कौड़ी को मुहताज हो रहा था। लेनदार तक़ाज़ों के मारे नाक में दम किए हुए थे। आख़िरकार मुंशीजी ने मजबूर

1. लिपि, 2. सम्मान, 3. भावनाओं, 4. ठेस, 5. आपसी

होकर उसका मुआमला दुलारे लाल भार्गव से किया, छपी हुई किताब लागत पर उन्हें दे दी और फिर उन्हीं के यहाँ से नवम्बर 1924 में उसका प्रकाशन हुआ।

चलिए, जैसे-तैसे छप तो गई। उर्दू में तो उसकी और भी बुरी हालत हुई। पुस्तक के रूप में तो 'कर्बला' शायद कभी निकली भी नहीं, 'ज़माना' में धारावाहिक निकलना भी आसान नहीं हुआ—इस बार मुसलमान पाठकों के भय से, वैसे ही जैसे पिछले साल हिन्दू पाठकों का भय 'क़हतुर्रिजाल' के छपने में आड़े आया था। कौन जाने एक हिन्दू लेखक के क़लम से कर्बला का ज़िक्र मुसलमानों को पसन्द न आए।

बड़ी उमंग से मुंशीजी ने यह नाटक लिखा था, एहतराम को कहीं नज़रअन्दाज़ नहीं होने दिया था, एक-एक लफ़्ज़ पर इस बात का ख़याल रक्खा था कि मुसलमानों के मज़हबी एहसासात को सदमा न पहुँचे, नार्मल स्कूल के अपने एक दोस्त मुंशी मुनीर हैदर कुरैशी से उसका तर्जुमा हिन्दी से कराके एडीटर ज़माना को भेजा था और यक़ीनन इस उम्मीद से भेजा था कि उस आग और ख़ून में लिथड़े हुए जमाने में सब लोग उनके इस काम की दाद देंगे। लेकिन जब दूसरों की कौन कहे कुछ मुसलमान बन्धुओं ने ही, जिनमें ज़माना दफ़्तर के भी कुछ लोग थे, उस पर नाक-भौं सिकोड़ी तो उनका जी खट्टा हो गया। कितना ठीक कहा है, होम करते हाथ जलता है।

बहुत दुखी मन से मुंशीजी ने 22 जुलाई सन् 24 को निगम साहब को लिखा—

बेहतर है कर्बला न निकालिए। मेरा कोई नुक़सान नहीं है। न मैं मुफ़्त का ख़लजान[1] सर पर लेने को तैयार हूँ। मैंने हज़रत हुसेन का हाल पड़ा, उनसे अक़ीदत[2] हुई, उनके जौक़े-शहादत[3] ने मफ़्तूँ[4] कर लिया। उसका नतीजा यह ड्रामा था। अगर मुसलमानों को यह भी मंजूर नहीं है कि किसी हिन्दू की ज़बान व क़लम से उनके किसी मज़हबी पेशवा या इमाम की मद्‌हसराई[5] भी हो तो मैं इसके लिए मुसिर[6] नहीं हूँ। इस कार्ड का जवाब देना तो फ़िज़ूल है, हाँ हजरत अहसन के नोट के मुताल्लिक़ कुछ अर्ज़ करना चाहता हूँ।

आप फ़रमाते हैं कि शिया हज़रात यह नहीं पसन्द कर सकते कि उनके किसी मज़हबी पेशवा का ड्रामा तैयार किया जाए। शिया हज़रात अगर मज़हबी पेशवा की मसनवी पढ़ते हैं, अफ़साने पढ़ते हैं, मर्सिये सुनते और पढ़ते हैं तो उन्हें ड्रामा से क्यों एतराज हो? क्या इसलिए कि एक हिन्दू ने लिखा है!

तारीख़[7] और तारीख़ी ड्रामा में फ़र्क़ है, जैसा आप ख़ुद तसलीम करते हैं। तारीख़ी ड्रामा ख़ास कैरेक्टरों में तो कोई तग़ैयुर[8] नहीं कर सकता, मगर सानवी[9] कैरेक्टरों के तबद्‌दुल और तर्मीम, यहाँ तक कि तख़लीक़[10] में भी उसे आज़ादी है। हज़रत असग़र की उम्र 6 माह की थी, लेकिन बाज़ रिवायतों में 6 साल की भी लिखी हुई है। मैंने वही रिवायत अखतियार की जो मेरे मुआफ़िक़ हाल थी। अगर बिलफ़र्ज़ ऐसी रिवायत न भी हो तो हज़रत असग़र इस ड्रामे के कोई ख़ास कैरक्टर नहीं हैं।

---

1. झंझट, 2. श्रद्धा, 3. बलिदान-भावना, 4. मोहित, 5. स्तुति, 6. आग्रहशील, 7. इतिहास, 8. परिवर्तन, 9. गौण, 10. सृष्टि

यज़ीद की इख़लाकी हैसियत मुझ से कहीं ज़्यादा पस्त मुअर्रख़ीन[1] ने कर दी है। मैं मजबूर था। मैंने तो सिर्फ़ उसकी शराबखोरी और ऐशपसन्दी का जिक्र किया है। शराबख़ोर था ही। ख़ुलफ़ाए राशिदीन के बाद और जितने ख़ुलफ़ा हुए सब पीते थे और धड़ल्ले से पीते थे। देखिए यजीद के मुताल्लिक़ मौलाना अमीर अली क्या फ़रमाते हैं—

Yezid was both cruel and treacherous; his depraved nature knew no pity or justice. His pleasures were as degrading as his companions were low and vicious. Drunken riotousness prevailed at court.

तारीख़ी हैसियत से आपने साहस राव के तदाखुल[2] पर एतराज किया है। बेशक क़दीम रिवायत में उसका कोई ज़िक्र नहीं। मगर एक रिवायत है जो मैंने रमाला 'आईना' इलाहाबाद से ली है। मुमकिन है वह रिवायत ग़लत हो लेकिन अगर मान लीजिए ज़ेबे-दास्तान[3] ही के लिए ली गई है तो ड्रामा तारीख़ तो नहीं है। इससे किसी तारीख़ी कैरेक्टर पर असर नहीं पड़ता। इन कैरेक्टरों की मंशा है हिन्दुओं का हज़रत हुसेन पर फ़िदा हो जाना। उनका वजूद[4] भी इसीलिए हुआ है। यह ड्रामा तारीख़ी होने के साथ पोलिटिकल है।

अदबी हैसियत के मुताल्लिक़ आपके एतराज को बसरो-चश्म[5] तसलीम करता हूँ। मैंने कभी अदीब होने का दावा नहीं किया। मुझे लोग ज़बरदस्ती इन्शापरदाज़ और सेह्रनिगार[6] और अल्लम-ग़ल्लम लिख दिया करते हैं। मैं बात को सीधी तरह सीधी ज़बान में कह देता हूँ। रंगआमेज़ी और इन्शापरदाज़ी से क़ासिर हूँ और जब ड्रामा इसलिए तैयार किया गया है कि हर ख़ास-ओ-आम इसे पढ़े तो ज़बानआराई[7] और भी बेमौक़ा हो जाती है। बहरहाल मैं ड्रामे की इशाअत के लिए मुसिर नहीं हूँ। इसलिए यह बहस मुल्तवी और ख़त्म हो गई। ख़्वाजा हसन निज़ामी ने 'कृष्ण बीती' लिखी, एक हिन्दू नक़्क़ाद ने उसकी तारीफ़ की सिर्फ़ इसलिए कि मौलाना ने कृष्ण से अपनी अक़ीदत का इज़हार किया था। मेरा भी यही मंशा (था)। अगर हसन निज़ामी को वह आज़ादी हासिल है और मुझे नहीं है तो मुझे इसका अफ़सोस नहीं।

इन्हीं काग़ज़ी घोड़ों के दौड़ने में, छापें कि न छापें इसी हैस-बैस में पूरे दो बरस निकल गए और इसे नियति का बहुत ही क्रूर व्यंग्य समझना चाहिए कि जब दो बरस बाद उसके छपने की नौबत आई (जुलाई 1926 से अप्रैल 1928 तक क्रमशः प्रकाशित) तब तक उसकी सामयिक उपयोगिता में रत्ती-भर अन्तर न आया था! मारकाट के बाज़ार में कहीं मन्दी या गिरावट का नाम न था! क्या 25 और क्या 26 और क्या 27 और क्या...

1. इतिहासकारों, 2. प्रवेश, 3. कथा के अलंकरण, 4. जन्म, 5. सर-आँखों पर, 6. क़लम का जादूगर, 7. भाषा की सजावट

यह मई 25 की ही बात है कि गांधीजी ने कलकत्ते के मिर्ज़ापुर पार्क में बोलते हुए कहा था कि अगर ख़ून बहाना ज़रूरी ही हो तो फिर मर्दों की तरह जी खोलकर एक-दूसरे का ख़ून बहाओ, काट फेंकों ममता-माया को, व्यर्थ का आडम्बर है। सन् 26 के पैर भी वैसे ही ख़ूनी कीचड़ में सने हुए थे। 6 अप्रैल, 1926 को लार्ड इरविन ने भारत में पदार्पण किया और, जैसे कि उनके स्वागत के लिए, 5 अप्रैल को कलकत्ते में ऐसा भयानक दंगा हुआ जैसा कि मुल्क ने उसके पहले देखा न था। सैकड़ों मरे और घायल हुए। न जाने कितनी दूकानें लुटीं, कितने घरों को आग लगाई गई, कितनी औरतों को हैवानों ने अपनी भूख का चारा बनाया।

सन् 27 उससे भी दस क़दम आगे निकल गया। सबसे भयानक दंगा 3 और 7 मई के बीच लाहौर में हुआ—जो कि 'रंगीला रसूल' की अन्तिम विदाई थी। हाईकोर्ट ने उसके अभियुक्तों को बरी कर दिया था।

उस साल देश-भर में कुल मिलाकर पच्चीस दंगे हुए, जिनमें से दस अकेले संयुक्तप्रान्त में हुए। सैकड़ों मरे, हज़ारों घायल हुए। लेकिन साहब, यह मुंशीजी भी अपने ढंग के एक ही आदमी हैं। हवा जितनी ही प्रतिकूल बहती है, उनका जोश उतना ही ज़्यादा उभरता है। कमाल है कि थकावट भी नहीं मालूम होती। साल के साल...

हल की मूठ नहीं पकड़ी कभी, मगर जीवट उसी किसान का है जो ऊसर-बंजर को जोतने का कलेजा रखता है, बरखा हो बूँदी हो, ओला हो पाला हो...

और अर्जुन का एकोन्मुख लक्ष्य। ठेस लगी, गहरी ठेस लगी उर्दू 'कर्बला' को लेकर, कुछ अन्दाज़ा हुआ कि खाई कितनी गहरी है, ज़हर कितना ज़हरीला है।

मगर उससे क्या। यह भी एक अनुभव है। काम तो जो करना है, करना है। कठिन काम है, टेढ़ा काम है, इसीलिए तो और भी करना है। इन छोटे-मोटे झटकों से उसका क्या बनता-बिगड़ता है। जिस रास्ते को एक बार ठीक समझ कर पकड़ लिया उस पर तो फिर चलना होगा आख़ीर तक...वह आसान रास्ता भी नहीं है, वक़्ती समझौतों का, जैसा कि राजनीतिक नेता समझते हैं। उससे कुछ नहीं होने का, कुछ भी नहीं। वह तो निर्मम संघर्ष का रास्ता है, हर झूठ के ख़िलाफ़, हर पाखंड के ख़िलाफ़, सच्चाई की तह तक पहुँचने के लिए। न इसके साथ मुरौवत, न उसके साथ। मन के भीतर विष की एक गाँठ है, सबके। उसको पहले काटना होगा। फिर नए मन की रचना होगी, नई साफ़ मिट्टी से, नए साफ़ पानी से...

लेकिन यह सब तो बहुत आगे की बातें हैं।

अभी 1922 की जनवरी-फ़रवरी है और स्कूल के मैनेजर महाशय काशीनाथ से मुंशीजी की अनबन इधर महीनों से चल रही है। हर रोज़ एक न एक फितना खड़ा रहता है। महाशयजी को सबसे बड़ी शिकायत मुंशीजी से यह है कि उनका प्रबन्ध कच्चा है, कोई ठीक से काम नहीं करता, न चपरासी न मास्टर, सब अपने मन के राजा हो रहे हैं, अनुशासन का तो जैसे नाम-निशान ही मिट गया! उनके पास झींखने को, खुचड़ निकालने को हरदम एक न एक कारण उपस्थित रहता। मुंशीजी बहुत बार तो सुनी अनसुनी कर जाते लेकिन कभी उन्हें बात बुरी भी लग जाती। यह ठीक है कि मुंशीजी

में वह प्रबन्ध-पटुता नहीं थी जिसका एक ज़रूरी हिस्सा मातहतों की डाँट-फटकार है। महाशय काशीनाथ को दूसरा कुछ आता न था। अब तक इसी ढंग से उन्होंने काम चलाया था। मुंशीजी बड़ी शान्ति से, मेल-मुहब्बत से काम करने के आदी थे। मुमकिन है इससे काम में कहीं कुछ ढीलापन भी आ जाता हो, लेकिन मुंशीजी को वह ढीलापन भी मंजूर था, डाँट-फटकार करते रहना मंजूर नहीं था। इस तरह दो विरोधी स्वभावों के टकराव के लिए पहले रोज़ से ज़मीन मौजूद थी। प्राइवेट स्कूल का मैनेजर अपने को सहज ही स्कूल का बादशाह समझता है। टक्करें होने लगीं। फड़के जी का कहना है कि इन झगड़ों की सबसे बड़ी वजह महाशय काशीनाथ की खुचड़बाज़ी थी।

फड़के जी शुरू से मारवाड़ी विद्यालय में थे। मुंशीजी के साथ भी उन्होंने काम किया और मुंशीजी के चले जाने पर स्कूल के हेडमास्टर बने।

महाशय काशीनाथ मुंशीजी से भले नाराज़ हों पर मास्टर सब बहुत ख़ुश थे। मुंशीजी का सबसे दोस्ताना था, इंटरवल में सब लोग उन्हीं के कमरे में जमा होते और मुंशीजी दिन-भर की ख़बरें और जाने कहाँ-कहाँ के चुटकले सुनाया करते। आनन-फानन वक़्त बीत जाता। मुमकिन है यह भी महाशयजी को बुरा लगता हो, क्योंकि आम तौर पर हेडमास्टर अपने मातहतों से इतना दोस्ताना क़ायम करते नहीं देखे जाते। फड़के जी का कहना है कि मुंशीजी कभी किसी मास्टर के काम में दख़ल नहीं देते थे, यहाँ तक कि मुआइने के लिए दर्जों में भी न जाते थे।

बेहद सादगी से, दानाख़ोरी में एक छोटा-सा मकान लेकर रहते थे। ख़ुद खुर्री चारपाई पर बैठते और मुलाक़ातियों के लिए भी बस लकड़ी की दो-एक कुर्सियाँ रख छोड़ी थीं।

कोई टीमटाम नहीं, कुर्सी की शान नहीं—कौन जाने यह बातें भी महाशय जी को अच्छी न लगी हों।

बहरहाल कारण जो भी रहा हो, दोनों की अनबन अपनी जगह पर एक अटल सच्चाई थी और महाशयजी की जिस 'हमदर्दी' और 'सलामतरवी' का बखान मुंशीजी ने इस नौकरी पर आते समय आज से क़रीब आठ महीने पहले किया था, उसका अब कहीं नाम भी न था। और मुंशीजी ऐसे मामलों में कब किसी को माफ़ करनेवाले। अपने दिल का बुख़ार (इस रहस्य का उद्घाटन भी फड़के जी ने ही किया) उन्होंने 'त्यागी का प्रेम' नाम की एक कहानी लिखकर उतारा जिसमें महाशयजी के एक प्रेम-कांड पर छींटाकशी थी! आख़िरकार साल भी पूरा नहीं होने पाया और मुंशीजी ने 'बहुत तंग आकर' 22 फ़रवरी, 1922 को वहाँ से इस्तीफ़ा दे दिया। पीछे, 14 जुलाई, सन् 22 के अपने ख़त में, मुंशीजी ने बनारस से निगम साहब को लिखा—'मुझे मारवाड़ी स्कूल में जितनी तकलीफ़ हुई उतनी कहीं और हो ही नहीं सकती। मालूम नहीं महाशय से मेरी क्यों अनबन हो गई।'

आठ महीने के भीतर यह सब खेल-तमाशा ख़त्म हो गया और मुंशीजी फिर बनारस पहुँच गए। इस बार नौकरी उनके लिए जैसे पहले से रक्खी थी। बाबू शिवप्रसाद गुप्त ज्ञानमंडल से 'मर्यादा' नाम का एक मासिक निकालते थे, जिसका सम्पादन बाबू सम्पूर्णानन्द करते थे। वह असहयोग आन्दोलन में उन्हीं दिनों पकड़े गए और

स्थानापन्न सम्पादक के रूप में प्रेमचन्द की नियुक्ति हो गई। काफ़ी उत्साह में भरकर उन्होंने 26 अप्रैल को निगम साहब को लिखा—'हिन्दी में आजकल नए रिसालों की धूम है। लखनऊ से एक निकल रहा है, दूसरा कलकत्ते से। दोनों बड़ी-बड़ी तैयारियाँ कर रहे हैं। मज़ामीन की फ़रमाइशें रोज़ाना मौसूल होती हैं। इसलिए उर्दू लिखने की तरफ़ ख़याल ही नहीं गया।'

देहात में रहते थे। 'मर्यादा' में काम करते थे। रोज़ शहर जाना-आना—जैसा कि गाँव में और भी बहुत से लोग करते थे—लेकिन काम अपने मन का था और मुंशीजी सारी थकान के बावजूद ख़ुश थे। पर इसमें सन्देह नहीं कि अपने जी के बहुत से जंजाल उन्होंने एक साथ ही पाल लिये थे। पैसे हाथ में गिनती के और इधर घर बन रहा था, उधर शहर में प्रेस की तैयारी हो रही थी। पुराना, पुश्तैनी घर अब सब के रहने के लिए छोटा पड़ता था, इसलिए यह ख़याल पैदा हुआ कि एक बैठक बन जाए तो कम-से-कम उठने-बैठने का सुभीता हो जाए—और फिर वही बैठक बढ़ते-बढ़ते एक पक्का तिमंज़िला मकान बनती जा रही थी। और उसके साथ ही मुंशीजी की परेशानियाँ भी तिमंज़िला होती जा रही थीं। यहाँ तक कि मकान शुरू करने के कुछ ही रोज़ बाद उनको अपनी ग़लती समझ में आई और उन्होंने 24 जून, 1922 के अपने ख़त में निगम साहब को लिखा—'अगर मुझे मालूम होता कि इस क़दर जल्द मुझे प्रेस खोलना पड़ेगा तो मैंने तामीरे मकान में हाथ न लगाया होता जिसमें अभी तक तक़रीबन दो हज़ार सर्फ़ हो चुके हैं और प्लास्टरिंग, फ़र्श वग़ैरह का काम बाक़ी है...'

अगर मुझे मालूम होता! सरासर अपने को धोखा देने की बात है। मालूम तो हजरत को इस्तीफ़ा देने के रोज़ से था कि अब वह प्रेस खोलेंगे! दूरंदेश भी वह अपने को किसी से कम नहीं समझते! लेकिन लोग जो कुछ पट्टी पढ़ा देते हैं—'उस ग़रीब का इसमें क्या क़सूर! बहरहाल अब तो ग़लती हो ही गई और मकान जब इतना बनकर खड़ा हो गया तो जैसे भी हो उसे पूरा करना ही होगा। उधर प्रेस अलग जान को पड़ा था। जैसे-तैसे कुछ लड़ाई के बाँड बेचकर, जो उस वक़्त ख़रीदे थे, और अपनी दूसरी सब लेई-पूँजी जोड़-बटोरकर क़रीब चार हजार रुपए खड़े हुए लेकिन उतना काफ़ी न था—'मुझे प्रेस के लिए फ़िलहाल पाँच हज़ार दरकार होंगे। प्रेस जमते-जमाते एक हज़ार लग जाएँगे। प्रेस को चलाने के लिए एक हज़ार की फ़िक्र और है। मैंने चार हज़ार का इन्तज़ाम कर लिया है। एक हजार मेरे इन्दौरी भाई साहब दे रहे हैं। अभी कम अज कम एक हज़ार की और ज़रूरत है। आपके यहाँ से सात सौ मिल जाएँ तो गोया एक छोटे से सेकेंड हैंड ट्रैडिल का दाम निकल आए। यह समझ लीजिए कि प्रेस खुल जाने के बाद मेरे अकाउंट में एक कौड़ी भी न रहेगी। इस दाँव पर अपना सब कुछ रखकर क़िस्मत आजमा रहा हूँ। देखूँ क्या नतीजा होता है। वैसे मुंशीजी को अपनी जगह पर यह भी 'यक़ीन है कि साल के अन्दर मैं इस क़ाबिल हो जाऊँगा कि घर बैठे दो-ढाई सौ पैदा कर सकूँ।'

सारी ज़िन्दगी यही सपना देखते रहे कि घर बैठे इतना मिल जाएगा कि दाल-रोटी की चिन्ता से मुक्त होकर अपना लिखना-पढ़ना कर सकूँगा लेकिन सपना सपना रह गया। मगर कोई पूछे कि यह जुआ खेलने की ऐसी क्या ज़रूरत थी आपको! अब तो

आपको अपनी किताबों के लिए प्रकाशक का भी टोटा नहीं था, क्या ज़रूरत थी इस तरह लँगोटी पर फाग खेलने की! मज़े में अपने नाविल लिखते, कहानियाँ और लेख भी महीने में चालीस-पचास दे ही मरते, और आप ख़ामोशी से अपने एक कोने में पड़े रहते, न ऊधो के लेने में न माधो के देने में। मगर नहीं, दिमाग़ का कीड़ा भी तो कोई चीज़ है! बहुत पुराना कीड़ा है, बरसों से काट रहा है! बड़ी-बड़ी योजनाएँ हैं जिनकी सफलता असन्दिग्ध है, कम-से-कम काग़ज़ के पन्ने पर! कोई भी काम शुरू करने के पहले उसका हिसाब ज़रूर अच्छी तरह फैलाकर देख लिया जाता है, यह आप कभी नहीं कह सकते कि वह आँख मूँद कर कूद पड़ते हैं इस तरह के धंधों में! जी नहीं, वह आँख खोलकर गड्ढे में कूदते हैं! यही तो ख़ास बात है मुंशीजी की। और चूँकि उनका हिसाब-किताब आना-पाई तक पक्का रहता है इसलिए आप उन्हें यह बात समझा भी नहीं सकते, उल्टे इस बात का डर ज़्यादा है कि वह अपने बाज़ीगर के खेल जैसे हिसाब-किताब से ख़ुद आप की अक़्ल फेर दें और आप भी उनके साथ इस जुए की फड़ पर आ बैठें! ऐसा ही कुछ जादू रहा होगा उनके समझाने में, तब तो उन्होंने अपने साथ तीन और लोगों को घसीट लिया। इन्दौरी भाई, बाबू बलदेव लाल ने अपनी ज़िन्दगी-भर की कमाई दो-ढाई हज़ार लगा दिया। रघुपति सहाय फ़िराक़ भी दो हज़ार लगाकर इस खेल में शरीक हो गए। मुंशी महताब राय ने भी इधर-उधर से जोड़-बटोरकर डेढ़ हज़ार लगा दिया। हाँ, नाना साहब पर, जो एक ही घाघ आदमी थे, मुंशीजी का जादू नहीं चला और उन्होंने थोड़ा खीझकर उनके बारे में निगम साहब को लिखा, 'ताना-बाना से मुतलक उम्मीद नहीं। बड़े शातिर निकले।' मगर ख़ैर, जैसे-तैसे काम शुरू करने भर के पैसे तो उनके हाथ में अपने ही हैं और जब उन्होंने अपना सब कुछ दाँव पर लगाकर क़िस्मत आज़माने का फ़ैसला कर लिया तो फिर उन्हें कौन रोक सकता है। मुंशी दयानरायन ने उनको समझाने की काफ़ी कोशिश की कि यह काम आपके बस का नहीं है, लेकिन कौन सुनता है। यही तो सबसे मज़े की बात थी कि मुंशीजी अपने से ज़्यादा व्यवहार-बुद्धिसम्पन्न किसी को समझते ही न थे। हिसाब में कहीं चूक हो तो कहिए, वह आपकी बात मानेंगे, मगर उसमें चूक कहाँ, वह तो मुंशीजी का तैयार किया हुआ हिसाब है, जिधर से भी देखें उसमें नफ़ा ही दिखाई देगा। उसे भी एक नज़र बाँधने का खेल ही समझिए, फ़र्क़ बस इतना है कि सबसे पहले जादूगर ख़ुद अपने जादू के असर में है! लिहाज़ा अगर डूबना है तो मुंशीजी ख़ुद पहले डूबेंगे—मगर अपने साथ यार को भी ले डूबने की पूरी तैयारी है! छोड़ो भी, कहाँ का डूबना कहाँ का क्या, कैसी मनहूस बात करते हो, मुंशीजी तो साल ही भर बाद सबको मुनाफ़ा देनेवाले हैं। कोई मज़ाक़ है, मुंशीजी बिजनेस करने निकले हैं, देखिए कैसे-कैसे करिश्मे दिखलाते हैं।

इसी बीच क्या हुआ कि जुलाई के महीने में आकर उनकी 'मर्यादा' वाली नौकरी ख़त्म हो गई। 7 जुलाई, 1922 को मुंशीजी ने निगम साहब को सूचना दी, 'यहाँ ज्ञानमंडल से अलहदा हो गया। बाबू साहब ने स्टाफ कम कर दिया है।' लेकिन मुंशीजी को दूसरी जगह काम दिलाने का बाबू साहब यानी बाबू शिवप्रसाद गुप्त ने पूरा ख़याल रखा। काशी विद्यापीठ अभी हाल ही में स्थापित हुआ था—जब कि देश में और भी कई

जगह कांग्रेस की प्रेरणा और उद्योग से राष्ट्रीय विद्यालयों की स्थापना हुई थी। मुंशीजी ज्ञानमंडल से अलग होकर सीधे विद्यापीठ पहुँच गए और उन्हें 'विद्यापीठ के स्कूल महकमे की हेडमास्टरी मिल गई।' देहात से आते-जाते थे, काफ़ी दूर पड़ता था, लेकिन ख़ैर अब तक दिन की नौकरी थी, चल जाता था। अब तो स्कूल का मामला था, और सबेरे का स्कूल, गाँव में रहकर नहीं चल सकता था। लिहाज़ा मुंशीजी कबीरचौरे पर घर लेकर रहने लगे—आशा भवन। कैसा एक व्यंग्य था इस नाम में मुंशीजी के लिए! कैसी-कैसी आशाएँ लेकर प्रेस खोला जा रहा था!

निगम साहब ने नौकरी की बात पर कदाचित् शंका प्रकट की कि आप एक तरफ़ तो प्रेस खोलने की तैयारी कर रहे हैं और दूसरी तरफ़ स्कूल में नौकरी, दोनों एक साथ कैसे चलेगा, तो मुंशीजी ने उसका समाधान करते हुए 14 तारीख़ को लिखा—'विद्यापीठ में आरज़ी[1] तौर पर गया हूँ। बाबू भगवानदास जी ने स्कूल का हिस्सा मेरे सिपुर्द कर दिया है। दख़ल नहीं देते। इसलिए कोई तरद्दुद नहीं। ज्ञानमंडल में भी काफ़ी आराम था। विद्यापीठ में ख़िदमत का मौक़ा है, और आराम भी।'

प्रेस की तैयारी ज़ोर-शोर से चल रही थी। वही ख़ास चीज़ थी। सारी आशाएँ उसी से लगी हुई थीं। उधर 'प्रेमाश्रम' की बिक्री अच्छी हो रही थी—साल सवा साल में एक हज़ार प्रतियाँ निकल गई थीं। मुंशीजी ने काफ़ी उत्साह में भरकर लिखा—'नया नाविल एक हज़ार निकल गया। अब क़िस्सों का मजमूआ निकलनेवाला है। मुझे मालूम होता है कि शायद एक नाविल और अच्छा लिखकर मैं खानानशीन हो सकता हूँ। हसबे ज़रूरत घर बैठे मिल जाएगा।'

कैसी क्रूर मृगछलना है जिसके पीछे सारी ज़िन्दगी ग़रीब दौड़ता रहा! लेकिन बुरा भी क्या है। हर आदमी तो किसी न किसी चीज़ के पीछे दौड़ता है। अच्छा ही है कि मुंशीजी जिस चीज़ के पीछे दौड़ रहे थे, वह पैसा न था, अधिकार भी न था, झूठी सामाजिक प्रतिष्ठा भी न थी, बस एक मृगछलना थी। उसमें और कुछ हो न हो, कम-से-कम आत्मा का गौरव अक्षत रहता है। काम की भीड़ में जीने का उन्हें अभ्यास है। उसी में वह ख़ुश भी रहते हैं। और आजकल काम ही काम है। इधर घर बन रहा है उधर प्रेस की तैयारी हो रही है—क़लम अलग तेज़ी से चल रही है। और क्यों न चले क़लम तेज़ी से जब कि लक्ष्य स्पष्ट है। सबसे पहले तो लोगों को असहयोग के लिए तैयार करना है, वातावरण भर देना है विदेशी सत्ता से असहयोग की गूँज से। असहयोग यानी बहिष्कार, विदेशी चीज़ों का, कचहरी-अदालत का, सरकारी-नौकरियों का, सरकारी स्कूल-कालेज का, कौंसिलों का, नशीली चीज़ों का। उन सब चीज़ों का जिनकी मदद से विदेशी सत्ता यहाँ पर क़ायम है।

अच्छी बात हो चाहे बुरी, कहानियाँ आजकल इसी एक धुरी पर घूमती हैं क्योंकि दिलो-दिमाग़ में आजकल वही मसायल गूँजा करते हैं—बड़ी बेचारगी के अन्दाज़ में और जैसे कुछ माफ़ी-सी माँगते हुए उन्होंने यह बात ताज साहब को लिखी थी। 'क़िस्सों

1. अस्थायी

में भी वही ख़यालात झलकते हैं। और अदबी रसाइल[1] में उनकी गुंजाइश नहीं।' अदबी रसाइल में जिस बात और जिस तर्ज़े-बयान की क़द्रदानी है, उसमें मुंशीजी को मुतलक दिलचस्पी नहीं है। ज़मीन-आसमान के कुलाबे मिलानेवाली ख़याली बातें और उन्हें तोड़-मरोड़कर, उलझाकर, ढेरों रंग चढ़ाकर पेश करने का अन्दाज़—इससे क्योंकर मेल खाये मुंशीजी का अपना ढंग जहाँ एक यों ही सादा मिज़ाज इस वक़्त और भी ज़्यादा सादगी के लिए कोशिश कर रहा हो ताकि उसकी बात ज़्यादा से ज़्यादा लोगों तक पहुँच सके। इसीलिए अपने उस ख़त में मुंशीजी ने ताज को लिखा—"आजकल लाहौरी रिसालों में लिखते हुए तबीयत हिचकिचाती है। मैं वह ज़बान नहीं लिख सकता जिसका आजकल अक्सर रिसालों में नमूना नज़र आता है...इस रंग का उनसुर[2] है सीधी-सी बात को तशबीहात[3] और इस्तआरात[4] में बयान करना। मैं इस रंग की तक़लीद[5] से क़ासिर[6] हूँ। ताजवर साहब भी इसी रंग के मुक़लिद[7] थे, और मुआफ़ कीजिएगा हज़रत बेदिल भी इसके दिलदादा[8] नज़र आते हैं। ऐसे रंगीननवीसों को मेरी रूखी-फीकी तहरीर क्या पसन्द आएगी। यह महज़ आपका इसरार है जिसने मुझे 'मख़ज़न' के लिए क़लम उठाने पर मजबूर किया।"

मुंशीजी का अपना रंग है, अपनी राह है, और कहीं भटकाव नहीं है। असहयोग स्वराज्य के लिए है। उस स्वराज्य की तस्वीर दूसरे लोगों के दिमाग़ में साफ़ हो या न हो, गांधीजी ने भी उसे चाहे गोल-मोल ही रक्खा हो, मुंशीजी के मन में कोई दुविधा नहीं है—स्वराज्य का मतलब है किसान-मज़दूर जनता का राज, कुछ वैसी ही चीज़ जैसी कि बोलशेविकों ने अपने यहाँ क़ायम की है, और उसको हासिल करने की पहली जो शर्त है, किसान और मज़दूर की एकता, उसका मन्तर भी हवा आकर उनके कान में फूँक गई है।

और यह असहयोग और स्वराज्य दोनों कड़ियाँ हैं उस पुराने स्वप्न की, व्यवहार से स्वप्न तक का सेतु—स्वप्न वही पुराना जो दुनिया के सब ऋषियों का स्वप्न रहा है कि मनुष्य अपनी क्षुद्रताओं से ऊपर उठकर देवत्व की ओर बढ़ सके और एक ऐसा मानव समाज बने जिसमें सब बराबर हैं और कोई किसी का ख़ून नहीं चूस सकता। इस स्वप्न को चाहे जिस नाम से पुकार लो, मुंशीजी को इससे बहस नहीं है। वह नाम शायद सब ठीक होंगे—और सब उतने ही ग़लत! नाम के फेर में पड़ते ही क्यों हो, वह तो छिलका है, उसे छीलकर देखो, अन्दर क्या है। हाँ अगर नाम के बिना तुम्हारा काम किसी तरह नहीं चलता तो लो मैं दो नाम देता हूँ—जनतावाद, लोकवाद। 'जनतंत्र' नहीं, उसमें तो धोखा है। सभी अपने को जनतंत्र कहते हैं लेकिन जनता उसमें कहाँ है! नाम अनगढ़ हो तो क्या, ऐसा होना चाहिए, जिसमें किसी तरह के धोखे की गुंजाइश न रहे।...लेकिन चीज़ को नाम दे देना ही तो काफ़ी नहीं है, उसका बिरवा लोगों के दिल में रोपना होगा। वह बातें लोगों के सामने आनी चाहिए, वैसे चरित्र आने चाहिए—और उसमें भी जहाँ खोट की गुंजाइश हो उसकी सफ़ाई होती चलनी चाहिए।

---

1. साहित्यिक पत्रिकाओं, 2. तत्त्व, 3. उपमाओं, 4. रूपकों, 5. अलंकरण, 6. असमर्थ, 7. अनुकरण करनेवाले 8. प्रेमी

मारवाड़ी विद्यालय से अलग होते ही मुंशीजी ने कहानी लिखी, 'हार की जीत'। उसका नायक शारदाचरण अपनी और अपने एक दोस्त की चर्चा करते हुए कहता है—'हम दोनों ने ही एम.ए. के लिए साम्यवाद का विषय लिया था। (अपने उत्साह में कहानीकार को इसका भी ध्यान नहीं रहा कि हिन्दुस्तान के किसी विश्वविद्यालय में एम.ए. के लिए साम्यवाद का विषय नहीं लिया जा सकता) हम दोनों ही साम्यवादी थे। केशव के विषय में तो यह स्वाभाविक बात थी। उसका कुल बहुत प्रतिष्ठित न था, न वह समृद्धि ही थी जो इस कमी को पूरा कर देती।...मैं ख़ानदान का ताल्लुक़ेदार और रईस था। मेरी साम्यवादिता पर लोगों को कुतूहल होता था। हमारे साम्यवाद के प्रोफ़ेसर बाबू हरिदास भाटिया साम्यवाद के सिद्धान्तों के क़ायल थे लेकिन शायद धन की अवहेलना न कर सकते थे।' यह चुटकी ज़रूरी है—वह साम्यवादी भी क्या जो साम्यवाद के सिद्धान्तों का तो क़ायल है मगर धन की पूजा से छुटकारा नहीं पा सका। ऐसे ज़बानी जमा-ख़र्च वाले लोगों से उनकी सदा की दुश्मनी है, वह चाहे फिर किसी खेमे के हों, किन्हीं सिद्धान्तों के माननेवाले हों।

प्रोफ़ेसर भाटिया की बेटी लज्जा ऐसी न थी, 'वह केवल सिद्धान्तों की भक्त न थी, उनको व्यवहार में लाना चाहती थी।' शारदाचरण उसके प्रेम का भिखारी है लेकिन उसका झुकाव ग़रीब केशव की ओर है। शारदाचरण से लज्जा दो टूक बातें करती है—

'...मैं जानती हूँ कि इस समय तुम्हें कुल-प्रतिष्ठा और रियासत का लेशमात्र भी अभिमान नहीं है। लेकिन यह भी जानती हूँ कि तुम्हारा कालेज की शीतल छाया में पला हुआ साम्यवाद बहुत दिनों तक सांसारिक जीवन की लू और लपट को न सह सकेगा।'

इसके जवाब में शारदाचरण कहता है—'जिन कारणों से मेरा साम्यवाद लुप्त हो जाएगा, क्या वह तुम्हारे साम्यवाद को जीता छोड़ेगा?'

लज्जा साहस के साथ उत्तर देती है—'हाँ, मुझे पूरा विश्वास है कि मुझ पर उनका ज़रा भी असर न होगा। मेरे घर में कभी रियासत नहीं रही और कुल की अवस्था तुम भली-भाँति जानते हो।...मुझे वह दिन नहीं भूला है जब मेरी माता जीवित थीं और बाबूजी ग्यारह बजे रात को प्राइवेट ट्यूशन करके घर आते थे।'

कहानी कमज़ोर है, आदर्शवादी ढंग से उसका समापन होता है, शारदाचरण कुछ रोज़ एक अमीर लड़की के प्रेम में भटक-भटकाकर आख़िरकार त्याग और सेवा की इस मूर्ति लज्जा के पास लौट आता है। मुंशीजी के कोश में त्याग और सेवा प्रेम के ही पर्यायवाची शब्द हैं। इससे ज़्यादा वह कुछ नहीं जानते और न उन्होंने जानने की कभी कोशिश की। वह गली उनके लिए अनजानी है, न प्रेम के प्रसंग जीवन में आए और न मुंशीजी अपने किसे-कहानियों में कभी ढंग से उन्हें निभा ही पाए।

'संग्राम' नाटक जो उन्होंने कानपुर में ही शुरू कर दिया था, उस पर बराबर काम चल रहा था। 16 जून, 1922 के अपने ख़त में उन्होंने निगम साहब को लिखा था—'आजकल एक ड्रामा लिखने में और अपने घर की तामीर में ऐसा मसरूफ़ हूँ कि कोई क़िस्सा लिखने का मौक़ा न पा सका।' लेकिन यह बात कुछ ठीक नहीं मालूम पड़ती क्योंकि जुलाई के महीने में उनकी दो बहुत छोटी और बहुत ख़ूबसूरत कहानियाँ छपीं, एक का नाम था 'विध्वंस' और दूसरी का 'स्वत्वरक्षा'।

'विध्वंस' गाँवों में चलनेवाली बेगार-प्रथा के विरुद्ध मुंशीजी की शापवाणी है। किसान अब जगह-जगह उसके विरुद्ध सिर उठाने भी लगा है। यह एक नई वास्तविकता है जो मुंशीजी के इस गहरे विश्वास के साथ मिलकर कि ग़रीब की आह में कुछ अलौकिक शक्ति होती है, यहाँ एक बहुत ही सजीव कहानी बन गई है जिसमें युग की धड़कन है—

'ज़िला बनारस में बीरा नाम का एक गाँव है। वहाँ एक विधवा, वृद्धा, सन्तानहीन गोंडिन रहती थी जिसका भुनगी नाम था। उसके पास एक धुर भी ज़मीन न थी और न रहने का घर ही था। उसके जीवन का सहारा केवल एक भाड़ था। गाँव के लोग प्राय: एक बेला चबैना या सत्तू पर निर्वाह करते ही हैं, इसलिए भुनगी के भाड़ पर नित्य भीड़ लगी रहती थी।...लेकिन जब एकादशी या पूर्णमासी के दिन प्रथानुसार भाड़ न जलता या गाँव के ज़मींदार पंडित उदयभानु पांडे के दाने भूनने पड़ते, उस दिन उसे भूखे ही सो रहना पड़ता था।...वह पंडितजी के गाँव में रहती थी इसलिए उन्हें उससे सभी प्रकार की बेगार लेने का पूरा अधिकार था। इसे अन्याय नहीं कहा जा सकता। अन्याय केवल इतना था कि बेगार सूखी लेते थे। उनकी धारणा थी कि जब खाने ही को दिया गया तो बेगार कैसी। किसान को पूरा अधिकार है कि बैलों को दिन-भर जोतने के बाद शाम को खूँटे से भूखा बाँध दे। यदि वह ऐसा नहीं करता तो यह उसकी दयालुता नहीं है, केवल अपनी हितचिन्ता है। पंडित जी को इसकी बहुत चिन्ता न थी, क्योंकि एक तो भुनगी दो-एक दिन भूखी रहने से मर नहीं सकती थी और अगर मर भी जाती तो उसकी जगह दूसरा गोंड़ बड़ी आसानी से बसाया जा सकता था।'

यह कुछ इस युग की ही बात है कि भुनगी के गले से भी आवाज़ फूटने लगी है—'पंडितजी कौन मेरी रोटियाँ चला देते हैं। कौन मेरे आँसू पोंछ देते हैं। अपना रक्त जलाती हूँ तब कहीं दाना मिलता है। लेकिन जब देखो खोपड़ी पर सवार रहते हैं, इसीलिए न कि उनकी चार अंगुल धरती से मेरा निस्तार हो रहा है! क्या इतनी-सी ज़मीन का इतना मोल है? ऐसे कितने ही टुकड़े गाँव में बेकाम पड़े हैं, कितनी ही बखरियाँ उजड़ी पड़ी हुई हैं। वहाँ तो केसर नहीं उपजती, फिर मुझी पर क्यों यह आठों पहर धौंस रहती है।'

आख़िरकार पंडितजी उससे चिढ़ जाते हैं। तब बुढ़िया के कुछ शुभचिंतक उसको समझाते हैं कि जाकर किसी दूसरे गाँव में क्यों नहीं बस जाती। बुढ़िया किसी तरह इस पर राज़ी नहीं होती—'इस गाँव में उसने अपने अदिन के पचास वर्ष काटे थे। यहाँ के एक-एक पेड़-पत्ते से उसे प्रेम हो गया था। जीवन के सुख-दुख इसी गाँव में भोगे थे।...दूसरे गाँव के सुख से यहाँ का दुख भी प्यारा था।'

मतलब यह कि वह नहीं जाती और फिर एक रोज़ ज़मींदार के गुर्गे आकर उसकी भाड़ खोद डालते हैं। बुढ़िया फिर बनाती है और फिर उसे खोदकर फेंक दिया जाता है। पंडितजी से रू-ब-रू उसकी हुज्जत-तकरार होती है और जब पंडित जी उसे झोपड़ा छोड़कर निकल जाने के लिए कहते हैं तो वह बुढ़िया भुनगी (नाम भी कैसा चुना है!) बिफरकर कहती है—'क्यों छोड़कर निकल जाऊँ? बारह साल खेत जोतने से असामी काश्तकार हो जाता है। मैं तो इस झोपड़े में बूढ़ी हो गई। मेरे सास-ससुर और उनके बाप-दादे इसी झोपड़े में रहे। अब इसे यमराज को छोड़कर और कोई मुझसे नहीं ले सकता।'

तब पंडित जी उसकी पत्तियों के ढेर में आग लगवा देते हैं। भुनगी अपने भाड़ के पास उदासीन भाव से खड़ी यह लंकादहन देखती रहती है और फिर एकाएक उस अग्निकुंड में कूद पड़ती है। भुनगी तो जैसे मर ही जाती है पर उसी आग में सारा गाँव जलकर राख हो जाता है।

'स्वत्व-रक्षा' एक ऐसे दृढ़-प्रतिज्ञ घोड़े की कहानी है जो अपने स्वत्व की रक्षा के लिए 'पक्के सत्याग्रही' की भाँति अन्त तक अपनी आन पर अड़ा रहता है! इतवार उसकी छुट्टी का दिन है। उस रोज़ वह कहीं नहीं जाता। उसके मालिक ने भी उसकी तबीयत को समझकर उस रोज़ के लिए उसकी छुट्टी मान ली है। लेकिन एक इतवार को, सहालग के दिनों में, उसके मालिक के एक दोस्त उसे दूल्हे की सवारी के लिए माँगकर ले जाते हैं। उसके बाद जो-जो तमाशा होता है उसी का यह क़िस्सा है। जीत अन्त में घोड़े की होती है। वह नहीं चलता, नहीं चलता। पीछे से डंडे लगाए जाते हैं (आप दौड़ेगा!) दुम के पास जलता हुआ कुन्दा चलाया जाता है (आँच के डर से भागेगा!) तोबड़े में दाना दिखाया जाता है (दाने के लालच में खट-खट चला जाएगा!) तसले में शराब उँडेलकर सामने रखी जाती है (नशे में आकर ख़ूब चौकड़ियाँ भरने लगेगा!)—लेकिन कोई तरकीब काम नहीं करती, घोड़ा किसी तरह 'एक कटोरे कढ़ी के लिए अपने जन्मसिद्ध अधिकारों को बेचना' क़बूल नहीं करता।

अन्त में एक ही तरकीब कुछ काम करती है—'वह जो खेतों में खाद फेंकने की दोपहिया गाड़ी होती है, उसे घोड़े के सामने लाकर रखिए। इसके दोनों अगले पैर उसमें रख दिए जाएँ और हम लोग गाड़ी को खींचें। तब तो ज़रूर ही पैर उठ जाएँगे। अगले पैर आगे बढ़े तो पिछले पैर भी झख मारकर उठेंगे ही।' लेकिन कोई इस तरह कहाँ तक घोड़े को खींच सकता है। आख़िरकार वह लोग हार-थककर छोड़ देते हैं और घोड़ा अपनी टेक निभा ले जाता है।

कहानी की अन्योक्ति सर्व्वांग है, निर्दोष है—यहाँ तक कि वह अगले पैरों को दोपहिया गाड़ी में रखकर खींचनेवाली तरकीब भी! मांटेग्यू-चेम्सफोर्ड रिफ़ार्म्स जिनका प्रयोग इस समय देश में चल रहा था, इसी क़िस्म की तो एक कोशिश थी कि राष्ट्रीय आन्दोलन को विभाजित करके उसके एक हिस्से को अपने साथ कर लो तो दूसरा हिस्सा देर-सबेर झख मारकर साथ आएगा।

लेकिन अन्योक्ति यह ऐसी है जो कहानी पर भारी नहीं पड़ती और न क़िस्से के मज़े को रत्ती-भर कम करती है। यही उसकी ख़ूबी है। चाहो तो अन्योक्ति को खोल लो और न चाहो तो एक अव्वल दर्जे का लतीफ़ा तुम्हारे सामने है, एक अड़ियल टट्टू की कहानी जो लोगों को नाकों चने चबवा देता है और फिर भी नहीं चलता। कहने की ज़रूरत नहीं कि मुंशीजी के भीतर जो एक शरीर छोकरा है, उसे इस तरह की स्थितियों में विशेष रस मिलता है और वह एक जानवर के सामने इतने बहुत से आदमियों की खिसियाहट की तसवीर ख़ूब मज़ा ले-लेकर उतारते हैं।

अगले महीने 'अधिकार-चिन्ता' नाम की कहानी आई जिसमें मुंशीजी ने टामी(!) नाम के एक बुलडाग की अन्योक्ति से अंग्रेज़ी राज के आने, बढ़ने, जमने और ख़त्म होने की कहानी कही। उद्देश्य स्पष्ट है—उसकी खिल्ली उड़ाकर लोगों के दिल

पर से उसका आतंक दूर करना। लेकिन कहानी कहनेवाले के मन में उसके प्रति इतनी घृणा है कि पतीली आग पर चढ़े-चढ़े मज़ाक़ सब उड़ जाता है और अन्त में बस उसी नफ़रत का एक डला बच रहता है। कहानी शुरू होती है मज़ाक़ के रंग में—

'टामी यों देखने में तो बहुत तगड़ा था। भूँकता तो सुननेवालों के कान के पर्दे फट जाते। डील-डौल भी ऐसा कि अँधेरी रात में उस पर गधे का भ्रम हो जाता। लेकिन उसकी श्वानोचित वीरता किसी संग्राम-क्षेत्र में प्रमाणित न होती थी। दो-चार दफे जब बाज़ार के लेंडियों ने उसे चुनौती दी तो वह उनका गर्व-मर्दन करने के लिए मैदान में आया, और देखनेवालों का कहना है कि जब तक लड़ा जीवट से लड़ा, नखों और दाँतों से ज़्यादा चोटें उसकी दुम ने कीं!...

'अपने यहाँ उसके बहुत से दुश्मन हैं, प्रतिद्वंद्वी हैं, इसलिए वह किसी ऐसी जगह जाना चाहता था जहाँ ख़ूब शिकार मिले, ख़रगोश, हिरन, भेड़ों के बच्चे मैदानों में विचर रहे हों और उनका कोई मालिक न हो, जहाँ किसी प्रतिद्वंद्वी की गन्ध तक न हो, आराम करने को सघन वृक्षों की छाया हो, पीने को नदी का पवित्र जल। वहाँ मनमाना शिकार करूँ, खाऊँ और मीठी नींद सोऊँ। वहाँ चारों ओर मेरी धाक बैठ जाए, सब मुझी को अपना राजा समझने लगें।...'

अपने यहाँ उसकी यह अभिलाषा पूरी नहीं होती, दूसरे कुत्ते उसको अपने 'अधिकार क्षेत्र' से खदेड़कर बाहर कर देते हैं और वह जान छोड़कर भागता है। भागते-भागते एक नदी रास्ते में मिलती है और टामी उस नदी में कूदकर अपनी जान बचाता है। 'कहते हैं एक दिन सबके दिन फिरते हैं। टामी के दिन भी नदी में कूदते ही फिर गए। कूदा था जान बचाने के लिए, हाथ लग गए मोती। तैरता हुआ उस पार पहुँचा, वहाँ उसकी चिर-संचित अभिलाषाएँ मूर्तिमती हो रही थीं।' और इस तरह अंग्रेज़ी साम्राज्य हिन्दुस्तान पहुँच जाता है।

> *'यहाँ बड़े तेज़ नखोंवाले पशु थे जिनकी सूरत देखकर टामी का कलेजा दहल उठता था पर उन्होंने टामी की कुछ परवाह न की। ये आपस में नित्य लड़ा करते थे, नित्य ख़ून की नदी बहा करती थी। टामी ने देखा, यहाँ इन भयंकर जंतुओं से पेश न पा सकूँगा। उसने कौशल से काम लेना शुरू किया। जब दो लड़नेवाले पशुओं में एक घायल और मुर्दा होकर गिर पड़ता तो टामी लपककर मांस का कोई टुकड़ा ले भागता और एकान्त में बैठकर खाता। विजयी पशु विजय के उन्माद में उसे तुच्छ समझकर कुछ न बोलता। अब क्या था, टामी के पौ बारह हो गए।...वह मरकर नहीं जीते जी स्वर्ग पा गया।*
>
> *थोड़े ही दिनों में पौष्टिक पदार्थों के सेवन से टामी की चेष्टा ही कुछ और हो गई। उसका शरीर तेजस्वी और सुसंगठित हो गया। अब वह छोटे-मोटे जीवों पर स्वयं हाथ साफ़ करने लगा। जंगल के जंतु अब चौंके और उसे वहाँ से भगा देने का यत्न करने लगे। टामी ने एक नई चाल चली। वह कभी किसी पशु से कहता, तुम्हारा फ़लाँ शत्रु तुम्हें मार डालने की तैयारी कर*

रहा है, कभी किसी से कहता, फ़लाँ तुमको गाली देता था। जंगल के जंतु उसके चकमे में आकर आपस में लड़ जाते और टामी की चाँदी हो जाती। अन्त में यहाँ तक नौबत पहुँची कि बड़े-बड़े जन्तुओं का नाश हो गया। छोटे-छोटे पशुओं को उससे मुक़ाबला करने का साहस न होता था। उसकी उन्नति और शक्ति देखकर उन्हें ऐसा प्रतीत होने लगा मानो यह विचित्र जीव आकाश से हमारे ऊपर शासन करने के लिए भेजा गया है। टामी भी अब अपनी शिकारबाज़ी के जौहर दिखाकर उनकी इस भ्रान्ति को पुष्ट किया करता था। बड़े गर्व से कहा—परमात्मा ने मुझे तुम्हारे ऊपर राज्य करने के लिए भेजा है। यह ईश्वर की इच्छा है। तुम आराम से अपने घर में पड़े रहो। मैं तुमसे कुछ न बोलूँगा, केवल तुम्हारी सेवा करने के पुरस्कारस्वरूप तुममें से एकाध का शिकार कर लिया करूँगा। आख़िर मेरे भी तो पेट है, बिना आहार के कैसे जीवित रहूँगा और कैसे तुम्हारी रक्षा करूँगा?...

टामी को अब कोई चिन्ता थी तो यह कि इस देश में मेरा कोई मुद्दई न उठ खड़ा हो। वह नित्य सजग और सशस्त्र रहने लगा।...वन के पशुओं से कहता—ईश्वर न करे कि तुम किसी दूसरे शासक के पंजे में फँस जाओ। वह तुम्हें पीस डालेगा। मैं तुम्हारा हितैषी हूँ, सदैव तुम्हारी शुभकामना में मग्न रहता हूँ। किसी दूसरे से यह आशा मत रखो। पशु एक स्वर में कहते—जब तक हम जिएँगे, आप ही के अधीन रहेंगे।

आख़िरकार यह हुआ कि टामी को क्षण-भर भी शान्ति से बैठना दुर्लभ हो गया। वह रात-रात और दिन-दिन भर नदी के किनारे इधर से उधर चक्कर लगाया करता। दौड़ते-दौड़ते हाँफने लगता, बेदम हो जाता, मगर चित्त को शान्ति न मिलती। कहीं कोई शत्रु न घुस आए।...

अन्त में सातवें दिन अभागा टामी अधिकार-चिन्ता से ग्रस्त, जर्जर और शिथिल होकर परलोक सिधारा। वन का कोई पशु उसके निकट न गया। किसी ने उसकी चर्चा तक न की, किसी ने उसकी लाश पर आँसू तक न बहाये। कई दिनों तक उस पर गिद्ध और कौए मँडराते रहे, अन्त में अस्थिपंजरों के सिवा और कुछ न रह गया।

एक-एक कहानी जो इस समय क़लम से निकल रही है उसका सम्बन्ध किसी न किसी रूप में स्वराज्य के आन्दोलन से है। अच्छा सिपाही अपनी एक भी गोली ख़राब नहीं करता। 'चकमा' में विदेशी कपड़ों की दूकान पर धरना बैठा हुआ है, 'दुःसाहस' में शराब की दूकान पर। 'बौड़म' में भी यही सब स्वराज्य-चर्चा है—'बड़े लाट ने गांधी बाबा से यह कहा और गांधी बाबा ने यह जवाब दिया। अभी आप लोग क्या देखते हैं, आगे देखिएगा क्या-क्या गुल खिलते हैं। पूरे पचास हज़ार जवान जेल जाने को तैयार बैठे हुए हैं। गांधीजी ने आज्ञा दी है कि हिन्दुओं में छूतछात का भेद न रहे, नहीं तो देश को और भी अदिन देखने पड़ेंगे।' जिस आदमी को बौड़म का लक़ब दिया गया है उसका बौड़मपन यही है कि वह एक नेक, सच्चा, खुले दिमाग़ का,

निडर आदमी है, सच को सच और झूठ को झूठ कहता है, दाढ़ी-चोटी की हिमाक़त से पाक है और किसी की कलई खोलने में उसे आर नहीं है। मुसलमान है लेकिन उसके भीतर इतनी रवादारी है कि वह गाय की क़ुर्बानी के ख़िलाफ़ बावेला मचाता है और अपने घर में हुई क़ुर्बानी का प्रायश्चित्त इस तरह करता है कि अपनी सवारी का घोड़ा बेचकर तीन सौ फ़क़ीरों को खाना खिलाता है और तब से जब भी कसाइयों को गाएँ लिए जाते देखता है तो क़ीमत देकर उन्हें ख़रीद लेता है। इस तरह वह अब तक दस गायों की जान बचा चुका है। इतना ही नहीं, यह भी उसका बौड़मपन ही है कि जहाँ दूसरे 'दौलत के बन्दे' रात-दिन हिसाब-किताब, नफ़ा-नुक़सान, तेज़ी-मन्दी के सिवाय और कोई ज़िक्र नहीं करते वहाँ यह ख़ुदा का बन्दा ज़िन्दगी को इसके अलावा भी कुछ समझता है। वह अख़बार मँगाता है, स्मर्ना फंड में रुपए भेजना चाहता है, ख़िलाफ़त फंड की मदद करना अपना फ़र्ज़ समझता है। इतना ही नहीं, ख़िलाफ़त का वालंटियर भी है। ऐसा आदमी बौड़म नहीं तो और क्या है! मगर 'काश, आप ऐसे बौड़म मुल्क में और ज़्यादा होते!'—कथावाचक कहता है—'आज मुझे मालूम हुआ कि बौड़म देवताओं को कहा जाता है।'

कहानी के रूप में यह पुष्पांजलि अपने भीतर बैठे हुए एक बौड़म आदमी को भी है—कुछ वैसी ही चीज़ जैसी 'बोध' और 'मरने के बाद' कहानियाँ थीं, अलग खड़े होकर ख़ुद अपने से बातचीत, ताकि अपने इरादे में कमज़ोरी न आए। प्रेस खोलना भी तो एक बौड़मपन ही था। (बाद के एक ख़त में, 2 अगस्त, 1924 को, उन्होंने निगम साहब को लिखा भी, 'वह बुरा वक़्त था जब मेरे सर में यह सौदाए-ख़ाम[1] समाया।') पैसे से भेंट नहीं, और भगवान जाने कभी होगी भी या नहीं, लेकिन झंझटें इतनी कि आदमी पागल हो जाए! और यह तमाम सरदर्द किसलिए? क्या इसीलिए कि दाल-रोटी का सहारा हो जाए? उसके तो और भी पचास रास्ते हैं। तो फिर क्या इसलिए कि दौलत कमाई जाए, जागीर खड़ी की जाए? उसकी मुंशीजी को न तो हवस है और न मुंशीजी इतने नादान हैं कि यह समझें कि ऐसे टुटपुँजिए प्रेस से जागीर खड़ी की जा सकती है। असल बात यह है कि प्रेस देशसेवा के लिए खड़ा किया जा रहा है, बहुत पुराना सपना है वह उनका, लेकिन मुंशीजी इस बात को अपने मुँह से कहना नहीं चाहते, और कहना तो दूर की बात है अपने तईं स्वीकार भी नहीं करना चाहते। इसीलिए बात को हर तरफ़ से छा-छोपकर बिजनेस की शक्ल में पेश करते हैं लेकिन वह ख़ुद को धोखा देने की एक कोशिश से ज़्यादा कुछ नहीं है। सच बात इतनी ही है कि अब वह किसी की ग़ुलामी नहीं करना चाहते, आज़ाद होकर घर बैठना चाहते हैं, लिखना-पढ़ना चाहते हैं। प्रेस हो जाएगा तो मेरी भी नमक-रोटी की सूरत हो जाएगी, गाँव के दस-बीस लोगों की परवरिश का सिलसिला हो जाएगा और फिर अख़बार निकलेंगे, सस्ती-सस्ती किताबें निकलेंगी, लोगों में जागृति पैदा होगी...और भगवान जाने क्या-क्या होगा जो सब बौड़मपने की बातें हैं! अभी पहले प्रेस तो खड़ा हो। ख़ुदा जाने किस क़यामत के दिन खड़ा होगा!

---

1. पागलपन

प्रेस का सामान कुछ कलकत्ते से आ रहा है, टाइप मद्रास से आ रहा है, मशीन विलायत से चल चुकी है मगर अब तक उसका कहीं पता नहीं! एक-दो परेशानी है, पूरा दफ़्तर है परेशानियों का! मकान जो बन रहा है वह अलग एक जी का जंजाल है। ग़रीबी में आटा गीला इसी को कहते हैं।

होते-होते फ़रवरी 1923 की 17 तारीख़ आ गई लेकिन 'आज तक प्रेस नहीं आया। सितम्बर के महीने में वुडराफ़ के पास रुपए रवाना किए गए थे। 4 अक्तूबर को जवाब और रसीद आ ही गई थीं। मालूम हुआ था उसने दो मशीनें रवाना की हैं। दोनों इंश्योर्ड थीं। लेकिन तबसे अब तक कोई ख़बर नहीं। 1 फ़रवरी को मायूस होकर फिर याददिहानी की गई है। देखूँ कब तक पहुँचती हैं। टाइप वग़ैरह जमा कर लिया है और जमा करता जाता हूँ। लेकिन इस तूलानी[1] इन्तज़ार के बाइस[2] हौसला पस्त हुआ जाता है। रुपए की तो कोई कमी नहीं है। साढ़े छः हज़ार की रक़म हाथ में है। हाँ, मेरा मकान तैयार हो गया और होली से उसे आबाद भी कर दिया जाएगा।

लेकिन प्रेस अब भी अधर में लटक रहा था। और साल पूरा होने आ रहा था।

आख़िरकार 22 अप्रैल, 1923 के अपने ख़त में उन्होंने लिखा—

'आज प्रेस के लिए मकान तय हो गया। मशीन आ गई। टाइप, ब्लाक, लकड़ी के केस वग़ैरह पहुँच गए। उम्मीद है कि इस मई के महीने में प्रेस मुकम्मल तौर पर काम करने के क़ाबिल हो जाएगा। अब डिक्लेरेशन दाख़िल करना रह गया है। सोमवार को दाख़िल कर दूँगा। अभी तक नाम नहीं तजवीज़ कर सका। साहित्य प्रेस, सरस्वती प्रेस, संसार प्रेस वग़ैरह नाम ज़ेहन में हैं। आप भी कोई नाम तजवीज़ कीजिए क्योंकि नामों के इंतख़ाब में आपको कमाल है।'

सुबह को मुंशीजी ने यह ख़त लिखा और शाम की डाक से निगम साहब का एक छोटा-सा कार्ड मिला—उनका एक बच्चा जाता रहा!

साल-भर पहले उनके यहाँ एक ख़ुशी का मौक़ा आया था, उनकी लड़की की शादी थी। अपने झमेलों के कारण मुंशीजी उसमें शरीक न हो सके थे और बाद को अपने ख़ास असहयोगी रंग में एक हल्की-सी आपत्ति भी उन्होंने उठाई थी, 31 मई, सन् 22 के अपने ख़त में—

'मेरी बदनसीबी थी कि इस लुत्फ़ में शरीक न हो सका। एतराज सिर्फ़ एक है, आपने अंग्रेज़ हुक्काम की दावत नाहक की। क्या फ़ायदा। क्या अभी आपने शोहरतगंज, ख़लीलाबाद, लखीमपुर वग़ैरह के वाक़ये नहीं देखे? ऐसी हालत में अब हमनवाई बेमौक़ा है ख़्वाह इससे अपना कितना ही ज़ाती नफ़ा क्यों न होता हो।'

और उसके बाद साल भी न बीतने पाया कि बेचारे को यह भारी ग़म उठाना पड़ा! उन्हें पता था बच्चे का शोक कैसा होता है। ऐसे ही वक़्त आदमी दोस्त का सहारा ढूँढ़ता है—जिसके कंधे पर सिर रखकर वह बिला झिझक रो सके, जो उसके ग़म को बाँट सके, जितना एक इनसान के लिए दूसरे का ग़म बाँटना मुमकिन है। मातमपुर्सी के लिए कहे गए रस्मी लफ़्ज़ों से उस वक़्त काम नहीं चलता, उल्टे चिढ़ मालूम होती है।

1. लंबे, 2. कारण

मुंशीजी क़तई दोस्तबाज़ न थे, ज़िन्दगी में उन्होंने बहुत कम दोस्त बनाए लेकिन जो दो-चार थे वह मुंशीजी के बिलकुल अपने थे, सगे। उनका दुख-दर्द मुंशीजी का अपना दुख-दर्द था और ख़ुशी में चाहे वह एक बार शरीक न भी हों, अक्सर नहीं होते थे, मगर ग़म में शरीक होने के लिए नंगे पाँव दौड़ते थे। मुंशीजी ने उसी दम जैसे अपने दोस्त के काँपते हुए हाथों और लड़खड़ाते हुए पैरों को सहारा देते हुए लिखा—

"...कल सुबह एक ख़त लिखा। शाम को आपका कार्ड मिला जिसे पढ़कर निहायत सदमा हुआ। बीमारियाँ और परेशानियाँ तो ज़िन्दगी का ख़ास्सा[1] हैं लेकिन बच्चे की हसरतनाक मौत एक दिलशिकन[2] हादसा[3] है और बर्दाश्त करने का अगर कोई तरीक़ा है तो यही कि दुनिया को एक तमाशागाह या खेल का मैदान समझ लिया जाए। खेल के मैदान में वही शख़्स तारीफ़ का मुस्तहक़[4] होता है, जो जीत से फूलता नहीं और हार में रोता नहीं। जीते तब भी खेलता है और हारे तब भी खेलता है।...हम सबके सब खिलाड़ी हैं मगर खेलना नहीं जानते। एक बाज़ी जीती, एक गोल जीता, हिप-हिप हुर्रे के नारों से आसमान गूँज उठा, टोपियाँ आसमान में उछलने लगीं, भूल गए कि यह जीत दायमी फ़तह की गारंटी नहीं है, मुमकिन है कि दूसरी बाज़ी में हार हो। अलाहाज़ा[5] हारे तो पस्तहिम्मती पर कमर बाँध ली, रोये, किसी को धक्के दिए, फ़ाउल खेला और ऐसे पस्त हो गए गोया फिर जीत की सूरत देखना नसीब न होगी। ऐसे ओछे, तंगनज़र आदमी को मैदान में खड़े होने का भी मज़ाज़ नहीं। उसके लिए गोशए तारीक[6] है और फ़िक्रे शिकम[7]। बस यही उसकी ज़िन्दगी की कायनात[8] है। हम क्यों ख़याल करें कि हमसे ज़िन्दगी ने बेवफ़ाई की? ख़ुदा का शिकवा क्यों करें? क्यों इस ख़याल से मलूल[9] हों कि दुनिया हमारी नेमतों से भरी थाली को हमारे सामने से खींचे लेती है? क्यों इस फ़िक्र से मुतवहिश[10] हों कि कज़्ज़ाक हमारे ऊपर छापा मारने की ताक में है? ज़िन्दगी को इस नुक्तए निगाह से देखना अपने इत्मीनाने-क़ल्ब[11] से हाथ धोना है। बात दोनों तरह एक ही है। कज़्ज़ाक ने छापा मारा तो क्या, हार में सारे घर की दौलत खो बैठे तो क्या? फ़र्क़ सिर्फ़ यह है कि एक जब्र है और दूसरा अख़्तियार। कज़्ज़ाक ज़बर्दस्ती माल पर हाथ बढ़ाता है लेकिन हार ज़बर्दस्ती नहीं आती। खेल में शरीक होकर हम ख़ुद हार और जीत को बुलाते हैं। कज़्ज़ाक के हाथों लूटे जाना ज़िन्दगी का मामूली हादसा नहीं है, लेकिन खेल में हारना और जीतना मामूली बात है। जो खेल में शरीक होगा वह बख़ूबी जानता है कि हार और जीत दोनों ही सामने आएँगी। इसलिए उसे हार से मायूसी नहीं होती, जीत से फूला नहीं समाता। हमारा काम तो सिर्फ़ खेलना है, ख़ूब दिल लगाकर

1. विशेषता, 2. हृदयविदारक, 3. दुर्घटना, 4. अधिकारी, 5. उसी तरह 6. अँधेरा कोना, 7. पेट की चिन्ता, 8. कुल पूँजी, 9. दुःखी, 10. परेशान, 11. हृदय की शान्ति

खेलना, ख़ूब जी तोड़कर खेलना, अपने को हार से इस तरह बचाना गोया हम कौनैन[1] की दौलत खो बैठेंगे, लेकिन हारने के बाद, पटखनी खाने के बाद गर्द झाड़कर खड़े हो जाना चाहिए और फिर ख़म ठोंककर हरीफ़ से कहना चाहिए कि एक बार और!

खिलाड़ी बनकर आपको वाक़ई इत्मीनान होगा। मैं ख़ुद इस मेयार[2] पर पूरा उतरूँगा या नहीं, मगर कम-से-कम अबके पीछे किसी नुक़सान पर इतना रंज न होगा जितना आज से चन्द साल क़ब्ल हो सकता था। मैं अब शायद न कहूँगा कि हाय ज़िन्दगी अकारत गई, कुछ न किया, ज़िन्दगी खेलने के लिए मिली थी, खेलने में कोताही की। आप मुझसे ज़्यादा खेले हैं। हार और जीत दोनों देखी हैं। आप जैसे खिलाड़ी के लिए शिकवए-तक़दीर[3] की ज़रूरत नहीं। कोई गोल्फ़ और पोलो खेलता है, कोई कबड्डी खेलता है। बात एक ही है। हार और जीत दोनों ही मैदानों में हैं। कबड्डी खेलनेवाले को जीत की ख़ुशी कुछ कम नहीं होती। इस हार का ग़म न कीजिए। आपने ख़ुद ही न किया होगा। आप मुझसे मश्शाक़[4] हैं। मैं 5 या 6 तक कानपुर आनेवाला हूँ...

'चौगाने हस्ती' लिखी जा रही है। दुनिया खेल का मैदान है। रंगभूमि। समरभूमि। दोनों एक ही बात है। और चिट्ठी में सूरदास की आत्मा ही नहीं बोल रही है, शब्द भी वही हैं। जो हो, ये सच्चे शब्द हैं, दिल से निकले हुए शब्द हैं, और दिल को दिल से राह होती है। दूसरा आदमी, जो अपने भीतर सह-अनुभूति की सच्चाई का साक्ष्य न पाता, शायद लिख भी न पाता ये शब्द ऐसे अवसर पर, एक तरह की कठोरता है उनमें, बेहिसी, जिसे दूसरा आदमी कुछ का कुछ समझ जा सकता है। लेकिन वही तो मुंशीजी की ख़ास अपनी बात है। तरल भावुकता से उनको घबराहट होती है। उनका आदर्श शायद वह पत्थर है जिसकी पारदर्शी तरलता उसके हृदय देश में ही रहती है और ऊपर पत्थर का खोल रहता है। ताज साहब को एक बार उन्होंने लिखा था—'मैं लिटरेचर को मैस्कुलिन देखना चाहता हूँ।' इन्द्रनाथ मदान को लिखा था—'बँगला साहित्य को मैं बहुत पसन्द नहीं कर पाता। उसमें स्त्री-गुण अधिक है।' निगम साहब को लिखा था—'शायराना हिस मेरे अन्दर शायद है ही नहीं।'

एक ही बात है, जिसे तीन तरह से कहा गया है, और वह बात अकेले साहित्य की नहीं है, पूरे आदमी की है, उसके मिज़ाज की है—और कम-से-कम प्रेमचन्द के यहाँ वह दोनों चीज़ें एक हैं। ख़ुद अपने बेटे के मरने पर अभी तीन साल पहले उन्होंने लिखा था—'तक़दीर ने तो अपनी दानिस्त में मुझे सज़ा दी होगी लेकिन मैं ख़ुश हूँ कि फ़िक्रों का आधा बोझ सर से दूर हो गया।'

कोई लिखता है ऐसी बात अपने बेटे के मरने पर! मगर नहीं, यही मुंशीजी का ढंग है अपने दर्द को छिपाने का। जो सीने में दफ़न रहे वही असल दर्द है और जो छलककर ऊपर आ जाए? जनानापन। लेकिन छलके या न छलके, दर्द जहाँ सच्चा

---

1. तीनों लोक, 2. कसौटी, 3. तक़दीर की शिकायत, 4. अनुभवी

है वहाँ बोल ही जाता है अपनी रहस्यमयी भाषा में—और दूसरा आदमी उसे पहचान लेता है सारे अवगुंठनों को हटाकर!

सच्ची समवेदना, पर नितांत अनौपचारिक, अनलंकृत।

ऐसे ही दो प्रसंग जैनेन्द्रकुमार के जीवन में आए थे। बेटे की मृत्यु पर मुंशीजी ने अब से क़रीब दस साल बाद उनको लिखा था—

> *बच्चा चला गया। ख़त पढ़ते ही पहले तो कलेजा सन्न हो गया, लेकिन फिर मन शान्त हो गया। यही जीवन के कड़वे अनुभव हैं। इन्हें झेले जाओ तो सब कुछ सरल हो जाता है। फिर रोएँ भी तो किसके सामने? कौन देखनेवाला है? किसी को अपना समझें क्यों? अपना केवल इतने ही के लिए समझो कि उसके प्रति हमारे कर्तव्य हैं। ज्ञान-वान तो मैं जानता नहीं। ऐसे आघातों से कलेजे पर घाव लगता ही है। लेकिन लगना चाहिए नहीं। तुम रोये नहीं, इससे मेरा चित्त बहुत शान्त हुआ। तुम यहाँ होते तो तुम्हारी पीठ ठोंकता। यही तो परीक्षा के अवसर हैं।*
>
> *भगवती और माता जी को बहुत समझाना। देवियों का हृदय कोमल होता है। बच्चा उनके अंग का एक भाग-सा था। पैदा होते ही उसी के झगड़ों में लग जाती थीं। अब उन्हें कितना सूना-सूना लगता होगा। माता जी ने दुनिया के सुख-दुख देखे हैं। उनको मैं क्या समझाऊँ। लेकिन भगवती से कहूँगा, धैर्य से काम लो। बच्चे को तुमने जनम दिया, पाला-पोसा, फिर भी वह तुमसे रूठकर चला गया। उसकी स्मृति क्या उससे कम प्यारी है? मैं तो समझता हूँ वह और भी प्यारा हो गया, समझो कि अब तुम्हारी गोद में खेल रहा है, बल्कि तुम्हारे हृदय के अन्दर है। कहीं गया नहीं, भीतर जो बैठा है। अब बाहर की गर्मी-सर्दी, रोग-व्याधि का उस पर कुछ असर न होगा। फिर क्यों रोते हो?*

कितने सच्चे मोती हैं ये, संवेदना की कैसी अतल गहराइयों से निकले हुए! माँ के मरने पर जैनेन्द्र को उन्होंने लिखा—

> *मुझे यह शंका पहले ही थी। इस मर्ज़ में शायद ही कोई बचता है। पहले ऐसी इच्छा थी कि दिल्ली आऊँ लेकिन मेरे दामाद तीन दिन से आए हुए हैं और शायद बेटी जा रही है। फिर यह भी सोचा कि तुम्हें समझाने की तो कोई बात है ही नहीं। यह तो एक दिन होना ही था। हाँ, जब यह सोचता हूँ कि वह तुम्हारे लिए क्या थीं और तुम कैसे उनके सामने आज भी लड़के से बने फिरते थे, तब जी चाहता है तुम्हारे गले मिलकर रोऊँ। उनका वह स्नेह! वह तुम्हारे लिए जो कुछ थीं वह तो थीं ही मगर उनके लिए तुम तो प्राण थे। आँख थे। सब कुछ थे। बिरले ही भाग्यवानों को ऐसी माता मिलती है। मैं देख रहा हूँ, तुम दुखी हो और चाहता हूँ यह दुःख आधा-आधा बाँट लूँ, अगर तुम दो। मगर तुम दोगे नहीं। उसे तो तुम सारे का सारा अपने सबसे निकट स्थान में सुरक्षित रक्खोगे!*

काम से छुट्टी पाते ही अगर आ सको तो ज़रूर आ जाओ। मिले बहुत दिन हो गए। मन तो मेरा भी आने को चाहता है, लेकिन मैं आया तो तीसरे दिन रस्सी तुड़ाकर भागूँगा। तुम—मगर अब तो तुम भी मेरे जैसे ही हो भाई। अब वह बेफ़िक्री के मज़े कहाँ। और सच पूछो तो मेरी ईर्ष्या ने तुम्हें अनाथ कर दिया। क्यों न ईर्ष्या करता—मैं सात वर्ष का था जब माता जी चली गईं। तुम सत्ताईस के होकर मातावाले बने रहे! यह मुझसे कब देखा जाता! अब जैसे हम वैसे तुम। बल्कि मैं तुमसे अच्छा हूँ, मुझे माता की सूरत भी याद नहीं आती। तुम्हारी माता तुम्हारे सामने है और बोलती नहीं, मिलती नहीं!

बेटी के ननदोई दशरथलाल का बड़ा लड़का जगदीश, जो बहुत ही शीलवान और बहुत ही होनहार था, बैलगाड़ी में कहीं जा रहा था। पहाड़ी इलाक़ा, एक तरफ़ गहरा खड्ड था, दूसरी तरफ़ से एक लारी आ रही थी। उसने जो बैलगाड़ी को बीच रास्ते से हटाने के लिए हार्न दिया तो बैल बिचककर भागे और गाड़ी को लिए-दिए नीचे खड्ड में चले गए। बेटी के पति वासुदेव भी उसी गाड़ी में थे। चोट उनको भी काफ़ी लगी मगर जगदीश के तो प्राण ही चले गए। मुंशीजी को ख़बर लगी तो फ़ौरन भागे हुए देवरी पहुँचे। दशरथलाल का बुरा हाल था, बिलकुल पागल हो रहे थे। मुंशीजी ने एक शब्द समझाने-बुझाने या सांत्वना देने के लिए नहीं कहा, और कहा तो यही कहा कि बड़ा भयानक मूल्य चुकाकर आपको यह अनुभव मिला है और निश्चय ही इसका बहुत ज़बर्दस्त असर आपकी ज़िन्दगी पर पड़ेगा। यहाँ-वहाँ से कुछ निरर्थक, उथले शब्द उधार लेकर, झूठी दार्शनिकता के शब्द-जाल से आपकी पीड़ा कम नहीं होगी, बेकार कोशिश है और बेकार ही नहीं अनुचित भी।

यह मातमपुर्सी के शब्द नहीं हैं, किसी के ग़म में शरीक होनेवाले एक दर्दमन्द दिल के बोल हैं, कुछ बेडौल भी हैं—मगर ताक़त देते हैं। क्योंकि झूठ की मिलावट उनमें नहीं है।

कहानी अब फिर पीछे लौटती है। यह 1923 की अप्रैल है। प्रेस के लिए मुंशीजी को एक सुभीते का मकान मिल गया है। प्रेस के लिए नाम भी तय हो गया है, निगम साहब की मदद से—सरस्वती प्रेस। लेकिन अब एक नई मुसीबत का सामना था—वैसे ही जैसे कि चादर अगर छोटी हो तो बदन एक तरफ़ से ढँकने पर दूसरी तरफ़ खुल जाता है।

'मुझे मकान प्रेस के लिए न मिलता था। बड़ी मुश्किलों से एक मौक़े का मकान मिला है। इसमें अब तक डी.ए.वी. स्कूल था। अब स्कूल अपनी नई इमारत में चला गया। मगर पुरानी इमारत में उसने कुछ इज़ाफ़े किए हैं जिसके लिए वह मालिक मकान से 1200 रुपए का तालिब है। मालिक मकान से मेरा समझौता यह हुआ है कि मैं साल-भर तक एक सौ रुपया माहवार के हिसाब से आर्य समाज को दूँ और पचास रुपए के हिसाब से किराए में मिनहा करूँ। आर्य समाज ने यह शर्त मंजूर की है। एक और पुराना प्रेस जो बहुत मशहूर है, लक्ष्मीनारायण प्रेस, इस मकान के लिए उधार खाये बैठा है। 1200 रुपए यकमुश्त देने के लिए आमादा है मगर समाज के दो-एक

मेम्बरों की इनायत से अभी तक उसका आफर मंजूर नहीं हुआ है। अगर मैं यह शर्त न पूरी कर सका तो मकान निकल जाएगा और महीनों की दवा-दविश[1] अकारथ हो जाएगी...मेरे बजट में इस बार सौ की गुंजाइश न थी। आप तीन सौ रुपए दे दें तो तीन महीने तक किराए की फ़िक्र न करनी पड़े। तब तक मुमकिन है प्रेस से कुछ आमदनी होने लगे तो किराया अदा होता जाए।...अगर आपको यकबार देने में तरद्दुद हो तो तीन महीने तक सौ रुपए माहवार दे दें।'

ऐसा नदी के ढहते हुए कगार पर खड़ा बिजनेस मुंशीजी ही कर सकते थे—और उम्मीद मुनाफ़े की फिर भी पूरी बाँधे थे! उस पर से यह चालबाज़ों की दुनिया—झाँसा-पट्टी देनेवालों की कमी थोड़े ही है। और मुंशीजी हैं कि सबका एतबार करने को उधार खाये बैठे रहते हैं। मकान भी हजरत को मिला तो ऐसा जिसमें पहले से एक झगड़ा लगा हुआ है। लेकिन अब वही मकान नज़र पर चढ़ गया है, जैसे भी मिले लिया जाएगा! और वह तो कहिए आर्यसमाज के दो-एक मेम्बरों की कुछ ख़ास इनायत है वर्ना वह लक्ष्मीनारायण प्रेसवाला मकान लिए भागा जाता था, पूरी रक़म यकमुश्त दे रहा था!

बहरकैफ़ वह दे रहा था या नहीं दे रहा था, मुंशीजी ने देकर मकान अपने कब्ज़े में कर लिया। लेकिन मकान हो जाने से ही तो प्रेस खड़ा नहीं हो जाता। साल-भर तो हो गए इसी की दौड़-धूप में।

16 जून, 1922 को उन्होंने निगम साहब को लिखा था, 'मेरा फिर प्रेस खोलने का इरादा है।' 18 जून, 1923 को लिखा, 'अभी प्रेस नहीं खुला। बाबू महताबराय की ज्ञानमंडल से गुलूख़लासी[2] का इन्तज़ार है।'

उसमें तो ख़ैर अभी थोड़ी देर थी, हाँ, मुंशीजी की विद्यापीठ की नौकरी अलबत्ता छूट गई। 3 जुलाई, सन् 23 के अपने ख़त में उन्होंने निगम साहब को लिखा—

'मेरा ताल्लुक़ 1 जुलाई से काशी विद्यापीठ से टूट गया। इंतज़ामिया कमेटी ने स्कूल के इस्तदाई दर्जे तोड़कर बाक़ी कालेज से मिला दिए। हेडमास्टर की ज़रूरत नहीं रही। और मैंने किसी दूसरी जगह पर रहना मंजूर नहीं किया। यह तो ज़ाहिर ही है कि चन्द महीनों के बाद मुझे इस्तीफ़ा देना पड़ता क्योंकि प्रेस के मुताल्लिक़ कुछ न कुछ काम मुझे भी करना ही पड़ता। लेकिन इस वक़्त कुछ तरद्दुद ज़रूर हुआ। अब जब तक प्रेस से कुछ याफ़्त[3] न हो क़लम ही का भरोसा है।'

साझेदारी का काम यों ही ख़तरे का होता है और फिर जहाँ आपस की साझेदारी हो, भाई-बन्द के साथ, दोस्त-अहबाब के साथ, वहाँ तो समझिए कि तलवार की धार पर चलना है। कितनी देर लगती है सम्बन्धों को बिगड़ते। मसल भी मशहूर है, मुरौवत का दही खट्टा होता है। इसलिए अगर साझे में काम करना ही हो तो फिर मुरौवत को उसमें कहीं दख़ल न होना चाहिए और हर चीज़ की बाक़ायदा लिखा-पढ़ी होनी चाहिए, बिलकुल वैसे ही जैसे दो अनजान लोगों के बीच होती है। वर्ना फिर कोई ताक़त नहीं है जो मनमुटाव को रोक सके। उस पर से जहाँ पैसे की तंगी हो वहाँ तो करेला और नीम चढ़ा वाली बात हो जाती है।

---

1. दौड़-धूप, 2. गला छूटने, 3. आमदनी

मुंशीजी ने बहुत दुनिया देखी थी लेकिन यह मोटी बात उनकी समझ में न आई। और अब वह बाबू महताबराय को ज्ञानमंडल से छुड़ाकर इस घर के काम में लगाने पर उतारू थे जब कि प्रेस की हालत यह थी कि मैनेजर की तनख़्वाह का तो ज़िक्र ही क्या, मकान का किराया देना भी उसके लिए दूभर था! बड़ी दबसट में जान पड़ी थी बेचारे महताब की—न भैया की बात टालते बनती थी और न हिम्मत पड़ती थी कि लगी-लगाई नौकरी छोड़ दे। कैसे छोड़ दे, अपनी तनख़्वाह तो मिल जाती है वहाँ एक निश्चित तारीख़ को! काम हो, न हो, कम हो, ज़्यादा हो, इससे बहस नहीं। यहाँ तो उसका भी सहारा नहीं, तनख़्वाह भी अपनी उसी प्रेस से निकालनी पड़ेगी! और जो किसी महीने काम न हुआ या कम हुआ या कहीं पैसा फँस गया तो फिर सोलहों दंड एकादशी है! कहना आसान है, घर का काम देखो! मगर घर का ख़र्च चलने की भी तो कोई सूरत होनी चाहिए। उनका अलग अपना परिवार था, उसके ख़र्च थे। ग़रज़ कि इसी हैस-बैस में महीने-बीस रोज़ का वक़्त निकल गया। लेकिन अन्त में भैया की इच्छा ही सबसे ऊपर रही और तय पाया कि 20 जुलाई से प्रेस का काम शुरू होगा—लेकिन क्या ख़ूब शुरू होगा और क्या किसी का जिगरा होगा वो ऐसे काम में हाथ डाले!

16 जुलाई को मुंशीजी ने निगम साहब को लिखा—

20 से प्रेस का काम शुरू होगा। मगर ख़ाली हाथ। मेरे पास अब कुछ नहीं रहा। कुल आठ हज़ार का तख़मीना किया गया था। मैं 500 ज़ायद ख़र्च कर चुका। अब कहाँ से लाऊँ। दोस्तों को तकलीफ़ देने के सिवा और कहाँ जाऊँ। 400 एक साहब से लिए। अगर आप 300 दे सकें तो एक महीने के लिए कुछ सर हलका हो जाए। एक महीने में ग़ालिबन कुछ आमदनी हो ही जाएगी। शायद उस वक़्त तक बाबू रघुपत सहाय का मौज़ा फ़रोख़्त हो जाए। उसके बाद ही वह मुझे रुपए अदा करनेवाले हैं। मैंने तो आप पर बार न डालने के लिए इतना भी लिखा था कि आप माहवार सौ रुपए दे दें तो मैं मकान के किराए से सुबुकदोश[1] हो जाऊँ।

आपकी तरद्दुदात का अन्दाज़ा कर रहा हूँ। जानता हूँ कि मकान की तरमीम में काफ़ी रक़म सर्फ़ करना पड़ेगी। मगर मेरा मकान भी तो अभी पूरा नहीं हुआ, सिर्फ़ गुज़र करने के क़ाबिल हो गया है। अभी एक हज़ार और लगें तो मुकम्मल हो। उसे मैंने ज़्यादा इत्मीनान के मौक़े के लिए टाल दिया है। और क्या अर्ज़ करूँ।

...अब मजबूर हो गया हूँ। अगर आपने इमदाद न की तो फिर क़र्ज़ लेना पड़ेगा। इसके सिवा और कोई चारा नहीं है।...मेरे साले साहब को आप जानते हैं। मेरी मजबूरी का अन्दाज़ा महज़ इससे कर सकते हैं कि मैंने उस बन्दए ख़ुदा से मदद माँगने से भी गुरेज़[2] न किया, हालाँकि वहाँ क्या मिलना था, जवाब तक न आया।...

---

1. निश्चिन्त, 2. आगा-पीछा

क्या ख़ूब, सारी लेई-पूँजी प्रेस खड़ा करने में ही उड़ गई, अब उसे चलाने के किए एक कौड़ी हाथ में नहीं। मकान के किराए तक के लिए इससे माँग उससे क़र्ज़ ले! यह प्रेस के ढंग से चलने की सूरत न थी और न वह चला। बाबू महताब राय के लिए प्रेस की मैनेजरी नई चीज़ न थी। लेकिन अब तक इसका मतलब उन्होंने कर्मचारियों से काम लेना ही समझा था, दूसरी ज़िम्मेदारियों के लिए दूसरे लोग रहते थे। अब प्रेस की सारी जिम्मेदारी उन्हीं पर आ पड़ी थी जो कि एक नई चीज़ थी। काम लाओ, उसे पूरा करके दो, फिर उसके बिल की वसूली करो, फिर उसका हिसाब रखो। ख़ुद ही सब करो। ज़्यादा आदमी रखने की पास में भुगत कहाँ। सब ठनठन गोपाल मामला था। अपना ख़र्च तक उसी में से निकालना पड़ता था। और फिर हिसाब के मामले में वह कच्चे भी थे—बावजूद इसके कि उन्होंने बुककीपिंग का इम्तहान पास किया था। लेकिन बुककीपिंग का इम्तहान पास करना एक बात है और हिसाब रखना दूसरी। ऊपर से काम की कमी। सैकड़ों छोटे प्रेसों में एक प्रेस और जुड़ गया था, काम उसके लिए कहाँ रखा था!

पैसे की कमी। काम की कमी। घाटे पर घाटा होता रहा। और जैसे-जैसे घाटा होता रहा वैसे-वैसे साझेदारों में अनबन बढ़ती गई और धीरे-धीरे यह नौबत आ गई कि उन्हें अपनी पूँजी की चिन्ता सताने लगी और यह फ़िक्र हुई कि अपना पैसा लेकर निकल जाने में ही अब ख़ैरियत है।

प्रेस को खुले अभी एक साल भी पूरा नहीं हुआ था और सब साझेदार पगहा तुड़ाने लगे थे। 28 जून, 1924 को मुंशीजी ने निगम साहब को लिखा—

'...मेरे प्रेस की हालत अच्छी नहीं। साल-भर पूरे हो गए, नफ़ा और सूद तो दरकिनार कोई छः सौ रुपए का घाटा है। नातजुर्बेकारी से ऐसे आदमियों के काम हाथ में लिए गए जिनके पास कुछ न था। अब उनसे रुपया वसूल होना मुश्किल है। मुझे ख़ौफ़ है कि मेरे बड़े भाई साहब, जिनके दो हज़ार दो सौ पचास रुपए लगे हुए हैं, तर्के-शिरकत[1] पर आमादा हो जाएँगे। इधर अज़ीज़ महताब राय ने भी क़र्ज़ लेकर इतने ही रुपए लगाए थे। उन पर महाजन के सूद का तक़ाज़ा हो रहा है। वह भी अपने रुपए की वापसी की फ़िक्र में हैं। अगर मैं भी अपने रुपए की वापसी पर इसरार[2] करूँ तो नतीजा मालूम है। सारा सामान...' इसके बाद ख़त की इबारत उड़ गई है लेकिन उसे जोड़ लेना इतना मुश्किल नहीं है, '...बेचकर उसके पैसे साझेदारों में तक़सीम कर देने होंगे।' मामला बिलकुल इसी तरफ़ बढ़ रहा है।

दस रोज़ बाद 8 जुलाई को उन्होंने लिखा—

'...इधर दो माह में यहाँ की हालत बहुत ख़राब हो गई है। भाई साहब अब अपने रुपए की वापसी पर मुसिर[3] हो रहे हैं। टाल-मटोल कर रहा हूँ। बात यह है कि उन्होंने इधर चार-छः सौ रुपए किसानों को क़र्ज़ दिए। उस पर उन्हें दो रुपए सैकड़ा माहवार सूद मिल रहा है। अब उन्हें प्रेस में रुपया फँसाना मोहमिल[4] मालूम होता है। अगर कहता हूँ कि रुपया वापस नहीं हो सकता तो कहते हैं प्रेस तोड़ दो। हम लोगों ने उन्हें नफ़े की

1. साझेदारी ख़त्म करने, 2. आग्रह, 3. आग्रहशील, 4. बेकार

उम्मीद दिलाकर (और इस काम में कौन है यों मुंशीजी से बाज़ी ले जा सके!) उनसे सवा दो हज़ार रुपए लिए थे। उम्मीद भी नफ़े की थी (सोलहो आने!) ख़सारा उम्मीद के ख़िलाफ़ हुआ। (ऐं! घाटा हुआ! वह कैसे!) चूँकि मेरी ही तहरीक[1] से उन्होंने रुपए दिए थे इसलिए वह मुझी को ज़िम्मेदार ठहराते हैं। (कितनी बेजा बात है!)'

मगर नहीं, इतने से ही बस नहीं है इस मुसीबत की दास्तान का—

'...भाई साहब के तक़ाज़ों ने सूरत बहुत अन्देशानाक[2] कर दी है। उनके रुपए अदा करके मैं बिलकुल तिहीदस्त[3] हो जाऊँगा। प्रेस रह जाएगा। वह चला तो अच्छा है वर्ना ख़ुदा हाफ़िज़! एक और ख़सारे की सूरत निकल आई (शायद इतनी काफ़ी न थीं!) मार्च में एक काग़ज़ काटने की मशीन मद्रास से मँगाई थी। पाँच सौ रुपए बिल्टी के दे दिए। माल अभी लापता है।'

ग़रज़ कि मुंशीजी बुरे फँसे हैं इस बार।

पच्चीस रोज़ बाद फिर लिखा—

'प्रेस मुझे इस क़दर परेशान कर रहा है कि मैं तंग आ गया हूँ। वह बुरा वक़्त था जब मेरे सर में यह सौदाए ख़ाम समाया। आपकी ख़िदमत में बक़ायादारों की यह फ़ेहरिस्त, जो इस वक़्त मेरे सामने रक्खी हुई है, इरसाल[4] कर रहा हूँ। देखिए। मेरी परेशानियों का सही अन्दाज़ा आप कर सकेंगे। 2272 बक़ाया पड़े हुए हैं और इसके वसूल होने में अभी न जाने कितनी देर है। इधर मुझ पर 500 टाइप के 400 काग़ज़ के और 200 किराया मकान के सवार हैं। मैं तो मुतफ़र्रिक[5] रक़म न जाने कब पाऊँगा पर मेरे तक़ाज़ेवाले कब चैन लेने देते हैं। दो किताबें ख़ुद शाया कीं मगर उम्मीद के ख़िलाफ़ अभी तक एक किताब भी तैयार नहीं हुई। मैंने सोचा था कि सितम्बर-अक्तूबर तक दोनों किताबें तैयार हो जाएँगी। बक़ाया वसूल हो जाएगा। किताबें बिक जाएँगी। रुपए की क़िल्लत[6] रफ़ा[7] हो जाएगी मगर वह सारे मंसूबे परेशान[8] हो गए। न किताबें तैयार हुईं और न बक़ाया वसूल हुआ बल्कि हर महीने में कुछ न कुछ बढ़ता ही गया। अभी कोशिश कर रहा हूँ कि किसी बुकसेलर से मुआमला करके यह सब छपी हुई जिल्दें लागत पर देकर अपने तक़ाज़ेदारों को अदा कर दूँ। बक़ायादारों से रफ़्ता-रफ़्ता वसूल होता रहेगा। हालाँकि इसमें से कम अज कम 500 'बैड डेट' में चले जाएँगे। दर असल मैंने यह झंझट मोल लेकर अपनी जान आफ़त में फँसायी। नहीं तो मेरे खाने-भर को बहुत काफ़ी था। इस तरद्दुद में लिटररी काम भी नहीं होता।'

ऐसी हालतों में बाबू महताब राय से भी कुछ अनबन हुए बिना न रही, गो कि यह भी सच है कि दोनों भाई एक-दूसरे का बहुत लिहाज़ करते थे। लेकिन परिस्थितियाँ कुछ ऐसी बेढब थीं कि उनके बीच एक दीवार-सी खिंचती आ रही थी। एक को दूसरे से शिकायतें थीं जो कभी तो क़लम की नोक पर उतर आतीं और अक्सर दिलों के भीतर घुमड़ती रहतीं। दोनों अपनी-अपनी जगह ठीक थे, लेकिन अलग खड़े होकर देखो तो उनमें से कोई भी सोलहो आने ठीक नहीं था। सबमें बड़ी सच्चाई यह थी कि दोनों ख़ाली हाथ थे और परिस्थिति की विवशता से संचालित हो रहे थे।

---

1. प्रेरणा, 2. चिन्ताजनक, 3. ख़ाली हाथ, 4. प्रेषित, 5. फुटकर, 6. कष्ट, 7. दूर, 8. तितर-बितर

होते-होते यह नौबत पहुँची कि मुंशीजी ने लखनऊ से बाबू महताब राय को लिखा कि प्रेस बन्द कर दो और जिसका जितना निकलता हो दे-लेकर यह टंटा ख़तम करो। इसके जवाब में बाबू महताब राय ने शायद लिखा कि प्रेस को बन्द करना तो उसके हक़ में और भी बुरा होगा, सारे का सारा रुपया डूब जाएगा। क्यों न हममें से एक उसको पूरी तरह अपने हाथ में लेकर चलाए, और अगर आप मंजूर करें तो मैं उसे लेने को तैयार हूँ।

इसका जवाब देते हुए मुंशीजी ने लिखा—

'प्रेस के मुताल्लिक़ तुमने जो तजवीज़ की वह मुझे बहुत पसन्द है। मैं भी यही चाहता हूँ कि प्रेस एक आदमी का हो जाए। मैंने तुमसे जो कहा था कि प्रेस बन्द कर दो, उसके माने भी यही थे कि मैं साझे के रुपए को सूदी रुपया क़र्ज़ समझकर कुछ अभी दे देता और कुछ बाद को और प्रेस का काम जारी रखता। बेचने का इरादा तो उस हालत में था जब मैं भी आजमाइश कर लूँ। उससे पहले नहीं। लेकिन अब चूँकि तुमने ख़ुद इसको अपना कर लेने का इरादा किया है, बहुत अच्छी बात है। मैं बड़ी ख़ुशी से तुम्हें इसकी सलाह देता हूँ।'

लेकिन साझेदारों के रुपए का क्या होगा? इसके बारे में मुंशीजी ने लिखा—

'...अब यह देखो कि तुम्हें अगस्त तक कितने रुपए का इन्तज़ाम करना पड़ेगा। भाई साहब को असल 2250+सूद 270=2520 रुपया। रघुपति सहाय को असल 2000+सूद डेढ़ साल का 180—कुल 2180। 2520+2180—कुल मीजान 4700। क्या तुमने 4700 का इन्तज़ाम कर लिया है? साफ़-साफ़ बताने की ज़रूरत है। मैं साल-भर तक रुपए का इन्तज़ार कर सकता हूँ। गोया पारसाल जुलाई में मुझे 4500 + 675 (तीन साल का सूद) यानी 5175 रुपए देने पड़ेंगे। यानी तुम्हें 4700+5175-9875 का इन्तज़ाम करने की ज़रूरत है। मेरा शुमार अभी न करो। तब भी 4700 का इन्तज़ाम तो करना ही पड़ेगा। अगस्त तक तुम इ़सका इन्तज़ाम कर सकते हो तो करो और अगर किसी ने तुम्हें मदद देने का यों ही वायदा कर लिया है तो उसके धोखे में न आओ।

'मैं इसके लिए भी तैयार हूँ कि तुम बलदेव भैया के रुपए मय सूद के वापस कर दो। इस तरह प्रेस में हम और तुम रह जाएँगे। रघुपतिसहाय का रुपया दस्तावेज़ी कर लिया जाए और उन्हें बारह आने सैकड़ा सूद हम लोग देते रहें। लेकिन उस हालत में हममें से कोई भी तनख़्वाह न लेगा। काम हम भी करेंगे, काम तुम भी करोगे। हम अगर ख़ुद काम न करेंगे तो अपनी तरफ़ से एक आदमी रख देंगे जो प्रूफ़ देखेगा और दफ़्तर का काम—मुलाज़िमों की हाज़िरी वग़ैरह का हिसाब-किताब रखेगा। अगर यह सूरत पसन्द न हो तो तुम सबको अलहदा करके प्रेस अपना कर लो। लेकिन जब तक रुपए मिलने की पूरी उम्मीद न हो वायदों पर न टालो।'

बाबू महताब राय प्रेस तो लेना चाहते थे लेकिन साझेदारों को देने के लिए इतने रुपए कहाँ से लाते। एक बार इसके लिए भी हामी भरी कि कहीं से क़र्ज़ लेकर इन हिस्सेदारों को चुकता करें लेकिन फिर हिम्मत नहीं पड़ी। तब फिर इसके सिवा और क्या सूरत थी कि प्रेस को बेच दिया जाए। उस समय मुंशीजी ने प्रस्ताव किया कि

बाज़ार में प्रेस का जो दाम लगता हो वह मैं देकर उसको अपना कर लूँ। उसके जवाब में बाबू महताबराय ने लिखा—'बाज़ार में जब बेचना ही है तो जो दाम लगे मैं ही क्यों न देकर ले लूँ, आप ही क्यों लेंगे!...जो बाज़ार में क़ीमत लगे उसमें से सबका बाक़ी देकर सब लोग तकसीम कर लें और प्रेस मैं ले लूँ क्योंकि मैं बेरोज़गार हूँ।'

सवाल का यह एक नया पहलू था जिसे मुंशीजी ने शायद सोचा भी न था। झुँझलाकर उन्होंने जवाब दिया—'प्रेस तुम लो या मैं लूँ? जो ज़्यादा से ज़्यादा क़ीमत दे वही उसके लेने का अख़्तियार रखता है। अगर मैं सबसे ज़्यादा दूँगा, मैं लूँगा, तुम दोगे, तुम लोगे, कोई तीसरा देगा, तीसरा लेगा। अगर तुम बेरोज़गार हो तो मैं कौन बारोज़गार हूँ। तुम नौजवान आदमी हो, कलकत्ता-बम्बई की हवा खा सकते हो, मैं तो इस क़ाबिल भी नहीं हूँ। ख़ैर। बतलाओ कि तुम प्रेस की ज़्यादा से ज़्यादा क्या क़ीमत दे सकते हो। अगर मैं उससे ज़्यादा दूँगा तो मैं लूँगा, वर्ना तुम।'

बाबू महताब राय ने उनके ख़त का जवाब देते हुए लिखा—

'आप ही बताइए आप क्या देंगे। अगर मैं पहले बता दूँ तो क्या मुझे और बढ़ने का हक़ होगा? क्या हमारी और आपकी बोली पर ख़ात्मा है, कि और लोगों की भी राय ली जाएगी?'

मुंशीजी ने उस पर नोट लिखा—

'हाँ हाँ, बोली है। आख़िरी वक़्त तक सबको बढ़ने का अख़्तियार है। तुम जो कुछ कहो, उससे मैं बढ़ूँगा, फिर तुम बढ़ना, फिर मैं बढ़ूँगा, फिर तुम बढ़ना। बस जहाँ तक कोई आगे न बढ़ सके वहीं ख़ात्मा है।'

और फिर नीलामी बोली बोली जाने लगी!

बाबू महताब राय ने रक़म लिखी	6000
मुंशीजी ने आगे बढ़कर लिखा	6500
महताब राय आगे बढ़े	7000
मुंशीजी और भी आगे बढ़े	7500
महताब राय ने और हिम्मत की	7750
मुंशीजी भला कैसे पीछे रहते	7800
महताब राय ने और ज़ोर मारा	7900
मुंशीजी कहाँ दबनेवाले थे	8000
इसी तरह बोली बढ़ती रही।	
आख़िरी बोली बाबू महताब राय ने दी	9400

मुंशीजी तो पहले ही मन में धार चुके थे, हरगिज़ हरगिज़ प्रेस को हाथ से जाने न दूँगा, मेरी ही बोली ऊपर रहेगी, प्रेस मैं ही लूँगा। ऐसे के साथ कोई कहाँ तक चलता। मुंशीजी ने एक सौ रुपया बढ़ाकर कहा 9500 और उसी पर तोड़ हो गई। प्रेस मुंशीजी का हो गया। जो चीज़ जुए की तरह शुरू की गई थी उसका जुए जैसा ही यह अन्त हुआ! प्रेस से पीछा छुड़ाने का यह एक मौक़ा मिला था, वह भी हाथ से निकल गया और मुंशीजी ने दुबारा यह खटराग मोल लिया!

कई बरस बाद इस बदाबदी का ज़िक्र करते हुए मुंशीजी ने 1 जून, सन् 31 को यह दर्द-भरा ख़त लिखा जिसे पढ़कर रोना भी आता है, हँसी भी—

कल भाई साहब से बातचीत हो रही थी। उनसे मुझे यह मालूम करके कुछ हँसी भी आई कुछ ताज्जुब भी हुआ कि तुम अभी तक उस लफ़्ज़ी डुएल को जो आज से छः-सात साल पहले मेरे यहाँ मेरे और तुम्हारे दरमियान हुआ था, तमस्सुक की तरह महफूज़ रखे हुए मुझसे अपने रुपए के लिए एक रुपया सैकड़ा ब्याज की उम्मीद रखते हो!...

जिस वक़्त हमारे और तुम्हारे दरमियान वह लफ्ज़ी होड़ हुई थी, न तुम्हारे पास रुपए थे और न मेरे पास। तुमने भी अगर मेरा हाफ़ज़ा ग़लती नहीं करता 9400 की बोली बोली थी। क्या तुम कह सकते हो कि उस वक़्त अगर मैं 9400 पर राज़ी हो जाता तो तुम मेरे और रघुपत सहाय के हिस्से के रुपए इसी परते से अदा कर देते? हरगिज़ नहीं। न तुम अदा कर सकते थे और न मैं ही इस क़ाबिल था कि तुम्हारे 1900 रुपए जो इसी परते से अदा होते, अदा कर देता। नतीजा यह होता कि प्रेस तुम्हारी ही निगरानी में रहता और जिस तरह काम चलता था उसी तरह चलता रहता। मेरी मंशा प्रेस को अपनी निगरानी में लेकर उससे नफ़ा करने का था। मुझे यक़ीन था कि मैं नफ़ा कर सकूँगा।...इन ख़यालों के जेरे असर ही मैंने तुम्हारे हाथ से इन्तज़ाम लिया। वर्ना तुम भी जानते हो और मैं भी जानता हूँ कि उस वक़्त भी बाज़ार में प्रेस की क़ीमत इतनी किसी तरह से न लग सकती थी।

अगर यह मान लिया जाए कि तुम रुपए अदा कर देते और तुम्हारे पास उस वक़्त 6 हज़ार रुपए मौजूद थे (हालाँकि यह ग़ैर-मुमकिन मालूम होता है) तब भी तुमने प्रेस के लेने और देने की जो फ़र्द पेश की थी और जिसकी बिना पर मैंने तुम्हारे रुपए चुका देने का इरादा किया था, वह सही नहीं निकली। उसकी ज़्यादातर रक़में ऐसी थीं जो वसूल न हो सकती थीं और न वसूल हुईं। और कई रक़में उनमें से ऐसी छूट गई थीं जो फ़ौरन अदा करनी पड़ीं।...अगर नावसूलशुदा रुपए तुम्हारे नाम डाल दूँ और जो ज़ायद मुझे तुम्हारे जमाने के लिए देने पड़े तो तुम्हारा हिस्सा ही ग़ायब हो जाएगा।...इसलिए मुझे ताज्जुब होता है कि तुम किस क़ानून या इंसाफ़ से अपने रुपए के सूद के हक़दार हो सकते हो। यह ज़रूर है कि तुम्हें प्रेस में फँसने और रुपया लगाने का अफ़सोस हो रहा है। मुझे भी हो रहा है। भाई साहब को भी हो रहा है। रघुपतसहाय को भी हो रहा है। सबके सब सर पर हाथ धरे रो रहे हैं। लेकिन तुमने कम-से-कम प्रेस से दो साल तनख़्वाह तो ली। ज़्यादा से ज़्यादा तुम्हारा सूद का नुक़सान हुआ, जो आठ आने सैकड़ा के हिसाब से छः साल का 700 रुपया होता है। मेरे नुक़सान का अन्दाज़ा करो। मैंने दो साल तक प्रेस से एक पाई लिए बग़ैर काम किया और अपना

कम-से-कम पाँच सौ रुपया इसमें और लगाया जो हिसाब में मौजूद है। उसके बाद से आज तक मैंने हज़ारों रुपए का काम प्रेस को दिया। ख़ुद अपनी किताबें प्रेस में छपवाईं। आज भी अपनी किताबों की बिक्री से प्रेस चला रहा हूँ।...इस तरह मुझे तो अलावा सूद के कोई 5000 का नुक़सान हो चुका है और सूद भी जोड़ूँ तो 1900 हो जाते हैं। गोया प्रेस खोलकर मैंने 7000 का नुक़सान उठाया। और मैं इसे हर्फ़-ब-हर्फ़ सही साबित कर सकता हूँ। हिसाब प्रेस में मौजूद है। तुम्हारा नुक़सान तो सिर्फ़ सूद का हुआ है, रघुपत सहाय को भी इतना ही नुक़सान हुआ। मगर अभी तक सबर से बर्दाश्त किए जाते हैं। भाई साहब भी प्रेस की हालत से वाक़िफ़ हैं और ख़ामोश हैं। सब समझ रहे हैं कि प्रेस खोलना ग़लती थी और अगर तक़दीर में होंगे तो मिलेंगे वर्ना डूब गए। मैं अपनी जिम्मेदारी को समझकर अब भी हर तरह का नुक़सान उठाता हुआ इसे कामयाब बनाने की फ़िक्र में पड़ा हुआ हूँ। बार-बार दौड़-दौड़ आता हूँ। हिसाब-किताब देखता हूँ। क्योंकि मेरे दिल से लगी हुई है कि किसी तरह नफ़ा हो और हिस्सेदारों को कुछ दे सकूँ। मैंने अगर बेईमानी की होती और कुछ खा गया होता तो हिस्सेदारों को मुझसे बदगुमानी होती। लेकिन मैंने तो प्रेस से पान तक नहीं खाया। मेरा कान्शस बिलकुल साफ़ है। जब तक मेरी ज़िन्दगी है मैं अपना नुक़सान उठाता हुआ प्रेस के लिए जान देता रहूँगा और कामयाब होना तक़दीर में लिखा है तो कामयाब हूँगा।...

तुम्हें नुक़सान पहुँचाकर या तकलीफ़ में देखकर मुझे मसर्रत नहीं होती और न हो सकती है। तुम्हें ख़ुशहाल देखकर मुझे ख़ुशी होगी और उसका अन्दाज़ा तुम शायद न कर सको। अगर मैं इस क़ाबिल होता कि तुम्हारी ज़्यादा इमदाद कर सकता तो हरगिज़ दरेग़ न करता। लेकिन मुझे इस प्रेस ने बिल्कुल मुफ़लिस बना डाला। किताबों से मुझे जो कुछ मिल जाता था वह अब प्रेस की नज़र हो रहा है। अब मेरा इरादा है कि लखनऊ से आकर फिर प्रेस में डटूँ और जिस तरह भी हो सके उसे कामयाब बनाऊँ। तुम चाहो तो अब भी इस काम में मदद दे सकते हो।...या तुम्हारे ख़याल में प्रेस से और जो कुछ तुम्हें अपने हिस्से में मिलना चाहिए वह ले लो। मेरे पास प्रेस की हर एक चीज़ का बीजक रखा हुआ है। इस बीजक को देखकर दो हज़ार की चीज़ें निकाल लो। चीज़ें बेशक पुरानी हो गई हैं मगर उनका नफ़ा मैंने नहीं उठाया। न तुमने उठाया। यह समझ लो कि कारबार में नफ़ा-नुक़सान दोनों होता है और इसमें नुक़सान हुआ। तुम्हारे दो हज़ार रुपए इस वक़्त तुम्हारे पास होते तो तुम उससे एक छोटा साइज़ पूरा प्रेस खोल सकते थे। मेरे साढ़े चार हज़ार मेरे पास होते तो मैं उससे अच्छा प्रेस खोल सकता था। अगर हमने और तुमने बैंक में रख दिए होते तो तुम्हें अब तक एक हज़ार के क़रीब सूद मिल गया होता और मुझे भी दो-अढ़ाई हज़ार मिल गए होते। मैंने जो और हज़ारों का नुक़सान उठाया उससे बच गया होता। लेकिन अब

इन बातों को याद करके पछताने से क्या हासिल। अब तो गले का ढोल बजाना ही पड़ेगा। मैं तो इस प्रेस के पीछे बरबाद हो गया।

कहना होगा कि मुंशीजी ने गले का ढोल बजाया और जी तोड़कर बजाया लेकिन अभी उनको यह समझना बाक़ी था कि दुनिया में कुछ काम ऐसे भी हैं जो केवल भीष्म-प्रतिज्ञा के बल पर पूरे नहीं किए जा सकते। प्रेस चलाना भी उनमें से एक है। फटा हुआ ढोल था, बहुत ही कर्कश बोलता था, गर्दन कटी जा रही थी लेकिन मरते दम तक वह उसे बजाते रहे—इतनी-सी बात उनकी समझ में न आई कि ढोल को गले से निकालकर फेंका भी जा सकता है! मरजाद का सवाल था न! क्या कहेंगे लोग, प्रेस चलाए नहीं चला! जैसे कोई बड़ा गुनाह हो यह। नहीं चला, नहीं चला, कौन-सी ऐसी बात है इसमें! लेकिन हर किसान की तरह मरजाद का कीड़ा जो उनके दिमाग़ में घुसा हुआ है!

आख़िर एक दिन उनको भी अपनी ग़लती का एहसास हुआ, जैसा कि पहले कभी नहीं हुआ था, लेकिन तब तक ज़िन्दगी की साँझ झुक आई थी। 14 फ़रवरी, सन् 34 को उन्होंने जैनेन्द्र को लिखा—

'...सारी विपत्ति की जड़ तो यह प्रेस है। न जाने किस बुरी साइत में उसकी बुनियाद पड़ी थी। 10 हज़ार रुपए, 11 साल की मेहनत और परेशानियाँ अकारथ हो गईं। इसी प्रेस के पीछे कितने मित्रों से बुरा बना, कितनों से वायदा-ख़िलाफ़ी की, कितना बहुमूल्य समय जो लिखने-पढ़ने में कटता, बेकार प्रूफ़ देखने में कटा! मेरी ज़िन्दगी की यह सबसे बड़ी ग़लती है।'

लेकिन यह सब तो अभी बरसों आगे की बातें हैं। अभी तो मुंशीजी अपने प्रेस के मकान पर निहाल हैं और वहाँ से प्रकृति की छटा निरख रहे हैं—'मेरा प्रेस का मकान इतना वसीह,[1] शहर से मुलहिक़[2] और फिर इतना दूर और ऐसे मौक़े से है कि उससे बेहतर जगह बनारस में नहीं है। बिलकुल टाउन हाल और पार्क के मुत्तसिल।[3] कमरे के दरवाज़े खोल दीजिए और पार्क का लुत्फ़ घर बैठे उठाइए।' यह बात और है कि उसका किराया देने के लिए गाँठ में पैसे नहीं हैं जिससे तबीयत परेशान और झुँझलाई हुई-सी रहती है।

16

चार महीने 'मर्यादा' की नौकरी, फिर साल-भर काशी विद्यापीठ। पैर में चक्कर है, शहर-देहात एक किए बैठे हैं। नया मकान बन रहा है सो अलग से। वह भी कुछ न कुछ वक़्त खाता ही है। और फिर उन सब पर भारी, प्रेस का खटराग। एक-दो नहीं, पूरी एक लैनडोरी। दम मारने की गुंजाइश नहीं है।

1. बड़ा, 2. लगा हुआ, 3. पास

क़लम थोड़ी सुस्त हो गई है इन सब झंझटों में। इससे बड़ी सज़ा मुंशीजी के लिए दूसरी नहीं है। कोई तकलीफ़ तकलीफ़ नहीं है, जब तक क़लम चल रही है अच्छी तरह। क़लम रुकते ही मन पर आरी-सी चलने लगती है। उसमें नाग़ा नहीं होना चाहिए।

मारवाड़ी विद्यालय से इस्तीफ़ा देने के पन्द्रह-सत्रह रोज़ पहले ही चौरीचौरा का कांड हो चुका था और गांधीजी आन्दोलन को स्थगित करने की घोषणा कर चुके थे। मुंशीजी के सामने जन-जागरण की अपनी एक लम्बी योजना है जिसे इस सामयिक उलट-फेर से कुछ भी नहीं लेना-देना।

14 फ़रवरी, 1922 के अपने ख़त में मुंशीजी ने ताज साहब को लिखा था कि 'आजकल ख़ुद भी एक ड्रामा लिखने की कोशिश कर रहा हूँ।' यह उनका नाटक 'संग्राम' था जो कि शायद उनकी पहली बड़ी रचना थी जो पहले हिन्दी में लिखी जा रही थी। यह नाटक फ़रवरी सन् 23 में प्रकाशित हुआ।

असहयोग आन्दोलन की पृष्ठभूमि में नाटक लिखा जा रहा है और वही समस्याएँ इसमें चित्रित हैं। मन दूसरी किसी तरफ़ जाने के लिए तैयार नहीं है।

सबलसिंह ज़मींदार पक्के 'सुराजी' आदमी हैं। बेगार न ख़ुद लेते हैं और न अमलों को लेने देते हैं। झगड़ों को निपटाने के लिए जगह-जगह पंचायतें खुलवाते फिरते हैं। उनके ख़िलाफ़ अंग्रेज़ हुक्काम को यही ख़ास शिकायत है। पंचायतों के क़ायम होने में उन्हें अपनी मौत की घंटी बजती सुनाई पड़ती है। उधर सबलसिंह कहते हैं—अदालतें सबलों के अन्याय की पोषक हैं। 'जहाँ रुपयों के द्वारा फ़रियाद की जाती हो, वहाँ ग़रीबों की कहाँ पैठ। यह अदालत नहीं, न्याय की बलिवेदी है।' इसलिए ज़रूरी है कि पंचायतें बनाई जाएँ। पंचायतों के ख़िलाफ़ कोई भी दलील सुनने को वह तैयार नहीं हैं। 'यह आक्षेप किया जाता है कि पंचायतें यथार्थ न्याय न कर सकेंगी, पंच लोग मुँहदेखी करेंगे और वहाँ भी सबलों की ही जीत होगी।' बहुत तगड़ी शंका है जिसकी सच्चाई आज प्रकट हो रही है लेकिन इसका जवाब भी उसी समय मुंशीजी के पास मौजूद था—स्थायी पंच न रखे जाएँ। जब ज़रूरत हो दोनों पक्षों के लोग अपने-अपने पंचों को नियत कर दें। किसानों को जगाने की सारी बातें यहाँ मौजूद हैं। ज़मींदारों की हारी-बेगारी, पुलिस का ज़ुल्म, अमलों की घूसखोरी, झूठे मुक़दमे और उनकी झूठी शहादतें जिनमें गवाहों को तोते की तरह उनका सबक़ रटाया जाता है, ख़ानातलाशी के नाम पर मनमानी लूट, सुराजी कहकर किसी को भी क़ानून के जाल में फाँस लेना—सब कुछ जैसे रूप धरकर यहाँ काग़ज़ पर उतर आया है।

किसानों की एक बड़ी बीमारी है क़र्ज़ लेना। उसके बारे में सबलसिंह के छोटे भाई कंचनसिंह जो महाजनी करते हैं और जिन्हें उनके भाई का आदेश है कि सूद कम लिया करो, हलधर को इन शब्दों में झिड़कते हैं—

'किसान ने खेत में पौधे लहराते हुए देखे और उसके पेट में चूहे कूदने लगे। नहीं तो ऋण लेकर बरसी करने या गहने बनवाने का क्या काम, इतना सब्र नहीं होता कि अनाज घर में आ जाए तो यह सब मंसूबे बाँधे। मुझे रुपयों का सूद दोगे, नज़राना दोगे, मुनीमजी की दस्तूरी दोगे, दस के आठ लेकर घर जाओगे लेकिन यह नहीं होता कि महीने-दो महीने रुक जाएँ। तुम्हें तो इस घड़ी रुपए की धुन है, कितना ही समझाऊँ,

ऊँच-नीच सुझाऊँ, मगर कभी न मानोगे। रुपए न दूँ तो मन ही मन गालियाँ दोगे और किसी दूसरे महाजन की चिरौरी करोगे।'

सबलसिंह गाँववालों को मैजिक लैंटर्न से तसवीरें भी दिखाते हैं। बड़े ख़ूबसूरत ढंग से यह दृश्य आया है—

(पहला चित्र—कई किसानों का रेलगाड़ी में सवार होने के लिए धक्कम-धक्का करना, बैठने का स्थान न मिलना, खड़े रहना, एक कुली को जगह के लिए घूस देना, उसका इनको एक मालगाड़ी में बैठा देना। एक स्त्री का छूट जाना और रोना। गार्ड का गाड़ी को न रोकना।)

हलधर—बेचारों की कैसी दुर्गति हो रही है। लो, लात-घूँसे चलने लगे। सब मार खा रहे हैं।

फत्तू—यहाँ भी घूस दिए बिना नहीं चलता। किराया दिया, घूस ऊपर से। लात-घूँसे खाये, उसकी कोई गिनती नहीं। बड़ा अन्धेर है।...

(दूसरा चित्र—गाँव का पटवारी खाट पर बस्ता खोले बैठा है। कई किसान आस-पास खड़े हैं। पटवारी सभी से सालाना नज़र वसूल कर रहा है।)

हलधर—लाला का पेट तो फूल के कुप्पा हो गया है। चुटिया इतनी बड़ी है जैसे बैल की पगहिया!

फत्तू—इतने आदमी खड़े गिड़गिड़ा रहे हैं पर सिर नहीं उठाते, मानो कहीं के राजा हैं! अच्छा पेट पर हाथ धरकर लेट गया। पेट अफर रहा है, बैठा नहीं जाता। चुटकी बजाकर दिखाता है कि भेंट लाओ। देखो, एक किसान कमर से रुपया निकालता है। मालूम होता है बीमार रहा है, बदन पर मिर्जई भी नहीं है, चाहे तो छाती के हाड़ गिन लो। वाह मुंशी जी! रुपया फेंक दिया, मुँह फेर लिया, अब बात न करेंगे। जैसे बँदरिया रूठ जाती है और बन्दर की ओर पीठ फेरकर बैठ जाती है। बेचारा किसान कैसा हाथ जोड़कर मना रहा है, पेट दिखाकर कहता है, भोजन का ठिकाना नहीं, लेकिन लाला साहब कब सुनते हैं।

हलधर—बड़ी गलाकाटू जात है।

(तीसरा चित्र—थानेदार साहब गाँव में एक खाट पर बैठे हैं। चोरी के माल की तफ़सील कर रहे हैं। कई कान्स्टेबुल वर्दी पहने हुए खड़े हैं। घरों में ख़ानातलाशी हो रही है। घर की सब चीज़ें देखी जा रही हैं। जो चीज़ जिसको पसन्द आती है उठा लेता है। औरतों के बदन पर के गहने भी उतरवा लिए जाते हैं।)

फत्तू—इन ज़ालिमों से ख़ुदा बचाए!

एक किसान—आए हैं अपने पेट भरने। बहाना कर दिया कि चोरी के माल का पता लगाने आए हैं।

फत्तू—अल्ला मियाँ का क़हर भी इन पर नहीं गिरता। देखो बेचारों की ख़ानातलाशी हो रही है।

हलधर—ख़ानातलाशी काहे की है, लूट है। उस पर लोग कहते हैं कि पुलुस तुम्हारे जान-माल की रच्छा करती है।

बग़ावत की आग सीने में भड़क रही है, कैसे वह यही आग औरों के सीने में भी भड़का दे। जब तक किसान विद्रोह नहीं करेगा इस देश में कुछ नहीं होगा। अपनी तरफ़ से नमक-मिर्च लगाने की कोई ज़रूरत नहीं है, बस एक बड़ा-सा आईना उठाकर उनके सामने रख देना है—देख लो इसमें अच्छी तरह अपनी तसवीर। बुढ़िया सलोनी पुरानी बातों को याद करती हुई राजेश्वरी से कहती है—

'बेटी, तुम्हारे खिलाने से अब मेरा पेट न भरेगा। मेरा पेट भरता था जब रुपए का पसेरी भर घी मिलता था। अब तो पेट ही नहीं भरता। चार पसेरी अनाज पीसकर जाँत पर से उठती थी। चार पसेरी की रोटियाँ पकाकर चौके से निकलती थी। अब बहुएँ आती हैं तो चूल्हे के सामने जाते उनको ताप चढ़ आती है, चक्की पर बैठते ही सिर में पीरा होने लगती है। खाने को तो मिलता नहीं बल-बूता कहाँ से आवे। न जाने उपज ही नहीं होती कि कोई ढो ले जाता है। बीस मन का बीघा उतरता था। बीस रुपए भी हाथ में आ जाते थे तो पछाई बैलों की जोड़ी द्वार पर बँध जाती थी। अब देखने को रुपए तो बहुत मिलते हैं पर ओले की तरह देखते-देखते गल जाते हैं।'

यह सब ठेठ किसान हैं जो आपस में अपने दुख-दर्द की बातें कर रहे हैं। उन्हीं के बीच एक ठेठ किसान और भी है जो बैठा हुआ सबके कान में कुछ मंतर फूँकता रहता है। उसने एक रोज़ हल की मूठ नहीं पकड़ी पर वह सोलहों आने किसान है। लोग उनसे देश का हाल पूछते हैं, मुंशीजी उनसे उन्हीं का हाल पूछते हैं। दिशा-फरागत के लिए दूर निकल जाते हैं, लौटते समय रास्ते में किसी चाचा-काका से किसी भाई-भतीजे से रामराम होती है, हालचाल पूछा जाता है, कहीं किसी खेत की मेड़ पर बैठकर कुछ लम्बी चर्चा भी हो लेती है, कुछ सूखे-बूड़े का हाल, कुछ देश-दुनिया का हाल। पुरवट पर बैठकर बातचीत और भी ढंग से होती है। यार-दोस्त भी उनके जो हैं किसानों में ही। अक्सर शाम को निकल जाते हैं उसी तरफ़। फिर नीम या महुआ की छाया में खटिया पर बैठकर घंटों बातचीत होती है, जब तक घर से बुलावा नहीं आता। मुंशीजी ख़ुद कम बोलते हैं। बात छेड़कर चुपचाप बैठे सुनते रहते हैं।

सबलसिंह 'डिमाक्रेसी' नाम का कोई ग्रंथ पढ़ रहे हैं जिसमें यह बात लिखी है—'हम अभी जनसत्तात्मक राज्य के योग्य नहीं हैं, कदापि नहीं हैं। अमरीका, फ्रांस, दक्षिणी अमरीका आदि देशों ने बड़े समारोह से इसकी व्यवस्था की पर उनमें से किसी को भी सफलता नहीं हुई। वहाँ अब भी धन और संपत्तिवालों के ही हाथों में अधिकार है। प्रजा अपने प्रतिनिधि कितनी ही सावधानी से क्यों न चुने, पर अन्त में सत्ता गिने-गिनाए आदमियों के ही हाथों में चली जाती है। सामाजिक और राजनैतिक व्यवस्था ही ऐसी दूषित है कि जनता का अधिकांश मुट्ठी-भर आदमियों के वशवर्ती हो गया है। जनता इतनी निर्बल, इतनी अशक्त है कि इन शक्तिशाली पुरुषों के सामने सिर नहीं उठा सकती।...आदर्श व्यवस्था यह है कि सब के अधिकार बराबर हों, कोई ज़मींदार बनकर, कोई महाजन बनकर जनता पर रोब न जमा सके। यह ऊँच-नीच का घृणित भेद उठ जाए।

बोलशेविक क्रान्ति का बीज मुंशीजी के मन में गहरे जाकर बैठा है। अब से तीन बरस पहले मुंशीजी ने निगम साहब को जो यह बात लिखी थी कि 'अब मैं क़रीब-क़रीब बोलशेविस्ट उसूलों का क़ायल हो गया हूँ' वह कोई क्षणिक उबाल नहीं था। उसकी मोटी-मोटी बातें मुंशीजी के मन में गहरे समा गई हैं।

कुछ डाकू आपस में बातें कर रहे हैं। एक कहता है—

'कुकरम क्या हमीं करते हैं, यही कुकरम तो संसार कर रहा है। सेठजी रोज़गार के नाम से डाका मारते हैं, अमले घूस के नाम से डाका मारते हैं, वकील मेहनताना के नाम से डाका मारता है। पर उन डकैतों के महल खड़े हैं, हवागाड़ियों पर सैर करते फिरते हैं, पेचवान लगाए मखमली गद्दियों पर पड़े रहते हैं। सब उनका आदर करते हैं, सरकार उन्हें बड़ी-बड़ी पदवियाँ देती है। हमी लोगों पर विधाता की निगाह क्यों इतनी कड़ी होती है?'

दूसरा जवाब देता है—

'काम करने का ढंग है। वह लोग पढ़े-लिखे हैं इसलिए हमसे चतुर हैं, कुकरम भी करते हैं और मौज भी उड़ाते हैं। वही पत्थर मन्दिर में पुजता है और वही नालियों में लगाया जाता है।'

मुंशीजी ने वर्तमान समाज-व्यवस्था से पूरी तरह विद्रोह कर दिया है। दूसरे स्वराज्यवादियों के मन में स्वराज्य की तस्वीर भले साफ़ न हो, इस आदमी के मन में आईने की तरह साफ़ है। उसके लिए स्वराज्य का मतलब है इस अन्यायपूर्ण समाज-व्यवस्था में आमूल परिवर्तन—अंग्रेज़ी अमलदारी से मुक्ति केवल उसकी पहली कड़ी है। उतने मात्र से सन्तुष्ट हो जानेवाला जीव वह नहीं है—जब कि स्थिति यह है कि अंग्रेज़ी पराधीनता से सम्पूर्ण मुक्ति की बात सोचनेवाले भी अभी देश में कम ही हैं, उसके आगे की समाज-रचना तो बहुत दूर की बात है। इस आदमी का अलग अपना सपना है, अलग अपना रास्ता। स्वराज्य का मतलब सब अपने-अपने ढंग से समझते-समझाते हैं, तो फिर मुंशीजी ही क्यों इन अधिकारों से वंचित रहें। यही उनकी सारी कोशिश है—जनता को जगाओ उन मानव अधिकारों के लिए जिन्हें तुम सत्य समझते हो, न्यायपूर्ण समझते हो ताकि स्वराज्य के नाम से जब भी वह दिन आए कोई फुसफुसी बेस्वाद चीज़ लोगों को न पकड़ाई जा सके।

स्वाधीनता का संग्राम चल रहा था। क्या हुआ जो अभी कुछ दिनों से बन्द था। कल फिर होगा। यह तो दस्तूर ही है। उस संग्राम में सबको हिस्सा लेना है, जिससे जैसे बन पड़े। मुंशीजी अपनी क़लम के ज़ोर से उसमें हिस्सा लेते हैं। इस संग्राम के जो सैनिक हैं, साधारण किसान, मेहनतकश, उनको जगाना, उनकी बुद्धि को, विवेक को, पौरुष को—यह भी तो एक ज़रूरी काम है और शायद सबसे ज़रूरी। वह ख़ुद प्रेमचन्द हैं जो नाटक के शेष होते-होते हलधर के मुँह से इन शब्दों में हमारे पौरुष को ललकारते हैं—

'...जिस आदमी के दिल में इतना अपमान होने पर भी क्रोध न आए, मरने-मारने पर तैयार न हो जाए, उसका ख़ून न खौलने लगे, वह मर्द नहीं हिजड़ा है। हमारी इतनी दुर्गत क्यों हो रही है? जिसे देखो वही तुम्हें चार गालियाँ सुनाता है, ठोकर मारता है।

क्या अहलकार, क्या ज़मींदार सभी कुत्तों से नीच समझते हैं। इसका कारण यही है कि हम बेहया हो गए हैं, अपनी चमड़ी को प्यार करने लगे हैं। हममें भी ग़ैरत होती, अपने मान-अपमान का विचार होता तो मज़ाल थी कि कोई हमें तिरछी आँखों से देख सकता। दूसरे देशों में सुनते हैं गालियों पर लोग मारने-मरने को तैयार हो जाते हैं। वहाँ कोई किसी को गाली नहीं दे सकता। यहाँ क्या है, लात खाते हैं, जूते खाते हैं, घिनौनी गालियाँ सुनते हैं, धर्म का नाश अपनी आँखों से देखते हैं, पर कानों पर जूँ नहीं रेंगती, ख़ून ज़रा भी गर्म नहीं होता, चमड़ी के पीछे सब तरह की दुर्गति सहते हैं। जान इतनी प्यारी हो गई है। मैं ऐसे जीने से मौत को हज़ार दर्जे अच्छा समझता हूँ। बस यही समझ लो कि जो आदमी प्राण को जितना ही प्यारा समझता है, वह उतना ही नीच है।"

प्रेस और नए मकान में से कोई अभी खड़ा नहीं हुआ है। हर रोज़ एक नया झमेला सामने आता है। इस सबमें उनका लिखना-पढ़ना अपने हिसाब से काफ़ी कम हो गया है, लेकिन यों कम नहीं है। एक दर्जन के क़रीब कहानियाँ (जिनमें से अधिकांश सुराजी कहानियाँ हैं) और एक बड़ा सुराजी नाटक, सब इसी दौर में इन्हीं झमेलों के बीच लिखे हैं। लिखे बिना उन्हें चैन भी तो नहीं मिलता। एक दिन का भी नागा उन्हें ज़हर मालूम होता है, एक आरी-सी चल जाती है कलेजे पर। उस रोज़ उन्हें कुछ अच्छा नहीं लगता और तबीयत झल्लाई हुई रहती है। छोटी-छोटी-सी बातों पर, जिन्हें यों हँसकर टाल देने की उनकी आदत है, झुँझला पड़ते हैं! हाँ, क़लम चलता रहे तो फिर सब ठीक है।

ताहम वक़्त तो इन सब झंझटों में जाता ही था और अपने हिसाब से उन्होंने काफ़ी काम नहीं किया था। 'प्रेमाश्रम'—जैसा कोई उपन्यास अब तक आ जाना चाहिए था। ढाई बरस से ऊपर हो गया था उसको पूरा किए। इधर कुछ दिनों से एक अन्धा अक्सर दिखाई पड़ता है। उसके चेहरे-मोहरे, बोल-चाल में कुछ ख़ास बात है। उसे देखकर एक उपन्यास की रूपरेखा मन में बन रही है। बड़ा उपन्यास होगा।

1 अक्बूबर, 1922 को मुंशीजी ने निगम साहब को लिखा—

'प्रेस का सामान कुछ कलकत्ते से मँगवाया। टाइप का आर्डर दे दिया है मगर मशीन अभी तक नहीं मिली।...प्रेस खुला और मैं घर बैठा। नाना साहब तशरीफ़ लाए हुए हैं। उनके ख़ानदान में ख़ानगी जंग शुरू हो गई। भाई-बन्दों से उनकी तनहाखुरी[1] न बर्दाश्त हो सकी। अब बँटवारे का मसला दरपेश है। मेरे मकान में हुल्लड़ हो रहा है। जन्माष्टमी क़रीब आ रही है। मुसम्मम[2] इरादा है कि इस तातील में आपसे मुलाक़ात करूँ। ज़िन्दगी का एतबार नहीं। रस्मे मुलाक़ात क़ायम रहे तो बेहतर। आप तो क़ुत्ब[3] हैं। ख़ैर, प्यासे कुएँ पर दौड़े जाते हैं, कुआँ नहीं दौड़ा आता। बारिश ने नाक में दम कर दिया। फ़स्ल को भी नुक़सान पहुँचा।' और फिर वह सबसे बड़ी ख़बर जो उन्हें अपने दोस्त को देनी है—'आपको यह सुनकर ख़ुशी होगी कि प्रेमाश्रम की 1200 जिल्दें निकल गईं। अब दूसरे एडीशन की तैयारी है।'

---

1. अकेले-अकेले खाना, 2. पक्का, 3. अचल तारा

तबीयत में ऐसा उभार आया इस ख़बर से कि मुंशीजी ने उसी रोज़, बिल्कुल उसी रोज़, 1 अक्तूबर, 1922 को 'चौगाने हस्ती' (रंगभूमि) पर काम शुरू कर दिया।

17

1 अक्तूबर, सन् 22 को लिखना शुरू हुआ और 1 अप्रैल, सन् 24 को 'रंगभूमि' का उर्दू मसौदा 'चौगाने हस्ती' के नाम से ख़त्म हुआ।

कोई इसे गुण माने चाहे दोष, सामयिकता मुंशीजी के कृती मन की प्रधान वृत्ति है। मुंशीजी वर्तमान में जीते हैं और वर्तमान के लिए ही लिखते हैं। इसीलिए कि उन्हें भविष्य की चिन्ता है। वर्तमान को फ़लाँगकर भविष्य में नहीं पहुँचा जा सकता। वर्तमान को छोड़ते ही भविष्य की स्थिति आकाशबेल की हो जाती है जो कभी नहीं फूलती। वर्तमान ही भविष्य का आधार है, उसकी खाद-मिट्टी, और भविष्य ही वर्तमान को सहज दिशा है, उसका गंतव्य। काल सनातन है, अखंड है—वैसे ही जैसे मनुष्य और उसका सुख-दुख। वह तो एक निरन्तर बहती हुई धारा है, आदि से अनन्त को—तुम जो मर्यादित हो दिशा से काल से, भर लो उससे अंजुली और सूर्य को नमस्कार कर पुन: समर्पित कर दो उस सनातन प्रवाह को शान्त मन से, अचंचल मन से तैरा दो उन्हीं लहरों पर अपना भी एक छोटा-सा दिया, पहुँच जाएगा तुम्हारा नैवेद्य भविष्य-देवता को। इतनी ही तुम्हारी प्रतिश्रुति है और इतनी ही तुम्हारी शक्ति, इससे अधिक का लोभ न करो। वह अपमृत्यु का मार्ग है। वर्तमान से पराङ्गमुख होकर कोई कालजयी नहीं हुआ। अंगीकार करो जीवन को, जैसा वह तुम्हें मिला है, उत्तर दो उन प्रश्नों का जो युग ने तुम्हारे सामने रक्खे हैं, प्रश्न न्याय-अन्याय के, सुन्दर-असुन्दर के, शेष की चिन्ता मत करो। जीवन रंगभूमि है जिसमें हम सब अपनी छोटी-सी भूमिका खेलने के लिए आए हैं। दर्शकों से हरदम हर्षध्वनि की अपेक्षा क्यों, वह तो जो होगा नाटक के अन्त में होगा। जीवन समर-भूमि है। तुम भी एक छोटे से सैनिक हो। सैनिक की दृष्टि केवल अपने समर पर होती है। जिसे हरदम पदक की लालसा घेरे रहती है और जिसका मन हर समय उसी के भाव-ताव की चढ़ा-ऊपरी में लगा रहता है, वह तो सट्टेबाज है जो भूल से इधर आ गया है। उसे चाहिए कि यहाँ से चला जाए। यह जगह अच्छी नहीं है। यहाँ तो जो मिलता है मरने के बाद मिलता है।

यह नहीं कि मुंशीजी के मन में यश की लालसा नहीं है। है और ख़ूब है। लेकिन हेतु वह नहीं है। इतना छोटा हेतु लेकर कोई जिये भी कैसे। उनकी शक्ति कितनी ही सीमित क्यों न हो, वह ऐसा कुछ करना चाहते हैं जो उन्हें यह सन्तोष दे सके कि वह अपने ही भीतर चक्कर नहीं खाते रहे बल्कि योग दिया, शक्ति-भर देश के नव-जागरण में। यह क़िस्सा शुरू करने के आठ महीने पहले से ही आन्दोलन बन्द था और गांधी जी छ: बरस के लिए जेल में डाल दिए गए थे। किताब ख़त्म होते-होते गांधीजी छोड़ दिए गए थे सही (अपनी कठिन बीमारी के कारण) लेकिन हालत इतनी जल्दी क्या बदलती।

आन्दोलन ठंडा पड़ा रहा। पस्ती का दौर चल रहा था। उसी का एक नतीजा थे वह तमाम हिन्दू-मुस्लिम दंगे जो तभी से आए दिन यहाँ-वहाँ देश-भर में भड़कते रहते थे। और उसका दूसरा नतीजा था जन-आन्दोलन को छोड़कर कौंसिलों में दाख़िल होने की ओर लोगों का झुकाव। चित्तरंजन दास और मोतीलाल नेहरू इस प्रवृत्ति के नेता थे। इसी आधार पर कांग्रेसजनों के दो दल हो गए थे—नो-चेंजर्स जो गांधीजी के साथ उसी पुराने जनसेवा और जन-आन्दोलन के रास्ते पर चलना चाहते थे और प्रो-चेंजर्स जो कहते थे कि उस पुराने रास्ते को बदलने की, उसको छोड़ने की ज़रूरत है, हमें कौंसिलों में जाकर भीतर से चोट करनी चाहिए। कांग्रेस के गया अधिवेशन (1922) में पहली बार यह प्रवृत्ति संगठित रूप में दिखाई दी। गांधीजी उस समय जेल में थे और आन्दोलन तो जैसे कुछ महीने पहले ही ख़त्म हो चुका था। गया से दिल्ली और दिल्ली से कोकोनाडा अधिवेशन तक आते-आते इन प्रो-चेंजर्स की, जिन्होंने पीछे अपनी स्वराज्य पार्टी भी बना ली थी, ताक़त बराबर बढ़ती गई थी और नो-चेंजर कांग्रेसमैनों पर रोक लगती जा रही थी कि वह कौंसिल-प्रवेश का विरोध न करें। गांधीजी जब सन् 24 के शुरू में जेल से छूटे और बम्बई में जुहू तट पर जाकर रहे तो चित्तरंजन दास और मोतीलाल नेहरू वहीं जाकर उनसे मिले। कई दिन तक उन लोगों की बातचीत हुई, बहुत खुलकर हुई और इन लोगों ने पूरी कोशिश की कि गांधीजी का समर्थन और आशीर्वाद उनके कार्यक्रम को मिल जाए। वह तो ख़ैर नहीं मिला और उस बातचीत के बाद दोनों पक्षों ने अपनी-अपनी स्थिति का स्पष्टीकरण करते हुए लम्बे-लम्बे बयान दिए। लेकिन गांधीजी ने इस बातचीत से इतना ज़रूर भाँप लिया कि हवा का रुख़ किस तरफ़ है, देश की नाड़ी इस समय कैसी चल रही है। इसलिए अपने बयान में उन्होंने जहाँ एक तरफ़ अपने मौलिक विरोध की बात कही वहीं दिल्ली और कोकोनाडा के कांग्रेस प्रस्तावों का समर्थन करते हुए यह भी कहा कि स्वराजियों को मुक्त होकर अपना प्रयोग करने की छूट देना ही ठीक है और नो-चेंजर्स को चाहिए कि उनके सम्बन्ध में कोई दुर्भावना अपने मन में न आने दें। वस्तुत: गांधीजी स्वयं पूरी सहानुभूतिशीलता से, खुले मन से इस प्रयोग का निष्कर्ष देखना चाहते थे और जैसे-जैसे उन्होंने उसको सफल होते देखा (जैसे कि बंगाल की असेंबली में चित्तरंजन दास की पार्टी का बहुमत में पहुँच जाना) वैसे-वैसे उन्होंने उसका संस्कार भी लिया और जल्दी ही वह समय भी आया कि गांधीजी अनौपचारिक ढंग से उन्हें 'कौंसिल में काम करने वाले कांग्रेसी' कहकर पुकारने लगे। यह कहने की ज़रूरत नहीं है कि चित्तरंजन दास और मोतीलाल नेहरू जैसे लोग कौंसिल-प्रवेश की बात स्वाधीनता आन्दोलन के वृहत्तर परिप्रेक्ष्य में ही कहते थे, इस दृष्टि से कि हमको जनता के ज़ोर से धारासभाओं में भी पहुँचना चाहिए और वहाँ पर सरकार की निरंकुश नीतियों का डटकर विरोध करना चाहिए, इससे हमारे काम का दायरा और उसी अनुपात में हमारी शक्ति बढ़ेगी। लेकिन इसमें भी कोई सन्देह नहीं है कि इस कार्यक्रम में अवसरवादियों के घुस आने के लिए भी बहुत अवकाश था।

मुंशीजी बड़े ध्यान से सब कुछ देख-सुन रहे थे लेकिन उनका अपना ही रंग था। मुंशी दयानरायन निगम के सवाल का जवाब देते हुए उन्होंने 17 फ़रवरी, 1923 को, जब कि वह काशी विद्यापीठ में हेडमास्टर थे, लिखा था—

'आपने मुझसे पूछा, मैं किस पार्टी में हूँ। मैं किसी पार्टी में भी नहीं हूँ। इसलिए कि दोनों में से कोई पार्टी कुछ अमली काम नहीं कर रही है। मैं तो उस आनेवाली पार्टी का मेम्बर हूँ जो कोतहुन्नास की सियासी तालीम को अपना दस्तूर-उल-अमल बनाए। स्वराज्य-ख़िलाफ़त पार्टी की जानिब से जो कांस्टीच्यूशन निकला है उससे अलबत्ता मुझे कुल्ली इत्तफ़ाक़ है। मगर ताज्जुब यही है कि यह एक पार्टी से क्यों निकला। मेरे ख़याल में दोनों ही पार्टियाँ इस मुआमले में मुत्तफ़िक हैं।'

किसी जगह पर सहमत भी हैं किसी पार्टी से लेकिन अपने को पूरी तरह उसका गिनने के लिए तैयार नहीं हैं क्योंकि 'मैं तो उस आनेवाली पार्टी का मेम्बर हूँ जो कोतहुन्नास की सियासी तालीम को अपना दस्तूर-उल-अमल बनाए' 'यानी जो छोटे लोगों (निम्न श्रेणी) की राजनीतिक शिक्षा को अपनी कार्यप्रणाली बनाए। अवामुन्नास 'शब्द से, जो कि एक चलता हुआ शब्द है और जिसका अर्थ 'जन-साधारण' है, उन्हें अपना अभिप्राय पूरी तरह स्पष्ट होता नहीं जान पड़ता, इसलिए वह अपना एक शब्द गढ़ते हैं 'कोतहुन्नास' जो कहीं कोश में नहीं है!

अपनी शक्ति-भर, देश-काल के अनुसार, उन्होंने बराबर यही किया ख़ासकर इधर जब से आज़ादी की लड़ाई ने इस नए मैदान में पैर रखा है। क्या नहीं लिखा है उन्होंने इन तीन-चार बरसों में—लेख लिखे हैं, पत्रों की टिप्पणियाँ लिखी हैं, असहयोग की कहानियाँ लिखी हैं, पैम्फलेट लिखकर साधारण लोगों को साधारण ढंग से स्वराज के फ़ायदे समझाए हैं, प्रेमाश्रम-जैसा उपन्यास लिखा है जिसमें आनेवाले आन्दोलन के प्रारूप के साथ-साथ उसके आगे की इंक़लाबी करवटें भी हैं, संग्राम-जैसा नाटक लिखा है जिसमें इस आन्दोलन के गाँव में प्रवेश करने की जीती-जागती तसवीर है और आपसी मारकाट की आग को ठंडा करने के लिए 'कर्बला' की शक्ल में एक घड़ा पानी लेकर भी दौड़े हैं, जब जैसी ज़रूरत हुई है, कभी आलस्य नहीं किया, प्रमाद नहीं किया। वह तो सिपाही हैं देश के, ऐसे सिपाही जिसे एक साथ कितने ही मोर्चों पर लड़ना पड़ता है।

आन्दोलन शुरू होने के पहले लोगों को दिमाग़ी तौर पर उस चीज़ के लिए तैयार करना था। आन्दोलन शुरू हो गया तो उनकी हिम्मत और उनका जोश बढ़ाना था। और अब जब कि आन्दोलन फ़िलहाल ठंडा पड़ा हुआ था और लोगों पर एक मुर्दनी-सी छाई हुई थी, ऐसी चीज़ की ज़रूरत थी जो उनकी इस मुर्दनी को तोड़े और एक बार फिर उनमें प्राण का संचार करे। क्षणिक उफान-जैसा नहीं, अधिक गम्भीर धरातल पर। ऐसा एक स्रोत जिससे बार-बार संजीवनी पाई जा सके। ज़रूरत होगी उसकी। आज़ादी की लड़ाई एक दिन की चीज़ नहीं होती, लम्बी चीज़ होती है। तरह-तरह के उतार-बढ़ाव आते हैं इस मैदान में। जीत का मुँह एक ही बार देखना नसीब होता है। उसके पहले न जाने कितनी बार हार होती है, हार पर हार होती है। तो भी हिम्मत नहीं छूटनी चाहिए, नहीं तो सब गया। हारने में बुराई नहीं है, खेल में हार-जीत तो लगी ही रहती है, हारकर बैठ रहने में बुराई है। लेकिन इसके लिए मन की थोड़ी-सी साधना अपेक्षित है, तभी चित्त को स्थितप्रज्ञ योगी-जैसी वह शान्ति मिलती है। दार्शनिकता का थोड़ा-सा सम्बल उसके लिए ज़रूरी है। लेकिन भारतभूमि के लिए वह कौन-सी मुश्किल चीज़ है, यहाँ की तो मिट्टी ही ऐसी है।

भैरो अपनी बीवी सुभागी को बहुत मारता-पीटता है। एक बार सुभागी जब बहुत तंग आ जाती है तो सूरदास के पास आकर शरण लेती है। लोग उसको तरह-तरह से डराते-धमकाते हैं, बदनाम करने की भी कोशिश करते हैं, लेकिन सूरदास अटल रहता है। सुभागी अपनी इच्छा से आई है, अपनी इच्छा से ही जाएगी और वह जाना चाहे तो आज चली जाए लेकिन इस तरह नहीं। मगर भैरो की तो इसमें नाक कटती है। आख़िर एक रोज़ भैरो सूरदास की झोपड़ी में आग लगा देता है और झोपड़ी जलकर राख हो जाती है। सूरदास को, जो भीख माँगकर अपना पेट चलाता है, अपनी झोपड़ी के जल जाने का दु:ख नहीं है, सुभागी के बेसहारा हो जाने का दु:ख है, और वह रोने लग जाता है।

सहसा वह चौंक पड़ा। किसी ओर से आवाज़ आई—तुम खेल में रोते हो!

मिठुआ घीसू के घर से रोता चला आता था, शायद घीसू ने मारा था। इस पर घीसू उसे चिढ़ा रहा था—खेल में रोते हो!

सूरदास कहाँ तो नैराश्य, ग्लानि, चिन्ता और क्षोभ के अपार जल में गोते खा रहा था, कहाँ यह चेतावनी सुनते ही उसे ऐसा मालूम हुआ, किसी ने उसका हाथ पकड़कर किनारे पर खड़ा कर दिया। वाह! मैं तो खेल में रोता हूँ। कितनी बुरी बात है। सच्चे खिलाड़ी कभी रोते नहीं, बाज़ी पर बाज़ी हारते हैं, चोट पर चोट खाते हैं, धक्के पर धक्के सहते हैं, पर मैदान में डटे रहते हैं, उनकी त्योरियों पर बल नहीं पड़ते। खेल में रोना कैसा। खेल हँसने के लिए, दिल बहलाने के लिए है, रोने के लिए नहीं।

सूरदास उठ खड़ा हुआ और विजय-गर्व की तरंग में राख के ढेर को दोनों हाथों से उड़ाने लगा।

एक क्षण में मिठुआ, घीसू और मुहल्ले के बीसों लड़के आकर इस भस्म-स्तूप के चारों ओर जमा हो गए और मारे प्रश्नों के सूरदास को परेशान कर दिया। उसे राख फेंकते देखकर सबों को खेल हाथ आया। राख की वर्षा होने लगी। दम के दम में सारी राख बिखर गई, भूमि पर केवल काला निशान रह गया। मिठुआ ने पूछा—दादा, अब हम रहेंगे कहाँ?

सूरदास—दूसरा घर बनाएँगे।

मिठुआ—और कोई फिर आग लगा दे?

सूरदास—तो फिर बनाएँगे।

मिठुआ—और फिर लगा दे?

सूरदास—तो हम भी फिर बनाएँगे।

मिठुआ—और जो कोई हज़ार बार लगा दे?

सूरदास—तो हम हज़ार बार बनाएँगे।

बालकों को संख्याओं से विशेष रुचि होती है। मिठुआ ने फिर पूछा—और जो कोई सौ लाख बार लगा दे?

सूरदास ने उसी बालोचित सरलता से उत्तर दिया—तो हम भी सौ लाख बार बनाएँगे।

यह दो बच्चों की बातचीत है, जिनमें से एक बुड्ढा है और उस बच्चे का दादा है, अन्धा है, भिखमंगा है, सब है, लेकिन ज़रा पर्दा हटाकर तो देखो, इतिहास बोल रहा है उसके कंठ से। कितनी बार उजड़ा यह देश। और फिर बसा, फिर फिर बसा, इसी आदमी के बलबूते जो यह बात कह रहा है। यह हमारी अक्षय आत्मा बोल रही है, उसका क्रांतिकारी संकल्प बोल रहा है। इस क्षण समय को अपेक्षा है ऐसी ही प्रतिज्ञा की।

और यह प्रतिज्ञा मात्र उच्छ्वास नहीं है, उसके पीछे एक गम्भीर जीवनदृष्टि है, जो एक दिन की उपलब्धि नहीं, जीवन की गहरी पीड़ा को मथकर हाथ आया हुआ रत्न है। भले प्रेमचन्द ने सूरदास को बनारस की गलियों में घूमते देखा हो लेकिन उसके भी पहले वह ख़ुद उनके मन की गलियों में घूम रहा था, इसीलिए तो बाहर जब देखा तो पहचानते देर नहीं लगी वर्ना कितने ही तो अन्धे घूमते रहते हैं गलियों में और बाज़ारों में और सभी तो देखते हैं उन्हें! अपने मानसपुत्र की वाणी से यह उन्हीं की जीवन-पीड़ा बोल रही है, उन्हीं का जीवन-बोध। स्रष्टा और सृष्टि के बीच दीवार ढह गई है। अक्षर और ब्रह्म एक हो गया है। अपने हृदय के रक्त से प्रेमचन्द ने सूरदास की रचना की है, जिस अर्थ में अब तक किसी की रचना नहीं की। सूरदास की उस अस्थिपिंजर, चीमड़ देह में स्पंदित हृदय प्रेमचन्द का है। न्याय-अन्याय, सत्य-असत्य, सुन्दर-असुन्दर—जीवन की सारी मीमांसा जो सूरदास के माध्यम से प्रस्तुत है, प्रेमचन्द की अपनी है। 'रंगभूमि' प्रेमचन्द की आज तक की जीवन-उपलब्धि का महाकाव्य है और उसमें सूरदास ही प्रेमचन्द है। वह एक आदर्श सत्याग्रही है लेकिन राजनीतिक आन्दोलन के सीमित अर्थ में नहीं, जीवन की एक समग्र दृष्टि के व्यापक अभिप्राय में। और किसी के लिए हो न हो, प्रेमचन्द के लिए सत्याग्रह का अभिप्राय यही है, जीवन के कुछ सनातन मूल्य—दया, क्षमा, परोपकार, प्रेम, विनय, अपरिग्रह, निर्भय सत्यनिष्ठा, अन्याय का प्रतिकार—जिनकी शृंखला उनकी अपनी प्रवृत्ति और संस्कार में शुरू होती है और टाल्स्टाय को अपने साथ जोड़ती हुई गांधी तक आती है। उनकी हर कहानी इन्हीं सद्‌वृत्तियों की धुरी पर घूमती है और सत्याग्रह उन सबका निचोड़ है। उसका एक धरातल वह भी है, शुद्ध राजनीति का और वह भी महत्त्वपूर्ण है लेकिन कथाकार के नाते, मुंशीजी को उससे कम प्रयोजन है क्योंकि यहाँ उनकी भूमि दूसरी है मनुष्य का चरित्र और उस चरित्र का निर्माण। इसी अर्थ में उन्होंने सत्याग्रह को ग्रहण किया है और अनायास भाव से ग्रहण किया है। लेकिन उसके चित्रण में अनेक बार, जहाँ जीवन की पकड़ कच्ची रही है, यह आदर्श ढीले-पोले बेजान-से लगे हैं। मगर रंगभूमि की बात और है। यहाँ जीवन की उनकी पकड़ मज़बूत है और सूरदास के माध्यम से उन्होंने बहुत गहरे पैठकर बहुत कसाव के साथ उस आदर्श को चरितार्थ किया है।

जीवन को समभाव से, निष्काम कर्म के रूप में ग्रहण करना भी उसी का एक अंग है। मन को बहुत शक्ति मिलती है उससे। आदमी बहुत हल्का महसूस करता है, कोई बोझ नहीं रहता मन पर। अपना काम जी लगाकर करो और ख़ुश रहो। आराम की नींद सोओ, जी खोलकर हँसो। परिणाम की चिन्ता न करो। जी लगाकर खेलो, जब तक दम में दम है, जब तक साँस चलती है, और फिर एक रोज़ चले जाओ, दुनिया का खेल-तमाशा तो यों ही चलता रहेगा। चलता आया है। चलता जाएगा। आदमी का

बच्चा बेकार ही ढोये फिरता है परेशानियों की गठरी। टिटिहरी के बारे में कहा जाता है कि वह पैर ऊपर करके सोती है, शायद इसलिए कि आसमान अगर गिरे तो वह रोक ले! आदमी का भी वही हाल है। चार दिन के लिए आता है लेकिन छन-भर चैन से नहीं बैठता। कहीं यह तो कहीं वह। पूछो क्या होता है उससे, सिवाय इसके कि आदमी ख़ुद अपनी ज़िन्दगी पहाड़ कर ले। ज़रा-ज़रा-सी बातों पर झगड़े, बेकार का जलना-कुढ़ना, बेकार की चढ़ा-ऊपरी, नोच-खसोट, सारी ज़िन्दगी इसी में बीत जाती है। कोई हद है इस अहमकपने की। मगर नहीं, लोग इसी को ज़िन्दगी समझते हैं, इसी हर वक़्त की आपाधापी को! भला कोई पूछे इन अक़्ल के मारों से, ज़िन्दगी में यों ही क्या कम दु:ख है जो तुम यह एक और ओढ़े लेते हो!

हँसो, ख़ूब ज़ोर से हँसो, ताकि ये बादल छँट जाएँ। उससे भी काम नहीं चलता। चेहरे पर झुर्रियाँ बढ़ती जा रही हैं, कनपटी के बाल तेज़ी से सफ़ेद हो रहे हैं। मगर तो भी अपनी कोशिश में कसर क्यों रहे। जहाँ तक अपना ज़ोर चलता है, ज़िन्दगी को ढंग से जीने की तदबीर करनी चाहिए। यह क्या कि हथियार डाल दिए! यह मर्दों का ढंग नहीं है। मर्दों का ढंग वह है जो सूरदास में साकार हो उठा है—उसकी ज़िन्दगी में और उसकी मौत में। उसकी आत्मा के तेज़ से कोना-कोना प्रकाशित है। एक जगह पर सूरदास कहता है—

'हमारी बड़ी भूल यही है कि खेल को खेल की तरह नहीं खेलते। खेल में धाँधली करके कोई जीत ही जाए तो क्या हाथ आएगा। खेलना तो इस तरह चाहिए कि निगाह जीत पर रहे, पर हार से घबराए नहीं, ईमान को न छोड़े। जीतकर इतना न इतराए कि अब कभी हार होगी ही नहीं। यह हार-जीत तो ज़िन्दगी के साथ है।'

क्लार्क की गोली से आहत होकर सूरदास अस्पताल में पड़ा है। रानी जाह्नवी उसको देखने जाती हैं और पूछती हैं, 'पीड़ा बहुत हो रही है?' तो सूरदास जवाब देता है—'कुछ कष्ट नहीं है। खेलते-खेलते गिर पड़ा हूँ, चोट आ गई है, अच्छा हो जाऊँगा।'

राजा महेन्द्रकुमार भी, जिनसे सूरदास की मुख्य टक्कर रही है, मिज़ाजपुर्सी के लिए पहुँचते हैं और कहते हैं—सूरदास, मैं तुमसे अपनी भूलों की क्षमा माँगने आया हूँ...

सूरदास उन्हें भी यही जवाब देता है—सरकार, ऐसी बात न कहिए। आप राजा हैं, मैं रंक हूँ! आपने जो कुछ किया दूसरों की भलाई के विचार से किया। मैंने जो कुछ किया, अपना धरम समझकर किया।...हम तो खेल खेलते हैं, जीत-हार भगवान के हाथ है। वह जैसा उचित जानते हैं करते हैं। बस नीयत ठीक होनी चाहिए।

इस पर राजा साहब कहते हैं—सूरदास, नीयत को कौन देखता है। मैंने सदैव प्रजाहित ही पर निगाह रक्खी पर आज सारे नगर में एक भी ऐसा प्राणी नहीं है जो मुझे खोटा, नीच, स्वार्थी, अधर्मी, पापिष्ठ न समझता हो। और तो क्या, मेरी सहधर्मिणी भी मुझसे घृणा कर रही है...

कैसा मज़ाक़ है, राजा साहब सूरदास की मिज़ाजपुर्सी के लिए आए हैं और होता उसका उल्टा ही है, अनपढ़ सूरदास गोसाईं तुलसीदास की बानी में उनकी मिज़ाजपुर्सी करता है—इसकी चिन्ता न कीजिए। हानि-लाभ, जीवन-मरन, जस-अपजस विधि के हाथ है, हम तो ख़ाली मैदान में खेलने के लिए बनाए गए हैं। सभी

खिलाड़ी मन लगाकर खेलते हैं, सभी चाहते हैं कि हमारी जीत हो, लेकिन जीत एक ही की होती है, तो क्या हारनेवाले इससे हिम्मत हार जाते हैं? वे फिर खेलते हैं, फिर हार जाते हैं तो फिर खेलते हैं। कभी न कभी तो उनकी जीत होती ही है।... नहीं नहीं राजा साहब, निराश होना खिलाड़ियों के धर्म के विरुद्ध है। अबकी हार हुई तो फिर कभी जीत होगी।

राजा साहब को सबसे ज़्यादा दु:ख अपनी बदनामी का है। उसके बारे में सूरदास कहता है—सरकार, नेकनामी और बदनामी बहुत से आदमियों के हल्ला मचाने से नहीं होती। सच्ची नेकनामी अपने मन में होती है। अगर अपना मन बोले कि मैंने जो कुछ किया वही मुझे करना चाहिए था, इसके सिवा कोई दूसरी बात करना मेरे लिए उचित न था, तो वही नेकनामी है।...

यह मुंशीजी के अचल विश्वास बोल रहे हैं जिनके बनने में न जाने कितना समय लगा है, जिन तक पहुँचने में मन को न जाने कैसी-कैसी घाटियों में होकर जाना पड़ा है।

सोफ़िया के पिता जान सेवक, जिन्होंने अपने कारखाने के लिए सूरे की ज़मीन पर दाँत लगाया, जो कि सारे झगड़े की जड़ बना, अस्पताल में सूरदास को देखने के लिए पहुँचते हैं। जाने के पहले उनके मन में संशय भी है, जाएँ कि न जाएँ, सूरदास को बुरा तो नहीं लगेगा उनका जाना। लेकिन उनकी बेटी जब उन्हें इस ओर से आश्वस्त करती है, 'उसके हृदय में द्वेष और मालिन्य की गन्ध तक नहीं है' तो फिर वह पहुँच ही जाते हैं। दो ही एक बातों के बाद वह कहते हैं, 'नहीं नहीं सूरदास, ऐसी बातें न करो, तुम बहुत जल्द अच्छे हो जाओगे।' इसके जवाब में सूरदास हँसकर कहता है—'अब जीकर क्या करूँगा। इस समय मरूँगा तो बैकुण्ठ पाऊँगा, फिर न जाने क्या हो। जैसे खेत कटने का एक समय होता है। पक जाने पर खेत न कटे तो अनाज सड़ जाएगा, मेरी भी वही दशा होगी। मैं भी कई आदमियों को जानता हूँ जो आज से दस बरस पहले मरते तो लोग उनका जस गाते, आज उनकी निन्दा हो रही है।' इसके बाद सेवक कहते हैं, 'मेरे हाथों तुम्हारा बड़ा अहित हुआ। इसलिए मुझे क्षमा करना।' उनको भी सूरदास वही जवाब देता है जो कि उसने राजा साहब को दिया था—

'मेरा तो आपने कोई अहित नहीं किया, मुझसे और आपसे दुसमनी ही कौन-सी थी। हम और आप आमने-सामने की पालियों में खेले। आपने भरसक ज़ोर लगाया, मैंने भी भरसक ज़ोर लगाया। जिसको जीतना था, जीता, जिसको हारना था, हारा। खिलाड़ियों में बैर नहीं होता। मुझे आपसे कोई शिकायत नहीं।'

सोफ़िया बैठी देखा करती है और उसकी समझ में आता है कि 'चित्त की शान्ति ही वास्तविक सौन्दर्य है।' इस शान्ति का स्रोत कहाँ है?

सूरदास के उसी जीवनदर्शन में जिस पर सारी पुस्तक ठहरी हुई है। वह कितना ज़्यादा मुंशीजी का अपना जीवन-दर्शन है यह उस ख़त से ज़ाहिर है जो उन्हीं दिनों, ठीक उन्हीं दिनों, मुंशीजी ने निगम साहब के बच्चे की मौत पर उनके पास भेजा था, शब्द तक सूरदास के हैं!

एक दिन की उपलब्धि नहीं है यह जीवनदृष्टि। सात का था नवाब जब माँ नहीं रही, जवानी की देहलीज पर पैर रखते-रखते पिता चल बसे। ज़िम्मेदारियों का गट्ठर

1924

सर पर—पिता की ज़िम्मेदारियाँ जो उत्तराधिकार में मिली थीं और ख़ुद अपनी एक सबसे बड़ी जिम्मेदारी वह जुआ जिसमें पिताजी बेचारे की गर्दन फँसा गए थे—एक फूहड़, बदशक्ल, बेमेल बीवी। सबका पेट पालने के लिए दिन-रात कोल्हू के बैल की तरह जुते रहना। रोज़-रोज़ के सास-बहू के झगड़े, दाँता-किलकिल। और इन सबके बीच अपना लिखने-पढ़ने का काम जो अलग एक चढ़ाई थी पहाड़ की जिसमें कितनी ही बार दम फूल-फूल जाता था। शरीर बिलकुल टूटा हुआ सो अलग।

मुंशीजी ने आजमाकर देख लिया है, ज़िन्दा रहने की दूसरी कोई तदबीर नहीं है। न एक आदमी के लिए न एक क़ौम के लिए।

देश में इस वक़्त जो मुर्दनी छाई हुई है, उसको दूर करने का रास्ता वही है जिसे सूरदास अपने जीवन में चरितार्थ करता है।

सिपाही अपनी चौकी पर मुस्तैदी से खड़ा अपना काम कर रहा है। जब जैसी चीज़ की ज़रूरत हो, वह हाज़िर है।

प्रस्तुत क्षण और भविष्य, यथार्थ और स्वप्न उसके लिए अविभाज्य हैं। उसे एक साथ ही दोनों की रक्षा करनी है।

सूरदास के पास अपने बाप-दादों के वक़्त की कुछ ज़मीन है जिसे उसने अपने गाँव के मवेशियों के चरने के लिए छोड़ रखा है। मिस्टर जान सेवक को अपना सिगरेट का कारख़ाना खोलने के लिए ज़मीन चाहिए और उनके दाँत सूरदास की ज़मीन पर लगे हैं। बड़े-बड़े लोग, धनी-मानी लोग सूरदास को समझाने के लिए आते हैं, लालच देते हैं, डराते-धमकाते हैं लेकिन सूरदास किसी तरह अपनी ज़मीन देने पर राज़ी नहीं होता। फिर वह ज़मीन बड़े-बड़े हथकंडों से जबरिया हासिल की जाती है। सिगरेट का कारख़ाना खड़ा हो जाता है। फिर उन लोगों के घरों पर बात आती है क्योंकि कारखाने के मज़दूरों को रहने के लिए जगह चाहिए। सारी कहानी इसी भूमि के संघर्ष को लेकर है—संघर्ष जो वास्तविक भूमि के टुकड़े को लेकर भी है और प्रतीक भी है एक वृहत्तर संघर्ष का। इसी संघर्ष में, गाँव की छोटी-सी राजनीति की सजीव पृष्ठभूमि में सूरदास एक अटल सत्याग्रही के रूप में सामने आता है। सत्याग्रही यानी एक निडर सिपाही और उच्चतर मानव।

ज़मीन कारख़ाने के लिए न देने के अनेक कारण सूरदास के पास हैं लेकिन सबसे बड़ा शायद वह है जिसे वह राजा साहब चतारी की बात के जवाब में पेश करता है।

राजा साहब कहते हैं—ज़रा यह भी तो सोचो कि इस कारख़ाने से लोगों को क्या फ़ायदा होगा। हज़ारों मज़दूर, मिस्त्री, बाबू, मुंशी, लुहार, बढ़ई आकर आबाद हो जाएँगे, एक अच्छी बस्ती हो जाएगी, बनियों की नई-नई दुकानें खुल जाएँगी, आस-पास के किसानों को अपनी साग-भाजी लेकर शहर न जाना पड़ेगा, यहीं खरे दाम मिल जाएँगे। कुँजड़े, खटिक, ग्वाले, धोबी, दर्ज़ी सभी को लाभ होगा। क्या तुम इस पुण्य के भागी न बनोगे?

सूरदास कहता है—सरकार बहुत ठीक कहते हैं, मुहल्ले की रौनक ज़रूर बढ़ जाएगी, रोज़गारी लोगों को फ़ायदा भी ख़ूब होगा। लेकिन जहाँ यह रौनक बढ़ेगी वहाँ ताड़ी-शराब का परचार भी तो बढ़ जाएगा, कसबियाँ भी तो आकर बस जाएँगी, परदेसी

आदमी हमारी बहू-बेटियों को घूरेंगे, कितना अधरम होगा! दिहात के किसान अपना काम छोड़कर मजूरी के लालच से दौड़ेंगे, यहाँ बुरी-बुरी बातें सीखेंगे, और अपने बुरे आचरन अपने गाँव में फैला देंगे। दिहातों की लड़कियाँ, बहुएँ मजूरी करने आएँगी और यहाँ पैसे के लोभ में अपना धरम बिगाड़ेंगी। यही रौनक शहरों में है। वही रौनक यहाँ हो जाएगी। भगवान न करें यहाँ वह रौनक हो। सरकार मुझे इस कुकरम और अधरम से बचाएँ। यह सारा पाप मेरे सिर पड़ेगा।

ताहम वह फ़रिश्ता नहीं है, आदमी है—बहुत नेक, बहुत सच्चा, बहुत निडर, निरीह, निस्पृह, लेकिन आदमी। यह आदमी की कमज़ोरियाँ हैं जो उसे आदमी बनाती हैं और उसी की हमको ज़रूरत है, हवा में उड़नेवाला फ़रिश्ता लेकर हम क्या करेंगे। उससे न तो हमारा लगाव ही हो पाता है और न उसका कोई असर ही हमारे दिल पर पड़ता है। सूरदास ऐसा नहीं है, वह तो एक बिलकुल मामूली इनसान है जैसे ज़िन्दगी की राह में मिल जाया करते हैं, ठीकरे की तरह, लेकिन हाथ में लेकर क़रीब से देखो, ज़रा झाड़-पोंछकर, ज़रा तराशकर, तो पता चलता है कि वह ठीकरा नहीं, हीरा है। मुंशीजी को ऐसे हीरों की ही तलाश रहती है। सदा नहीं मिलते, मनोहर और कादिर जैसे दो-एक प्रेमाश्रम में मिले थे, पहली बार, और वह मन को इतने भाये कि मुंशीजी संग्राम नाटक लिखने बैठे तो वही दोनों न जाने कहाँ से हलधर और फत्तू मियाँ का रूप धरकर चले आए। ऐसा बड़ा और ऐसी अनोखी चमक-दमक का हीरा तो 'रंगभूमि' में आकर ही मिला और यों ही ज़िन्दगी की राह में—एक अन्धा भिखमंगा। एकदम काल्पनिक चरित्र की सृष्टि करना मुंशीजी का स्वभाव नहीं है, आधार वास्तविक होना चाहिए, उस पर चाहे फिर कल्पना का रंग कितना ही चढ़ाया जाए। इसीलिए मुंशीजी अपने चरित्र सीधे जीवन से लेते हैं, फिर उसे अपने मन के भीतर पकाते हैं और फिर अपनी खराद पर चढ़ाते हैं। कोयला कभी कोयला ही रह जाता है और कभी हीरा बन जाता है। भूमि के गर्भ में भी तो सारे कोयले हीरे नहीं बनते—किस रासायनिक प्रक्रिया से कैसी गर्मी पाकर कोयले के परमाणुओं का संघटन बदलकर हीरे का रूप ले लेता है, यह अभी रहस्य ही है। लेकिन वह जो भी हो, मुंशीजी को अपने चरित्रों के संधान में आकाश-कुसुम तोड़ने की अपेक्षा राह में पड़े हुए कोयले और ठीकरे को बीन लेना ज़्यादा अच्छा मालूम होता है। बहुत जमाने से मुंशीजी को तलाश थी ऐसे ही एक चरित्र की जो फ़रिश्ता भी हो और इनसान भी, जो आदम के बेटे का ख़ास गुण है।

गाँववालों की दुष्टता, निष्ठुरता से क्षुब्ध होकर सूरदास ज़मीन बेच देने का विचार करता है। एक बाबाजी उसका यह विचार छुड़वाने के लिए उसे भक्ति और वैराग्य का उपदेश देते हैं। सूरदास चिढ़कर उनसे कहता है—बाबाजी, जब तक भगवान की दया न होगी, भक्ति और वैराग्य किसी पर मन न जमेगा। इस घड़ी मेरा हृदय रो रहा है, उसमें उपदेश और ज्ञान की बातें नहीं पहुँच सकतीं। गीली लकड़ी खराद पर नहीं चढ़ती।

और फिर मन में कहता है—यह भी मुझी को ज्ञान का उपदेश करते हैं। दीनों पर उपदेश का भी दाँव चलता है, मोटों को कोई उपदेश नहीं करता। वहाँ तो जाकर ठकुरसुहाती करने लगते हैं। मुझे ज्ञान सिखाने चले हैं। दोनों जून भोजन मिल जाता है न! एक दिन न मिले तो सारा ज्ञान निकल जाए।

और उसी आवेश में अपने रास्ते पर आगे बढ़ जाता है।

लेकिन वहाँ पहुँचकर जब बात कहने का वक़्त आता है तो गला फँस जाता है—

'लज्जा अत्यंत निर्लज्ज होती है। अन्तिम काल में भी जब हम समझते हैं कि उसकी उलटी साँसें चल रही हैं, वह सहसा चैतन्य हो जाती है...ताहिर अली की बातें सुनते ही सूरदास की लज्जा ठट्ठा मारती हुई बाहर निकल आई। बोला—मियाँ साहब, वह ज़मीन तो बाप-दादों की निसानी है, भला मैं उसे बय या पट्टा कैसे कर सकता हूँ। मैंने उसे धरम-काज के लिए संकल्प कर दिया है।' क़िस्सागो की आँखें भी जैसे चमकने लगती हैं इस मुकाम पर आकर!

बात इतनी ही नहीं है कि वह ज़मीन सूरे के बाप-दादों की निसानी है। यह भी नहीं कि वहाँ गउएँ चरती हैं जिनके लिए फिर चरने को जगह न रहेगी। बात इससे ज़्यादा बड़ी है। सूरदास इस नई आँधी के मुक़ाबले में अपनी पुरानी जीवन-प्रणाली की रक्षा कर रहा है। बुराइयाँ उसमें न हों, ऐसी बात नहीं है। लेकिन उनके बाद भी सूरदास को वह चीज़ बचाने के योग्य लगती है क्योंकि उसमें प्रेम है, भाईचारा है, सरलता है, नेकी है—जो सब कुछ न रह जाएगा इस नई व्यवस्था में। आदमी आदमी के बीच आत्मीयता के सम्बन्ध मिट जाएँगे और संवेदनाएँ भोंथरी हो जाएँगी। फिर कोई किसी के दुख-दर्द में शरीक न होगा, सब को बस अपनी ही अपनी पड़ी रहेगी। क्योंकि आदमी आदमी न रह जाएगा, बस एक पुर्ज़ा मशीन का।...और फिर जुआ, शराब, चोरी, बदमाशी। ज़मीन के उस टुकड़े के रूप में सूरदास एक दुनिया को बचाने की कोशिश कर रहा है। वस्तु और प्रतीक एक-दूसरे में खो गए हैं।

लेकिन ज़मीन तो निकल ही जाती है, कोई बचा नहीं सकता उसको।

वह पुरानी दुनिया मर रही है। इतिहास का ऐसा ही आदेश है। एक नई दुनिया का पेशख़ीमा गड़ रहा है, पूँजीपतियों की दुनिया। सबको उससे डर है। सब उससे परीशान हैं। लेकिन मिलकर उसका सामना करने की बुद्धि या ढंग उनके पास नहीं है। सूरदास अकेला आदमी है जो इस काम में उन्हें रास्ता दिखा सकता है। लेकिन 'घंटे-भर तक पंचाइत हुई पर सूरदास के पास कोई न गया। साझे की सुई ठेले पर लदती है। तू चल, मैं आता हूँ, यही हुआ किया।'

आख़िरकार भैरो अकेले सूरे के पास जाता है तो सूरदास ऐसी कठिन उदासीनता से, जिसमें क़ुर्बानी की मौत अपना घर बना चुकी है, कहता है—

'मेरी क्या पूछते हो, ज़मीन थी वह निकल ही गई, झोपड़ी के बहुत मिलेंगे तो दो-चार रुपए मिल जाएँगे। मिले तो क्या और न मिले तो क्या। जब तक कोई न बोलेगा, पड़ा रहूँगा। कोई हाथ पकड़कर निकाल देगा बाहर जा बैठूँगा। वहाँ से उठा देगा, फिर आ बैठूँगा। जहाँ जन्म लिया है, वहीं मरूँगा। बाप-दादों की ज़मीन खो दी, अब इतनी निसानी रह गई है, इसे न छोड़ूँगा। इसके साथ ही आप भी मर जाऊँगा।'

धीरे-धीरे हम वधभूमि की ओर बढ़ रहे हैं। पुलिस वहाँ घेरा डालती है। दूसरे तमाम घर गिरा दिए जाते हैं लेकिन सूरदास अपने झोपड़े से नहीं हटता और क्लार्क, जो गोरी सत्ता का प्रतीक है, जैसे भी हो उसको हटाने की क़सम खा चुका है। गोली चलने की पूरी तैयारी है लेकिन तभी एक ऐसी घटना घटित होती है, जो 'पुलिस के

इतिहास में एक नूतन युग की सूचना दे रही थी।' सिपाही गोली चलाने से इनकार कर देते हैं और बन्दूकें ज़मीन पर पटक देते हैं। पता नहीं, तब तक ऐसी कोई घटना देश में कहीं हुई थी या नहीं लेकिन कुछ बरस बाद पेशावर में गढ़वाली सैनिकों की एक टोली ने ऐसा ही किया था और अपनी जान पर खेलकर किया था। प्रेमचन्द ने अपनी भविष्यद्रष्टा आँखों से शायद कुछ बरस पहले ही इस चीज़ को देख लिया था। पुलिस गोली चलाने से इनकार क़रती है और सूरदास? वह 'इस व्यूह के मध्य में झोपड़े के द्वार पर...सिर झुकाये बैठा हुआ था मानो धैर्य, आत्मबल और शान्त तेज़ की सजीव मूर्ति हो।' साक्षात् गांधी।

यही शायद कहना भी चाहते हैं मुंशीजी। अपनी सहज मानवी दुर्बलताओं समेत सूरदास का सीधा-सादा सरल निस्पृह निर्भीक सत्यनिष्ठ दैनंदिन रूप प्रेमचन्द का अपना है और उदात्त स्वरूप गांधीजी का—अपनी समस्त सद्वृत्तियों की सबसे उदात्त अभिव्यक्ति के रूप में ही उन्होंने सदा से गांधीजी को अपने हृदय के आसन पर बिठाला है और कुछ अजब नहीं कि सूरदास का चित्रण करते समय उनके मन की आँखों के आगे गांधीजी बराबर रहे हों। सूरदास के रूप में वह किसी महान् राष्ट्रीय व्यक्तित्व की उद्भावना कर रहे हैं, इसका कुछ संकेत विनय की बात में भी मिलता है जो कहता है—'तुम्हारी झोपड़ी नहीं, यह हमारा जातीय मन्दिर है। हम इस पर फावड़े चलते देखकर शान्त नहीं रह सकते।'

लड़ाई आगे बढ़ती है। अबकी बार गोरखे बुलाए गए हैं।

'गिरे हुए मकानों की जगह सैकड़ों छोलदारियाँ खड़ी हैं और उनके चारों ओर गोरखे खड़े चक्कर लगा रहे हैं। किसी की गति नहीं है कि अन्दर प्रवेश कर सके। हज़ारों आदमी आसपास खड़े हैं मानो किसी विशाल अभिनय को देखने के लिए दर्शकगण वृत्ताकार खड़े हों। मध्य में सूरदास का झोपड़ा रंगमंच के समान स्थित था। सूरदास झोपड़े के सामने लाठी लिए खड़ा था मानो सूत्रधार नाटक का आरम्भ करने को खड़ा है।' इस छोटी-सी प्रतीकात्मक लड़ाई में सूरदास आदर्श सत्याग्रही है और निश्चय ही उस पर गांधीजी की छाया है। जैसे-जैसे प्रतीकों के माध्यम से मुंशीजी ने सूरदास को प्रस्तुत किया है उससे इस अनुमान को बल मिलता है। एक जगह पर उसके लिए कहा गया है, 'ऐसा ज्ञात होता था कि कोई चक्षुहीन यूनानी देवता अपने उपासकों के बीच खड़ा है।'

इन उपासकों में क्षोभ की लहर तेज़ी से दौड़ रही है, वह हिंसा पर उद्यत जान पड़ते हैं, उस समय सूरदास उनसे कहता है—'भाइयो, आप लोग अपने-अपने घर जाएँ।... यहाँ जमा होकर हाकिमों को चिढ़ाने से क्या फ़ायदा? मेरी मौत आवेगी तो आप लोग खड़े रहेंगे और मैं मर जाऊँगा। मौत न आवेगी तो मैं तोपों के मुँह से बचकर निकल आऊँगा। आप लोग वास्तव में मेरी सहायता करने नहीं आए, मुझसे दुसमनी करने आए हैं। हाकिमों के मन में, फ़ौज के मन में, पुलिस के मन में जो दया और धरम का ख़याल आता, उसे आप लोगों ने जमा होकर क्रोध बना दिया है। मैं हाकिमों को दिखा देता कि एक दीन, अन्धा आदमी एक फ़ौज को कैसे पीछे हटा देता है, तोप का मुँह कैसे बन्द कर देता है, तलवार की धार कैसे मोड़ देता है! मैं धरम के बल से लड़ना चाहता था...'

यह बिलकुल गांधीजी की बानी है।

आख़िर 'गोली सूरदास के कंधे में लगी, सिर लटक गया, रक्त-प्रवाह होने लगा। भैरो उसे सँभाल न सका, वह भूमि पर गिर पड़ा। आत्मबल पशुबल का प्रतिकार न कर सका।'

लेकिन सचमुच क्या सूरदास का अन्त पराजय में हुआ? 'कर्बला' की भूमिका में मुंशीजी ने लिखा था—नायक की दारुण कथा दु:खान्त नाटकों के लिए पर्याप्त नहीं। उसकी विपत्ति पर हम शोक नहीं करते, वरन् उसकी नैतिक विजय पर आनंदित होते हैं, क्योंकि वहाँ नायक की प्रत्यक्ष हार वस्तुत: उसकी विजय होती है। दु:खान्त नाटकों में शोक और हर्ष के भावों का विचित्र रूप से समावेश हो जाता है। हम नायक को प्राण त्यागते देखकर आँसू बहाते हैं किन्तु वह आँसू करुणा के नहीं विजय के होते हैं। दु:खान्त नाटक आत्मबलिदान की कथा है और आत्मबलिदान केवल करुणा की वस्तु नहीं, गौरव की भी वस्तु है।' एक ही समय आत्मबलिदान की ये दोनों कथाएँ लिखी गईं, एक नाटक के रूप में और एक कथा के रूप में—एक मैदान में हज़रत हुसेन की नैतिक विजय हुई और दूसरे मैदान में सूरदास की। कौन था जिसने श्रद्धा के दो फूल नहीं चढ़ाए। दुश्मनों तक का सिर झुक गया। जिन्होंने इस लड़ाई में सूरदास का साथ छोड़ दिया था उन्हीं में से एक, ठाकुरदीन-जैसे आदमी ने भी कहा—अन्धा आगमज्ञानी था। जानता था कि एक दिन यह पुतलीघर हमको बनवास देगा। जान तक गँवाई पर अपनी ज़मीन न दी...

गाँववाले तो रोते ही थे, प्रसिद्ध राष्ट्रसेवी गंगुली से जब सोफ़िया ने सरल भाव से कहा—'क्या अब कुछ नहीं हो सकता डाक्टर साहब?' तो गंगुली ने जवाब दिया-

> *'बहुत कुछ हो सकता है मिस सोफ़िया! हम यमराज को परास्त कर देगा। ऐसे प्राणियों का यथार्थ जीवन तो मृत्यु के पीछे ही होता है जब वह पंचभूतों के संस्कार से रहित हो जाता है। सूरदास अभी नहीं मरेगा, बहुत दिनों तक नहीं मरेगा। हम सब मर जाएगा, कोई कल, कोई परसों, पर सूरदास तो अमर हो गया, उसने तो काल को जीत लिया। अभी तक उसका जीवन पंचभूतों के संस्कार से सीमित था। अब वह प्रसारित होगा, समस्त प्रान्त को, समस्त देश को जागृति प्रदान करेगा, हमें कर्मण्यता का, वीरता का आदर्श बताएगा। यह सूरदास की मृत्यु नहीं है सोफी, यह उसके जीवन-ज्योति का विकास है। हम तो ऐसा ही समझता है।'*

यह कहकर डॉ. गंगुली ने जेब से एक शीशी निकाली और उसमें से कई बूँदें सूरदास का मुँह खोलकर पिला दीं। तत्काल उसका असर दिखाई दिया। सूरदास के विवर्ण मुखमंडल पर हलकी-हलकी सुर्ख़ी दौड़ गई। उसने आँखें खोल दीं, इधर-उधर अनिमेष दृष्टि से देखकर हँसा और ग्रामोफोन की-सी कृत्रिम, बैठी हुई, नीरस आवाज़ से बोला—बस बस, अब मुझे क्यों मारते हो। तुम जीते, मैं हारा। यह बाज़ी तुम्हारे हाथ रही, मुझसे खेलते नहीं बना। तुम मँज़े हुए खिलाड़ी हो, दम नहीं उखड़ता। खिलाड़ियों को मिलाकर खेलते हो और तुम्हारा उत्साह भी ख़ूब है। हमारा दम उखड़ जाता है,

हाँफने लगते हैं और खिलाड़ियों को मिलाकर नहीं खेलते, आपस में झगड़ते हैं, गाली-गलौज, मार-पीट करते हैं, कोई किसी की नहीं मानता। तुम खेलने में निपुण हो, हम अनाड़ी हैं। बस इतना ही फरक है। तालियाँ क्यों बजाते हो, यह तो जीतनेवालों का धरम नहीं! तुम्हारा धरम तो है हमारी पीठ ठोंकना। हम हारे तो क्या, मैदान से भागे तो नहीं, रोये तो नहीं, धाँधली तो नहीं की। फिर खेलेंगे, ज़रा दम ले लेने दो, हार-हारकर तुम्हीं से खेलना सीखेंगे और एक न एक दिन हमारी जीत होगी, ज़रूर होगी।'

अपनी बेहोशी में भी यही रटते हुए 'खिलाड़ी मैदान से चला गया।'

'वह साधु न था, महात्मा न था, देवता न था, फ़रिश्ता न था। एक क्षुद्र शक्तिहीन प्राणी था, चिन्ताओं और बाधाओं से घिरा हुआ, जिसमें अवगुण भी थे और गुण भी। गुण कम थे, अवगुण बहुत। क्रोध, लोभ, मोह, अहंकार...गुण केवल एक था... न्याय-प्रेम, सत्य-भक्ति, परोपकार, दर्द या उसका जो नाम चाहे रख लीजिए। अन्याय देखकर उससे न रहा जाता था, अनीति उसके लिए असह्य थी।'

इसी से लोगों ने उसे मान दिया, आदर दिया, मूर्ति बनाकर पूजा।

'चाँदनी छिटकी हुई थी और शुभ्र ज्योत्स्ना में (यह शुभ्र ज्योत्स्ना भी शायद वंदेमातरम गान से आई है!) सूरदास की मूर्ति एक हाथ से लाठी टेकती हुई और दूसरा हाथ किसी अदृश्य दाता के सामने फैलाए खड़ी थी—वही दुर्बल शरीर था, हँसलियाँ निकली हुई, कमर टेढ़ी, मुख पर दीनता और सरलता छाई हुई, साक्षात् सूरदास मालूम होता था।' या साक्षात् गांधी, सुपरिचित चित्र के आधार पर?

'वह ऐसा मालूम होता था मानो कोई स्वर्गलोक का भिक्षुक देवताओं से संसार के कल्याण का वरदान माँग रहा है।'

यही 'रंगभूमि' की मुख्य कहानी है और इस नाटक का सूत्रधार सूरदास है। इसके माध्यम से, इसकी अन्योक्ति से जन-आन्दोलन की उस राजनीति को प्रस्तुत किया गया है जिसका सूत्रधार गांधी है। वह आन्दोलन इस समय बेजान-सा पड़ा है, फिर से उसमें प्राण का संचार हो, फिर से वह बिरवा लहलहा उठे, उसी के लिए स्वत्वों के संघर्ष की यह कथा है। 'कर्बला' के समान ही यहाँ भी अन्योक्ति का आश्रय लिया गया है। एक में धार्मिक संघर्ष है, दूसरे में छोटी भूमि पर, छोटे दायरे में, स्वत्व का संघर्ष है, लेकिन दोनों का वास्तविक अभिप्राय देश का वृहत्तर स्वाधीनता संग्राम है जो प्रेमचन्द के समीप सत्ता के हस्तांतरण का प्रश्न नहीं बल्कि नैतिक मूल्यों का प्रश्न है और एक समग्र जीवन प्रणाली का प्रश्न है जिसके दो स्तर हैं : पुरानी सरल ग्रामीण जीवन-व्यवस्था में जो कुछ मूल्यवान है उसकी रक्षा और नई का निर्माण, इस प्रकार कि वह अपनी सनातन आत्मा को खोये बिना विकास के नए आयामों को अपने भीतर समाहित कर सके।

रंगभूमि' के प्रकाशित होने पर जब अवध उपाध्याय ने बहुत मौलिक ढंग से साहित्यालोचना में बीजगणितीय समीकरणों का समावेश करके जोड़-बाक़ी के सहारे यह सिद्ध करना चाहा कि 'रंगभूमि' थैकरे के 'वैनिटी फ़ेयर' की नक़ल है, उस समय प्रेमचन्द ने उनके इस आरोप का खंडन करते हुए और बातों के साथ-साथ यह भी लिखा था कि 'रंगभूमि' मुख्यत: राजनीतिक उपन्यास है जब कि 'वैनिटी फ़ेयर' एक सामाजिक उपन्यास है।

सोफ़िया और विनय, कुँअर भरत सिंह और डॉ. गंगुली को लेकर जो उप-कथा है उसकी पृष्ठभूमि उस समय की वास्तविक राजनीति है।

राजनीति का मुख्य संघर्ष इस समय दो प्रवृत्तियों के बीच है—नो-चेंजर्स और प्रो-चेंजर्स। इन दो मुख्य प्रवृत्तियों की अनेकानेक शाखाएँ और उपशाखाएँ हैं। इस रंगभूमि के सब पात्रों का अलग-अलग रूप-रंग है।

विनय के पिता कुँअर भरत सिंह कहते हैं—

'मैंने व्रत कर लिया है कि राज्याधिकारियों से कोई सम्पर्क न रखूँगा। हाकिमों की कृपादृष्टि, ज्ञात या अज्ञात रूप से, हम लोगों को आत्मसेवी और निरंकुश बना देती है।

कुँअर साहब के दामाद, इंदु के पति, राजा साहब चतारी कहते हैं—

'मैं एक राज्य का अधीश हूँ और स्वभावत: मेरी सहानुभूति सरकार के साथ है। जनवाद और साम्यवाद को सम्पत्ति से बैर है। मैं उस समय तक साम्यवादियों का साथ न दूँगा जब तक मन में यह निश्चय न कर लूँ कि अपनी सम्पत्ति त्याग दूँगा। मैं उन लोगों को धूर्त और पाखंडी समझता हूँ जो अपनी सम्पत्ति को भोगते हुए साम्य की दुहाई देते फिरते हैं। अपने कमरे से फ़र्श हटा देना और सादे वस्त्र पहन लेना ही साम्यवाद नहीं है।'

डॉ. गंगुली को अंग्रेज़ों से, वैधानिकता से, बड़ी-बड़ी आशाएँ हैं लेकिन एक समय आता है कि उनकी आँखें खुलती हैं और अच्छी तरह खुलती हैं। मिस्टर सेवक जब एक बार उन्हें कौंसिल की उनकी स्पीच पर बधाई देते हैं तो वह कहते हैं—

'हाँ, अगर वहाँ भाषण करना, प्रश्न करना, बहस करना काम है तो आप हमारा जितना बड़ाई करना चाहता है करें, पर मैं उसे काम नहीं समझता, यह तो पानी मारना है। हमारा तो अब वहाँ मन नहीं लगता। पहले तो सब आदमी एक नहीं होता और कभी हो भी गया तो गवर्नमेंट हमारा प्रस्ताव खारिज कर देता है। हमारा मेहनत ख़राब हो जाता है। यह तो लड़कों का खेल है। हमको नए क़ानून से बड़ी आशा थी पर तीन-चार साल उसका अनुभव करके देख लिया कि इससे कुछ नहीं होता। हम जहाँ तब था वहीं अब भी है। मिलिटरी का ख़र्च बढ़ता जाता है, उस पर कोई शंका करे तो सरकार बोलता है, आपको ऐसा नहीं कहना चाहिए। बजट बनाने लगता है तो हर एक आइटम में दो-चार लाख ज़्यादा लिख देता है। हम कौंसिल में जब ज़ोर देता है तो हमारा बात रखने के लिए वही फ़ालतू रुपया निकाल देता है। मेंबर ख़ुशी के मारे फूल जाता है—हम जीत गया, हम जीत गया! पूछो, तुम क्या जीत गया? तुम क्या जीतेगा? तुम्हारे पास जीतने का साधन ही नहीं है, तुम कैसे जीत सकता है?...काउंसिल कुछ नहीं कर सकता, एक पत्ती तक नहीं तोड़ सकता। जो आदमी काउंसिल को बना सकता है, वही उसको बिगाड़ भी सकता है। भगवान जिलाता है तो भगवान ही मारता है। काउंसिल को सरकार बनाता है और वह सरकार की मुट्ठी में है। जब जाति द्वारा काउंसिल बनेगा तब उससे देश का कल्यान होगा, यह सब जानता है। पर कुछ न करने से कुछ करते रहना अच्छा है।'

क्लार्क, जो गोरी सत्ता का एक स्तम्भ है, एक जगह कह गुज़रता है—'अंग्रेज़ जाति भारत को अनंत काल तक अपने साम्राज्य का अंग बनाए रखना चाहती है।

कंज़र्वेटिव हो या लिबरल, रेडिकल हो या लेबर, नेशनलिस्ट हो या सोशलिस्ट, इस विषय में सभी एक ही आदर्श का पालन करते हैं।...आधिपत्य त्याग करने की वस्तु नहीं है। संसार का इतिहास केवल इसी एक शब्द 'आधिपत्य-प्रेम' पर समाप्त हो जाता है।...हम सब के सब—मैं लेबर हूँ—साम्राज्यवादी हैं। अन्तर केवल उस नीति में है जो भिन्न-भिन्न दल इस जाति पर आधिपत्य जमाए रखने के लिए ग्रहण करते हैं। कोई कठोर शासन का उपासक है, कोई सहानुभूति का, कोई चिकनी-चुपड़ी बातों से काम निकालने का।...'

गंगुली की बातों से नाराज़ होकर जब एक बार उन्हें सभा-भवन से बाहर निकालने के लिए पुलिस बुलाई जाती है तो उनका और भी गहरा मोहभंग होता है और वह भरी सभा में गरजकर कहते हैं—

'आप पशुबल से मुझे चुप करना चाहते हैं, इसलिए कि आप में धर्म और न्याय का बल नहीं है। आज मेरे दिल से यह विश्वास उठ गया जो गत चालीस वर्षों से जमा हुआ था कि गवर्नमेंट हमारे ऊपर न्याय-बल से शासन करना चाहती है। आज उस न्याय-बल की कलई खुल गई, हमारी आँखों से पर्दा उठ गया और हम गवर्नमेंट को उसके नग्न आवरणहीन रूप में देख रहे हैं। अब हमें स्पष्ट दिखाई दे रहा है कि केवल हमको पीसकर तेल निकालने के लिए, हमारा अस्तित्व मिटाने के लिए, हमारी सभ्यता और हमारे मनुष्यत्व की हत्या करने के लिए, हमको अनन्तकाल तक चक्की का बैल बनाए रखने के लिए हमारे ऊपर राज्य किया जा रहा है।'

कुँअर भरत सिंह भी सदिच्छाशील आदमी हैं लेकिन निराशावादी हैं, निष्क्रिय हैं, उदासीन हैं। गंगुली उनके उल्टे हैं—आशावादी और कर्मठ। काउंसिल से उनका मोह भंग हुआ तो और कुछ करना चाहते हैं, अधिक सतेज। लेकिन कुँअर साहब उसमें भी उनका साथ नहीं दे पाते तो गंगुली उलाहने के शब्दों में उनसे बहुत तेज़ बातें कहते हैं। इसमें मुंशीजी की भी आवाज़ मिली हुई है—

'आह! तो कुँअर विनय सिंह का मृत्यु भी आपके इस बेड़ी को नहीं तोड़ सका! हम समझा था आप निर्द्वंद्व हो गया होगा पर देखता हूँ तो वह बेड़ी ज्यों का त्यों आपके पैरों में पड़ा हुआ है। जब तक हम इस बेड़ी को न तोड़ सकेगा, हमारा काम कभी पूरा नहीं हो सकता। अब तो आपको मालूम हो गया होगा कि हम ज़ायदादवालों को क्यों निकम्मा समझता हूँ, कभी उन पर भरोसा नहीं करता। वह तो ज़ायदाद का ग़ुलाम है। वह कभी सच्चाई का लड़ाई नहीं लड़ सकता। जो सिपाही सोने का ईंट गर्दन में बाँधकर लड़ने चले, वह कभी लड़ नहीं सकता। उसको अपने ईंट का चिन्ता लगा रहेगा। अब तक हमको कुछ सक था तो अब बिसवास हो गया कि ज़ायदादवाला आदमी हमारा मदद करने के बदले उल्टा हमको नुक़सान पहुँचाता है।'

जिस कठिन निराशा की घाटी से राष्ट्रीय आन्दोलन इस समय गुज़र रहा है उसकी कैसी निर्मम पर कैसी सच्ची तस्वीर कुँअर भरत सिंह के माध्यम से पेश की गई है—

'कुँअर भरत सिंह अब फिर विलासमय जीवन व्यतीत कर रहे हैं, फिर वही सैर और शिकार है, वही अमीरों के चोंचले, वही रईसों के आडम्बर, वही ठाट-बाट। उनके धार्मिक विश्वास की जड़ें उखड़ गई हैं। इस जीवन से परे अब उनके लिए अनन्त शून्य

और अनन्त आकाश के अतिरिक्त और कुछ नहीं है। लोक असार है, परलोक भी असार है, जब तक ज़िन्दगी है हँस-खेलकर काट दो। मरने के पीछे क्या होगा, कौन जानता है। संसार सदा इसी भाँति रहा है और इसी भाँति रहेगा, उसकी सुव्यवस्था न किसी से हुई है और न होगी। बड़े-बड़े ज्ञानी, बड़े-बड़े तत्त्ववेत्ता, ऋषि-मुनि मर गए और कोई इस रहस्य का पार न पा सका। हम जीवमात्र हैं और हमारा काम केवल जीना है। देशभक्ति, विश्वभक्ति, सेना, परोपकार, यह सब ढकोसला है।'

उनकी पत्नी रानी जाह्नवी बिलकुल अपने पति की उल्टी हैं, एक सच्ची वीर माता, जैसी वीरमाताओं की कहानियों से राजस्थान का इतिहास भरा पड़ा है। विनय उनकी आँखों का तारा है लेकिन उसके मरने पर उनकी आँखों से एक आँसू नहीं निकलता—

'...रानी की आँखों में आँसू न थे, मुख पर शोक का चिह्न न था। उनकी आँखों में गर्व का मद छाया हुआ था, मुख पर विजय की आभा झलक रही थी। सोफ़ी को गले से लगाती हुई बोलीं—क्यों रोती हो बेटी? विनय के लिए? वीरों की मृत्यु पर आँसू नहीं बहाये जाते, उत्सव के राग गाए जाते हैं। मुझे उसके मरने का दुख नहीं है। दुख होता, अगर वह आज प्राण बचाकर भागता। यह तो मेरी चिरसंचित अभिलाषा थी, बहुत ही पुरानी, जब मैं युवती थी और वीर राजपूतों तथा राजपूतानियों के आत्मसमर्पण की कथाएँ पढ़ा करती थी। उसी समय मेरे मन में यह कामना अंकुरित हुई थी कि ईश्वर मुझे भी कोई ऐसा ही पुत्र देता, जो उन्हीं वीरों की भाँति मृत्यु से खेलता, जो अपना जीवन देश और जाति-हित के लिए हवन कर देता, जो अपने कुल का मुख उज्ज्वल करता। मेरी वह कामना पूरी हो गई। आज मैं एक वीर पुत्र की जननी हूँ। क्यों रोती हो? इससे उसकी आत्मा को क्लेश होगा। तुमने तो धर्मग्रन्थ पढ़े हैं। मनुष्य कभी मरता है? जीव तो अमर है। उसे तो परमात्मा भी नहीं मार सकता। मृत्यु तो केवल पुनर्जीवन की सूचना है, एक उच्चतर जीवन-मार्ग। विनय फिर संसार में आएगा, उसकी कीर्ति और भी फैलेगी। जिस मृत्यु पर घरवाले रोएँ, वह भी कोई मृत्यु है! वह तो एड़ियाँ रगड़ना है। वीर मृत्यु वही है जिस पर बेगाने रोएँ और घरवाले आनन्द मनाएँ।'

विनय, सोफ़िया, प्रभुसेवक नई पीढ़ी के लोग हैं। वह देश के लिए बड़ा कुछ काम करना चाहते हैं। उनके ख़ून में गर्मी भी है। लेकिन देश की राजनीति इस समय ठंडी पड़ी है। बस कौंसिलों की वक्तृताएँ और कुछ सेवा-समिति के काम। इतनी ही इस समय की कुल राजनीति है। लिहाज़ा विनय और प्रभुसेवक दोनों अपना सारा जोश लेकर सेवा-समिति में सम्मिलित होते हैं। लेकिन उसका नेतृत्व पुराने हाथों में है जिन्हें ज़्यादा जोश से डर मालूम होता है। लिहाज़ा टकराव पैदा होता है।

जवाहरलाल नेहरू अपनी आत्मकथा में लिखते हैं—

'कोकोनाडा कांग्रेस में, जो कि दिसम्बर 1923 में हुई थी, मुझे ख़ास दिलचस्पी थी क्योंकि वहीं पर एक अखिल भारतीय स्वयंसेवक संगठन, हिन्दुस्तानी सेवा दल, की नींव पड़ी। संगठनात्मक कामों और जेल जाने के लिए पहले भी स्वयंसेवक संगठनों की कोई कमी न थी लेकिन उनमें अनुशासन नहीं था, एकसूत्रता नहीं थी। डॉ. हार्डीकर के मन में यह विचार आया कि एक अनुशासनबद्ध अखिल भारतीय संगठन होना

चाहिए जो कांग्रेस की देखरेख में राष्ट्रीय काम करे। इस काम में सहयोग देने के लिए उन्होंने मुझसे आग्रह किया और मैंने ख़ुशी से सहयोग दिया क्योंकि मुझे भी यह चीज़ पसन्द थी। शुरुआत कोकोनाडा में हुई। बाद में हमें यह देखकर बड़ा आश्चर्य हुआ कि कांग्रेस के नेताओं में भी कितने ही थे जो सेवादल के कट्टर विरोधी थे। कुछ लोग कहते थे कि यह एक ख़तरनाक मोड़ है क्योंकि इसका मतलब होगा कांग्रेस के भीतर सैनिक तत्त्व का समावेश करना!'

'चौगाने हस्ती' पहली अप्रैल 1924 को तैयार हुई और कुछ अजब नहीं कि नए और पुराने ख़ून के इसी टकराव की तरफ़ मुंशीजी का इशारा हो, और यह भी साफ़ है कि उनकी हमदर्दी नए ख़ून के साथ है जिसका प्रतिनिधित्व उस समय जवाहरलाल नेहरू कर रहे थे और कम या ज़्यादा बहुत बरस बाद तक करते रहे। याद रखने की ज़रूरत है कि भारतीय राजनीति में जवाहरलाल का उदय उन्हीं दिनों हुआ था और बड़ी आन-बान के साथ हुआ था। उत्तर भारत के किसानों की जागृति का श्रेय बड़ी हद तक उन्हीं को है और उन्हीं दिनों, ठीक उन्हीं दिनों, इस काम की शुरुआत हुई थी। गाँव-गाँव वह घूमते फिरे थे और बावजूद इसके कि उनकी शिक्षा-दीक्षा बिलकुल दूसरे ढंग की थी, हाल में ही विलायत से लौटे थे और अंग्रेज़ियत उनमें कूट-कूटकर भरी थी, उनके सच्चे उत्साह ने थोड़े ही दिनों में उन्हें जनता का सरताज बना दिया था। यह भी उनकी विराट् लोकप्रियता का ही एक छोटा-सा संकेत था कि सन् 24 में जब देशबन्धु चित्तरंजन दास और विट्ठल भाई पटेल क्रमश: कलकत्ता और बम्बई के कार्पोरेशन के मेयर थे, नवयुवक जवाहरलाल इलाहाबाद की म्युनिसिपैलिटी के चेयरमैन थे। यह सब उन्हीं दिनों की बात है जब कि 'रंगभूमि' लिखी जा रही थी और यह ताज्जुब की बात न होगी अगर विनय के चरित्र में जवाहरलाल नेहरू की छाया हो, वैसी ही जैसी कि मुंशीजी ने ख़ुद अपने एक पत्र में स्वीकार किया है, सोफ़िया के चरित्र में ऐनी बेसेंट की छाया है। उन्होंने तो ऐनी बेसेंट को सोफ़िया का असल बतलाया है लेकिन वह शायद ज़्यादती है क्योंकि पूरा चरित्र किसी का भी नहीं है, केवल छायाएँ उतर आई हैं—जो कि स्वाभाविक भी था क्योंकि यही राजनीतिक आकाश के नक्षत्र थे और मुंशीजी स्पष्ट मन से राजनीतिक उपन्यास लिख रहे थे। सूरदास के रूप में गांधीजी की उद्भावना सिद्ध है। बाप-बेटे, कुँअर भरत सिंह और विनय, के रूप में मोतीलाल और जवाहरलाल नेहरू का संकेत बराबर मिलता है। ऐसा ही एक संकेत और भी है। विनय सेवादल के एक जत्थे के साथ राजस्थान जाता है। देशी रियासतों की जैसी हालत थी, वहाँ जनता के बीच किसी तरह का कोई काम करना राजद्रोह से कम नहीं समझा जाता और नतीजा होता है कि विनय पकड़कर जेल में डाल दिया जाता है। यही चीज़ जवाहरलाल के साथ इन्हीं दिनों हुई—जब कि वह पंजाब की एक रियासत नाभा में गए और वहाँ पकड़ लिए गए। महाराजा पटियाला और महाराजा नाभा में एक अर्से से ख़ानदानी झगड़ा चला आ रहा था और उस झगड़े का बहाना बनाकर सरकार ने नाभा रियासत को अपने कब्ज़े में ले लिया और रियासत का प्रबन्ध करने के लिए एक अंग्रेज़ हाकिम को वहाँ पर भेज दिया। नाभा के लोग अपने महाराजा के गद्दी से उतारे जाने पर यों ही क्षुब्ध थे, जब उस अंग्रेज़ हाकिम ने जैतो नामक स्थान पर सिक्खों के एक धार्मिक उत्सव पर रोक

लगा दी तो सिक्खों का आन्दोलन शुरू हो गया और अकालियों के जत्थे पर जत्थे पहुँचने लगे। जवाहरलाल को स्थिति का अध्ययन करने के लिए कांग्रेस की ओर से वहाँ भेजा गया और वह पहुँचते ही गिरफ़्तार कर लिए गए। फिर अपनी रिहाई के लिए उन्हें जो-जो पापड़ बेलने पड़े उसकी सारी कहानी उन्होंने अपनी आत्मकथा में लिखी है। वह तो ख़ैर छूट गए क्योंकि ऊपर से बहुत ज़ोर पड़ा मगर उनके साथ के लोगों को सज़ाएँ हो गईं। रियासती जनता की हालत की ओर से कांग्रेस अब तक बिलकुल बेख़बर थी और गोकि रियासतों में प्रजामंडल की स्थापना में इसके बाद भी दस-बारह बरस का समय लगा लेकिन इसमें सन्देह नहीं कि जवाहरलाल नेहरू के निजी अनुभव ने ज़ोर से सबका ध्यान अपनी तरफ़ खींचा। मुंशीजी ने विनय के माध्यम से देशी रियासतों का ख़ाका उतारा। हो सकता है कि यह एक बिल्कुल आकस्मिक संयोग हो लेकिन चूँकि यह घटना भी ठीक उसी समय यानी 1923 के अगस्त-सितम्बर की है इसलिए ऐसा समझ में आता है कि हो सकता है इसकी भी कुछ छाया मुंशीजी के आख्यान पर हो। उसी तरह सम्भव है कुँअर भरत सिंह के मित्र डॉ. गंगुली में देशबन्धु चित्तरंजन दास की आत्मा हो। देशबन्धु स्वराज पार्टी के संस्थापक और नेता थे। कौंसिलों में जाकर सरकार का विरोध करने की नीति के प्रवर्तक वही थे। बंगाल की असेंबली में उन्हीं का बहुमत था और वही अपने दल के सर्वमान्य नेता थे। उनका यही रूप डॉ. गंगुली में उतर आया है। उस राजनीति से अन्ततः गंगुली को जो निराशा होती है, उसमें भी चित्तरंजन दास के जीवन के शेष पर्व की कुछ झलक है। मोतीलाल नेहरू को लिखे गए उनके अन्तिम दिनों के पत्र और फरीदपुर की उनकी अन्तिम वक्तृता, दोनों ही से उनके मन की वेदना टपकती है, वेदना इस राजनीति की व्यर्थता के बोध की ओर वेदना अपने अनेक सहकर्मियों के पद-लोभ की।

मुंशीजी की राजनीति लोकाश्रयी है—जनता के दुख-दर्द, जनता की संवेदनाओं और जनता के संघर्ष की राजनीति, स्वाधीनताप्रेमियों के सबसे उदारमनस्क, प्रबुद्ध वर्ग की राजनीति जो इस बात को समझता है कि उसकी शक्ति का स्रोत साधारण जनता में ही है। जो उसके जितना ही पास है, उसके पाँव उतने ही मज़बूत हैं और जो जितना ही दूर है उसके पाँव उतने ही कमज़ोर। यह बात भी आकस्मिक नहीं है कि मुख्य कथा सूरदास को लेकर है और वह अन्धा चमार ही उसका नायक है। दूसरे सब उसका अनुगमन करनेवाले हैं। राजनीति का मतलब मुंशीजी के लिए आत्म-बलिदान है, और सही या ग़लत पढ़े-लिखे सफ़ेदपोश लोगों की आत्म-बलिदान की क्षमता के बारे में उनका सन्देह बहुत पुराना है।

सूरदास उनकी इसी आस्था और विनय इसी अनास्था का प्रतीक है। सूरदास मज़बूती के साथ अन्त तक मैदान में डटा रहता है और फिर वहीं खेत रहता है। कहीं उसके पैर नहीं डगमगाते। विनय के पैरों को डगमगाने के लिए बस बहाना चाहिए। राजस्थान में रियासत के बाग़ी सोफ़िया को उड़ा ले जाते हैं। विनय के सारे सिद्धान्त, सारे आदर्श हवा हो जाते हैं और वह बहककर शासक वर्ग से मिल जाता है और जनता के दमन में इतने मनोयोग से पुलिस का हाथ बँटाने लगता है कि उनसे भी दो बाँस आगे निकल जाता है। पाँडेपुर की लड़ाई जिस समय चल रही है उस समय वह शुद्ध

कायरतावश अपने घर में दुबका बैठा रहता है। सोफ़िया तक को उसका यह चलन अखरने लगता है और शहर के लोग तो जैसे उसकी खिल्ली उड़ाते ही हैं। उस दिन यह एक संयोग ही था कि वह घटनास्थल पर जा पहुँचता है। आसपास कुछ लोग उस पर बोली-आवाज़ें कसते हैं जिससे उसको इतनी आत्मग्लानि होती है कि वह आवेश में आकर अपने को गोली मार लेता है। मौत उसकी कायरता पर पर्दा ही नहीं डालती, एक हद तक उसे धो भी देती है। लेकिन एक हद तक ही।

एक और अनास्था मन में घर करती जा रही है—ईश्वर में। कारण संसार में अनीति का साम्राज्य। रकिया कहती है—

'दौलतवालों पर अज़ाब भी नहीं पड़ता। उसका वार भी ग़रीबों ही पर होता है। हमारे बच्चे रोज़ ही नज़र और आसेब की चपेट में आते रहते हैं, पर आज तक कभी नहीं सुना कि किसी अंग्रेज़ के बच्चे को नज़र लगी हो।'

मुंशीजी इसका भाष्य करते हैं—

'धर्म का मुख्य स्तम्भ भय है। अनिष्ट की शंका को दूर कर दीजिए, फिर तीर्थ-यात्रा, पूजा-पाठ, स्नान-ध्यान, रोज़ा-नमाज़, किसी का निशान भी न रहेगा। मसजिदें ख़ाली नज़र आएँगी और मन्दिर वीरान!'

धर्म का दूसरा स्तम्भ वह है जिसके बारे में जान सेवक कहता है—

'क्या तुम समझते हो कि मैं और मुझ-जैसे हज़ारों आदमी जो नित्य गिरजे जाते हैं, भजन गाते हैं, आँखें बन्द करके ईश-प्रार्थना करते हैं, धर्मानुराग में डूबे हुए हैं? कदापि नहीं। अगर अब तक तुम्हें नहीं मालूम है तो अब मालूम हो जाना चाहिए कि धर्म केवल स्वार्थ-संगठन है...'

जहाँ धर्म से व्यापार में सहायता मिलती है वहाँ धर्म ग्राह्य है और जहाँ धर्म व्यापार के आड़े आता है, वहाँ त्याज्य। चित भी मेरी और पट भी मेरी! जान सेवक ताहिर अली से कहता है—

'धर्म और व्यापार को एक तराजू में तौलना मूर्खता है। धर्म धर्म है, व्यापार व्यापार। परस्पर कोई सम्बन्ध नहीं। संसार में जीवित रहने के लिए किसी व्यापार की ज़रूरत है, धर्म की नहीं। धर्म तो व्यापार का सिंगार है। वह धनाधीशों ही को शोभा देता है। ख़ुदा आपको समाई दे, अवकाश मिले, घर में फ़ालतू रुपए हों तो नमाज़ पढ़िए, हज कीजिए, मसजिद बनवाइए, कुएँ खुदवाइए। तब मज़हब है। ख़ाली पेट ख़ुदा का नाम लेना पाप है।'

और तब धर्मभीरु ताहिर अली कहता है—

'इक़बालवालों से अज़ाब भी काँपता है। ख़ुदा का क़हर ग़रीबों ही पर गिरता है।'

देशी रियासतों की अन्धेरगर्दी का, जिसकी तरफ़ अभी किसी का ध्यान नहीं जाता, नक़्शा यह है—

'चोरी कीजिए, डाके डालिए, घरों में आग लगाइए, ग़रीबों का गला काटिए, कोई आपसे न बोलेगा। बस कर्मचारियों की मुट्ठी गर्म करते रहिए। दिन-दहाड़े ख़ून कीजिए पर पुलिस की पूजा कर दीजिए, आप बेदाग़ छूट जाएँगे, आपके बदले कोई बेकसूर फाँसी पर लटका दिया जाएगा। कोई फ़रियाद नहीं सुनता। कौन सुने, सभी

एक ही थैली के चट्टे-बट्टे हैं। यही समझ लीजिए कि हिंसक जन्तुओं का एक गोल है, सब के सब मिलकर शिकार करते हैं और मिल-जुलकर खाते हैं। राजा है वह काठ का उल्लू...'

यह एक रियासत के बाग़ी के मुँह से निकली हुई बात है। अब सुनिए ख़ुद दीवान साहब विनय से क्या कहते हैं—

'रियासतों को आप सरकार की हरमसरा समझिए...हम सब इस हरमसरा के हब्शी ख़्वाजासरा हैं। हम किसी की प्रेमरसपूर्ण दृष्टि को इधर उठने न देंगे। कोई मनचला जवान इधर क़दम रखने का साहस नहीं कर सकता। अगर ऐसा हो तो हम अपने पद के अयोग्य समझे जाएँ। हमारा रसीला बादशाह, इच्छानुसार मनोविनोद के लिए कभी-कभी यहाँ पदार्पण करता है। हरमसरा के सोये भाग्य उस दिन जग जाते हैं। आप जानते हैं बेगमों की सारी मनोकामनाएँ उनकी छवि-माधुरी, हाव-भाव और बनाव-सिंगार पर ही निर्भर होती हैं, नहीं तो रसीला बादशाह उनकी ओर आँख उठाकर भी न देखे। हमारे रसीले बादशाह पूर्वीय राग-रस के प्रेमी हैं। उनका हुक्म है कि बेगमों का वस्त्राभूषण पूर्वीय हो, शृंगार पूर्वीय हो, रीति-नीति पूर्वीय हो, उनकी आँखें लज्जापूर्ण हों, पश्चिम की चंचलता उनमें न आने पावे, उनकी गति मरालों की गति की भाँति मन्द हो, पश्चिम की ललनाओं की भाँति उछलती-कूदती न चलें, वे ही परिचारिकाएँ हों, वे ही हरम की दारोगा, वे ही हब्शी ग़ुलाम, वे ही ऊँची चहारदीवारी जिसके अन्दर चिड़िया भी पर न मार सके। आपने इस हरमसरा में घुस आने का दुस्साहस किया है, यह हमारे रसीले बादशाह को एक आँख नहीं भाता और आप अकेले नहीं हैं, आपके साथ समाजसेवकों का एक जत्था है।...नादिरशाही हुक्म है कि जितनी जल्दी हो सके यह जत्था हरमसरा से दूर हटा दिया जाए। यह देखिए पोलिटिकल रेज़िडेंट ने आपके सहयोगियों के कृत्यों की गाथा लिख भेजी है। कोई कोटे में कृषकों की सभाएँ बनाता फिरता है, कोई बीकानेर में बेगार की जड़ खोदने पर तत्पर हो रहा है, कोई मारवाड़ में रियासत के उन करों का विरोध कर रहा है जो परम्परा से वसूल होते चले आए हैं। आप लोग साम्यवाद का डंका बजाते फिरते हैं। आपका कथन है प्राणी मात्र को खाने-पहनने और शान्ति से जीवन व्यतीत करने का समान स्वत्व है। इस हरमसरा में इन सिद्धान्तों और विचारों का प्रचार करके आप हमारी सरकार को बदगुमान कर देंगे, और उसकी आँखें फिर गईं तो हमारा संसार में कहीं ठिकाना नहीं है। हम आपको अपने प्रेमकुंज में आग न लगाने देंगे।'

मुंशीजी ने सजग आँखों से जीवन की रंगभूमि को देखा है—प्रेक्षागृह से भी और नेपथ्य से भी—और उन्हें ख़ूब पता है कहाँ क्या खेल हो रहा है मगर देखनेवाले की निगाह बिलकुल उनकी अपनी है। जिस आदमी ने अपने विवेक की बलिवेदी पर न्योछावर हो जाने को ही जीवन की सबसे बड़ी सिद्धि माना है और कभी किसी चीज़ को मान्यता केवल इसलिए नहीं दी कि उस पर समाज की प्रचलित मान्यता का ठप्पा लगा हुआ है, वही सोफ़िया के मुँह से जीवन का ऐसा विद्रोही आदर्श प्रस्तुत कर सकता था—'मुझे उस वस्तु से घृणा है जिसे लोग सफल जीवन कहते हैं। सफल जीवन पर्याय है ख़ुशामद, अत्याचार और धूर्तता का। मैं जिन महात्माओं को संसार में

सर्वश्रेष्ठ समझती हूँ, उनके जीवन सफल न थे। सांसारिक दृष्टि से वे लोग साधारण मनुष्यों से भी गए-गुज़रे थे, जिन्होंने कष्ट झेले, निर्वासित हुए, पत्थरों से मारे गए, कोसे गए और अन्त में संसार ने उन्हें बिना आँसू की एक बूँद गिराए बिदा कर दिया...'

जब से होश सँभाला मुंशीजी ने इसी तरह अपनी ज़िन्दगी को जिया था और उसका निचोड़ था यह उपन्यास जो पूरे डेढ़ बरस की मेहनत के बाद पहली अप्रैल 1924 को तैयार हुआ—जिस बीच प्रेस भी फाँसी की तरह गले में पड़ा हुआ था। क्या-क्या उम्मीदें थीं इस प्रेस से, और क्या हुआ। प्रेस खुलते देर नहीं और नौकरी की तलाश होने लगी! तभी एक रोज़ नवलकिशोर प्रेस, लखनऊ के बाबू बिशन नारायण भार्गव का एक तार मुंशीजी को मिला। काम के लिए ही बुलाया था, लेकिन मुंशीजी ने जाने के पहले कुछ बातों की सफ़ाई कर लेने की ग़रज़ से कुछ चिट्ठी-चपाती की। लेकिन उधर से वह तो पता नहीं क्यों बिलकुल सोंठ हो गए। आख़िरकार मुंशीजी ने 26 सितम्बर, 1923 को काफ़ी दुखी होकर निगम साहब को लिखा—

'बाबू बिशन नारायण भार्गव के यहाँ से अम्रे-जेरे-बहस[1] के मुताल्लिक़ कोई ख़त नहीं आया। मैंने ख़ुद दो बार लिखा, पर जोड़े नदारद। समझ गया वह भी एक रईसाना उबाल था। यह है हमारे शुरफ़ा[2] की तलव्वुन-मिज़ाजी[3]—खत का जवाब तक मंजूर नहीं और तलब था बजरिए तार!'

निराशा भी हुई, झल्लाहट भी। मगर ख़ैर। इसी का नाम ज़िन्दगी है।

प्रेस के बारे में 17 फ़रवरी, 1924 को उन्होंने लिखा था—'प्रेस चल रहा है। अभी नफ़ा तो नहीं हो रहा है मगर अपना ख़र्च आप सह लेता है। साले-आख़िर[4] तक मुमकिन है कि कुछ नफ़ा भी होने लगे।' ख़याली पुलाव पकाने में मुंशीजी का जवाब नहीं है।

अपने ही ऊपर एक मीठी चुटकी लेते हुए मुंशीजी ने इस ख़त में यह भी लिखा था कि 'नई आमद इमरोज़-फ़र्दा[5] में होनेवाली है। अपनी हिमाक़त पर अफ़सोस करता हूँ और क़हरे-दरवेश बरजाने दरवेश[6] के मिसदाक़[7] अपने किए पर नादिम[8] और मुतास्सिफ़[9] हूँ।'

यह नई आमद एक लड़की थी जो 8 मार्च को पैदा हुई। ख़ामख़ाह पैदा हुई, कि जैसे सिर्फ़ दु:ख देने के लिए। कुल तीन महीने ज़िन्दा रही और जिस रोज़ तीन महीने पूरे हुए इस दुनिया से रुख़सत हो गई। अधेड़ उम्र में आकर यह एक बुरा दाग़ लगा सीने पर। माँ-बाप दोनों कलेजा थामकर रह गए। बाप ने तो जैसे-तैसे झेल भी लिया, माँ बिलकुल टूट गईं।

5 जून, 1924 को मुंशीजी ने अपने दोस्त निगम साहब को अपने ग़म की यह दास्तान सुनाई—

'मेरी छोटी लड़की, जो 8 मार्च को पैदा हुई थी, 28 की शाम को दस्त और बुख़ार में मुब्तिला हुई। मैं समझता था ख़ारिज़ी[10] शिकायत है, रफ़ा हो जाएगी, मगर शिकायत बढ़ती गई यहाँ तक कि 3 तारीख़ को उसकी हालत इतनी अबतर हो गई कि घर में

---

1. विचाराधीन विषय, 2. शरीफों, 3. झक्कीपन, 4. वर्ष के अन्त, 5. आज-कल, 6. भिखारी का गुस्सा अपनी जान पर, 7. अनुसार, 8-9. लज्जित और क्षुब्ध, 10. ऊपरी

लोगों ने रोना-पीटना भी शुरू कर दिया। मगर सुबह को उसे ज़रा-सा इफ़ाक़ा[1] हुआ। तबसे अब तक न वह मुर्दा है न ज़िन्दा है, आँखें बन्द किए पड़ी रहती है और रोया करती है। होमियोपैथिक की दवाएँ दे रहा हूँ मगर अभी तक कोई दवा कारगर नहीं हुई। लाग़र और नहीफ़[2] इस क़दर हो गई है कि अगर बच जाए तो मैं इसे ईश्वर की ख़ास रहमत समझूँ। मुझे बार-बार अफ़सोस होता था कि मैं इस तक़रीब में शरीक न हो सका। मगर जब लोग एक बच्चे की चारपाई के पास बार-बार उसका मुँह खोलकर देख रहे हों कि अभी नीचे उतारने का वक़्त आया या नहीं...'

11 तारीख़ को लिखा—'यहाँ तो 7 को लड़की रुख़सत हो गई। उसकी जाँकन्दनी[3] की तसवीर अभी तक आँखों में फिर रही है। मरने का दुख तो है ही लेकिन उससे भी बड़ा दुख इसका है कि बेचारी बहुत तकलीफ़ पाकर मरी।'

मुसीबत कभी अकेले नहीं आती। 28 जून को मुंशीजी ने निगम साहब को लिखा—'जब से लड़की मरी है, घर में ज़ोफ़े-हाज़मा[4] की शिकायत होते-होते अब संग्रहणी की सूरत में नमूदार हुई है। देहात का कयाम, शहर में हकीम, हर दूसरे रोज़ जाना और आना और यह शिद्दत की गर्मी—दिल ही जानता है।' कितने ही डाक्टरों और हकीमों का इलाज किया, किसी से कोई फ़ायदा न होता था और हालत रोज़-ब-रोज़ बिगड़ती जाती थी। यहाँ तक कि लगा अब चल-चलाव है। आख़िरकार एक रोज़ बहुत तंग आकर, मुंशीजी ख़ुद अपनी अक़्ल से कुछ चटनियाँ एक हकीम के दवाख़ाने से बनवाते लाए। वह भी तो आख़िर पेट ही के मरीज़ थे और पुराने मरीज़। कहावत भी मशहूर है, न सौ डाक्टर न एक तजुर्बेकार। या शायद सिर्फ़ इसलिए कि उन्हीं को जस बदा था, उनकी लाई हुई रूमी मस्तगी की जवारिश की सिर्फ़ एक ख़ुराक खाते ही बीवी की तबीयत सँभलने लगी।

लुत्फ़ यह है कि मुंशीजी इन सारी परेशानियों के बीच भी पूरे जोश से अपने लिखने में लगे थे। पहली अप्रैल को 'चौगाने हस्ती' पूरी हुई और दस अप्रैल से 'कायाकल्प' पर काम शुरू हो गया—मूल हिन्दी में। 'चौगाने हस्ती' का हिन्दी रूपान्तर भी साथ-साथ होता रहा और क़रीब चार महीने में 12 अगस्त, 1924 को 'रंगभूमि' की पांडुलिपि तैयार हुई।

प्रेस की हालत बदस्तूर ख़राब चल रही थी और मुंशीजी रह-रहकर पछताते थे क्योंकि उन्होंने इस काम में हाथ डाला। अपने 2 अगस्त के ख़त में उन्होंने निगम साहब को लिखा था—'प्रेस ने मुझे इस क़दर परेशान कर रखा है कि मैं तंग आ गया हूँ। मैंने सोचा था कि सितम्बर-अक्तूबर तक दोनों किताबें तैयार हो जाएँगी। ('कर्बला' और कहानी-संग्रह 'प्रेम प्रसून') बक़ाया वसूल हो जाएगा। किताबें बिक जाएँगी। रुपए की क़िल्लत रफ़ा हो जाएगी। मगर वह सारे मंसूबे परेशान हो गए। न किताबें तैयार हुईं न बक़ाया वसूल हुआ, बल्कि हर महीने में कुछ न कुछ बढ़ता गया। अब यही कोशिश कर रहा हूँ कि किसी बुकसेलर से मुआमला करके यह सब छपी हुई जिल्दें लागत पर देकर अपने तक़ाज़ेदारों को अदा कर दूँ।'

1. हालत में सुधार, 2. कमज़ोर, 3. जान निकलने, 4. हाजमे की कमज़ोरी

गंगा पुस्तकमाला लखनऊ से मामला हो गया।

दुलारेलाल भार्गव को एक साहित्यिक सलाहकार की ज़रूरत थी, मुंशीजी को नौकरी की। इसका मामला पटने में भी देर नहीं लगी और मुंशीजी अगले ही महीने सौ रुपए मासिक पर लखनऊ पहुँच गए और दुलारेलाल के साथ ही 32 लाटूश रोड वाले मकान पर ठहरे। पति-पत्नी और तीनों बच्चे।

'रंगभूमि' की छपाई भी शुरू हो गई। लिखी पहले उर्दू में गई, छपी पहले हिन्दी में—वैसे ही जैसे 'सेवासदन' और 'प्रेमाश्रम' के संग हुआ था।

18

लखनऊ में रहने का मुंशीजी के लिए यह पहला अवसर था, और यह शहर उनको भा रहा था—सरशार और चकबस्त और दयाशंकर 'नसीम' का लखनऊ। पानी भी मुआफ़िक़ था। सेहत अच्छी थी। क़लम ज़ोरों के साथ चल रही थी। सितम्बर 24 में पहुँचे, नवम्बर में 'कर्बला' निकल गई। जनवरी आते-आते 'रंगभूमि' निकल आई और निकलते ही चारों तरफ़ उसका शोर मच गया। ख़त आने लगे, लेख छपने लगे। इन्हीं ख़तों में एक अंग्रेज़ी ख़त देहरादून से पंडित अमरनाथ झा का था—

'...मैंने उसका एक-एक शब्द पढ़ा है और आपकी विलक्षण रचनात्मक प्रतिभा का अब पहले से भी ज़्यादा बड़ा प्रशंसक हो गया हूँ। सूरदास को अपना नायक बनाना अत्यन्त साहस का काम था, लेकिन उसका चरित्र भी आपने कैसा सुन्दर खींचा है।...'रंगभूमि' आधुनिक हिन्दी का एक गौरव-ग्रंथ बनेगी।...'

लेख लिखनेवालों में इस बार भी रामदास गौड़ सबसे पहले लोगों में थे। ख़ूब जी खोलकर उन्होंने तारीफ़ की थी। 'माधुरी' ही में लेख छपा—जिसके अनौपचारिक सम्पादक मुंशीजी ही थे। महीने-भर बाद नरोत्तम व्यास का लेख छपा। वह भी इसी रंग में। अपनी तारीफ़ किसे बुरी लगती है। मुंशीजी को भी नहीं। और यह बात पूरी तरह सच नहीं है जो उन्होंने अपने 3 जून, 1930 के ख़त में बनारसीदास जी को लिखी थी कि 'धन या यश की लालसा मुझे नहीं रही।'

धन की लालसा नहीं रही, सचमुच नहीं रही, कभी नहीं रही। यश की लालसा रही और ख़ूब रही—यह बात और है कि उस यश को पाने के लिए उन्होंने ज़िन्दगी में न कभी कोई बेजा काम किया और न अपने विश्वासों के साथ किसी तरह का कोई समझौता किया। सच्चाई से, निर्भय, अपने रास्ते पर चलते रहे। कुछ लोग अगर साथ हो लिए तो क्या कहने, वर्ना अकेले ही चलते रहे। लेकिन उसका मतलब यह नहीं है कि निन्दा-स्तुति की ओर से वह वीतराग थे—और न इस तरह का कोई पाखंड उन्होंने रचा। किसी भी साधारण व्यक्ति की तरह अपनी तारीफ़ उन्हें अच्छी लगती थी और अपनी बुराई, बुरी। वीतराग होते, उदासीन होते, तो अपनी छोटी से छोटी आलोचना के प्रति इतने सतर्क न होते।

दिसम्बर 1924 की माधुरी में 'कर्बला' की आलोचना करते हुए रामचन्द्र टंडन ने यह शंका प्रकट की थी कि उस नाटक में हिन्दू पात्र क्यों लाए गए। उन्होंने लिखा कि 'हिन्दू पात्रों के समावेश से न हिन्दुओं को प्रसन्नता होगी, न मुसलमानों को तुष्टि, इसलिए हिन्दू पात्र न लाए जाते तो कोई हानि न होती।'

मुंशीजी ने इस शंका का उत्तर देते हुए अगले महीने ही लिखा—

'यह ड्रामा ऐतिहासिक है और इतिहास. से यह पता चलता है कि कर्बला के संग्राम में कुछ हिन्दू योद्धाओं ने भी हज़रत हुसेन का पक्ष लेकर प्राणोत्सर्ग किए थे, अत: उन पात्रों का बहिष्कार करना किसी भाँति युक्तिसंगत न होता। रही यह बात कि उनके समावेश से हिन्दू और मुसलमान दो में से एक को भी प्रसन्नता न होगी, इसके लिए लेखक क्यों कुसूरवार ठहराया जाए?'

यह आपत्ति रचनाकार के यश से अधिक एकता की उस भूमि पर ही आघात करती है जो कि नाटक का प्राण और उसकी रचना का लक्ष्य है, इसलिए, सम्भव है, मुंशीजी ने उसका जवाब देने में अतिरिक्त तत्परता दिखलाई हो। लेकिन इतनी ही बात नहीं है। टंडनजी ने अपनी समालोचना में मुंशीजी के इस दावे को ग़लत बताया था कि कर्बला को लेकर दूसरा कोई नाटक नहीं लिखा गया। मुंशीजी ने वे पंक्तियाँ साफ़ उड़ा दीं। इससे भी पता चलता है कि मुंशीजी को अपनी भलाई-बुराई की काफ़ी परवाह रहती थी। सन् 32 में एक बार ऐसा कुछ प्रसंग हुआ कि बनारसीदास चतुर्वेदी पर एक महाशय ने ख़ूब कसकर कीचड़ उछाला जिससे चतुर्वेदीजी बहुत दुखी और क्षुब्ध हुए। उस समय चतुर्वेदीजी को समझाते हुए मुंशीजी ने 14 नवम्बर, 32 के अपने ख़त में लिखा था—

'एक समय था कि किसी की एक मुख़ालिफ़ चोट से मेरी कितनी ही रातों की नींद हराम हो जाती थी। लेकिन अब मैं उस मंजिल को पार कर आया हूँ और अपने आप को ज़्यादा अच्छी तरह समझता हूँ।'

उम्र के साथ-साथ प्रौढ़ता भी बढ़ी और उसी प्रौढ़ता ने बहुत-सी आलोचना की अवहेलना करने का गुरुमंत्र दिया। लेकिन वह दिन कभी न आया और शायद आ भी नहीं सकता—जब कि अपने यश का विस्तार उन्हें अच्छा न लगा हो और अपयश बुरा न लगा हो। यह बात और है कि यश के पीछे वह दौड़े नहीं और अपयश को लेकर विलाप करने नहीं बैठे—क्योंकि उन दोनों से बड़ी चीज़ थी ख़ुद अपना काम जिसके पीछे अपने अन्त:करण का बल है, जैसा कि उन्होंने 14 नवम्बर 1932 को चतुर्वेदीजी को लिखा था, 'अपना अन्त:करण निर्मल हो, फिर और कुछ नहीं चाहिए।'

बहरहाल दिन अच्छे कट रहे थे यानी क़लम ख़ूब तेज़ी से चल रही थी। इतनी तेज़ी से कि सितम्बर 24 से सितम्बर 25 तक के एक साल में मुंशीजी ने न सिर्फ़ अधूरे 'कायाकल्प' को ख़त्म कर लिया था बल्कि रामचन्द्र टंडन के कहने पर, उन्हीं की प्रति लेकर, अनातोल फ्रांस की अमर कृति 'थायस' का हिन्दी रूपान्तर भी कर डाला और जैसे यह भी काफ़ी न हो, रतननाथ सरशार के 'फ़सानए आज़ाद' का संक्षिप्त हिन्दी रूपान्तर 'आज़ाद कथा' भी कर डाला, जो ख़ुद एक हज़ार पन्नों का है। और छोटी कहानियाँ जो लिखीं, सो सब घलुए में।

यक़ीनन अच्छी साइत में घर से चले थे, लखनऊ पहुँचते ही दो ऊँचे पाए की कहानियाँ क़लम से निकलीं—'शतरंज के खिलाड़ी' और 'सवा सेर गेहूँ' और क़रीब छः महीने बाद 'सभ्यता का रहस्य'।

'सवा सेर गेहूँ' गाँवों में होनेवाली महाजनी लूट की (जिसे और भी चार चाँद लग जाते हैं जब कि महाजन ब्राह्मण हो!) एक बहुत ही भयानक, क्रूर कहानी है जिसे इतने सादे लिबास में पेश किया गया है, इतने सहज, अनलंकृत ढंग से कि वह क्रूरता और भी उभर आती है।

सीधे-सादे, चौपाल में कहे जानेवाले क़िस्से की तरह कहानी शुरू होती है—

> *किसी गाँव में शंकर नाम का एक कुरमी किसान रहता था। सीधा-सादा ग़रीब आदमी था, अपने काम से काम, न किसी के लेने में न देने में। छक्का-पंजा न जानता था...*
>
> *एक दिन संध्या समय एक महात्मा ने आकर उसके द्वार पर डेरा जमाया। तेजस्वी मूर्ति थी, पीतांबर गले में, जटा सिर पर, पीतल का कमंडल हाथ में, खड़ाऊँ पैर में, ऐनक आँखों पर, सम्पूर्ण वेश उन महात्माओं का-सा था, जो रईसों के प्रासादों में तपस्या, हवागाड़ियों पर देवस्थानों की परिक्रमा और योगसिद्धि प्राप्त करने के लिए रुचिकर भोजन करते हैं। घर में जौ का आटा था, वह उन्हें कैसे खिलाता। प्राचीन काल में जौ का चाहे जो महत्त्व रहा हो पर वर्तमान युग में जौ का भोजन सिद्ध पुरुषों के लिए दुष्पाच्य होता है। बड़ी चिन्ता हुई, महात्माजी को क्या खिलाऊँ। आख़िर निश्चय किया कि कहीं से गेहूँ का आटा उधार लाऊँ, पर गाँव-भर में गेहूँ का आटा न मिला। सौभाग्य से गाँव के विप्र महाराज के यहाँ थोड़े से मिल गए। उनसे सवा सेर गेहूँ उधार लिया और स्त्री से कहा कि पीस दे। महात्मा ने भोजन किया, लम्बी तानकर सोये। प्रातःकाल आशीर्वाद देकर अपनी राह ली।*

मगर उनका आशीर्वाद शंकर को ऐसा फला कि विप्र महाराज ने चुपचाप सात साल तक उस 'सवा सेर अनाज को अंडे की भाँति सेकर' एक रोज़ वह 'पिशाच खड़ा कर दिया' जो शंकर को निगल गया। उसने 'विप्रजी के यहाँ बीस वर्ष तक ग़ुलामी करने के बाद इस असार संसार से प्रस्थान किया...'

सवा सेर गेहूँ ने कैसे यह सब जादू कर दिखाया, यही तो इस सच्ची प्रेत-कहानी का भयानक रस है।

'सभ्यता का रहस्य' वर्तमान सामाजिक जीवन पर एक दुखी आत्मा का कठोर व्यंग्य है, जिसमें एक ख़ून के मुक़दमे में रिश्वत लेनेवाले जज साहब, जिनकी गिनती सभ्य लोगों में है, एक ग़रीब किसान को, जो अपने कई दिन के भूखे बैलों की वेदना से मर्माहत होकर उनके लिए किसी के खेत से थोड़ी-सी चरी काट लाता है, छः महीने की सख़्त क़ैद का हुक्म सुनाते हैं। जिससे क़िस्सागो नतीजा निकालता है कि 'सभ्यता केवल हुनर के साथ ऐब करने का नाम है। आप बुरे से बुरा काम करें लेकिन अगर

आप उस पर पर्दा डाल सकते हैं तो आप सभ्य हैं, सज्जन हैं, जेंटिलमैन हैं। अगर आप में यह सिफ़त नहीं हो तो आप असभ्य हैं, गँवार हैं, बदमाश हैं।'

'**शतरंज के खिलाड़ी**' के मिर्ज़ा साहब और मीर साहब को कौन नहीं जानता, नवाबी जमाने का विलासिता के रंग में डूबा हुआ लखनऊ जिनमें साकार हो उठा है—

'छोटे-बड़े, अमीर-ग़रीब सभी विलासिता में डूबे हुए थे। कोई नृत्य और गान की मजलिस सजाता था तो कोई अफ़ीम की पिनक ही के मज़े लेता था।...सभी की आँखों में विलासिता का मद छाया हुआ था। संसार में क्या हो रहा है इसकी किसी को ख़बर न थी। बटेर लड़ रहे हैं। तीतरों की लड़ाई के लिए पाली बदी जा रही है। कहीं चौसर बिछी हुई है। पौ बारह का शोर मचा हुआ है। कहीं शतरंज का घोर संग्राम छिड़ा हुआ है। राजा से लेकर रंक तक इसी धुन में मस्त थे। यहाँ तक कि फ़क़ीरों को पैसे मिलते तो वे रोटियाँ न लेकर अफ़ीम खाते या मदक पीते...'

यह लखनऊ मुंशीजी का जाना-पहचाना है। इसके पहले वह यहाँ कभी आए नहीं लेकिन इसका कोना-कोना, गली-गली, उनकी देखी हुई है। सरशार के साथ उन्होंने जी भर के सैर की है। यहाँ की बोलचाल, यहाँ का रहन-सहन, यहाँ के रीति-रिवाज़—कुछ भी उनके लिए अनजाना नहीं है। सरशार ने जिस तरह उसी में डूबकर, उसी का होकर लखनऊ की रंगीन तसवीर खींची है उसी तरह मुंशीजी ने उस तसवीर को देखा भी और उस गुज़रे जमाने की रंगीनियों का ख़याल करके जी बहुत बार मसोस भी उठा है। लेकिन अब वह बात कुछ पुरानी हो गई है, वक़्त आगे बढ़ आया है और जिस क़दर असलियत का रंग तेज़ हुआ है उसी क़दर रूमानियत का रंग फीका पड़ा है। अब वह कुछ निस्संग होकर भी उस लखनऊ को देख सकता है और तब उसे लगता है कि लखनऊ की जो दुर्गत अंग्रेज़ी दौर में आकर हुई, जिस तरह नवाबी का ख़ात्मा हुआ, उसके अलावा उन हालात में दूसरा कुछ हो भी न सकता था—अपना समाज ख़ुद जो खोखला हो गया था भीतर से। लिहाज़ा जो बात सरशार ने अनकही छोड़ दी थी, या जिसे कह सकना सरशार के लिए अपने वक़्त में मुमकिन न था, उसे मुंशीजी, ने लखनऊ में क़दम रखते ही अपनी इस कहानी में कहा—शतरंज के हाथों बादशाहत के तबाह होने की कहानी।

इधर देश की राजनीतिक दशा भयंकर होती जा रही थी। कम्पनी की फ़ौजें लखनऊ की तरफ़ बढ़ी चली आती थीं। शहर में हलचल मची हुई थी। लोग बाल-बच्चों को लेकर देहातों में भाग रहे थे पर हमारे दोनों खिलाड़ियों को इसकी ज़रा भी फ़िक्र न थी।

आख़िरकार ये लोग अपनी शतरंज की बाज़ी में ही डूबे रहते हैं और लखनऊ पर कम्पनी का क़ब्ज़ा हो जाता है, नवाब वाज़िद अली पकड़कर ले जाए जाते हैं। मिर्ज़ा साहब और मीर साहब के कान पर जूँ नहीं रेंगती। लेकिन फिर एक दिन खेल ही खेल में दोनों में बतबढ़ाव हो जाता है, दोनों कमर से तलवार निकाल लेते हैं, पैंतरे बदलते हैं, तलवारें चमकती हैं, छपाछप की आवाज़ आती है, दोनों चोट खाकर गिरते हैं और वहीं तड़प-तड़पकर मर जाते हैं।

'चारों तरफ़ सन्नाटा छाया हुआ था। खँडहर की टूटी हुई मेहराबें, गिरी हुई दीवारें इन लाशों को देखती और सिर धुनती थीं।'

उसी पतन के युग का एक सुन्दर मार्मिक चित्र है यह, अपने आप में सम्पूर्ण, देशकालातीत अपने मनोवैज्ञानिक चित्रण में। ध्यान भी नहीं जाता कि उसके पीछे कोई सामयिक आग्रह भी है, विशेषत: इसलिए कि वह एक बीते युग की कहानी है।

यहीं पर धोखा है। अगर वह युग सचमुच बीत गया होता तो शायद उसकी कहानी का ख़याल भी न आता, कम-से-कम मुंशीजी को—बीता नहीं है, इसीलिए यह कहानी कही जा रही है और इसी में उसकी अन्योक्ति है।

मुंशीजी के लिए इतिहास कोरा इतिहास यानी अतीत की वार्ता नहीं है। होगा जिसके लिए होगा। बहुतों के लिए होता है। मुंशीजी के लिए नहीं, गो वह उनका बहुत प्रिय विषय है। लेकिन उसका महत्त्व भी इसी में है कि उससे वर्तमान के लिए कुछ रोशनी मिलती है।

एक बार का ज़िक्र है, सन् 31 के नवम्बर महीने का। मुंशीजी एक साहित्यिक समारोह के सिलसिले में पटने पहुँचे। वहाँ लोगों ने सोचा कि मुंशीजी को म्यूज़ियम भी दिखलाना चाहिए, देखने क़ाबिल चीज़ है। समारोह के कर्ता-धर्ता केशरीकिशोर उस दिन को याद करते हुए लिखते हैं—दोपहर को पटना म्यूज़ियम देखने के लिए हम लोग चल पड़े। मौर्यकाल और गुप्तकाल के शिलालेख, मूर्तियाँ, बर्तन, सिक्के वग़ैरह सब दिखलाए। वह बच्चों की तरह उन चीज़ों को देखते जा रहे थे। कौतूहल उन्हें कुछ होता था, पर कोई ख़ास दिलचस्पी उन्होंने नहीं दिखलाई। हाँ, जब स्वास्थ्य विभाग की ओर गए और बिहार के गाँवों का मिट्टी का बना हुआ स्केच (मॉडल) देखा तो रम गए। कोल-भीलों की पारिवारिक मूर्तियों को भी बड़े ग़ौर से देखने लगे और बोले—हमें इन समस्याओं को ओर ध्यान देना चाहिए। इन जंगली लोगों को सभ्य बनाना चाहिए। हज़ार वर्ष पहले की मिट्टी में गड़ी हुई चीज़ों से हमें क्या लाभ? हमें तो वर्तमान की रक्षा का प्रश्न हल करना चाहिए।'

'शतरंज के खिलाड़ी' के संग भी यही बात है। नवाबी जमाने की पस्ती के दौर की यह कहानी जो लिखी जा रही है सितम्बर-अक्तूबर 1924 में, जबकि भारतीय राजनीति भी ऐसी ही पस्ती के एक लम्बे दौर से गुज़र रही है, जब कि लोगों में उसी तरह राजनीतिक भावों का अध:पतन हो गया है, सब अपने-अपने खेल-तमाशे में, राग-रंग में लिप्त हैं, देश की चिन्ता किसी को नहीं है, राजनीति शतरंज की बिसात होकर रह गई है जिस पर सब लोग, सारे दल और गिरोह, अपनी-अपनी चालें चलने में लगे हुए हैं, हिन्दू मुसलमान को नीचा दिखाना चाहता है, मुसलमान हिन्दू को ज़क देना चाहता है, असेंबली में, म्युनिसिपैलिटी में, यहाँ-वहाँ, सब जगह, सीटों के लिए गोटियाँ बैठाई जा रही हैं, नौकरियों के लिए छीना-झपटी हो रही है—और कम्पनी बहादुर का, गोरी सल्तनत का शिकंजा किस तरह कसता चला जा रहा है, इसकी किसी को फ़िक्र ही नहीं!

मुंशीजी को बहरहाल है और बहुत है। दिन-रात यही एक फ़िक्र उनके मन पर किसी काली घटा की तरह छाई रहती है और दिमाग़ उसी की उधेड़बुन में लगा रहता है। आदमी के हाथों आदमी का ख़ून बहे यह कुछ कम भयानक बात नहीं है, लेकिन उतने से ही बस नहीं है। आज़ादी की तहरीक इसी आपसी ख़ून-खच्चर में हमेशा के लिए डूबी जा रही है, कैसे चैन आए!

और इस दिमाग़ कम्बख्त को क्या करें जो एक वक़्त में एक ही पटरी पर दौड़ना जानता है! चिड़े की एक टाँग, कुछ भी बात हो, वह घूम-फिरकर एक न एक खोंचा इस पहलू से मार ही जाता है!

जैसे कि इसी 'कायाकल्प' में। इन दिनों उसी पर तेज़ी से काम हो रहा है। कोई सीधा सम्बन्ध इस प्रश्न से उसे नहीं है। लेकिन जनता की भलाई से तो है, स्वराज्य से तो है। तो फिर इस सवाल से कैसे न हो, लगी-लिपटी जो है सब बातें एक-दूसरे से, कोई अलग करना भी चाहे तो कैसे करे।

लिहाज़ा 'कायाकल्प' में उनके मन की वह तस्वीर इस रंग में काग़ज़ पर उतर आती है—

'आगरे के हिन्दुओं और मुसलमानों में आए दिन जूतियाँ चलती रहती थीं। ज़रा-ज़रा सी बात पर दोनों दलों के सिरफिरे जमा हो जाते और दो-चार के अंग-भंग हो जाते। कहीं बनिए ने डंडी मार दी और मुसलमानों ने उसकी दूकान पर धावा कर दिया, कहीं किसी जुलाहे ने किसी हिन्दू का घड़ा छू लिया और मोहल्ले में फ़ौजदारी हो गई। एक मुहल्ले में मोहन ने रहीम का कनकौआ लूट लिया और इसी बात पर मुहल्ले-भर के हिन्दुओं के घर लुट गए, दूसरे मुहल्ले में दो कुत्तों की लड़ाई पर सैकड़ों आदमी घायल हुए क्योंकि एक सोहन का कुत्ता था दूसरा सईद का। निज के रगड़े-झगड़े साम्प्रदायिक संग्राम के क्षेत्र में खींच लाए जाते थे। दोनों ही दल मज़हब के नशे में चूर थे। मुसलमानों ने बजाजे खोले, हिन्दू नैंचे बाँधने लगे। सुबह को ख़्वाजा साहब हाकिम ज़िला को सलाम करने जाते, शाम को बाबू यशोदानन्दन। दोनों देवताओं के भाग्य जागे। जहाँ कुत्ते निद्रोपासना किया करते, वहाँ पुजारी जी की भाँग घुटने लगी। काजियों के दिन फिरे, मुल्लाओं ने अबाबीलों को बेदख़ल कर दिया। जहाँ साँड़ जुगाली करता था वहाँ पीर साहब की हँडिया चढ़ी। हिन्दुओं ने महाबीर दल बनाया, मुसलमानों ने अली ग़ोल सजाया। ठाकुरद्वारे में ईश्वर कीर्तन की जगह नबियों की निन्दा होती थी, मसजिदों में नमाज़ की जगह देवताओं की दुर्गत। ख़्वाजा साहब ने फ़तवा दिया—जो मुसलमान किसी हिन्दू औरत को निकाल ले जाए, उसे एक हज़ार हजों का सवाब होगा। यशोदानन्दन ने काशी के पंडितों की व्यवस्था मँगाई कि एक मुसलमान का वध एक लाख गौदानों से श्रेष्ठ है...'

यह बुरा वक़्त है। हिन्दू अपने संगठन में लगे हैं, मुसलमान अपनी तंजीम में। आए दिन गाय की क़ुर्बानी के सवाल पर, या बाजे-गाजे को लेकर आरती-नमाज़ के झगड़े होते रहते हैं। इन्सानियत और रवादारी की एक बात सुनने के लिए कोई तैयार नहीं है। ऐसी बात करनेवाला बेवक़ूफ़ या पागल समझा जाता है। ऐसे ही एक बौड़म की कहानी उन्होंने दो-तीन बरस पहले लिखी थी और उसका कुछ असर हुआ हो न हुआ हो बौड़म भी अपना बौड़मपन छोड़ने के लिए तैयार नहीं है। मुंशीजी ने फिर वैसे ही एक बौड़म की कहानी लिखी—'हिंसा परमोधर्मः'।

उधर 'कायाकल्प' में, यशोदानन्दन की पत्नी बागेश्वरी (जिसे मुंशीजी ने पहले अपने पति के समान ही 'हिन्दू संगठन' में झोंकने की बात सोचकर फिर विचार बदल दिया) इसी तरह की रवादारी की बात करती है—'नित्य समझाती रही—इन झगड़ों में

न पड़ो। न मुसलमानों के लिए दुनिया में कोई दूसरा ठौर-ठिकाना है, न हिन्दुओं के लिए। दोनों इसी देश में रहेंगे और इसी देस में मरेंगे। फिर आपस में क्यों लड़ते-मरते हो, क्यों एक-दूसरे को निगल जाने पर तुले हुए हो? न तुम्हारे निगले वे निगले जाएँगे, न उनके निगले तुम निगले जाओगे। मिल-जुलकर रहो, उन्हें बड़े होकर रहने दो, तुम छोटे ही होकर रहो। मगर मेरी कौन सुनता है।'

ठीक तो है, कौन इस वक़्त कान देता है ऐसी सब बातों पर। यही यशोदानन्दन और ख़्वाजा महमूद एक वक़्त लँगोटिये यार थे। दोनों में दाँत काटी रोटी थी। सेवा समिति में साथ-साथ काम करते थे। गंगा-स्नान के मेले में खोयी हुई बच्ची अहल्या को उन्हीं दोनों ने बचाया था, जो फिर यशोदानन्दन के घर में पली और बड़ी हुई। और फिर वह अमावस की रात जैसा घुप अँधेरा दिन आया कि ख़्वाजा साहब ने ख़ुद यह फ़तवा दिया—जो मुसलमान किसी हिन्दू औरत को निकाल ले जाए उसे एक हज़ार हजों का सवाब होगा।...

और इस फ़तवे पर सबसे पहले अमल किया ख़ुद उनके बेटे ने, अहल्या को उड़ाकर।

ख़्वाजा साहब को इसका पता नहीं है। उन्हें सिर्फ़ इतना मालूम है कि गुंडे अहल्या को उड़ा ले गए। लेकिन इसका उन्हें गुमान भी नहीं है कि यह ख़ुद उनके बेटे की हरकत है और लड़की कहीं और नहीं ख़ुद उनके घर में क़ैद है!

यशोदानन्दन के ख़ून और अहल्या के उड़ाए जाने से ख़्वाजा साहब को एक ज़बर्दस्त झटका लगता है और वह यशोदानन्दन की लाश के सिरहाने बैठकर रोते हैं और कहते हैं—

'... ख़ुदा गवाह है, मैंने हमेशा इत्तहाद की कोशिश की। अब भी मेरा यह ईमान है कि इत्तहाद ही से इस बदनसीब क़ौम की नजात होगी। यशोदा भी इत्तहाद का उतना ही हामी था जितना मैं। शायद मुझसे भी ज़्यादा। लेकिन ख़ुदा जाने वह कौन-सी ताक़त थी जो हम दोनों को बरसरेजंग रखती थी। हम दोनों दिल से मेल करना चाहते थे पर हमारी मर्ज़ी के ख़िलाफ़ कोई ग़ैबी ताक़त हमको लड़ाती रहती थी।'

वह ग़ैबी ताक़त और कोई नहीं, अंग्रेज़ी हुकूमत है जिसका उल्लू सीधा होता है इन दोनों के आपसी ख़ून-खच्चर से।

इन्हीं दिनों, मार्च-अप्रैल 1925 में, उनकी एक कहानी छपी—'मन्दिर और मसजिद'। उसके नायक चौधरी इतरतअली भी इसी तरह के एक सच्चे, आज़ाद-ख़याल, हिम्मतवर आदमी हैं—

'फ़ारसी और अरबी के आलिम थे, शरा के बड़े पाबन्द, सूद को हराम समझते, पाँचों वक़्त की नमाज़ अदा करते, तीसों रोज़े रखते और नित्य कुरान की तलावत (पाठ) करते थे। मगर धार्मिक संकीर्णता कहीं छू तक नहीं गई थी। प्रातःकाल गंगा-स्नान करना उनका नित्य का नियम था। पानी बरसे, पाला पड़े पर पाँच बजे वह कोस भर चलकर गंगा तट पर अवश्य पहुँच जाते। लौटते वक़्त अपनी चाँदी की सुराही गंगाजल से भर लेते और हमेशा गंगाजल पीते। उनका सारा घर, भीतर से बाहर तक, सातवें दिन गऊ के गोबर से लीपा जाता था। इतना ही नहीं, उनके यहाँ बगीचे में एक पंडित बारहों

मास दुर्गा पाठ भी किया करते थे। उधर मुसलमान फ़क़ीरों का खाना बावर्चीख़ाने में पकता था और कोई सौ सवा सौ आदमी नित्य एक दस्तरख़ान पर खाते थे। उनकी रियासत में आम हुक़्म था कि मुर्दों को जलाने के लिए, किसी यज्ञ या भोज के लिए, शादी-ब्याह के लिए सरकारी जंगल से जितनी लकड़ी चाहे काट ले। चौधरी साहब से पूछने की ज़रूरत न थी। हिन्दू असामियों की बरात में उनकी ओर से कोई न कोई ज़रूर शरीक होता था। नवेद के रुपए बँधे हुए थे। लड़कियों के विवाह में कन्यादान के रुपए मुक़र्रर थे। उनको हाथी-घोड़े, तम्बू-शामियाने, पालकी-नालकी, फ़र्श-जाजिमें, पंखे-चँवर, चाँदी के महफ़िली सामान उनके यहाँ से बिना किसी दिक़्क़त के मिल जाते थे। माँगने भर की देर रहती थी।'

उसी महीने एक और कहानी उनकी क़लम से निकली—'मुक्तिधन'। दाऊदयाल नाम के एक काफ़ी कठोर, बेमुरौवत महाजन की कहानी जो ज़िन्दगी-भर के लिए एक मुसलमान के एहसानमन्द हो जाते हैं क्योंकि उसने अपनी गाय पाँच रुपए कम पर उनके हाथ बेचना क़बूल किया लेकिन क़साइयों को देना नहीं।

ख़्वाजा महमूद, चौधरी इतरत अली, दाऊदयाल, सब पर आदर्शवाद का गहरा रंग चढ़ा हुआ है। लेकिन इसके लिए मुंशीजी को रत्ती-भर सफ़ाई देने की ज़रूरत नहीं है। वही तो उनका ख़ास अपना रंग है, इसमें दुविधा कैसी। वर्तमान के अँधेरे को इस आलोक-बाण के सिवा और कैसे काट ही सकते हो तुम?

हरिहरनाथ नाम के एक गुमनाम नए लेखक को मुंशीजी ने एक बार (अंग्रेज़ी में) लिखा था—

"सृजनात्मक मन को सृजन करना चाहिए—किसका? चरित्रों को उद्‌घाटित करने के लिए परिस्थितियों का। नवयुवक को आशावादी भावना से लिखना चाहिए। उसका आशावाद संक्रामक होना चाहिए, ऐसा कि दूसरों में भी वह उसी भावना का संचार कर सके। मेरे विचार में साहित्य का उच्चतम लक्ष्य उन्नयन है, ऊपर उठाना। हमारे यथार्थवाद को भी यह बात नज़र से ओझल न करनी चाहिए। मैं तो तुम्हें 'मनुष्यों' की सृष्टि करते देखना चाहूँगा—निर्भय, ईमानदार, स्वतंत्रचेता मनुष्य, हिम्मत से काम करनेवाले साहसी मनुष्य जिनके आदर्श ऊँचे हैं। वक़्त का तक़ाज़ा यही है।"

यह ख़त सन् 30 की जनवरी का है लेकिन यह विश्वास ज़िन्दगी-भर का है।

शुरू से उनकी तबीयत का यही रंग था और इस वक़्त भी जब कि नफ़रत की चिलचिलाती हुई धूप से सब कुछ झुलसा जा रहा था, मुंशीजी कछोटा बाँधे, चुपचाप, धीर-गम्भीर मन से उस कड़ी धरती में अपना हल चला रहे थे और बीज बो रहे थे न्याय के, विवेक के, प्रेम और सौहार्द के—जो किसी दिन फूलेंगे, फलेंगे! उन्हें शायद ख़ुद यह दिन देखना नसीब न हो, मगर उससे क्या। सुख क्या केवल फल की प्राप्ति में है? कर्म में स्वत: कोई सुख नहीं? कितनी बार कहा करते थे वह अपने बच्चों से—Virtue is its own reward (नेकी ख़ुद अपना इनाम है)...

वह चीज़ भिदी हुई है मुंशीजी की रग-रग में और वह चाहते हैं कि उनके बच्चों में भी इसी तरह भिद जाए। इससे बड़ी नसीहत, अपने बच्चों के लिए, उनके पास दूसरी नहीं है। सफलता की सीख वह नहीं देना चाहते। जिस चीज़ को दुनिया सफलता

कहती है उससे उन्हें दिली नफ़रत है। अपने बच्चों के बारे में ऐसी ही कुछ बात उन्होंने 3 जून 1930 के ख़त में बनारसीदास चतुर्वेदी को लिखी थी—

'मुझे अपने दोनों लड़कों के विषय में कोई लालसा नहीं है। यही चाहता हूँ कि वह ईमानदार, सच्चे और पक्के इरादे के हों। विलासी, धनी, ख़ुशामदी सन्तान से मुझे घृणा है...'

इस ख़त के पाँच बरस बाद की एक घटना की चर्चा उनकी धर्मपत्नी ने की है—

मैं बनारस में थी। मेरी कहारी का छोटा बच्चा आग से जल गया। उसके सारे बदन में मलहम पुता हुआ था, कपड़े भी गन्दे ही थे। मेरा छोटा बच्चा बन्नू उसे कहीं बाहर पा गया। वह उस बच्चे को जीने पर से दोनों हाथों का घेरा बना कर अन्दर लाया। उस समय बाबूजी मेरे पास बैठे थे। लड़का बोला—अम्माँ, इसे कुछ खाने को दो। उस बच्चे का बदन देखकर मेरे तो रोंगटे खड़े हो गए। मैं डरी कि कहीं इसे धक्का न लग जाए, नहीं तो सारा बदन लहू-लुहान हो जाएगा। बन्नू का उस बच्चे पर प्रेम देखकर उनकी आँखें भर आईं। मुझसे बोले—जल्दी दो न इसे कुछ खाने को। मैंने उसे मिठाई और फल दिए और बोली—इसे कैसे पहुँचाओगे? धक्का लगते ही तो इसका शरीर रंग जाएगा।...

बन्नू—मैं इसे आसानी से पहुँचा आऊँगा। उस बच्चे को लेकर वह उसी तरह नीचे पहुँचा आया। आप बोले—यह लड़का बड़ा दयावान मालूम होता है। भला उसे वह कैसे लाया! मेरी भी हिम्मत उसे लाने की न होती। मैं तो चोट लगने को डरता। भगवान इसे जीवित रखे। तुम देखना लड़का घिनौना भी तो बहुत था। माँ ही उसे छू सकती थी।

बड़ी ख़ुशी हुई थी उनको उस रोज़, आँखें भर आई थीं—जो इंसानियत ढूँढ़ती फिरती थीं और जहाँ पा जाती थीं, पलकों से उठाकर सीने में रख लेती थीं!

गृहस्थ के चोले में सन्त का मन, लेकिन वह सन्त नहीं जो दुनिया से मुँह मोड़कर जंगल की राह लेता है। वह तो प्यार करते हैं दुनिया को, भली-बुरी जैसी भी है। लगाव है, लेकिन अपने लिए ख़ास अपने लिए कुछ भी नहीं, निस्संग-सा एक लगाव, अगर ऐसी कोई चीज़ मुमकिन हो...

और वही दुनिया आज जलकर राख हुई जा रही थी। बरसों से यह आपसी मारकाट का सिलसिला चल रहा था और जल्दी ख़त्म होने का कहीं कोई लक्षण दिखाई न देता था।

हवा बेतरह बिगड़ी हुई थी लेकिन मुंशीजी मुस्तैदी से अपना काम किए जा रहे थे। उनके लिए कहीं अकेलापन न था। नेक काम में इन्सान कभी अकेला नहीं होता। इसका मुंशीजी को पुराना अभ्यास है—इस अकेलेपन का, जो अकेलापन नहीं है। बहुत बार ऐसे मौक़े आए हैं जब केवल उनकी आत्मा ने उनका साथ दिया है—और वह निर्भय अपने रास्ते पर चल पड़े हैं। उन्हें पता है कि वह ताक़त कितनी बड़ी होती है जो अपने भीतर से आती है। मनोरमा के गले में यह मुंशीजी की आवाज़ है—'आत्मा

कुछ न कुछ ज़रूर कहती है, अगर उससे पूछा जाए। कोई माने या न माने, यह उसका अख़्तियार है।'

मानना न मानना तो आगे की बात है, अक्सर लोग आत्मा से पूछते ही नहीं कुछ भी। क्या होगा पूछकर, ज़रूर कुछ उल्टी-पुल्टी बात कहेगी। उस रास्ते चलो जिस पर सब चल रहे हैं! वही सफलता का रास्ता है। आत्मा का रास्ता काँटों का रास्ता है। उस पर पागल चलते हैं। धीरे-धीरे उनकी आत्मा भी फिर गूँगी हो जाती है, वही असल मौत है।

तभी तो मुंशीजी बराबर उसको, तलवार की तरह, पत्थर पर रगड़ते रहते हैं। तलवार की ही तरह उसका भी पानी तभी तक है जब तक कि वह लड़ाई के मैदान में है—कमर से खोलकर आपने उसे खूँटी पर टाँगा नहीं कि उसका पानी उतरा।

अब से क़रीब पन्द्रह बरस पहले 'विक्रमादित्य का तेग़ा' के नाम से उन्होंने जो कहानी लिखी थी वह सत्य और न्याय के पक्ष में उठनेवाली इसी तलवार की कहानी थी जिसे आत्मा या अन्त:करण भी कहते हैं।

आत्मा कहो, विवेक कहो, उसको ज़िन्दा रहने के लिए ज़रूरी है कि बराबर संघर्ष करती रहे, असत्य से, अविचार से, अपने ही मन की संकुचित वृत्तियों से...

स्वामी श्रद्धानन्द के लिए मुंशीजी के हृदय में सच्ची श्रद्धा है—उनके देश-प्रेम के लिए, साहस के लिए, आत्मबलिदान के लिए, उन स्वामी श्रद्धानन्द के लिए जिन्होंने रौलट ऐक्ट के दिनों में गोरों की संगीनों के आगे अपना सीना खोल दिया था...

लेकिन फिर समय के फेर में पड़कर वही स्वामी श्रद्धानन्द हिन्दू संगठन और शुद्धि आन्दोलन में खो गए। उससे मुंशीजी को रत्ती-भर सहानुभूति नहीं है। लेकिन आदर का भाव तब भी मन में रहा। वही जो एक गुमराह पर सच्चे और साहसी आदमी के लिए हमारे दिल में होता है। तो भी बात बदल गई थी, और कुछ अजब नहीं कि 'कायाकल्प' के यशोदानन्द के पीछे हल्की-सी एक छाया श्रद्धानन्द की हो।

सन् 26 में जब रशीद नाम के एक नौजवान मुसलमान ने जिहाद के अन्धे जोश में स्वामी जी का ख़ून कर दिया तो सारा देश एक बार काँप गया।

'शुद्धि समाचार' नामक आर्यसमाजी पत्र के 'श्रद्धानन्द बलिदान' अंक में मुंशीजी ने एक छोटे लेख में स्वामी जी को इस तरह अपनी श्रद्धांजलि अर्पित की—

'यों तो स्वामीजी प्राचीन आर्य आदर्शों के पूर्ण रूप से प्रवर्तक थे, पर मेरे विचार में राष्ट्रीय शिक्षा के पुनरुत्थान में उन्होंने जो काम किया है उसकी कोई नज़ीर नहीं मिलती। ऐसे युग में जब अन्य बाज़ारी चीज़ों की तरह विद्या भी बिकती है यह स्वामी जी ही का दिमाग़ था जिसने प्राचीन गुरुकुल प्रथा में भारत के उद्धार का तत्त्व समझा।... बौद्धकाल तक गुरुकुल प्रथा जीवित रही। मुस्लिम युग में यह प्रथा नष्ट हो गई और उसके नष्ट होते ही राष्ट्र-नौका का लंगर उखड़ गया। वर्ण और आश्रम जो आर्य-संस्कृति के स्तम्भ थे, अपना असली रूप खोकर जात-पाँत के रूप में आ गए, और गेरुए वस्त्रधारी, अकर्मण्य पेट के बन्दों ने संन्यास और वानप्रस्थ का स्थान छीन लिया।'

ठीक बात है, आदर-मान की जगह आदर-मान, आलोचना की जगह पर आलोचना...

जैसे कि स्वामीजी की एक पुस्तक पर लिखते समय मुंशीजी ने दोटूक कहा—

'स्वामीजी ने हिन्दुओं और मुसलमानों के आपस के झगड़े की मुख़्तसर तारीख़ लिखी है। झगड़े हमेशा होते रहे हैं। हिन्दुओं की बौद्धों और जैनियों से ख़ूब लड़ाइयाँ हुईं। मुसलमानों की बौद्धों से, बौद्धों की बौद्धों से, हिन्दुओं की हिन्दुओं से। ग़रज़ जातिगत और धर्मगत लड़ाइयाँ परम्परा से होती चली आ रही हैं। मगर कोशिश यह होनी चाहिए कि हम उन झगड़ों को भूल जाएँ, न कि गड़े मुर्दे उखाड़-उखाड़कर विरोध की आग और भड़काते रहें...'

इसी तरह काम-काज में डूबे हुए दिन गुज़र रहे थे कि गर्मियाँ आ पहुँचीं और निगम साहब ने सोलन चलने का प्रस्ताव किया। उसके जवाब में मुंशीजी ने लिखा—

'मैं जब कभी इस क़िस्म का इरादा करता हूँ तो मुझे फ़ौरन घरवालों का ख़याल आता है कि मैं तो वहाँ तफ़रीह करूँ और यह बेचारे यहाँ पड़े सड़ा करें। तब्दील की ज़रूरत किसको नहीं महसूस होती लेकिन जो ख़ुदमुख़्तार हैं वह अपना इरादा पूरा कर लेते हैं, जो मोहताज हैं वह दिल में सोचकर रह जाते हैं। इसी ख़याल से रुक जाता हूँ। कुनबे-भर को लेके जाना मुश्किल। इसलिए यहीं पड़ा रहूँगा। ख़स का एक पर्दा और दो-तीन पैसे की रोज़ाना बर्फ़ मौसम की तकलीफ़ के लिए काफ़ी है।'

यह कोई एक दिन की बात न थी उनके लिए। पहले भी, और बाद को भी, जब-जब ऐसा कोई मौक़ा आया, मुंशीजी कतरा गए। जैसे कि उस बार, कोई छह-सात साल बाद, सन् 31-32 में जब जैनेन्द्रकुमार ने एक बार बहुत चाहा था कि मुंशीजी उनके साथ शान्तिनिकेतन चलें। उस वक़्त भी मुंशीजी ने यही बात कही थी। बोले—मैं तो वहाँ उस स्वर्ग की सैर करूँ, यहाँ घर के लोग तकलीफ़ में दिन काटें, क्या यह मेरे लिए ठीक है? और सब को ले चलूँ, इतना पैसा कहाँ है। और जैनेन्द्र, महाकवि रवीन्द्रनाथ तो अपनी रचनाओं द्वारा यहाँ भी हमें प्राप्त हैं। क्या वहाँ मैं उन्हें अधिक पाऊँगा?

जैनेन्द्र इतनी आसानी से छोड़नेवाले न थे, बोले—शान्तिनिकेतन को अधिकार हो सकता है कि वह आपको चाहे, आपने कर्म ऐसे किए हैं कि आप मशहूर हों। तब आप कर्मफल से बच नहीं सकते। चलिए न।

लेकिन मुंशीजी इतने पर भी राज़ी नहीं हुए, बोले—हाँ, जैनेन्द्र, यह सब ठीक है। लेकिन मैं अपने यहीं पड़ा हूँ, तुम जाओ।

पं. बनारसीदास चतुर्वेदी ने भी बीसियों ही बार मुंशीजी को कलकत्ते बुलाया, और ख़ास तौर पर रवीन्द्रनाथ से मिलाने के लिए, लेकिन मुंशीजी अपनी जगह से नहीं हिले। एक दफ़ा बनारसीदास जी ने उन्हें मार्ग-व्यय की चिन्ता से भी मुक्त करना चाहा, लिखा—

'आप ज़रूर आइए और मेरे साथ ठहरिए। हमें बड़ा सुख होगा। 'विशाल भारत' का सम्पादक आपके लिए खाना पकाएगा। सम्भव है, आपको उसकी पकायी हुई सीधी-सादी चीज़ें बहुत न भाएँ, लेकिन इतना ज़रूर है कि उनके पीछे सच्ची श्रद्धा होगी जो होटलों या सार्वजनिक रसोईघरों में नहीं मिल सकती। मैं यहीं कार्यालय में रहता हूँ। कृपया अपने आने की सूचना दें। आपके टिकट की व्यवस्था मैं आसानी से

कर सकता हूँ, उसकी चिन्ता न कीजिए कृपया।' बादवाले वाक्यांश को अच्छी तरह रेखांकित भी कर दिया गया है—डू नाट बादर अबाउट इट प्लीज।

चतुर्वेदी जी ने शायद और कभी किराएवाली बात लिखी थी जिसके जवाब में मुंशीजी ने 13 फ़रवरी, 1933 के अपने अंग्रेज़ी पत्र में लिखा था—'मैं कलकत्ता आने को तैयार हूँ, जब भी आप चाहें। ऐसा कोई अवसर होना चाहिए। तमाशबीन की तरह आना और दूसरों से यह उम्मीद करना कि इसका ख़र्च वह बर्दाश्त करें, बेहूदा बात है। जब ऐसा कोई अवसर आएगा, आप मुझे वहाँ पाएँगे, सपत्नीक।' जाना हो तो पत्नी के साथ और सम्भव हो तो बच्चे भी, वर्ना नहीं जाना।

सन् 35 में योने नागूची जापान से भारत आया, उस समय एक बार फिर बनारसीदासजी ने बहुत ज़ोर लगाया कि मुंशीजी शान्तिनिकेतन जाएँ। लेकिन मुंशीजी टस से मस न हुए, वही चिड़े की एक टाँग—'आपका कार्ड मिला। धन्यवाद। काश कि मैं भी नागूची के भाषण सुन सकता, लेकिन क्या करूँ, मजबूर हूँ। परिवार को कैसे छोड़ूँ, यही समस्या है। लड़के इलाहाबाद में हैं और मैं भी चला जाऊँगा तो मेरी पत्नी कितना अकेला और असहाय अनुभव करेगी। अगर मैं उसको भी अपने साथ ले आऊँ तो ख़र्च करने के लिए अच्छी-ख़ासी रक़म हाथ में होनी चाहिए। इसलिए यही अच्छा है कि मैं अपने घर में पड़ा रहूँ, पैसे की तंगी का शिकार तो न बनना पड़ेगा।'

इसके कुछ ही महीने पहले हजारीप्रसाद द्विवेदी ने 26 मार्च को लिखा था—

> *उस दिन पं. बनारसीदास जी के साथ गुरुदेव से मिलने गया था। बातों ही बातों वर्तमान हिन्दी साहित्य के सम्बन्ध में चर्चा चली। ऐसे अवसरों पर आपका नाम सबसे पहले आता है। उस दिन भी आपके रचित साहित्य की चर्चा बड़ी देर तक चलती रही। हम लोगों की इच्छा थी कि नववर्ष के अवसर पर आप जैसे आदरणीय साहित्यिकों को निमंत्रित करें और गुरुदेव से परिचय करावें। गुरुदेव ने हम लोगों के विचार का उत्साह के साथ स्वागत किया। इसीलिए हम लोगों ने निश्चय किया कि स्थानीय हिन्दी समाज का वार्षिकोत्सव नववर्ष (14 अप्रैल, 1935) को मनाया जाए। उस दिन गुरुदेव का प्रवचन होता है। उसके पहले दिन भी, जिस दिन वर्ष समाप्त होता है, उनका व्याख्यान होता है। कुछ और भी समारोह रहता है। गुरुदेव और आश्रम की ओर से निमंत्रण तो यथासमय जाएगा ही, इसके पहले ही हम हिन्दी समाज की ओर से आपको निमंत्रित करते हैं। इस बार आप ज़रूर पधारें। हमारे आग्रहपूर्वक निमंत्रण को आप अस्वीकार न करें। आपको गुरुदेव से मिलाकर हम गर्व अनुभव करेंगे।*
>
> *आपके साहित्य ने हिन्दी को समृद्ध किया है और हिन्दी-भाषियों को दुनिया में मुँह दिखाने लायक। इसीलिए आपके यश को हम लोग निर्विचार बाँट लिया करते है। जब हम 'रंगभूमि' या 'कर्मभूमि' को दूसरों को दिखाते हैं तो मन ही मन गर्वपूर्वक पूछा करते हैं—है तुम्हारे पास ऐसी कोई चीज़। और इस प्रकार का गर्व करते समय हमें प्रेमचन्द नामक किसी अज्ञात*

अपरिचित व्यक्ति की याद भी नहीं रहती—मानो सब कुछ हमारी ही कृति है! आज उस व्यक्ति को पत्र लिखते समय, उसकी अनुमति के बिना उसके सम्पूर्ण यश को स्वायत्त कर लेने के अपराध के लिए जो हम क्षमा नहीं माँगते वह भी गर्व का ही एक दूसरा रूप है। आत्मीयता का इससे बड़ा प्रमाण हम क्या दे सकते हैं?...

कहने की आवश्यकता नहीं कि इस पत्र से मुंशीजी भीतर-ही-भीतर आह्लाद और कृतज्ञता से भर उठे होंगे, जीवन के शेष पर्व में ऐसा अकुंठ स्नेह कहीं से तो मिला! लेकिन तो भी गए नहीं, या यों कहें कि जा नहीं सके। किसी एक कारण से नहीं, कई कारणों से। कुछ सभाभीरुता, कुछ यात्राभय, कुछ अर्थकष्ट और कुछ वह बात जिसकी ओर जैनेन्द्रकुमार ने संकेत किया है—

'...बड़े शब्दों से कहीं अधिक उन्हें छोटी-सी सचाई छूती थी। जहाँ ज़िन्दगी थी वहाँ प्रेमचन्द जी की निगाह थी। जहाँ दिखावा था उसके लिए प्रेमचन्द के मन में उत्सुकता तक न थी। कुतुबमीनार, नई सेक्रेटेरियट बिल्डिंग्ज़, कौंसिल चेम्बर्स, यह अथवा वह महापुरुष इसको देखने-जानने की लालसा उनकी प्रवृत्ति में न थी।'

बात 1925 की गर्मियों में सोलन जाने से उठी थी और कहाँ की कहाँ पहुँच गई। ग़रज़ कि मुंशीजी न कहीं आए न गए, चुपचाप एक कोने में बैठे हुए अपना काम करते रहे और ज़िन्दगी के दिन काटते रहे। 'ज़िन्दगी का मतलब मेरे लिए हमेशा एक ही रहा है—काम, काम, काम। जब मैं सरकारी नौकरी में था तब भी अपना सारा वक़्त मैं साहित्य को ही देता था। मुझे काम करने में मज़ा आता है।'—इन्द्रनाथ मदान को उन्होंने 7 सितम्बर, 35 को बम्बई से लिखा था।

दूसरी किसी चीज़ में न तो उन्हें मज़ा मिलता था और न उसके लिए उनके पास वक़्त ही था। जैनेन्द्र को बड़ी हैरानी हुई थी जब मुंशीजी ने सन् 31 की अपनी दिल्ली-यात्रा के समय उनको बतलाया था कि अपनी ज़िन्दगी में यह पहली बार वह दिल्ली आए हैं। इक्यावन-बावन साल की उम्र में पहली बार उन्होंने दिल्ली का मुँह देखा! और फिर उतनी ही हैरानी जैनेन्द्र को यह जानकर हुई थी कि उस प्रवास के वह सात दिन उनकी ज़िन्दगी के पहले सात दिन हैं (बीमारी के दिनों के अलावा) जबकि उन्होंने कुछ नहीं लिखा!

ऊपर से देखने पर भले लगें लेकिन दोनों दो अलग चीज़ें नहीं एक ही चीज़ के दो पहलू हैं। या तो घूम ही फिर लो या काम ही कर लो। कुछ लोग दोनों को एक साथ निभा ले जाते हैं। मुंशीजी उनमें नहीं थे, न स्वभाव से और न अपनी सांसारिक स्थिति से, लिहाज़ा उन्होंने ख़ामोशी से एक कोने में बैठकर बराबर और अनथक काम करने की ज़िन्दगी ही अपने लिए चुन ली थी और ज़िन्दगी शुरू करते समय ही चुन ली थी, जिससे फिर कभी इधर-उधर नहीं हुए। जैसा कि उसी ख़त में उन्होंने इन्द्रनाथ मदान को लिखा था—

'मैं रोमें रोलाँ के समान, नियमित रूप से काम करने में विश्वास करता हूँ।'

जुलाई-अगस्त आते-आते, डेढ़ बरस से कुछ कम समय में ही 'कायाकल्प' समाप्त हो गया। किताब शुरू करने में, उसकी आरम्भिक तैयारी में जो समय लगे, लगे, लेकिन लिखना जब शुरू होता था तो फिर क़लम बिना रुके चलती थी और बहुत तेज़ चलती थी। ख़यालात की रवानी के साथ क़लम की रवानी भी बढ़ती चली जाती थी, कि जैसे दोनों में होड़ हो। और यह ख़यालात की रवानी घर के शोर-गुल या मिलनेवालों के आने-जाने से टूटनेवाली चीज़ नहीं थी। ग़रीब की ज़िन्दगी में ऐसा कम ही हुआ कि उनके पास अपना एक ख़ास कमरा हो जिसमें कम-से-कम काम के वक़्त लड़कों की गुज़र न होती हो। अक्सर यह होता कि मुंशीजी मटमैले-से फ़र्श पर अपनी छोटी-सी ढलुआँ डेस्क के सामने बैठे काम करते होते और आस-पास बच्चे ऊधम करते होते। हाँ, शोर ज़्यादा होने पर बच्चे कमरे से डाँटकर भगा दिए जाते। मगर उसकी नौबत कम ही आती। कभी इस सिलसिले में बच्चों को पढ़ने के लिए पास ही बिठाल भी लिया जाता। तब उनकी पढ़ाई तो जो होती वह होती या न होती, शोर क़तई बन्द हो जाता। मुंशीजी किसी लड़के को सवाल दे देते किसी को सुन्दर अक्षरों में कुछ नक़ल करने के लिए। बच्चे अपना काम करते रहते, वह अपना काम करते रहते, बीच-बीच में इधर भी कुछ ध्यान दे देते। इससे उनका असल ध्यान नहीं बँटता था। विचारों की जैसे एक वर्षा-सी होती रहती, उसी को समेटने में वह लगे रहते। सृजन के स्तर पर जो उनका जीना था उसका सिलसिला इन चीज़ों से नहीं टूटता था। बराबर ऐसी ही हालतों में काम करने के कारण शायद यही उनका स्वभाव हो गया था—या इसी तरह उन्होंने अपने मन को साध लिया था।

मिलने-जुलनेवालों के लिए कोई समय निश्चित नहीं था। कुछ दोस्तों ने मुंशीजी को सुझाया भी कि अच्छा हो अगर आप कोई समय निश्चित कर दें वर्ना काम में विघ्न पड़ता होगा। लेकिन मुंशीजी को यह राय पसन्द न आई। कहते, 'यह बड़ा साहबी मुझसे न होगी। कोई मेरे पास आता है तो कुछ स्नेह लेकर ही आता है। मैं उसको ठेस नहीं लगा सकता। काम तो ज़िन्दगी के साथ है। होता ही रहता है।' लिहाज़ा सब समय मिलने-जुलनेवालों का था और उनकी कुछ कमी भी न थी। लेकिन मुंशीजी सब के साथ उसी मुहब्बत से मिलते—ज़्यादा ख़ातिर-वातिर में तो न पड़ते लेकिन हाँ, पान सब को पेश होता। बाहर से पुकार होती और कोई लड़का दस-पाँच मिनट में पान लेकर पहुँच जाता। मुंशीजी बहुत इत्मीनान के साथ होल्डर क़लमदान में रख देते, चश्मा उतारकर एक किनारे डेस्क पर रख देते और बातचीत में, हँसी-क़हक़हों में इस क़दर उसके साथ खो जाते कि एक बार उस आदमी को शायद यह धोखा भी हो जाता कि मुंशीजी किसी से बोलने-बतियाने के लिए तरस रहे थे! लेकिन वह धोखा ही था क्योंकि उधर उस आदमी की पीठ फिरती और इधर चश्मा मुंशीजी की नाक पर और होल्डर हाथ में पहुँच जाता और अधूरा वाक्य जिस जगह पर घंटे-डेढ़ घंटे पहले छूट गया था वहीं से फिर उठा लिया जाता और क़लम खरखर, खरखर चलने लगती जैसे कोई व्याघात पड़ा ही न हो। बहुत सधा हुआ, पुख़्ता हाथ था, उर्दू हिन्दी अंग्रेज़ी तीनों ज़बानों में, जैसा कि एक रवाँक़लम मुंशी का होना चाहिए। मोतियों की तरह चुने हुए छोटे-छोटे साफ़ अक्षर। बहुत ख़ुशख़त लिखते थे और अपने बच्चों को भी बराबर

इसकी नसीहत करते थे। और शायद इसी ख़याल से फाउंटेनपेन के दुश्मन थे। ज़िन्दगी में शायद एक ही बार उन्होंने एक फाउंटेनपेन ख़रीदा था, बहुत सस्ता-सा, और वह भी दफ़्तर की छोटी-मोटी ज़रूरतों के लिए, उस जमाने में जब कि वह फ़िल्म कम्पनी में बम्बई गए थे। वर्ना बराबर होल्डर से लिखते थे और किसी भी काग़ज़ पर लिखते थे। इस मामले में वह किसी तकल्लुफ़ के शिकार नहीं थे—कि नहीं, काग़ज़ ऐसा हो, इतना चिकना या इस ख़ास रंग का और रोशनाई इस रंग की...

लखनऊ का काम पूरा हो गया था और अब किसी भी रोज़ बनारस लौट जाना था लेकिन तभी एक छोटी-सी रुकावट आ गई। ख़ुद ही न्योता देकर बुलाई हुई एक तकलीफ़, अपने प्रति उनकी लापरवाही का नतीजा, एक पुरानी स्लीपर की एक कील की बरकत जिसे मुंशीजी अक्सर लोढ़े से पत्थर से ठोंककर अपने मन का सन्तोष कर लिया करते थे कि नई स्लीपर की ज़रूरत नहीं है। मगर जो अपना काम करती रही। और आख़िर वह दिन आया कि 12 अगस्त, 1925 को मुंशीजी ने निगम साहब को लिखा—

'... 5 तारीख़ से पैर में कचक पड़ गई। चार दिन सख़्त दर्द और जलन और टीस थी, पाँचवें दिन डाक्टर से नश्तर लिया। दाहिने पाँव की आधी एड़ी का चमड़ा काट दिया गया। 4 को यहाँ से जाने का इरादा था लेकिन अब शायद पन्द्रह दिन तक न जा सकूँगा।'

19

दुर्भाग्यवश मुंशीजी की पांडुलिपियाँ, उनके हाथ के लिखे हुए मसौदे अक्सर गुम हो गए हैं। उनको सँभालकर रखने की फ़िक्र मुंशीजी ख़ुद तो क्या ही करते, जिन्हें पत्रिकाओं में छपी हुई अपनी कहानियों तक का ठीक पता नहीं रहता था, कतरन रखना तो दूर की बात है। देखिए उनका यह ख़त जो उन्होंने 5 अगस्त, 1925 को लखनऊ से निगम साहब को लिखा था—

'पंजाब का एक पब्लिशर मेरी कहानियों का मजमूआ शाया करना चाहता है। मुझे याद नहीं आता कि 'प्रेमबत्तीसी' के बाद मेरी कौन-कौन कहानियाँ कहाँ-कहाँ शाया हुईं। चन्द कहानियाँ तो लाहौर के हज़ारदास्ताँ में निकली थीं, एक हुमायूँ में शाया हुई थी, एक हमदर्द में निकली, जो मुझे याद है। मुमकिन है एकाध और निकली हो जिसकी मुझे इस वक़्त याद नहीं। शायद नौबहारवालों ने दो का तर्जुमा किया था। पंजाबी अख़बारों ने भी मुमकिन है और कुछ कहानियों के तर्जुमे कर डाले हों। क्या आप इस मजमूए-परीशाँ[1] के जमा करने में मेरी कुछ मदद कर सकते हैं? हज़ारदास्ताँ का मुकम्मल फाइल आपके यहाँ है? हुमायूँ है? नौबहार है? हमदर्द भी है या नहीं? 'आज़ाद' में तो कोई कहानी नहीं निकली?...'

1. बिखरे हुए संग्रह

किस क़दर भोलेपन से पूछ रहे हैं, कि जैसे यह अपनी नहीं किसी और की चीज़ों का ज़िक्र हो! ऐसे आदमी से उम्मीद करना ही बेकार है कि वह कुछ भी सँभालकर रख सकता है। किताबें, पत्र-पत्रिकाएँ, चिट्ठी-पत्री कुछ भी नहीं। कहानी लिखी और भेज दी जहाँ भेजनी है। छप गई, पैसे आ गए। पढ़नेवाले ने पढ़ ली। लिखनेवाले ने छुट्टी पाई। फिर उसे कोई परवाह नहीं। किताब छपने की जब नौबत आएगी तब की तब देखी जाएगी, इसका-उसका दरवाज़ा खटखटाया जाएगा। जवाब दिया और चिट्ठी फाड़कर फेंक दी। कौन धरे-उठाए उनको और यहाँ-वहाँ ढोता फिरे, खानाबदोशों की ज़िन्दगी, आज यहाँ तो कल वहाँ। लिहाज़ा एक गुण, चीज़ों को सँभालने का, जो यों ही नहीं था, ज़िन्दगी के हालात ने उस पर और रंग चढ़ा दिया। बाक़ायदा डायरी लिखना भी शायद ऐसा ही एक गुण है। इसलिए मुंशीजी ने उस बखेड़े से भी अपने को पाक रखा। डायरी रही अक्सर लेकिन वह ज़रा दूसरे तरह की डायरी थी, जिसमें अगर बीच-बीच में कथाबीज चार-छ: पंक्तियों में टँके हुए हैं तो उनके साथ ही ग्वाले का, धोबी का, कहार का हिसाब भी टँका हुआ है, कहीं अगर कुछ कहानियों या सम्पादकीय टिप्पणियों के लिए प्रस्तावित विषयों की सूची है तो उसके साथ ही बीमे की पालिसी के प्रीमियम का लेखा-जोखा भी है। यानी सब कुछ है सिवाय डायरी के। वह सिर्फ़ एक नोटबुक है, एक बहीखाता जिसमें वह सब बातें दर्ज कर ली जाती हैं जिन्हें मुंशीजी याद रखना ज़रूरी समझते हैं—उन्हें अपनी याददाश्त पर बिलकुल भरोसा नहीं है।

उनके हाथ के लिखे हुए मसौदे होते तो यक़ीनन उनसे मुंशीजी के दिमाग़ के कारख़ाने पर काफ़ी रोशनी पड़ती। मगर वह तो सब फिंक गए। संयोग से छिटफुट कुछ चीज़ें बच गई हैं।

10 मई, 1925 को मुंशीजी ने लखनऊ से, जब कि 'कायाकल्प' पर काम अभी चल ही रहा था, अपने युवक मित्र और सम्बन्धी राजेश्वर प्रसाद सिंह को अपने एक अंग्रेज़ी ख़त में लिखा था—

'मेरा मतलब यह नहीं था कि तुम कल्पना से काम न लो। कल्पना निश्चय ही सबसे ज़्यादा महत्त्व रखती है लेकिन मैं जो बात कहना चाहता था वह यह थी कि अगर निरीक्षण कल्पना का साक्षी हो तो इससे तुम्हारी रचना में और भी जान आ जाएगी। तुम ख़ुद देखोगे कि जीवन से लिए गए चरित्र अधिक वास्तविक होते हैं।'

यह दूसरे से कहने की ही बात न थी, मुंशीजी ख़ुद यही करते थे। यहाँ तक कि बहुत बार अपनी याददाश्त के लिए, कथा के चरित्र के आगे उस सदेह व्यक्ति का नाम भी लिख देते थे जिसका चरित्र उन्हें अंकित करना है। जैसे कि 'कायाकल्प' की पांडुलिपि के पहले ही पन्ने पर लिखा हुआ है—

Bibhuda is Yagyanarain Upadhyaya–crafty, parsimonious, selfish, but serviceful, tactful.

Vishal Singh is Bechan Lal–simple, honest, wanting in moral courage.

1925

Kalyan Singh is Chandrika Prasad–sneaking in the presence of superiors, cannot manage household, suspicious.

Chakradhar is D. Prasad–very shy, learned, principled.

The new Rani's father is Nana–perfectly selfish, dishonest, unscrupulous, drunkard, hopes to build his fortune with his daughter.

Chakradhar's father–flatterer, kind, generous, mild, simple-hearted.

विभुदा यज्ञनारायण उपाध्याय[1] हैं—चालाक, कंजूस, स्वार्थी, लेकिन सेवापरायण, व्यवहारकुशल।

विशालसिंह बेचनलाल[2] हैं—सीधे-सादे, ईमानदार, लेकिन नैतिक साहस से शून्य।

कल्याण सिंह चन्द्रिकाप्रसाद[3] हैं—अपने से बड़ों, अफ़सरों के सामने उनकी जी हुज़ूरी में लगा हुआ, गृहप्रबन्ध नहीं कर सकता, शक्की।

चक्रधर डी प्रसाद है—बहुत संकोची, विद्वान, सिद्धान्त का पक्का।

नई रानी के पिता (अर्थात् मनोरमा के पिता हरि सेवक—अ.) नाना[4] हैं—सोलहां आना स्वार्थी, बेईमान, शराबी, लड़की के जरिए अपनी क़िस्मत बनाने की उम्मीद रखते हैं।

वज्रधर, चक्रधर के पिता—चापलूस, नेक, उदार, मुलायम, सीधे-सादे।

कोई ज़रूरी नहीं कि चरित्र सबके सब रहें या उनके नाम वही रहें या गुण वही रहें। लिखने के दौरान में सब कुछ बदल जा सकता है। मसलन विभुदा या विभुदा प्रसाद नाम का कोई पात्र अब उपन्यास में नहीं है लेकिन पांडुलिपि में एक जगह लिखा हुआ है—

The Pandit (Vibhuda Prasad) and his wife both turn Hindu Sangathankars.

(पंडित विभुदाप्रसाद और उनकी पत्नी दोनों हिन्दू संगठनकार बन जाते हैं।)

इससे कुछ संकेत मिलता है कि शायद विभुदाप्रसाद का नाम बदलकर यशोदानन्दन कर दिया गया है और नाम बदलने के साथ-साथ उनका चरित्र भी काफ़ी बदल गया है, क्योंकि यशोदानन्दन न तो मक्कार आदमी है न बहुत स्वार्थी न बहुत कंजूस। लिखते-लिखते चरित्र कुछ का कुछ हो गया। लेकिन तो भी एक वास्तविक आधार का कहीं पर होना ज़मीन से एक ऐसा लगाव है जो लिखनेवाले को ज़्यादा भटकने या औंधे मुँह गिरने से बचाता है।

विभुदा के बारे में एक और स्थान पर मुंशीजी ने टाँका—

---

1. सम्भवत: वही जिनसे मुंशीजी का परिचय काशी विद्यापीठ में हुआ था। 2. सम्भवत: नार्मल स्कूल गोरखपुर के हेडमास्टर साहब। 3. इस नाम का कोई चरित्र अब नहीं है। 4. सौतेली माँ के पिता, जो काफ़ी दिनों तक ऐसी ही किसी ज़ायदाद के सिलसिले में काफ़ी जोड़-तोड़ लगाते रहे—और शायद अन्त में कुछ सफल भी हुए।

Bibhuda is Persian-read man. Knows very little Sanskrit. His dialogue must be of an educated mussalman.

(विभुदा फ़ारसीदाँ आदमी है। बहुत कम संस्कृत जानता है। उसकी बातचीत पढ़े-लिखे मुसलमान-जैसी होनी चाहिए।)

चक्रधर के बारे में—

Chakradhar always seeks God in man.

(चक्रधर सदा आदमी में ईश्वर को खोजता है।)

ये वास्तविक लेखन से पहले पुस्तक की मानस-सृष्टि के संकेत हैं—ज़रूरी तैयारियाँ, चित्र को स्पष्ट रूप से अपने मन में अंकित करने के लिए।

कहानी तो जैसे छोटी चीज़ है, उसके लिए तो कोई बात सूझी और दो-चार पंक्तियों में कथा-बीज टाँक लिया जिसे फिर इत्मीनान से कहानी का रूप दिया जाएगा। लेकिन उपन्यास बड़ी चीज़ है। उसके लिए तैयारी भी उसी पैमाने पर होती थी।

कथानक पूरा लिख लिया जाता था, परिच्छेद बना लिए जाते थे, पात्र-पात्रियों की पंजिका, उनके चारित्रिक विवरण समेत, अंकित हो जाती थी—और शायद जल्दी से लिखने की सुविधा के कारण यह सब काम ज़्यादातर अंग्रेज़ी में ही होता था।

लिखते समय कथानक, परिच्छेदों का विभाजन, पात्र-पात्रियों के नाम-गाम, रूप-गुण सब कुछ बदल भी जा सकते थे। तो भी एक मोटा ढाँचा तैयार रहने से उन्हें निश्चय ही अपने काम में सहूलियत होती होगी।

लिखते-लिखते कोई विचार मन में आया तो उसे इस तरह टाँक लिया और फिर यथास्थान कथा में पिरोया—

Trials and troubles mould the human character, they make heroes of men. Power and authority is the curse of humanity. Even the highest fall a victim to power and lose their character. Chakradhar rose morally while struggling for existence. His fall began when he came in power.

(आज़माइशें, मुसीबतें आदमी का चरित्र बनाती हैं। उन्हीं से आदमी में साहस और दृढ़ता आती है। शक्ति, प्रभुता मानवता का अभिशाप है। ऊँचे से ऊँचे लोग भी उसके शिकार हो जाते हैं और उनके चरित्र का नाश हो जाता है। जीवन के लिए संघर्ष करते हुए चक्रधर का नैतिक उत्थान हुआ। प्रभुता पाते ही उसका पतन शुरू हुआ।)

शायद यही वह असल कायाकल्प है जिसकी ओर कथाकार अपने पाठक का ध्यान आकर्षित करना चाहता है। चक्रधर का कायाकल्प, विशालसिंह का कायाकल्प... मानसिक कायाकल्प...

भौतिक कायाकल्प की जो उपकथा रानी देवप्रिया के इर्द-गिर्द चलती है वह वास्तव में उपन्यास का केवल एक अनुषंग है। जितना कम स्थान मुंशीजी ने अपनी कृति में उसे दिया है, उससे भी यही लगता है। हो सकता है कि उसका सन्निवेश केवल एक प्रतीक के रूप में किया गया हो, यह दिखलाने के लिए कि जब तक प्रेम से वासना का पूरी तरह लोप नहीं हो जाता तब तक शान्ति नहीं है, मुक्ति नहीं है और आत्मा जन्म-जन्मान्तर तक उसी वासना के भँवर में पड़ी चक्कर खाती रहेगी...

लेकिन यह भी हो सकता है कि इसके पीछे पुनर्जन्म इत्यादि में मुंशीजी का विश्वास हो क्योंकि इसका प्रमाण मिलता है कि अपने गोरखपुर प्रवास के दिनों में मुंशीजी 'फ़िराक़' के बड़े भाई गनपत सहाय से मदाम ब्लावात्स्की, आलिवर लाज, लेडबीटर वग़ैरह की किताबें लाकर काफ़ी पढ़ा करते थे।

जो भी बात हो, सम्पूर्ण कथानक की जो टीपन मिलती है उसमें इस प्रसंग के बारे में इतना ही है—

Rani is rejuvenated. She forgets her previous birth, who she was, how she got rejuvenation. Raj Kumar begins to decline from the same day. Rani afraid to approach him. Struggle. In the end Rani loses her balance. Passion overcomes her. She approaches Raj Kumar. A love scene. The next day Raj Kumar, seized by a fatal sickness, dies. Rani again sinks into self-gratification. She builds her Rangshala. She again leds a life of flippancy.

Raj Kumar takes his birth in Kuar Vishal Singh's house from Ahalya. When the boy grows into a lad, he starts a tour through India. He reaches Telari, sees the Rani, memories begin to revive. Rani making approaches.

(रानी का कायाकल्प हो जाता है। वह अपने पिछले जन्म को भूल जाती है, वह कौन थी, कैसे उसका कायाकल्प हुआ। राजकुमार का शरीर उसी दिन से गिरने लगता है। रानी को उसके पास जाते डर मालूम होता है। संघर्ष। अन्त में रानी अपना सन्तुलन खो बैठती है। वासना पूरी तरह उसे अपने वश में कर लेती है। वह राजकुमार के पास जाती है। प्रेम का एक दृश्य। अगले दिन राजकुमार एक सांघातिक रोग में गिरफ़्तार होकर मर जाता है। रानी फिर भोग-विलास में पड़ जाती है। वह अपनी रंगशाला बनवाती है। पुन: चंचल आमोद-प्रमोद का जीवन व्यतीत करने लगती है।

राजकुमार कुँअर विशाल सिंह के घर में अहल्या के गर्भ से जन्म लेता है। कैशोर्य की अवस्था को पहुँचने पर वह भारत का भ्रमण करता हं। वह तेलारी पहुँचता है, रानी को देखता है, पुरानी यादें हरी होने लगती हैं। रानी उस पर प्रेम-बाण चलाती है।)

एक छोटी कथा के रूप में रानी देवप्रिया-वाले प्रसंग का जो भी महत्त्व हो, इतना स्पष्ट है कि कथाकार को मुख्य प्रयोजन उससे नहीं है, और आस्था भी कितनी है पुनर्जन्म के सिद्धान्तों में, निश्चय के साथ कहना कठिन है, विशेषत: चक्रधर की इस जिज्ञासा के सन्दर्भ में—

'ईश्वर ने ऐसी सृष्टि की रचना ही क्यों की जहाँ इतना स्वार्थ, द्वेष और अन्याय है? क्या ऐसी पृथ्वी न बन सकती थी जहाँ सभी मनुष्य सभी जातियाँ प्रेम में और आनन्द के साथ संसार में रहतीं? यह कौन-सा इंसाफ़ है कि कोई तो दुनिया के मज़े उड़ाये, कोई धक्के खाये, एक जाति दूसरी का रक्त चूसे और मूँछों पर ताव दे, दूसरी कुचली जाए और दाने-दाने को तरसे! ऐसा अन्यायमय संसार ईश्वर की सृष्टि नहीं हो सकता। पूर्व-संस्कार का सिद्धान्त ढोंग मालूम होता है जो लोगों ने दुखियों और दुर्बलों के आँसू पोंछने के लिए गढ़ लिया है।'

मुंशीजी को असल प्रयोजन अपने समाज की कथा से है, उसके न्याय-अन्याय और झूठ-सच से, जिसकी कहानी वह चक्रधर, मनोरमा, अहल्या, विशाल सिंह, मुंशी वज्रधर, लौंगी और यशोदानन्दन और महमूद के माध्यम से कहते हैं।

एक साम्प्रतिक यथार्थ यह है कि देश की राजनीति निष्प्राण है—सिवाय इसके कि थोड़ा-बहुत काम सेवा समिति का चल रहा है और बाक़ी तो कौंसिलों में पहुँच जाने की उछल-कूद है जिससे मुंशीजी को रत्ती-भर हमदर्दी नहीं है, हाँ, उसके तमाम ख़तरों पर उनकी निगाह ज़रूर है, सत्ता-लाभ जो चरित्र का विनाश कर देता है—जिसे मुंशीजी ने पहले ही अपनी डायरी में टाँक लिया है। धन का मद, प्रभुता का मद...

वही चक्रधर जो जनता का जाना-माना सेवक है, जनता जिसके इशारों पर नाचती है, अपने बेटे के राजकुमार बनने पर, एक नन्ही-सी बात पर, बेबात की बात पर, धन्ना सिंह के भाई को ऐसा मार देता है कि वह उसी जगह ढेर हो जाता है।

पीछे उसकी भी आँख खुलती है—

'आज उन्हें अनुभव हुआ कि रियासत की बू कितने गुप्त और अलक्षित रूप से उनमें समाती जाती है, कितने गुप्त और अलक्षित रूप से उनकी मनुष्यता, चरित्र और सिद्धान्त का ह्रास हो रहा है।'

'रंगभूमि' का विनय भी समाज की इसी श्रेणी का व्यक्ति था। वैसा ही अंग्रेज़ी पढ़ा-लिखा, सफ़ेदपोश जनसेवी चक्रधर भी है। वह भी पूरी तरह विनय के ही साँचे में ढला है। आदर्श की बातें बहुत बड़ी-बड़ी, अमल में कच्चा।

जो चक्रधर राजा विशाल सिंह से कहता है—

'दीन प्रजा के रक्त से राजतिलक लगाना किसी राजा के लिए मंगलकारी नहीं हो सकता। प्रजा का आशीर्वाद ही राज्य की सबसे बड़ी शक्ति है।...समाज की यह व्यवस्था अब थोड़े दिनों की मेहमान है और वह समय आ रहा है जब या तो राजा प्रजा का सेवक होगा, या होगा ही नहीं।'

किसानों पर गोली चलते देखकर जिस चक्रधर के मन में यह विचार आया था—'राज्य पशुबल का प्रत्यक्ष रूप है। वह साधु नहीं है जिसका बल धर्म है, वह विद्वान नहीं है जिसका बल तर्क है, वह सिपाही है जो डंडे के ज़ोर से अपना स्वार्थ सिद्ध करता है।'

वही चक्रधर हल्की-सी उत्तेजना पर एक आदमी की हत्या कर डालता है वैसे ही जैसे 'रंगभूमि' में डाकुओं द्वारा सोफ़िया के अपहरण से उत्तेजित होकर विनय राज्य के अधिकारियों से मिल जाता है और फिर अपने अत्याचारों से उसी जनता को पीस डालता है जिसकी पहले उसने सेवा की थी...

असल कायाकल्प यह है।

'बाहर आकर चक्रधर ने राजभवन की ओर देखा। असंख्य खिड़कियों और दरीचों से बिजली का दिव्य प्रकाश दिखाई दे रहा था। उन्हें वह दिव्य भवन सहस नेत्रोंवाले पिशाच की भाँति जान पड़ा जिसने उनका सर्वनाश कर दिया था। उन्हें ऐसा जान पड़ा कि वह मेरी ओर देखकर हँस रहा है और कह रहा है क्या तुम समझते हो कि तुम्हारे चले जाने से यहाँ किसी को दुख होगा? इसकी चिन्ता न करो; यहाँ यही बहार रहेगी,

यों ही चैन की बंसी बजेगी, तुम्हारे लिए कोई दो बूँद आँसू भी न बहाएगा। जो लोग मेरे आश्रय में आते हैं, उनका मैं कायाकल्प कर देता हूँ, उनकी आत्मा को महानिद्रा की गोद में सुला देता हूँ।'

धन और प्रभुता के मद से मनुष्य का जो कायाकल्प होता है उसी की यह कहानी है। धन का मद अहल्या के सन्ताप का कारण बनता है। अपने बेटे को राजपाट मिलने के लोभ से वह चक्रधर के साथ नहीं जाती और कथाकार कहता है—अगर धन-मद ने अहल्या की बुद्धि पर पर्दा न डाल दिया होता तो आज उसे क्यों यह दिन देखना पड़ता? दरिद्र रहकर भी सुखी होती। मोह ने उसका सर्वनाश कर दिया।...

इन्हीं दिनों की वह बात है जो शिवरानी देवी ने लिखी है—

'सन् 24 का ज़माना था। आप लखनऊ में थे। रंगभूमि छप रही थी। अलवर रियासत के राजा साहब की चिट्ठी लेकर पाँच-छ: सज्जन आए। राजा साहब ने अपने पास रहने के लिए बुलाया था।...400 रुपए प्रतिमास नक़द, मोटर और बंगला देने को लिखा था।'

मुंशीजी ने बड़े शिष्ट, विनीत भाव से इनकार कर दिया। निश्चय करने में उन्हें किसी तरह की कोई दुविधा नहीं हुई।

लेकिन एक शरारत भी तो उनके ख़मीर में मिली हुई थी। लिहाज़ा उन लोगों को बैरंग लौटाकर मुंशीजी फ़ौरन घर के भीतर पहुँचे और पत्नी के मन को थहाने के लिए कुछ दूसरे ढंग की बात करने लगे, पर जब उन्होंने भी बहुत ज़ोर के साथ वही राय दी जिस पर मुंशीजी पहले ही अमल कर चुके थे तो मुंशीजी हँस पड़े और सच बात खोल दी।

'**रंगभूमि**' छप रही थी, 'कायाकल्प' लिखा जा रहा था। ऐसे ही एक प्रसंग में अहल्या ने चक्रधर से कहा—'अमीरों का एहसान कभी न लेना चाहिए, कभी-कभी उसके बदले में अपनी आत्मा तक बेचनी पड़ती है।'

...और फिर एक दिन वही अहल्या, अचानक और अप्रत्याशित ढंग से मिले हुए राजमाता के पद के गौरव का उपभोग करने के लिए अपनी आत्मा को बेच देती है। चक्रधर बैरागी होकर अपनी आत्मा को बचा लेना चाहता है, वैसे ही जैसे विनय ने आत्महत्या करके अपनी खोई हुई आत्मा को फिर से पा लेने का यत्न किया था।

लेकिन मुंशीजी भी जानते हैं कि यह कोई रास्ता, कोई मंजिल नहीं है, यह तो मैदान छोड़कर भाग जाना है।

गृहस्थ आश्रम को मुंशीजी सब आश्रमों में श्रेष्ठ मानते हैं, इसलिए यही समझना चाहिए कि जब वह किसी को वैराग्य का रास्ता पकड़ते दिखाते हैं तो उनका उद्‌देश्य उस चरित्र का मान बढ़ाना नहीं होता। कर्मक्षेत्र वह है जहाँ भलाइयों-बुराइयों में लिपटा हुआ साधारण आदमी जीता है, मरता है, काम करता है। जो कुछ बनना है, बिगड़ना है, यहीं पर बनना-बिगड़ना है, इसी साधारण आदमी के हाथों। कर सकते हो तो इसके भीतर ताक़त पैदा करो, फ़क़ीरी बाना पहन लेने से क्या होगा।

मुंशी बज्रधर यही बात अपने बेटे से कहते हैं।

...लेकिन सच्चाई यह है कि उस साधारण आदमी की तरफ़ से सब बेख़बर हैं। उस छोटे आदमी की परवाह किसी को नहीं है। अब से दो बरस पहले शिकायत के लहजे में उन्होंने जो बात कही थी वह अब भी तोला-माशा उतनी ही सही है—

'आपने मुझसे पूछा, मैं किस पार्टी में हूँ। मैं किसी पार्टी में भी नहीं हूँ। इसलिए कि दोनों में से कोई पार्टी कुछ अमली काम नहीं कर रही है। मैं तो उस आनेवाली पार्टी का मेम्बर हूँ जो कोतहुन्नास (छोटे आदमियों) की सियासी तालीम को अपना दस्तूर-उल-अमल बनाए।'

यह कोरी रंजिश नहीं है, इसके पीछे एक गहरी अनास्था है। इन पैसेवाले, बेफ़िकरे, अंग्रेज़ी पढ़े-लिखों और उनकी राजनीति के प्रति इस अनास्था का इतिहास बहुत पुराना है और छँटना तो दूर, वह बराबर बढ़ती ही गई और समय-समय पर उसका विस्फोट भी होता रहा।

—जैसे कि सन् 30 के आन्दोलन के समय जब कि अपने 23 अप्रैल, 1930 के पत्र में उन्होंने बेहद खीझकर निगम साहब को लिखा—

इस मौक़े पर साफ़ ज़ाहिर हुआ कि अगर दो फ़ीसदी अंग्रेज़ी-ख़्वाँदा[1] असहाब[2] तहरीक[3] के साथ हैं तो अट्ठानबे फ़ीसदी उसके मुख़ालिफ़ हैं। क़ौमी एतबार[4] से यूनिवर्सिटियों और स्कूलों पर जितना रुपया ख़र्च हुआ वह क़रीबन ज़ाया[5] हो गया। यह लोग सरकार के आदमी हुए, क़ौम के नहीं हैं। ग़ैर-अंग्रेज़ी-दाँ, कारोबारी और पेशेवर तबकों ही ने इस तहरीक में जान डाली है। अगर तालीमयाफ़्ता आदमियों के भरोसे मुल्क बैठा रहे तो शायद क़यामत तक उसे आज़ादी नसीब न होगी।

जब मालूम है और इसके लिए सबूत और दलील की ज़रूरत नहीं कि सरकार कोई रिफ़ार्म उस वक़्त तक नहीं करती जब तक कि उसे यह यक़ीन न हो जाए कि इस तहरीक के पीछे कितनी ताक़त है, तो तालीमयाफ़्ता जमात का उससे किनारे रहना कितना दिलशिकन[6] है। क़ानून-पेशा[7] तबीब-पेशा[8], प्रोफ़ेसर और सरकारी मुलाज़िमान[9], इन सबने जितनी ग़ुलामाना ज़ेहनियत का सबूत दिया है, उसकी मुझे उम्मीद न थी। यह तबका[10] अपनी ख़ैरियत गवर्नमेंट का इक़्तदार[11] क़ायम रहने में समझता है। वह एक लमहे के लिए भी अपनी आसाइश[12] और दुनियातलबी को फरामोश[13] नहीं कर सकता। ज़र[14] उसका दीन और ईमान है। वह या तो आज़ादी चाहता ही नहीं या उसके लिए क़ीमत न देकर दूसरों पर तकिया करना ही अपनी शान के मुनासिब समझता है, या वह इस ख़याल में मगन है कि आप ही आप आज़ादी मिल जाएगी। कांग्रेस के दौरे अव्वल में वह उससे ख़ाइफ़[15] रहा, कांग्रेस के दौरे सानी[16] में भी उसकी यही हालत रही। वह सरीह[17] देख रहा है कि जो कुछ

---

1. पढ़े, 2. लोग, 3. आन्दोलन, 4. राष्ट्रीय दृष्टि, 5. नष्ट, 6. दिल तोड़नेवाला, 7. वकील, 8. डाक्टर, 9. नौकरों, 10. वर्ग, 11. प्रभुत्व, 12. सुख-सुविधा, 13. भूल नहीं सकता, 14. रुपया, 15. भयभीत, 16. दूसरे दौर, 17. प्रत्यक्ष

उसे मिला और जिसे अब वह अपना हक़ समझता है वह दूसरों के ईसार[1] व क़ुर्बानी का नतीजा है। फिर भी वह इस ईसार व क़ुर्बानी में शरीक नहीं होता। यही bourgeois फ़िज़ा है और यही नादार[2] फ़िर्के को दार[3] फ़िर्के का दुश्मन बना देता है।

बड़ा भयंकर विस्फोट है यह। लेकिन जब विस्फोट नहीं भी हुआ तब भी यह अनास्था भीतर-ही-भीतर घुमड़ती और अपना ज़हर घोलती रही। मुंशीजी को शायद ख़ुद भी इस गुप्त कार्रवाई का कुछ पता नहीं है लेकिन बात कुछ ज़रूर है कि एक तरफ़ तो मुंशीजी अपने आदर्शवाद का रंग विनय और चक्रधर जैसे लोगों पर गाढ़ा से गाढ़ा करते चले जाते हैं और दूसरी तरफ़ कुछ है जो उनको भीतर-ही-भीतर खोखला कर देता है—नतीजा, एक बेजान आदमी, सिद्धान्त बघारनेवाली एक मशीन, Prig जैसा कि ख़ुद मुंशीजी ने चक्रधर के बारे में एक दफ़ा बातचीत के सिलसिले में रामचन्द्र टंडन से कहा था। हो सकता है कि मुंशीजी ने जान-बूझकर इसी रूप में उनका चित्रण किया हो, लेकिन उससे ज़्यादा सम्भावना इसकी है कि मुंशीजी सच्चे मन से, पूरे मन से, उन्हें इसी आदर्शवादी रंग में रँगकर पेश करना चाहते हैं लेकिन कोई अनजान हाथ आकर उस तसवीर को बेतरह बिगाड़ देता है, रंग सब धुल जाते हैं और उनके नीचे से एक फीका और बेजान आदमी झाँकने लगता है। वह हाथ जो यह जादू करता है अनजान रहा आता है, इसलिए और भी कि वह हाथ ख़ुद उन्हीं का है, लेकिन, हाँ, उसको चलानेवाली ताक़त मन का वह ऊपरी स्तर नहीं है जो आदर्शों की सृष्टि करता है, बल्कि वह भीतरी स्तर है जहाँ जीवन के कड़वे अनुभव धीरे-धीरे, लेकिन निरन्तर, अपना ज़हर घोलते रहे हैं। मूर्तिकार मूर्ति बनाना चाहता है कुछ—बन जाती है कुछ!

20

पहली सितम्बर 1925 को मुंशीजी बनारस लौटे और उसके कुछ ही महीने बाद 'कायाकल्प' और 'अहंकार' मुंशीजी के अपने प्रेस से प्रकाशित हुए। मगर किताबें छापने के लिए गाँठ में पैसे तो थे नहीं और प्रेस की हालत वैसी ही थी जैसी मुंशीजी छोड़कर गए थे। लिहाज़ा कुछ तो इस ख़याल से कि प्रेस के लिए काम बराबर मिलता रहेगा और कुछ यह कि किताबें छपने का सहारा हो जाएगा, उन्होंने एक मालदार आदमी से अपनी किताबों तक पर आधे-साझे का इक़रारनामा किया—लागत उसकी और बदले में मुनाफ़े का आधा हिस्सा। बरस दो बरस यह इक़रारनामा चला और इस बीच सार्वजनिक ग्रन्थमाला के नाम से चार-छ: किताबें भी छपीं। और बस। लेकिन ख़ैर जैसे भी हो, किताब छप तो जाती थी। उर्दू का हाल तो और भी बुरा था।

1. त्याग, 2. सम्पत्तिहीन, Have-nots 3. सम्पतिवान, Haves

वहाँ तो अब तक 'गोशए आफ़ियत' (प्रेमाश्रम) और 'चौगाने हस्ती' (रंगभूमि) का भी प्रकाशन न हुआ था—और प्रकाशन तो दूर की बात है, उनके उर्दू मसविदे भी तैयार न थे। लिखे दोनों ही पहले उर्दू में गए थे लेकिन उनकी हिन्दी करते समय बहुत कुछ रद्दो-बदल हो गया था और मुंशीजी को अपनी नई चीज़ों से इतनी फ़ुर्सत न थी कि उन पुरानी चीज़ों का मसविदा ठीक करते बैठते। 'चौगाने हस्ती' के दूसरे भाग की भूमिका में उन्होंने लिखा—

'अगर्चे रंगभूमि पहले उर्दू ही में लिखी गई थी मगर उसका उर्दू एडीशन हिन्दी एडीशन हो जाने के तीसरे साल शाया हो रहा है। हिन्दी एडीशन तैयार करते वक़्त उर्दू मसविदे में इतनी तरमीम हो गई कि वह इस हालत में प्रेस के क़ाबिल न था। इसके अलावा, कई अबवाब हिन्दी में और बढ़ा दिए गए। उन्हें दुबारा मसविदे में शामिल करना ज़रूरी था। इसलिए सारा उर्दू मसविदा हिन्दी मसविदे के मुताबिक़ करके दुबारा लिखना पड़ा। मैं अपने करमफ़र्मा मुंशी इक़बाल वर्मा सेहर हथगामी का बेहद ममनून हूँ कि उन्होंने इस बार को अपने ज़िम्मे लिया...'

इस काम के मुआवज़े को लेकर सेहर साहब से मुंशीजी की थोड़ी-सी बेख़ुदी भी हुई लेकिन ख़ैर, जैसा कि उनके 12 अगस्त, 1925 के ख़त से ज़ाहिर है, मुंशीजी ने 'रंगभूमि का तसफ़िया चार सौ पर कर दिया। अब इरादा है 'गोशए आफ़ियत' भी भेज दूँ, ख़त्म हो जाए। मेरे ख़त्म किए न होगी। दारुल इशाअत छापने को तैयार है।' क्या कहिए उर्दू की इस सर्दबाज़ारी को! चौगाने हस्ती 1927 में और गोशए आफ़ियत 1928 में, देर-सबेर दोनों ही किताबें ख़ुदा-ख़ुदा करके छप तो गईं लेकिन उनका मुआवज़ा मुंशीजी को शायद उतना भी नहीं बचा जितना उन्होंने मसविदों की नक़ल करवाई सेहर साहब को दिया था!

हाँ, यश मिला, लेकिन उसमें भी लंगी मारनेवाले अपनी हरकत से बाज़ न आए।

एक सज्जन थे जिन्होंने 'रंगभूमि' पर और मुंशीजी के सम्पूर्ण कृतित्व पर कीचड़ उछालना अपने जीवन का लक्ष्य बना लिया था। उनका नाम अवध उपाध्याय था। वह गणित के आदमी थे और इन लेखों से जो उन्होंने 'रंगभूमि' की कपालक्रिया करने के उद्देश्य से लिखे यह भी स्पष्ट है कि उन्हें अपने गणित का अपच हो गया था। समयदेवता ने उन्हें विदूषक बना दिया है लेकिन इससे कौन इनकार कर सकता है कि 'रंगभूमि' पर विदूषक की उछल-कूद, उसकी क़लाबाज़ियाँ भी अपनी जगह रखती हैं!

बार-बार इन महाशय ने क़सम खाई है कि जो कुछ भी वह लिख रहे हैं वह उनके सच्चे, स्वतंत्र, द्वेषरहित विचार हैं लेकिन तो भी विश्वास नहीं होता, कुछ तो इसलिए भी कि बार-बार इस चीज़ की क़सम खाने की ज़रूरत पड़ रही है। लेकिन इतनी ही बात नहीं है। जिस तरह यह हमला किया गया और जिस बड़े पैमाने पर यह मोर्चेबन्दी हुई उससे गुमान होता है कि ज़रूर कुछ दाल में काला है। जुलाई 1926 से दिसम्बर 1926, बराबर छः महीने तक इन महाशय ने 'सरस्वती में अपना राग गाया—एक लेख यह सिद्ध करने के लिए कि 'रंगभूमि' थैकरे के 'वैनिटी फ़ेयर' की नक़ल है और दूसरा लेख यह सिद्ध करने के लिए कि 'प्रेमाश्रम' टाल्सटाय के 'रिज़रेक्शन' की नक़ल है।

लेकिन जब इतने से उनका जी नहीं भरा तो उन्होंने बनारस के 'समालोचक' में और अन्य कुछ पत्रों में कहीं अपने नाम से और कहीं छद्म नाम से, अपना यह अभियान जारी रखा और जब इतने से भी पेट नहीं भरा तो कुछ ही समय बाद 'कायाकल्प' के निकलने पर उसको भी समेट लिया और यह दिखाने की कोशिश की कि 'कायाकल्प' हाल केन के 'इटर्नल सिटी' की नक़ल है। जहाँ ख़ुद नहीं लिख सके वहाँ दूसरों से लिखवाने में भी पीछे नहीं रहे। द्वेष की महती प्रेरणा के बिना साहित्य के स्वास्थ्य की ऐसी चिन्ता कम ही देखने में आती है! समझ में नहीं आता कि इस द्वेष का कारण क्या हो सकता है, विशेषत: जब वह गणित की दुनिया के आदमी थे और साहित्य से उन्हें कम ही प्रयोजन था। लेकिन जैसा कि पंडित दुलारेलाल भार्गव से मालूम हुआ, आक्रोश के लिए कुछ कारण उन महाशय के पास था। उन्हीं दिनों जब कि मुंशी प्रेमचन्द साहित्यिक सलाहकार के रूप में गंगा पुस्तकमाला में काम कर रहे थे और 'रंगभूमि' छप रही थी, श्री अवध उपाध्याय अपना एक उपन्यास लेकर मुंशीजी के पास पहुँचे, गंगा पुस्तकमाला से छपाने के लिए। मुंशीजी ने उसे पढ़कर अस्वीकार कर दिया। एक नए, महत्त्वाकांक्षी लेखक के लिए नाराज़ होने का यह कुछ कम कारण नहीं था।

पहले तो उन्हें रवीन्द्रनाथ की 'आँख की किरकिरी' पर वैनिटी फ़ेयर का प्रभाव दिखाई दिया, फिर 'रंगभूमि' पर वैनिटी फ़ेयर और 'आँख की किरकिरी' दोनों का! इसके बाद तो फिर उन महाशय ने अपनी बात सिद्ध करने के लिए जो-जो द्रविड़ प्राणायाम किया, वह देखने योग्य है। सबसे पहले तो उन्होंने यही मानने से इनकार कर दिया कि रंगभूमि का नायक सूरदास है। वस्तुत: सूरदास ही हिन्दी-साहित्य को रंगभूमि की सबसे बड़ी देन है और बहुतों ने इसको कहा भी—उस समय भी और बाद को भी। लेकिन इन महाशय को यह बात नहीं दिखाई दी और उन्होंने कृती और कृति दोनों के वक्तव्य की अवहेलना करते हुए लिखा—

'इसमें सन्देह नहीं कि प्रेमचन्दजी ने सूरदास को ही 'रंगभूमि' का नायक स्वीकार किया है। पर बाबू शिवप्रसाद गुप्त ने विनय को इसका नायक स्वीकार किया है...' प्रमाण भी दिया तो कैसे आदमी का, जो कम-से-कम साहित्य-मर्मज्ञ के रूप में नहीं जाना जाता।

'रंगभूमि का नायक चाहे जो हो, इसमें कुछ भी सन्देह नहीं है कि विनय और सोफ़िया ही रंगभूमि की जान हैं। मुझे इस बात का पूर्ण विश्वास है कि रंगभूमि के ऐसे भी कुछ पढ़नेवाले मिलेंगे जो इसके केवल विनय तथा सोफ़िया के ही अंश पढ़ेंगे और शेष भाग छोड़ देंगे।' कौन जाने, ऐसी कोई मतगणना तो अब तक नहीं हुई लेकिन जहाँ तक पता चलता है अवध उपाध्याय जी का यह विश्वास काफ़ी भ्रमपूर्ण और निराधार है। जो भी हो, उन्हें तो अपनी बात सिद्ध करनी थी और इसके लिए वह हर तरह की मनमानी तोड़-मरोड़ करने के लिए कमर कसे हुए थे। कथाकार ने अपनी पुस्तक को जो नाम दिया, उर्दू और हिन्दी दोनों ही संस्करणों में, उसका साक्ष्य भी सूरदास के चरित्र और जीवन-दर्शन में ही मिलता है लेकिन जिन आँखों पर द्वेष की माड़ी चढ़ी हो उन्हें अगर साफ़ चीज़ भी न दिखलाई दे तो कोई आश्चर्य नहीं। पर दु:ख इस बात का है कि सूरदास को 'रंगभूमि' से निर्वासित कर देने के बाद उसका जो खंडहर बचा उसकी समानता भी बेचारे उपाध्याय जी 'वैनिटी फ़ेयर' से नहीं सिद्ध कर सके। हाँ,

कीचड़ उछालने का श्रेय ज़रूर उनके हाथ लगा। अब उपाध्यायजी इस दुनिया में नहीं हैं और मुंशीजी भी सिधार चुके हैं, लेकिन 'रंगभूमि' है और 'वैनिटी फ़ेयर' भी है और जो भी चाहे दोनों को मिलाकर देख सकता है। मगर उससे क्या, उपाध्यायजी के इन 'बीजगणितीय समीकरणों' को देखकर बिल्कुल वह मज़ा आता है जो बाज़ीगर को मुँह में से गोले पर गोला निकालते देखकर—

वैनिटी फ़ेयर का जार्ज आसबर्न = रंगभूमि का विनय
अर्थात् जार्ज आसबर्न = विनय
और भी संक्षेप में आसबर्न = विनय

या

विनय = आसबर्न + डाबिन का बहुत कम भाग
सोफ़िया = अमीलिया + रेबेका का बहुत कम अंश
इन्दु = रेबेका का बहुत कम अंश
सूरदास = जान सेवक = अलीलिया का पिता
महेन्द्रकुमार = राडन + जोज़ेफ़
गांगुली = सरपिट
रानी जान्हवी = आसबर्न के पिता के जातीय उच्च विचारों का स्वरूप

या 'प्रेमाश्रम' को 'रिज़रेक्शन' की छाया सिद्ध करते हुए यह 'बीजगणितीय समीकरण'—

$$\text{नेहलूडफ़} = (\text{ज्ञानशंकर} + \text{प्रेमशंकर} + \text{मायाशंकर}) \times \frac{1}{\text{अ}}$$

$$\text{परन्तु अधिकतर} = \text{नेहलूडफ का कुछ हिस्सा} = \text{ज्ञानशंकर}$$

$$\text{ज्ञानशंकर} = (\text{नेहलूडफ़} + \text{कीज़ेवेटर} + \text{शोनबुक} + \text{नोवोदरीफ़} + \text{सिमन्सन}) \times \frac{1}{\text{ब}}$$

$$\text{प्रेमशंकर} = (\text{नेहलूडफ़} + \text{क्रिल्टसाफ़} + \text{नवातफ़}) \times \frac{1}{\text{अ}}$$

$$\text{मायाशंकर} = (\text{नेहलूडफ़} + \text{एक विद्यार्थी}) \times \frac{1}{\text{अ}}$$

यह सब तमाशा देखकर हँसी भी आती है, रोना भी आता है कि इस पागलों जैसी बकवास को कभी गम्भीर आलोचना भी समझा गया था! गम्भीर आलोचना जानकर ही तो पूरे छ: महीने तक यह चीज़ एक अकेले 'सरस्वती' में छपती रही और व्यापक चर्चा का विषय बनी? चर्चा करनेवाले या तो ख़ुद भी इतने जड़मति थे कि उन्हें इस प्रलाप में कुछ सार दिखाई पड़ा या इतने कुत्सा-प्रेमी कि एक बनी हुई प्रतिष्ठा पर कीचड़ उछाला जाते देखकर उन्हें उसमें रस मिल रहा था। जो भी बात हो, इससे न तो उनकी सुरुचि का परिचय मिलता है न विवेक का। कुछ अजब नहीं कि इस संगठित अभियान के पीछे कुछ लोगों का षड्यंत्र रहा हो। इस अभागे देश की आज भी जो हालत है उसको देखते हुए यह भी अचरज की बात न होगी अगर इसके मूल में जातिवाद का विष भी काम करता रहा हो।

इसे नियति का एक व्यंग्य ही कहना चाहिए कि जिस समय 'प्रेमाश्रम' को 'रिज़रेक्शन' की छाया सिद्ध करने का यह यत्न हो रहा था उन्हीं दिनों 'रिज़रेक्शन' के लेखक टाल्सटाय के देश में 'प्रेमाश्रम' का अनुवाद हो रहा था। और शायद वही रूसी में अनूदित होनेवाली प्रेमचन्द की पहली किताब थी।

कहना न होगा कि इस गन्दगी से मुंशीजी के मन को दारुण पीड़ा पहुँची—जितनी इस बात से नहीं कि उन पर ऐसा कुत्सित आक्रमण किया गया उतनी इस बात से कि उसके विरोध में कोई प्रतिवाद का स्वर क्यों नहीं उठा। आख़िरकार मुंशीजी को ख़ुद ही अपनी मर्यादा की रक्षा करने के लिए सन्नद्ध होना पड़ा। उस समय कुछ मित्रों ने शिकायती स्वर में उनसे कहा भी कि आप इस बेहूदगी को ख़याल में ही क्यों लाते हैं। कहना आसान है, लेकिन जब कोई आदमी सरीहन मुँह पर गाली दे रहा हो और बार-बार दे रहा हो और चार आदमियों के सामने दे रहा हो और वह चार आदमी उन गालियों का मज़ा ले रहे हों और उनमें से एक भी माई का लाल ऐसा न हो जो उनकी हिमायत में खड़ा होकर उस गाली देनेवाले से पूछे कि आख़िर क्यों तुम यह सब वाही-तबाही बक रहे हो, उस वक़्त भी अपने ज़ब्त को बनाए रखना किसी फ़रिश्ते का ही काम है और मुंशीजी फ़रिश्ता नहीं थे। व्यर्थ ही अपयश का भागी बनना कौन चाहेगा? दूसरा कोई बोलता तो मुंशीजी के चुप रहने में ही शोभा थी, लेकिन जब कोई नहीं बोला तो मुंशीजी को ख़ुद बोलना पड़ा और वही शायद ठीक भी था। उस वक़्त चुप रहने का मतलब यह भी लगाया जा सकता था कि मुंशीजी का पहलू कमज़ोर है इसीलिए चुप हैं, चोरी पकड़ी गई है इसीलिए मुँह से बात नहीं निकल रही है! ऐसी हालत में मुंशीजी भला कैसे चुप रहते। और यही बात उन्होंने रामचन्द्र टंडन से कही, बच्चों जैसे भोले अन्दाज़ में—दूसरा कोई कुछ करता भी तो नहीं!

चारों तरफ़ से बौछारें पड़ रही थीं—रंगभूमि वैनिटी फ़ेयर की नक़ल है, प्रेमाश्रम रिज़रेक्शन की नक़ल है, कायाकल्प इटर्नल सिटी की नक़ल है, विश्वास नाम की कहानी इटर्नल सिटी की छाया है, आभूषण नाम की कहानी हार्डी की एक कहानी की नक़ल है, हँसी नाम का लेख जो ज़माना में मुंशीजी के नाम से छपा था मराठी के एक लेख का अनुवाद है!

एक साथ ही इतनी सब चोटें बरबस कुछ दूसरा ही संकेत करती हैं। लेकिन जिसके मन में चोर नहीं है, वह क्यों डरने लगा। मुंशीजी ने, साँच को आँच क्या, साफ़-साफ़ सारी बातें लिखीं। शरद 1983 वि. के 'समालोचक' में 'प्रेमचन्दजी की प्रेम-लीला' का उत्तर देते हुए उन्होंने लिखा—

"कई साल हुए नागरी प्रचारिणी पत्रिका में किसी मराठी लेख के आधार पर एक हिन्दी लेख प्रकाशित हुआ। मुझे यह लेख बहुत अच्छा मालूम हुआ। मैंने उसका टूटा-फूटा अनुवाद उर्दू में करके 'ज़माना' में 'हँसी' के नाम से छपवा दिया। 'ज़माना' के सम्पादक को उसके अनुवाद होने की इत्तला भी दे दी। मेरा अभिप्राय यह कदापि नहीं था कि मैं उस मराठी या हिन्दी लेखक के यश का अपहरण कर लूँ। इस तरह नोच-खसोट करने से कीर्ति नहीं मिलती। कीर्ति बहुत ही दुर्लभ वस्तु है और मैं इतना बड़ा मन्दबुद्धि नहीं हूँ कि इधर-उधर से तर्जुमे करके अपनी कीर्ति बढ़ाने का प्रयत्न

करूँ।... 'हँसी' नामक लेख भी मैंने छिपाकर नहीं किया। छिपाने की ज़रूरत ही नहीं थी। जिस महीने में मूल लेख हिन्दी में प्रकाशित हुआ उसके शायद एक ही महीने बाद, उसका अनुवाद उर्दू की सर्वोत्तम पत्रिका में हो गया। मैं इतना उस वक़्त भी जानता था कि 'ज़माना' का हिन्दी पाठकों में काफ़ी प्रचार है। इसलिए अगर उर्दू लेख में मूल का हवाला नहीं दिया गया तो यह Omission कहा जा सकता है, अपहरण नहीं।"

मुंशीजी को नीचा दिखाने के लिए कैसे-कैसे गड़े मुर्दे उखाड़े जा रहे हैं—यह पूरे बारह बरस पुरानी, सन् 14 के आरम्भिक दिनों की बात है जो यकबयक फिर जवान हो गई है! संयोग से इस प्रसंग के दो ख़त अब भी मौजूद हैं जो मुंशीजी ने ज़माना के एडीटर को लिखे थे। पहले ख़त में, जिस पर तारीख़ नहीं है, मुंशीजी ने लिखा था—

'हँसी पर एक मज़मून हस्बे वायदा रवानए ख़िदमत है। मज़मून नामुकम्मल है। अभी असल मज़मून ही पूरा नहीं शाया हुआ। जब वह पूरा हो जाए तो उसका दूसरा हिस्सा भेज दूँ।'

दूसरे ख़त में जो 3 मई, 1914 का है, उन्होंने लिखा—

'हँसी का बकिया जल्द लिखूँगा। नागरी प्रचारिणी पत्रिका में वह सिलसिला अभी ख़त्म नहीं हुआ। मगर अब हरेक नम्बर में दो-तीन सफ़ों से ज़्यादा नहीं निकलते। पूरा निकल जाए तो ज़माना के पाँच-छ: सफ़ों का मसाला हो जाए। मैंने तर्जुमा नहीं किया है, सिर्फ़ नफ़स[1] ले लिया है।'

'रंगभूमि' और 'वैनिटी फ़ेयर' का ज़िक्र करते हुए उन्होंने लिखा—

...लेख के भाव, भाषा और शैली से विदित होता है कि किसी स्कूली लड़के ने लिखा है जिसने मेरी कोई रचना पढ़ी ही नहीं। उनसे मेरा आग्रह है कि कृपया एक बार धैर्य रखकर 'रंगभूमि' पढ़ जाइए। जिसने 'वैनिटी फ़ेयर' और 'रंगभूमि' दोनों की सैर की है, वह कभी ऐसी बेतुकी बातें लिख ही नहीं सकता। 'वैनिटी फ़ेयर' आसमान पर हो, 'रंगभूमि' ज़मीन पर, पर है वह 'रंगभूमि'। रहा 'प्रेमाश्रम' पर 'रिज़रेक्शन' का प्रभाव। इसके विषय में यही कहना है कि अभी मैंने 'रिज़रेक्शन' नहीं पढ़ा है और अगर बिना उसके पढ़े ही 'प्रेमाश्रम' में 'रिज़रेक्शन' के भाव आ गए हैं तो यह मेरे लिए गौरव की बात है। अभी ज़िन्दा रहा तो बहुत कुछ लिखूँगा और मेरे भावों और विचारों में उच्चकोटि के लेखकों जैसी बहुत-सी बातें आवेंगी। आप जो अच्छी पुस्तक देखेंगे वही मेरी किसी पुस्तक से मिलती-जुलती जान पड़ेगी। कारण यही है कि मैं अपने प्लाट जीवन से लेता हूँ, पुस्तकों से नहीं, और जीवन सारे संसार में एक है।...

'समालोचक' के भाग 2 संख्या 3 में 'गुलाब' महाशय ने 'रंगभूमि' की चर्चा करते हुए लिखा है कि उस पर 'वैनिटी फ़ेयर' का कुछ प्रभाव है। हो सकता है। लेकिन मैंने 'वैनिटी फ़ेयर' सन् 1903 में पढ़ा था और 'रंगभूमि' सन् 1924 में लिखी, इससे 'वैनिटी फ़ेयर' के भावों का इतने दिनों मन में संचित रहना मुश्किल है, विशेषकर मेरे लिए क्योंकि मेरी मेमोरी अच्छी नहीं।...

---

1. सार

जो चीज़ मौलिक है, वह मौलिक रहेगी। उसकी मौलिकता को कोई मिटा नहीं सकता। जिस रचना पर बरसों आँखें फोड़ी गई हैं और कलेजे का ख़ून बहाया गया है उसे आज कोई रसिकताहीन आलोचक मिटा नहीं सकता।...

व्यूह में फँसा लिया गया है मुंशीजी को लेकिन उन्हें कोई घबराहट नहीं है, हाँ दु:ख है। मगर उस दु:ख के साथ साथ आत्म-गौरव भी है और आत्म-विश्वास। फिर क्या डर। मुंशीजी चक्रव्यूह को तोड़-ताड़कर निकल जाते हैं।

मुझे ख़ुद उपन्यास-सम्राट कहलाना पसन्द नहीं है। मैं क़सम खा सकता हूँ कि मैंने इस उपाधि की कभी अभिलाषा नहीं की!

'समालोचक' के इसी अंक में बाबू ब्रजरत्नदासजी ने मेरी 'आभूषण' नामक कहानी के प्लाट का टामस हार्डी के एक गल्प से सादृश्य दिखाया है। हाँ, सादृश्य अवश्य है। टामस हार्डी को जो बात सूझ सकती है, वह किसी दूसरे लेखक को क्या नहीं सूझ सकती? कहानी के प्लाट में कोई ऐसी विलक्षणता नहीं है जो हिन्दी के लेखक के लिए असूझ हो। हार्डी भी आदमी ही था, कोई देवता न था। और फिर ऐसी घटनाएँ जब हमें नित्य ही जीवन में मिलती हैं तो हमें क्या कुत्ते ने काटा है जो टामस हार्डी से उधार लेने जाते!

और फिर चलते-चलाते मुंशीजी ने रद्दा कसा—

'यहाँ मुझे एक भ्रम का निवारण करना ज़रूरी मालूम होता है। जब हम अपने किसी सहवर्गी को अपने से आगे बढ़ते देखते हैं तो सम्भवत: मन में एक कुरेदन-सी होती है। उसे किसी तरह नीचा दिखाने की इच्छा होती है। शायद कुछ लोग समझते हैं कि यह कल का लौंडा हमसे बाज़ी मारे लिए जाता है—और हम पीछे रहे जाते हैं, इसे किसी तरह रोकना चाहिए। उन महाशयों से मेरा निवेदन है कि यह अभागा, कल का लौंडा नहीं, पुराना खुर्राट है। तीन साल और हों तो पूरे पचास का हो जाए। उसे क़लम घिसते हुए तीस वर्ष हो गए।'

इन्हीं दिनों, 'सुधा' के आश्विन 305 तुलसी संवत् के अंक में शिलीमुख नाम के सज्जन ने एक लेख लिखकर यह दिखाया था कि प्रेमचन्द की 'विश्वास' कहानी हाल केन के उपन्यास 'इटर्नल सिटी' की छाया है। श्री अवध उपाध्याय पहले से कह रहे थे कि 'कायाकल्प' 'इटर्नल सिटी' पर आधारित है। इन दोनों बातों को एक ही में समेटते हुए मुंशीजी ने सुधा-सपादक दुलारेलाल भार्गव के नाम एक चिट्ठी लिखी जो शिलीमुख के लेख के अन्त में प्रकाशित हुई। उसमें मुंशीजी ने लिखा था—

हमारे मित्र पं. अवध उपाध्याय तो 'कायाकल्प' को 'इटर्नल सिटी' पर आधारित बता रहे हैं। मि. शिलीमुख ने उनको बहुत अच्छा जवाब दे दिया। मैं अपने सभी मित्रों से कह चुका हूँ कि 'विश्वास' केवल हाल केन के 'इटर्नल सिटी' के उस अंश की छाया है जो वह पुस्तक पढ़ने के बाद मेरे हृदय पर अंकित हो गया। मैंने पहले 'चाँद' में यह कहानी लिखी थी। वहाँ

से वह 'प्रेम प्रमोद' में आई। मैंने प्रकाशक को अपने पत्र में स्पष्ट लिख दिया था कि यह कहानी 'इटर्नल सिटी' की विकृत छाया है। अपने प्राय: सभी मित्रों से कह चुका हूँ। छिपाने की ज़रूरत न थी, और न है। मेरे प्लाट में 'इटर्नल सिटी' से बहुत कुछ परिवर्तन हो गया है, इसलिए मैंने अपनी भूलों और कोताहियों को हाल केन जैसे संसार-प्रसिद्ध लेखक के गले मढ़ना उचित न समझा।

'इटर्नल सिटी' प्रसिद्ध पुस्तक है। हिन्दी में उसका अनुवाद हो चुका है। अनुवाद हो चुकने के बाद मैंने कहानी लिखी है। श्रीकृष्णदत्त जी पालीवाल ने ही मुझसे इस पुस्तक की प्रशंसा की थी। अपना अनुवाद भी सुनाया था। उन्हीं से पुस्तक माँगकर मैं लाया था। ऐसी दशा में मोटी बुद्धि का आदमी भी समझ सकता है कि मैं विज्ञ संसार को धोखा देना नहीं चाहता था। जिस हद तक मैं ऋणी हूँ, उस हद तक मैं लिख चुका। कौन ऐसा आदमी होगा जो हिन्दी में छपी हुई किताब से मिलती-जुलती कहानी लिखे और यह समझे कि वह मौलिक समझी जाएगी। फिर भी मेरी कहानी में बहुत कुछ अंश मेरा है, चाहे वह रेशम में टाट का जोड़ ही क्यों न हो।

ख़ैर, मुंशीजी इस सब कीचड़बाज़ी से काफ़ी बेदाग़ बचकर निकल आए—दो-एक धब्बे जो लग गए थे उन्हें वक़्त ने धो डाला। पीछे तो कुछ आवाज़ें उनकी हिमायत में भी सुनाई दीं जिससे उनके आँसू कुछ पुँछे। ऐसे ही एक पत्र का उल्लेख कृतज्ञतापूर्वक करते हुए मुंशीजी ने अपने दोस्त सेहर हथगामी साहब को लिखा—

'मुकर्रम मुंशी राजबहादुर साहब का ख़त भी देखा। तसकीन हुई। आप साहबान का ख़याल बिलकुल दुरुस्त है। इलाहाबाद में एक ब्राह्मण पार्टी है। अवध उपाध्यायजी उसके हाथ में कठपुतली बने हुए हैं। ऊटपटाँग बातें कहकर मुझे बदनाम कर रहे हैं। 'रंगभूमि' और 'वैनिटी फ़ेयर' में जर्रा भर भी मुनासिबत नहीं है। और 'प्रेमाश्रम' को रिज़रेक्शन के ममासिल[1] बतलाना तो हद दर्ज़ा बेहूदगी है। मैंने आज तक 'रिज़रेक्शन' पढ़ा भी नहीं, हालाँकि उसकी तारीफ़ बहुत सुन चुका हूँ। ऐसी ममासिलत[2] जैसी उपाध्यायजी दिखलाते हैं क़रीब-क़रीब सभी किताबों में है। आप फ़रमाते हैं कि 'वैनिटी फ़ेयर' में एक आदमी ग़लत-सलत अंग्रेज़ी बोलता है, इसी से 'रंगभूमि' में एक बंगाली बाबू लाए गए। इस शख़्स को यह भी ख़बर नहीं कि बंगाली बाबू क्यों लाए गए, उनके वजूद की मंशा क्या है। एमीलिया को आप सोफ़िया से मिलाते हैं हालाँकि सोफ़िया का असल मिसेज़ एनी बेसेन्ट हैं।'

इसमें शक नहीं कि अगर इस टोपी-उछाल-आन्दोलन का उद्देश्य मुंशीजी के दिल को दुखाना था तो इसमें उसे पूरी सफलता मिली। बाक़ी तो वह झूठ की इमारत थी ही, कै दिन ठहरती। साल-छ: महीने में ही ढह गई और अगर कहीं कोई छोटी-मोटी बुर्जी बच रही थी तो वह उस रोज़ ढह गई जिस रोज़ अगले ही साल हिन्दुस्तानी एकेडमी ने 'रंगभूमि' को वर्ष की सर्वश्रेष्ठ कृति का पुरस्कार दिया।

---

1. सदृश, 2. सादृश्य

मुंशीजी के मरने पर उपाध्यायजी, जो उस समय पेरिस में गणित का अध्ययन कर रहे थे, ने अपने मित्र अन्नपूर्णानन्द को लिखा—

'इस दु:खद समाचार ने मेरे हृदय को मथ डाला, मैं रो उठा क्योंकि मेरे हृदय में एक कसक रह गई। मैंने प्रेमचन्द के सब ग्रन्थों का अध्ययन किया था और मैं भली-भाँति उनके गुणों से परिचित था। वास्तव में हिन्दी भाषा का एक स्तम्भ टूट गया, हिन्दी का सर्वश्रेष्ठ कहानी लेखक उठ गया, आज हमारे उपन्यास सम्राट का देहावसान हो गया। परन्तु उनकी अमर कीर्ति की ध्वजा सदा फहराती रहेगी। मैं आज निस्संकोच भाव से कह रहा हूँ कि अपनी लेखनी के द्वारा आज तक हिन्दी का कोई भी दूसरा लेखक प्रेमचन्द की तरह प्रसिद्ध नहीं हो सका। भाषा प्रेमचन्द की दासी-सी बन गई थी। उसे वे जैसे चाहते थे नचाते थे। मानव हृदय का ज्ञान भी उन्हें बहुत था। मेरा पूर्ण विश्वास है कि उनकी कृतियों में अमर साहित्य की सामग्री है।...'

यह पश्चात्ताप का स्वर है, अपने ही क्षुब्ध अन्त:करण के शमन के लिए। बहुत शुद्ध हृदय से निकला हुआ भी हो सकता है लेकिन व्यर्थ है अब। उस समय तो जो घाव लगना था वह लग ही गया।

21

मगर ख़ैर यह सब तो लगा ही रहता है। दुख करने से कोई फ़ायदा नहीं। कौन है जिसकी बदगोई करनेवाले नहीं हैं। यही दुनिया का तमाशा है। मुड़ियाकर अपने घर बैठो और काम करो। कहने दो जिसे जो कुछ कहना हो। अच्छा होता कि इतना भी न उलझते। लेकिन कैसे। आदमी सब कुछ सह सकता है, इज़्ज़त पर, ईमान पर चोट नहीं सही जाती। छोड़ो भी, जो हुआ सो हुआ। आगे की फ़िक्र करो।

इधर कई वर्षों से सहगल इलाहाबाद से 'चाँद' निकाल रहे थे—महिलाओं की पत्रिका के रूप में—और उनका बराबर तक़ाज़ा रहता था कि मुंशीजी औरतों की ज़िन्दगी से सम्बन्ध रखनेवाली अपनी बेहतरीन कहानियाँ उन्हीं को दें। 'आभूषण' कहानी 'माधुरी' में छपी तो उसके छपते ही सहगल ने 25 अगस्त, 1923 को उलाहने का एक पत्र लिखा—

"मुझे आपसे एक ज़रूरी बात कहनी है। वह यह कि 'माधुरी' की तुलसी संख्या में 'आभूषण' शीर्षक आपकी जो कहानी छपी है उसे यदि वहाँ न भेजकर आप 'चाँद' में भेजे होते तो इससे विशेष उपकार की सम्भावना थी। यह सच है कि मैं आपको उतना पुरस्कार न दे सकता जो आपको 'माधुरी' से मिलता होगा। प्रचार की दृष्टि से भी 'चाँद' 8000 नहीं छपता, पर मेरा ख़याल है, उपयोगिता की दृष्टि से, चाहे 'चाँद' की थोड़ी-सी प्रतियाँ ही छपती हों, यह कहानी इसके लिए बहुत मौज़ूँ थी।"

बेहद तेज़ व्यवहारकुशल आदमी था और यहाँ उसने मुंशीजी की कमज़ोर नस पकड़ी थी। बात मुंशीजी को लग गई और उन्होंने फिर बरसों नारी जीवन की कहानियाँ

ज़्यादातर 'चाँद' में ही लिखीं। पैसे को लेकर थोड़ा-बहुत मनमुटाव भी जब-तब हुआ। लेकिन यह बात मुंशीजी के मन में अच्छी तरह जम गई थी कि ऐसी कहानियों के लिए 'चाँद' ही सबसे अच्छा माध्यम है—जिनके लिए वह कहानियाँ लिखी जाती हैं उनके हाथ में पहुँचती तो हैं। और शायद प्रेमचन्द को औरतों तक पहुँचाने में 'चाँद' का भी अच्छा-ख़ासा हाथ रहा है।

बहरहाल मुंशीजी लखनऊ के अपने पहले आवास-प्रवास के बाद पहली सितम्बर 1925 को बनारस पहुँचे और नवम्बर के महीने से 'निर्मला' क्रमश: 'चाँद' में निकलने लगी। साल-भर बाद 'चाँद' प्रेस से ही पहली बार 1927 के आरम्भ में वह पुस्तक के रूप में प्रकाशित हुई। तब तक उसे 'चाँद' के द्वारा महिलाओं में इतनी ज़बर्दस्त लोकप्रियता मिल चुकी थी कि छपने के साल-भर के अन्दर उसका संस्करण समाप्त हो गया।

और इसमें शक नहीं कि औरत की ज़िन्दगी का दर्द जिस तरह इस किताब में निचुड़कर आ गया है वैसा मुंशीजी की और किसी किताब में मुमकिन न हुआ, न आगे न पीछे। समाज के ज़ालिम ढकोसले, लेन-देन की नहूसतें, बेवा की बेचारगी और निपट अकेलापन, अनमेल ब्याह की गुत्थियाँ-दर-गुत्थियाँ—सब कुछ जैसे जाग पड़ा, बोल उठा इस किताब में।

देखिए, निर्मला के ब्याह की तैयारियाँ हो रही हैं—

'बाबू उदयभानुलाल का मकान बाज़ार बना हुआ है। बरामदे में सुनार के हथौड़े और कमरे में दर्ज़ी की सुइयाँ चल रही हैं। सामने नीम के नीचे बढ़ई चारपाइयाँ बना रहा है। खपरैल में हलवाई के लिए भट्ठा खोदा गया है। मेहमानों के लिए अलग एक मकान ठीक किया गया है। यह प्रबन्ध किया जा रहा है कि हरेक मेहमान के लिए एक-एक चारपाई, एक-एक कुर्सी और एक-एक मेज़ हो। हर तीन मेहमानों के लिए एक-एक कहार रखने की तजवीज़ हो रही है। अभी बारात आने में एक महीने की देर है लेकिन तैयारियाँ अभी से हो रही हैं। बारातियों का ऐसा सत्कार किया जाए कि किसी को ज़बान हिलाने का मौक़ा न मिले। वे लोग भी याद करें कि किसी के यहाँ बारात में गए थे। एक पूरा मकान बर्तनों से भरा हुआ है। चाय के सेट हैं, नाश्ते की तश्तरियाँ, थाल, लोटे, गिलास। जो लोग नित्य खाट पर पड़े हुक्का पीते रहते थे, बड़ी तत्परता से काम में लगे हुए हैं। जहाँ एक आदमी को जाना होता है, पाँच दौड़ते हैं। काम कम होता है, हुल्लड़ अधिक।'

बड़ा उत्साह है बाबू साहब के दिल में, लेकिन उनकी बीवी कल्याणी इसमें पूरी तरह उनके साथ नहीं है। उसे दुनिया का तजुर्बा ज़्यादा है। कहती है—'जब से ब्रह्मा ने सृष्टि रची तब से आज तक कभी बरातियों को कोई प्रसन्न नहीं रख सका। उन्हें दोष निकालने और निन्दा करने का कोई न कोई अवसर मिल ही जाता है। जिसे अपने घर सूखी रोटियाँ भी मयस्सर नहीं वह भी बारात में आकर तानाशाह बन बैठता है। तेल ख़ुशबूदार नहीं, साबुन टके सेर का जाने कहाँ से बटोर लाए, कहार बात नहीं सुनते, लालटेनें धुआँ देती हैं, कुर्सियों में खटमल हैं, चारपाइयाँ ढीली हैं, जनवासे की जगह हवादार नहीं।...अगर यह मौक़ा न मिला तो और कोई ऐब निकाल लिए जाएँगे। भई,

यह तेल तो रंडियों के लगाने लायक है, हमें तो सादा तेल चाहिए। जनाब ने यह साबुन नहीं भेजा है, अपनी अमीरी की शान दिखाई है, मानो हमने साबुन देखा ही नहीं। ये कहार नहीं, यमदूत हैं, जब देखिए सिर पर सवार। लालटेनें ऐसी भेजी हैं कि आँखें चमकने लगती हैं, अगर दस-पाँच दिन इस रोशनी में बैठना पड़े तो आँखें फूट जाएँ। जनवासा क्या है अभागे का भाग्य है, जिस पर चारों तरफ़ से झोंके आते रहते हैं।'

चित भी मेरी, पट भी मेरी। उसी का नाम बाराती है।

बहरहाल, बाबू उदयभानुलाल के उत्साह का ठिकाना नहीं है। लेकिन उन्हें पता नहीं है कि विधि उनके लिए कैसा प्रपंच रच रही है। बाबूसाहब एक गुंडे के हाथ, जिसको उन्होंने कभी सज़ा दी थी, मारे जाते हैं। और उनके मरते ही उनके घरवालों की दुनिया बदल जाती है। 'जहाँ आठों पहर कचहरी-सी लगी रहती थी वहाँ अब ख़ाक उड़ती है। वह मेला ही उठ गया। जब खिलानेवाला ही न रहा तो खानेवाले कैसे पड़े रहते। धीरे-धीरे एक महीने के अन्दर सभी भांजे-भतीजे विदा हो गए। जिनका दावा था कि हम पानी की जगह ख़ून बहानेवालों में हैं, वे ऐसा सरपट भागे कि पीछे फिरकर भी न देखा।'

लड़केवाले फिर कैसे पीछे रहते, उन्होंने भी आँखें फेर लीं। स्थिति के अन्तर को न समझते, ऐसे भोले वह भी न थे। ज़रा मुलाहिज़ा हो लड़के के बाप का—ठेठ कायस्थ आदमी, खुर्राट, ख़बीस, जैसे कि मुंशीजी ने अपनी बिरादरी में न जाने कितने देखे होंगे—

> *बाबू भालचन्द दीवानख़ाने के सामने आरामकुर्सी पर नंग-धड़ंग लेटे हुए हुक्का पी रहे थे। बहुत ही स्थूल, ऊँचे कद के आदमी थे। ऐसा मालूम होता था कि काला देव है या कोई हब्शी अफ़्रीका से पकड़कर आया है। सिर से पैर तक एक ही रंग था—काला।...आपको गर्मी बहुत सताती थी। दो आदमी खड़े पंखा झल रहे थे, उस पर भी पसीने का तार बँधा हुआ था। आप आबकारी के विभाग में एक ऊँचे ओहदे पर थे। पाँच सौ रुपए वेतन मिलता था। ठेकेदारों से ख़ूब रिश्वत लेते थे। ठेकेदार शराब के नाम पानी बेचे, चौबीसों घंटे दूकान खुली रखे, आपको ख़ुश रखना काफ़ी था। सारा क़ानून आपकी ख़ुशी थी। जैसे पक्का मुसलमान पाँच बार नमाज़ पढ़ता है, वैसे ही आप भी पाँच बार शराब पीते थे।...*
>
> *बाबू साहब ने पंडित जी को देखते ही कुर्सी से उठकर कहा—अख़्ख़ाह आप है! आइए आइए, धन्य भाग! अरे कोई है! कहाँ चले गए सब के सब, झगड़ू, गुरदीन, छकौड़ी, भवानी, रामगुलाम, कोई है? क्या सब के सब मर गए? चलो रामगुलाम, भवानी, छकौड़ी, गुरदीन, झगड़ू! कोई नहीं बोलता, सब मर गए!' ...*
>
> *तीन-चार मिनट के बाद एक काना आदमी ख़ाँसता हुआ आकर बोला—सरकार, इतना की नौकरी हमार कीन न होई। कहाँ तक उधार-बाढ़ी लै लै खाई। माँगत माँगत थेथर होइ गएन।*

भाल.—बको मत, जाकर कुर्सी लाओ। जब कोई काम करने को कहा गया तो रोने लगता है। कहिए पंडित जी, वहाँ सब कुशल है!

पंडित जी—क्या कुशल कहूँ बाबूजी, अब कुशल कहाँ। सारा घर मिट्टी में मिल गया।

इतने में कहार ने एक टूटा हुआ चीड़ का सन्दूक़ लाकर रख दिया और बोला—कुर्सी-मेज़ हमरे उठाए नाहीं उठत है।

भाल.—अब और कैसे मिट्टी में मिलेगा! इससे बड़ी और कौन विपत्ति पड़ेगी। बाबू उदयभानुलाल से मेरी पुरानी दोस्ती थी। आदमी नहीं, हीरा था! क्या दिल था, क्या हिम्मत थी, (आँखें पोंछकर) मेरा तो जैसे दाहिना हाथ ही कट गया। खाने बैठता हूँ तो कौर मुँह में नहीं जाता। उनकी सूरत आँखों के सामने खड़ी रहती है। मुँह जूठा करके उठ आता हूँ। किसी काम में दिल नहीं लगता। भाई के मरने का रंज भी इससे कम ही होता। आदमी नहीं, हीरा था!

कितनी देखी है मुंशीजी ने यह कपट-लीला अपने समाज में जो कालकूट के रूप में निचुड़कर यहाँ आई है! जिधर नज़र उठाई है उधर मिली है यह चीज़। जीवन के एक अंग का ज़िन्दगी-भर का अनुभव है यह जो एक ज़ख्म की तरह हरा हो गया है इस कृति में—'लड़के नंगे पाँव पढ़ने जा सकते हैं, चौका-बर्तन भी अपने हाथ से किया जा सकता है, रूखा-सूखा खाकर निर्वाह किया जा सकता है, झोपड़े में दिन काटे जा सकते हैं लेकिन युवती कन्या घर में नहीं बैठाई जा सकती।...'

आख़िरकार निर्मला का वही सपना सच होता है जो किसी दिन उसने देखा था—

'...सामने एक नदी लहरें मार रही है और वह नदी के किनारे नाव की बाट देख रही है। संध्या का समय है। अँधेरा किसी भयंकर जन्तु की भाँति बढ़ता चला आता है। वह घोर चिन्ता में पड़ी हुई है कि कैसे यह नदी पार होगी, कैसे घर पहुँचूँगी। रो रही है कि रात न हो जाए नहीं तो मैं अकेली यहाँ कैसे रहूँगी। एकाएक उसे एक सुन्दर नौका घाट की ओर आती दिखाई देती है। वह ख़ुशी से उछल पड़ती है और ज्योंही नाव घाट पर आती है वह उस पर चढ़ने के लिए बढ़ती है और ज्योंही नाव के पटरे पर पैर रखना चाहती है उसका मल्लाह बोल उठता है—तेरे लिए यहाँ जगह नहीं है! वह मल्लाह की ख़ुशामद करती है, उसके पैरों पड़ती है, रोती है, लेकिन वह कहे जाता है—तेरे लिए यहाँ जगह नहीं है। एक क्षण में नाव खुल जाती है। वह चिल्ला-चिल्लाकर रोने लगती है...कि इतने में कहीं से आवाज़ आती है—...ठहरो, ठहरो, वह नाव तुम्हारे लिए नहीं है। मैं आता हूँ, मेरी नाव पर बैठ जाओ। मैं उस पार पहुँचा दूँगा। वह भयभीत होकर इधर-उधर देखती है कि यह आवाज़ कहाँ से आई। थोड़ी देर के बाद एक छोटी-सी डोंगी आती दिखाई देती है। उसमें न पाल है न पतवार न मस्तूल। पेंदा फटा हुआ है, तख़्ते टूटे हुए, नाव में पानी भरा हुआ है, और एक आदमी उसमें पानी उलीच रहा है। वह उससे कहती है—यह तो टूटी है, यह कैसे पार लगेगी? मल्लाह कहता है—तुम्हारे लिए यही भेजी गई है, आकर बैठ जाओ!...और निर्मला की शादी मजबूरन एक पचास बरस के दुहाजू वर बाबू तोताराम से करनी पड़ती है।

'बाँका सवार बूढ़े लद्दू टट्टू पर सवार होना कब पसन्द करेगा।... निर्मला की दशा उसी बाँके सवार की-सी थी।...' लेकिन दूसरा उपाय भी तो न था।

घर में बड़े-बड़े लड़के हैं, जिनमें से एक सबसे बड़ा ख़ुद निर्मला की उम्र का है—और एक अदद ननद है जिसे निर्मला फूटी आँख नहीं सुहाती, यानी कि प्रलय का हर सामान मौजूद है।

> *रुक्मिणी देवी का स्वभाव सारे संसार से निराला था, यह पता लगाना कठिन था कि वह किस बात से ख़ुश होती थीं और किस बात से नाराज़, एक बार जिस बात से ख़ुश हो जाती थीं दूसरी बार उसी बात से जल जाती थीं। अगर निर्मला अपने कमरे में बैठी रहती तो कहतीं कि न जाने कहाँ की मनहूसिन है, अगर वह कोठे पर चढ़ जाती या महरियों से बातें करती तो छाती पीटने लगतीं—न लाज है न शरम, निगोड़ी ने हया भून खाई! अब क्या कुछ दिनों में बाज़ार नाचेगी!*
>
> *निर्मला को लड़कों का चटोरापन अच्छा न लगता था। कभी-कभी पैसे देने से इन्कार कर देती। रुक्मिणी को अपने वाग्बाण सर करने का अवसर मिल जाता—अब तो मालकिन हुई हैं, लड़के काहे को जिएँगे। बिना माँ के बच्चे को कौन पूछे। रुपयों की मिठाइयाँ खा जाते थे, अब धेले धेले को तरसते हैं!*
>
> *निर्मला अगर चिढ़कर किसी दिन बिना कुछ पूछे-ताछे पैसे दे देती तो देवी जी उसकी दूसरी ही आलोचना करतीं—इन्हें क्या, लड़के मरें या जिएँ। इनकी बला से! माँ के बिना कौन समझाए कि बेटा, बहुत मिठाइयाँ मत खाओ। आई-गई तो मेरे सिर जाएगी, इन्हें क्या!*

ग़रज़ कि एक 'दोधारी तलवार' थी जो हर तरफ़ काट करती थी।

उधर अधेड़, ढले हुए तोताराम को फ़िक्र है कि जवान बीवी को क्योंकर ख़ुश रखें। दोस्तों से सलाह-मशविरा होता है तो एक साहब एक अक्सीर नुस्ख़ा बतलाते हैं—

"रँगीलेपन का स्वाँग रचो, यह ढीला-ढाला कोट फेंको, तंजेब की चुस्त अचकन हो, चुन्नटदार पाजामा, गले में सोने की जंजीर जड़ी हुई, सिर पर जयपुरी साफ़ा बँधा हुआ, आँखों में सुर्मा और बालों में हिना का तेल पड़ा हुआ। तोंद का पिचकना भी ज़रूरी है। दोहरा कमरबन्द बाँधो। ज़रा तकलीफ़ तो होगी, पर अचकन सज उठेगी। ख़िज़ाब मैं ला दूँगा। सौ-पचास ग़ज़लें याद कर लो और मौक़े-मौक़े से शेर पढ़ो। बातों में रस भरा हो। ऐसा मालूम हो कि तुम्हें दीन और दुनिया की कोई फ़िक्र नहीं है, बस जो कुछ है, प्रियतमा ही है। जवाँमर्दी और साहस के काम करने का मौक़ा ढूँढ़ते रहो। रात को झूठमूठ शोर करो—चोर-चोर—और तलवार लेकर अकेले पिल पड़ो। हाँ, ज़रा मौक़ा देख लेना, ऐसा न हो कि सचमुच कोई चोर आ जाए और तुम उसके पीछे दौड़ो, नहीं तो सारी कलई खुल जाएगी और मुफ़्त में उल्लू बनोगे। उस वक़्त तो जवाँमर्दी इसी में है कि दम साधे पड़े रहो जिसमें वह समझे कि तुम्हें ख़बर ही न हुई,

लेकिन ज्योंही चोर भाग खड़ा हो, तुम भी उछलकर बाहर निकलो और तलवार लेकर 'कहाँ? कहाँ?' कहते दौड़ो।..."

निर्मला के दिल पर यह सब स्वाँग कितना भारी गुज़रता है, वह तो अलग बात है, लेकिन तोताराम के ख़ुद अपने दिल के भीतर जो चोर है, उसका भी तो कोई जवाब इस नुस्ख़े के पास नहीं है। आख़िरकार उन्हें अपने ही बेटे और निर्मला पर शक हो जाता है। घर की बरबादी के लिए फिर और क्या सामान चाहिए।

इतनी सच्ची, मार्मिक, ख़ासकर औरतों के दिल को भानेवाली कहानी मुंशीजी ने दूसरी नहीं लिखी। पढ़नेवाले दहल उठे, रो-रो पड़े। कैसा डरावना आईना उन्होंने समाज के सामने उठाकर रख दिया था। हर रोज़ जो इतने अनमेल ब्याह होते हैं, पैसे की मजबूरी से जवान लड़की बुड्ढे के गले बाँध दी जाती है, देखो उसका क्या हश्र होता है। देखते सब हैं, कहता कोई नहीं। मुंशीजी ने कह दिया, और बहुत डूबकर कहा। सच्चाई और न्याय, इसे छोड़कर मुंशीजी का दूसरा धर्म नहीं है। और इस धर्म में मुरौवत के लिए कहीं जगह नहीं है। अब से क़रीब साल ही भर पहले उन्होंने 'भूत' नाम की एक कहानी लिखी थी जिसमें उन्होंने पत्नी की ओर से अपने एक क़रीबी रिश्तेदार की ख़बर ली थी जिन्होंने अपनी बीवी के मरने पर अपनी एक बहुत ही छोटी साली से शादी कर ली थी—जो उन्हीं के घर में पलकर बड़ी हुई थी और जिसे उन्होंने गोद में खिलाया था। मुंशीजी का इलाहाबाद में उनके यहाँ बराबर का आना-जाना था लेकिन वह और बात है।

निर्मला की असाधारण लोकप्रियता ने 'चाँद' के सम्पादक को प्रेरित किया कि वह मुंशीजी से फिर कोई धारावाहिक उपन्यास इसी तरह का ले। मुंशीजी का भी दिल बढ़ा हुआ था और फिर जहाँ रोज़ कुआँ खोदने और पानी पीने की हालत हो वहाँ आमदनी की यह एक सूरत थी जिसे हाथ से जाने न दिया जा सकता था। नवम्बर के महीने में 'निर्मला' का सिलसिला ख़त्म हुआ और बीच का एक महीना छोड़कर जनवरी 1927 से एक दूसरा उपन्यास छपना शुरू हो गया। इसका नाम 'प्रतिज्ञा' था। इतनी जल्दी में एक बिलकुल नई और ताज़ा चीज़ बनती भी तो कैसे। लिहाज़ा मुंशीजी ने अपने बीस साल पुराने क़िस्से 'प्रेमा' को ही दुबारा लिखने की ठानी। विधवा-विवाह की समस्या थी, महिलाओं की पत्रिका के लिए अत्यन्त उपयुक्त। चरित्र भी सब वही रहे। हाँ, कथानक में कुछ अन्तर ज़रूर आ गया। वह छब्बीस बरस के नौजवान और सैंतालिस बरस के अधेड़ का अन्तर था। तब मुंशीजी को ख़ुद अपने दूसरे ब्याह की पड़ी थी—किसी विधवा स्त्री से। लिहाज़ा अमृतराय पहले पूर्णा से ब्याह कर लेते हैं—जिस पर कि हाल ही में वैधव्य का शोक पड़ा है। पीछे एक बड़े विचित्र-से, जासूसी-तिलिस्मी घटनाचक्र में इधर पूर्णा मारी जाती है, उधर प्रेमा के पति दाननाथ मारे जाते हैं और इस तरह मैदान साफ़ हो जाने पर दोनों पुराने प्रेमी, अमृतराय और प्रेमा, विवाह-सूत्र में सदा के लिए बँध जाते हैं। यहाँ वह सब कुछ नहीं है। दृष्टि प्रौढ़ हो चुकी है। दाम्पत्य में ही समाधान पानेवाला मन अब नहीं है। जीवन उससे ज़्यादा जटिल है। अत: विधवा-आश्रम बनता है। पूर्णा उसमें आकर रहने लगती है। लेकिन

दोनों दो समानान्तर रेखाओं की तरह रहते हैं जो किसी बिन्दु पर आपस में नहीं मिलतीं। उधर प्रेमा शीलवती स्त्री की तरह दाननाथ के साथ अपने दाम्पत्य का निर्वाह करते हुए दिन गुजार रही है। जैसा कि जीवन का क्रम है।

अभी यह नया सिलसिला शुरू ही हुआ था कि फ़रवरी 1927 को मुंशीजी के पास बाबू बिशन नारायन भार्गव का बुलौवा आया। 'माधुरी' की एडीटरी के लिए, वेतन दो सौ रुपया महीना। अन्धा क्या माँगे दो आँखें!

उन दिनों मुंशीजी जालपा देवी पर रहते थे। मणिकर्णिका का रास्ता पड़ता था। दिन रात रामनाम सत्य है। घरवालों का जीना मुहाल था। डर था कहीं बच्चे की माँ मारे दहशत के बिस्तर से न लग जाए। लिहाज़ा अब जब मुंशीजी के लखनऊ जाने का सवाल पैदा हुआ तो इस घर में रहना असम्भव हो गया। सबको लेकर जाने में यह मुश्किल थी कि बड़ा लड़का स्कूल में पढ़ता था, साल ख़राब होता। चुनांचे लड़के को शहर ही में एक गुजराती वकील दोस्त के घर रखकर और बाक़ी सबको लमही पहुँचाकर मुंशीजी हफ़्ते-भर में लखनऊ पहुँच गए और 15 तारीख़ से काम सँभाल लिया। मकान इस बार उन्होंने मारवाड़ी गली में लिया। उसी हाते में मुंशीजी के घर से लगा हुआ रामतीर्थ पब्लिकेशन लीग का दफ़्तर था। बाल-बच्चे जुलाई में बनारस से आए और लखनऊ की छ: साल की ज़िन्दगी शुरू हुई—जिनमें से पाँच मुल्क की ज़िन्दगी के बहुत तूफ़ानी साल रहे।

22

लेकिन इस बड़े तूफ़ान से कुछ महीने पहले एक छोटा-सा तूफ़ान मुंशीजी की ज़िन्दगी में भी आया। शोर तो इस तूफ़ान का भी कम न था, मगर टाँय टाँय फिस, बासी कढ़ी का उबाल होकर रह गया।

क़िस्सा यह हुआ कि मुंशीजी ने 'मोटेराम शास्त्री' के नाम से एक कहानी लिखी जो जनवरी 1928 की 'माधुरी' में छपी। इसमें उन्होंने एक कामी, कुचाली वैद्य की खिल्ली उड़ाई थी—अपनी वैद्यकी जमाने के लिए वह कैसी-कैसी माया रचता है और पीछे भंडा फूटने पर उसकी कैसी-कैसी दुर्गत होती है।

लाटूश रोड पर गंगा पुस्तकमाला के पास ही, बिलकुल पास, जहाँ मुंशीजी अपने पिछले प्रवास में साल-भर रहे थे, एक पंडित शालिग्राम शास्त्री वैद्य की दुकान थी। यह तो भगवान ही जाने (और ख़ुद मुंशीजी) कि उन्होंने इन्हीं वैद्य जी का ख़ाका खींचा था या किसी और का या किसी का भी नहीं। बहरहाल पंडित शालिग्राम शास्त्री को पूरा यक़ीन हो गया या करा दिया गया कि हो न हो मोटेराम शास्त्री आप ही हैं और आप ही को जलील करने के लिए यह कहानी लिखी गई है। शास्त्रीजी ने ख़ुद ही अपने इस्तग़ासे में लिखा था कि 'मेरे कई मित्रों ने मेरा ध्यान इस कहानी की ओर उस समय आकर्षित किया जब मैं बीमार था और मुझको बतलाया कि इससे तुम्हारी

बड़ी ज़िल्लत हुई है।' ग़रज़ कि ख़ूब-ख़ूब भरा लोगों ने शास्त्रीजी को। कोई पटखनी खाय, किसी की पीठ में धूल लगे, हमें तो अपने तमाशे से मतलब है, कब-कब मिलता है ऐसा फोकट का तमाशा देखने को! दंगल की तैयारियाँ पूरे ज़ोर-शोर से होने लगीं। पहलवान मला-दला जाने लगा। गवाहियाँ-साखियाँ बनने लगीं। उधर से गवाहों की जो सूची पेश हुई उसमें बड़े-बड़े लोगों के नाम थे—पं. दुलारेलाल भार्गव, पं. रूपनारायण पांडेय, पं. बद्रीनाथ भट्ट, पं. मातादीन शुक्ल, पं. आद्यादत्त ठाकुर। बाहर से जिन गवाहों को बुलाने की बात थी उनमें पं. पद्मसिंह शर्मा और रत्नाकरजी भी थे। जहाँ इतनी बड़ी-बड़ी तोपें साथ हों वहाँ फिर कैसा आगा-पीछा। शास्त्रीजी ने फ़ौरन स्थानीय फ़ौजदारी अदालत में 'माधुरी' के सम्पादकों पर मानहानि का दावा ठोंक दिया। मजिस्ट्रेट ने इस्तगासा दायर होने पर ज़ाब्ते की रू से माधुरी-सम्पादकों को पाँच-पाँच सौ के ज़मानती वारंटों के जरिए तलब किया। मगर इसके पहले कि सरकारी कर्मचारी वारंट लेकर उनके पास आए, 'माधुरी' के सम्पादकगण स्वयं अदालत में उपस्थित हो गए—और अपने क़ानूनी सलाहकारों के निर्देश पर, जिनमें दो वकील थे और एक बैरिस्टर, उन्होंने एक दरख़्वास्त पेश की। और उसी ने सब खेल बिगाड़ दिया। समझौता होकर मामला रफ़ा-दफ़ा हो गया। खेल जम नहीं पाया।

लेकिन यह दरख़्वास्त देखने से ताल्लुक़ रखती है—

नक़ल दरख़्वास्त मुअर्रिख़ा 12।4।28 मिनजानिब बाबू प्रेमचन्द व पंडित कृष्ण बिहारी मिश्र, मुक़दमा नं. 149, शालिग्राम बनाम कृष्णबिहारी मिश्र व प्रेमचन्द हस्बे दफ़ा 500।109 ताजीरात हिन्द मुनफ़सला 12।4।28 पुलिस स्टेशन हज़रतगंज बअदालत सिटी मजिस्ट्रेट लखनऊ।

मुलज़िमान बज़रिये इस दरख़्वास्त के निहायत अदब से ज़ाहिर करते हैं—

1. *यह कि जनवरी 1928 की माधुरी के 832 लगायत्त 835 सफ़हात पर 'मोटेराम शास्त्री' नाम से जो मज़मून छपा है वह इस इरादे से लिखा गया था कि किसी नीमहकीम का ख़ाका खींचा जाए। इस मज़मून को मुलज़िम नं. 2 ने मौजूदा जमाने के नीमहकीमों की हजो करने के लिए लिखा था।*
2. *यह कि मज़मून हाज़ा के ज़रिए से मुस्तग़ीस के हजो करने का इरादा मुलज़िम नम्बर 2 का न था।*
3. *यह कि मुलज़िम नं. 1 व मुलज़िम नं. 2 दोनों पंडित शालिग्राम शास्त्री को एक शरीफ़ आदमी समझते हैं जो इल्मे वैदक व संस्कृत व हिन्दी के आलिम हैं।* ***मुलज़िमान क़तई यह नहीं समझते हैं और न उनकी यह ख़्वाहिश है कि वह जैसे कुछ हैं उसके अलावा और किसी सूरत में उनका ख़ाका खींचा जाए।***
4. *यह कि दोनों मुलज़िमान* ***इन वाक़यात को अच्छी तरह से मुश्तहिर करने के लिए तैयार हैं जिससे मुस्तग़ीस के दिमाग़ में अगर किसी तरह का शक हो तो वह रफ़ा हो जाए।***

5. *यह कि मुलज़िमान हुज़ूर को यक़ीन दिलाते हैं कि यह मज़मून मुस्तग़ीस के ऊपर नहीं लिखा गया। लेकिन अगर उसका ख़याल है कि यह उसी के लिए लिखा गया है और मुलज़िमान ने लाइल्मी में उसके दिल को चोट पहुँचाई है तो मुलज़िमान को वाक़ई अफ़सोस है, हालाँकि वह इस बात को नहीं तसलीम करते हैं कि मुस्तग़ीस का ऐसा सोचना सही है...*

कहीं पकड़ नहीं है। हाँ, शरारत-भरे द्वयर्थक टुकड़े ज़रूर हैं (जिन्हें हमने रेखांकित कर दिया है) जिनका कुछ भी मतलब हो सकता है!

और इसमें शक नहीं कि जब मुंशीजी चौथे नुक़्ते की रू से उन वाक़यात को अच्छी तरह मुश्तहिर करने पर आए तो उससे 'मुस्तग़ीस के दिमाग़ में अगर किसी तरह का शक' था तो वह रफ़ा हो गया!

पहला काम मुंशीजी ने इस सिलसिले में यह किया कि जिस कहानी के छापने पर यह हंगामा खड़ा हुआ था उसे उन्होंने दुबारा छाप दिया और इस टिप्पणी के साथ, जो किसी शरारती बच्चे के मुँह चिढ़ाने जैसी है, ले लपक के, बड़ा चला था शिकायत करने! अब देता हूँ खाने-भर को!

'इसी निर्दोष कहानी के सम्बन्ध में पंडित शालिग्राम शास्त्री को यह भ्रम हुआ था कि यह उन पर लिखी गई है। उन्होंने इस कहानी को लेकर 'माधुरी' सम्पादकों पर फ़ौजदारी अदालत में दावा भी दायर किया था पर जब सम्पादकों ने अदालत को विश्वास दिलाया कि यह एक कुत्सित वैद्य पर व्यंग्य प्रहसन मात्र है—शास्त्री जी से इसका कोई सम्बन्ध नहीं है—तो ये सन्तुष्ट हो गए और अब उनका यह विश्वास है कि कहानी उनको लक्ष्य करके नहीं लिखी गई है।'

ग़रज़ कि जो लोग पिछली बार कहानी पढ़ने से रह गए थे उन्होंने भी अब पढ़ ली। छीछालेदर में कोई कमी क्यों रह जाए! लेकिन असल मज़े की चीज़ तो है सादगी का वह खोल जो इस तमाम शरारत के गिर्द लिपटा हुआ है—कुछ वैसी ही चीज़ जैसी एक बार बचपन में हुई थी जब खेल में उन्होंने बाँस की खपाची से रामू का कान काट लिया था और जब उसकी माँ उलाहना लेकर इनकी माँ के पास आई थी और इनके अपने कान खिंचने की बारी आई थी तो आपने बहुत ही भोलेपन से कहा था—हम तो नाऊ नाऊ खेल रहे थे! या जब आपकी चोरी के लिए बड़े भाई साहब पिट रहे थे और आप बड़े सरल, निष्पाप भाव से प्रेमपूर्वक गुड़ का भोग लगा रहे थे।

यह शरारत जनाब के ख़ून में घुल गई थी और अक्सर उनकी कहानियों में फूट पड़ती है। और यों तो हल्की-फुल्की चोटें मौक़ा-महल देखकर सभी पर हो जाती हैं लेकिन जब कुछ ख़ास चाँदमारी करनी होती है तो मोटेराम शास्त्री को याद किया जाता है और फिर उन्हें ख़ूब ही मज़ा ले-लेकर लिथेड़ा जाता है।

इन पंडित मोटेराम शास्त्री का इतिहास बताते हुए (वह भी शायद 'इन वाक़यात को अच्छी तरह से मुश्तहिर करने' की ग़रज़ से!) मुंशीजी ने माधुरी में लिखा—

मुंशी प्रेमचन्द जी के उपन्यासों और कहानियों में एक पात्र मोटेराम शास्त्री नाम के हैं। हँसी-मज़ाक़ का आश्रय लेकर ही इस पात्र की सृष्टि हुई है। पिकनिक पेपर्स पढ़कर ही मुंशीजी ने इस पात्र की कल्पना की है। जैसे सर राजर डी कावर्ली पात्र की सृष्टि करके ऐडिसन ने अंग्रेज़ी के उपन्यास-जगत् में हास्यधारा बहाई है, वैसे ही हिन्दी में प्रेमचन्दजी के मोटेराम शास्त्री लोगों को हँसाते हैं।

इस पात्र की सृष्टि पहले-पहल सन् 1912 में मुंशीजी के लिखे एक उर्दू उपन्यास में हुई। ('जलवए ईसार' जो क़रीब दस साल बाद 'वरदान' के नाम से हिन्दी में छपा।—अ.) फिर ये धीरे-धीरे हिन्दी-साहित्य में भी पहुँचे। इन्हीं महाराज की बदौलत माधुरी पर मानहानि का दावा तक दायर हुआ। ये बड़े हज़रत हैं। हिन्दी में 'मनुष्य का परम धर्म' नाम की कहानी में इनका पहले-पहल 1920 में दर्शन हुआ, फिर 'सत्याग्रह' कहानी में 1923 में ये साक्षात् रूप से माधुरी में पधारे और बड़े रंग लाए। आपने 1926 में 'सरस्वती' पत्रिका पर भी कृपा की और 'निमंत्रण' कहानी में अपने दिव्य दर्शन दिए। 1927 में 'प्रेम प्रतिमा' नाम की एक पुस्तक निकली, इसमें 'गुरुमंत्र' नाम की एक कहानी है। इसमें भी मोटेरामजी की बाँकी झाँकी है। फिर 'चाँद' कार्यालय से 'निर्मला' पुस्तक निकली। इसमें भी मोटेराम जी शास्त्री की व्यवहारकुशलता का दर्शन मिला। आपके लखनऊ पधारने का शुभ-संवाद पहले-पहल इसी ग्रन्थ में है। लखनऊ आपके मन भाया इसलिए साक्षात् 'मोटेराम शास्त्री' के नाम से आप लखनऊ पहुँचे और यहाँ धड़ल्ले से वैद्यक करने लगे। माधुरी के द्वारा आपकी सुख्याति लखनऊ में ख़ूब हुई। हाल ही में 'साहित्य समालोचक' में आपके जीवन-चरित्र का एक पटल और भी दिखलाई पड़ा है। आपकी सुकीर्ति की कथाएँ अब बहुत व्यापक हो गई हैं, इसलिए सम्भव है शीघ्र ही किसी विशालकाय पुस्तक में आपके दिव्य चरित्र का वर्णन विस्तार के साथ पढ़ने को मिले। मोटेराम जी आदर्श दंभी, पेटू, धूर्त एवं अपने आतंक और यशोविस्तार के इच्छुक दिखलाई पड़ते हैं। आप व्याख्याता भी हैं, लीडर भी बनना चाहते हैं और धर्माचार्य एवं साहित्यवेत्ता भी हैं। इधर पिछले दिनों में वैद्यक का भी आपने अभ्यास किया है। अपनी स्त्री सोना से आपकी प्राय: गप लड़ा करती है। 'मनुष्य का परम धर्म' में जब हमने आपको पहले-पहल देखा तो जाना कि आप ख़ूब न्योता खानेवाले, संगीतप्रेमी, व्याख्याता, अव्वल नम्बर के धूर्त एवं ज़बर्दस्त पेटू हैं। फिर 'सत्याग्रह' में आपके पेटू स्वभाव का तो पता चला ही, पर आपके लीडरपन का भी हाल मालूम हुआ। प्राय: सर्वत्र आप अपने प्रयत्नों में असफल रहते हैं। असफलता आपकी विशेषता है। लखनऊ में आपकी वैद्यक वृत्ति का जो चित्रण 'मोटेराम शास्त्री' नाम से विगत पौष की माधुरी में छपा वह बहुत रंग लाया। लखनऊ के कई वैद्यों

को धोखा हुआ कि मोटेराम हमीं हैं। हमारे परिचित वैद्य श्री गयाप्रसाद जी शास्त्री श्रीहरि तो एक दिन हँसी-मज़ाक़ में कहने लगे, देखिए इस कहानी की बहुत-सी बातें मुझ पर चस्पाँ होती हैं। मैंने हरिद्वार में अध्यापकी की है। मैं साहित्याचार्य होने के कारण अलंकारशास्त्र भी जानता हूँ और अभी हाल ही में मैंने अपनी वैद्यक भी लखनऊ में प्रारम्भ की है। पर जब उनको यह बात बतलाई गई कि अध्यापकी तो स्थानीय वयोवृद्ध वैद्य क्षमापतिजी एवं पं. रामनारायण जी ने भी की है एवं अलंकारशास्त्र के ज्ञाता और उस विषय पर लेख लिखनेवाले पं. राधेनारायण वाजपेयी प्रजावैद्य भी हैं तो वे हँसने लगे। इन सद्वैद्यों ने आयुर्वेद-महत्त्व-प्रतिपादक लेख भी लिखे हैं। ख़ैर, यहाँ तक तो विनोद की बात रही, पर वास्तविक खेद है कि पं. शालिग्राम शास्त्री सचमुच कहानी को अपने ऊपर समझ बैठे और जाकर अदालत का द्वार खटखटाया। ख़ैर, अब तो उनको भी विश्वास हो गया है कि हम मोटेराम नहीं हैं। इधर स्थानीय साप्ताहिक पत्र 'ग़रीब' ने मोटेराम की तलाश में अपने गुप्तचर छोड़े हैं। शायद वह उनका विशेष पता लगा सकें। मुंशी प्रेमचन्द जी मोटेराम पर बारीक निगाह रखते हैं...

काफ़ी चटख़ारा ले-लेकर मुंशीजी यह कहानी कह रहे हैं—और क्यों न कहें, अब तो बेदाग़ निकल आए। लेकिन जब कि मुक़दमा इजलास के सामने था और उन्हें पता न था कि ऊँट किस करवट बैठता है उस वक़्त भी मुंशीजी को इस खेल में मज़ा ही ज़्यादा आ रहा था, बावजूद क़ानून की अड़दब में आ जाने के थोड़े-से अन्देशे के। बस एक बात बुरी थी—ख़ामख़ाह इस चीज़ ने कुछ ब्राह्मण-अब्राह्मण झगड़े का रूप ले लिया था। उधर से गवाहों की जो सूची पेश हुई थी उस पर एक नज़र डालने से यह बात साफ़ हो जाती है—जैसे सब लोग आ जुटे हों इस ब्राह्मण-द्रोही का मान-मर्दन करने के लिए! यह एक बुरी चीज़ थी क्योंकि जाति-द्वेष फैलाने के लिए उन्होंने मोटेराम या दूसरे किसी चरित्र की सृष्टि नहीं की, इसका विश्वास उनके मन में था। अच्छे ब्राह्मण चरित्रों की भी उनके यहाँ कमी नहीं है—और न चालबाज़, फ़रेबी मुंशीजी लोगों की कमी है। बात उन्हें इन्सान की कहनी है, जात-पाँत में उलझने से कैसे बनेगा। लेकिन हाँ, उस बात के कहने में जिस पर चोट आएगी, वह तो आएगी, उससे बचने का कोई उपाय नहीं है। अपनी निजी ज़िन्दगी में मुंशीजी से ज़्यादा मुरौवतवाला आदमी मिलना मुश्किल है लेकिन लिखते वक़्त वह किसी का सगा नहीं है। समाज में जो अन्याय हैं, ढोंग-ढकोसले हैं, ऊँच-नीच और छूत-अछूत है, उनकी तह में पहुँचना ज़रूरी है।

समाज का यह विधान किसने किया? आज भी समाज को सुधारने के रास्ते में सबसे बड़ी बाधा कौन है? किसके चलते हिन्दू-समाज में नारी की यह हीन दशा है? किसके अन्याय से पीड़ित होकर करोड़ों हिन्दू मुसलमान हो गए? बिना हाथ-पैर हिलाए दूसरे की कमाई पर हलवा पूरी जीमनेवालों की यह जो अक्षौहिणी साधु-महात्माओं के रूप में घुन की तरह हमारे समाज को खा रही है, वह कौन लोग हैं? डंड-कमंडल लेकर सरल-विश्वासी जनता को ठगनेवाले कौन हैं?

मुंशीजी इतिहास और समाजशास्त्र के विद्यार्थी हैं और इन सब प्रश्नों का उन्हें एक ही उत्तर मिलता है—ब्राह्मण देवता। इन्हीं ब्राह्मण देवता ने आज हिन्दू समाज को इस दशा को पहुँचाया है और अगर समय रहते इसका उपचार न किया गया तो भगवान भी हिन्दू समाज को रसातल में जाने से नहीं बचा सकते। इसलिए जितनी जल्दी हो सके इन ब्राह्मण देवता का असली चेहरा लोगों के सामने उघाड़कर रख दो। यह ब्राह्मण वह नहीं है जो ज्ञान का आगार था, विनय की मूर्ति था, सरल था, सत्यवादी था, निस्पृह था, जो निर्जन एकान्त में बैठा तप करता था, जिसे पठन-पाठन और यज्ञ-याग के सिवा दूसरी किसी चीज़ से प्रयोजन न था। यह ब्राह्मण वह नहीं है, यह टकेपंथी पंडा-पुरोहित, साधु-महात्मा...और इस तरह मोटेराम का जन्म हुआ, सन् 11-12 में, लेकिन जैसा कि हम देख चुके हैं, उसके भी सात-आठ बरस पहले, मुंशीजी की पहली प्राप्त कथाकृति 'देवस्थान रहस्य' में सन् 03 में ही मुंशीजी का कुठार उन दुराचारी-व्यभिचारी, पडों-पुरोहितों पर गिर चुका था। पहले का परोपकारी ब्राह्मण आज जिस अर्थ में और जिस सीमा तक परोपजीवी बन गया है और दूसरे की गाढ़ी कमाई पर रबड़ी-मलाई चाभता है, वह सच्चे ब्राह्मण के पद से गिरा हुआ है, पतित है, और उसका पर्दाफ़ाश करना इंसाफ़ का तक़ाज़ा है।

सन् 1906 में मुंशीजी ने अपने एक लेख 'शरर और सरशार' में लिखा था—'बुद्धिमान जानते हैं कि बुराइयों की रोक-थाम के लिए कोई औज़ार इतना कारगर और असरदार नहीं है जितना कि मख़ौल का कोड़ा, और सरशार ने बड़ी बेरहमी से ऐसे कोड़े लगाए हैं। मसलन रेवेन्यू एजेन्ट और सलारबख्श जो मख़ौल का निशाना बनाए गए हैं, उससे सिर्फ़ वकीलों की बहुतायत और उनकी बेक़द्री का ख़ाका उड़ाना उद्दिष्ट है।...डिकेन्स ने भी सर्जेन्ट बज़फज़ के पर्दे में वकीलों की ख़ूब ख़बर ली है। मगर सरशार की बेधड़क ठिठोली डिकेन्स के गम्भीर व्यंग्य से अधिक प्रभावशाली है।'

इन्हीं सरशार और डिकेन्स से इशारा लेकर मुंशीजी ने पंडित मोटेराम की सृष्टि की और क़रीब पच्चीस साल तक अपने कलेजे से लगाए रखा। यह भी साफ़ है कि मुंशीजी ने सरशार के ढंग को ही अपने मिज़ाज के ज़्यादा क़रीब पाया और उसी मिट्टी और पानी से मोटेराम की मूरत बनाई।

वक़्त के तक़ाज़े से नई-नई बातें भी मोटेराम में जुड़ जाती हैं, लेकिन एक बात सब में समान है—उनकी अजगरी वृत्ति।

देखिए अजगरी वृत्ति के मोटमर्द बाबाजी लोगों की कैसी खिल्ली इस छोटे-से चुटकले में उड़ाई है—

रामधन अहीर के द्वार पर एक साधु आकर बोला—बच्चा, तेरा कल्याण हो, कुछ साधु पर श्रद्धा कर।

रामधन ने जाकर स्त्री से कहा—साधु द्वार पर आए हैं, उन्हें कुछ दे दो। स्त्री बर्तन माँज रही थी और इस घोर चिन्ता में मग्न थी कि आज भोजन क्या बनेगा, घर में अनाज का एक दाना भी न था। चैत का महीना था लेकिन यहाँ दोपहर ही को अँधेरा छा गया था। उपज सारी की सारी

खलिहान से उठ गई। आधी महाजन ने ले ली, आधी ज़मींदार के प्यादों ने वसूल की, भूसा बेचा तो बैल के व्यापारी से गला छूटा, बस थोड़ी-सी गाँठ अपने हिस्से में आई। उसी को पीट-पीटकर एक मन-भर दाना निकाला था। किसी तरह चैत का महीना पार हुआ अब आगे क्या होगा।

ऐसे में आफ़त के मारे यह बाबाजी पहुँच जाते हैं, और किसान की सरल आस्तिकता, जब कोई और उपाय नहीं सूझता तो देवताओं के लिए जो थोड़ा-सा अंगौआ निकालकर रखा है उसी में से एक कटोरा आटा ले जाकर बाबाजी की झोली में डाल देता है।

महात्मा ने आटा लेकर कहा-बच्चा, अब तो साधु आज यहीं रहेंगे। कुछ थोड़ी-सी दाल दे तो साधु का भोग लग जाए।

रामधन ने फिर आकर स्त्री से कहा। संयोग से दाल घर में थी। रामधन ने दाल, नमक, उपले जुटा दिए, फिर कुएँ से पानी खींच लाया। साधु ने बड़ी विधि से बाटियाँ बनाईं, दाल पकायी, और आलू झोली में से निकालकर भुरता बनाया। जब सब सामग्री तैयार हो गई तो रामधन से बोले—बच्चा, भगवान के भोग के लिए कौड़ी भर घी चाहिए। रसोई पवित्र न होगी तो भोग कैसे लगेगा।

रामधन—बाबाजी घी तो घर में न होगा।

साधु—बच्चा, भगवान का दिया तेरे पास बहुत है। ऐसी बात न कह।

रामधन—महाराज, मेरे गाय-भैंस कुछ नहीं है, घी कहाँ से होगा।

साधु—बच्चा, भगवान के भंडार में सब कुछ है, जाकर मालकिन से कह तो।

रामधन ने जाकर स्त्री से कहा—घी माँगते हैं। माँगने को भीख पर घी बिना कौर नहीं धँसता।

स्त्री—तो इसी दाल में से थोड़ी लेकर बनिए के यहाँ से ला दो। जब सब किया है तो इतने के लिए उन्हें नाराज़ क्यों करते हो।

घी आ गया। साधुजी ने ठाकुरजी की पिंडी निकाली, घंटी बजाई, और भोग लगाने बैठे। ख़ूब तनकर खाया, फिर पेट पर हाथ फेरते हुए द्वार पर लेट गए। थाली, बटुली और कलछुली रामधन घर में माँजने के लिए उठा ले गया। उस रात रामधन के घर चूल्हा नहीं जला, खाली दाल पकाकर ही पी ली।

23

3 फ़रवरी, 1928 को साइमन कमीशन ने हिन्दुस्तान की धरती पर पैर रखा—और अंगारे बिछे हुए पाए। श्रीगणेश उसी दिन एक देशव्यापी हड़ताल से हुआ। फिर तो कमीशन जहाँ-जहाँ गया वहाँ-वहाँ उसे जनता के इसी रोषानल का सामना करना

पड़ा। हर जगह लोगों की ज़बान पर वही एक नारा था—'साइमन गो बैक, गो बैक, साइमन' जो अशिक्षित कंठों से निकलकर 'साइमन गोबर, गोबर साइमन' बन जाता था। दस हज़ार, पच्चीस हज़ार, पचास हज़ार कंठों से निकलकर यही स्वागतवाणी हवा में गूँज रही थी। सुननेवालों को स्वभावत: वह अच्छी नहीं लगी और उन्होंने उसको बन्द करने के लिए कहीं लाठी और कहीं गोली का सहारा लिया। बम्बई, कलकत्ता, दिल्ली, मद्रास, सब जगह एक ही क़िस्सा था। बेचारों का सोना-जागना हराम हो गया। हर वक़्त, हर तरफ़ उन्हें वही भीड़ें नज़र आतीं और वही शोर कानों में बजता रहता। नींद में भी एक पत्थर सा सीने पर धरा रहता। दिल्ली का ही लतीफ़ा तो है वह जिसका ज़िक्र जवाहरलाल ने अपनी आत्मकथा में किया है। कमीशन के मेम्बर एक रोज़ वेस्टर्न होटल में सो रहे थे। रात के सन्नाटे में उनकी नींद यकबयक उचट गई। बेपनाह शोर मच रहा था। पहुँच गए हरामज़ादे, यहाँ भी पहुँच गए! अब शायद रात को सोना भी मयस्सर न होगा।

मगर नहीं, ये तो महज़ सियार थे जो इस वक़्त सब एक साथ हुआँ-हुआँ कर रहे थे!

जो हो, सरकार बहादुर को अब यक़ीन हो गया था कि डंडे का सहारा लिए बिना काम न चलेगा। बादशाह सलामत की तरफ़ से यह कमीशन आया है, उसके साथ ऐसा बेहूदा सलूक! सबक़ देना पड़ेगा इन वहशियों को, किसी और वजह से नहीं तो सिर्फ़ अपनी नाक बचाने के लिए।

लिहाज़ा कमीशन जब लाहौर पहुँचा और वहाँ भी हज़ारों लोगों ने लाला लाजपतराय के नेतृत्व में कमीशन का वैसा ही ज़बर्दस्त स्वागत किया तो डंडे का जौहर दिखलाना ज़रूरी हो गया। ख़ूब कसकर लाठियाँ बरसायी गईं और एक जोशीले गोरे सार्जेंट ने आगे बढ़कर लालाजी के सीने पर अपने बेटन से ऐसा तुला हुआ वार किया कि वह फिर उसके बाद ज़्यादा दिन न चल सके।

बुड्ढे आदमी थे। कमज़ोर थे। जाना ही था। चले गए। लेकिन वह वार जो उस गोरे सार्जेंट ने किया था वह सिर्फ़ लालाजी पर नहीं क़ौम की इज़्ज़त, क़ौम की ग़ैरत पर भी था। हमें इतना गिरा हुआ समझ लिया है इन मरदूदों ने। हमारा ख़ून क्या ख़ून नहीं पानी है। एक सकता-सा छा गया सारे मुल्क में, फिर एक ज़ालिम तिलमिलाहट...

कुछ ही रोज़ बाद किसी हिन्दुस्तानी ने उस गोरे सार्जेंट को अपनी गोली का निशाना बना दिया। लेकिन उतने से वह आग क्या बुझती।

वह तो थोड़ी-सी उस रोज़ बुझी जिस रोज़ भगत सिंह ने असेंबली में बम फेंका। बम पहले भी बहुत फेंके गए थे, बाद को भी बहुत फेंके गए और देश के रहनेवालों ने उनके रास्ते को ठीक समझा हो या न समझा हो, उन बहादुरों को जो इस तरह अपनी ज़िन्दगी के साथ खेलते थे, श्रद्धा के फूल चढ़ाने में उन्होंने कभी कोताही नहीं की। लेकिन सारे उत्तर भारत में जो मान भगत सिंह को मिला वह और किसी को न मिला, जिस तरह उसका नाम बच्चे-बच्चे की ज़बान पर चढ़ गया, किसी और का न चढ़ा। किसी की स्मृति को इस तरह गानों की माला में गूँथकर लोगों ने अपनी छाती से नहीं लगाया। इसलिए नहीं कि भगत सिंह की जान जान थी, दूसरे की जान जान न थी, इसलिए कि इसके पीछे लाला लाजपत राय की हत्या थी और भगत सिंह ने इस

तरह जैसे उनकी हत्या का बदला लिया था, देश की लाज रखी थी। भगत सिंह प्रतीक बन गया था देश के अभिमान का, साहस का...

...जिसको कुचलकर गोरी सत्ता साइमन कमीशन का रास्ता समतल करना चाहती थी।

और इधर उसके ही मुक़ाबले में देश की अपराजेय विद्रोही आत्मा एक बार फिर अपने को पहचान रही थी, संगठित हो रही थी।

लाहौर से कमीशन लखनऊ पहुँचा। वहाँ भी सब जगह, गलियों में, बाज़ारों में, घरों के अन्दर और खुले मैदानों में, औरत-मर्द, बच्चे-बूढ़े-जवान सब की ज़बान पर वही एक भूत-भगावन मंत्र था—साइमन गो बैक।

हुकूमत भी अब हर चीज़ के लिए तैयार थी—चारों तरफ़ पैदल और घुड़सवार सिपाही, लाठी, बन्दूक, किसी चीज़ की कमी न थी, पूरम्पूर लड़ाई के मैदान का नक़्शा था। सिपाहियों को अनन्त अधिकार दे दिए गए थे, चाहे जो करें कहीं कोई सुनवाई न थी।

ताहम दूसरे शहरों की तरह लखनऊ के रहनेवाले भी अपने इरादों में मज़बूत थे। साइमन कमीशन आया और उसकी आवभगत यहाँ भी उसी आन-बान से हुई। लाठी भी चली, जुलूस पर घोड़े भी दौड़ाये गए, सर भी फटे लेकिन लोगों के हौसले पस्त न हुए। जवाहरलाल नेहरू को लाठियों का पहला तजुर्बा यहीं हुआ और गोविन्दवल्लभ पंत तो सारी उम्र उस दिन की याद को लरज़े की शक्ल में ढोते रहे। लेकिन लोगों का दमखम वही था; एक ज्वार था जिसमें सब बह रहे थे।

यहाँ तक कि लखनऊवाले अपनी कार्रवाइयों को मज़ाक़ का वह हल्का-सा पुट देने से भी बाज न आए जो कि उनकी ख़ास चीज़ है।

क़ैसरबाग़ में अवध के कुछ बड़े ताल्लुक़ेदारों ने साइमन कमीशन को एक शानदार पार्टी दे रखी थी। शहर के तमाम बड़े-बड़े लोग, अमीर-उमरा, आमन्त्रित थे। पुलिस ने अच्छी तरह नाकेबन्दी कर रखी थी ताकि पंछी पर भी न मार सके और यज्ञ विधिवत् सम्पन्न हो जाए। आसपास की सड़कों तक पर जाने की लोगों को मनाही थी।

और इस तरह, इस क़िलेबन्दी के भीतर, सरकारी ख़ैरख़्वाहों की महफ़िल गर्म थी—कि अचानक लोगों की नज़र ऊपर जो उठी तो वह क्या देखते हैं कि आसमान में अनगिनत गुब्बारे और पतंगें उड़ रही हैं (कनकैयों का शहर ही ठहरा लखनऊ) और उन सब में एक दुमछल्ला लगा हुआ है, साइमन गो बैक!

मुँह का मज़ा बिगड़ गया कुछ लोगों का, लेकिन शहर सारा हँस रहा था, और उन हँसनेवालों में मुंशी प्रेमचन्द भी थे जो उन दिनों नं. 2 हिवेट रोड पर, पाठक जी के लाल मकान में रहते थे। सारा नाटक उनकी आँखों के आगे हो रहा था। कभी-कभी जोश भी आ जाता था, मगर वह बस एक वक़्ती उबाल था, और मुंशीजी अलग-थलग अपने गोशे में पड़े रहे। अपनी ताक़त का पता उन्हें हो न हो, अपनी कमज़ोरी का पता ख़ूब था। जैसा कि अब से क़रीब छः साल बाद इन्द्रनाथ मदान को लिखे हुए अपने एक ख़त में उन्होंने कहा था—'नहीं, मैं कभी जेल नहीं गया। मैं कर्मक्षेत्र का आदमी नहीं हूँ। मेरी रचनाओं ने कई बार सत्ता को कुपित किया है।' सब के पास अभिव्यक्ति का अपना माध्यम होता है। लेकिन वह पूरी बात नहीं है। परिस्थिति की विवशता भी

कोई चीज़ होती है। कच्ची गृहस्थी है। ख़ुद ही कमानेवाले हैं, काम किए बिना दो रोज़ भी खाने का ठिकाना नहीं है। ऐसे में यही ठीक है कि तेली के बैल की तरह जुते रहो, और लिख-पढ़कर जितना कुछ कर सको, करो। बुरा भी क्या है, सब काम सबके करने के नहीं होते। जिससे जो बन सके वही उसका काम है।

लेकिन क़ौम की ज़िन्दगी में ऐसे भी मौक़े आ जाते हैं जब ये सब बातें मन को समझाने की दलीलें जान पड़ने लगती हैं। जैसे-जैसे आन्दोलन में तेज़ी आ रही थी वैसे-वैसे संकल्प-विकल्प की ये स्थितियाँ अधिकाधिक सामने आने लगी थीं और तब पति-पत्नी में अक्सर इस बात को लेकर बहस छिड़ती कि कौन जेल जाए और कौन घर को सँभाले। इस पर दोनों एकमत थे कि एक न एक को जेल जाना ज़रूर चाहिए। सब घरों से लोग जा रहे हैं तो क्या हमीं सबसे फिसड्डी, सबसे गए-बीते हैं! बाल-बच्चे सभी के हैं। सबकी अपनी-अपनी मजबूरियाँ हैं। पैसेवाले लोग कितने हैं। ज़्यादातर हमीं जैसे लोग हैं, फ़ाक़ेमस्त, घर में भूनी भाँग नहीं। मगर तब भी जा रहे है। घर में कोई बड़ा लड़का होता तो उसी को जेल भेजकर अपना कोटा पूरा कर देते। वह भी बात नहीं है। जाना हमीं दो में से एक को है। मुंशीजी को शिवरानी जाने न देना चाहतीं—घर का क्या होगा, अस्सी रुपए महीने का भी तो डौल नहीं है और फिर इनकी सेहत क्या जेल जाने की है! न जाने क्या काठ-कबाड़ खाने को दें, बीमार आदमी, जैसे-तैसे तो जान बची है अभी, रक्खा है परहेज़ी खाना वहाँ, शायद ही फिर घर का मुँह देखना नसीब हो!

ग़रज़ कि इसी हैस-बैस में बेचारे पड़े थे और उधर मुल्क तेज़ी से एक नए संघर्ष की ओर जा रहा था।

और मुंशीजी की ज़िन्दगी अपने उसी बँधे-टँके रास्ते पर चली जा रही थी—घर से नरही, माधुरी दफ़्तर, और नरही से घर। दस बजे जाना, पाँच-छः बजे लौटना, और वहाँ सारे दिन माधुरी के अलावा और भी दुनिया-भर के अगड़म-बगड़म काम (संयोग से एक डायरी में ये कुछ टीपनें मिल गई हैं, ठीक उन्हीं दिनों की जब साइमन कमीशन आया हुआ था।)—

11 फ़रवरी—'घरेलू गणित' की पांडुलिपि पढ़ी और उस पर रिपोर्ट दी। 'मैनुअल ग्रामर' का एक इश्तहार लिखा।

माधुरी सिरीज के लिए एक प्रस्ताव तैयार किया।

'सैरे कोहसार' के दो पन्ने तर्जुमा किए।

12 फ़रवरी—इतवार।

13 फ़रवरी—क़रीब तीन पेज रूपान्तर किया। विचारदास को 'बीजक' के लिए ख़त लिखा। बुकडिपो के लिए कुछ इश्तहारों को शोधा। 'फूल में काँटा' के कुछ पन्नों का संशोधन किया। 'भारत कथा कौमुदी' के चित्र ब्लाक डिपार्टमेंट को भेजे।

14 फ़रवरी—'फूल में काँटा' के 15 पृष्ठों का संशोधन किया। 'कोहसार' के 2 पन्नों का रूपान्तर किया।

15 फ़रवरी—'फूल में काँटा' के 16 पृष्ठों का संशोधन किया। लाइब्रेरी में भेजने के लिए ढेरों किताबें आ गई थीं। टेक्स्ट बुक कमेटी के पास भेजने के ख्याल से उनकी विषयवस्तु देखी।

18 फ़रवरी—सारे दिन उन्हीं पुस्तकालयोपयोगी पुस्तकों को देखने में लगा रहा। चौदह थीं। उनकी विषयवस्तु देखनी थी और उनका सारांश तैयार करना था।

24 फ़रवरी—20 पेज 'फूल में काँटा' का सशोधन किया।

लड़कियों के उपयोग की कई पुस्तकों का सारांश देते हुए डी.पी.आई. को ख़त लिखा। कहानियों के साथ ब्लाक लगाकर 'भारत कथा कौमुदी' प्रेस को दी।

इन्हीं सब ऊटपटाँग कामों को देखकर जो मुंशीजी पर लाद दिए गए थे और जिन्हें वह सर झुकाये ढोते चल रहे थे, मिर्ज़ा मुहम्मद अस्करी, जो उनके साथ वहीं नवलकिशोर प्रेस में काम करते थे, अक्सर मज़ाक़ में कहा करते थे—देखिए घुड़दौड़ का घोड़ा इक्के और ताँगे में जुते तो कैसा चलेगा!...लेकिन जब उन्हीं टेक्स्टबुकों की उर्दू पर नज़र डालने के लिए अस्करी साहब से कहा गया तो मुंशीजी ने भी मौक़ा ताककर रद्दा कसा—मिर्ज़ा साहब, अब फुट से जोड़ी हो गई!

टेक्स्टबुकें तैयार करना ही नहीं, उनको कोर्स में लगवाने का काम भी मुंशीजी के सुपुर्द कर दिया गया था और इसके सिलसिले में ग़रीब को अक्सर दूसरे शहरों की ख़ाक छाननी पड़ती थी, कभी बनारस तो कभी कानपुर, कभी पटना तो कभी नैनीताल—और यह सब माधुरी के सम्पादकीय काम के अलावा। लेकिन मुंशीजी के चेहरे पर शिकन न थी। अस्करी साहब लिखते हैं—'मैंने उनको दो-तीन बरस के दौरान में हमेशा हँसमुख पाया। उनका चेहरा हमेशा खिला रहता था। कभी ग़ुस्सा उनके चेहरे पर न देखा। कभी-कभी मैं उनसे मज़ाक़ में कहता था कि क्यों साहब, क्या अपको कभी ग़ुस्सा नहीं आता? क्या आप घर में भी कभी ग़ुस्सा नहीं करते? इस पर वह हमेशा हँस देते थे।...गो माधुरी का दफ़्तर एक कमरे में कोठे पर था मगर मुंशी साहब की और माधुरी के स्टाफ के कुछ लोगों की बैठक मेरे कमरे से लगे हुए एक कमरे में होती थी।...मुंशी साहब की ज़िन्दादिली, नेकी और हँसोड़पन से उनके तमाम साथी जो कमरे में बैठते थे, बेहद ख़ुश थे। उनके क़हक़हों की आवाज़ से कमरा गूँज जाता था और एक रोशनी-सी फैल जाती थी। जब मैं अपनी किताब 'नवादिर' लिख रहा था तो उसके लतीफ़े कभी-कभी उनको भी सुनाता था। एक मर्तबा मैंने एक मुअज्जिन का लतीफ़ा सुनाया जो अज़ान देते वक़्त दूर भागता जाता था और जब उससे पूछा गया कि यह क्या हरकत है तो उसने जवाब दिया कि अपने अजान की आवाज़ मैं भी सुनना चाहता हूँ कि दूर से कैसी मालूम होती है। इस लतीफ़े को सुनकर मुंशी साहब इतना हँसे कि आँखों में आँसू आ गए।'

'निर्मला' धारावाहिक रूप से 'चाँद' में निकलकर बेहद कामयाब हुई थी, फिर 'प्रतिज्ञा' निकली जो उतनी कामयाब नहीं हुई, और अब 'ग़बन' की तैयारी हो रही थी।

निम्न मध्यम वर्ग का सहज जीवन, उसी की सहज कथाएँ, उन्हीं के नैतिक-सामाजिक प्रश्न। अब एक नया अग्नि-ज्वार उठ रहा था जिसका संस्पर्श चेतना को, रचना को एक नया संस्कार, एक नई दिशा देगा। अभी तो वही रोज़ की दिनचर्या, दफ़्तर और घर, और सबेरे-शाम कुछ लिखना-पढ़ना, न कहीं जाना न कहीं आना, न कोई ख़ास मेल-मुलाक़ात। बस वही दो-चार दोस्त थे। उन्हीं के साथ उठ-बैठ लेते थे।

एक तो जैसे घर में ही थे—हरिनन्दन भट्ट, उनकी पत्नी और साल-डेढ़ साल की उनकी बच्ची कुसुम जिसे मुंशीजी बहुत चाहते थे। उसी घर से लगे हुए बराबर के हिस्से में यह लोग रहते थे और उनसे घरोपा होने में ज़रा भी देर न लगी। बेहद भले, बेहद मुहब्बती लोग थे और तब जिस दोस्ती की शुरुआत हुई वह आज तक उसी तरह ज़िन्दा है और किसी भी ख़ून के रिश्ते से ज़्यादा मज़बूत साबित हुई। हरिनन्दन घर के बाक़ी बच्चों की तरह मुंशीजी को बाबूजी कहते थे, उनकी पत्नी अम्माजी की बहू थीं, और कुसुम घर भर का खिलौना थी। उसी साल हरिनन्दन ने मेडिकल कालेज से प्रथम श्रेणी में प्रथम स्थान पाकर एम.बी.बी.एस. पास किया था और उन्हें हाउस सर्जन बनाया गया था।

दूसरे एक हकीम साहब थे। हकीम उनका नाम था, पेशे से वह चित्रकार थे। पहले 'सुधा' के स्टाफ़ आर्टिस्ट हो गए थे। बाँस की तरह लम्बे और पतले-से आदमी थे, और वैसा ही सुता हुआ, लम्बा-सा दुबला-पतला चेहरा था। आँखों में बड़ी नर्मी, बड़ी घुलावट थी। मुंशीजी पर जान देते थे, और मुंशीजी भी उन्हें बेहद चाहते थे। तंग मोरी का पाजामा, अचकन, तुर्की टोपी—वज़ा-क़ता से हकीम साहब ठेठ मुसलमान थे। रोज़े-नमाज़ के भी शायद काफ़ी पाबन्द थे। लेकिन हैरत है कि मज़हबी तंगदिली या कट्टरपन उन्हें छू भी नहीं गया था। उनका मज़हब अपनी जगह पर था, और मज़बूती के साथ था, लेकिन उससे भी बड़ा जो इन्सानियत का मज़हब है, उसके लिए भी उनके कान बहरे न थे और न दोनों में उन्हें कोई बैर दिखाई पड़ता था। सौ गज पर उनका घर था, अक्सर शाम को चले आते। बच्चे भी उनसे बहुत ख़ुश रहते थे—हाथी-घोड़ा, ऊँट-बन्दर, जब जो बनवाना हो जाकर बनवा ले आओ।

तीसरे एक निगम साहब थे, कृपाशंकर निगम। उनसे भी यही दो-तीन साल की मुलाक़ात थी, लेकिन इतने ही दिनों में दोनों की चूल ख़ूब बैठ गई थी। पुराने विधुर थे। जवानी में ही पत्नी-वियोग हो गया था, लेकिन दुबारा ब्याह नहीं किया और न शायद कोई सन्तान ही थी। बिकुल अकेले रहते थे। बहुत ही नेक, बहुत ही मीठे, बहुत ही समझदार आदमी थे। साँवला रंग था, मझोला कद, मामूली छरहरा जिस्म। इन्तहाई सादगी से रहते थे, न पान की लत थी न सिगरेट की। वहीं जुबिली कालेज में पढ़ाते थे। लाटूश रोड पर मकान था। मुंशीजी अक्सर उनके यहाँ पहुँच जाते थे। दोनों में यह जो दोस्ती थी उसके लिए निगम साहब का साहित्यरसिक होना ज़रूरी नहीं था, पर वह साहित्यरसिक थे और उनके साथ बैठकर साहित्यचर्चा करना मुंशीजी को बहुत अच्छा लगता था।

उन्हीं के यहाँ कभी-कभी बेदार साहब और दो-एक और मित्रों को लेकर महफ़िल जमती। बेदार कुछ जमाने के लिए नवलकिशोर प्रेस में नौकर भी हो गए थे और

टेक्स्टबुक कमेटियों के मेम्बरों के यहाँ हाज़िरी बजाने के लिए मुंशीजी के साथ दौरों पर भी निकलते थे। शौक़ीन, रँगीली तबीयत के आदमी थे, बाद को गेरुआ बाना पहन लिया पर उस वक़्त तो काफ़ी लती पीनेवाले थे। ग़ज़लें टूटी-फूटी कहते थे मगर पीने में वह बड़े से बड़े शायर से टक्कर ले सकते थे। अपने और दूसरों के बहुत से शेर उनको याद थे, लिहाज़ा महफ़िल जम जाती और मुंशीजी भी कभी-कभार उनमें शरीक हो लेते। इनमें वह बात कहाँ जो बीस-बाईस बरस पहले मुंशी दयानरायन निगम के घर पर कानपुर में उन सोहबतों में थी जिनकी रौनक मुंशी नौबतराय 'नज़र' और मुंशी दुर्गासहाय 'सरूर'-जैसे लोगों की जात से थी। वह रंग अब सब उड़ गए थे, नशा उतर गया था, उम्र ढल चली थी, परेशानियाँ बढ़ गई थीं, मगर ख़ैर, अपना एक मज़ा तो उनमें था ही।

लत तो दूर की बात है, मुंशीजी को पीने का चस्का भी न था, लेकिन सोहबत में बैठने पर कभी-कभी लगाम आप ही आप ढीली हो जाती और मुंशीजी ना ना करते हुए भी पैग-दो पैग चढ़ा जाते। ऐसी ही एक सोहबत में एक रोज़ मुंशीजी को रात घर पहुँचने में काफ़ी देर हो गई। दरवाज़ा बन्द हो चुका था और पत्नी शाम से ही सर लपेटे सोती-जागती-सोती पड़ी थीं, दोनों कानों में फुड़ियाँ निकली हुई थीं। उनको छोड़कर घर में बस बच्चे थे—बड़ी बेटी और उसके दोनों छोटे भाई। उनकी भी आँख लग गई होगी। ग़रज़ कि मुंशीजी को दरवाज़ा खुलवाने में काफ़ी मुश्किल हुई और दरवाज़ा खुलते ही मुंशीजी बच्चों पर बरस पड़े। नशा चढ़ा हुआ था।

माँ सर लपेटे पड़ी थीं, कान में थोड़ी-सी भनक उनको भी पड़ी। बेटी को बुलाकर उन्होंने पूछा—बेटी, घर में कोई कुत्ता घुस आया है क्या? बेटी ने कहा—कुत्ता नहीं है अम्माँ, बाबू जी हैं, हमको, धुन्नू को बिगड़ रहे हैं। शराब पीकर आए हैं। मुँह से बदबू आ रही है।

यह सुनकर तो अम्माँ की आँखें कपार पर चढ़ गईं और वह उठने को हुईं कि जाकर ज़रा अच्छी तरह खरी-खोटी सुनाएँ, लेकिन बेटी ने रोक दिया और वह भी न जाने क्या सोचकर रुक गईं, चादर मुँह से ओढ़ ली और करवट बदलकर फिर सो गईं।

अगले दिन सबेरा होने के साथ मुंशीजी की लानत-मलामत हुई और कसकर हुई। नशा तो रात को ही उतर चुका था, अब उस नशे का खुमार भी हिरन हो गया। मुंशीजी ने कान पकड़ा कि अब फिर कभी ऐसी ग़लती नहीं करूँगा।

एक पखवारा भी नहीं बीतने पाया था कि फिर वही ग़लती कर बैठे, दोस्तों की महफ़िल में कहाँ ख़याल रहता है ऐसे सब वादों का...और अब फिर वही बन्द दरवाज़ा सामने था और मुंशीजी दस्तक दे रहे थे और दरवाज़ा बन्द का बन्द था। सिद्धान्त-गरिष्ठ पत्नी ने उन्हें सबक़ देने का फ़ैसला कर लिया था—जाएँ वहीं मरदूदों के यहाँ जिनकी संगत में बैठकर...

उनका बस चलता तो मुंशीजी को शायद वह रात बाहर सड़क पर ही गुजारनी पड़ जाती लेकिन ख़ैरियत हुई कि बच्चों की मामी उन दिनों आई हुई थीं, उन्होंने अपनी ननद की सुनी-अनसुनी करके दरवाज़ा खोल दिया। रात को मुंशीजी को तीन-चार कै भी हुई (या तो ज़्यादा पी गए थे बातों-बातों में या मेदे में क़तई बर्दाश्त न थी) लेकिन

पत्नी पास नहीं फटकीं। हाँ, अगले रोज़ फटकार उन्होंने ख़ूब कसकर सुनाई। मुंशीजी कान दबाये सुनते रहे और इस बार जो उन्होंने खसम खाई तो फिर शायद कभी लाल परी को मुँह नहीं लगाया।

साइमन कमीशन को लेकर देश में जो कुछ हुआ था वह तो दो पहलवानों का अखाड़े में उतरकर, मिट्टी लेकर एक-दूसरे से हाथ मिलाने जैसा था, असल कुश्ती शुरू होने में अभी थोड़ी देर थी। हिन्दुस्तानी पहलवान का जी बेतरह पक गया था और गोरा पहलवान अपनी ताक़त के नशे में चूर घमंड से सिर उठाए खड़ा था और ज़ोर-ज़ोर से उसकी मालिश चल रही थी।

इन्हीं दिनों की बात है। जाड़े के दिन थे। शायद बड़े लाट की सवारी आई थी। एक रोज़ मुंशीजी ने दफ़्तर से लौटकर कहा—आज लखनऊ में कोई चालीस हज़ार रुपया आतिशबाज़ी और रोशनी में ख़र्च होगा।

पत्नी बोलीं—किसको फ़ालतू पैसा मिला है जो इस क़दर बेरहमी से ख़र्च कर रहा है?

मुंशीजी ने कहा—ख़र्च कौन कर रहा है? मैं पूछता हूँ चलोगी देखने? चाहो तो बच्चों को लेती चलो, सब को दिखला दो।

पत्नी ने पूछा—आप चलेंगे?

मुंशीजी बोले—हाँ क्यों नहीं चलूँगा, ग़रीबों का घरफूँक तमाशा देखा जाएगा...

पत्नी का समाधान न हुआ। उन्होंने पूछा कि आख़िर इस सब के लिए पैसा कहाँ से आता है?

मुंशीजी ने कहा—जो राजे-महाराजे हर साल यहाँ आते हैं वे कुछ न कुछ इसीलिए यहाँ रखते जाते हैं कि जब-जब वाइसराय और युवराज यहाँ पधारें तो वह उनके स्वागत में ख़र्च हो। और जो कमी पड़ती है वह तुम्हारे यहाँ के काश्तकारों से वसूल की जाती है! उन ग़रीबों के ख़ून की कमाई कूड़ा-घास की तरह आतिशबाज़ी में फूँक दी जाती है। जिस मुल्क के आदमी की कमाई औसत छ: पैसे रोज़ हो, उस मुल्क में किसी को क्या हक़ है कि एक-एक शहर में चालीस-चालीस और पचास-पचास हज़ार रुपया आतिशबाज़ी में फूँका जाए? जहाँ पर तन ढँकने को कपड़ा न हो, दोनों जून रूखी रोटियाँ भी न मिलें, उस मुल्क में इस बेरहमी से पैसा फूँका जाए और इसलिए कि वाइसराय साहब ख़ुश होंगे और इन मोटे आदमियों को खिताब देंगे!

और मज़ाक़ तो देखिए कि इन्हीं दिनों ख़ुद मुंशीजी को रायबहादुरी का ख़िताब देने का एक शुक्क़ा गवर्नर मैल्कम हेली की तरफ़ से छोड़ा गया! किसी दोस्त के मार्फ़त गवर्नर साहब की यह ख़्वाहिश सर सीताराम ने मुंशीज़ी तक पहुँचाई लेकिन मुंशीजी ने बड़ी नर्मी से यह कहकर इनकार कर दिया कि मैं तो जनता की रायबहादुरी का भूखा हूँ।

लेकिन अभी तो हम आतिशबाज़ी का तमाशा देखने जाने की बात कर रहे थे।

इसी बातचीत की रौ में उनकी पत्नी ने पूछा—'जब स्वराज्य हो जाएगा तब क्या चूसना बन्द हो जाएगा।' मुंशीजी ने जवाब दिया—चूसा तो थोड़ा-बहुत हर जगह जाता

है। यही शायद दुनिया का नियम हो गया है कि कमज़ोर को शहज़ोर चूसे। हाँ, रूस है जहाँ पर कि बड़ों को मार-मारकर दुरुस्त कर दिया गया, अब वहाँ ग़रीबों को आनन्द है। शायद यहाँ भी कुछ दिनों के बाद रूस जैसा ही हो।' पत्नी ने शंका की—'तो क्या रूसवाले यहाँ भी आएँगे?' मुंशीजी ने समाधान किया—'रूसवाले यहाँ नहीं आएँगे, बल्कि रूसवालों की शक्ति हम लोगों में आएगी।'

मुंशीजी का मन बहुत दुखी था, लेकिन क्या करते, बच्चों के पीछे जाना पड़ा। सारा घर आतिशबाज़ी देखने गया। सब लोग तो ख़ुश-ख़ुश आतिशबाज़ी देख रहे थे, मुंशीजी एक किनारे अनमने-से बैठे थे और उनके चेहरे पर उनके दिल की तकलीफ़ लिखी हुई थी। एकाध घंटे के बाद सबको वापस ले आए। लड़के नहीं आना चाहते थे, मुंशीजी बोले—मेरे सर में दर्द हो रहा है।

उनका जी बहलाने को पत्नी ने एक रोज़ कहा—आप तो अपना दूना नुक़सान कर रहे हैं। एक तो आतिशबाज़ी में रुपया फूँका जाए और आप रात-दिन उसकी चिन्ता करें। लोग बड़े मज़े की कहावत कहते हैं—

रहिमन चुप ह्वै बैठिए देखि दिनन के फेर।
जब नीके दिन आइहैं बनत न लगिहै बेर॥

इसके जवाब में मुंशीजी ने कहा—यहाँ तुम्हारे जैसे दिमाग़ के आदमी रहे होंगे तभी तो यहाँ की आज़ादी छिनी होगी। मुझे तो लक्ष्मण जी की एक चौपाई बहुत अच्छी लगती है—

कायर मन कर एक अधारा।
दैव दैव आलसी पुकारा॥

24

इन्हीं दिनों नवलकिशोर प्रेस की वह पंचमेल लादी ढोते हुए, मुंशीजी को 28 मई, 1928 को पंडित बनारसीदास चतुर्वेदी का पत्र मिला—

माडर्न रिव्यू के जून के अंक में, जो दो-तीन दिन बाद निकल जावेगा, आपकी कहानी छप गई है। हार्दिक बधाई देता हूँ।

कहानी की भाषा को ठीक करने के लिए मुझे मि. एंड्रूज को कष्ट देना पड़ा था...श्री रामानन्द बाबू से भी मैंने यह कह दिया था कि यदि वे ठीक समझें तो छापें, नहीं तो मुझे वापिस दे दें। पहले उनका यह सन्देश आया था, 'प्रेमचन्दजी की सर्वोत्तम कहानी हम पहले छापना चाहते हैं और यह कहानी छपने योग्य होने पर भी प्रेमचन्द की कीर्ति के प्रति न्याय नहीं करती।' इस पर मैंने यही कहला भेजा कि आप इसे न छापिए, दूसरी

मैं चुनकर भिजवाऊँगा। रामानन्द बाबू के सुयोग्य पुत्र अशोक चटर्जी ने, जो केम्ब्रिज के बी.ए. हैं, मुझसे कहा है कि मैं स्वयं आपकी गल्पों का अनुवाद करूँ और वे (अशोक बाबू) उसे ठीक कर लेंगे। पर मुझे आपकी कहानियों का अनुवाद करने की हिम्मत नहीं पड़ती क्योंकि जैसी बढ़िया हिन्दी आप लिखते हैं मैं उतनी तो क्या उसका दसवाँ हिस्सा अच्छी अंग्रेज़ी नहीं लिख सकता।

मैं उस दिन का स्वप्न देख रहा हूँ जब कि किसी हिन्दी गल्पलेखक की कहानियों का अनुवाद रशियन, जर्मन, फ्रेंच इत्यादि भाषाओं में होगा। यदि आप ही को यह गौरव प्राप्त हो तब तो बात ही क्या है! मेरे हृदय में आपके प्रति श्रद्धा इसलिए है कि आप दूसरी भाषावालों को कुछ देकर हिन्दी का माथा ऊँचा कर सकते हैं। बँगला इत्यादि से दान लेते-लेते हमारा गौरव बढ़ नहीं रहा।

और फिर हाशिये पर लाल स्याही से मि. ऐंड्रयूज़ का सन्देश—

'मि. एंडूज ने मुझसे कहा था कि प्रेमचन्दजी को लिख भेजना कि अंग्रेज़ी में उनकी गल्प के अनुवाद के प्रकाशित होने पर मैं उनका अभिवादन करता हूँ।'

पन्द्रह दिन के भीतर, 10 जून को, उन्होंने फिर ख़त लिखा, इस बार अंग्रेज़ी में—

अपनी सभी किताबें—यानी उपन्यास और कहानियाँ सब—मेरे मित्र मि. ताराचन्द राय, प्रोफ़ेसर आफ हिन्दी बर्लिन यूनिवर्सिटी के पास भेज दीजिए। मि. राय को जर्मन भाषा पर अद्भुत अधिकार प्राप्त है। यहीं पर मैं इतना और बतला दूँ कि वह टैगोर की जर्मनी-यात्रा में बराबर उनके दुभाषिए रहे। मि. राय हमारे सर्वश्रेष्ठ लेखकों की कहानियों का अनुवाद करना चाहते हैं और मैंने उनसे कहा है कि आप से शुरू करें। कितनी ख़ुशी होगी मुझे आपकी कहानियों को जर्मन में देखकर, गो मैं एक शब्द नहीं जानता उस भाषा का! मिस्टर राय को आपके जीवन के एक छोटे से स्केच की भी ज़रूरत होगी। प्रोफ़ेसर गौड़वाला मुझे अच्छा नहीं लगता। उसमें आत्मीयता नहीं है। क्या आप मुझे अपने जीवन के बारे में कुछ नोट्स देंगे? मि. गौड़ ने विद्वान आलोचक की तरह लिखा है। मेरे पास उनकी विद्वत्ता नहीं है। मैं आपको आदमी के रूप में जानना चाहता हूँ। अपना एक अच्छा चित्र भी भेजिए।...

मैं 1916 से ही आपकी कहानियों का एक तुच्छ प्रशंसक रहा हूँ जब कि मैंने आपकी एक किताब, नवनिधि, चीफ़्स कालेज इन्दौर में, जहाँ मैं छः साल अध्यापक रहा, पाठ्यपुस्तक के रूप में लगाई थी। मिस्टर राय ने मुझको लिखा है कि अब तक किसी हिन्दी पुस्तक का अनुवाद जर्मन में नहीं हुआ। इसका मतलब है कि आपकी कहानियाँ पहली चीज़ होंगी! है न शानदार बात? मैं आपकी कहानियाँ जर्मन में देखने के लिए बेचैन हो रहा हूँ।...

जर्मन का तो ज़िक्र ही क्या अंग्रेज़ी में भी अब तक मुंशीजी की इक्का-दुक्का कहानियों का ही अनुवाद हुआ था, जिनमें से एक कहानी 'तारा' थी जिसका अनुवाद राजेश्वरप्रसाद सिंह ने, जो तब एक उदीयमान कहानीकार थे और ससुराल के रिश्ते से मुंशीजी के सम्बन्धी भी, 'ऐक्ट्रेस' के नाम से करके 'लीडर' में छपाया था और मुंशीजी बहुत ख़ुश हुए थे और एक जमाने तक उसकी और वैसे ही दो-एक और तर्जुमों की कतरन बहुत सँभालकर रक्खे रहे थे।

और अब तो यह एक नई दुनिया खुल रही थी, यश का सौरम सात समन्दर पार उधर जर्मनी इधर जापान पहुँच रहा था...

जापान से भी इन्हीं दिनों एक ख़त आया था। केशोराम सब्बरवाल नाम के एक हिन्दुस्तानी थे, पंजाबी, क्रान्तिकारी, जो पुलिस की नज़र बचाकर निकल भागे थे और तेरह साल से वहीं बसे हुए थे। जापानी भाषा बहुत अच्छी सीख ली थी और एक बहुत नामी-गरामी पत्र में काम करते थे। मुंशीजी ने बड़ी तत्परता से उन्हें जवाब दिया और चिट्ठी-पत्री का सिलसिला क़ायम हो गया।

2 अगस्त, 1928 को सब्बरवाल ने टोकियो से लिखा—

> *...आपकी पहली कहानी, जिसका अनुवाद मैंने किया, 'मर्यादा की वेदी' है। मेरी आशा के विपरीत वह बिल्कुल असफल रही। जापान की किसी प्रथम श्रेणी की पत्रिका ने उसे स्वीकार नहीं किया। उसमें भारतीय इतिहास और राष्ट्रीय भावना बहुत है जिसमें जापान के पाठक-समाज को रुचि नहीं है।...*
>
> *उसके बाद मैंने 'मुक्तिमार्ग' को लेकर अपनी तक़दीर आजमाई और जब वह जून के महीने में टोकियो के 'काइजो' (पुनर्निर्माण) पत्रिका में छपी तो एक तहलका-सा मच गया। काइजो जापान की ही सर्वश्रेष्ठ पत्रिका नहीं, उसकी गिनती संसार की सर्वश्रेष्ठ पत्रिकाओं में होती है। इस देश में यह एक सम्मान की, बहुत बड़े सम्मान की, बात समझी जाती है कि काइजो किसी की रचना को स्वीकार कर ले। काइजो की हर महीने एक लाख प्रतियाँ बिकती हैं।...*
>
> *एक छोटी-सी भूमिका भी उसके साथ गई है जो मि. सातो हार्नों ने लिखी है।...मि. सातो...आधुनिक जापान के पाँच महान् उपन्यासकारों में से एक हैं।*
>
> *कहानी का बहुत अच्छा स्वागत हुआ और आलोचकों ने भी उसकी प्रशंसा की। जापानियों को चेखोव और टाल्सटाय बहुत पसन्द हैं और इसीलिए उनको दो किसानों का यह झगड़ा, जिसका अन्त इस सुन्दर ढंग से हुआ है, बहुत अच्छा लगा। इतना ही नहीं, इससे उनको भारत के ग्रामीण जीवन और भारतीय चरित्र की भी थोड़ी-सी अन्दरूनी झाँकी मिल जाती है।... 'ज़माना' के जुबिली नम्बर में आपकी एक बेहतरीन कहानी है। दो रोज़ हुए मैंने 'ज़माना' मिलते ही 'मंत्र' पर काम करना शुरू किया और अभी अनुवाद का काम चल ही रहा था कि 'विशाल भारत' यहाँ-वहाँ थोड़े से हेरफेर के साथ इसी कहानी को लिए हुए आया।*

मैंने उर्दू पाठ के अनुसार काम किया है, बस इन कुछ शब्दों को छोड़कर—यहाँ तो भगत की चारों ओर तलाश होने लगी, और भगत लपका हुआ घर चला जा रहा था कि बुढ़िया के उठने से पहले घर पहुँच जाऊँ। रेखांकित शब्दों ने सारे कथानक में एक जादू-सा डाल दिया है। मगर इस साफ़गोई के लिए माफ़ कीजिएगा, मुझे 'विशाल भारत' में छपी कहानी के अन्त के तीन पैराग्राफ़...अच्छे नहीं लगे। मेरे जापानी सहयोगी, जो कोई छोटे लेखक नहीं हैं, उनकी भी यही राय है कि इन तीन पैराग्राफ़ों ने रेखांकित शब्दों के भीतर छिपी हुई सुन्दरता को उघाड़कर चौपट कर दिया है।

मंत्र अब भी मेरे मित्र मि. सातों के यहाँ पड़ी है। वे उसे पढ़ गए हैं और शायद जल्दी ही उसे टोकियो की किसी प्रतिष्ठित साहित्यिक पत्रिका में प्रकाशित करवाने की युक्ति करेंगे।...उनकी राय में यह कहानी मास्टरपीस है...

ताराचन्द राय साहब को भी 'मंत्र' कहानी के अन्त पर आपत्ति थी। 17 अक्तूबर, 1928 को बनारसीदास चतुर्वेदी ने लिखा—

"ताराचन्द राय को आपकी 'मंत्र' कहानी बहुत अच्छी लगी लेकिन उनकी राय है कि कहानी 'एक चिलम तमाखू का भी रवादार न हुआ' पर ख़त्म हो जानी चाहिए।"

यह सब मन की ख़ुशी के लिए अनमोल सामान था लेकिन एक लापरवाही थी और उससे भी ज़्यादा एक लजीलापन, जो पीछे से दामन पकड़कर खींचता रहता था। मुंशीजी चुप्पी साधे बैठे रहे। न उन्होंने अपनी तस्वीर खिंचवाई न अपना जीवन-वृत्त लिखा और न किताबें ही जर्मनी भिजवाईं। आख़िरकार 27 नवम्बर, 1928 को ताराचन्द राय ने लिखा—'पंडित बनारसीदास चतुर्वेदी ने एक बार मुझको लिखा था कि उन्होंने आपसे अपनी हर पुस्तक की एक-एक प्रति मुझको भेजने का अनुरोध किया है। मुझे खेद है कि अब तक आपने मुझको कुछ ख़बर नहीं दी।...मैं यह कहने की ज़रूरत नहीं समझता कि आप आधुनिक युग के सबसे महान हिन्दी लेखक हैं। आपने आज के जीते-जागते हिन्दुस्तान को वाणी दी है। आपने हमारी मातृभूमि की जीवन-मरण की समस्याओं पर अपनी विराट् मनीषा का आलोक फेंका है।...' फिर अपने बारे में लिखा—'मैं अभी-अभी वीसबेडन से लौटा हूँ जहाँ मुझे एक बड़े हाल में पन्द्रह सौ श्रोताओं के आगे भारतीय संस्कृति पर बोलने के लिए आमंत्रित किया गया था। वीसबेडन जर्मनी के प्रसिद्धतम स्वास्थ्य केन्द्रों में से है। मुझे आपको यह बतलाते हुए हर्ष होता है कि मेरा व्याख्यान बहुत सफल रहा। दिसम्बर में मुझे राइनलैंड में बोलने के लिए आमंत्रित किया गया है।'

यह क्या छोटी बात है कि ऐसे अच्छे-अच्छे लोग मेरी कहानियों को दूर देशों में फैला रहे हैं? और न मुंशीजी में यह पाखंड ही था कि भीतर-भीतर तो फूलकर कुप्पा हो जाते और बाहर से दिखलाते कि जैसे कुछ हुआ ही नहीं। सब्बरवाल का ख़त मिलने के कुछ ही रोज़ बाद 29 अगस्त को मुंशीजी ने अपने अन्तरंग सखा शिवपूजन जी को, जिनसे उन्हें डाह का भय न था, लिखा—'आपको यह सुनकर आनन्द होगा कि मेरी कई कहानियों के जापानी भाषा में अनुवाद प्रकाशित हुए हैं और वहाँ की सर्वश्रेष्ठ

पत्रिका में प्रकाशित हुए हैं। जापानी जनता ने उनका वही सम्मान किया है जो टाल्सटाय और चेखोव की कहानियों का करते हैं। पत्रों में ख़ूब चर्चा रही।'

ख़ुद सब्बरवाल को उन्होंने लिखा—'आपने मेरे बारे में जो सौहार्दपूर्ण बातें कही हैं उनसे मैं बहुत गौरवान्वित हुआ हूँ। किसी लेखक के लिए सुधीजनों की प्रशंसा से अधिक काम्य वस्तु और क्या हो सकती है। जापानी जनता से परिचित कराया जाना मैं अपने लिए सम्मान की बात समझूँगा, पर मुझे भय है कि जीवन का मेरा चित्रण उन्हें न भाएगा। उन्नत जापान को देने के लिए एक ग़रीब हिन्दी लेखक के पास क्या है।'

चिट्ठी-पत्री का सिलसिला फिर साल-भर कुछ ढीला रहा। 3 सितम्बर, 1929 को मुंशीजी ने शायद सबरवाल की आपत्ति का समाधान करते हुए लिखा—'इधर 'माधुरी' और 'विशाल भारत' में मेरी जो कहानियाँ छपी हैं उनमें से कोई आपको अच्छी लगी? हो सकता है कि उनकी उद्देश्यात्मकता आपको अच्छी न लगे, लेकिन जब तक हिन्दुस्तान विदेशी जुए के नीचे पड़ा कराह रहा है वह कला के उच्चतम शिखरों पर नहीं पहुँच सकता। यहीं पर एक ग़ुलाम देश और एक आज़ाद देश के साहित्य में अन्तर आ जाता है। हमारी सामाजिक और राजनीतिक स्थितियाँ हमको विवश करती हैं कि हम जब भी मौक़ा पाएँ कुछ शिक्षा दें। भावना जितनी ही प्रबल होती है रचना उतनी ही शिक्षापरक हो जाती है। नौजवान लेखक इस मामले में सबसे बड़े पापी हैं। अपने युवकोचित उत्साह में वे कला के सिद्धान्त भूल जाते हैं। वे क्षम्य नहीं हैं क्या?'

और फिर 5 दिसम्बर, 1929 को सब्बरवाल ने लिखा—

जापान के लोग आपकी रचनाओं के बड़े प्रशंसक हैं। खेद यही है कि उन्हें आपकी रचनाएँ अपनी भाषा में पढ़ने के लिए काफ़ी नहीं मिलतीं।

डॉ. टैगोर इस साल दो बार यहाँ आए थे, अमेरिका जाते हुए और अमेरिका से लौटते हुए। मैं प्राय: हर रोज़ उनके साथ रहा, क्योंकि वह सदा से मेरे ऊपर असाधारण रूप से कृपालु रहे हैं। लेकिन, मेरी तुच्छ बुद्धि में, जापान में आपकी रचनाओं का मान डॉ. टैगोर की रचनाओं से अधिक होगा। पहली बात तो यह है कि जापानियों ने गुरुदेव का लिखा बहुत कुछ पढ़ा है और वे उनसे भिन्न कुछ पाना चाहते हैं और फिर, आप में अपनी एक ख़ास बात है जो हिन्दुस्तान के दूसरे किसी लेखक के पास नहीं है और जो जापानियों के स्वभाव को ख़ास तौर पर भाती है।...

25

अवध उपाध्याय की उछल-कूद, फिर कुछ और महानुभावों की पैतरेबाज़ियाँ क़रीब साल-भर तक, और फिर पंडित मोटेराम शास्त्री की क़ानूनी लड़ाई—ग़रज़ कि इस 'ब्राह्मणद्रोही' का वध करने के लिए कुछ उठा नहीं रखा गया। लेकिन वह भी एक

ही चीमड़, सख़्तजान आदमी था जो न तो मारा ही जा सका इस व्यूह-रचना से और न जिसने एक दिन के लिए अपने रास्ते से इधर-उधर होना स्वीकार किया।

आख़िर जब कोई उपाय न चला तो एक बंगाली ब्राह्मण-कुमार ने, किसी अज्ञात दैवी प्रेरणा से, मुंशीजी को शास्ति देने का बीड़ा उठाया! इस ब्राह्मण-कुमार का नाम था कृष्णकुमार मुखोपाध्याय। 'दुबला-सा आदमी, साँवला रंग, लम्बा मुँह, बड़ी-बड़ी आँखें, अंग्रेज़ी वेश...' एक अजब सलोनापन था चेहरे पर, जो देखते ही आँखों में ख़ुब जाता था। बेइन्तहा सिगरेट पीता था। होंठ काले पड़ गए थे। गाता था। हारमोनियम बजाता था। कविताएँ सुनाता था।...

मुंशीजी दुनिया देखे हुए आदमी थे। तमाम तरह के लोगों से उनका साबका पड़ता रहता था। क़िस्से-कहानी लिखना उनका काम था। आदमी के दिल के भीतर उनकी पैठ थी।

कृष्णकुमार मुखोपाध्याय बड़े मज़े में उनकी किसी कहानी का नायक हो सकता था—भगवान ने उसे सिरजा ही था कथा की पात्रता के लिए। लेकिन वास्तविक जीवन में स्त्रष्टा और सृष्टि की भूमिकाएँ बदल गई थीं। कहानी होती तो मुंशीजी चाहे जैसे इस पात्र को नचाते, लेकिन कहानी नहीं थी इसलिए वह पात्र मुंशीजी को चाहे जैसा नचा रहा था। पहले उसने मुंशीजी के दिल में सेंध लगाई, फिर उनके घर में।

एक न एक तरह की कमज़ोरी हर इन्सान के दिल में होती है, और उसी के हिसाब से कोई एक दाँव से चित होता है कोई दूसरे। और दुनिया को उँगलियों पर नचानेवाला कलाकार वही है जो हर आदमी की कमज़ोरी को समझता है! मुंशीजी की नस को भी उसने ख़ूब ही पकड़ा। नामी-गरामी लिखनेवाले हैं, इन्सान के दुख-दर्द की बात करते हैं, यानी कि दर्दमन्द दिल तो होगा ही होगा, उसी दर्द को जगाने की ज़रूरत है। लेकिन दाँव ऐसा सटीक बैठना चाहिए कि चित गिरें मुंशीजी! लिहाज़ा बम्बई से चिट्ठी-पत्री का सिलसिला शुरू हुआ। मुंशीजी लखनऊ में और उनकी कहानियों का प्रेमी, उन कहानियों से अपने दुखी, पीड़ित जीवन में शक्ति और प्रेरणा प्राप्त करनेवाला यह आदर्शवादी नवयुवक जो किसी क़ीमत पर अपने सिद्धान्तों के साथ समझौता नहीं करना चाहता, वह बम्बई में! मुंशीजी को चिट्ठियाँ सँभालकर रखने की आदत न थी, जवाब देते थे और उत्तरित चिट्ठी चिन्दी-चिन्दी करके रद्दी की टोकरी में। लेकिन सौभाग्य से इन श्रीमान् कृष्णकुमार मुखोपाध्याय की कुछ चिट्ठियाँ मुंशीजी के काग़ज़ों में मिल गईं।

सभी पत्र नहीं हैं। शुरू के ही कुछ पत्र नहीं हैं। जिनके बग़ैर कहना मुश्किल है कि साहबज़ादे ने उँगली कैसे पकड़ी थी जो बाद को इस तरह पहुँचा पकड़ा! तो भी काफ़ी शुरू का एक पत्र है जिसमें एक हज़ार मील दूर बैठे हुए इस ग़रीब, प्रतिभाशाली, दुनिया के सताये हुए नौजवान ने निहायत टूटी-फूटी, बाबू अंग्रेज़ी में अपनी ग़म की दास्तान लिखी थी। कैसे न होती मुंशीजी को हमदर्दी ऐसे एक नौजवान से। और जो आदमी आपकी चीज़ें पढ़कर ही अपने पैरों पर खड़े होना सीख रहा है, उससे कैसे कोई किनाराकश हो जाए! यह ग़लत बात है, इंसानियत से गिरी हुई बात है...

कृष्णकुमार ने 28 अगस्त, 1928 को 'प्रणवीर' नामक पत्र के पैड पर लिखा—

'आपका स्नेहपूर्ण पत्र और तुलसीदास की पांडुलिपि मिली। आपकी शुभकामनाओं के लिए मैं हृदय से आपको धन्यवाद देता हूँ। मैं एक ही दो रोज़ में आपकी इच्छानुसार 'माधुरी' के विशेषांक के लिए लेख भेजूँगा। मैं पत्रिकाओं में लेख लिखता रहूँगा। मैं जानता हूँ कि साहित्यिक क्षेत्र में प्रतिष्ठा पाने का यही रास्ता है।...

'मित्रवर, मैं दुखी आदमी हूँ। मेरे कष्टों को समझनेवाला दुनिया में कोई नहीं है। आपकी अनुज्ञा से आज मैं आपको अपने पिछले जीवन के बारे में बतलाना चाहता हूँ। मेरे भीतर जो कुछ अच्छा या बुरा है (उसकी मुझे परवाह नहीं है) उसे आज आपको बतलाए बिना मेरा जी नहीं मानता। ख़ासकर आपको, क्योंकि दुनिया में मेरे गिनती के दोस्त हैं और उस छोटी-सी गोष्ठी के आप मुकुटमणि हैं। मैंने आपको कभी देखा नहीं है मगर पता नहीं क्यों आपकी तरफ़ ऐसी दिली कशिश महसूस करता हूँ। कभी-कभी मेरा दिल सचमुच तड़पता है कि आपके आलिंगन में पहुँच जाऊँ। और भी स्पष्ट व्याख्या करूँ तो यह एक तरह का प्रेम है और साथ ही असीम आदर, जिसने अपनी जादू की डोर से मुझे बाँध दिया है। आज मैं अपना दिल हल्का करना चाहता हूँ और अपने सीने के बोझ का कुछ हिस्सा उस आदमी को देना चाहता हूँ जिसका मैं सबसे ज़्यादा आदर करता हूँ...'

साफ़ झाँसा-पट्टी का ख़त है—बिल्कुल क़िस्से-कहानी के रंग में रँगा हुआ जैसे कितने ही ख़त मुंशीजी ने अपने क़िस्सों में वक़्त-ज़रूरत लिखे होंगे। लेकिन मुंशीजी पूरी तरह उसके चकमे में आ गए। अपनी रचना के पाठक के प्रति लिखनेवाले के मन में शायद कुछ ख़ास कमज़ोरी होती है। मुंशीजी पर घड़ों कच्ची का नशा छा गया। वर्ना क्योंकर यक़ीन कर लिया उन्होंने इस कहानी पर जो मुकर्जी ने अपने बारे में लिख भेजी थी—

'मेरे पिता मध्यभारत के एक नगर के चोटी के डाक्टरों में हैं। उनकी आमदनी बहुत अच्छी है और मैं उनका अकेला बेटा हूँ। मेरे एक चाचा भी हैं जो अच्छे-ख़ासे पैसेवाले भी हैं और निस्सन्तान हैं। मैं जब छोटा-सा था तभी से वह और उनकी पत्नी मुझे बहुत प्यार करती रहीं, और मैं जैसे-जैसे बड़ा हुआ, मेरे लिए उनका प्यार भी बढ़ता गया। चाचा का मेरे प्रति यह प्यार देखकर सबको विश्वास हो गया कि वह अपनी बहुत धन-सम्पत्ति मुझे वसीयत कर जाएँगे।

'मेरे चाचा का एक मकान कलकत्ते में था जहाँ मैं दस साल की उम्र से उनके साथ रहता था। उस घर से लगा हुआ घर ईस्ट इंडियन रेलवे के एक टिकट-चेकर महाशय का था। हमारे और उनके परिवार में बहुत अच्छे सम्बन्ध थे। इन महाशय की, मान लीजिए कि उनका नाम श्री अ—है, एक बड़ी सुन्दर कन्या थी जो उस वक़्त जब कि यह कहानी शुरू होती है सिर्फ़ पाँच साल की थी...'

इसी तरह पूरी मनगढ़ंत कहानी थी, तीन टाइप किए हुए पन्नों में। पता नहीं मुंशीजी ने इसे मुकर्जी के जीवन की सच्ची कहानी समझा या ताड़ गए कि बनाई हुई दास्तान है। जो भी हो, उन्हें एक बनी-बनाई कहानी मिल गई और उन्होंने इसके झूठ-सच की ज़्यादा चिन्ता किए बिना फ़ौरन उसे ज्यों का त्यों लिख मारा 'विद्रोही' के नाम से।

यह तो मुंशीजी का तुरत दान महाकल्यान हुआ, मगर मुकर्जी अलग अपनी पेशबन्दी में था। ख़तों का सिलसिला बना रहा—लम्बे-लम्बे ख़त, प्यार और भक्ति में डूबे हुए, और थोड़ी-सी चाशनी कविता और दर्शन की। जाल काफ़ी घना बुना जा रहा था। 15 जनवरी, 1929 के ख़त में उसने लिखा—

'...आप जो कहते हैं, शायद ठीक ही हो। लेकिन पता नहीं वह कौन-सी चीज़ है जो कभी-कभी आदमी को भगवान में विश्वास करने के लिए मजबूर कर देती है। काश कि मैं नास्तिक हो सकता, मगर मैं मजबूर हूँ। जिन मुसीबतों के बीच से मैं गुज़रा हूँ वह मुझे नास्तिक बना देती हैं लेकिन जब मैं इसके बारे में सोचता हूँ तो कोई अन्धी शक्ति आकर मेरी बुद्धि को ढँक लेती है, और अन्त में उसी की जीत होती है। मैं हैरान रहता हूँ कि अधिकांश आदमी क्यों सदा इतने दुखी रहते हैं।...जीवन कभी सुखान्त नहीं हो सकता। उसमें अगर गुलाब हैं तो काँटे भी हैं, अगर प्रेम है तो असफलता और पराजय भी है।...मैं रोमांस और यथार्थ का विचित्र सम्मिश्रण हूँ। और इस पर मेरा कोई वश नहीं है। सच तो यह है कि न तो कोई पूरी तरह रोमांसवादी हो सकता है न पूरी तरह यथार्थवादी। शेक्सपियर से बड़ा कोई यथार्थवादी नहीं है जिसका कहना था कि आनन्द और शोक के ताने-बाने से ज़िन्दगी की चादर बुनी हुई है और एक के बिना दूसरे का अस्तित्व असम्भव है।...

'सच कहूँ, आपको चिट्ठी लिखने में मुझे इतना आनन्द आता है—लेकिन आप इसे किस प्रकार ग्रहण करते हैं, मैं निश्चयपूर्वक नहीं कह सकता। मेरे विचार भी सब मूर्खतापूर्ण हो सकते हैं—लेकिन क्या मूर्खों के पास अपने आनन्द नहीं होते? मुझे बस सहानुभूति चाहिए। आप मेरे बारे में बहुत अच्छा कोई विचार न रखें। मैं बड़ा पापी हूँ। मेरे भीतर शैतान है...मुझे अपना एक बेवकूफ़ दोस्त ख़याल कीजिए और तब आपका सोचना सही होगा। मुझे अपना भाई ख़याल कीजिए और तब आप मेरे साथ नेकी करेंगे। मुझे एक ऐसा आदमी ख़याल कीजिए जो अँधेरी रात में खो गया है, जिसे रास्ता दिखाने की और मदद की ज़रूरत है...मुझे ज्ञान से और बुद्धि की चमक-दमक से घृणा है। मुझे सहानुभूति चाहिए। कोई बात नहीं अगर आप मुझसे प्यार नहीं करते, लेकिन हमदर्दी मुझे आपको देनी ही होगी।...'

कुछ आत्म-प्रताड़ना, कुछ दुनिया की बेदर्दी का रोना, कुछ काव्य और दर्शन-चर्चा—

किसी दार्शनिक ने एक बार कहा था कि हम जीते नहीं, सिर्फ़ सपना देखते हैं। कुछ लोग ज़्यादा सपना देखते हैं, कुछ लोग कम। मैं पहली श्रेणी में आता हूँ क्योंकि पीछे फिरकर अपनी ज़िन्दगी पर नज़र डालकर मैं कह सकता हूँ कि वह एक सुन्दर सपना रही है।...काश कि मैं सदा बच्चा बना रहता और ज्ञान के पाप से मेरा परिचय भी न हुआ होता। बच्चों की फ़िलासफ़ी मुझे पागल कर देती है, जब भी मैं इस चीज़ के बारे में सोचता हूँ। मुझे याद आता है, अनातोल फ्रांस ने किसी जगह उनके बारे में ऐसी कुछ बात लिखी है—सारी प्रकृति, दर्शन के समान उनकी आँखों में प्रतिबिम्बित रहती है, ऐसी एक अद्‌भुत पवित्रता से कि दुनिया में कुछ भी उनके लिए गन्दा नहीं है, कूड़े की टोकरी भी नहीं। इसीलिए तो वह प्रशंसा की ऐसी चकित-चमत्कृत आँखों

से पातगोभी की पत्तियों, प्याज़ के छिलकों और झींगे की दुम को निहारते दिखाई पड़ते हैं...एक अजब कीमियागीरी है जो प्रकृति को रूपान्तरित करके स्वर्ग बना देती है।'

लगता है कि नियति के संकेत से सरस्वती आकर उसके क़लम की नोक पर बैठ गई है और वह अनजाने ही ख़ुद मुंशीजी का परिचय देने लगा है! ज़रूर उनमें भी बच्चे का यह गुण है, तभी तो उन्हें कूड़े की टोकरी में भी प्रतिभा की मंजूषा दिखाई देने लगती है।

उसकी तो ख़ैर बात न कहो, वह मुंशीजी की पुरानी कमज़ोरी है। आँखें बिछाये बैठे रहते हैं कि कब कोई प्रतिभावान दिखाई पड़े और वह उसका स्वागत करें। ख़ुद बहुत पापड़ बेले हैं, इसलिए और भी सावधान रहते हैं कि कोई प्रतिभा समय से पहचानी न जाने के कारण कुम्हला न जाए।

मुकर्जी पहुँचा हुआ खिलाड़ी है। उसने मुंशीजी की इस कमज़ोरी को अच्छी तरह पकड़ लिया है, यही वह नस है जिसको दबाने से काम सधेगा।

शेक्सपियर, वर्जिल, अनातोल फ्रांस—किसका हवाला उन दस-दस पन्नों के ख़तों में नहीं है!

बिन देखे ही मुंशीजी के मन में उस नौजवान की पूरी तस्वीर खिंच गई है। अच्छे ख़ानदान का लड़का है। बाप पैसे वाले हैं। आराम से ज़िन्दगी बसर कर सकता था। लेकिन एक आदर्श की ख़ातिर अपने को मिटाये दे रहा है। कौन है जिसने जवानी में मुहब्बत नहीं की, लेकिन कितने हैं जिनमें इतनी हिम्मत हो, इतना नैतिक बल हो कि अपने बड़ों से आँखें मिलाकर कह सकें—मैं अमुक लड़की से प्रेम करता हूँ और मैं चाहता हूँ कि आप मेरा ब्याह उसी से करा दें। नहीं, मुझे अमीर घराने की लड़की नहीं चाहिए, उसकी धन-दौलत नहीं चाहिए। मैं तो इसी लड़की से प्रेम करता हूँ और इसी के साथ सुखी रह सकता हूँ। क्या हुआ जो उसका बाप ग़रीब है और तोड़े नहीं गिन सकता। क्या दौलत ही सब कुछ है? इंसानियत कुछ भी नहीं? और जब वह खुर्राट नहीं राज़ी हुए तो सब कुछ छोड़-छाड़कर भाग खड़ा हुआ। उस ग़ुलामी की बेड़ी से अच्छा है यह दर-ब-दर की ठोकरें खाना! सबके बूते की चीज़ नहीं है यह, जिगरा चाहिए इसके लिए! पढ़ा-लिखा भी अच्छा-ख़ासा है। इबारत में कच्चापन है, लेकिन सोचने-विचारने का माद्दा है, प्रतिभा का अंकुर है...

तभी कोई छ: महीने बाद एक रोज़ बनारस से ख़त आया, जहाँ उन दिनों श्रीमान् अपने फ़र्म की तरफ़ से मिलिटरी की सप्लाई के सिलसिले में रह रहे थे—

'...हाँ, इन दिनों मैं एक उपन्यास लिख रहा हूँ। नाम अभी नहीं सूझा। इसका विषय आजकल के रोमांस हैं और थोड़ा-सा ज़िक्र मज़दूर आन्दोलन का है। मैंने क़रीब सौ पन्ने लिख लिए हैं, कोई पचास पन्ने और लिखने हैं। मैं उसे आपके पास भेज सकता हूँ बशर्ते कि आपका वक़्त वह बहुत न खाए। लेकिन इतना मैं यक़ीन के साथ कह सकता हूँ कि आपका हाथ लगने से किताब सँवर जाएगी, इसमें कोई शक नहीं।

'बात असल में यह है कि मेरे लिए अपनी साहित्यिक प्रवृत्ति को जीवित रखना बहुत कठिन है, जब तक कि मैं बिजनेस लाइन में हूँ। पिछले कुछ महीनों में मुझे यही तजुर्बा हुआ है।...काश कि मैं किसी दूसरी अधिक अनुकूल लाइन में काम कर

सकता! मगर ख़ैर जब तक कि और कुछ नहीं है, मैं अपनी सारी शक्ति इसी काम में लगाऊँगा। डाइरेक्टर लोग अच्छे हैं। दूसरी परेशानी यह है कि मेरी एक-तिहाई तनख़्वाह कपड़ों की भेंट चढ़ जाती है। अपने फ़र्म के प्रतिनिधि की हैसियत से मुझे तरह-तरह के सूट पहनने पड़ते हैं, मार्निंग सूट, डाइनिंग सूट वग़ैरह-वग़ैरह वर्ना मैं डिपार्टमेंटों के अफ़सरों का ध्यान अपनी ओर आकर्षित नहीं कर सकता जिसका मतलब होगा कि मेरे फ़र्म को आर्डर नहीं मिलेगा। यह सचमुच बड़ी भयानक बात है। हाँ, मेरे शरीर को ख़ूब चिकनी ख़ुराक मिल रही है लेकिन मेरी आत्मा भूखी है। कैसी दिल्लगी है कि जब मेरी आत्मा तृप्त रहती है तो शरीर भूखा रहता है और जब शरीर तृप्त रहता है तो आत्मा भूखी है। कैसे समझाऊँ आपको। मेरी ज़िन्दगी में मज़े तो हैं पर तो भी मैं दुखी हूँ, क्योंकि मज़े तो पैसे से मिलते हैं मगर सुख आत्मा से। जब मैं दिन-भर की कड़ी मशक़्क़त के बाद अपने क्वार्टर को लौटता हूँ, मेरा बिस्तर, मेरी जंजीरें मुझे काटती हैं। मेरा सूना कमरा किसी अनजान शैतान की तरह मुझ पर गोलियों की बौछार करता है और मैं डर के मारे काँपकर मन ही मन चिल्ला उठता हूँ—ऐसा क्यों? ऐसा क्यों? और मुझे अपने वातावरण के अनजान होठों से जवाब मिलता है—तेरी आत्मा भूखी है!'

इसी तरह ख़त लम्बा होता जाता है, जाल घना होता जाता है। ये मुंशीजी के अपने मन की बातें हैं जो मुखोपाध्याय मोशाइ के मुखारविन्द से निकल रही हैं। ज़्यादा कहने की ज़रूरत नहीं है। मुंशीजी को ख़ूब पता है आत्मा की इस भूख का। इसीलिए तो इतनी हमदर्दी है—और इसीलिए तो मुखोपाध्याय मोशाई ने कुशल वैद्य की तरह अचूक नाड़ी-ज्ञान से और सब छोड़कर यह दुखती रग पकड़ी है। बेचारा कृष्णा! कहाँ होना चाहिए था ग़रीब को और कहाँ लाकर पटका तक़दीर ने! कहाँ मिलिटरी की सप्लाई और कहाँ उपन्यास का लिखना, है कोई जोड़ दोनों में! कैसा तड़प रहा है। आत्मा मरी नहीं है, जभी तो तड़प रहा है, वर्ना औरों को देखो, बस अपने हलवे-माँड़े से ग़रज़ है!

जादू वह जो सिर पर चढ़कर बोले। और फिर बंगाल का जादू—छड़ी घुमाई और आदमी भेड़ बना!

भूमिका पूरी हो गई थी, अब असल किताब शुरू होगी।

उसमें भी देर नहीं लगी। कुछ ही रोज़ बाद मुंशीजी को ख़त मिला। कृष्णा ने लिखा था कि मैं अपनी इस नौकरी से बहुत तंग आ गया हूँ, संयोग से दूसरी नौकरी मुझे मिल भी रही है। तनख़्वाह तो कम ही मिलेगी, सिर्फ़ सौ रुपए, मगर मैं इससे ज़्यादा ख़ुश रहूँगा। शर्त एक ही है, सौ रुपए की ज़मानत देनी है जो मेरे पास नहीं है।

मुंशीजी ने घर में आकर पत्नी से कहा और इतनी अच्छी तरह उसकी वकालत की कि पत्नी जी भी पिघल गईं—सौ रुपया भेज देने से अगर किसी को अपने मन की नौकरी मिलती है...

ग़रज़ कि बेचारी गईं और काट-कसर करके जोड़े गए अपने सौ रुपए उठा लाईं जिन्हें मुंशीजी ने फ़ौरन तार से बम्बई भेज दिया।

रुपया पाते ही कृष्णाजी लखनऊ आ धमके—बोरिया-बकचा लेकर। सामान काफ़ी ठाट-बाट का था जिसका गँवई मुंशीजी पर वाजिब असर हुआ। एक दिन तो अतिथि महाशय घर पर रहे लेकिन घर छोटा था और घर में जवान लड़की थी और दुनिया की

जुबान किसने पकड़ी है, पत्नी ने अगले रोज़ मुंशीजी से कहा कि इन्हें कहीं और ठहराने का बन्दोबस्त करो। मुंशीजी के पास जगह और कहाँ रक्खी थी, मुखोपाध्याय मोशाइ अगले रोज़ मुंशीजी के खर्चे पर एक होटल में पहुँच गए। अब न वह आज जाने का नाम लेते हैं न कल। रह रहे हैं तो रही रहे हैं। ऐसे कब तक चलता। मुंशीजी को बात खलने लगी लेकिन मुरौवत ने ज़बान पकड़ रखी थी, कहें तो कैसे कहें। बारे उनको वहाँ से हटाकर अजितकुमार बोस के यहाँ रखने का इन्तज़ाम हुआ। अजित, जिसका घर का नाम बूड़ो था बराबर मुंशीजी के यहाँ आया-जाया करता था। घर के सभी लोग उसे बहुत चाहते थे। बहुत नेक आदमी था, बहुत ग़रीब, घर में बूढ़ी माँ थी और एक छोटा भाई। किसी वर्कशाप में काम करता था, अपने पसीने की कमाई खाता था। उसकी इतनी कमाई कहाँ थी कि किसी को अपने घर में ठहरा सकता मगर 'बाबूजी (घर के बच्चों की तरह वह भी उन्हें बाबूजी कहता था) की बात कैसे टालता और कृष्णाजी बूड़ो के घर पहुँच गए और उस बेचारे को भी चोट दी। किसी की ग़रीबी पर तरस खाने का वहाँ क्या सवाल!

मगर वह तो लम्बा खिलाड़ी था, उतने से जी क्या भरता। और फिर अपनी शादी की तैयारी भी तो करनी थी। पटने की कोई लड़की थी, अमिया नाम की। उसी से सधी-बधी थी। मगर गहने-कपड़े भी तो कुछ चाहिए। लिहाज़ा इधर-उधर की बातें बनाकर, मुंशीजी से चोरी-छिपे उन्हीं के नाम में उसने इस-उस सुनार से, बजाज से काफ़ी चीज़ें लीं।

लेकिन यह सब तो खुला बाद में, न सिर्फ़ बेटी की शादी के बाद, जो कि उसी साल गर्मी में हुई, बल्कि ख़ुद कृष्णा की शादी के बाद जिसमें मुंशीजी नौशे के पिता की हैसियत से शरीक हुए। अपनी ओर से काफ़ी भेंट-सौग़ात लेकर पटने गए और आर्यसमाजी रीति से विधिवत् अपने इस नए बेटे का विवाह सम्पन्न कराके लौटे।

महीने-भर बाद लखनऊ लौटने पर सारी बातें एक-एक करके खुलने लगीं। सबसे पहले तो बजाज और सुनार के तक़ाज़े आना शुरू हुए। (अपने ठगे जाने का यह क़िस्सा मुंशीजी ने 'ढपोरशंख' में लिखा है) बीवी के कान खड़े हुए, यह कैसे तक़ाज़े, बेटी की शादी के लिए तो मैंने जो कुछ ख़रीदा उसका पैसा कब का चुका दिया गया, उधार-बाड़ी मुझे यों ही नापसन्द है। और फिर शादी का सामान मैंने लखनऊ में ख़रीदा ही कितना, मेरी ख़रीदारी तो ज़्यादातर बनारस में हुई है। फिर यह तक़ाज़ा किस चीज़ का? तब यह बात खुली कि यह सब मुंशीजी के इस नए 'बेटे' की करतूत थी। और अब मुंशीजी थे कि झेंप के मारे उनकी आँखें अपनी बीवी के सामने न उठती थीं। ख़ैर, जिसका जो देना था वह तो देना ही था, और मुंशीजी महीनों तक बीवी की आँख बचाकर बाहर ही बाहर लेखों और कहानियों की अपनी फुटकर आमदनी से यह रुपया भरते रहे। बाद में उनकी डायरी में यह रक़में इस तरह मुखोपाध्याय मोशाइ के खाते में दर्ज़ हुईं, शायद आक़बत के रोज़ उनसे हिसाब करने के लिए!—

100 रुपया तार से बम्बई
26 रुपया होटल का ख़र्च
30 रुपया सफ़र ख़र्च जो भेजा गया
20 रुपया बूड़ो को

40 रुपया सगाई के लिए
30 रुपया चूड़ियों के लिए
20 रुपया सफ़र ख़र्च
25 रुपया चेक से बनारस बैंक की इलाहाबाद शाखा पर
30 रुपया (किस काम के लिए साफ़ पढ़ा नहीं जाता)
30 रुपया साड़ी और ब्लाउज के लिए
और इसके बाद
2 रुपया बिदा करने के लिए बिदाई

तो जहाँ मुंशीजी ख़ुद ही इतना सब कर रहे थे, वहाँ अगर उसने भी अपनी तरफ़ से थोड़ा-बहुत कर लिया तो ऐसा कौन-सा बड़ा गुनाह किया। मुंशीजी को इसका कोई ख़ास दुख न था। दुख की ऐसी बात भी क्या थी। मुंशीजी ने ख़ुद ही तो लिखा है कि ठगने से ठगा जाना बेहतर है! लेकिन हाँ, ठगे बुरे गए थे और जब भी इसका ज़िक्र आता, मुंशीजी कुछ झेंप जाते। बाद में तो उस आदमी के बारे में और भी बातें खुलीं—कि वह आदमी नम्बरी जालिया था और दूसरे शहरों में भी उसने इस क़िस्म की हरकत की थी और पुलिस उसके पीछे लगी हुई थी, कि वह लड़की जिससे मुंशीजी ने अपने कृष्णा की शादी कराई थी, भगाई हुई या कुछ इसी तरह की लड़की थी। यह बादवाली बात मुंशीजी के लिए ख़तरनाक भी हो सकती थी। एकाध बार पुलिस तहक़ीक़ात के लिए आई भी। लेकिन इन बेचारे को क्या पता था—वह तो ऐसा उड़ंछू हुआ कि फिर उसकी धूल भी मुंशीजी को नहीं मिली। हाँ, बस एक गुमनाम, बिला तारीख़ का ख़त 'ओलिया रोड, आगरा' से आया। (अगर अंग्रेज़ी में लिखा हुआ 'ओलिया' असल में 'औलिया' है तो यह ख़ुद काफ़ी दिलचस्प बात है क्योंकि 'औलिया' का अर्थ हिन्दी कोश में दिया गया है—सिद्ध पुरुष, सन्त, महात्मा, पहुँचा हुआ फ़क़ीर!)

ख़त में लिखा था—

प्रिय भाई साहब,

आपने बहुत धोखा खाया है लेकिन तब भी आपके दिल के किसी नर्म कोने में मेरे लिए थोड़ी-सी जगह होगी। (इतने प्यारे शब्दों में शायद ही किसी ने किसी के जले पर नमक छिड़का हो!—अ.)

मैं अपने को सुधारने की कोशिश कर रहा हूँ और गो बहुत परेशान हूँ, मेरा ख़याल है, सुधार लूँगा।

कृपया मेरा पता-ठिकाना किसी को मत बतलाइएगा वर्ना मैं बर्बाद हो जाऊँगा।

मैं बहुतों का देनदार हूँ और कुछ रुपया इकट्ठा करने की पूरी कोशिश में हूँ। मैं जानता हूँ आप मेरा यक़ीन नहीं करेंगे लेकिन मेरे पास सिवाय इस गुज़ारिश के और क्या चारा है। उम्मीद की इसी एक किरन के सहारे...

सादर नमस्कार,

आपका
पापी

जो थोड़ा-बहुत ग़ुस्सा मुंशीजी के दिल में इस आदमी के ख़िलाफ़ रहा होगा, उसे भी इस आख़िरी रुक्के ने धो डाला और उनका दिल एक बार फिर उसकी तरफ़ से नर्म हो गया और शायद यही वजह है कि जहाँ मुंशीजी ने हज़ारों ख़त फाड़कर फेंक दिए वहाँ ये थोड़े से ऊलजलूल ख़त बचाकर रख लिये!

इसी से कुछ मिलती-जुलती कहानी इस क़िस्से से सात-आठ बरस पहले की है जिसे मुंशीजी ने 'आपबीती' में बयान किया है। 'आपबीती' सन् 21-22 की कहानी है, कानपुर की, और उसके नायक या खलनायक शिवनारायण नाम के एक महाशय हैं जो कहानी में आकर उमापतिनारायण हो गए हैं। बहुत रस ले-लेकर मुंशीजी ने इस क़िस्से को भी बयान किया है—

> *प्राय: अधिकांश साहित्यसेवियों के जीवन में एक ऐसा समय आता है जब पाठकगण उनके पास श्रद्धापूर्ण पत्र भेजने लगते हैं। कोई उनकी रचनाशैली की प्रशंसा करता है, कोई उनके सद्विचारों पर मुग्ध हो जाता है। लेखक को भी कुछ दिनों से यह सौभाग्य प्राप्त है। ऐसे पत्रों को पढ़कर उसका हृदय कितना गद्गद हो जाता है, इसे किसी साहित्यसेवी ही से पूछना चाहिए। अपने फटे कम्बल पर बैठा हुआ वह गर्व और आत्मगौरव की लहरों में डूबा जाता है। भूल जाता है कि रात को गीली लकड़ी से भोजन पकाने के कारण सिर में कितना दर्द हो रहा था, खटमलों और मच्छरों ने रात-भर कैसे नींद हराम कर दी थी। पिछले साल सावन के महीने में मुझे एक ऐसा ही पत्र मिला। उसमें मेरी क्षुद्र रचनाओं की दिल खोलकर दाद दी गई थी।*
>
> *पत्र-प्रेषक महोदय स्वयं एक अच्छे कवि थे। मैं उनकी कविताएँ पत्रिकाओं में अक्सर देखा करता था। यह पत्र पढ़कर फूला न समाया। उसी वक़्त जवाब लिखने बैठा। उस तरंग में जो कुछ लिख गया, इस समय याद नहीं। इतना ज़रूर याद है कि पत्र आदि से अन्त तक प्रेम के उद्गारों से भरा हुआ था। मैंने कभी कविता नहीं की और न कोई गद्यकाव्य ही लिखा, पर भाषा को जितना सँवार सकता था, उतना सँवारा। यहाँ तक कि जब पत्र समाप्त करके दुबारा पढ़ा तो कविता का आनन्द आया। सारा पत्र भाव-लालित्य से पूर्ण था। पाँचवें दिन कवि महोदय का दूसरा पत्र आ पहुँचा। वह पहले पत्र से भी कहीं अधिक मर्मस्पर्शी था। 'प्यारे भैया' कहकर मुझे सम्बोधित किया गया था, मेरी रचनाओं की सूची और प्रकाशकों के नाम-ठिकाने पूछे गए थे। अन्त में यह शुभ-समाचार था कि मेरी पत्नी जी को आपके ऊपर बड़ी श्रद्धा है। वह बड़े प्रेम से आपकी रचनाओं को पढ़ती हैं। वही पूछ रही हैं कि आपका विवाह कहाँ हुआ है, आपकी सन्तानें कितनी हैं तथा आपका कोई फ़ोटो भी है? हो तो कृपया भेज दीजिए। मेरी जन्मभूमि और वंशावली का पता भी पूछा गया था।*
>
> *यह पहला ही अवसर था कि मुझे किसी महिला के मुख से, चाहे वह प्रतिनिधि द्वारा ही क्यों न हो, अपनी प्रशंसा सुनने का सौभाग्य प्राप्त*

हुआ। ग़रूर का नशा छा गया। धन्य है भगवान्! अब रमणियाँ भी मेरे कृत्य की सराहना करने लगीं! मैंने तुरन्त उत्तर लिखा। जितने कर्णप्रिय शब्द मेरी स्मृति के कोष में थे, सब ख़र्च कर दिए। मैत्री और बन्धुत्व से सारा पत्र भरा हुआ था। अपनी वंशावली का वर्णन किया। कदाचित् मेरे पूर्वजों का ऐसा कीर्तिगान किसी भाट ने भी न किया होगा। मेरे दादा एक ज़मींदार के कारिन्दे थे, मैंने उन्हें एक बड़ी रियासत का मैनेजर बतलाया। अपने पिता को, जो एक दफ़्तर में क्लर्क थे उस दफ़्तर का प्रधानाध्यक्ष बना दिया। और काश्तकारी को ज़मींदारी बना देना तो साधारण बात थी। अपनी रचनाओं की संख्या तो न बढ़ा सका पर उनके महत्त्व, आदर और प्रचार का उल्लेख ऐसे शब्दों में किया जो नम्रता की ओट में अपने गर्व को छिपाते हैं। कौन नहीं जानता कि बहुधा 'तुच्छ' का अर्थ उससे विपरीत होता है और 'दीन' के माने कुछ और ही समझे जाते हैं। स्पष्ट रूप से अपनी बड़ाई करना उच्छृंखलता है मगर सांकेतिक शब्दों से आप इसी काम को बड़ी आसानी से पूरा कर सकते हैं। ख़ैर, मेरा पत्र समाप्त हो गया और तत्क्षण लेटरबक्स के पेट में पहुँच गया।

इसके बाद श्री 'उमापतिनारायण' का प्रवेश रंगमंच पर हुआ—

'श्यामवर्ण, नाटा डील, मुँह पर चेचक के दाग़, नंगा सिर, बाल सँवारे हुए, सिर्फ़ सादी कमीज़, गले में फूलों की एक माला, पैर में फुलबूट और हाथ में एक मोटी-सी पुस्तक!' ग़रज़ कि पूरा जोकर का हुलिया था।

परिचय और कुशलक्षेम के बाद घर पहुँचे, 'बाज़ार से भोजन मँगवाया, फिर बातें होने लगीं। उन्होंने मुझे अपनी कई कविताएँ सुनाईं।...कविताएँ तो मेरी समझ में ख़ाक न आईं पर मैंने तारीफ़ों के पुल बाँध दिए। झुम-झूमकर वाह-वाह करने लगा जैसे मुझसे बढ़कर काव्यरसिक संसार में न होगा। संध्या को हम रामलीला देखने गए। लौटकर उन्हें फिर भोजन कराया। अब उन्होंने अपना वृत्तान्त सुनाना शुरू किया। इस समय वह अपनी पत्नी को लेने के लिए कानपुर जा रहे हैं। उनका मकान कानपुर ही में है। उनका विचार है कि एक मासिक पत्रिका निकालें। उनकी कविताओं के लिए एक प्रकाशक एक हज़ार रुपए देता है।...कानपुर में उनकी ज़मींदारी भी है। पर वह साहित्यिक जीवन व्यतीत करना चाहते हैं। ज़मींदारी से उन्हें घृणा है।...आधी रात तक बातें होती रहीं। अब उनमें से अधिकांश याद नहीं हैं। हाँ इतना याद है कि हम दोनों ने मिलकर अपने भावी जीवन का एक कार्यक्रम तैयार कर लिया था। मैं अपने भाग्य को सराहता था कि भगवान ने बैठे-बिठाए ऐसा सच्चा मित्र भेज दिया। आधी रात बीत गई तो सोये। उन्हें दूसरे दिन आठ बजे की गाड़ी से जाना था। मैं जब सोकर उठा तब सात बज चुके थे। उमापति जी मुँह हाथ धोये तैयार बैठे थे। बोले—अब आज्ञा दीजिए। लौटते समय इधर ही से जाऊँगा। इस समय आपको कुछ कष्ट दे रहा हूँ। क्षमा कीजिएगा। मैं कल चला तो प्रात:काल के चार बजे थे। 2 बजे रात से पड़ा जाग रहा था कि कहीं नींद न आ जाए। बल्कि यों समझिए कि सारी

रात जागना पड़ा क्योंकि चलने की चिन्ता लगी हुई थी। गाड़ी में बैठा तो झपकियाँ आने लगीं। कोट उतारकर रख दिया और लेट गया। तुरन्त नींद आ गई। मुगलसराय में नींद खुली। कोट ग़ायब! नीचे-ऊपर चारों तरफ़ देखा, कहीं पता नहीं। समझ गया, किसी महाशय ने उड़ा दिया। सोने की सज़ा मिल गई। कोट में पचास रुपए ख़र्च के लिए रखे थे वे भी उसके साथ उड़ गए। आप मुझे पचास रुपए दें। पत्नी को मैके से लाना है, कुछ कपड़े वग़ैरह ले जाने पड़ेंगे। फिर ससुराल में सैकड़ों तरह के नेग-जोग लगते हैं। क़दम-क़दम पर रुपए ख़र्च होते हैं। न ख़र्च कीजिए तो हँसी हो। मैं इधर से लौटूँगा तो देता जाऊँगा।'

लौटे तो वह उधर से ज़रूर लेकिन एक नया ही क़िस्सा लेकर और रुपया लौटाना तो दूर रहा उल्टे पच्चीस रुपए और मूड़ ले गए!

इस तरह ठगे जाने के छोटे-बड़े क़िस्से बहुत बार होते थे और हर बार वह जैसे आँख खोलकर ठगे जाते थे। लेकिन हर बार उनकी जान पर बनती थी उस वक़्त जब कि उन्हें पत्नी के सामने जाकर हाथ फैलाना पड़ता जो एक नेक बीवी की तरह रुपए तो कहीं न कहीं से पैदा करके ज़रूर दे देतीं लेकिन दो-चार खरी-खोटी सुनाने से भी बाज न आतीं। दोनों के सम्बन्ध की यह कुछ अक्खड़-सी, चरपरी-सी, तिक्त-सी मिठास, जिसमें शायद इसीलिए कुछ और ज़्यादा ठहराव है, उनके ख़ून में घुल गई थी और इसीलिए फिर वह चाहे लौंगी हो चाहे धनिया, उन सब के पीछे उनकी अपनी पत्नी बैठी हुई नज़र आती है जो एक साथ ही कोमल भी है कठोर भी। कितने प्यारे, कोमल, मार्मिक ढंग से यह चीज़ 'मंत्र' कहानी में आई है, कि जैसे हज़ारों क़ंदीलें यकबयक जगमगा उठें। और यह सब उस एक वाक्य का चमत्कार है जो भगत और उसकी घरवाली के गहरे प्यार का तीता-मीठा स्वाद एक पल के लिए हमारी ज़बान पर भी रख देता है।

भगत का बेटा मर जाता है क्योंकि डॉ. चड्ढा एक शाम अपनी टेनिस नहीं छोड़ सकते। उन्हीं डॉ. चड्ढा के लड़के को साँप काटता है और भगत जाकर झाड़-फूँक करके उसके प्राण बचाता है लेकिन एक चिलम तमाखू का भी रवादार नहीं होता। चारों ओर भगत की तलाश हो रही थी 'और भगत लपका हुआ घर चला जा रहा था कि बुढ़िया के उठने से पहले घर पहुँच जाऊँ' नहीं दस बातें सुनाएगी।

26

लड़की सयानी हुई या नहीं हुई, यह चीज़ हमारे यहाँ बहुत कुछ इस पर भी निर्भर होती है कि उसे स्कूल-कालेज की शिक्षा मिल रही है या नहीं। जो लड़की पढ़ रही है उसके शादी-ब्याह के बारे में समाज भी ज़्यादा चिन्तित नहीं होता। लेकिन जिस लड़की के साथ ऐसी कोई क़ैद नहीं है उसके पन्द्रह-सोलह की उम्र तक पहुँचते ही समाज उसके ब्याह को लेकर व्यस्त और चंचल हो उठता है। कहनेवाले कहने लग जाते हैं कि अमुक ने सयानी लड़की बिनब्याही घर में डाल रखी है। लड़की में कहीं

प्रेमचन्द सपत्नीक

प्रेमचन्द सपरिवार
(कुर्सी पर बाएँ से) रामजी, बेटी कमला, शिवरानी देवी, प्रेमचन्द
(नीचे) दोनों लड़के—धुन्नू और बन्नू

कोई ऐब तो नहीं है जो उसका ब्याह नहीं होता! सद्गृहस्थ की असल चिन्ता का कारण यही वाचाल समाज है।

मुंशीजी की बेटी के साथ भी यही बात थी। स्कूल-कालेज की पढ़ाई का सुयोग उसको नहीं मिला—या नहीं दिया गया। कुछ रोज़ लखनऊ के आर्य महिला विद्यालय में गई मगर फिर वहाँ से भी उसे छुड़ा लिया गया।

आज जहाँ अनपढ़ लड़की पर उँगलियाँ उठती हैं, चालीस-पैंतालिस साल पहले पढ़ी-लिखी लड़की पर उठा करती थीं। लड़की को पढ़ाना अपने आप में एक क्रान्ति थी।

मुंशीजी भी शायद इस क्रान्ति के लिए तैयार न थे। यह ठीक है कि उनके जीवन की परिस्थितियाँ काफ़ी अव्यवस्थित रहीं। बेटी महोबे में पैदा हुई थी। बस्ती में वह बहुत ही छोटी थी। गोरखपुर में भी छोटी ही थी और जब कुछ-कुछ इस उम्र को पहुँची कि घर में ककहरा और बारहखड़ी पढ़ाने से ज़्यादा कुछ पढ़ाने की बात सोची जा सकती, तभी मुंशीजी का गोरखपुर का आबदाना छूट गया।

सरकारी नौकरी से इस्तीफ़ा देते समय मुंशीजी ने सोचा था कि शान्ति से घर बैठेंगे, लिखेंगे-पढ़ेंगे, देशसेवा करेंगे। लेकिन शुरू से ही ग़रीबी ने पैर में जो चक्कर बाँध दिया था, वह अब भी नहीं छूटा। तंगदस्ती भी बनी रही और दर-दर का भटकना भी बना रहा। कानपुर, बनारस और लखनऊ, किसी जगह जमकर रहना नहीं हो सका। बनारस में बहुत बार शहर छोड़कर देहात में रहना पड़ा जहाँ से लड़की को शहर भेजकर पढ़ाना सम्भव न था। जो कुछ इत्मीनान या आसूदगी मिली वह लखनऊ में। बेटों की पढ़ाई, जो दोनों अपनी बहन से छोटे थे, वहीं शुरू हुई लेकिन बेटी की पढ़ाई शुरू करने के लिए तब तक ज़्यादा देर हो चुकी थी। आधे मन से कुछ कोशिश ज़रूर हुई लेकिन आधे मन से ही। क़िस्सा कोताह वह पढ़ नहीं सकी और चूल्हा पकड़े बैठी रही जो कि घर की सयानी लड़की का काम है। माँ उन दिनों बराबर बीमार रहती थीं, सम्भव है, बेटी को स्कूल से हटाकर घर के काम-काज में लगाए रखने का यह भी एक कारण हो।

इन सब के बाद भी यह मानना कठिन है कि बेटी को ठीक से शिक्षा का सुयोग न देने के पीछे और भी कोई कारण नहीं था। जहाँ तक प्रमाण मिलता है—जिसमें उनकी इसी काल की लिखी हुई 'शान्ति'-जैसी कहानियों का प्रमाण भी है—उसका बड़ा कारण यह था कि पढ़ी-लिखी लड़कियों की तरफ़ से उनके मन में कहीं यह चोर था कि लड़कियाँ पढ़-लिखकर गृहस्थी के काम की नहीं रह जातीं, तितली बनकर यहाँ-वहाँ घूमते रहने में ही उनका जी लगता है! अगर इससे अलग भी कोई बात उनके मन में थी तो वह कमज़ोर थी और चारों तरफ़ एक पिछड़ा हुआ समाज था जो लड़कियों की पढ़ाई को अच्छी निगाह से नहीं देखता था। लिहाज़ा बेटी घर के भीतर और घर के बाहर समाज के पिछड़ेपन का शिकार हुई और मामूली हिन्दी से ज़्यादा कुछ न पढ़ सकी।

अब उसके ब्याह का मसला दरपेश था। उन दिनों मुंशी प्रेमचन्द लखनऊ में नम्बर 2 हिवेट रोड के मकान में रहते थे जिसमें आजकल डॉ. पाठक का होमियोपैथिक दवाखाना है। नीचे मकान-मालिक रहते थे, वहीं पाठक साहब, और ऊपर के दो हिस्सों में किराएदार। एक में मुंशीजी और दूसरे में हरिनन्दन या डॉ. भट्ट, जिनका ज़िक्र ऊपर आ चुका है।

मुंशीजी ने एक रोज़ उनसे कहा। उन्होंने सागर ज़िले के अपने एक सहपाठी प्रभुदयाल से कहा। प्रभुदयाल ने, जो ख़ुद विवाहित थे, अपने एक छोटे मौसेरे भाई का संकेत दिया।

मुंशीजी ने फ़ौरन उसी पते पर दशरथलाल साहब को ख़त लिखा जो वर के बड़े बहनोई थे और घर का सारा काम-काज देखते थे। पत्र कुछ इस प्रकार था—मैं बनारस के पास एक देहात का रहनेवाला, आपकी ही बिरादरी का एक व्यक्ति हूँ। बनारस से चार मील दूर, आज़मगढ़ रोड पर एक गाँव है, लमही, मौज़ा मढ़वाँ, वहीं मेरा मकान है। इन दिनों 'माधुरी' कार्यालय में सम्पादक का काम करके आजीविका चला रहा हूँ। मैं सामाजिक अत्याचारों से सताया हुआ एक व्यक्ति हूँ। इस समय मेरे सामने एक गम्भीर समस्या अपनी लड़की की शादी की है। मुझे ऐसा लगता है कि आपके सहयोग से वह सुलझ सकती है। मेरे कई रिश्तेदार यू.पी. में फैले हुए हैं। मैं चाहता हूँ कि आप चिरंजीव वासुदेवप्रसाद के लिए मेरा प्रस्ताव स्वीकार करें। मेरे विषय में और जो कुछ जानना चाहें, लिखिए, सहर्ष उत्तर दूँगा।

यह ख़त पाकर दशरथलाल साहब ने फ़ौरन, जैसा कि घर के बड़े के लिए उचित था, प्रभुदयाल साहब को एक ख़त यह मालूम करने के लिए लिखा कि क्या यह वही मशहूर उपन्यासकार प्रेमचन्द हैं। प्रभुदयाल साहब ने जवाब दिया कि जी हाँ, यह वही मशहूर मुंशी प्रेमचन्द हैं।

तब फिर दशरथलाल साहब ने कुछ इन विनम्र किन्तु अनुभवसिद्ध शब्दों में मुंशी प्रेमचन्द के ख़त का जवाब दिया—आपका पत्र मिला। ऐसा पत्र तो सौभाग्य-उदय से ही प्राप्त होता है। आपने अपना पूरा परिचय नहीं दिया है पर मुझे पता चल चुका है। सूरज को चिराग़ लेकर नहीं देखा जाता।

आप ही की तरह मुझ पर भी यह एक महान उत्तरदायित्व है और उससे मुझे उबार लेने के लिए आपका सहयोग भी उतना ही आवश्यक है।

यह अवश्य बता देना चाहता हूँ कि यह देहात है, सामाजिक कुरीतियों का अभाव यहाँ भी नहीं है यद्यपि मुझे और अनुमानतः मेरी सास साहबा को भी इसकी ज़्यादा परवाह नहीं है। तो भी इस घर के इतिहास, उसकी प्रतिष्ठा और मर्यादा के प्रकाश में, मेरे कर्तव्यपालन में कुछ विशेषताएँ रहेंगी और मुझे आशा है कि आप उसकी सुविधा मुझे देंगे। अतः मुझे पहले से मालूम हो जाना चाहिए कि शादी में आप कितना ख़र्च करना चाहते हैं और उस खर्चे का कितना हिस्सा ऐसा होगा जिससे मुझे व्यावहारिक सहायता मिल सकेगी। और यह भी स्पष्ट कर देना चाहता हूँ कि यह किसी रईस का घर नहीं है। साधारण ज़मींदारी परिवार है और लड़का अपने घर का आप मालिक है। हाँ, दाल-रोटी का सुख उसे अवश्य प्राप्त है।

बातचीत का सिलसिला शुरू हुआ। चिट्ठियाँ दौड़ने लगीं। फिर बाबू दशरथलाल, अपने एक अन्तरंग सखा के साथ किसी बहाने से लखनऊ भी पहुँच गए...और बातों-बातों में लड़की को देखने की इच्छा भी व्यक्त की।

मुंशीजी अन्दर गए। पत्नी से कहा कि वह लोग लड़की देखना चाहते हैं। पत्नी ने कहा—ठीक है, वह लोग लड़की देखना चाहते हैं तो हम लोग दिखाएँगे लेकिन

घर पर नहीं दिखाएँगे।...फिर जब मुंशीजी उठकर बाहर जाने लगे तो उनकी पत्नी ने स्त्री की सहज व्यवहार-बुद्धि से पूछा—अरे उन लोगों का मुँह-वुँह भी कुछ मीठा करोगे कि यों ही...

घर में उस समय और कोई न था इसलिए मुंशीजी ख़ुद ही गए और पास के एक हलवाई के यहाँ से मिठाई ले आए।

मुँह मीठा होने के बाद यह तय पाया कि अगले रोज़ दोपहर को तीन बजे आप लोग अजायबघर पहुँच जाइएगा, हम लोग भी लड़की को लेकर पहुँच जाएँगे। वहाँ हम लोग आपस में पुराने मुलाक़ातियों-जैसी बातें करेंगे और फिर वहीं से बनारसीबाग़ चलेंगे, चिड़ियाघर, और सब देख-दाखकर साथ-साथ घर लौटेंगे। इतनी देर में आपको काफ़ी मौक़ा लड़की को देखने और समझने का मिल जाएगा।

सब कुछ हुआ, और जैसे कि इस बातचीत में थोड़ी-सी बदमज़गी भी एक ज़रूरी चीज़ हो, वह भी हुई। लड़का ख़ुद लड़की को देखे, इस बात को लेकर। मुंशीजी ने उसके लिए क़तई इंकार कर दिया और दो-एक तेज़ चिट्ठियों का विनिमय भी हुआ। आख़िर बाबू दशरथलाल ही को झुकना पड़ा और तान इस पर टूटी कि लड़के की माँ और बहन जाकर लड़की को देख लें।

लेकिन जिस चीज़ ने मुंशीजी का मन अपने होनेवाले दामाद की तरफ़ बहुत नर्म बना दिया था वह थी उसकी एक चिट्ठी जिसकी नक़ल दशरथलाल साहब ने भेजी थी—शादी मुझे मंजूर है। इसका ख़याल रहे कि जिस घर में मेरी शादी हो वह घर दिवालिया न किया जाए। शादी-ब्याह एक दिन का रिश्ता नहीं, हमारा-उनका यह तीन पुश्तों का रिश्ता होगा। इसलिए आप उनको दिवालिया न कीजिएगा।

खानदान भी कोई ऐसा-वैसा नहीं था। वासुदेव के पिता मुंशी भवानीप्रसाद क़स्बा मदारीपुर, ज़िला जालौन, यू. पी. के रहनेवाले थे। दो साल की अवस्था में ही उनके पिता की मृत्यु हो गई। तब उनके मामा जो मौजा कपुर्दा, ज़िला छिन्दवाड़ा, सी. पी. के रहनेवाले थे उनको अपने साथ लिवा ले गए और वहीं उनकी शिक्षा-दीक्षा हुई। शासन-व्यवस्था उन दिनों की बहुत अस्त-व्यस्त थी। उनके मामा कुछ लोगों की शरारत से एक क़त्ल के मुक़दमे में फाँस दिए गए और कालेपानी की सज़ा पा गए। फिर मुंशी भवानीप्रसाद की शादी देवरी, ज़िला सागर, के लाला मन्नूलाल की इकलौती लड़की से हुई। संयोग की बात कि लाला मन्नूलाल 1857 के कुछ बाद, जब कि वह लगान की वसूली पर गए हुए थे, मार डाले गए। अब घर में उनकी बेवा के सिवा और कोई न था, इस ख़याल से मुंशी भवानीप्रसाद को देवरी बुला लिया गया। देवरी के अलावा और भी पाँच-छ: गाँव उनकी मिल्कियत में थे। मुंशी भवानीप्रसाद ही उन सबका इन्तज़ाम करते रहे और विरासतन भी ज़ायदाद उन्हीं को मिली। मुंशी भवानीप्रसाद बड़े धार्मिक व्यक्ति थे। सवेरे चार बजे उठकर स्नान करते थे और गाय की पूजा करते थे। फिर मन्दिर जाकर पुजारी की पूजा करते थे और उसके उपरान्त श्री देव मुरलीधर की पूजा करते थे जिनके नाम पर देवरी का क़स्बा बहुत पहले से वक़्फ़ था।

वह म्यूनिसपिल्टी के उप-सभापति थे, आनरेरी मजिस्ट्रेट थे, आर्म्स ऐक्ट से मुस्तसना थे यानी उनको हथियार रखने की आज़ादी थी। लेन-देन में वह बहुत साफ़ थे और अपने व्यक्तित्व और शिष्ट व्यवहार के कारण जनता के बीच और सरकारी क्षेत्रों में उनका एक-सा मान था। अर्द्ध-सरकारी पत्र व्यवहार में 'देवरी के गवर्नर' के नाम से उनका उल्लेख होता था और जनता उन्हें 'सरकार' कहकर पुकारती थी। यह उनके पद से अधिक उनके व्यक्तित्व का ही सम्मान था।

धर्मप्रचार में उनकी बड़ी रुचि थी। इसी प्रसंग में वह अक्सर उस समय के बड़े-बड़े विद्वानों जैसे पं. ज्वाला प्रसाद मिश्र, पं. दीनदयाल वाणीभूषण, स्वामी हंसस्वरूप आदि को बुलाकर उनके व्याख्यान कराया करते थे। कट्टर सनातनधर्मी होने के नाते उन्होंने 'सत्यार्थ प्रकाश' के खंडन में एक पुस्तक भी लिखी—दयानन्द-मन-विद्रावण। इसी तरह की एक पुस्तक उन्होंने और लिखी—भास्कराभास निवारण। उनके पुस्तकालय में चारों वेद, अठारहों पुराण, छः शास्त्र और उनकी अनेक टीकाएँ, महाभारत, वाल्मीकि रामायण, निर्णय-सिन्धु और धर्म-सिन्धु आदि पुस्तकें दूर-दूर से मँगाकर एकत्र की गई थीं।

सन् 1905 में बंगभंग आन्दोलन के समय जो राजनीतिक लहर उठी उसने उनको भी अपने साथ लपेट लिया। उस आन्दोलन के साथ-साथ, जैसा कि विदित है, स्वदेशी का आन्दोलन, विदेशी वस्तुओं के बहिष्कार का आन्दोलन, मद्य-निषेध और विदेशी चीनी के परित्याग का आन्दोलन भी धीरे-धीरे उठ खड़ा हुआ।

जब यह चीज़ कुछ ज़ड़ पकड़ने लगी तो अंग्रेज़ अधिकारियों के कान खड़े हुए। उनकी तहक़ीक़ात शुरू हुई और उनका सबसे पहला वार, जैसा कि उचित ही था, मुंशी भवानीप्रसाद पर हुआ। उनके विरुद्ध सबसे बड़ा प्रमाण रुड़की के हीरालाल गुप्त द्वारा प्रकाशित 'विलायती चीनी से धर्मनाश होता है' नामक पुस्तक जिसकी पुश्त पर इस आशय की कुछ बात छपी थी कि हम देवरी के मुंशी भवानीप्रसाद का साधुवाद करते हैं जिन्होंने प्रचारार्थ इस पुस्तक की 1000 प्रतियाँ मँगाईं। इसी प्रकार उन्होंने लोकमान्य तिलक की लिखी हुई 'स्वदेशी और बायकाट' भी बड़ी संख्या में मँगवाई और लोगों में बाँटी। तभी, सुनते हैं कि लोकमान्य तिलक से उनका पत्रव्यवहार भी हुआ जिसमें अधिकतर राजनीतिक और धार्मिक प्रश्नों की चर्चा रहा करती थी। घर की तलाशी में पुलिस को लोकमान्य तिलक के कुछ पत्र भी मिले थे।

मुक़दमे की दूसरी पेशी देवरी से 16 मील दूर एक निर्जन स्थान में रखी गई—ताकि लोग वहाँ न पहुँच सकें और कोई बलवा न हो। वहाँ उनसे बाईस हज़ार रुपए नक़द की ज़मानत माँगी गई—और लोगों को बड़ा आश्चर्य हुआ जबकि वहाँ से तीस मील दूर रहनेवाले एक सुनार ने, जो और बहुत से तमाशाइयों के साथ वहीं खड़ा था, ज़मानत की इतनी बड़ी रक़म देना मंज़ूर किया। लेकिन किसी वजह से ज़मानत उस वक़्त नहीं ली गई और बाद को अपील करने पर ज़मानत की रक़म घटकर दो हज़ार रह गई। यह ज़मानत एक साल के लिए देनी पड़ी और यह एक साल का समय देवरी से बाहर रहकर गुज़ारना पड़ा।

इस फ़ैसले की अपील जबलपुर के सेशन जज के यहाँ की गई पर ज़मानत बहाल रही और अन्त में जुडिशल कमिश्नर के यहाँ अपील हुई। जुडिशल कमिश्नर स्टीवेन्स

नाम का एक आयरिश आदमी था। उसने बड़ी हिम्मत से काम लिया जो ऐसे एक मुक़दमे में, जो कि शायद प्रान्त का पहला राजद्रोह का मुक़दमा था और जिसकी जड़ें इतनी दूर-दूर तक पहुँचती थीं कि उसमें नासिक और मांडले की जेलों में लोकमान्य तिलक तक की गवाही रिकार्ड की गई, मुजरिम की अपील मंजूर की और उसे इज़्ज़त के साथ बरी करते हुए अपने फ़ैसले में लिखा—यह बड़े खेद की बात है कि महज़ सुनी-सुनाई बातों के आधार पर इतने धर्मभीरु, न्यायपरायण और धर्मात्मा व्यक्ति को इतना ज़्यादा सताया और परीशान किया गया। यह स्टीवेन्स की सरकारी ज़िन्दगी का आख़िरी मुक़दमा था। इसके बाद ही वह यहाँ से चला गया।

स्टीवेन्स के फ़ैसले से सरकार काफ़ी मुश्किल में पड़ गई, उसे बहुत नीचा देखना पड़ा और उसने अपने मुँह की लाज बचाने के ख़याल से मिस्टर क्रास्थवेट को, जो सेटिलमेंट कमिश्नर थे, मुंशी भवानीप्रसाद के पास राज़ीनामे का पैग़ाम लेकर भेजा। राज़ीनामे की एक शर्त यह थी कि देवरी के किसी प्रमुख स्थान पर शाही दरबार की यादगार के तौर पर एक चबूतरा बनवा दिया जाए। उसके एवज़ में मुंशी भवानीप्रसाद के तमाम अख़्तियारात और हथियार उन्हें वापस दे देने का वायदा सरकार की तरफ़ से किया गया। क्रास्थवेट साहब ने उनको समझाया कि यह एक सुनहरा मौक़ा है, इसको हाथ से न जाने दीजिए।

इसके जवाब में मुंशी भवानीप्रसाद ने वही बात कही जिसकी उनसे आशा की जा सकती थी। उन्होंने कहा—मैं भाग्यवादी आदमी हूँ। दो रुपए की मानीटरी से मैंने अपनी ज़िन्दगी शुरू की थी और भाग्य के ही बल पर आज मैं इतनी बड़ी सरकार का विरोधी स्वीकार किया गया और भाग्य के ही भरोसे इस आक्षेप और दुर्दशा से मुक्त हुआ। अब मुझे कुछ नहीं चाहिए, आप अपना राज़ीनामा वापस ले जाइए।...

अब क्या बचा जानने-समझने को। दो-चार व्यावहारिक बातें हुईं और शादी तै हो गई।

बरात बनारस के स्टेशन पर सबेरे आठ बजे पहुँची। वहाँ से पाँच मील दूर लमही जाना था। रास्ता ख़राब। ईंट के भट्ठेवालों की कृपा से सड़क में तमाम गड्ढे ही गड्ढे। सूखा है तो धुस्सा, बारिश है तो कीचड़—यानी इक्का-बग्घी के फँसाने का और हिचकोलों का बन्दोबस्त दोनों हालतों में अच्छा! शहर से चलने में ही देर हो गई थी, लमही पहुँचते-पहुँचते शाम हो गई। जनवासा स्कूल में दिया गया था।

द्वारचार हुआ। बताशे भी फेंके गए, पैसे भी लुटाये गए। लेकिन सब कुछ मुंशीजी के बड़े भाई बलदेव लाल ने किया। द्वारपूजा भी मुंशीजी ने न की।

द्वारचार के बाद जब बारात जनवासे गई तो उनकी पत्नी ने कहा—द्वारपूजा आपको करनी चाहिए थी। उन्होंने जवाब दिया—मुझसे ये रस्में न होंगी। पत्नी ने कहा—कन्यादान तो आख़िर आपको ही करना होगा?

उन्होंने कहा—कन्यादान कैसा? बेजान चीज़ दान में दी जाती है। जानदार चीज़ों में तो गाय ही दी जा सकती है। फिर लड़की का दान कैसा? यह सब मुझे पसन्द नहीं।

आख़िर जब रात को शादी हुई और कन्यादान का अवसर आया तो मुंशीजी उठकर अपनी जगह से नहीं आए। बहुत समझाया गया मगर न माने। आख़िरकार डॉ. भट्ट

जाकर उनको ज़बर्दस्ती गोद में उठा लाए और मंडप में बैठा दिया। तो भी कन्यादान किया लड़की की माँ ने ही, मुंशीजी मूर्तिवत् बैठे रहे।

27

बेटी की शादी करके पति-पत्नी दोनों ही कुछ हल्का अनुभव कर रहे थे। इस बार मकान अमीनुद्दौला पार्क में मिला। छ: साल लखनऊ रहे और छ: मकान बदले। दो महीने गर्मी की छुट्टियों का (जब कि सब लमही चले आते थे) किराया मुफ़्त में क्यों दें।

2 सितम्बर, 1929 के अपने ख़त में मुंशीजी ने दयानरायन निगम को लिखा—'अब मैं अमीनुद्दौला पार्क में रहता हूँ। मकान का नम्बर कहीं नहीं मिलता। हाँ, यहया की दुकान पर पूछने से पता चल सकता है। बिल्कुल कांग्रेस के दफ़्तर से मुलहिक़[1] मेरा मकान इसी लाइन में है। दरवाज़ा अक़ब[2] से है। मेरे मकान के ठीक नीचे पफ़ सोइंग मशीन की एजेन्सी है। चिरौंजीलाल पारचाफ़रोश भी वहीं रहता है। उससे पूछने से पता चल जाएगा।' यह तो मकान हुआ, अब घर की हालत—'मैं सनीचर को आनेवाला था मगर उसके एक रोज़ क़ब्ल ही से घर में तीन मरीज़ हो गए। धुन्नू की वालिदा के दाँतों में दर्द और बुख़ार, बेटी की उँगली में फुंसी जो बिसहरी कहलाती है और निहायत दर्द पैदा करनेवाली होती है, और धुन्नू की मामी को बुख़ार और पेचिश। कल बेटी की उँगली चिरवा दी। अब दर्द कम है। धुन्नू की माँ के दाँतों का दर्द अभी बदस्तूर है, हाँ बुख़ार बन्द हुआ। अब दाँत निकलवा देने की सलाह है। और धुन्नू की मामी का बुख़ार भी साबिक़ दस्तूर है।'

देश तेज़ी से एक नए संग्राम की ओर बढ़ रहा था। पिछले साल साइमन कमीशन के वक़्त से जो उभार आया था वह बराबर बढ़ता ही जा रहा था। युवक समाज में अलग एक ज्वार दिखाई पड़ रहा था, जगह-जगह उनकी बूथ लीगें और छात्र फ़ेडरेशन क़ायम हो रहे थे और उधर मज़दूरों में एक नई संघर्ष-चेतना थी। उनकी हालत की जाँच करने के लिए विलायत से एक सरकारी कमीशन, व्हिटले कमीशन, आया हुआ था और वामपक्षी नेताओं के असर में मज़दूर उसका बायकाट कर रहे थे। वैसे ही जैसे सारे मुल्क ने पिछले साल साइमन कमीशन का बायकाट किया था। मगर इतनी ही बात न थी। लड़ाई के बाद के कुछ साल तक तो उद्योगपतियों के लिए बड़ी ख़ुशहाली के दिन रहे, ख़ासकर हिन्दुस्तानी और हिन्दुस्तान में पूँजी लगाकर काम करनेवाले ब्रिटिश उद्योगपतियों के लिए जिनके उद्योग-धन्धों का जन्म ही, आधुनिक अर्थों में, महायुद्ध के समय हुआ। लेकिन लड़ाई के दस साल बाद अब सारी दुनिया में भयानक मन्दी आई हुई थी और मुमकिन न था कि हिन्दुस्तान उसकी लपेट में आने से बचा रहता। जैसे भी हो इस मन्दी का सामना करना था और इसका एक ही तरीक़ा उनको मालूम था—मज़दूरों की गर्दन और दबाओ, काम के घंटे बढ़ाओ, पगार कम करो।...

---

1. लगा हुआ, 2. पीछे

लेकिन मज़दूर भी अब जाग रहा था, अपने अधिकारों के लिए मोर्चा लेना सीख रहा था। आज यहाँ तो कल वहाँ, बराबर मज़दूरों की हड़तालें होती रहती थीं—और इन्हीं लड़ाइयों की आग में तपकर जंगजू मज़दूरों के बड़े तगड़े संगठन बन गए थे, जैसे जी.आई.पी. रेलवेमेन्स यूनियन, बम्बई के सूताकल मज़दूरों का ज़बर्दस्त संगठन गिरनी कामगार यूनियन।...बंगाल जूट मिल्स, जमशेदपुर आयरन वर्क्स, कोई इन सरगर्मियों से ख़ाली न था।

मगर सरकार भी कब ख़ामोश बैठी थी—मार्च के महीने में देश स्तर के बड़े-बड़े वामपक्षी मज़दूर नेता पकड़ लिए गए और मेरठ पड्यंत्र केस के नाम से उन पर मुक़दमा चलना शुरू हो गया। यह एक बड़ा राजनीतिक केस था, दुनिया-भर में उसकी चर्चा थी, 'न्यू स्पार्क' के सम्पादक हचिंसन और ब्रिटिश कम्युनिस्ट ब्रैडले जैसे दो-एक अंग्रेज़ अभियुक्त भी उसमें शामिल थे, कोई बम फेंकने का मामला न था—सोचने-विचारनेवालों को उसने बहुत ज़ोर से झकझोरा...

यह भी एक संयोग ही था कि मुंशीजी उन दिनों गाल्सवर्दी के नाटक 'स्ट्राइफ़' का अनुवाद हिन्दुस्तानी एकेडमी के लिए कर रहे थे जो इसी पूँजी और श्रम के संघर्ष की कहानी है। उनका अपना नया उपन्यास 'ग़बन' उन्हीं दिनों कभी शुरू हुआ था और धीमे-धीमे चल रहा था। सोशल रिफ़ार्म में उनकी जान बसती थी। उससे बड़ी प्रेरणा एक ही थी—आज़ादी की लड़ाई। उसके लिए ज़मीन तैयार हो रही थी और बड़ी आन-बान से तैयार हो रही थी, लेकिन लड़ाई अभी शुरू न हुई थी। ठीक वही हाल मुंशीजी का था, वह भी आनेवाले संघर्ष के लिए तैयार हो रहे थे, और इस बीच अपने हमेशा के रंग में एक नया क़िस्सा शुरू कर दिया था—बीवी को गहने का उन्माद, मियाँ झूठी शेख़ी के ग़ुलाम।

'ग़बन' खुलते ही यह दृश्य सामने आता है—

बरसात के दिन हैं, सावन का महीना। आकाश में सुनहरी घटाएँ छाई हुई हैं। रह-रहकर रिमझिम वर्षा होने लगती है। अभी तीसरा पहर है, पर ऐसा मालूम हो रहा है शाम हो गई। आमों के बाग़ों में झूला पड़ा हुआ है। लड़कियाँ भी झूल रही हैं और उनकी माँएँ भी। दो-चार झूल रही हैं, दो-चार झुला रही हें। कोई कजली गाने लगती है, कोई बारहमासा...

इसी समय एक बिसाती आकर झूले के पास खड़ा हो गया। उसे देखते ही झूला बन्द हो गया। छोटी-बड़ी सबों ने आकर उसे घेर लिया। बिसाती ने अपना सन्दूक़ खोला और चमकती-चमकती चीज़ें निकालकर दिखाने लगा। कच्चे मोतियों के गहने थे, कच्चे लेस, और मोटे, रंगीन मोजे, ख़ूबसूरत गुड़िया और गुड़ियों के गहने, बच्चों के लट्टू, और झुनझुने। किसी ने कोई चीज़ ली, किसी ने कोई चीज़। एक बड़ी-बड़ी आँखोंवाली बालिका ने वह चीज़ पसन्द की जो उन चमकती हुई चीज़ों में सबसे सुन्दर थी। वह फीरोज़ी रंग का एक चन्द्रहार था। माँ से बोली—अम्माँ, मैं हार लूँगी।

माँ ने बिसाती से पूछा—बाबा, यह हार कितने का है?

बिसाती ने हार को रूमाल से पोंछते हुए कहा—ख़रीद तो बीस आने की है, मालकिन जो चाहे दे दें।

माँ ने कहा—यह तो बड़ा महँगा है। चार दिन में इसकी चमक-दमक जाती रहेगी।

बिसाती ने मार्मिक भाव से सिर हिलाकर कहा—बहू जी, चार दिन में तो बिटिया को असली चन्द्रहार मिल जाएगा।

ज़हर का बीज रोप दिया गया। इसी बीज में से पेड़ निकलेगा।

इस लड़की की ऐसी रुचि कैसे बनी?

'दीनदयाल जब कभी प्रयाग जाते तो जालपा के लिए कोई न कोई आभूषण ज़रूर लाते। उनकी व्यावहारिक बुद्धि में यह विचार ही न आता था कि जालपा किसी और चीज़ से अधिक प्रसन्न हो सकती है। गुड़िया और खिलौने वह व्यर्थ समझते थे, इसलिए जालपा आभूषणों से ही खेलती थी, यही उसके खिलौने थे। वह बिल्लौर का हार जो उसने बिसाती से लिया था अब उसका सबसे प्यारा खिलौना था।'

घटनाचक्र में जिस व्यक्ति के कंधों पर इस वासना की पूर्ति का बोझ पड़नेवाला है, जालपा का पति, इधर दो साल से वह बेकार था। शतरंज खेलता, सैर-सपाटे करता और माँ और छोटे भाइयों पर रोब जमाता। 'दोस्तों की बदौलत शौक़ पूरा होता रहता था। किसी का चेस्टर माँग लिया और शाम को हवा खाने निकल गए। किसी का पंपशू पहन लिया, किसी की घड़ी कलाई पर बाँध ली। कभी बनारसी फ़ैशन में निकले, कभी लखनवी फ़ैशन में।'

ट्रैजेडी के लिए ज़मीन बनी-बनाई तैयार है—एक तरफ़ गहनों का पागलपन और दूसरी तरफ़ अपनी हैसियत को छिपाने की, बढ़ाकर दिखाने की कोशिश, ख़ास बीमारी मुंशीजी के अपने वर्ग की, सबसे ज़्यादा जानलेवा कितनी तकलीफ़, कितनी मुसीबत की जड़ इस एक चीज़ में है, और कितना मुबारक दिन होगा वह जब इसकी जड़ खोदकर फेंकी जा सकेगी—लेकिन जड़ बहुत गहरी है, खोदकर फेंकना इतना आसान न होगा। कितनी तरह, कितने रास्तों से, कितने रूपों में वह आकर आदमी को बरग़लाती है। शादी का तमाशा भी तो ऐसी ही चीज़ है, लोग ख़ानदान की आबरू के नाम पर, हित-नेत, टोले-पड़ोस वालों के आगे नाक न कटाने के नाम पर, जगहँसाई से बचने के नाम पर, अपनी झूठी रईसी का सिक्का जमाने के नाम पर क़र्ज़ लेकर यह सब नाटक करते हैं लेकिन कौन समझाए उन अक़्ल के मारों को और किसे ताब है समझने की! कुएँ में भाँग पड़ी है।

"नाटक उस वक़्त 'पास' होता है जब रसिक समाज उसे पसन्द कर लेता है। बारात का नाटक उस वक़्त पास होता है जब राह चलते आदमी उसे पसन्द कर लेते हैं। नाटक की परीक्षा चार-पाँच घंटे तक होती रहती है, बारात के नाटक की परीक्षा के लिए केवल इतने ही मिनटों का समय होता है। सारी सजावट, सारी दौड़धूप और तैयारी का निपटारा पाँच मिनटों में हो जाता है। अगर सबके मुँह से वाह वाह निकल गया तो तमाशा पास, नहीं फ़ेल! रुपया, मेहनत, फ़िक्र, सब अकारथ। दयानाथ का तमाशा

पास हो गया। शहर में वह तीसरे दर्जे में आता, गाँव में अव्वल दर्जे में आया। कोई बाजों की धों धों पों पों सुनकर मस्त हो रहा था, कोई मोटर को आँखें फाड़-फाड़कर देख रहा था, कुछ लोग फुलवारियों के तख़्ते देखकर लोट-लोट जाते थे। आतिशबाज़ी सबके मनोरंजन का केन्द्र थी। हवाइयाँ जब सन्न से ऊपर जातीं और आकाश में लाल, हरे, नीले, पीले कुमकुमे-से बिखर जाते और जब चर्खियाँ छूटतीं और उनमें नाचते हुए मोर निकल आते तो लोग मंत्रमुग्ध-से हो जाते थे। वाह, क्या कारीगरी है!"

चढ़ावा आने का सीन देखिए—

दस बजे सहसा फिर बाजे बजने लगे। मालूम हुआ कि चढ़ाव आ रहा है। बारात में हरेक रस्म डंके की चोट अदा होती है। दूल्हा कलेवा करने आ रहा है, बाजे बजने लगे। समधी मिलने आ रहा है, बाजे बजने लगे। चढ़ाव ज्योंही पहुँचा, घर में हलचल मच गई।...वहाँ सभी इस कला के विशेषज्ञ थे। मर्दों ने गहने बनवाए थे, औरतों ने पहने थे, सभी आलोचना करने लगे। चूहेदन्ती कितनी सुन्दर है, कोई दस तोले की होगी! वाह! साढ़े ग्यारह तोले से रत्ती-भर भी कम निकल जाए तो कुछ हार जाऊँ! यह शेरदहाँ तो देखो, क्या हाथ की सफ़ाई है! जी चाहता है, कारीगर के हाथ चूम लें। यह भी बारह तोले से कम न होगा। वाह! कभी देखा भी है, सोलह तोले से कम निकल जाए तो मुँह न दिखाऊँ। हाँ, माल उतना चोखा नहीं है। यह कंगन तो देखो, बिल्कुल पक्की जुड़ाई है। कितना बारीक काम है कि आँख नहीं ठहरती। कैसा दमक रहा है, सच्चे नगीने हैं, झूठे नगीनों में यह आब कहाँ! चीज़ तो यह गुलूबन्द है, कितने ख़ूबसूरत फूल हैं! और उनके बीच के हीरे कैसे चमक रहे हैं!...

इस गोलाकार जमघट के पीछे अँधेरे में, आशा और आकांक्षा की मूर्ति-सी जालपा भी खड़ी थी। और सब गहनों के नाम कान में आते थे, चन्द्रहार का नाम न था। उसकी छाती धकधक कर रही थी। चन्द्रहार नहीं है क्या? शायद सब के नीचे हो!...जब मालूम हो गया चन्द्रहार नहीं है, तो उसके कलेजे पर चोट-सी लग गई। मालूम हुआ देह में रक्त की एक बूँद भी नहीं है। मानो उसे मूर्च्छा आ जाएगी। वह लालसा जो सात वर्ष हुए उसके हृदय में अंकुरित हुई थी, जो इस समय पुष्प और पल्लव से लदी खड़ी थी, उस पर वज्रपात हो गया। वह हरा-भरा लहलहाता हुआ पौदा जल गया—केवल उसकी राख रह गई।

मगर नहीं, घबराने की ऐसी कोई बात नहीं है—स्त्री को अपने पुरुषार्थ का भरोसा करना चाहिए!

जालपा की एक सहेली शहजादी कहती है—'नहीं, यह बात नहीं है जल्ली, आग्रह करने से सब कुछ हो सकता है। सास-ससुर को बार-बार याद दिलाती रहना। बहनोई जी से दो-चार दिन रूठे रहने से भी बहुत कुछ काम निकल सकता है। बस, यही समझ लो कि घरवाले चैन न लेने पाएँ, यह बात हरदम उनके ध्यान में रहे, उन्हें मालूम हो जाए कि बिना चन्द्रहार बनाए कुशल नहीं। तुम ज़रा भी ढीली पड़ीं और काम बिगड़ा।'

जहाँ रणनीति के ऐसे-ऐसे विचक्षण अनुभवी परामर्शदाता हों, वहाँ क़िला फतेह होने में फिर क्या देर! और क़िला फतेह हो जाता है—लेकिन पति-देवता को घर से निर्वासित करके, जेलख़ाने की देहली पर पहुँचाकर!

उपन्यास जिस रंग में शुरू हुआ था, शायद उसी रंग में ख़त्म भी हो जाता। लेकिन हो नहीं सका : उन्हीं दिनों मेरठ षड्यंत्र केस चल पड़ा।

ग़बन का उत्तरार्द्ध पूरे का पूरा, क्रान्तिकारियों के ख़िलाफ़ पुलिस के झूठे केस की दास्तान है। इस तरह के झूठे केस पुलिस ने पहले भी बहुत चलाए थे, आए दिन चलाती रहती थी, यही धंधा था उसका, लेकिन यह कुछ और ही चीज़ थी। 20 मार्च, 1929 तक, जब कि देश-भर में तलाशियाँ और लोगों की धर-पकड़ हुई, 'ग़बन' शायद आधे से कुछ कम ही लिखा गया था—और बाद के आधे से ज़्यादा हिस्से पर अगर उस केस की छाया हो तो यह कुछ अचरज की बात न होगी क्योंकि वह एक ऐसा केस था जिसने सारी दुनिया में तहलका मचा दिया था। लेकिन उसको भी केवल निमित्त ही मानना चाहिए—सम्पूर्ण काल ही ऐसा था। आज़ादी की लहरें हल्के-हल्के उठने लगी थीं, क्रान्तिकारियों की सरगर्मियाँ—कहीं किसी अंग्रेज़ हाकिम का वध और कहीं बम का धड़ाका—काफ़ी बढ़ी हुई थीं, पुलिस का बर्बर रूप नित नए ढंग से उद्घाटित हो रहा था।

साइमन कमीशन के उपसंहार के रूप में सांडर्स-वध और लाहौर षड्यंत्र केस की शुरुआत पिछले साल की बातें थीं।

नया साल मेरठ षड्यंत्र केस से शुरू हुआ।

8 अप्रैल, 1929 को भगत सिंह और बटुकेश्वर दत्त ने दिल्ली असेम्बली में बम फेंका।

13 सितम्बर, 1929 को जतीनदास की मृत्यु लाहौर जेल में 64 दिन की भूख-हड़ताल से हुई।

28 सितम्बर, 1929 को वहीं लखनऊ में ए.आई.सी.सी. की बैठक हुई जिसमें कांग्रेस के अगले कराची अधिवेशन के मनोनीत अध्यक्ष गांधीजी ने अपना नाम वापस लेकर जवाहरलाल का नाम प्रस्तावित किया।

31 अक्टूबर, 1929 को बड़े लाट अर्विन ने विलायत से लौटकर इंग्लैंड की नई लेबर सरकार की इच्छानुसार भारत के राजनैतिक सुधारों के सम्बन्ध में एक महत्त्वपूर्ण वक्तव्य दिया।

23 दिसम्बर, 1929 को गांधी-अर्विन मिलन हुआ और सरकार की पुरानी दुरंगी नीति की कलई खुलना शुरू हुई।

31 दिसम्बर, 1929 को बारह बजे रात कांग्रेस ने लाहौर में पूर्ण स्वराज्य का प्रस्ताव स्वीकार किया। आनेवाली 26 जनवरी पूर्ण स्वराज्य दिवस घोषित हुआ—देश की चतुर्मुख स्वाधीनता के लिए सामूहिक प्रतिज्ञा का दिन।

ताज्जुब की बात होती अगर मुंशीजी का लिखना इस ज़बर्दस्त हलचल का असर न लेता—और असर उसने लिया, आनन-फानन लिया। एक अच्छे शिल्पी के सधे हुए हाथों का काम है, इसलिए जोड़ का पता नहीं चलता, मगर ग़ौर से देखो तो 'ग़बन' के

पूर्वार्द्ध और उत्तरार्द्ध में जोड़ है। दोनों का रंग, दोनों की हवा, दोनों की बू-बास—सब कुछ अलग है। रमानाथ के इलाहाबाद से भागकर कलकत्ता पहुँचते ही दुनिया बदल जाती है। सामाजिक रूढ़ियों की काई और गर्द और धुँधलके में लिपटे हुए मर्दों और औरतों की टोली पीछे छूट जाती है और आज़ादी की लड़ाई में अपने दो होनहार बेटों की भेंट चढ़ा देनेवाले देवीदीन का तेजस्वी चेहरा उभरकर सामने आ जाता है, सत्य और असत्य, न्याय और अन्याय के संघर्ष में आत्मा के नए शिखर दिखाई पड़ते हैं, जालपा एक नई ही जालपा है, और क़िस्से में जैसे कि ज़िन्दगी में, पुलिस का नंगा नाच हो रहा है—सामाजिक उपन्यास राजनीतिक उपन्यास बन जाता है।

5 दिसम्बर, 1929 को सब्बरवाल ने जापान से अपने एक लम्बे ख़त में लिखा था—

'बेचारा पंजाब, जो अभी कुछ रोज़ पहले प्रकृति की ऐसी बुरी मार सह चुका है, अब अपने को पुलिस अत्याचारों के आतंक-राज्य में पाता है। यह चीज़ पंजाब में ही, या यों कहूँ कि हिन्दुस्तान में ही, मुमकिन है कि पुलिस अंडर ट्रायल क़ैदियों को मार-मारकर लहूलुहान कर दे और उसका बाल भी बाँका न हो।

'पुलिस ने जैसा वातावरण तैयार कर दिया है उससे यही नतीजा निकालना पड़ता है कि वाइसराय ने जो घोषणा की है और लेबर सरकार ने हिन्दोस्तान के लिए डोमिनियन गवर्नमेंट की जो उम्मीदें दिलाई हैं, वह जनता की आँखों में धूल झोंकने और राष्ट्रीय कार्यकर्ताओं के बीच फूट डालने की एक और कोशिश के अलावा कुछ नहीं हैं। बड़े खेद की बात है कि जहाँ एक ओर सारा मुस्लिम संसार जाग रहा है वहाँ हिन्दोस्तान के मुसलमान अपने देश के विदेशी शासकों के हाथ का खिलौना बने हुए हैं और अपनी सम्मिलित मातृभूमि के स्वराज्य की ओर आगे बढ़ने के रास्ते में रोड़े अटका रहे हैं।'

मुंशीजी ने ख़त के इस टुकड़े के जवाब में लिखा था—

'आपको ख़बर मिली होगी कि इस साल कांग्रेस ने एक क़दम और आगे बढ़ाया और पूर्ण स्वराज्य का निश्चय किया। इस, प्रश्न पर बड़ा मतभेद है। माडरेट, मध्यममार्गी लोग इतने आगे तक जाना नहीं चाहते और तरुण राजनीतिज्ञ इससे कम की बात सुनने के लिए तैयार नहीं हैं। मेरा ख़याल है कि पूर्ण स्वराज्य इंग्लैंड के घमंडी साम्राज्यवाद का अच्छा जवाब है। डोमिनियन स्टेटस धोखे की टट्टी है। एक चीज़ जो मैं समझ नहीं पाता वह है कांग्रेस का कौंसिल-बहिष्कार का निश्चय। जहाँ से अपने बूते भर जो कुछ तोला-माशा मिले, हमें ले लेना चाहिए। कौंसिल को प्रगति-विरोधी विधान बनाने का मौक़ा क्यों दो? आज़ादी ऐसा मुँह का कौर तो नहीं है कि हम मज़े में उन्हें और भी दो-एक सेशन शरारत करने दे सकें।'

अपने इसी ख़त में सब्बरवाल ने यह भी लिखा था—

'जापान की जनता हिन्दोस्तान की ओर से वैसी उदासीन नहीं है जैसा कि आपको 'जापान टाइम्स' देखने से लगा होगा। जापानी भाषा के पत्रों में बराबर हिन्दोस्तान के बारे में ढेरों चीज़ें निकलती रहती हैं, और यहाँ पर असल महत्त्व जापानी भाषा के पत्रों का ही है, अंग्रेज़ी के पत्र तो केवल विदेशी निवासियों के लिए छपते हैं और उनका प्रचार बहुत सीमित है क्योंकि जापानी उनकी ख़ाक परवाह नहीं करते। जापानी भाषा के पत्र बहुत ही शक्तिशाली हैं और उनमें से कुछ तो ऐसे हैं जो दुनिया के किसी पत्र

से टक्कर ले सकते हैं।...हर आदमी दो-एक पत्र मँगाता है, चाहे वह पुलिसमैन हो चाहे सड़क की सफ़ाई करनेवाला मेहतर।

'महात्मा गांधी का नाम यहाँ बच्चा-बच्चा जानता है। यहाँ पर उनकी जितनी इज़्ज़त है, उतनी आज के दूसरे किसी हिन्दोस्तानी या योरोपियन की शायद न होगी। अगर वह कभी यहाँ आएँ तो साधारण जनता उनके दर्शन या हस्ताक्षर के लिए पागल हो जाएगी। बड़े अफ़सोस की बात है कि भारतीय नेता कभी जापान नहीं आते, हमेशा योरोप और अमेरिका के चक्कर लगाते रहते हैं। जापानियों के लिए हिन्दोस्तान को जानना-समझना बहुत मुश्किल है जब तक कि हमारे आदमी यहाँ आते नहीं और दिल खोलकर उनसे बातें नहीं करते।...'

और फिर अन्त में—'मैं आपसे अनुरोध करूँगा कि आप उस संघर्ष से प्रेरणा लेकर, जो हमारे युवक-युवतियाँ अपनी पददलित मातृभूमि की मुक्ति के लिए कर रहे हैं, कुछ कहानियाँ देशप्रेम के विषय को लेकर लिखें।'

यह भी कोई कहने की बात है, और सो भी मुंशीजी से? यही तो उन्होंने किया है सारी ज़िन्दगी—और अब फिर वह घड़ी आ रही है जब कि सम्पूर्ण चेतना सब ओर से समेटकर इसी एक बिन्दु पर केन्द्रित कर देनी होगी। मन की सहज वृत्ति वही है, संघर्ष की परिस्थितियाँ उसी को और भी रेखांकित कर देती हैं। 10 सितम्बर, 1929 को उन्होंने विनोदशंकर व्यास को लिखा—'मेरे विचार में, सभी के विचार में, साहित्य के तीन लक्ष्य हैं—परिष्कृति, मनोरंजन और उद्‌घाटन। लेकिन मनोरंजन और उद्‌घाटन भी उसी परिष्कृति के अन्तर्गत आ जाते हैं क्योंकि लेखक का मनोरंजन केवल भाँडों या नक्कालों का मनोरंजन नहीं होता, उसमें परिष्कार का भाव छिपा रहता है। उसका उद्‌घाटन भी परिष्कृति का उद्‌देश्य सामने रखकर ही होता है। हम गुप्त मनोभावों को इसलिए नहीं दर्साते कि हमें उनकी दार्शनिक विवेचना करनी है, बल्कि इसलिए कि हम सुन्दर को आकर्षक और असुन्दर को हेय दिखाना चाहते हैं।'

22 जनवरी, 1930 को एक तरुण लेखक को उन्होंने लिखा—

"युवक को आशावादी मन से लिखना चाहिए, उसकी आशावादिता संक्रामक होनी चाहिए, जिससे कि वह दूसरों में भी उसी भावना का संचार कर सके। मेरे विचार में साहित्य का सबसे ऊँचा लक्ष्य दूसरों को उठाना, उन्नत करना है। हमारे यथार्थवाद को भी यह बात भूलनी न चाहिए। कितना अच्छा हो कि आप 'मनुष्यों' की सृष्टि करें, निर्भीक, सच्चे, स्वाधीन मनुष्य, हौसलेमन्द, साहसी मनुष्य, ऊँचे आदर्शों वाले मनुष्य। इस वक़्त ऐसे ही आदमियों की ज़रूरत है।" तीन दिन बाद, 26 जनवरी को सारा देश आज़ादी की प्रतिज्ञा लेगा—और फिर हर साल लेता रहेगा जब तक कि आज़ादी मिल नहीं जाती। ज़ाहिर है कि इस वक़्त ऐसे ही आदमियों की ज़रूरत है।

इसी बात को कहानी के शिल्प पर ढालते हुए मुंशीजी ने दो रोज़ बाद, 24 जनवरी को विनोदशंकर व्यास को लिखा—'मैं जो चाहता हूँ वह यह है कि कहानियों के प्लाट जीवन से लिए जाएँ और जीवन की समस्याओं को हल करें। कहानी से कविता का काम लेना मुझे नहीं जँचता। गद्यकाव्य हृदय के तारों पर चोट करता है, कहानी से अधिक, क्योंकि वह तो चोट करने के लिए ही लिखा जाता है। लेकिन उसकी चोट

उस संगीत की ध्वनि के सदृश है जो एक बार कान में पड़कर, एक चुटकी लेकर ग़ायब हो जाती है। कहानी आपकी आँखों के सामने चरित्रों को खेलते हुए दिखाती है।'

भावना के, चिन्तन के, रचना के स्तर पर राष्ट्रीय जीवन की आँधियों के तमाचे बराबर उनको लग रहे हैं, लेकिन बाहर से कुछ पता नहीं चलता, दिनचर्या में कोई अन्तर नहीं पड़ता, वही घर से दफ़्तर, दफ़्तर से घर—और एक कोने में बैठकर लिखना-पढ़ना।

इन्हीं दिनों, सन् 29 के किसी महीने में उनका परिचय एक ऐसे व्यक्ति से हुआ जो एक तरफ़ कांग्रेस का अच्छा काम करनेवाला था तो दूसरी तरफ़ प्रतिभा-सम्पन्न कथाकार। उस व्यक्ति का नाम जैनेन्द्रकुमार था। दोनों में वय का बड़ा अन्तर था, लेकिन मुंशीजी के लिए उसका कोई महत्त्व न था, और यों ही एक कहानी को लेकर जो परिचय का सूत्र स्थापित हुआ था उसने, अनमिल स्वभाव के बावजूद, सात बरस के भीतर-भीतर एक सच्ची और गहरी मैत्री का रूप ले लिया जिसमें दोनों ओर एक-सा आदर था, स्नेह था। इसकी कहानी ख़ुद जैनेन्द्रकुमार की ज़बानी सुनिए—

> *सन् 29 आते-आते मैं अकस्मात् कुछ लिख बैठा। इस अपने दुस्साहस पर मैं पहले-पहल तो बहुत ही संकुचित हुआ। पर विधि पर किसका बस। जब मुझ पर यह आविष्कार प्रकट हुआ कि मैं लिखता हूँ तब यह ज्ञान भी मुझे था कि वही प्रेमचन्द जो पूरी 'रंगभूमि' को अपने भीतर से प्रकट कर सकते हैं, लखनऊ से निकलनेवाली 'माधुरी' के सम्पादक हैं। सो कुछ दिनों बाद एक रचना बड़ी हिम्मत बाँधकर डाक से मैंने उन्हें भेज दी। लिख दिया कि यह सम्पादक के लिए नहीं है, ग्रंथकर्ता प्रेमचन्द के लिए है। छापे में आने योग्य तो मैं हो सकता नहीं, पर लेखक प्रेमचन्द उन पंक्तियों को एक निगाह देख सकें और मुझे कुछ बता सकें तो मैं अपने को धन्य मानूँगा। कुछ दिनों के बाद वह रचना ठीक-ठीक तौर पर लौट आई। साथ एक कार्ड भी मिला जिस पर छपा हुआ था कि यह रचना धन्यवाद के साथ वापस की जाती है। यह मेरे दुस्साहस के योग्य ही था, फिर भी मन कुछ बैठने-सा लगा। मैं उस अपनी कहानी को तभी एक बार फिर पढ़ गया। आख़िरी स्लिप समाप्त करके उसे लौटता हूँ कि पीठ पर फीकी लाल स्याही में अंग्रेज़ी में लिखा है—पूछो कि यह अंग्रेज़ी से अनुवाद तो नहीं है। जाने किस अतर्क्य पद्धति से यह प्रतीति उस समय मेरे मन में असन्दिग्ध रूप से भर गई कि हो न हो यह प्रेमचन्द जी के शब्द हैं, उन्हीं के हस्ताक्षर हैं। उस समय मैं एक ही साथ मानो कृतज्ञता में नहा उठा, मेरा मन तो एक प्रकार से मुर्झा ही चला था लेकिन इस छोटे से वाक्य ने मुझे संजीवन दिया। तब से मैं ख़ूब समझ गया हूँ कि सच्ची सहानुभूति का एक कण भी कितना प्राणदायक होता है और हृदय को निर्मल रखना अपने आप में कितना बड़ा उपकार है।...*
>
> *कुछ दिनों बाद एक और कहानी मैंने उन्हें भेजी। पहली कहानी का कोई उल्लेख नहीं किया। यह फिर लिख दिया कि लेखक प्रेमचन्द की उस पर सम्मति पाऊँ, यही अभीष्ट है, छपने लायक तो वह होगी ही नहीं। उत्तर*

में मुझे एक कार्ड मिला। उसमें दो-तीन पंक्तियों से अधिक न थीं। स्वयं प्रेमचन्द जी ने लिखा था—प्रिय महोदय, दो (या तीन) महीने में 'माधुरी' का विशेषांक निकलनेवाला है। आपकी कहानी उसके लिए चुन ली गई है।

इस पत्र पर मैं विस्मित होकर रह गया। पत्र में प्रोत्साहन का, बधाई का, प्रशंसा का एक शब्द भी नहीं था। लेकिन जो कुछ था वह ऐसे प्रोत्साहनों से भारी था। प्रेमचन्द जी की अन्त:प्रकृति की झलक पहली ही बार मुझे उस पत्र में मिल गई। वह जितने सद्भावनाशील थे उतने ही उन सद्भावनाओं के प्रदर्शन में संकोची थे। नेकी हो तो कर देना पर कहना नहीं—यह उनकी आदत हो गई थी। मैंने उस पत्र को कई बार पढ़ा था और मैं दंग रह गया था कि यह व्यक्ति कौन हो सकता है जो एक अनजान लड़के के प्रति इतनी बड़ी दया का, उपकार का काम कर सकता है फिर भी उसका तनिक भी श्रेय लेना नहीं चाहता। अगर उस पत्र के साथ कृपाभाव से भरे वाक्य भी होते तो क्या बेजा था। लेकिन प्रेमचन्द वह व्यक्ति था जो उनसे ऊँचा था। उसने कभी जाना ही नहीं कि उसने कभी उपकार किया है या कर सकता है। नेकी उससे होती थी, उसे नेकी करने की ज़रूरत न थी।

लेकिन मैं तो तब बच्चा था न, अपने को छपा देखने को उतावला था। लिखा—अगर वह कहानी छपने योग्य है तो अगले अंक में ही छपा दीजिए। विशेषांक के लिए और भेज दूँगा।

उत्तर आया—प्रिय महोदय, लिखा जा चुका है कि वह कहानी विशेषांक के लिए चुन ली गई है, उसी में छपेगी।

इस उत्तर पर मैं उसके लेखक की ममताहीन सद्भावना पर चकित होकर रह गया। अब भी मैं उसको याद कर विस्मय से भर जाता हूँ। मुझे मालूम होता है कि प्रेमचन्द जी की सबसे घनिष्ठ विशेषता यही है। यही साहित्य में खिली और फली है। उनके साहित्य की रग-रग में सद्भावना व्याप्त है। लेकिन भावुकता में वह सद्भावना किसी भी स्थल पर कच्ची या उथली नहीं हो गई। वह अपने में समाई हुई है, छलक-छलक नहीं पड़ती। प्रेमचन्द का साहित्य इसीलिए पर्याप्त कोमल न दीखे पर ठोस है और खरा है।

मुलाक़ात की कहानी कुछ कम दिलचस्प नहीं है—

कुम्भ के मेले पर इलाहाबाद जाना हुआ। वहाँ प्रेमचन्दजी का जवाब भी मिल गया। लिखा था—अमीनुद्दौला पार्क के पास लाल मकान है। लौटते वक़्त आओ ही। ज़रूर आओ।

सन् 30 की जनवरी थी। ख़ासे जाड़े थे। बनारस से गाड़ी लखनऊ रात के कोई चार बजे ही जा पहुँची थी। अँधेरा था और शीत भी कुछ कम न थी। ऐसे वक़्त अमीनुद्दौला पार्क के पासवाला लाल मकान तो मिल जाएगा ही, पर मुमकिन है असुविधा भी कुछ हो। लेकिन दर-असल जो परेशानी उठानी पड़ी उसके लिए मैं बिलकुल तैयार न था।

पाँच बजे के लगभग अमीनुद्दौला पार्क की सड़क के बीचोबीच आ खड़ा हो गया हूँ, सामान सामने निर्जन एक दूकान के तख़्तों पर रखा है। इक्का-दुक्का शरीफ़ आदमी टहलने के लिए आ-जा रहे हैं। मैं लगभग प्रत्येक से पूछता हूँ—जी, माफ़ कीजिएगा। प्रेमचन्दजी का मकान आप बतला सकते हैं? नज़दीक ही कहीं है। जी हाँ, प्रेमचन्द।...

उसी सड़क पर ही मुझे छ: बज आए। साढ़े छ: भी बजने लगे। तब तक दर्जनों सज्जनों को मैंने क्षमा किया। लगभग सभी को मैंने अपने अनुसन्धान का लक्ष्य बनाया था लेकिन मेरे मामले में सभी ने अपने को निपट असमर्थ प्रकट किया।

आसपास मकान कम न थे और लाल भी कम न थे। और जहाँ मैं खड़ा था, वहाँ से प्रेमचन्दजी का मकान मुश्किल से बीस गज निकला, लेकिन उस रोज़ सम्भ्रान्त श्रेणी से प्रेमचन्दजी तक के उस बीस गज़ के दुर्लंघ्य अन्तर को लाँघने में काफ़ी देर लगी। और क्या इसे एक संयोग ही कहूँ कि अन्त में जिस व्यक्ति के नेतृत्व का सहारा थामकर मैं उन बीस गज़ों को पार कर प्रेमचन्दजी के घर पर आ लगा वह कुल-शील की दृष्टि से समाज का उच्छिष्ट ही था?...

जीने के नीचे से झाँकने पर मुझे जो कुछ ऊपर दीखा उससे मुझे बहुत धक्का लगा। जो सज्जन ऊपर खड़े थे उनकी बड़ी घनी मूँछें थीं, पाँच रुपएवाली लाल इमली की चादर ओढ़े थे जो काफ़ी पुरानी और चिकनी थी, बालों ने आगे आकर माथे को कुछ ढँक-सा लिया था और माथा छोटा मालूम देता था। सिर ज़रूरत से छोटा प्रतीत हुआ। मामूली धोती पहने थे जो घुटनों से ज़रा नीचे तक आ गई थी।...मैंने जान लिया कि प्रेमचन्द यही हैं। इस परिज्ञान से बचने का अवकाश न था। पर उनको ही प्रेमचन्द जानकर मेरे मन को कुछ सुख उस समय नहीं हुआ। क्या जीते जी प्रेमचन्द इनको ही मानना होगा?...प्रेमचन्द के नाम पर यह सामने खड़ा व्यक्ति इतना साधारण, इतना स्वल्प, इतना देहाती मालूम हुआ कि...

इतने में उस व्यक्ति ने फिर कहा—आओ भाई, आ जाओ।

मैं एक हाथ में बक्स उठा ज़ीने पर जो चढ़ने लगा कि उस व्यक्ति ने झटपट आकर उस बक्स को अपने हाथ में ले लेना चाहा।...

घर सुव्यवस्थित नहीं था। आँगन में पानी निरुद्देश्य फैला था। चीज़ें भी ठीक अपने-अपने स्थान पर नहीं थीं। पर पहली निगाह ही यह जो कुछ दीखा, दीख सका। आगे तो मेरी निगाह इन बातों को देखने के लिए ख़ाली ही नहीं रही।...

सब काम छोड़कर प्रेमचन्दजी मुझे लेकर बैठ गए। सात बज गए, साढ़े सात बज गए, आठ होने को आए, बातों का सिलसिला टूटता ही न था। इस बीच मैं बहुत कुछ भूल गया। भूल गया कि यह प्रेमचन्द हैं, हिन्दी के साहित्य सम्राट हैं। यह भी भूल गया कि मैं उसी साहित्य के तट पर भौचक खड़ा अनजान बालक हूँ। यह भी भूल गया कि क्षण-भर पहले इस व्यक्ति की मुद्रा पर मेरे मन में अप्रीति, अनास्था उत्पन्न हुई थी।...

उस व्यक्ति की बाहरी अनाकर्षकता उस क्षण से जाने किस प्रकार मुझे अपने आप में सार्थक वस्तु जान पड़ने लगी। उनके व्यक्तित्व का बहुत कुछ आकर्षण उसी अ-कोमल आनबान में था।...

इस जगह आकर प्रेमचन्द की मेरी अपनी काल्पनिक मूर्तियाँ जो अतिशय छटामयी और प्रियदर्शन थीं, एकदम ढहकर चूर-चूर हो गईं और मुझे तनिक भी दु:ख नहीं होने पाया।...

मैं यह देखकर विस्मित हुआ कि आधुनिक साहित्य की प्रवृत्तियों से वह कितने घनिष्ठ रूप में अवगत हैं। योरोपीय साहित्य में जानने योग्य उन्होंने जाना है। जानकर ही नहीं छोड़ दिया, उसे भीतर से पहचाना भी है और फिर परखा और तौला है। वह अपने प्रति सचेत हैं, Consistent हैं, स्वनिष्ठ हैं।

मैंने कहा—बंगाली साहित्य हृदय को अधिक छूता है—इससे आप सहमत हैं? तो इसका कारण क्या है?

प्रेमचन्दजी ने कहा—सहमत तो हूँ। कारण, उसमें स्त्री-भावना अधिक है। मुझमें वह काफ़ी नहीं है।

सुनकर मैं उनकी ओर देख उठा। पूछा—स्त्रीत्व है, इसी से वह साहित्य हृदय को अधिक छूता है?

बोले—हाँ तो। वह जगह-जगह स्मरणशील हो जाता है। स्मृति में भावना की तरलता अधिक होती है, संकल्प में भावना का काठिन्य अधिक होता है : विधायकता के लिए दोनों चाहिए—

कहते-कहते उनकी आँखें मुझसे पार कहाँ देखने लगी थीं। उस समय उन आँखों की सुर्खी एकदम ग़ायब होकर उनमें एक प्रकार की पारदर्शिता भर गई थी मानो अब उनकी आँखों के सामने जो हो स्वप्न हो। उनकी वाणी में एक प्रकार की भीगी कातरता बजने लगी। वह स्वर मानो उच्छ्वास में निवेदन करता हो कि 'मैं कह तो रहा हूँ पर जानता मैं भी कुछ नहीं हूँ। शब्द तो शब्द हैं, तुम उन पर मत रुकना। उनके अगोचर में जो भाव ध्वनित होता हो उसी में पहुँचकर जो पाओगे, पाओगे। वहीं पहुँचो, हम-तुम पर रुको नहीं। राह में जो बाधा है, लाँघते जाओ, लाँघते जाओ, उल्लंघित होने में ही बाधा की सार्थकता है।'

> *बोले—जैनेन्द्र, मुझे कुछ ठीक नहीं मालूम। मैं बंगाली नहीं हूँ। वे लोग भावुक हैं। भावुकता से जहाँ पहुँच सकते हैं, वहाँ मेरी पहुँच नहीं। मुझमें उतनी देन कहाँ? ज्ञान से जहाँ नहीं पहुँचा जाता, वहाँ भी भावना से पहुँचा जाता है। वहाँ भावना से ही पहुँचा जाता है। लेकिन जैनेन्द्र, मैं सोचता हूँ काठिन्य भी चाहिए।*
>
> *कहकर प्रेमचन्द जैसे कन्या की भाँति लज्जित हो उठे। उनकी मूँछें इतनी घनी थीं कि बेहद। उनमें सफ़ेद बाल तब भी रहे होंगे। फिर भी मैं कहता हूँ, वह कन्या की भाँति लज्जा में घिर गए। बोले—जैनेन्द्र, रवीन्द्र, शरत् दोनों महान् हैं। पर हिन्दी के लिए क्या वही रास्ता है?...मेरे लिए तो वह राह नहीं ही है।*
>
> *उनकी वाणी में उस समय स्वीकारोक्ति ही बजती मुझे सुन पड़ी। गर्वोक्ति की तो वहाँ सम्भावना ही न थी।*

बातों का सिलसिला अभी और भी चलता लेकिन भीतर से ख़बर आई कि अभी डाक्टर के यहाँ से दवा तक लाकर नहीं रखी गई है, ऐसा हो क्या रहा है! दिन कितना चढ़ गया, क्या इसकी भी ख़बर नहीं है?

प्रेमचन्द अप्रत्याशित भाव से उठ खड़े हुए। बोले—ज़रा दवा ले आऊँ, जैनेन्द्र। देखो, बातों में कुछ ख़याल ही न रहा।

कहकर इतने ज़ोर से क़हक़हा लगाकर हँसे कि छत के कोनों में लगे मकड़ी के जाले हिल उठे।...मैंने इतनी खुली हँसी जीवन में शायद ही कभी सुनी थी।

गांधीजी ने वाइसराय को जो ख़त 2 मार्च को लिखा था, उसका बहुत ही ठंडा, बहुत ही रूखा, नौकरशाहियत से भरा हुआ जवाब उधर से आया—हमें बड़ा खेद है कि मि. गांधी एक ऐसा रास्ता अपनाने की सोच रहे हैं जिसमें स्पष्ट रूप से क़ानून का उल्लंघन होगा और सार्वजनिक शान्ति के लिए संकट उपस्थित होगा...

गांधीजी ने जवाब दिया—घुटने टेककर मैंने रोटी माँगी थी और मुझे पत्थर मिला। अंग्रेज़ जाति केवल शक्ति की भाषा समझती है। वाइसराय के जवाब से मुझे कोई ताज्जुब नहीं हुआ। यह क़ौम एक ही सार्वजनिक शान्ति जानती है और वह सार्वजनिक कारागार की शान्ति है। हिन्दुस्तान एक विराट् क़ैदखाना है। मैं इस (अंग्रेज़ी) क़ानून को मानने से इंकार करता हूँ और इस अनिवार्य, निर्विकल्प शान्ति की सन्तप्त एकरसता को भंग करना अपना पुनीत कर्तव्य समझता हूँ जिससे राष्ट्र का हृदय भीतर-ही-भीतर घुटा जा रहा है।...

महाभारत आरम्भ होनेवाला है। कुरुक्षेत्र में सेनाएँ आमने-सामने खड़ी हैं। रणभेरी बजने की देर है।

मुंशीजी भी अपने घर के एक कोने में बैठे हुए इसी महाभारत की अपनी तैयारियों में लगे हैं। मुल्क को क़लम के सिपाहियों की कुछ कम ज़रूरत नहीं है। वह क़लम के सिपाही हैं। अकबर ने कहा है, जब तोप मुकाबिल हो अख़बार निकालो। बात मज़ाक़ में कही गई है मगर मज़ाक़ नहीं है।

सन् 29 ख़त्म और 30 शुरू होते-होते उन्होंने चारों तरफ़ घोड़े दौड़ा दिए थे कि वह 'हंस' के नाम से एक साहित्यिक-राजनीतिक मासिक पत्र निकालने जा रहे हैं।

12 फ़रवरी, 1930 को निगम साहब को लिखा—"मैं फागुन यानी नए साल से एक हिन्दी रिसाला 'हंस' निकालने जा रहा हूँ। 64 सुफ़हात का होगा और ज़्यादातर अफ़सानों से ताल्लुक़ रखेगा। है तो हिमाक़त[1] ही, दर्दे-सर बहुत और नफ़ा कुछ नहीं, लेकिन हिमाक़त करने को जी चाहता है। ज़िन्दगी हिमाक़तों में गुज़र गई, एक और सही।"

यानी कि मुंशीजी अपनी तैयारियों में किसी से पीछे रह जानेवाले असामी नहीं हैं। गांधीजी की डाँडी यात्रा 25 मार्च को शुरू हुई। मुंशीजी उसके पन्द्रह रोज़ पहले ही, अपना मार्च का अंक ले मैदान में आ डटे थे।

हँस की नीति की घोषणा करते हुए उन्होंने लिखा—

---

1. मूर्खता

हँस के लिए यह परम सौभाग्य की बात है कि उसका जन्म ऐसे शुभ अवसर पर हुआ है जब भारत में एक नए युग का आगमन हो रहा है, जब भारत पराधीनता की बेड़ियों से निकलने के लिए तड़पने लगा है। इस तिथि की यादगार एक दिन देश में कोई विशाल रूप धारण करेगी।...

कहते हैं, जब श्री रामचन्द्र जी समुद्र पर पुल बाँध रहे थे उस वक़्त छोटे-छोटे पशु-पक्षियों ने मिट्टी ला-लाकर समुद्र के पाटने में मदद दी थी। इस समय देश में उससे कहीं विकट संग्राम छिड़ा हुआ है। भारत ने शान्तिमय समर की भेरी बजा दी है। हंस भी मानसरोवर की शान्ति छोड़कर, अपनी नन्ही-सी चोंच में चुटकी-भर मिट्टी लिए हुए समुद्र पाटने—आज़ादी की जंग में योग देने—चला है। समुद्र का विस्तार देखकर उसकी हिम्मत छूट रही है, लेकिन संघ-शक्ति ने उसका दिल मज़बूत कर दिया है।

न डोमिनियन माँगे से मिलेगा न स्वराज्य। जो शक्ति डोमिनियन छीनकर ले सकती है, वह स्वराज्य भी ले सकती है। इंग्लैंड के लिए दोनों समान हैं। डोमिनियन स्टेटस में गोलमेज़ कान्फ्रेंस का उलझावा है, इसलिए वह भारत को इस उलझावे में डालकर भारत पर बहुत दिनों तक राज्य कर सकता है। फिर उसमें किस्तों की गुंजाइश है। और किस्तों की अवधि एक हज़ार वर्षों तक बढ़ाई जा सकती है। इसलिए इंग्लैंड का डोमिनियन स्टेटस के नाम से न घबड़ाना समझ में आता है। स्वराज्य में किस्तों की गुंजाइश नहीं, न गोलमेज़ का उलझावा है, इसलिए वह स्वराज्य के नाम से कानों पर हाथ रखता है, लेकिन हमारे ही भाइयों में इस प्रश्न पर क्यों मतभेद है, इसका रहस्य आसानी से समझ में नहीं आता। वे इतने बेसमझ तो हैं नहीं कि इंग्लैंड की इस चाल को न समझते हों। अनुमान यही होता है कि इस चाल को समझकर भी वे डोमिनियन के पक्ष में हैं तो इसका कुछ और आशय है। डोमिनियन पक्ष को ग़ौर से देखिए तो उसमें हमारे राजे-महराजे, हमारे ज़मींदार, हमारे धनीमानी भाई ही ज़्यादा नज़र आते हैं। क्या इसका यह कारण है कि वे समझते हैं कि स्वराज्य की दशा में उन्हें बहुत कुछ दबकर रहना पड़ेगा? स्वराज्य में मज़दूरों और किसानों की आवाज़ इतनी निर्बल न रहेगी? क्या यह लोग उस आवाज़ के भय से थरथरा रहे हैं? हमें तो ऐसा ही जान पड़ता है। वह अपने दिल में समझ रहे हैं कि उनके हितों की रक्षा अंग्रेज़ी शासन ही से हो सकती है। स्वराज्य कभी उन्हें ग़रीबों को कुचलने और उनका रक्त चूसने न देगा।...स्वराज्य ग़रीबों की आवाज़ है, डोमिनियन ग़रीबों की कमाई पर मोटे होनेवालों की।...

सभी स्वाधीनता चाहनेवालों का सम्मिलित आन्दोलन है यह, लेकिन स्वाधीनता का अर्थ सबके लिए एक नहीं है। सबके अलग-अलग चित्र हैं, अलग-अलग परिकल्पनाएँ हैं। समान बात सब में एक ही है—विदेशी दासता से मुक्ति। उसके बाद सबको छूट है, जैसे चाहे जिस ओर चाहे ले चले। मुंशीजी के पास भी अपनी

तसवीर है, उसी को उन्हें रखना है देश के सामने, और जुटाना है देशवालों के लिए नैतिक-मानसिक आहार जिस पर आज़ादी के सैनिक पलते हैं और रक्तबीज की कहानी सच होती है।

महात्माजी के पत्र के बारे में मुंशीजी ने लिखा—

महात्माजी ने वाइसराय को जो पत्र लिखा है उसे अल्टीमेटम कहना उस पत्र के महत्त्व को मिटाना है। वह एक सच्चे, आत्मदर्शी हृदय के उद्‌गार हैं। उसमें एक भी ऐसा शब्द नहीं है जिसमें मालिन्य, क्रोध, द्वेष या कटुता की गन्ध हो।...महात्मा गांधी ने स्पष्ट कह दिया है कि हम पद के लिए, अधिकार के लिए स्वराज्य नहीं चाहते, हम स्वराज्य चाहते हैं उन गूँगे, बेज़बान आदमियों के लिए जो दिन-दिन दरिद्र होते जा रहे हैं। अगर आज सभी अंग्रेज़ अफ़सरों की जगह हिन्दोस्तानी हो जाएँ, तब भी हम स्वराज्य से उतने ही दूर रहेंगे जितने इस वक़्त हैं। हमारा उद्‌देश्य तो तभी पूरा होगा जब हमारी दरिद्र, क्षुधित, वस्त्रहीन जनता की दशा कुछ सुधरेगी।

मगर हमारे ही देश में हमारे ही कुछ ऐसे भाई हैं जिन्हें इस निवेदन में कोई नई बात, कोई नया सन्देश नहीं नज़र आता।...वह अब भी यही रट लगाए जा रहे हैं कि महात्मा जी आग से खेल रहे हैं, समाज की जड़ खोदनेवाली शक्तियों को उभार रहे हैं। जिन्हें अंग्रेज़ों के साथ मिलकर प्रजा को लूटते हुए अपना स्वार्थ सिद्ध करने का अवसर प्राप्त है, वे इसके सिवा और कह ही क्या सकते हैं। वे अपना स्वार्थ देखते हैं, अपनी प्रभुता का सिक्का जमते देखना चाहते हैं। उनके स्वराज्य में ग़रीबों को, मज़दूरों को, किसानों को स्थान नहीं है, स्थान है केवल अपने लिए। मगर जिस व्यक्ति के हृदय में ग़रीबों की दिन-दिन गिरती हुई दशा देखकर ज्वाला-सी उठती रहती है, जो उनकी मूक वेदना देख-देखकर तड़प रहा है, वह किसी ऐसे स्वराज्य की कल्पना से सन्तुष्ट नहीं हो सकता जिसमें कुछ ऊँचे दर्जे के आदमियों का हित हो और प्रजा की दशा ज्यों की त्यों बनी रहे। हमारी लड़ाई केवल अंग्रेज़ सत्ताधारियों से नहीं, हिन्दुस्तानी सत्ताधारियों से भी है। हमें ऐसे लक्षण नज़र आ रहे हैं कि यह दोनों सत्ताधारी इस अधार्मिक संग्राम में आपस में मिल जाएँगे और प्रजा को दबाने की, इस आन्दोलन को कुचलने की कोशिश करेंगे...

मुंशीजी पुराने बाग़ी हैं। राष्ट्रीय आन्दोलन के जोशीले सिपाही हैं—क़लम के सिपाही—लेकिन अपने सोचने-विचारने पर किसी तरह की क़ैद या पाबन्दी उन्हें मंजूर नहीं है। हमेशा सबसे दो क़दम आगे रहते हैं। कोई ग़म नहीं अगर आज लोग उस तरह से नहीं सोचते, या सोचते डरते हैं—कल के रोज़ सोचेंगे, उनकी हिम्मत खुलेगी।

और इस तरह वह अपनी चौकी सँभालकर बैठ जाते हैं, योगी की तरह अपना ध्यान सब ओर से समेटकर प्रस्तुत संघर्ष पर केन्द्रित कर लेते हैं, और क़लम तेज़ी से दौड़ने लगता है। हर महीने एक कहानी और एक-दो लेख, कभी दो कहानियाँ

भी, (जुलूस, समर-यात्रा, पत्नी से पति, शराब की दूकान, मैकू) और संयत क्रोध से तिलमिलाते हुए सम्पादकीय...

नए उपन्यास की घोषणा भी पहले ही अंक में आ गई थी (कि वह अगले अंक से धारावाहिक प्रकाशित होगा) लेकिन काम की उस भीड़ में वह सम्भव नहीं हुआ, बस कथानक और चरित्रों का एक हल्का-सा प्रारूप 'समर-यात्रा' कहानी में अपनी झलक दिखाकर रह गया, 'कर्मभूमि' लिखने की घड़ी आई तब जब एक ओर संघर्ष तेज़ हुआ, उसकी शक्ल कुछ और साफ़ हुई, और दूसरी ओर प्रेस की ज़मानत और पत्नी की गिरफ़्तारी से कर्मभूमि घर के भीतर घुस आई!

लेकिन वह अभी कुछ आगे की बात है।

25 मार्च को गांधीजी ने डाँडी यात्रा शुरू की और 6 अप्रैल को वहीं समुद्र किनारे नमक बटोरना और नमक बनाना शुरू हुआ—जो कि सारे देश के लिए आन्दोलन शुरू करने का संकेत था। जगह-जगह नमक बनने लगा, शराब और विदेशी कपड़ों की दूकानों पर धरना दिया जाने लगा।

मुंशीजी ने 7 अप्रैल को निगम साहब को लिखा—'इस नमक ने ख़लजान[1] में डाल रखा है। इत्मीनाने-क़ल्ब[2] रुख़सत हो रहा है।'

इसके जवाब में आफ़त के मारे निगम साहब ने कहीं शायद यह लिख दिया कि नमक-आन्दोलन बेवक़्त छेड़ा गया है। फिर क्या था, मुंशीजी ने फ़ौरन पलटकर 23 अप्रैल, 1930 के अपने ख़त में रद्दा कसा—

'नमक को आप क़ब्ल-अज़-वक़्त[3]' ख़याल करते हैं। जिस तरह मौत हमेशा क़ब्ल-अज़-वक़्त होती है, साहूकार का तक़ाज़ा हमेशा क़ब्ल-अज़-वक़्त होता है, उसी तरह ऐसे सारे काम जिनमें हमें माली या वक़्ती नुक़सान का अन्देशा हो, क़ब्ल-अज़-वक़्त मालूम होते हैं। इस तहरीक[4] की क़बूलियत[5] ही बतला रही है कि वह क़ब्ल-अज़-वक़्त नहीं है।'

और फिर हंसवाणी में लिखा—

'पहले किसी की समझ में न आया कि महात्मा जी क्या करने जा रहे हैं। मज़ाक़ भी उड़ाया गया। एक गवर्नर ने अपने ख़ुशामदी टट्टुओं को जमा करके अपने दिल के फफोले फोड़ते हुए इस संग्राम को दुखमय प्रहसन बतलाया। गवर्नर साहब को क्या मालूम था कि यह दु:खमय प्रहसन दो सप्ताह ही में आज़ादी का एक प्रचंड प्रवाह सिद्ध हो जाएगा जिसे नौकरशाही की सारी संगठित शक्ति भी न रोक सकेगी। वह सब किया गया जो ऐसी परिस्थितियों में स्वेच्छाचारी शासन किया करता है। हमारे नेता चुन-चुनकर जेल भेज दिए गए, अफ़सरों को नए-नए अधिकार दिए गए, वाइसराय ने भी अपने स्वरक्षित अस्त्र निकाल लिए, यहाँ तक कि इस लू और गर्मी में देवताओं को पर्वतशिखरों से दो-एक बार उतरकर नीचे आना पड़ा, जो भारत के इतिहास में अनहोनी बात थी—लेकिन स्वराज्य—सेना के क़दम आगे ही बढ़े जाते हैं। जैसे बच्चे हार जाते हैं तो दाँत काटने लगते हैं, वही हाल नौकरशाही का हो रहा है। कहीं निहत्थी

1. मानसिक उद्वेग, 2. हृदय की शान्ति, 3. समय से पहले, 4. आन्दोलन, 5. लोकप्रियता

जनता पर डंडों और गोलियों की बौछार हो रही है, क़हीं जनता में फूट डालने की कोशिश हो रही है।...फ़िल्मों पर रोक लगाई जा रही है। तार की ख़बरों का सेन्सर हो रहा है।...न कोई क़ानून है. न क़ायदा, न नीति न धर्म। बस जिधर देखिए, लबड़धों, एक घबराए हुए आदमी की बौखलाहट।...मगर हम इन बातों की शिकायत नहीं करते। इन्हीं अन्यायों से तो हमारी विजय है। सन्निपात मौत के चिह्न हैं। हम तो महात्माजी की सूझ-बूझ के क़ायल हैं। जो बात की, ख़ुदा की क़सम लाजवाब की! न जाने कहाँ से नमक-कर खोज निकाला, कि उसने देखते-देखते देश में आग लगा दी।...अंग्रेज़ी राज्य के पहले भारत में यह कर कभी न लगाया गया था। आज भी दुनिया-भर में भारत ही एक ऐसा देश है जहाँ नमक पर कर लगाया जाता है। मुस्लिम स्मृतिकारों ने तो नमक, हवा और पानी पर कर लगाना निषिद्ध बतलाया है पर हम 150 वर्षों से यह कर देते आए हैं और मज़ा यह कि जिस वस्तु पर दो आना मन लागत आवे उस पर बीस आने मन कर लिया जाता है...सबसे बड़ी बात यह है कि इस कर को सामूहिक रूप से निहायत आसानी से तोड़ा जा सकता है। ऐसा कोई भू-भाग नहीं जहाँ लोनी मिट्टी न हो और शहर या गाँव दोनों ही जगहों के आदमी बड़ी संख्या में जमा होकर इसे तोड़ सकते हैं और सरकारी नमक को बाज़ार से निकाल बाहर कर सकते हैं।'

नमक के इन तूफ़ानी दिनों में मुंशीजी अमीनुद्दौला पार्क में रहे। घर से लगा हुआ कांग्रेस का दफ़्तर था। यानी आन्दोलन का हेडक्वार्टर। और सामने अमीनुद्दौला पार्क। शहर के सारे जुलूस वहीं आकर ख़त्म होते थे और हर शाम एक न एक मीटिंग का आयोजन रहता था। वहीं पर नमक बनता, वहीं पर विदेशी कपड़ों की होली जलती। कितनों ही को मुंशीजी ने अपने हाथ से खद्दर का कुर्ता-टोपी पहनाकर, पान का बीड़ा देकर, और उनकी पत्नी ने माथे पर तिलक लगाकर सामने पार्क में नमक बनाने के लिए भेजा।

आन्दोलन के दूसरे पहलुओं पर भी निगाह डालते हुए मुंशीजी ने लिखा—

'कहा जा रहा है, और लिखा जा रहा है कि मुसलमान इस आन्दोलन में कांग्रेस के साथ नहीं हैं। मुसलमान नेता जत्थेदार बन-बनकर क़ैद हों, मार खायें, कितनी ही कांग्रेस कमेटियों के प्रधान और मंत्री हों लेकिन फिर भी यह कहा जाता है कि मुसलमान कांग्रेस के साथ नहीं हैं।...मालूम नहीं, वह यह कह-कहकर किसे धोखा देना चाहते हैं। हाँ, हम यह मानने को तैयार हैं कि हमारे खान बहादुर साहबान, जिनकी संख्या ईश्वर की दया से, अंग्रेज़ों की असीम कृपा होने पर भी, बहुत ज़्यादा नहीं, बेशक हमारे साथ नहीं हैं। मगर ख़ाँ साहब नहीं हैं तो राय साहब भी तो नहीं हैं। यों कहिए कि यह उन लोगों का आन्दोलन है जो अपने सारे संकटों का मोचन एकमात्र स्वराज्य ही को समझते हैं, जो ग़रीब हैं, भूखे हैं, दलित हैं, या जो ग़ैरत से भरा हुआ, देशाभिमान से चमकता हुआ हृदय रखते हैं और यह देखकर जिनका ख़ून खौलने लगता है कि कोई दूसरा हमारे ऊपर शासन करे। इसमें न हिन्दू की क़ैद है न मुसलमान की।...'

इन्हीं दिनों मुंशीजी की मुलाक़ात एक सुसंस्कृत मुसलमान नवयुवक से हुई जो कांग्रेस का काम करता था। इस अचानक मुलाक़ात ने धीरे-धीरे बहुत अच्छी दोस्ती का रूप ले लिया और अशफ़ाक़ हुसेन बराबर घर आने लगे। अपनी इस पहली मुलाक़ात के बारे में वह लिखते हैं—

"बिल्कुल अचानक अप्रैल 1930 की एक शाम लखनऊ कांग्रेस के दफ़्तर में उनसे मेरी मुलाक़ात हुई। मैं किसी छोटे-मोटे काम से वहाँ गया था, एकाएक मेरे दिल में ख़याल आया कि किसी से झंडेवाले गाने का मतलब पूछना चाहिए। मार्च करते वक़्त मैं भी अपने साथ के दूसरे वालंटियरों के साथ उसको गाता था लेकिन उसका मतलब मैं कुछ न समझता था, हिन्दी की मेरी जानकारी नहीं के बराबर थी। वहाँ पर जो लोग थे उनमें से ज़्यादातर मुझसे कुछ बहुत ज़्यादा लायक न थे। तभी किसी ने कहा, 'चलो प्रेमचन्दजी से पूछें' और यह कहकर वह एक आदमी की ओर मुड़ा जो खद्दर की धोती-कुर्ता-टोपी पहने, कुछ यों ही से फटीचर लोगों के साथ चुपचाप एक बेंच पर बैठा था। मैंने पहले भी उसको देखा था जब कभी शाम को मुझे वहाँ दफ़्तर में जाने का मौक़ा आया था—वैसे मैं अक्सर वहाँ जाना बचा जाता था और अपने हल्के यानी नख़ास और चौक में बना रहता था—लेकिन कभी कोई ख़ास ध्यान नहीं दिया था। उसके चेहरे-मोहरे कपड़े-लत्ते किसी में कोई ख़ास बात न थी, और फिर वह बहुत ख़ामोश और दीन-हीन-सा आदमी था। मैंने कभी उसे 'बड़े' लोगों से बातें करते नहीं देखा, वह तो अपने ही जैसे दीन-हीन अति-साधारण लोगों के साथ बस एक बेंच पर बैठा रहता था, कि जैसे वहाँ पर बैठने और लोगों की बातचीत सुनने के अलावा उसे और किसी चीज़ से कोई मतलब न हो। इन सारी बातों से वह आदमी इतना साधारण इतना अ-विशेष जान पड़ता था कि 'प्रेमचन्द जी' नाम का भी तत्काल मेरे मन पर कोई असर नहीं हुआ। मुझे कुछ देर लगी उनको पहचानने में।'

अपनी इच्छाओं, आकांक्षाओं के बारे में अपने मन की झाँकी देते हुए उन्होंने इन्हीं दिनों अपने मित्र बनारसीदास चतुर्वेदी को लिखा था—

'मेरी आकांक्षाएँ कुछ नहीं हैं। इस समय तो सबसे बड़ी आकांक्षा यही है कि हम स्वराज्य-संग्राम में विजयी हों। धन या यश की लालसा मुझे नहीं रही। खाने-भर को मिल ही जाता है। मोटर और बँगले की मुझे हवस नहीं। हाँ, यह ज़रूर चाहता हूँ कि दो-चार ऊँची कोटि की पुस्तकें लिखूँ, पर उनका उद्देश्य भी स्वराज्य-विजय ही है। मुझे अपने दोनों लड़कों के विषय में कोई बड़ी लालसा नहीं है। यही चाहता हूँ कि वह ईमानदार, सच्चे, और पक्के इरादे के हों। विलासी, धनी, ख़ुशामदी सन्तान से मुझे घृणा है। मैं शान्ति से बैठना भी नहीं चाहता। साहित्य और स्वदेश के लिए कुछ न कुछ करते रहना चाहता हूँ। हाँ, रोटी दाल और तोला-भर घी और मामूली कपड़े मयस्सर होते रहें।'

आन्दोलन दिनोंदिन ज़ोर पकड़ता जा रहा है। मुंशीजी भी अपनी चौकी सँभाले बैठे हैं। उनके हाथ में भी एक मज़बूत हथियार है, सांस्कृतिक अस्त्र, पूरी तरह राष्ट्रीय आन्दोलन को समर्पित। कहीं लोगों को डाँट रहे हैं, कहीं पुचकार रहे हैं, कहीं समझा रहे हैं, कहीं जोश दिला रहे हैं और कहीं इस पहलू उस पहलू बिफर-बिफरकर दुश्मन पर चोट कर रहे हैं—जब जैसी ज़रूरत हो, जब जैसा प्रसंग हो।

'स्वराज्य से किसका अहित होगा?' शीर्षक से मुंशीजी ने अपने दूसरे अंक में लिखा—'...इसमें सन्देह नहीं कि स्वराज्य का आन्दोलन ग़रीबों का आन्दोलन है।

अंग्रेज़ी राज्य में ग़रीबों, मज़दूरों और किसानों की दशा जितनी ख़राब है, और होती जाती है, उतनी समाज के और किसी अंग की नहीं।...कांग्रेस के मेम्बर या और लोग भी कभी-कभी न्याय और नीति के नाते भले ही किसानों की वकालत करें, लेकिन किसानों के नाना प्रकार के दुखों और वेदनाओं की उन्हें वह अखर नहीं हो सकती जो एक किसान को हो सकती है।...सब छोटे-बड़े उसी को नोचते हैं, सब उसी का रक्त और मांस खा-खाकर मोटे होते हैं पर कोई उसकी ख़बर नहीं लेता।...उनकी शक्ति बिखरी हुई है। अगर उन्हें संघटित करने की कोशिश की जाती है तो सरकार, ज़मींदार, सरकारी मुलाज़िम और महाजन सभी भन्ना उठते हैं, चारों ओर से हाय-हाय मच जाती है, बोलशेविज़्म का हौआ बताकर उस आन्दोलन को जड़ से खोदकर फेंक दिया जाता है। इसलिए यह कहना ग़लत नहीं है कि स्वराज्य किसानों की माँग है, उन्हें ज़िन्दा रखने के लिए आवश्यक है, अनिवार्य है। लेकिन किसानों का उपकार करके वह और सभी समुदायों का अपकार करेगा, यह क्यों समझ लिया जाता है?'

आन्दोलन निरन्तर संगठित और सबल होता जा रहा है। दमन की चक्की भी उसी अनुपात में तेज़ होती जा रही है। तलाशियाँ, धर-पकड़, लाठी-गोली रोज़ की चीज़ें हो गई हैं। सन् तीस का यह साल ऐसा ही है। 14 अप्रैल को जवाहरलाल पकड़े गए, 5 मई को गांधीजी। 8 मई को शोलापुर की बाग़ी जनता ने शहर को अपने क़ब्ज़े में ले लिया।

3 जून को मुंशीजी ने बनारसीदास चतुर्वेदी को लिखा—

'पहले तो कई बरातों में जाना पड़ा, फिर नैनीताल जाने की ज़रूरत पड़ गई। पहली तारीख़ को वहाँ से आया तो यहाँ कांग्रेस की उलझनों में पड़ा रहा। शहर पर फ़ौज का तख़्ता है। अमीनाबाद में दोनों पार्कों में सिपाही और गोरे डेरे डाले पड़े हैं, 144 धारा लगी हुई है, पुलिस लोगों को गिरफ़्तार कर रही है, और कांग्रेस 144 धारा को तोड़ने की फ़िक्र में है। डंडे की नई पालिसी ने लोगों की हिम्मत तोड़ दी है।'

लेकिन मुंशीजी की नहीं। उन्होंने और भी आग होकर उसी महीने 'डंडाशास्त्र' पर लिखा—

> *यों तो इंग्लैंड ने पिछले सौ सालों में बड़ी-बड़ी अद्भुत चीज़ों का आविष्कार किया, बड़े-बड़े दार्शनिक और वैज्ञानिक तत्त्वों का निरूपण किया, लेकिन सबसे अद्भुत आविष्कार जो उसने हिन्दुस्तान की नौकरशाही के संयोग से किया है और जो अनन्तकाल तक उसकी यश की ध्वजा को फहराता रखेगा, वह नीतिशास्त्र का वह चमत्कारपूर्ण, युगान्तरकारी आविष्कार है जिसे डंडाशास्त्र कहते हैं।...इसने शासन-विज्ञान को कितना सरल कितना तरल बना दिया है...अब न क़ानून की ज़रूरत है न व्यवस्था की, कौंसिलें और असेम्बलियाँ सब व्यर्थ, अदालतें और महकमे सब फ़िज़ूल। डंडा क्या नहीं कर सकता—वह अजेय है, सर्वशक्तिमान है। बस डंडेबाजों का एक दल बना लो, पक्का, मज़बूत, अटल दल। वह सारी मुश्किलों को हल कर देगा। मज़दूरों की सभा मज़दूरी बढ़ाने का आन्दोलन करती है—दो डंडा। किसानों की फ़सल मारी गई, वह लगान देने में असमर्थ हैं, कोई मुज़ायक़ा*

नहीं—दो डंडा। तान-तानकर, कस-कसकर। डंडा सर्वशक्तिमान है—रुपए निकलवा लेगा। कोई ज़रा भी सिर उठाए ज़रा भी चूँ करे—दो डंडा! वह युवक कपड़े की दुकान पर खड़ा है, ख़रीदारों से कह रहा है, विलायती कपड़े न ख़रीदो—दो डंडा। उसकी इतनी हिम्मत कि इंग्लैंड की शान में ऐसी अनर्गल बात मुँह से निकाले, ऐसा मारो कि ज़बान ही बन्द हो जाए। वह देखना एक स्वयंसेवक शराब-ताड़ी की दूकान पर जा पहुँचा। नशेबाज़ों को समझा रहा है—दो डंडा। देर न करो, ताबड़तोड़ लगाओ, ख़ूब कसकर लगाओ। कितनी जाँफ़िशानी और परेशानी के बाद यह आविष्कार हो पाया है। इसका पेटंट करा लेना चाहिए, वर्ना शायद कोई दूसरी जाति इस पर अधिकार कर बैठे।...

अहा हा! कितना सुन्दर दृश्य है! वह सड़क पर कई हज़ार आदमी झंडा लिए, क़ौमी नारे लगाते चले आ रहे हैं। बच्चे भी हैं, स्त्रियाँ भी हैं, बूढ़े भी हैं। अपने देश से प्रेम करने के लिए उम्र की क़ैद नहीं है। इधर लट्ठबन्द, भालेबन्द, और राइफलबन्द पुलिस के जवान पैंतरे बदल रहे हैं जैसे शिकारी कुत्ते शिकार को देखकर अधीर हो जाते हैं कि कब छूटें और शिकार पर टूट पड़ें। जंजीर खोलते-खोलते आफ़त आ जाती है। बिलकुल यही हाल हमारे पुलिस के इन शूरवीरों का है जिनमें अंग्रेज़ी सर्जेंट तो उबला पड़ता है, बहादुरी का जोश उसके दिल में आँधी की तरह उमड़ा आ रहा है। हुक्म मिलता है—चार्ज! फिर देखिए इन सूरमाओं की बहादुरी। निहत्थे, सिर झुकाकर बैठे हुए, ज़बान बन्द रखनेवाले आदमियों पर डंडों और भालों का बार शुरू हो जाता है। और अगर किसी तरफ़ से एकाध पत्थर आ गया चाहे वह खुफिया पुलिसवालों ने क्यों न फेंका हो तो प्रलय हो गया। बस 'फ़ायर' का हुक्म मिल गया। धड़ाधड़ बन्दूकें चलने लगीं और लोग पड़ापड़ गिरने लगे और हमारे अफ़सर लोग ख़ुश हो-होकर तालियाँ बजाने लगे। वाह, क्या बहादुरी है, क्या डिसिप्लिन है...

हुकूमत के लिए इसको पचा पाना मुश्किल था, अगले महीने प्रेस से एक हज़ार की ज़मानत माँग ली गई। अब तक चार अंक निकले थे और पाँचवें अंक के चार फर्मे छपे थे। ज़मानत 'हंस' से नहीं, प्रेस से माँगी गई थी इसलिए मुंशीजी ने चाहा कि दूसरे किसी प्रेस में छपाने का प्रबन्ध कर लें, लेकिन कोई प्रेस तैयार न हुआ, यहाँ तक कि वह अधूरा अंक भी पूरा नहीं किया जा सका।

ज़मानत तलब होने के अगले ही रोज़ मुंशीजी ने निगम साहब को लिखा—'प्रेस ऐक्ट का वार मुझ पर भी हो ही गया। एक हज़ार की ज़मानत तलब हुई है। कल बनारस जा रहा हूँ। ज़मानत देकर रिसाला 'हंस' निकालना तो मुझे ख़तरनाक मालूम होता है। मैं तो सोचता हूँ रिसाला बन्द कर दूँ और इसके साथ ही प्रेस भी।'

तभी, जुलाई के महीने में, बीस तारीख़ को, स्वरूपरानी नेहरू लखनऊ आईं। सीधी-सादी घरेलू स्त्री थीं लेकिन संघर्ष की पुकार ने उन्हें भी घर से बाहर ला खड़ा

किया। बेटा 14 अप्रैल को ही जेल चला गया था, 30 जून को पति भी पकड़ लिए गए, फिर वह कैसे घर में बन्द रही आतीं। गांधीजी भी इधर कुछ महीनों से ताड़ी-शराब और विदेशी कपड़े की दुकानों पर धरना देने के लिए विशेष रूप से स्त्रियों का आवाहन कर रहे थे। लखनऊ में अब तक स्त्रियाँ आगे नहीं आई थीं, जवाहरलाल की माँ के दौरे ने जैसे सबको झकझोरकर जगा दिया।

और शिवरानी देवी भी, जिन्हें बेटी की शादी के बाद अब अपने कंधे यों भी कुछ हल्के लग रहे थे, कांग्रेस का झोला लेकर मैदान में निकल पड़ीं—लेकिन पति की नज़र बचाकर क्योंकि सेहत अच्छी न थी। मुंशीजी उधर दफ़्तर जाते, लड़के स्कूल जाते और शिवरानी देवी अपने साथ की दूसरी औरतों को लेकर कांग्रेस के काम पर निकल जातीं।

एक रोज़ चन्दा माँगते-माँगते वह लोग एक बड़ी बीहड़ स्त्री के पास जा पहुँचे। पूरी शैतान की खाला थी। बहुत बुढ़िया कलवारिन थी कोई। सैकड़ों तो गालियाँ दीं उसने इन लोगों को, एक से एक चुनी हुई, और पैसा एक नहीं। लेकिन शिवरानी देवी ने भी ज़िद पकड़ ली कि इससे कुछ लिए बिना हम न जाएँगे। सब औरतें धरना देकर बैठ गईं। आख़िर जब बुढ़िया सब कुछ करके हार गई और इन औरतों ने टलने का नाम न लिया तो उसने खीझकर एक इकन्नी फेंकी—जो पास ही नाली में जा गिरी। अब कोई उसे वहाँ से निकाले नहीं। लेकिन छोड़ा भी कैसे जाए उस मेहनत—और ज़िल्लत—की कमाई को। आख़िरकार इकन्नी निकली और स्त्रियों की वह टोली गाती-बजाती वहाँ से विदा हुई।

लेकिन कहीं बड़ा मीठा, बड़ा सुहाना तजुर्बा भी होता था—जैसे कि लेडी वज़ीर हसन के यहाँ। ऊँची हवेली, सर का ख़िताब—एकाएक हिम्मत न पड़ती किसी को उनके यहाँ जाने की। आख़िर एक रोज़ शिवरानी देवी ने हिम्मत की—अरे, फाँसी तो चढ़ा न देंगी, बहुत करेंगी कुछ न देंगी, जाने में क्या बुराई है।...और वह लोग गए। लेडी वज़ीर हसन ने शायद कभी देखा होगा या कुछ सुना होगा, शिवरानी देवी से पूछ बैठी—बहन, आप आज कहाँ निकल पड़ीं? शिवरानी देवी ने जवाब दिया—कैसे बने निकले बिना बहन? सब लोग अगर घर में...

लेडी वज़ीर हसन ने उन्हें जुमला नहीं पूरा करने दिया, बोलीं, 'आप ज़रा मेरे साथ आइए' और अन्दर अपने कमरे में ले गईं जहाँ एक चर्खा रखा था और ढेरों सूत की गुड़िया पड़ी थीं।

होते-होते महिला वालंटियरों की संख्या सात से सात सौ पर पहुँची, बाक़ायदा महिला आश्रम की स्थापना हुई जिसने कांग्रेस के ग़ैरक़ानूनी करार दिए जाने के बाद उसके एक खुले संगठन के रूप में काम किया जब तक कि ख़ुद उस पर भी रोक नहीं लग गई और शिवरानी देवी, जो अपने किसान, अक्खड़, दबंग स्वभाव के कारण इस बीच अपनी स्वयंसेविकाओं में काफ़ी लोकप्रिय हो चुकी थीं, अपनी टोली की कप्तान बनाई गईं। मुंशीजी ने उस वक़्त मोहनलाल सक्सेना से, जिनकी मुंशीजी शहर के सब कांग्रेस नेताओं से ज़्यादा इज़्ज़त करते थे, शायद कहा भी कि यह तो ठीक नहीं हुआ, यह तो उनको जेल भेजने की तैयारी है और उनका शरीर इस योग्य नहीं है...

आख़िर नवम्बर की 9 तारीख़ को वह पिकेटिंग करते हुए पकड़ ली गईं। मुंशीजी चार-पाँच रोज़ के लिए कहीं गए हुए थे—शायद बनारस।

11 तारीख़ के अपने ख़त में उन्होंने राजेश्वर बाबू (कान्ह जी) को इसकी ख़बर देते हुए लिखा—

'तुम्हारी मौसी 9 तारीख़ को एक विदेशी कपड़े की दूकान पर पिकेटिंग करते हुए पकड़ ली गईं। मैं कल उनसे जेल में मिला और हमेशा की तरह प्रसन्न पाया। उन्होंने हम लोगों को पछाड़ दिया और मैं अब अपनी ही आँखों में छोटा लग रहा हूँ। उनकी इज़्ज़त मेरी आँखों में सौ गुना बढ़ गई। लेकिन अब जब तक कि वह आकर मुझे मुक्त नहीं कर देतीं, मुझे गृहस्थी का बोझ उठाना पड़ेगा।...'

24 को उनका फ़ैसला हुआ। दो महीने की सज़ा हुई। मुंशीजी ने अगले दिन जैनेन्द्र को लिखा—

'इधर पन्द्रह दिन से इसी में परेशान रहा। मैं जाने का इरादा ही कर रहा था, पर उन्होंने ख़ुद जाकर मेरा रास्ता बन्द कर दिया।'

12 नवम्बर से गोलमेज़ कान्फ्रेंस हो रही थी। मुंशीजी को उसमें कोई ख़ास दिलचस्पी न थी—बस इतनी कि समझौता अगर हो तो इज़्ज़त के साथ हो वर्ना अपने घर लौट आओ।

तब तक प्रेस आर्डिनेन्स उठ चुका था, और तीन-चार महीने का ग़ोता लगाने के बाद मुंशीजी फिर नवम्बर के महीने में उसी पुरानी आन-बान के साथ अपने मोर्चे पर आ डटे। आन्दोलन का भाटा अब तक शुरू हो गया था और लोगों में मुर्दनी छा चली थी। मुंशीजी का हौसला अब भी उसी बुलन्दी पर था। न उन्होंने नेताओं के लाख कहने पर आनन-फानन स्वराज्य हासिल करने की बात पर विश्वास किया था, और न इसीलिए अब उन्हें अपने भीतर किसी तरह की पस्ती मालूम होती थी। यह तो लम्बी बीमारी की तरह एक लम्बी लड़ाई है—और लम्बी बीमारियों का उन्हें पुराना तजुर्बा था।

चार महीने की ख़ामोशी के बाद फिर अपने मोर्चे पर लौटने पर पहली ज़रूरी चीज़ इन महीनों का लेखा-जोखा करना था, और मुंशीजी ने 'स्वराज्य-संग्राम में किसकी विजय हो रही है' शीर्षक से ऊपर-नीचे, दाएँ-बाएँ, सब तरफ़ से लोगों के मन के चोर को अपनी शक्ति-भर बाहर खदेड़ते हुए लिखा—

'...हमें चारों ओर अपनी विजय के लक्षण दिखाई देते हैं, और हम इसी तरह क्षेत्र में डटे रहेंगे तो निस्सन्देह हमारी मनोकामना पूरी होगी।...जब राज-संस्था अपने ही बनाए हुए क़ानूनों को पैरों तले रौंदना शुरू करे तो उसकी दशा उस पागल की-सी समझनी चाहिए जो आप ही अपनी देह को दाँतों से काटता है, आप ही अपना मांस नोचता है। ऐसा प्राणी बहुत दिन जीवित नहीं रह सकता। उसकी ज़िन्दगी का पैमाना लबरेज हो चुका है। आख़िर इन विशेष क़ानूनों का क्या परिणाम हुआ? वही जो होना स्वाभाविक था। पिकेटिंग को सरकार ने बन्द करना चाहा था। पिकेटिंग का दिन-दिन ज़ोर बढ़ता जा रहा है। समाचार-पत्रों के बन्द करने में बेशक सरकार को सफलता हुई, लेकिन क़ानून तोड़कर साइक्लोस्टाइल पर छपनेवाले पर्चों ने तो शासकों की नाक ही तराश ली। आन्दोलन का ज़ोर सौ गुना बढ़ गया। इसमें भी सरकार को सफलता नहीं मिली। कहीं खादी पहनना

अपराध है, कहीं तकली का व्यवहार करना अपराध है। लार्ड इरविन अगर मातहतों की इन हिमाक़तों को पसन्द करते हैं तो वह कठपुतली हैं, अगर नापसन्द करते हैं और कुछ नहीं बोल सकते, तो कमज़ोर। मगर हमें न उनसे कोई शिकायत है, न उनके मातहतों से। आपको डंडे चलाना मुबारक, हमें डंडे खाना मुबारक।...'

ज़मींदारों का वर्ग कांग्रेस से बिल्कुल फिरंट था। लेकिन अगर उसे किसी तरह खींचकर ले आया जा सकता तो गाँवों में आन्दोलन को बहुत ताक़त पहुँचती। खूसट बुड्ढों से उन्हें क़तई उम्मीद न थी। बूढ़ा तोता राम राम नहीं पढ़ता। लेकिन जवान पीढ़ी से उम्मीद थी और भरपूर उम्मीद थी। लिहाज़ा बुड्ढों को लताड़ते हुए, कस-कसकर लताड़ते हुए और नई पीढ़ी को ग़ैरत दिलाते हुए, जोश दिलाते हुए मुंशीजी ने वैसे ही बेधड़क, जैसे आग में क़लम डुबोकर लिखा, 'अगर तुम क्षत्रिय हो'—

तो अपने क्षत्रिय धर्म को पालो। क्या हम तुम्हें बतावें कि क्षत्रिय धर्म क्या है? यह तुम मुझसे कहीं ज़्यादा जानते हो। यह धर्म अपने संस्कारों के रूप में लेकर तुमने जन्म लिया है। बत्तख के बच्चे को कोई तैरना सिखाता है या सिंह के बालक को शिकार करने की शिक्षा देनी होती है? क्या हम नौजवान क्षत्रियों से कहें, आज तुम्हारा धर्म क्या है? तुम्हारे बुज़ुर्गों ने किस तरह अपने धर्म का पालन किया था? क्या ग़रीबों को पीसकर, किसानों का गला दबाकर, छोटी-छोटी नौकरियों के लिए अफ़सरों की चौखट पर नाक रगड़-रगड़कर, ज़रा-सी रिआयत के लिए नीच से नीच ख़ुशामद करके, उपाधि और पदवी के लिए अधिकारियों के सामने मत्था टेककर ही उन्होंने धर्म का पालन किया था? कभी नहीं। वे सत्य की रक्षा में जानें लड़ा देते थे। मज़ाल न थी कि उनके देखते कोई बलवान किसी दुर्बल को दबा ले। उसका ख़ून पी जाते। दीन की पुकार सुनकर उनके ख़ून में जोश आ जाता था। हेकड़ की हेकड़ी देखकर आँखों में ख़ून उतर आता था। उनकी वीरता अफ़सरों के लिए शिकार खेलाने या उनको ख़ुश करने के लिए पोलो खेलने तक रिज़र्व न थी।

क्या तुम भी उसी नीति को पालोगे जो अफ़सरों के स्वागत में ग़रीबों के पैसे उड़ाती है, जो दीनों के रक्त से अमीरों और विशेषत: अधिकारियों की दावतें करती है? नहीं, जो लोग बूढ़े हो गए हैं, जिनमें जोश नहीं, जान नहीं, मान नहीं, जिनकी नसों में अभी तक नवाबों के जमाने की आरामतलबी और ऐशपरस्ती भरी हुई है, उनको सलामियाँ करने दो, दावतें खिलाने दो, डालियाँ पेश करने दो, ख़ानसामों और बैरों की नाज़बरदारियाँ करने दो, मगर तुम नौजवानों से हम यह आशा नहीं रखते क्योंकि तुमने उस युग में जन्म लिया है जब पृथ्वी के हरेक भाग में गुलामी की बेड़ियाँ टूट रही हैं। परम्परा के बन्धन ढीले हो रहे हैं। अन्याय एड़ियाँ रगड़ रहा है। सत्य और न्याय की विजय हो रही है। तुम्हारी आँखों के सामने संसार में क्या-क्या तब्दीलियाँ हो गईं, तुम नहीं जानते? रूस की जारशाही मिट गई, ईरान की कजकुलाही

मिट गई, तुर्की की शाहंशाही मिट गई, चीन की ख़ाक़ानी मिट गई, जर्मनी की कैसरशाही मिट गई, यहाँ तक कि स्पेन ने भी स्वाधीनता की साँस ली। मगर भारत कहाँ है? वहीं जहाँ था। दीन, दुखी, दरिद्र। इसीलिए कि क्षत्रियों ने धर्म का पालन करना छोड़ दिया। क्या तुम जवान होकर भी उसी बूढ़ी, खूसट, लज्जास्पद, कायरता से भरी हुई, ख़ुशामद में डूबी हुई नीति का पालन करोगे? कभी नहीं। तुम नए युग के नामलेवा हो, तुम जवान हो, सजग हो, अभी नीच स्वार्थ ने तुम्हें अपने रंग में नहीं रँगा, अभी तुम्हारी कमर ने झुकना नहीं सीखा, तुम्हारे सिर ने सिजदे करना नहीं सीखा, तुममें जोश है।

28

मुंशीजी ने 12 जनवरी, 1931 को जैनेन्द्र को लिखा—'हाँ, पत्नी जी आ तो गईं मगर शायद फिर जाएँ। अभी उन्हें सन्तोष नहीं। सारा स्वराज्य एक बार ही में ले लेंगी, किस्तों में नहीं चाहतीं!...'

बाहर अब हलचल न थी, यों कहने को आन्दोलन अभी चल रहा था। अब न हवा में वह गर्मी थी और न नारों का वह शोर, न वह मीटिंग न वह जुलूस, न वह होलियाँ बिलायती कपड़ों की न वह नमक के कड़ाहे न वह धरने शराब की दुकानों पर न वह पुलिस की डंडेबाज़ी...था सभी कुछ मगर गाने का सुर जैसे हल्का पड़ गया था।

बड़े जोश, बड़ी उमंग, बड़ी कुर्बानियों के बीच बीता था यह साल जो अभी गुज़रा था—मगर क्या हासिल? सब कुछ तो वैसे का वैसा था, कहाँ पहुँचे हम? जब तक जोश का उठान था, ये सवाल नीचे कहीं दबे पड़े थे। अब जोश उतर रहा था तो ये सवाल उठ रहे थे। यह ठीक है कि हमने एक बार गोराशाही को हिला दिया। यह भी ठीक है कि हमारे अन्दर थोड़ा-सा यह आत्मविश्वास जागा कि हमारी मिट्टी पोली नहीं है, भुसभुसी नहीं है, उसमें जान है, जीवट है, वक़्त पड़ने पर हम अनुशासन में बँध सकते हैं, जान पर खेलकर लाठी-गोली का सामना कर सकते हैं। यह कुछ कम उपलब्धि नहीं है। इसीलिए तो मन में निराशा जैसी निराशा न थी। लेकिन थोड़ी पस्तहिम्मती ज़रूर थी—क्योंकि ऐसी कोई चीज़ न थी जिसे हम हाथ में लेकर कह सकते, यह देखो, हमने यह चीज़ अपने ख़ून की क़ीमत देकर पाई है।

26 जनवरी, 1931, पूर्ण स्वराज्य दिवस की पहली वर्षगाँठ के दिन गांधीजी, जवाहरलाल और दूसरे बड़े नेता छोड़े गए। मोतीलाल नेहरू मृत्युशय्या पर थे। गांधीजी बम्बई से सीधे इलाहाबाद आए। मोतीलाल जी के दिन पूरे हो चुके थे। 6 फ़रवरी को उनका देहान्त हो गया। गोलमेज़ कान्फ्रेंस के लोग भी उन्हीं दिनों लौट रहे थे। जितने मुँह उतनी बातें। लेकिन असल बात एक न कहता था—बस घूमना हाथ लगा एक गोलमेज़ के चारों तरफ़, गोल गोल...

गांधीजी ने अर्विन को पत्र भेजा और उसके कुछ रोज़ बाद समझौते की बातचीत का लम्बा सिलसिला चला। महीने-भर बाद और डाँडी यात्रा के पहले भेजे गए 'अल्टीमेटम' वाले ख़त के ठीक एक साल बाद जब 5 मार्च को संधिपत्र तैयार हुआ और कुछ रोज़ बाद उसे कांग्रेस के कराची अधिवेशन के सामने पेश किया गया तो बड़े-बड़े दिमाग़ों की बड़ी-बड़ी वकालत के बाद ही लोग उसका सर-पैर समझ सके।

हंगामी दौर ख़त्म हो गया। यह ठहरकर दम लेने का वक़्त है, अपने मन के भीतर झाँकने का—क्योंकि अभी फिर उठकर चलना है।

जनवरी के महीने में मुंशीजी ने 'मानसिक पराधीनता' पर लिखा—

हम दैहिक पराधीनता से मुक्त होना तो चाहते हैं पर मानसिक पराधीनता में अपने आपको स्वेच्छा से जकड़ते जा रहे हैं।

कल्चर (सभ्यता या परिष्कृति) एक व्यापक शब्द है। हमारे धार्मिक विचार, हमारी सामाजिक रूढ़ियाँ, हमारे राजनैतिक सिद्धान्त, हमारी भाषा और साहित्य, हमारा रहन-सहन, हमारे आचार-व्यवहार, सब हमारे कल्चर के अंग हैं, पर आज हम कितनी बेदर्दी से उसी कल्चर की जड़ काट रहे हैं।...भाषा ही को ले लीजिए।...दफ़्तरों में तो हमें अंग्रेज़ी में काम करना ही पड़ता है, पर उस भाषा की सत्ता के हम ऐसे भक्त हो गए हैं कि निजी चिट्ठियों में, घर की बातचीत में भी उसी भाषा का आश्रय लेते हैं। स्त्री पुरुष को अंग्रेज़ी में पत्र लिखती है, पिता पुत्र को अंग्रेज़ी में पत्र लिखता है। दो मित्र मिलते हैं तो अंग्रेज़ी में वार्तालाप करते हैं, कोई सभा होती है तो अंग्रेज़ी में। डायरी अंग्रेज़ी में लिखी जाती है। वाह! क्या भाषा है! क्या लोच है! कितनी मार्मिकता है, विचारों को व्यंजित करने की कितनी शक्ति, शब्द-भंडार कितना विशाल, साहित्य कितना बहुमूल्य, कितना परिष्कृत, कविता कितनी मर्मस्पर्शिणी, गद्य कितना अर्थबोधक! जिसे देखो अंग्रेज़ी ज़बान पर लट्टू, उसके नाम पर क़ुर्बान है।

भाषा को छोड़िए, वेश-भूषा पर आइए। आप उन साहब बहादुर को देख रहे हैं जो हैट-कैट लगाए, ग़रूर से इधर-उधर देखते चले जा रहे हैं। यह हमारे हिन्दुस्तानी यूरोपियन हैं। रास्ते से हट जाओ, साहब बहादुर आते हैं। साहब को सलाम करो, आप पूरे साहब बहादुर हैं! मुझे तो आप सिर से पाँव तक ग़ुलाम नज़र आते हैं, जो अपनी ग़ुलामी का उसी बेशर्मी से प्रदर्शन कर रहे हैं जैसे कोई वेश्या अपने हाव-भाव का। आप में आत्मबल अवश्य है, बड़े ऊँचे दर्जे का आत्मगौरव, आप लोकमत को ठुकरा देते हैं। लेकिन उसी आत्मगौरव के पुतले से कहिए कि ज़रा शाम को बिना फ़ेल्टकैप लगाए किसी अंग्रेज़ी क्लब में चला जाए, तो उसके हाथ-पाँव फूल जाएँगे, ख़ून ठंडा हो जाएगा, चेहरा फ़क़ हो जाएगा! इसलिए कि उसका आत्मगौरव केवल अपने भाइयों पर रोब जमाने के लिए है, उसमें सार का नाम नहीं। वह जिस समाज में मिलना चाहता है, उसकी छोटी से

छोटी रूढ़ियों की भी अवहेलना नहीं कर सकता। जनता को वह समझता है, हमारा कर ही क्या लेगी, यह ख़ुश रहे तो क्या और नाराज़ रहे तो क्या, यह हमारा कुछ बना-बिगाड़ नहीं सकती। जिनसे कुछ बनने-बिगड़ने का भय है उनके सामने वह भीगी बिल्ली बन जाता है। अपने एक मित्र साहब बहादुर से मैंने पूछा—'तुम इस ठाट से क्यों रहते हो?' तो बड़े दार्शनिक भाव से बोले—'इसलिए कि अंग्रेज़ों से मिलने जाता हूँ तो जूते बाहर नहीं उतारने पड़ते। जो लोग अचकन और टोपी पहनकर जाते हैं, उन्हें जूते उतार देने पड़ते हैं।' मैं कहता हूँ जो स्वार्थ लेकर अंग्रेज़ों से मिलने नहीं जाते, वह अचकन नहीं मिर्जई भी पहने हों तो उन्हें जूते उतारने की ज़रूरत नहीं, और जो स्वार्थ लेकर जाते हैं वह किसी वेश में हों उनकी आत्मा दबी रहती है। एक दूसरे मित्र से यही प्रश्न किया तो बोले—इससे सफ़र करने में बड़ा सुभीता होता है, जनता समझती है यह कोई साहब है, मेरे डब्बे में नहीं आती। एक और साहब ने कहा—अंग्रेज़ी कपड़े पहनने से देह में बड़ी चुस्ती और फुर्ती आ जाती है। ग़रज़ लोग तरह-तरह की दलीलों से आपका समाधान कर देंगे। मैं पूछता हूँ—क्यों साहब, क्या सारी चुस्ती और फुर्ती अंग्रेज़ी कपड़ों में ही है? क्या यह कोई तिलिस्माती चीज़ है कि बदन पर आई और आपकी देह में स्फूर्ति दौड़ी!

मार्च में कांग्रेस का अधिवेशन होने जा रहा था, कराची में। मुंशीजी का इरादा उसके लिए जाने का था, लेकिन सरकार तो दुरंगी खेलने पर तुली थी। एक तरफ़ तो गांधीजी के साथ अर्विन की वह महीने-भर की बातचीत और गांधी-अर्विन पैक्ट, और दूसरी तरफ़ इतना भी नहीं कि देश की भावनाओं का, गांधीजी और कांग्रेस के आग्रह का ख़याल करके भगत सिंह की फाँसी मंसूख कर दी जाती। हाँ, इतना आश्वासन अर्विन ने ज़रूर दिया कि अगर आप चाहें तो फाँसी कांग्रेस अधिवेशन के बाद हो। उस समय गांधीजी ने अपने अपूर्व नैतिक बल का परिचय देते हुए कहा कि अगर फाँसी होनी ही है तो अधिवेशन के पहले हो, ताकि किसी को किसी तरह का धोखा न रहे, बाद को कोई उँगली न उठा सके, सब खुला खेल हो, समझौते को अगर कांग्रेस महासभा की स्वीकृति मिलनी है तो वह इस तथ्य को दबा-छिपाकर नहीं, उसके होते हुए मिलेगी—या नहीं मिलेगी। जो भी हो, धोखेधड़ी के लिए यहाँ जगह नहीं है।

और 24 मार्च, 1931 को भगत सिंह, राजगुरु और सुखदेव को फाँसी दे दी गई। उसी रोज़ मुंशीजी ने निगम साहब को लिखा—

'कराची का इरादा था, मगर आज भगत सिंह की फाँसी ने हिम्मत तोड़ दी। अब किस उम्मीद पर जाऊँ। वहाँ गांधी का मज़ाक़ उड़ेगा, कांग्रेस ग़ैरिज़म्मेदार, शोरिशपसन्द[1] तबक़े के हाथ में आ जाएगी और हम लोगों के लिए उसमें जगह नहीं है। आइन्दा क्या तर्ज़े अमल अख़्तियार करना पड़े, कह नहीं सकता मगर फ़िलहाल दिल बैठ गया है और मुस्तक़बिल[2] बिलकुल तारीक़[3] नज़र आता है। इधर बनारस, मिर्ज़ापुर, आगरे में

1. उपद्रवी, 2. भविष्य, 3. अँधेरा

जो हालात हुए उनसे गवर्नमेंट का हौसला बढ़ेगा। यही मेरा क़यास[1] है। मगर इससे ज़्यादा हिमाक़त कोई गवर्नमेंट नहीं कर सकती थी। तीन आदमियों की सज़ा में तब्दीली करके गवर्नमेंट कितना अच्छा असर पैदा कर सकती थी। पर उसके तर्ज़े अमल ने अब साबित कर दिया कि तालीफ़ेक़ल्ब[2] उसने अभी तक नहीं किया और अब भी वह अपनी उसी क़दीम[3] ग़ैरज़िम्मेदाराना रविश[4] पर क़ायम है।'

भगत सिंह की फाँसी के एक रोज़ पहले, 23 मार्च को जैनेन्द्र ने कराची से लिखा था—'यहाँ चहल-पहल है। नौजवानों ने मौक़ा देखा है, उठ रहे हैं और गांधीजी को बैठा देना चाहते हैं। वह जानते नहीं कि गांधी मरकर ही बैठेगा।'

जैनेन्द्र की बात कुछ ग़लत न थी, मुंशीजी का डर ही ग़लत साबित हुआ। नौजवानों के उठने का एक बड़ा नतीजा तो निकला, कि कांग्रेस ने मज़दूरों-किसानों के बुनियादी अधिकारों का प्रस्ताव पास करके समाजवाद की ओर एक क़दम उठाया—लेकिन गांधीजी के नेतृत्व पर ज़रा भी आँच न आई।

मुंशीजी ने तो अपने ख़त में बनारस, आगरे और मिर्ज़ापुर के दंगों की ही तरफ़ इशारा किया था, उसके दो ही चार रोज़ बाद कानपुर का हिन्दू-मुस्लिम दंगा हुआ जो इन सबसे भयानक था।

यह और कुछ नहीं, केवल इतिहास की पुनरावृत्ति थी। हर बार यही हुआ था। स्वाधीनता की लड़ाई जब तक ज्वार पर है, ये आपसी झगड़े-फ़साद की, बैर-फूट की ताकतें दबी पड़ी हैं, और जैसे ही भाटे का दौर शुरू हुआ कि सब न जाने कहाँ किन कोनों से निकलकर अपना वहशी चेहरा और ख़ूनी पंजे लिए सामने आ गईं।

मगर दोनों में थोड़ा अन्तर है, जिसकी तरफ़ इशारा करते हुए मुंशीजी ने लिखा—'उस वक़्त के सभी दंगों का कारण धार्मिक था, मसजिद के सामने बाजा बजाना या क़ुर्बानी। इस समय जो दंगे हो रहे हैं, उनके कारण राजनीतिक हैं। काशी में एक विदेशी कपड़े के व्यापारी की हत्या ने बारूद में आग लगाई। कानपुर में मुसलमानों की दूकानें बन्द कराने की चेष्टा ने पुआल में चिनगारी का काम किया। पुआल पहले से मौजूद था। केवल चिनगारी की कमी थी। हम ख़ुद कांग्रेसमैन हैं। आज से नहीं, हमेशा से। असहयोग में हमारा विश्वास है, लेकिन हम कहने से बाज नहीं रख सकते कि कांग्रेस ने मुसलमानों को अपना सहायक बनाने की ओर उतनी कोशिश नहीं की जितनी करनी चाहिए थी। वह हिन्दू सहायता प्राप्त करके ही सन्तुष्ट रह गई। भारत में हिन्दू 22 करोड़ हैं। 22 करोड़ अगर कोई काम करने का निश्चय कर लें तो उन्हें कौन रोक सकता है। हिन्दुओं में इसी मनोवृत्ति ने प्रधानता प्राप्त कर ली।'

यह तो अपने समझने की, अपनों से कहने की बातें हैं। सरकार से कहने की बात कहने से भी वह बाज नहीं रहे—

'...बुद्धि यह मानने को तैयार नहीं होती कि जो सरकार राजनीतिक आन्दोलन का दमन करने में इतनी तत्परता से काम ले सकती है, इतनी आसानी से गोलियाँ चलवा

---

1. अनुमान, 2. हृदय-परिवर्तन, 3. पुराने, 4. ढंग

सकती है, वह इस अवसर पर इतनी अशक्त हो गई कि उसकी उपस्थिति में रक्त की नदी बह गई और वह कुछ न कर सकी!...सम्भव है सरकार की इस दलील में कुछ सत्य हो कि वह इस दंगे को दबाने के लिए काफ़ी शक्ति न रखती थी, पर साधारण जनता जिस नतीजे पर पहुँची है वह यह है कि सरकारी कर्मचारियों ने जान-बूझकर, केवल यह दिखाने के लिए कि बग़ैर सरकारी सहायता के तुम लोग कुछ नहीं कर सकते, यहाँ तक कि तुम शान्तिपूर्वक रह भी नहीं सकते और तुम्हें एक-दूसरे को फाड़ खाने से बचाने के लिए एक तीसरी बलवान शक्ति का रहना अनिवार्य है, इस हत्याकांड को रोकने की कोशिश नहीं की।'

और इस दंगे के शहीद गणेशशंकर विद्यार्थी को अपनी श्रद्धा के ये फूल चढ़ाए—

'कानपुर के इस हत्याकांड में राष्ट्र को सबसे भयंकर जो क्षति पहुँची है, वह विद्यार्थीजी की शहादत है। लुटा हुआ धन फिर आ जाएगा, उजड़े हुए घर फिर आबाद हो जाएँगे, माताओं की गोद में फिर बच्चे खेलेंगे—पर वह कर्मवीर भारत से सदैव के लिए उठ गया। विद्यार्थीजी के जीवन की सरलता और पवित्रता सात्विक थी। हम यह तो नहीं कह सकते कि हमारी उनसे घनिष्ठता थी, पर साल में दो-तीन बार हमें उनके दर्शनों का सौभाग्य अवश्य हो जाता था और उनके दर्शनों से आत्मा पर आशीर्वाद का-सा जो असर पड़ता था वह अकथनीय है। स्वार्थ-चिन्ता ने कभी उनकी आत्मा को मलिन नहीं किया। उनका समस्त जीवन यज्ञमय था और कदाचित् ईश्वर की इच्छा थी कि उनकी मृत्यु उस यज्ञ की पूर्णाहुति हो। इस विद्रोह के एक या दो दिन पहले लखनऊ कांग्रेस कमेटी के दफ़्तर में हमें उनके दर्शन हुए थे। उनके जेल से लौटने के बाद मैं उनसे न मिल सका था। कितने तपाक से गले मिले!...'

इधर, इस बीच, 'माधुरी' दफ़्तर में गड़बड़ शुरू हो गई। पंडित विष्णु नारायण भार्गव की अचानक मौत हो गई और चूँकि उनके दोनों बेटे अभी नाबालिग थे, रियासत कोर्ट आफ वाड्र्स के हाथ में चली गई।

12 जनवरी को मुंशीजी ने जैनेन्द्र को लिखा—

'हमारे प्रोप्राइटर बाबू विष्णुनारायण भार्गव का मद्रास में स्वर्गवास हो गया। घुड़दौड़ में गए, प्राणों की बाज़ी हार गए। अब देखना है कि यहाँ कैसे काम होता है, 'माधुरी' चलती है या बन्द होती है। मुझे तो इसके चलने की आशा नहीं है।'

पाँच हफ़्ते बाद, 18 फ़रवरी को लिखा—

'माधुरी से अब मेरा सम्बन्ध नहीं रहा। मैं बुकडिपो में आ गया। आ तो पहले ही गया था, अब पूर्ण रूप से आ गया। एप्रिल तक शायद यहाँ और रहूँगा, फिर काशी चला जाऊँगा और वहीं देहात में बैठकर कुछ लिखता-पढ़ता रहूँगा।'

यों मुंशीजी कभी बाबू साहब से मिलते-जुलते न थे, लेकिन अब जब कि वह नहीं रहे मुंशीजी को मालूम हुआ कि उनके दिल में बाबू साहब के लिए क्या जगह थी और उनके बिना वहाँ रह पाना उनके लिए कितना मुश्किल है।

उसी महीने 'ज़माना' में मुंशीजी ने एक लेख लिखकर इस तरह अपने मन के आदर और स्नेह को वाणी दी—

मुंशी नवलकिशोर के ख़ानदान का यह सूरज ऐन उस वक़्त डूबा जब वह अपने पूरे उठान पर था।

स्वर्गीय मुंशी बिशुन नरायन के अस्तित्व का कण-कण रईस था। रईसों की खूबियाँ सब थीं, बुराइयाँ एक भी नहीं। मुरौवत के पुतले थे। किसी याचक को निराश करना उन्होंने सीखा ही न था। किसी दोस्त की दिलशिकनी उनके बूते से बाहर थी। मुलाज़िमों की तादाद हज़ारों तक पहुँचती थी मगर कभी किसी को तेज़ निगाहों से न देखा। ग़बन के मामले पेश हुए, अयोग्यता और सुस्ती की शिकायतें रोज़ ही आती रहती थीं, सरीहन बदनीयती के वाक़्ये भी बार-बार सामने आए, पर हमेशा दरगुज़र कर जाते थे। यह ख़ूबी उनमें कमज़ोरी की हद तक थी।...

दिवंगत की अवस्था अभी कुछ न थी। लखनऊ का यह विद्याप्रेमी ख़ानदान अल्पायु है। मुंशी प्रयाग नारायण साहब का देहान्त 42 साल की उम्र में हुआ। उनके साहबज़ादे ने कुछ और कमी कर दी। अभी चौंतीसवाँ ही साल था।

मझोला कद, चकली हड्डी और दुहरे जिस्म के सुन्दर आदमी थे। गन्दुमी रंग, रोबदार मूँछें, बड़ी-बड़ी आँखों में सज्जनता और क्षमा की झलक। पहनावा बिलकुल सादा था। बाहर निकलते तो अचकन और चुस्त पाजामा बदन पर होता, सिर पर फ़ेल्ट कैप। घर पर कुर्ता और धोती पहनते थे। हुक्के और पान का शौक़ था।

उनका दरबार हर ख़ास व आम के लिए खुला रहता था—न कार्ड भेजने की ज़रूरत न इत्तला कराने की पाबन्दी। दीवानख़ाने के सामने बरामदे में बैठे हुक्का पी रहे हैं। मित्र और कर्मचारी, याचक और असामी सभी आते हैं और अपनी बात कहकर चले जाते हैं। सबसे यकसाँ शराफ़त और मुहब्बत से पेश आते हैं। मिज़ाज में झूठी शान का नाम नहीं, घमंड की बू नहीं, आडम्बर की छाया नहीं। अफ़सोस कि वह जगह हमेशा के लिए ख़ाली हो गई!...

23 जुलाई को मुंशीजी ने निगम साहब को लिखा, 'यहाँ कोर्ट आफ़ वार्ड का इन्तज़ाम है। मगर अभी कोई तब्दीली नहीं हुई है। स्पेशल मैनेजर आ गए हैं। इन्तज़ाम साबिक दस्तूर है। शायद तख़फ़ीफ़[1] होने वाली है। मगर तहक़ीक़[2] मालूम नहीं। मेरी तो मैनेजर साहब से मुलाक़ात ही नहीं हुई। न उन्होंने बुलाया न मैं गया।'

30 अगस्त को लिखा—'ख़बर है कि रियासत कोर्ट आफ़ वार्ड्स से निकल गई। लेकिन ख़बर ही ख़बर है। नफ़ाज़[3] नहीं। सरकारी कारख़ाने हैं। मुमकिन है महीनों लग जाएँ।'

24 सितम्बर को लिखा—'मैं मैनेजर साहब से अभी नहीं मिला। सोचता हूँ वह अफ़सरी जताने लगें तो क्या फ़ायदा।'

---

1. छँटनी, 2. प्रामाणिक रूप से, 3. पक्की बात

आए दिन एक न एक झकझक लगी रहती। ऐसे नहीं चल सकता। यहाँ का आबदाना अब ख़त्म होता है।

और पहली अक्तूबर को मुंशीजी ने निगम साहब को लिखा—

'...इन लोगों ने तय कर लिया है और अब किसी की हक़तलफ़ी[1], बेइंसाफ़ी या अपने नुक़सान का ख़याल इन्हें अपने इरादे से बाज़ नहीं रख सकता। मुझे अफ़सोस यही है कि आपको नाहक तकलीफ़ दी। ख़ैर, अभी तो यहीं हूँ। 9 को यहाँ से अलहदा होकर ग़ालिबन अक्टूबर लखनऊ में काटूँगा। उसके बाद दीदी ख़्वाहद शुद[2]।...'

तबीयत यों ही बहुत अनमनी, उचाट हो रही थी, और फिर जैनेन्द्र कितनी ही बार बुला चुके थे। इस बार जो कार्ड आया तो मुंशीजी फ़ौरन चल पड़े।

दिल्ली पहुँचने की दास्तान जैनेन्द्र से सुनिए—

एक सबेरे गली में दीखता क्या है कि कंधे पर कम्बल डाले, ख़रामा ख़रामा, चले आ रहे हैं प्रेमचन्द जी। महात्मा भगवानदीन जी और पं. सुन्दरलाल जी भी तब घर पर थे। सुन्दरलाल जी चबूतरे पर से दतून करते-करते बोले—देखना जैनेन्द्र, यह प्रेमचन्द जी तो नहीं आ रहे हैं?

मैंने कहा—वही तो हैं!

प्रेमचन्द जी के पास आने पर मैंने अचरज से पूछा—यह क्या क़िस्सा है, न तार न चिट्ठी, और आप करिश्मे की भाँति आविर्भूत हो पड़े!

बोले—तार की क्या ज़रूरत थी। बारह आने पैसे कोई फ़ालतू हैं। और देखो, तुम्हारे मकान का पता लग गया कि नहीं।

मैंने कहा—यह क्या ग़ज़ब करते हैं। पहले से कुछ ख़बर तो दी होती। इस तरह से तो आपको बड़ी दिक़्क़त हुई होगी। ग़नीमत मानिए कि दिल्ली बम्बई नहीं है। और ऐसे क्या आप दिल्ली से बेहद वाक़िफ़ हैं?

बोले—नहीं जी, सोचा तुम्हारा मकान मिल ही जाएगा सो बारह आने बचाओ क्यों न। और मकान मिल गया कि नहीं? वैसे दिल्ली ज़िन्दगी में पहली मर्तबा आया हूँ।

ज़िन्दगी में पहली बार! मैंने अविश्वास के भाव से कहा—आप कहते क्या हैं! तिस पर आप हैं सम्राट!

इस बार मुंशीजी यहाँ दस-ग्यारह दिन रह गए। और जैसी कि उनकी तबीयत थी, बिलकुल घर के एक आदमी होकर रहे। 'कोई अनजान उन दिनों घर पहुँचता तो किसी तरह मालूम न कर सकता था कि प्रेमचन्द कौन हैं। उनका लिबास और उठने-बैठने और रहने-सहने का तरीक़ा इस क़दर घरेलू था कि कोई उन्हें अलग से पहचान ही न सकता था।' (जैनेन्द्र) उनकी जो हुलिया ऋषभचरण ने बनारस में मुंशीजी के अपने मकान पर देखी थी—'वह एक निहायत सीधी-सादी बैठक में निवार के पलंग पर बैठे थे जहाँ न गद्दा था न तकिए थे, न गलीचों की बहार थी और न झाड़-फ़ानूस ही दिखाई देते थे।

---

1. अधिकार-अपहरण, 2. देखा जाएगा

बदन पर शायद गाढ़े की एक घटिया सिलाई की कमीज़ और धोती थी, और अधपके बाल और किसान जैसा चेहरा...' वही हुलिया यहाँ दिल्ली में जैनेन्द्र के मकान पर थी—'खाना खाने साथ बैठते और बाद में भी नीम की सींक से दाँत कुरेदते हुए वे मेरे ही साथ बैठकर बात करते रहते।' घरेलू बातें—तुम कितना कमाते हो, कितना अपने ऊपर ख़र्च करते हो, कितना घर के ख़र्च के लिए भगवती (जैनेन्द्र की पत्नी) को देते हो और जैनेन्द्र अगर बात को उड़ाने या दार्शनिक लापरवाही के खोल में लपेटकर पेश करने की कोशिश करते तो मुंशीजी गिले के तौर पर यह कह देते कि तुमको ख़ुद तो तकलीफ़ उठाने का हक़ है लेकिन अपने बीवी-बच्चों को तकलीफ़ देने का हक़ नहीं है। ऐसा ही था तो तुम्हें इस चक्कर में ही न पड़ना चाहिए था।

और यह सिर्फ़ ज़बानी जमा-ख़र्च न था। मुंशीजी को बराबर इस बात का ख़याल रहता कि मेरी वजह से कोई नया बोझ इस ग़रीब पर न पड़े। कहीं जाना-आना हो तो अक्सर पैदल ही चल पड़ते—अरे, दूर ही कितना है, अभी पहुँचे जाते हैं, दिन-भर तो बैठे-बैठे बीत गया, पेट का पानी भी तो हिलना चाहिए...और अगर जगह बहुत दूर हुई और इक्का-ताँगा कुछ लेना ही पड़ा तो बड़ी ख़ूबसूरती से कुछ ऐसी जुगत बैठाते कि जैनेन्द्र के दिल को ठेस पहुँचाए बग़ैर या तो वह ख़ुद ही किराया चुका देते या ऋषभचरण चुका देते।

यह वज़ादारी, यह घरेलूपन, यह सादगी ज़िन्दगी-भर की उनकी कमाई थी। इसमें भरसक चूक न होती। कभी कहीं खाना खाने जाते, या किसी के घर ठहरते तो खाना ख़त्म होने पर ज़रूर दो-एक बातें खाने की तारीफ़ में कह देते—इसलिए नहीं कि तहज़ीब सिखलानेवाली किताबों में ऐसा लिखा है बल्कि इसलिए कि इससे पर्दे की ओट में बैठी हुई घर की स्त्री को सुख होगा। अगले वक़्तों की यह वज़ादारी मुंशीजी में कूट-कूटकर भरी थी, मगर दिखावटी तकल्लुफ़ की शक्ल में नहीं जो कि दूसरे के लिए काफ़ी तकलीफ़देह भी हो सकता है, सहज ढंग से।

यह सहजता ही उन्हें हर बात में प्रिय थी, कैसा भी आडम्बर उनके दिल पर भारी गुज़रता था, विचारों तक का आडम्बर।

इसका एक अच्छा चुटकुला है वह जो मुंशीजी की इसी दिल्ली-यात्रा में पेश आया। जैनेन्द्र कहते हैं—

> *...उस वक़्त दो बुज़ुर्ग घर में और थे। प्रेमचन्द जी की जगह उनके साथ थी। वे ऊँचे ख़याल के लोग थे और छोटी बातें अक्सर उनके पास नहीं फटक पाती थीं। बातें देश की और दुनिया की होतीं, सुधार की और उद्धार की, या किसी नीति के या तत्त्व के मसले की। मैं उन बातों के बीच अक्सर अजनबी रहता। अव्वल तो यहाँ रहता ही न था, पास हुआ तो बस सुनना भर रह जाता था। प्रेमचन्द का भी मैंने यही हाल देखा। बात गहरी हो रही है और वजनदार, लेकिन प्रेमचन्द को सिर्फ़ सुनना है, कहने को उनके पास गोया कुछ है ही नहीं।...एक बुज़ुर्ग उनमें पुख़्ता ख़याल के थे। उनके पास सदा कुछ बताने और सुधारने को रहता था। हर बहस में आख़िरी लफ़्ज़ उनका*

होता। यानी सही वही है जो उनका कहना है। इस तरह तीन-चार रोज़ घर रहकर ख़ासकर उन बुज़ुर्ग से वह बहुत कुछ इसलाह और नसीहत पाते रहे।...

एक रोज़ खाते-खाते उन्होंने पूछा—भइ, उन साहब की उम्र क्या होगी?

मैंने बताया कि मेरा अन्दाज़ तो यह है।

बोले—क्या कहते हो?

मैंने कहा—एकाध साल से ज़्यादा फ़र्क़ नहीं हो सकता, क्योंकि मैंने एक बार तसदीक किया था।

प्रेमचन्द क़हक़हा लगाकर हँसे—यह ख़ूब, तब तो यार, बड़े हम हैं।... अच्छा अब की कहूँगा...

वही हुआ। अगली मर्तबा मंडली बैठी और बहस शुरू हुई। प्रेमचन्द सुनते रहे। बहस ने लेक्चर की शक्ल अख़्तियार की और आख़िर सबक़आमोज नसीहतें फिंकने लगीं। प्रेमचन्दजी ने मौक़ा देख धीमे से पूछा—पंडित जी, आपकी उम्र क्या होगी?... बुज़ुर्ग ने अपनी उम्र बतलाई। प्रेमचन्द ने कहा—वाह, तब तो बड़ा आपसे मैं हूँ।

यह बात ऐसे कही गई कि बुज़ुर्ग को क़तई नागवार नहीं हुई, बल्कि वह ख़ुश हुए, हँस आए, और उसके बाद बातचीत आपसी और घरेलू सतह पर होने लगी।

तबीयत में मिठास थी, लगनेवाली बात भी मीठी बनकर निकलती थी। सादगी थी, बेहद सादगी, इतनी कि उस चेहरे और उस लिबास को देखकर बहुत आसान था धोखा खा जाना कि यह कोई गँवइया भुच्च है। कैसा झटका लगा था उमा नेहरू को, अब से क़रीब तीन साल पहले जब मुंशीजी हँसते-हँसाते इलाहाबाद में एक गल्प सम्मेलन में पहुँचे, अपना (शायद इकलौता) बेहद चुस्त, बेढंगा-सा ऊनी पतलून और वैसा ही चुस्त बेढंगा-सा कोट पहने (कुछ वैसी ही शक्ल जैसी आजकल इश्तहारों में बिना सैनफ़ोराइज़्ड कपड़ा पहननेवालों की दिखाई जाती है!) और बाल बेतहाशा बिखरे हुए, गगनोन्मुख...या क़रीब चार साल बाद, 1935 में, जब यह आख़िरी बार लाहौर गए और इम्तयाज़ अली ताज ने उन्हें चाय पर बुलाया। मुंशीजी ने समझा, यों ही घरेलू चाय होगी और जब वह इत्मीनान से चन्द्रगुप्त के साथ पैदल शहरभर का चक्कर लगाकर, दिन-भर के चिंगुड़े-मिंगुड़े कपड़े, अपनी वही मिल की धोती और गाढ़े का कुर्ता पहने और धूल से अटे हुए बाल लिए पहुँचे तो उन्होंने देखा कि सौ से ऊपर मोटरें खड़ी हैं, एक से एक लक़दक़ (शहर के तमाम शुरफ़ा, वकील, बैरिस्टर, डाक्टर, जज, प्रोफ़ेसर सब बुलाए गए थे) और बाहर जिन मुंतजिमकारों ने उनको देखा उन्हें यह समझने में थोड़ी देर लगी कि यह वही आदमी है जिसके सम्मान में यह आयोजन है और जिसका इन्तज़ार किया जा रहा है!

लेकिन यह केवल बहिरंग है, भीतर से उसका मन बिलकुल आधुनिक है, आधुनिक से आधुनिक। अपनी मिट्टी से संस्पर्श बनाए रखकर उसने योरप के नए से नए ज्ञान-विज्ञान को, कला और साहित्य को देखा है समझा है, और उससे पहले, सादी के लतीफ़ों और

हाफ़िज़ की ग़ज़लों ने अच्छी तरह उसके मन को रँगा है। वह शोख़ी, वह चुलबुलापन, वह रंगीनी, वह हाज़िरजवाबी जो फ़ारसी की जान है, मुंशीजी के ख़ून में भी घुल गई है।

दिल्ली की इसी यात्रा की बात है कि एक रोज़ ऋषभचरण ने मुंशीजी से पूछा कि आपकी सबसे अच्छी कहानी कौन-सी है? मुंशीजी ने जवाब दिया—वह तो अभी लिखी ही नहीं गई!

ऋषभचरण ने उस समय की अपनी स्मृतियों को लेकर लिखा है—

'...उनकी क़लम में और सूरत में जो सिधाई हम देखते हैं, उनकी बातों है ऐसा न लगता था। वह एक मिठास-भरे आदमी थे जिनके चेहरे-मोहरे पर चाहे वक़्त की सख़्ती असर कर गई हो लेकिन दिल ज्यों का त्यों कच्चे दूध की तरह मधुर और स्वच्छ था।... मैं, जैनेन्द्र और वह कुतुबमीनार की सैर को गए। साथ में थोड़ी-सी पूरियाँ थीं। खाने बैठे तो सवाल हुआ कि पानी कौन लाए। मैंने कहा—जो जाएगा, वह घाटे में रहेगा क्योंकि पूरियाँ कम हैं। जैनेन्द्र की राय थी कि मुझे ही यह ख़तरा लेना चाहिए। लेकिन प्रेमचन्द ने कहा—मैं पूरा आदमी हूँ, मैं जाता हूँ, मुझ पर आप लोग ज़रूर ही रहम करेंगे! पानी तो उन्हें न लाने दिया गया लेकिन उनकी बात ने हमें ख़ूब हँसाया। जब मैंने उनसे कहा कि कुतुब की लाट पर चढ़ा जाए तो हजरत जवाब देते हैं कि नीचे खड़े हुए इस लाट का बड़प्पन हमारे दिलों पर है, ऊपर चढ़ने से वह कम हो जाएगा।...इसी मौक़े पर हमने एक फ़ोटो खिंचवाया। जब इस फ़ोटो की कापी प्रेमचन्द को भेजी गई तो उन्होंने लिखा—'फ़ोटो मिला। मेरा मुँह टेढ़ा आया है। क्या करें, नसीब ही टेढ़ा है!'

इसी बार की कहानी है वह भी, एक कलाकार के सच्चे पुरस्कार की—

स्थानीय हिन्दी सभा की ओर से प्रेमचन्द जी के सम्मान में सभा की जा रही थी। उन्हें अभिनन्दन-पत्र भेंट होनेवाला था। उस वक़्त एक पंजाबी सज्जन बड़े परेशान मालूम होते थे। वह कभी सभा के मंत्री के पास जाते थे, कभी इनके या उनके पास जाते थे। प्रेमचन्द जी के पास जाने की शायद हिम्मत न होती थी। प्रेमचन्द जी को उसी रात दिल्ली से जाना था। सभा का काम जल्दी हो जाना चाहिए और वह जल्दी किया जा रहा था। प्रेमचन्द जी ने अपना वक्तव्य कहने में शायद दो मिनट लगाए। सभा की कार्यवाही समाप्तप्राय थी। तभी वह पंजाबी सज्जन उठे और सभा के सामने हाथ जोड़कर बोले—मैं प्रेमचन्द को आज रात किसी हालत में नहीं जाने दूँगा। उनके साथ इस सारी सभा को मैं कल अपने यहाँ आमंत्रित करना चाहता हूँ।

लोगों को बड़ा विचित्र मालूम हुआ। तैयारी सब हो चुकी थी। और प्रेमचन्द जी का इरादा निश्चित था। लेकिन वह सज्जन अपनी प्रार्थना से बाज न आए। उन्होंने हाथ जोड़कर कहा कि मेरी अरदास आप लोग सुन लीजे फिर जो चाहे आप कीजिएगा। जब से अख़बार में प्रेमचन्द जी के यहाँ आने की ख़बर पढ़ी तभी से उनके ठहरने की जगह पाने की कोशिश करता रहा हूँ। वह जगह नहीं मिली। अब इस सभा में मैं उनको पा सका हूँ। मैं उनकी तलाश करता हुआ दर्शनों की इच्छा से लखनऊ दो बार गया,

एक बार बनारस भी गया। तीनों बार वह न मिल सके। कई बरस पहले की बात है, मैं कमाने के ख़याल से पूरब की तरफ़ गया था। पर भाग्य की बात कि मेरे पास जो कुछ था सब ख़त्म हो गया। मैं घूमता-घामता स्टेशन पर आया। मुझे कुछ सूझता न था, आगे क्या होगा। सब अँधेरा मालूम होता था। जेब में दो रुपए और कुछ पैसे बचे थे। प्रेमचन्द जी के अफ़सानों को मैं शौक़ से पढ़ा करता था। यों ही टहलता हुआ व्हीलर की दुकान पर एक रिसाले के स्पेशल नम्बर के सफे लौटने-पलटने लगा। उसमें प्रेमचन्द जी का एक अफ़साना नज़र आया। मैंने रुपया फेंक रिसाला ख़रीद लिया और प्रेमचन्द जी की उस मंत्र कहानी को पढ़ गया। पढ़कर मेरे दिल की पस्ती जाती रही। हौसला खुल गया। मैं लौटकर आया और हार न मानने का इरादा कर लिया। तब से मेरी तरक़्क़ी ही होती गई है और आज यहाँ आपकी ख़िदमत में हूँ। तभी से मैं उस 'मंत्र' कहानी के मंत्रदाता प्रेमचन्द जी की तलाश में हूँ। अब यहाँ पा गया हूँ तो किसी तरह छोड़ नहीं सकता। मेरी बीवी बीमार है, वह उठ-बैठ नहीं सकती। वह कब से प्रेमचन्द जी के दर्शन की आस बाँधे बैठी है। और फिर हाथ जोड़कर उन्होंने कहा—अब फ़ैसला आप सब साहबान के हाथ है।...

दिल्ली से लौटे तो संयोग कुछ ऐसा हुआ कि दस रोज़ के भीतर ही फिर पटने के लिए बिस्तर गोल करना पड़ा। हिन्दी साहित्य परिषद् का कोई आयोजन था। केसरी किशोर शरण मंत्री थे। स्टेशन पर मुंशीजी के अद्‌भुत स्वागत की कहानी उन्हीं के मुँह से सुनिए। यहाँ मुंशीजी दिल्ली की तरह नहीं, पहले से ख़बर देकर पहुँच रहे थे—

1931, नवम्बर की 21वीं तारीख़। शाम का वक़्त, साढ़े छः बजे। पश्चिम से आनेवाली एक्सप्रेस पटना जंक्शन पर अभी लगी हुई थी। प्रेमचन्द जी आज पटना आनेवाले थे और उन्हीं के स्वागत के लिए हम लोग स्टेशन पहुँचे हुए थे परन्तु हममें से किसी ने उन्हें देखा न था, इसलिए बड़ी चिन्ता थी उन्हें कैसे पहचाना जाएगा। 'हिन्दी भाषा और साहित्य' का प्रथम संस्करण हाल में ही निकला था। उसमें प्रेमचन्द जी की एक तसवीर थी। चौड़ा, गोल मुँह, उभरा हुआ ललाट, बड़ी-बड़ी धनुषाकार घनी मूँछें। पोशाक भी सोफ़ियाना थी—फ्लैनेल का पैंट, मफ़लर और कोट। इसी तसवीर को लेकर हम लोग स्टेशन पर आए थे। रेलगाड़ी आई और सेकेंड क्लास, इंटर, फर्स्ट क्लास, सभी के डब्बे हम लोगों ने देख लिए पर हमारे अनुमान का कोई आदमी नज़र नहीं आया। तब थर्ड क्लास की बारी आई। गाड़ी का डब्बा-डब्बा हम लोगों ने छान डाला...कहीं नहीं।

दो घंटे के बाद पंजाब मेल आई। इस बार भी हम लोगों ने बड़ी तत्परता के साथ खोज की। तीन-चार साहब उतरे...पर उनमें से कोई हमारी कल्पना का, हमारी किताब की तसवीर का प्रेमचन्द न निकला।

प्रेमचन्द, ऋषभचरण, जैनेन्द्र कुमार

सभी मित्र हताश और निरुत्साह घर लौट चले। मेरी आँखों तले अँधेरा छा गया...

रविवार की शाम को बैठक थी और सबेरे छ: बजे के क़रीब एक एक्सप्रेस आती थी। बस यही आख़िरी आसरा था। स्टेशन पर ठीक वक़्त पर जा पहुँचा।

ट्रेन आई, लगी और चली गई। सैकड़ों आदमी उतरे और चढ़े पर प्रेमचन्द नहीं आए, नहीं आए। हम...मुसाफ़िरख़ाने की तरफ़ बड़े। देखा, सीढ़ी के पास एक अधवयस सज्जन, जिनके बाल कुछ सफ़ेद हो चले थे और जो सफ़र की थकावट से कुछ खिन्न-से हो रहे थे, गुमसुम खड़े हैं और कुली उनका ट्रंक सर पर और बिस्तरा हाथ में लिए पूछ रहा है—बाबू, कहाँ चलें?

इस मुसाफ़िर को कल रात ही को पंजाब मेल से उतरते देखा था, नज़दीक जा कर पूछा—क्यों जनाब आप लखनऊ से आ रहे हैं?

—हाँ भाई, लखनऊ से ही आ रहा हूँ।

—आप प्रेमचन्द जी हैं?

—हाँ, प्रेमचन्द हूँ।

स्वर उनका कुछ कठोर हो पड़ा था। मैंने प्रणाम करते हुए उनके हाथ से मैले खद्दर के रूमाल में बँधे पीतल के लोटे को ले लिया और अत्यन्त ग्लानि के साथ कहा—मैं केशरीकिशोर हूँ।

उनके चेहरे पर किंचित् क्रोध, किंचित् सन्तोष और प्रसन्नता की रेखा एक साथ ही झलक पड़ी, पर कोई शब्द उनके मुँह से न निकला। तब तक फ़िटन आ लगी...

मेरा मन गर्व से, ख़ुशी से, संकोच और ग्लानि से ऐसा भर गया था कि मैं यह भी न पूछ सका, रास्ते में कोई तकलीफ़ तो न हुई?

तब तक वह भी कुछ स्थिर और सन्तुष्ट-से दीख पड़े। हिम्मत बढ़ी। पूछा—रास्ते में कोई तकलीफ़ तो नहीं हुई?

—तकलीफ़? मैं तो रात-भर इसी पसोपेश में पड़ा रहा कि रहूँ या लौट जाऊँ। रात पंजाब मेल से उतरा। आप लोगों के दर्शन नहीं हुए तो मुसाफ़िरख़ाने में जाकर पड़ रहा। तबीयत बहुत झुँझला रही थी। जब यहाँ कोई पूछनेवाला नहीं तो किसलिए ठहरूँ! ढाई बजे रात की गाड़ी से लौट चलने की इच्छा हुई। रिटर्न टिकट था ही। प्लेटफ़ार्म पर गया, गाड़ी आ गई, पर चढ़ नहीं सका। सोचा, तुम्हें दु:ख होगा...

29

लन्दन में दूसरी गोलमेज़ सभा हो रही थी। गांधीजी भी गए थे लेकिन जैसा कि मुंशीजी ने यहाँ से उनके चलते वक़्त लिखा था—'इस समय महात्माजी के सामने जो

काम है, वह आसान नहीं है। लन्दन में वह गोलमेज़ के चारों तरफ़ बैठे हुए ऐसे-ऐसे चतुर खिलाड़ियों के बीच में खड़े होंगे जिन्होंने राज्य-संचालन को जीवन-तत्त्व बना लिया है। जहाँ अंग्रेज़ी सेना असफल हो गई है, वहाँ बहुधा अंग्रेज़ी डिप्लोमेसी ने विजय पाई है।'

वही हुआ। हिन्दू-मुसलमान और छूत-अछूत के सवाल खड़े कर दिए गए, जिनका हमारे पास कोई जवाब न था, क्योंकि वह हमारी सच्ची कमज़ोरी थी। दुश्मन अगर उसका फ़ायदा उठा रहा था तो क्या बुरा कर रहा था।

मुंशीजी यह भी ख़ूब समझते हैं कि असल झगड़ा किनका है और किस चीज़ के लिए है—

'सरकारी नौकरियों के लिए अभी तक शिक्षित समाज के मन में मोह है। वही मोह, वही लोभ इस वैमनस्य का कारण है। लेकिन अगर अभी वह समय नहीं आया तो अब उसके आने में देर नहीं है जब वास्तविक राष्ट्र शिक्षित समाज की संकीर्ण स्वार्थपरता के विरोध में विद्रोह करेगा। मुट्ठी-भर पढ़े-लिखे आदमियों को कोई अधिकार नहीं कि वह अपने हलवे-माँड़े के लिए सम्पूर्ण राष्ट्र का जीवन संकटमय बनावें...'

मुंशीजी का ग़ुस्सा अपनी जगह पर कितना ही ठीक हो, उस दिन के आने में अभी काफ़ी देर है।

गोलमेज़ का स्वाँग ख़त्म हुआ तो मुंशीजी ने दिसम्बर 1931 की हंसवाणी में लिखा—

'गोलमेज़ सभा जिस तरह पहली बार गपशप करके समाप्त हो गई उसी तरह दूसरी बार भी गपशप करके समाप्त हो गई। समाप्त क्यों हुई, अभी कुछ गपशप होगी और यह सिलसिला शायद दो-चार साल चलेगा।'

वह तो चलता रहेगा, क़यामत तक, लेकिन असल भरोसे की चीज़ है डंडा...

आर्डिनेंसों का राज था। पुलिस और मजिस्ट्रेटों को अन्धाधुन्ध अधिकार दे दिए गए थे। जो मन आए करते थे। कहीं कोई सुनवाई न थी।

26 दिसम्बर को जवाहरलाल पकड़ लिए गए। आठ रोज़ बाद गांधीजी और सरदार पटेल पकड़ लिए गए। उधर सीमांत गांधी अब्दुल ग़फ्फ़ार ख़ाँ दो-चार रोज़ के हेर-फेर से उठाकर जेल में डाल दिए गए।

इस तरह सब बड़े नेताओं को क़ैदखाने में ठूँसकर और चारों तरफ़ पुलिस का राज क़ायम करके हुकूमत अब इत्मीनान से कांग्रेस के अगले क़दम पर निगाह जमाये बैठी थी। जवाहरलाल ने आत्मकथा में लिखा—

'राष्ट्रीय सप्ताह आया—6 अप्रैल से 13 अप्रैल—और हमें पता था कि इसमें बहुत-सी अनहोनी घटनाएँ घटेंगी। जो कि घटीं भी, लेकिन जहाँ तक मेरी बात है, एक घटना के आगे दूसरी सब घटनाएँ फीकी पड़ गईं। इलाहाबाद में मेरी माँ एक जुलूस में थीं जिसे पुलिस ने रोका और फिर लाठीचार्ज किया। जुलूस ठहर गया तो कोई मेरी माँ के लिए एक कुर्सी ले आया। इसी पर वह जुलूस के आगे-आगे, सड़क पर बैठी हुई थीं। कुछ लोग जो ख़ास तौर पर उनकी देख-रेख कर रहे थे और जिनमें मेरा सेक्रेटरी भी था, गिरफ़्तार करके वहाँ से हटा दिए गए और तब फिर पुलिस का चार्ज हुआ। मेरी माँ धक्का खाकर कुर्सी से गिर पड़ीं और फिर बार-बार बार-बार उनके सर पर बेंत

पड़ने लगे। सर फट गया और ख़ून बहने लगा। वह बेहोश हो गईं और सड़क किनारे पड़ी रहीं जहाँ न अब कोई जुलूसवाला था न कोई जनता, सबकी सफ़ाई कर दी गई थी। कुछ देर बाद पुलिस का एक अफ़सर उन्हें अपनी मोटर में उठाकर आनन्दभवन ले गया। उसी रात इलाहाबाद में यह अफ़वाह उड़ी कि मेरी माँ मर गईं। ग़ुस्से से पागल भीड़ ने शान्ति और अहिंसा की सुध-बुध खोकर पुलिस पर हमला कर दिया। पुलिस ने गोली चलाई जिसमें कुछ लोग मारे गए। इस सबकी ख़बर जब कुछ रोज़ के बाद...मेरे पास आई तो और सब बातें जैसे ग़ायब हो गईं और यही एक ख़याल मेरे मन में चक्कर काटता रहा कि मेरी कमज़ोर बुड्ढी माँ धूल-भरी सड़क पर बेहोश पड़ी हैं और उनके सर से ख़ून बह रहा है...'

उसी के बारे में मुंशीजी ने तिलमिलाकर 10 अप्रैल, 1932 के अपने ख़त में निगम साहब को लिखा—

'...गवर्नमेंट की ज़्यादतियाँ अब नाक़ाबिले-बर्दाश्त हो रही हैं। पंडित जवाहरलाल की ज़ईफ़ माँ के साथ कितनी बिदअतें[1] की गईं। अब बाहर रहना मुझे भी बेहयाई मालूम हो रही है।'

लेकिन वह भी जानते हैं कि रहना उन्हें बाहर ही है। क्या बुरा है। बाहर रहकर वह बहुत कुछ कर सकते हैं जो जेल में बैठकर नहीं कर सकते।

उसी महीने 'दमन की सीमा' शीर्षक से मुंशीजी ने 'हंस' में लिखा—

कांग्रेस स्वराज्य माँगती है। सरकार स्वराज्य देने को तैयार है। तो फिर यह दमन क्यों? यह सत्याग्रह क्यों? या तो कांग्रेस स्वराज्य नहीं कुछ और माँगती है या सरकार स्वराज्य नहीं कुछ और देना चाहती है।...

कांग्रेस के स्वराज्य माँगने का क्या उद्देश्य है? क्या केवल अधिकार या ओहदे?...देश में आधे आदमी बेकार पड़े हुए हैं, सौ में नब्बे आदमियों को पेट-भर भोजन नहीं मिलता, सौ में नब्बे आदमी लिख-पढ़ नहीं सकते... कहीं साहूकार उनके मुँह का कौर छीन लेता है, कहीं पुलिस।...

प्रजा भूखों मर रही है, हमारे विधाताओं को अपने हलवे-माँड़े में रत्ती-भर की कमी भी स्वीकार नहीं। सब ख़र्च ज्यों का त्यों चल रहा है। प्रजा के पास लगान देने को कुछ न हो, मगर सरकार अपना लगान वसूल करके ही छोड़ेगी, चाहे किसान बिक जाए, तबाह हो जाए, चाहे उसकी ज़मीन बेदख़ल हो जाए, उसके बर्तन-भाँड़े, बैल-बधिये, अनाज-भूसा सबका सब बिक जाए प्रजा के रहने को झोंपड़े मयस्सर नहीं, सरकार को नई दिल्ली बनवाने की धुन है, प्रजा को रोटियों का ठिकाना नहीं, अधिकारियों को दस-दस और पाँच-पाँच हज़ार वेतन अवश्य मिलना चाहिए। इस सरकारी नीति से कांग्रेस का आश्वासन नहीं हो सकता, और न होना चाहिए। सरकार यों तो जनता के हित-साधन का राग अलापते नहीं थकती, लेकिन जब उसका परिचय देने का समय आता है तो बग़लें झाँकने लगती है। गोलमेज़ सभा

1. ज़्यादतियाँ

में भी विधाताओं को इसकी फ़िक्र न थी कि प्रजा की दशा क्योंकर सुधारी जाए, बल्कि यह फ़िक्र थी कि कांग्रेस की शक्ति क्योंकर तोड़ी जाए।...

इस उद्द्देश्य को पूरा करने के लिए पृथक् निर्वाचन का विधान सोच निकाला गया...एक तरह से यह निश्चय कर लिया गया कि विच्छेद नीति को बरता जाए।...

इस विच्छेद नीति की बख़िया अच्छी तरह उधेड़ने के बाद मुंशीजी ने वैसे ही जलते हुए शब्दों में लिखा—

'जो कुछ रही-सही आशा थी, उसका फ़ेडरेशन ने चिराग़ गुल कर दिया। धन्य है वह मस्तिष्क जिसने फ़ेडरेशन की कल्पना की! सुनने में तो ऐसा मालूम होता है कि यह विधान संयुक्त राष्ट्र अमेरिका के नमूने पर रचा जा रहा है पर वास्तव में यह केवल राष्ट्र को चिरकाल तक दासता में जकड़े रखने का एक चमत्कारपूर्ण साधन है। राजाओं को एक-तिहाई जगहें दे दी जाएँगी। मुसलमान भाई एक-तिहाई लिए ही बैठे हैं। बाक़ी एक-तिहाई में अछूत, दलित, हिन्दू, ईसाई, सिख, ज़मींदार, व्यापारी, किसान, स्त्री और और न जाने कितने विशेषाधिकारों के लिए स्थान दिया जाएगा। राष्ट्र का अन्त हो गया। राजाओं के प्रतिनिधि राजसत्ता की उपासना करेंगे ही, मुसलमान जिस तरफ़ अपना फ़ायदा देखेंगे उधर जाएँगे। सभी दल अपनी-अपनी रक्षा करेंगे, राष्ट्र की रक्षा कौन करेगा?' पूरा चक्रव्यूह है।

'कर्मभूमि' इन्हीं दिनों में आकर पूरी हुई—

'अमरकान्त की झोपड़ी में एक लालटेन जल रही है। पाठशाला खुली हुई है। पन्द्रह-बीस लड़के खड़े अभिमन्यु की कथा सुन रहे हैं। अमर खड़ा वह कथा कह रहा है। सभी लड़के कितने प्रसन्न हैं। उनके पीले चेहरे चमक रहे हैं, आँखें जगमगा रही हैं। शायद वे भी अभिमन्यु जैसे वीर, वैसे ही कर्तव्यपरायण होने का स्वप्न देख रहे हैं। उन्हें क्या मालूम एक दिन उन्हें दुर्योधनों और ज़रासंधों के सामने घुटने टेकने पड़ेंगे, माथे रगड़ने पड़ेंगे, कितनी बार वे चक्रव्यूह से भागने की कोशिश करेंगे और भाग न सकेंगे।...'

घुटने क्यों टेकें, भागें क्यों, हम इस चक्रव्यूह को तोड़ेंगे।

उसी आवेग में अपनी टिप्पणी समाप्त करते हुए मुंशीजी ने लिखा—

'...देश में हमेशा फ़ौजी क़ानून से शासन न किया जा सकेगा क्योंकि देश के सेवक चुप होकर न बैठेंगे और उनकी वाणी में सत्य का ऐसा आकर्षण है कि जनता उनके झंडे के नीचे जमा होने से रुक नहीं सकती। अतएव इंग्लैंड के सामने दो रास्ते हैं। एक तो राजसत्ता का मार्ग है। तलवार के ज़ोर से प्रजा को दबाये रक्खो, उनके खेत कटवाकर मालगुजारी वसूल कर लो। वह जो कुछ गाढ़ा पसीना बहाकर कमाएँ वह रेल, डाक, नमक आदि के महसूल बढ़ाकर, आमदनी के टैक्स के रूप में वसूल कर लो। दूसरा जनसत्ता का मार्ग है। प्रजा पर प्रजा के हित के लिए शासन करो, राजा और प्रजा का भाव दिल से निकाल डालो...लेकिन इस वक़्त इंग्लैंड इस तरह की बातें सुनने को तैयार नहीं है। वह भारत से अपना आतंक मनवाकर छोड़ेगा, मानो भारत ने

कभी उसके आतंक को न माना था। आतंक तो वह लगभग दो सौ साल से देखता चला आता है। पहले वह इससे भयभीत होता था, अब भयभीत भी नहीं होता। अब तो आतंक से उसके मन में जलन होती है, अब तो उसे राजसी ठाट-बाट, धूमधाम, चमक-दमक देखकर घृणा होती है, इक्कीस तोपों की सलामियाँ और स्पेशल गाड़ियाँ और मखमली पायंदाज़ उसे रोब में नहीं डालते, उसके दिल में घृणा का भाव उत्पन्न करते हैं।...वह सरकार को केवल शोषक के रूप में देखता है। उसकी पुलिस उसे सताती है। उसके कर्मचारी उसके मुँह का कौर छीनकर खा जाते हैं। उसके बनाए हुए ज़मींदार उसे बेदर्दी से कुचलते हैं। उसकी बनाई हुई अदालतें उसे तबाह करती हैं। देहात से, सुधार और सहयोग और शिक्षा और स्वास्थ्य और वह सभी आयोजनाएँ जिनसे राष्ट्र बनता है, जिनसे उसका विकास होता है, लापता है। हम दावे से कह सकते हैं कि आज सरकार के विषय में अगर जनता से वोट लिया जाए तो समस्त भारत में पाँच वोट भी न मिलेंगे। और जब तक हमारे विधाता भारत का शासन भारत के हित के लिए न करेंगे, जब तक भारत को इंग्लैंड का मजूर समझा जाएगा, जब तक भारत को द्रव्योपार्जन का अखाड़ा, मोटी नौकरियों का क्षेत्र और इंग्लैंड के माल का बाज़ार समझा जाएगा, जब तक क़साइयों की भाँति इंग्लैंड की निगाह भारत के मांस पर रहेगी उस वक़्त तक देश में न शान्ति होगी और न उन्नति। दमन सब कुछ कर सकता है पर देश का उद्धार नहीं कर सकता, और जब तक देश के उद्धार का आदर्श सामने न हो, शासन केवल लूट है और कुछ नहीं।'

कोरा गर्जन-तर्जन होता तो भी शायद सरकार इसको पचा जाती, लेकिन शान्त संयत क्रोध-संवलित इस लेख को, जिसमें राजसत्ता की पैशाचिक शासन नीति का तार-तार बिखेर दिया गया था, पचा पाना बहुत मुश्किल था और अगले महीने जिस समय मुंशीजी अपने मित्र पद्मसिंह शर्मा की अकाल मृत्यु का शोक मना रहे थे, एक हज़ार की ज़मानत का परवाना आ चुका था—

"कौन जानता था कि हिन्दी-साहित्य का यह सूर्य अपने साहित्यिक जीवन के मध्याह्न में ही यों अस्त हो जाएगा। पूज्य शर्माजी उन धुन के पूरे मनुष्यों में थे जो कभी बूढ़े नहीं होते।...आपकी अकाल मृत्यु से हिन्दी साहित्य का एक स्तम्भ उठ गया। आज हम चारों ओर निगाह दौड़ाते हैं और हमें कोई ऐसा आदमी नहीं दीखता जो सुलेखक होने के साथ ही इतना प्रकांड विद्वान् भी हो। आपमें नवीन और प्राचीन का अभूतपूर्व मेल हो गया था। क्या संस्कृत, क्या हिन्दी, क्या उर्दू, क्या फ़ारसी, आप इन सभी साहित्यों के ज्ञाता थे। अकबर मरहूम के तो आप आशिक़ ही कहे जा सकते हैं। मैंने आपकी ज़बान से अकबर की सैकड़ों सूक्तियाँ सुनी हैं। आप उन पर मस्त हो जाते थे। हिन्दी में आप एक ख़ास शैली के जन्मदाता हैं—जिसमें चुलबुलापन है, शोखी है, प्रवाह है और उसके साथ ही गाम्भीर्य भी। उनका साहित्य उनके काबू में है। वह उस पर शहसवार की भाँति सवार होते हैं। उसकी लगाम ढीली नहीं करते, उसे बहकने नहीं देते। सूक्तियों के आप भंडार थे और इसमें तो कलाम ही नहीं कि काव्यशास्त्र के आप मर्मज्ञ थे। शर्माजी जितने बड़े साहित्य-प्रेमी थे, उससे कहीं बड़े मनुष्य थे। आपसे मिलकर कभी जी नहीं भरता था। नए लेखकों को आप वह प्रोत्साहन

देते थे जो माता अपने लटपटे बालक को देती है। मेरे ऊपर तो उनकी असीम कृपा थी। 'सेवासदन' उपन्यास क्षेत्र में मेरा पहला प्रयास था। शर्मा जी ने जिस तरह दिल खोलकर उसकी दाद दी, वह मैं भूल नहीं सकता। उस समय उनकी कठोर आलोचना ने मेरा अन्त कर दिया होता। उसके बाद जब-जब मुझे उनसे मिलने का सुअवसर मिला, इस तरह टूटकर गले लगाते थे...'

कभी ऐसा भी होता है कि एक आदमी दूसरे के लिए आईना बन जाता है। बहुत-सी बातों में साम्य है दोनों का। उनमें से एक, और बहुत बड़ी, चीज़ है—नई प्रतिभा को पहचानना, सहारा देना, आगे ले आना।

अपने 'हंस' में उन्हें अच्छे से अच्छे, बड़े से बड़े, नए और पुराने लिखनेवालों का सहयोग मिला है।

पुरानों में सबसे बड़ा नाम 'प्रसाद' का है जिन्होंने पहले अंक से उसमें लिखा और बराबर लिखा, कहानियाँ भी लिखीं, कविताएँ भी लिखीं। 'हंस' नाम भी उन्हीं का दिया हुआ है।

पिछले साल 'चन्द्रगुप्त' को लेकर मुंशीजी की उनसे हल्की-सी बदमज़गी हो गई थी। माधुरी में उसकी आलोचना करते हुए मुंशीजी ने लिख दिया था कि प्रसाद जी 'गड़े मुर्दे उखाड़ने' में लगे रहते हैं। इस वर्ष 'कंकाल' सामने आया तो मुंशीजी की तबीयत फड़क उठी और उन्होंने बड़े तपाक से उसका स्वागत करते हुए लिखा—

'...यह प्रसाद जी का पहला ही उपन्यास है पर आज हिन्दी में बहुत कम ऐसे उपन्यास हैं जो इसके सामने रक्खे जा सकें। मुझे अब तक आपसे यह शिकायत थी कि आप क्यों प्राचीन वैभव का राग अलापते हैं, ऐसी चीज़ें क्यों नहीं लिखते जिनमें वर्तमान समस्याओं और गुत्थियों को सुलझाया गया हो। न जाने क्यों मेरी यह धारणा हो गई है कि हम आज से दो हज़ार वर्ष पूर्व की बातों और समस्याओं का चित्रण सफलता के साथ नहीं कर सकते। मुझे यह असम्भव-सा मालूम होता है।...शायद यह मेरी प्रेरणा का फल है कि प्रसाद जी ने इस उपन्यास में समकालीन सामाजिक समस्याओं को हल करने की चेष्टा की है, और ख़ूब की है। मेरी पहली शिकायत पर कुछ लोगों ने मुझे ख़ूब आड़े हाथों लिया था, पर अब मुझे वह कठोर बातें बहुत प्रिय लग रही हैं। अगर ऐसी ही दस-पाँच लताड़ों के बाद ऐसी सुन्दर वस्तु निकल आए तो मैं आज भी उनको सहन करने को तैयार हूँ।...'

नए लोगों में मुंशीजी की सबसे बड़ी उपलब्धि जैनेन्द्र हैं, जिन पर उन्हें गर्व है और जिन्हें सामने लाने का कोई मौक़ा मुंशीजी हाथ से नहीं जाने देते। जैनेन्द्र का रंग मुंशीजी का नहीं है, मगर उससे क्या, अपना एक रंग तो है, बिलकुल अछूता, मौलिक, सुन्दर। कौन इंकार कर सकता है कि जैनेन्द्र में स्फूर्ति है, अपना एक सौरभ है।

जैनेन्द्र का पहला उपन्यास 'परख' इन्हीं दिनों निकला था। उसे पढ़कर मुंशीजी ने 25 नवम्बर, 1930 के अपने पत्र में लिखा था—

'परख मैंने पढ़ लिया था और पढ़कर मुग्ध हो गया था।...परख के चारों चरित्र—सत्य, कट्टो, बिहारी और गरिमा—ख़ूब हुए हैं। सत्य का गम्भीर, मानसिक संग्राम।

बिहारी का चरित्र उससे भी पवित्र किन्तु सरल और विनोदमय लगा। कट्टो तो देवी है। आपकी शैली और चरित्र-प्रदर्शन का ढंग मुझे बहुत पसन्द आया।'

4 दिसम्बर को स्पेशल जेल गुजरात (पंजाब) से भेजे हुए अपने ख़त में जैनेन्द्र ने एक सवाल 'परख' को लेकर पूछा था—

'ऋषभचरण का ख़त मिला कि आप परख को प्रसाद स्कूल के अधिक निकट समझते हैं।...उसका भी खुलासा मैं जानना चाहूँगा।'

उसके जवाब में मुंशीजी ने 17 तारीख़ को लिखा—

'अब आपके उस प्रश्न का जवाब कि परख को मैं प्रसाद स्कूल के निकट क्यों समझता हूँ। मैं तो कोई स्कूल नहीं मानता, आप ही ने एक बार प्रसाद-स्कूल प्रेमचन्द-स्कूल की चर्चा की थी। शैली में ज़रूर कुछ अन्तर है, मगर वह अन्तर कहाँ है यह मेरी समझ में ख़ुद नहीं आता। आपकी शैली में स्फूर्ति, सजीवता कहीं अधिक है। रियलिस्ट हममें से कोई भी नहीं है। हममें से कोई भी जीवन को उसके यथार्थ रूप में नहीं दिखाता, बल्कि उसके वांछित रूप में ही दिखाता है। मैं नग्न यथार्थवाद का प्रेमी भी नहीं हूँ।'

उसी महीने 'हंस' में मुंशीजी ने उस पर लिखा—

'...परख है तो छोटी किताब, पर हिन्दी में एक चीज़ है। भाषा इतनी सजीव, शैली इतनी आकर्षक, चरित्र इतना मार्मिक कि चित्त मुग्ध हो जाता है। मगर यह नई विवाह-प्रथा हमारी समझ में नहीं आई। यदि कट्टो और बिहारी को सेवा-व्रत ही धारण करना था—और ऐसा प्रतीत होता है कि जीवन में वह फिर न मिले होंगे—तो विवाह-बन्धन की क्या ज़रूरत थी? विवाह वासना की चीज़ न हो, सन्तान पैदा करने की चीज़ न हो, पर संगति की चीज़ तो है ही, ऐसी गाड़ी तो है ही जिसके दो पहिये होते हैं। यदि स्त्री और पुरुष को एक-दूसरे के प्रेम, सहारे और सहानुभूति की ज़रूरत न हो तो विवाह का नाम ही कौन ले।...

जैनेन्द्र जी से हमारी थोड़ी देर की मुलाक़ात है। सीधे-सादे खद्दरधारी आदमी हैं, हृदय में देशभक्ति और सेवा का भाव कूट-कूटकर भरा हुआ, न लम्बे-लम्बे सँवारे हुए केश हैं न आँखों पर सुनहरी ऐनक, न कोई टीमटाम। चुपचाप काम करनेवाले आदमियों में हैं, पूरे सत्याग्रही। आजकल गुजरात स्पेशल जेल में जेल-जीवन पर कोई उपन्यास लिखने की सामग्री जमा कर रहे हैं।'

यह आख़िरी बात इस निहायत छोटी-सी रिव्यू में भी आए बिना न रही, और कैसे न आती, इसी ने तो मुंशीजी के हृदय को इस नए प्रतिभाशाली लेखक के प्रति और भी कोमल बना दिया है, और शायद हल्की-सी स्पर्द्धा भी कहीं मन के किसी कोने में रख दी है।

लेकिन जैनेन्द्र ही क्यों, नए लोगों की एक पूरी फ़ौज मुंशीजी के साथ चल रही है जिसके एक-एक सिपाही को उन्होंने बड़े प्यार से ख़ुद अपने हाथों से बनाया सँवारा है, उसी तरह जैसे अच्छे माली की निगाह अपने एक-एक फूल पर रहती है, किस फूल का क्या रंग है, कैसी उसकी ख़ुशबू है, वह ठीक बढ़ रहा है या नहीं, कहीं कोई कीड़ा तो उसे नहीं खा रहा है...

मुंशीजी वह बरगद का पेड़ नहीं हैं जिसके नीचे दूसरी कोई चीज़ पनप नहीं सकती। हर जगह अपना ही रंग, अपनी ही छाया, अपनी ही अनुकृति, अपने ही छोटे बौने गुटका संस्करण देखने का मोह या वासना मुंशीजी के मन में नहीं है। वह तो बस एक माली हैं जो हर फूल को प्यार करता है और हर फूल को उसके अपने रंग में खिलते, बढ़ते, ख़ुशबू बिखेरते देखना चाहता है।

नए-नए मैदान मारती हुई नई प्रतिभा को देखकर बहुत बार बड़े आदमियों में एक छोटी अहमिका, एक टुच्चा द्वेष भी देखा गया है—जो पर्दा डाल देता है उनकी आँखों पर...उसका तो यहाँ ज़िक्र ही बेकार है।

19 मार्च, 1932 के अपने ख़त में मुंशीजी ने कानपुर के श्री सद्गुरुशरण अवस्थी को लिखा था—

'आपके क्लास में यदि कुछ साहित्यिक रुचि के छात्र हों तो उन्हें कुछ लिखते रहने की प्रेरणा करते रहिये। युवक कभी-कभी सुन्दर गल्प लिख जाते हैं जो हम लोगों से नहीं बन पड़ती। हमारी जीत अभ्यास में है। नवीनता और विचित्रता तो उनके साथ हैं।'

छोटी बात है लेकिन शायद ही सब लोग इसको इतने निश्छल ढंग से कह सकें।

मुंशीजी बार-बार कहते हैं कि आलोचक की दृष्टि उनके पास नहीं है। न होगी। बहस करने से क्या फ़ायदा। तो भी जहाँ जो कुछ लिखा जा रहा है, उस सब पर उनकी नज़र है और उसके बारे में अपनी एक साफ़ और बेलौस राय है। बनारसीदास चतुर्वेदी के एक सवाल के जवाब में उन्होंने 3 जून 1930 को लिखा था—

'हिन्दी में गल्प साहित्य अभी अत्यन्त प्रारम्भिक दशा में है। कहानी लिखनेवालों में सुदर्शन, कौशिक, जैनेन्द्र कुमार, उग्र, प्रसाद, राजेश्वरी यही नज़र आते हैं। मुझे जैनेन्द्र और उग्र में मौलिकता और बाहुल्य के चिह्न मिलते हैं। प्रसाद ही की कहानियाँ भावात्मक होती हैं, रियलिस्टिक नहीं। राजेश्वरी अच्छा लिखते हैं मगर बहुत कम। सुदर्शनजी की रचनाएँ सुन्दर होती हैं पर गहराई नहीं होती और कौशिक जी अक्सर बात को बेज़रूरत बढ़ा देते हैं। किसी ने अभी तक समाज के किसी विशेष अंग का विशेष रूप से अध्ययन नहीं किया। उग्र ने किया मगर बहक गए। मैंने कृषक समाज को लिया। मगर अभी कितने ही ऐसे समाज पड़े हैं जिन पर रोशनी डालने की ज़रूरत है। साधुओं के समाज को किसी ने स्पर्श तक नहीं किया। हमारे यहाँ कल्पना की प्रधानता है, अनुभूति की नहीं। बात यह है कि अभी तक साहित्य को हम व्यवसाय के रूप में नहीं ग्रहण कर सकते।'

दो बरस बाद चतुर्वेदीजी को फिर उनकी जिज्ञासा 'भविष्य किनका है?' के उत्तर में मुंशीजी ने लिखा—

> *...नाटककार हमारे पास बहुत ही कम हैं। रोमांटिक स्कूल के प्रसाद हैं, बुद्धिवादी स्कूल के पं. लक्ष्मीनारायण मिश्र हैं, हास्यरस के श्री जी. पी. श्रीवास्तव हैं। इस क्षेत्र में सबसे नए भुवनेश्वर हैं जिनके एकांकी नाटकों का संग्रह 'कारवाँ' अभी हाल में ही प्रकाशित हुआ है। मेरी समझ में भुवनेश्वर सबसे अधिक प्रतिभासम्पन्न हैं, शर्त एक ही है कि वह अपनी प्रतिभा को*

आलस्य, ख़याली पुलाव पकाने, सिगरेट फूँकने और इश्क़बाज़ी के चक्कर में बरबाद न कर दें। उसके पास अभिव्यक्ति की असाधारण शक्ति है, आस्कर वाइल्ड और शा के रंग में। मिश्रजी को मैं पसन्द नहीं कर सका। विचार उनके पास हो सकते हैं पर उनमें शक्ति नहीं है, अभिव्यक्ति का वेग नहीं है। मिलिन्द और हरिकृष्ण प्रेमी हैं, दोनों में नाटकीय शक्ति है पर नाटक की आधुनिक पकड़ नहीं है।

उपन्यासकारों में वृन्दावनलाल वर्मा, भगवतीचरण वर्मा, निराला, सियारामशरण गुप्त, प्रसाद, प्रतापनारायण मिश्र आदि हैं। मैं समझता हूँ कि वृन्दावनलाल वर्मा सबसे बढ़-चढ़कर हैं...

कहानीकारों में चुनाव करना इससे भी ज़्यादा कठिन है—अज्ञेय हैं, चन्द्रगुप्त, कमला देवी, सुभद्रा, उषा मित्रा, सत्यजीवन, भुवनेश्वर, जनार्दन झा, जनार्दन राय नागर, अंचल, ओझा, राधाकृष्ण, वीरेन्द्र कुमार और दूसरे बहुत-से लोग हैं...

हास्यरस के लिखनेवालों में अन्नपूर्णानन्द बेजोड़ हैं गो कि वह बहुत ही कम लिखते हैं।...

रचनात्मकता ही मूल वस्तु है...रचनात्मक प्रतिभाएँ हमारे यहाँ बहुत कम हैं। कहानीकारों में मैदान जैनेन्द्र के हाथ है।...

...निबन्धों में पं. रामचन्द्र शुक्ल एकछत्र सम्राट् हैं...

आपके मित्र बाबू ब्रजमोहन वर्मा भी हँसी-मज़ाक़ में बहुत ही प्यारे लिखनेवाले हैं और द्विवेदी ग्रन्थ में उनका 'शेख़' एक मास्टरपीस था। ये कुछ बातें हैं, यों ही राह चलती-सी, जिनमें आपको नया कुछ न मिलेगा, पर (यह तो मैं आपसे पहले ही कह चुका हूँ) मैं कोई आलोचनाबुद्धि-सम्पन्न पाठक नहीं हूँ। सच तो यह है कि मुझमें तनिक भी आलोचनात्मक प्रतिभा नहीं है।

आपने जो विषय चुना है वह साहित्य के पूरे क्षेत्र को अपनी परिधि में लेता है लेकिन उसमें कोई भविष्यवाणी नहीं कर सकता। जिनमें आज सबसे अधिक सम्भावनाएँ दिखाई पड़ रही हैं, हो सकता है कि वह बिल्कुल बुद्धू साबित हों और जो आज अति साधारण जान पड़ रहे हैं, चमक जाएँ।

मुंशीजी देखते सबको हैं लेकिन उनकी असल निगाह मँजे हुए खिलाड़ियों पर नहीं है, उन्होंने तो अपना रास्ता पा लिया है, उनके हाथ सध गए हैं, उनकी बुद्धि पक चुकी है, उन्हें अपने रास्ते पर जाने दो। लेकिन जो अभी इस मैदान के नए खिलाड़ी हैं—वह अभी कुम्हार की गीली मिट्टी हैं, उन्हें अभी गढ़ा जा सकता है।

मगर मुंशीजी ख़ुद भी कभी इस तरह के बछेड़े रह चुके हैं, उन्हें पता है कि वह जल्दी किसी को पुट्ठे पर हाथ नहीं रखने देता। लेकिन दोस्त की तलाश सबको होती है, नए लिखनेवाले को ख़ासकर। और दोस्त ही उसे नहीं मिलता। मिलते हैं कौन? अपने से छोटे, कातर-विगलित प्रशंसक या अपने से बड़े रक्तचक्षु, मौनव्रती, जलद-गम्भीर, दिग्गज महारथी...

मुंशीजी उम्र में बड़े हैं तो क्या, दिग्गज महारथी हैं तो क्या, सबसे पहले वह दोस्त आदमी हैं जिन्हें अपने से तीस बरस छोटे आदमी से भी गले में बाँहें डालकर बात करना अच्छा लगता है।

वीरेश्वर सिंह एक नए लेखक हैं। उन्हीं दिनों उनकी कुछ कहानियाँ इधर-उधर निकलना शुरू हुई थीं। मुंशीजी ने उनकी एक कहानी पढ़कर उनको लिखा (इस तरह के कार्ड मुंशीजी काफ़ी दौड़ाते रहते थे)—

'चाँद में आपकी कहानी पढ़कर बड़ा आनन्द आया। कई जगह तो मन मुग्ध हो गया।...मैं आपकी पढ़ाई में विघ्न तो नहीं डालना चाहता लेकिन कभी-कभी कुछ लिखा करें तो एहसान समझूँगा।'

दो महीने बाद किसी दूसरी कहानी के प्रसंग में लिखा—

'कहानी मिली। धन्यवाद। पढ़ा और जी ख़ुश हुआ। प्रोपेगंडा से बचें तो अच्छा हो। मैं ख़ुद इस मर्ज़ में मुब्तिला हूँ पर है यह दोष। फिर भी तुमने कहानी में इतना रस भर दिया है कि उसका यह दोष ज़रा भी नहीं खटकता।...शब्द-चित्र खींचने में तुम्हें बहुत कम लोग पहुँच सकते हैं। संसार की सर्वश्रेष्ठ कहानियाँ पढ़ते रहा करो और लिखना तो ईश्वरीय शक्ति है। अभ्यास से इसे चमकाया जा सकता है, लेकिन जहाँ नहीं है वहाँ पूरा पुस्तकालय पढ़ जाने से भी नहीं आता।...'

फिर दो महीने बाद—

"आज तुम्हारा 'उँगली का घाव' पढ़कर मुग्ध हो गया। तुम यहाँ होते तो तुम्हारा हाथ चूम लेता। लेकिन अब तारीफ़ न करूँगा नहीं समझोगे पीठ ठोंक रहा है।"

बी.ए. के एक छात्र के लिए प्रेमचन्द की ये चिट्ठियाँ कच्ची शराब के मटकों से कम न थीं। किसी ऐसी ही चिट्ठी का ज़िक्र करते हुए उपेन्द्रनाथ अश्क ने लिखा है कि वह गर्मी की सारी दोपहर और न जाने कितनी दोपहरें चिट्ठी जेब में डाले साइकिल पर जलंधर का चक्कर लगाते और मुझको-तुझको गोया कि जलंधर के हर बाशिन्दे को यह ख़बर देते घूमते रहे थे कि यह देखो, यह प्रेमचन्द का ख़त आया है, हाँ हाँ, प्रेमचन्द का, पढ़कर भी तो देखो...

लेकिन सिर्फ़ तारीफ़ ही नहीं। 23 मार्च, 1932 के अपने ख़त में मुंशीजी ने अश्क को लिखा—

> *...तुमने नरेन्द्र को बिना काफ़ी कारणों के शादी करने पर आमादा कर दिया। वह शादी से बेज़ार है। विवाहित जीवन का दृश्य देखकर उसकी तबीयत और उदासीन हो जाती है। फिर यकायक वह शादी करने पर तैयार हो जाता है। लेकिन यह कौन कह सकता है कि जिन मियाँ-बीवी को उसने लड़ते देखा था, उनका जीवन भी यौवन की पहली मधु ऋतु में इतना ही आकर्षक न रहा होगा? तुम्हें कोई ऐसा सीन दिखाना चाहिए था कि जिसमें इनसान को अपना अकेलापन असह्य हो जाता या मियाँ-बीवी में जंग होने के बावजूद उनमें ऐसा चारित्रिक सौन्दर्य होता जो इनसान को शादी की तरफ़ झुकने पर विवश करता। मौजूदा हालत में क़िस्सा convincing नहीं है।...*

पढ़ने के लिए लाइबेरी से मनोविज्ञान की एक किताब ले लो, स्कूली कोर्स की किताब नहीं, अभी एक किताब निकली है, The Aspects of a Novel, इस विषय पर अच्छी पुस्तक है। मतलब सिर्फ़ यह है कि इनसान उदार विचारवाला हो जाए, उसकी संवेदनाएँ व्यापक हो जाएँ। डॉ. टैगोर के साहित्यिक और दार्शनिक निबन्ध बहुत ही आला दर्जे के हैं। रोमें रोलाँ का 'विवेकानन्द' ज़रूर पढ़ो। उनकी गांधी भी पढ़ने के क़ाबिल है। डॉ. राधाकृष्णन की दर्शन सम्बन्धी किताबें, टालस्टाय का What is Art वग़ैरह किताबें ज़रूर देखनी चाहिए।

तारीफ़ भी है, सलाह भी है, हल्की-फुल्की नसीहत भी है, कहीं ग़ुस्सा और झुँझलाहट भी है (जैसे कि भुवनेश्वरप्रसाद पर) लेकिन जो है सब दोस्ताना है। इसलिए जी पर भारी नहीं पड़ता।

बहुत सच्ची सद्भावना है। उषादेवी मित्रा हिन्दी की ड्योढ़ी पर आकर खड़ी थीं जब 7 जून, 1933 को मुंशीजी ने उन्हें लिखा—

'मुझे यह जानकर हर्ष हुआ कि आपको हिन्दी से प्रेम है और आप हिन्दी साहित्य में आना चाहती हैं। मैं आपका स्वागत करने को तैयार बैठा हूँ।'

मगर—फूल पौधों की परवरिश के साथ-साथ माली का एक उतना ही ज़रूरी काम झाड़-झंखाड़ की सफ़ाई भी है। संयोग से इन्हीं दिनों जनवरी-फ़रवरी 1932 में इसका प्रसंग उठा 'हंस' के आत्मकथांक को लेकर। महापुरुषों की आत्मकथाएँ नहीं जिनका आम चलन है, साधारण जनों, साहित्यसेवियों, समाजसेवियों की आत्मकथाएँ। पंडित नन्ददुलारे बाजपेयी को, जो उसी साल एम. ए. पास करके 'भारत' के सम्पादक बने थे, यह बात कुछ अच्छी नहीं लगी। उन्होंने तरुणाई के पूरे आवेश के साथ उसका विरोध किया और बहुत-सी अनकहनी बातें कह गए जो मुंशीजी को बेतरह खलीं और एक अच्छा-ख़ासा बखेड़ा खड़ा हो गया। मुंशीजी कब ताब लाते ऐसी बातों की, दिलोजान से मैदान में कूद पड़े और बहस छिड़ गई। वाजपेयी जी के एक-एक आक्षेप को लेकर मुंशीजी उत्तर देने लगे—

वाजपेयी जी फ़रमाते हैं—'प्रेमचन्द के सभी समीक्षक जानते हैं कि उनका सबसे बड़ा दोष जो उनकी साहित्य कला को कलुषित करने में समर्थ हुआ है, यही प्रोपेगेंडा है।'

इसका क्या जवाब दिया जा सकता है। सभी लेखक कोई न कोई प्रोपेगेंडा करते हैं—सामाजिक, नैतिक या बौद्धिक। अगर प्रोपेगेंडा न हो तो संसार में साहित्य की ज़रूरत न रहे। जो प्रोपेगेंडा नहीं कर सकता वह विचारशून्य है और उसे क़लम हाथ में लेने का कोई अधिकार नहीं। मैं उस प्रोपेगेंडा को गर्व से स्वीकार करता हूँ। मेरा विरोध तो उस प्रोपेगेंडे के आक्षेप से है जो मान और यश और कीर्ति और धन-मोह के वश किया जाता है। जिस आदमी ने जीवन में एक बार भी किसी साहित्य सम्मेलन या सभा में

शरीक होने का गुनाह न किया हो, प्लेटफ़ार्म को सूली का तख़्ता समझता हो उसको अपना ढिंढोरा पीटनेवाला कहना न्याय नहीं है।

वाजपेयीजी ने अपने लेख में कहीं यह भी लिखा था—

'जहाँ व्यक्ति के व्यक्तित्व के कोई स्वतंत्र विषय नहीं रह जाते, उच्च साहित्य की वह भावभूमि है। वहाँ अपरिग्रह का साम्राज्य है, फ़ोटो नहीं छापे जाते। वहाँ वाणी मौन रहती है, गाथा गाने में सुख नहीं मानती...'

उसका जवाब देते हुए मुंशीजी ने कहा—

जहाँ वाणी मौन रहती है, वह साहित्य है? वह साहित्य नहीं, गूँगापन है। साहित्य का काम भावों को अन्तःकरण में अनुभव करना ही नहीं, उनको व्यक्त करना है।...तुलसीदास ने रामायण द्वारा अपनी आत्मा को व्यक्त किया है, अन्यथा आज उनका कोई नाम भी न जानता...

इन वाक्यों का सीधा-सादा अर्थ जो हम समझ सके हैं, वह यह मालूम होता है कि साहित्यकारों को आत्मविज्ञापन नहीं करना चाहिए। यह सभी के लिए निंद्य है, और साहित्यिक प्राणियों के लिए और भी अधिक। इसके मानने में किसी को मतभेद नहीं हो सकता। लेकिन क्या आत्मकथा और आत्मविज्ञापन समान हैं? थोड़े-बहुत, अच्छे या बुरे अनुभव सभी प्राणियों के जीवन में हुआ करते हैं। जो लोग साहित्य के रूखे क्षेत्र में आकर अपना तन-मन घुलाते हैं, वह केवल आत्म-विज्ञापन के भूखे नहीं होते। आप अपने दार्शनिक गाम्भीर्य के कारण उन्हें जितना चाहें पतित समझ लें पर साहित्य-क्षेत्र में जो कोई भी आता है, वह अपनी आत्मा की प्रेरणा ही से आता है। यह दूसरी बात है कि वह परमपद को प्राप्त कर सके या न कर सके। स्कूल में सभी लड़के तो गांधी और गोखले नहीं हो जाते, न सभी भारत-सम्पादक हो जाते हैं, पर यह कहना कि वे केवल विद्याभ्यास का स्वाँग रचने आते हैं, ऐसी बात है जिसका जवाब ख़ामोशी है।...हम तो कहते हैं कि एक मामूली मज़दूर के जीवन में भी खोजने से कुछ ऐसी बातें मिल जाएँगी जो अमर-साहित्य का विषय बन सकती हैं। केवल देखनेवाली आँख और लिखनेवाली क़लम चाहिए...

मुंशीजी अपने सात्विक क्रोध के आवेश में आँधी-तूफ़ान की तरह लिखते चले जा रहे हैं, उन्हें दाएँ-बाएँ देखने तक की फ़ुर्सत नहीं है और न कोई लिहाज़-मुरौवत, हन-हनकर चोटें मार रहे हैं।

कोरी शास्त्रीय बहस होती तो भी शायद मुमकिन होता बहुत सोच-सोचकर, तौल-तौलकर शब्दों को बिठाना। यहाँ तो हमला हुआ है अपने और अपने ही जैसे और न जाने कितने ग़रीब साहित्यकारों के जीवन की सारी कमाई पर, उनके समस्त जीवन-आदर्शों पर, निष्ठा पर, जिन्हें कैसी-कैसी हालतों में, सोलह-सोलह और अठारह-अठारह घंटे काम करने के बाद भी आधे पेट खाकर, फटे-पुराने कपड़े पहनकर, नंगे पाँव रहकर,

हम अपनी छाती से लगाए रहे हैं। सब कुछ झेलकर भी हमने अपनी आत्मा नहीं बेची, सरकार बहादुर की ख़ैरख़्वाही करके तर माल खाने और अपना घर भरने की सबील नहीं की, अमीर-उमरा के टुकड़ों पर नहीं गिरे—और न कभी किसी से भीख माँगी। न मेरे-तेरे आगे जाकर अपनी तकलीफ़ गाई। वह एक ओछी बात होती, उससे हमारे दर्द का मूल्य घटता। हमने सात तालों में उसे अपने दिल के भीतर बन्द रखा। इसी में उसकी सार्थकता थी, गौरव था, तृप्ति का आस्वाद था। तुम क्या जानो (कब देखा तुमने हमें कष्ट की, पराजय की घड़ियों में) हम क्यों कभी-कभी सबकी नज़र बचाकर अपने भीतर झाँक लेते थे जहाँ हमारे हृदय की वह रत्न-मंजूषा है जिसका हाट में कौड़ी मोल नहीं है। सब बातें सबसे कहने की नहीं होतीं, लेकिन क्या हमें दर्द नहीं होता? हम क्या पत्थर हैं?

तब फिर कैसे हिम्मत पड़ी इस आदमी को कि इस तरह सरीहन् हमको गाली दे? सारी ज़िन्दगी भाड़ लीपकर क्या हमने बस हाथ काला किया?

मुंशीजी समझ रहे हैं कि वह सिर्फ़ अपने लिए नहीं, अपने जैसे और भी न जाने कितने लोगों के लिए लड़ रहे हैं जो गुमनाम हैं मगर जिन्होंने आँखें खोलकर किसी बड़े आदर्श के लिए सच्चा कष्ट सहा है और जिनके पास कुछ कहने को है—'बड़े-बड़े लोगों के अनुभव बड़े-बड़े होते हैं, लेकिन जीवन में ऐसे कितने ही अवसर आते हैं जब छोटों के अनुभव से ही हमारा कल्याण होता है। सुई की जगह तलवार नहीं काम दे सकती।...मेरा ख़याल है कि मेरे घर के मेहतर के जीवन में भी कुछ ऐसे रहस्य हैं जिनसे हमें प्रकाश मिल सकता है। किसी भी मनुष्य का जीवन इतना तुच्छ नहीं है जिसमें बड़े से बड़े महच्चरितों के लिए भी कुछ न कुछ विचार की सामग्री न हो...'

यही 1932 के दिन हैं, लखनऊ के शायद आख़िरी दिन। मुंशीजी गणेशगंज के पीले शिवालेवाले मकान से उठकर पास ही ग्रेन मार्केट के घर में आ गए हैं। इतवार की दोपहर है। मुंशीजी अपने किसी दोस्त के साथ शतरंज खेल रहे हैं। चारपाई पर आप हैं, सामने कुर्सी पर दूसरे सज्जन, बीच में छोटी-सी मेज़ पर शतरंज की बिसात। काठ के घोड़े दौड़ाने में, फ़ीले और रुख़ चलाने में दोनों लीन हैं। कमरे में सन्नाटा छाया हुआ है। थोड़ी देर बाद उस ख़ामोशी को तोड़ती हुई मुंशीजी की आवाज़ सुनाई पड़ती है—पैदल तो मैं मरने न दूँगा, फ़ीला भले कट जाए। पैदल रहेंगे तो फिर फ़ीले बन जाएँगे...

मुंशीजी ख़ुद 'छोटे आदमी' हैं और 'छोटे आदमियों' के प्रति तिरस्कार का भाव उन्हें बिलकुल सह्य नहीं।

बहरहाल, लेख का अन्त आते-आते ग़ुस्सा ठंडा पड़ चुका था—

'...मेरी तो अच्छी-बुरी किसी तरह कट गई, धन तो हाथ न लगा हालाँकि कोशिश बहुत की और अब इस फ़िक्र में हूँ कि कोई गाँठ का पूरा रईस फँस जाए तो अपनी कोई रचना उसे समर्पण कर दूँ। लेकिन आपको अभी बहुत कुछ करना

है, बहुत कुछ सीखना है, बहुत कुछ देखना है। आदर्श बहुत अच्छी चीज़ है। लेकिन संसार में बड़े से बड़े आदर्शवादियों को भी कुछ न कुछ झुकना ही पड़ता है। यह न समझिए कि जो कुछ आप समझते हैं वही सत्य है, दूसरे निरे गावदी हैं। मतभेद होना स्वाभाविक है। लेकिन जिनसे मतभेद हो उन्हें नीचा न समझिए। जिसे आप नीचा समझेंगे वह आपकी पूजा न करेगा। अब ग़ुस्सा थूक दीजिए। आपने बिगड़कर मन को शान्त कर लिया, मैंने आपके बिगड़ने का आनन्द उठाकर मन को शान्त कर लिया। आइए, हाथ मिला लें।'

यह मुंशीजी की एक ख़ास मोहिनी अदा है (जो अदा नहीं उनका सहज स्वभाव है) जिसके आगे सब ढेर हो जाते हैं—यह स्वच्छ पानी जैसी पारदर्शिता, सरल, निश्छल। पूरे सत्ताईस बरस बाद 5 फ़रवरी, 1959 को आकाशवाणी से बोलते समय इस घटना को याद करके वाजपेयीजी के मन में बस अपनी भूल की प्रतीति और मुंशीजी के प्रति निष्कलुष स्नेह और आदर का भाव रह गया और उसके साथ ही उन्हें याद आई उसके भी एक बरस पहले, सन् इकतीस की एक घटना, जब उन्होंने मुंशीजी पर 'भारत' में एक काफ़ी तीखा लेख लिखा था जिसे पढ़कर मुंशीजी ने उनको लिखा था—तारीफ़ तो बहुत से लोग करते हैं पर कमियों को दिखाने वाले नहीं मिलते। आपका मैं शुक्रगुजार हूँ, आपने कई मानो में मेरा उपकार किया।

ऐसा ही अनुभव इलाचन्द्र जोशी को हुआ—

'...यद्यपि सामयिक पत्रों में प्रेमचन्द जी की कला-सम्बन्धी धारणा से मेरा मतभेद कुछ कड़ुवे रूप में व्यक्त हो चुका था पर जब मैं उनसे मिला तो उन्होंने अपनी बातों में किसी सामान्य संकेत से भी यह बात प्रकट न होने दी कि मेरे विचारों से मतभेद होने के कारण मेरे प्रति उनके मन में किसी प्रकार का द्वेषभाव उत्पन्न हुआ है। प्रारम्भ में उन्होंने कुछ संकोच के साथ बातें अवश्य कीं पर कुछ ही देर बाद वह ऐसे खुले कि दोनों को ऐसा अनुभव होने लगा जैसे हम लोगों की बड़ी पुरानी मैत्री हो।...

द्वेष का यहाँ काम नहीं, हाँ, क्रोध है, प्रबल, क्षणिक, छोटी बातों में नहीं, उनमें जहाँ कोई उनकी इज़्ज़त पर ईमान पर जीवन के गहरे विश्वासों पर चोट करता है। उस वक़्त उन्हें फिर और कुछ नहीं सूझता, ग़ुस्से से थरथराने लगते हैं और कनपटी की रगें फूल जाती हैं। युद्ध...

जो रक्षणीय है उसकी रक्षा करने में कैसी दुविधा, कैसा संकोच?

30

लखनऊ का आबदाना ख़तम हुआ। अब यहाँ से तम्बू-खेमा उखड़ता है। लमही का अपना घर तो कहीं नहीं गया। होगी गुज़र, जैसे भी होगी। मगर उसके पहले और भी कहीं हाथ-पैर मार लेने में क्या बुराई है।

निजाम सरकार की उर्दू-करण की नीति के अन्तर्गत उस्मानिया यूनिवर्सिटी के अधीन अनुवादकों का एक ब्यूरो क़ायम किया गया था, जिसका काम ज्ञान-विज्ञान की अधिक से अधिक पुस्तकों का अनुवाद करना था। शायद उसी की तरफ़ उलाहना-भर इशारा करते हुए मुंशीजी ने 23 जनवरी, 1932 के अपने पत्र में लिखा था—'हैदराबाद में आपको मेरी याद न आई, कुदरती बात है। याद तो उनकी आती है जो बार-बार याददिहानी करते रहे। मैंने तो भूले से ज़िक्र कर दिया था। जब तक क़लम और दिमाग़ काम करता है तब तक ग़म नहीं। जब बेकार हो जाऊँगा तब देखी जाएगी। तीन महीने और यहाँ हूँ। फिर मेरा देहाती मकान है और मैं हूँ। अब तक दौलतमन्द न हो सका तो अब क्या होऊँगा। आदमी की कमज़ोरी है कि ज़रा बेफ़िक्री चाहता है वर्ना कुछ छोड़कर मरे तो क्या और ख़ाली हाथ गए तो क्या।'

अगला ख़त, बतारीख़ 25 फ़रवरी, दर्द की एक पूरी दास्तान है—'...चार फोड़े लगातार निकले। इनसे नजात न होने पाई थी कि दाँतों में दर्द हुआ। दाँत से फ़ुर्सत मिली तो पेट में दर्द शुरू हुआ...

'मैं अप्रैल में बनारस चला जाऊँगा। देहात में बैठकर लिटररी काम करता रहूँगा। अगर रीडरें मंजूर हो गईं तो तीन साल तक कोई परेशानी न होगी। ऐसी उम्मीद है। क्या होगा, ईश्वर जाने। अगर मौलवी अब्दुल हक़ साहब से कोई तर्जुमा या तालीफ़ का काम माकूल मुआवज़े पर मिल जाए तो मेरे लिए हासिल करने की कोशिश क्यों नहीं करते? साल में पाँच सौ का काम भी कर लूँ तो मुझे गूना बेफ़िक्री हो जाए। नाविल वग़ैरह का बाज़ार बहुत ठंडा है। बड़ी हिम्मत-शिकन हालत पैदा हो गई है।'

गाल्सवर्दी के ड्रामों का तर्जुमा करके मुंशीजी ने निगम साहब को दे दिया था, लेकिन निगम साहब ने अब तक उन पर नज़र डालकर उन्हें एकेडेमी के हवाले नहीं किया था। 10 अप्रैल, 1932 को मुंशीजी ने उन्हें लिखा—'... ख़याल कीजिए साल-भर से ज़ायद हो गया। इस काम में मैं और बाबू हरप्रसाद सक्सेना दोनों ही शरीक थे। वह बेचारे जेल में हैं। उन्होंने अपना नाम पोशीदा रखने की ताकीद कर दी थी, इसलिए मैंने कभी ज़िक्र नहीं किया। मगर मैंने महज़ उनकी ज़रूरियात का ख़याल करके उनकी इमदाद ली थी। आज फ़ैज़ाबाद जेल से उनका दर्दनाक ख़त आया है। इसलिए मैं फिर याददिहानी करने पर मजबूर हुआ हूँ। अगर आप इस वक़्त एक सौ रुपए भी पेशगी वसूल कर सकें तो मैं उनकी बीवी को दे दूँ। वह अभी-अभी यहाँ आई थीं। मेरी हालत इस वक़्त ऐसी नहीं है कि सौ रुपए निकाल कर दे दूँ। मैं अभी बाहर हूँ और मुझे ऐसी शदीद[1] ज़रूरत नहीं। मगर उनकी हालत हमदर्दीतलब है।...'

ख़ुद मुंशीजी की हालत कुछ कम हमदर्दीतलब नहीं। जिस 'रीडरवाली कुत्तेख़सी' में लखनऊ के राय उमानाथ बली ने मुंशीजी को 'मुब्तिला' किया था, उसका भी आख़िरकार कोई नतीजा नहीं निकला और मुंशीजी ने लिखा—'मेरा हिन्दी सेट तो अलक़त[2] हो गया। ताल्लुक़ेदार प्रेस किताबों की छपाई का इन्तज़ाम न कर सका।

---

1. सख़्त, 2. कट गया

कारकुनों में कुछ ऐसी बदमज़गियाँ पैदा हो गईं कि राय साहब की कुछ न चली और उनका नुक़सान भी हुआ। कनवैसर वग़ैरह पहले ही से रख लिये गए थे। एक हज़ार का टाइप भी आ गया था। मगर सब धरा रह गया। साझे की खेती थी। मुअल्लिफ़ों[1] में तीन साहब थे, एक बन्दा भी था। और असहाब हवा खाने पहाड़ों पर तशरीफ़ ले गए, मैं रह गया। मैंने भी प्रेस की हालत देखी तो चुपका हो रहा।'

काफ़ी मज़ा ले-लेकर कहानी कह रहे हैं—मगर वह तो उनकी तबीयत में दाख़िल है। अपनी नोटबुक में, न जाने किस सन्दर्भ में, उन्होंने एक जगह टाँक रखा है—टेल आफ मिज़री टोल्ड इन ज्वायफुल स्टाइल, राम की कहानी मज़ा ले-लेकर...

यह भी एक ऐसा ही चुटकुला है। और इसी रंग में, साल दो बरस पहले, उन्होंने अपनी बेहतरीन कहानियों में से एक 'पूस की रात' लिखी थी जिसमें किसान अपनी फ़सल के जलकर ख़ाक हो जाने पर ख़ुश होता है कि चलो छुट्टी हुई, अब पूस की ठिठुरती हुई रात में उस पर पहरा तो न देना पड़ेगा!

दर्द का हद से गुज़रना है दवा हो जाना...

आख़िरकार मई का महीना आधा गुज़रने के पहले मुंशीजी बनारस पहुँच गए और गर्मी की छुट्टियाँ हस्बे-दस्तूर लमही में बीतीं।

ख़ूब भोर में उठते और लोटा लेकर दूर बावन बिगहवा की तरफ़ निकल जाते। लौटते तो लोटे में टपके हुए आम होते।

घर के सामने दो पत्थर की बेंचें थीं। उन्हीं पर बैठकर इत्मीनान से कुल्ला-दतुअन होता।

नौकरी के सिलसिले में मुंशीजी को काफ़ी लम्बे-लम्बे अर्सों के लिए बाहर रह जाना पड़ता पर गाँव आकर सबसे घुल-मिल जाने में उन्हें एक दिन का भी समय न लगता। पिरथी-पदारथ, सुन्दर-ग़रीब, छाँगुर-बाँगुर, रुप्पन-खेलावन (जिसमें वह किसी के भैया थे किसी के चच्चा किसी के बब्बा)—सब जैसे उनके लिए तड़पते रहे हों और देखते ही दौड़कर अँकवार में ले लेना चाहते हों।

गाँव से बाहर खेतों को जाने का रास्ता मुंशीजी के घर के बग़ल से गया है और अक्सर सुबह-शाम वहीं पत्थर की बेंच पर बैठे-बैठे मुंशीजी की मुलाक़ात सबसे हो जाती। जो उधर से गुज़रता वही थोड़ी देर के लिए बैठ जाता, कुछ अपनी कहता कुछ उनकी सुनता। किसकी कहाँ कितनी जोत है, किसके यहाँ कब कौन बीमार है, किसके यहाँ भाइयों में अनबन चल रही है—सब कुछ उनको पता रहता, और जो पता न रहता उसकी पूछताछ करके अपनी जानकारी अपटुडेट कर लेते।

किसान भोंदू नहीं होता, बहुत घाघ होता है (वर्ना जिये कैसे?) लेकिन उसके भीतर इंसानियत और हमदर्दी का जो एक स्तर है, वह भी उनसे छिपा न था। शायद यही वजह थी कि उनके मित्र सब कुर्मियों में थे, कायस्थों में वैसा मित्र एक न था। सभी मुख़्तार मुहर्रिर अहलमद पटवारी थे, अदालती लोग जिनकी ज़ेहनियत में अदालत

1. सम्पादकों

घुस गई थी—उनसे मुंशीजी की चूल न बैठती, हाँ क़िस्सागो के नाते उनकी पेशेवर दिलचस्पी और राह-रस्म उनसे भी थी, लेकिन वह और चीज़ है।

प्रेस अपनी उसी पुरानी लद्धड़ चाल से चल रहा था। कितनी बार उसे बन्द कर देने का ख़याल आता था, लेकिन हर बार तीस-चालीस लोगों की रोज़ी का ख़याल उसे दबा देता था। 'हंस' निकालने के पीछे दूसरी बातों के साथ-साथ प्रेस को काम देने का ख़याल भी था। लेकिन 'हंस' कोढ़ में खाज साबित हो रहा था।

दस बजता और जहाँ दूसरे लोग अपना-अपना बस्ता सँभालकर कचहरी की राह लेते, वहाँ मुंशीजी भी किरमिच या चमड़े के बन्ददार जूतों पर अपनी घर की धुली धोती और देहाती बरेठे के हाथ का बुना हुआ मटमैला-सा कुर्ता पहनकर छाता लेकर शहर चल पड़ते। दो फ़र्लांग, बड़वा पर इक्का मिल जाता तो एक सवारी का चवन्नी लगता, और जो कभी दो मील दूर पिसनहरिया तक पैदल रास्ता नापना पड़ जाता तो दो ही आने में काम चल जाता।

प्रेस पहुँचकर दिन उसी सब शोरगुल में कट जाता। मशीन घड़घड़ा रही है। बड़े-से हाल के एक कोने में मुंशीजी तमाम गेली प्रूफ़ों और दूसरे काग़ज़ात से घिरे हुए अपनी मेज़ पर बैठे हैं। ग्राहक भी आ रहे हैं, मिलनेवाले भी आ रहे हैं, कम्पोजीटर और मशीनमैन भी आ रहे हैं। मुंशीजी सर उठाकर उनसे बात कर लेते हैं और फिर उन्हीं प्रूफ़ों में डूब जाते हैं।

उन्हीं दिनों की बात है, एक रोज़ कैलाशनाथ जी प्रेस पहुँचे। कैलाशनाथ गोरखपुर के जूनियर ट्रेनिंग कालेज (मुंशीजी के वक़्त के नार्मल स्कूल) में कई बरस तक प्रिंसिपल रहे। तब वह अठारह-बीस साल के नौजवान थे। उन्हें कोई अभिनन्दनपत्र छपाने के लिए दिया गया। अब सुनिए—

'बनारस के सभी छोटे-बड़े प्रेस बन्द थे। जहाँ जाता, कोरा जवाब मिलता, प्रेस बन्द है। लाचार, निराश, घूमता हुआ मैं बिशेशरगंज में सरस्वती प्रेस के सामने आया। देखा प्रेस बन्द है पर कपाट आधे खुले हैं। अन्दर झाँका, एक साधारण-सा व्यक्ति खादी का मैला कुर्ता-धोती पहने बैठा था। मैंने पूछा—क्यों साहब, प्रेस बन्द है?

'—जी, प्रेस तो बन्द है, पर कहिए आपका क्या काम है?'

नौजवान ने अपना काम और उसकी अहमियत बतलाई तो वह आदमी ठठाकर हँस पड़ा और बोला—आपको बिलकुल ऐन वक़्त पर यह काम सूझा! पहले क्यों नहीं आए?

नौजवान ने अपनी सफ़ाई दी—मुझे तो कल ही यह काम सौंपा गया है और तभी से मैं दौड़-भाग कर रहा हूँ, पर न तो कल ही किसी प्रेस ने इस काम को लेना मंजूर किया और न आज ही।

'तो इसमें घबराने की ऐसी कौन-सी बात है, हाथ से ही लिखकर तैयार कर लीजिए।'

पर जब इससे नौजवान की दिलजमई नहीं हुई तो उस आदमी ने कहा—अच्छा, घबराओ नहीं, देखता हूँ, पास ही में एक कम्पोजीटर रहता है, अगर वह आज काम करने के लिए तैयार हो जाए तो क्या कहना। तुम थोड़ी देर यहाँ बैठो।

यह कहकर वह आदमी कम्पोजीटर को ढूँढ़ने चल दिया। आध घंटे बाद लौटा तो कम्पोजीटर साथ था। पर वह छुट्टी का दिन था, सभी मेले की तैयारी में लगे थे

और कम्पोजीटर काम करने में आनाकानी कर रहा था। तब उस आदमी ने बड़े प्यार और आग्रह से कहा—यह लड़का बहुत परेशान है। अगर आज इसका काम न हुआ तो बनारस की बड़ी भद होगी।

कम्पोज़ीटर काम में जुट गया और वह आदमी नौजवान से बातें करने लगा।

जब पैसे चुकाने का वक़्त आया तो उसने जो चार्ज बतलाया वह दूसरे प्रेसों के साधारण रेट से भी कम था। नौजवान ने कुछ सकुचाते हुए कहा—आज तो छुट्टी का दिन है, आपको दुगना चार्ज लेना चाहिए...

मगर वह आदमी इसके लिए राज़ी न हुआ और पैसे कम्पोजीटर के हाथ में देते हुए बोला—भाई, जो तुम्हारा पैसा हो वह तुम ले लो, जो बचे, हमें दे दो। चलो दोनों का काम चला।

शाम हुई, प्रेस का काम ख़त्म हुआ और मुंशीजी कम्पनीबाग़ के पासवाले चौराहे पर जा खड़े हुए, एक ऐसे इक्के की तलाश में जिस पर एक ही सवारी की जगह बची हो और जो छावनी की ओर जाता हो।

छावनी से यानी कचहरी से ऐसे ही किसी एक सवारीवाले देहात के इक्के पर बैठकर आगे की मंजिल तय होगी।

यानी जिन दिनों वह देहात में होते। शहर में रहने पर—गर्मी की छुट्टियाँ ख़त्म होते ही मुंशीजी बेनियाबाग़ में मकान लेकर रहने लगे थे, बड़े लड़के ने क्वींस कालेज में, साइंस लेकर इन्टर में नाम लिखा लिया था, और छोटे ने दयानन्द स्कूल में सातवें दर्जे में—सबेरे चाहे इक्का कर भी लें, मगर शाम को यह ख़र्च उन्हें बिलकुल फ़िज़ूल मालूम होता और वह चौक से कुछ फल-फलेरी पान-वान लेकर पोटली को छाते के एक सिरे पर लटकाकर और छाता लाठी की तरह कन्धे पर रखकर दालमंडी से (जहाँ तब तक बने-ठने बाँके छैलों का आवागमन शुरू हो गया रहता) राजा दरवाज़ा, कबूतर बाज़ार होते हुए घर पहुँच जाते। चौक से दालमंडी में घुसते ही एक गली दाहिने को फूटती है। यह नारियल गली है। इसमें दाख़िल होते ही बायीं तरफ़ सुँघनी साह की पुरानी और मशहूर तम्बाकू की दूकान है जिस पर प्रसाद जी अक्सर दो-चार साहित्यिक मित्रों के साथ बैठे मिलते। मुंशीजी का तो वह रास्ता ही था, कभी वह भी दस-पाँच मिनट बैठ लेते, पान के दो-चार बीड़े मुँह में डालते, मय ख़ुशबूदार जाफ़रानी तम्बाकू के, दो-एक चुटकुला छोड़ते और अपनी राह लगते। दो-एक बार प्रसाद जी ने उनके इस ठेठ देहाती हुलिए पर आपत्ति भी की, लेकिन मुंशीजी के पास उसका एक ही जवाब था, ज़ोर का एक ठहाका...

बेनियाबाग़ आकर मुंशीजी का एक पुराना नियम फिर शुरू हुआ, रोज़ सबेरे घूमना। लखनऊ में कुछ सध नहीं पाता था, यहाँ पार्क में ही घर था, और फिर अब उम्र भी तेज़ी से ढल रही थी, सबेरे घूमे-घामे बग़ैर काम चलता नज़र नहीं आता था। उधर से प्रसाद जी, गहमरी जी और कभी-कभी बेढब जी आ जाते और फिर चारों जन घंटे-भर बेनियाबाग़ के चक्कर लगाते। देश-विदेश, साहित्य-समाज, दुनिया-भर

की बातें होतीं, बीच-बीच में मुंशीजी का ठहाका सौ-दो सौ गज दूर से भी गूँजता हुआ सुनाई पड़ता।

प्रसाद जी संस्कृत की परम्परा के आदमी थे, मुंशीजी फ़ारसी के। दोनों के लिखने का रंग बिलकुल अलग था, सोचने-विचारने के ढंग में भी बड़ा अन्तर था, इधर की उधर लगानेवालों की भी कुछ कमी न थी, ताहम दोनों की दोस्ती बराबर गाढ़ी होती जा रही थी।

3 अक्टूबर, 1932 के अपने पत्र में मुंशीजी ने बनारसीदास को अंग्रेज़ी में लिखा—आपको 'कंकाल' अच्छा नहीं लगा। मुझे खेद है। मैं उदार साहित्यिक रुचि का आदमी हूँ और आलोचना-बुद्धि मुझमें बहुत कम है। 'कंकाल' में मुझे सच्चा आनन्द मिला। और मैं किताब से भी ज़्यादा उस आदमी का प्रशंसक हूँ। वह बहुत खुले हुए, साफ़गो आदमी हैं।

14 नवम्बर, 1932 के ख़त में दुबारा उन्होंने शायद कुछ झुँझलाकर लिखा—

'कंकाल आपको अच्छा नहीं लगता, मुझे लगता है, बात ख़त्म हुई। प्रसाद जी बड़े प्यारे आदमी हैं (loveable chap) अब मुझे उनको पास से देखने का मौक़ा मिला है तो मैं पाता हूँ कि साल-भर पहले मैं उनके बारे में जो कुछ सोचता था, वह उसके बिलकुल उल्टे हैं। ग़लतफ़हमियाँ एक-दूसरे के क़रीब आने से ही दूर हो सकती हैं।'

'हंस' अब से दो-ढाई साल पहले जब निकला था, उस वक़्त दस साल के बाद एक नया जन-आन्दोलन छिड़ने की तैयारी थी। वह आन्दोलन इधर साल छः महीने से काफ़ी ठंडा पड़ गया था, लेकिन साल के शुरू में ही तमाम नेताओं की गिरफ़्तारी से हवा में फिर कुछ गर्मी आ गई थी और लगता था कि एक नए संघर्ष के लिए ज़मीन तैयार हो रही है।

'माधुरी' से छुट्टी पाकर घर आ बैठने पर अब मुंशीजी के पास समय भी था और शक्ति भी। पैसा नहीं था तो क्या। देखा जाएगा।

और मुंशीजी आने के साथ एक साप्ताहिक निकालने की जोड़-तोड़ में लग गए।

आए दिन अख़बारों से ज़मानत माँगी जा रही थी। 15 अगस्त, 1932 को उन्होंने जैनेन्द्र को लिखा—

'...हंस पर ज़मानत लगी। मैंने समझा था आर्डिनेंस के साथ ज़मानत भी समाप्त हो जाएगी। पर नया आर्डिनेंस आ गया और उसी के साथ ज़मानत भी बहाल कर दी गई।...अब मैंने गवर्नमेंट को एक स्टेटमेंट लिखकर भेजा है। अगर ज़मानत उठ गई तो पत्रिका तुरन्त ही निकल जाएगी। छप, कट, सिलकर तैयार रखी है। अगर आज्ञा न दी तो समस्या टेढ़ी हो जाएगी। मेरे पास न रुपए हैं न प्रामेसरी नोट न सिक्योरिटी। किसी से क़र्ज़ लेना नहीं चाहता। यह शुरू साल है, चार-पाँच सौ वी. पी. जाते, कुछ रुपए हाथ आते। लेकिन वह नहीं होना है।' तो भी नया पत्र, साप्ताहिक, निकालने के उनके इरादे में कोई कमज़ोरी नहीं है। इसी ख़त में यह भी सूचना है—

"इस बीच मैंने 'जागरण' को ले लिया है। 'जागरण' के बारह अंक निकले लेकिन ग्राहक संख्या दो सौ से आगे न बढ़ी। विज्ञापन तो व्यास जी ने बहुत किया लेकिन

किसी वजह से पत्र न चला। वह अब बन्द करने जा रहे थे। मुझसे बोले, यदि आप इसे निकालना चाहें तो निकालें। मैंने उसे ले लिया।

"...हंस में कई हज़ार का घाटा उठा चुका हूँ। लेकिन साप्ताहिक के प्रलोभन को न रोक सका। कोशिश कर रहा हूँ कि सर्व-साधारण के अनुकूल पत्र हो। इसमें भी हज़ारों का घाटा ही होगा, पर करूँ क्या, यहाँ तो जीवन ही एक लम्बा घाटा है।"

इसको कहते हैं लँगोटी पर फाग खेलना। पास में पैसे नहीं हैं, एक पर्चा हज़ारों का घाटा देने के बाद बन्द होने जा रहा है, और आप हैं कि न जाने किस बल-बूते पर तुरत-फुरत उसे ले बैठते हैं।

आख़िरकार 22 अगस्त को, यानी ख़त के हफ़्ते-भर बाद, 'जागरण' निकल गया और इस नए रूप में पाठकों से उसका परिचय कराते हुए मुंशीजी ने अपने ख़ास अन्दाज़ में लिखा—

'...उसका जन्म अच्छे कुल में हुआ, उसका लालन-पालन भी सुयोग्य हाथों में हुआ। परखनेवाले परख गए कि यह बालक होनहार है पर साहित्य के परिमित क्षेत्र में उसका विकास जैसा होना चाहिए, वैसा न हो सकता था। हाथ-पाँव मारनेवाला बालक पालने में कैसे रहता, इसलिए उसके जन्मदाताओं को ऐसे अभिभावक की ज़रूरत पड़ी जो ज़रा निष्ठुर हाथों से उसकी गोशमाली कर दिया करे, जो ममता-भरे माखन और मिश्री की जगह सूखे चने और रूखी रोटियाँ खिलाए, क्योंकि संसार पहले चाहे लाड़-प्यार में पले बालकों को बढ़ने का अवसर देता हो, अब तो समय उनके अनुकूल नहीं रहा। आज संसार में वही बालक बाज़ी ले जाते हैं जिन्होंने बालपन में कड़ियाँ झेली हों, धक्के खाये हों, भूखे सोये हों, जाड़ों ठिठुरे हों। गमले का पौदा धूप और वर्षा का सामना क्या करेगा। वह चट्टान पर उगा हुआ पौधा ही है जो जेठ की जलती लू, माघ के तीखे तुषार और भादों की मूसलाधार वर्षा में डटा खड़ा रहता है, और फलता-फूलता है। हमारे ऊपर इन्तख़ाब की निगाह पड़ी। हम कह नहीं सकते, हम क्यों इस काम के लिए चुने गए। हम इस काम में कुछ बहुत अभ्यस्त नहीं हैं। अभी तक केवल एक चिड़िया पाली है, पर उसे भी कई बार संकट में डाल चुके हैं। शिकारियों के दो निशाने उस पर लग चुके हैं। पहले निशाने से तो वह किसी तरह बचा। यह दूसरा निशाना उसे ले मरता है या छोड़ता है, कह नहीं सकते। हम शिकारियों की चिरौरी-बिनती कर रहे हैं, कि भैया, इस बेचारे को अबकी और जाने दो, तुम्हारे पैरों पड़ते हैं। अब जो कभी तुम्हारे बाग़ में आवे, या तुम्हारा कुछ नुक़सान करे तो जो चाहे करना।'

पिता हमेशा बच्चे को अपने ही साँचे में ढालने की कोशिश करता है। 'जागरण' के सामने मुंशीजी यह आदर्श रखते हैं—

'बालक को निर्भीक, सत्यवादी, परिश्रमी, स्वस्थ, आचारवान, विचारशील बनाने का प्रयत्न करेंगे। हमारी यही चेष्टा होगी कि वह किसी की ख़ुशामद न करे, लेकिन विनय को हाथ से न जाने दे। वह कभी-कभी कड़वी बातें भी कहेगा, पर सेवाभाव से। उसमें आस्था और श्रद्धा अवश्य होगी, पर अन्धविश्वास नहीं। उसका ध्येय होगा सत्य की खोज। वह वितंडावादी नहीं, सत्य का पुजारी होगा, चाहे उसे सत्य को स्वीकार

करने में कितना ही अपमान हो। वह अप्रिय सत्य कहने से कभी न चूकेगा। वह केवल दूसरों के दोष न देखेगा, बल्कि अपने दोषों को स्वीकार करेगा।

'...वह निर्भीक होगा पर दुस्साहसी नहीं। वह सत्यवादी होगा, सत्य से जौ भर न टलेगा, पर पक्षपात से अपना दामन बचाएगा। वह बूढ़ों में बूढ़ा, जवानों में जवान और बालकों में बालक होगा। वह जिस दृढ़ता से न्याय का पक्ष लेगा, उतनी ही दृढ़ता से अन्याय का विरोध करेगा, चाहे वह राजा की ओर से हो, समाज की ओर से हो अथवा धर्म की ओर से।...समाज का दुखी और दुर्बल अंश उसे सदा अपनी वकालत करते हुए पाएगा। वह कोरा न्यायवादी, गम्भीर और शुष्क न रहेगा। वह मनुष्य केवल आधा ही ज़िन्दा है जो कभी दिल खोलकर नहीं हँसता...वह हँसने की बातें कहेगा, ख़ुद हँसेगा और दूसरों को हँसाएगा।...'

फिर अपने ही ऊपर चुटकी लेते हुए मुंशीजी अपनी प्रतिज्ञा इस प्रकार समाप्त करते हैं—

'...हमारे पास न संगठन है न अनुभव। और धन का तो हमसे पुश्तैनी बैर है। किसी ने हिन्दी पत्रकारों का परिहास करते हुए लिखा था—वह केवल एक क़लम और एक रीम काग़ज़ लेकर समाचारपत्र निकाल बैठता है। यह व्यंग्य हमारे ऊपर अक्षरशः लागू है, पर हम...'

राजनीति में आजकल ख़ासा सन्नाटा है, बस दाँव-पेंच की लड़ाई चल रही है। सरकार अपनी भेदनीति से राष्ट्र के टुकड़े-टुकड़े कर देना चाहती है और राष्ट्र अपनी आत्मा और अपनी एकता की रक्षा में लगा है। हवा में आजकल एक ही चर्चा है—साम्प्रदायिक मताधिकार। और मुंशीजी को अपनी प्रतिज्ञा के प्रति सच्चे रहकर अगले ही सप्ताह कटु भाषण करना पड़ा—

> *...इस समय हमें बड़ी दूरदर्शिता और बुद्धिमत्ता से काम लेना पड़ेगा। दुनिया की निगाहें हमारी तरफ़ लगी हुई हैं। यदि हमने मताधिकारों के लिए आपस में लड़ाई ठान ली तो मानो हम प्रत्यक्ष रूप से सरकार की इस दलील का समर्थन करेंगे कि भारत में राष्ट्रीयता का भाव नहीं है। जब मुसलमानों को कुछ अधिकार मिल जाते हैं तो हमें क्यों तुरन्त यह विचार होता है कि हमारे साथ अन्याय हुआ। कारण यही है कि हम मुँह से चाहे राष्ट्रीयता की दुहाई दें, दिल में हम भी सम्प्रदायवादी हैं और हर एक बात को सम्प्रदाय की आँखों से देखते हैं। क्या यह सत्य नहीं है कि जब कोई साम्प्रदायिक दंगा हो जाता है तो हम तुरन्त यह जानने के लिए उत्सुक हो जाते हैं कि उस दंगे में कितने हिन्दू हताहत हुए और कितने मुसलमान। अगर हिन्दुओं की संख्या अधिक होती है तो हम कितने उत्तेजित हो जाते हैं। इसके विपरीत अगर मुसलमानों की संख्या अधिक होती है तो हम आराम की साँस लेते हैं!*
>
> *यह हम नहीं कहते, सरकार की घोषणा निर्दोष है। उसका साम्प्रदायिक आधार ही आपत्तिजनक है। उसमें कतर-ब्योंत करके हम उसका रूप नहीं बदल सकते। हिन्दुओं और सिक्खों को दस-पाँच जगह और मिल जाने*

से वह कम आपत्तिजनक रहेगा। उसका सम्प्रदायत्व कैसे मिटेगा? क्या हिन्दू अथवा सिक्ख आन्दोलन से? इससे तो परस्पर द्वेष की आग और भी भड़केगी और राष्ट्रघातक भावनाएँ और भी प्रबल होंगी। इसका केवल एक ही उपाय है—साम्प्रदायिक मनोवृत्ति का शमन। अब आनेवाले बरसों में हमें इसी साम्प्रदायिकता से संग्राम करना है...

छूत-अछूत का अभिशाप भी उसी से जुड़ा हुआ है। और उसी ने सरकार को मौक़ा दिया है कि वह दूसरी गोलमेज़ सभा में अछूतों को हिन्दुओं से अलग करने की योजना सामने लाए। गांधीजी ने उस समय घोषणा की थी कि अगर यह चीज़ की गई तो मैं अपने प्राणों की बाज़ी लगाकर उसका मुक़ाबला करूँगा। आज 19 सितम्बर, 1932 है और कल से गांधीजी यरवदा जेल में अपना आमरण अनशन शुरू कर रहे हैं। सारा देश थर्रा गया है। मुंशीजी की सम्पूर्ण संज्ञा भी अब वहीं केन्द्रित है। 'महान तप', शीर्षक से उन्होंने लिखा—

'कल यरवदा जेल में वह महान तप आरम्भ होगा जिसकी कल्पना से ही रोमांच हो जाता है। भारत की तपोभूमि में इससे पहले भी बड़ी-बड़ी तपस्याएँ की गई हैं पर राष्ट्र के लिए प्राणों की आहुति देने का संकल्प महात्मा गांधी ही की कीर्ति है।...एक समय दधीचि ने भी राष्ट्र की रक्षा के लिए प्राणों का बलिदान किया था। हम अपनी अश्रद्धा के कारण उसे पौराणिक कथा समझे बैठे थे, पर आज तुमने उस प्राचीन मर्यादा को, उस प्राचीन आदर्श को, उस प्राचीन आत्मोत्सर्ग को पुनर्जीवित कर दिया।...'

फिर अगले सप्ताह लिखा—

'उस महान आत्मा के अनशन व्रत ने, उसकी तपस्या ने केवल सात दिनों में यह दिखला दिया कि वास्तव में तपस्या कितनी बलवती होती है। उस महान आत्मा की तपस्या ने ब्रिटेन के महान राजनीतिज्ञों के द्वारा तैयार की हुई उस सुदृढ़ दीवार को, जो हिन्दू और अछूतों को अलग करने के लिए बड़े गहन कौटिल्य के सीमेंट से तैयार की गई थी, विध्वस्त कर दिया।...'

लेकिन सामाजिक रूढ़ियों की दीवार उससे कहीं ज़्यादा मज़बूत थी। अछूतों को मन्दिर-प्रवेश का अधिकार देने के लिए हिन्दू समाज तैयार न था। ऐसे लोगों को चेतावनी देते हुए मुंशीजी ने लिखा था—

'यह युग प्रकाश का युग है। इसमें अब अन्धकार नहीं रह सकता।...अब विवश होकर युग-धर्म के अनुसार ही चलना पड़ेगा।...क्या कोई भी वर्णाश्रम अपने हृदय पर हाथ रखकर कह सकता है कि वास्तव में यह छुआछूत उन्हें धर्म की दृष्टि से उचित प्रतीत होती है? नहीं, कोई भी यह नहीं कह सकता। एक स्वार्थ ही इसका कारण है। पर याद रहे, यह इस समय का स्वार्थ, वर्ष-दो वर्ष चाहे उनकी छाती को ठंडा भले ही कर दे, पर आगे वह उनकी पुरानी से पुरानी, दृढ़ से दृढ़ बुनियाद को भी उखाड़ फेंकेगा। वे स्वार्थ के जिस सुन्दर खिलौने से बच्चों की तरह खिलवाड़ कर रहे हैं, वह असल में डायनामाइट है जो कि सात पुश्तों को ध्वस्त कर डालेगा।...'

वह सब हो लेकिन दीवार अपनी जगह पर अटल थी।

दो महीने बाद जब गांधीजी ने इसी मन्दिर-प्रवेश को लेकर दुबारा अपना आमरण अनशन ठाना तो मुंशीजी ने लिखा—

'...पढ़े-लिखे समाज में चाहे धर्म केवल ढोंग रह गया हो और मन्दिर-प्रवेश को चाहे वे एक व्यर्थ-सी बात समझते हों लेकिन जनता अभी तक अपने धर्म को और अपने देवताओं को प्राणों से चिपटाये हुए है। उत्तर भारत में तो कुछ देवता ऐसे भी हैं जिनके पुरोहित हमारे हरिजन भाई ही हैं। जिस गाँव में चले जाइए, चमारों या भरों के पुरवे में आपको किसी नीम के वृक्ष के नीचे दस-बीस मिट्टी के बड़े-बड़े हाथी, लाल रँगे हुए एक जगह रखे हुए मिलेंगे। वहीं एक त्रिशूल भी गड़ा होगा, एक लाल पताका भी पेड़ से बँधी होगी। यह देवी का स्थान है। इस चबूतरे का पुजारी कोई चमार, पासी या भर होगा। वर्णवाले हिन्दू स्त्री-पुरुष बड़ी श्रद्धा से देवी के चबूतरे पर जाते हैं, वहाँ बताशे, धूप-दीप, फूल-माला चढ़ाते हैं। जब वर्णवाले हिन्दुओं को हरिजनों के इन देवताओं की उपासना करने और हरिजनों को अपना पुरोहित बनाने में शर्म नहीं आती...तो हम नहीं समझते कि हरिजनों के हिन्दू मन्दिरों में आ जाने से कौन-सा अधर्म हो जाएगा।'

कैसी बात करते हैं मुंशीजी, सब आप जैसे विधर्मी नहीं हैं! और सो भी काशी में! वर्णाश्रम स्वराज्य संघ की ओर से बाक़ायदा इसके ख़िलाफ़ आन्दोलन चल रहा है, वाइसराय की सेवा में डेपुटेशन जा रहा है और मुंशीजी खड़े उनको ललकार रहे हैं—

मंगल के दिन संध्या समय काशी की गर्द-भरी सड़कों पर वह दृश्य देखने में आया जो हिन्दू जाति के लिए लज्जाजनक ही नहीं हास्यास्पद भी था। दो-ढाई सौ, संस्कृत पाठशालाओं के छात्र हाथों में लाल झंडे लिए, एक जुलूस के रूप में यह हाँक लगाते चले आ रहे थे—अछूतों को मन्दिरों में जाने देना, पाप है।

हाँक का पहला अंश एक आदमी के मुख से निकलता था, और दूसरा अंश सैकड़ों कण्ठों से कोरस के रूप में निकल रहा था, लेकिन उन आवाज़ों में उत्स न था, भक्ति न थी, अनुराग न था। ऐसा जान पड़ता था जैसे कोई जीर्ण रोगी मृत्यु-शैया पर पड़ा हुआ कराह रहा है। जुलूस के पीछे एक जोड़ी थी, जिस पर कई वाचस्पति और मार्तंड फूलों के हारों से लदे, विद्या के निर्जीव भार से दबे, गर्वोन्नत भाव से बैठे हुए थे। विद्या का अभिमान उन्हें धरती पर पाँव न रखने देता था, जैसे कोई सेनापति अपने सैनिकों को पहली पंक्ति में खड़ा करके आप सबके पीछे निश्चिन्त बैठा हुआ हो। या यों कहिए कि ये महानुभाव उस बरात के दूल्हे थे, जिन्हें अपने पद की गरिमा ज़मीन पर पाँव न रखने देती थी; इस नाजुक मौक़े पर भी जब उनके विचार में हिन्दू धर्म पर चारों ओर से आक्रमण हो रहे हैं, वे अपनी महानता को नहीं भूल सकते। इधर महात्मा गांधी को देखिए। साबरमती से डाँडी की तरफ़ प्रस्थान कर रहे हैं। आगे आप हैं, पीछे उनके सिपाही हैं। अपने उत्सर्ग से अपने सैनिकों में उत्सर्ग की शक्ति का संचार करते हुए चले जा

रहे हैं। इन फिटन-आरोही मार्तंडों में एक पुरी के श्री 108 शंकराचार्य भी थे। इस निवृत्ति की उस प्रवृत्ति से तुलना कीजिए! वह संसार की सबसे महान् शक्ति के सामने, न्याय के बल और आत्मा के विश्वास के साथ, एक जाति के उद्धार के लिए अग्रसर हो रही है, और यह न्याय को पैरों से कुचलती, आत्मा की आँखों पर पर्दा डाले हुए, जाति के दलित और पीड़ित अंग को ठोकरें मार रही है। फिर क्यों न धर्म का संसार में ह्रास हो, क्यों न रूसवाले धर्म को अफ़ीम का नशा समझें, क्यों न गिरजे ढाये जाएँ और धर्म को कलंकित करने वाले इन स्तम्भों का समाज से बहिष्कार कर दिया जाए...

हमारे पास अंग्रेज़ी में छपा हुआ, वाइसराय के नाम एक मेमोरियल, वर्णाश्रम संघ का, आया है। उस पर बड़े-बड़े तर्क चूड़ामणियों और विद्यावाचस्पतियों के हस्ताक्षर हैं। वाइसराय से फ़रियाद की गई है कि वह हिन्दू मन्दिरों की अछूतों से रक्षा करें। वाह रे मार्तंडो, क्यों न हो, कितनी दूर की सूझी है! अब भी अगर वाइसराय की ख़ुशनूदी का परवाना न मिले तो यह आप लोगों का दुर्भाग्य है! आपकी सेवा में दूसरे व्यवस्था लेने आया करते थे! आपका फ़तवा बड़े-बड़े मसलों को हल कर दिया करता था और आज आप एक धर्म के विषय को लिए वाइसराय के पास, कुत्तों की तरह दुम हिलाते दौड़े हुए चले जा रहे हैं! वह आपकी विद्या कहाँ गई?...आपने आठ करोड़ हिन्दुओं को मुसलमान बना दिया। यह छः करोड़ अछूत भी आप ही के विद्या-बाण के बेधे हुए हैं, क्या आप हिन्दू धर्म को संसार से मिटाकर ही दम लेंगे?...

क्या मन्दिरों के पुजारियों और मठों के महंतों से हिन्दू जाति बनी हुई है? पूजा करनेवाले भी रहेंगे, या पूजा करानेवाले ही मन्दिरों को स्थायी रखेंगे?

एक वह जातियाँ हैं जो दूसरों को अपने में मिलाकर फूली नहीं समातीं। आज एक चमार मुसलमान हो जाए, सारा मुस्लिम समाज उसका स्वागत करेगा, लेकिन यह मेमोरियलबाज़ लोग, जो हिन्दू जाति के रक्षक होने का दावा करते हैं, यह भी नहीं सह सकते कि कोई बाहर का आदमी उनके देवताओं के दर्शन कर सके। अछूत के पैसे तो आप बेधड़क ले लेते हैं, अछूत कोई मन्दिर बनावे, आप दल-बल के साथ जाएँगे, मन्दिर में देवता की स्थापना करेंगे, तर माल खाएँगे—हाँ, अछूत ने उसे छुआ न हो—दक्षिणा लेंगे, इसमें कोई पाप नहीं, न होना चाहिए, लेकिन अछूत मन्दिर में नहीं जा सकता, इससे देवता अपवित्र हो जाएँगे! अगर आपके देवता ऐसे निर्बल हैं कि दूसरों के स्पर्श से ही अपवित्र हो जाते हैं तो उन्हें...हमारा दूर ही से नमस्कार है।

कहा जाता है कि अछूतों की आदतें गन्दी हैं, वे रोज़ स्नान नहीं करते, निषिद्ध कर्म करते हैं...क्या जितने सछूत हैं वे रोज़ स्नान करते हैं, क्या काश्मीर और अल्मोड़ा के ब्राह्मण रोज़ नहाते हैं? हमने इसी काशी में ऐसे ब्राह्मणों को देखा है जो जाड़ों में महीने में एक बार स्नान करते हैं। फिर भी वे पवित्र हैं!

...फिर शराब क्या ब्राह्मण नहीं पीते? इसी काशी में हज़ारों मदसेवी ब्राह्मण—और वह भी तिलकधारी—निकल आवेंगे, फिर भी वे ब्राह्मण हैं! ब्राह्मणों के घरों में चमारियाँ हैं, फिर भी उनके ब्राह्मणत्व में बाधा नहीं आती! किन्तु अछूत नित्य स्नान करता हो, कितना ही आचारवान् हो, वह मन्दिरों में नहीं जा सकता।...

मुंशीजी को कुछ ग़म नहीं इसका कि लोग क्या कहेंगे, कहीं वह बिलकुल अकेले तो नहीं पड़ जाएँगे। उससे क्या? हमारा अन्त:करण निर्मल हो, असल चीज़ इतनी ही है। अभी पिछले ही सप्ताह 14 नवम्बर, 1932 को तो मुंशीजी ने बनारसीदास जी को ढाढ़स देते हुए लिखा था—

'...मैं इस बात से इनकार नहीं करता कि साहित्यिकों में कुछ ऐसे लोग हैं जो आपको बदनाम करते हैं...लेकिन किसके बदनाम करनेवाले नहीं हैं। मैं ख़ुद निन्दकों से घिरा हुआ हूँ जो मुझ पर चोट करने का एक मौक़ा हाथ से नहीं जाने दे सकते।... एक वर्ग ऐसे लोगों का है जिन्हें दूसरों की वर्षों में अर्जित कीर्ति को मटियामेट करने में मज़ा आता है। मगर उससे क्या? हमारा अन्त:करण निर्मल हो, यही असल चीज़ है।...जब नीयत में शुबहा किया जाने लगता है तब मामला संगीन हो जाता है। यह मैं किसी तरह बर्दाश्त नहीं कर सकता। हँसी-दिल्लगी की चुटकियों का आपको बुरा न मानना चाहिए। अगर आप अपने को इतना तुनुकमिज़ाज बना लेंगे तो इससे आपके निन्दकों को और शह मिलेगी। मुसकराता हुआ चेहरा लेकर उनका सामना कीजिए।'

स्थितप्रज्ञता एक अपने ढंग की।

किसी दिलजले ने मुंशीजी को एक बेहूदा-सी चिट्ठी लिखी है। मुंशीजी बेझिझक उसे छपा देते हैं—

'शायद दो हफ़्ते से ज़्यादा हो गए होंगे, मैंने आपके पास एक प्रार्थनापत्र भेजा था, यह आशा कर कि आप एक दुखी हृदय के उन सच्चे उद्गारों पर सच्ची सहानुभूति प्रदर्शित करके दो-चार बूँद आँसुओं की बहाएँगे। मगर सब व्यर्थ। मुझे बाल्यावस्था का भ्रम था। ज़िला हमीरपुर में आप ग़ालिबन 1916 में आए थे और मुझे इनाम में एक किताब दी थी। तब आप ऐसे दयालु और सहृदय थे, पर उन दिनों तो आप केवल धनपतराय, सब-डिप्टी-इंस्पेक्टर थे और दरिद्रता के दलदल से कुछ ही दिन पहले निकलकर आए थे। आपके दिमाग़ में उस समय वह समय के थपेड़े—पिता का स्वर्गवास आदि—ताज़े होंगे। मगर अब ज़मीन-आसमान का फ़र्क़ है। कहाँ एक मामूली कर्मचारी, कहाँ उपन्यास-सम्राट्! एक ही आदमी की दो सूरतें, राजा भोज और भोजवा तेली!... एक बात याद कर मुझे ज़रूर थोड़ा-सा खेद होता है, क्या हिन्दी साहित्य की उन्नति इसी प्रकार होगी? यदि कोई दुखिया उपन्यास-सम्राट् से विनती करे तो उन्हें चूतड़ घुमा लेना चाहिए कि उस गन्दी चीज़ (प्रार्थी) पर नज़र न पड़े...रंगभूमि, कायाकल्प आदि की मेहरबानी से लाखों रुपए सेढ़कर धर लिए। अब गुलछर्रे उड़ाते हैं और देशभक्त होने का दावा करते हैं। मैं आपको स्वार्थी, पाषाण-हृदय और नास्तिक क्यों न कहूँ... आप जैसे हज़ारों प्रेमचन्द धूल में मिल गए और मिल जाएँगे।...'

बस इतना हाशिया मुंशीजी ने उस पर लगाया—

'मेरे इस युवक मित्र को ग़लतफ़हमी हुई है। मैं न लखपती हूँ, न हज़ारपती; न सौपती। मैं केवल एक मज़दूर हूँ, उसी तरह जैसा पहले कभी था। जब धन ही नहीं तो अभिमान कहाँ से हो। अभिमान के लिए कोई आधार तो हो। मुझे अपने मित्र से सच्ची सहानुभूति है और मेरे हाथ में कोई अख़्तियार होता तो में सबसे पहले उन्हें किसी पद पर आरूढ़ कर देता। लेकिन पीर ख़ुद माँदे, इलाज किसका करें?'

और जैसे उनकी बात की तसदीक के लिए सरस्वती प्रेस और 'जागरण' से दो हज़ार की ज़मानत माँग ली गई। पूरे चार महीने बन्द रहने के बाद 'हंस' ने अभी-अभी फिर दर्शन दिए थे कि यह चोट पड़ी और 7 दिसम्बर, 1932 को मुंशीजी ने जैनेन्द्र को लिखा—

'...बहुत परेशान हुआ, भागा हुआ लखनऊ पहुँचा, वहाँ चीफ़ सेक्रेटरी (ममफ़ोर्ड) से मिलकर कहानी का आशय समझाया। और भी अपनी लायल्टी के प्रमाण दिए। अब आशा है ज़मानत मंसूख हो जाएगी। ज़रा-ज़रा सी बात में गर्दन पर छुरी चल जाती है।'

31

नया साल तीसरी गोलमेज़ सभा पर बड़े चुलबुले अन्दाज़ की छींटेबाज़ी से शुरू हुआ—

गोलमेज़ की महफ़िल का तीसरा दौर भी ख़त्म हो गया, लेकिन साक़ी ने शराब में कुछ ऐसी कारस्तानी की कि न कुछ रंग जमा न सुरूर गठा। शायद ऐसे ही मौक़े के लिए स्वर्गवासी सुरूर ने यह शेर कहा था—

बजाय मै दिया पानी का एक गिलास मुझे
समझ लिया मेरे साक़ी ने बदहवास मुझे।

साक़ी ने तैयारियाँ तो ऐसी-ऐसी की थीं कि पीनेवाले शायद समझे थे शैम्पेन न सही, जानी वाकर तो कहीं नहीं गया। बड़े-बड़े खुम मँगवाए थे जिनकी ख़ुशबू से दिमाग़ ताज़ा हो जाता था। साफ़-सुथरी बोतलों में उनकी लाली देखकर पीनेवालों के मुँह में पानी भर-भर आता था। मैख़ाने के द्वार पर मैकशों की भीड़ लगी हुई थी। लोग बेक़रार होकर मिन्नतें कर रहे थे—लिल्लाह, हमें भी अन्दर आने दो। बदमिज़ाज साक़ी बड़ी मुश्किलों से दरवाज़ा खोलता था। पहला दौर चला। लोग मुँह फीका करके एक-दूसरे का मुँह देखने लगे, मानो कह रहे हों—यार, यह तो कुछ समझ में नहीं आती, कुछ फीकी-फीकी-सी है! साक़ी उनका रुख़ देखकर मुस्कराया और बोला—तुम लोग ठर्रा पीनेवाले हो, इसका मज़ा क्या जानो। इसका

लुत्फ़ इसके फीकेपन में ही है। फिर दूसरा दौर शुरू हुआ। अबकी दो-एक मैकशों ने साफ़-साफ़ कह दिया—हज़रत साक़ी, यह तो कुछ है नहीं, फीकी-फीकी-सी लगती है। साक़ी ने झिड़का नहीं, त्योरियाँ नहीं बदलीं, सद्‌भाव से मुसकराकर बोला—इसके फीकेपन पर न जाओ, यह वो चीज़ है जो अपना सानी नहीं रखती। तीसरा दौर शुरू हुआ, बिलकुल पानी। पहले दोनों दौरों में कुछ गर्मी, कुछ तेज़ी, कुछ तल्ख़ी थी, इस दौर में तो निख़ालिस पानी। पीनेवाले हैरान होकर कभी बोतल की ओर देखते हैं, कभी ख़ुम की ओर, कभी साक़ी की ओर और कभी एक-दूसरे के मुँह की ओर। अगर यह पानी ही पिलाना था तो यह महफ़िल सजाने की, इस बोतल, ख़ुम, सुराही और प्याले की क्या ज़रूरत थी। मगर पीनेवालों का सुरूर गठे या न गठे यह तो कोई कह ही नहीं सकता कि महफ़िल नहीं जमी, दौर नहीं चले। साक़ी के दाम खड़े हो गए।

लेकिन इतने से जी नहीं भरा तो बीस रोज़ बाद मुंशीजी ने फिर उसका मर्सिया पढ़ा—

गोलमेज़ सभा ने अपने तीनों पन भोगकर जीवनलीला समाप्त कर दी। भारत को उससे पहले भी कोई आशा न थी...लेकिन वह इस हद तक बंध्या होगी, इसका हमें ख़याल न था। हम समझ रहे थे पहाड़ खोदा जा रहा है तो कम-से-कम चुहिया तो निकलेगी ही। कितना तुम-तराक किया गया। सर साइमन आए। महीनों उसकी हलचल रही। फिर गोलमेज़ों का ताँता बँधा। राजे-महराजे, मैं-तू, ऐरा-ग़ैरा-नत्थूख़ैरा सब जमा हुए और तीन साल की ख़ुदाई के बाद निकला क्या कि कुछ नहीं। चुहिया भी निकल आती तो कुछ तमाशा तो होता, देखते कैसे दौड़ती है, कैसे उछलती है। लेकिन कुछ भी न हुआ। फ़ेडरेशन का हाथी जहाँ था, वहीं खड़ा झूम रहा है, बल्कि कई क़दम पीछे हट गया। वाइसराय के अख़्तियार ज्यों के त्यों, फ़ौज का मामला ज्यों का त्यों, माल का विषय ज्यों का त्यों। हाँ पहाड़ खोदने से खंदक अवश्य निकल आई। और उस साम्प्रदायिकता के खंदक में सारा देश डूब गया।...

यहाँ तक कि नगर का स्वराज्य भी जाता रहा। स्वयं काशी की म्यूनिसिपैलिटी मुअत्तल कर दी गई।

यह चीज़ 'काशी का कितना भयंकर अपमान है, इस स्वराज्य के युग में नागरिकता की कैसी छीछालेदर है,...यह अभी काशीवासी नहीं समझ रहे हैं।' मुंशीजी लोगों को सावधान करते हैं—'जाग नगरिया यम है आया—' और नगर-स्वराज्य की प्राणरक्षा के संघर्ष में जी-जान से कूद पड़ते हैं।

उधर मार्च के जर्मन चुनाव में हिटलर विजयी हुआ। हिटलर कौन है, क्या है, उसकी जीत का क्या मतलब है, यह मुंशीजी से छिपा न था। अन्त तक वह उम्मीद लगाए रहे कि हिटलर न जीतेगा। पर वह जीत गया। मुंशीजी को धक्का लगा। लेकिन ऐसे मौक़ों

पर अक्सर उनकी व्यंग्य-सरस्वती जाग उठती है। हिटलर की नीति को वाइसराय की बढ़ती हुई तानाशाही से मिलाकर उन्होंने अपना व्यंग्य का कोड़ा चलाया—

> *प्रजातंत्रवाद असफल हो गया। 150 वर्ष के बाद अब मालूम हुआ कि यह चलनेवाली चीज़ नहीं। रूस ने इसे धता बतलाया, इटली ने धता बताया, अब जर्मनी ने भी धता बता दिया। और आख़िर में भारतवर्ष ने भी इसे धता बता दिया। समझ में नहीं आता, वाइसराय के अधिकार बढ़ जाने पर इस सिरे से उस सिरे तक हाय-हाय क्यों हो रही है। कोई कहता है यह ग़ुलामी का पट्टा है, कोई पुकारता है भारत में अंग्रेज़ी राज्य अनंत तक जमे रहने की योजना है, कोई हाँक लगाता है यह भारत का अपमान है। हम समझते हैं श्वेतपत्र की रचना में ज़रूर विधि का हाथ है। आख़िर डिक्टेटरशिप को एक न एक दिन आना ही है, जब पश्चिम के देशों ने जनतंत्र को ठुकरा दिया तो हिन्दुस्तान में भी एक न एक दिन उसे ठुकराया ही जाएगा। हमारे त्रिकालदर्शी देवता तो एक ही सयाने। उन्होंने सोचा, व्यर्थ भारत में ख़ून-खच्चर क्यों हो, क्यों हिटलर और मुसोलिनी और स्टालिन पैदा हों। पहले ही से न डिक्टेटर बना दो। बस हमारे देवता अंग्रेज़ राजनीतिज्ञों के हृदय में अपने देव-बल से घुस गए और यह व्यवस्था बनवा ली।...अब यही समझ लो कि चौकीदार से लेकर वाइसराय तक हमारे डिक्टेटर हैं! इसमें रोना-पीटना काहे का। हम तो कहते हैं, यह काउंसिल और एसेम्बली सब व्यर्थ, व्यर्थ ही नहीं, विनाशकारी हैं। हज़ारों आदमी वहाँ सब काम-धन्धा छोड़कर चिल्लाते हैं। क्या फ़ायदा! सब तोड़ दो, वाइसराय को डिक्टेटर बना दो। तब कम-से-कम रुपए तो बचेंगे, किसानों का बोझ तो हलका होगा, टैक्स तो कम हो जाएगा। कुछ न होगा तो इस हाय-हाय से तो छुट्टी मिलेगी। अभी जो मेम्बर और मिनिस्टर बने मूँछों पर ताव दे रहे हैं और दुनिया को दिखा रहे हैं कि मानो वह देश का उद्धार किए डाल रहे हैं, तब मज़े से नोन-तेल बेचेंगे या लौंडे पढ़ाएँगे! कोतल घोड़ों को बाँधकर खिलाने का ख़र्च तो जनता के सिर न पड़ेगा। मुफ़्त की हाय-हाय और बाय-बाय। हम तो अपना डिक्टेटर वाइसराय चाहते हैं और उसी की जय मनाते हैं!*

पूत के पाँव पालने में, हिटलर ने आते ही यहूदियों पर धावा बोल दिया। मुंशीजी ने तत्काल उसकी ख़बर लेते हुए कहा—

'यूरोपियन संस्कृति की तारीफ़ें सुनते-सुनते हमारे कान पक गए। हम एशियावाले तो मूर्ख हैं, बर्बर हैं, असभ्य हैं, लेकिन जब हम उन सभ्य देशों की पशुता देखते हैं तो जी में आता है कि यह उपाधियाँ सूद के साथ क्यों न उन्हें लौटा दी जाएँ!... जर्मनी में नाज़ी दल ने आते ही आते यहूदियों पर धावा बोल दिया है। यहूदियों की दूकानें लूटी जा रही हैं, यहूदियों की ज़ायदादें ज़ब्त की जा रही हैं, यहूदी विद्वानों और पदाधिकारियों का अपमान किया जा रहा है। मार-पीट, ख़ून-खच्चर होना शुरू हो गया है, और यहूदियों को जर्मनी से भागने भी नहीं दिया जाता। चारों ओर नाकाबन्दी हो

गई है। वह अपने प्राणों की रक्षा नहीं कर सकते। यहूदियों ने वहाँ सकूनत अख़्तियार कर ली है। कई पीढ़ियों से वहाँ रहते आए हैं। जर्मनी की जो कुछ उन्नति है उसमें उन्होंने कुछ कम भाग नहीं लिया है, लेकिन अब जर्मनी में उनके लिए स्थान नहीं है।... प्रोफ़ेसर आइंस्टाइन जैसे विद्वानों को केवल यहूदी होने के कारण देश से बहिष्कृत कर दिया गया और उनकी सम्पत्ति छीन ली गई...

सन् 29 की भयानक संसारव्यापी मन्दी ने सारी महाजनी दुनिया की चूलें हिला दी हैं। उनमें आपस में प्राणघाती आर्थिक संघर्ष छिड़ा हुआ है। महाजनी व्यवस्था के लिए संकट का समय उपस्थित है। प्रजातंत्र का मुखौटा उतार फेंको। आ जाओ अपने नंगे, आक्रामक रूप में। ज़रूरी है। अस्तित्व-रक्षा के लिए ज़रूरी है। वही इस समय हो रहा है। जापान का सैनिकवाद, इटली का फासिज़्म, जर्मनी का नाज़ीवाद, इंग्लैंड की कठोरतर साम्राज्यवादी नीतियाँ—सब का एक ही संकेत है। अपनी व्यवस्था के संकट को टालने के लिए सब हाथ-पैर फैलाएँगे। जिनके पास पहले से बड़ा साम्राज्य है, वह उसे किसी तरह अपने हाथ से खिसकने न देंगे, और भी मज़बूती से चढ़कर बैठ जाएँगे, और जिनके पास नहीं है, वह साम्राज्य-विस्तार का आयोजन करेंगे। हिटलर ने कह दिया है कि उसे रहने को और जगह चाहिए। जापान ने चीन पर धावा बोल दिया है। दुनिया की शान्ति ख़तरे में है, एक नए महाभारत की तैयारी है। लीग आफ़ नेशन्स यानी राष्ट्रसंघ का असल काम इसी शान्ति की रक्षा करना है। लेकिन वह सदस्य राष्ट्रों के आपसी झगड़ों के कारण दिन-ब-दिन नपुंसक होता जा रहा है।

लेकिन उसकी इस नपुंसकता का कारण महाजनी देशों के आपसी झगड़े ही नहीं हैं। उससे भी बड़ा कारण महाजनी दुनिया और समाजवादी रूस का परस्पर संघर्ष है।

और दुनिया तेज़ी से आत्मघात की ओर बढ़ती रहती है। सोचने-विचारनेवाले चिन्तित हैं और इधर साल-डेढ़ साल से योरप में एक 'लीग अगेंस्ट इम्पीरियलिज़्म' भी काम कर रही है जिसके पीछे रोमें रोलाँ और आँरी बारबुस जैसे लोग हैं। उसका एक मुखपत्र भी निकलता है, इसी नाम का, जो पता नहीं कहाँ से मुंशीजी के पास भी आता है।

28 नवम्बर, 1932 को एक टिप्पणी में उन्होंने लिखा था—

'सोवियट रूस के पंचसाला कार्यक्रम का फल आशातीत हो रहा है।... व्यावसायिक उन्नति की यह रफ़्तार संसार के इतिहास में विस्मयजनक है। जहाँ जनता पर जनता के हित के लिए शासन किया जाता है, वहाँ ऐसी ही सफलता प्राप्त होती है। साम्राज्यवादी यूरोप अभी तक यही नहीं तय कर पाया कि फ़ौजी सामान घटाया जाए या नहीं, उधर रूस एकाग्र भाव से उन्नति के मार्ग पर बढ़ता चला जा रहा है। न वहाँ बेकारी है न मन्दी।'

और यहाँ पूँजीवादी देशों में?

8 मई, 1933 को मुंशीजी ने लिखा—

'कुछ अजीब दिल्लगी है कि राष्ट्र की सरकार तो निशस्त्रीकरण की दुहाई देती है और उसी राष्ट्र के शस्त्र-व्यापारी लड़ाइयों को उत्तेजित करते हैं...जिसमें उनके माल की ख़ूब खपत हो।...इस तरह की आर्थिक खींचतान एक न एक दिन रंग लाएगी। जब से ओटावा-सम्मेलन हुआ है, यह संघर्ष और भी प्रचंड हो गया है। इंग्लैंड ने सोचा होगा हमी ने अपनी माँ का दूध पिया है, और राष्ट्रों में तो बुद्धू ही बसते हैं! अब अमेरिका ने सोने

का बन्धन उठा दिया तो चारों ओर हाय-हाय मची हुई है और मिस्टर रामज़े मैकडोनल्ड दौड़े हुए अमेरिका गए हैं। आर्थिक सम्मेलन की तैयारियाँ हो रही हैं। कान्फ्रेंसें किए जाओ, जनता का धन फूँके जाओ, अवसर मिले तो दस-बीस लाख ग़रीबों को तोप का शिकार भी बना दो। लेकिन जब तक कृत्रिम साधनों से व्यापार को सँभालने की चेष्टा होती रहेगी और जब तक बड़े-बड़े मिल-मालिक और पूँजीपति बने रहेंगे, शान्ति न होगी।'

उसी महीने 'हंस' में उन्होंने लिखा—

'दो-तीन साल पहले इंग्लैंड में मजूर पार्टी का अधिकार, रूस और चीन आदि में सोवियट की सफलता और अन्य देशों में जनपक्ष की प्रधानता देखकर यह अनुमान किया जाने लगा था कि संसार से साम्राज्यवाद और व्यवसायवाद का प्रभुत्व उठनेवाला है, या बहुत थोड़े दिनों का मेहमान है। लेकिन यकायक नक़्शा जो पलटा तो इंग्लैंड में साम्राज्यवादियों का फिर ज़ोर हो गया, जर्मनी और इटली में पूँजीवाद ने एक नए रूप में अपना चमत्कार दिखाया, चीन पर जापानी साम्राज्यवाद ने धावा बोल दिया और ऐसा जान पड़ता है कि कई सालों तक संसार की यह दोरुख़ी चाल जारी रहेगी। एक ओर पूँजीवाद का ज़ोर, दूसरी ओर समष्टिवाद का दौर-दौरा।...'

चीन पर जापान के हमले के बारे में लिखा—

'राष्ट्रसंघ चीं चीं करता ही रह गया और जापान ने चीन के उत्तरीय भाग पर अपना सिक्का बिठा दिया। उधर चीनी तुर्किस्तान में क्रान्ति हो गई है और ऐसा मालूम होता है कि वहाँ जनता ने सोवियट शासन स्थापित कर लिया। इंग्लैंड और अमेरिका आदि का इस अवसर पर चुप साध जाना एक रहस्य है।...बात यह है कि चीन में बोलशेविज़्म का असर बढ़ता जाता था और सम्भव था कि दस-बीस साल में चीन और रूस दोनों ही एक संयुक्त सोवियट शासन स्थापित कर लेते। अलग-अलग रहने पर भी, एक ही आदर्श के अनुयायी होने के कारण उनमें विशेष, आत्मीयता रहती ही। चीन जैसे आबाद और धनवान देश का सोवियट में आ जाना संसार में उथल-पुथल मचा देता। इंग्लैंड और फ्रांस और जर्मनी के बूते की बात न थी कि वे इस प्रवाह को रोक लेते। जापान ने चीन पर आक्रमण करके उस समस्या को कम-से-कम पचास साल के लिए पीछे ढकेल दिया है। और यही कारण है कि योरप का कोई राष्ट्र चूँ नहीं कर रहा है। सब के सब दिल में जापान को दुआएँ दे रहे हैं कि उसने आगे आकर उन सबों की लाज रख ली। रहा रूस। उसे साम्राज्यवाद से तो कोई सम्बन्ध है नहीं, न वह चीन को अपने राज्य में मिलाने ही का इच्छुक है। वह तो यही चाहता है कि चीन पर चीन की जनता का अधिकार हो। जापान के साम्राज्यवाद ने पूर्व से चीन पर धावा किया है तो पच्छिम से तुर्किस्तान की क्रान्ति ने भी हमला कर दिया है।...

ग़रज़ कि धरती जो नई करवट ले रही है, जिस नए संघर्ष से दुनिया गुज़र रही है और जिससे आनेवाली दशाब्दियों के नए इतिहास की सृष्टि हो रही है, उसकी नाड़ी पर मुंशीजी का हाथ है और वह भी उस नाटक में अपना छोटा-सा पार्ट अदा कर रहे हैं।

रूसी साहित्य में उनकी दिलचस्पी पुरानी है। कहानी-उपन्यास में रूस का मुक़ाबला कोई देश नहीं कर सकता। चेखोव छोटी कहानियों का बादशाह है। तुर्गनेव के क़लम

में बड़ा दर्द है। गोर्की किसानों-मज़दूरों का अपना लेखक है। टाल्सटाय सबके ऊपर है। उसकी हैसियत शहंशाह की है। पच्चीस बरस पहले भी थी, आज भी है। बनारसीदास चतुर्वेदी की रुचि अस्थिर है। आजकल तुर्गनेव उनका चहेता है, लिहाज़ा मुंशीजी से मनवाए बिना कैसे चले! तो मुंशीजी झल्लाकर कहते हैं—टाल्सटाय के आगे तुर्गनेव बौना (पिग्मी) है!

मुंशीजी को बहुत ख़ुशी है कि पढ़नेवालों की रुचि डाके और जिना के क़िस्सों से हटकर अब रूसी साहित्य की ओर जा रही है। ठीक भी है। 'जिन लेखकों ने रूस को उस मार्ग पर लगाया, जिस पर चलकर आज वह दुखी संसार के लिए आदर्श बना हुआ है, उनकी रचनाएँ क्यों न आदर पाएँ?'

इन्हीं लिखनेवालों में कुप्रिन भी है। उस शुमार में तो नहीं आता, लेकिन बड़ा लेखक है। कम लिखा है पर जो लिखा है ख़ूब लिखा है। ख़ासकर यह 'यामा' तो उसकी बहुत ही मशहूर किताब है। शायद चन्द्रभाल जौहरी ने मुंशीजी को पढ़ने के लिए दी है।

चन्द्रभाल जौहरी—लम्बे, छरहरे, गोरे, थियोसोफ़िस्ट कृष्णमूर्ति-जैसा चेहरा और बाल और आँखें जिनमें हमेशा शराब की-सी एक मस्ती रहती है—उग्र राजनैतिक विचारों और गम्भीर साहित्यिक रुचि के आदमी हैं। मुंशीजी के अन्तरंग मित्र हैं। अक्सर आया करते हैं। कभी-कभी मुंशीजी भी उनके यहाँ जाते हैं। उनकी पत्नी बहुत ऊँची शिक्षा पाई हुई स्त्री हैं और थियोसोफ़िकल सोसायटी के बसन्ता कालेज में पढ़ाती हैं। चन्द्रभाल जौहरी की बाक़ायदा शिक्षा कम ही हो पाई है क्योंकि जेल जाने का सिलसिला बहुत जल्दी शुरू हो गया। लेकिन उस कमी को उन्होंने स्वाध्याय से दूर कर दिया है। बहुत सुसंस्कृत, मनस्वी व्यक्ति हैं, और मुंशीजी के मन में इस दम्पती के लिए बड़ा आदर है।

चन्द्रभाल कम आमदनी वालों के लिए मकान बनवाने की एक योजना मुंशीजी के सामने रखते हैं। मुंशीजी की वह एक पुरानी कमज़ोरी है। कर्मभूमि का अमरकांत इसी 'हाउसिंग' का विशेषज्ञ है, कर्मभूमि की अन्तिम और सबसे ज़बर्दस्त लड़ाई ग़रीबों के इसी सवाल को लेकर होती है। मुंशीजी फ़ौरन उस हाउसिंग कम्पनी में शरीक हो जाते हैं। कम्पनी कुछ मकान-वकान बनवाती भी है, लेकिन चल नहीं पाती। व्यावहारिक अनुभव, ऐसी चीज़ों का, चन्द्रभाल के पास भी नहीं है। ख़ैर, वह एक अलग बात है।

'यामा' एक चकले की कहानी है मगर कितनी भिन्न इस तरह की दूसरी चीज़ों से! वासना नहीं, करुणा जगाती है उन पर जो बीच बज़ार अपना शरीर बेच रही हैं—और जगाती है घृणा उस समाज के प्रति जो उन्हें इसके लिए मजबूर करता है। बहुत डूबकर लिखी है।

'अब आगे का क़िस्सा जैनेन्द्र से सुनिए जो उन्हीं दिनों बनारस आए थे—

सबेरे का वक़्त था। जाड़े ढल रहे थे। नीचे के कमरे में धूप की किरणें तिरछे पड़ रही थीं। मैं जल्दी निवृत्त हो चुका था और उनकी एक पांडुलिपि देख रहा था। इतने ही में प्रेमचन्द जी ऊपर से आए।

बात-बात में प्रेमचन्द जी बोले—भई जैनेन्द्र, वह किताब powerful *(जबर्दस्त) है।*

कुछ दिन हुए रूसी उपन्यास 'यामा' उनके यहाँ देखा था, उसी की ओर संकेत था।

बोले—कहीं-कहीं तो जैनेन्द्र, मुझसे पढ़ा नहीं गया। दिल इतना बेक़ाबू हो गया। एक जगह आँसू रुकना मुश्किल हुआ।...

देखता क्या हूँ कि जैसे वह प्रसंग अब फिर उनके भीतर छिड़ गया है...

बोले—उस जगह मुझसे आगे पढ़ा ही न गया जैनेन्द्र, किताब हाथ से छूट गई।

और पुस्तक के उस प्रसंग का वह अनायास ही वर्णन करने लगे।

मैं सुनता रहा।

धूप कमरे में तिरछी आ रही थी। उनके चेहरे पर सीधी तो नहीं पड़ रही थी फिर भी वह चेहरा सामने पड़ता था और उजला दीखता था। मैं कानों से सुनने से अधिक उस कथा को आँखों से देख रहा था। प्रसंग बेहद मार्मिक था। प्रेमचन्द जी मानो अवश भाव से, आपा खोये-से कहते जा रहे थे।

सहसा देखता हूँ, वाक्य अधूरा रह गया है। वाणी मूक हो गई है। आँख उठाकर देखा—उनका चेहरा एकाएक मानो राख की भाँति सफ़ेद हो आया है। क्षण-भर में सन्नाटा हो गया। मुझे जाने क्या चीज़ छू गई।...और पल बीते-न-बीते मैंने देखा, प्रेमचन्द का सौम्य मुख एकाएक बिगड़ उठा है। जैसे भीतर से कोई उसे मरोड़ रहा हो। जबड़े हिल आए, मानो कोई भूचाल उन्हें हिला गया। सारा चेहरा तुड़-मरुड़कर जाने कैसा हो चला, और फिर देखते-देखते उन आँखों से आँसू झर-झर झर रहे थे।...लड़खड़ाती वाणी में बोले—जैनेन्द्र...आगे उनसे बोला न गया।

उन आँसुओं से ख़ुद मुंशीजी के मन की कुछ गाँठें भी शायद खुलीं। वेश्याओं की समस्या उन्होंने 'सेवासदन' में उठाई ज़रूर थी, लेकिन बिलकुल बाहर-बाहर से, रूखे-सूखे समाज-सुधारक की तरह। कुप्रिन उन्हें उन अभागिनों के दिल की गहराइयों में ले गया—और मुंशीजी का मन भीग गया, ऐसा कि बस...

'यामा' ने बहुत गहरे पैठकर उनके मन पर असर किया था। कुछ रोज़ बाद जब उन्हें जनार्दन झा 'द्विज' के आग्रहवश (जो उन दिनों वहीं थे और अपनी पढ़ाई करने के साथ-साथ मुंशीजी पर अपनी किताब भी लिख रहे थे) विश्वविद्यालय के बिहारी एसोसिएशन का न्योता स्वीकार करना पड़ा तो उस मौक़े पर उनके लिखित भाषण में उनकी यह नई आर्द्र अनुभूति अपना रस घोल रही थी—

'...बीस-पच्चीस साल पहले वेश्या साहित्य से बहिष्कृत थी। अगर कभी वह साहित्य में लाई जाती थी तो केवल अपमानित किए जाने के लिए। रचयिता की प्युरिटन-मनोवृत्ति बिना उसे मनमाना दंड दिए विश्राम न लेती थी। अब वह साहित्य में अपमान की वस्तु नहीं, आदर और प्रेम की वस्तु बन गई है। गऊ को हत्या के लिए

बेचनेवाला अगर दोषी है तो ख़रीदनेवाला कम दोषी नहीं है। ख़रीदनेवाले का अगर समाज में आदर है तो बेचनेवाले का क्यों अनादर हो? वेश्या में बेटीपन है, मातापन है, पत्नीपन है। उसमें भी भक्ति और श्रद्धा है, सहृदयता है।'

अपनी नई संवेदना की तरंग में मुंशीजी बहते चले जा रहे हैं। उन्हें भी शायद ख़याल नई है कि अब से चौदह-पन्द्रह बरस पहले उनकी दृष्टि भी किसी प्युरिटन से कम न थी। लेकिन तब से समय आगे बढ़ आया है। फ्रायड ने दुनिया की जड़ों को हिला दिया है, तमाम भारी-भारी मगर सड़े हुए, बदबूदार पर्दे नोचकर फेंक दिए हैं और जो चीज़ खुली हवा और धूप की है उसको उसी खुली हवा और धूप में ला खड़ा किया है।

मुंशीजी ने अपने इसी भाषण में लड़कों से कहा—

'प्युरिटन मनोवृत्ति जैसे इस ताक में रहती है कि किसका पाँव फिसले और वह तालियाँ बजाए। प्युरिटनिज़्म और अनुदारता दो पर्याय-से हो गए हैं और जहाँ सेक्स का प्रश्न आ जाता है, वहाँ तो वह नंगी तलवार, बारूद का ढेर है। यहाँ वह किसी तरह की नर्मी नहीं कर सकता।...भोग उसकी दृष्टि में सबसे बड़ा पाप है। चोरी करके हम समाज में रह सकते हैं, धोखा देकर, झूठी गवाही देकर, निर्बलों को कुचलकर, मित्रों से विश्वासघात करके, अपनी स्त्री को डंडों से पीटकर हम समाज में रह सकते हैं, उसी शान और अकड़ के साथ, लेकिन भोग अक्षम्य अपराध है। उसके लिए कोई प्रायश्चित्त नहीं। पुरुषों के लिए तो चाहे किसी तरह क्षमा सुलभ भी हो जाए किन्तु स्त्रियों के लिए क्षमा के द्वार बन्द हैं और उन पर अलीगढ़वाला 12 लीवर का ताला पड़ा हुआ है। इसी का यह प्रसाद है कि हमारी बहनें और बेटियाँ आए दिन तीर्थस्थानों में लाकर छोड़ दी जाती हैं।'

सेक्स ही नहीं, दूसरे निषेधों और वर्जनाओं से भी नए आदमी ने विद्रोह कर दिया है और इस वक़्त मुंशीजी से अच्छा वकील उसे नहीं मिल सकता—

'इन रूढ़ियों ने, इन बन्धनों ने, इन असत्य बाधाओं ने ब्रह्मांड की व्यापक चेतना में जो दर्बे से बना दिए हैं, जिनमें बन्द होकर हम अपनी स्वच्छन्दता खो बैठे हैं, आज हमारी आत्मा उन दर्बों को तोड़कर उस व्यापक चेतना से सामंजस्य प्राप्त करने के लिए उतारू हो गई है। सम्भव है, रस्सी को ज़ोर से खींचकर इसके टूटने के साथ ही वह अपने ही ज़ोर में गिर पड़े। सम्भव है, पिंजरे में बन्द पक्षी की भाँति पिंजरे से निकलकर वह शिकारी चिड़ियों का ग्रास बन जाए, पर उसे गिरना मंजूर है, ग्रास बन जाना मंजूर है, उन दर्बों में रहना मंजूर नहीं। संसार को जी भरकर भोगने की अबाध लालसा, जिसे सदियों की प्युरिटनिज़्म ने खूँख़्वार बना दिया है, सर्वभक्षी बन जाना चाहती है। निषेधों की उसे बिलकुल परवाह नहीं है। वह पाप को पुण्य, असत्य को सत्य और अपूर्ण को पूर्ण बना देना ठान बैठी है।...झूठ बोलना पाप है! क्यों पाप है? अगर उस झूठ से समाज का अहित होता है तो वह बेशक पाप है। अगर उससे समाज का कल्याण होता है तो वह पुण्य है। निरपेक्ष सत्य के अस्तित्व को ही वह स्वीकार नहीं करती। चोरी को तुम पाप कहते हो? तुम चाहते हो कि संसार की सारी सम्पत्ति बटोरकर उस पर एकाधिपत्य जमा लो। कोई उसे छुए तो उसके लिए जेल है, फाँसी है!...'

यही सम्पत्ति तो मुसीबत की जड़ है। 'धुँधले अतीत से आज तक का मानव इतिहास केवल सम्पत्ति-रक्षा का इतिहास है।'

मानव आत्मा ने अपनी जीवन-यात्रा में बहुत बार मुक्ति के लिए विद्रोह किए, 'किन्तु उन विद्रोहों में कलह की जो मुख्य वस्तु थी, वह ज्यों की त्यों बनी रही। सम्पत्ति में हाथ लगाने का किसी को या तो साहस ही न हुआ, या किसी को सूझी ही नहीं। जो इन सारी दुर्व्यवस्थाओं का मूल था, वह इतने सौम्य वेश में धर्म और विद्या और नीति के आवरण में महान बना हुआ बैठा था कि किसी को उसकी ओर सन्देह करने की भी प्रेरणा न हुई, हालाँकि उसी के इशारे और सहयोग से समाज पर नित नए बन्धन लगाये जा रहे थे। यह बड़े-बड़े न्यायालय और यह साम्राज्यवाद और ये बड़े-बड़े व्यापार के केन्द्र उसी के रचे हुए खिलौने हैं। यह जात-पाँत, यह ऊँच-नीच का भेद उसी की छोड़ी हुई फुलझड़ियाँ हैं। यह चकले जो मानव समाज के कोढ़ हैं, उसके क्रूर विनोद हैं। ये हमारी असंख्य विधवाएँ, ये हमारे लाखों मजूर जो पशुओं की भाँति जीवन काट रहे हैं, उसी भानुमती के छू मंतर की विभूतियाँ हैं...'

याद रखने की ज़रूरत है कि यह भाषण अठारह और बीस और बाइस बरस के नौजवानों के सामने दिया जा रहा है। लेकिन यह सम्पूर्ण विद्रोह की बेला है, मुंशीजी इस वक़्त किसी को छोड़ेंगे नहीं, ईश्वर को भी नहीं—

'साहित्य की नवीन प्रगति उनसे विमुख हो रही है। ईश्वर के नाम पर उनके उपासकों ने भूमंडल पर जो अनर्थ किए हैं, और कर रहे हैं, उनके देखते इस विद्रोह को बहुत पहले उठ खड़ा होना चाहिये था। आदमियों के रहने के लिए शहरों में स्थान नहीं है मगर ईश्वर और उनके मित्रों और कर्मचारियों के लिए बड़े-बड़े मन्दिर चाहिए। आदमी भूखों मर रहे हैं, मगर ईश्वर अच्छे से अच्छा खाएगा, अच्छे से अच्छा पहनेगा और ख़ूब विहार करेगा!...'

32

रात के नौ बजे से ही खाने के लिए मुंशीजी की पुकार होने लगती, कभी एक लड़का माँ का सँदेसा लेकर पहुँचता कभी दूसरा, और जब इन राजदूतों या यमदूतों से काम न चलता तो शिवरानी देवी ख़ुद खटर-पटर करती नीचे उनके कमरे में पहुँचतीं और कुछ बड़बड़ाती हुई क़लम उनके हाथ से लेकर क़लमदान में रख देतीं। मुंशीजी कभी 'तुम चलो, मैं अभी आया' का पाठ पढ़ाने की कोशिश करते, कभी खिसियाकर मुस्कराते हुए कहते, 'क्या करती हो रानी, जुमला तो पूरा कर लेने दो!' लेकिन रानी इन सब बहानेबाज़ियों की क्या ताब लातीं, मुंशीजी गिरफ़्तार करके ऊपर लाए जाते, बच्चे (जो बाबूजी के साथ बैठकर खाने के लोभ में अक्सर बिना खाये ही सो गए रहते) जगाए जाते और रात के खाने का प्रकरण शुरू होता।

मुंशीजी ख़ुद तो इस तरह जी तोड़कर काम करते लेकिन बच्चों को ज़्यादातर खेलने की ही नसीहत करते। एक रोज़ छोटे साहबज़ादे बैठे भूगोल का होमवर्क कर

रहे थे। नक़्शे बनाने में वह ज़रा ज़्यादा ही कच्चे थे, लिहाज़ा बनाते-बिगाड़ते-बनाते शाम हो गई। मुंशीजी ने प्रेस से लौटकर जो यह हाल देखा तो फ़ौरन उन्हें घर से बाहर निकालकर ही दम लिया।

इन्हीं दिनों मुंशीजी ने हेंड्रिक विलेम वान लून की 'स्टोरी आफ़ मैनकाइंड' का अनुवाद हिन्दी में किया। किताब लेकर लिपिक को बोलते जाते थे। पर ख़ुद अपने लिखने का काम मुंशीजी अपने हाथ से ही कर पाते थे और उन्हें ऐसे लोगों पर बड़ा ताज्जुब होता था जो कहानी-उपन्यास भी बोलकर लिखा लेते हैं।

बेटी को पहला बच्चा हुआ और चौथे रोज़ उसे बुख़ार आ गया। प्रसूत ज्वर। यहाँ तार आया और मुंशीजी फ़ौरन पत्नी के साथ सागर के लिए रवाना हो गए। मुंशीजी तो चार-छः रोज़ रहकर लौट आए, शिवरानी देवी रुक गईं। बात भी घबराहट की थी। जान पर आ बनी थी।

उसी घबराहट की हालत में बेटी की अम्माँ ने कहना शुरू किया कि यहाँ इलाज ठीक नहीं हो रहा है, मैं बेटी को लेकर बनारस जाऊँगी। ससुरालवाले इसके लिए राज़ी न थे। ख़ासी बेलुत्फ़ी हो गई—यहाँ तक कि मामला मुंशीजी के सामने पहुँचा, और उन्होंने 27 मई, 1933 को अपनी पत्नी को बहुत समझाते हुए लिखा—

'...तुम्हारा पत्र मिला। आज ही दशरथलाल जी का पत्र भी मिला। मैंने तो पहले भी लिखा था और अब भी लिखता हूँ कि अगर तुम बेटी को ला सकती हो तो लाओ। लेकिन यह ख़ूब सोच लो कितनी बड़ी जिम्मेदारी है। इतनी लम्बी यात्रा है, जगह-जगह चढ़ाव-उतार है। इसका क्या इन्तज़ाम होगा? और तुमने यह कैसे समझ लिया कि बनारस आते ही सारा रोग दूर हो जाएगा। बनारस तो दवा के लिए कोई मशहूर जगह नहीं है। यहाँ दो-एक होमियो डाक्टर हैं, मगर उस तरह के डाक्टर तो सागर में भी हैं। हाँ, अगर लखनऊ चलकर दवा कराने का इरादा हो तो ठीक है, लेकिन वही यात्रा की बात है। अगर सफ़र में बेटी की तबीयत ज़्यादा ख़राब हो गई तो क्या होगा। फिर कितनी शर्म आएगी और कितना दुख होगा। इसलिए मेरे विचार में जो दवा हो रही है, वह होने दो। उससे अच्छा इलाज काशी में नहीं हो सकता और होमियोपैथिक दवा के लिए काशी आने की ज़रूरत नहीं। सागर में उस तरह के डाक्टर हैं। यह समझ लो कि यह प्रसूत ज्वर है और मुश्किल से जाएगा। काशी में न कोई दूसरा ईश्वर है न दूसरा भाग्य। यहाँ गर्मी बहुत है और यहाँ का जलवायु भी सागर का सा नहीं है। इस तरह घबड़ाने से काम न चलेगा। राम का नाम लो और दवा होने दो। लखनऊ ले चलने का अर्थ है पाँच सौ रुपए महीने का ख़र्च उठाना जिसकी सामर्थ्य न मुझमें है न उन लोगों में।...घर भर को नाराज़ करके यहाँ लाना मुनासिब नहीं है...'

और 17 जुलाई को अपनी तकलीफ़ों की यह दास्तान जैनेन्द्र को लिखी—

'मैं तो इधर बहुत परेशान रहा।...बेटी के पुत्र हुआ और उसे प्रसूत ज्वर ने पकड़ लिया। मरते-मरते बची। अभी तक अधमरी-सी है। बच्चा भी किसी तरह बच गया।*

* यह बच्चा 26 बरस का होकर 2 मई, 1959 को हवाई दुर्घटना में जाता रहा।

आज बीस दिन हुए यहाँ आ गई है। उसकी माँ भी दो महीने उसके साथ रही। मैं अकेला रह गया था। बीमार पड़ा। दाँतों ने कष्ट दिया। महीनों उसमें लग गए। दस्त आए, और अभी तक कुछ न कुछ शिकायत बाक़ी है। दाँतों के दर्द से भी गला नहीं छूटा। बुढ़ापा स्वयं रोग है और अब मुझे उसने स्वीकार करा दिया कि अब मैं उसके पंजे में आ गया हूँ।'

सब कहने की बातें हैं। यह कोई बुढ़ापा नहीं है। इस बुढ़ापे में तो एक उम्र गुज़र गई मुंशीजी की।

बुढ़ापा वह है जब चित्त बुड्ढा हो जाता है और आदमी केवल साँस के आने-जाने को ज़िन्दगी समझने लगता है, जब निष्ठा के पैर डगमगाने लगते हैं और तरुणाई के आदर्श-संकल्प सब झूठे जान पड़ते हैं, जब अन्याय देखकर आँखों में ख़ून नहीं उतरता और तलवार का हाथ काँपने लगता है, जब मेरुदंड ढीला हो जाता है और स्वाभिमान बुझ जाता है, जब समझौता, प्राणरक्षा के लिए प्राणलेवा समझौता, कैसा भी समझौता, किसी से भी समझौता उसके जीवन की नई गीता बन जाती है। बुढ़ापा वह है।

यहाँ तो अभी वैसी कोई बात नहीं है।

पिछले हफ़्ते हज़रत मुहम्मद की पुण्य स्मृति में एक जलसा हुआ था। टाउन हाल में। बहुत-से उलेमाओं की तक़रीरें हुईं। और उन्हीं के साथ-साथ बोले पंडित सुन्दरलाल, और ख़ूब बोले, सबसे अच्छा बोले। उनसे मुंशीजी की अच्छी मुलाक़ात है, दोस्ती उसे नहीं कह सकते, दो अलग दुनियाओं के लोग हैं, बस एक चीज़ है और वह बड़ी चीज़ है जो दोनों को बाँधती है—दोनों एकता के यकसाँ पुजारी हैं, एक-जैसे पागल। कानपुर के पिछले दंगे की, जिसमें गणेशशंकर विद्यार्थी मारे गए, जाँच-पड़ताल के लिए कांग्रेस की प्रेरणा से एक कमेटी बनी थी जिसके सभापति डॉ. भगवानदास थे और मंत्री पंडित सुन्दरलाल। इस कमेटी ने बड़ी हिम्मत, बड़ी मेहनत और बड़ी ईमानदारी से अपना काम किया था और उसका नतीजा थी पाँच सौ पन्ने की एक रिपोर्ट जिसे सरकार ने घबराकर फ़ौरन ज़ब्त कर लिया था। उस चीज़ से सुन्दरलाल की इज़्ज़त मुंशीजी की आँखों में दसगुनी बढ़ गई थी। आज भी पंडित जी की स्पीच का मुंशीजी पर बहुत गहरा असर हुआ और उन्होंने 17 जुलाई को 'जागरण' की अपनी टिप्पणी में यहाँ से वहाँ तक उसी स्पीच का उल्था करने के बाद, सुन्दरलाल जी के शब्दों पर अपनी स्वीकृति की मुहर लगाते हुए लिखा—

'...यह है उस ऋषि की जीवन-कथा जिसके नाम पर आज आधी दुनिया सिर झुकाती है। उसके त्याग की कथा अद्‌भुत है। जो एक राज्य का स्वामी था, वह खजूर की चटाई पर सोता था।...संचय का यह हाल था कि अन्तिम संस्कार के समय हज़रत की ज़िरह पौने दो मन जौ पर गिरो रक्खी गई थी...'

हो सकता है कि इसमें कुछ नमक-मिर्च भी हो। कोई बुराई नहीं उसमें।

नमक-मिर्च बुरी है वह जो दिलों में ज़हर घोलती है, भाई को भाई के ख़ून का प्यासा बनाती है—

—जैसे कि यह किताब चतुरसेन शास्त्री की, 'इस्लाम का विषवृक्ष'...हवा बेतरह बिगड़ी हुई है, बारूद का एक ढेर समझो, जब देखो कहीं न कहीं फ़साद खड़ा रहता है, उसमें आपसे और कुछ तो बना नहीं, उल्टे आग लगाने आ पहुँचे।

किसी करवट मुंशीजी को चैन नहीं है, फ़ौरन जैनेन्द्र को लिखा—

'इन चतुरसेन को क्या हो गया है कि इस्लाम को विषवृक्ष लिख डाला? उसकी एक आलोचना तुम लिखो और वह पुस्तक मेरे पास भेजो।...इस कम्युनल प्रोपेगंडा का ज़ोरों से मुक़ाबला करना होगा और यह ऋषभ भला आदमी भी इन चालों से धन कमाना चाहता है।...'

और फिर बनारसीदास चतुर्वेदी को यही बात इसी तरह बिफरकर लिखी और उसी दिन लिखी।

अगले ही हफ़्ते उन्होंने 'जागरण' में उस पर अपना दुहत्तड़ चलाया और 'हंस' में उसकी ख़बर लिवाई कृष्णदेवप्रसाद गौड़ से...

मगर कुछ इसी की बात नहीं है। दूसरी भी कोई बात हो, छोटी हो बड़ी हो, अपनी हो परायी हो, जहाँ भी कोई अन्याय हो रहा हो, मुंशीजी जूझने के लिए तैयार हैं।

ठाकुर श्रीनाथ सिंह ने जाने कैसा एक इंटरव्यू बनारसीदासजी का लिया और उसमें अपनी तरफ़ से नमक-मिर्च लगाकर सरस्वती में छपाया तो बात ही कुछ की कुछ हो गई। चतुर्वेदीजी ने बहुत दुखी होकर इसका रोना मुंशीजी से रोया तो उन्होंने लिखा—

'विश्वास कीजिए, मैंने एक क्षण के लिए उन तमाम बेहूदा बातों पर यक़ीन नहीं किया जो सरस्वती में लिखी हैं। मैं फ़ौरन समझ गया कि यह शुरू से आख़िर तक एक शरारत है। उस आदमी ने आप में और सारी दुनिया में रंजिश पैदा करने की कोशिश की है।...' और 'साहित्यिक गुंडापन' शीर्षक से 'हंस' में इस मामले की चर्चा करते हुए बनारसीदास जी की तरफ़ से मैदान में कूद पड़े—

'इस होड़ युग में अन्य व्यवसायों की भाँति पत्र-पत्रिकाओं को अपने स्वामियों या संचालकों को नफ़ा देने या अपना अस्तित्व बनाए रखने के लिए तरह-तरह की चालें चलनी पड़ती हैं। यूरोपवाले तो शब्दजाल या पहेलियों या लाटरियों का लटका निकालते हैं, हिन्दी में धन के अभाव से और ढंग की चालें चली जाती हैं। पत्र में किसी तरह का विवाद छेड़ दिया जाता है, या कला के नाम पर अर्द्ध-नग्न चित्र दिए जाते हैं। अदालती नोटिसों के लिए अहलकारों की ख़ुशामदें की जाती हैं, उनके सामने नाक रगड़ी जाती है, भंडाफोड़ की धमकी देकर रक़में सीधी की जाती हैं, और इसे सत्योद्घाटन का महान नाम दिया जाता है। या कोई चौंकानेवाली चीज़ छापी जाती है...स्वामी नफ़ा चाहता है और नफ़ा न हुआ तो बेचारे सम्पादक की जान की कुशल नहीं, डेरा-डंडा सँभालकर अपने घर की राह लेनी पड़ेगी। रोटी का सवाल तो बड़ा टेढ़ा है। ग़रीब सम्पादक अपनी आत्मा की हत्या करके सनसनी पैदा करने के लिए... किसी भले आदमी की पगड़ी उछालता है।'

वकालत में कहीं कसर नहीं है—

'माना चतुर्वेदीजी ने कहा कि अमुक व्यक्ति को लिखने की तमीज़ नहीं या उन्होंने अमुक व्यक्ति को साहित्य-क्षेत्र में आगे न बढ़ाया होता तो वह अब तक गुमनाम पड़ा

होता या यह कि, मि. ऐंड्रयूज़ और महात्मा गांधी उनसे मित्र भाव रखते हैं, तो क्या यह बातें लिखने की हैं? आदमी मिलनेवाले की रुचि और झुकाव देखकर उसी ढंग की बातें करता है। अगर मुझसे कोई शोहदा मिलने आए तो मैं उससे वेदान्त की बातें न करूँगा। अगर श्रीनाथ सिंह ज़रा और ज़ोर लगाते तो चतुर्वेदीजी अपने अन्तरंग का गुप्त भाग भी खोल देते। ऐसा कौन है जिसने कभी ताक-झाँक न की हो, कभी मनचलेपन के स्टेज पर दो-चार अभिनय न किए हों। फिर चतुर्वेदीजी तो ख़ुदा के फ़ज़ल से अभी बुढ़ापे से बहुत दूर हैं और ख़ुदा के क़हर से रँडुए भी हैं! पर क्या यह सारी बेहूदगी एक प्रतिष्ठित पत्रिका के प्रतिष्ठित सम्पादक के योग्य है...?'

चतुर्वेदीजी शायद ख़ुद भी अपनी वकालत इतने ज़ोरदार शब्दों में न कर पाते। मैदान में उतरने पर मुंशीजी फिर सुध-बुध खोकर लड़ते हैं, न आगे देखते हैं न पीछे।

श्रीनाथ सिंह तो पहलवान थे इसी अखाड़े के, पीठ में मिट्टी कैसे लगने देते..! बात तो कहाँ की कहाँ गई, सीधे-सीधे गाली-गुफ़्ते पर उतरते हुए उन्होंने लिखा—

'...मुंशी प्रेमचन्द जी ने चतुर्वेदी जी का पक्ष लेकर हम पर अपने हंस में आक्रमण करने की जो अनधिकार चेष्टा की है और उसके द्वारा अपनी सठियाई बुद्धि का जो प्रदर्शन किया है...' यही बात उनको सबसे ज़्यादा खल रही थी—कि ऐसा भी कोई ढीठ आदमी है जो उनके मुँह लग सकता है! तो भोगें अब—

'उपन्यास-सम्राट् कहलवाने के रोगी और अपने बुजुर्ग होने की धाक जमानेवाले मुंशी प्रेमचन्द आज लेखक से प्रकाशक भले ही बन गए हों, परन्तु सम्पादन-कार्य किस चिड़िया का नाम है...इसका उन्हें रत्ती-भर ज्ञान नहीं है...मुंशी प्रेमचन्द जी का हम आदर करते हैं क्योंकि हिन्दी के वे किसी समय एक ढंगदार लेखक थे। इसके सिवा सबसे अधिक ख़याल हमें सम्पादकीय सदाचार का है, नहीं तो नामधारी सम्पादक तथा नए पुस्तक विक्रेता मुंशी प्रेमचन्द जी की भठियारियों की-सी गालियों का हम भी तुर्की-ब-तुर्की जवाब देते।'

मुंशीजी ने फिर इसका कोई जवाब नहीं दिया—लेकिन धूल तो ठाकुर साहब की पीठ में लग ही गई। 'कलकत्ते की साहित्यिक यात्रा' के नाम से जो लेखमाला उन्होंने इसी महीने बड़ी धूमधाम से शुरू की थी, वह बन्द हो गई।

ठाकुर साहब कैसे पी जाते अपमान का यह घूँट, उन्होंने तीन महीने बाद दूसरे पहलू से वार किया—'घृणा के प्रचारक प्रेमचन्द'। मुंशीजी ब्राहाणों के ख़िलाफ़ घृणा का प्रचार करते हैं!

क़िस्सा यह हुआ कि इन्हीं दिनों मुंशीजी की एक कहानी छपी 'सद्गति' जो मुंशीजी की सबसे अच्छी, सबसे सशक्त कहानियों में है। उसका यथार्थ-चित्रण इतना निर्मम है कि कहानी पढ़ते-पढ़ते डर-सा मालूम होने लगता है।

दुक्खी चमार अपनी बिटिया की सगाई का साइतन-सगुन बिचरवाने पंडित घासीराम के पास पहुँचता है।

'पं. घासीराम ईश्वर के परम भक्त थे। नींद खुलते ही ईशोपासन में लग जाते। मुँह-हाथ धोते आठ बजते तब असली पूजा शुरू होती जिसका पहला भाग भंग की तैयारी थी। उसके बाद आध घंटे तक चन्दन रगड़ते, फिर आईने के सामने एक तिनके

से माथे पर तिलक लगाते। चन्दन की दो रेखाओं के बीच में लाल रोरी की बिन्दी होती थी। फिर छाती पर, बाँहों पर चन्दन की गोल-गोल मुद्रिकाएँ बनाते। फिर ठाकुर जी की मूर्ति निकालकर उसे नहलाते, चन्दन लगाते, फूल चढ़ाते, आरती करते, घंटी बजाते। दस बजते-बजते वह पूजन से उठते और भंग छानकर बाहर आते। तब तक दो-चार जजमान द्वार पर आ जाते। ईशोपासन का तत्काल फल मिल जाता। वही उनकी खेती थी।'

सगुन विचारने तो पंडित जी दुक्खी के घर जब जाएँगे तब जाएँगे, अभी वह उसे बहुत-सी बेगार बतला देते हैं।

उसमें सबसे बुरी बेगार है लकड़ी की एक मोटी-सी गाँठ को फाड़ना 'जिस पर पहले कितने ही भक्तों ने अपना ज़ोर आजमा लिया था। वह उसी दमखम के साथ लोहे से लोहा लेने को तैयार थी। दुक्खी घास छीलकर बाज़ार ले जाता था, लकड़ी चीरने का उसे अभ्यास न था। घास उसके खुरपे के सामने सिर झुका देती थी, यहाँ कस-कसकर कुल्हाड़ी का भरपूर हाथ लगाता पर उस गाँठ पर निशान तक न पड़ता था, कुल्हाड़ी उचट जाती। पसीने में तर था। हाँफता था, थककर बैठ जाता था, फिर उठता था। हाथ उठाए न उठते थे, पाँव काँप रहे थे, कमर सीधी न होती थी, आँखों तले अँधेरा हो रहा था, सिर में चक्कर आ रहे थे, तितलियाँ उड़ रही थीं। फिर भी अपना काम किए जाता था।'

न एक रोटी का सहारा न एक चिलम तमाखू का। तमाखू तो ख़ैर, कहीं जाकर ले आया पर आग भी तो चाहिए।

जब आग लेने पंडित जी के घर में पहुँचता है, बरौठे के द्वार पर, तो आग के बदले उसे पंडिताइन जी से, जो धरम-करम में अपने पति से भी दो बाँस आगे थीं, यह कोसना सुनने को मिला—'तुम्हें तो जैसे पोथी-पत्रे के फेर में धरम-करम किसी बात की सुधि ही नहीं रही। चमार हो, धोबी हो, पासी हो, मुँह उठाए घर में चला आए 'हिन्दू का घर न हुआ, कोई सराय हुई। कह दो दाढ़ीजार से चला जाए, नहीं तो इसी लुआठे से मुँह झुलस दूँगी!...'

आख़िर दुक्खी उसी धूप में भूखे-प्यासे लकड़ी की उस गाँठ को चीरता-चीरता वहीं ढेर हो गया।

> *एक क्षण में गाँव-भर में ख़बर हो गई। पूरे में ब्राह्मनों की ही बस्ती थी। केवल एक घर गोंड का था। लोगों ने उधर का रास्ता छोड़ दिया। कुएँ का रास्ता उधर ही से था, पानी कैसे भरा जाए। चमार की लाश के पास से होकर पानी भरने कौन जाए। एक बुढ़िया ने पंडितजी से कहा—अब मुर्दा फेंकवाते क्यों नहीं। कोई गाँव में पानी पिएगा या नहीं!*
>
> *इधर गोंड ने चमरौने में जाकर सबसे कह दिया—ख़बरदार, मुर्दा उठाने मत जाना। अभी पुलिस की तहक़ीक़ात होगी। दिल्लगी है कि एक ग़रीब की जान ले ली! पंडित होंगे तो अपने घर के होंगे! लाश उठाओगे तो तुम भी पकड़े जाओगे।*

इसके बाद ही पंडितजी पहुँचे, पर चमरौने का कोई आदमी लाश उठा लाने को तैयार न हुआ। हाँ, दुक्खी की स्त्री और कन्या दोनों हाय-हाय करती वहाँ चलीं और पंडितजी के द्वार पर सिर पीट-पीटकर रोने लगीं।...

आधी रात तक रोना-पीटना जारी रहा। देवताओं का सोना मुश्किल हो गया। पर लाश उठाने कोई चमार न आया और ब्राह्मन चमार की लाश कैसे उठाते! भला ऐसा किसी शास्त्र-पुराण में लिखा है? कहीं कोई दिखा दे।...

रात तो किसी तरह कटी, मगर सबेरे भी कोई चमार न आया। चमारिनें भी रो-पीटकर चली गईं। दुर्गन्ध कुछ-कुछ फैलने लगी।

पंडितजी ने एक रस्सी निकाली। उसका फन्दा बनाकर मुर्दे के पैर में डाला, और फन्दे को खींचकर कस दिया। अभी कुछ-कुछ धुँधलका था। पंडितजी ने रस्सी पकड़कर लाश को घसीटना शुरू किया और गाँव के बाहर घसीट ले गए। वहाँ से आकर तुरन्त स्नान किया, दुर्गापाठ पढ़ा और घर में गंगाजल छिड़का। उधर दुक्खी की लाश को खेत में गीदड़ और गिद्ध, कुत्ते और कौए नोच रहे थे।

इस लिखने में क्रोध था, घृणा थी, कालकूट घृणा—क्योंकि वह रवीन्द्रनाथ की तरह चांडालों के लिए बुद्ध की करुणा की याचना नहीं कर रहे थे, सामाजिक न्याय माँग रहे थे जो कि बिलकुल दूसरी चीज़ है।

और सवर्ण हिन्दू अगर इस चीज़ को नहीं झेल या पचा सका तो उसका भी दोष नहीं है।

यों तो हर लिखनेवाले की कहीं पर बुराई कहीं पर तारीफ़ होती ही रहती है, लेकिन दिसम्बर 1933 की सरस्वती में, इस कहानी के छपने के कुछ ही बाद, ठाकुर श्रीनाथ सिंह ने ख़ास तौर पर इसी कहानी का हवाला देकर 'घृणा के प्रचारक प्रेमचन्द' शीर्षक से मुंशीजी पर हमला किया—

ग्राम्यजीवन का कितना अस्वाभाविक चित्रण है! ग्राम्य पंडित चमारों से कितनी घृणा करते हैं और उनकी स्त्रियाँ कितनी पत्थरहृदय होती हैं, इसका कुछ ठिकाना नहीं है!...इलाहाबाद ज़िले का गाँव-गाँव हमारा देखा है। हमने देहात में एक भी पंडित ऐसा नहीं देखा जो चमारों से इतनी घृणा करता हो और एक भी पंडिताइन ऐसी नहीं देखी जो इस प्रकार पत्थरहृदय हो।...खेद है प्रेमचन्द जी जैसे आदर्शवादी और राष्ट्रीयता का दंभ भरनेवाले लेखक ने भारत के ग्राम्य जीवन का ऐसा भद्दा चित्र उपस्थित किया, जो किपलिंग के सिवा और किसी ने कभी नहीं किया।

प्रेमचन्द जी इधर बहुत दिनों से शहरों में रह रहे हैं और उपन्यास और कहानियाँ लिखने के लिए विदेशी उपन्यासकारों की रचनाएँ बराबर पढ़ते रहते हैं। यही कारण है कि वे भारतीय संस्कृति से दिन पर दिन दूर होते जाते हैं।

मिस मेयो की निन्दा हम इसलिए करते हैं कि उसने अपनी 'मदर इंडिया' और बाद को 'देवताओं के ग़ुलाम' नामक कहानी-संग्रह में हिन्दुओं का बड़ा ही गन्दा चित्र अंकित किया है। वह एक विदेशी महिला है और उसका

उद्‌देश्य राजनीतिक बताया जाता है। परन्तु प्रेमचन्द जी तो भारतीय हैं और इस प्रकार के अन्यायपूर्ण चित्रण का इनका उद्‌देश्य क्या हो सकता है?

प्रेमचन्द जी की रचनाओं से ऐसे सैकड़ों स्थल उद्धृत किए जा सकते हैं जहाँ उन्होंने हिन्दुओं को, ख़ासकर पंडितों को, अत्यन्त ही घृणित रूप में उपस्थित किया है। कहा जाता है कि लेखक अपने समय का प्रतिनिधि होता है। यदि प्रेमचन्द जी इस युग के प्रतिनिधि मान लिए जाएँ तो अब से पचास वर्ष बाद उनकी रचनाएँ जो पढ़ेंगे वे सन् 1932 के सामाजिक जीवन के बारे में क्या कहेंगे? यही न कि उस समय हिन्दुओं का, ख़ासकर ब्राह्मणों का, जीवन घृणा का जीवन था। वे निर्दयी थे, ज़ालिम थे, कट्टर थे, दयाहीन थे और पाखंडी थे। पर क्या यह सत्य है?...

मुंशीजी इस हमले से सिटपिटा जानेवाले असामी नहीं हैं। उसी महीने उन्होंने 'हंस' में जवाब दिया, 'जीवन में घृणा का स्थान'—

निन्दा, क्रोध और घृणा यह सभी दुर्गुण हैं लेकिन मानव जीवन में से अगर इन दुर्गुणों को निकाल दीजिए तो संसार नरक हो जाएगा। यह निन्दा ही का भय है जो दुराचारियों पर अंकुश का काम करता है, यह क्रोध ही है जो न्याय और सत्य की रक्षा करता है और यह घृणा ही है जो पाखंड और धूर्तता का दमन करती है। इनका जब हम दुरुपयोग करते हैं तभी ये दुर्गुण हो जाते हैं। लेकिन दुरुपयोग तो अगर दया, करुणा, प्रशंसा और भक्ति का भी किया जाए तो वह दुर्गुण हो जाएँगे। अन्धी दया अपने पात्र को पुरुषार्थहीन बना देती है, अन्धी करुणा कायर, अन्धी प्रशंसा घमंडी और अन्धी भक्ति धूर्त। प्रकृति जो कुछ करती है, जीवन की रक्षा ही के लिए करती है।...जिन प्राणियों में घृणा का भाव विकसित नहीं हुआ उनकी रक्षा के लिए प्रकृति ने उनमें दुबकने, दम साध लेने या छिप जाने की शक्ति डाल दी है। मनुष्य विकासक्षेत्र में उन्नति करते-करते इस पद को पहुँच गया है कि उसे हानिकर वस्तुओं से आप ही आप घृणा हो जाती है।...

तो घृणा स्वाभाविक मनोवृत्ति है और प्रकृति द्वारा आत्मरक्षा के लिए सिरजी गई है।...जिस वस्तु का जीवन में इतना मूल्य है उसे शिथिल होने देना अपने पाँव में कुल्हाड़ी मारना है। ज़रूरत केवल इस बात की है कि हम घृणा का परित्याग करके उसे विवेक बना दें। इसका अर्थ यही है कि हम व्यक्तियों से घृणा न करके उनके बुरे आचरण से घृणा करें। घृणा का उद्‌देश्य ही यह है कि उससे बुराइयों का परिष्कार हो। पाखंड, धूर्तता, अन्याय, बलात्कार और ऐसी ही अन्य दुष्प्रवृत्तियों के प्रति हमारे अन्दर जितनी ही प्रचंड घृणा हो उतनी ही कल्याणकारी होगी।

जीवन में जब घृणा का इतना महत्त्व है तो साहित्य कैसे उसकी उपेक्षा कर सकता है...प्राचीन साहित्य, धर्म-और ईश्वर-द्रोहियों के प्रति घृणा और उनके अनुयायियों के प्रति श्रद्धा और भक्ति के भावों की सृष्टि करता

रहा। नवीन साहित्य समाज का ख़ून चूसनेवालों के विरुद्ध उतने ही ज़ोर से आवाज़ उठा रहा है। वे व्यक्तियों के शत्रु नहीं हैं, न वे द्वेष या ईर्ष्या के कारण साहित्य की रचना करते हैं। वे उन परिस्थितियों और प्रवृत्तियों के शत्रु हैं जिनके हाथों ऐसे व्यक्ति उत्पन्न होते हैं।...इन पंक्तियों के लेखक ही के विषय में एक कृपालु आलोचक ने यह आक्षेप किया है कि उसने अपनी रचनाओं में ब्राह्मणों के प्रति घृणा का प्रचार किया है। अव्वल तो उसे किसी ब्राह्मण के हाथों कोई कष्ट नहीं पहुँचा और मान लो किसी ब्राह्मण ने उस पर डिग्री करके उसका घर नीलाम करा लिया हो, या उसे सरे बाज़ार गाली दे दी हो, तो इसलिए वह समस्त ब्राह्मण समुदाय का दुश्मन क्यों हो जाएगा?...चोरी, बदमाशी, रिश्वत, दया, झूठ, इन सब दुर्गुणों का किसी समुदाय विशेष से सम्बन्ध नहीं। एक ज़माना था जब अधिकतर कायस्थ पटवारी और क़ानूनगो होते थे...लेकिन अब वह बात नहीं रही। इसलिए केवल क़ानूनगो और पटवारी कह देने से कायस्थ का बोध नहीं होता, न बनिया कह देने से किसी विशेष समुदाय का बोध होता है। केवल पंडित या पुजारी ही ऐसा शब्द है, जिससे दुर्भाग्यवश ब्राह्मण का बोध हो जाता है और यह कहना बड़ी दूर की कौड़ी लाना है कि जो इस पाखंडाचार के ख़िलाफ़ घृणा फैलाता है वह ब्राह्मण जाति का द्रोही है।...लेखक की दृष्टि में ब्राह्मण कोई समुदाय नहीं, एक महान पद है जिस पर आदमी बहुत त्याग, सेवा और सदाचरण से पहुँचता है। हरेक टकेपंथी पुजारी को ब्राह्मण कहकर मैं इस पद का अपमान नहीं कर सकता।...

ठाकुर साहब को अब भागते राह न मिली तो उनके परम मित्र पं. ज्योतिप्रसाद मिश्र 'निर्मल' ने उसी महीने दूसरी तरफ़ से मुंशीजी पर वार किया—उन्हीं बातों की फुसफुसी पुनरावृत्ति। थोड़ी-सी लल्लो-चप्पो के साथ।

मुंशीजी ने शेर की तरह दहाड़ते हुए फ़ौरन 'जागरण' में जवाब दिया—

"अभी हाल में भारत में एक लेख देखकर हमारी आँखें खुल गईं और यह अप्रिय अनुभव हुआ कि हम अभी तक केवल मुँह से राष्ट्र का गुल मचाते हैं, हमारे दिलों में अभी वही जातिभेद का अन्धकार छाया हुआ है।...यह लेख किन्हीं निर्मल महाशय का है और यदि यह वही निर्मल हैं जिन्हें श्रीयुत ज्योतिप्रसाद जी के नाम से हम जानते हैं तो शायद वह ब्राह्मण हैं। हम अब तक उन्हें राष्ट्रवादी समझते थे...पर हमें ज्ञात हुआ कि वह अब भी उन पुजारियों का, पुरोहितों का और जनेऊधारी लुटेरों का हिन्दू समाज पर प्रभुत्व बनाए रखना चाहते हैं जिन्हें वह ब्राह्मण कहते हैं, पर हम उन्हें ब्राह्मण क्या, ब्राह्मण के पाँव की धूल भी नहीं समझते। निर्मल की शिकायत है कि हमने अपनी तीन-चौथाई कहानियों में ब्राह्मणों को काले रंगों में चित्रित करके अपनी संकीर्णता का परिचय दिया है, जो हमारी रचनाओं पर अमिट कलंक है। हम कहते हैं कि अगर हममें इतनी शक्ति होती तो हम अपना सारा जीवन हिन्दू जाति को पुरोहितों, पुजारियों, पंडों और धर्मोपजीवी कीटाणुओं से मुक्त कराने में अर्पण कर देते। हिन्दू

जाति का सबसे घृणित कोढ़, सबसे लज्जाजनक कलंक यही टकेपंथी दल है जो एक विशाल जोंक की भाँति उसका ख़ून चूस रहा है...जब तक यहाँ एक दल, समाज की भक्ति, श्रद्धा, अज्ञान और अन्धविश्वास से अपना उल्लू सीधा करने के लिए बना रहेगा, तब तक हिन्दू समाज कभी सचेत न होगा। और यह दल दस-पाँच लाख व्यक्तियों का नहीं है, असंख्य है। उसका उद्यम यही है कि वह हिन्दू जाति को अज्ञान की बेड़ियों में जकड़े रखे, जिसमें वह ज़रा भी चूँ न कर सके। मानो आसुरी शक्तियों ने अन्धकार और अज्ञान का प्रचार करने के लिए स्वयंसेवकों की यह अनगिनत सेना नियत कर रखी है। अगर हिन्दू समाज को पृथ्वी से मिट नहीं जाना है तो उसे इस अन्धकार-शासन को मिटाना होगा।...हिन्दू बालक जब से धरती पर आता है और जब तक वह धरती से प्रस्थान नहीं कर जाता, इसी अन्धविश्वास और अज्ञान के चक्कर में सम्मोहित पड़ा रहता है। और नाना प्रकार के दृष्टान्तों से, मनगढ़ंत क़िस्से-कहानियों से, पुण्य और धर्म के गोरखधंधों से, स्वर्ग और नरक की मिथ्या कल्पनाओं से यह उपजीवी दल उनकी सम्मोहनावस्था को बनाए रखता है।'

मुंशीजी की लड़ाई उनके इसी धर्म-उपजीवी, धर्म-व्यवसायी रूप से है, ब्राह्मण जाति से लड़ाई करके क्या होगा। उनको तो मुंशीजी ब्राह्मण ही नहीं मानते, जो "प्रात:काल आपके द्वार आकर करताल बजाते हुए 'निर्मल पुत्र देहि भगवान' की हाँक लगाने लगाते हैं, या गनेशपूजा और गौरीपूजा और अल्लम-पल्लम पूजा कर यजमानों से पैसे रखाते हैं, या विद्वान होकर ठाकुरजी और ठकुराइनजी के श्रृंगार में अपना कौशल दिखाते हैं, या मन्दिरों में मखमली गावतकिए लगाए वेश्याओं का नृत्य देखकर भगवान से लौ लगाते हैं।..."

इस नीति के पालन में कहीं छल-कपट नहीं है, तभी तो उन्हीं ब्राह्मणद्रोही कहानियों को, जिन पर निर्मल जी को आपत्ति है, कितने ही ब्राह्मण सम्पादकों ने अपने पत्र में जगह दी।

लेकिन हाँ, जिस तरह वहाँ कोई छल-कपट नहीं है उसी तरह कोई मेल-मुरौवत भी नहीं है। अपना तो एक ही दोस्त है—बेलाग सच्चाई। किसी को बुरी लगे, चाहे भली लगे। तो भी इसमें शक नहीं कि काशी में बैठकर इन पंडों-पुजारियों की बख़िया उधेड़ना मुंशीजी का ही काम है। वर्ना कौन कह सकता है ऐसी खरी, बेलाग बात—'हमारी समझ में मुसलमानों से हिन्दू जाति को उसकी शतांश हानि नहीं पहुँची है जितनी इन पाखंडियों के हाथों पहुँची और पहुँच रही है।...' यह सत्य और न्याय के लिए अपनी जाति और अपने धर्म से विद्रोह है। और है विद्रोह अपने वर्ग से—'...हमारी कहानियों में आपको पदाधिकारी, महाजन, वकील और पुजारी ग़रीबों का ख़ून चूसते हुए मिलेंगे, और ग़रीब किसान, मज़दूर, अछूत और दरिद्र उनके आघात सहकर भी अपने धर्म और मनुष्यता को हाथ से न जाने देंगे, क्योंकि हमने उन्हीं में सबसे ज़्यादा सच्चाई और सेवाभाव पाया है।'

उसी रौ में मुंशीजी ने तीन रोज़ बाद बनारसीदास चतुर्वेदी को लिखा—

'...यह निर्मल ऐसा आदमी है जिसका कोई भी सिद्धान्त नहीं है। पाक्षिक जागरण जब बाबू शिवपूजन सहाय के हाथों में था, मुझमें और जागरण में कुछ विवाद उठ खड़ा हुआ था। पं. नन्ददुलारे वाजपेयी ने कुछ लिखा था, उसी को लेकर। निर्मल ने

तब एक लेख जागरण को भेजा जिसमें मेरे साहित्य को बहुत बुरा-भला कहा गया था और मुझको सलाह दी गई थी कि मैं अब और कुछ न लिखूँ क्योंकि मैं वक़्त की दौड़ में बहुत पिछड़ गया हूँ, पुराना पड़ गया हूँ, और मेरे दिन अब बीत गए हैं। शिवपूजन सहाय ने यह लेख नहीं छापा। कुछ समय बाद, जब जागरण मेरे हाथ में आया तो इसी निर्मल ने एक लेख लिखा जिसमें मेरी प्रशस्ति में ज़मीन-आसमान के कुलाबे मिलाए गए थे, और मैंने उस लेख को छाप दिया।'

किसान की सरलता है तो कहीं उसी किसान का घाघपन भी है! निरे भोंदू नहीं हैं मुंशीजी!

'...इससे पता चलता है कि यह आदमी किस धातु का बना है। उसने मुझ पर इलज़ाम लगाया है कि मैंने समूचे ब्राह्मण वर्ग की निन्दा की है, जब कि मैंने सिर्फ़ इन पुजारियों और महन्तों और धार्मिक शोहदों-उचक्कों के कुछ पाखंडों का मज़ाक़ उड़ाया है। वह उनको ब्राह्मण कहता है और ज़रा भी नहीं सोचता कि उनके कारण अच्छे ब्राह्मणों का कितना अपमान होता है। ब्राह्मण का मेरा आदर्श सेवा और त्याग है, वह कोई भी हो। और रूढ़ियों की जड़ता और सरल हिन्दुजनों की भोली आस्था का अनुचित लाभ उठाना...इन पुजारियों और पंडों को मैं हिन्दू समाज का अभिशाप समझता हूँ, वही हमारे पतन के कारण हैं। वह इसी योग्य हैं कि उनका मज़ाक़ उड़ाया जाए और यही मैंने किया है। यह निर्मल और उसी थैली के चट्टे-बट्टे दूसरे लोग बड़े राष्ट्रवादी बने फिरते हैं मगर उनके भीतर पुजारी-पंडा वर्ग की तमाम ख़राबियाँ भरी हुई हैं और वह मन ही मन हम लोगों को, जो हालात को सुधारना चाहते हैं, कोसते रहते हैं।'

ऐसे और इन्हीं के भाई-बन्द दूसरे लोगों से, जो अलग-अलग शक्लों में, अलग-अलग नामों से देश को तबाह और बरबाद कर रहे हैं, लड़ने के लिए ही तो अपने हाथ में दो-एक पत्र चाहिए। वर्ना कैसे लगाए जाएँ, हफ़्ते के हफ़्ते ये नश्तर? ये रद्दे ये दुहत्तड़? कैसे छोड़े जाएँ ये ज़हर के बुझे तीर? कैसे ली जाएँ ये चुटकियाँ? अच्छे सन्तरी की तरह मुंशीजी की निगाह हर तरफ़ है।

कचहरी से तो जैसे उनकी पुरानी अदावत है—और फिर यह अँधेरी (आनरेरी) कचहरी!

'...मुक़दमा एक बार गया, बस समझ लीजिए चार-छः महीने के लिए छुट्टी हो गई।...रोज़ गवाहों की सवारी और जलपान का ख़र्च और वकील का मेहनताना चाहिए।...इस तरह तो शैतान भी नहीं घुलाता। एक साहब तो चार बजे तक ताश खेलते हैं। उधर नीम के पेड़ के नीचे मुक़दमेवाले और उनके वकील पड़े ऊँघा करते हैं।...'

सीमान्तप्रदेश की बमबारी पर, जो इन दिनों बड़े धड़ल्ले से हो रही थी, झल्लाकर लिखा—

'पुलिस का काम है जनता के जान और माल की रक्षा करना। बमों से ज़्यादा कौन यह रक्षा कर सकता है। और फिर कोई झंझट नहीं। न पुलिस को वहाँ जाना पड़ेगा और न कोई जोखिम उठाना पड़ेगा। चुपके से एक हवाई जहाज़ जाकर सारा काम समाप्त कर सकता है। हमारा ख़याल है अगर सरकार पुलिस विभाग तोड़कर

हर-एक ज़िले में एक-एक दो-दो हवाई जहाज़ रख दे, जो बम बरसाकर जनता की रक्षा किया करे, तो उसे एक बहुधंधी पुलिस विभाग रखने की ज़रूरत न रहेगी!... सारा सत्याग्रह का बखेड़ा और जलसे और मुक़दमे शान्त हो जाएँगे। जहाँ कोई जलसे देखो, चट दो-चार छोटे-छोटे बम गिरा दो। फिर जो एक भी विद्रोही जलसे में रह जाए तो हमारा ज़िम्मा। सब के सब इस तरह भर्र हो जाएँगे जैसे बन्दूक की आवाज़ सुनते ही चिड़ियाँ भर्र हो जाती है...'

'**राहु** के शिकार' शीर्षक से धार्मिक स्नान की महामारी पर चोट की—

'साल में दो-चार बार सूर्य और चन्द्र पर राहु के हमले होते हैं, पर जिन पर हमले होते हैं, उनका तो बाल भी बाँका नहीं होता, हाँ सौ दो सौ आदमियों पर उनका क्रोध उतर आता है।...ग्रहण स्नान और सोमवती स्नान और लाखों तरह के स्नानों की बला हिन्दोस्तान के सर से कभी टलेगी भी या नहीं...लाखों आदमी अपनी गाढ़े पसीने की कमाई ख़र्च करके, धक्के खाकर, पशुओं की भाँति रेल में लादे जाकर, रेले में जानें गँवाकर, नदी में डूबकर स्नान करते हैं, केवल अन्धविश्वास में पड़कर। कितने बच्चे और स्त्रियाँ खो जाती हैं, कितनी गुंडों के हथकंडों का शिकार हो जाती हैं, कितनों के गहने नुच जाते हैं...'

अंडमान जेल के बारे में यह लतीफ़ा सुनिए जहाँ इन दिनों राजनैतिक क़ैदी अपनी हालत सुधारने के लिए जान की बाज़ी लगाकर लड़ रहे थे—

'हमें सर हैरी हेग की ज़बानी यह सुनकर महान् सन्तोष हुआ कि अंडमान सेलुलर जेल भारत के जेलों से कहीं बढ़िया है। उसकी इमारत तो इतनी भव्य है कि सर हेनरी के शब्दों में—वह बड़े-बड़े मर्चेंट प्रिंसों के रहने योग्य है! शायद वहाँ क़ैदियों का स्वास्थ्य इसीलिए नष्ट हो जाता है कि उन ग़रीबों को उससे कहीं ज़्यादा आराम से रक्खा जाता है जिसके वे आदी हैं!...क्या अच्छा हो अगर सेलुलर जेल को अधिकारियों के लिए सेनेटोरियम बना दिया जाए...। इसी के लिए उन्हें योरोप की यात्रा करनी पड़ती है, यहाँ थोड़े ही ख़र्च में वही बात हासिल हो जाएगी!'

दाम चढ़ाए रखने के लिए पैदावार कम करने की पूँजीवादी अर्थनैतिक विडम्बना पर मुंशीजी ने हाशिया लगाया—

'योरोप के अर्थशास्त्रज्ञों ने एक बड़ा ही आसान नुस्ख़ा ढूँढ़ निकाला है। बस, जिस चीज़ का दाम गिर जाए उस चीज़ की पैदावार कम कर दो।...पूँजीपति को सस्ती काले साँप-सी नज़र आती है। वह तो महँगी चाहता है जिसमें थोड़ी-सी चीज़ देकर थैलियाँ भर ले। काश्तकार चाहता है और ईश्वर से मनाता है कि खेतों में इतना अनाज हो जाए कि वह दोनों हाथ लुटाये। मगर जिसने खलिहान का सारा माल अपने बखारों और खत्तियों में भर रखा है, वह प्रात:काल पंसेरिया लुढ़काता है कि भाव तेज़ हो। वह सदैव अकाल की कामना किया करता है। अब इस सस्ती में भी ग़रीबों को भोजन नहीं मिल रहा है। सस्ती का कारण यह नहीं है कि फ़सल अच्छी हो रही है, बल्कि किसी के पास ख़रीदने को पैसा नहीं है और लोग भूखों मर रहे हैं।...संसार में जो यह

तबाही आई हुई है, इसका कारण योरोप के पूँजीपति हैं...अगर पैदावारों के घटाने की यही सनक कुछ दिन और रही तो ये लोग संसार को निर्जन बनाकर छोड़ देंगे। यह साम्राज्यवाद की विपत्ति जिससे संसार त्राहि-त्राहि कर रहा है, यह किसकी बुलाई हुई है? इन्हीं कुबेर के ग़ुलामों की। यह जो चुंगियों की प्रत्येक देश ने दीवारें खड़ी कर ली हैं, यह किसकी कृपा है? इन्हीं पूँजीपतियों की। यह जो बड़ी-बड़ी लड़ाइयाँ होती हैं जिनमें ख़ून की नदियाँ बह जाती हैं, इनका ज़िम्मेदार कौन है? यही लक्ष्मी के उपासक। संसार इनके भोग का क्षेत्र है। सारी राज्य-व्यवस्था, यही बड़ी-बड़ी सेनाएँ, ये जंगी बेड़े, ये हवाई जहाज़ों के परे इन्हीं व्यापारियों के फ़ायदे के लिए तो हैं! वे संसार के स्वामी हैं, पार्लिमेंट और सेनेट-सिंडिकेट तो उनके खिलौने हैं!...'

लेकिन पूँजीवाद का चेहरा सब जगह एक ही है, काले-गोरे का अन्तर बेकार है—

'पहले जब किसान निपट मूर्ख था, उसके लिए गोरे और काले पूँजीपति में कोई अन्तर न था। साँप और नाग दोनों ही उसके लिए समान थे। मि. बुल और सेठ पुनपुनवाला दोनों ही को देखकर वह काँप उठता था। तब धीरे-धीरे उसने कुछ राजनैतिक ज्ञान सीखा, राष्ट्र और जाति जैसे शब्दों से उसका परिचय हुआ और भोले बालकों की भाँति, जो हरेक वस्तु को मुँह में डाल लेते हैं, इस सरल व्यक्ति ने भी सेठ पुनपुनवाला के वैष्णव तिलक और हिन्दू धर्म के प्रति असीम श्रद्धा और उनके नाम को उजागर करने वाले धर्मशालों, मन्दिरों और पाठशालों को देखकर उनको अपना उद्धारक समझा...लेकिन जब पुनपुनवाला की मिलों में उसकी ऊख की ख़रीद होने लगी, जब उनकी आढ़तों में उसका अनाज या सन तौला जाने लगा तब उसे अनुभव हुआ कि सेठजी बाहर से जितने बड़े धर्मात्मा और देशभक्त हैं, भीतर से उतने ही लुटेरे और बन्धुद्रोही भी हैं और धन और देशप्रेम का यह सारा आडम्बर उन्होंने केवल अपना स्वार्थ सिद्ध करने के लिए ही रच रक्खा है। पहले उसे सहसा अपनी आँखों पर विश्वास न आया। नहीं, सेठ पुनपुनवाला जिनके नाम से ऐसी-ऐसी धर्म-संस्थाएँ चलती हैं, कभी इतने पाषाण-हृदय नहीं हो सकते। यह उनके मुख्तारों और मुनीमों का चक्र है। उसने सेठजी से अपना दर्देदिल कहने की अनुमति चाही, लेकिन बेकार। सेठजी के उसे दर्शन न हुए, उनके दरबानों ने उसे धक्के देकर निकाल दिया, यहाँ तक कि जब उसने रोना शुरू किया तो धर्मात्मा सेठ पुनपुनवाला ख़ुद हंटर लेकर दौड़े। तब अभागा कृषक समझ गया कि इन सेठजी से उसने व्यर्थ ही ऐसी आशाएँ बाँधी थीं। वहीं उसे दूसरा अनुभव यह हुआ और जिससे उसे और अधिक मर्मवेदना हुई, कि मि. बुल इन सेठ पुनपुनवाला से कहीं खरे, सच्चे और सज्जन हैं। उनके मिल में उसकी ऊख चटपट तुल जाती है, और तुरन्त दाम मिल जाते हैं।'

निष्कर्ष?

'...यह आशा करना कि पूँजीपति किसानों की दीन दशा से लाभ उठाना छोड़ देंगे, कुत्ते से चमड़े की रखवाली करने की आशा करना है। इस खूँखार जानवर से अपनी रक्षा करने के लिए हमें स्वयं सशस्त्र होना पड़ेगा।'

गांधी-दर्शन से कम ही साम्य है इसका!

आँखों के आगे से रहे-सहे पर्दे भी गिरते जा रहे हैं। समष्टि का आदर्श जो अब तक केवल एक भावना थी, अब उसे बुद्धि का पक्का आधार मिल रहा है। 'राष्ट्रीयता और अन्तर्राष्ट्रीयता' के शीर्षक से मुंशीजी ने लिखा—

> *राष्ट्रीयता वर्तमान युग का कोढ़ है, उसी तरह जैसे मध्यकालीन युग का कोढ़ साम्प्रदायिकता थी।...लेकिन प्रश्न यह है कि उससे मुक्ति कैसे हो?*
>
> *...अर्थ के प्रश्न को हल कर देना ही राष्ट्रीयता के क़िले को ध्वंस कर सकता है।*
>
> *वेदान्त ने एकात्मवाद का प्रचार करके एक-दूसरे ही मार्ग से इस लक्ष्य पर पहुँचने की चेष्टा की। उसने समझा, समाज के मनोभाव को बदल देने से ही यह प्रश्न आप ही आप हल हो जाएगा, लेकिन इसमें उसे सफलता नहीं मिली। उसने कारण का निश्चय किए बिना ही कार्य का निर्णय कर लिया, जिसका परिणाम असफलता के सिवा और क्या हो सकता था।...उसकी असफलता का मुख्य कारण यही था कि उसने अर्थ को नगण्य समझा।...*
>
> *जब तक सम्पत्ति मानव समाज के संगठन का आधार है, संसार में अन्तर्राष्ट्रीयता का प्रादुर्भाव नहीं हो सकता। राष्ट्रों-राष्ट्रों की, भाई-भाई की, स्त्री-पुरुष की लड़ाई का कारण यही सम्पत्ति है। संसार में जितना अन्याय और अनाचार है, जितना द्वेष और मालिन्य है, जितनी मूर्खता और अज्ञानता है, उसका मूल रहस्य यही विष की गाँठ है। जब तक सम्पत्ति पर व्यक्तिगत अधिकार रहेगा, तब तक मानव समाज का उद्धार नहीं हो सकता। मज़दूरों के काम का समय घटाइए, बेकारों को गुज़ारा दीजिए, ज़मींदारों और पूँजीपतियों के अधिकारों को घटाइए, मज़दूरों और किसानों के स्वत्वों को बढ़ाइए, सिक्के का मूल्य घटाइए, इस तरह के चाहे जितने सुधार आप करें, लेकिन यह जीर्ण दीवार इस तरह के टीपटाप से नहीं खड़ी रह सकती। इसे नए सिरे से गिराकर उठाना होगा।...*
>
> *संसार आदि काल से लक्ष्मी की पूजा करता चला आता है।...लेकिन संसार का जितना अकल्याण लक्ष्मी ने किया है, उतना शैतान ने नहीं किया। यह देवी नहीं डायन है।*
>
> *सम्पत्ति ने मनुष्य को क्रीतदास बना लिया है। उसकी सारी मानसिक, आत्मिक और दैहिक शक्ति केवल सम्पत्ति के संचय में बीत जाती है। मरते दम भी हमें यही हसरत रहती है कि हाय इस सम्पत्ति का क्या हाल होगा। हम सम्पत्ति के लिए जीते हैं, उसी के लिए मरते हैं। हम विद्वान् बनते हैं सम्पत्ति के लिए, गेरुए वस्त्र धारण करते हैं सम्पत्ति के लिए। घी में आलू मिलाकर हम क्यों बेचते हैं? दूध में पानी क्यों मिलाते हैं? भाँति-भाँति के वैज्ञानिक हिंसा-यंत्र क्यों बनाते हैं? वेश्याएँ क्यों बनती हैं, और डाके क्यों पड़ते हैं? इसका एकमात्र कारण सम्पत्ति है। जब तक सम्पत्तिहीन समाज*

का संगठन न होगा, जब तक सम्पत्ति-व्यक्तिवाद का अन्त न होगा, संसार को शान्ति न मिलेगी।

(आज यह कैसा भूत मुंशीजी पर सवार है!)

कुछ लोग समाज के इस आदर्श को वर्गवाद या 'क्लास वार' कहकर उसका अपने मन में भीषण रूप खड़ा कर लिया करते हैं। जिनके पास धन है, जो लक्ष्मी-पुत्र हैं, जो बड़ी-बड़ी कम्पनियों के मालिक हैं, वे इसे हौआ समझकर आँखें बन्द करके गला फाड़कर चिल्ला पड़ते हैं। लेकिन शान्त मन से देखा जाए तो असम्पत्तिवाद की शरण में आकर उन्हें भी वह शान्ति और विश्राम प्राप्त होगा, जिसके लिए वे सन्तों और संन्यासियों की सेवा किया करते हैं, और फिर भी वह उनके हाथ नहीं आती।...क्या वे अपने ही भाइयों से, अपनी ही स्त्री से सशंक नहीं रहते? क्या वे अपनी ही छाया से चौंक नहीं पड़ते? यह करोड़ों का ढेर उनके किस काम आता है? वे कुम्भकर्ण का पेट लेकर भी उसे अन्दर नहीं भर सकते। ऐन्द्रिक भोग की भी सीमा है। इसके सिवा कि उनके अहंकार को यह सन्तोष हो कि उनके पास एक करोड़ जमा है और तो उन्हें कोई सुख नहीं है। क्या ऐसे समाज में रहना उनके लिए असह्य होगा, जहाँ उनका कोई शत्रु न होगा, जहाँ उन्हें किसी के सामने नाक रगड़ने की ज़रूरत न होगी, जहाँ उन्हें छल-कपट के व्यवहार से मुक्ति होगी, जहाँ उनके कुटुम्बवाले उनके मरने की राह न देखते होंगे, जहाँ वे विष के भय के बग़ैर भोजन कर सकेंगे? क्या यह अवस्था उनके लिए असह्य होगी?...बेशक उनके पास बड़े-बड़े महल और नौकर-चाकर और हाथी-घोड़े न होंगे, लेकिन यह चिन्ता, सन्देह और संघर्ष भी तो न होगा।

सम्पत्तिहीन, श्रेणीहीन, समष्टिमूलक समाज के विरुद्ध कोई युक्ति, कोई तर्क सुनने के लिए मुंशीजी तैयार नहीं हैं, सब झूठे तर्क हैं, सम्पत्ति को बनाए रखने के—

'कुछ लोगों को सन्देह होता है कि व्यक्तिगत स्वार्थ के बिना मनुष्य में प्रेरक शक्ति कहाँ से आएगी। फिर विद्या, कला और विज्ञान की उन्नति कैसे होगी? क्या गोसाईं तुलसीदास ने रामायण इसलिए लिखी थी कि उस पर उन्हें रायल्टी मिलेगी? आज भी हम हज़ारों आदमियों को देखते हैं जो उपदेशक हैं, लेखक हैं, कवि हैं, शिक्षक हैं, केवल इसलिए कि इससे उन्हें मानसिक सन्तोष मिलता है। अभी हम व्यक्ति की परिस्थिति से अपने को अलग नहीं कर सकते, इसलिए ऐसी शंकाएँ हमारे मन में उठती हैं। समष्टि कल्पना के उदय होते ही यह स्वार्थ चेतना स्वयं संस्कृत हो जाएगी।'

कहीं कोई दुविधा नहीं, झिझक नहीं है। विचारों की बड़ी लम्बी और टेढ़ी-मेढ़ी यात्रा करके मुंशीजी इस जगह पहुँचे हैं, जो कि एक ठहरने का मुकाम है।

अब तो एक दूरबीन आँख उन्हें मिल गई है, एक समग्र विराट् दृष्टि, एक पक्की कसौटी जिसमें कोई धोखा नहीं है। 'साम्प्रदायिकता और संस्कृति' के उलझे हुए, संघर्षपूर्ण प्रश्न पर विचार करते हुए उन्होंने 15 जनवरी, 1934 के 'जागरण' में लिखा—

'साम्प्रदायिकता सदैव संस्कृति की दुहाई दिया करती है। उसे अपने असली रूप में निकलते शायद लज्जा आती है, इसलिए वह गधे की भाँति जो सिंह की खाल ओढ़कर जंगल के जानवरों पर रोब जमाता फिरता था, संस्कृति का खोल पहनकर आती है। हिन्दू अपनी संस्कृति को क़यामत तक सुरक्षित रखना चाहता है, मुसलमान अपनी संस्कृति को। दोनों ही अभी तक अपनी-अपनी संस्कृति को अछूती समझ रहे हैं, यह भूल गए हैं कि अब न कहीं मुस्लिम संस्कृति है न कहीं हिन्दू संस्कृति, न कोई अन्य संस्कृति, अब संसार में केवल एक संस्कृति है, और वह है आर्थिक संस्कृति, मगर हम आज भी हिन्दू और मुस्लिम संस्कृति का रोना रोये चले जाते हैं, हालाँकि संस्कृति का धर्म से कोई सम्बन्ध नहीं। आर्य संस्कृति है, ईरानी संस्कृति है, अरब संस्कृति है लेकिन ईसाई संस्कृति और मुस्लिम या हिन्दू संस्कृति नाम की कोई चीज़ नहीं है।...'

यही सब तो बातें हैं बग़ावत से भरी हुईं जो बाहर आने के लिए तड़प रही हैं और तड़पती रहती हैं वर्ना क्या पड़ी थी किसी को कि यह सब आफ़त मोल लेता—हाँ मोल लेता, अपनी किताबों की आमदनी फूँककर, अपनी ज़िन्दगी का आराम-चैन गँवाकर। कभी मुंशीजी इश्तहारों के लिए जैनेन्द्र को लिखते हैं कि बिड़ला से मिलो, मेरी ख़ातिर मिलो और उनको बात समझाओ, कभी दयानरायन निगम को लिखते हैं कि कानपुर में फ्लेक्स और लाल इमली के इश्तहार हासिल कीजिए, कभी बनारसीदास चतुर्वेदी को लिखते हैं कि बंगाल केमिकल बहुत इश्तहार करता है, क्या हमको भी उसका इश्तहार नहीं मिल सकता? छटपटाते हैं, हर तरफ़ हाथ-पैर मारते हैं। सब इसलिए कि कुछ कहना है, जिसे कहना ज़रूरी है।

लेकिन है पूरी फाँसी। 18 अगस्त, 1933 के ख़त में चतुर्वेदी जी को उन्होंने लिखा था—

'बड़े दुःख की बात है कि मेरा कोई पत्र अभी तक अपने पैरों पर नहीं खड़ा हुआ। 'हंस' तो मुझे बहुत महँगा नहीं पड़ रहा है लेकिन जागरण असह्य हो रहा है। मेरी अक़्ल चकरा रही है कि कैसे इस स्थिति से बाहर निकलूँ। मुझे हर महीने क़रीब 200 रुपए का घाटा हो रहा है। आख़िर कब तक यह हालत चल सकती है? एक बार उसको शुरू करने की ग़लती करने के बाद अब अहंकार उसे बन्द करने की राह में आड़े आता है। लोग मुँह ही मुँह में कैसे हँसेंगे, खिल्ली उड़ाएँगे!' मगर वाह रे हिम्मत, अभी कुछ ही महीने पहले तो उन्होंने निगम साहब को लिखा था—

'हाँ, रोज़ाना जागरण लखनऊ से निकालने का इन्तज़ाम हो रहा है।...हफ़्तेवार के नुक़सान ने रोज़ाना पर आमादा किया है।' ख़ैरियत हुई कि वह बात आई-गई हो गई।...लेकिन इन छः-सात महीनों में अक़्ल शायद कुछ ठिकाने आ गई है। पहली सितम्बर को उन्होंने जैनेन्द्र को लिखा—

'आजकल इतनी मन्दी है कि समझ में नहीं आता, काम कैसे चलेगा। मज़दूरों को वेतन चुकाने में कठिनाई पड़ रही है।'

फिर इसी ख़त में आगे चलकर—

'...समाचारपत्रों की आमदनी का दारोमदार विज्ञापनों पर है। मैंने बिड़ला से मिलने को कहा था। अपनी ग़रज़ से मत मिलो, मेरी ग़रज़ से मिलो, पत्र दिखाओ,

उसकी चर्चा करो।...उनके पास कई मिलें हैं, एकाध पृष्ठ का विज्ञापन उनके लिए तो कुछ नहीं है लेकिन मेरे और तुम्हारे लिए वह पचास रुपए महीने का सहारा है। भाई, यह संसार चुपके से रामभरोसे बैठनेवालों के लिए नहीं है।...यहाँ झेंपू और मेरे जैसे शर्मीले आदमियों का गुज़ारा नहीं। तुम अपने में यह ऐब न आने दो। है भी नहीं। मैं तो कौड़ी दाम का नहीं हूँ।...'

अगले महीने और भी हताश होकर लिखा—

'...जो कुछ आमदनी होती है वह ऊपर-ऊपर उड़ जाती है। वेतन तक को पूरी नहीं पड़ती। काग़ज़ के कई सौ रुपए बाक़ी पड़े हैं।...मैं अपनी ख़ामियों को समझ रहा हूँ, अपनी ग़लतियों को देख रहा हूँ। पर यह आशा है कि शायद कुछ हो जाए। हिम्मत बाँधे हुए हूँ। इधर एक महाशय फिर एक लिमिटेड प्रकाशक संघ खोलने का विचार कर रहे हैं। मैं भी शरीक हो गया। कुछ लोगों ने हिस्से लेने का वचन भी दिया। मगर वह ऐसे ग़ायब हुए कि कुछ पता ही नहीं कहाँ हैं।...'हंस' में दम नहीं है, पर फिर भी शहीदों में शामिल होना चाहता है। मैंने सोच लिया है, जनवरी तक और देखूँगा। अगर उस वक़्त तक 'जागरण' कुछ ढंग पर न आया तो इसे बन्द कर दूँगा।...शायद मेरी कामनाएँ सब यों ही रह जाएँगी। मुश्किल तो यह है कि व्यवसाय में जितना मैं कच्चा हूँ, उतने ही तुम भी कच्चे हो। वर्ना क्या बात है कि ऋषभचरण तो सफल हों और हम लोग असफल रहें। उपन्यास मिलता था, वह भी बन्द है लेकिन अब ज़्यादा प्रतीक्षा न करूँगा। जनवरी तक और देखता हूँ। तुम्हारी सलाह न मानी, वर्ना इतना घाटा क्यों उठाता। लेकिन कोई काम बन्द करते बदनामी होती है और वही लाज ढो रहा हूँ।...

मैं तुमसे सच कहता हूँ, प्रेस और पत्रों पर मैं मरा जा रहा हूँ। कुछ लेखों से, कुछ रायल्टियों से, कुछ उर्दू पुस्तकों से अपनी गुज़र कर रहा हूँ। लेकिन बहुत देख चुका, अब यह तमाम बन्द कर दूँगा।'

अगले महीने लिखा—

'जागरण का भार मेरे सिर से उतरा जा रहा है। यहाँ से बाबू सम्पूर्णानन्दजी उसे अर्द्ध-साप्ताहिक रूप में निकालने जा रहे हैं। आशा है दो-तीन दिन में सब बात तय हो जाएगी।'

काश! मगर वह अभी नहीं होना था।

अगले महीने 16 दिसम्बर, 1933 को मुंशीजी ने लिखा—'जागरण साबिक़ दस्तूर चल रहा है। बाबू सम्पूर्णानन्दजी को शायद उनके मित्रों ने मदद नहीं दी। अब मैं उसको बन्द करने की फ़िक्र में हूँ।'

12 जनवरी, 1934 को बनारसीदासजी को लिखा—

'मेरी आर्थिक दशा ठीक नहीं है। इस साल 2000 रुपए का घाटा रहा। इसने मेरी कमर तोड़ दी। मैं प्रेस और प्रकाशन और पत्र सभी कुछ लीडर प्रेस के हवाले कर देने के लिए बातचीत कर रहा हूँ। देखूँ कैसा क्या होता है।'

हालत बराबर संगीन होती जा रही है। आख़िर 14 फ़रवरी, 1934 को उन्होंने जैनेन्द्र को लिखा—

'काशी अंक निकला। चार सौ वी. पी. गए, 175 वसूल हुए, 225 वापस आए। बस, बधिया बैठ गई।...इस वापसी का नतीजा यह कि काग़ज़वाले को 1300 रुपए में कुल 300 रुपए दे सका। एक हज़ार पूरे उसके सर पर सवार हैं। जागरण के काग़ज़वाले का भी 1000 रुपए से कुछ ऊपर ही चढ़ा हुआ है। जो-जो बातें सोची थीं, सब ग़ायब हो गईं। ऐसी माली हालत में क्या कोई प्रोग्राम बाँधूँ, क्या करूँ। तुम्हें मालूम होगा कुछ दिनों से लीडर प्रेस वालों से इस सारे संकट को मिटा देने का प्रस्ताव था। बीच में वह प्रस्ताव स्थगित कर दिया था। पर जब ऐसी परिस्थिति आ पड़ी है तो अब इसके सिवा कोई राह नहीं है कि किसी तरह इस झगड़े से गला छुड़ाकर भाग निकलूँ। लीडर को एक प्रस्ताव लिख भेजा है। वे यहाँ 18 को आनेवाले हैं। आशा करता हूँ कि उस दिन यह मामला तय हो जाएगा। पहले इरादा था कि 'हंस' उन्हें दे दूँगा और प्रेस चलाता रहूँ लेकिन सारी विपत्ति की जड़ तो यह प्रेस है। न जाने किस बुरी साइत में उसकी बुनियाद पड़ी थी। दस हज़ार रुपए और ग्यारह साल की मेहनत और परेशानियाँ अकारथ हो गईं। इसी प्रेस के पीछे कितने मित्रों से बुरा बना, कितनों से वादाख़िलाफी की, कितना बहुमूल्य समय जो लिखने-पढ़ने में कटता, बेकार प्रूफ़ देखने में कटा। मेरी ज़िन्दगी की यह सबसे बड़ी ग़लती है।'

ग़म की इस तमाम दास्तान में 'एक ख़ुशख़बरी यही है कि 'सेवासदन' का फ़िल्म हो रहा है। उस पर मुझे साढ़े सात सौ मिले...' साढ़े सात सौ! वल्लाह, आपने तो लूट लिया बेचारे को!! '...लेकिन तंगी में जब कोई रक़म हाथ आ जाती है तो वे सारी ज़रूरतें जो मुँह दबाये पड़ी थीं, यकायक चीख़ मारने लगती हैं। किसी के पास कपड़े नहीं हैं, किसी के पास जूते नहीं हैं, किसी की लड़की की शादी के लिए कुछ देना चाहिए। ग़रज़ वह रुपए दो-चार दिन में हवा हो जाते...'

महालक्ष्मी सिनेटोन ने यह शानदार (!) रक़म देकर 'सेवासदन' लिया था, और चित्र का निर्देशन किया नानूभाई वकील ने, जो घटिया तरह के एंटरटेनर्स बनाने के लिए मशहूर थे। उन्होंने किताब के उर्दू नाम को ज़्यादा पसन्द किया और उसी 'बाज़ारे-हुस्न' के नाम से वही घटिया नाच-गानेवाली ठेठ बम्बइया तसवीर बनाकर रख दी। मुंशीजी ने उसको देखा तो अपने लड़के को तार की ज़बान में बस इतना लिख सके—Sevasadan released. Saw. Fair but not satisfactory. (सेवासदन रिलीज़ हो गया। देखा। अच्छा ही है पर सन्तोषजनक नहीं।)

लेकिन यही 'सेवासदन', लगभग इन्हीं दिनों, तमिल में बना तो बात ही और थी। के. सुब्रह्मण्यम ने उसका निर्देशन किया और बाद की विख्यात गायिका एम. शुभलक्ष्मी ने जीवन में पहली बार रंगमंच पर उतरकर सुमन की भूमिका ग्रहण की। नटेश ऐयर ने गजाधर पांडे के रूप में बड़ा कमाल किया। सुब्रह्मण्यम अभी जीवित हैं और तमिल फ़िल्म-जगत् के चोटी के लोगों में गिने जाते हैं। अगर सफलता की कसौटी पैसा है तो न वह आज सबसे सफल लोगों में हैं और न तब थे, लेकिन अगर सफलता की कसौटी कला के इस अत्यन्त सामाजिक माध्यम को वस्तु और शिल्प के नए शिखरों पर ले जाना, अभिव्यक्ति के नए रास्ते खोलना हो तो सुब्रह्मण्यम तमिल फ़िल्म जगत् का एक ऐसा नाम है जो कभी भूला नहीं जा सकता। कथाकार के सामाजिक सन्देश

और कहानी की आत्मा की पूरी तरह रक्षा करते हुए सुब्रह्मण्यम ने 'सेवासदन' बनाया जो कि रुचि-सम्पन्न लोगों के बीच बहुत पसन्द किया गया।

लीडरवालों से बातचीत चल रही थी—इस आधार पर कि 'हंस' का और पुस्तकों का मूल्य जोड़ लिया जाए और उतने हिस्से मुंशीजी को लीडर कम्पनी में मिल जाएँ। 'हंस' के लिए मुंशीजी ने दो हज़ार माँगे थे "हालाँकि इस पर मैं 4000 रुपए से ज़्यादा भेंट कर चुका हूँ। पुस्तकों का मामला साफ़ है। पुस्तकों की असली लागत निकाल ली जाए। 'जागरण' को चलाना मंजूर हो तो उसे चलाया जाए। अच्छा सोशलिस्ट पत्र बना दिया जाए। रहा यह प्रेस, यहाँ रहे या कहीं और मुझे इसमें कोई एतराज नहीं। हाँ काम ऐसे हाथों में हो जो महज़ 'ड्रीमर्स' न हों, जैसा मैं हूँ और तुम (जैनेन्द्र) हो, बल्कि कुछ व्यावसायिक बुद्धि भी रखते हो।..."

लेकिन सौदा पटता नहीं दिखाई देता था और उधर कांग्रेस सोशलिस्ट पार्टी के सम्पूर्णानन्दजी और नरेन्द्र देव जी से भी बातें चल रही थीं। हालत रोज़-ब-रोज़ दूभर होती जा रही थी, मगर पर्चा जब तक निकल रहा है उसकी वही आन-बान है और मुंशीजी हर हफ़्ते कभी इस पर रद्दे कभी उस पर कोड़े लगाते चले जा रहे हैं।

यह तो ख़ैर मुंशीजी की तबीयत है। जीवट उसका एक ख़ास जुज़ है, जिसे रोने-झींखने से कुछ वास्ता नहीं। लेकिन इसमें शक नहीं कि हिन्दी पत्रों, क्या दैनिक क्या साप्ताहिक क्या मासिक, सभी का हाल ख़राब है। पढ़नेवालों में रुचि की दरिद्रता, पत्रों में सामग्री की। और कैसे न हो पत्रों में सामग्री की दरिद्रता, कितने साधनहीन हैं बेचारे। मुंशीजी से ज़्यादा कौन जानता है इस बात को, जिनके पास भरोसे का प्रूफ़रीडर भी नहीं है। ढेरों प्रूफ़ ख़ुद ही पढ़ने पड़ते हैं। अजब दुष्ट चक्र है। लोग, जो पत्र ख़रीद सकते हैं और ख़रीदना चाहते हैं, हिन्दी पत्र नहीं ख़रीदते क्योंकि उनका स्तर बहुत सन्तोषजनक नहीं है, और स्तर सन्तोषजनक हो नहीं सकता जब तक लोग उन्हें अपनाएँ नहीं। इसी झमेले में ग़रीबों की मिट्टी ख़राब हो रही है। उनकी ज़िन्दगी भी कोई ज़िन्दगी है—कुत्ताघसीटी!

तो भी कहीं पर तो इस दुष्ट चक्र को काटना ही होगा। पत्रों को सामग्री की दृष्टि से अधिक सम्पन्न बनाओ। उसके लिए सबसे पहले देशी-विदेशी भाषाओं से अच्छे अनुवाद कराने की व्यवस्था होनी चाहिए। उसके बिना, केवल मौलिक लेखों से, पेट नहीं भर सकता।

और योजनाशूर तो मुंशीजी पुराने हैं, मई 1933 में दिल्ली के 'अर्जुन' में उन्होंने एक अनुवादक-मंडल के सम्बन्ध में अपनी विस्तृत योजना पेश की।

यह हो वह हो, ऐसे हो वैसे हो—सरपट दौड़ चला मुंशीजी का दिमाग़। इलाहाबाद में रामचन्द्र टंडन को उसमें बहुत दिलचस्पी हुई और चिट्ठियाँ दौड़ने लगीं। अभी तक तो केवल रेखाएँ थीं अब रंग भरा जाने लगा।

मुंशीजी को एक सहृदय समानधर्मा मिला तो रही-सही कसर भी पूरी हो गई, गो मुंशीजी कहे जाते थे (टंडन को पत्र : 23.5.33) कि—'मैं तो एक हरकारा मात्र हूँ और सदा ऐसे कामों में हाथ डालने की चेष्टा करता रहता हूँ जिनके लिए मैं नहीं बनाया गया। पत्रकार कला से मेरा स्वभावगत विरोध है पर परिस्थितियों से विवश होने के कारण मैं उसे स्वीकार करने को बाध्य हुआ हूँ। मेरी यह भावना, कि मैं किसी

क्षेत्र में कोई स्थायी चिह्न अंकित करने में असमर्थ हूँ, मुझे मूर्खतापूर्ण कामों के लिए उकसाती रहती है।...'

तय पाया कि कार्यालय इलाहाबाद में होगा। रामचन्द्र टंडन उसकी देखभाल करेंगे। समिति में इन्द्र वाचस्पति, बनारसीदास चतुर्वेदी, डॉ. हेमचन्द्र जोशी, श्रीप्रकाश, श्रीकृष्णदत्त पालीवाल होंगे। आमदनी का तख़मीना, ख़र्च का बजट, लेखों की विषय-सूची, पत्र-पत्रिकाओं के नाम, क्लर्क, चपरासी, अनुवादक, उनके काम, उनके वेतन आदि सब कुछ तय हो गया। आफ़िस के पोस्टेज ख़र्च तक, छोटी से छोटी चीज़ भी एक-एक समझ ली गई, टाँक ली गई। अब बस काम शुरू करने की देर थी, लेकिन सवाल था कि म्याऊँ का ठौर कौन पकड़े? वक़्त न मुंशीजी के पास था न टंडन जी के पास और न शायद जमाने को अब तक इस चीज़ की ज़रूरत का एहसास ही हुआ था, बस ख़याली पुलाव पककर रह गया।

कुछ-कुछ ऐसी ही चीज़ लेखक-संघ की उनकी स्कीम भी थी जिसे मुंशीजी ने लगभग इन्हीं दिनों इलाहाबाद के अपने एक और दोस्त सत्यजीवन वर्मा के ज़रिये आगे बढ़ाने की, शक्ल देने की कोशिश की। लेकिन उसका भी कुछ वैसा ही हश्र हुआ, क्योंकि जहाँ कथा-कहानी के क्षेत्र में विचारों का बीज छिड़क देना काफ़ी होता है, वहाँ इस मैदान में बीज छिड़कने-भर से कुछ नहीं होता। यहाँ तो जो राह दिखाए वह आगे आए वाली बात है—और उसके लिए पहले तो मुंशीजी के पास समय ही न था और समय मान लीजिए किसी जादू से हो भी जाता तो संगठन-क्षमता कहाँ से आती, उसमें तो मुंशीजी कोरे से भी कोरे थे।

मगर ख़ैर, वह जो भी हो, इस लेखक संघ की एक अलग दास्तान है और उसमें सबसे दिलचस्प बात यह है कि रामचन्द्र टंडन ने ही उसका सबसे डटकर विरोध किया।

निश्चय ही किसी अभागे क्षण में इस विचार की उद्भावना हुई थी, क्योंकि जब यह विचार सम्यक् रूप से एक प्रस्ताव के रूप में हिन्दी संसार के सामने आया तो उसके रूप, विधान, कर्म-सूची आदि को लेकर ऐसा बवंडर उठा कि लेखक-संघ उसमें हवा हो गया। बीज रूप में वह लेखक और प्रकाशक का झगड़ा था। रामचन्द्र टंडन ने, जो इस संघ को लेखकों के ट्रेड यूनियन के रूप में ही देखते थे, डटकर उसकी गोलमोल कल्पना का विरोध किया और अकेले ही लेखक-संघ के संयोजक और श्री रामनरेश त्रिपाठी और श्री किशोरीदास वाजपेयी आदि से मोर्चा लेते हुए लेखक-संघ को क़रीब-क़रीब दफ़ना दिया। ख़ुद मुंशीजी भी, बावजूद एक भुक्तभोगी लेखक होने के, लेखक-संघ को लेखकों के ट्रेड यूनियन के रूप में, जिसका अकेला काम प्रकाशकों से टक्कर लेना हो, न देख पाते थे।

दिसम्बर सन् 34 के 'हंस' में लेखक-संघ पर टिप्पणी देते हुए मुंशीजी ने लिखा था—

'...संघ लेखकों के स्वत्व की रक्षा करेगा, लेकिन कैसे? कुछ सज्जनों का विचार है कि लेखक संघ उसी तरह लेखकों के हितों और अधिकारों की रक्षा करे जैसे अन्य मजूर-संघ अपने सदस्यों की रक्षा करते हैं, क्योंकि लेखक भी मजूर ही हैं, यद्यपि वह हथौड़े और बसूले से काम न करके क़लम से काम करते हैं। और लेखक मजूर हैं तो प्रकाशक पूँजीपति हुए। इस तरह यह संघ लेखकों को प्रकाशकों की लूट से बचाए,

और यही उसका मुख्य काम हो। कुछ अन्य सज्जनों का मत है कि लेखक-संघ को पूँजी खड़ी करके एक विशाल सहकारी प्रकाशन-संस्था बनाना चाहिए, जिससे वह लेखक को उसकी मज़दूरी की ज़्यादा से ज़्यादा उजरत दे सके...'

प्रश्न पर अपनी राय देते हुए मुंशीजी ने लिखा—'मौजूदा हालत ऐसी नहीं है कि प्रकाशकों को लेखकों के साथ ज़्यादा न्यायसंगत व्यवहार करने पर मजबूर किया जा सके।...इस समय एक भी ऐसा साहित्यग्रंथ-प्रकाशक नहीं है जो नफ़े से काम कर रहा हो। जो प्रकाशक धर्मग्रन्थों या पाठ्य-पुस्तकों का व्यापार करते हैं, उनकी दशा इतनी बुरी नहीं है, कुछ तो ख़ासा लाभ उठा रहे हैं, लेकिन जो लोग मुख्यकर साहित्य ग्रन्थ ही निकाल रहे हैं, वे प्राय: बड़ी मुश्किल से अपनी लागत निकाल पाते हैं। कारण है साधारण जनता की साहित्यिक अरुचि। जब प्रकाशक को यही विश्वास नहीं कि किसी पुस्तक के काग़ज़ और छपाई की लागत भी निकलेगी या नहीं, तो वह लेखकों को पुरस्कार या रायल्टी कहाँ से दे सकता है? साहित्यिक रचनाओं का प्रकाशन प्राय: बन्द-सा है...पहले ऐसी परिस्थिति तो पैदा हो कि प्रकाशक को प्रकाशन से नफ़े की आशा हो...'

हिन्दी प्रकाशन-व्यवसाय की घोर अविकसित स्थिति को देखते हुए मुंशीजी की बात कुछ ऐसी भयानक न थी, काफ़ी पते की थी, व्यावहारिक, दूरदर्शी, लेकिन टंडन' जी को अपने सैद्धान्तिक उत्साहवश उसमें कुछ दूसरी ही गन्ध मिली और उन्होंने 31 दिसबर के अपने पत्र में काफ़ी क्षुब्ध होकर लिखा—

'...अभी-अभी पत्रों में इस विषय को लेकर पंडित रामनरेश त्रिपाठी के साथ मेरा विवाद समाप्त हुआ है और मैं फिर एक नए विवाद में, और सो भी आपके साथ, नहीं पड़ना चाहता। लेकिन मैं आपके विचारों से अपनी पूर्ण असहमति व्यक्त करने के लिए आपकी अनुज्ञा चाहता हूँ। दुर्भाग्यवश ऐसा लगता है कि वे लेखक, जो प्रकाशक भी बन गए हैं, अपने पुराने सहधर्मियों के प्रति सहानुभूति की क्षमता खो बैठे हैं। आपकी भावधारा ठेठ प्रकाशकों की भावधारा है।...प्रकाशक व्यापार की मन्दी का शोर क्यों मचाते हैं? ख़र्च की दूसरी मदों का भुगतान तो वह बड़े मज़े में करते हैं और जैसे ही लेखक को पैसा देने की बात आई, बस वही बात, देखो, व्यापार कैसा मन्दा जा रहा है! मैं पूछता हूँ, क्या यह ईमानदारी की बात है? क्या आप नहीं मानते कि प्रकाशकों में बड़े-बड़े मगरमच्छ पड़े हुए हैं?...मैं आपसे मदद पाने की आस लगाए हूँ, यह नहीं कि आप प्रकाशक के वकील बनकर सामने आएँ।...'

इसी सूत न कपास कोरियों में लट्ठमलट्ठा के पीछे वह चीज़ ठंडी हो गई—हाँ, उसका मुखपत्र 'लेखक' कुछ दिनों तक जैसे-तैसे चलता रहा।

33

15 जनवरी, 1934 को, सवा दो बजे दिन ऐसा ज़बर्दस्त भूचाल आया जैसा इस देश में इधर सदियों से नहीं आया था, जो 'नेपाल की तराई से उठकर बिहार का विध्वंस

करता, संयुक्त प्रान्त की जड़ें हिलाता, दक्षिण को ठोकर मारता, मद्रास के पेट में सिहरन डालता बंगाल की खाड़ी में विलीन हो गया।...'

प्रकृति के इस तांडव को अन्धविश्वासी दैवी कोप कहते हैं और वैसा ही उसका उपचार करते हैं। मुंशीजी को बेहद झुँझलाहट मालूम होती है इस चीज़ से—

'होम से और बकरे से भूकम्पवाला देवता प्रसन्न नहीं होता। इन रिश्वतों से तो हमारी छोटी-छोटी देवी-भवानी और देवतागण ही प्रसन्न होते हैं...साधु कहता है लोग साधु-सेवा भूल रहे थे इसीलिए दैवी कोप आया। वर्णाश्रम संघ शायद यह कहता हो कि मन्दिरों को हरिजनों के लिए खुलवाने से कोप आया। पंडे भी फ़रमाते हों, देवताओं में लोगों की श्रद्धा कम हो गई, इसलिए देवता कुपित हो गए। इसी तरह दफ़्तरों के अमले कहते होंगे, लोग अब दिल खोलकर उनकी पूजा नहीं करते, देते भी हैं तो बहुत रोकर, इसलिए कोप आया। यह सब स्वार्थियों की युक्तियाँ हैं। न दैवी कोप है न शेषनाग की करवट। यह एक प्राकृतिक विस्फोट है जो वैज्ञानिक कारणों से आया करता है।...'

लेकिन जो लोग ऐसा नहीं समझते और भूकम्प के पीछे ईश्वर की लीला देखते हैं और देश-भर में यज्ञ और हवन की धूम मचाए हैं, उनकी खिल्ली उड़ाते हुए मुंशीजी ने दो-तीन हफ़्ते बाद फिर लिखा—

'...देवता और ईश्वर तो एक प्रकार से नातेदार हैं। कोई ईश्वर का भाई है, कोई साला, कोई बहनोई। नातेदार की रक्षा तो सभी करते हैं।...भूकम्प तो आया था उन लोगों को दंड देने के लिए, जो महात्मा गांधी के मत से, अछूतों पर अन्याय करते हैं, पोंगापंथियों के मत से, अछूतों के लिए मन्दिर खुलवाते हैं, अहलकारों के मत से, जो रिश्वत नहीं देते, मुल्लाओं के मत से, जो दाढ़ी नहीं रखते। मगर ऐसा मालूम होता है कि देवताओं में भी दो दल हो गए हैं, क्योंकि जहाँ नेपाल के देवमन्दिरों में एक को भी आँच नहीं आई, वहाँ बिहार में कितने ही देवालय लोप हो गए और मसजिदों का निशान मिट गया...हमें तो यह देखकर दुख होता है कि अच्छे-ख़ासे समझदार लोग इस तरह की बातें करते हैं। संसार में आदिकाल से भय का राज्य रहा है, समाज में भी, धर्म में भी। चोरी मत करो नहीं राजा दंड देगा। पाप मत करो नहीं ईश्वर दंड देगा। इस प्रकार ईश्वर की कल्पना भी एक बहुत बड़े, तेजस्वी और भयंकर राजा की थी। यह कभी नहीं कहा गया कि चोरी मत करो, इससे तुम्हारे भाई को कष्ट होगा, या पाप मत करो, इससे तुम्हारे समाज को कष्ट होगा।'

उन्हीं दिनों की बात है, सर मैल्कम हेली बनारस आए। ज़मींदारों का एक डेपुटेशन झट उनकी ख़िदमत में जा पहुँचा। इससे झुँझलाकर मुंशीजी ने अपने ख़ास अन्दाज़ में बड़े बाँकपन के साथ उन पर फब्ती कसी—

बेचारे ज़मींदारों की दशा उस रखैल स्त्री की-सी हो रही है जिसके यौवन की बहार अब चल-चलाव पर हो। एक समय था जब उसका आशिक़ उस पर प्राण न्योछावर करता था, उसकी एक-एक अदा पर जान क़ुर्बान करता था, एक-एक नखरे पर लोट-पोट हो जाता था, एक-एक चितवन

पर कलेजा थाम लेता था, लेकिन यौवन के उतार के साथ वह दिन और वह रातें सपना हो गईं। अब बेचारी तरह-तरह के रंग भरती है, आठों पहर मिस्सी-सुरमे के पीछे पड़ी रहती है, बसीकरन के जंतर-मंतर करती रहती है, लेकिन भौंरा प्रेमी अब भागा-भागा फिरता है। न वह पराग रह गया, न वह रस, फिर नीरस फूल उसके किस काम का। अब तो यह जीवन है और पट्टी पर सिर रखकर रोना है।...

यह बेचारियाँ उन पुराने दिनों की याद दिलाती हैं, अपनी वफ़ादारी और निष्ठा और अनुराग की कथाएँ कहती हैं, लेकिन वह पट्ठा एक ही जवाब देता है—वैराग्य धारण करो। और यह विलास की उपासिकाएँ रोष और शोक में सिर धुनती हैं, छाती पीटती हैं, मगर वह कठकलेजिया, वह पाषाणहृदय नहीं पसीजता, नहीं पसीजता! धर्म का या प्रेम का बन्धन होता तो पुरानी गाँठ की भाँति दिन-दिन अभेद्य होता जाता... लेकिन यहाँ तो सब कुछ रूप और यौवन का खेल था। पत्थर पर की दूब कै दिन टिकती। मगर उन्हीं रमणियों की भाँति हमारे ज़मींदारान भी बराबर समय की गति को फेरने और बीते हुए दिनों को बुलाने की विफल कामना करते चले जाते हैं। जभी मौक़ा मिला चटपट एक संघ, सभा, असोसिएसन बना लिया जाता है और लोग बड़ी-बड़ी पगड़ियाँ बाँध और नीची अचकनें पहन और कमर में वफ़ादारी का पटका कस और गर्दनों में स्वामिभक्ति के तौक डालकर गवर्नरों की बारगाह में हाज़िर हो जाते हैं और अपनी लायल्टी और भक्ति के पचड़े शुरू कर देते हैं।...इन अहल के पुतलों को अब भी नहीं सूझता कि राजनीति की दुनिया में कल का शत्रु आज का मित्र हो जाता है और कल का मित्र दूध की मक्खी की भाँति निकालकर फेंक दिया जाता है। सरकार ज़मींदारों की पीठ तब ठोंकती थी जब वह समझती थी कि ये प्रजा के स्वाभाविक नेता हैं, प्रजा पर इनकी धाक है, ये असन्तुष्ट होकर आग लगा सकते हैं और हमारी खेती को जला सकते हैं...

अब ऐसा कोई डर नहीं है क्योंकि उनका भरपूर नैतिक पतन हो चुका है, ताहम 'वह पुराना आशिक़ अब भी प्रीति की रीति निभाये जाता है। अब उससे यह आशा तो नहीं की जा सकती कि वह खिचड़ी केशों को नागिन समझे और झरोखेदार बत्तीसियों की चमक से चौंधिया जाए और झुकी हुई कमर पर फ़िदा हो जाए। नहीं, यह वीभत्स लीला अब वह नहीं कर सकता। हाँ ऊपरी दिल से चिकनी मीठी बातें कर सकता है, अपने सुगन्ध-भरे रूमाल से उसके आँसू पोंछ सकता है। और उसके नान-नफ़के का प्रबन्ध कर सकता है। मखमली गद्दे न सही, फिर भी आगरे की दरी देने को तैयार है, लेकिन वह अज्ञान गतयौवना अभी तक वही हठ किए जाती है, मैं तो जड़ाऊ गहने लूँगी और पानदान का ख़र्च लूँगी और लौंडियाँ लूँगी। मिल चुकीं! यह ठस्से यौवन के साथ चले गए। अब तो उसी रोटी-कपड़े पर दिन काटने पड़ेंगे, हँस-हँसकर काटो या रो-रोकर...'

अगले महीने आगरे में ज़मींदारों का सम्मेलन हुआ तो अपने लिए संरक्षणों और रियायतों की उनकी हाँक सुनकर मुंशीजी ने फिर बिफरकर लिखा—

'...तुम जनता का क्या उपकार करते हो? तुम्हारी जात से समाज का क्या भला होता है? तुममें से जो सम्पन्न हैं वे मज़े से लखनऊ या इलाहाबाद में बंगलों में ऐश करते हैं, और जो इतने भाग्यवान नहीं हैं वे देहातों में ही मूसलचन्द बने घूमते हैं, जैसे गीदड़ मुर्दा जानवरों की खोज में रात को निकलते हैं। उनका उद्यम इसके सिवा और कुछ नहीं है कि किसी असामी को किसी बहाने फँसाकर, उसकी जमा-जथा डकार जाएँ। कहीं दो असामियों में लड़ाई हो जाए, ज़मींदार साहब की चाँदी हो गई। दोनों ही से कुछ न कुछ डाँड़ वसूल करेंगे और चैन की बंसी बजाएँगे। या दाल ग़लती न देखी तो पुलिस की दलाली करने लगे और लूट में शरीक हो गए। ऐसी मुफ़्तखोर, निकम्मी, लुटेरी, आरामतलब संस्था बहुत दिन जीवित नहीं रह सकती, चाहे वह अष्टधातु के क़िले ही में क्यों न अपने को बन्द कर ले...'

किसानों की बदहाली के लिए उनकी निरक्षरता की दुहाई देनेवालों की बख़िया उधेड़ते हुए मुंशीजी ने लिखा—

'...किसान इसलिए तबाह नहीं है कि वह साक्षर नहीं है, बल्कि इसलिए कि उसे जिन दशाओं में जीवन का निर्वाह करना पड़ता है, उनमें बड़े से बड़ा विद्वान भी सफल नहीं हो सकता। उनमें सबसे बड़ी कमी संगठन की है जिसके कारण ज़मींदार, साहूकार, अहलकार, सभी उस पर आतंक जमाते हैं। लेकिन अगर कोई उनमें संगठन करना चाहे, जिसमें वे इन भेड़ियों के नख और पंजे से बचें, तो उस पर तुरन्त राजद्रोह का और हिज़ मैजेस्टी की प्रजा में विद्वेष पैदा करने का इलज़ाम लग जाएगा और उसे जेल की हवा खानी पड़ेगी। किसान लाख साक्षर हो जाए, जब तक वह संगठित नहीं होता, जब तक उसे अपने अधिकारों का ज्ञान नहीं होता, जब तक वह इन समुदायों का मुक़ाबिला नहीं कर सकता, उसका जीवन कभी सुखी न होगा। उसके पास चार पैसे देखकर ज़मींदार और अहलकार सभी की राल टपकने लगती है और एक-न-एक खुचड़ निकालकर उसकी कमर ख़ाली कर दी जाती है...'

सोवियत रूस मुंशीजी के लिए एक बड़ा सामाजिक प्रयोग है। उसकी हिमायत में वह बराबर मुस्तैद रहते हैं—

'रूस को बदनाम करनेवाले अंग्रेज़ी अख़बारों में बराबर यही लिखा जाता है कि रूस में विवाह-प्रथा प्राय: उठ-सी गई है, पारिवारिक संगठन नष्ट हो गया है, स्त्री-पुरुष स्वेच्छा से सहवास करते रहते हैं...लेकिन इधर दो-एक भारतीय सज्जनों ने वहाँ का जो आँखों देखा वृत्तान्त लिखा है, उससे तो मालूम होता है कि रूस ने और किसी विभाग में चाहे प्रगति की हो या नहीं, लेकिन नैतिक दृष्टि से तो वह पच्छिम की अन्य सभी उन्नत जातियों से आगे निकल गया है। यहाँ बाज़ारों में वेश्याएँ अपने शिकार की तलाश में चक्कर लगाती नहीं नज़र आतीं, न होटलों और क़हवाख़ानों में औरतों के नंगे चित्र ही लटकते नज़र आते हैं, जैसा यूरोप अमेरिका के प्राय: सभी देशों में देखा जाता है। यही नहीं सुजाक़ और उपदंश आदि बीमारियाँ जो यूरोप में दिन-दिन बढ़ रही

हैं, रूस में बहुत कम हो गई हैं और वहाँ के डाक्टरों को आशा है कि कुछ दिनों में यह फिरंगी बीमारियाँ नेस्तनाबूद हो जाएँगी। वेश्यावृत्ति का मूल कारण आर्थिक संकट है जो बाद को मानसिक दुर्बलता का रूप धारण कर लेता है।'

मुंशीजी एक सन्तरी हैं जिसका काम चोरों-डकैतों-शोबदेबाज़ों से न्याय और सत्य की रक्षा करना है। समाज में हर क्षण कुछ न कुछ हो रहा है, किसी न किसी रूप में यह न्याय और अन्याय की, सत्य और असत्य की लड़ाई चल रही है, और उन सब में मुंशीजी का अपना एक पक्ष है। मुंशीजी किसी दल या सम्प्रदाय के नातेदार नहीं हैं, लेकिन जिसके नातेदार हैं उससे कड़ा नियंत्रण किसी दूसरे का नहीं होता—उनका अपना अन्तःकरण।

और अब तो यह परचा बन्द होने जा रहा है, लिहाज़ा मुंशीजी चलते-चलाते और भी ज़ोर-शोर से कुछ गोलियाँ दाग़ते हैं। लगातार तीन हफ़्ते तक उन्होंने 'हिन्दू समाज के वीभत्स दृश्य' दिखलाए। पहला दृश्य लाश की दुर्गति का है, जो कि रोज़ ही उन्हें देखने को मिलता था—

> *...ऐसा जान पड़ता है कि किसी हिन्दू के मरते ही उसके सगे-सम्बन्धियों को उससे लेशमात्र भी ममता नहीं रह जाती, चटपट बाँस का ठाठ बना, शव को रस्सी से कसकर बाँध लोग किसी नदी या मरघट की ओर भाग चलते हैं। अगर किसी अमीर की लाश है तो उस पर रेशमी या शाल का कफ़न है, ग़रीब की है तो मामूली नैनसुख का, और अनाथ है तो चिथड़े ही उसके कफ़न के लिए काफ़ी हैं, मगर बाँस का ठाठ और रस्सियों का बन्धन अवश्य रहना चाहिए। और लाश को लेकर लोग कितनी तेज़क़दमी दिखाते हैं कि उसके झोंके में लाश गरदन हिलाती, हाथ मटकाती और पाँव उछालती चलती है...*
>
> *और रास्ते में 'राम नाम सत्य है' का वह शोर मचता है कि कुछ न पूछिए। अगर रात का समय हुआ तो सारे मुहल्ले की नींद खुल जाती है। क्या यह शोर इसलिए मचाया जाता है कि जनता को जीवन की क्षणभंगुरता की याद दिला दी जाए—यह आदमी मर गया, इसी तरह एक दिन तुम भी और तुम्हारे अपने भी राम नाम सत्य हो जाएँगे! मृत्यु एक ऐसा कठोर सत्य है जिसको बार-बार याद दिलाने की ज़रूरत नहीं। सब जानते हैं हम एक दिन मरेंगे।...इस शोर-गुल से हमारी धार्मिकता का नहीं, हमारी हृदयशून्यता का बोध होता है। यह समय इतना गम्भीर और यह लीला इतनी मर्मस्पर्शी होती है कि चित्त को कम-से-कम कुछ देर के लिए अन्तर्मुखी हो जाना चाहिए।... ईसाइयों और मुसलमानों को देखिए। उनकी अन्त्येष्टि-क्रिया कितनी शान्त, गम्भीर, कोमल और सौजन्यपूर्ण होती है। बाँस की टिकठी की जगह या तो लकड़ी का ताबूत होता है या पलंग। शव उस पर बहुत धीरे-से लिटा दिया जाता है और ताबूत ले जाने वाले सिंर झुकाये बहुत ही आहिस्ता-आहिस्ता*

क़ब्रिस्तान की तरफ़ जाते हैं। मातम करनेवाले भी उसी शान्ति से जनाज़े के पीछे चलते हैं।...उसके विपरीत हिन्दू शव की कितनी छीछालेदर...

श्मशान का दृश्य तो और भी घृणोत्पादक होता है। वह लकड़ी की चिता, शव का उस पर लिटाया जाना, वह आग का लगना, वह चिराँध, वह नंग-धड़ंग लोगों का डंडे लिए चिता की लकड़ियों को उकसाना और शव को उलटना-पलटना, वह कपालक्रिया, वह आँतों का फूटकर बाहर निकलना...

जिस माता के स्तन से हम पले, जिन अंगों के स्पर्श से हमने अपार सुख का अनुभव किया, जिस बालक को हमने गोद में खिलाया और जिन मित्रों के गले लिपटकर हमने सुख के दिन काटे, उन्हीं को यों जलते, चिटकते, फटते देखना हृदय को कोमल भावनाओं से शून्य कर देता है, और शायद यही कारण है कि जीवन में हमारी चाहे जितनी दुर्दशा हो, कितना ही अपमान सहना पड़े, हम सब कुछ 'शीरे मादर' (माँ के दूध—अ.) की तरह पी जाते हैं।

अगले हफ़्ते साधू-महात्मा लोगों की ख़बर ली गई—

हिन्दू समाज में पूजने के लिए केवल एक लँगोटी बाँध लेने और देह में राख मल लेने की ज़रूरत है, अगर गाँजा और चरस उड़ाने का अभ्यास हो जाए तो और भी उत्तम। यह स्वाँग भर लेने के बाद फिर बाबाजी देवता बन जाते हैं। मूर्ख हैं, धूर्त हैं, नीच हैं, पर इससे कोई प्रयोजन नहीं, वह बाबा हैं। बाबा ने संसार को त्याग दिया, माया पर लात मार दी, और क्या चाहिए। अब वह ज्ञान के भंडार हैं, पहुँचे हुए फ़क़ीर, हम उनकी पागलपन की बातों में मनमानी बारीकियाँ ढूँढ़ते हैं, उनको सिद्धियों का आगार समझते हैं। फिर क्या है, बाबाजी के पास मुराद माँगनेवालों की भीड़ जमा होने लगती है। सेठ-साहूकार, अमले-फैले, बड़े-बड़े घरों की देवियाँ उनके दर्शनों को आने लगती हैं...

...ये लोग रूप भरना ख़ूब जानते हैं, बाबाओं की पेटेंट शैली में बातचीत करने का और नए-नए हथकंडे खेलने का इन्हें ख़ूब अभ्यास होता है। एक सिद्ध बन जाता है, कई उसके चेले बन जाते हैं, और किसी उजाड़ स्थान पर डेरा डाल देते हैं किसी तरह यह अफ़वाह उड़ा दी जाती है कि बाबाजी फौहारी हैं, केवल एक बार तोला-भर दूध पी लेते हैं। एक दिन, दो दिन यह मंडली निष्काम भाव से ऊजड़ में घात लगाए पड़ी रहती है। बस भक्तों का आना शुरू हो जाता है। बाबाजी संसार मिथ्या है का उपदेश देने लगते हैं, उधर घी-शक्कर और आटे की झड़ी लग जाती है, लकड़ियों के कुन्दे गिरने लगते हैं...और मर्द भक्तों से कहीं अधिक संख्या स्त्री भक्तों की होती है। कोई लड़के की मुराद लेकर आती है, कोई अपने पति को, किसी सौतिन के रूप-फाँस से छुड़ाने के लिए। जिन लफंगों को दो आने रोज़-मजूरी भी न लगती, वे ही हिन्दुओं के इस अन्धविश्वास के कारण ख़ूब तर माल

उड़ाते हैं, ख़ूब नशा पीते हैं और ख़ूब मौज उड़ाते हैं...जिस समाज पर इतने मुफ़्तखोरों का भार लदा हुआ है, वह कैसे पनप सकता है, कैसे जाग सकता है। ये लोग बराबर यही प्रयत्न करते रहते हैं, कि समाज अन्धविश्वास के गर्त में मूर्छित पड़ा रहे, चेतने न पावे। हमें ख़ूब चकाचक माल खिलाओ, स्वर्ग में तुम्हें इससे भी बढ़िया माल मिलेगा, इस हाथ दो उस हाथ लो...

और फिर, उसके अगले हफ़्ते, मन्दिरों का नम्बर आया जिनके भीतर चलनेवाले छल-कपट और व्यभिचार की कहानी से ही मुंशीजी के साहित्य का मंगलाचरण हुआ था।

इन्हीं दिनों की बात है, अप्रैल 1934 में मुंशीजी दिल्ली पहुँचे। हिन्दी-साहित्य-सम्मेलन का अधिवेशन था। मुंशीजी को सम्मेलन के जलसों में कभी कोई दिलचस्पी नहीं रही। लेकिन इस बार जैनेन्द्र के आग्रह से पकड़ ही गए, और जब गए ही तो फिर साहित्य परिषद् में भी बोले, गल्प सम्मेलन में भी और घर लौटकर 'जागरण' में लिखा—

'उत्थान-पतन की राजधानी दिल्ली नगर का बहुज्ञापित सम्मेलन, प्रति वर्ष के समान सानन्द समाप्त हो गया।...निराकार परमात्मा जब साकार होते हैं तब शायद संसार के ईश्वरार्थियों को ऐसी ही निराशा हुआ करती है।...सम्मेलन के लिए हिन्दी संसार के हृदय में पहले ही से बहुतेरी धारणाएँ थीं, जो यों तो हास्यास्पद मालूम होती थीं, परन्तु आज जब पटौदी हाउस प्रतिनिधियों की हाहा-हीही से शून्य और धीरे-धीरे रिक्त हो रहा है, तब बिखेरी जाती प्रदर्शिनी की पुस्तकों से उनकी वे आशंकाएँ बोलती-सी प्रतीत हो रही हैं। जो कुछ भी हो, सम्मेलन हो गया, बहुतेरे प्रस्ताव स्वीकृत कर लिए गए, परिषदें हो गईं—यानी बिल्ले चमक गए।...सम्मेलन ने चार दिन तक गैस जलाकर, फूल बरसाकर और मंगलगान गा-गाकर हमें यह सुझाने की चेष्टा की कि शीघ्र से शीघ्र हिन्दी उन्नति कर ले...'

और फिर हर रोज़ की कार्रवाई पर अपनी नन्ही-नन्ही फुलझड़ियाँ छोड़ी—'थके हुए प्रतिनिधियों और गण्यमान्य गणों के साथ सूचनानुसार जुलूस निकला ...भोजनोत्तर विषय-निर्वाचिनी की बैठक हुई। इस बैठक में वह जोश दिखता था जो भोजनोपरान्त किसी प्रस्ताव को बनाने में प्रकट होता है...'

मुख्य सम्मेलन की कार्रवाई पर लिखा—

'कैसे सम्भव है कि केसरिये रंग से रँगी हुई साड़ियाँ पहने हुए बालिकाओं का मंगलगान उन स्वयंसेवकों को न मोह सका हो जो पास देखने में उतना ही उत्साह दिखा रहे थे जितना उत्साह एक सार्जंट वारंट दिखाने में प्रकट करता है। पंडाल में लगी हुई विगत सभापतियों की तसवीरें, मोटे-मोटे अक्षरों में लिखे हुए आदर्श-वाक्य और प्रतिनिधियों, विशिष्ट व्यक्तियों के कुर्तों, कोटों पर लगे हुए लाल-आसमानी फूल सब कोई मानो मुग्ध-सा हो उठे।...'

लेकिन मुंशीजी न प्रतिनिधि थे, न विशिष्ट व्यक्ति और न उनके कुर्ते पर कोई लाल या आसमानी फूल ही टँका था। फिर भला कैसे कोई उन्हें पहचानता या उनके प्रति कुछ ख़ास रुचि या उत्साह दिखलाता। लिहाज़ा जैनेन्द्र के शब्दों में, 'वह आ

गए और जैसे ठहरा दिया गया ठहर गए। यानी पचासेक खाटों की लम्बी कतार के बीच एक खाट उन्हें भी मयस्सर हुई! ख़ासा रिफ़्यूजी अस्पताल का-सा दृश्य था। अब रह रहे हैं तो रह रहे हैं। कौन किसकी शक्ल को याद रखता है। आख़िर नहाये-धोये और जहाँ मालूम हुआ कि खाने-पीने का इन्तज़ाम है उधर बढ़कर गए तो वालंटियर ने कहा—टिकट? पर प्रेमचन्द के पास टिकट न था। उन्होंने पूछा—कहाँ से मिलता है भई टिकट?

—'पैसे से लेना हो तो उस खिड़की से मिलता है, वैसे दफ़्तर से।'

प्रेमचन्द खिड़की से टिकट ले आए और क्यू में खड़े हो गए।

मुंशीजी किसी काम से इलाहाबाद आए। महादेवी जी से मिलने पहुँचे, महिला विद्यापीठ से लगी हुई उनकी बँगलिया में, 1 नम्बर एलगिन रोड।

महादेवी अन्दर थीं। बाहर भगतिन मिलीं, महादेवी की परिचारिका। प्रेमचन्द ने पूछा—महादेवीजी हैं?

भगतिन ने लम्बी-लम्बी मूँछोंवाले, मटमैली-सी धोती-कुर्ता पहने इस व्यक्ति को यों ही सा कोई उफरफट्टू आदमी समझकर शायद नाक कुछ ऊँची करके जवाब दिया—काम कर रही हैं।

मुंशीजी ने आकर्ण मुस्कराते हुए पूछा—तुम तो ख़ाली हो? आओ, घड़ी-दो घड़ी कुछ बोलें-बतियाएँ...

प्रगल्भ भगतिन के लिए इससे अच्छा न्योता और क्या हो सकता था।

क़रीब घंटे-भर बाद महादेवीजी बाहर निकलीं तो क्या देखती हैं कि घर के बिलकुल बाहर, नीम के पेड़ के नीचे बेंच पर मुंशीजी भगतिन, माली और घर के और भी दो-एक नौकरों को लिए चौपाल जमाए बैठे हैं और घुल-घुलकर बातें कर रहे हैं...

लिहाज़ा मुंशीजी को इसका गिला नहीं है कि उन्हें अस्पताल के एक मरीज़ की तरह एक लम्बे-चौड़े हाल में तमाम ऐरे-गैरों के साथ ठहरा दिया गया और न इसका कि वालंटियरों ने उन्हें पहचाना नहीं। वैसे तो और भी कितने ही मौक़े आए पहले भी और बाद को भी।

जनार्दन राय नागर, जो मुंशीजी को मुँह से ही नहीं हृदय से 'बाबूजी' कहकर पुकारते थे और जिन्हें मुंशीजी ने भी बराबर पुत्र जैसा स्नेह दिया, उस बार दिल्ली गए थे। वह लिखते हैं कि "पंडाल के द्वार पर एक स्वयंसेवक ने उनको भूल से रोक दिया, आप दर्शकों में जा बैठे। मीटिंग ख़तम होने पर जब लोग 'ये प्रेमचन्द! ये प्रेमचन्द!' कहकर आपस में अँगुलियाँ बताते, आप जैसे जनहीन मार्ग पर चले जा रहे हों। जैसे खोये रहते हों अपने काम में, ये चीज़ें व्यापती ही नहीं उनको। और जब उस अखिल भारतीय साहित्य के मंच पर उनको लेकर एक ख़ासा वैयक्तिक विवाद चल पड़ा, यह व्यक्ति सुदूर कनकौओं की लड़ाई देखने में मग्न था..." एक नितान्त सहज-सी गरिमा जो बहन है उतने ही सहज विनय की। जनार्दन ने उनके नहाने के बाद चाहा कि उनकी धोती धोकर डाल दें सूखने को। मुंशीजी ने 'शेर की तरह झपटकर मेरे हाथ

से अपनी धोती ले ली।' घर के नौकर तक को जो आदमी शायद ही कभी अपनी धोती छाँटने का मौक़ा देता हो, वह कैसे न छीन लेता जनार्दन के हाथ से अपनी धोती। ऐसा कोई सेवा-सत्कार वह किसी से नहीं ले पाते, यहाँ तक कि पत्नी का बदन दबा देने का प्रस्ताव भी उन्हें कभी मंजूर नहीं होता। उसमें शायद उन्हें कुछ ऊँच-नीच के भाव की गन्ध मिलती है। उनका मन केवल समानता के धरातल को स्वीकार करता है और इसी में उन्हें सुख मिलता है।

'...रात को उस निर्जन सड़क पर प्रेमचन्द का वह तरंग-विनिंदित मुक्तहास आज भी मेरे कानों में गूँज रहा है...हम लोग—मोदी, मैं और वे—एक बजे रात कवि सम्मेलन के हुड़दंग की ठेलमठेल देख लौट रहे थे, आवास पर। एक-एक तुक्काड़ के नाज़-नखरे ले-लेकर यह दुखी प्रेमचन्द हँस रहा था, हँस रहा था...विजन विजन चाँद दूधिया आकाश में और एक कातर स्वप्न की भाँति क़िले की काली-काली दीवारें। हम हँसते जा रहे थे, पर वह तो देखो, प्रेमचन्द मारे हँसी के टेढ़े हो रहे हैं, लक्कड़...' (जनार्दन राय)

आडम्बर से ही उन्हें सब से ज़्यादा चिढ़ है—और यहाँ हर तरफ़ उसी का बोलबाला है।

कोई बात नहीं अगर मुझे नहीं पहचाना। किसी का उससे कुछ नहीं बिगड़ा। मेरा भी नहीं। पर अपने कर्तव्य को तो पहचानना चाहिए। इसका गिला मुंशीजी को है। साहित्य सम्मेलन में यह जो झूठा आडम्बर है और व्यर्थ का अहंकार, खोखला दर्प हिन्दी का, वह जो अपने असल काम को नहीं देखता और लिथड़ा हुआ है छोटे-छोटे रगड़ों-झगड़ों में—इसके लिए मुंशीजी के मन में शिकायत है, ग़ुस्सा है। मगर सम्मेलन से अब तक वह इतना कुछ नाउम्मीद हो चुके हैं कि वह ग़ुस्सा भी तेज़ ग़ुस्सा नहीं रह गया है, बस एक हल्का-सा आक्रोश जो व्यंग्य की छींटेबाज़ी के रूप में बाहर आता है।

दिल्ली से मुंशीजी सीधे अलीगढ़ गए और तीन दिन अपने नौजवान दोस्त अशफ़ाक़ हुसेन के मेहमान रहे। उनको भी मुंशीजी ने साहित्य सम्मेलन की रिपोर्ट उसी रंग में, अपने ज़ोरदार ठहाकों के साथ, दी। तीन दिन न जाने कैसे इधर-उधर की गप-शप में ही बीत गए—न मुंशीजी ने किसी से मिलने की इच्छा दिखलाई और न अशफ़ाक़ हुसेन बराबर उन्हें अपने पास रखने का लोभ सँवरण कर सके। काम की बात बस इतनी हुई कि मुंशीजी और अशफ़ाक़ हुसेन ने मिलकर क़ौमी ज़बान के बारे में एक अपील का मसविदा अंग्रेज़ी में तैयार किया। इन दिनों वही चीज़ मुंशीजी के दिमाग़ पर छाई हुई थी। उन्हें इसमें कोई शक न था कि राष्ट्रभाषा हिन्दी ही हो सकती है, लेकिन सम्मेलन की पंडिताऊ हिन्दी नहीं, सरल हिन्दी, हिन्दुस्तानी, जो उर्दू को खुलकर गले लगाती है।

घर लौटकर मुंशीजी ने 16 अप्रैल को जैनेन्द्र को लिखा—

'अलीगढ़ में दावतें खाने के सिवाय और कुछ न हुआ। हमारी स्कीम* को लोगों ने पसन्द तो बहुत किया मगर उन दिनों यूनिवर्सिटी बन्द थी और ओल्ड ब्वायज

* हिन्दुस्तानी सभा बनाने के बारे में—अ.

असोसिएशन के जलसे हो रहे थे। इससे कुछ बोलने का अवसर न मिला। उन लोगों ने जिस तरह मेरा स्वागत किया, उससे मेरा चित्त बहुत प्रसन्न हुआ। मुझे आश्चर्य हुआ कि वहाँ कितनी ही मुस्लिम लड़कियाँ पर्दा नहीं करतीं और वे सब मेरी नई से नई प्रकाशित उर्दू किताब 'ग़बन' पढ़ चुकी थीं। मैंने पुलाव और गोश्त खाया, उन्हीं के दस्तरख़ान पर, और यहाँ आकर दो-तीन दिन चूरन खाना पड़ा।...'

इस ख़त को अभी एक पखवारा भी नहीं होने पाया था कि जैनेन्द्र से सलाह करने की एक ख़ास ज़रूरत आ पड़ी। पहले तो मुंशीजी ने थोड़ा लुका-छिपी का मज़ा लेना चाहा, 'अभी न बताऊँगा। जब आओगे तभी इस विषय में बातें होंगी।' लेकिन फिर अपना ही जी नहीं माना, 'मगर अब तुम्हें क्यों सस्पेंस की हालत में रखूँ। बम्बई की एक फ़िल्म कम्पनी मुझे बुला रही है। वेतन की बात नहीं, कंट्रैक्ट की बात है, आठ हज़ार रुपया साल। मैं उस अवस्था को पहुँच गया हूँ जब मेरे लिए हाँ के सिवाय और कोई उपाय नहीं रह गया। या तो वहाँ चला जाऊँ या अपने उपन्यास को बाज़ार में बेचूँ। मैं इस विषय में तुम्हारी राय ज़रूरी समझता हूँ। कम्पनीवाले हाज़िरी की कोई क़ैद नहीं रखते। मैं जो चाहे लिखूँ, जहाँ चाहे लिखूँ, इनके लिए चार-पाँच सिनेरियो तैयार कर दूँ। मैं सोचता हूँ, क्यों न एक साल के लिए चला जाऊँ। वहाँ साल-भर रहने के बाद कुछ ऐसा कन्ट्रैक्ट कर लूँगा कि मैं यहीं बैठे-बैठे तीन-चार कहानियाँ लिख दिया करूँ और चार-पाँच हज़ार रुपए मिल जाया करें। उससे 'जागरण' और 'हंस' दोनों मज़े से चलेंगे और पैसों का संकट कट जाएगा।'

जैनेन्द्र का जवाब नहीं आया और अपना मन कुछ तय नहीं कर पा रहा था। लिहाज़ा आठवें रोज़ फिर ख़त दौड़ाया—'मुझे एक बम्बई की कम्पनी बुला रही है। क्या सलाह है? मुझे तो कोई हर्ज नहीं मालूम होता, अगर वेतन सात-आठ सौ मिले। साल-दो साल करके चला आऊँगा। मगर अभी मैंने जवाब नहीं दिया है। उसके दो तार आ चुके हैं। प्रसाद जी की सलाह है आप बम्बई न जाएँ। तुम्हारी भी अगर यही राय है तो मैं न जाऊँगा। जौहरी जी कहते हैं, ज़रूर जाइए और चिरसंगिनी दरिद्रता भी कहती है, चलो। जीवन का यह भी एक अनुभव है।'

आख़िरकार मन चलने के लिए राज़ी हो गया। अब यहाँ के सब काम निपटाने थे, सामाजिक, पारिवारिक।

जिस स्वराज्य आन्दोलन के सन्दर्भ में 'जागरण' निकला था और जिसके लिए प्रतिकूल परिस्थितियों में भी उसने दो साल तक अविराम संघर्ष किया था, वह आज बिखरा पड़ा था और जिन्होंने यह लड़ाई छेड़ी थी और लड़ी थी वह उसकी नाकामी की जिम्मेदारी एक-दूसरे पर ठेल रहे थे। मुंशीजी को यह स्थिति बहुत विरक्तिकर लगती है। उन्हें न तो जीत में बग़लें बजाना अच्छा मालूम होता है और न हार में छाती कूटना। और हार इसे क्यों कहो? क्यों किसी ने यह कहा या समझा कि आज़ादी इतनी आसानी से मिल जाएगी? यह तो देश को जगाने का एक आयोजन था, और उसमें वह सफल हुआ।

बहरहाल अब तो यह आवाज़ शायद हमेशा के लिए बन्द हो रही है और मुंशीजी के मन की विरक्ति इन शब्दों में फूट पड़ी—

क़ायदा है कि हमसे कोई बात बिगड़ जाती है तो हम एक-दूसरे को इलज़ाम देकर अपने मन को समझा लिया करते हैं। एक कहता है, तुम्हारी ग़लती थी। दूसरा कहता है, जी नहीं, यह आपकी हिमाक़त थी। अगर अच्छी दुलहिन घर में आ गई है तो दूल्हा भी ख़ुश, ससुर भी ख़ुश, टोले-पड़ोस के लोग भी ख़ुश। दहेज कुछ कम भी मिला तो क्या ग़म, बरातियों का सत्कार जैसा चाहिए वैसा नहीं हुआ, वैसा क्या उसका आधा भी नहीं हुआ, तो क्या ग़म, बहू अच्छी है सुशीला है। लेकिन ख़ुदा न खास्ता बहू काली हुई या कानी हुई या लँगड़ी हुई (क्योंकि ब्याह तक़दीर का खेल है और तक़दीर में तदबीर का क्या बस!) तो कुछ न पूछिए, बस समझ लीजिए कि ग़ज़ब हो गया। सास अपने पति को इलज़ाम देती है, पति पंडित जी के सिर इस जिम्मेदारी को ठेलते हैं, पंडितजी लालाजी के सिर, जो बीच में पड़े। चारों तरफ़ से ठेलमठेल शुरू हो जाती है। इलज़ाम का बोझ ख़ुदा जाने कितना भारी होता है कि कोई उसे अपने ऊपर एक क्षण भी नहीं रखना चाहता। टेनिस के गेंद की तरह उसे सामने आते ही दूसरे की तरफ़ ठेल देना ही हमारा धर्म है। यह बात नहीं कि इस इलज़ाम को कहीं आश्रय नहीं मिलता। मिलता है, लेकिन वहीं जहाँ उसे ठेलने की शक्ति नहीं होती। किसी ग़रीब के सर सारी जिम्मेदारी डालकर हम अपना दिल हलका कर लेते हैं। बहू में कोई फ़र्क़ नहीं हुआ। उसका रंग ज़रा भी नहीं खुला, न वह मृगनयनी बनी, न हंसगामिनी। बेचारा दूल्हा एकान्त में बैठा अपना नसीब ठोंक रहा है, घर से भाग जाने का मंसूबा बाँध रहा है, लेकिन घर में लोगों ने नाई पर इलज़ाम रखकर शान्ति प्राप्त कर ली।

कांग्रेस में भी आजकल कुछ वैसी ही ठेलमठाल हो रही है। महात्मा गांधी सत्याग्रह के असफल होने की सारी जिम्मेदारी कार्यकर्ताओं पर रखते हैं। कार्यकर्ता इसे उनकी ज़्यादती बताकर अपनी जिम्मेदारी को उन पर ठेलते हैं। अगर स्वराज्य की सुघड़ सुशीला बहू घर में आ जाती तो आज सब के सब बग़लें बजाते, महात्मा जी घर-घर राम और कृष्ण की तरह पूजे जाते, कार्यकर्ताओं को बधाइयाँ मिलतीं। मगर बहू आई अवगुणों का सागर, कलह की खान, तमाखू का पिंडा। फिर क्यों न ठेलमठेल मचे...

यह सब तो चल ही रहा था कि इन्हीं दिनों मुंशीजी को एक अच्छे दोस्त के उठ जाने का सदमा पहुँचा, एक ऐसा दोस्त जो ख़ास उनके अपने रंग का आदमी था, उतना ही ज़िन्दादिल, उतना ही हँसोड़, उतना ही ख़ुशमज़ाक़—पंडित बदरीनाथ भट्ट। अभी पिछले साल पं. पद्मसिंह शर्मा नहीं रहे, और अब भट्टजी का परवाना आ पहुँचा। अभी तो बेचारे की ऐसी कुछ उम्र भी न थी।

जाना-आना मुंशीजी का किसी के यहाँ भी कम ही होता था, अपने काम में डूबे रहते थे, लेकिन दोस्ती और मुहब्बत जो जहाँ पर थी उसको ज़िन्दा रखने के लिए बहुत आना-जाना ज़रूरी नहीं था, कभी नहीं रहा। बहुत भरे हुए दिल से मुंशीजी ने लिखा—

पंडित बदरीनाथ भट्ट आज इस संसार में नहीं हैं। बीमार तो वह दो-ढाई साल से थे लेकिन जिस आदमी के पोर-पोर में जानदारी भरी हुई थी, जो रोग-शैया पर पड़ा हुआ भी हँसता और हँसाता रहा हो, जिसके समीप जाते ही मुरझाया हुआ मन लहलहा उठता हो, जो मानो अपनी वाणी और स्नेह से जीवन बिखेरता रहा हो, वह मौत के इतने समीप है, यह हम न समझते थे। साल-भर से अधिक हुआ हमने लखनऊ में उनके दर्शन किए थे। आरामकुर्सी पर लेटे हुए थे। देह क्षीण हो गई थी, चेहरे पर ज़र्दी छाई हुई, आँखों के नीचे गड्ढे पड़े हुए, ओंठ सूखे हुए, लेकिन बीमारी आत्मा तक न पहुँच सकी थी। बातों में तब भी वही शोख़ी वही ज़िन्दादिली थी। अपनी बीमारी का ज़िक्र करते रहे, मगर उसमें असाध्य रोगी की निराशा या करुणा न थी, न वह मोह न वह हसरत, बल्कि एक जीवन से भरे हुए हृदय का चुहल और विनोद था, जो मानो मृत्यु को सामने खड़ी देखकर भी नि:शंक भाव से कह रहा था—जब मरूँगा तब मर जाऊँगा, मरने के पहले नहीं मर सकता...

भट्टजी मिताहारी थे, मितव्ययी थे, संयमी थे, स्पष्टवादी थे, व्यवहार में खरे थे, उनमें कहीं भी वह नफ़ासत और नज़ाकत न थी जो हम उदीयमान कवियों में देखते हैं, वह सैलानीपन न था जो साहित्यिकों की विशेषता समझी जाती है। उन्होंने दुनिया देखी थी, दुनिया की कठिनाइयों का सामना किया था और उन पर विजय पाई थी, वे उन फूलों में न थे जो हवा के एक झोंके से मुरझा जाते हैं। वह मनुष्य पहले थे, कवि ड्रामेटिस्ट और हास्यकार पीछे। उनकी भावुकता कभी संयम से बाहर न जाती थी। वह उन लोगों में न थे जो इस बात पर गर्व करते हैं कि उनके पास कौड़ी कफ़न को नहीं है, जो मित्रों की मेहमानी पर जीवन बिताकर बेफ़िक्री का दम भरते हैं। वह स्वयं अपना भोजन पकाते थे, पैसे की जगह धेला ख़र्च करते थे, और हिसाब साफ़ रखते थे, बड़ी-बड़ी कठिनाइयाँ झेलीं, पर किसी का एहसान नहीं लिया। उन्हें कोई व्यसन न था (साहित्यिक व्यक्तियों के लिए कोई न कोई व्यसन पाल लेना आजकल आईन में दाख़िल है।) उनकी कल्पना लकड़ी टेकती हुई न चलती थी, उनमें जो ओज था और संयम था, उसी से रचना-शक्ति उत्पन्न होती थी, उसी तरह जैसे बाहुबल से दया और क्षमा उत्पन्न होती है।...

मुंशीजी यह किसका गुणगान कर रहे हैं!

कहाँ की बात! जब मरूँगा तब मर जाऊँगा, मरने के पहले नहीं मर सकता।

शरीर थोड़ा छीज रहा है ज़रूर लेकिन शरीर का छीजना मन का छीजना तो नहीं। उसमें तो आज भी वही जोश है, हौसला है, ग़ुस्सा है, मुहब्बत है, नफ़रत है, झुँझलाहट है, दर्द है, सब कुछ तो वही है। कहीं तो कोई बासीपन नज़र नहीं आता, वही तड़प वही भूख नई बातों के लिए, वही अम्लान जिज्ञासा सत्य की, वही विद्रोह जड़ पुरातन से...

भगवान है, नहीं है—न जाने कब से यह सवाल मन को मथता रहा है। लेकिन अब तो दिनोंदिन मन निषेध की ओर ही झुकता जा रहा है, अन्तिम रूप से। नहीं है। है तो क्यों नहीं रोकता यह सब अत्याचार, अनाचार? सब झूठ है। ऐसे निर्दयी भगवान के होने से उनका न होना ही ज़्यादा अच्छा है, एक झूठ से छुटकारा तो मिल जाएगा, व्यर्थ के एक सम्बल से जो कोई सम्बल नहीं है। तब शायद आदमी की अधिक सहज प्रवृत्ति अपने सुन्दर आचरण की ओर हो सकेगी, क्योंकि दूसरी कोई जगह सिर छिपाने को न होगी।

मान-मनौती के एक प्रस्तावित भोज से विद्रोह करता हुआ दीनानाथ इन्हीं दिनों की 'बासी भात में ख़ुदा का साझा' नामक कहानी में कहता है—

'उनसे बड़ा निर्दयी कोई संसार में न होगा। जो अपने रचे हुए खिलौनों को उनकी भूलों और बेवकूफ़ियों की सज़ा अग्निकुंड में ढकेलकर दे, वह भगवान दयालु नहीं हो सकता। भगवान जितना दयालु है उससे असंख्य गुना निर्दयी है और ऐसे भगवान की कल्पना से मुझे घृणा होती है। प्रेम सबसे बड़ी शक्ति कही गई है...मगर तुम्हारा ईश्वर दंड-भय से सृष्टि का संचालन करता है।...ऐसे ईश्वर की उपासना मैं नहीं करना चाहता, नहीं कर सकता। जो मोटे हैं, उनके लिए ईश्वर दयालु होगा, क्योंकि वे दुनिया को लूटते हैं। हम जैसों को तो ईश्वर की दया कहीं नज़र नहीं आती। हाँ, भय पग-पग पर खड़ा घूरा करता है। यह मत करो नहीं तो ईश्वर दंड देगा, वह मत करो नहीं तो ईश्वर दंड देगा। प्रेम से शासन करना मानवता है, आतंक से शासन करना बर्बरता है। आतंकवादी ईश्वर से तो ईश्वर का न रहना ही अच्छा है। उसे हृदय से निकालकर मैं उसकी दया और दंड दोनों से मुक्त हो जाना चाहता हूँ।...

और उसी महीने 'हंसवाणी' में लिखा—

'विद्वानों की दुनिया में आजकल आस्तिक और नास्तिक का पुराना झगड़ा फिर उठ खड़ा हुआ है।...हमारे जैसे साधारण कोटि के मनुष्यों के लिए तो ईश्वर का अस्तित्व कभी विवाद का विषय हो ही नहीं सकता। विवाद का विषय केवल यह है कि वह दुनियावी मामलों में कुछ दिलचस्पी लेता है या नहीं। एक दल तो कहता है, और इस दल में बड़े-बड़े लोग शामिल हैं, कि बिना उसकी मर्ज़ी के पत्ती भी नहीं हिलती और वह सुख-दुख, जीवन-मरण स्वर्ग-नरक की व्यवस्था करता रहता है, और एक अनुत्तरदायी राजा की भाँति संसार पर शासन करता है।...दूसरा दल कहता है कि नहीं, ईश्वर ने संसार को बनाकर उसे पूर्ण स्वराज्य दे दिया है। डोमिनियन स्टेटस का यह क़ायल नहीं। उसने तो पूर्ण से भी कहीं पूर्ण स्वराज्य दे दिया है। मनुष्य जो चाहे करे, उसे मतलब नहीं।...यह मनुष्य की हिमाक़त या अभिमान है कि वह अपने को अन्य जीवों से ऊँचा समझता है। वृक्ष और खटमल भी जीव हैं। वृक्ष को हम लगाते हैं, लग जाता है, काटते हैं, कट जाता है। खटमल हमें काटता है, हम उसे मारते हैं, हमें न काटे तो हमें उससे कोई मतलब नहीं, अपने पड़ा रहे। ईश्वर को जिस तरह पौधों और खटमलों के मरने-जीने से कोई मतलब नहीं, उसी तरह मनुष्यरूपी कीटों से भी उसे कोई प्रयोजन नहीं। आपस में कटो, मरो, समष्टि की उपासना करो चाहे व्यक्ति की, चाहे गऊ की पूजा करो या गऊ की हत्या करो, ईश्वर को इससे कोई

प्रयोजन नहीं। मनुष्य की भलाई या बुराई की परख उसकी सामाजिक या असामाजिक कृतियों में है।...'

इसी महीने की अगली टिप्पणी इस सवाल पर उनके मन को और भी खोलती है। भगवान ने अपनी आकृति में ढालकर आदमी की सृष्टि नहीं की, जैसा कि बाइबिल कहती है। सच्चाई यह है कि आदमी ने अपनी आकृति में ढालकर भगवान की सृष्टि की—

'...मैक्सिम गोर्की के कथनानुसार मज़दूरों ने ईश्वर को एक सफल, सहृदय मज़दूर के रूप में देखा...इसके बाद जब ईश्वर और देवताओं की सृष्टि का गौरव मज़दूर सेवकों के हाथ से निकलकर धनी स्वामियों के हाथ में आ गया तो ईश्वर और देवता भी मज़दूरों की श्रेणी से निकलकर महाजनों और राजाओं की श्रेणी में जा पहुँचे जिनका काम अप्सराओं के साथ विहार करना, स्वर्ग के सुख लूटना और दुखियों पर दया करना था। भारत में तो मज़दूर देवताओं का कहीं पता नहीं है। यहाँ के देवता तो शंख, चक्र, गदा, पद्म धारण करते हैं। कोई फरसा लिए पापियों का क़त्लेआम करता फिरता है, कोई बैल पर चढ़ा, भंग चढ़ाए, भभूत रमाए ऊल-जलूल फिरता नज़र आता है। ज़ाहिर है कि ऐसे ऐशपसन्द या सैलानी देवताओं की सृष्टि करनेवाले मज़दूर नहीं हो सकते। ये देवता तो उस वक़्त बने हैं जब मज़दूरों पर धन का प्रभुत्व हो चुका था और ज़मीन पर कुछ लोग अधिकार जमाकर राजा बन बैठे थे।...'

इन्हीं 33-34 के दिनों में मुंशीजी ने 'मनोवृत्ति', 'दूध का दाम', 'बालक', 'नया विवाह' और 'मुफ़्त का यश' जैसी कहानियाँ लिखीं जो वस्तु और शिल्प दोनों ही की दृष्टि से बिलकुल नई हैं। अपने पुराने रंग की एक बहुत ख़ूबसूरत कहानी 'ईदगाह' भी उन्होंने इन्हीं दिनों लिखी जिसका बीज शायद गोरखपुर में ही उनके मन में पड़ा था, जहाँ उनके घर के बग़ल में ही ईदगाह थी और मेला भरता था।

मार्च 1934 की 'हंसवाणी' में रोमें रोलाँ की कला के प्रसंग में मुंशीजी ने लिखा—

...उनके प्रसिद्ध उपन्यास 'जान क्रिस्टोफ़र' के विषय में तो हम कह सकते हैं कि एक कलाकार की आत्मा का इससे सुन्दर चित्र उपन्यास-साहित्य में नहीं है।...आपने क्रिस्टोफ़र के मुख से एक जगह साहित्य के विषय में ये विचार प्रकट किए हैं—

'आजकल के लेखक अनोखे चरित्रों के वर्णन में अपनी शक्ति नष्ट करते हैं। उन्होंने स्वयं अपने को जीवन से पृथक कर लिया है। उनको छोड़ो और वहाँ जाओ जहाँ स्त्री और पुरुष रहते हैं। रोज़ का जीवन रोज़ मिलनेवाले मनुष्यों को दिखाओ। वह जीवन गहरे समुद्र से भी गहरा और प्रशस्त है। हममें जो सबसे तुच्छ है, उसकी आत्मा भी अनंत है। यह अनंत प्रत्येक मनुष्य में है जो अपने को सीधा-सादा मनुष्य समझता है। प्रेमी में, मित्र में, उस नारी में जो शिशु जन्म के उज्ज्वल गौरव का मूल्य प्रसव-वेदना से चुकाती है, हरेक स्त्री और हरेक पुरुष में जो अज्ञात बलिदानों में अपना

जीवन व्यतीत करते हैं—यही जीवन की धारा है जो प्राणों में प्रवाहित होती है, घूमती है, चक्कर लगाती है। इन्हीं सीधे-सादे मनुष्यों की सीधी-सादी कथा लिखो, उनके आनेवाले दिनों और रातों के सुखद काव्य की रचना करो। जीवन का विकास जैसा सरल होता है, वैसी ही सरल तुम्हारी कथा होनी चाहिए।...तुम सर्वसाधारण के लिए लिखते हो, सर्वसाधारण की भाषा में लिखो। शब्दों में अच्छे-बुरे, शिष्ट और बाज़ारी का भेद नहीं है, न शैली में सौम्य और असौम्य का भेद है। हाँ, ऐसे शब्द और ऐसी शैलियाँ अवश्य हैं जो उन भावों को नहीं खोलतीं जो वह खोलना चाहती हैं। जो कुछ लिखो, एकचित्त होकर लिखो। वही लिखो जो तुम सोचते हो। वही कहो, जो तुम्हारे मन को लगता है। अपने हृदय के सामंजस्य को अपनी रचनाओं में दर्साओ। शैली ही आत्मा है।

'मनोवृत्ति' मन की गुत्थियों के भीतर पैठने की ऐसी ही एक सीधी-सादी कहानी है।

और 'मुफ़्त का यश' में तो मुंशीजी ख़ुद अपने दिल को नंगा करते दिखाई देते हैं। बेहद सादगी और बेहद सच्चाई के साथ। अपने साथ भी कोई मुरौवत करने को वह तैयार नहीं हैं।

बिल्कुल आप बीती के रंग में यह कहानी कही गई है और कुछ अजब नहीं कि इसका बीज कहानी लिखने के क़रीब साल-भर पहले की एक चिट्ठी में हो।

मुंशीजी 'हंस' का काशी अंक निकालने जा रहे थे, उसके लिए उन्होंने पन्नालाल आई.सी.एस. से भी, जो इतिहास और पुरातत्व में रुचि रखते थे, एक लेख माँगा। पन्नालाल उन दिनों बनारस के कमिश्नर थे। उन्होंने 19 सितम्बर, 1933 के अपने ख़त में सारनाथ पर एक लेख देने का वादा तो किया ही, मुंशीजी को अपने यहाँ आने की दावत भी दी—'मैं नहीं जानता था कि आप इस बीच बराबर यहीं थे। न जाने क्यों मुझे ऐसा कुछ ख़याल था कि आप लखनऊ चले गए हैं, वर्ना ऐसा क्योंकर हुआ कि आपने इतने महीनों दर्शन नहीं दिए? किसी शाम आइए न, यों ही गपशप रहेगी।'

कहानी शुरू होती है—

उन दिनों संयोग से हाकिम ज़िला एक रसिक सज्जन थे। इतिहास और पुराने सिक्कों की खोज में उन्होंने अच्छी ख्याति प्राप्त कर ली थी। जब एक दिन हाकिम ज़िला ने ख़ुद मेरे नाम एक रुक़्क़ा भेजा कि मैं आपसे मिलना चाहता हूँ, क्या आप मेरे बँगले पर आने का कष्ट स्वीकार करेंगे, तो मैं बड़े दुबधे में पड़ गया, क्या जवाब दूँ। अपने दो-एक मित्रों से सलाह ली। उन्होंने कहा—साफ़ लिख दीजिए, मुझे फ़ुर्सत नहीं। वह हाकिम ज़िला होंगे तो अपने घर के होंगे।...निजी मुलाक़ात के लिए जाना आपकी शान के ख़िलाफ़ है। आख़िर वह ख़ुद आपके मकान पर क्यों नहीं आए? इससे क्या उनकी शान में बट्टा लगा जाता था? और फिर तुम्हें हाकिम ज़िला से लेना ही क्या है। अगर तुम कोई विद्रोहात्मक गल्प या लेख लिखोगे तो फ़ौरन गिरफ़्तार कर लिए जाओगे। हाकिम ज़िला ज़रा भी मुरौवत न करेंगे।...

लेकिन मुझे मित्रों की यह सलाह पसन्द न आई। एक भला आदमी जब निमंत्रण देता है तो उसे केवल इसलिए अस्वीकार कर देना कि वह हाकिम ज़िला है, मुटमर्दी है। बेशक हाकिम साहब मेरे घर आ जाते तो शान कम न होती। लेकिन भाई ज़िले की अफ़सरी बड़ी चीज़ है और एक उपन्यासकार की हस्ती ही क्या है। इंग्लैंड या अमेरिका में गल्पलेखकों और उपन्यासकारों की मेज़ पर निमंत्रित होने में प्रधानमंत्री भी अपना गौरव समझे, हाकिम ज़िला की तो गिनती ही क्या है। लेकिन यह भारतवर्ष है, जहाँ हरेक रईस के दरबार में कवि-सम्राटों का एक जत्था रईस के कीर्तिगान के लिए जमा रहता था और आज भी ताजपोशी में हमारे लेखक-वृन्द बिना बुलाए राजाओं की ख़िदमत में हाज़िर होते हैं, क़सीदे पेश करते हैं और इनाम के लिए हाथ पसारते हैं। तुम ऐसे कहाँ के बड़े वह हो कि हाकिम ज़िला तुम्हारे घर चला आवे...

और मैं तो कहता हूँ, ईश्वर को धन्यवाद दो कि हाकिम ज़िला तुम्हारे घर नहीं आए, वर्ना तुम्हारी कितनी भद होती।...गत की एक कुर्सी भी तो नहीं है! उन्हें क्या तीन टाँगोंवाले सिंहासन पर बैठाते या मटमैले जाजिम पर? तीन पैसे की चौबीस बीड़ियाँ पीकर दिल ख़ुश कर लेते हो, है सामर्थ्य रुपए के दो सिगार ख़रीदने की?...अपना भाग्य सराहो कि अफ़सर साहब तुम्हारे घर नहीं आए और तुम्हें बुला लिया। चार-पाँच रुपए बिगड़ भी जाते और लज्जित भी होना पड़ता और कहीं तुम्हारे परम दुर्भाग्य और पापों के दंडस्वरूप उनकी धर्मपत्नी भी उनके साथ होतीं, तब तो तुम्हें धरती में समा जाने के सिवा और कोई ठिकाना न था। तुम या तुम्हारी धर्मपत्नी उस महिला का सत्कार कर सकती थीं? तुम्हारी तो घिग्घी बँध जाती साहब, बदहवास हो जाते! वह तुम्हारे घर में केवल तुम्हारे दीवानख़ाने तक ही न रहतीं, जिसे तुमने ग़रीबामऊ ढंग से सजा रखा है। वहाँ तुम्हारी ग़रीबी अवश्य है, पर फूहड़पन नहीं। अन्दर तो पग-पग पर फूहड़पन के दृश्य नज़र आते...

चुनांचे मैंने हाकिम ज़िला का निमंत्रण स्वीकार कर लिया...चला गया। कुछ गपशप किया और लौट आया। किसी से इसका ज़िक्र करने की ज़रूरत ही क्या?...

लेकिन टोहियों ने जाने कैसे टोह लगा लिया। विशेष समुदायों में यह चर्चा होने लगी कि हाकिम ज़िला से मेरी बड़ी गहरी मैत्री है, और वह मेरा बड़ा सम्मान करते हैं। अतिशयोक्ति ने मेरा सम्मान और भी बढ़ा दिया। यहाँ तक मशहूर हुआ कि वह मुझसे सलाह लिए बग़ैर कोई फ़ैसला या रिपोर्ट नहीं लिखते।...

एक दिन मैं अपने कमरे में बैठा था कि मेरे बचपन के एक सहपाठी मित्र आ टपके। हम दोनों एक ही मकतब में पढ़ने जाया करते थे। कोई 45 साल की पुरानी बात है। मेरी उम्र आठ-नौ साल से अधिक न थी। वह भी लगभग इसी उम्र के रहे होंगे, लेकिन मुझसे कहीं बलवान और हृष्ट-पुष्ट।

मैं ज़हीन था, वह निरे कौदन। मौलवी साहब उनसे हार गए थे और उन्हें सबक़ पढ़ाने का भार मुझ पर डाल दिया था।

इन महाशय ने पुराने ताल्लुक़ात का वास्ता दिलाते हुए अपने बेटे के ख़िलाफ़ पुलिस के एक झूठे केस को लेकर कुछ ऐसी ज़बर्दस्त पैरवी की कि इन उपन्यासकार महोदय को भागते राह न मिली और उन्हें झख मारकर वादा करना पड़ा कि वह जाकर इस मामले के बारे में हाकिम ज़िला से बात करेंगे।

और अब वह चीज़ आती है जो इस कहानी का बीज है, उसकी जान, नई आत्मा कहानी की—

बलदेव सिंह को बिदा करके मैंने अपना लेख समाप्त किया और आराम से भोजन करके लेटा। मैंने उससे गला छुड़ाने के लिए झूठा वादा कर दिया था। मेरा इरादा हाकिम ज़िला से कुछ कहने का नहीं था। मैंने पेशबन्दी के तौर पर पहले ही जता दिया था कि हुक्काम आम तौर पर पुलिस के मुआमलों में दख़ल नहीं देते। इसलिए सज़ा हो भी गई तो मुझे यह कहने की काफ़ी गुंजाइश थी कि साहब ने मेरी बात स्वीकार नहीं की।

कई दिन गुज़र गए थे। मैं इस वाक़ये को बिलकुल भूल गया था कि एक दिन बलदेव सिंह अपने पहलवान बेटे के साथ मेरे कमरे में दाख़िल हुए। बेटे ने मेरे चरणों पर सिर रख दिया और अदब से एक किनारे खड़ा हो गया। बलदेव सिंह बोले—बिलकुल बरी हो गया, भैया। दारोगा को साहब ने बुलाकर ख़ूब डाँटा कि तुम भले आदमियों को सताते और बदनाम करते हो। अगर फिर ऐसा झूठा मुक़दमा लाए तो बर्ख़ास्त कर दिए जाओगे। दारोगा जी बहुत झेंपे। मैंने उन्हें झुककर सलाम किया। बचा पर घड़ों पानी पड़ गया। यह तुम्हारी सिफ़ारिश का चमत्कार है भाईजान। अगर तुमने मदद न की होती तो हम तबाह हो गए थे। यह समझ लो कि तुमने चार प्राणियों की जान बचा ली। मैं तुम्हारे पास बहुत डरते-डरते आया था। लोगों ने कहा था—उसके पास नाहक जाते हो, वह बड़ा बेमुरौवत आदमी है, उसकी जात से किसी का उपकार नहीं हो सकता...लेकिन भाईजान, मैंने किसी की बात न मानी। मेरे दिल में मेरा राम बैठा कह रहा था—तुम चाहे कितने ही रूखे और बेलाग हो, लेकिन मुझ पर अवश्य दया करोगे।

यह कहकर बलदेव सिंह ने अपने बेटे को इशारा किया। वह बाहर गया और एक बड़ा-सा गट्ठर उठा लाया, जिसमें भाँति-भाँति की देहाती सौगातें बँधी हुई थीं। हालाँकि मैं बराबर कहे जाता था—तुम यह चीज़ें नाहक लाए। इनकी क्या ज़रूरत थी, कितने गँवार हो, आख़िर तो देहाती ठहरे, मैंने कुछ नहीं कहा, मैं तो साहब के पास गया भी नहीं। लेकिन कौन सुनता है। खोआ, दही, मटर की फलियाँ, अमावट, ताज़ा गुड़ और जाने क्या-क्या आ गया।

मैंने कहने को तो एक तरह से कह दिया—मैं साहब के पास गया ही नहीं, जो कुछ हुआ, ख़ुद हुआ, मेरा कोई एहसान नहीं है, लेकिन उसका

मतलब यह निकाला गया कि मैं केवल नम्रता से और सौगातों को लौटा देने का कोई बहाना ढूँढ़ने के लिए ऐसा कह रहा हूँ! मुझे इतनी हिम्मत न हुई कि मैं इस बात का विश्वास दिलाता। इसका जो अर्थ निकाला गया, वही मैं चाहता था। मुफ़्त का एहसान छोड़ने को जी न चाहता था। अन्त में जब मैंने ज़ोर देकर कहा कि किसी से इस बात का ज़िक्र न करना, मेरे पास फ़रियादियों का मेला लग जाएगा, तो मानो मैंने स्वीकार कर लिया कि मैंने सिफ़ारिश की—और ज़ोरों से की।

ऐसी ही नए ढंग की, नई कथावस्तु और नए शिल्प की कहानियाँ मुंशीजी ने कई लिखीं, जिनमें उनकी पहले की कहानियों जैसा घना और मज़बूती से बुना हुआ कथा का जाल नहीं है, बस एक कोई नन्ही-सी बात है, कोई हल्का-सा नुक़्ता, कोई योंही सी मन:स्थिति, किसी चीज़ को देखने का अपना एक ढंग, सौन्दर्य की सत्य की कोई उड़ती-सी झलक, जिसे कथानक की बहुत चिन्ता किए बग़ैर यों ही बातचीत के अन्दाज़ में कह दिया गया है। मुंशीजी के लिए यह कोई नई और अनहोनी बात नहीं है, पहले भी उन्होंने ऐसी कहानियाँ लिखी हैं, पर भावनाओं में एक नई प्रौढ़ता ज़रूर आ गई है कि जैसे यथार्थ का रंग और गहरा हो गया हो, ईंट और पक गई हो।

'दूध का दाम' यों तो वही छूत-अछूत, ऊँच-नीच की कहानी है लेकिन अब ग़ुस्से की जगह दिल को मसोस देनेवाले, चीर देनेवाले एक दर्द ने ले ली है, 'मन्दिर'-जैसी कहानी में जो आक्रोश की एक चीख़ थी वह यहाँ दर्द की एक मीड़ बन गई है।

एक ग़रीब भंगी माँ अपने दूधपीते बच्चे को भूखा रखकर एक बाबू साहब के बच्चे को, जिसकी माँ को दूध नहीं उतरा, दूध पिलाने पर नौकर रखी जाती है। साल-भर यह सिलसिला चलता है, फिर समाज के देवतागण आपत्ति करते हैं और भंगिन इस काम से छुड़ा दी जाती है। आगे चलकर ऐसा कुछ संयोग होता है कि यह भंगिन का बच्चा मंगल अनाथ हो जाता है—बाप प्लेग का शिकार होता है और माँ को परनाला साफ़ करते समय साँप काट खाता है। अब मंगल उन्हीं बाबू साहब के यहाँ रहता है और उनके टुकड़ों पर पलता है।

मकान के सामने एक नीम का पेड़ था। इसी के नीचे मंगल का डेरा था। एक फटा-सा टाट का टुकड़ा, दो मिट्टी के सकोरे और एक धोती, जो सुरेश बाबू की उतारन थी। जाड़ा, गर्मी, बरसात, हरेक मौसम में वह जगह एक-सी आरामदेह थी और भाग्य का बली मंगल झुलसती हुई लू, गलते हुए जाड़े और मूसलाधार वर्षा में भी ज़िन्दा और पहले से कहीं स्वस्थ था। बस उसका कोई अपना था तो गाँव का एक कुत्ता...दोनों एक ही खाना खाते, एक ही टाट पर सोते, तबीयत भी दोनों की एक-सी थी और दोनों एक-दूसरे के स्वभाव को जान गए थे...

मंगल और टामी में गहरी छनती थी। मंगल कहता—देखो भाई टामी, ज़रा और खिसककर सोओ। आख़िर मैं कहाँ लेटूँ? सारा टाट तो तुमने घेर लिया!

टामी कूँ कूँ करता, दुम हिलाता और खिसक जाने के बदले और ऊपर चढ़ आता और मंगल का मुँह चाटने लगता।

शाम को वह एक बार रोज़ अपना घर देखने और थोड़ी देर रोने जाता...

एक दिन कई लड़के खेल रहे थे। मंगल भी पहुँचकर दूर खड़ा हो गया...क्यों रे मंगल, खेलेगा?

मंगल बोला—ना भैया, कहीं मालिक देख लें तो मेरी चमड़ी उधेड़ दी जाए। तुम्हें क्या, तुम तो अलग हो जाओगे।

सुरेश ने कहा—तो यहाँ कौन आता है देखने, बे? चल हम लोग सवार सवार खेलेंगे, तू घोड़ा बनेगा, हम लोग तेरे ऊपर सवारी करके दौड़ाएँगे।

मंगल ने शंका की—मैं बराबर घोड़ा ही रहूँगा कि सवारी भी करूँगा?

मंगल के मुँह से इस समय इतिहास बोल रहा है, दलित अछूतों का नया, दृप्त स्वर, बहुत दिन चड्डी गाँठ ली उनके ऊपर ऊँची जातवालों ने!

यह प्रश्न टेढ़ा था। किसी ने इस पर विचार न किया था। सुरेश ने एक क्षण विचार करके कहा—तुझे कौन अपनी पीठ पर बिठाएगा, सोच? आख़िर तू भंगी है कि नहीं?

मंगल भी कड़ा हो गया। बोला—मैं कब कहता हूँ कि मैं भंगी नहीं हूँ लेकिन तुम्हें मेरी ही माँ ने अपना दूध पिलाकर पाला है। जब तक मुझे भी सवारी करने को न मिलेगी, मैं घोड़ा न बनूँगा। तुम लोग बड़े चपड़ हो। आप तो मज़े से सवारी करोगे और मैं घोड़ा ही बना रहूँगा!

अधिकारों के इस बुनियादी सवाल पर झगड़ा हो जाता है और होते-हवाते नौबत यहाँ तक पहुँचती है कि सुरेश बाबू 'छोटी लाइन के इंजन' की तरह भोंपू बजाने लगते हैं।

मंगल को बुरी तरह फटकार पड़ती है और वह मर्माहत होकर संकल्प करता है कि मैं अब इस घर में नहीं रहूँगा, इस घर का खाना नहीं खाऊँगा। लेकिन भूख की मार विकट होती है और वह फिर हारकर जूठी पत्तल चाटने पहुँचता है।

अब आख़िरी दृश्य—

उसने पत्तल को ऊपर उठाकर मंगल के फैले हुए हाथों में डाल दिया। मंगल ने उसकी ओर ऐसी आँखों से देखा जिनमें दीन कृतज्ञता भरी हुई थी।

टामी भी अन्दर से निकल आया था। दोनों वहीं नीम के नीचे पत्तल में खाने लगे।

मंगल ने एक हाथ से टामी का सिर सहलाकर कहा—देखा, पेट की आग ऐसी होती है! यह लात की मारी हुई रोटियाँ भी न मिलतीं तो क्या करते?

टामी ने दुम हिला दी।

'सुरेश को अम्माँ ने पाला था।'

टामी ने फिर दुम हिलाई।

'लोग कहते हैं दूध का दाम कोई नहीं चुका सकता और मुझे दूध का यह दाम मिल रहा है!'

टामी ने फिर दुम हिलाई।

हमारा समाज बर्बरता की सीमा तक कठोर है उस स्त्री के प्रति जिसका दूसरे किसी पुरुष से सम्बन्ध हो जाता है। 'बालक' इस रक्तचक्षु वातावरण में एक नई उदारता, एक नई कोमलता, एक नई संवेदना की सृष्टि करता है।

एक सीधा-सच्चा ब्राह्मण गंगू अच्छी तरह आँख खोलकर, सब कुछ जान-समझकर विधवा आश्रम से निकाली हुई एक चंचल 'कुलटा' स्त्री से विवाह करता है।

आख़िर एक दिन वह औरत गंगू के घर से भी भाग जाती है। मगर गंगू के चेहरे पर एक शिकन नहीं आती। उसके दिल में रत्ती-भर मैल नहीं है। और वह उसकी तलाश में दर-दर की ख़ाक छानने निकल जाता है।

भागने की वजह पीछे खुलती है। उसके बच्चा होनेवाला है और वह लाज के मारे भाग जाती है, क्योंकि वह बच्चा गंगू का नहीं, शादी के पहले का है।

मगर गंगू को उसे वापस अपने आलिंगन में ले लेने में कोई बाधा नहीं होती और इसके लिए वह जो युक्ति देता है वह तो स्त्री-पुरुष के सम्बन्ध की नैतिकता का एक नया धरातल, एक नया आयाम है—

'मैंने तुमसे इसलिए विवाह नहीं किया कि तुम देवी हो, बल्कि इसलिए कि मैं तुम्हें चाहता था और सोचता था कि तुम भी मुझे चाहती हो। यह बच्चा मेरा बच्चा है। मेरा अपना बच्चा है। मैंने एक बोया हुआ खेत लिया तो क्या उसकी फ़सल को इसलिए छोड़ दूँगा कि उसे किसी दूसरे ने बोया था?' और कहानी कहनेवाले की आँखें न जाने क्यों भीग जाती हैं...

'नया विवाह' लाला डंगामल के नए विवाह की कहानी है। अधेड़ लालाजी ने अपनी पहली पत्नी, उनके सात बच्चों की माँ, को अपनी निष्ठुर उपेक्षा से मारकर एक जवान लड़की से, जो उनकी बेटी हो सकती थी, अपना नया विवाह किया है। उन्हें अपनी मुर्दा रगों में एक नई सनसनाहट, एक नई थरथरी की चाह है। लेकिन उस जवान लड़की के दिल में भी कोई चाह, कोई उमंग हो सकती है, यह उनके लिए एक बन्द किताब है और हमारा पुरुष-शासित पुरुष-प्रधान समाज इसी में अपनी ख़ैरियत समझता है कि वह किताब बन्द रही आए।

नई पत्नी के आ जाने से 'जीवन के उपभोग की जो शक्ति दिन-दिन क्षीण होती जाती थी, अब वह छींटे पाकर सजीव हो गई थी, सूखा पेड़ हरा हो गया था, उसमें नई-नई कोंपलें फूटने लगी थीं।...लालाजी की बूढ़ी जवानी जवानों की जवानी से भी प्रखर हो गई थी, उसी तरह जैसे बिजली का प्रकाश चन्द्रमा के प्रकाश से...' वह अपने को किसी गबरू जवान से जौ भर घटकर नहीं समझते और बहुत घमंड से कहते हैं, 'जवानी का उम्र से उतना ही सम्बन्ध है जितना धर्म का आचार से, रुपए का ईमानदारी से, रूप का श्रृंगार से...'

लेकिन उनकी नवेली बीवी ऐसा नहीं सोचती, उसका ख़याल है कि जवानी का सम्बन्ध उम्र से होता है। वह किसी तरह उनकी सोहबत में ख़ुश नहीं हो पाती, उसका दिल बुझा-बुझा-सा रहता है। लाला जी तरह-तरह के स्वाँग भरते हैं, तरह-तरह की सौगातें लाते हैं, लेकिन उसके दिल की कली नहीं खिलती।

वह कली खिलती है घर के जवान रसोइये जुगल की संगत में, ऐसी कि हाँ। जवान ख़ून जवान ख़ून को पुकारता है।

पातिव्रत हवा में नहीं रह सकता। उसको भी मिट्टी चाहिए, पानी चाहिए। ज़िन्दगी अपना मोल चुकाये बिना नहीं रहती। उसको झुठलाओगे तो तुम्हारा आदर्श ख़ुद झूठा हो जाएगा, खोखला। रक्खे रहो अपने खोखले आदर्श, चाटो उन्हें शहद लगाकर!

और एक दिन आता है जब जुगल के मुँह से अपनी सुन्दरता का बखान सुनकर लालाजी की नवेली के बदन में झुरझुरी दौड़ जाती है! और उनमें संकेतों के हल्के-से, झीने आवरण में खुली-खुली बातें होने लगती हैं, जो अपने इसी अर्थ-गम्भीर ढँकेपन के कारण और भी खुली मालूम होती हैं।

जुगल और भी आगे बढ़कर लालाजी के लिए कहता है—आपके साथ चलते हैं तो आपके बाप-से लगते हैं।

तुम बड़े मुँहफट हो। ख़बरदार, ज़बान सम्हालकर बातें किया करो।

किन्तु अप्रसन्नता का यह झीना आवरण उसके मनोरहस्य को न छिपा सका।

जुगल ने फिर उसी निर्भीकता से कहा—मेरा मुँह कोई बन्द कर ले, यहाँ तो सभी यही कहते हैं। मेरा ब्याह कोई पचास साल की बुढ़िया से कर दे तो मैं घर छोड़कर भाग जाऊँ। या तो ख़ुद ज़हर खा लूँ या उसे ज़हर देकर मार डालूँ। फाँसी ही तो होगी।

आशा उस कृत्रिम क्रोध को क़ायम न रख सकी। जुगल ने उसकी हृदयवीणा के तारों पर मिज़राब की ऐसी चोट मारी थी कि उसके बहुत ज़ब्त करने पर भी मन की व्यथा बाहर निकल आई। उसने कहा—भाग्य भी तो कोई चीज़ है!

—ऐसा भाग्य जाए भाड़ में!

—तुम्हारा ब्याह किसी बुढ़िया से ही करूँगी, देख लेना।

—तो मैं भी ज़हर खा लूँगा, देख लीजिएगा।

—क्यों, बुढ़िया तुम्हें जवान स्त्री से ज़्यादा प्यार करेगी, ज़्यादा सेवा करेगी। तुम्हें सीधे रास्ते पर रखेगी।

—यह सब माँ का काम है। बीवी जिस काम के लिए है, उसी काम के लिए है।

—आख़िर बीवी किस काम के लिए है?

मोटर की आवाज़ आई। न जाने कैसे आशा के सिर का आँचल खिसककर कंधे पर आ गया। उसने जल्दी से आँचल खींचकर सिर पर कर

लिया और यह कहती हुई अपने कमरे की ओर लपकी कि लाला भोजन करके चले जाएँ, तब आना।

कहानी का पर्दा यहीं गिर जाता है। चाहिए भी। मगर ताज्जुब है कि मुंशीजी की क़लम कहीं ठिठकी क्यों नहीं? कैसे लिख सके वह ऐसी उच्छृंखल कहानी...

अभी तो बहरहाल जीवन का सबसे बड़ा सत्य यह है कि अब यहाँ निर्वाह नहीं हो रहा है, बम्बई शायद जाना ही होगा।

तो लिख क्यों नहीं देते भवनानी को, बेचारा मरा जा रहा है चिट्ठी लिख-लिखकर, तार दे-देकर...

हर बार मुंशीजी क़लम उठाते हैं मगर—

और 21 मई, 1934 को उन्होंने 'जागरण' को सुलाते हुए मीर का शेर पढ़ा—

अब तो जाते हैं मैकदे से मीर,
फिर मिलेंगे अगर ख़ुदा लाया।

अभी 'जागरण' की समाधि को लेकर मुंशीजी की खटपट विनोदशंकर व्यास से चल ही रही थी कि भवनानी ने दो रोज़ बाद 23 मई को लिखा—

'...मेरी दृष्टि से यह मुआमला बेहद ज़रूरी है क्योंकि और भी कुछ लोगों से बातचीत चल रही है। बहरकैफ़ मेरी बहुत ख़्वाहिश है कि आप हमारे यहाँ आएँ। कहानियों की संख्या से डरने की ज़रूरत नहीं है क्योंकि मैं आपसे उतनी ही कहानियाँ और डायलाग लूँगा जितने की मुझे अपने प्रोडक्शन के लिए वाक़ई ज़रूरत होगी। फ़ौरन जवाब देने की कृपा करें ताकि मुझे अपनी स्थिति का ठीक-ठीक पता चले।'

अब ज़्यादा सोच-विचार के लिए गुंजायश न थी। मुंशीजी अपना बोरिया-बकचा सँभालने लगे।

'डूबते को सहारा मिला। चल खड़ा हुआ।'—मुंशीजी ने निगम साहब को लिखा।

34

'मैं 31 को यहाँ पहुँच गया था। तब से एक मित्र का मेहमान हूँ। कई मकान देखे। 50 रुपए के मकान में तीन कमरे मिलते हैं। 75 रुपए में पाँच कमरे। अभी कोई मकान ठीक नहीं किया। लेकिन आजकल में कुछ न कुछ इन्तज़ाम कर लेना पड़ेगा। अभी मैं नहीं कह सकता कि मैं यहाँ रह भी सकूँगा या नहीं। जगह बहुत अच्छी है, साफ़-सुथरी सड़कें, हवादार मकान, लेकिन जी नहीं लगता। जैसी कहानियाँ मैं लिखता हूँ उन्हें खेलने के लिए यहाँ कोई ऐक्ट्रेस ही नहीं है। मेरी एक कहानी यहाँ सब को अच्छी लगी

अजंता सिनेटोन के साथ अनुबंध पर हस्ताक्षर करते हुए

शुभलक्ष्मी : तमिल 'सेवासदन' की सुमन

लेकिन यहाँ की ऐक्ट्रेसें उसे खेल नहीं सकतीं। उसे खेलने के लिए कोई पढ़ी-लिखी ऐक्ट्रेस रखनी पड़ेगी। मैं तो ऐसी ही कहानियाँ लिखूँगा। इन लोगों की इच्छानुसार तो लिख नहीं सकता।' मुंशीजी ने बम्बई पहुँचते ही पत्नी को लिखा।

बेचारे यहाँ अकेले पड़े थे, नई जगह, नए लोग, और बाल-बच्चे इलाहाबाद से चौदह मील दूर तहसील सोराम में अपनी मौसी के घर चैन की बंसी बजा रहे थे। शादी-ब्याह का मौसम था और पत्नी का इरादा जल्दी बम्बई की ओर रुख़ करने का नहीं जान पड़ता था। उधर सवा सोलह आने गृहस्थ मुंशीजी को अकेलापन बुरी तरह काट रहा था। पन्द्रह रोज़ बाद उन्होंने कुछ झुँझलाकर लिखा—

'तुम लिखती हो कि 22 जून को शादी है और दूसरी बहन के यहाँ जो शादी है, वह 28 जून की है। मेरी समझ में नहीं आता कि ये शादियाँ उन लोगों के घर हों तो उसका तावान अकेला मैं दूँ। मैं समझता हूँ कि तुम जुलाई से पहले आने का शायद नाम भी न लोगी। अच्छा, बेटी और ज्ञानू आ गया है, यह सुनकर मुझे ख़ुशी हुई। तुम तो इन सबों के साथ ख़ुश हो। इधर मैं सोचता हूँ कि एक-डेढ़ महीने कैसे बीतेंगे। इसे समझ ही नहीं पाता हूँ। आख़िर काम भी करूँ तो कितना करूँ, बैल तो नहीं हूँ, फिर आदमी के लिए मनोरंजन भी तो कोई चीज़ होती है। मेरा मनोरंजन तो सबसे अधिक घर पर बाल-बच्चों से ही हो सकता है। मेरे लिए दूसरा कोई मनोरंजन ही नहीं है। खाना भी खाने बैठता हूँ तो अच्छा नहीं मालूम होता क्योंकि यहाँ साहबी ठाट-बाट हैं और साहब बनने से मेरी तबीयत घबराती है। वहाँ होता, ज्ञानू आया था, उसको खेलाता।... मेरी तो यह समझ में नहीं आता कि जो लोग घर-बार से अलग रहते होंगे, वह कैसे रहते हैं। मुझे तो यह महीना-डेढ़ महीना याद करके मेरी नानी मरती है कि किस तरह यह दिन कटेंगे।...'

उसी दिन जैनेन्द्र को उन्होंने लिखा—

'पहली को आ गया। मकान ले लिया। दादर में होटल में खाता हूँ और पड़ा हूँ। यहाँ दुनिया दूसरी है, यहाँ की कसौटी दूसरी है। अभी तो समझने की कोशिश कर रहा हूँ।'

फिर 24 जून को अपनी पत्नी को लिखा—

'...मेरा ख़याल है कि पहली जुलाई को तुम्हारे यहाँ पहुँच जाऊँगा। तुम्हारे यहाँ तो काफ़ी चहल-पहल होगी और धुन्नू* तो फेल हो गया। ख़ैर, कोई अफ़सोस की बात नहीं है, फेल-पास तो लगा ही रहता है, फिर भी अपने बच्चों का फेल होना अच्छा नहीं मालूम होता। रंजीदा हो तो समझा देना, ग़लती उसी की है।'

और फिर ख़ुद भी उसको समझाते हुए लिखा—

'इस फेल होने की चिन्ता मत करो। मुझे तो पहले ही आशंका थी। कभी-कभी असफलता सफलता से ज़्यादा फल देनेवाली होती है। अपने जीवन को संयम में बाँधो, कसरत करो, नियमित रूप से काम करो, सफल होगे।'

श्रीपत इलाहाबाद जाकर पढ़ना चाहते थे, छोटा लड़का क्या करे, कुछ तय नहीं हो पा रहा था। नवीं में गया था। बम्बई ले जाने का ख़याल आता था, मगर बेकार-सी

---

* बड़ा लड़का श्रीपत

बात थी क्योंकि दोनों प्रान्तों का कोर्स बिलकुल अलहदा था और मुंशीजी का इरादा वहाँ साल-भर से ज़्यादा रहने का नहीं था। फिर क्या होगा, बेचारा न इधर का रहेगा न उधर का। लिहाज़ा मुंशीजी की तो यही इच्छा थी कि दोनों बच्चे वहीं बनारस में रहकर ही पढ़ें, कोई कहीं आए-जाए नहीं, क्या फ़ायदा ख़र्च बढ़ाने से, साल-भर बाद क्या होगा, कहाँ से आएगा सौ रुपया महीना...

यही बात मुंशीजी ने लिखी और लिखा कि मैंने तीन कमरे का मकान ले लिया है, ज़रूरी फ़र्नीचर ख़रीद लिया है यानी पाँच कुर्सियाँ, एक मेज़, नौकर अभी नहीं मिला है, बारह रुपए और खाने पर मिलता है, गेहूँ आठ सेर का है, दूध आठ आने सेर, आम ढेरों मिलते हैं और बहुत मीठे, दो आने का एक या सवा रुपए दर्जन, अंडे बहुत सस्ते हैं, छः आने दर्जन।

अपने काम के बारे में लिखा—

'...यह एक बिलकुल नई दुनिया है। साहित्य से इसको बहुत कम सरोकार है। इन्हें तो रोमांचकारी सनसनीखेज तस्वीरें चाहिए। अपनी ख्याति को ख़तरे में डाले बग़ैर मैं जितनी दूर तक डाइरेक्टरों की इच्छा पूरी कर सकूँगा उतनी दूर तक करूँगा, मुझे करना पड़ेगा। ज़िन्दगी में समझौता करना ही पड़ता है। आदर्शवाद महँगी चीज़ है और बाज़ औक़ात उसको दबाना पड़ता है।' बम्बई की आबहवा रास न आने, पेट की ख़राबी और क़ब्ज़ की शिकायतें भी इसी ख़त में आ गईं।

पहली जुलाई तक गिरस्ती का नक़्शा मुंशीजी के मन में साफ़ हो गया था—

'मुझे उम्मीद है कि मैं 15 जुलाई को तुम्हारे पास पहुँच जाऊँगा। बेटी को अभी बिदा न करना। मैं उसको अपने साथ लेता आऊँगा। बच्चों को पढ़ने के लिए मेरे ख़याल से प्रयाग में अच्छा होगा। बच्चों का वहाँ नाम लिखा देना। वह दोनों आराम से वहाँ पढ़ेंगे। बच्चों के यहाँ नाम लिखने से मैं यहाँ बँध जाऊँगा और मैं कहीं बँधना नहीं चाहता। अभी मैं यहाँ रहने का निश्चय नहीं कर सका हूँ, इसलिए यहाँ लड़कों का नाम लिखाना ठीक नहीं होगा। उनका वहीं रहना ज़्यादा ठीक है। बाद को उनकी पढ़ाई में गड़बड़ी हो जाने का डर है। तुम अपने ख़त में यह लिखोगी कि मैं ख़ुद रह करके बच्चों को यहीं पढ़ाऊँ। उसके लिए मैं यह लिखता हूँ कि बच्चों को सबसे ज़्यादा रुपयों की ख़्वाहिश होती है। मैं उनको सौ रुपया महीना देता रहूँगा। वह आराम से वहाँ रहेंगे। उनको ज़रूरत न मेरी है न तुम्हारी।'

कहने की ज़रूरत नहीं, यह मुंशीजी का दुखी हृदय बोल रहा है। बच्चों की इलाहाबाद जाने की बेजा ज़िद...

बहरहाल, जुलाई ख़त्म होते-होते शिवरानी देवी बेटी और उसके बच्चे के साथ बम्बई पहुँच गईं और मुंशीजी की गिरस्ती जम गई।

मगर महानगरियों की हवा में शायद कुछ जादू होता है (मुंशीजी के लिए तो था ही) कि आदमी काम कुछ नहीं करता मगर व्यस्त हरदम रहता है। 'गोदान' पर काम चल रहा था, मगर चींटी की चाल से। उधर 'मज़दूर' बनना शुरू हो गया था। जैसा कि ज़ियाउद्दीन बर्नी साहब कहते हैं, जो उन दिनों बम्बई में ही थे और मुंशीजी से अक्सर मिलते रहते थे, और जिस की तसदीक उस फ़िल्म के निर्देशक मोहन भवनानी

ने भी की 'इस फ़िल्म की कहानी का ढाँचा कम्पनी ने तैयार किया था और उस पर चमड़ी-गोश्त मुंशीजी साहब ने मढ़ दिया था।' काफ़ी अतिनाटकीय-सी कहानी थी जिसका उद्‌देश्य यह दर्साना था कि पूँजीपति उदार और उन्नत विचारों का होकर देश का, जनता का कितना भला कर सकता है। बात थोड़ी-सी मुंशीजी के मन की थी भी और बहुत कुछ नहीं भी थी। बहरहाल ढाँचा तो यहाँ पहले से तैयार ही था, बस गोश्त चढ़ाना बाक़ी था और उसमें मुंशीजी ने कोताही नहीं की। डायलाग में जितनी जान डाल सकते थे, डाली, जितनी तेज़ी ला सकते थे, लाए। भवनानी ने भी, जिनकी फ़िल्मी ज़िन्दगी शुरू ही हो रही थी, ख़ूब जी तोड़कर काम किया, एक मिल-मालिक दोस्त की कपड़ा मिल में तस्वीर 'शूट' की गई, बग़ैर पूरी बात उस दोस्त पर खोले। बम्बई की फ़िल्मी दुनिया में 'लोकेशन शूटिंग' आज भी कम ही देखने में आती है। रुपए में पन्द्रह आना तसवीरें आज भी पूरी की पूरी नक़ली सेट बनाकर स्टूडियो में ही बना ली जाती हैं, उस वक़्त तो हिन्दी फ़िल्मों के उस आरम्भिक युग में यह एक बिलकुल नई और अनहोनी बात थी। लिहाज़ा मिल के हज़ारों मज़दूरों समेत वह सीन चित्रपट पर बहुत ही सजीव उतरे, और गो कहानी काफ़ी लचर-सी थी, डायलाग ने उसमें काफ़ी जान फूँक दी थी। और तसवीर जब सेंसर बोर्ड के सामने पहुँची तो बम्बई के बड़े पूँजीपति और मिल-ओनर्स असोसिएशन के सभापति सर जीजीभाई ने, जो बोर्ड के भी सदस्य थे और बहुत प्रभावशाली सदस्य थे, डटकर उसका विरोध किया और तसवीर सेंसर बोर्ड से पास नहीं हो सकी। तब भवनानी और अजंता सिनेटोन के दूसरे लोगों ने बोर्ड के सभापति और बम्बई के पुलिस कमिश्नर किन्हीं मिस्टर विलसन से अपील की। मिस्टर विलसन ने कुछ दृश्य काट देने के लिए कहा। कम्पनी ने उनकी सलाह पर अमल किया लेकिन तब भी बम्बई के सेंसर बोर्ड ने, जिसमें बहुत से बड़े-बड़े पूँजीपति भरे थे, फ़िल्म को पास नहीं किया।

लेकिन पंजाब में सेंसर बोर्ड ने फ़िल्म को पास कर दिया और लाहौर के इम्पीरियल सिनेमा में राम राम करके उसके दिखाए जाने की बारी आई। बम्बई के सेंसर बोर्ड ने फ़िल्म को पास नहीं किया, यह बात फैल ही चुकी थी। पहले ही रोज़, भवनानी साहब का कहना है, साठ हज़ार मज़दूरों की भीड़ सिनेमा के फाटक पर जमा हुई—और सात रोज़ तक कुछ इसी तरह का हाल रहा, फाटक पर भीड़ की रोकथाम के लिए पुलिस और मिलिटरी का बन्दोबस्त करना पड़ा। आख़िरकार पंजाब सरकार ने भी घबराकर उस पर रोक लगा दी।

लाहौर के बाद वह फ़िल्म दिल्ली में रिलीज हुई। वहाँ भी अनिष्टकारी ग्रहों ने उसका पीछा नहीं छोड़ा। कोई मज़दूर फ़िल्म के एक सीन की ही तरह, किसी मिल मालिक की मोटर के आगे लेट गया और एक अच्छा-ख़ासा हंगामा खड़ा हो गया। नतीजा : दिल्ली की प्रान्तीय सरकार ने भी उस पर रोक लगा दी।

यू.पी., सी.पी. में जहाँ-तहाँ यह तसवीर दिखाई गई पर कुछ अर्से के बाद जब भारत सरकार ने उस पर रोक लगा दी तो बात ख़त्म हो गई। बाद को सन् 37 में एक बार फिर उसके मामले को उभाड़ा गया और किसी प्रकार उसके और भी कुछ हिंसात्मक दृश्य काट-कूट करके उसके ऊपर लगी हुई रोक हटाने का

उपाय किया गया—लेकिन तब तक लोहा ठंडा पड़ चुका था और लोग दिलचस्पी खो चुके थे।

मगर फ़िल्म को दूसरी नज़र से देखनेवाले लोग भी थे और उसकी बहुत अच्छी रिव्यू अमेरिका की मशहूर पत्रिका 'एशिया' में निकली।

लेकिन यह तो ज़रा अभी आगे की बात है। अभी तो तसवीर बन रही है और भवनानी ने बहुत कह-सुनकर मुंशीजी को इसके लिए राज़ी कर लिया है कि वह ख़ुद एक-दो मिनट के लिए पर्दे पर आएँ। मुंशीजी को न जाने कैसी लगती है यह बात, लेकिन भवनानी का हठ देखकर वह राज़ी हो जाते हैं, शर्त एक ही है कि वह अपने रोज़ के कपड़ों में ही रहेंगे और किसी तरह का कोई मेक-अप नहीं कराएँगे। भवनानी इसको भी मंजूर कर लेते हैं—और तब मुंशीजी अपनी उटंग धोती और कुर्ते में, ज़रा-सी देर के लिए, मिलवालों और मज़दूरों के झगड़े में सरपंच बनकर रजत पट पर आते हैं।

और उधर ख़ुद उनके कारख़ाने में मज़दूरों ने हड़ताल कर दी। मुंशीजी को इस बात से बड़ी चोट लगी और उन्होंने 25 सितम्बर, 1934 को 'भारत' में सम्पादक के नाम एक चिट्ठी छपाई जो ख़ुद अपनी दर्दनाक कहानी कह रही है—

> *...सरस्वती प्रेस के प्रोप्राइटर होने के नाते हड़ताल की कितनी जिम्मेदारी मुझ पर आती है उसे स्पष्ट करना आवश्यक है ताकि आपके पाठकों को उससे मेरे बारे में जो ग़लतफ़हमी हो सकती है वह दूर हो जाए।*
>
> *सरस्वती प्रेस लगातार कई साल से घाटे पर चल रहा है। पहले 'हंस' निकला और उससे तीन साल तक बराबर घाटा होता रहा।...इसके बाद प्रेस में काम की कमी को पूरा करने और जाति की कुछ सेवा करने के लिए मैंने 'जागरण' निकालने का भार भी ले लिया और दो साल अपने समय का बहुत बड़ा भाग ख़र्च करके उसे चलाता रहा लेकिन उसमें भी बराबर घाटा ही रहा, यहाँ तक कि प्रेस पर कोई चार हज़ार का ऋण हो गया जिसमें कर्मचारियों का देना और काग़ज़वालों का बक़ाया दोनों शामिल हैं। फिर भी मैंने हिम्मत नहीं हारी और जब अपनी बिगड़ी आर्थिक दशा से तंग आकर मैं काशी से चलने लगा तो मैंने 'जागरण' का सम्पादन-भार बाबू सम्पूर्णानन्द को सौंपा...मगर घाटा बराबर होता रहा। मेरी पुस्तकों की बिक्री के रुपए भी प्रेस के ख़र्च में आते रहे फिर भी ख़र्च पूरा न पड़ता था क्योंकि इधर पुस्तकों की बिक्री भी घट गई है। बाबू सम्पूर्णानन्द जी के हाथों में 'जागरण' ने सोशलिस्ट नीति की जैसी ज़ोरदार वकालत की, वह हिन्दी संसार भली-भाँति जानता है। मैं ख़ुद सोशलिस्ट विचारों का आदमी हूँ और मेरी सारी ज़िन्दगी ग़रीबों और दलितों की वकालत करते गुज़री है। हिन्दी में 'जागरण' एक ऐसा पत्र था जिसने घाटे की परवाह न करते हुए वीरता के साथ सोशलिज़्म का प्रचार किया। जब प्रेस की आमदनी का यह हाल था तो कर्मचारियों का वेतन कहाँ से पाबन्दी के साथ दिया जा सकता था?*

मेरी किताबों से जो कुछ आमदनी होती है, वह इतनी भी नहीं है कि उससे मेरा निबाह हो सकता। न मुझमें यह फ़न है कि धनिकों से अपील करके कुछ धन संग्रह कर सकता।...

...मुझे ऐसी दशा में 'जागरण' को अवश्य बन्द कर देना चाहिए था, जैसा मेरे अनेक मित्रों ने कहा, लेकिन दुनिया उम्मीद पर क़ायम है और मैं बराबर यही सोचता रहा कि शायद अब पत्र का प्रचार बढ़े। उसके पीछे कई हज़ार का नुक़सान उठा चुकने के बाद उसे बन्द करते मोह आता था। मेरे कई मित्रों ने प्रेस को ही बन्द करने की सलाह दी क्योंकि प्रेस के बन्धन से मुक्त होकर मैं अपनी पुस्तकों और लेखों से लस्टम-पस्टम अपना निर्वाह कर सकता हूँ। कम-से-कम उस दशा में मुझ पर किसी का क़र्ज़ तो न रहता लेकिन मुझे यही संकोच होता था कि ये पच्चीस-तीस आदमी बेकार होकर कहाँ जाएँगे। बला से मुझे कुछ नहीं मिलता, मेहनत भी मुफ़्त में करनी पड़ती है मगर इतने आदमियों की रोज़ी तो लगी हुई है। इस ख़याल से मैं हर तरह की ज़ेरबारी उठाकर प्रेस और पत्र चलाता रहा। दिल में समझता था, कर्मचारियों को प्रेस का ज्ञान है ही, क्या वह मेरी मजबूरी नहीं समझते? जब उन्हें मालूम है कि मैंने आज तक प्रेस से एक पैसे का लाभ नहीं उठाया और अपनी जायज़ कमाई से कम-से-कम दस हज़ार रुपए प्रेस और पत्रों के पीछे फूँक दिए तो उनको मेरे नादिहन्द होने की कोई शिकायत नहीं होनी चाहिए। मैं तो उल्टे अपने को उनकी हमदर्दी का पात्र समझता था। मैं मानता हूँ कि ग़रीबों को समय पर वेतन न मिलने से बड़ा कष्ट होता है, लेकिन क्या वे ख़ुद ही इस प्रेस के मालिक होते तो वे भी मेरी ही तरह सिर पीटकर न रह जाते? क्या उन्हें किसानी में घाटा नहीं हो रहा है और वे प्रेस की मज़दूरी करके लगान नहीं अदा कर रहे हैं? कर्मचारी को मालिक से असन्तोष तब होता है जब मालिक ख़ुद तो आमदनी हजम कर जाता है और उन्हें भूखा रखता है। जब उन्हें मालूम है कि मालिक ख़ुद बेगार में रात-दिन पिस रहा है, उसकी जेब में एक पाई भी नहीं जाती, तो उनको मालिक से शिकायत करने का कोई जायज़ मौक़ा नहीं है। फिर भी, इन परिस्थितियों पर ज़रा भी विचार न करके प्रेस संघ ने प्रेस में हड़ताल करवा दी। मैंने ख़बर पाते ही संघ के सभापति महोदय को सारा हाल समझा दिया...लेकिन उन्हें तो अपनी शानदार फतेह की पड़ी थी, मेरी गुज़ारिशों पर क्यों ध्यान देते? उन्हें यहाँ तक विचार न हुआ कि इस प्रेस को साहित्य या समाज की सेवा ही के कारण यह घाटा हो रहा है। और यही प्रेस है जो मज़दूरों की वकालत कर रहा है, और इस लिहाज़ से मज़दूरों की हमदर्दी का हक़दार है, ऐसी कोशिश करें कि वह सफल हो और ज़्यादा एकाग्रता से उनकी वकालत कर सके। उनके सोशलिज़्म में ऐसे तुच्छ विचारों के लिए स्थान ही नहीं था। वहाँ तो सीधा-सादा खुला हुआ सिद्धान्त था कि प्रेस ने मज़दूरी बाक़ी लगा रक्खी है, इसलिए हड़ताल करवा दो। मैं अब भी प्रेस को बन्द कर सकता

था क्योंकि मैं पहले ही कई बार कह चुका हूँ कि प्रेस से मुझे कोई आर्थिक लाभ नहीं है, बल्कि हमेशा कुछ न कुछ घर से देना पड़ता है, लेकिन फिर यह ख़याल करके कि इतने आदमी उसी प्रेस से कुछ न कुछ पा रहे हैं, उसे बन्द कर देने से उन्हीं का नुक़सान होगा और उन्हें अपने बाक़ी वेतन के लिए कई महीने का इन्तज़ार करना पड़ेगा, प्रेस को जारी कर दिया। यह है उस शानदार विजय का वृत्तान्त जो संघ को सरस्वती प्रेस पर प्राप्त हुई है। अपने वकील का गला घोंटना अगर विजय है तो बेशक उसे विजय हुई, क्योंकि इस झमेले में 'जागरण' बन्द हो गया। जिन मज़दूरों के लिए वह सैकड़ों का माहवार घाटा सह रहा था, जब उन्हीं मज़दूरों को उस पर दया नहीं आती तो फिर उसका बन्द हो जाना ही अच्छा था।

रह गईं अन्य शर्तें। वे सब अच्छी हैं और मैं हमेशा से उनकी पाबन्दी करता आया हूँ। मेरे कर्मचारियों में से किसी का साहस नहीं है कि वह मेरे विरुद्ध अपशब्द या डाँट-डपट का आक्षेप कर सके। मैं ख़ुद मज़दूर हूँ और मज़दूरों का दोस्त हूँ। उनके साथ किसी तरह का अन्याय या सख़्ती देखकर मुझे दुख होता है। और मेरे मैनेजर ने मारपीट की थी तो कर्मचारियों को मुझसे कहना चाहिए था, अगर मैं मैनेजर की तम्बीह न करता तो उनका जो जी चाहता करते।...इन शर्तों में एक भी ऐसी नहीं है जो मैं सच्चे हृदय से न मान लेता, बल्कि मैं तो मज़दूरों को आधे महीने की पेशगी देने की शर्त भी मानता, अगर कोष में रुपए होते। मैं ख़ुद चाहता हूँ कि वह समय आए जब मज़दूरों को (जिनमें मैं भी हूँ) कम-से-कम काम करके अधिक से अधिक मज़दूरी मिले, ख़ूब छुट्टियाँ मिलें, और जितनी सुविधाएँ दी जा सकें दी जाएँ, मगर शर्त यही है कि आमदनी काफ़ी हो। घाटे पर चलने वाले उद्योग को बड़ी-बड़ी सद्इच्छाएँ रखने पर भी बदनाम होना पड़ता है और उस पर कोई भी बड़ी आसानी से शानदार फ़तेह पा सकता है!

जिसके लिए अपना पेट काटा और सारी ज़िन्दगी आराम नहीं जाना, वही कहे कि तुम मेरा पेट काट रहे हो, मेरा ख़ून चूस रहे हो! बड़ी गहरी पीड़ा हुई मुंशीजी को और उसी तैश में उन्होंने दो-तीन जगह चिट्ठियाँ दौड़ा दीं। उसके चौथे रोज़ 29 तारीख़ को उन्होंने जैनेन्द्र को लिखा—'मैंने सोचा तीन महीने की मज़दूरी एक हज़ार रुपए से कम न होगी। काग़ज़वालों के भी दो हज़ार देने हैं। क्यों न हंस और स्टाक किसी को देकर उससे रुपए ले लो और सब बक़ाया चुकाकर प्रेस से हमेशा के लिए पिंड छुड़ा लो। तभी दो-तीन जगह पत्र लिखे। एक पत्र ऋषभ जी को भी लिखा। स्टाक लेना तो सबने स्वीकार किया, पर हंस पर कोई न खड़ा हुआ। इस बीच में हड़ताल टूट गई। एक महीने का वेतन लेकर सब काम करने आ गए।'

मुंशीजी की ज़िन्दगी का नक़्शा यहाँ भी वही था जो बनारस में या लखनऊ में या कानपुर में या गोरखपुर में—'न किसी से दोस्ती न किसी से मुलाक़ात। मुल्ला की

दौड़ मसजिद तक। स्टूडियो गए, घर आ गए, '7 फ़रवरी 1935 के ख़त में मुंशीजी ने जैनेन्द्र को लिखा—'सात बजे उठता हूँ। साढ़े आठ पर घूम कर आता हूँ। नाश्ता करता हूँ। नौ बजे अख़बार पढ़ता हूँ। कभी घंटा-भर, कभी इससे ज़्यादा समय लग जाता है। कभी कोई मिलने आ जाता है। ग्यारह बज जाता है। नहा-खाकर स्टूडियो जाता हूँ। कुछ काम हुआ तो किया, नहीं उपन्यास पढ़ा। पाँच बजे लौटता हूँ। हिन्दी के पत्र-पत्रिकाओं को उलटता-पलटता हूँ, चिट्ठी-पत्तर लिखता हूँ, खाता हूँ, और सो जाता हूँ। यही दिनचर्या है।'

शब्द-शब्द में अपनी व्यर्थता का आक्रोश बोल रहा है...

नाटककार हरिकृष्ण प्रेमी वहीं दादर की हिन्दू कालोनी में मुंशीजी के पड़ोसी थे। वह भी फ़िल्मों में क़िस्मत आज़माने आए थे। अक्सर गपशप के लिए चले आते। एक रोज़ उन्होंने मुंशीजी से पूछा—आप कैसे आ फँसे यहाँ?

मुंशीजी ने जवाब दिया—प्रेस के ऊपर कुछ क़र्ज़ हो गया है, उसी को पटाने के लिए आया हूँ। मगर तुम, तुम क्यों अपने को बर्बाद करने आ गए?

प्रेमी ने कहा—जी, कुछ पैसा कमाकर प्रेस लगा लेना चाहता हूँ।...

मुंशीजी ने ज़ोर का एक क़हक़हा लगाया और फिर कुछ उदास होते हुए कहा—आज प्रेस लगाने को पैसा कमाने फ़िल्म कम्पनी में आए हो—कल प्रेस के क़र्ज को अदा करने के लिए आओगे...

एक बार प्रेमी जी के एक दोस्त दिल्ली से बम्बई आए। उनकी सुन्दरी, सलोनी, युवती पत्नी साथ थी। प्रेमी जी की कहानी पर फ़िल्म बन रही थी। वहीं स्टूडियो में जाकर उन्होंने प्रेमी जी से मुलाक़ात की। सारा दिन बड़ी दिलचस्पी से शूटिंग देखा। शाम को प्रेमचन्दजी से मिलने की ख़्वाहिश ज़ाहिर की तो प्रेमी उनको लेकर मुंशीजी के घर पहुँचे। पत्नी भीतर चली गईं। मर्दों में बातें होने लगीं।

मित्र ने कुछ इधर-उधर की बातों के बाद पूछा—मुंशीजी, क्या भले घर की महिलाएँ फ़िल्मों में काम कर सकती हैं?

मुंशीजी ने तपाक से कहा—क्यों नहीं...

मित्र का चेहरा खिल उठा लेकिन तभी मुंशीजी ने अपनी बात पूरी करते हुए कहा—लेकिन उन्हें अपनी नाक अपने घर रख आनी होगी।...

हर रोज़ स्टूडियो जाना ज़रूरी नहीं है लेकिन कुछ यही तबीयत का उखड़ापन है कि पहुँच जाते हैं, घर रहकर ही ऐसा क्या कर लूँगा! सिगरेट पीना भी बहुत बढ़ गया है—नहीं तो बस दिन-रात में तीन बीड़ी पीते थे। अब यों ही धुआँ उड़ाते दोपहर गुज़र जाती है।

कम्पनी के लोग, ऐक्टर वग़ैरह मुंशीजी की बहुत इज़्ज़त करते हैं, ख़ासकर पराशर और नवीन याज्ञिक। मगर बोर्ड आफ़ डाइरेक्टर्स में कुछ लोग काफ़ी ख़रदिमाग़ हैं। ठेठ पूँजीपति लोग हैं, न उनके पास कोई संस्कार न संस्कृति। कभी-कभी मुंशीजी से खोद-खोदकर पूछा जाता है—फ़लाँ कहानी कितनी हुई? कब तक पूरी होगी? और वह

डायलाग उस तसवीर का? कुछ देर तक तो मुंशीजी का सन्तुलन क़ायम रहता है और वह बड़े शान्त भाव से जवाब दे देते हैं, लेकिन कभी-कभी जब बहुत ज़्यादा छानबीन की जाने लगती है तो मुंशीजी का पारा चढ़ जाता है और उनके तैश या झुँझलाहट का कुछ अक्स उनके चेहरे पर भी उतर आता है—क्या मतलब इस जाँच-पड़ताल का? मेरा कहना काफ़ी नहीं है कि मैं फ़लाँ कहानी पर काम कर रहा हूँ...

सच पूछिए तो उस मतलब में मुंशीजी कम्पनी के नौकर भी नहीं हैं, उनका तो साल-भर का ठेका है कहानियाँ लिखकर देने का, और लिखने का काम घर पर भी किया जा सकता है, ज़्यादा अच्छी तरह किया जा सकता है। मगर मुंशीजी ख़ुद कम्पनी का काम कम्पनी में बैठकर करना पसन्द करते हैं, इसीलिए तो रोज़ बिला नागा पहुँच जाते हैं अपने वक़्त से। घर अपने लिखने के लिए है, जो कि ढंग से हो नहीं पा रहा है...

13 नवम्बर को मुंशीजी ने हैदराबाद के हसामउद्दीन ग़ोरी साहब के एक फ़िल्म-सम्बन्धी लेख पर, जिसमें उन्होंने जन-रुचि के संस्कार के लिए फ़िल्म की उपयोगिता की बात उठाई थी, लेखक को बधाई देते हुए कहा—

'...मुझे आपके ख़याल से लफ़्ज़-ब-लफ़्ज़ इत्तफ़ाक़ है। मगर जिन हाथों में फ़िल्म की क़िस्मत है वह बदक़िस्मती से इसे इंडस्ट्री समझ बैठे हैं। इंडस्ट्री को मज़ाक़[1] और इसलाह[2] से क्या निस्बत? वह तो एक्सप्लायट करना जानती है और यहाँ इनसान के मुक़द्दसतरीन[3] जज़्बात[4] को एक्सप्लायट कर रही है। बरहना[5] और नीमबरहना[6] तसवीरें, क़त्ल-ओ-ख़ून और जब्र की वारदातें, मार-पीट, ग़ुस्सा और ग़ज़ब और नफ़्सानियत ही इस इंडस्ट्री के औज़ार हैं और इन्हीं से वह इंसानियत का ख़ून कर रही है।'

और 26 दिसम्बर को इन्द्रनाथ मदान को लिखा—'सिनेमा साहित्यिक आदमी के लिए ठीक जगह नहीं है। मैं इस लाइन में यह सोचकर आया था कि आर्थिक रूप से स्वतंत्र हो सकने की कुछ सम्भावनाएँ इसमें दिखाई देती थीं लेकिन अब मैं देख रहा हूँ कि यह मेरा भ्रम था और अब मैं फिर साहित्य की ओर लौट रहा हूँ। सच तो यह है कि मैंने लिखना कभी बन्द नहीं किया। मैं उसे अपने जीवन का लक्ष्य समझता हूँ। सिनेमा मेरे लिए वैसा ही है जैसी कि वकालत होती, अन्तर बस इतना है कि यह अधिक स्वस्थ है।

पन्द्रह रोज़ बाद फिर जैनेन्द्र को लिखा—

"फ़िल्मी हाल क्या लिखूँ। 'मिल' यहाँ पास न हुआ। लाहौर में पास हो गया और दिखाया जा रहा है। मैं जिन इरादों से आया था उनमें एक भी पूरा होता नज़र नहीं आता। ये प्रोड्यूसर जिस ढंग की कहानियाँ बनाते आए हैं, उसकी लीक से जौ भर भी नहीं हट सकते। वल्गैरिटी को ये लोग एंटरटेनमेन्ट वैल्यू कहते हैं। अद्भुत ही में इनका विश्वास है। राजा-रानी, उनके मंत्रियों के षड्यंत्र, नक़ली लड़ाई, बोसेबाज़ी, यही उनके मुख्य साधन हैं। मैंने सामाजिक कहानियाँ लिखी हैं जिन्हें शिक्षित समाज भी

---

1. रुचि, 2. परिष्कार, 3. पवित्रतम, 4. भावनाओं, 5. नग्न, 6. अर्द्ध-नग्न

देखना चाहे, लेकिन उनको फ़िल्म करते इन लोगों को सन्देह होता है कि चले या न चले। यह साल तो पूरा करना है ही। क़र्ज़दार हो गया था, कर्ज़ा पटा दूँगा, मगर और कोई लाभ नहीं। उपन्यास के अन्तिम पृष्ठ लिखने बाक़ी हैं, उधर मन ही नहीं जाता। यहाँ से छुट्टी पाकर अपने पुराने अड्डे पर जा बैठूँ। वहाँ धन नहीं है मगर सन्तोष अवश्य है। यहाँ तो जान पड़ता है कि जीवन नष्ट कर रहा हूँ।"

इसके अभी दो ही महीने पहले मुंशीजी ने बनारसीदास को लिखा था—'यहाँ स्थिति मेरे लिए काफ़ी अनुकूल है क्योंकि अब इस उम्र में मेरे बहकने का अन्देशा कम है! दूसरी ओर मेरा इस लाइन में रहना ब्रेक का काम कर सकता है।' लेकिन इसी बीच जी खट्टा हो गया था, उम्मीदें बुझ गई थीं।

शायद इन्हीं दिनों, जियाउद्दीन बर्नी साहब बयान करते हैं,—'बम्बई टाकीज़ के डाइरेक्टर मिस्टर हिमांशु राय, जो 'लाइट आफ एशिया' और 'कर्म' जैसी कामयाब फ़िल्में बना चुके हैं, यह चाहते थे कि मुंशी साहब किसी तरह उनकी कम्पनी से सम्बद्ध हो जाएँ। चुनांचे जब उन्होंने मुझसे अपनी इच्छा व्यक्त की तो मैंने मुंशी साहब से उनकी मुलाक़ात करा दी। लेकिन मुलाक़ात के वक़्त उन्होंने बम्बई की ख़राब आबहवा की बात कही और फ़रमाया कि मैं अजन्ता सिनेटोन से अलग होने के बाद बनारस जाना चाहता हूँ। मुझे उनकी बातचीत से ऐसा मालूम होता था कि फ़िल्मी काम से उनका जी उचाट हो चुका है, इसलिए कि जब मिस्टर हिमांशु राय ने उनसे दर्ख़ास्त की कि वह बनारस ही से उनकी कम्पनी के लिए कहानियाँ लिखकर भेज दिया करें, तब भी उन्होंने अपनी असमर्थता बतलाई और अपनी जगह पर मिस्टर कश्यप* की सिफ़ारिश कर दी...'

ज़िन्दगी अपने इसी रंग में चली जा रही थी। सेहत गिरती जा रही थी। पेट की तमाम पुरानी बीमारियाँ, जो न जाने कब से शरीर में अड्डा जमाए बैठी थीं, अब फिर सिर उठाने लगी थीं।

राजनीति बिलकुल ठंडी थी। 29 सितम्बर को मुंशीजी ने जैनेन्द्र को लिखा था—'यहाँ कांग्रेस में आ रहे हो न? कांग्रेस तो बेजान-सी चीज़ होती जा रही है। मगर तमाशा तो रहेगा ही...'

हाँ, राष्ट्रभाषा का आन्दोलन एक ऐसी चीज़ थी जो आजकल मुंशीजी की चेतना पर पूरी तरह छाई हुई थी।

27 अक्टूबर को बम्बई में ही राष्ट्रभाषा सम्मेलन के स्वागताध्यक्ष की हैसियत से भाषण करते हुए मुंशीजी ने कहा—

> *यह दो पैरोंवाला जीव उसी वक़्त आदमी बना जब उसने बोलना सीखा। समाज की बुनियाद भाषा है। भाषा का सीधा सम्बन्ध हमारी आत्मा से है।...भाषा हमारी आत्मा का बाहरी रूप है।...उसके एक-एक अक्षर में हमारी आत्मा का प्रकाश है। भाषा सदियों तक हमारा साथ देती रहती*

* जमुना स्वरूप, जे. एस. कश्यप जिन्होंने बम्बई टाकीज़ के लिए बरसों काम किया और आजकल शायद मद्रास की किसी कम्पनी में हैं।

है और जितने लोग हमज़बान हैं, उनमें एक अपनापन, एक आत्मीयता, एक निकटता का भाव जगाती रहती है। मनुष्य में मेल डालनेवाला रिश्ता भाषा का है।...

हमारे मुल्की फैलाव के साथ हमें एक ऐसी भाषा की ज़रूरत पड़ गई जो सारे हिन्दुस्तान में समझी और बोली जाए...

हम सूबे की भाषाओं के विरोधी नहीं हैं, आप उनमें जितनी उन्नति कर सकें, करें, लेकिन एक क़ौमी भाषा का मरकज़ी सहारा लिये बग़ैर आपके राष्ट्र की जड़ मज़बूत नहीं हो सकती।...अगर हमने क़ौमियत की सबसे बड़ी शर्त, यानी क़ौमी ज़बान की तरफ़ से लापरवाही की तो उसका अर्थ यह होगा कि आपकी क़ौम को ज़िन्दा रखने के लिए अंग्रेज़ी की मरकज़ी हुकूमत का क़ायम रहना लाज़िमी होगा, वर्ना कोई मिलानेवाली ताक़त न होने के कारण हम सब बिखर जाएँगे और प्रान्तीयता ज़ोर पकड़कर राष्ट्र का गला घोंट देगी...

इस क़ौमी ज़बान के रास्ते में सबसे बड़ी रुकावट अंग्रेज़ी है, उसका बढ़ता हुआ प्रचार और हममें आत्म-सम्मान की वह कमी जो ग़ुलामी की शर्म को नहीं महसूस करती।

अंग्रेज़ी की इस नागफाँस को तोड़ना होगा, हिन्दुस्तान की किसी ज़बान से। वह ज़बान हिन्दी या हिन्दुस्तानी ही हो सकती है। नाम से मुंशीजी को कोई झगड़ा नहीं है, हिन्दी कहिए, उर्दू कहिए, हिन्दुस्तानी कहिए, कुछ भी कहिए, तत्त्व की बात यह है कि उसका रूप क्या होगा? वह हिन्दी-उर्दू का मिला-जुला रूप होगा। तो क्यों न उसे हिन्दुस्तानी कहो, हिन्दुस्तान की भाषा हिन्दुस्तानी।

ऐसी भाषा न पंडिताऊ होगी न मौलवियों की।...यह ज़ाहिर है कि अभी इस तरह की भाषा में इबारत की चुस्ती और शब्दों के विन्यास की बहुत थोड़ी गुंजाइश है। और जिसे हिन्दी या उर्दू पर अधिकार है, उसके लिए चुस्त और सजीली भाषा लिखने का लालच बड़ा ज़ोरदार होता है। अगर हमें राष्ट्रभाव का प्रचार करना है तो हमें इस लालच को दबाना पड़ेगा। हमें इबारत की चुस्ती पर नहीं, अपनी भाषा को सलीस बनाने पर ख़ास तौर से ध्यान रखना होगा। इस वक़्त ऐसी भाषा कानों और आँखों को खटकेगी ज़रूर, कहीं गंगा-मदार का जोड़ा नज़र आएगा, कहीं एक उर्दू शब्द हिन्दी के बीच में इस तरह डटा मालूम होगा जैसे कौओं के बीच में हंस आ गया हो। कहीं उर्दू के बीच में हिन्दी शब्द हलुए में नमक के डले की तरह मज़ा बिगाड़ देंगे। पंडितजी खिलखिलाएँगे और मौलवी साहब भी नाक सिकोड़ेंगे और चारों तरफ़ से शोर मचेगा कि हमारी भाषा का गला रेता जा रहा है, कुन्द छुरी से उसे ज़िबह किया जा रहा है। उर्दू को मिटाने के लिए यह साज़िश की गई है, हिन्दी को डुबोने के लिए यह माया रची गई है। लेकिन हमें इन बातों को कलेजा मज़बूत करके सहना पड़ेगा। राष्ट्रभाषा केवल रईसों

> *और अमीरों की भाषा नहीं हो सकती। उसे किसानों और मज़दूरों की भाषा बनना पड़ेगा।...इधर तो हम राष्ट्र राष्ट्र का गुल मचाते हैं, उधर अपनी-अपनी ज़बानों के दरवाज़ों पर संगीनें लिये खड़े रहते हैं कि कोई उसकी तरफ़ आँख न उठा सके।...*

दिसम्बर में मद्रास की तैयारी हो गई। हिन्दी प्रचार सभा ने दीक्षान्त भाषण करने के लिए आमंत्रित किया था। एक अहिन्दी प्रदेश में जाकर हिन्दी के प्रचार का सुयोग उनके मन की चीज़ थी और 'मन मन भाये मुड़िया हिलाए' वाली बात उनके लिए बिलकुल बिरानी थी। लिहाज़ा मुंशीजी ने न्योता पाकर तुरन्त उसे स्वीकार किया और अपनी पत्नी, नाथूराम जी प्रेमी और बम्बई हिन्दी प्रचार सभा के शंकरन जी के साथ '...27 दिसम्बर को बम्बई से चल कर 28 की शाम को मद्रास जा पहुँचे।...तीसरे दर्जे का सफ़र था मगर रास्ते में कोई ख़ास तकलीफ़ नहीं हुई। प्रेमी जी अपने साथ मगदल के लड्डू और पूरियाँ रख लाए थे।...हमने ख़ूब लड्डू खाये...'

मद्रास में इन लोगों को रामनाथ गोयनका के यहाँ ठहराया गया।

'पदवी-दान का जलसा गोखले हाल में था। मेरा ख़याल था कि बहुत बड़ा जमघट होगा लेकिन मालूम हुआ कि छुट्टियों के कारण बहुत से हिन्दी प्रेमी बाहर चले गए हैं।...मगर तमाशाइयों की तादाद चाहे कम हो, यहाँ जितने लोग थे प्राय: सभी हिन्दी प्रचार से सम्बन्ध रखते थे और हिन्दी प्रचारकों के इस मिशनरी दल को देखकर मन में आशा और गर्व की गुदगुदी होने लगती थी। कुछ लोग तो कई-कई सौ मील तय करके आए थे और उसमें देवियों की भी ख़ासी तादाद थी।'

यहाँ भी मुंशीजी ने अपने भाषण में अंग्रेज़ी पर अपना दुहत्तड़ चलाने के बाद उनसे कहा—

> *यह समझ लीजिए कि जिस दिन आप अंग्रेज़ी भाषा का प्रभुत्व तोड़ देंगे और अपनी एक क़ौमी भाषा बना लेंगे, उसी दिन आपको स्वराज्य के दर्शन हो जाएँगे।[1] मुझे याद नहीं आता कि कोई भी राष्ट्र विदेशी भाषा के बल पर स्वाधीनता प्राप्त कर सका हो। राष्ट्र की बुनियाद राष्ट्र की भाषा है।...आप उसी राष्ट्रभाषा के भिक्षु हैं और इस नाते आप राष्ट्र का निर्माण कर रहे हैं... आप एक बिखरी हुई क़ौम को मिला रहे हैं, आप हमारे बन्धुत्व की सीमाओं को फैला रहे हैं, भूले हुए भाइयों को गले मिला रहे हैं।*
>
> *...जीवित भाषा तो जीवित देह की तरह बराबर बनती रहती है। 'शुद्ध हिन्दी' तो निरर्थक शब्द है। जब भारत शुद्ध हिन्दू होता तो उसकी भाषा शुद्ध हिन्दी होती। जब तक यहाँ मुसलमान, ईसाई, पारसी, अफ़ग़ानी, सभी जातियाँ मौजूद हैं, हमारी भाषा भी व्यापक रहेगी। अगर हिन्दी भाषा प्रान्तीय रहना चाहती है और केवल हिन्दुओं की भाषा रहना चाहती है, तब तो वह*

---

1. हिन्दी बहुत दिनों तक स्वराज्य-भाषा और हिन्दी की परीक्षाएँ स्वराज्य-परीक्षाओं के नाम से पुकारी जाती रहीं। यह नाम ख़ुद राजगोपालाचारी ने दिया था।

शुद्ध बनाई जा सकती है। उसका अंग-भंग करके उसका कायाकल्प करना होगा। प्रौढ़ से वह फिर शिशु बनेगी यह असम्भव है, हास्यास्पद है।...यह ग़लत है कि फ़ारसी शब्दों से भाषा कठिन हो जाती है। शुद्ध हिन्दी के ऐसे पदों के उदाहरण दिए जा सकते हैं जिनका अर्थ निकालना पंडितों के लिए भी लोहे के चने चबाना है। वही शब्द सरल है जो व्यवहार में आ रहा है। इससे कोई बहस नहीं है कि वह तुर्की है या अरबी या पुर्तगाली। उर्दू और हिन्दी में क्यों इतना सौतिया डाह है, यह मेरी समझ में नहीं आता।...मैं अपने अनुभव से इतना अवश्य कह सकता हूँ कि उर्दू को राष्ट्रभाषा के स्टैंडर्ड पर लाने में हमारे मुसलमान भाई हिन्दुओं से कम इच्छुक नहीं हैं। मेरा मतलब उन हिन्दू-मुसलमानों से है जो क़ौमियत के मतवाले हैं। कट्टरपंथियों से मेरा कोई प्रयोजन नहीं। उर्दू का और मुस्लिम संस्कृति का केन्द्र आज अलीगढ़ है। वहाँ उर्दू और फ़ारसी के प्रोफ़ेसरों और अन्य विषयों के प्रोफ़ेसरों से मेरी जो बातचीत हुई उससे मुझे मालूम हुआ कि मौलवियाऊ भाषा से वे लोग भी उतने ही बेज़ार हैं जितने पंडिताऊ भाषा से...मैं यह भी माने लेता हूँ कि मुसलमानों का एक गिरोह हिन्दुओं से अलग रहने में ही अपना हित समझता है...

ऐसे मौलवी लोगों को मुख़ातिब करते हुए मुंशीजी ने अपने इस अधिकार से कि 'मेरा सारा जीवन उर्दू की सेवकाई करते गुज़रा है और आज भी मैं जितनी उर्दू लिखता हूँ उतनी हिन्दी नहीं लिखता, और कायस्थ होने और बचपन से फ़ारसी का अभ्यास करने के कारण उर्दू मेरे लिए जितनी स्वाभाविक है उतनी हिन्दी नहीं है' कहा—

मैं पूछता हूँ आप हिन्दी को क्यों गर्दन-ज़दनी समझते हैं? क्या आपको मालूम है और नहीं है तो होना चाहिए, कि हिन्दी का सबसे पहला शायर जिसने हिन्दी का साहित्यिक बीज बोया,...वह अमीर खुसरो था? क्या आपको मालूम है, कम-से-कम पाँच सौ मुसलमान शायरों ने हिन्दी को अपनी कविता से धनी बनाया है जिनमें कई तो चोटी के शायर हैं? क्या आपको मालूम है अकबर और जहाँगीर और औरंगज़ेब तक हिन्दी कविता का जौक़ रखते थे और औरंगज़ेब ने ही आमों के नाम 'रसना-विलास' और 'सुधारस' रक्खे थे? क्या आपको मालूम है, आज भी हसरत और हफ़ीज़ जालंधरी जैसे कवि कभी-कभी हिन्दी में तबा-आज़माई करते हैं? क्या आपको मालूम है, हिन्दी में हज़ारों शब्द, हज़ारों क्रियाएँ अरबी और फ़ारसी से आई हैं और ससुराल में आकर घर की देवी हो गई हैं? अगर यह मालूम होने पर भी आप हिन्दी को उर्दू से अलग समझते हैं तो आप देश के साथ और अपने साथ बेइंसाफ़ी करते हैं।...मुझे अपने मुस्लिम दोस्तों से यह शिकायत है कि वह हिन्दी के आमफ़हम शब्दों से भी परहेज़ करते हैं...

यहाँ-वहाँ, गोष्ठियों, सभाओं, लोगों से मिलने-जुलने और ट्रिप्लीकेन समुद्रतट और अदयार की सैर में चार रोज़ देखते-देखते निकल गए। पाँचवें रोज़ मुंशीजी का इरादा सीधे बम्बई लौट जाने का था, लेकिन जब मैसूर के हिन्दी प्रचारक हिरणमय जी ने वहाँ की प्राकृतिक सुषमा का बखान किया तो मुंशीजी ललचा गए, और छोटी लाइन के तीसरे दर्जे की ठेलमठाल झेलते हुए अगले रोज़ सबेरे मैसूर पहुँचे। बड़े प्यार से लोगों ने उनका स्वागत किया और 'कृष्ण भवन' नाम के एक बहुत अच्छे, बहुत साफ़-सुथरे बोर्डिंग लाज में ठहराया, जिसके मालिक उत्तर भारत के ही एक सज्जन थे। उनसे मिलकर मुंशीजी बहुत प्रभावित हुए, ख़ासकर इस बात से कि आदमी चाहे तो अपने पुरुषार्थ से क्या नहीं कर सकता। उनका बचपन बड़ी मुसीबतों में कटा था, ऐसी कि बारह साल की उम्र में उन्हें अपना घर छोड़कर भागना पड़ा। भागकर वह बंगलोर आए और एक होटल में झाड़ू-बुहारू और प्याला-तश्तरी धोने का काम करने लगे। होते-करते यह दिन आया कि अब वह मैसूर और बंगलोर के कई होटलों के मालिक सेठ शिवप्रसाद थे!

बम्बई पहुँचकर मुंशीजी ने अपनी इस यात्रा के बारे में 7 फ़रवरी, 1935 को जैनेन्द्र को लिखा—

'मद्रास गया था, वहाँ से मैसूर और बंगलोर भी गया। अपना यात्रा-वृत्तान्त लिख रहा हूँ। कुछ नोट तो किया नहीं। जो कुछ याद है, वही लिखता हूँ। हिन्दी का प्रचार बढ़ रहा है, यह देखकर ख़ुशी हुई। जो लोग राष्ट्र की और कोई सेवा नहीं कर सकते, वे इसी ख़याल में मगन हैं कि वे राष्ट्रभाषा सीख रहे हैं। मुझे वह प्रदेश बड़ा सुन्दर लगा। गाने-बजाने का घर-घर प्रचार है, मुहल्ले-मुहल्ले स्त्रियों के समाज हैं और प्राय: सभी में हिन्दी की क्लासें हैं। मैं बुद्धू की तरह माला पहनकर रह गया। बोल न सकने की कमी उस वक़्त मालूम हुई। जनता कहती है कि हिन्दी का एक बड़ा लेखक है, जाने क्या-क्या मोती उगलेगा, और यहाँ हैं कि कुछ समझ में नहीं आता क्या कहें। ख़ैर, ट्रिप अच्छा रहा। प्रेमी जी भी साथ थे। वे बेचारे भी इसी मरज में मुब्तिला हैं।'

अपने यात्रा-वृत्तान्त में उन्होंने मैसूर का बखान करते हुए अगले महीने लिखा—

'मैसूर बड़ा ही साफ़-सुथरा, सुन्दर उद्यानों से सजा हुआ, रमणीक स्थान है। जिधर जाइए उधर पार्क, यहाँ तक कि रेलवे लाइन के किनारे भी फूलों की लाइन नज़र आती है। सड़कें चौड़ी हैं, गर्द-गुबार से पाक, चौरस्ते पर बेलों और पौदों से सजे हुए स्क्वायर बने हुए हैं। बिजली-शक्ति की तो यहाँ इतनी इफ़रात है कि देहातों में भी बिजली की रोशनी है। और...बेहद सस्ती। देहातों में तो केवल दो आने यूनिट।...

मुंशीजी के पास समय कम था इसलिए बस मैसूर शहर से लगी हुई और आसपास की चीज़ें देखना मुमकिन था, जैसे चामुंडा पहाड़ी और उसकी चोटी पर बना हुआ, मैसूर राज्य की कुलदेवी चामुंडा का मन्दिर, और शहर से दस-बारह मील दूर, सेरिंगापटम, मैसूर की पुरानी राजधानी, हैदर और टीपू की।

'सेरिंगापटम से हम कृष्णराजसागर देखने आए। यह एक बहुत बड़ा सागर है जो कावेरी नदी को एक बाँध से रोककर बनाया गया है। बाँध कोई दो मील लम्बा और ज़मीन से कोई 150 फ़ीट ऊँचा होगा। चौड़ा इतना है कि उस पर मोटरें बड़ी आसानी से आ-जा सकती हैं।...इस सागर से नहर निकाली गई है जो लगभग पचास मील तक की भूमि की सिंचाई करती है। इसका फल यह हुआ है कि अब यहाँ धान और ऊख की पैदावार कसरत से होने लगी है।...इसी पानी से बिजली भी निकाली जाती है। इस निर्माण में रियासत के लगभग पाँच करोड़ ख़र्च हो गए हैं। भारत में इससे बड़ा दूसरा बाँध नहीं है। बाँध के नीचे एक रमणीक स्थान है जिसे वृन्दावन कहते हैं। यहाँ फौवारों की विचित्र लीला देखने में आती है। एक नाली से दरिया का पानी लाकर एक ढालू नहर में बड़े वेग से प्रवाहित किया गया है। दोनों तरफ़ फ़ौवारों की छटा है, जिनके पास रंग-बिरंगे शीशों में बिजली का प्रकाश किया जाता है। उछलते पानी पर जब इस रंगीन प्रकाश का प्रतिबिम्ब पड़ता है तो ऐसा मालूम होता है, फ़ौवारों से रंगीन पानी निकल रहा है। दूर से देखने पर इन्द्रधनुष का-सा दृश्य आँखों को मुग्ध कर देता है।

मैसूर का राजभवन भी देखने लायक है, मगर यह कोई उल्लेखनीय बात नहीं...।

कैसे नहीं।...

हिरण्मय लिखते हैं—

'एक दिन सबेरे मैं उन्हें राजमहल और वहाँ की चित्रकला दिखाने ले गया। उन दिनों राजमहल देखने जाने वालों को राजमहल द्वारा नियत दरबार-ड्रेस पहननी पड़ती थी—अचकन, ज़री का कमरबन्द, मैसूर की ख़ास अपने ढंग की पगड़ी। नीचे चाहे धोती पहनो चाहे पतलून, ऊपर के लिए यह पोशाक ज़रूरी थी, और बाज़ार में किराए पर मिलती थी। औरतों के लिए पोशाक की कोई क़ैद नहीं थी। लिहाज़ा हमने तीन पोशाकें किराए पर लीं। प्रेमचन्द जी ने अचकन चढ़ाकर, कमरबन्द कसकर, पगड़ी सिर पर रखकर फ़ौरन पूछा—क्यों भाई, यहाँ कहीं आईना नहीं है? मैंने क़रीब ही एक बड़े से आईने की तरफ़ इशारा कर दिया। प्रेमचन्द जी उसके सामने जाकर खड़े हुए और पग्गड़ के साथ अपना वह बेढब हुलिया देखते ही बरबस हँस पड़े, ज़ोर से हँस पड़े और कभी इधर से कभी उधर से अपने को निहारकर अपनी उसी बच्चों-जैसी ख़ुशी में नाचते हुए बोले—अख़्ख़ाह , मैं किस महाराजा से कम हूँ!...'

छोटी-बड़ी बहुत-सी पार्टियाँ मुंशीजी के सम्मान में आयोजित हुईं। उनमें मरिमलप्पा हाई स्कूल के भवन में सम्पन्न चायपार्टी सबसे बड़ी और महत्त्वपूर्ण थी। मैसूर के तमाम हिन्दी-प्रेमी और प्रचारक उपस्थित थे। चाय के बाद मुंशीजी ने हिन्दी में व्याख्यान दिया, और फिर प्रश्नोत्तर का सिलसिला चला। 'इस प्रश्नोत्तर की एक बात मुझे अच्छी तरह याद है। किसी ने पूछा—आपको अपनी कहानियों में कौन-सी कहानी अधिक प्रिय है? उन्होंने उत्तर दिया—माँ-बाप को जैसे अपनी सभी सन्तानें प्यारी होती हैं वैसे ही मुझे

अपनी सभी कहानियाँ प्रिय लगती हैं। जब यह पूछा गया कि जिस तरह माँ-बाप को उनकी सन्तानों में से कोई एक सबसे ज़्यादा प्यारी होती है, उसी तरह आपको अपनी कौन-सी कहानी सबसे ज़्यादा पसन्द है? तो उन्होंने तुरन्त उत्तर दिया—बड़े घर की बेटी...'—हिरण्मय जी ने बतलाया।

मुंशीजी को लोग कुछ विद्वानों से मिलाने के लिए भी ले गए। उनमें से एक के यहाँ मुंशीजी को एक अत्यन्त मनोरंजक और अत्यन्त कष्टकर स्थिति का सामना करना पड़ा। एक रोज़ शाम को हिरण्मय मुंशीजी को प्रोफ़ेसर सी. आर. नरसिंह शास्त्री के यहाँ ले गए। प्रोफ़ेसर शास्त्री उन दिनों मैसूर विश्वविद्यालय में संस्कृत विभाग के प्रधान थे, और बड़े धुरंधर पंडित थे। मुंशीजी से मिलने के लिए उन्होंने अपने और भी कुछ मित्रों को बुला लिया था। परिचय और कुशलक्षेम के बाद जैसे ही बातचीत शुरू हुई, शास्त्री जी ने संस्कृत में काव्य-चर्चा छेड़ दी। मुंशीजी बड़ी विपत्ति में फँसे, संस्कृत से उनकी भेंट न थी, लेकिन इतने लोगों और बिलकुल अनजान लोगों के आगे (जो ख़ुद अपने संस्कारों की रोशनी में सोच भी न सकते थे कि इतना बड़ा साहित्यकार संस्कृत न जानता होगा) अपनी अज्ञता खोलते भी न बनती थी। बड़ी मुसीबत का सामना था। भीतर-ही-भीतर मुंशीजी के पसीना छूट रहा था लेकिन ऊपर से शान्त-सौम्य बने हुए वह हाँ-हूँ और जब-तब एक-दो गोल-मोल वाक्यों से बातचीत में योग देकर जैसे-तैसे अपनी लाज बचा रहे थे। और शास्त्री जी थे कि श्लोक पर श्लोक पढ़-पढ़कर धुआँधार बोले जा रहे थे।

आख़िर जब लौटने का वक़्त हुआ और ये दोनों आकर ताँगे में बैठे और ज़रा आगे निकल गए तो मुंशीजी ने झूठा ग़ुस्सा दिखलाकर हिरण्मय से कहा—क्यों जी, क्या तुम मुझे उल्लू बनाने के लिए इन संस्कृत पंडित के यहाँ ले आए थे! मेरे बाप-दादों ने संस्कृत नहीं पढ़ी, मैं करता भी तो क्या करता! बुरा फँसा आज। चलो ख़ुदा ख़ुदा करके बला टल गई। अब आगे से तुम मुझे कहीं ले जाओ तो मुझे पहले ही बता देना कि हम लोग किस आदमी से और कैसे आदमी से मिलने जा रहे हैं!

...और एक ज़ोर का ठहाका लगाया।

...मैसूर से बंगलोर कोई चार घंटे का सफ़र है। बीच का प्राकृतिक दृश्य बड़ा ही रमणीक है। कहीं हरे-भरे खेत हैं, कहीं आम, नारियल और सुपारी के बाग़ और कहीं हरियाली से ढँकी हुई ऊँची-ऊँची पहाड़ियाँ। आकाश में कुछ बादल थे और उस मन्द प्रकाश में यह पर्वतीय शोभा स्वप्निल हो गई थी। बीच-बीच में घाटियों की गोद में विश्राम करते हुए ग्राम नज़र आ जाते थे जिनकी कलई से पुती हुई दीवारें गाँववालों की सफ़ाई और सुरुचि का पता दे रही थीं। यहाँ की मिट्टी लाल है जिससे खेतों की छटा और भी सुहावनी हो जाती है।

पहले दिन प्रातःकाल हम लालबाग़ की सैर करने गए। इसका रक़बा सौ एकड़ है। बाग़ की सजावट और सफ़ाई और सुन्दरता—साफ़-सुथरी रविशें, फूलों की क्यारियाँ, शीशमंडप...

...बंगलोर से तीन मील पर विज्ञान का वह प्रसिद्ध विद्यालय है जिसे जमशेद-जी नौशेरवाँजी ताता ने स्थापित किया था। बंगलोर आकर इस विज्ञान-मन्दिर के दर्शन न करना दुर्भाग्य की बात होती। रविवार के दिन हम कोई तीन बजे वहाँ पहुँचे। विद्यालय बन्द था, पर डॉ. सर सी. वी. रमन ने बड़ी ख़ुशी से हमारा स्वागत किया...मैं दो-चार वैज्ञानिकों से पहले भी मिल चुका हूँ। यह सम्प्रदाय बड़ा ही अनाकर्षक, गूढ़, शुष्क, और अपनी धुन में मस्त होता है...लेकिन वैज्ञानिकों के इस प्रिंस को देखकर मैं चकित हो गया। ऐसा प्रसन्नचित्त व्यक्ति, जिसका पोर-पोर बालकों के सरल उछाह से उबला पड़ता हो, मैंने दूसरा नहीं देखा। वह विज्ञान के आशिक़ हैं और वह इश्क़ उनकी आँखों में, उनके कपोलों पर, एक-एक अंग में रमा हुआ है। वह इस तरह दौड़-दौड़कर एक-एक चीज़ हमें दिखा रहे थे, मानो कोई बालक अपने किसी सखा को अपने खिलौने और कनकौवे और नए कपड़े दिखाने के लिए अधीर हो रहा हो, और चाहता हो कि एक ही साँस में सारी विभूतियाँ दिखा दूँ, जिसमें कुछ बाक़ी न रह जाए।...सर रमन ने हमें एक मज़े का तमाशा दिखाया, जो हमारे लिए तो खेल था पर बुद्धिमानों के लिए तात्विक छानबीन की चीज़ है। तबले के चर्मभाग पर चुटकी-भर बालू बिखेर दो, और तबले पर एक थाप मारो। बालू कभी सीधी रेखा का रूप धारण कर लेती है, कभी वृत्त का। तबले की अलग-अलग ध्वनि भिन्न-भिन्न आकार में प्रकट होती है। सर रमन जिस ज़िन्दादिली और जोश से तबले पर बालू बिखेरते और थाप लगाते थे, वह देखकर कौन ऐसा मुर्दादिल होगा जो गद्गद न हो उठता।

चार बजे हम डाक्टर साहब से बिदा हुए और यह सोचते हुए निकले कि काश बड़े लोग अपने बड़प्पन को अपनी क़ब्र न बनाकर ज्योति बना सकते...

मैसूर से चलते समय हिरण्मय और दूसरे हिन्दी-प्रचारकों ने मुंशीजी से कहा कि बंगलोर में मैसूर के दीवान सर मिर्ज़ा इस्माइल से ज़रूर मिलिएगा—बहुत अच्छा हो अगर हिन्दी के प्रचार में उनसे कुछ मदद मिल सके, अगर हिन्दी भी एक अनिवार्य विषय बनाई जा सके।

लिहाज़ा मुंशीजी उनसे मिले और बम्बई लौटकर उन्होंने हिरण्मय को लिखा—'हाँ, मैं बंगलोर में तीन दिन रहा और दीवान साहब से भी मिला। हिन्दी के विषय में उनसे देर तक बातें हुईं। लेकिन रुख़ से ऐसा मालूम हुआ कि वह सरकारी तौर पर कुछ करना नहीं चाहते। जब तक जनता में ख़ुद हिन्दी के प्रति काफ़ी प्रेम न हो जाए और यह माँग उनकी तरफ़ से न हो, वह अपनी तरफ़ से कुछ न करेंगे। उर्दू में उन्होंने बहुत अच्छी तरह बातें कीं और साधारण शिक्षित मुसलमानों की तरह उर्दू की प्रगति का भी उन्हें ज्ञान है। आपका हिन्दू बड़ा आदमी हिन्दी से कोरा रहता है। आप सत्यमूर्ति के पास जाइए और हिन्दी के किसी अच्छे लेखक का नाम लीजिए। वह आपकी तरफ़ इस तरह ताकेंगे मानो

आपने किसी विचित्र जन्तु का नाम ले लिया। मैंने तो मालवीय जी, पंडित जवाहरलाल जी को देखा, और भी कितनों ही को देखा। ये लोग कुछ जानते ही नहीं उनके साहित्य में क्या हो रहा है। मुसलमान आमतौर पर उर्दू साहित्य से परिचित होता है, चाहे वह कन्नड़-तमिल-भाषी ही क्यों न हो। शिक्षित मुसलमान से मेरा मतलब है।'

मुंशीजी की तबीयत बम्बई से उखड़ चुकी थी। अब बस दिन गिन रहे थे।

जैनेन्द्र ने 'मज़दूर' दिल्ली में देखा। पसन्द न आया। मुंशीजी से शिकायत की। मुंशीजी ने अपनी सफ़ाई देते हुए लिखा—

> *'मज़दूर' तुम्हें पसन्द न आया। यह मैं जानता था। मैं इसे अपना कह भी सकता हूँ, नहीं भी कह सकता। इसके बाद एक रोमांस जा रहा है। वह भी मेरा नहीं है। मैं उसमें बहुत थोड़ा-सा हूँ। 'मज़दूर' में भी मैं इतना थोड़ा-सा हूँ कि नहीं के बराबर। फ़िल्म में डायरेक्टर सब कुछ है। लेखक क़लम का बादशाह क्यों न हो, यहाँ डायरेक्टर की अमलदारी है और उसके राज्य में उसकी (लेखक की—अ.) हुकूमत नहीं चल सकती। हुकूमत माने तभी वह रह सकता है। वह यह कहने का साहस नहीं रखता, मैं जनरुचि को जानता हूँ। इसके विरुद्ध डायरेक्टर ज़ोर से कहता है, मैं जानता हूँ, जनता क्या चाहती है, और हम जनता की इसलाह करने नहीं आए हैं। हमने व्यवसाय खोला है, धन कमाना हमारी ग़रज़ है। जो चीज़ जनता माँगेगी, वह हम देंगे। इसका जवाब यही है—अच्छा साहब, हमारा सलाम लीजिए। हम घर जाते हैं। वही मैं कर रहा हूँ। मई के अन्त में बन्दा काशी में उपन्यास लिख रहा होगा। और कुछ मुझमें नई कला न सीख सकने की भी सिफ़त है। फ़िल्म में मेरे मन को सन्तोष नहीं मिला। सन्तोष डायरेक्टरों को भी नहीं मिलता, लेकिन वे और कुछ नहीं कर सकते, झख मारकर पड़े हुए हैं। मैं और कुछ कर सकता हूँ, चाहे वह बेगार ही क्यों न हो, इसलिए चला जा रहा हूँ। मैं जो प्लाट सोचता हूँ उसमें आदर्शवाद घुस आता है और कहा जाता है उसमें एंटरटेनमेंट वैल्यू नहीं होता। इसे मैं स्वीकार करता हूँ।...मेरे लिए अपनी वही पुरानी लाइन मज़े की है, जो चाहा लिखा...*

हफ़्ते-भर बाद 14 फ़रवरी को ग़ोरी साहब को लिखा—

'मैं तो ज़िन्दगी में एक नया तजुर्बा हासिल करने के लिए यहाँ साल-भर के लिए आया था। मई में वह मुद्दत ख़त्म हो जाएगी और मैं अपने वतन बनारस लौट जाऊँगा और हस्बे साबिक अदबी मशाग़िल में बक़िया ज़िन्दगी सर्फ़ कर दूँगा।...'

19 मार्च, 1935 को फिर अपने इन्हीं नए दोस्त ग़ोरी साहब को बम्बई से अपना यह आख़िरी ख़त लिखा—

'मेरा तस्फ़िया हो गया। मैं 25 तारीख़ को बनारस अपने वतन जा रहा हूँ। अजंता कम्पनी अपना कारोबार बन्द कर रही है। मेरा कंट्रैक्ट तो साल-भर का था और अभी तीन महीने बाक़ी हैं। लेकिन मैं उनकी ज़ेरबारी में इज़ाफ़ा नहीं करना चाहता...'

कंट्रैक्ट ख़त्म होने से भी पहले और अपना दो हज़ार रुपया फेंककर मुंशीजी यकबयक बम्बई से चल खड़े हुए। कहीं कोई नई वारदात तो नहीं हो गई? शायद हुई। शिवपूजन बाबू कहते हैं कि मुंशीजी ने उन्हें बतलाया।

एक रोज़ एक्स्ट्रा लड़कियों का इंटरव्यू लिया जा रहा था और किन्हीं डायरेक्टर साहब ने किसी लड़की के कुछ कम उभरे हुए सीने को अपने हाथ की छड़ी से छूते हुए कुछ कहा...

इस ख़त में गुस्सा जो उबला पड़ रहा है, उसके पीछे भी तो यही बेशर्मी नहीं है—

'सिनेमा में किसी इसलाह की तबक़्क़ो[1] करना बेकार है। यह सनअत[2] भी उसी तरह सरमायदारों के हाथ में है जैसे शराबफ़रोशी। इन्हें इससे बहस नहीं कि पब्लिक के मज़ाक़[3] पर क्या असर पड़ता है। इन्हें तो अपने पैसे से मतलब। बरहना[4] रक़्स[5] बोसाबाज़ी,[6] और मर्दों का औरतों पर हमला—यह सब उनकी नज़रों में जायज़ हैं। पब्लिक का मज़ाक़ इतना गिर गया है कि जब तक ये मुख़र्रिब[7] और हयासोज़[8] नज़ारे न हों, उन्हें तसवीर में मज़ा नहीं आता। मज़ाक़ की इसलाह का बीड़ा कौन उठाए? सिनेमा के ज़रिये मग़रिब[9] की सारी बेहूदगियाँ हमारे अन्दर दाख़िल की जा रही हैं, और हम बेबस हैं। पब्लिक में तंज़ीम[10] नहीं, न नेक-ओ-बद[11] का इम्तियाज़[12] है। आप अख़बारों में कितनी ही फ़रियाद कीजिए, वह बेकार है...जब ऐक्ट्रेसों और ऐक्टरों की तसवीरें धड़ाधड़ छपें और उनके कमाल के क़सीदे गाए जाएँ तो क्यों न हमारे नौजवानों पर उसका असर हो। साइंस एक बरकते-एज़दी[13] है, मगर नाअहलों[14] के हाथों में पड़कर लानत[15] हो रहा है। मैंने ख़ूब सोच लिया और इस दायरे से निकल जाना ही मुनासिब समझता हूँ।'

कितने दुखी मन से मुंशीजी ने निगम साहब को लिखा था—

'ज़िन्दगी में कभी फ़रागत[16] नसीब न हुई, अब क्या नसीब होगी।...जब ख़ानानशीनी[17] का ज़माना है तो यहाँ बम्बई में हूँ।'

मगर बम्बई जिस चीज़ के लिए गए थे, वह भी तो हाथ नहीं लगी। 14 मई, 1935 को उन्होंने जैनेन्द्र को लिखा—

'बम्बई से क्या लाया? कुल 6300 रुपए मिले। इसमें 1500 रुपए लड़कों ने लिए, 400 रुपए लड़की ने, 500 रुपए प्रेस ने। दस महीने में बम्बई का ख़र्च बड़ी क़िफायत से भी 2500 रुपए से कम न हो सका। वहाँ से कुल 1400 रुपए लेकर अपना-सा मुँह लिये चले आए।'

उँह, अभी तो मुंशीजी घर जा रहे हैं।

हाँ घर, मगर कितने रोज़ को? दो घड़ी रहे फिर अगले सफ़र की तैयारी। यही तो सारी ज़िन्दगी हुआ है।

---

1. आशा, 2. व्यवसाय, 3. रुचि, 4. नंगा, 5. नाच, 6. चूमाचाटी, 7. घातक, 8. निर्लज्ज, 9. पश्चिम, 10. संगठन, 11. भले-बुरे, 12. विवेक, 13. ईश्वरीय वरदान, 14. अयोग्य लोगों, 15. अभिशाप, 16. निश्चिन्तता, 17. घर बैठने

ग़ालिब ने शेर पढ़ा—

ज़े मन बजुर्मे तपीदन किनारा मी कर्दी,
बिया ब ख़ाके मन ओ आरमीदनम बिनिगर।

(तू मेरे तड़पने के जुर्म में मुझसे किनाराक़श थी। अब आ मेरी ख़ाक पर और मुझे आराम करते देख।)

35

मगर आराम कहाँ ऐसे आदमी को, वह तो ख़ुद सबसे बड़ा दुश्मन है अपने आराम का। मुंशीजी बम्बई से लौट आए हैं और बनारस में चित्रकूट पर मकान लेकर रह रहे हैं।

रात भर आपको बुख़ार चढ़ा हुआ था। यहाँ तक कि दूध भी नहीं ले सके। सुबह को चार बजे बुख़ार उतरा। सुबह के समय रोज़ाना की तरह हाथ-मुँह धोकर नाश्ता भी नहीं किया था कि 'हंस' के लिए सम्पादकीय लिखने बैठ गए। दूध जब गरम हो गया तो मैंने जाकर देखा कि आप कमरे में बैठे लिख रहे हैं।

मैं बोली—यह आप क्या कर रहे हैं?

'क्या कर रहा हूँ, हंस के लिए सम्पादकीय लिख रहा हूँ, कल ही लिखना चाहिए था।'

मैं बोली—आप भी ख़ूब हैं, कल दिन-भर और रात-भर पड़े रहे और सुबह हुई कि लिखने बैठ गए...

आप बोले—पाँच मिनट का समय और दो, कम्पोजिंग करनेवाले आ गए हैं।

मैं बोली—अब एक सेकेंड का समय भी मैं आपको नहीं दूँगी, और हाथ से क़लम छीनकर बोली—अब उठिए चुपके से।

आप बोले—अरे भाई, मेरी समझ में नहीं आता कि फिर वह क्या कम्पोज करेंगे।

मैं बोली—मैं कम्पोज वग़ैरह का ठेका नहीं लिए हूँ।

'अरे भाई, तुम ठेका नहीं लिए हो पर मैं तो ठेका लिए हूँ। फिर हंस कैसे छपेगा? समय पर अगर हंस नहीं छपेगा तो ग्राहक यह थोड़े ही समझेगा कि मैं बीमार हो गया था, वह तो समय पर हंस चाहता है, उसने रुपए दिए हैं।'

मैं बोली—यह बकवास पीछे कीजिएगा। अगर आप लिखेंगे तो मैं फाड़ दूँगी, चलिए उठिए!—

इस धमकी पर उठकर आए और नाश्ता किया। वह नाश्ता कर ही रहे थे जब नीचे से आदमी आया और बोला—हंस के लिए मैटर दीजिए।

मैं बोली—चलो एक घंटे में देते हैं मैटर।

...आदमी चला गया तो बोले—तुमने मुझे लिखने नहीं दिया, आदमी व्यर्थ बैठे हैं।

मैं बोली—तो कौन हंस मोती उगल रहा है!

आप हँसकर बोले—साहब, हंस मोती उगलता नहीं चुगता है!

मैं बोली—हाँ खाता है। जब देखो एक न एक बला अपनी जान को पाले रहते हैं। आपको आराम से रहना ही नहीं आता। सूखकर हड्डी रह गए हैं। वही मसल है, दाना न घास खरहरा दिन रात! परसों रात-भर बुख़ार चढ़ा रहा, कल दिन-रात पड़े रहे, आज जब बुख़ार उतरा तो बस, सबेरे से हंस का चरखा लेकर बैठ गए, और काम ऐसा कि जिसका कन छूटे न भूसी...

आप बोले—तुम व्यर्थ ही क्रोध करती हो।

—मैंने उसी दिन आपसे कह दिया था, ऐसे काम से बाज आए, इसको छोड़ो। मगर आप तो उसके पीछे हाथ धोकर पड़े हैं। मैं कहती हूँ ऐसे कामों से क्या फ़ायदा जिनके पीछे तन-मन की आहुति चढ़ानी पड़े?

तब आप मेरे क्रोध को शान्त करते हुए बोले—रानी, तुम भूलती हो, मैं इसमें कोई त्याग नहीं कर रहा हूँ, न कोई तपस्या। जब कोई त्याग-तपस्या न करता हो और अपने शौक़ से करता हो तो उसे आहुति चढ़ाना न कहना चाहिए। जैसे जुआरी को जुआ, शराबी को शराब, अफ़ीमची को अफ़ीम में मज़ा मिलता है और अगर उसको यह चीज़ें न मिलें तो वह परेशान होता है—इसमें उसका कोई त्याग थोड़े ही है...

मैं बोली—तब कहिए आपको भी नशा है!

आप बोले—हाँ नशा है, मगर अच्छा नशा है, शायद मेरे इस नशे से किसी आदमी का फ़ायदा हो जाए।

मैं बोली—पहले आप अपना फ़ायदा तो कर लीजिए...ख़ुद तो सूखकर काँटा हो गए हैं और दूसरों की फ़िक्र में दीवाने हैं!

तब आप बोले—दिया होता है, उसका काम है रोशनी करना, सो वह करता है। उससे किसी का फ़ायदा होता है या नुक़सान, इससे उसको कोई बहस नहीं। उसमें जब तक तेल और बत्ती रहेगी, तब तक वह अपना काम करता रहेगा। जब तेल ख़त्म हो जाएगा, तब ठंडा हो जाएगा...

(शिवरानी देवी)

न आत्मश्लाघा न अपने प्रति करुणा, कुछ भी नहीं, केवल निर्वेद, एक स्थितप्रज्ञ कर्मयोगी का...

मगर यह तो अभी कुछ महीने आगे की बातें हैं।

4 अप्रैल, 1935 को मुंशीजी ने इन्द्रपुरी बम्बई को अन्तिम नमस्कार किया।

खँडवा रास्ते में पड़ता था। माखनलाल जी का पुराना आग्रह था। लिहाज़ा पहला पड़ाव वहीं हुआ। चार-पाँच दिन रहे, ख़ूब गपशप हुई, ख़ूब सभाएँ और गोष्ठियाँ हुईं, और ख़ूब घूमे-फिरे। शिवरानी देवी लिखती हैं—

> *दूसरे दिन सुबह पंडित जी हम लोगों को जंगल में लिवा ले गए, नदी का किनारा था, खँडवा से पंद्रह-बीस मील की दूरी पर वहाँ पंडित जी ने हम दोनों आदमियों को डाल पर बिठाला और ख़ुद भी बैठ गए। हम दोनों के हाथ में एक-एक सन्तरा रखते हुए बोले—अच्छा, आप लोग इसको छीलकर खाइए। हम इसी तरह से फ़ोटो लेना चाहते हैं।*
>
> *मैं बोली—मैं सन्तरा न लूँगी, न खाऊँगी।*
>
> *आप हँसकर बोले—सारे सन्तरे, टोकरी की टोकरी, इनके सामने रख दीजिए। तब ऐसा मालूम होगा कि यह बेच रही हैं और हम लोग ख़रीदकर खा रहे हैं!*

जेलख़ाने से छूटकर क़ैदी खुली हवा में आया है और अब अपने घर जा रहा है। बहुत हल्का-सा लग रहा है, कि जैसे एक बोझ उतर गया हो सीने पर से। सन्तरा-वन्तरा खाकर मुंशीजी ने वहीं पड़ी हुई एक लकड़ी में से जैसा-तैसा गुल्ली-डंडा बनाकर दो-चार हाथ उसके भी सर किए...

और फिर वहाँ से सागर, बेटी की ससुराल होते, सबसे मिलते-जुलते इलाहाबाद पहुँचे। यहाँ भी पाँच रोज़ रहे, अपनी ससुराल के रिश्तेदारों से मिले, ढूँढ़-ढूँढ़कर एक-एक दोस्त से, रिश्तेदार से मिले।

बनारस पहुँचते-पहुँचते अप्रैल का तीसरा हफ़्ता हो गया। मुंशीजी का इरादा 17 तारीख़ को इन्दौर के हिन्दी-साहित्य सम्मेलन में जाने का था—वहाँ राष्ट्रभाषा और राष्ट्रीय-साहित्य-मंडल का प्रश्न उठनेवाला था, और इन दिनों मुंशीजी के मन पर यही भूत सवार था। ज़रूर कोई न कोई तदबीर इसकी निकलनी चाहिए कि हिन्दुस्तान में लोगों को अपने ही देश की विभिन्न भाषाओं में रचे जानेवाले साहित्य का परिचय हो। कितनी शर्मनाक बात है, जैसा कि मुंशीजी ने 16 जुलाई, 1935 को निगम साहब को लिखा था कि 'हम अंग्रेज़ी बाकमालों से वाक़िफ़ हैं, जर्मनी, फ्रांस, इंग्लैंड के अदीबों के असमाये-गराँ[1] हमारी नोके-ज़बान पर हैं लेकिन हिन्दोस्तान में सूबेजाती ज़बानों में कौन-कौन से बाकमाल पड़े हुए हैं, इसकी हमें बिलकुल ख़बर नहीं।' साहित्य की एकता के बिना लोगों में एकता-बोध जागे भी तो कैसे? इन्दौर में, जहाँ गांधीजी के सभापतित्व में सम्मेलन का अधिवेशन होने जा रहा था, इस प्रश्न का कुछ अच्छा समाधान निकल सकेगा, इसी उम्मीद को लेकर मुंशीजी इन्दौर जाने के लिए सचमुच उत्सुक थे।

जैनेन्द्र ने लिखा था—

'मेरे ख़याल से सम्मेलन ठीक-ठीक रूप में अब की पहली बार अपने राष्ट्रभाषा सम्मेलन के रूप को अनुभव कर सका है। जैसे और प्रान्तीय भाषाएँ हैं हिन्दी को अब

1. भारी-भारी नाम

वैसा ही नहीं रहना है, हिन्दी अखिल राष्ट्र की होगी। यह काम गांधीजी के सभापतित्व के तले न हो तो और कैसे हो?' बहरहाल मुंशीजी का इन्दौर जाना नहीं हो सका। 4 मई को उन्होंने इलाहाबाद से जैनेन्द्र को लिखा—

'मैं तो इन्दौर जाते-जाते रह गया। सबसे वायदे कर लिये थे, एक भी पूरा न कर सका। इस उम्मीद से कि तुमसे इन्दौर में गपशप होगी, तुम्हें ख़त भी नहीं लिखा। जब पूरा भोजन मिलने की आशा हो तो पानी पी-पीकर क्यों भूख को दुर्बल बनाया जाए। लेकिन कुछ तो प्रेमी जी के न आने और कुछ नातेदारियों में जाकर मिलने-मिलाने के कारण सारा प्रोग्राम भ्रष्ट हो गया। अब धुन्नू को चेचक निकल आई है और 27 से वह पड़े हुए हैं। हम भी उसके साथ हैं।'

जैनेन्द्र ने उसका जवाब देते हुए लिखा—

'इन्दौर में मैंने पहली बात यह पूछी कि आप आए हैं? पता लगा नहीं आए।... हाँ, मुंशीजी वहाँ मिले थे। बातें भी हुईं। जो सोचा था, वह तो न हुआ। उसका भी इतिहास है। एक सीधा-सादा-सा प्रस्ताव अवश्य हुआ है। कमेटी बनी है जिसमें मुंशीजी संयोजक हैं। अब सब उन पर है।

'काम का क्या ढंग हो। आने-जाने में ख़र्च तो बहुत पड़ता है लेकिन पाँच आदमियों को मिल लेना चाहिए, तब काम आगे बढ़ सकता है। गांधीजी, मुंशीजी, कालेलकर, आप और मैं, ये सब लोग वर्धा में ही यथाशीघ्र सुविधानुसार मिल लें, लेकिन यह मुंशी पर है।

'यह भी बात हुई थी कि अपना अलग पत्र न निकालकर आपसे 'हंस' ही देने के लिए कहा जाए। मैं समझता हूँ, इसमें आपके लिए भी अयुक्त कुछ नहीं है।...'

कन्हैयालाल माणिकलाल मुंशी ने टूटी-फूटी गुजराती हिन्दी में ख़त लिखा

'आप तो इंदौर नहीं आए। लेकिन भाई जीनेन्द्र प्रसाद (जैनेन्द्र कुमार—अ.) आदि ने मील के हमारी योजना को आगे बढ़ाइ। इसका परिणाम एक प्रस्ताव से आया जीससे अन्तरप्रान्तीय परिषद् बुलाने में सुगमता होगी। अब सवाल रहा मासिक पत्र का। जीनेन्द्र कुमार ने कहा था के आप हंस को इस काम में दे देंगे। यदि आप हंस को इस प्रवृत्ति का मुखपत्र बना सकते हों तो हमारा काम बहुत ही सरल हो जाएगा। आप मुझे शीघ्र लीखीएगा कि इस बारे में आपकी क्या राय है। गांधीजी भी इस बाबत में बड़े प्रसन्न हैं, और अच्छा सहकार दे देंगे, ऐसी मुझे आशा है...'

अन्धा क्या माँगे, दो आँखें। मुंशी प्रेमचन्द का अपना स्वप्न यही था, बहुत पुराना स्वप्न, उम्मीद की शायद अकेली किरन इस अँधेरे वक़्त में।

जहाँ गांधीजी का आशीर्वाद ही नहीं सीधा सहयोग मिल रहा हो एकता के इस नए यज्ञ में, वहाँ सोचना-बिचारना कैसा। लेकिन हाँ, थोड़ा मोह ज़रूर लगता था 'हंस' किसी को देते। अब तक वह पूरी तरह अपना था, कैसी-कैसी मुसीबतों से उसको पाला था, मोह कैसे न हो। लेकिन उसी पर चोट करते हुए तो जैनेन्द्र ने पहले ही, मई के आख़िरी दिनों में लिखा था—मेरा तो ख़याल है कि मुंशी की स्कीम कुछ बने तो 'हंस' छोड़कर आप छूटिए, छूटना मात्र झंझट से होगा, क्योंकि तब भी पत्र तो सम्पादन के लिहाज़ से आपका ही होगा।

लेनेवाले और देनेवाले दोनों के सामने एक ही लक्ष्य था, व्यवसाय की कहीं गन्ध भी न थी, बातें तय होने में ज़्यादा देर नहीं लगी और गांधीजी के आशीर्वाद के साथ जुलाई में हंस लिमिटेड की रजिस्ट्री हो गई और अक्तूबर से 'हंस' भारतीय साहित्य परिषद् के मुखपत्र के रूप में निकलने लगा।

'गोदान' अभी पूरा नहीं हुआ था। बम्बई से लौटकर मुंशीजी उसी में जी-जान से जुट गए और उसको पूरा करके ही लमही छोड़ा। शहर में मकान लिया—अगस्त के महीने में। लड़के दोनों इलाहाबाद में पढ़ ही रहे थे और मुंशीजी का ख़ुद भी इरादा अब इलाहाबाद में ही बसने का था। 4 मई, 1935 को उन्होंने जैनेन्द्र को लिखा था—

'मैंने इरादा किया है कि जून से हंस को और प्रेस को प्रयाग लाऊँ और ख़ुद भी वहीं रहूँ। काशी में न तो काम है और न साहित्यकारों का सहयोग। वहाँ जितने हैं वह सभी सम्राट हैं। कोई कवि-सम्राट, कोई आलोचना-सम्राट, कोई प्रहसन-सम्राट। यह गौरव तो काशी ही को है कि वहाँ सभी सम्राट मौजूद हैं, मगर सम्राटों की सम्राटों से पटेगी? शिष्टाचार की बात और है, हार्दिक सहयोग की बात और। मुझे डर लग रहा है कि कहीं तुम भी साल-छः महीने में सम्राट हो जाओ तो मेरा काम ही तमाम हो जाए। फिर तुमसे कोई लेख माँगने का साहस भी न कर सकूँ। इसलिए अब प्रयाग आ रहा हूँ जहाँ सम्राट कम हैं।'

मुंशीजी के बनारस से तम्बू-खेमा उखाड़ने की भनक पाकर लखनऊ से कालिदास कपूर ने वहाँ आकर बसने की दावत दी, जैनेन्द्र ने दिल्ली बुलाया, मुंशीजी के बड़े बेटे ने इलाहाबाद में मकान-वकान भी ढूँढ़ लिया, मगर मुंशीजी न कहीं आए न गए, एक वक़्ती उबाल था जो जिस तरह आया था उसी तरह ख़तम भी हो गया और मुंशीजी बदस्तूर बनारस में जमे रहे।

यहीं इसी नए मकान में उर्दू के मशहूर विद्वान् मुहम्मद आक़िल साहब मुंशीजी से पहली बार मिले—

'प्रेमचन्द जी का मकान क्वींस कालेज के पीछे एक मुहल्ले में था। प्रेमचन्द जी जिस मकान में रहते थे वह दोमंज़िला और ख़ासे पुख़्ता क़िस्म का था। इसके गिर्द एक अहाता भी था, लेकिन बनारस के इस हिस्से की आबादी कुछ ज़्यादा गुंजान न थी और आसपास की फ़िज़ा और माहौल में भी कुछ क़स्बाती कैफ़ियत पाई जाती थी। प्रेमचन्द जी के अहाते में सब्ज़ी फूल-फुलवारी कुछ न थी, मकान में कुछ ठाट या शान नज़र न आती थी। प्रेमचन्द जी मकान के बालाई हिस्से में रहते थे। नीचे के हिस्से में प्रेस का काम होता था जिसके सबूत के लिए टाइप के हुरूफ इधर-उधर देखे जा सकते थे। नीचे के हिस्से में शायद किसी तरफ़ एक गाय रहती थी। मैंने दरवाज़े पर दस्तक दी। दो दफ़े कुंडी बजाने पर एक आदमी निकला जो मुझे जीने के रास्ते से ऊपर प्रेमचन्द जी के कमरे में ले गया। उनकी मुलाक़ात का ख़ास कमरा या दफ़्तर, जिसमें कुर्सियाँ और मेज़ लगी हुई थीं, इस वक़्त बन्द था। उस कमरे का पता मुझे दूसरे रोज़ लगा था जब मैं मिस फ़िल्सबोर्न और डॉ. अलीम के साथ दोबारा उनसे मिलने गया था। इस रोज़ जिस कमरे में मेरी उनसे मुलाक़ात हुई वह ख़ासा बड़ा, खुला

हुआ, साफ़ और हवादार कमरा था। ज़मीन पर सफ़ेद चाँदनी का एक फ़र्श बिछा हुआ था। एक कोने में एक नेवाड़ी पलंग था जिसके क़रीब एक पीकदान रखा हुआ था। प्रेमचन्द जी फ़र्श पर बैठे हुए थे और एक कापी पर हिन्दी में अपने किसी नाविल के मसविदे को, जिसको वह जल्द छपवाना चाहते थे, लिख रहे थे।'

मुंशीजी से अपनी बातचीत का ज़िक्र करते हुए आक़िल साहब ने लिखा—

....ख़ास तौर पर बातचीत हिन्दू-मुसलमान के ताल्लुक़ात के बारे में थी। इसी जमाने में 'हंस' में मैंने एक मज़मून 'हिन्दू मुसलमान किधर जा रहे हैं?' के उनवान से लिखा था। इसी जमाने में बहुत-सी तनक़ीदें उर्दू के मुख़्तलिफ़ अख़बारों और रिसालों में छपी थीं, ख़ासकर डॉ. अशरफ़ की तनक़ीद जो अलीगढ़ के रिसाले 'सुहेल' में निकली थी, जिसमें प्रेमचन्द जी से ख़ासतौर पर शिकायत की गई थी कि वह उर्दू के बेहतरीन अदीब होने के बावजूद बहुत कठिन हिन्दी लिखते हैं। फिर सरहदी सूबे में हिन्दी के बारे में जो सर्कुलर निकला था, उसका भी तज़किरा हुआ। ग़रज़ यह कि ऐसी ही और बहुत-सी बातें मेरे और उनके सामने थीं। और एक ऐसी ज़बान के पैदा करने का सवाल भी था जो एक तरफ़ अरबी और फ़ारसी की ठूँस-ठाँस से आज़ाद हो और दूसरी तरफ़ संस्कृत और भाषा के अल्फ़ाज़ उसमें बहुत ज़्यादा न हों। मेरा कहना था कि अगर आपस का इख़्तिलाफ़[1] और फ़र्क़ इस तरह बढ़ता गया, जैसा कि दोनों तरफ़ के इंतिहापसन्द[2] कोशिश कर रहे हैं तो लाज़िमन यह नतीजा निकलेगा कि हिन्दुस्तान में एक तमद्दुन[3], तहज़ीब[4] इस तरह ज़बान की जगह दो मुख़्तलिफ़ तमद्दुन, तहज़ीबें और ज़बानें पैदा हो जाएँगी...संस्कृतियों का इख़्तिलाफ़ मुमकिन है बढ़कर क़ौमी तफ़रीक़[5] का बाइस[6] बन जाए और हिन्दुस्तान में एक हुकूमत और क़ौम की जगह दो मुख़्तलिफ़ हुकूमतें और क़ौमें पैदा हो जाएँ।

प्रेमचन्द जी मौजूदा हालात पर अफ़सोस कर रहे थे और इसकी जिम्मेदारी मज़हब की ग़लत ताबीर[7] पर रख रहे थे। प्रेमचन्द जी ने मुझसे कहा कि मुझे रस्मी मज़हब पर कोई एतक़ाद[8] नहीं है, पूजापाठ और मन्दिरों में जाने का भी मुझे शौक़ नहीं। शुरू से मेरी तबीयत का यही रंग है। बाज़ लोगों की तबीयत मज़हबी होती है, बाज़ लोगों की ला-मज़हबी। मैं मज़हबी तबीयत रखनेवालों को बुरा नहीं कहता, लेकिन मेरी तबीयत रस्मी मज़हब की पाबन्दी को बिलकुल गवारा नहीं करती। उन्होंने कहा कि मेरी संस्कृति और तर्ज़े-मआशरत[9] भी मिला-जुला है। बल्कि मुझ पर मुसलमानों की तहज़ीब का हिन्दुओं की तहज़ीब से ज़्यादा असर पड़ा है। मैंने मकतब में मियाँजी से फ़ारसी-उर्दू पढ़ी। हिन्दी से बहुत पहले मैंने उर्दू में लिखना शुरू किया, हिन्दी ज़बान मैंने बाद में सीखी। इस सिलसिले में देहली के रिसाले

---

1. विरोध, 2. कट्टरपंथी, 3. संस्कृति, 4. सभ्यता, 5. फूट, 6. कारण, 7. व्याख्या, 8. विश्वास, 9. रहन-सहन

> *'साक़ी' ने जो तनक़ीद[1] की थी कि प्रेमचन्द जी उर्दू के लिए मरहूम हो चुके हैं, उसके बारे में हँसकर कहने लगे कि 'साक़ी' के एडीटर को मैंने लिखा है कि मैं उर्दू के लिए न सिर्फ़ ज़िन्दा हूँ, बल्कि ज़्यादा ज़ोरों से जी रहा हूँ।*

यह सब झगड़ा-तकरार तो ज़िन्दगी की एक ज़रूरी अलामत है। बम्बई से आते ही आते मुंशीजी की एक छोटी-मोटी बहस फ़िल्म को लेकर नरोत्तम नागर से हो गई जो उन दिनों दिल्ली से एक सिनेमा-पत्रिका का सम्पादन कर रहे थे।

हुआ यह कि मुंशीजी ने इलाहाबाद के 'लेखक' में 'सिनेमा और साहित्य' शीर्षक से एक लेख लिखा—

> *...साहित्य में भावों की जो उच्चता, भाषा की जो प्रौढ़ता और स्पष्टता, सुन्दरता की जो साधना होती है वह हमें वहाँ नहीं मिलती।...उनका उद्‌देश्य केवल पैसा कमाना है, सुरुचि या सुन्दर से उन्हें कोई प्रयोजन नहीं।...व्यापार, व्यापार है। वहाँ अपने नफ़े के सिवा और किसी बात पर ध्यान करना ही वर्जित है। व्यापार में भावुकता आई और व्यापार नष्ट हुआ। वहाँ तो जनता की रुचि पर निगाह रखनी पड़ती है, और चाहे संसार का संचालन देवताओं ही के हाथों में क्यों न हो, मनुष्य पर निम्न मनोवृत्तियों ही का राज्य होता है। अगर आप एक साथ दो तमाशों की व्यवस्था करें—एक तो किसी महात्मा का व्याख्यान हो दूसरा किसी वेश्या का नग्न नृत्य, तो आप यही देखेंगे कि महात्मा जी तो ख़ाली कुर्सियों को अपना भाषण सुना रहे हैं और वेश्या के पंडाल में तिल रखने की जगह नहीं।...वही भोला-भाला ईमानदार ग्वाला, जो अभी ठाकुरद्वारे से चरणामृत लेकर आया है, बिना किसी झिझक के दूध में पानी मिला देता है। वही बाबूजी जो अभी किसी कवि की एक सूक्ति पर सिर धुन रहे थे, अवसर पाते ही एक बेकस विधवा से रिश्वत के दो रुपए बिना किसी झिझक के लेकर जेब में दाख़िल कर लेते हैं। उपन्यासों में भी ज़्यादा प्रचार डाके और हत्या से भरी हुई पुस्तकों का होता है।...सिनेमा में भी वही तमाशे ख़ूब चलते हैं जिनसे निम्न भावनाओं की विशेष तृप्ति हो।... जिस शौक़ से लोग ताड़ी और शराब पीते हैं, उसके आधे शौक़ से दूध नहीं पीते।...इसकी दवा प्रोड्यूसर के पास नहीं। जब तक एक चीज़ की माँग है, वह बाज़ार में आएगी। कोई उसे रोक नहीं सकता। अभी वह ज़माना बहुत दूर है जब सिनेमा और साहित्य का एक रूप होगा। लोक-रुचि जब इतनी परिष्कृत हो जाएगी कि वह नीचे ले आनेवाली चीज़ों से घृणा करेगी, तभी सिनेमा में साहित्य की सुरुचि दिखाई पड़ सकती है।...*

नागर ने मुंशीजी की बातों से अधिकतर सहमत और उनके कहने के ढंग से असहमत होते हुए एक तेज़ चिट्ठी लिखी जिसे मुंशीजी ने अपने विवादास्पद लेख के साथ अविकल छापते हुए, अपनी सफ़ाई में लिखा—

---

1. आलोचना

...नागर जी ने हमारे सिनेमा-सम्बन्धी विचारों को ठीक माना है, केवल हमारा, जेनरेलाइज़ करना अर्थात् सभी को एक लाठी से हाँकना उन्हें अनुचित जान पड़ता है। क्या वेश्याओं में शरीफ़ औरतें नहीं हैं? लेकिन इससे वेश्यावृत्ति पर जो दाग़ है वह नहीं मिटता।

सिनेमा की क्षमता से मुझे इंकार नहीं। अच्छे विचारों और आदर्शों के प्रचार में सिनेमा से बढ़कर कोई दूसरी शक्ति नहीं है, मगर जैसा नागर जी ख़ुद स्वीकार करते हैं, वह कुपात्रों के हाथ में है।...यही तो मैं कहना चाहता हूँ। सिनेमा जिनके हाथ में है उन्हें आप कुपात्र कहें, मैं तो उन्हें उसी तरह व्यापारी समझता हूँ, जैसे कोई दूसरा व्यापारी। और व्यापारी का काम जनरुचि का पथ-प्रदर्शन करना नहीं, धन कमाना है।...एक फ़िल्म बनाने में पचास हज़ार से एक लाख तक बल्कि इससे भी ज़्यादा ख़र्च हो जाते हैं। व्यापारी इतना बड़ा ख़तरा नहीं ले सकता। ग़रीब का दीवाला निकल जाए...

आप फ़रमाते हैं, सिनेमा में जानेवाले साहित्यिकों में ऐसा कौन था जिसका मुख्य उद्देश्य सिनेमा को अपने रंग में रँगना रहा हो? हम ज़ोरों से कह सकते हैं, कोई भी नहीं। वहाँ की जलवायु ही ऐसी है कि बड़े से बड़ा आदर्शवादी भी जाए तो नमक की खान में नमक बनकर रह जाएगा। वही लोग जो साहित्य में आदर्श की सृष्टि करते हैं, सिनेमा में दो-दो सौ वेश्याओं का नंगा नाच करवाते हैं। क्यों? इसीलिए कि वे ऐसे धंधे में पड़ गए हैं जहाँ बिना नंगा नाच नचाए धन से भेंट नहीं होती। मैं आदर्शों को लेकर गया था, लेकिन मुझे मालूम हुआ कि सिनेमावालों के पास बने-बनाए नुस्ख़े हैं और आप उस नुस्ख़े के बाहर नहीं जा सकते।...सिनेमा में एंटरटेनमेंट वैल्यू साहित्य के इसी अंग से बिलकुल अलग है। साहित्य में यह काम शब्दों, सूक्तियों, या विनोदों से लिया जाता है। सिनेमा में वही काम नाच, मारपीट, धर-पकड़, मुँह चिढ़ाने और जिस्म को मटकाने से लिया जाता है।

...रही उपयोगिता की बात। इस विषय में मेरा पक्का मत है कि परोक्ष या अपरोक्ष रूप से सभी कला उपयोगिता के सामने घुटना टेकती है। प्रोपेगेंडा बदनाम शब्द है, लेकिन आज का विचारोत्पादक, बलदायक, स्वास्थ्यवर्द्धक साहित्य प्रोपेगेंडा के सिवा न कुछ है, न हो सकता है, न होना चाहिए, और इस तरह के प्रोपेगेंडे के लिए साहित्य से प्रभावशाली कोई साधन ब्रह्मा ने नहीं रचा, वर्ना उपनिषद और बाइबिल दृष्टांतों से न भरे होते।

सेक्स अपील को हम हौवा नहीं समझते। दुनिया उसी धुरी पर क़ायम है...सेक्स अपील की निन्दा तब होती है जब वह विकृत रूप धारण कर लेता है। सुई कपड़े में चुभती है तो हमारा तन ढँकती है, लेकिन देह में चुभे तो उसे ज़ख़्मी कर देगी।

हम भी सिनेमा को उसके परिष्कृत रूप में देखने के इच्छुक हैं...मगर इसका सुधार तभी होगा जब हमारे हाथ में अधिकार होगा और सिनेमा जैसी प्रभावशाली सद्विचार और सद्व्यवहार की मशीन कला-मर्मज्ञों के हाथ में

होगी, धन कमाने के लिए नहीं, जनता को आदमी बनाने के लिए, जैसा रूस में हो रहा है।

दूसरी झड़प, दुबारा, श्रीनाथ सिंह से हुई।

श्रीनाथ सिंह ने, जिनका पुराना घाव शायद अभी हरा था, अगस्त 1935 की 'सरस्वती' में मुंशीजी पर चोट करते हुए एक लेख लिखा—'प्रेमचन्द जी की रचना-चातुरी का नमूना'—और उसमें यह दिखाने की कोशिश की कि मुंशीजी ने अपनी कहानी 'जीवन का शाप' उनके उपन्यास 'उलझन' से चुराई है और अपनी समझ में जुर्म साबित करके ठाकुर साहब ने अपना बयान ख़त्म करते हुए लिखा—

'...दूसरों की चीज़ों को अपनाते समय प्रेमचन्द जी उन्हें इतना भद्दा बना देते हैं कि अर्थ का अनर्थ हो जाता है। अपनी इस कहानी में भी चोरी के अपराध से बचने के लिए उन्होंने मेरे उपन्यास के प्लाट, पात्रों, तर्कों और भावों की इतनी छीछालेदर की है कि पढ़कर दुख होता है।...दूसरे की चीज़ों को अपनी करके जनता के सामने उपस्थित करने और इस प्रकार वाहवाही लूटने की धुन में वे उनमें जो परिवर्तन और परिवर्द्धन कर देते हैं उससे उनका सारा सौन्दर्य नष्ट हो जाता है और जिस लेखक का कृतिमहल ढहाकर उसी ज़मीन पर, उसी की नींव पर, उसी मसाले से वे अपना महल खड़ा करते हैं, उसके उद्देश्य, भाव और सन्देश की हत्या हो जाती है...'

मुंशीजी ने कहानी चुरायी हो या न चुरायी हो, इसमें शक नहीं कि ठाकुर साहब ने साहित्यिक चोरी की यह एक नई और अपूर्व सुविधाजनक कसौटी क़ायम कर दी थी, जिसमें कोई भी व्यक्ति, किसी भी रचना पर, चोरी का अभियोग लगा सकता है—अब यह क़ैद भी नहीं रही कि प्लाट, पात्रों, तर्कों, और भावों, उद्देश्य और सन्देश में समानता हो, सब कुछ भिन्न होने पर भी चोरी हो सकती है क्योंकि वह भिन्नता चोरी को छिपाने के लिए है! इसके बाद तो फिर कहीं त्राण नहीं।

बहरहाल मुंशीजी कब सहनेवाले थे यह बेहूदगी। उन्होंने पलटकर हमला किया—'हल्दी की गाँठवाला पंसारी'—

एक आदमी को हल्दी की कहीं एक गाँठ मिल गई तो उसने समझा अब मैं पंसारी हो गया।...आपने ज़िन्दगी में ले-देकर एक उपन्यास लिखा 'उलझन' और अब उन्हें यह वहम हो गया है कि लोग उनके इस उपन्यास के आधार पर कहानियाँ, नाटक, ड्रामे लिखने लगे हैं।...मुझे कुछ दिनों से श्रीनाथ सिंह की ऊल-जलूल बातें सुन-सुनकर यह भय होने लगा है कि उन्हें ख़फ़क़ान या मालीखूलिया हो गया है।...मैं उनसे नम्रता से अर्ज़ करूँगा कि वह जल्दी किसी होशियार चिकित्सक से परामर्श करें वर्ना शायद रोग और भी भयंकर रूप धारण कर ले। मालीख़ूलिया के लक्षण यही हैं कि उसका रोगी समझता है, लोग उसका माल असबाब ढोये लिये जाते हैं और वह अन्धे कुत्ते की भाँति बतासे भूँकने लगता है।...

'सरस्वती' में यह लेख लिखने की मंशा यह मालूम होती है कि 'सरस्वती' के भोले-भाले पाठकों के सामने 'उलझन' की भरपेट प्रशंसा की जाए और यह दिखाया जाए कि यह रचना इतने ऊँचे दर्जे की है कि प्रेमचन्द जी ने भी इसे पढ़ा और पढ़ा ही नहीं इससे इतना प्रभावित हुए कि उसके आधार पर कहानी लिख डाली। मैं उन्हीं लेखकों की रचनाएँ पढ़ता हूँ जिनकी प्रतिभा का मैं क़ायल हूँ या जो अपनी रचनाएँ मुझे भेंट करते हैं और उन पर मेरी सम्मति माँगते हैं। ठाकुर साहब ने अपनी रचनाएँ मुझे भेंट नहीं कीं, और उनकी प्रतिभा का मैं कभी क़ायल नहीं रहा। मैं उन्हें कलाकार समझता ही नहीं।...हरेक ऐरे ग़ैरे नत्थू ख़ैरे की रचना पढ़ने के लिए मेरे पास समय नहीं है।

'जीवन का शाप' और 'उलझन' में आपने जो सादृश्य दिखाया है, उसे पढ़कर हँसी आती है। अगर दोनों में यही बात है कि दोनों के हीरो ग़रीब, विद्वान्, मेहनती और सन्तोषी हैं, और उनकी पत्नियाँ कटुभाषिणी हैं, और दोनों के उपनायक धनी व्यापारी हैं और उनकी महिलाएँ पति से असन्तुष्ट हैं, तो मैं कहूँगा कि ठाकुर साहब ने मेरे 'सेवासदन' से प्लाट भी उड़ाया है, चरित्र भी और समस्या भी।...लेकिन मैंने 'उलझन' पढ़ा होता तब भी यह आक्षेप न कर सकता क्योंकि ऐसे प्रसंग आए दिन के जीवन की बातें हैं, रोज़ देखने में आती हैं, और उन पर किसी लेखक की मुहर नहीं है। मगर हमारे ठाकुर साहब बेचारे इस मालीख़ूलिया से मजबूर हैं, क्या करें। पार्क का दृश्य 'सेवासदन' में भी है, 'उलझन' में भी, नायिका को 'सेवासदन' में भी बेंच पर बैठाया गया है, 'उलझन' में भी...

इस तरह की फ़िज़ूल बातों का सादृश्य दिखलाकर ठाकुर साहब ने मुंशीजी को चोरी का मुजरिम ठहराया, और जो तत्त्व की बात थी, कहानी की आत्मा, कहानी का प्राण, उसके बारे में यह कहकर छुट्टी पा ली कि उसे मुंशीजी ने तोड़-मरोड़कर कुछ का कुछ कर डाला! चोरी साबित करना कितना आसान हो जाता है इससे!

कहानी की आत्मा के बारे में मुंशीजी ने लिखा—

'जीवन का शाप' में जो समस्या पेश की गई है वह हमारे ठाकुर साहब की पकड़ में न आई। 'उलझन' में विवाह की बेजोड़ता की समस्या होगी जैसी 'सेवासदन' में है जिसकी वह नक़ल है, लेकिन 'जीवन का शाप' में बिलकुल नई समस्या है, जिसे ठाकुर साहब समझ तक नहीं सके, उसका आविष्कार क्या करते! समस्या जो है वह कटुभाषिणी के इन शब्दों में है—'चुपके से जाकर शीरीं बानू (धनवान की पत्नी) से कहो कि जाकर आराम से अपने घर में बैठें। सुख कभी सम्पूर्ण नहीं मिलता। विधि इतना घोर पक्षपात नहीं कर सकती। गुलाब में काँटे होते ही हैं। अगर सुख भोगना है तो उसे उसके दोषों के साथ भोगना पड़ेगा।... मुफ़्त का माल उड़ानेवालों को ऐयाशी के सिवा और क्या सूझेगी। धन अगर सारी दुनिया का विलास न मोल लेना

चाहे तो वह धन ही कैसा? शीरीं के लिए भी क्या वह द्वार नहीं खुले हैं जो शापूरजी (धनवान पति) के लिए खुले हैं? उससे कहो शापूर के घर में रहे, उनके धन को भोगे और भूल जाए कि वह शापूर की स्त्री है, उसी तरह जैसे शापूर भूल गया है कि वह शीरीं का पति है। जलना और कुढ़ना छोड़कर आनन्द लूटे।...यही धन का प्रसाद है। ऐयाश मर्द की स्त्री अगर ऐयाश न हो तो यह उसकी कायरता है, लतखोरपन है।'

यह आमूल विद्रोह है महाजनी यौन-नैतिकता से जो सदाचार का कुल ठेका स्त्री को देकर पुरुष को अबाध व्यभिचार की आज़ादी देती है और यही कहानी की जान है। ठाकुर साहब को और उनकी रचना को उससे दूर का भी वास्ता नहीं है। उनको यह चीज़ इतनी बुरी लगी कि उन्होंने उस पर हाशिया लगाया—'खेद है कि गांधी और टैगोर के युग में रहते हुए भी प्रेमचन्द जी घृणा का यह बीज बोते चले जा रहे हैं...' ताहम लुत्फ़ यह है कि मुंशीजी ने चोरी की!

और यह एक ऐसा अभियोग है जिसे सुनकर मुंशीजी ग़ुस्से से आगबबूला हो जाते हैं, फिर उन्हें किसी बात का होश नहीं रहता और तैश में बेकार कच्ची बातें भी मुँह से निकल जाती हैं। यह उनकी इनसानी कमज़ोरी है। इस पर उनका कोई बस नहीं है। कितनी ही बार वह अपनी लानत-मलामत इस चीज़ के लिए कर चुके हैं, लेकिन हर बार जब इम्तहान का कोई मौक़ा आता है तो वही बात। आप उनके विचारों का विरोध कीजिए, कसकर विरोध कीजिए, मुंशीजी के माथे पर शिकन नहीं आएगी। आप उनकी रचना को घटिया कहें, वह मुस्कराते रहेंगे, अपनी-अपनी रुचि है। मगर भूलकर भी चोर या नक्काल न कहिएगा, वरना ख़ैर नहीं। ईमान ही तो कुल पूँजी है ग़रीब की!

इस लेख को पढ़कर बनारसीदास जी ने शायद लिखा कि आप इन सब झगड़ों में क्यों पड़ते हैं, तो मुंशीजी ने उसी चोट खाये हुए अन्दाज़ में 17 अगस्त, 1935 को जवाब दिया—

'मुझे ख़ुद ऐसे झगड़ों में पड़ना पसन्द नहीं लेकिन जब कोई गुंडा तुम्हारा गला घोंट रहा हो तो तुम्हें अपना बचाव करना ही पड़ेगा, भले तुम बड़े दार्शनिक हो। मुझे अब यक़ीन हो गया कि इस आदमी का मन अपनी अतिशय भाव-प्रवणता में रोग की सीमा तक पहुँचा हुआ (मार्बिडली सेंसिटिव) है, भाव-प्रवण नहीं द्वेषपूर्ण। उसको शायद लगता है कि उसे दुनिया से अपना प्राप्य नहीं मिल रहा है, इसलिए ज़रूरी है कि वह जब-तब अपनी इयत्ता प्रमाणित करता रहा करे और अपनी श्रेष्ठता घोषित करे। मुझे तो जैसा कुछ लगा मैंने सीधे-सीधे लिख दिया है लेकिन अगर वह चुप नहीं हो जाता तो मैं उसका सर तोड़ दूँगा।'

चतुर्वेदी जी न जाने कब से और कैसे-कैसे बहानों से मुंशीजी को कलकत्ते बुला रहे थे, लेकिन मुंशीजी थे कि हर बार बचा जाते। अबकी चतुर्वेदी जी ने मुंशीजी को ज़्यादा उलझाने के ख़याल से उन्हें तुलसी जयन्ती के साथ नत्थी करना चाहा, मगर मुंशीजी उससे भी निकल भागे—

'जहाँ तक तुलसी जयन्ती की बात है, मैं इस काम के लिए सबसे कम योग्य हूँ। एक ऐसे समारोह का सभापतित्व करना जिसमें मुझे कभी कोई रुचि नहीं रही, बिलकुल मज़ाक़ की बात होगी। मुझे बड़ा डर लगता है। सच तो यह है कि मैंने रामायण आद्योपान्त पढ़ी भी नहीं। यह एक लज्जा की बात है, मगर सच बात है।'

पन्द्रह दिन बाद फिर 17 अगस्त के पत्र में इस चीज़ के बारे में उन्होंने लिखा—

'मैं वहाँ पहुँचा नहीं, इसके लिए आप मुझे बुरा-भला मत कहिएगा। आपने अगर तुलसी-जयन्ती की क़ैद मेरे ऊपर न लगाई होती तो मैं आ जाता। लेकिन तुलसी जयन्ती का सभापतित्व एक ऐसा व्यक्ति करे जिसने कभी तुलसी का अध्ययन नहीं किया और जो उनके नाम के साथ जुड़ी हुई अतिमानव बातों में विश्वास नहीं करता, यह बात ही मुझे हास्यास्पद जान पड़ती है। उन्होंने राम का दर्शन किया और हनुमान का दर्शन किया, वह बन्दरवाली घटना, सब ऊलजलूल बातें हैं। लेकिन तुलसी-भक्त लोग क्या मेरी यह सब नास्तिकता-भरी बातें पसन्द करेंगे? इससे क्या आता-जाता है कि उनका जन्म विक्रम सम्वत् 10 में हुआ या 20 में या 40 में? बुद्धि का इतना अपव्यय क्यों जब इतना कुछ करने को है? वह एक महान् कवि थे, उनकी व्याख्या करो, दार्शनिक, मनोवैज्ञानिक, प्राणिशास्त्रीय, शरीरशास्त्रीय (कैसी भी) व्याख्या करो, पर उन्हें भगवान क्यों बनाते हो?'

साल के साल लोग उन्हें कलकत्ते बुलाते रहे, शान्तिनिकेतन बुलाते रहे, कभी यों ही अपने मन से, कभी गुरुदेव रवीन्द्रनाथ के संकेत पर, लेकिन मुंशीजी नहीं गए तो नहीं गए।

चतुर्वेदीजी पिछले क़रीब दस सालों से इस कोशिश में थे। उनकी बड़ी तमन्ना थी कि मुंशीजी को गुरुदेव रवीन्द्रनाथ से मिलावें। इसके लिए उन्होंने कुछ भी उठा नहीं रखा। योने नोगूची शान्तिनिकेतन आए तो एक बार फिर उन्होंने ज़ोर लगाया। थोड़ी देर को शायद मुंशीजी का आसन डोल गया, लेकिन फिर जी कतरा गया और 9 दिसम्बर, 1935 को उन्होंने जैनेन्द्र को लिखा—

'चतुर्वेदीजी ने कलकत्ते बुलाया था कि आकर नोगूची., जापानी कवि, का भाषण सुन जाओ। यहाँ नोगूची हिन्दू यूनिवर्सिटी आए, उनका व्याख्यान भी हो गया, मगर मैं न जा सका। अक़्ल की बातें सुनते और पढ़ते उम्र बीत गई। ईश्वर पर विश्वास नहीं आता, कैसे श्रद्धा होती। तुम आस्तिकता की ओर जा रहे हो, जा नहीं रहे बल्कि पक्के भगत बन रहे हो, मैं सन्देह से पक्का नास्तिक होता जा रहा हूँ।'

तीन महीने बाद फिर किसी प्रसंग में शान्तिनिकेतन का निमंत्रण मिला। वह भी निष्फल हुआ और 10 मार्च, 1936 को मुंशीजी ने चतुर्वेदीजी को लिखा—

'मैं शान्तिनिकेतन न जा सका। मेरे लिए उसमें कोई आकर्षण नहीं है। वह लोग मुझसे विद्वत्तापूर्ण व्याख्यान की आशा करेंगे, और वह मेरे बस का रोग नहीं। मैं कोई विद्वान् आदमी नहीं हूँ। तो भी अगर वह लोग मुझे पहले से आमंत्रित करें तो मैं आने का प्रयत्न करूँगा। तार से दी गई एक मिनट की सूचना पर मैं तैयारी नहीं कर सकता।'

यह बादवाला टुकड़ा सरासर झूठ है, कोरा बहाना, क्योंकि इससे साल-भर पहले, 26 मार्च, 1935 को हजारीप्रसाद जी द्विवेदी ने मुंशीजी को समय से काफ़ी पहले इस प्रशस्ति के साथ आमंत्रित किया था किन्तु निष्फल—

भंजन्मोहमहान्धकार वसतिं सद्वृत्तमुच्चैर्भजन्
वैदग्ध्यं प्रथयन् सुसज्जनमनोवारांनिधिं हलादयन्।
ध्वान्तोद्भ्रान्त जनान् दिशन्ननुदिशं ध्वान्तप्रियान् शोभयन्
चन्द्रः कोऽपि चकास्त्यसावभिनवः श्री प्रेमचन्द्रः सुधीः॥
प्रेमचन्द्रश्च चन्द्रश्च न कदापि समावुभौ।
एकः पूर्णकलो नित्यमपरस्तु यदा कदा॥

मान्यवर, उस दिन पंडित बनारसीदास जी के साथ गुरुदेव (कविवर रवीन्द्र नाथ ठाकुर) से मिलने गया था। बातों ही बातों वर्तमान हिन्दी साहित्य सम्बन्ध में चर्चा चली। ऐसे अवसरों पर आपका नाम सबसे पहले आता है। उस दिन भी आपके रचे साहित्य की चर्चा बड़ी देर तक चलती रही। हम लोगों की इच्छा थी कि नववर्ष के अवसर पर आप जैसे आदरणीय साहित्यिकों को निमंत्रित करें और गुरुदेव से परिचित कराएँ। गुरुदेव ने हम लोगों के विचार का उत्साह के साथ स्वागत किया। इसीलिए हम लोगों ने निश्चित किया कि स्थानीय हिन्दी समाज का वार्षिकोत्सव नव वर्ष (14 अप्रैल, 1935) को मनाया जाए। उस दिन गुरुदेव का प्रवचन होता है। उसके पहले दिन भी, जिस दिन वर्ष समाप्त होता है उनका व्याख्यान होता है। कुछ और भी समारोह रहता है। गुरुदेव और आश्रम की ओर से निमंत्रण तो यथासमय जाएगा ही, इसके पहले ही हम हिन्दी समाज की ओर से आपको निमंत्रित करते हैं। इस बार आप ज़रूर पधारें। हमारे आग्रहपूर्ण निमंत्रण को आप अस्वीकार न करें। आपको गुरुदेव से मिलाकर हम गर्व अनुभव करेंगे।

आपके साहित्य ने हिन्दी को समृद्ध किया है और हिन्दीभाषियों को दुनिया में मुँह दिखाने लायक। इसीलिए आपके यश को हम लोग निर्विचार बाँट लिया करते हैं। जब हम रंगभूमि या कर्मभूमि को दूसरे को दिखाते हैं तो मन ही मन गर्वपूर्वक पूछा करते हैं—है तुम्हारे पास कोई ऐसी चीज़! और इस प्रकार का गर्व करते समय हमें प्रेमचन्द नामक किसी अज्ञात अपरिचित व्यक्ति की याद भी नहीं रहती—मानो सब कुछ हमारी ही कृति है। आज उस व्यक्ति को पत्र लिखते समय उसकी अनुमति के बिना उसके सम्पूर्ण यश को स्वायत्त कर लेने के अपराध के लिए जो हम क्षमा नहीं माँगते, वह भी गर्व का ही एक दूसरा रूप है।

इस निमंत्रण पर भी जो आदमी न जाए वह शायद किसी दूसरी मिट्‌टी का ही बना है। और कुछ हो न हो कीर्ति के विज्ञापन का लोभी वह नहीं है।

जाने का प्रलोभन अगर उसके लिए कहीं है तो वहीं जहाँ उसका जाना उसके वृहत्तर जीवन-लक्ष्य के लिए उपयोगी है। केवल फूल माला पहनने के लिए दौड़ने को उसके पैर उठते ही नहीं...

और सब बातों में, जिन्हें मुंशीजी काम की बातें समझते हैं, वह पूरी तरह मुस्तैद हैं। मुल्कराज आनन्द और सज्जाद ज़हीर ने जैसे ही कुछ अपने नौजवान हिन्दोस्तानी दोस्तों के साथ मिलकर लन्दन में भारतीय प्रगतिशील लेखक संघ की स्थापना की, मुंशीजी ने यहाँ पर उसका स्वागत करते हुए जनवरी 1936 में लिखा—

'हमें यह जानकर सच्चा आनन्द हुआ कि हमारे सुशिक्षित और विचारशील युवकों में भी साहित्य में एक नई स्फूर्ति और जागृति लाने की धुन पैदा हो गई है। लन्दन में दि इंडियन प्रोग्रेसिव राइटर्स असोसिएशन की इसी उद्देश्य से बुनियाद डाली गई है, और उसने जो अपना मैनिफेस्टो भेजा है, उसे देखकर यह आशा होती है कि अगर यह सभा अपने इस नए मार्ग पर जमी रही तो साहित्य में नवयुग का उदय होगा।'

उस मैनिफेस्टो का कुछ अंश मुंशीजी ने आशय रूप में इस प्रकार दिया—

'भारतीय समाज में बड़े-बड़े परिवर्तन हो रहे हैं। पुराने विचारों और विश्वासों की जड़ें हिलती जा रही हैं और एक नए समाज का जन्म हो रहा है। भारतीय साहित्यकारों का धर्म है कि वह भारतीय जीवन में पैदा होनेवाली क्रान्ति को शब्द और रूप दें और राष्ट्र को उन्नति के मार्ग पर चलाने में सहायक हों। भारतीय साहित्य, पुरानी सभ्यता के नष्ट हो जाने के बाद से, जीवन की यथार्थताओं से भागकर उपासना और भक्ति की शरण में जा छिपा है। नतीजा यह हुआ है कि वह निस्तेज और निष्प्राण हो गया है, रूप में भी, अर्थ में भी।...हम भारतीय सभ्यता की परम्पराओं की रक्षा करते हुए, अपने देश की पतनोन्मुख प्रवृत्तियों की बड़ी निर्दयता से आलोचना करेंगे...हमारी धारणा है कि भारत के नए साहित्य को हमारे वर्तमान जीवन के मौलिक तथ्यों का समन्वय करना चाहिए, और वह है हमारी रोटी का, हमारी दरिद्रता का, हमारी सामाजिक अवनति का और हमारी राजनीतिक पराधीनता का प्रश्न। तभी हम इन समस्याओं को समझ सकेंगे और तभी हममें क्रियात्मक शक्ति आएगी। वह सब कुछ जो हमें निष्क्रियता, अकर्मण्यता, और अन्धविश्वास की ओर ले जाता है, हेय है, वह सब कुछ जो हममें समीक्षा की मनोवृत्ति लाता है, जो हमें प्रियतम रूढ़ियों को भी बुद्धि की कसौटी पर कसने के लिए प्रोत्साहित करता है, जो हमें कर्मण्य बनाता है और हममें संगठन की शक्ति लाता है, उसी को हम प्रगतिशील समझते हैं।'

उसी महीने, 12-13-14 जनवरी को यूनिवर्सिटी के विजयनगरम हाल में हिन्दुस्तानी एकेडेमी का सालाना जलसा हुआ। मुंशीजी भी उसमें शरीक हुए।... 'सभापति बिहार के प्रसिद्ध नेता, साहित्यकार और हिन्दुस्तान रिव्यू के यशस्वी सम्पादक श्री सच्चिदानन्द सिन्हा थे। साहित्यकारों का अच्छा सम्मेलन था। उन्हें उर्दू और हिन्दी दो विभागों में कर दिया गया था। उर्दू विभाग के सद्र मौलाना अब्दुल हक़ साहब और हिन्दी विभाग के सद्र डॉ. गंगानाथ झा थे। दोनों विभागों में कई अच्छे-अच्छे, विद्वत्ता और गवेषणा और खोज से भरे हुए लेख पढ़े गए, मगर दोनों सम्मेलनों के अलग-अलग होने के कारण श्रोताओं को सारे निबन्धों को सुनने का अवसर न मिला।.. और हानि यह हुई कि उर्दू और हिन्दी

के बीच में जो दीवार खड़ी होती जा रही है, वह और भी ऊँची हो गई। अगर दोनों समुदाय मिल नहीं सकते, तो न मिलें। अपनी डफली अलग बजाना चाहते हैं तो बजाते जाएँ, लेकिन क्या इसमें भी कोई बुराई है कि दोनों एक-दूसरे को सुन भी नहीं सकते!'

कैसी बेतुकी हालत है इन बेचारे मुंशीजी की जो न पूरी तरह हिन्दी के हैं न पूरी तरह उर्दू के, जो बीच में खड़े हैं, संगम पर...

सज्जाद ज़हीर इस बीच विलायत से लौट आए थे और यहाँ पर इस नए आन्दोलन का श्रीगणेश करने के सिलसिले में इलाहाबाद को ही अपना केन्द्र बनाकर रह रहे थे। और उनको सफलता भी मिली। हिन्दी कवियों के अग्रणी सुमित्रानन्दन पन्त ने उनको अपना पूरा सहयोग दिया। यूनिवर्सिटी में भी फ़िराक़ गोरखपुरी, डॉ. एजाज़ हुसेन और अहमद अली की वजह से पैर टिकाने को जगह मिली और धीरे-धीरे काम चल निकला। संगठन तो अभी कहीं था नहीं (सज्जाद ज़हीर का जेब ही उसका केन्द्रीय कार्यालय था!) लेकिन हाँ, कुछ समानधर्मा लोग आपस में मिलने-बैठने लगे थे।

अहमद अली और सज्जाद ज़हीर की पहली मुलाक़ात मुंशीजी से इसी एकेडेमी के जलसे में हुई। अपनी उस दिलचस्प मुलाक़ात के बारे में अहमद अली कहते हैं—

"पुराने कवियों से सम्बन्ध रखनेवाले बहुत लम्बे-चौड़े निबन्ध सुनते-सुनते हम लोग उकता गए थे और हममें से कुछ लोग अपनी टाँगें सीधी करने के लिए और थोड़ी सी ताज़ी हवा खाने के लिए उस पंडिताऊ वातावरण से निकलकर बाहर बरामदे में आ गए थे। मुझे याद आता है कि उस वक़्त मेरे दोस्त रघुपति सहाय 'फ़िराक़' और मुंशी दयानरायन निगम भी वहाँ मौजूद थे। उस वक़्त मुंशी दयानरायन निगम के साथ मेरी पहले-पहल मुलाक़ात हुई थी और हम लोग 'अंगारे' नाम की अपनी किताब के बारे में बात कर रहे थे। शाम हो चली थी और म्योर सेन्ट्रल कालेज के इमली के दरख़्तों में क़रीब-क़रीब आधा सूरज उतर आया था। उसकी पीली पड़ी हुई किरणें हम लोगों के पैरों पर नाच रही थीं और बढ़िया ठंडी हवा चल रही थी। उस वक़्त अचानक बरामदे की ओर से एक ऐसे दुबले-पतले सज्जन आते हुए दिखाई दिए जिनका क़द कुछ ज़्यादा लम्बा नहीं था, लेकिन फिर भी वे जितने लम्बे थे, उस के मुक़ाबिले में अपने दुबलेपन के कारण कुछ ज़्यादा लम्बे मालूम होते थे। उनके चेहरे से प्रसन्नता झलकती थी और आँखें करुणापूर्ण थीं और उनमें एक ऐसी कोमलता दिखाई देती थी जो जीवन की समस्याओं पर गम्भीर विचार करने और अनेक प्रकार के कष्ट सहने से उत्पन्न होती है। वे एक शेरवानी और चुस्त पाज़ामा पहने हुए थे और उनकी गांधी टोपी में से दोनों तरफ़, आगे और पीछे, गर्दन पर निकले हुए कुछ लम्बे बाल दिखाई देते थे। उनकी घनी और बड़ी-बड़ी मूँछों में काले बालों की बनिस्बत सफ़ेद बाल ही ज़्यादा थे और उनका तौर-तरीक़ा बहुत ही भले आदमियों का सा था। मेरे दोस्त रघुपतिसहाय ने उनसे मेरा परिचय कराया। मुझे मालूम हुआ कि यही मुंशी प्रेमचन्द हैं। वे ख़ूब मज़े में खुलकर बातें करते थे। और लोग ख़ूब खुले दिल से ख़ुश हो-होकर उनकी बातें सुनते थे। उनके सीधे-सादे तौर-तरीक़ों का मुझ पर बहुत अच्छा असर पड़ा था। वे बहुत मज़ाक़पसन्द आदमी थे और मौक़े पर फ़ौरन ही एक से एक बढ़कर

मज़ेदार बात कहते थे और सिगरेट पीते थे। ढलते हुए सूरज की पीली किरणें हम लोगों के पैरों पर खेल रही थीं। उस वक़्त मुझे ख़्वाब में भी इस बात का ख़याल नहीं होता था कि प्रेमचन्द जी के जीवन का सूर्य भी अब बहुत जल्दी अस्त होना चाहता है।"

दो रोज़ बाद ये सब लोग प्रगतिशील लेखकों के आन्दोलन का संगठन करने के सिलसिले में सज्जाद ज़हीर के मकान पर इकट्ठा हुए। मौलवी अब्दुल हक़ और जोश मलीहाबादी भी मौजूद थे। मुंशी दयानरायन निगम तो बहुत उत्साहित न अनुभव कर रहे थे, पर मुंशी प्रेमचन्द का मन उमंग से भरा हुआ था और संघ के ड्राफ़्ट मैनिफ़ेस्टो पर दस्तख़त करते हुए मुंशीजी ने हँसकर कहा—

'मैं तो ठहरा बुड्ढा आदमी और तुम लोग हो कि सरपट भाग रहे हो! मैं कहाँ दौड़ सकता हूँ तुम्हारे साथ, मेरा तो घुटना-वुटना फूट जाएगा...'

हिन्दुस्तानी एकेडेमी का जलसा तो हो गया लेकिन हिन्दी और उर्दू को पास लाने का जो सपना मुंशीजी को उससे बाँधे हुए था, वह मृगजल की भाँति दूर से दूरतर सरकता जा रहा था और मुंशीजी को इसकी गहरी मनोव्यथा थी।

उसी पीड़ा में से ये शब्द निकले—

'जलसा समाप्त हो जाने के बाद पत्रों में पृथकता के समर्थन में बार-बार लेख लिखे जा रहे हैं और यह सिद्ध किया जा रहा है कि उर्दू और हिन्दी अब अलग-अलग रास्ते पर चलकर एक-दूसरे से इतनी दूर निकल गई हैं कि उनका समीप आना असम्भव है और यह कि उनको मिलाने की कोशिश दोनों ही भाषाओं को मटियामेट कर देगी। एकतावादियों को बार-बार चुनौती दी जा रही है कि वे कोई ऐसी रचना करके दिखा दें जिसमें एकता का आदर्श निभाया गया हो और वह क़िस्से-कहानी की पुस्तक न हो बल्कि कोई ऐतिहासिक या वैज्ञानिक या दार्शनिक या आलोचनात्मक कृति हो। हम अपने पृथकतावादी भाइयों से बड़े अदब के साथ पूछेंगे कि अगर ऐसी कोई ज़बान मौजूद होती तो इस संस्था की ज़रूरत ही क्यों पड़ती...'

यह नया साल अच्छा पैर में सनीचर लेकर आया है, पैर टिकते ही नहीं घर पर। कहाँ तो साहित्यिक आयोजन से भागे-भागे फिरते थे, अब जहाँ देखो वहीं पहुँचे हुए हैं। कौन जाने वह कौन-सी अदृश्य प्रेरणा है जो उन्हें हर जगह खींच ले जाती है—मिल लो सबसे, देख लो सब कुछ, बाँट दो सबको जो कुछ एक जीवन की यातना में से पाया है, सुख-दुख, अनुभव, ज्ञान, विवेक...

...या शायद बात इससे छोटी है, बस इतनी कि तबीयत उन जगहों में जाने से भागती है जहाँ बस पूजा-पुजैया है, या अपना तमाशा बनता है, लेकिन जहाँ नई पौध है वहाँ जाने को तबीयत ख़ुद-ब-ख़ुद भागती है।

और फिर अब ज़्यादा आज़ादी भी तो है। लड़के दोनों इलाहाबाद में पढ़ रहे हैं। घर में बस पति-पत्नी हैं, कहीं जाने की राय बनी और दोनों जने चल खड़े हुए।

जो भी बात रही हो, नया साल मुंशीजी के पैर में सनीचर लेकर आया है।

अभी हिन्दोस्तानी एकेडेमी के जलसे से लौटे और दस रोज़ बाद 26 जनवरी को इलाहाबाद में महिला-गल्प-लेखक सम्मेलन था जिसकी सभानेत्री शिवरानी देवी थीं।

28 को बनारस लौटे। 31 को आगरे के लिए रवाना हो गए। अगले रोज़ आगरे पहुँचे। हरिहरनाथ टंडन के घर ठहरे। नाश्ता-वाश्ता करके क़िला और ताज देखने गए। दिन में सेन्ट जान्स कालेज में उत्सव था। मुंशीजी को अभिनन्दनपत्र दिया गया। शाम को नागरी प्रचारिणी सभा के वार्षिक अधिवेशन का सभापतित्व किया।

अगले दिन फतेहपुर सीकरी देखने की ठहरी और उसी रात इलाहाबाद के लिए रवाना हो गए।

यहाँ पर महादेवी वर्मा से मिलना कभी न भूलते। और घर आकर अपनी डायरी में टाँका, 'महादेवी वर्मा से मिला और उनकी ख़ुशदिल बातचीत से जी ख़ुश हुआ। उनका मधुर शील-सौजन्य और उनकी निश्छल हँसी बड़ी मोहक है।'

पत्नी अपने भाई के साथ रुकना चाहती थीं। उनको वहीं छोड़कर मुंशीजी उसी रोज़ बनारस चले गए। सूना घर काटे खाता था।

ऐसे ही कभी पत्नी को इलाहाबाद छोड़ आने पर मुंशीजी ने एक रोज़ उकताकर, बहुत खिन्न होकर उन्हें उलाहना देते हुए लिखा था—

'मैं तुम्हें छोड़कर काशी आया। मगर यहाँ तुम्हारे बिना सूना-सूना लग रहा है। क्या कहूँ, तुम्हारी बहन की बात कैसे न मानता। न मानने पर तुम्हें भी बुरा लगता। जिस समय पर तुम्हें उन्होंने रोका, मैं जी मसोसकर रह गया। तुम तो अपनी बहन के साथ वहाँ ख़ुश होगी मगर मैं यहाँ परेशान हूँ—जैसे एक घोंसले में दो पक्षी रह रहे हों और उनमें एक के न रहने पर एक परेशान हो। तुम्हारा यही न्याय है कि तुम वहाँ मौज करो और मैं तुम्हारे नाम की माला फेरूँ! तुम मेरे पास रहती हो तो मैं भरसक कहीं बाहर जाने का नाम नहीं लेता, तुम आने का नाम नहीं लेतीं...'

मगर काम की भीड़ हर सूनेपन को मार देती है। 10 फ़रवरी को उन्होंने अपनी डायरी में टाँका—

'तार मिला कि रानी आ रही हैं और मैं उन्हें स्टेशन पर मिलूँ। दिन का काम ख़तम करने के बाद मैं जागा तो एकाएक लगा कि वह कहीं रात की गाड़ी से न आती हो। मैं बारह बजे रात पैदल ही भागा-भागा स्टेशन गया—सवारी नहीं मिली—पर रानी नहीं आईं।'

वह अगले रोज़ आईं, और उसके अगले रोज़ मुंशीजी सबेरे ही इलाहाबाद के लिए रवाना हो गए—युइंग क्रिश्चियन कालेज के जलसे में शरीक होने के लिए। 'दस बजे पहुँचा। हिन्दुस्तानी एकेडेमी गया। दोस्तों से मिला। तीन बजे मिस्टर सज्जाद ज़हीर के यहाँ पहुँचा मगर वह यूनिवर्सिटी से लौटे न थे। पाँच बजे शाम मैं युइंग कालेज पहुँचा। बड़ी शानदार इमारत है—जमुना किनारे कैसी ख़ूबसूरत नज़र आती है। बड़े लम्बे-चौड़े मैदान उससे लगे हुए हैं। जलसा गार्डेन पार्टी के बाद सात बजे शाम शुरू हुआ। धीरेन्द्र जी, बाबूराम सक्सेना बोले। मैंने भी मज़ाक़िया अन्दाज़ में कुछ कहा। सत्यजीवन वर्मा के साथ स्टेशन लौट आया और दो बजे रात बनारस पहुँच गया।'

इस जल्दबाज़ी की वजह शायद यह थी कि अगले रोज़ बनारस में क्षत्रिय कालेज में एक कहानी प्रतियोगिता थी। 'कोई दस कहानियाँ पढ़ी गईं, मगर उनमें से एक भी उल्लेखनीय नहीं। सब में वही यौन-ग्रंथि...'

22-23 को पूर्णिया में बिहार प्रान्तीय हिन्दी साहित्य सम्मेलन का अधिवेशन हो रहा था। उसके लिए मुंशीजी 22 को साढ़े ग्यारह बजे दिन रवाना हुए। चौबीस घंटे का बहुत लम्बा और उबानेवाला सफ़र करके अगले दिन बारह बजे पहुँचे और मुश्किल से आठ-नौ घंटे रहकर फिर उसी चौबीस घंटे के सफ़र के लिए रवाना हो गए! यह हो क्या गया है मुंशीजी को? मुंशीजी जो इतने यात्रा-भीरु थे, यक-ब-यक ऐसे बाना-सूर कैसे हो गए!

हिन्दुस्तानी और प्रगतिशील साहित्य का भूत सवार है आजकल सर पर। जहाँ जिस मंच से अपनी बात कह सकें...

भाषा को एकता का वाहन बनाकर एक नई क्रान्ति का आवाहन...

जैसा कि पूर्णिया से लौटकर उन्होंने लिखा—

कविता में अगर जागृति पैदा करने की शक्ति नहीं है तो वह बेजान है। आप हाला बाँधे या तंत्री के तार या बुलबुल और क़फ़स, उसमें जीवन को तड़पानेवाली शक्ति होनी चाहिए। प्रेमिकाओं के सामने बैठकर आँसू बहाने का यह ज़माना नहीं है। उस व्यापार में हमने कई सदियाँ खो दीं, विरह का रोना रोते-रोते हम कहीं के न रहे। अब हमें ऐसे कवि चाहिए जो हज़रते इक़बाल की तरह हमारी मरी हुई हड्डियों में जान डालें। देखिए, इस कवि ने लेनिन को ख़ुदा के सामने ले जाकर क्या फ़रियाद कराई है और उसका ख़ुदा पर इतना असर होता है कि वह अपने फ़रिश्तों को हुक़्म देता है—

उट्ठो मेरी दुनिया के ग़रीबों को जगा दो,
काख़े[1] उमरा के दरो-दीवार हिला दो।
गरमाओ ग़ुलामों का लहू सोज़े यक़ीं से,
कुंजिश्क[2] फ़रोमाया[3] को शाही[4] से लड़ा दो।
सुलतानिए[5] जमहूर[6] का आता है ज़माना,
जो नक़्शे कोहन[7] तुमको नज़र आए, मिटा दो।
जिस खेत से देहकां[8] को मयस्सर नहीं रोज़ी,
उस खेत के हर ख़ोशए[9] गन्दुम को जला दो।
क्यों ख़ालिक़ो[10] 'मख़लूक़[11]' में हायल रहें पर्दे,
पीराने[12] कलीसा को कलीसा[13] से उठा दो।

36

पूर्णिया से लौटते ही दस रोज़ के अन्दर दिल्ली का प्रोग्राम बन गया। जैनेन्द्र बहुत ज़ोर देकर बुला रहे थे—हिन्दुस्तानी सभा क़ायम करने के सिलसिले में। और यह

1. महल, 2. चिड़ा, 3. तुच्छ, 4. शिक्रा, 5-6. प्रजा-राज्य, 7. पुराना, 8. किसान, 9. गेहूँ की बाल, 10. स्रष्टा, 11. सृष्टि, 12. मठधारी, 13. गिरजे-मन्दिर-मसजिद

एक ऐसी चीज़ थी जिसके लिए मुंशीजी दिल्ली तो क्या टिम्बकटू तक दौड़ते चले जा सकते थे।

होली गले मिलने का दिन है, मेल-मिलाप का दिन। हिन्दी और उर्दू के मेल-मिलाप के लिए, संगम के लिए; इससे अच्छा दिन और कौन हो सकता था।

लिहाज़ा मुंशीजी मार्च की चौथी तारीख़ को सियालदा एक्सप्रेस से दिल्ली के लिए रवाना हो गए—रास्ते में पढ़ने के लिए हजरत राशिद-उल-ख़ैरी की किताबें ले लीं। राशिद-उल-ख़ैरी बहुत कुछ मुंशीजी के अपने रंग और मिज़ाज के लिखनेवाले थे, बड़े लिखनेवाले थे, और इसी महीने उनका देहान्त हुआ था। उन पर कुछ लिखना है।

होली का दिन दरियागंज में जैनेन्द्र के मकान पर गुज़रा—'प्रेमचन्द जी नीम की सींक से दाँत कुरेदते हुए धूप में खाट पर बैठे थे। नाश्ता हो चुका था और पूरी निश्चिन्तता थी। बदन पर धोती के अलावा बस एक बनियान थी जिसमें उनकी दुबली और लाल-पीली देह छिपती न थी। वक़्त साढ़े नौ का होगा। ऐसे ही समय होलीवालों का एक दल घर में अनायास घुस आया और बीसियों पिचकारियों की धार से और गुलाल से उस दल ने उनका ऐसा सम्मान किया कि एक बार तो प्रेमचन्द चौंक गए। पलक मारने में वह तो सिर से पाँव तक कई रंग के पानी से भींग चुके थे। हड़बड़ाकर उठे, क्षण इक रुके, स्थिति पहचानी और फिर वह क़हक़हा लगाया कि मुझे अब तक याद है। बोले—अरे भाई जैनेन्द्र, हम तो मेहमान हैं!...'

लेकिन जब आगत टोली ने आनेवाली टोलियों की ओर से 'मेहमान' को किसी प्रकार का अभय का आश्वासन नहीं दिया तो मुंशीजी ने कहा—तो फिर कौन कपड़े बदले। हम तो यहीं बैठते हैं खाट पर, आए जिसका जी चाहे!

उसी रोज़ शाम को उन्होंने जामिया मिल्लिया में हिन्दुस्तानी सभा का उद्घाटन किया। काफ़ी अच्छी उपस्थिति थी। मुंशीजी के मन में बड़ा सन्तोष हुआ। अगले महीने उन्होंने 'हंस' में लिखा—

'हिन्दुस्तान में शायद यह पहला मौक़ा था कि 8 मार्च को देहली की जामिया मिल्लिया में देहली के उर्दू और हिन्दी के अदीबों और साहित्यकारों ने मिलकर एक हिन्दुस्तानी सभा की बुनियाद डाली, जिसका उद्देश्य यह होगा कि वह दोनों साहित्यिकों को एक-दूसरे के समीप लाए, उनके अदीबों में मुहब्बत, हमदर्दी और एकता पैदा करे, उन्हें एक-दूसरे के विचारों और भावों के जानने और समझने का मौक़ा दे, और हिन्दुस्तानी भाषा के विकास का आयोजन करे। एक समय था, जब इल्म और फ़न की इतनी उन्नति और राजनीति में इतनी जागृति न होने पर भी आपस में बहुत कुछ मुहब्बत थी...मगर जमाने ने कुछ ऐसा पलटा खाया कि हिन्दी हिन्दुओं की ज़बान हो गई और उर्दू मुसलमानों की। हिन्दुओं ने उर्दू से मुँह मोड़ना शुरू किया, मुसलमानों ने हिन्दी से। अलग-अलग दो कैम्प हो गए और दोनों ज़बानें और साहित्य राजनीति के चक्कर में पड़ गए।...हालाँकि अदब को राजनीति से कोई सम्बन्ध नहीं, उसका विषय तो इनसान है, और इनसान चाहे अपने माथे पर कोई लेबल लगाए, वह इनसान ही है, मगर यह राजनीति का युग है और कोई उद्योग ऐसा नहीं जिस पर राजनीतिक संकीर्णता का रंग न चढ़ाया जा सके।...इस तरह दोनों ज़बानें अलग होती जा रही हैं,

और जिनसे हम अपनी ज़बान में बेतकल्लुफ़ बातचीत न कर सकें, उनसे दिल क्योंकर मिलेगा। हिन्दी और उर्दू साहित्य बदक़िस्मती से ऐसे जमाने से गुज़रे जब साहित्य ने आम ज़िन्दगी से नाता तोड़-सा लिया था और उनकी सारी ताक़त विरह और विलाप के दुखड़े रोने में कटती थीं, या बहुत हुआ तो शराब की तारीफ़ की और दुनिया की अनित्यता पर फ़िलासफ़ी बघारी, लेकिन दुनिया में जो साहित्य जीते-जागते हैं, उन्होंने क़ौम की तारीख़ बनाई है, उसकी संस्कृति बनाई है। अदीब ही क़ौम का पथदर्शक होता है। उसका दिल प्रेम की ज्योति से भरा होता है। उसमें तास्सुब और तंगख़याली के लिए जगह नहीं होती...'

मुंशीजी के लिए यह केवल भाषा का शास्त्रीय प्रश्न नहीं है और न केवल साहित्य का, यह राष्ट्र की एकता का प्रश्न है। जिस काम को राजनीति के धुरंधर नहीं कर सके, बल्कि यों कहें कि जिस काम को राजनीति के धुरंधरों ने बिगाड़ने में कोई कसर नहीं उठा रखी उसको बनाने की यह एक कोशिश है, जिसकी सफलता में न जाने कितनी सुख-शान्ति और विफलता में न जाने कितना विध्वंस और विनाश छिपा हुआ है। इसीलिए तो मुंशीजी इस चीज़ के पीछे इस तरह पागल हैं—एक काम जिसके लिए वह विशेष रूप से उपयुक्त हैं क्योंकि वह दुभाषिए हैं और समझते हैं कि एक की बात दूसरे को समझा सकते हैं। यह एक बड़ा काम है, राष्ट्र-निर्माणकारी काम जिसका बीड़ा मुंशीजी ने अपनी सीमित शक्तियों से, ज़िन्दगी के इस आख़िरी दौर में उठाया है। भारतीय साहित्य परिषद् जवाब है उस प्रान्तीयता की भावना का जो जगह-जगह सिर उठा रही है, और हिन्दुस्तानी का आन्दोलन जवाब है भारतीय इतिहास और भारतीय समाज के उस अनोखे हिन्दू-मुस्लिम सवाल का जिससे कावा काटकर निकल जाना किसी तरह मुमकिन नहीं। ज़िन्दगी-भर उसी भाषा, उसी संस्कृति को मुंशीजी ने बरता है, लेकिन उतना शायद काफ़ी नहीं, मुँडेर चढ़कर गुहार लगाना भी कभी-कभी ज़रूरी हो जाता है और इधर साल दो बरस से मुंशीजी यही तो कर रहे हैं, दौड़े चले जाते हैं, काले कोस, यही एक बात कहने के लिए, जिसके बारे में पंडित बनारसीदास चतुर्वेदी को बतलाते हुए मुंशीजी ने 31 मार्च को लिखा—

'इस बढ़ती हुई खाई को कैसे पाटा जाए। इन राजनीतिवालों से कुछ भी उम्मीद करना बेकार है। उनसे उदारमनस्क होने की आशा करना ही व्यर्थ है। लेखकों को ही अगुवाई करनी होगी। और वे शत्रु से अधिक मित्र के रूप में अगुवाई कर सकते हैं।'

10 तारीख़ की रात को मुंशीजी बनारस लौटे तो इलाहाबाद से आया हुआ सज्जाद ज़हीर का ख़त उनकी राह देख रहा था। लखनऊ में कांग्रेस अधिवेशन के ही अवसर पर, प्रगतिशील लेखक सम्मेलन करने का प्रस्ताव था और उसका सभापतित्व करने के लिए मुंशीजी से अनुरोध किया गया था।

मुंशीजी ने लिखा—

सभापतित्व की बात, मैं इसके योग्य नहीं। नम्रतावश नहीं कहता, मैं अपने में कमज़ोरी पाता हूँ। मिस्टर कन्हैयालाल मुंशी मुझसे बेहतर होंगे

या डॉ. ज़ाकिर हुसेन। पंडित जवाहरलाल नेहरू तो बड़े व्यस्त होंगे, नहीं वे एकदम उपयुक्त होते। इस अवसर पर सभी राजनीति के नशे में चूर होंगे, साहित्य से शायद ही किसी को दिलचस्पी हो। लेकिन हमें कुछ न कुछ तो करना है। अगर जवाहरलाल ने दिलचस्पी ली तो अधिवेशन सफल हो जाएगा।

मेरे पास इस वक़्त भी सभापतित्व के लिए दो जगह के निमंत्रण पड़े हैं—एक लाहौर के हिन्दी-सम्मेलन का, दूसरा हैदराबाद (दकन) की हिन्दी प्रचार सभा का। मैं इनकार कर रहा हूँ पर वह लोग इसरार कर रहे हैं। कहाँ-कहाँ प्रिसाइड करूँ। हमारी संस्था में कोई बाहर का आदमी सभापति बने तो ज़्यादा अच्छा हो। मजबूरी दर्ज़ा मैं तो हूँ ही। कुछ रो-गा लूँगा।

...और क्या लिखूँ। तुम ज़रा पंडित अमरनाथ झा को तो आजमाओ। उन्हें उर्दू साहित्य से दिलचस्पी भी है और शायद वे सभापति होना स्वीकार कर लें।

पंडित अमरनाथ झा की लाइब्रेरी में बराबर स्थानीय शाखा की बैठकें होती थीं, ज़ोर दिया जाता तो शायद वह राज़ी भी हो जाते। पर उन लोगों को सबसे ज़्यादा मुंशीजी का नाम भाता था और वह इतनी आसानी से मुंशीजी को छोड़ने के लिए तैयार न थे। सज्जाद ज़हीर ने फिर लिखा, फिर फिर लिखा। आख़िरकार 19 मार्च को मुंशीजी ने रज़ामन्द होते हुए जवाब दिया—

'अगर हमारे लिए कोई योग्य सभापति नहीं मिलता तो मुझी को रख लीजिए। मुश्किल यही है कि मुझे पूरे का पूरा भाषण लिखना पड़ेगा...मेरे भाषण में आप किन समस्याओं पर बहस चाहते हैं, इसका कुछ इशारा कर दीजिए। मैं तो डरता हूँ मेरा भाषण ज़रूरत से ज़्यादा निराशाप्रद न हो। आज ही लिख दो ताकि वहाँ जाने से पहले तैयार कर लूँ।'

भारतीय साहित्य परिषद् की बैठक 3-4 अप्रैल को वर्धा में होने की बात थी, उसी की तरफ़ मुंशीजी का इशारा था, लेकिन फिर वह बैठक स्थगित हो गई और हिन्दी साहित्य सम्मेलन के नागपुर अधिवेशन के साथ-साथ 24 अप्रैल को हुई। प्रगतिशील लेखक सम्मेलन 9-10 अप्रैल को था। संगम की जो हालत थी, उसके बारे में ख़ुद सज्जाद ज़हीर का बयान सुनिए—

ज्यों-ज्यों कान्फ्रेंस का दिन निकट आता, हमारी घबराहट बढ़ती जाती। रुपयों की कमी के कारण हम अपने प्रतिनिधियों को ठहराने और उनके खाने-पीने का प्रबन्ध भी न कर सकते थे। कुछ को हमने अपने मित्रों और रिश्तेदारों के यहाँ ठहराने की व्यवस्था की थी। बहुत से कांग्रेस के कैम्प में जाकर टिक गए थे, जहाँ एक झोपड़ी चन्द रुपयों के किराए पर मिल जाती थी और खाना सस्ता था। कुछ यूनिवर्सिटी के होस्टल के ख़ाली कमरों में ठहरे...

बाहर से आनेवाले लोगों का स्वागत रेलवे स्टेशन पर करना भी हमारे बस का नहीं था। तीन-चार आदमी आख़िर क्या क्या करते? तो भी अपनी

कान्फ्रेंस के प्रधान मुंशी प्रेमचन्द को स्टेशन से लेने के लिए जाने का फ़ैसला हमने किया था। महमूद किसी और काम में लगे हुए थे, इसलिए रशीदा और मैंने तय किया कि हम दोनों स्टेशन पर जाएँगे। कहीं से थोड़ी देर के लिए हमने एक कार भी माँग ली थी। सुबह का समय था। गाड़ी नौ बजे के लगभग आने को थी। हमने सोचा कि साढ़े आठ बजे घर से रवाना होंगे। हम आठ बजे के क़रीब बैठे चाय पी रहे थे कि घर में एक ताँगे के दाख़िल होने की आवाज़ आई और साथ ही साथ एक नौकर ने आकर मुझे इत्तिला दी कि बाहर कोई साहब मुझे बुला रहे हैं। मैं बाहर निकला तो देखा प्रेमचन्द जी...

लेकिन इससे पहले कि मैं कुछ कहूँ, प्रेमचन्द हँसते हुए बोले—भाई, तुम्हारा घर बड़ी मुश्किल से मिला। बड़ी देर से इधर-उधर चक्कर लगा रहे हैं।

इतने में रशीदा भी बाहर निकल आई और हम दोनों अपनी सफ़ाई देने लगे। पता चला कि हमें ट्रेन के समय की सूचना ग़लत मिली थी।...पहली अप्रैल से वक़्त बदल गया। लेकिन अब उलटे प्रेमचन्द जी अपनी सफ़ाई देने लगे—हाँ, मुझे चाहिए था कि चलने से पहले तुम लोगों को तार भेज देता लेकिन मैंने सोचा, क्या ज़रूरत है, अगर स्टेशन पर कोई न मिला तो ताँगा लेकर सीधा तुम्हारे घर चला आऊँगा...

और मैं दिल में सोच रहा था कि दूसरे सम्मेलनों के सभापतियों का बड़ा शानदार स्वागत किया जाता है, उन्हें प्लेटफ़ार्म पर हार पहनाए जाते हैं, उनके जुलूस निकलते हैं और उनकी जय-जयकार होती है, और एक हमारे सभापति मुंशी प्रेमचन्द हैं कि ख़ुद अपनी जेब से रेल का टिकट ख़रीदकर चुपके से आ गए हैं, स्टेशन पर स्वागत करनेवाला तो क्या, राह बतानेवाला भी उन्हें कोई न मिला। एक मामूली से ताँगे पर बैठकर ख़ुद ही बड़ी बेतकल्लुफ़ी से सम्मेलन के मुंतजिमों के घर चले आए हैं और शिकायत करना तो दूर की बात है, उनके माथे पर एक बल नहीं पड़ा...

नाश्ते-वाश्ते के बाद, ज़हीर ने उनके भाषण के बारे में पूछा तो मुंशीजी ने निकालकर दे दिया और एक ज़ोर का क़हक़हा लगाया। ज़हीर ने यहाँ-वहाँ उलट-पलटकर देखा और कहा—ज़बान तो आपकी ज़रा सक़ील हो गई है। मुंशीजी ने दुबारा क़हक़हा लगाया और कहा—मैंने कहा लाओ, ऐसी ज़बान लिख दूँ कि यह लोग भी याद करें...

और फिर ज़रा रुककर—आख़िर कायस्थ का बेटा हूँ!

इसमें शक नहीं कि वह काफ़ी गरिष्ठ उर्दू थी, जो ग़ैर-उर्दूदाँ लोगों के कम ही पल्ले पड़ी होगी और ठीक ही था कि उन्होंने इसके लिए मुंशीजी की अच्छी ख़बर ली।

अहमद अली, सज्जाद ज़हीर, अब्दुल हक़, जोश मलीहाबादी, फ़िराक़ गोरखपुरी, एजाज़ हुसेन—इस तहरीक के सिलसिले में अब तक मुंशीजी का उठना-बैठना, चिट्ठी-पत्री इन्हीं लोगों से हुई थी और शायद कुछ ऐसा ख़याल उनके दिल में बैठ गया था

कि यह उर्दू लेखकों का सम्मेलन होने जा रहा है। फिर क्या था, मुंशीजी फ़ारसी के रंग में डूबी हुई, परिष्कृत-परिमार्जित उर्दू में अपना अभिभाषण लिखकर ले गए।

मगर बातें जो कहीं वह बहुत सादा, बहुत साफ़, बहुत सच्ची और बड़े जोश और बड़ी गर्मी के साथ—

भाषा साधन है, साध्य नहीं।...

निस्सन्देह काव्य और साहित्य का उद्देश्य हमारी अनुभूतियों की तीव्रता को बढ़ाना है, पर मनुष्य का जीवन केवल स्त्री-पुरुष प्रेम का जीवन नहीं है।

...नीतिशास्त्र और साहित्यशास्त्र का लक्ष्य एक ही है—केवल उपदेश की विधि में अन्तर है। नीतिशास्त्र तर्कों और उपदेशों के द्वारा बुद्धि और मन पर प्रभाव डालने का यत्न करता है, साहित्य ने अपने लिए मानसिक अवस्थाओं और भावों का क्षेत्र चुन लिया है...

पुराने जमाने में समाज की लगाम मज़हब के हाथ में थी...पुण्य-पाप के मसले उसके साधन थे।...अब साहित्य ने यह काम अपने ज़िम्मे ले लिया है और उसका साधन सौन्दर्य प्रेम है...

डेढ़-दो घंटे के इस व्याख्यान में साहित्य के सत्य शिव और सुन्दर तत्त्व की ही व्याख्या की गई थी, पर यह ग्रांथिक या निरी शास्त्रीय व्याख्या न थी—उसके एक-एक शब्द के पीछे एक कृती साहित्यकार का अपना जीवन-अनुभव बोल रहा था, उसके एक-एक शब्द में उनके हृदय का आवेग था, उनकी निष्ठा का बल था।

सौन्दर्य की चर्चा करते हुए मुंशीजी ने अपने ध्यानमग्न श्रोताओं से कहा—

'प्रश्न यह है कि सौन्दर्य है क्या वस्तु? हमने सूरज का उगना और डूबना देखा है, ऊषा और संध्या की लालिमा देखी है, सुन्दर सुगंधि भरे फूल देखे हैं, मीठी बोलियाँ बोलनेवाली चिड़ियाँ देखी हैं, कलकलनिनादिनी नदियाँ देखी हैं, नाचते हुए झरने देखे हैं—यही सौन्दर्य है। इन दृश्यों को देखकर हमारा अन्त:करण क्यों खिल उठता है? इसलिए कि इनमें रंग या ध्वनि का सामंजस्य है। बाजों का स्वरसाम्य अथवा मेल ही संगीत की मोहकता का कारण है। हमारी रचना ही तत्त्वों के समानुपात में संयोग से हुई है, इसलिए हमारी आत्मा सदा उसी साम्य तथा सामंजस्य की खोज में रहती है...'

और जब जहाँ उसको यह चीज़ मिल जाती है, वहीं रोएँ भुरभुरा उठते हैं, आँखें गीली हो जाती हैं। वही रस है, प्रकृति और पुरुष का आलिंगन, आत्मा की अन्तहीन यात्रा में आत्मा और विश्वात्मा का क्षणिक मिलन, आत्मा की आत्म-उपलब्धि, और फिर वियोग और फिर यात्रा उसी एक खोज में जिसे इक़बाल ने इस तरह कहा है—

रम्ज़े हयात जोई जुज़ दर तपिश न याबी,
दर क़ुल्ज़ुम आरमीदन नंगस्त आबे जूरा।
ब आशियाँ न नशीनम ज़े लज़्ज़ते परवाज़,
गहे बशाख़े गुलम गहे बर लबे जूयम।

(अगर तुझे जीवन के रहस्य की खोज है तो वह तुझे संघर्ष के सिवा और कहीं नहीं मिलने का—सागर में जाकर विश्राम करना नदी के लिए लज्जा की बात है। उड़ने में मुझे जो आनन्द मिलता है, उसके मारे मैं कभी घोंसले में नहीं बैठता—कभी फूलों की टहनियों पर तो कभी नदी किनारे होता हूँ।)

इक़बाल मुंशीजी को बेहद पसन्द है। उन्हें जहाँ अपनी किसी बड़ी बात के लिए सनद की ज़रूरत होती है, वह फ़ौरन इक़बाल के पास दौड़ते हैं। अशेष गति के अपने उसी जीवनदर्शन को मुंशीजी ने इक़बाल के शब्दों में यों रखा—

चूँ मौज साज़े वजूदम ज़े सैल बेपरवास्त,
गुमाँ मबर कि दरीं बह्र साहिले जोयम।

(तरंग की भाँति मेरे जीवन की तरी भी लहरों की तरफ़ से बेपरवाह है, यह न समझो कि मैं इस समुद्र में किनारा ढूँढ़ रहा हूँ।)

उद्दाम पौरुष को वाणी दी—

अज़ दस्ते जुनूने मन जिब्रील ज़बूँ सैदे,
यज़दाँ बकमन्द आवर, ऐ हिम्मते मर्दाना।

(मेरे उन्मत्त हाथों के लिए जिब्रील एक घटिया शिकार है। ऐ हिम्मते मर्दाना, क्यों न अपनी कमन्द में तू ख़ुदा को ही फाँस लाए?)

और अपने स्वाभिमान की ललकार सुनाई—

मर्दुम आज़ादम ओ गूना ग़यूरम कि मरा,
मी तवाँ कुश्त बयक जामे ज़ुलाले दीगराँ।

(मैं आज़ाद आदमी हूँ और इतना हयादार, इतना ग़ैरतमन्द हूँ कि मुझे दूसरों के निथारे हुए पानी के एक प्याले से मारा जा सकता है—यानी कि मैं पानी भी वही पी सकता हूँ जिसे मैंने ख़ुद निथारा हो।)

जीवन की कठोर पाठशाला में रहकर सारी उम्र में जो कुछ सीखा, जो कुछ पाया, वह सब मुंशीजी ने निचोड़कर अपने इस व्याख्यान में डाल दिया—यक़ीन जानिए, वह बड़ी तेज़ दो-आतिशा शराब थी जिसका मज़ा उन्हीं को मालूम है जो उस जलसे में मौजूद थे।

यहाँ कहीं कोई छिपाव-दुराव नहीं, लाग-लपेट नहीं, बस निर्भीक घोषणा अपने जीवन के सत्य की—

'मुझे यह कहने में हिचक नहीं कि मैं और चीजों की तरह कला को भी उपयोगिता की तुला पर तौलता हूँ। हमें सुन्दरता की कसौटी बदलनी होगी...कला नाम था और अब भी है संकुचित रूप-पूजा का...उसकी दृष्टि अभी इतनी व्यापक नहीं, कि जीवन-संग्राम में सौन्दर्य का परमोत्कर्ष देखे...उसके लिए सौन्दर्य सुन्दर स्त्री में है—उस बच्चोंवाली, ग़रीब, रूपहीन स्त्री में नहीं जो बच्चे को खेत की मेड़ पर सुलाए पसीना बहा रही है। पर यह संकीर्ण दृष्टि का दोष है। अगर उसकी सौन्दर्य देखनेवाली दृष्टि में विस्तृति

आ जाए तो वह देखेगा कि रँगे होठों और कपोलों की आड़ में अगर रूप-गर्व और निष्ठुरता छिपी है तो इन मुरझाये हुए होठों और कुम्हलाए हुए गालों के आँसुओं में त्याग, श्रद्धा और कष्ट-सहिष्णुता है।'

सत्य की, सुन्दर की यह एक नई, सामंजस्यपूर्ण, जीवन-संवलित दृष्टि है जिसकी ऐसी स्पष्ट व्याख्या शायद पहली बार इस देश की धरती पर हो रही थी। और फिर अन्त में, वह चीज़ जो शायद कभी मन में करकती थी, लेकिन अब ज़रा नहीं करकती, जीवन की उदात्त दृष्टि में उसे अपना शान्त समाहार मिल गया है—

'जिन्हें धन-वैभव प्यारा है, साहित्य-मन्दिर में उनके लिए स्थान नहीं है। यहाँ तो उन उपासकों की ज़रूरत है जिन्होंने सेवा को ही अपने जीवन की सार्थकता मान लिया हो, जिनके दिल में दर्द की तड़प हो और मुहब्बत का जोश हो। अपनी इज़्ज़त तो अपने हाथ है। अगर हम सच्चे दिल से समाज की सेवा करेंगे तो मान, प्रतिष्ठा और प्रसिद्धि, सभी हमारे पाँव चूमेगी। फिर मान-प्रतिष्ठा की चिन्ता हमें क्यों सताये? और उसके न मिलने से हम निराश क्यों हों? सेवा में जो आध्यात्मिक आनन्द है, वही हमारा पुरस्कार है—हमें समाज पर अपना बड़प्पन जताने, उस पर रोब जमाने की हवस क्यों हो? दूसरों से ज़्यादा आराम के साथ रहने की इच्छा भी हमें क्यों सतावे? हम अमीरों की श्रेणी में अपनी गिनती क्यों कराएँ? हम तो समाज का झंडा लेकर चलनेवाले सिपाही...'

रिफ़ाहे आम हाल में तिल रखने को जगह न थी और सन्नाटा छाया हुआ था। यह एक नई ज़मीन थी और एक नई ज़बान।

पहली अप्रैल को मुंशीजी ने दयानरायन निगम को लिखा था—

"मैंने तो इधर तीन माह से एक अफ़साना भी नहीं लिखा। बस 'जामिया' में 'कफ़न' लिखा था। इसके बाद लिखने की नौबत ही न आई। हाँ, यार, इन सदारतों के मारे परेशान हूँ। मैंने मिस्टर सज्जाद ज़हीर से बहुतेरा कहा, भई, मुआफ़ करो, मुझे अपना काम करने दो। मगर न माने। 10 को लखनऊ, और लाहौर में आर्यसमाज की जुबली के साथ एक आर्यभाषा सम्मेलन हो रहा है, वहाँ 11 को मुझे सम्मेलन का सदर बनना है और वहाँ जाऊँगा तो चार-पाँच दिन लग ही जाएँगे। मैंने अपनी मजबूरी लिख दी है। अगर मान गए तो ठीक वर्ना वहाँ भी जाना ही पड़ेगा। अगर मुझे बोलने का शऊर होता तो ऐसे न्योते बड़ी ख़ुशी से मंजूर कर लिया करता, मगर यहाँ तो वह गुन ही नहीं। इसलिए जान बचाता फिरता हूँ। मुफ़्त की परेशानी होती है और जिस काम से रोज़ी मिलती है उसमें ख़लल पड़ता है। इरादा तो यही था कि लखनऊ से एक-दो रोज़ के लिए कानपुर जाऊँगा मगर अब तो लखनऊ से 10 की शब को लाहौर भागना पड़ेगा।"

निगम साहब बहरसूरत लखनऊ पहुँच गए थे, दोनों दोस्त मिल लिए, निगम साहब ने मुंशीजी का वह सदारती खुतबा, जिसने सब पर एक जादू-सा फेर दिया था, उसी वक़्त 'ज़माना' के लिए ले लिया और मुंशीजी 10 की रात को लाहौर चले गए।

लाहौर में मुंशीजी का स्वागत बड़े ज़ोर-शोर से हुआ। 'अमृतधारा' वालों के यहाँ उनको ठहराया गया। बीसियों लोग मिलने आए, दर्जनों मीटिंगें हुईं और पहली बार मुंशीजी को इसका एहसास हुआ कि पंजाब में, औरतों और मर्दों सबके बीच, उनके पढ़नेवाले और उनके चाहनेवाले कितने हैं।

मुंशीजी ने अपने भाषण में सबसे पहले आर्यसमाज का बखान करते हुए कहा—

'...मैं तो आर्यसमाज को जितनी धार्मिक संस्था समझता हूँ उतनी तहज़ीबी (सांस्कृतिक) संस्था भी समझता हूँ। बल्कि आप क्षमा करें तो मैं कहूँगा कि उसके तहज़ीबी कारनामे उसके धार्मिक कारनामों से ज़्यादा प्रसिद्ध और रौशन हैं।...हरिजनों के उद्धार में सबसे पहले आर्यसमाज ने क़दम उठाया। लड़कियों की शिक्षा की ज़रूरत को सबसे पहले उसने समझा। वर्ण-व्यवस्था को जन्मगत न मानकर कर्मगत सिद्ध करने का सेहरा उसके सर है। जातिभेद-भाव और खान-पान में छूत-छात और चौके-चूल्हे की बाधाओं को मिटाने का गौरव उसी को प्राप्त है। यह ठीक है कि ब्रह्म समाज ने इस दिशा में पहले क़दम रखा, पर वह थोड़े से अंग्रेज़ी पढ़े-लिखों तक ही रह गया। इन विचारों को जनता तक पहुँचाने का बीड़ा आर्यसमाज ही ने उठाया। अन्धविश्वास और धर्म के नाम पर किए जाने वाले हज़ारों अनाचारों की क़ब्र उसने खोदी, हालाँकि मुर्दे को उसमें दफ़न न कर सका और अभी तक उसका जहरीला दुर्गन्ध उड़-उड़कर समाज को दूषित कर रहा है...'

जिसके ख़िलाफ़ आर्यसमाज की अब एक नहीं चलती क्योंकि उसने चलते-चलते कुछ नई रूढ़ियों से अपने को जकड़ लिया है। लेकिन वह बात इस समय यहाँ कहने की नहीं है, क्या फ़ायदा। हर बात हर वक़्त कहने की नहीं होती।

...उसके उपदेशकों ने वेदों और वेदांगों के गहन विषयों को जनसाधारण की सम्पत्ति बना दिया, जिन पर विद्वानों और आचार्यों के कई-कई लीवरवाले ताले लगे हुए थे।...गुरुकुलाश्रम को नया जन्म देकर आर्यसमाज ने शिक्षा को सम्पूर्ण बनाने का महान उद्योग किया है। सम्पूर्ण से मेरा आशय उस शिक्षा का है जो सर्वांग पूर्ण हो, जिसमें मन-बुद्धि, चरित्र और देह सभी के विकास का अवसर मिले।...वह शिक्षा जो सिर्फ़ अक़्ल तक ही रह जाए, अधूरी है। जिन संस्थाओं में युवकों में समाज से पृथक रहनेवाली मनोवृत्ति पैदा हो, जो अमीर और ग़रीब के भेद को न सिर्फ़ क़ायम रखे, बल्कि और मज़बूत करे, जहाँ पुरुषार्थ इतना कोमल बना दिया जाए कि उसमें मुश्किलों का सामना करने की शक्ति न रह जाए, जहाँ कला और संयम में कोई मेल न हो...उस शिक्षा का मैं क़ायल नहीं हूँ।'

फिर अपने असल विषय 'हिन्दी-उर्दू की एकता' पर आते हुए मुंशीजी ने कहा—

मैं यहाँ हिन्दी भाषा की उत्पत्ति और विकास की कथा नहीं कहना चाहता, वह सारी कथा भाषा-विज्ञान की पोथियों में लिखी हुई है। हमारे लिए इतना ही जानना काफ़ी है कि आज हिन्दुस्तान के पन्द्रह-सोलह करोड़ लोगों के सभ्य व्यवहार और साहित्य की यही भाषा है। हाँ, वह लिखी जाती है दो

लिपियों में और उसी एतबार से हम उसे हिन्दी या उर्दू कहते हैं। पर है वह एक ही। बोलचाल में तो उसमें बहुत कम फ़र्क़ है। हाँ, लिखने में वह फ़र्क़ बढ़ जाता है।

...भाषा के विकास में हमारी संस्कृति की छाप होती है और जहाँ संस्कृति में भेद होगा वहाँ भाषा में भेद होना स्वाभाविक है। जिस भाषा का हम और आप व्यवहार कर रहे हैं वह दिल्ली प्रान्त की भाषा है।...मुसलमानों ही ने दिल्ली प्रान्त की इस बोली को, जिसको उस वक़्त तक भाषा का पद न मिला था, व्यवहार में लाकर उसे दरबार की भाषा बना दिया और दिल्ली के उमरा और सामंत जिन प्रान्तों में गए, हिन्दी भाषा को साथ लेते गए। उन्हीं के साथ वह दक्खिन में पहुँची और उसका बचपन दक्खिन ही में गुज़रा... आपको शायद मालूम होगा कि हिन्दी की सबसे पहली रचना खुसरो ने की है जो मुग़लों से भी पहले ख़िलजी राज्यकाल में हुए—

जब यार देखा नैन भर, दिल की गई चिन्ता उतर।
ऐसा नहीं कोई अजब, राखे उसे समझाय कर।
जब आँख से ओझल भया, तड़पन लगा मेरा जिया
हक्का इलाही क्या किया आँसू चले भर लाय कर।
तूँ तो हमारा यार है, तुम पर हमारा प्यार है,
तुझ दोस्ती बिसियार है, यक शब मिलो तुम आय कर।

कौन कहेगा कि यह हिन्दी नहीं है मगर दुर्भाग्य से यह चीज़ चली नहीं और घटनाओं का कुछ ऐसा चक्र चला कि एक ही माँ के पेट से पैदा होनेवाली ये दोनों बहनें सौतें बन गईं। 'और यह सारी करामात फ़ोर्ट विलियम की है जिसने एक ही ज़बान के दो रूप मान लिए। इसमें भी उस वक़्त कोई राजनीति काम कर रही थी या उस वक़्त भी दोनों ज़बानों में काफ़ी फ़र्क़ आ गया था, यह हम नहीं कह सकते। लेकिन जिन हाथों ने यहाँ की ज़बान के उस वक़्त दो टुकड़े कर दिए, उसने हमारी क़ौमी ज़िन्दगी के दो टुकड़े कर दिए।'

यह अलगाव का रास्ता, एक तरफ़ संस्कृत और दूसरी तरफ़ फ़ारसी-अरबी की ठूँस-ठाँस का रास्ता ग़लत है, दोनों ही ज़बानों के लिए घातक है—

'दोनों तरफ़ से इस अलगौझे का सबब शायद यही है कि हमारा पढ़ा-लिखा समाज जनता से अलग-थलग होता जा रहा है और उसे इसकी ख़बर ही नहीं कि जनता किस तरह अपने भावों और विचारों को अदा करती है। ऐसी ज़बान जिसके लिखने और समझनेवाले थोड़े से पढ़े-लिखे लोग ही हों, मसनुई, बेजान और बोझल हो जाती है। जनता का मर्म स्पर्श करने की, उन तक अपना पैग़ाम पहुँचाने की उसमें कोई शक्ति नहीं रहती। वह उस तालाब की तरह है जिसके घाट संगमर्मर के बने हों, जिसमें कमल खिले हों लेकिन उसका पानी बन्द हो। क्या उस पानी में वह मज़ा, वह सेहत देनेवाली ताक़त, वह सफ़ाई है जो खुली हुई धारा में होती है? क़ौम की ज़बान वह है जिसे क़ौम समझे, जिसमें क़ौम की आत्मा हो, जिसमें क़ौम के जज़्बात हों।

अगर पढ़े-लिखे समाज की ज़बान ही क़ौम की ज़बान है तो क्यों न हम अंग्रेज़ी को क़ौम की ज़बान समझें, क्योंकि मेरा तजरबा है कि आज पढ़ा-लिखा समाज जिस बेतकल्लुफ़ी से अंग्रेज़ी बोल सकता है, और जिस रवानी के साथ अंग्रेज़ी लिख सकता है, उर्दू या हिन्दी बोल या लिख नहीं सकता। बड़े-बड़े दफ़्तरों में और ऊँचे दायरे में आज भी किसी को उर्दू-हिन्दी बोलने की महीनों, बरसों ज़रूरत नहीं होती। ख़ानसामे और बैरे भी ऐसे रखे जाते हैं जो अंग्रेज़ी बोलते और समझते हैं। जो लोग इस तरह की ज़िन्दगी बसर करने के शौक़ीन हैं उनके लिए तो उर्दू-हिन्दी-हिन्दुस्तानी का कोई झगड़ा ही नहीं। वह इतनी बुलन्दी पर पहुँच गए हैं कि नीचे की धूल और गर्मी उन पर कोई असर नहीं कर सकती। वह मुअल्लक़ हवा में लटके रह सकते हैं। लेकिन हम सब तो हज़ार कोशिश करने पर भी वहाँ तक नहीं पहुँच सकते। हमें तो इसी धूल और गर्मी में जीना और मरना है।'

हवा में लटके हुए उन अंग्रेज़ी के शैदाइयों को मुख़ातिब करके मुंशीजी ने इक़बाल का शेर पढ़ा—

ता कुजा दर तहे बाले दिगराँ मी बाशी,
दर हवाए चमन आज़ाद परीदन आमोज़।
दर जहाँ बालो-परे खेश कुशूदन आमोज़,
कि परीदन न तवाँ बा परो-बाले दिगराँ।

(दूसरों के डैनों का आश्रय तुम कब तक लोगे? चमन की हवा में आज़ाद होकर उड़ना सीखो। दुनिया में अपने डैने-पंखे को फैलाना सीखो, क्योंकि दूसरे के डैने-पंखे के सहारे उड़ना सम्भव नहीं है।)

और अपने जैसे साधारण लोगों से कहा—

'...दिलों की दूरी भाषा की दूरी का मुख्य कारण है। आपस में हेलमेल से उस दूरी को दूर करना होगा।...हम दोनों ही के लिए दोनों लिपियों का और दोनों भाषाओं का ज्ञान लाजिमी है। और जब हम ज़िन्दगी के पन्द्रह साल अंग्रेज़ी हासिल करने में क़ुर्बान करते हैं तो क्या महीने दो महीने भी उस लिपि और साहित्य का ज्ञान प्राप्त करने में नहीं लगा सकते जिस पर हमारी क़ौमी तरक़्क़ी ही नहीं, क़ौमी ज़िन्दगी का दारोमदार है?'

यह एक ज़िन्दगी का सपना है, जिसे मुंशीजी ने ख़ुद अपने अमल के भीतर से पाया है, और जो अपनी आँखों के आगे बिखरा जा रहा है। कैसे बचाएँ उसको?

...और मुंशीजी, जो यात्रा के नाम से कान पर हाथ रखते आए हैं, अपने इस एकता के स्वप्न की रक्षा में अब तक बम्बई, मद्रास, दिल्ली, लाहौर, मैसूर, बेंगलूर, इलाहाबाद, पूर्णिया, दूर-पास कहाँ-कहाँ की ख़ाक नहीं छान चुके हैं...

इस बार मुंशीजी दस-बारह रोज़ लाहौर रहे और दर्जनों मीटिंगों में बोले, कहीं प्रगतिशील साहित्य के आन्दोलन के बारे में, जिसकी सदारत करके वह सीधे चले आ रहे थे, और कहीं हिन्दुस्तानी सभा के बारे में जिसके वह बानी थे, संस्थापक थे।

एक मीटिंग में, जिसके सभापति बख़्शी टेकचन्द थे और जिसमें इम्तयाज़ अली 'ताज' और मियाँ बशीर अहमद जैसे लोग भी मौजूद थे, प्रेमचन्द ने हिन्दुस्तानी आन्दोलन के बारे में विस्तार से बतलाया। उनकी बातों का इतना असर पड़ा या यों कहिए कुछ ऐसी फ़िज़ा बन गई कि सच्चे मन से लोग दोनों ज़बानों की एकता की तरफ़ एक क़दम बढ़े, जिसका एक छोटा-सा मगर मार्मिक लक्षण यह था कि उसी मीटिंग में उर्दू लेखकों ने अपने भाषण में हिन्दी शब्दों का और हिन्दी लेखकों ने उर्दू शब्दों का प्रयोग किया और चाहे यहाँ-वहाँ प्रयोग में कुछ ग़लती भी हुई हो (जैसे कि ताज साहब ने ख़ुद अपने आने के लिए 'पधारा' कहा और चन्द्रगुप्त विद्यालंकार ने कहा, इसके पहले कि आप बर्ख़ास्त हों...) लेकिन उसके पीछे जो भावना काम कर रही थी उसमें कोई ग़लती न थी, वह आदर करने की चीज़ थी।

हिन्दुस्तानी सभा बन गई, उसकी कार्यकारिणी भी चुन ली गई—मगर कै दिन को?

अगले हफ़्ते, नागपुर में कांग्रेस अधिवेशन हो रहा था और उसी मौक़े पर हिन्दी साहित्य सम्मेलन और भारतीय साहित्य परिषद् के अधिवेशन भी रखे गए थे।

24 अप्रैल सन् 36 को सबेरे नौ बजे नागपुर यूनिवर्सिटी के कन्वोकेशन हाल में भारतीय साहित्य परिषद् का पहला (और अन्तिम) अधिवेशन गांधीजी की अध्यक्षता में शुरू हुआ। पं. जवाहरलाल नेहरू, सम्मेलन के सभापति बाबू राजेन्द्र प्रसाद, सरदार वल्लभ भाई पटेल, सेठ जमनालाल बजाज, चक्रवर्ती राजगोपालाचारी, पुरुषोत्तमदास जी टंडन, कन्हैयालाल माणिकलाल मुंशी, कस्तूरबा गांधी, श्रीमती कमलाबाई किबे, मुंशी प्रेमचन्द (जो लाहौर से शायद सीधे भागे हुए आए थे), मौलाना अब्दुल हक़, काका कालेलकर, जैनेन्द्रकुमार, माखनलाल चतुर्वेदी, जयचन्द्र विद्यालंकार, शंकरराव देव—साहित्य और राजनीति की दुनिया के एक से एक बड़े दिग्गज बैठे थे।

गांधीजी ने अपने ख़ास हलके-फुलके, घरेलू अन्दाज़ में कहना शुरू किया—"अगर मैंने जो लिखा है उसे व्याख्यान कहा जाए, तो वह आपको छपा हुआ बाँटा जा चुका है, उसे आप पढ़ ही लेंगे। काका साहब ने कहा है कि हमारा मक़सद देहातियों में देशसेवा का प्रचार करना है, और भिन्न-भिन्न प्रान्तों में जो साहित्य पैदा हो रहा है, उसका प्रचार अन्य प्रान्तों में करना है। इसका अर्थ यह है कि घरेलू परिभाषा हमें प्रचलित करना है, इसलिए अपने घरेलू सभापति को, मुझे, यहाँ बैठा दिया है। मुझे मालूम नहीं है कि मुझे किसने सभापति चुन लिया।...मेरा साहित्यिकों में क्या स्थान हो सकता है? मुझे हिन्दी साहित्य का तो क्या गुजराती साहित्य का भी अच्छा ज्ञान नहीं है। कुछ लोगों ने कहा है और मैं भी मानता हूँ कि मुझे गुजराती व्याकरण तक का पूरा ज्ञान नहीं है, तब मैं यहाँ क्यों आया? मुझे काका साहब और मुंशीजी (कन्हैयालाल मुंशी) यहाँ लाए हैं। मुंशीजी ने मुझे बताया कि आप ही से यह काम हो सकेगा क्योंकि साहित्यिक तो बड़े-बड़े सिंह-से हैं। वे अपने पिंजड़े में सुरक्षित हैं। अगर वे इकट्ठे हो जाएँ तो लड़ भी पड़ें। इसलिए उनमें से किसी को नियुक्त करने से कोई लाभ नहीं है, आप ही उनको एकत्रित कर सकते हैं। मैं तो 'महात्मा' ही रहा। उन्होंने मान लिया कि 'महात्मा' से सब कुछ हो सकता है..."

लोगों का ऐसा मानना कुछ ग़लत नहीं था, लेकिन नियति या परिस्थिति का कुछ ऐसा व्यंग्य रहा कि उन्हीं के श्रीमुख से एक ऐसी बात सामने आई जिसने लड़ाई का सूत्रपात किया—और जिससे कुछ ही महीने में, भारतीय साहित्य परिषद् हमेशा के लिए ठंडा हो गया।

हुआ यह कि उसी रोज़ उसी हाल में जब विषय-निर्वाचनी की बैठक हुई तो उसमें (पंडित जवाहरलाल भी मौजूद थे) सबसे पहले बड़ी देर तक इसी बात पर चर्चा होती रही कि परिषद् की कार्रवाई का माध्यम कौन-सी भाषा हो। गांधीजी ने कहा कि वह भाषा 'हिन्दी या हिन्दुस्तानी' इस नाम से ही पहचानी जाए। केवल 'हिन्दी' कहने से संस्कृत शब्दों से भरी हुई हिन्दी का ही बोध होता है और हिन्दुस्तानी से अरबी-फ़ारसी शब्दोंवाली उर्दू का बोध होता है। इसलिए 'हिन्दी या हिन्दुस्तानी' इस पद का प्रयोग परिषद के माध्यम के लिए किया जाए।

गांधीजी तो अपनी बात कहकर उठ गए, लेकिन झगड़ा चलता ही रहा और वह झगड़ा विषय-निर्वाचनी तक ही सीमित न रहा, अगले रोज़ खुले अधिवेशन में भी पहुँचा। झगड़ा क्या था?

प्रेमचन्द के शब्दों में—

> *'हिन्दी' शब्द से उर्दू को उतनी ही चिढ़ है जितनी 'उर्दू' से हिन्दी को है। और यह भेद केवल नाम का नहीं है। हिन्दी जिस रूप में लिखी जा रही है, उसमें संस्कृत के शब्द बेतकल्लुफ़ आते हैं। उर्दू जिस रूप में लिखी जाती है उसमें फ़ारसी और अरबी के शब्द बेतकल्लुफ़ आते हैं। इन दोनों का बिचला रूप हिन्दुस्तानी है, जिसका दावा है कि वह साधारण बोलचाल की ज़बान है, जिसमें किसी भाषा के शब्दों का त्याग नहीं किया जाता, अगर वह बोलचाल में आते हैं। हिन्दी को 'हिन्दुस्तानी' चाहे उतना प्रिय न हो पर उर्दू को 'हिन्दुस्तानी' के स्वीकार करने में कोई बाधा नहीं है क्योंकि उसे वह अपनी परिचित-सी लगती है। मगर परिषद् ने 'हिन्दुस्तानी' को अपना माध्यम बनाना न स्वीकार करके 'हिन्दी-हिन्दुस्तानी' को स्वीकार किया। उर्दूवालों को 'हिन्दी-हिन्दुस्तानी' का मतलब समझ में न आया, शायद वह समझे कि 'हिन्दी-हिन्दुस्तानी' केवल हिन्दी का ही दूसरा नाम है।*

लिहाज़ा अगले रोज़ जब यह प्रस्ताव खुले अधिवेशन में आया तो मौलवी अब्दुल हक़ ने और उर्दू एकेडमी के मुहम्मद आक़िल साहब ने, जो ऐग्रीकल्चर कालेज के बोर्डिंग हाउस में मुंशीजी के बग़ल के कमरे में ठहरे हुए थे, उसका विरोध करते हुए कहा कि—

> *'हिन्दुस्तानी' का लफ़्ज़ एक दरमियानी लफ़्ज़ है जो न हिन्दी वालों को नागवार होना चाहिए न उर्दूवालों को। लेकिन यह बात तसलीम नहीं की गई। उस मौक़े पर मामला कुछ ऐसा आ पड़ा था कि महात्माजी की बात*

की मुख़ालिफ़त करने की किसी की हिम्मत न होती थी। लेकिन प्रेमचन्द जी खड़े हुए और उन्होंने 'हिन्दुस्तानी' के द्वारा भारतीय साहित्य परिषद् की कार्रवाई की जाने पर एक निहायत ज़ोरदार तक़रीर की। उर्दू के हलके में यह बात मशहूर है कि इसकी वजह से प्रेमचन्द जी हिन्दी लिखनेवालों में बहुत बदनाम भी हो गए। पता नहीं यह कहाँ तक सही है। लेकिन यह काम उन्होंने बहुत दिलेरी और हिम्मत का किया था, जिससे उर्दूवाले उनसे बहुत ख़ुश थे।"

मौलवी अब्दुल हक़ ने भी, जैसा कि उनके हैदराबाद के दोस्त ग़ुलाम रब्बानी साहब ने बतलाया, नागपुरवाले इस प्रसंग के बारे में कहीं पर लिखा था कि मुंशी प्रेमचन्द आख़िर तक हमारे साथ रहे, जब कि कांग्रेस के बहुत से बड़े-बड़े लोग गांधीजी की बात के बाद ख़ामोश हो गए।

ताहम एक गाँठ जो मौलवी अब्दुल हक़ के दिल में पड़ गई थी वह ढीली नहीं पड़ी, और उन्होंने अपने रिसाले 'उर्दू' में लिखा—

एक दिन वह था कि महात्मा गांधी ने हिन्दुस्तानी यानी उर्दू ज़बान और फ़ारसी हुरूफ़ में अपने दस्तेख़ास से हकीम अजमल ख़ाँ को ख़त लिखा था और आज यह वक़्त आ गया है कि उर्दू तो उर्दू, वह तनहा 'हिन्दुस्तानी' का लफ़्ज़ भी लिखना और सुनना पसन्द नहीं करते। उन्होंने अपनी गुफ़्तगू में एक बार नहीं, कई बार फ़रमाया कि अगर रेज़ोल्यूशन में तनहा 'हिन्दुस्तानी' का लफ़्ज़ रखा गया तो उसका मतलब उर्दू समझा जाएगा, लेकिन उनको नेशनल कांग्रेस के रेज़ोल्यूशन में तनहा 'हिन्दुस्तानी' का लफ़्ज़ रखते हुए यह ख़याल न आया। आख़िर इसकी क्या वजह है? कौन से ऐसे असबाब पैदा हो गए हैं जो इस हैरत-अंगेज इंक़लाब के बाइस हुए? ग़ौर करने के बाद मालूम हुआ कि इस तमाम तग़ैयुर व तबद्दुल, जोड़-तोड़, दाव-पेंच का बाइस हमारे मुल्क का बदनसीब पालिटिक्स है। जब तक महात्मा गांधी और उनके रफ़क़ा (सहकारियों) को यह तवक़्क़ो (आशा) थी कि मुसलमानों से कोई सियासी समझौता हो जाएगा, उस वक़्त तक वह हिन्दुस्तानी-हिन्दुस्तानी पुकारते रहे, जो थपककर सुलाने के लिए अच्छी-ख़ासी लोरी थी। लेकिन जब उन्हें इसकी तवक़्क़ो न रही या उन्होंने ऐसे समझौते की ज़रूरत न समझी तो रिया (फ़रेब) की चादर उतार फेंकी और असली रंग में नज़र आने लगे। वह शौक़ से हिन्दी का प्रचार करें। वह हिन्दी नहीं छोड़ सकते तो हम भी उर्दू नहीं छोड़ सकते। उनको अगर अपने वसीअ ज़राए और वसायल (विशाल साधनों) पर घमंड है तो हम भी कुछ ऐसे हेठे नहीं हैं।

ख़ुदा ने बाबाए उर्दू मौलवी अब्दुल हक़ साहब को लम्बी उम्र दी और उन्होंने भी यक़ीनन महात्मा गांधी को एक फिरक़ा-परस्त हिन्दू के हाथों शहीद होते देखा

होगा—उन्हीं चीज़ों की हिमायत में जिन्हें मौलवी साहब ने गांधीजी का फ़रेब समझा था! मगर उसको तो अभी बारह बरस की देर है और अभी तो मौलवी साहब ने एकता के उस सपने में पलीता लगा ही दिया। कैसी-कैसी मुश्किलों से यह दिन आया था और ख़ुद मुंशीजी का उसमें किस क़दर हाथ था—और अब उम्मीदों के उस हसीन रंगमहल को बारूद से उड़ाने की तदबीरें हो रही थीं! कैसे छिपा लें दामन में अपने उस बच्चे को!

मुंशीजी मौलवी साहब को जवाब देने बैठे, लेकिन स्वर में क्रोध नहीं है, केवल ममता की पीड़ा, केवल याचना, भीख, छोड़ दो, मत मारो मेरे इस नन्हे से बच्चे को—

हमें मौलाना अब्दुल हक़ जैसे वयोवृद्ध, विचारशील और नीतिचतुर बुज़ुर्ग की क़लम से ये शब्द देखकर दुःख हुआ। जिस सभा में वह बैठे हुए थे, उसमें हिन्दीवालों की कसरत थी। उर्दू के प्रतिनिधि तीन से ज़्यादा न थे। फिर भी जब 'हिन्दी-हिन्दुस्तानी' और अकेले 'हिन्दुस्तानी' पर वोट लिए गए तो 'हिन्दुस्तानी' के पक्ष में आधी से कुछ ही कम रायें आईं। अगर मेरी याद ग़लती नहीं कर रही है तो शायद पन्द्रह और पच्चीस का बँटवारा था। एक हिन्दी-प्रधान जलसे में जहाँ उर्दू के प्रतिनिधि कुल तीन हों, पन्द्रह रायों का 'हिन्दुस्तानी' के पक्ष में मिल जाना हार होने पर भी जीत ही है। बहुत सम्भव है कि दूसरे जलसे में 'हिन्दुस्तानी' का पक्ष और मज़बूत हो जाता। और जो 'हिन्दुस्तानी' अभी व्यवहार में नहीं आई, उसके और ज़्यादा हिमायती नहीं निकले तो कोई ताज्जुब नहीं। जो लोग—'हिन्दुस्तानी' का वकालतनामा लिए हुए हैं, और उनमें एक इन पंक्तियों का लेखक भी है, वह भी अभी तक 'हिन्दुस्तानी' का कोई रूप नहीं खड़ा कर सके।

और अन्त में वही कातर स्वर—

'हम मौलाना साहब से प्रार्थना करेंगे कि नीयतों पर शुबहा न करें, मुमकिन है आज जो बात मुश्किल नज़र आ रही है, वह साल दो साल में आसान हो जाए।'

जून आते-आते 'गोदान' की छपाई पूरी हो गई थी। 10 तारीख़ को मुंशीजी ने उमगकर जैनेन्द्र को लिखा—'गोदान निकल गया। कल तुम्हारे पास चला जाएगा।' और फिर 22 तारीख़ को—

'आज गोदान भेज रहा हूँ। पढ़ना और अच्छा लगे तो कहीं 'अर्जुन' या 'विशाल भारत' या 'हंस' में आलोचना करना। अच्छा न लगे तो मुझे लिख देना, आलोचना मत लिखना।'

कैसा औघड़ आदमी है! कहनी-अनकहनी सब कह जाता है!

अपने मसीहाई जोश में मुंशीजी ने कुछ ख़याल नहीं किया लेकिन ज़रा सोचो तो कैसी धुआँधार यात्राएँ रही हैं पिछली!

शरीर (और मन भी) बहुत थका-थका सा, टूटा-टूटा सा लग रहा है। तबीयत मुर्झाई हुई सी रहती है और पेट की हालत ठीक नहीं है। इस तरह नहीं चलेगा।

अब तो 'गोदान' भी हो गया। अब ज़रा डटकर आराम करो...

37

16 जून, 1936

कितनी सख़्त धूप है! खोपड़ी चिटकी जाती है। हवा में लपटों के तमाचे-से लगते हैं। लगता है खाल झुलस जाएगी।

तीन बजे हैं। मुंशीजी प्रेस के लिए काग़ज़ का इन्तज़ाम करने शहर गए हुए हैं।

लौटते-लौटते छ: बज गए।

पत्नी ने पूछा—कहाँ गए थे?

मुंशीजी ने कहा—शहर चला गया था। कल छपाई के लिए काग़ज़ नहीं था।

पत्नी ने कहा—मुझसे तो कह जाते, भले आदमी! इसी लू और घाम में बिना कहे चल दिए!

मुंशीजी बोले—मैं आया था। तुम सो रही थीं। जगाना ठीक न समझा...

पत्नी ने कहा—इस वक़्त जाते। उस लू और घाम से तो शाम ही अच्छी थी।

मुंशीजी ने कहा—यह सब अमीरों के नखरे हैं। क्या कोई काम बन्द रहता है?

चिराग़ जलने का वक़्त हो गया था। पत्नी के डब्बे से पान निकालकर खाते हुए मुंशीजी अपनी बैठक में चले गए और नौ बजे रात तक काम करते रहे। खाना खाने बैठे तो मुश्किल से एक रोटी खाई होगी। बोले—मुझे बिलकुल भूख नहीं है।

पत्नी ने कहा—आम का पना है उसे खा लीजिए...

मुंशीजी बोले—नहीं जी, अब कुछ खाने की तबीयत नहीं होती।

पत्नी ने आग्रह करते हुए कहा—गर्मी बहुत पड़ रही है, फ़ायदा करता...ख़ैर, मत खाइए।

थोड़ी देर बाद शिवरानी देवी उनके कमरे में पानी देने पहुँचीं तो देखा कि वह मसनद के सहारे बैठे कुछ लिख रहे हैं।

पत्नी को देखकर बोले—न मालूम क्यों, पेट में दर्द हो रहा है।

पत्नी ने पूछा—कब से?

बोले—जब से खाना खाकर आया हूँ, तभी से।

पत्नी ने थोड़ा हैरान होते हुए कहा—क्या बात है? आपने आज कुछ खाना भी नहीं खाया, फिर क्यों दर्द होने लगा?

पत्नी अभी उसी जगह खड़ी थीं कि मुंशीजी को कै आने लगी। पत्नी दौड़ीं। उनकी पीठ और गर्दन पर हाथ फेरने लगीं फिर उनको पान और इलायची दी। पान मुँह में डालने को थे कि फिर...तिबारा जब कै होने लगी तो पत्नी घबरा गईं। बोलीं—कैसी तबीयत है?

मुंशीजी बोले—पेट में दर्द है। हाँ, कै अब नहीं मालूम होती।

उसी दिन उन्हें ख़ून के दस्त आने लगे। उस दिन से उन्होंने न भरपेट खाया, न भर नींद सोये...

18 जून

गोर्की की मृत्यु। दो रोज़ बाद यहाँ ख़बर पहुँची है।

'आज' कार्यालय में अगले दिन शोकसभा है। मुंशीजी को नींद नहीं आ रही है। सोयी रात उठकर वह अपना भाषण लिख रहे हैं।

दूसरे दिन मीटिंग में जाने को तैयार हुए तो पत्नी ने कहा—आप चल तो सकते नहीं, नाहक जा रहे हैं।

मुंशीजी ने कहा—पैदल तो जा नहीं रहा हूँ। ताँगे पर जाना है।

पत्नी ने कहा—जीने पर तो चढ़ना-उतरना है?

मुंशीजी किसी तरह रुकने के लिए तैयार नहीं हैं। बोले—यह तो लगा ही रहता है...

मीटिंग से घर लौटे और ऊपर चढ़ने लगे तो बहुत बचाने पर भी उनके पैर लड़खड़ा गए। किसी तरह ऊपर पहुँचे और लेट गए। थोड़ा सुस्ता लिए तो बोले—भाषण पढ़ना तो दूर रहा, मैं वहाँ खड़ा भी न हो सका। एक और महाशय से पढ़वाया...

25 जून, ढाई बजे रात

मुंशीजी ने कहा—बेटा धुन्नू, ज़रा पंखा खोल दो। बड़ी गर्मी हो रही है।

छोटा लड़का भागा हुआ अपनी माँ के कमरे में गया और बोला—अम्माँ, बाबूजी को कै हुई है...

अम्मा चौंक पड़ीं, झपटकर वहाँ पहुँचीं और ख़ून की कै देखी तो सिहर उठीं 'मानो किसी ने मेरी देह में बिजली छुलाकर घाव कर दिया हो!'

मुंशीजी धीमे से बुदबुदाये—रानी, अब मैं चला...

रानी ने अपने स्वाभाविक शासन-स्वर में कहा—चुप रहो! तुम मुझे छोड़कर नहीं जा सकते!

मुंशीजी ने गिरे हुए ख़ून की तरफ़ इशारा किया और कहा—जिसके मुँह से इतना ख़ून गिरे, क्या तुम उससे भी जीने की आशा करती हो!

रानी ने कहा—क्यों न करूँ? मैंने किसी का कुछ नहीं बिगाड़ा है!

मुंशीजी ने मुँह फेर लिया।

उस दिन के बाद नींद एक बिरानी चीज़ हो गई। रात की रात जागते पड़े रहते, बीमार की रात, न सोने की न जागने की...

और उस बीहड़ बियाबान सन्नाटे में जिसका कहीं ओर-छोर न था और साथी सब पीछे छूट गए थे और सामने एक लम्बा, तनहा सफ़र था जहाँ न तुम किसी को आवाज़ देते थे न कोई तुमको आवाज़ देता था, बस तुम थे और वह सन्नाटा था जो तुम्हारे कानों में बज रहा था और तुम्हारी आँखों के आगे रात के अँधेरे पर्दे पर एक

के बाद एक तसवीरें आ रही थीं और जा रही थीं और तुम अपने सीने में मुँह गड़ाये अपने किसी अन्तरंग सखा से बातें कर रहे थे, ख़ुद अपनी नेक और मुफ़लिस ज़िन्दगी की और उस चमकती-दमकती दुनिया की जिसे तुमने झूठ और दग़ा पर पनपते देखा, वह ख़बीस सूरतें जिन्होंने इस दुनिया को जहन्नुम बना रखा है, एक दुनिया जो मर रही है और एक दुनिया जो पैदा होने के लिए मौत की ताक़तों से लड़ रही है।

सब कुछ झर गया, चुक गया, अब तो बस वह अन्तिम संग्राम बचा है, महाभारत वह, जिसे तुम अपनी कोठरी में पड़े हुए रात के उस घुप अँधेरे और सन्नाटे में देखते रहते हो।

जिगर पत्थर की तरह सख़्त होता जा रहा है, पेट में पानी भर रहा है, बड़ा दर्द होता है रह-रहकर, और बेइंतहा बेचैनी जब पेट फूलने लगता है। लेटे नहीं रहा जाता तो उठ बैठते हो और बैठना दूभर हो जाता है तो फिर लेट जाते हो, पेट पकड़ लेते हो, ज़ोर से दबाते हो, मगर चैन किसी करवट नहीं मिलता। तो भी वसीयत तो लिखनी ही है ताकि बातें जो कहनी हैं वह बिनकही न रह जाएँ, जो निचोड़ है एक उम्र के तजरबे का, जिसमें पीड़ा भी है और उस पीड़ा का अभिमान भी।

और मुंशीजी अपनी उस तकलीफ़ में भी बिस्तर छोड़कर नीचे फ़र्श पर आ बैठते हैं और 'मंगलसूत्र' उठा लेते हैं जिसके नायक देवकुमार वह ख़ुद हैं, एक नामी-गरामी, सच्चे, ईमानदार, स्वाभिमानी और ग़रीब लेखक—

'साहित्य-सेवा के सिवा उन्हें और किसी काम में रुचि न हुई और यहाँ धन कहाँ? हाँ, यश मिला, और उनके आत्मसन्तोष के लिए इतना काफ़ी था। संचय में उनका विश्वास भी न था, सम्भव है परिस्थिति ने इस विश्वास को दृढ़ किया हो...'

अभी छ: महीना पहले जब बनारसीदास जी ने बहुत ज़ोर देकर उन्हें कलकत्ता बुलाया था, नोगूची का भाषण सुनने के लिए, उस वक़्त उन्होंने अपनी मजबूरी बतलाते हुए और बातों के साथ-साथ यह भी लिखा था—

'दुनिया में बड़े-बड़े दिमाग़वाले ढेरों हैं। कौन असली बड़ा आदमी है और कौन नक़ली, इसकी परख करने के लिए बड़ी गहरी न्यायबुद्धि की ज़रूरत है। मैं कल्पना ही नहीं कर सकता कि कोई बड़ा आदमी बड़ा धनपति हो। जैसे ही मैं किसी आदमी को बहुत अमीर देखता हूँ, उसकी तमाम कला और ज्ञान की बातों का नशा मेरे ऊपर से उतर जाता है। मैं उसे कुछ इस तरह देखने लगता हूँ कि उसने इस वर्तमान समाज-व्यवस्था के आगे घुटने टेक दिए हैं जो अमीरों द्वारा ग़रीबों के शोषण पर आधारित है। लिहाज़ा ऐसा कोई बड़ा नाम, जो लक्ष्मी से असम्पृक्त नहीं है, मुझे आकर्षित नहीं करता। यह बिलकुल मुमकिन है कि इस दिमाग़ी ढाँचे के पीछे जीवन में मेरी अपनी असफलता हो। बैंक में अच्छी मोटी रक़म रखकर मैं भी शायद औरों जैसा ही हो जाता—मैं भी उस लोभ के सामने टिक न पाता। मगर मैं ख़ुश हूँ कि प्रकृति और भाग्य ने मेरी सहायता की है और मुझे ग़रीबों के साथ डाल दिया है। इससे मुझे आध्यात्मिक शान्ति मिलती है।'

'**सम्मान** के साथ अपना निबाह होता जाए, इससे ज़्यादा वह और कुछ न चाहते थे। साहित्य-रसिकों में जो एक अकड़ होती है, चाहे उसे शेख़ी ही क्यों न कह लो, वह उनमें भी थी। कितने ही रईस और राजे इच्छुक थे कि वह उनके दरबार में जाएँ, अपनी रचनाएँ सुनाएँ, उनको भेंट करें, लेकिन देवकुमार ने आत्मसम्मान को कभी हाथ से न जाने दिया। किसी ने बुलाया भी तो धन्यवाद देकर टाल गए...'

बड़े नीतिवान, सदाचारी आदमी हैं। उनका लड़का सन्तू अपने पिता की इन नीति और आदर्श की बातों से बेहद चिढ़ता है और ज़ायदाद को बचाने के लिए अदालत में उन्हें पागल साबित करने तक के लिए तैयार है, मगर देवकुमार अपनी जगह से नहीं हिलते।

'देवकुमार कभी क़ानून के जाल में न फँसे थे। प्रकाशकों और बुकसेलरों ने उन्हें बारहा धोखे दिए, मगर उन्होंने कभी क़ानून की शरण न ली। उनके जीवन की नीति थी—आप भला तो जग भला, और उन्होंने हमेशा इसी नीति का पालन किया था। मगर वह दब्बू या डरपोक न थे। ख़ासकर सिद्धान्त के मामले में तो वह समझौता करना जानते ही न थे।'

मगर दुनिया का रंग-ढंग देखकर कभी-कभी उनका आसन डोल भी जाता है, बेतरह डोल जाता है—

'इन दिनों वह यही पहेली सोचते रहते थे कि संसार की कुव्यवस्था क्यों है? कर्म और संस्कार लेकर वह कहीं न पहुँच पाते थे। सर्वात्मवाद से भी उनकी गुत्थी न सुलझती थी। अगर सारा विश्व एकात्म है तो फिर यह भेद क्यों है? क्यों एक आदमी ज़िन्दगी-भर बड़ी से बड़ी मेहनत करके भी भूखों मरता है, और दूसरा आदमी हाथ-पाँव न हिलाने पर भी फूलों की सेज पर सोता है। यह सर्वात्म है या घोर अनात्म?'

अन्दर कहीं एक आवाज़ है जो मुंशीजी से बराबर कहती रहती है कि यह तुम्हारी आख़िरी बीमारी है, इससे उठना नहीं है तुमको, ताहम इस वक़्त भी जो सवाल उनको तंग कर रहे हैं वह आत्मा और परमात्मा, स्वर्ग और नरक, ज़िन्दगी और मौत के दार्शनिक सवाल नहीं हैं, समाज के न्याय और अन्याय के सवाल हैं।

'**बुद्धि** जवाब देती—यहाँ सभी स्वाधीन हैं, सभी को अपनी शक्ति और साधना के हिसाब से उन्नति करने का अवसर है। मगर शंका पूछती—सब को समान अवसर कहाँ है? बाज़ार लगा हुआ है, जो चाहे वहाँ से अपनी इच्छा की चीज़ ख़रीद सकता है, मगर ख़रीदेगा तो वही जिसके पास पैसे हैं? और जब सबके पास पैसे नहीं हैं तो सब का बराबर अधिकार कैसे माना जाए? इस तरह का आत्ममंथन उनके जीवन में कभी न हुआ था...इस वक़्त उनकी दशा उस आदमी की सी थी जो रोज़ मार्ग में ईंटें पड़ी देखता है और बचाकर निकल जाता है। रात में कितने लोगों को ठोकर लगती होगी, कितनों के हाथ-पैर टूटते होंगे, इसका ध्यान उसे नहीं आता। मगर एक दिन जब वह ख़ुद रात को ठोकर खाकर अपने घुटने फोड़ लेता है तो उसकी निवारण-शक्ति हठ करने लगती है और वह उस सारे ढेर को मार्ग से हटाने पर तैयार हो जाता है। देवकुमार

को वही ठोकर लगी थी। कहाँ है न्याय? कहाँ? एक ग़रीब आदमी किसी खेत से बालें नोचकर खा लेता है, क़ानून उसे सज़ा देता है। दूसरा, अमीर आदमी दिनदहाड़े दूसरों को लूटता है और उसे पदवी मिलती है, सम्मान मिलता है। कुछ आदमी तरह-तरह के हथियार बाँधकर आते हैं और निरीह, दुर्बल मज़दूरों पर आतंक जमाकर अपना ग़ुलाम बना लेते हैं। लगान और टैक्स और महसूल और कितने ही नाम से उसे लूटना शुरू करते हैं और आप लम्बा-लम्बा वेतन उड़ाते हैं, शिकार खेलते हैं, नाचते हैं, रंगरेलियाँ मनाते हैं। यही है ईश्वर का रचा हुआ संसार? यही न्याय है?'

और फिर शायद ख़ुद को ही लताड़ बताई—

'हाँ, देवता हमेशा रहेंगे और हमेशा रहे हैं। उन्हें अब भी संसार धर्म और नीति पर चलता हुआ नज़र आता है। वे अपने जीवन की आहुति देकर संसार से विदा हो जाते हैं। लेकिन उन्हें देवता क्यों कहो? कायर कहो, आत्मसेवी कहो। देवता वह है जो न्याय की रक्षा करे और उसके लिए प्राण दे दे। अगर वह जानकर अनजान बनता है तो धर्म से गिरता है, और अगर उसकी आँखों में यह कुव्यवस्था खटकती ही नहीं तो वह अन्धा भी है और मूर्ख भी, देवता किसी तरह नहीं। और यहाँ देवता बनने की ज़रूरत भी नहीं। देवताओं ने ही भाग्य और ईश्वर और भक्ति की मिथ्याएँ फैलाकर इस अनीति को अमर बनाया है। मनुष्य ने अब तक इसका अन्त कर दिया होता या समाज का ही अन्त कर दिया होता जो इस दशा में ज़िन्दा रहने से कहीं अच्छा होता। नहीं, मनुष्यों में मनुष्य बनना पड़ेगा। दरिन्दों के बीच में उनसे लड़ने के लिए हथियार बाँधना पड़ेगा। उनके पंजों का शिकार बनना देवतापन नहीं जड़ता है।'

ज़बान बन्द होने के पहले कह दो जो-जो कुछ कहना है, जो-जो कुछ देखा है, सहा है, सीखा है।

और मुंशीजी ने उसी वसीयतनामे के तौर पर उन्हीं विनिद्र रातों में, उन्हीं दैहिक और मानसिक कष्टों के बीच महाजनी सभ्यता के माया-अवगुंठन को हटाकर उसका नंगा रूप लोगों के सामने रखा—

'इस महाजनी सभ्यता में सारे कामों की ग़रज़ महज़ पैसा होती है। इस दृष्टि से मानो आज महाजनों का ही राज्य है। मनुष्य समाज दो भागों में बँट गया है। बड़ा हिस्सा तो मरने और खपनेवालों का है, और बहुत ही छोटा हिस्सा उन लोगों का है, जो अपनी शक्ति और प्रभाव से बड़े सम्प्रदाय को अपने बस में किए हुए हैं। उन्हें इस बड़े भाग के साथ किसी तरह की हमदर्दी नहीं, ज़रा भी रू-रियायत नहीं। उसका अस्तित्व केवल इसलिए है कि अपने मालिकों के लिए पसीना बहाये, ख़ून गिराए और एक दिन चुपचाप इस दुनिया से विदा हो जाए...'

जीवन-भर दीन-दुखियों का शोषितों का पक्ष लेकर लड़े, लेकिन कभी माना नहीं कि समाज दो वर्गों में बँटा है। चलते-चलाते वह भी मान लिया।

25 जुलाई, ढाई बजे रात

बेहद कमज़ोर हो गए थे। कहते थे, मैं चलता हूँ तो पैर थर्राने लगते हैं। आँखों के नीचे अँधेरा छा जाता है।

ताहम वह एक दिन नहीं बैठे। बराबर कुछ न कुछ करते रहे। ताक़त न होने पर भी वह जैसे इस बात को अपने तईं स्वीकार न करना चाहते थे और अपनी इच्छाशक्ति से अपने आप को घसीटते रहे।

लेकिन शरीर के अपने नियम हैं और पिछली ख़ून की कै के ठीक एक महीने बाद, और ठीक उसी समय, दुबारा उनके मुँह से उसी तरह ख़ून गिरा। शिवरानी देवी लिखती हैं—

'उन्हें नींद लाने के लिए मैं तलवे और सिर की मालिश करती थी। मैं रात को एक बजे उनका सर सहला रही थी...'

तभी मुंशीजी ने कहा—अब तुम सो रहो। कब तक बैठी रहोगी।

पत्नी ने कहा—मैं तो आपकी फ़िक्र में हूँ, और आप मेरी।

मुंशीजी बोले—तुम सो जाओगी तो मैं भी सो जाऊँगा।

मैं उसी कमरे में एक तख़्ते पर लेट गई। आप धीरे-से उठे। पाखाने जाने लगे। पाखाने में बैठते ही आपको फिर कै आ गई। आवाज़ सुनकर दौड़ी गई। उस समय इतनी शिथिलता उनमें आ गई थी कि वे उठ-बैठ भी नहीं पा रहे थे। फिर दुबारा कै का ख़ून हम दोनों पर तैर गया...उस समय तक तीनों बच्चे भी जाग गए थे। मैं धुन्नू से बोली—जाकर डाक्टर को बुला लाओ। आप बोले—लड़के को इस वक़्त मत परेशान करो। डाक्टर ईश्वर नहीं। सुबह जाएगा। जाकर क़लम दवात और काग़ज़ लाओ। अब मैं नहीं बचने का। कम-से-कम काग़ज़ तो दो।

मैं बोली—क्या होगा?

—तुमको बैठने का तो ठिकाना करता जाऊँ।

मैं बोली—घबराइए नहीं। आप अच्छे हो जाएँगे।

बोले—उठो, लाओ।

मैं बोली—अन्दर चलिए।

वे मेरे मुँह की तरफ़ देखकर रो पड़े।...

तीन-चार रोज़ बनारस में ही इलाज हुआ। एक्सरे कराने की बात उठी तो मालूम हुआ कि नहीं हो सकता, एक ही मशीन यहाँ पर है, और वह भी इस वक़्त ख़राब है।

लखनऊ जाने के शायद दो ही एक रोज़ पहले मुंशीजी ने 28 जुलाई के अपने ख़त में अख़्तर हुसेन रायपुरी को लिखा था—

अब मेरा क़िस्सा सुनो। मैं क़रीब एक माह से बीमार हूँ। मेदे में गैस्ट्रिक अल्सर की शिकायत है। मुँह से ख़ून आ जाता है, इसलिए काम कुछ नहीं करता। दवा कर रहा हूँ मगर अभी तक कोई इफ़ाक़ा नहीं। अगर बच गया तो 'बीसवीं सदी' नाम का रिसाला अपने लोगों के ख़यालात की इशाअत के लिए ज़रूर निकालूँगा। 'हंस' से तो मेरा ताल्लुक़ टूट गया। मुफ़्त की

सरमग्ज़ी। बनियों के साथ काम करके शुक्रिए की जगह यह सिला मिला कि तुमने 'हंस' में ज़्यादा रुपया सर्फ़ कर दिया। इसके लिए मैंने दिलोजान से काम किया, बिल्कुल अकेला, अपने वक़्त और मेहनत का कितना ख़ून किया, इसका किसी ने लिहाज़ न किया। मैंने 'हंस' उन लोगों को इस ख़याल से दिया था कि वह मेरे प्रेस में छपता रहेगा और मुझे उसकी जानिब से गूना बेफ़िक्री रहेगी। लेकिन अब वह दिल्ली में सस्ता साहित्य मंडल की जानिब से निकलेगा और इस तबादले में परिषद् को अन्दाज़न पचास रुपए महीने की बचत हो जाएगी! मैं भी ख़ुश हूँ। 'हंस' जिस लिटरेचर की इशाअत कर रहा था, वह हमारा लिटरेचर नहीं है। वह तो वही भक्तिवाला महाजनी लिटरेचर है जो हिन्दी ज़बान में काफ़ी है...

मगर ख़ैर 'हंस' के दिल्ली जाने की नौबत नहीं आई। अगस्त में 'हंस' से ज़मानत माँगी गई—गोविन्ददास के नाटक 'सिद्धान्त स्वातंत्र्य' को लेकर। परिषद् ने ज़मानत भरने से इन्कार किया। मुंशीजी ने ज़मानत भर दी और अपना पत्र उनसे वापस ले लिया। लेकिन यह सब अगले महीने की बातें हैं और अभी तो मुंशीजी अपना इलाज कराने या तक़दीर आज़माने, जो भी कहो, लखनऊ जा रहे हैं।

शरीर टूटा हुआ है, मन भी टूटा हुआ है, और बचने की उम्मीद कम ही है... मगर लोग कहते हैं, बार-बार कहते हैं कि लखनऊ जाओ, वहाँ बहुत बड़े-बड़े डॉक्टर हैं।

और मुंशीजी लखनऊ पहुँचे—बड़ा बेटा जो इलाहाबाद में बी.ए. फाइनल में पढ़ रहा था, छुट्टी लेकर घर आ गया था और मुंशीजी के साथ लखनऊ गया।

पहले मुंशीजी सीधे अपने पुराने दोस्त कृपाशंकर निगम के घर पहुँचे और दो-तीन रोज़ लाटूश रोड के उसी मकान में रहे, जहाँ न जाने कितनी दिलचस्प शामें दोस्तों की सोहबत में गुज़री थीं।

फिर शायद उन्हें इस हालत में अपने एक दोस्त के यहाँ पड़ा रहना कुछ नागवार लगा और मुंशीजी वहाँ से उठकर अमीनाबाद के सूर्या होटल में पहुँच गए।

डॉ. हरगोबिन्द सहाय बुलाए गए। इसकी जाँच और उसकी जाँच का सिलसिला शुरू हुआ, एक्सरे लिया गया—और अन्त में निदान हुआ, जलोदर और जिगर का सख़्त पड़ जाना, सिरोसिस आफ़ लिवर।

उम्मीद किसे थी ठीक होने की, मर्ज़ बहुत आगे बढ़ चुका था, तबीयत भी इलाज से उखड़ चुकी थी। तो भी कुछ तो करना ही था। और भी दो-एक डाक्टरों को दिखाया गया। किन्हीं दो लोगों की राय न मिलती थी। इलाज चल रहा था, पैसा पानी की तरह बह रहा था और कमज़ोरी बड़े ज़ोर से बढ़ रही थी। रुपए जो साथ लेकर आए थे वह भी चुक गए थे—और मुंशीजी ने सौ रुपए निगम साहब से मँगाए।

एक दिन का ज़िक्र है, बेटे ने खिचड़ी पकायी। मूँग की पतली मरीज़ खिचड़ी थी।

बेटे ने कहा—बाबूजी, खिचड़ी तैयार हो गई है।

बाबूजी ने कहा—ऐसे खिचड़ी क्या खाएँ! खिचड़ी के साथ तो पापड़ होता, हरी मिर्च होती, अदरक होती, नीबू का अचार होता, तब तो खिचड़ी खाने का कुछ आनन्द भी आता!

कहानीकार गंगाप्रसाद मिश्र ने, जो उस वक़्त वहाँ मौजूद थे फ़ौरन बड़े तपाक से कहा, 'मैं अभी सब चीज़ें लेकर आता हूँ' और लोगों के मना करते-करते भी वहाँ से भाग चले।

क़रीब ही झाऊलाल के पुल पर उनका मकान था, और गंगाप्रसाद दौड़े चले जा रहे थे ताकि मुंशीजी को ठंडी खिचड़ी न खानी पड़े...

एक रोज़ मुंशीजी ने गंगा से कहा—आजकल तबीयत बड़ी सुस्त रहती है। 'पिकविक पेपर्स' कहीं से पढ़ने को मिले तो ज़रा तबीयत बहले।

शाम को अपने एक दोस्त के यहाँ से वह किताब लेकर गंगाप्रसाद मुंशीजी के पास पहुँचे तो उन्होंने बनावटी नाराज़गी दिखलाते हुए कहा—आज मैं तुमसे बहुत नाराज़ हूँ।...तुम कहानियाँ लिखते हो और आज तक तुमने यह बात मुझे नहीं बताई!

मुंशीजी ने बहुत आग्रह किया तो गंगाप्रसाद घर जाकर अपनी 'महराजिन' कहानी ले आए। उस दिन को याद करके वह लिखते हैं—

> *कहानी में एक स्थल पर शादी के बीच में मनमुटाव हो जाने के कारण बहू को बिदा करवाए बिना ही बरात चल दी। बरात के चले जाने पर जनवासे का चित्र कुछ ऐसा था—'शामियाना उखड़ चुका था। बैलों के बाँधने के खूँटे भी उखाड़ लिए गए थे। चारों तरफ़ गड्ढे और मिट्टी दिखाई दे रही थी। जिस चौपाल में कुछ देर पहले बड़ी चहल-पहल थी, वहाँ एक कोने में बैठा हुआ कुत्ता हाँफ रहा था और दूसरी ओर उखारी की फ़सल के बारे में बात करते हुए बुद्धू और पैला ने अपनी चिलम सुलगा ली।'*
>
> *मुंशीजी बड़े तकिए के सहारे अधलेटे हुए कहानी सुन रहे थे। यह टुकड़ा सुनते ही अपनी उस हालत में भी उठ बैठे और मेरी पीठ ठोंकते हुए बोले—वाह, तुमने तो मेरी क़लम छीन ली! क्या चित्र खींचा है!...*

कहाँ यह दिल खोलकर दूसरे का दिल बढ़ाना और कहाँ दूसरों की शब्द-कृपणता, हाँ?...अच्छी है.. लेकिन...!

आर्टिस्ट अब्दुल हकीम साहब का घर बहुत छोटा मगर दिल बहुत बड़ा था। एक दिन वह ज़बरन् मुंशीजी को सूर्या होटल से अपने यहाँ उठा लाए, वहीं उसी पाली के नुक्कड़ पर जो लाटूश रोड से फूटती है और मारवाड़ी गली को जाती है। अब मुंशीजी को ज़्यादा दिन लखनऊ नहीं रहना था, मगर हकीम नहीं माने और अपने घर उठा लाए। बिलकुल सगे भाई की तरह उनकी सेवा की, कमोड तक साफ़ किया,

धुन्नू को सुला देते और ख़ुद रात-रात भर जागते, मगर चेहरे पर शिकन नहीं। लेकिन उससे क्या होता है।

मुंशीजी की हालत दिनोंदिन बिगड़ती जा रही थी। एक शाम गंगाप्रसाद मिलने के लिए पहुँचे तो मुंशीजी उदास लेटे थे। इधर-उधर की दो-एक बातों के बाद उन्होंने शून्य की ओर ताकते हुए कहा—गंगाप्रसाद, मुझे लगता है अब मैं न बचूँगा, और मैं सोचता हूँ कि मरना ही है तो अपने बच्चों के बीच में जाकर क्यों न मरूँ!

हड्डी-हड्डी निकल आई थी, चेहरा बिलकुल जर्द, जैसे पुराना काग़ज़, आँखें गड्ढों में धँसी हुई...

पत्नी ने सहारा देकर ऊपर पहुँचाते हुए पूछा—कैसी तबीयत है?

मुंशीजी ने बुझी हुई आवाज़ में कहा—ठीक है...

ऊपर पहुँचकर बिस्तर पर लेट गए। बुरी तरह हाँफ रहे थे। थोड़ी देर बाद, फँसते हुए गले से आवाज़ निकली—मैं अब नहीं बचने का।...मैंने सोचा कहीं मर गया तो देख भी न पाऊँगा!

17 अगस्त

डॉक्टरों ने ज़्यादा खुले हुए, ज़्यादा हवादार मकान में रहने की सलाह दी। संयोग से भारतेन्दु हरिश्चन्द्र का विलास-भवन रामकटोरा बाग़ खाली मिल गया, जहाँ कभी उनकी भंग-बूटी छनती थी, अंगूरी के दौर चलते थे, तबले ठनकते थे, घुँघरू खनकते थे।

अगस्त की सत्रह तारीख़ थी। पानी ज़ोरों से बरस रहा था। घर का सामान ढोया जा रहा था। पंडित ने नए घर में जाने के लिए वही दिन शुभ बतलाया था।

मुंशीजी के कमरे में कुछ किताबें बिखरी पड़ी थीं। सब सामान अस्त-व्यस्त था। उन्होंने एक बार उठने की कोशिश की।...पत्नी को देखा तो लेट रहे।

पत्नी ने पूछा—आप यह क्या कर रहे हैं?

बोले—कुछ नहीं। दोनों लड़के कहाँ गए?

पत्नी ने जवाब दिया—कहीं सामान वग़ैरह ठीक कर रहे होंगे।

बोले—किताबों का बंडल क्यों नहीं बँधवा देतीं?

और कमरे से बाहर जाते-जाते शिवरानी देवी के कान में एक मद्धिम-सी आवाज़ पड़ी—कोई ठीक करे या न करे, अपने को क्या!

थोड़ी देर बाद वह फिर उसी कमरे में आईं। कुछ ही मिनट पहले पानी की बूँदें थमीं थीं। ताँगा आ गया था।

मुंशीजी बोले—चलती क्यों नहीं तुम? पानी में भीग जाऊँगा, नहीं तो! (जैसे बच्चे ने ठुनकते हुए माँ से कहा!)

'मैं थोड़ा-सा दही और शक्कर लाकर सामने रखकर बोली—ज़रा इसे ज़बान पर लगा लीजिए।

मेरे कहने से उन्होंने ज़बान पर तो ज़रूर लगाया लेकिन कुल्ला करते हुए। मेरी ओर देखकर मुस्करा दिए...' (शिवरानी देवी)

रामकटोरा पहुँचे तो चारपाई पहले से बिछी हुई थी—उत्तर-दक्खिन। मुंशीजी लेट गए तब पत्नी का ध्यान इस पर गया।

बोलीं—ज़रा चारपाई को ठीक करने दीजिए।

मुंशीजी ने कहा—इससे क्या होगा जी! जो होना है वही होगा।

25 अगस्त ढाई बजे रात

शिवरानी देवी लिखती हैं—

'अगस्त महीने की 25 तारीख़ को दो बजे मैं जाग रही थी। उस दिन सुबह ही से चिन्तित थी। रात को आप सोये हुए थे। मैं ख़ामोश पड़ी सिर दबा रही थी। सामने घड़ी थी। बार-बार उसी पर निगाह जाती। बार-बार ईश्वर से प्रार्थना करती कि ईश्वर दया कर।

दो या सवा दो का समय था। मुझसे बोले—रानी, मुझे गर्मी मालूम हो रही है। शायद मुझे फिर ख़ून की कै होगी। आज 25 तारीख़ है न?

मैंने कहा—नहीं, आज 24 है।

आप बोले—मुझे बड़ी गर्मी लग रही है। देखो घड़ी में ढाई तो नहीं बज रहे हैं!'

इन्हीं दिनों जैनेन्द्रजी आए—'प्रेमचन्द खाट पर पड़े थे। रोग बढ़ गया था। उठ-चल न सकते थे। देह पीली, पेट बढ़ा था, पर चेहरे पर शान्ति थी। मैं तब उनकी खाट के बराबर काफ़ी-काफ़ी देर तक बैठा रहा हूँ। उनके मन के भीतर कोई खीझ, कोई कड़वाहट, कोई मैल उस समय करकराता मैंने नहीं देखा।'

क्यों करकराए मन में कुछ भी।

करकराते हैं वह झूठ जो आदमी बोला, वह बेईमानियाँ जो उसने कीं, वह छोटे-बड़े अत्याचार जो उसने कभी इस कभी उस बहाने से अपने अन्तःकरण के ऊपर किए। करकराती हैं वह लिप्साएँ जो पूरी नहीं हुईं। यहाँ तो वह सब कुछ भी नहीं। एक ज़िन्दगी मिली थी—झीनी झीनी बीनी एक चादर, जिसे कबीरदास ने जतन से ओढ़कर ज्यों की त्यों धर दी थी।

फिर क्या है जो करकराए?

करकराती तो है वह रेत जिसे तुमने ज़िन्दगी के रेगिस्तानी सफ़र में धोखे से पानी समझकर पी लिया था और जो अब, जुगाली करते वक़्त, दाँतों के नीचे आ-आ जाती है।

यहाँ तो ज़िन्दगी सूने खेतों और चरागाहों को जानेवाली एक लम्बी, सीधी, सँकरी पगडंडी थी जिसके चारों तरफ़ खुले मैदान थे और रास्ते में मीठे पानी के छोटे-मोटे कच्चे कुओं की भी कमी न थी। रोज़ सबेरे, निहार मुँह, एक किसान अपने हल-बैल लेकर उसी पगडंडी से अपने उन खेतों को जाता था और दिन-भर उस तपी हुई कड़ी

धरती को जोतता था, घास-फूस की निराई करता था, बीज छिड़कता था—और दोपहर को, सूरज जब सिर पर होता था, उसकी धनिया रस-गुड़ और जौ के मोटे-मोटे लिट्टे लेकर पहुँच जाती थी...

रोज़ वही पगडंडी, उन्हीं कुँओं का पानी, अपने वही खेत-हार...

और कभी एक सूखा-सा हास्य जिसकी आर्द्रता उसके सूखेपन में है—

होरी ने उसकी ओर आँखें तरेरकर कहा—क्या ससुराल जाना है जो पाँचों पोसाक लाई है? ससुराल में कोई जवान साली-सलहज भी तो नहीं बैठी है जिसे जाकर दिखाऊँ!

होरी के गहरे साँवले, पिचके हुए चेहरे पर मुस्कराहट की मृदुता झलक पड़ी। धनिया ने लजाते हुए कहा—ऐसे ही तो बड़े सजीले जवान हो कि साली-सलहजें तुम्हें देखकर रीझ जाएँगी!

होरी ने फटी हुई मिर्जई को बड़ी सावधानी से तह करके खाट पर रखते हुए कहा—तो क्या तू समझती है मैं बूढ़ा हो गया? अभी तो चालीस भी नहीं हुए। मर्द साठे पर पाठे होते हैं।

जाकर सीसे में मुँह देखो। तुम जैसे मर्द साठे पर पाठे नहीं होते। दूध-घी आँजन लगाने तक को तो मिलता नहीं, पाठे होंगे! तुम्हारी दसा देख-देखकर तो मैं और भी सूखी जाती हूँ कि भगवान यह बुढ़ापा कैसे कटेगा। किसके द्वार भीख माँगेंगे।

होरी की वह क्षणिक मृदुता यथार्थ की इस आँच में जैसे झुलस गई। लकड़ी सँभालता हुआ बोला—साठे तक पहुँचने की नौबत न आने पाएगी धनिया, इसके पहले ही चल देंगे।

यम की रहस्यमयी प्रेरणा...

सब को जाना है एक दिन। अमरित की घरिया पीकर कोई नहीं आया है।

कहीं कोई अतृप्ति नहीं है, जो कुछ करना था कर चुके, कहना था कह चुके।

'नारकीय महाजनवाद' को लक्ष्य करके वह शापवाणी भी हो गई जो भीतर-ही-भीतर हड्डी को जला रही थी।

और मुंशीजी बिलकुल शान्त, निर्विकार मन से, रामकटोरा बाग़ की उस नन्ही-सी कोठरी में पड़े हुए अपने मन के आकाश में उस पुरानी महाजनी सभ्यता के सूरज का डूबना और एक नई सभ्यता के सूरज का उगना देखते रहते हैं।

एक प्राकृतिक-सी अनिवार्यता है इसके पीछे। जो व्यवस्था समाज के प्रश्नों का उत्तर नहीं दे पाती उसका मिट जाना निश्चित है। कोई उसको बचा नहीं सकता। महाजनी सभ्यता के पास 'ईर्ष्या, ज़ोर-ज़बर्दस्ती, बेईमानी, झूठ, मिथ्या अभियोग-आरोप, वेश्यावृत्ति, व्यभिचार, चोरी-डाके आदि का कोई इलाज नहीं है। ये सारी बुराइयाँ दौलत की देन हैं, पैसे के प्रमाद हैं, महाजनी सभ्यता ने इनकी सृष्टि की है। वही इनको पालती

है और वही यह भी चाहती है कि जो दलित पीड़ित और विजित हैं, वे इसे ईश्वरीय विधान समझकर अपनी स्थिति पर सन्तुष्ट रहें...'

सारा खेल यहाँ से वहाँ तक, उनके सामने आईने की तरह साफ़ है। कहीं कोई दुविधा नहीं, मोह नहीं, संशय नहीं, दुःख नहीं, ताप नहीं, खीझ नहीं, पछतावा नहीं। मन बिलकुल पक्का है—अच्छी तपाई हुई खंजर ईंट की तरह।

तभी एक रात उन्होंने जैनेन्द्र से कहा—जैनेन्द्र, लोग ऐसे समय ईश्वर को याद किया करते हैं। मुझे भी याद दिलाई जाती है। पर अभी तक मुझे ईश्वर को कष्ट देने की ज़रूरत नहीं मालूम हुई।

'शब्द हौले-हौले, थिरता से कहे गए थे और मैं इस अत्यन्त शान्त, नास्तिक सन्त की शक्ति पर विस्मित था।' (जैनेन्द्रकुमार)

विस्मय की ऐसी कोई बात नहीं। इस नास्तिक सन्त के पास अपना एक ईश्वर है जिसका स्मरण, जिसका अभिनन्दन करते हुए वह कहता है—

मुज़द: ऐ दिल कि मसीहा नफ़से भी आयद,
कि ज़े अनफ़ास ख़ुशश बूए कसे मी आयद।

उसका हृदय प्रसन्न है कि पीयूषपाणि मसीहा सशरीर उसकी ओर आ रहा है। उसे लोगों की साँसों से किसी की सुगन्ध आ रही है।

यह 'पीयूषपाणि मसीहा' नई सभ्यता का वही सूर्य है, जिसके प्रति अपने हृदय की, चरित्र की सारी निष्ठा उँड़ेलते हुए मुंशीजी अपने इस वसीयतनामे में कहते हैं—

'हाँ, महाजनी सभ्यता और उसके गुर्गे अपनी शक्ति-भर उसका विरोध करेंगे, उसके बारे में भ्रमजनक बातों का प्रचार करेंगे, जनसाधारण को बहकाएँगे, उनकी आँखों में धूल झोंकेंगे, पर जो सत्य है, एक न एक दिन उसकी विजय होगी और अवश्य होगी।'

जहाँ मन में इतने गहरे विश्वास का पाथेय हो वहाँ यात्रा से फिर भय कैसा। जनम-भर के यात्रा-भीरु प्रेमचन्द को अपनी इस अन्तिम यात्रा से तनिक भय नहीं लग रहा है।

भय है तो उनके लिए जिन्हें छोड़कर वह जा रहे हैं। युद्ध की छाया गहरी होती जा रही है। सारे संसार के शिल्पी और विचारक उद्विग्न हैं, कैसे इस विकराल दैत्य को रोकें। रोमें रोलाँ और आँरी बारबुस उस शान्ति-महायज्ञ के अग्निहोत्र हैं। पेरिस में संस्कृति-रक्षा सम्मेलन हो रहा है। ब्रसेल्स में विश्वशान्ति सम्मेलन हो रहा है।

जवाहरलाल नेहरू ने ब्रसेल्स में हिन्द की आत्मा को वाणी दो। भारत के शिल्पी और विचारक भी पीछे नहीं रहे। उनकी ओर से एक घोषणापत्र ब्रसेल्स और पेरिस दोनों जगह भेजा गया, जिस पर दूसरे कुछ लोगों के साथ-साथ रवीन्द्रनाथ ठाकुर, रामानन्द चट्टोपाध्याय, नन्दलाल बसु, प्रफुल्लचन्द्र राय, जवाहरलाल नेहरू और मृत्यु शैया पर लेटे हुए प्रेमचन्द के हस्ताक्षर थे।

सिडनी और बियेट्रिस वेब को किताब 'सोवियत कम्युनिज़्म', रवीन्द्रनाथ ठाकुर की 'रुशियार चिठि' के अंग्रेज़ी अनुवाद, अंग्रेज़ कार्टूनिस्ट डेविड लो की 'रूसी स्केचबुक' और ऐसी ही और भी न जाने कितनी किताबों और अख़बारों की ज़ब्ती का

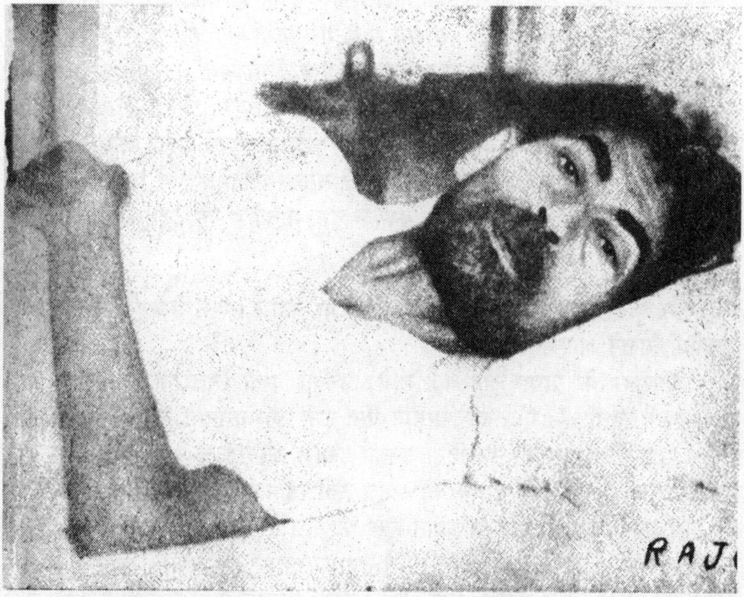

अन्तिम बीमारी

सिलसिला जो सेंसर और कस्टम्सवालों ने चला रखा था, उसकी तीव्र भर्त्सना करने के बाद घोषणापत्र में कहा गया था—

> *महायुद्ध की प्रेतछाया सारी पृथ्वी पर मँडरा रही है। फ़ासिस्ट तानाशाही खाने के बदले अस्त्र-संग्रह करके और संस्कृति के सुयोग के बदले साम्राज्य गठन के प्रलोभन को पकड़कर अपना सैनिकवादी रूप दिखला रही है। एबिसिनिया को पदानत करने के लिए इटली ने जिन सब पद्धतियों का सहारा लिया है, उनसे बुद्धि और सभ्यता के प्रति विश्वासी सब लोगों को गहरा धक्का लगा है। बड़ी-बड़ी साम्राज्यवादी शक्तियों की प्रतिद्वंद्विता और परस्पर विरोध, संकीर्ण राष्ट्रीयतावादी मनोवृत्ति को मनचाहा बढ़ावा, लड़ाई के सामानों की तेज़ वृद्धि—ये सब संकटमय परिस्थिति की पूर्व सूचना हैं। इस समय हम अपनी ओर से और अपने सभी देशवासियों की ओर से दूसरे देशों के जनसाधारण के स्वर में स्वर मिलाकर कहना चाहते हैं कि हम युद्ध से घृणा करते हैं और चाहते हैं कि युद्ध का रास्ता छोड़ा जाए, युद्ध में हमारा कोई भी हित नहीं है। किसी भी साम्राज्यवादी युद्ध में भारतवर्ष के योगदान के हम घोर विरोधी हैं क्योंकि हम जानते हैं कि आगामी युद्ध में सभ्यता का विध्वंस हो जाएगा।*

और कुछ हो अपनी मृत्यु की छाया मन पर नहीं है। एक रोज़ पंडित नन्ददुलारे वाजपेयी मिलने आए—

'अपराह्न के प्राय: चार बजे होंगे। उनकी पत्नी शिवरानी जी उनके पास आती-जाती रहती थीं। मैं उनके सिरहाने बैठा उन्हें आश्वासन दे रहा था। इसी समय हकीम साहब आ गए जो उन दिनों उनका इलाज कर रहे थे। मुझे ऐसा जान पड़ा कि प्रेमचन्द जी को अब जीवन की आशा नहीं रह गई है लेकिन हकीम साहब से उन्होंने जिस विनोद के साथ बातचीत शुरू की उसे देखकर मुझे आश्चर्य हुआ। मैंने देखा कि हकीम जी से बातें करते-करते ठहाका लगाने की स्थिति आ गई। उन्होंने हकीम जी से कुछ इस प्रकार कहा—ख़ाँ साहब, आपकी बड़ी इनायत है, अब दवा देना बन्द कर दीजिए, अन्तिम घड़ी नज़दीक आ गई है, अब तो आप भी आराम कीजिए और मुझे भी आराम करने दीजिए। थोड़े दिनों के लिए इतना पचड़ा क्यों? और जब हकीम साहब अपनी दवा के गुणों का बखान करने लगे तो प्रेमचन्द जी मेरी ओर देखकर ठहाका मारकर हँस पड़े...'

पंडित रामनरेश त्रिपाठी का भी यही अनुभव रहा—

'मैं एक इच्छा लेकर गया था कि यदि उनमें चलने-फिरने की शक्ति हो तो उन्हें सुलतानपुर ले जाता, जहाँ की आबहवा उनके बहुत मुआफ़िक़ पड़ती। पर वह तो करवट बदलने से भी लाचार थे। मुझे देखकर वह मुस्कराए और धीरे-से बोले—किनारे लग चुका हूँ, पता नहीं कब नाव छोड़ू दूँ।'

और एक शेर पढ़ा जो त्रिपाठी जी सुन नहीं सके मगर जो शायद वही शेर था जिसे मुंशीजी इन दिनों अक्सर गुनगुनाया करते थे—

दरो दीवार पे हसरत से नज़र करते हैं,
ख़ुश रहो, अहले वतन, हम तो सफ़र करते हैं।

जीने की अब शायद उन्हें कोई उम्मीद न रह गई थी, लेकिन यह बात कहकर किसी का जी दुखाने से क्या फ़ायदा। लिहाज़ा 18 सितम्बर को उन्होंने वीरेश्वर सिंह को एक छोटा-सा ख़त अपने छोटे बेटे के हाथ से लिखवाया—

'मैं तो अब बेहद कमज़ोर हो गया हूँ। उठ-बैठ भी नहीं सकता। लेकिन मर्ज़ घट रहा है। डाक्टर का कहना है कि पन्द्रह दिन में मर्ज़ बिल्कुल घट जाएगा। फिर भी अच्छा होने में बड़ा समय लगेगा...'

और किसी अज्ञात प्रेरणा से अपना 'आशीर्वाद' भी टाँक दिया, जो कि वीरेश्वरसिंह कहते हैं उनके लिए एक नई चीज़ थी।

मौत से पन्द्रह दिन पहले उन्होंने मुंशी दयानरायन निगम को तार देकर बुलाया—

'सुबह को आख़िरी मुलाक़ात का समाँ उम्र-भर न भूलेगा। वही प्रेमचन्द जी जो अपनी सुर्ख-सफ़ेद सूरत के लिहाज़ से हज़ारों में एक थे, ऐसे पीले और कमज़ोर हो गए थे कि मुश्किल से पहचान पड़ते थे। धँसी हुई आँखें, बैठे हुए गाल, काँटे की तरह सूखे हुए हाथ-पाँव देखकर आँखों के सामने अँधेरा छा गया। उनके न थमनेवाले क़हक़हे बात करने की भी मुहलत न देते थे, मगर अब आँसुओं का तार बँधा हुआ था।'

यह अपने जाने का ग़म न था, दोस्त के बिछुड़ने का दर्द था—

'न उठने की ताक़त थी न बैठने की सकत। लेटे ही लेटे हाथ पकड़ लिया और गले से चिमटा लिया, जैसे कोई डरा हुआ बच्चा बिलख-बिलखकर सीने से चिपटने की कोशिश करे। इतने कमज़ोर हो गए थे कि बात करने में भी थकन होती थी, ताहम दम ले-लेकर आहिस्ता-आहिस्ता बातें करते ही रहे। मैंने मना करना चाहा तो कहने लगे कि दुबारा मुलाक़ात की उम्मीद नहीं, वर्ना तुम्हारा कहना न टालता...'

इन्हीं आख़िरी दिनों में निराला जी कई बार मिलने के लिए आए और अपनी उन मुलाक़ातों के बारे में बहुत भरे हुए दिल से पहली अक्तूबर 1936 को 'भारत' में लिखते हुए मुंशीजी की ये आख़िरी झलकियाँ पेश कीं—

हिन्दी के युगान्तर-साहित्य के सर्वश्रेष्ठ रत्न, अन्तर्प्रान्तीय ख्याति के हिन्दी के प्रथम साहित्यिक, प्रतिकूल परिस्थितियों से निर्भीक वीर की तरह लड़नेवाले, उपन्यास-संसार के एकछत्र सम्राट्, रचना-प्रतियोगिता में विश्व के अधिक से अधिक लिखनेवाले मनीषियों के समकक्ष, आदरणीय श्रीमान् प्रेमचन्दजी आज महाव्याधि से ग्रस्त होकर शय्याशायी हो रहे हैं। कितने दु:ख की बात है, हिन्दी के जिन पत्रों में हम राजनीतिक नेताओं के मामूली बुख़ार का तापमान प्रतिदिन पढ़ते रहते हैं उनमें श्री प्रेमचन्दजी की, हिन्दी का महान उपकार करनेवाले प्रेमचन्दजी की अवस्था की साप्ताहिक ख़बर भी हमें पढ़ने को नहीं मिलती। दुख नहीं, यह लज्जा की बात है, हिन्दी-भाषियों के लिए मर जाने की बात है। उन्होंने अपने साहित्यिकों की ऐसी दशा नहीं होने दी कि वे हँसते हुए जीते और आशीर्वाद देते

हुए मरते। इसी अभिशाप के कारण हिन्दी महारानी होकर अपनी प्रान्तीय सखियों की भी दासी है।...

मैं जब बाबू राजेन्द्र प्रसाद और पं. जवाहरलाल नेहरू जैसे राष्ट्र के समादृत नेताओं को देखता हूँ और साथ-साथ मुझे श्री प्रेमचन्दजी की याद आती है, मेरा हृदय आनन्द और भक्ति से पूर्ण हो जाता है। मैं देखता हूँ, राजनीति के सामने साहित्य का सर नहीं झुका, बल्कि और ऊँचा है, केवल देखनेवाले नहीं हैं। हिन्दीभाषी मुझे अच्छी तरह जानते हैं। वे यह भी जानते होंगे, मेरे कानों में डंके की आवाज़ कम जाती है। जिस साधना से आदमी आदमी है, जिसके कारण नेता सम्मान पाते हैं, मैं उसी की जाँच करता हूँ। वहाँ प्रेमचन्दजी, दरिद्र प्रेमचन्दजी, अपने अध्यवसाय से शिक्षा प्राप्त करनेवाले प्रेमचन्दजी, साहित्य की साधना में यहाँ-वहाँ भटकते फिरनेवाले प्रेमचन्दजी, फिर भी एकनिष्ठ होकर दिन पर दिन, महीने पर महीने, वर्ष पर वर्ष साधना करते रहनेवाले प्रेमचन्दजी, बड़े, बड़े, बहुत बड़े हैं।...

इस बार प्राय: साढ़े तीन महीने मैं बनारस रहा। प्रेमचन्दजी के सरस्वती प्रेस में मेरी 'गीतिका' छप रही थी। प्रकाशक भारती भंडार। एक दिन पं. वाचस्पति पाठक, जिनका मैं अतिथि था, बोले—'प्रेमचन्दजी से मिल लीजिए।' उस समय, प्राय: आधा जून, दुपहर की लू चलती थी। प्रेमचन्दजी के नाम से मैंने चलना स्वीकार कर लिया। प्रेस पहुँचकर दोमंज़िले पर चलकर देखा, प्रेमचन्दजी बैठे हैं। मैं उनके परिवार भर से परिचित था। श्रीमती शिवरानी जी भी आईं। मैंने प्रणाम किया। फिर एक गिलास पानी माँगा। बहुत दिनों बाद प्रेमचन्दजी को देखा था। मालूम होता था, वे और दुबले हो गए हैं। उनसे कहा। उन्होंने कहा, जैसा कहा करते हैं, 'नहीं, यह तो मेरी काठी है।' कुछ देर तक साहित्यिक बातचीत हुई। फिर मैं विदा हुआ। उस दुर्बल देह में शक्ति और ओज पूर्ण मात्रा में थे।

कुछ दिन बीत गए। प्रेमचन्दजी के 'गोदान' की काफ़ी चर्चा हो रही थी। एक दिन सुना, 'प्रसाद' जी प्रेमचन्दजी से मिलने गए थे, वे सख़्त बीमार हैं। फिर सुना, प्रेमचन्दजी एक्स-रे कराने के लिए लखनऊ गए हैं। फिर मालूम हुआ, वे लखनऊ से वापस आ गए हैं। एक दिन पं. नन्ददुलारे जी बाजपेयी के साथ उन्हें देखने गया। वे उसी कमरे में बैठे हुए थे। पर इस बार फ़र्श पर न थे, बिछे पलंग पर बैठे हुए थे। श्रीमती शिवरानी देवी उनके लिए दवा तैयार कर रही थीं। उनकी लड़की अपने लड़कों को लेकर आ गई थी, एक ओर खड़ी थी, मुझे देखकर नमस्ते किया, मैं प्रेमचन्दजी की बीमारी की चिन्ता में था, कुछ कहा नहीं, सिर्फ़ हाथ उठाकर नमस्कार किया। वह खड़ी हँस रही थी। मेरी दृष्टि की सियाही उसके मुख पर पड़ी—उसके मुख पर मुझे झाईं सी दिखी। अगर नीचे उसके अत्यन्त सुन्दर बड़े लड़के को खेलते हुए मैंने न देखा होता, उसका परिचय मालूम कर उसे डरवा न चुका होता तो पहचान न पाता कि यह लड़की है। फिर भी मैंने प्रेमचन्दजी से पूछा। लड़की

ने लड़की की खुली आवाज़ से कहा, क्या आपने मुझे पहचाना नहीं? मैंने तो आपको पहचान लिया। मैंने कहा, मुझमें तो कोई परिवर्तन हुआ नहीं, पर तुम पहले लड़की थीं, अब माँ हो गई हो। लड़की झेंप गई। प्रेमचन्दजी खुलकर हँसे। देवी शिवरानी जी दवा तैयार करती हुई मुस्कराईं।...

प्रेमचन्दजी दुर्बल थे, जलोदर का पूरा प्रकोप था, फिर भी एक वीर की तरह बैठे हुए वार्तालाप करते रहे। बड़ी ज़िन्दादिली, सुननेवालों पर उसका असर पड़ता हुआ, जैसे सुननेवालों को ही वे स्वास्थ्य पहुँचा रहे हों। मैं उस विजयिनी ध्वनि को तोल रहा था जिसका सर नीचा नहीं हुआ, जो हिन्दी की महाशक्ति है, और रह-रहकर दुर्बल अस्थिशेष प्रेमचन्दजी को देख रहा था। दूसरे प्रसंग पर पूछा, 'आप लखनऊ गए थे, वहाँ क्या कहा डाक्टरों ने?' 'कुछ नहीं, सन्तोषजनक उत्तर नहीं मिला। कहा कुछ नहीं, ठहरने के लिए कहा, पर कुछ डिसेन्ट्री की शिकायत मालूम दी, परदेश, देख-भालवाला कोई नहीं, लड़के को ले गया था, कौन तीमारदारी करे, लौट आया।' वाजपेयीजी से लेख आदि के लिए प्रेमचन्दजी ने कहा। कुछ देर तक बातचीत करके फिर हम लोगों ने उनसे बिदा ली।

कुछ दिन और बीते। 'गीतिका' छप चुकी थी। अन्तिम दो-एक फ़ार्म थे। मैं प्रेस गया हुआ था। प्रेमचन्दजी के बड़े लड़के मिले। प्रेस की आवश्यक बातें कहकर मैंने उनसे प्रेमचन्दजी से मिलने की इच्छा प्रकट की। उन्होंने कहा, अब तो वह यहाँ नहीं रहते। मुझे उनका मुकाम बतलाया। मेरे रास्ते में ही मकान पड़ता था। मैं चला। बादल घिरे थे। चलते-चलते पानी गिरने लगा। छाता नहीं था। भीगते हुए आनन्द आने लगा। मकान के पास आकर अनिश्चय में पड़ गया कि कौन-सा मकान होगा। फाटक बतलाया था, यहाँ फाटक न दिखा, एक दरवाज़ा सिर्फ़ देख पड़ा। डरते हुए खोला। भीतर लम्बा मैदान देखा। किनारे से रास्ता गया था। मैदान के उस तरफ़ मकान था। कोई था नहीं जिससे पूछता। हिम्मत बाँधकर बढ़ा। किनारे चमेली की झाड़, कहीं-कहीं अपराजिता लिपटी हुई। दोनों खिले। चमेली के रात के खिले कोमल फूल बूँदों के थपेड़ों से व्याकुल थे। देखता हुआ एक फूल छुआ। फूल वक्ष पर रखे से थे। उठा लिया। लिए हुए उनकी दशा पर विचार करता हुआ मकान के सामने आया। दूर से दो-एक अपरिचित देवियाँ देख पड़ीं। एक जोड़ी छोटे जूते पड़े थे। सोचा ये उसी लड़की के लड़के के जूते होंगे। एक बग़ल चिक पड़ी हुई देख पड़ी। उधर चला, तब तक शिवरानी जी देख पड़ीं। उनसे पूछा। क्षीण स्वर से उन्होंने कहा, सोये हैं, जाइए। मैं गया। देखा, प्रेमचन्दजी अत्यन्त दुर्बल हो गए हैं।

पेट फूला हुआ है। प्रेमचन्दजी ने आँखें खोलीं, मुझे देखा। बड़ी करुण दृष्टि। मैंने प्रणाम किया। पूछा आप कैसे हैं? दोनों बाँहों की ओर दृष्टि फेरकर उन्होंने कहा, देखिए। बड़ा करुण स्वर। अत्यन्त दुर्बल बाँहें। मुझे शंका हो चली। सिंह को गोली भरपूर लग गई है। अब वह आवाज़ नहीं

रही। मैं चुपचाप कुर्सी पर बैठ गया। कैसे सँभलेगा? प्रेमचन्दजी बोले। उन्हें अपने बच्चों की चिन्ता हो रही थी। मैं भरसक अपने को सँभाल रहा था। मेरे हाथ का फूल वहीं छूटकर गिर गया।...

कुछ दिन और बीते। नन्ददुलारे जी के हाथ एक गीत मैंने 'हंस' कार्यालय को भेज दिया। बड़ी कविता लिख रहा था, वह तैयार न हुई थी, फिर भेजने के लिए कहला भेजा। नन्ददुलारे जी अपना लेख लेकर जानेवाले थे, प्रेमचन्दजी को देखने के उद्‌देश्य से। इसके कुछ दिन बाद वाचस्पति जी पाठक और पद्‌मनारायण जी आचार्य के साथ, काशी छोड़ने से पहले प्रेमचन्दजी के दर्शनों के लिए चला। पद्‌मनारायण जी 'गीता धर्म' के सम्पादक हैं, अभी तक प्रेमचन्दजी से व्यक्तिगत रूप से परिचित नहीं हो सके।' 'मैथिली-मान' के लिए उनकी कुछ आज्ञा है। हम लोग एक्के से चले। रास्ते-भर गुप्तजी के अभिनन्दन की बात होती रही। मुझे बार-बार प्रेमचन्दजी की याद आती रही। गुप्तजी को आदर की दृष्टि से देखता हूँ, उसके अनेक प्रमाण दे चुका हूँ, सोच रहा था, प्रेमचन्दजी को न तो मंगलाप्रसाद पारितोषिक मिला, न कोई अभिनन्दन। वे हिन्दी साहित्य सम्मेलन के सभापति भी नहीं चुने गए। मन ने कहा—'तुम्हारे लिए भी यही फ़ैसला है, जिसने जैसा दिया वैसा पाया।' मैंने कहा, 'मैं इसी तरह गुजरूँगा। अगर कुछ काम कर सका तो नाम-यश मुझे नहीं चाहिए।'

अब तक प्रेमचन्दजी का मकान आ गया। हमलोग एक्के से उतरकर भीतर चले। मकान के सामने पहुँचे तो दो नवागन्तुक बैठे हुए देख पड़े। पर ऐसे बैठे थे जैसे घर के आदमी हों। मैंने सोचा, ये भय्याचार होंगे या रिश्तेदार। साथियों के साथ भीतर गया। सन्नाटा था। बड़ी धीमी आवाज़ में एक आगन्तुक ने कहा, बैठिये। मैं चप्पल उतारकर चारपाई पर बैठ गया। इधर-उधर देखा, पहचान का कोई न देख पड़ा। तब उन्हीं महाशय से कहा, हम लोग प्रेमचन्दजी को देखने के लिए आए हैं। नवागन्तुक ने मेरा नाम पूछा। मैंने अपना नाम बतलाया। इस समय देवी शिवरानीजी बाहर आईं। प्रेमचन्दजी वहीं चारपाई पर थे। रस्सी बाँधकर पर्दा कर रखा गया था। पर्दा हटाने लगीं। मैं प्रेमचन्दजी के सामनेवाली चारपाई की ओर बढ़ा तो आगन्तुक महोदय ने कहा, ज़्यादा बातचीत मना है। मैं अपने लक्ष्य पर चलकर बैठ गया। देखते ही मेरे होश उड़ गए। प्रेमचन्दजी ने हाथ जोड़कर कहा—'अब तो अन्तिम बिदा है।'

लेख समाप्त करते हुए निरालाजी ने अपने ईश्वर से प्रार्थना की—हे ईश्वर! केवल दस वर्ष!

लेकिन दस वर्ष की कौन कहे, दस दिन की भी मंजूरी वहाँ से नहीं मिली, और वह आँखें हमेशा के लिए मुँद गईं जिनके बारे में निरालाजी ने कभी अपने घर की बैसवाड़ी बोली में कहा था—आँखि कौनो के पास आय तो यहि के पास आय!

मौत से पहली रात की बात है—

मैं उनकी खटिया के बराबर बैठा था। सबेरे सात बजे उन्हें इस दुनिया पर आँख मींच लेनी थी। उसी सबेरे तीन बजे मुझसे बातें होती थीं। चारों ओर सन्नाटा था। कमरा छोटा और अँधेरा था। सब सोये पड़े थे। शब्द उनके मुँह से फुसफुसाहट में निकलकर खो जाते थे। उन्हें कान से अधिक मन से सुनना पड़ता था।

तभी उन्होंने अपना दाहिना हाथ मेरे सामने कर दिया। बोले—दाब दो। हाथ पीला क्या, सफ़ेद था, और फूला हुआ था। मैं दबाने लगा...

इतने में प्रेमचन्दजी बोले—जैनेन्द्र!

बोलकर चुप, मुझे देखते रहे। मैंने उनके हाथ को अपने दोनों हाथों में दबाया। उनको देखते हुए कहा—आप कुछ फ़िक्र न कीजिए बाबूजी। आप अब अच्छे हुए। और काम के लिए हम सब लोग हैं ही।

वह मुझे देखते रहे, देखते रहे। फिर बोले—आदर्श से काम नहीं चलेगा..

मैंने कहना चाहा—आदर्श...

बोले—बहस न करो कहकर करवट लेकर आँखें मींच लीं।

थोड़ी देर में बोले—गर्मी बहुत है, पंखा करो।

मैं पंखा करने लगा। उन्हें नींद न आती थी, तकलीफ़ बेहद थी। पर कराहते न थे, चुपचाप आँखें खोलकर पड़े थे।

दस-पन्द्रह मिनट बाद बोले—जाओ, सोओ।

और पत्नी से कहा—रानी, तुम मेरे पास से कहीं मत जाया करो। तुम पास बैठी रहती हो तो मुझे ढाढ़स रहता है। कल तुमने गोश्त की यख़नी जो खिला दी थी वह मुझे नहीं पची। तुम ऐसी चीज़ें मुझे क्यों खिलाती हो?

पत्नी ने कहा—डाक्टर की राय से मैंने वह चीज़ आपको खिलाई है। डाक्टर की राय मानूँ कि आपकी?

मुंशीजी ने हँसकर कहा—डाक्टर को तो तकलीफ़ नहीं है, तकलीफ़ तो मुझे है!

पत्नी ने कहा—उससे आपको कुछ नुक़सान हुआ क्या?

मुंशीजी बोले—देखा नहीं तुमने, कितनी ज़ोर का दस्त मुझे हुआ था।

पत्नी ने कहा—इससे फ़ायदा ही है, सब पानी निकल जाएगा।

मुंशीजी ने कहा—पानी के साथ सब कुछ निकला जा रहा है रानी!

आठ अक्टूबर। सुबह हुई। जाड़े की सुबह। सात-साढ़े सात का वक़्त होगा।

मुँह धुलाने के लिए शिवरानी गरम पानी लेकर आईं। मुंशीजी ने दाँत माँजने के लिए खरिया मिट्टी मुँह में ली, दो-एक बार मुँह चलाया और दाँत बैठ गए। कुल्ला करने के लिए इशारा किया पर मुँह नहीं फैल सका। पत्नी ने उनको ज़ोर लगाते देखा, कुछ कहने के लिए...

पाँव तले ज़मीन खिसक गई। कान में कोई कुछ कह गया।

घबराकर बोलीं—कुल्ला भी नहीं कीजिएगा क्या?

वहाँ तो उल्टी साँस चल रही थी।

नवाब ने बेबस आँखों से रानी को देखा और दम उखड़ते-उखड़ते, रुकती-अटकती, कुएँ के भीतर से आती हुई-सी, भारी, गूँजती आवाज़ में डूबते आदमी की तरह पुकारा—रानी...

रानी लपकीं—कि शायद मेरे हाथ से कुल्ला करना चाहते हैं। रामकिशोर ने बीच में ही पकड़ लिया—बहन, अब वहाँ क्या रखा है!

लमही ख़बर पहुँची। बिरादरीवाले जुटने लगे।

अर्थी बनी। ग्यारह बजते-बजते बीस-पचीस लोग किसी गुमनाम आदमी की लाश लेकर मणिकर्णिका की ओर चले।

रास्ते में एक राह चलते ने दूसरे से पूछा—के रहल?

दूसरे ने जवाब दिया—कोई मास्टर था!

उधर, बोलपुर में, रवीन्द्रनाथ ने धीमे से कहा—एक रतन मिला था तुमको, तुमने खो दिया।

✪✪✪

परिशिष्ट 1

उपन्यासों का काल-निर्देश

असरारे मआबिद उर्फ़ देवस्थान-रहस्य : 8 अक्टूबर, 1903 से 1 फ़रवरी, 1905 तक बनारस के उर्दू साप्ताहिक 'आवाज़-ए-खल्क़' में क्रमश: प्रकाशित।

हम ख़ुर्मा व हम सवाब : दो संस्करण हुए। पहला संस्करण बाबू महादेव प्रसाद वर्मा के यहाँ से और दूसरा नवलकिशोर प्रेस से प्रकाशित हुआ। प्रकाशन की तिथि किसी पर नहीं है। इम्तयाज़ अली 'ताज' के नाम 29 जनवरी, 1921 के अपने ख़त में प्रेमचन्द ने इसको 1900 की तसनीफ़ कहा है। कहना मुश्किल है पर हो सकता है कि यह क़िस्सा लिखा इतने ही पहले गया हो, पर इसका प्रकाशन 1906 में ही मानना संगत जान पड़ता है। इस अनुमान का आधार यह है कि इसका पहला विज्ञापन सितम्बर 1906 के 'ज़माना' में मिलता है और फिर बराबर मिलता है।

प्रेमा : 'हम ख़ुर्मा व हमसवाब' का हिन्दी रूपान्तर। जैसा कि उपलब्ध पुस्तक से स्पष्ट है, उसका प्रकाशन 1907 में इंडियन प्रेस से हुआ। दयानरायन निगम के नाम 17 जुलाई, 1926 के अपने ख़त में प्रेमचन्द ने लिखा है—'1904 में एक हिन्दी नाविल प्रेमा लिखकर इंडियन प्रेस से शाया कराया।' अब इस बात का यही आशय लेना ठीक होगा कि यह उपन्यास लिखा गया 1904 में पर छपा 1907 में, जिसके बारे में अब कोई सन्देह नहीं।

किशना : सम्भवत: 1907 में बनारस मेडिकल हाल प्रेस से प्रकाशित हुआ। इस अनुमान का आधार इतना ही है कि उसकी समालोचना अक्तूबर-नवम्बर 1907 के 'ज़माना' में निकली। 'ज़माना' के साथ प्रेमचन्द के गहरे आत्मीय सम्बन्धों को देखते हुए, पुस्तक के प्रकाशन का समय उसके आसपास मानना बहुत असंगत न होगा।

रूठी रानी : अप्रैल 1907 से अगस्त 1907 तक 'ज़माना' में क्रमश: प्रकाशित।

जलवए ईसार : 1912 में इंडियन प्रेस, इलाहाबाद से प्रकाशित।

सेवासदन (बाज़ारे-हुस्न) : लिखा पहले उर्दू में गया, छपा पहले हिन्दी में। दयानरायन निगम के नाम पत्रों के आधार पर मूल उर्दू पांडुलिपि का लेखन-काल जनवरी 1917 से जनवरी 1918 तक ठहरता है। कुछ ही समय बाद उसका हिन्दीकरण हुआ और 'सेवा-सदन' को प्रेस में देने के लिए प्रेमचन्द 11 जून, 1918 को कलकत्ता गए।

पुस्तक का प्रकाशन 1919 के मध्य में किसी महीने हुआ। उसकी पहली समालोचनाओं में पंडित पद्मसिंह शर्मा और श्री रामदास गौड़ की लिखी हुई समालोचना है जो दोनों के हस्ताक्षर से 8 सितम्बर, 1919 के 'स्वदेश' में निकली।

प्रेमाश्रम (गोशए आफ़ियत) : लिखा पहले उर्दू में गया, छपा पहले हिन्दी में मूल उर्दू पांडुलिपि का लेखन-काल 2 मई, 1918 से 25 फ़रवरी, 1920 तक है, जो कि पांडुलिपि पर ही अंकित है। प्रकाशन 1921 के पूर्वार्द्ध में हुआ। लेखक ने शुरू में इसके दो नाम सोचे थे—'नाकाम' और 'नेकनाम'।

वरदान : 'जलवए ईसार' का हिन्दी रूपान्तर। इसका प्रकाशन उर्दू संस्करण के लगभग नौ बरस बाद 1921 में ग्रंथ भंडार, बम्बई से हुआ। लेखक की ओर से प्रकाशक को दिए गए अधिकार-पत्र पर 18 अक्तूबर, 1920 की तिथि अंकित है। मई 1921 में प्रकाशित एक पुस्तक के पीछे उसका विज्ञापन भी मिलता है।

रंगभूमि (चौगाने हस्ती) : लिखा पहले उर्दू में गया, छपा पहले हिन्दी में। मूल उर्दू पांडुलिपि का लेखन-काल—1 अक्टूबर, 1922 से 1 अप्रैल, 1924 तक जो कि पांडुलिपि पर ही अंकित है। इसी पांडुलिपि पर मुंशीजी के अपने अक्षरों में यह भी टँका हुआ है—

Hindi finished dated August 12, 1924.

पुस्तक के प्रथम संस्करण पर बसन्त पंचमी 1981 छपा है, लेकिन शिवपूजन सहाय के नाम चिट्ठी से प्रकट है कि पुस्तक शुरू जनवरी 1925 में ही निकल गई थी।

कायाकल्प (पर्दा-ए-मज़ाज) : मूल पांडुलिपि हिन्दी में। उसको देखने से पता चलता है कि आरम्भ में पुस्तक के तीन नाम रखे गए थे—असाध्य साधना, माया स्वप्न, आर्तनाद। इसका लेखन 10 अप्रैल, 1924 को शुरू हुआ। यह तिथि पांडुलिपि के प्रथम पृष्ठ पर ही अंकित है। प्रकाशन 1926 में हुआ।

अहंकार : अनातोल फ्रांस के 'थायस' का भारतीय परिवेश में रूपान्तर। रूपान्तर और प्रकाशन का काम साथ-साथ चलता रहा। 'कायाकल्प' के साथ ही 1926 में सरस्वती प्रेस से प्रकाशित।

निर्मला : नवम्बर 1925 से नवम्बर 1926 तक 'चाँद' में क्रमश: प्रकाशित।

प्रतिज्ञा (बेवा) : जनवरी 1927 से नवम्बर 1927 तक 'चाँद' में क्रमश: प्रकाशित। 'प्रेमा' के ही कथानक को लेखक ने फिर से उठाया, पर कथा के विकास में महत्त्वपूर्ण अन्तर आ गया।

ग़बन : 1931 के आरभ में सरस्वती प्रेस से प्रकाशित।

कर्मभूमि (मैदाने अमल) : पांडुलिपि के उपलब्ध अंश के आधार पर इसका लेखन 16 अप्रैल, 1931 को आरम्भ हुआ। प्रकाशन अगस्त 1932 में हुआ।

गोदान (गऊदान) : पत्रों के आधार पर इसका लिखना 1932 में ही शुरू हो गया था पर 'हंस' और 'जागरण' की अनेक कठिनाइयों और बाद को साल-भर के बम्बई-प्रवास के कारण इसकी गति बहुत धीमी रही। पुस्तक का प्रकाशन जून 1936 में हुआ।

मंगलसूत्र : अपूर्ण उपन्यास जो अधिकतर अन्तिम बीमारी के दिनों में लिखा गया। प्रकाशन लेखक के देहान्त के अनेक वर्ष बाद 1948 में हुआ।

परिशिष्ट 2

कहानियों का काल-निर्देश

क्रम	नाम कहानी	कहाँ प्रकाशित	कब प्रकाशित
1.	अन्धेर	ज़माना	जुलाई 1913
2.	अग्निसमाधि	विशाल भारत	जनवरी 1928
3.	अधिकार-चिन्ता	माधुरी	अगस्त 1922
4.	अनाथ लड़की	ज़माना	जून 1914
5.	अपनी करनी	ज़माना	अक्तूबर 1914
6.	अभिलाषा	माधुरी	अक्तूबर 1928
7.	अमावस की रात	ज़माना	अप्रैल 1913
8.	अमृत	उर्दू प्रेम पचीसी	1914 से पूर्व
9.	अलग्योझा	माधुरी	अक्तूबर 1929
10.	आख़िरी तोहफा	चन्दन	अगस्त 1931
11.	आख़िरी मंजिल	ज़माना	सितम्बर 1911
12.	आख़िरी हीला	हंस	अप्रैल 1931
13.	आगा-पीछा	माधुरी	दिसम्बर 1928
14.	आत्म-संगीत	माधुरी	अगस्त 1927
15.	आत्माराम	ज़माना	जनवरी 1920
16.	आदर्श विरोध	—	जुलाई 1921
17.	आपबीती	माधुरी	जुलाई 1923
18.	अभूषण	माधुरी	अगस्त 1923
19.	आल्हा	ज़माना	जनवरी 1912
20.	आहुति	हंस	नवम्बर 1930
21.	इज़्ज़त का ख़ून	—	अप्रैल 1920
22.	इस्तीफ़ा	भारतेन्दु	दिसम्बर 1928
23.	ईदगाह	चाँद	अगस्त 1933
24.	ईश्वरीय न्याय	सरस्वती	जुलाई 1917
25.	उद्धार	चाँद	सितम्बर 1924

क्रम	नाम कहानी	कहाँ प्रकाशित	कब प्रकाशित
26.	उन्माद	माधुरी	जनवरी 1931
27.	उपदेश	ज़माना	मई 1917
28.	ऐक्ट्रेस	माधुरी	अक्तूबर 1927
29.	क्षमा	माधुरी	जून 1924
30.	कज़ाकी	माधुरी	अप्रैल 1926
31.	कप्तान साहब	ज़माना	दिसम्बर 1917
32.	कफ़न	जामिया	1936
33.	कर्मों का फल	उर्दू प्रेम पचीसी	1914 से पूर्व
34.	कवच	विशाल भारत	दिसम्बर 1929
35.	क़ानूनी कुमार	माधुरी	अगस्त 1921
36.	कामना-तरु	माधुरी	अप्रैल 1927
37.	कायर	विशाल भारत	जनवरी 1933
38.	कुत्सा	जागरण	जुलाई 1932
39.	कुसुम	चाँद	अक्तूबर 1932
40.	क़ैदी	हंस	जुलाई 1933
41.	कौशल	चाँद	अगस्त 1923
42.	क्रिकेट मैच	ज़माना	जुलाई 1937
43.	खुपड़	माधुरी	फ़रवरी 1929
44.	ख़ुदाई फ़ौजदार	चाँद	नवम्बर 1934
45.	ख़ून सफ़ेद	ज़माना	जुलाई 1914
46.	ग़रीब की हाय	ज़माना	अक्तूबर 1911
47.	गिला	हंस	अप्रैल 1932
48.	गुल्ली डंडा	हंस	फ़रवरी 1929
49.	ग़ैरत की कटार	ज़माना	जुलाई 1915
50.	गृहदाह	—	जून 1923
51.	गृहनीति	चाँद	अगस्त 1935
52.	घमंड का पुतला	ज़माना	अगस्त 1916
53.	घरजमाई	माधुरी	नवम्बर 1929
54.	घासवाली	माधुरी	दिसम्बर 1929
55.	चकमा	—	नवम्बर 1922
56.	चमत्कार	माधुरी	मार्च 1932
57.	चोरी	माधुरी	सितम्बर 1925
58.	जादू	हंस	मई 1934
59.	जीवन का शाप	हंस	जून 1935
60.	जुगनू की चमक	ज़माना	अक्तूबर 1916
61.	जुलूस	हंस	मार्च 1930
62.	जेल	हंस	फ़रवरी 1931
63.	ज्योति	चाँद	मई 1933

क्रम	नाम कहानी	कहाँ प्रकाशित	कब प्रकाशित
64.	ज्वालामुखी	ज़माना	मार्च 1917
65.	झाँकी	जागरण	अगस्त 1932
66.	ठाकुर का कुआँ	जागरण	अगस्त 1932
67.	डामुल का क़ैदी	हंस	नवम्बर 1932
68.	डिक्री के रुपए	माधुरी	जनवरी 1925
69.	डिमांस्ट्रेशन	प्रेमा	अप्रैल 1931
70.	ढपोरशंख	हंस	मार्च 1931
71.	तांगेवाले की बड़	ज़माना	सितम्बर 1926
72.	तावान	हंस	सितम्बर 1931
73.	तिरिया-चरित्तर	ज़माना	जनवरी 1913
74.	तेंतर	चाँद	दिसम्बर 1924
75.	त्यागी का प्रेम	मर्यादा	नवम्बर 1921
76.	दंड	चाँद	अक्तूबर 1925
77.	दफ़्तरी	कहकशाँ	जनवरी 1920
78.	दारोगा जी	माधुरी	अगस्त 1928
79.	दिल की रानी	चाँद	नवम्बर 1933
80.	दीक्षा	माधुरी	सितम्बर 1924
81.	दुनिया का सबसे अनमोल रतन	ज़माना	1907
82.	दुर्गा का मन्दिर	सरस्वती	दिसम्बर 1917
83.	दूध का दाम	हंस	जुलाई 1934
84.	दूसरी शादी	चन्दन	सितम्बर 1931
85.	देवी	चाँद	अप्रैल 1935
86.	दो क़ब्रें	माया	जनवरी 1930
87.	दो बहनें	माधुरी	अगस्त 1936
88.	दो बैलों की कथा	हंस	अक्तूबर 1931
89.	दो भाई	ज़माना	जनवरी 1916
90.	दो सखियाँ	माधुरी	मई 1928
91.	धर्मसंकट	ज़माना	मई 1913
92.	धिक्कार-1	माधुरी	फ़रवरी 1930
93.	धिक्कार-2	चाँद	फ़रवरी 1925
94.	धोखा	ज़माना	नवम्बर 1916
95.	नबी का नीति-निर्वाह	सरस्वती	मार्च 1924
96.	नमक का दारोग़ा	उर्दू प्रेम पचीसी	1914 से पूर्व
97.	नरक का मार्ग	चाँद	मार्च 1925
98.	नशा	चाँद	फ़रवरी 1934
99.	नसीहतों का दफ़्तर	ज़माना	जून 1912
100.	निमंत्रण	सरस्वती	नवम्बर 1926
101.	निर्वासन	चाँद	जून 1924

क्रम	नाम कहानी	कहाँ प्रकाशित	कब प्रकाशित
102.	नेउर	हंस	जनवरी 1933
103.	नेकी	उर्दू प्रेम पचीसी	1914 से पूर्व
104.	नैराश्य	चाँद	जुलाई 1924
105.	नैराश्य-लीला	चाँद	अप्रैल 1923
106.	न्याय	माधुरी	मार्च 1929
107.	पंच परमेश्वर	सरस्वती	जून 1916
108.	पंडित मोटेराम की डायरी	जागरण	जुलाई 1934
109.	पछतावा	ज़माना	नवम्बर 1914
110.	पत्नी से पति	माधुरी	अप्रैल 1930
111.	पर्वत-यात्रा	माधुरी	अप्रैल 1929
112.	परीक्षा	चाँद	जनवरी 1923
113.	पशु से मनुष्य	—	फ़रवरी 1920
114.	पाप का अग्निकुंड	ज़माना	मार्च 1910
115.	पिसनहारी का कुआँ	माधुरी	जून 1928
116.	पुत्र प्रेम	सरस्वती	जून 1920
117.	पूर्व-संस्कार	माधुरी	दिसम्बर 1922
118.	पूस की रात	माधुरी	मई 1930
119.	पैपुजी	माधुरी	अक्तूबर 1935
120.	प्रायश्चित्त	सरस्वती	जनवरी 1929
121.	प्रारब्ध	—	अक्तूबर 1921
122.	प्रेम का उदय	हंस	जून 1931
123.	प्रेमसूत्र	सरस्वती	अप्रैल 1926
124.	प्रेरणा	विशाल भारत	मई 1931
125.	फतेह	ज़माना	अप्रैल 1918
126.	फातिहा	विशाल भारत	मार्च 1929
127.	बड़े घर की बेटी	ज़माना	दिसम्बर 1910
128.	बड़े बाबू	बहारिस्तान	फ़रवरी 1927
129.	बड़े भाई साहब	हंस	नवम्बर 1934
130.	बलिदान	सरस्वती	मई 1918
131.	बहिष्कार	चाँद	दिसम्बर 1926
132.	बाँका ज़मींदार	ज़माना	अक्तूबर 1913
133.	बालक	हंस	अप्रैल 1933
134.	बासी भात में ख़ुदा का साझा	हंस	अक्तूबर 1934
135.	बूढ़ी काकी	—	1921
136.	बेटोंवाली विधवा	चाँद	नवम्बर 1932
137.	बेटी का धन	ज़माना	नवम्बर 1915
138.	बोहनी	भारत	1928
139.	बौड़म	—	अप्रैल 1923

क्रम	नाम कहानी	कहाँ प्रकाशित	कब प्रकाशित
140.	ब्रह्मा का स्वाँग	—	मई 1920
141.	भाड़े का टट्टू	माधुरी	जुलाई 1925
142.	भूत	माधुरी	अगस्त 1924
143.	मन्दिर	चाँद	मई 1927
144.	मन्दिर और मसजिद	माधुरी	अप्रैल 1925
145.	मनुष्य का परम धर्म	स्वदेश	मार्च 1920
146.	मनोवृत्ति	हंस	मार्च 1934
147.	मंत्र : 1	माधुरी	फ़रवरी 1926
148.	मंत्र : 2	विशाल भारत	मार्च 1928
149.	ममता	ज़माना	फ़रवरी 1912
150.	मर्यादा की वेदी	ज़माना	जनवरी 1917
151.	महातीर्थ	ज़माना	सितम्बर 1917
152.	माँ	माधुरी	जुलाई 1929
153.	माँगे की घड़ी	माधुरी	जुलाई 1927
154.	माता का हृदय	चाँद	जुलाई 1925
155.	मिलाप	ज़माना	जून 1913
156.	मुक्तिधन	माधुरी	मई 1924
157.	मुक्तिमार्ग	माधुरी	अप्रैल 1924
158.	मुफ्त का यश	हंस	अगस्त 1934
159.	मूठ	मर्यादा	जनवरी 1922
160.	मैकू	हंस	जून 1930
161.	मोटेराम शास्त्री	माधुरी	जनवरी 1928
162.	मृत्यु के पीछे	सुबहे उम्मीद	सितम्बर 1920
163.	रसिक सम्पादक	जागरण	मार्च 1933
164.	रहस्य	हंस	सितम्बर 1936
165.	राजा हरदौल	ज़माना	अप्रैल 1911
166.	राज्य भक्त	माधुरी	फ़रवरी 1923
167.	राजहठ	ज़माना	सितम्बर 1912
168.	रानी सारंधा	ज़माना	सितम्बर 1910
169.	रामलीला	माधुरी	अक्तूबर 1926
170.	रियासत का दीवान	हंस	मई 1934
171.	लांछन-1	माधुरी	अगस्त 1926
172.	लांछन-2	माधुरी	फ़रवरी 1931
173.	लाग-डाँट	—	जुलाई 1921
174.	लाटरी	हंस	अक्तूबर 1935
175.	लाल फीता	ज़माना	जुलाई 1921
176.	लेखक	हंस	नवम्बर 1931
177.	लैला	सरस्वती	जनवरी 1926

क्रम	नाम कहानी	कहाँ प्रकाशित	कब प्रकाशित
178.	वज्रपात	माधुरी	मार्च 1924
179.	वफ़ा का खंजर	ज़माना	नवम्बर 1918
180.	विक्रमादित्य का तेग़ा	ज़माना	जनवरी 1911
181.	विचित्र होली	स्वदेश	मार्च 1921
182.	विद्रोही	माधुरी	नवम्बर 1928
183.	विनोद	माधुरी	नवम्बर 1924
184.	विमाता	—	अप्रैल 1921
185.	विश्वास	चाँद	अप्रैल 1925
186.	विषम समस्या	ज़माना	मार्च 1921
187.	विस्मृति	ज़माना	फ़रवरी 1915
188.	वेश्या	चाँद	फ़रवरी 1933
189.	शतरंज के खिलाड़ी	माधुरी	अक्तूबर 1924
190.	शराब की दूकान	हंस	मई 1930
191.	शादी की वजह	ज़माना	मार्च 1927
192.	शान्ति : 1	प्रेमबत्तीसी	1921 से पूर्व
193.	शान्ति : 2	भारती	फ़रवरी 1934
194.	शाप (सैरे दरवेश)	हंस	अगस्त 1931
195.	शिकार	ज़माना	जून 1910
196.	शिकारी राजकुमार	ज़माना	अगस्त 1914
197.	शेख़ मखमूर	सोज़ेवतन	1909 से पूर्व
198.	शुद्रा	चाँद	जनवरी 1926
199.	शोक का पुरस्कार	सोज़े-वतन	1909 से पूर्व
200.	सज्जनता का दंड	सरस्वती	मार्च 1916
201.	सती	माधुरी	मार्च 1927
202.	सत्याग्रह	माधुरी	दिसम्बर 1923
203.	सद्गति	मानसरोवर	अक्तूबर 1931
204.	सभ्यता का रहस्य	माधुरी	मार्च 1925
205.	समर यात्रा	हंस	अप्रैल 1930
206.	सवा सेर गेहूँ	चाँद	नवम्बर 1924
207.	सांसारिक प्रेम और देशप्रेम	ज़माना	अप्रैल 1908
208.	सिर्फ़ एक आवाज़	ज़माना	सितम्बर 1913
209.	सुजान भगत	माधुरी	मई 1927
210.	सुभागी	माधुरी	मार्च 1930
211.	सुहाग का शव	माधुरी	जुलाई 1928
212.	सेवामार्ग	स्वदेश	फ़रवरी 1919
213.	सैलानी बन्दर	माधुरी	फ़रवरी 1924
214.	सौत : 1	सरस्वती	दिसम्बर 1915
215.	सौत : 2	विशाल भारत	दिसम्बर 1931

क्रम	नाम कहानी	कहाँ प्रकाशित	कब प्रकाशित
216.	सौभाग्य के कोड़े	—	जून 1924
217.	स्मृति का पुजारी	हंस	अप्रैल 1935
218.	स्वत्व-रक्षा	माधुरी	जुलाई 1922
219.	स्वर्ग की देवी	—	सितम्बर 1925
220.	स्वामिनी	विशाल भारत	सितम्बर 1931
221.	हजरत अली	प्रभा	जुलाई 1923
222.	हार की जीत	मर्यादा	मई 1922
223.	हिंसा परमोधर्म:	माधुरी	दिसम्बर 1926
224.	होली का उपहार	माधुरी	अप्रैल 1931

अनुक्रमणिका